JN417684

判例中心

刑法各論

박동률, 임상규

경북대학교출판부

저자 | 박동률

제22회 사법시험 합격

검사, 변호사

현 경북대학교 법학전문대학원 교수

저자 | 임상규

독일 Göttingen대학교 법학박사

계명대학교, 전남대학교 교수

현 경북대학교 법학전문대학원 교수

判例中心 **刑法各論**

찍은 날 2015년 8월 14일 **펴낸 날** 2015년 8월 21일
지은이 박동률, 임상규 **펴낸이** 손동철 **펴낸 곳** 경북대학교출판부
출판등록 1973년 10월 10일 ㉑97호 **주소** 대구광역시 북구 대학로 80
전화 053-950-6741~3 **팩스** 053-953-4692 **이메일** press@knu.ac.kr
홈페이지 www.knupress.com **ISBN** 978-89-7180-429-2 93360

파본은 바꾸어 드립니다.
정가는 뒤표지에 있습니다.

서문

'다툼이 있는 경우에는 판례에 의함'. 이는 제3회 변호사시험 형사법의 선택형 문제 40개 중 39개 문제에 덧붙어 있던 문제풀이 지시어이다. 제4회 변호사시험에서는 38개 문제에 동일한 지시어가 붙어 있었고, 지시어가 가장 적었던 제1회 변호사시험에서도 총 36개 문제에 '판례에 따르라'고 명시되어 있다. 판례중시현상이 실로 대단하다. 이러한 판례중심적 출제경향에 대해 우려하는 목소리도 없지 않다. 의뢰인의 처지가 각기 상이한데 늘 판례입장만 외고 있을 수는 없는 노릇이기 때문이다. 게다가 '판결의 모범례'가 되는 진정한 의미의 판례가 도대체 몇 개나 되느냐고 반문해 볼 수 있다. 대법원은 개별사안의 구체적 타당성에 초점을 맞추는 판결을 자주 내리기 때문이다. 하지만 이 모든 우려나 지적에도 불구하고, 변호사시험의 판례중심적 출제경향은 그리 쉽게 바뀌지 않을 것 같다. 로스쿨에서 3년 동안 수학한 후에 곧바로 실무에 투입되는 학생들에게 우선적으로 판례입장을 가르칠 수밖에 없고, 또 쟁점들에 대한 학문적 입장들이 너무 상이하여 문제풀이의 준거점이 필요하기 때문이다.

이에 저자들은 지난 10여 년간 대법원 판례들을 모아 수업에 활용해 오던 교재를 보완하여, 『判例中心 刑法各論』을 출간하기로 하였다. '판례중심'이라는 말이 시사하듯이 이 책에서는 판례입장을 본문내용에 편입시키지 않고 따로 분리하였다. 학생들이 쟁점에 관한 판례의 입장을 보다 명확하게 인식 숙지하도록 배려한 것이다. 그리고 각론적 쟁점과 관련된 판례들을 가능한 한 모두 싣고자 하였다. 지면의 제한으로 편집과정에서 상당수 판례들을 배제하기는 했으나, 출제 가능성이 있는 판례들은 모두 수록하려 하였다. 따라서 공부량을 다소 증대시킨 측면은 있지만, 적어도 이른바 '불의타'에 대한 걱정은 불식시켜 줄 것이다.

실무와 이론이라는 서로 다른 배경을 가진 두 사람이 한 방향의 원고를 작성하는 데는 엇박자가 없지 않았다. 하지만 하나의 쟁점을 서로의 시각에서 함께 토의하고 상호 체크하면서, 한 사람이 범할 수 있는 오류 가능성을 상당부분 해소한 측면도 없지 않다. 애초에 추구했던 실무와 이론의 조화가 어느 정도 구현되었는지는 알 수 없지만, 적어도 독자들의 귀에 새로운 화음으로 전해질 수 있었으면 좋겠다.

이 책의 출간에는 많은 분들이 도움을 주셨다. 무엇보다 형법의 이해를 넘어 따스한 마음을 느끼게 해 주시는 본교의 권오걸, 김성룡, 김두식 교수님, 그리고 늘 넓으신 아량으로 저자들의 편안한 학교생활을 뒷받침해 주시는 김문재 법학전문대학원장님께 특별히 감사드린다. 또 빠듯한 일정에도 이 책의 출간이 가능하도록 도와주신 경북대학교출판부 직원분들과 법대 윤정섭 학생에게도 깊은 감사의 마음을 전한다. 끝으로 저자들의 여러 기행에도 불구하고, 늘 뒤에서 묵묵히 지켜봐 주는 內子들은 그냥 그 자리에 있어 주어 고마울 뿐이다.

2015. 8. 10.

Central Prak가 내려다보이는 산격동 연구실에서

박동률, 임상규

제1편 | 개인적 법익에 대한 범죄

참고문헌

강구진	『형법강의 각론I』, 박영사, 1984.
권오걸	『스마트 형법각론』, 형설출판사, 2011.
김성돈	『형법각론』, 성균관대학교출판부, 2009.
김성천	『형법』, 소진출판사, 2009.
김성천·김형준	『형법각론』, 소진출판사, 2014.
김일수	『형법각론』, 박영사, 1999.
김일수·서보학	『형법각론』, 박영사, 2015.
김태명	『판례 형법각론』, 피앤씨미디어, 2014.
김종원	『형법각론(상)』, 법문사, 1971.
박상기	『형법각론』, 박영사, 2011.
배종대	『형법각론』, 홍문사, 2010.
서일교	『형법각론』, 박영사, 1982.
손동권	『형법각론』, 율곡출판사, 2010.
오영근	『형법각론』, 박영사, 2009.
유기천	『형법학(각론강의 上)』, 일조각, 1985, 『형법학(각론강의 下)』, 일조각, 1983.
이재상	『형법각론』, 박영사, 2013.
이정원	『형법각론』, 법지사, 1999.
이형국	『형법각론』, 법문사, 2007.
임 웅	『형법각론』, 법문사, 2013.
정성근·박광민	『형법각론』, 성균관대학교출판부, 2015.
정영석	『형법각론』, 법문사, 1985
정영일	『형법각론』, 박영사, 2008.
진계호	『형법각론』, 대왕사, 1996.

※ 저자명을 기준으로 가나다순 정렬. 각주상에는 저자와 참고면수를 표기함.

제1편

개인적 법익에 대한 범죄

제1장

생명과 신체에 대한 죄

제1절 • 살인의 죄

I. 보통살인죄

제250조 ① 사람을 살해한 자는 사형, 무기 또는 5년 이상의 징역에 처한다.

1. 의의와 보호법익

보통살인죄는 사람을 살해하는 범죄로 살인죄의 기본유형이다. 보호법익은 '사람의 생명'이고, 보호의 정도는 침해범이다.

2. 객관적 구성요건

가. 행위의 주체 본죄의 주체에는 제한이 없다. 다만, 사람을 살해할 수 있는 것은 자연인만이고, 법인은 살인죄의 주체가 될 수 없다.

나. 행위의 객체 살인죄의 객체는 사람이다. 살아있는 자, 즉 생명 있는 자연인을 말한다.

(1) 사람의 시기

A. 학설

① 진통설(분만개시설)[1]: 분만을 개시하는 진통이 시작된 때를 사람의 시기로 보며, 우리나라와 독일의 통설·판례이다.

② 일부노출설(두부노출설): 태아의 신체 일부가 노출된 때를 사람의 시기로 보며, 영아살해죄가 없는 일본의 통설·판례이다. 태아의 신체 일부가 노출되었다가 다시 모체 안으로 끌려들어가는 경우에는 사람과 태아의 구분이 불분명해지는 문제가 있다.

③ 전부노출설: 태아가 모체에서 완전히 분리된 때를 사람의 시기로 보며, 우리나라 민법학의 통설이다.

④ 독립호흡설: 태반에 의한 호흡을 그치고 폐에 의한 독립호흡을 하는 시점을 사람의 시기로 보는데, 태반과 폐에 의한 호흡이 병존할 때는 태아와 사람의 구분이 모호하다는 단점을 안고 있다.

B. 판례 사람의 시기는 규칙적인 진통을 동반하면서 태아가 태반으로부터 이탈하기 시작한 때,

---

1 권오걸, 4면; 김성돈, 31면; 김/김, 9면; 김/서, 14면; 김태명, 4면; 박상기 13면; 배종대, 53면; 오영근, 16면; 이재상, 14면; 임웅, 15면; 정/박, 43면; 정영일, 8면.

즉 분만이 개시된 때(진통설 또는 분만개시설)라고 봄이 타당하다(대판 1982.10.12. 81도2621; 2007.6.29. 2005도3832).[2]

C. 검토 제251조의 영아살해죄가 '분만 중 또는 분만 직후의 영아'를 행위객체인 사람(영아)으로 규정하고 있어서, 현행법 해석상으로는 분만개시설(진통설)을 취할 수밖에 없다. 또 생명보호를 보다 극대화한다는 점에서도 사람의 시기를 분만의 시작점으로 앞당길 필요가 있다.

D. 제왕절개수술의 경우

1) 학설 제왕절개수술의 경우에는 사람의 시기를 자궁절개시로 보는 입장[3]과 복부피하층절개시로 보는 입장[4]이 있다.

2) 관련 판례 제왕절개수술의 경우 '의학적으로 제왕절개수술이 가능하였고 규범적으로 수술이 필요하였던 시기(時期)'는 판단하는 사람 및 상황에 따라 다를 수 있어 분만개시 시점, 즉 사람의 시기(始期)도 불명확하게 되므로 이 시점을 분만의 시기(始期)로 볼 수 없다(대판 2007.6.29. 2005도3832).[5]

3) 검토 진통설과 같이 생명을 보다 두텁게 보호한다는 취지에서, 제왕절개수술의 경우에는 복부피하지방층을 절개할 때를 사람의 시기로 볼 필요가 있다.

(2) 사람의 종기

A. 학설 사람의 종기는 죽음을 말하는데, 죽음의 시점과 관련하여 ① 호흡이 불가역적으로 멈춘 때라는 견해(호흡종지설), ② 심장활동이 정지하여 맥박이 멈춘 때라는 견해(맥박종지설),[6] ③ 호흡과 맥박이 멈추고 동공이 확대된 때라는 견해(3징후설),[7] ④ 뇌의 기능이 불가역적으로 소실된 때라는 견해(뇌사설)[8] 및 ⑤ 자연적인 죽음의 경우와 뇌사의 경우를 구분하자는 견해(이원설)[9]가 주장되고 있다.

B. 검토 뇌사설에 따르면, 통상적인 죽음을 맞는 99%의 사람들이 뇌사를 확인하기 위해 모두 전문병원을 찾아가야 한다는 문제가 생긴다. 그 이외의 학설에 따르면, 약 1%에 이르는 뇌사자의 장기적출이 살인행위가 되고, 장기이식법은 이 살인행위를 허용하는 셈이 된다. 따라서 '죽음은 어쩔 수 없지만, 죽임은 안 된다'는 우리의 가치관을 유지하기 위해서는 어쩔 수 없이 통상의 죽음과 뇌사를 구분하는 이원설이 타당하다.

---

2 조산원이 분만 중인 태아를 질식사에 이르게 한 경우는 업무상과실치사죄가 성립한다.

3 권오걸, 4면; 김성돈, 31면; 김/서, 14면; 박상기, 13면; 배종대, 53면; 이재상, 14면; 임웅, 15면.

4 오영근, 17면.

5 두 번의 제왕절개수술을 한 경험이 있는 산모가 자연분만을 원한다는 이유로, 조산사는 분만예정일 2주가 지나 태아가 5.2Kg의 거대아로 성장한 사실도 제대로 파악하지 못한 채 산모를 6시간가량 대기하게 하였고, 그 무렵 태아는 분만전 저산소성 손상으로 심폐정지, 사망하였다. 이에 검사는 '규범적으로 수술이 필요했던 시기'를 사람의 시기로 보고 조산사를 업무상과실치사죄로 기소한 사안이다.

6 김성돈, 33면; 김/서, 15면; 오영근, 20면; 정/박, 45면; 정영일, 10면(심폐정지설).

7 3징후설은 일본의 다수설이다. 福田, 143面; 前田, 20面.

8 김/김, 12면; 이재상, 17면; 임웅, 17면.

9 임상규, 장기이식법상의 뇌사관련규정의 문제점, 형사법연구 제13호(2000), 162면.

C. 장기 등 이식에 관한 법률

1) 뇌사자의 정의(제3조 제4호) 살아 있는 자라 함은 사람 중에서 뇌사자를 제외한 자를 말하며, 뇌사자는 뇌사판정기준 및 뇌사판정절차에 따라 뇌 전체의 기능이 되살아 날 수 없는 상태로 정지되었다고 판정된 자를 말한다.

2) 뇌사자의 사망원인(제17조) 뇌사자가 이 법에 의한 장기 등의 적출로 사망한 때에는 뇌사의 원인이 된 질병 또는 행위로 인하여 사망한 것으로 본다.

다. 실행행위 살인죄의 실행행위는 '살해'이다. 타살(打殺), 독살(毒殺), 교살(絞殺)과 같은 유형적 방법 이외에 정신적 고통을 주어 죽게 하는 무형적 방법도 가능하다. 살해행위는 부작위에 의해서도 가능하며, 산모가 영아에게 젖을 주지 않아 사망케 하는 것이 그 예이다.

(1) 부작위에 의한 살인

A. 부작위에 의한 조카 살해 조카인 피해자(10세)를 살해할 것을 마음먹고 저수지로 데리고 가서 미끄러지기 쉬운 제방 쪽으로 유인하여 함께 걷다가 피해자가 물에 빠지자 그를 구호하지 아니하여 피해자를 익사하게 한 것이라면, 숙부인 피고인으로서는 피해자가 물에 빠져 익사할 위험을 방지하고 피해자가 물에 빠지는 경우 그를 구호하여야 할 법적인 작위의무가 있다고 보아야 할 것이고, 피해자가 물에 빠진 후에 피고인이 살해의 범의를 가지고 그를 구호하지 아니한 채 그가 익사하는 것을 용인하고 방관한 행위(부작위)는 피고인이 그를 직접 물에 빠뜨려 익사시키는 행위와 다를 바 없는 살인의 실행행위라고 보는 것이 상당하다(대판 1992.2.11. 91도2951).

B. 감금 후의 부작위 살인

감금상태가 계속된 어느 시점에 살해의 범의가 생겨 피감금자에 대한 위험발생을 방지함이 없이 포박감금상태에 있던 피감금자를 그대로 방치함으로써 사망케 하였다면, 이는 부작위에 의한 살인죄를 구성한다(대판 1982.11.23. 82도2024).

(2) 기망 또는 위증에 의한 살인

A. 학설 간접적 방법에 의한 살인의 유형으로, 기망이나 무고 또는 위증에 의한 살인이 가능한지와 관련하여 ① 증인의 위증과 법원의 사형선고 사이에 인과관계가 인정되는 경우에는 위증에 의한 (간접)살인이 된다는 긍정설[10]과 ② 실체적 진실발견의 책무를 지고 있는 법원에 대하여 위증자가 우월적 의사지배를 할 수 없다는 점에서 간접정범의 성립을 부정하여야 한다는 부정설[11]이 대립한다.

B. 판례 피고인이 7세, 3세 남짓 된 어린 자식들에게 함께 죽자고 권유하여 물속에 따라 들어

10 유기천, 상권, 26면, 이정원, 37면; 임웅, 20면.

11 김성돈, 35면; 김/서, 16면; 박상기, 18면; 배종대, 63면; 이재상, 19면; 이형국, 16면; 정/박, 47면.

오게 하여 결국 익사하게 하였다면, 비록 피해자들을 물속에 직접 밀어서 빠뜨리지는 않았다고 하더라도 자살의 의미를 이해할 능력이 없고 피고인의 말이라면 무엇이나 복종하는 어린 자식들을 권유하여 익사하게 한 이상 살인죄의 범의는 있었음이 분명하다(대판 1987.1.20. 86도2395).

C. 검토 판례가 다룬 사안과 같은 경우에는 기망에 의한 살인은 가능하다고 하더라도, 무고나 위증에 의한 간접살인은 부정하여야 한다. 무고자와 위증자에게 정범성 표지, 즉 피이용자에 대한 의사지배를 인정할 수 없기 때문이다.

라. 인과관계

(1) 피해자 또는 제3자의 과실행위가 개입된 경우

A. 판단기준 살인의 실행행위가 사망의 유일한 원인이거나 직접적인 원인이어야만 되는 것은 아니므로, 살인의 실행행위와 피해자의 사망과의 사이에 다른 사실이 개재되어 그 사실이 치사의 직접적인 원인이 되었다고 하더라도, 그와 같은 사실이 통상 예견할 수 있는 것에 지나지 않는다면, 살인의 실행행위와 피해자의 사망과의 사이에 인과관계가 있다(대판 1994.3.22. 93도3612).

B. 인과관계가 인정되는 사례

1) 피해자의 과실행위 개입 피해자는 (피고인들의 공격이 유발한) 외상으로 인하여 급성신부전증이 발생하였고 또 소변양도 심하게 감소된 상태였으므로 음식과 수분의 섭취를 더욱 철저히 억제하여야 하는데, 이와 같은 사실을 모르고 콜라와 김밥 등을 함부로 먹은 탓으로 체내에 수분저류가 발생하여 위와 같은 합병증이 유발됨으로써 사망하게 된 경우, 피고인들의 범행이 피해자를 사망하게 한 직접적인 원인이 된 것은 아니지만, 그 범행으로 인하여 피해자에게 급성신부전증이 발생하였고 또 그 합병증으로 피해자의 직접사인이 된 패혈증 등이 유발된 이상, 비록 그 직접사인의 유발에 피해자 자신의 과실이 개재되었다고 하더라도, 이와 같은 사실은 통상 예견할 수 있는 것으로 인정되므로 피고인들의 범행과 피해자의 사망 사이에는 인과관계가 있다(대판 1994.3.22. 93도3612).

2) 피해자의 질병 개입 피고인의 범행이 피해자를 사망하게 한 직접적 원인이 된 것은 아니지만 그 범행으로 인해 피해자에게 두개골 골절과 외상성 지주막하 출혈 등의 상해가 발생하였고, 이를 치료하는 과정에서 피해자의 직접사인이 된 합병증인 폐렴, 패혈증이 유발된 이상, 비록 그 직접사인의 유발에 피해자의 기왕의 간경화 등 질환이 영향을 미쳤다고 하더라도, 피고인의 범행과 피해자의 사망 사이에 인과관계를 부정할 수 없다(대판 2012.3.15. 2011도17648).

3) 상처의 감염으로 인한 패혈증 피해자가 부상한 후 1개월이 지난 후에 패혈증 등으로 사망하였다 하더라도 그 패혈증이 피고인의 자상(刺傷)행위로 인한 과다한 출혈과 상처의 감염 등에 연유한 것인 이상 자상행위와 사망 사이에 인과관계를 부정할 수 없다(대판 1982.12.28. 82도2525).

(2) 결과발생 과정이 행위자의 생각과 다른 경우(이른바 개괄적 고의 사례)

A. 학설 결과발생과정이 행위자의 생각과 다른 경우, 가령 행위자는 살해의사로 피해자의 머

리를 둔기로 내려쳤고, 그 후 증거를 인멸하기 위하여 피해자를 매장하였는데, 실신하였던 피해자가 매장에 의해 질식사한 경우와 관련하여 학계의 견해가 나뉜다. ① 개괄적 고의에 의한 단일행위를 인정하는 개괄적 고의설과 ② 객관적 귀속의 문제로 보는 객관적 귀속설[12] 및 ③ 비본질적 인과과정의 착오가 있을 뿐이라고 보는 인과과정의 착오설[13]은 발생된 결과에 대한 고의·기수책임을 인정하는 반면에, ④ 두 개의 행위를 별개로 보는 미수설[14]에서는 살인미수죄와 과실치사죄의 경합범을 인정한다. 한편, ⑤ 개별적 고찰설(계획실현설)[15]에서는 제1행위시에 제2행위까지 범행계획에 넣고 있는 경우에는 전체적으로 한 개의 행위이지만, 그렇지 아니한 경우에는 제1행위의 살인미수와 제2행위의 과실치사가 경합관계에 있다고 한다.

B. 판례 피해자가 살해의 의도로 행한 구타행위에 의하여 직접 사망한 것이 아니라 죄적을 인멸할 목적으로 행한 매장행위에 의하여 사망하게 되었다고 하더라도, 전 과정을 개괄적으로 보면 피해자의 살해라는 처음에 예견된 사실이 결국 실현된 것으로서 살인죄의 죄책을 진다(대판 1988.6.28. 88도650).

C. 검토

행위자가 애초에 피해자를 살해한 후 시신을 매장까지 하려고 했다면, 제1행위와 제2행위는 전체적으로 하나의 행위로 보아 살인기수를 인정할 수 있지만, 그렇지 아니한 경우에는 두 행위가 별개라는 점에서 살인미수와 과실치사죄의 실체적 경합을 인정하는 계획실현설이 타당하다고 보아야 한다.

3. 주관적 구성요건: 고의

살인의 고의는 행위의 객체인 사람을 인식하고, 그의 사망결과가 발생할 것이라는 것을 인식·인용하는 것을 말한다. 미필적 고의로도 충분하다. 범행 당시 살인의 범의가 있었는지 여부는 범행에 이르게 된 경위, 범행의 동기, 준비된 흉기의 유무·종류·용법, 공격의 부위와 반복성, 사망의 결과발생 가능성 정도 등 범행 전후의 객관적인 사정을 종합하여 판단할 수밖에 없다(대판 2001.3.9. 2000도5590).

가. 타격의 착오와 고의

(1) 학설 행위자가 인식한 사실과 현실로 발생된 사실이 같은 구성요건(구성요건부합설)[16] 또는 같은 죄질(죄질부합설)[17]에 속하면 발생된 사실에 대한 고의·기수를 인정하는 ① 법정적 부합설[18]과

---

12 김/서, 총론, 207면; 이정원, 총론, 155면; 이형국, 총론, 124면.

13 권오걸, 총론, 173면; 박상기, 총론, 140면; 이재상, 총론, 181면; 임웅, 총론, 183면.

14 이용식, 소위 개괄적 고의의 형법적 취급, 형사판례연구(2), 35면; 김일수, 한국형법I, 402면.

15 김성돈, 총론, 223면; 오영근, 총론, 157면.

16 기본적 구성요건과 가감적 구성요건도 서로 다른 구성요건으로 본다. 한상훈, 상상적 경합의 명시기능과 이중평가금지의 상충여부, 비교형사법연구 제9권 제1호, 99면.

17 임웅, 총론, 164면.

18 신동운, 총론, 207면; 이재상, 총론, 175면.

행위자가 인식한 사실과 현실적으로 발생된 결과가 구체적으로 부합하는 경우에 한해서 발생결과에 대한 고의를 인정하는 ② 구체적 부합설[19]이 대립한다.

(2) 판례 소위 타격의 착오가 있는 경우라 할지라도 행위자의 살인의 범의성립에 방해가 되지 아니한다(대판 1984.1.24. 83도2813; 1975.4.22. 75도727).[20]

(3) 검토 인식사실과 발생사실이 지근거리에서 일어난 경우에는 발생사실에 대한 미필적 고의도 인정할 수 있다는 점에서 법정적 부합설의 결론을 받아들일 수 있다. 하지만 의사가 독약이 든 주사기를 3층 환자에게 주사하라고 하였는데 간호사가 8층 환자에게 주사한 경우처럼, 타격이 목표를 완전히 벗어난 경우에는 발생사실에 대한 고의·기수를 인정하기 곤란하다는 점에서 구체적 부합설이 타당하다고 할 것이다.

나. 고의가 인정되는 사례

(1) 흉기 또는 위험한 물건 사용 ① 예리한 식도로 피해자의 하복부를 찔러 직경 5cm, 길이 15cm 이상의 자상을 입힌 결과 사망한 경우(대판 1982.12.28. 82도2525), ② 범행 당시 자신의 얼굴이 노출되는 것을 우려해 모자, 마스크를 착용하고 15층인 피해자의 집에 엘리베이터를 타지 않고 걸어 올라가고 미리 망치를 준비하는 등 치밀하게 계획했고, 단순히 피해자에게 상해만을 가할 의도였다면 피해자의 팔이나 다리를 가격하는 것으로 충분한데 머리를 직접 겨냥해 망치를 내려쳤으며, 신경외과 수련의로서 상당한 의학적 지식을 갖고 있는 피고인이야말로 흉기의 종류, 타격 부위, 강도 등에 따라 사람의 신체와 생명에 얼마나 큰 위험이 야기될 수 있는지 잘 알고 있었을 경우(대판 2010.7.29. 2010도5513)는 적어도 미필적 고의는 있었다.

(2) 급소가격 무술교관출신으로서 인체의 급소를 잘 알고 있으면서도 무술의 방법으로 피해자의 울대를 가격하여 피해자를 사망케 한 행위에는 살인의 범의가 있다(대판 2000.8.18. 2000도2231).

(3) 감금 후 위험방치 피해자를 아파트에 유인하여 양 손목과 발목을 노끈으로 묶고 입에 반창고를 두 겹으로 붙인 다음, 얼굴에 모포를 씌워 감금한 후 수차 아파트를 출입하다가, 마지막 들어갔을 때 피해자가 이미 탈진 상태에 이르러 박카스를 마시지 못하고 그냥 흘려버릴 정도였고, 피해자의 얼굴에 모포를 덮어씌워 놓고 그냥 나오면서 피해자를 그대로 두면 죽을 것 같다는 생각이 들었다면, 위와 같은 결과발생의 가능성을 인정하고 있으면서도 피해자를 병원에 옮기지 않고 사경에 이른 피해자를 그대로 방치한 소위는 피해자가 사망하는 결과에 이르더라도 용인할 수밖에 없다는 내심의 의사, 즉 살인의 미필적 고의가 있다(대판 1982.11.23. 82도2024).

---

19 권오걸, 총론, 166면; 김성돈, 총론, 214면; 김/서, 총론, 229면; 오영근, 총론, 153면.

20 하사를 살해할 목적으로 총을 발사하였는데, 이를 제지하려고 피고인 앞으로 뛰어들던 병장에게 명중되어 병장이 사망한 사안이다.

4. 위법성

가. 일반적 위법성조각사유 살인죄의 위법성조각사유로는 정당행위(예: 교도관의 사형집행), 정당방위, 정당화적 의무의 충돌 등이 있고, 특히 안락사의 허용 여부가 문제되고 있다.

(1) 정당방위

A. 정당방위인 사례 피고인(상병)은 초소근무를 하던 중 다음 근무자인 甲(상병)과 교대시간이 늦었다는 이유로 언쟁을 하다가 피고인이 동인을 구타하자 甲은 소지하고 있던 카빈소총을 피고인의 등 뒤에 겨누며 실탄을 장전하는 등 발사할 듯이 위협을 하자, 당황하여 먼저 동인을 사살치 않으면 위험하다고 느낀 피고인은 뒤로 돌아서면서 소지하고 있던 카빈소총을 동인의 복부를 향하여 발사함으로써 사망케 하였다면, 피고인과 甲과의 사이에 언쟁을 하고 피고인이 동인을 구타하는 등의 싸움을 하였다 하여도 다른 특별한 사정이 없는 한, 구타를 하였음에 불과한 피고인으로서는 甲이 실탄이 장전되어 있는 카빈소총을 피고인의 등 뒤에 겨누며 발사할 것 같이 위협하는 방위행위는 싸움에서 피고인이 당연히 예상하였던 상대방의 방위행위라고는 인정할 수 없으므로 이는 부당한 침해라고 아니할 수 없고, 피고인이 동인을 먼저 사살하지 않으면 피고인의 생명이 위험하다고 느낀 나머지 뒤로 돌아서면서 소지 중인 카빈총을 발사하였다는 행위는 현재의 급박하고도 부당한 침해를 방위하기 위한 행위로서 상당한 이유가 있는 행위라고 아니할 수 없다(대판 1968.5.7. 68도370).

B. 정당방위가 아닌 사례

1) 사회윤리적 한계 이탈 피해자로부터 먼저 폭행·협박을 당하다가 이를 피하기 위하여 피해자를 칼로 찔렀다고 하더라도, 피해자의 폭행·협박의 정도에 비추어 피고인이 칼로 피해자를 찔러 즉사하게 한 행위는 피해자의 폭력으로부터 자신을 보호하기 위한 방위행위로서의 한도를 넘어선 것이라고 하지 않을 수 없고, 따라서 이러한 방위행위는 사회통념상 용인될 수 없는 것이므로, 자기의 법익에 대한 현재의 부당한 침해를 방어하기 위한 행위로서 상당한 이유가 있는 경우라거나 방위행위가 그 정도를 초과한 경우에 해당한다고 할 수 없다(대판 2001.5.15. 2001도1089).[21]

2) 계부살해사건 피고인이 피해자로부터 장기적·반복적으로 성폭행을 당해 왔다고 하더라

21 피고인은 피해자의 폭행·협박 등으로 별거하기에 이르고, 피고인이 이혼소송을 제기한 상태에서 피해자가 피고인의 월세방으로 찾아왔다. 문밖의 사람이 피해자라는 것을 안 피고인은 피해자가 행패를 부릴 것을 염려하여 부엌칼 두 자루를 방의 침대 밑에 숨겼고, 피고인이 문을 열어 주어 방에 들어온 피해자는 피고인에게 재결합하자고 요구하였으나 피고인이 이를 거절하며 도망가려 하자, 피해자는 도망가는 피고인을 붙잡아 방안으로 데려온 후 부엌에 있던 가위를 가지고 와 피고인의 오른쪽 무릎 아래 부분을 긋고 피고인의 목에 겨누면서 이혼하면 죽여 버리겠다고 협박하고, 피고인의 옷을 강제로 벗기고 자신도 옷을 벗은 다음 피고인에게 자신의 성기를 빨게 하는 등의 행위를 하게 한 후, 침대에 누워 피고인에게 성교를 요구하였으나 피고인이 이에 응하지 않자 뺨을 2~3회 때리고, 재차 피고인에게 침대 위로 올라와 성교할 것을 요구하며 "너 말을 듣지 않으면 죽여 버린다"고 소리치면서 침대 위에서 상체를 일으키는 순간, 계속되는 피해자의 요구와 폭력에 격분한 피고인이 그 상황에서 벗어나고 싶은 생각에서 침대 밑에 숨겨두었던 칼을 꺼내 들고 피해자의 복부 명치 부분을 1회 찔러 복부자창을 가하고, 이로 인하여 피해자로 하여금 장간막 관통에 의한 실혈로 그 자리에서 사망하게 한 사안이다. 과잉방위도 인정하지 않은 것은 매우 이례적이다.

도, 사전에 공모하여 범행을 준비하고, 술에 취하여 잠들어 있는 피해자의 양팔을 눌러 꼼짝 못하게 한 후 피해자를 깨워 피해자가 제대로 반항할 수 없는 상태에서 식칼로 피해자의 심장을 찔러 살해한다는 것은, 당시의 상황에 비추어도 사회통념상 상당성을 인정하기가 어렵다고 하지 않을 수 없고, 범행의 동기나 목적을 참작하여도 그러하므로, 피고인들의 행위가 정당방위나 과잉방위에 해당한다고 볼 수 없다(대판 1992.12.22. 92도2540).[22]

(2) 과잉방위 사례 피고인이 순간적으로 엄마와 동생을 구하기 위하여 피해자(오빠)에게 달려들어 그의 목을 조르면서 뒤로 넘어뜨린 행위는 엄마와 동생의 생명, 신체에 대한 현재의 부당한 침해를 방위하기 위한 상당한 행위라 할 것이고, 나아가 피해자가 피고인의 위와 같은 방위행위로 말미암아 뒤로 넘어져 피고인의 몸 아래 깔려 더 이상 침해행위를 계속하는 것이 불가능하거나 또는 현저히 곤란한 상태에 빠졌음에도 피고인이 피해자의 몸 위에 타고 앉아 그의 목을 계속하여 졸라 누름으로써 결국 피해자로 하여금 질식하여 사망에 이르게 한 행위는 정당방위의 요건인 상당성을 결여한 행위라고 보아야 할 것이나, 극히 짧은 시간 내에 계속하여 행하여진 피고인의 위와 같은 일련의 행위는 이를 전체로서 하나의 행위로 보아야 할 것이므로, 방위의사에서 비롯된 피고인의 위와 같이 연속된 전후행위는 하나로서 형법 제21조 제2항 소정의 과잉방위에 해당한다 할 것이고, 당시 야간에 흉포한 성격에 술까지 취한 피해자가 식칼을 들고 피고인을 포함한 가족들의 생명, 신체를 위협하는 불의의 행패와 폭행을 하여 온 불안스러운 상태하에서 공포, 경악, 흥분 또는 당황 등으로 말미암아 저질러진 것이라고 보아야 할 것이다(대판 1986.11.11. 86도1862).[23]

---

22 피고인 甲은 피고인 乙이 피해자로부터 장기적·반복적으로 성폭행을 당해 왔다는 사실을 고백하자 같이 번민하다가 피해자를 살해하고 강도로 위장하기로 공모한 후 살해한 사안이다.

23 피해자(남, 33세)는 부산에서 고등학교를 졸업한 뒤 아무런 직업 없이 지내면서 거의 매일 술에 취하여 어머니(A)와 피고인인 여동생(B) 및 남동생(C)에게 행패를 부렸다. 피해자는 몰래 서울로 이사간 A, B, C를 수소문하여 찾아온 후에도 행패를 계속했고 점점 심해졌다. 사건발생 바로 전날 21:30경 피해자는 술에 취하여 퇴근한 피고인에게 갖은 욕설을 퍼붓고 있다가 같은 날 24:00경 A가 노점상을 마치고 돌아오자 "씹할 년" 등의 심한 욕설을 하면서 술값을 내놓으라고 요구하여 그의 버릇을 잘 아는 A로부터 "내일 아침에 10,000원을 줄 테니 들어가서 자거라"는 대답을 듣고는 일단 수그러진 듯 그의 방에 들어갔으나 곧 그의 방에 있는 선풍기를 들고 다시 나오면서 "10,000원이 뭐냐, 100,000원을 줘야지, 이년들, 저희들은 새 선풍기를 쓰고 내게는 헌 선풍기를 줘"라고 소리치며 선풍기를 집어던져 부수는 등 난동을 계속하므로 이에 겁을 먹은 A, B, C는 안방으로 피해 들어가 문을 잠그고 피해자가 잠들기를 기다렸으나, 잠들기는커녕 오히려 더욱 거칠게 "문을 열라"고 고함치면서 안방 문을 주먹으로 치고 발로 차는가 하면, 문손잡이를 잡아 비틀고 힘을 주어 미는 등의 행패를 5시간가량 계속함으로써 05:00경에는 안방 문이 거의 부서질 지경이었다. 이에 견디다 못한 A가 방문을 열고 마루로 나가자 피해자는 주방에 있는 싱크대에서 식칼을 찾아 꺼내어 왼손잡이인 그의 왼손에 들고 A를 향해 "이년, 너부터 찔러 죽이고 식구들을 모두 죽여 버리겠다"고 소리치며 달려들어 칼을 그녀의 얼굴 가까이 갖다 들이대어 그녀가 놀라서 기절하였다. 그 순간 이를 방안에서 보고 있던 동생 C가 어머니의 생명이 위험하다고 느끼고 마루로 뛰어나감과 동시에 왼손으로는 A를 옆으로 밀치면서 오른손으로는 피해자의 왼 손목을 잡고 칼을 뺏으려 하였으나 피해자가 오히려 오른손으로 C의 목을 앞에서 움켜쥐고 손아귀에 힘을 줌으로써 C로 하여금 숨쉬기가 곤란할 지경에 이르게 하였다. 그때까지 겁에 질려 방안에서 이를 보기만 하고 있던 피고인 B는 그대로 두면 C의 생명이 위험하다고 순간적으로 생각하고, 그를 구하기 위하여 마루로 뛰어나가 피해자에게 달려들어 두 손으로 그의 목을 앞에서 감아쥐고 힘껏 조르면서 뒤로 밀자, 그가 뒤로 넘어지므로 피고인도 함께 앞으로 쓰러진 다음, 그의 몸 위에 타고 앉은 채로 정신없이 두 손으로 계속 그의 목을 누르고 있던 중, 피고인의 도움으로 위기에서 풀려난 C가 기절하여 쓰러져 있는 A의 상태를 살피는 등 약간 지체한 후에 B가 그때까지도 피해자의 몸 위에서 두 손으로 그의 목을 계속 누르고 있는 것을 비로소 알아차리고 "누나, 왜 이래"하고 소리치자 B는 그때서야 정신을 차린 듯 피해자의 목에서 손을 떼면서 일어났으나, 그때 이미 피해자는

나. 안락사

(1) 진정안락사와 부진정안락사 진정안락사는 생명을 단축시키지 않는 안락사를 말하며, 살해행위와는 무관하다. 형법적으로 문제가 되는 것은 생명의 단축을 가져오는 부진정안락사이다.

(2) 소극적 안락사와 적극적 안락사

A. 소극적 안락사(존엄사) 부진정안락사는 다시 소극적 안락사와 적극적 안락사로 구분된다. 존엄사라고도 불리는 소극적 안락사라 함은 단지 생명유지장치에 의해 인공적으로 연명할 뿐 다시 소생할 가망 없는 혼수상태나 뇌사상태의 환자가 품위 있게 죽을 수 있도록 생명유지장치 등 생명연장의 적극적 수단을 사용하지 않는 경우, 즉 치료중단의 조치를 말한다.

1) 학설 치료중단조치가 ① 살인 내지 촉탁·승낙살인의 구성요건을 충족하더라도 존엄사를 위한 치료중단은 사회상규에 위배되지 않는다는 사회상규불위배설[24]과 ② 이 경우에는 아예 의사의 생명유지의무가 소멸된다는 치료의무부정설[25]이 주장되고 있다.

2) 판례 환자가 의식의 회복가능성이 없고 생명과 관련된 중요한 생체기능의 상실을 회복할 수 없으며, 환자의 신체상태에 비추어 짧은 시간 내에 사망에 이를 수 있음이 명백한 경우에는 환자가 회복불가능한 사망의 단계에 들어선 것으로 볼 수 있고, 위와 같은 환자의 경우 환자의 의사결정을 존중하여 연명치료를 중단하더라도 환자의 인간으로서의 존엄과 가치 및 행복추구권을 보호하는 것이 사회상규에 부합되고 헌법정신에도 어긋나지 아니한다. 이러한 환자의 의사결정은 사전 의료지시에 의하여 이루어질 수도 있고 환자의 추정적 의사를 인정하는 것도 가능하다. 연명치료를 중단하기 위하여 반드시 법원에 소송을 제기하여야 하는 것은 아니지만, 전문의사 등으로 구성된 위원회의 판단을 거치는 것이 바람직하다(대판 2009.5.21. 2009다17417 全合).

3) 검토 판례가 언급하고 있는 것처럼, 전문의사 등으로 구성된 위원회에서 연명치료의 중단을 결정한다면, 적어도 이는 사회상규에 반하지 않는 행위라고 할 것이다.

B. 적극적 안락사 적극적 안락사는 다시 간접적 안락사와 직접적 안락사로 구분된다.

1) 간접적 안락사 의사가 생명단축을 예상하면서도 고통을 완화시킬 목적으로 처치를 하였는데, 예상했던 부작용으로 자연적 사망시기가 앞당겨지는 경우를 말한다. 환자의 반대의사가 없는 한, ① 사회상규에 위배되지 않는 행위,[26] ② 긴급피난,[27] ③ 업무로 인한 행위[28]로서 위법성이 조각

피고인의 목졸임으로 말미암아 질식된 채 아무런 움식임이 없었던 사실 등을 인정하고, 당시 평소 흉포한 성격인 데다가 술까지 몹시 취한 피해자가 심하게 행패를 부리던 끝에 피고인들을 모두 죽여버리겠다면서 식칼을 들고 A에게 달려들어 찌를 듯이 면전에 칼을 들이대다가 C로부터 제지를 받자 다시 C의 목을 손으로 졸라 숨쉬기를 어렵게 만든 위급한 상황이었다는 점 등이 고려되었다.

24 권오걸, 9면; 김성돈, 39면; 배종대, 70면; 오영근, 27면.

25 김/시, 18면; 박상기, 20면; 이재상, 23면; 이정원, 46면.

26 김성돈, 39면; 김/서, 18면; 오영근, 27면; 이재상, 22면.

27 배종대, 69면; 전지연, 안락사의 허용 여부에 대한 검토, 명형식교수화갑기념논문집(1998), 171면.

28 정/박, 총론, 285면.

된다고 보거나 혹은 허용된 위험에 해당[29]한다고 한다. 생명단축이 문제된다는 점에서, 긴급피난 또는 업무로 인한 행위로 보기보다는 사회상규에 반하지 않는 행위로 보는 것이 옳다.

2) 직접적 안락사 죽음의 고통에 시달리는 불치 또는 난치의 환자에게 그 고통을 제거하거나 덜어주는 방법으로 적극적으로 그 생명을 단축시키는 조치를 말한다. 이는 환자의 의사에 반하거나 환자의 의사가 불분명한 경우에는 허용되지 아니한다. 다만, 환자의 의사에 따른 경우(촉탁승낙살인죄에 해당)의 허용 여부와 관련하여, ① 환자의 명시적인 의사가 있는 경우에는 생명에 대한 그의 자기결정권을 존중하여야 한다는 허용설[30]과 ② 생명은 신성불가침한 것으로 절대적으로 보호되어야 하고, 따라서 환자의 명시적 요구가 있더라도 직접적·적극적 안락사는 허용되지 않는다는 불허설[31]이 대립한다.

'죽음은 어쩔 수 없지만, 죽임은 안 된다'는 우리의 가치관을 생각할 때, 일정한 조건이 붙는다고 하더라도 죽임을 허용하는 것은 곤란하다. 특히, 중환자실의 엄청난 비용이 드는 현실에서 적극적·직접적 안락사를 허용하면, 그 의료비를 걱정하는 환자들이 경제적인 이유로 '죽여 달라'고 하는 사태는 막아야 한다. 따라서 적어도 의료비를 걱정하지 않는 시절이 오면, 그때 이 적극적·직접적 안락사의 허용 여부를 다시 논의하더라도 늦지 않을 것이다.

5. 관련 문제

가. 실행의 착수와 미수

(1) 실행의 착수가 있는 사례 ① 격분하여 피해자를 살해할 것을 마음먹고 밖으로 나가 낫을 들고 피해자에게 접근한 경우(대판 1986.2.25. 85도2773),[32] ② 상관인 그 소속 중대장을 살해 보복할 목적으로 수류탄의 안전핀을 빼고 그 사무실로 들어간 경우는 살인의 실행행위에 착수하였다(대판 1970.6.30. 70도861).

(2) 불능미수와 장애미수

A. 장애미수 사례 ① 섞은 농약이 그 치사량에 약간 미달한 경우(대판 1984.2.28. 83도3331), ② 일정량 이상을 먹으면 사람이 죽을 수도 있는 '초우뿌리'나 '부자' 달인 물을 마시게 하여 피해자를 살해하려다가 피해자가 토해 버린 경우(대판 2007.7.26. 2007도3687), ③ 우물과 펌프에 혼입한 농약이 악취가 나서 보통의 경우 마시기가 어려운 경우(대판 1973.4.30. 73도354), ④ 권총에 탄자를 충전하여 발사하였으나 탄자가 불량하여 불발된 경우(대판 1954.1.30. 4286형상103)는 사망의 결과발생 가능성을 배제할 수는 없으므로 불능범이 아닌 장애미수에 해당한다.

B. 판례 바로 읽기 불능미수는 결과발생의 가능성이 없더라도 위험성이 있는 경우를 말한다.

---

29 이정원, 43면; 이형국, 18면.

30 김성돈, 40면; 오영근, 27면; 임웅, 25면; 정영일, 23면.

31 권오걸, 10면; 김/서. 18면; 배종대, 70면; 이재상, 22면.

32 제3자가 피고인을 제지하여 그 틈을 타서 피해자는 도망하였다.

다만, 대법원은 이 가능성과 위험성을 엄격히 구분하지 않는다. 따라서 대법원이 결과발생의 위험성이 있다고 표현하였다고 하여 이를 곧 불능미수를 인정한 것으로 단정하지 말아야 한다. 오히려 원심이 인정한 죄책이 무엇인지, 그리고 상고인이 누구인지를 검토한 후 대법원이 결과발생의 위험성이라고 하더라도 이는 결과발생의 가능성을 말하는 경우가 많다는 점을 읽어내야 한다.

나. 공범관계

(1) 공모관계 이탈 피고인은 친구들과 술을 마시고 있다가 같은 조직원으로부터 '파라다이스'파에게 보복을 하러 간다는 연락을 받았으나 다른 조직원들이 여러 대의 차에 분승하여 출발하려고 할 때 사태의 심각성을 실감하고 범행에 휘말리기 싫어서 그곳에서 택시를 타고 집에 왔으므로, 조직원들이 행한 폭처법 위반 및 살인의 점과 관련하여 그들과 모의가 있었다고 보기 어렵고, 가사 피고인에게도 그 범행에 가담하려는 의사가 있어 공모관계가 인정된다 하더라도 다른 조직원들이 각 이 사건 범행에 이르기 전에 그 공모관계에서 이탈한 것이라 할 것이므로, 피고인은 공모관계에서 이탈한 이후의 행위에 대하여는 공동정범으로의 책임을 지지 않는다(대판 1996.1.26. 94도2654).

(2) 방조범 보호자가 의학적 권고에도 불구하고 치료를 요하는 환자의 퇴원을 강청하여 담당 전문의와 주치의가 치료중단 및 퇴원을 허용하는 조치를 취함으로써 환자를 사망에 이르게 한 행위는, 환자의 사망이라는 결과나 그에 이르는 사태의 핵심적 경과를 계획적으로 조종하거나 저지·촉진하는 등으로 지배하고 있었다고 보기는 어려워 공동정범의 객관적 요건인 이른바 기능적 행위지배가 흠결되어 작위에 의한 살인방조죄만 성립한다(대판 2004.6.24. 2002도995).

다. 죄수(罪數)

(1) 실체적 경합 단일한 범의로 동일한 장소에서 동일한 방법으로 시간적으로 접착된 상황에서 처와 자식들을 살해하였다고 하더라도 휴대하고 있던 권총에 실탄 6발을 장전하여 처와 자식들의 머리에 각기 1발씩 순차로 발사하여 살해하였다면, 피해자들의 수에 따라 수 개의 살인죄를 구성한다(대판 1991.8.27. 91도1637; 1969.12.30. 69도2062).[33]

(2) 포괄일죄

A. 범의의 갱신이 없는 경우 살해의 목적으로 동일인에게 일시 장소를 달리하고 수차에 걸쳐 단순한 예비행위를 하거나 또는 공격을 가하였으나 미수에 그치다가 느디어 그 목적을 달성한 경우에 그 예비행위 내지 공격행위가 동일한 의사발동에서 나왔고 그 사이에 범의의 갱신이 없는 한 각 행위가 같은 일시 장소에서 행하여졌거나 또는 다른 장소에서 행하여졌거나를 막론하고 또 그

---

33 생활고에 못 이겨 가족을 모두 죽이고 자살할 생각으로 쇠망치로 잠자고 있는 피고인의 처, 장녀(5세), 장남(11세)을 차례로 그 머리를 서너 차례씩 강타하여 즉사시킨 사안이다.

방법이 동일하거나 여부를 가릴 것 없이 그 살해의 목적을 달성할 때까지의 행위는 모두 실행행위의 일부로서 이를 포괄적으로 보고 단순한 한 개의 살인죄로 처단할 것이지 살인예비 내지 미수죄와 동 기수죄의 경합죄로 처단할 수 없는 것이다(대판 1965.9.28. 선고 65도695).

B. 범의의 갱신이 있는 경우 甲에게 피해자를 살해하라고 하면서 준 원비-디 병에 성인 남자를 죽게 하기에 족한 용량의 농약이 들어 있었고, 피해자 소유 승용차의 브레이크호스를 잘라 브레이크액을 유출시켜 주된 제동기능을 완전히 상실시킴으로써 그 때문에 피해자가 그 자동차를 몰고 가다가 반대차선의 자동차와의 충돌을 피하기 위하여 브레이크 페달을 밟았으나 전혀 제동이 되지 아니하여 사이드브레이크를 잡아당김과 동시에 인도에 부딪치게 함으로써 겨우 위기를 모면하였다면, 각 살인미수죄를 구성한다(대판 1990.7.24. 90도1149).[34]

(3) 상상적 경합 그가 출산한 여아 2명을 이불로 덮어씌워 질식 사망케 하였다면, 이는 일개의 행위가 수 개의 죄명에 해당하는 상상적 경합범관계에 있다(광주고법 1972.5.18. 72노19).

라. 낙태죄와의 관계

(1) 조산을 야기한 후 조산아를 살해한 경우

A. 학설 조산을 야기한 후 조산아를 살해한 때, 그 조산아가 ① 생존능력이 있는 경우에는 낙태죄 외에 살인죄(혹은 영아살해죄)가 성립하나 생존능력이 없는 경우에는 낙태죄만 성립한다는 견해[35]와 ② 생존능력 유무를 불문하고 낙태죄만 성립한다는 견해[36]가 대립한다.

B. 판례 산부인과 의사가 약물에 의한 유도분만의 방법으로 낙태시술을 하였으나 태아가 살아서 미숙아 상태로 출생하자 그 미숙아에게 염화칼륨을 주입하여 사망하게 한 경우, 염화칼륨 주입행위를 낙태를 완성하기 위한 행위에 불과한 것으로 볼 수 없고, 살아서 출생한 미숙아가 정상적으로 생존할 확률이 적다고 하더라도 그 상태에 대한 확인이나 최소한의 의료행위도 없이 적극적으로 염화칼륨을 주입하여 미숙아를 사망에 이르게 하였다면 미숙아를 살해하려는 범의가 인정된다(대판 2005.4.15. 2003도2780).[37]

C. 검토 자연적 분만기에 앞서 태아를 모체 밖으로 배출시키는 행위 자체가 낙태죄를 구성하고, 살아 있는 영아를 살해하는 행위는 별도의 살인죄 또는 영아살해죄를 구성한다.

(2) 방치하여 사망한 경우(일본 최고재판소 1989.1.19.자 결정) 임부의 의뢰를 받아 임신 26주에 들어간 태아의 낙태를 행한 산부인과 의사가, 낙태에 의해 출생한 미숙아에게 적절한 의료를 받

---

34 각 살인미수죄가 된다는 것으로 보아 범의의 갱신이 있었던 것으로 보인다.

35 박상기, 14면.

36 김/김, 43면; 이재상, 94면.

37 산모는 남자친구와 자발적 성관계로 임신하여 모자보건법이 허용하는 임신중절수술을 받을 수 있는 경우에 해당하지 않는다. 의사는 낙태죄와 살인죄의 실체적 경합범이 된다.

게 하면 생육가능성이 있는 것을 인식하고 또 이를 위한 조치를 취하는 것이 신속·용이하게 가능함에도 불구하고, 그 미숙아를 자기의 병원 안에 방치하여 54시간 후에 사망에 이르게 한 경우, 업무상낙태죄와 함께 보호자유기치사죄가 성립한다(대판 2002.1.22. 2001도2254).[38]

마. 시체 없는 살인죄 피해자의 시체가 발견되지 아니하였더라도 간접증거를 상호 관련하에서 종합적으로 고찰하여 살인죄의 공소사실을 인정할 수 있다(대판 2008.3.13. 2007도10754).

II. 존속살해죄

> **제250조** ② 자기 또는 배우자의 직계존속을 살해한 자는 사형, 무기 또는 7년 이상의 징역에 처한다.[39]
> **제256조** 유기징역에 처하는 때에는 10년 이하의 자격정지를 병과할 수 있다.

1. 의의와 성격 존속살해죄는 자기 또는 배우자의 직계존속을 살해하는 범죄로, 직계비속이라는 신분 때문에 형이 가중되는 부진정신분범이다.

2. 직계존속

가. 직계존속의 의미와 범위

(1) 의미 직계존속이란 법률상의 개념으로서 사실상 혈족관계가 있는 부모관계일지라도 법적으로 인지절차를 완료하지 아니한 한 직계존속이라 볼 수 없고, 아무 특별한 관계가 없는 타인 사이라도 일단 합법적 절차에 의하여 입양관계가 성립한 뒤에는 직계존속이다(대판 1981.10.13. 81도2466).

(2) 범위

A. 학설 직계존속에는 ① 부모, 조부모, 증조부모 등은 물론 외조부모, 외증조부모 등이 포함된다는 견해[40]와 ② 구 민법상 혈족이라 함은 그 앞에 부계라는 수식어가 없다고 하더라도 당연히 부계혈족만을 가리키는 것으로 보아야 하고, 다만 부, 조부, 증조부 등의 배우자인 모, 조모, 증조모 등은 직계혈족이 된다는 견해[41]가 있다.

B. 판례 구 민법 제932조 소정의 미성년자의 직계혈족이라 함은 특히 부계혈족이라고 제한

---

38 산부인과 의사가 낙태수술에 따라 인공적으로 배출된 미숙아(임신 32주)를 그대로 방치하여 38시간이 지난 후 사망에 이르게 한 사안에서, 제1심은 부작위에 의한 살인죄로 판단하였으나, 항소심은 피고인에게 낙태수술의 실패로 태어난 피해자가 앞으로도 정상적으로 생존할 가능성이 있음을 인식하고서도 이를 살해하려는 새로운 범의에 의해 피해자를 방치했다고 보기 어렵다고 보아 무죄로 판단하였고, 대법원은 항소심의 판단을 받아들였다.

39 1995년 형법개정 이전에는 사형 또는 무기징역만 있었다.

40 박성숙, 혈족과 인척, 가족법학논총(1); 박병호교수 환갑기념논문집, 108면.

41 조승윤, 구민법 제777조 제1항 소정의 8촌 이내의 부계존속의 범위와 친족상도례, 대법원판례해설 제16호.

한 바 없고 또 이를 부계혈족에 한한다고 해석할 이유가 없다(대결 1981.1.19. 81스25내지29).

C. 검토 직계혈족을 부계혈족으로 제한할 이유는 없고, 따라서 외조부모와 외증조부모도 직계혈족에 포함된다는 판례 입장이 옳다.

나. 부자관계: 친생자추정(민법 제844조)

(1) 친자관계부존재 확인 민법 제844조는 부부가 동거하여 妻가 夫의 자를 포태할 수 있는 상태에서 자를 포태한 경우에 적용되고, 동거의 결여로 처가 부의 자를 포태할 수 없는 것이 외관상 명백한 사정이 있는 경우에는 그 추정이 미치지 아니다(대판 1983.7.12. 82므59 全合).[42]

(2) 실제상의 친자 친자관계라는 사실은 호적상의 기재여하에 의하여 좌우되는 것은 아니며 호적상 친권자라고 등재되어 있다 하더라도 사실에 있어서 그렇지 않은 경우에는 법률상 친자관계가 생길 수 없다(대판 1983.6.28. 83도996).[43]

다. 혼인외의 출생자와 생모 혼인 외의 출생자와 생모 간에는 생모의 인지나 출생신고를 기다리지 않고 자의 출생으로 당연히 법률상의 친족관계가 생기는 것이다(대판 1980.9.9. 80도1731).

라. 양자와 종전의 친족관계

(1) 단순입양의 경우 입양된 사실이 있다고 하더라도 생가를 중심으로 사는 종전의 친족관계는 소멸되는 것이 아니다(대판 1967.1.31. 66도1483).

(2) 친양자의 경우 친양자의 경우에는 종전의 친족관계가 단절된다(민법 제908조의2 이하).

마. 입양목적의 친생자신고

(1) 입양요건 구비 입양을 하면서도 입양신고를 하지 아니하고 대신에 친생자인 것처럼 출생신고하여 호적부에 기재하게 한 경우, 당사자 사이에 양친자관계를 창설하려는 명백한 의사가 있고 나아가 기타 입양의 성립요건이 모두 구비된 경우에 입양신고 대신 친생자 출생신고가 있다면 형식에 다소 잘못이 있더라도 입양의 효력이 있으므로 존속이 된다.[44]

(2) 입양요건 미비 피살자(여)가 그의 문전에 버려진 영아인 피고인을 주워다 기르고 친생자인 것처럼 출생신고를 하였다고 하더라도 입양요건을 갖추지 아니하였다면, 피고인과의 사이에 모자관계가 성립될 리 없으므로, 피고인이 동녀를 살해하였다고 하여도 존속살인죄로 처벌할 수 없다(대판 1981.10.13. 81도2466).

---

42 처가 가출하여 夫와 별거한 지 약 2년 2개월 후에 자를 출산하였다면 이에는 민법 제844조의 추정이 미치지 아니한다.

43 피고인은 호적부상 피해자와 모 사이에 태어난 친생자로 등재되어 있으나 피해자가 집을 떠난 사이 모가 타인과 정교관계를 맺어 피고인을 출산하였다면 피고인과 피해자 사이에는 친자관계가 없다.

44 대판 1977.7.26. 77다492 全合; 2007.11.29. 2007도8333, 2007감도22.

3. 가중처벌의 위헌성 여부

가. 학설 존속살해죄의 가중처벌과 관련하여, ① 위헌설[45]과 ② 합헌설[46]이 대립한다.

나. 헌법재판소 결정

(1) 다수의견 헌법 제11조 제1항의 평등의 원칙은 입법과 법의 적용에 있어서 합리적 근거 없는 차별을 하여서는 아니 된다는 상대적 평등을 뜻하고, 법정형의 종류와 범위의 선택은 여러 가지 요소를 종합적으로 고려하여 입법자가 결정할 사항으로서 광범위한 입법재량 내지 형성의 자유가 인정되어야 할 분야이다. 조선시대 이래 현재에 이르기까지 존속살해죄에 대한 가중처벌은 계속되어 왔고, 그러한 입법의 배경에는 우리 사회의 효를 강조하는 유교적 관념 내지 전통사상이 자리잡고 있는 점, 존속살해는 그 패륜성에 비추어 일반 살인죄에 비하여 고도의 사회적 비난을 받아야 할 이유가 충분한 점, 1995년 이 사건 법률조항의 법정형이 종래의 '사형 또는 무기징역'에서 '사형, 무기 또는 7년 이상의 징역'으로 개정되어 기존에 제기되었던 양형에 있어서의 구체적 불균형의 문제도 해소된 점을 고려할 때 이 사건 법률조항이 형벌체계상 균형을 잃은 자의적 입법으로서 평등원칙에 위반된다고 볼 수 없다(헌재결 2013.7.25. 2011헌바267).

(2) 반대의견 배우자나 직계비속을 살해하는 경우 또는 법적인 신분관계는 없으나 가해자와 특별한 은인관계에 있는 사람을 살해하는 경우 등은 일반살인죄로 처벌하고, 심지어 직계존속이 치욕 은폐 등의 동기로 영아를 살해하는 경우는 처벌을 감경하는 것과는 달리, 직계존속을 살해하는 경우에는 양육이나 보호 여부, 애착관계의 형성 등 다른 사정은 전혀 묻지 아니하고 그 형식적 신분관계만으로 가중처벌하는 것이다. 이는 봉건적 윤리관념에 그 근거를 두고 있는 것으로, 헌법이 보장하는 민주적인 가족관계와 조화되기 어렵고, 범행동기 등을 감안하지 않고 일률적으로 형의 하한을 높여 합리적인 양형을 어렵게 하며, 비교법적으로도 그 예를 찾기 어려운 것으로서 차별의 합리성을 인정할 수 없으므로 헌법상 평등의 원칙에 위반된다.

다. 검토 직계존속을 살해하는 패륜적 행동을 가중처벌하는 것 자체가 위헌이라고 할 수는 없지만, 헌재결정의 반대의견에서 말하는 것처럼, 그 가중처벌은 패륜적 존속을 살해한 비속에게 너무 엄중하게 작동한다. 형의 하한이 7년 이상의 징역이어서 작량감경을 하더라도 집행유예가 불가하기 때문이다. 이처럼 존속살해의 가중처벌은 패륜적 비속의 처벌에는 아무런 영향을 미치지 못하면서, 패륜적 존속을 살해한 비속의 양형을 경직되게 만든다는 점에서 불필요한 것이라고 할 것이다. 일본은 1995년의 형법개정을 통해 존속범죄 가중처벌규정을 모두 폐기하였다.

---

45 강구진, 34면; 유기천, 상권, 37면; 임웅, 32면; 정영일, 16면.

46 김성돈, 42면; 김/김, 21면; 김/서, 23면; 박상기, 21면; 배종대, 83면; 손동권, 17면; 오영근, 39면; 이재상, 26면; 정/박, 53면.

III. 기타 살인의 죄

1. 영아살해죄

> **제251조 (영아살해)** 직계존속이 치욕을 은폐하기 위하거나 양육할 수 없음을 예상하거나 특히 참작할 만한 동기로 분만 중 또는 분만 직후의 영아를 살해한 때에는 10년 이하의 징역에 처한다.

가. 의의 직계존속이 치욕을 은폐하거나 양육의 어려움을 예상하는 등 특히 참작할 만한 동기로 분만 중 또는 분만 직후의 영아를 살해하는 범죄이다. 직계존속이 참작할 만한 동기를 이유로 보통살인죄보다 가볍게 처벌되는 부진정신분범이다.

나. 주체: 직계존속

(1) 학설 영아살해죄의 주체인 직계존속과 관련하여, ① 직계존속은 모두 본죄의 주체가 되고 사실상의 직계존속도 포함된다는 견해(다수설)[47]와 ② 출산으로 인한 흥분상태를 이유로 책임이 감경되기 때문에 영아의 생모에 국한된다는 견해[48]가 대립한다.

(2) 판례 남녀가 사실상 동거한 관계가 있고 그 사이에 영아가 분만되었다 하여도 그 남자와 영아와의 사이에 법률상 직계존속·비속의 관계가 있다 할 수 없으므로, 그 남자가 영아를 살해한 경우에는 보통살인죄에 해당한다(대판 1970.3.10. 69도2285).

(3) 검토 법이 명시하고 있는 직계존속을 생모로 제한하는 것은 허용되지 않는 축소해석이다. 그리고 판례는 법률상의 직계존속에 국한시키고 있지만, 피고인에게 유리하도록 사실상의 직계존속도 포함시켜도 무방하다. 본죄의 참작할 만한 동기는 현실적으로 사실상의 존속에게 더 많이 나타날 수 있다.[49]

다. 행위의 객체: 영아

(1) 영아 행위객체는 '분만 중 또는 분만 직후의 영아', 즉 '젖먹이'이다. '분만 직후'라 함은 통상 분만으로 인한 비정상적 심리상태가 계속되고 있는 동안을 의미한다.

(2) 판례 영아살해죄의 객체가 되는 것은 산모의 분만 중 또는 분만 직후의 생존아를 말하는

---

47 권오걸, 14면; 김성돈, 46면; 김/서, 24면; 오영근, 41면; 임웅, 35면; 정/박, 56면; 정영일, 18면.

48 배종대, 87면; 이재상, 29면.

49 존비속이나 부부간의 범죄가 문제되는 경우, 대법원은 사실상의 존비속관계 혹은 사실혼관계에 있는 사람은 당해 범죄의 주체 혹은 객체에서 배제하는 해석을 하고 있다. 이는 사실상의 존비속관계 또는 사실상의 혼인관계에 있는지 여부가 재판의 선결문제가 되어 재판이 가사재판으로 변질되어 장기화되는 것을 방지하려는 취지일 것이다. 이에 비하여 학자들이 다른 의견을 내는 것은 당해 범죄의 입법취지 등을 고려하여 보다 올바른 해석이 무엇일까를 고민하기 때문이다.

것이고, 생후 2개월이 경과한 때에는 형법에 규정된 영아라 할 수 없다(대구고법 1968.3.26. 67노317).

라. 참작할 만한 동기

(1) 성격 영아살해죄는 고의 외에, ① 치욕을 은폐하거나(예: 강간에 의한 임신, 처녀의 사생아 출산) ② 양육할 수 없음을 예상하거나(예: 경제적 곤란) ③ 특히 참작할 만한 동기(예: 기형아나 장애아)가 있어야 한다. 이는 일반적으로 고의의 인식대상이 아닌 초과주관적 구성요건요소라고 한다. 하지만 이 동기는 불법구성요건과 구분되는 책임구성요건으로 보아야 하고, 그 동기를 근거짓는 객관적 사실(가령, 기형아나 경제곤란)을 인식하여야 하고, 따라서 그에 대한 오인과 불인식은 고의의 성립에 영향을 미친다.

가령, 참작할 만한 동기가 없음에도 있는 것으로 오신하여 영아를 살해한 때에는 제15조 제1항에 따라 영아살해죄가 성립한다. 이와는 달리 존재하는 동기를 불인식한 상태에서 영아를 살해한 경우, 본죄의 동기는 초과주관적 구성요건요소로서 고의의 인식대상이 아니므로 보통살인죄가 성립한다는 견해[50]도 있다. 그러나 객관적으로 주어진 동기에 대한 인식이 없다고 하더라도 주어진 그 객관적 사실로 인해 보통살인의 결과는 일어날 수 없다는 점에서 보통살인죄의 (불능)미수와 영아살해죄의 상상적 경합이 된다고 봄이 타당하다.[51]

(2) 작량감경의 가능 여부 본죄의 동기는 보통살인죄에 비해 형벌을 감경시키는 요인인데, 이를 이유로 다시 제53조의 작량감경이 가능한지에 대해, 긍정설[52]과 부정설[53]이 나뉜다. 참작할 만한 동기가 여러 개인 경우가 아니라면, 동일한 사유를 이중평가하는 것은 곤란하므로 부정설이 타당하다.

마. 감경처벌의 이유 영아살해죄를 보통살인죄보다 가볍게 처벌하는 이유와 관련하여, ① 책임이 감경되기 때문이라는 책임감경설(다수설)[54]과 ② 영아살해죄의 동기가 이미 불법을 감경하기 때문이라는 불법감경설[55]이 주장되고 있다. 객관적으로 주어진 동기 및 이에 대한 인식으로 인해 책임감경 이전에 이미 불법도 약화된다고 봄이 타당하다.

2. 촉탁·승낙살인죄(동의살인죄)

> **제252조** ① (촉탁, 승낙에 의한 살인 등) 사람의 촉탁 또는 승낙을 받아 그를 살해한 자는 1년 이상 10년 이하의 징역에 처한다.

50 김성돈, 47면; 김/서, 25면; 오영근, 42면; 임웅, 38면; 정/박, 57면.

51 보통살인의 고의는 영아살해의 고의를 포함하므로 영아살해죄는 고의·기수이다.

52 김성돈, 47면; 김/김, 30면; 배종대, 88면; 이재상, 30면; 정/박, 57면.

53 권오걸, 15면; 박상기, 26면; 오영근, 43면; 임웅, 38면.

54 권오걸, 13면; 김/서, 23면; 오영근, 40면; 이재상, 29면; 임웅, 35면; 정/박, 55면.

55 김성돈, 45면.

가. 피해자의 촉탁과 승낙

(1) 의의 '촉탁'은 이미 죽음을 결심한 자로부터 살해의 부탁을 받는 것을 말하고, '승낙'은 살해의사를 가진 자가 피해자의 동의를 받는 경우를 말한다. 촉탁과 승낙은 명시적이고 진지한 것이어야 하며, 죽음의 의미를 모르는 정신병자나 연소자의 촉탁과 승낙은 유효하지 아니하다.

(2) 촉탁의 유효 요건 촉탁에 의한 살인죄에서 '촉탁'은 자유로운 의사에 기한 명시적이고 진지한 것임을 요하므로, 죽음이 무엇인가를 이해할 수 있는 능력과 자유로이 의사를 결정할 수 있는 능력을 갖춘 자가 진지하게 자신을 살해해 달라고 요구하는 의사표시를 명시적으로 한 때에만 살인의 촉탁이 있었다고 할 것이다(대전지법 2012.11.13. 2012고합380).

나. 고의와 착오

촉탁과 승낙은 객관적 구성요건요소이므로 행위자가 이를 인식하여야 한다. 따라서 촉탁·승낙이 없음에도 있는 것으로 오인하여 살해한 경우에는 제15조 제1항에 따라 촉탁·승낙살인죄가 성립한다(통설).[56] 이에 반하여 촉탁·승낙이 있음에도 이를 인식하지 못하고 살해한 경우에는 ① 촉탁·승낙살인죄설[57] ② 보통살인죄설[58] 및 ③ 보통살인미수죄와 촉탁·승낙살인죄의 상상적 경합설[59]이 대립한다. 객관적으로 존재하는 촉탁·승낙으로 인해 보통살인은 (불능)미수에 그치므로, 보통살인죄의 (불능)미수죄와 촉탁·승낙살인죄의 상상적 경합으로 봄이 타당하다.

다. 실행의 착수 실행의 착수는 행위자의 살해행위를 개시하는 시점이다. 살해의 촉탁이나 승낙을 받는 것도 본 죄의 구성요건에 해당하는 행위이지만, 이 단계에서는 아직 생명침해의 현실적 위험이 존재하지 않는다. 따라서 촉탁이나 승낙을 받은 것만으로는 실행의 착수가 인정되지 않고, 아직 불가벌적 예비단계에 불과하다고 보아야 한다.[60]

3. 자살관여죄(자살교사·방조죄)

> **제252조(자살교사·방조죄)** ② 사람을 교사 또는 방조하여 자살하게 한 자도 전항의 형과 같다.
> **제254조(미수범)** 전4조의 미수범은 처벌한다.

가. 의의 자살관여죄는 사람을 교사 또는 방조하여 자살하게 함으로써 성립하는 범죄이며, 자

---

56 김성돈, 49면; 박상기, 31면; 오영근, 45면; 이재상, 33면; 이형국, 41면; 임웅, 41면; 정/박, 61면.

57 유기천, 상권, 40면; 백형구, 32면.

58 박상기, 31면; 이재상, 33면; 정/박, 61면; 정웅석, 805면; 진계호, 55면.

59 김성돈, 49면; 김/서, 28면; 이정원, 65면; 이형국, 41면; 임웅, 41면.

60 형법은 촉탁·승낙살인죄의 예비를 처벌하지 않는다(제255조).

살교사죄와 자살방조죄의 두 유형이다. 형법은 자살 자체를 처벌하는 규정을 두고 있지 않지만, 그 자살에 관여행위인 교사·방조는 법정책적 차원에서 독립하여 처벌하고 있다. 즉, 자살관여죄는 총칙상의 공범이 아니라, 그 관여행위를 독립하여 처벌하는 독립범죄인 것이다(대판 1992.7.24. 92도1148; 2005.6.10. 2005도1373).

나. 판례상 문제된 사안

(1) 방조의 의미 자살방조죄는 자살하려는 사람의 자살행위를 도와주어 용이하게 실행하도록 함으로써 성립되는 것으로서, 그 방법에는 자살도구인 총, 칼 등을 빌려주거나 독약을 만들어 주거나, 조언 또는 격려를 한다거나 기타 적극적, 소극적, 물질적, 정신적 방법이 모두 포함된다.[61]

(2) 방조의 고의 그 방조 상대방의 구체적인 자살의 실행을 원조하여 이를 용이하게 하는 행위의 존재 및 그 점에 대한 행위자의 인식이 요구된다.[62]

A. 극약의 판매 피고인 甲이 피고인 乙과 피해자에게 시안화칼륨을 판매함으로써, 피고인 乙은 피해자와 함께 자살할 의도로 피고인 甲으로부터 시안화칼륨을 구입하여 피해자와 함께 동거하던 집의 방 서랍에 보관하여 둠으로써 피해자의 자살행위를 도와주어 이를 용이하게 실행하도록 하였다 할 것이고, 가사 피해자가 피고인 乙과 함께 자살할 의사로 시안화칼륨을 구입한 이후 자살의 의사를 포기하였다가 새로이 자살을 결의하여 시안화칼륨을 먹고 자살에 이르렀고 그 과정에서 피고인 乙이 이를 만류하였다고 하더라도, 이러한 사정만으로는 피고인들의 자살방조죄의 성립에 영향이 있다고 할 수 없다(서울중앙지법 2004.3.26. 2004고합164).

B. 극약의 사기판매 피고인들의 판매광고 등의 행위는 단지 금원편취 목적의 사기행각의 일환으로 이루어진 것일 뿐 그 후 다른 경로로 입수한 청산염을 이용한 변사자들의 자살행위에 어떠한 물질적 혹은 유형적 기여도 하지 못한 점, 변사자들이 자살관련 카페에서의 상호 교감을 통해 이미 자살을 결의하고 구체적인 실행방법만을 물색하고 있던 상황인 데다가 판매광고가 사기행각임이 발각되기까지 하였음에 비추어, 피고인들이 변사자들의 자살의 실행에 정신적 혹은 무형적으로 기여하였다고 보기도 어려운 점 등의 사정에 비추어, 피고인들의 행위가 변사자들이 실행한 자살행위를 원조하여 이를 용이하게 한 방조행위에 해당한다고 보기 어렵고 방조의 범의가 있다고 보기도 어렵다(대판 2005.6.10. 2005도1373).

(3) 방조에 해당하는 사례

A. 유서대필 행위 망인이 자살하려는 정을 알고 그 유서를 대필하여 주면 자살방조에 해당한다(대판 1992.7.24. 92도1148).[63]

---

61 대판 1992.7.24. 92도1148; 2005.6.10. 2005도1373.

62 대판 2005.6.10. 2005도1373.

63 반대의견으로는 박상기, 33면; 정영일, 25면.

B. 자살도구 구입 피해자가 피고인과 말다툼을 하다가 죽고 싶다 또는 같이 죽자고 하며 피고인에게 기름을 사오라는 말을 하였고, 이에 따라 피고인이 피해자에게 휘발유 1병을 사다주었는데 그 직후에 피해자가 몸에 휘발유를 뿌리고 불을 붙여 자살한 사실과 피해자의 자살경위에 피해자의 자녀문제와 고부갈등, 경제적 어려움 등으로 인한 가정불화 등을 보태어 보면, 피고인이 피해자에게 휘발유를 사다주면 이를 이용하여 자살할 수도 있다는 것을 충분히 예상할 수 있었음에도 휘발유를 사다주어 피해자가 자살하도록 방조한 것이다(대판 2010.4.29. 2010도2328).

다. 자살관여죄의 미수 자살의 교사·방조행위가 있었으나 ① 상대방이 자살행위에 나아가지 않은 경우, ② 상대방에 자살하려고 하였으나 실패한 경우에는 자살관여죄의 미수범이 성립한다. 자살을 범죄로 보고, 자살관여죄를 총칙상의 공범으로 본다면, ①의 실패한 교사·방조 또는 효과 없는 교사·방조에서는 미수범이 성립하지 않고, ②의 경우에만 미수범이 성립한다. 하지만 자살관여죄는 독립된 범죄행위이므로 기도된 교사에 관한 총칙 제31조 제2항, 제3항은 적용되지 않는다.

라. 합의동사(동반자살)

(1) 사안별 죄책 함께 자살하기로 하고 자살을 시도하였으나 그중 1인이 살아남았을 때, ① 그저 상대방을 좇아 자살하려다가 실패한 경우에는 불가벌이지만, ② 살아남은 자가 죽은 자의 자살을 방조한 사실이 있는 경우에는 자살방조죄가 성립하고, ③ 자살할 의사가 없는 상대방을 설득하여 자살하게 하고 자신만이 살아남은 경우에는 자살교사죄가 성립한다. 그리고 자신은 자살할 의사가 없으면서 함께 자살할 것처럼 상대방을 기망하여 자살하게 한 경우에는 제253조의 위계에 의한 살인죄가 성립할 수 있다.

(2) 판례 피해자를 만나 수면제를 먹고 연탄가스를 피운 방 안에서 잠을 자는 방법으로 자살하기로 약속하고, 피해자와 함께 여관에 투숙하여 술을 마신 뒤 방문과 창문의 틈에 청테이프를 붙여 밀폐한 뒤 연탄이 피워져 있는 화덕 2개를 방 안으로 옮겨 놓고, 수면제 약 20알씩을 나누어 먹고 잠을 잤다가 피고인만 살아남은 경우, 피해자로 하여금 일산화탄소 중독증에 의하여 사망에 이르게 하여 자살을 방조하였다(춘천지법 원주지원 2009.7.16. 2009고합30).

마. 자살방조죄와 촉탁살인죄의 구별 자살방조죄와 촉탁살인죄는 죽은 자에게 이미 죽을 결의가 있었다는 공통점이 있다. 다만, 자살방조죄는 자살에 대한 주도적인 역할이 자살자에게 있는 경우이고, 촉탁살인죄는 죽음에 대한 주도적 역할을 죽은 자 이외의 다른 사람(촉탁받은 사람)이 한 경우이다.[64] 주도적 역할을 행위지배로 표현하기도 하는데[65] 결론에 있어서 차이는 없다.

---

64 김성돈, 51면; 정/박, 63면.

65 배종대, 91면; 오영근, 47면; 이재상, 36면; 임웅, 43면.

4. 위계·위력에 의한 살인죄

> **제253조(위계 등에 의한 촉탁살인 등)** 전조의 경우에 위계 또는 위력으로써 촉탁 또는 승낙하게 하거나 자살을 결의하게 한 때에는 제250조의 예에 의한다.

가. 의의와 성격 위계·위력을 사용하여 촉탁·승낙을 받아 살해하거나 자살하도록 하는 범죄이다. 위계·위력에 의한 자살관여죄는 의사자유를 제압당한 자를 이용하여 그를 살해한다는 점에서 이론상으로는 간접정범에 해당하지만, 형법이 독립된 범죄로 규정하고 있는 것이다.

나. 위력에 의한 자살교사죄

위력자살결의죄 내지 위력자살결의방조죄가 성립하기 위하여는 피해자에 대한 폭행이나 협박 등의 위력이 피해자의 항거를 불가능하게 하여 피해자가 그 의사결정 능력을 완전히 상실하거나 피해자의 항거를 현저히 곤란하게 하여 피해자가 자살 이외의 방법을 선택하는 것이 극히 곤란한 상황에 처하여 자살에 이를 정도의 것이어야 한다.[66]

다. 성립하지 않는 사례 자신의 처와 정을 통한 피해자를 수일간에 걸쳐 폭행·협박하고 심하게 책임추궁을 하여 피해자가 죄책감에 괴로워하던 끝에 자살을 결의하게 되었다 하더라도, 그러한 사정만으로는 위력자살결의죄가 성립되지 아니한다(서울고법 1980.2.24. 88노3543).

5. 살인예비·음모죄

> **제255조(예비·음모)** 제250조와 제253조의 죄를 범할 목적으로 예비 또는 음모한 자는 10년 이하의 징역에 처한다.

가. 예비죄의 성립요건 살인예비죄가 성립하기 위하여는 살인죄를 범할 목적 외에도 살인의 준비에 관한 고의가 있어야 하며, 나아가 살인죄의 실현을 위한 준비행위가 있어야 한다. 여기서의 준비행위는 물적인 것에 한정되지 아니하며 특별한 정형이 있는 것도 아니지만, 단순히 범행의 의사 또는 계획만으로는 그것이 있다고 할 수 없고 객관적으로 보아서 살인죄의 실현에 실질적으로 기여할 수 있는 외적 행위를 필요로 한다(대판 2009.10.29. 2009도7150).

나. 성립하는 사례 甲이 A를 살해하기 위하여 乙, 丙 등을 고용하면서 그들에게 대가의 지급을

---

66 부산고법 1996.10.9. 96노502. 대법원에서 그대로 확정되었다.

약속한 경우, 甲에게는 살인죄를 범할 목적 및 살인의 준비에 관한 고의뿐만 아니라 살인죄의 실현을 위한 준비행위를 하였음을 인정할 수 있다(대판 2009.10.29. 2009도7150).[67]

다. 성립하지 않는 사례 살인대상이 특정되지 아니한 한 살인예비죄의 성립을 인정할 수 없다(대판 1959.7.31. 59도308).

제2절 • 상해와 폭행의 죄

I. 상해죄

> **제257조(상해죄)** ① 사람의 신체를 상해한 자는 7년 이하의 징역, 10년 이하의 자격정지 또는 1천만 원 이하의 벌금에 처한다. ③ 전2항의 미수범은 처벌한다.

1. 상해죄의 보호법익과 상해 개념

가. 학설

(1) 신체의 완전성설 폭행죄와 상해죄의 보호법익을 구별하지 아니하고, 양자는 모두 신체의 불가침성 내지 완전성을 보호하려는 범죄로 보는 견해이다.[1]

(2) 생리적 기능장애설 폭행과 상해를 엄격하게 구별하는 우리 형법의 해석에 있어서, 폭행죄는 신체의 완전성(신체의 건재)을 보호하는 범죄지만, 상해죄는 생리적 기능(신체의 건강)을 보호하려는 범죄라고 보는 견해이다.[2]

(3) 절충설 상해죄의 보호법익을 신체의 완전성으로 보아 상해란 신체를 훼손하는 행위를 의미한다는 전제하에, 생리적 기능(내부적 완전성)을 훼손하는 행위뿐만 아니라 신체의 외모에 중대한 변화를 가하는 행위(외부적 완전성)도 상해에 해당한다고 보는 견해이다.[3]

---

67 乙과 丙은 처음부터 A를 살해할 의사가 없었고 피고인을 속여 돈을 편취할 의사만 있었으며, 따라서 살해하기 위한 어떠한 도구도 준비하지 않은 채 피고인으로부터 대가를 지급받기로 약속한 시간 직전에 A를 만나 피고인으로부터 살해를 의뢰받은 사실을 알리고 이를 미끼로 A를 협박하여 돈을 갈취하려 하였으며, 乙과 丙은 사전에 계획한 대로 A로부터 휴대폰을 빌린 후 피고인에게 휴대폰을 보여주면서 A를 살해하였다고 피고인을 속여 그로부터 2천만 원을 교부받은 사안이다.

1 유기천, 상권, 47면.

2 권오걸, 29면; 김성돈, 58면; 박상기, 38면; 오영근, 54면; 이재상, 46면; 임웅, 53면; 정/박, 72면.

3 배종대, 99면; 신동운, 상해죄, 고시연구 제18권 제10호, 156면; 진계호, 상해죄와 폭행죄의 관계, 고시연구 제16권 제6호, 80면.

나. 대법원 판례

(1) 생리적 기능장애설에 따른 판결 강제추행치상죄에 있어서의 상해는 피해자의 신체의 건강상태가 불량하게 변경되고 생활기능에 장애가 초래되는 것을 말하는 것으로서, 신체의 외모에 변화가 생겼다고 하더라도 신체의 생리적 기능에 장애를 초래하지 아니하는 이상 상해에 해당한다고 할 수 없다(대판 2009.7.23. 2009도1934).[4]

(2) 신체의 완전성설을 따른 판결 성폭력범죄의 처벌 및 피해자보호 등에 관한 법률 제9조 제1항의 상해는 피해자의 신체의 완전성을 훼손하거나 생리적 기능에 장애를 초래하는 것으로, 반드시 외부적인 상처가 있어야만 하는 것이 아니고, 생리적 기능에는 육체적 기능뿐만 아니라 정신적 기능도 포함된다(대판 2000.2.25. 99도4305; 1999.1.26. 99도3732; 2008.11.13. 2007도9794).

(3) 참고 판례

A. 병역법상의 '신체손상' 병역법 제86조 소정의 행위 유형 중의 하나인 '신체손상'의 개념은 신체의 완전성을 해하거나 생리적 기능에 장애를 초래하는 '상해'의 개념과 일치되어야 하는 것은 아니며, 병역의무의 기피 또는 감면사유에 해당되도록 신체의 변화를 인위적으로 조작하는 행위까지를 포함하는 개념이다(대판 2004.3.25. 2003도8247).[5]

B. 재해대상인 의족 재해로 인한 부상의 대상인 신체를 반드시 생래적 신체에 한정할 필요가 없고, 의족 파손을 업무상 재해로 보지 않는다면 장애인 근로자에 대한 보상과 재활에 상당한 공백을 초래하게 된다. 의족은 단순히 신체를 보조하는 기구가 아니라 신체의 일부인 다리를 대체하는 장치로서 근로자의 부상 대상이 된다(대판 2014.7.11. 2012두20991).

다. 검토

폭행죄와 상해죄의 보호법익을 구별하지 않는 입장에서는 두 범죄를 보호정도에서 구별하고자 한다. 즉, 폭행죄는 신체에 대한 유형력의 행사만으로 처벌되는 추상적 위험범인 반면에, 상해죄는 신체의 완전성을 침해할 것을 요하는 침해범이라는 것이다. 하지만 이 견해에 따르면, 가령 신체의 완전성을 침해하는 모발이나 눈썹의 절단행위를 폭행으로 보아야 할지 아니면 상해로 보아야 할지가 불분명하게 되고, 또 일본처럼 상해죄를 폭행죄의 결과적 가중범으로 이해하게 될 위험성이 있다.

따라서 폭행죄와 상해죄의 보호법익을 구분하자는 입장에 따라, 상해죄는 신체의 건강을 침해할 것을 요하는 침해범으로 보고, 폭행죄는 이보다 더 앞서 신체의 건재를 보호하기 위한 추상적 위험범으로 봄이 타당하다. 현행법에 따르더라도 폭행의 고의로 행동하였으나 상해의 결과가 발생한 때에는 상해죄가 아니라 폭행치상죄가 성립하고, 상해의 고의로 행동하였으나 상해의 결과가 일어

4 2004.3.11. 2004도483; 2003.7.11. 2003도2313; 2000.3.23. 99도3099; 1994.11.4. 94도1311.

5 병역의무를 기피 또는 감면받을 목적으로 몸에 문신을 한 사안이다.

나지 않은 때에는 폭행죄가 아니라 상해미수가 된다.

2. 경미한 상처와 상해

가. 상해 해당 여부 상처가 극히 경미하여 굳이 치료할 필요가 없고 치료를 받지 않더라도 일상생활을 하는 데 아무런 지장이 없으며 시일이 경과함에 따라 자연적으로 치유될 수 있는 정도라면, 그로 인하여 피해자의 신체의 건강상태가 불량하게 변경되었다거나 생활기능에 장애가 초래된 것으로 보기 어려워 강간치상죄에 있어서의 상해에 해당한다고 할 수 없다.[6]

나. 판단방법 일상생활 중 통상 발생할 수 있는 정도를 넘는 상처가 폭행에 의하여 생긴 것이라면 상해에 해당된다 할 것이며, 피해자의 신체의 완전성을 훼손하거나 생리적 기능에 장애를 초래하였는지는 객관적, 일률적으로 판단될 것이 아니라 피해자의 연령, 성별, 체격 등 신체, 정신상의 구체적 상태를 기준으로 판단되어야 한다(대판 2008.11.13. 2007도9794).

다. 상해로 볼 수 없는 사례 ① 피해자에게 가한 약 1주간의 치료를 요하는 좌측팔 부분의 동전크기의 멍(대판 1996.12.23. 96도2673), ② 피해자의 음모의 모근(毛根) 부분을 남기고 모간(毛幹) 부분만을 일부 잘라냄으로써 음모의 전체적인 외관에 변형만이 생긴 경우는 병리적으로 보아 피해자의 신체의 건강상태가 불량하게 변경되거나 생활기능에 장애가 초래되었다고 할 수는 없으므로, 상해에 해당하지 아니한다(대판 2000.3.23. 99도3099).[7]

라. 상해에 해당하는 사례 ① 오랜 시간 동안의 협박과 폭행을 이기지 못하고 실신하여 범인들이 불러온 구급차 안에서야 정신을 차리게 된 경우(대판 1996.12.10. 96도2529),[8] ② 난소의 제거로 이미 임신불능 상태에 있는 피해자의 자궁을 적출한 경우는 상해에 해당한다(대판 1993.7.27. 92도2345).

3. 태아에 대한 상해

가. 학계 태아에 대한 상해를 출생 후의 사람에 대한 상해로 볼 수 없다는 것이 학계의 통설이다.[9] 태아에 대한 상해를 모체에 대한 상해로 보기도 곤란하다. 태아를 살해하는 낙태조차 3년 이

---

6 대판 2004.3.11. 2004도483; 2003.7.11. 2003도2313; 2009.7.23. 2009도1934.

7 음모는 성적 성숙함을 나타내거나 치부를 가려주는 등의 시각적·감각적인 기능 외에 특별한 생리적 기능이 없는 것이므로, 이로 인하여 피해자에게 수치심을 야기하기는 하겠지만, 병리적으로 보아 피해자의 신체의 건강상태가 불량하게 변경되거나 생활기능에 장애가 초래되었다고 할 수는 없다.

8 피해자를 22:00경부터 그 다음날 02:30경까지 사이에 회칼로 죽여 버리겠다거나 소주병을 깨어 찌를 듯한 태도를 보이면서 계속하여 협박하다가 손바닥으로 피해자의 얼굴과 목덜미를 수회 때리자, 피해자가 극도의 공포감을 이기지 못하고 기절한 사안이다.

9 권오걸, 30면; 김성돈, 57면; 김/서, 47면; 박상기, 40면; 배종대, 98면; 오영근, 54면; 이재상, 44면; 이형국, 58면; 임웅, 54면; 정/박, 70면; 정영일, 31면.

하의 징역에 처해지는데, 7년 이하의 징역에 처해지는 상해죄로 볼 수 없기 때문이다.

나. 판례 형법이 사람에 대한 상해 및 과실치사상죄와는 별도로 태아를 독립된 행위객체로 하는 낙태죄 등으로 처벌하도록 한 점, 과실낙태행위 및 낙태미수행위에 대하여 따로 처벌규정을 두지 아니한 점 등에 비추어 보면, 우리 형법은 태아를 임산부 신체의 일부로 보거나 낙태행위가 임산부의 태아양육, 출산 기능의 침해라는 측면에서 낙태죄와는 별개로 임산부에 대한 상해죄를 구성하는 것으로 보지는 않는다고 해석된다. 따라서 태아를 사망에 이르게 하는 행위가 임산부 신체의 일부를 훼손하는 것이라거나 태아의 사망으로 인하여 임산부의 생리적 기능이 침해되어 임산부에 대한 상해가 된다고 볼 수는 없다(대판 2007.6.29. 2005도3832; 2009.7.9. 2009도1025).

다. 검토 현행법상으로는 태아에 대한 상해를 상해죄나 모체에 대한 상해죄로 처벌할 수 없는바, 이는 입법론적으로 검토되어야 할 사안이다.

4. 고의

가. 학계 상해죄의 고의는 타인의 신체에 대한 생리적 기능을 훼손하려는 의사이다. 단순히 폭행의 의사만으로는 상해죄가 성립하지 않는다. 즉, 폭행의 의사로 상해의 결과를 발생시키면, 상해죄가 아니라 폭행치상죄가 성립한다.

나. 판례 상해죄의 성립에는 상해의 원인인 폭행에 대한 인식이 있으면 충분하고, 상해를 가할 의사의 존재까지는 필요하지 아니한다(대판 2000.7.4. 99도4341; 1983.3.22. 83도231).

다. 검토 폭행죄와 상해죄를 엄격히 구분하는 현행법하에서, 폭행에 대한 인식만으로 충분하다는 판례는 문제가 있다. 상해를 가할 확정적 의사는 아니더라도 상해에 대한 인식·인용은 있어야 하고, 이 조차도 없는 상태에서, 즉 단순한 폭행의사로 상해의 결과를 발생시킨 경우에는 폭행치상죄로 보아야 한다.

5. 위법성조각

가. 피해자의 승낙

(1) 승낙의 유효요건

A. 학설 상해에 대한 승낙이 있더라도 그 승낙이 반윤리적·반사회적일 때에는 위법하다는 것이 통설이다.

B. 판례 형법 제24조의 규정에 의하여 위법성이 조각되는 피해자의 승낙은 개인적 법익을 훼

손하는 경우에 법률상 이를 처분할 수 있는 사람의 승낙이어야 할 뿐만 아니라 그 승낙이 윤리적·도덕적으로 사회상규에 반하는 것이 아니어야 한다(대판 2008.12.11. 2008도9606; 1985.12.10. 85도1892).

(2) 승낙이 무효인 사례

A. 보험금 편취목적의 승낙 피해자와 공모하여 교통사고를 가장하여 보험금을 편취할 목적으로 피해자에게 상해를 가하였다면, 피해자의 승낙이 있었다고 하더라도 이는 위법한 목적에 이용하기 위한 것이므로 피고인의 행위가 피해자의 승낙에 의하여 위법성이 조각된다고 할 수 없다(대판 2008.12.11. 2008도9606).

B. 오진에 의한 잘못된 설명으로 인한 승낙 의사가 자신의 시진, 촉진결과 등을 과신한 나머지 초음파검사 등 피해자의 병증이 자궁외임신인지, 자궁근종인지를 판별하기 위한 정밀한 진단방법을 실시하지 아니한 채 피해자의 병명을 자궁근종으로 오진하고, 이에 근거하여 의학에 대한 전문지식이 없는 피해자에게 자궁적출술의 불가피성만을 강조하였을 뿐 위와 같은 진단상의 과오가 없었으면 당연히 설명 받았을 자궁외임신에 관한 내용을 설명 받지 못한 피해자로부터 수술승낙을 받았다면, 위 승낙은 부정확 또는 불충분한 설명을 근거로 이루어진 것으로서 수술의 위법성을 조각할 유효한 승낙이라고 볼 수 없다(대판1993.7.27. 92도2345).

(3) 승낙이 유효한 사례 피해자의 부탁으로 그의 가슴에 왕자 모양을 그어 상해를 입힌 경우는 처분할 수 있는 자의 승낙에 의하여 그 법익을 훼손한 행위이므로 형법 제24조에 의하여 벌할 수 없다(서울고법 1972.12.9. 72노1208).

나. 정당방위

(1) 싸움과 방어행위

A. 원칙 가해자의 행위가 피해자의 부당한 공격을 방위하기 위한 것이라기보다는 서로 공격할 의사로 싸우다가 먼저 공격을 받고 이에 대항하여 가해하게 된 것이라고 봄이 상당한 경우, 가해행위는 방어행위인 동시에 공격행위의 성격을 가지므로 정당방위라고 볼 수 없다.[10]

B. 예외: 정당방위가 인정된 경우

1) 예상 외의 공격 격투를 하는 자 중의 한 사람의 공격이 그 격투에서 당연히 예상을 할 수 있는 정도를 초과하여 살인의 흉기 등을 사용하여 온 경우, 이는 역시 부당한 침해라고 아니할 수 없으므로 이에 대하여는 정당방위를 허용하여야 한다(대판 1968.5.7. 68도370).

2) 겉보기 싸움 겉으로는 서로 싸움을 하는 것처럼 보이더라도 실제로는 한쪽 당사자가 일방적으로 위법한 공격을 가하고 상대방은 이러한 공격으로부터 자신을 보호하고 이를 벗어나기 위한 저항수단으로서 유형력을 행사한 경우에는, 그 행위가 새로운 적극적 공격이라고 평가되지 아

10 대판 2004.6.25. 2003도4934; 2000.3.28. 2000도228.

니하는 한 사회관념상 허용될 수 있는 상당성이 있는 것으로서 위법성이 조각된다.[11]

(2) 정당방위가 아닌 사례 ① 피해자로부터 갑작스럽게 뺨을 맞는 등 폭행을 당하여 서로 멱살을 잡고 다투자 주위 사람들이 싸움을 제지하였으나 피해자에게 대항하기 위하여 깨어진 병으로 피해자를 찌를 듯이 겨누어 협박한 경우, 자기의 법익에 대한 현재의 부당한 침해를 방어하기 위한 것이라고 볼 수 있으나, 맨손으로 공격하는 상대방에 대하여 위험한 물건인 깨어진 병을 가지고 대항한다는 것은 사회통념상 그 정도를 초과한 방어행위로서 상당성이 결여된 것이고, 또 주위사람들이 싸움을 제지한 상황에 비추어 야간의 공포나 당황으로 인한 것으로 보기도 어렵다(대판 1991.5.28. 91도80). ② 비록 피고인이 위법하게 체포된 상태에 있었고 경찰관이 음주측정을 요구한 행위가 위법하다고 하더라도, 경찰관이 피고인에게 음주측정을 요구하였을 뿐 경찰관이 피고인에게 실력행사를 하는 등의 침해행위를 하지 않았고, 피고인이 위법한 체포상태를 벗어나려는 데에 대하여 경찰관이 이를 저지하는 상황도 아니었는데, 피고인이 경찰관의 배를 때려서 경찰관에게 상해를 가한 이상 피고인의 행위를 사회적으로 상당한 방위행위에 해당한다고 보기는 어렵다(대판 2012.12.13. 2012도11162; 2012.4.26. 2011도10009).

다. 정당행위

(1) 정당행위인 사례

A. 소극적 방어행위: 피해자가 먼저 도발

1) 소극적 방어 피해자로부터 더 이상 맞지 않기 위하여 피해자의 손을 잡아 뿌리치고 목부분을 1회 밀어버림으로써 피해자가 땅에 넘어지게 된 것이라면, 불법한 공격적인 행위가 아니라 오히려 피해자 일행의 공격으로부터 벗어나기 위한 소극적인 방어행위로서 사회상규에 위배되지 않는 행위이다(대판 1990.3.27. 90도292).

2) 방어적 대응 피해자가 피고인의 집 마루에 신을 신은 채 올라와 밤나무 절취사실을 고소하게 하였다는 감정으로 욕설을 하고 손가락으로 눈을 찌르고 얼굴을 3회 박치기하여 피고인에게 요치 4주간의 치아파절상을 입히고도 계속해서 피고인의 멱살을 잡고 구타하려 하므로, 피고인은 이를 피하고자 피해자의 멱살을 잡고 흔들게 되어 부찰과상을 입혔다면, 피고인의 이러한 행위는 상대방의 부당한 공격에서 벗어나려고 한 행위로서 위법성이 결여된 행위이다(대판 1983.2.8. 82도2098).

B. 현행범체포와 정당행위

1) 정당행위의 판단기준 한계를 벗어난 체포행위는 그 부분에 관한 한 법령에 의한 행위로 될 수 없으나, 적정한 한계를 벗어나는 행위인가 여부는 결국 정당행위의 일반적 요건을 갖추었는지 여부에 따라 결정되어야 할 것이지 그 행위가 소극적인 방어행위인가 적극적인 공격행위인가에

11 대판 2010.2.11. 2009도12958; 1999.10.12. 99도3377.

따라 결정되어야 하는 것은 아니다. 그 행위 자체로서는 다소 공격적인 행위로 보이더라도 사회통념상 허용될 수 있는 행위인 경우에는 위법성이 없다(대판 1999.1.26. 98도3029).

2) 적법한 현행범체포 사례 집 앞 노상에서 피해자가 그곳에 주차하여 둔 피고인의 차를 열쇠꾸러미로 긁어 손괴하는 것을 보고 이에 격분하여 피해자의 멱살을 수회 잡아 흔들어 피해자에게 약 14일간의 치료를 요하는 흉부찰과상을 가한 경우, 피해자를 체포함에 있어서 멱살을 잡은 행위는 그와 같은 적정한 한계를 벗어나는 행위라고 볼 수 없을 뿐만 아니라 도망하려는 피해자를 체포함에 있어서 멱살을 잡고 흔들어 피해자가 결과적으로 상처를 입게 되었다고 하더라도 그것이 사회통념상 허용될 수 없는 행위라고 보기는 어렵다(대판 1999.1.26. 98도3029).

C. 의사의 치료행위

1) 학설 의사의 치료행위와 관련하여, ① 치료행위에는 상해의 고의를 인정할 수 없어서 상해죄의 구성요건해당성이 없다는 견해,[12] ② 상해죄의 구성요건에 해당하지만 업무로 인한 정당행위로서 위법성이 조각된다는 견해[13] 및 ③ 피해자의 승낙에 의하여 위법성이 조각된다는 견해[14]가 주장되고 있다.

2) 판례 ① 의사가 인공분만기인 '샤숀'을 사용하면 통상 약간의 상해정도가 있을 수 있으므로, 그 상해가 있다 하여 '샤숀'을 거칠고 험하게 사용한 결과라고는 보기 어려워 의사의 정당업무의 범위를 넘은 위법행위라고 할 수 없다(대판 1978.11.14. 78도2388). ② 태반의 일부를 떼어낸 행위는 그 의도, 수단, 절단부위 및 그 정도 등에 비추어 볼 때 의사로서의 정상적인 진찰행위의 일환이라고 볼 수 있으므로 정당행위에 해당한다(대판 1976.6.8. 76도144).[15]

(2) 정당행위가 아닌 사례 : 피고인이 먼저 도발 택시 운전사인 피고인이 고객인 가정주부들에게 입에 담지 못할 욕설을 퍼부은 데서 발단이 되어 가정주부인 피해자 등으로부터 핸드백과 하이힐 등으로 얻어맞게 되자 그 때문에 입은 상처를 고발하기 위해 파출소로 끌고 감을 빙자하여 피해자의 손목을 잡아 틀어 상해를 가했다면, 사회통념상 용인될 만한 상당성이 있는 정당행위라고 볼 수는 없다(대판 1991.12.27. 91도1169).[16]

6. 관련 문제

가. 죄수(罪數): 피해자 수 상해를 입힌 행위가 동일한 일시, 장소에서 동일한 목적으로 저질러진

12 김/서, 51면; 이재상, 49면.

13 배종대, 101면.

14 김성돈, 60면; 박상기, 44면; 오영근, 59면; 임웅, 59면; 정/박, 73면.

15 소파수술을 요구하였지만 기태 의심이 나서 수술 전에 조직검사를 하고 나서 하기로 하고, 태 밑에 농이 보여서 감정을 위해 태를 콩알만큼 떼어낸 사안이다. 대판 1974.4.23. 74도714.

16 가족이 외식을 한 후 나이트클럽에 가기로 하여 남자들은 먼저 택시를 타고 가고, 피해자들도 뒤따라 택시를 타고 그 입구에 이르렀는데, 운전사가 '클럽까지는 못 들어간다'고 하여 '다른 차는 다 들어가는데 왜 못 들어간다 하느냐'고 말다툼을 하다가 택시비를 주고 내리는데, 피고인이 '씹 팔러 다니는 주제에 말이 많다'고 한 사안이다.

것이라 하더라도 피해자를 달리하고 있으면 피해자별로 각각 별개의 상해죄를 구성한다고 보아야 한다(대판 1983.4.26. 83도524).

나. 타격의 착오 甲이 乙 등 3명과 싸우다가 힘이 달리자 식칼을 가지고 3명을 상대로 휘두르다가 이를 말리면서 식칼을 빼으려던 피해자 丙에게 상해를 입혔다면, 甲에게 상해의 범의가 인정되며 상해를 입은 사람이 목적한 사람이 아닌 다른 사람이라 하여 과실상해죄에 해당한다고 할 수 없다(대판 1987.10.26. 87도1745).

다. 협박죄와의 관계 협박행위가 상해사실과 같은 시간 같은 장소에서 동일한 피해자에게 가해진 경우에는 특별한 사정이 없는 한 상해의 단일범의하에서 이루어진 하나의 폭언에 불과하여 상해죄에 포함되는 행위라고 봄이 상당하다(대판 1976.12.14. 76도3375).[17]

II. 중상해죄와 존속중상해죄

> **제258조 (중상해, 존속중상해)** ① 사람의 신체를 상해하여 생명에 대한 위험을 발생하게 한 자는 1년 이상 10년 이하의 징역에 처한다.
> ② 신체의 상해로 인하여 불구 또는 불치나 난치의 질병에 이르게 한 자도 전항의 형과 같다.
> ③ 자기 또는 배우자의 직계존속에 대하여 전 2항의 죄를 범한 때에는 2년 이상의 유기징역에 처한다.

1. 의의와 성격

가. 의의 사람의 신체를 상해하여 ① 생명의 위험을 발생시키거나 ② 불구 또는 불치나 난치의 질병에 이르게 하는 범죄이다. 존속중상해죄는 중상해죄의 불법 및 책임가중유형이다.

나. 법적 성격

(1) 학설 중상해죄의 성격과 관련하여, ① 단순상해의 진정 결과적 가중범일 뿐만 아니라 중상해에 대한 고의가 있는 부진정결과적 가중범도 된다는 견해[18]와 ② 중한 결과도 역시 상해의 개념 속에 들어가므로 결과적 가중범이 아니라 단순한 고의범이라는 견해[19]가 대립한다.

(2) 판례 가해행위시에 중상해의 고의가 있는 경우는 물론이고 상해의 고의만 있었더라도 그 가해행위로 인하여 중상해의 결과가 발생하는 경우에는 중상해에 대한 예견가능성이 인정되는 한

17 위험한 물건인 소주병으로 피해자의 머리를 1회 쳐서 상해를 가하고, 또 흉기인 가위로 피해자를 찔러 죽인다고 협박한 사안이다.
18 김성돈, 61면; 김/서, 53면; 박상기, 47면; 배종대, 105면; 오영근, 65면; 이재상, 51면; 임웅, 60면.
19 황산덕, 177면.

중상해죄의 죄책을 진다(대전고법 1995.4.7. 94노738).

(3) 검토 중상해죄는 결과적 가중범으로서 중상해의 결과에 대한 과실이 있는 경우뿐만 아니라 고의가 있는 경우에도 성립하는 부진정결과적 가중범이다. 중상해의 고의범을 단순상해죄보다 무겁게 처벌하는 규정이 없어서, 이 경우도 중상해죄로 처벌하여야 하기 때문이다.

2. 중상해의 개념

가. 생명에 대한 위험발생 이는 치명상처럼 생명에 구체적 위험을 발생시키는 경우이다. 그러나 여기서 더 나아가 피해자로 하여금 사망에 이르게 한 때에는 상해치사죄가 성립한다.

나. 불구 불치 또는 난치의 질병에 준할 정도의 심한 불구, 즉 신체의 중요부분 절단 혹은 중요부분의 기능상실을 말한다. 이 중요부분인가의 여부는 개인사정을 배제하고 객관적으로 판단되어야 한다.[20] 실명이나 시각·청각·발성기능의 상실이 그 예이다.

(1) 중상해에 해당하는 사례 면도칼로 콧등을 길이 2.5cm, 깊이 0.56cm 절단함으로써 전치 3개월을 요하는 상처를 입혀 안면부 불구가 되게 한 것은 중상해에 해당한다(대판 1970.9.22. 70도1638).

(2) 중상해에 해당하지 않는 사례 1~2개월간 입원할 정도로 다리가 부러지는 상해 또는 3주간의 치료를 요하는 우측 흉부자상은 그로 인하여 생명에 대한 위험을 발생하게 한 경우라거나 불구 또는 불치나 난치의 질병에 이르게 한 경우에 해당한다고 보기 어렵다.[21]

다. 불치 또는 난치의 질병 에이즈처럼 치료가능성이 없거나 현저히 낮은 질병을 말한다. 육체적 질병과 더불어 정신적 질환도 포함된다.

3. 폭행에 의한 중상해 폭행의 고의로 중상해의 결과를 발생시킨 경우에는 중상해죄가 아니라 폭행치상죄가 성립한다.[22] 중상해죄는 '신체를 상해하여' 또는 '신체의 상해로 인하여' 중상해가 발생된 경우를 말하기 때문이다. 다만, 그 처벌은 제262조(폭행치상죄)는 제257조 내지 제259조의 예에 의한다고 규정하고 있기 때문에, 죄명이 폭행치상죄가 되더라도 실제의 처벌에는 문제가 생겨나지 않는다.

---

20 김성돈, 62면; 김/김, 69면; 김/서, 54면; 박상기, 48면; 배종대, 106면; 오영근, 67면; 이재상, 52면; 임웅, 62면; 정/박, 76면; 정영일, 38면.

21 대판 2005.12.9. 2005도7527.

22 권오걸, 43면; 김/서, 71면; 박상기, 49면; 배종대, 106면; 손동권, 44면; 오영근, 68면; 이재상, 54면; 이형국, 74면; 임웅, 63면; 정/박, 77면; 정영일, 39면.

III. 폭행죄와 존속폭행죄

> **제260조 (폭행, 존속폭행)** ① 사람의 신체에 대하여 폭행을 가한 자는 2년 이하의 징역, 500만원 이하의 벌금, 구류 또는 과료에 처한다.
> ② 자기 또는 배우자의 직계존속에 대하여 제1항의 죄를 범한 때에는 5년 이하의 징역 또는 700만원 이하의 벌금에 처한다.
> ③ 제1항 및 제2항의 죄는 피해자의 명시한 의사에 반하여 공소를 제기할 수 없다.

1. 의의와 성격 폭행죄는 사람의 신체에 대하여 유형력을 행사하는 범죄이다. 전형적인 형식범 내지 거동범이고, 반의사불벌죄이다.[23]

2. 폭행죄

가. 보호법익 폭행죄의 보호법익은 '신체의 완전성'이며, 보호의 정도는 추상적 위험범이다.

나. 폭행 개념

(1) 형법상의 폭행 개념

① 최광의의 폭행 사람에 대한 것이든 물건에 대한 것이든 일체의 유형력 행사를 말하며, 소요죄(제115조) 또는 다중불해산죄(제116조)의 폭행이 이에 해당한다.

② 광의의 폭행 사람에 대한 직·간접적 유형력의 행사로서, 공무집행방해죄(제136조), 특수도주죄(제146조), 강요죄(제324조)의 폭행이 이에 해당한다.

③ 협의의 폭행 사람의 신체에 대한 직·간접적 유형력의 행사로서, 폭행죄(제260조)와 특수공무원 폭행죄(제125조)의 폭행이 여기에 해당한다.

④ 최협의의 폭행 상대방의 반항을 불가능하게 하거나 현저히 곤란하게 할 정도의 폭행을 말하며, 강간죄(제297조)와 강도죄(제333조)의 폭행이 이에 해당한다.

(2) 판례 폭행죄의 폭행은 사람의 신체에 대하여 유형력을 행사하는 것을 의미한다(대판 1991.1.29. 90도2153).

(3) 심리적 폭행의 포함 여부

A. 학설 육체적 고통을 주는 물리적 폭행(유형력) 외에, 정신적 고통을 주는 심리적 폭행(무형력)도 포함되는가에 대하여, 긍정설[24]과 부정설[25]이 대립한다.

B. 판례(부정설) 폭행죄는 사람의 신체에 대한 유형력의 행사를 가리키며, 그 유형력의 행사

---

23 독일형법은 폭행죄를 별도로 규정하고 있지 아니하고, 일본형법은 폭행죄를 규정하고 있으나 폭행치상죄를 규정하지 아니하여 상해죄를 폭행죄의 결과적 가중범으로 해석한다.

24 권오걸, 44면; 김/서, 64면; 박상기, 59면; 정영일, 48면.

25 오영근, 79면; 이재상, 61면; 임웅, 73면; 정/박, 88면.

는 신체적 고통을 주는 물리력의 작용을 의미한다(대판 2003.1.10. 2000도5716).

C. 검토 폭행은 사람의 신체에 대한 유형력의 행사를 의미하므로 정신적 고통을 주는 심리적 폭행은 폭행 개념에 포함시키지 말아야 한다. 따라서 가령, 스토킹이나 집단따돌림 등에 대한 처벌 필요성이 있다면 별도의 입법을 하여야 하고, 이를 형법상의 폭행에 포함시키는 것은 허용되지 않는 유추적용이라고 할 것이다.

3. 폭행 여부가 문제되는 사례

가. 음향과 욕설

(1) 원칙 청각기관을 직접 자극하는 음향도 경우에 따라서는 유형력에 포함될 수 있다(대판 2003.1.10. 2000도5716).

(2) 근접상태에서의 고성 피해자의 신체에 공간적으로 근접하여 고성으로 폭언이나 욕설을 하거나 동시에 손발이나 물건을 휘두르거나 던지는 행위는 직접 피해자의 신체에 접촉하지 아니하였다 하더라도 피해자에 대한 불법한 유형력의 행사로서 폭행에 해당될 수 있다.[26]

(3) 멀리 떨어진 경우 거리상 멀리 떨어져 있는 사람에게 전화기를 이용하여 전화하면서 고성을 내거나 그 전화 대화를 녹음 후 듣게 하는 경우에는 특수한 방법으로 수화자의 청각기관을 자극하여 그 수화자로 하여금 고통스럽게 느끼게 할 정도의 음향을 이용하였다는 등의 특별한 사정이 없는 한 신체에 대한 유형력의 행사를 한 것으로 보기 어렵다(대판 2003.1.10. 2000도5716).[27]

(4) 단순욕설 피해자에게 욕설을 한 것만을 가지고 당연히 폭행을 했다고 할 수는 없다(대판 1991.1.29. 90도2153; 1990.2.13. 89도1406).

나. 대문이나 방문을 발로 차는 행위

(1) 대문 피해자 집의 대문을 발로 찬 것이 막바로 또는 당연히 피해자의 신체에 대하여 유형력을 행사한 경우에 해당한다고 할 수도 없다(대판 1991.1.29. 90도2153).

(2) 방문

A. 다른 행위까지 있는 경우 간음할 목적으로 새벽 4시에 여자 혼자 있는 방문 앞에 가서 피해자가 방문을 열어 주지 않으면 부수고 들어갈 듯한 기세로 방문을 두드리고 피해자가 위험을 느끼고 창문에 걸터앉아 가까이 오면 뛰어 내리겠다고 하는데도, 베란다를 통하여 창문으로 침입하려고 하였다면 강간의 수단으로서의 폭행에 착수하였다고 할 수 있으므로 강간의 착수가 있었다고 보아야 한다(대판 1991.4.9. 91도288).[28]

---

26 대판 2003.1.10. 2000도5716; 1990.2.13. 89도1406.

27 가수 심수봉에게 전화하여 "강도 같은 년, 표절가수다"라는 등의 폭언을 하면서 욕설을 한 행위 또는 반복적으로 그 전화녹음을 듣게 한 행위가 문제된 사안이다.

28 구정을 쇠러 가족과 함께 본가에 갔던 피고인이 느닷없이 다음날 새벽 4시에 집으로 돌아와 18세 처녀가 혼자 자는 방으로 들

B. 단순히 발로 차기만 한 경우 피해자가 만나주지 않는다는 이유로 시정된 탁구장문과 주방문을 부수고 주방으로 들어가 방문을 열어주지 않으면 모두 죽여 버린다고 폭언하면서 시정된 방문을 수회 발로 찬 행위는, 피해자의 신체에 대한 유형력의 행사로는 볼 수 없어 폭행죄에 해당한다 할 수 없다(대판 1984.2.14. 83도3186).

다. 간접폭행 폭행을 가한 대상자와 폭행의 결과 사망한 대상자는 서로 다른 인격자라 할지라도 어린애를 업은 사람을 밀어 넘어트리면 어린애도 따라서 필연적으로 넘어질 것임은 예견하였을 것이므로, 어린애를 업은 사람을 넘어트린 행위는 어린애에 대해서도 역시 폭행이 된다(대판 1972.11.28. 72도2201).[29]

라. 폭행에 해당하지 않는 사례 ① 시비를 만류하면서 조용히 얘기나 하자며 그의 팔을 2, 3회 끈 경우(대판 1986.10.14. 86도1796), ② 피해자가 먼저 피고인에게 덤벼들고 빰을 꼬집고 주먹으로 쥐어 박았기 때문에 피고인이 상대방을 부둥켜안은 경우는 유형력의 행사인 폭행으로 볼 수 없다(대판 1977.2.8. 76도3758).

4. 위법성조각

가. 소극적 방어행위

(1) 피해자가 먼저 도발한 경우 **① 주거침입 저지** 옆집에 살고 있는 甲과 피고인의 아버지인 乙 사이에 乙이 신축한 집 창문을 통해 甲의 집 내부가 들여다보인다는 이유로 甲이 창문을 막아 달라고 요구한 것이 발단이 되어 甲과 乙 사이에 분쟁이 있던 중 21:20경 甲이 술에 만취된 채 乙의 집으로 찾아가 을에게 창문 문제 등을 거론하며 시비를 하자, 乙이 甲에게 나가 달라고 하였으나 甲이 이에 불응하고 피고인의 거실로 들어오려 하므로 피고인 및 그 형 등이 이를 제지하며 밀어낸 사실, 이 과정에서 甲이 그곳 계단에서 넘어져 약 2주간의 치료를 요하는 요부좌상 등을 입은 사실을 인정할 수 있는바, 피고인의 행위는 야간에 술에 만취된 甲이 피고인의 주거에 침입하려는 것을 제지하는 과정에서 이루어진 행위로서 甲의 주거침입행위를 저지하기 위한 소극적 저항방법이라 할 것이고, 비록 그 과정에서 甲이 넘어져 상처를 입었다 하더라도 그 경위, 목적, 수단, 피고인의 의사 등 에 비추어 볼 때 이는 사회통념상 용인될 만한 상당성이 있는 행위로서 위법성이 없다(대판 1995.2.28. 94도2746). **② 소극적 방어행위** 피해자(남, 57세)가 술에 만취하여 아무런 연고도 없는 가정주부인 피고인의 집에 들어가 유리창을 깨고 아무데나 소변을 보는 등 행패를 부리고 나가자,

---

어가려고 기도한 사안이다.

29 빚 독촉을 하다가 시비 중 멱살을 잡고 대드는 甲의 손을 뿌리치고 그를 뒤로 밀어 넘어트려 등에 업힌 딸(생후 7개월)에게 두개골절 등 상해를 입혀 사망하게 한 사안이다.

피고인이 유리창 값을 받으러 피해자를 뒤따라가며 그 어깨를 붙잡았으나 상스러운 욕설을 계속하므로, 더 이상 참지 못하고 잡고 있던 손으로 피해자의 어깨부분을 밀치자 술에 취하여 비틀거리던 피해자가 몸을 제대로 가누지 못하고 앞으로 넘어져 시멘트 바닥에 이마를 부딪쳐 사망한 경우, 피고인의 행위는 피해자의 부당한 행패를 저지하기 위한 본능적인 소극적 방어행위에 지나지 아니하여 사회통념상 용인될 수 있는 정도의 상당성이 있어 정당행위에 해당한다(대판 1992.3.10. 92도37).

(2) 소극적 저항행위

A. 멱살 잡은 손을 비튼 경우 피해자가 양손으로 피고인의 넥타이를 잡고 늘어져 목이 졸리게 된 피고인이, 피해자를 떼어놓기 위하여 왼손으로 자신의 목 부근 넥타이를 잡은 상태에서 오른손으로 피해자의 손을 잡아 비틀면서 서로 밀고 당기고 하였다면, 피고인의 그와 같은 행위는 목이 졸린 상태에서 벗어나기 위한 소극적인 저항행위에 불과하여 정당행위에 해당한다.[30]

B. 뿌리치거나 민 경우 피해자가 먼저 멱살을 잡고 머리채를 잡고 늘어지는 등 덤벼들었기 때문에 이를 뿌리치는 과정에서 그 수단으로 피해자를 여러 차례 밀고 당기거나 머리채를 잡았던 것에 불과하다면, 이는 사회통념상 용인될 수 있는 행위로서 위법성이 조각된다.[31]

나. 피해자가 가해자를 도망가지 못하게 한 행위 차를 손괴하고 도망하려는 피해자를 도망하지 못하게 멱살을 잡고 흔들어 피해자에게 전치 14일의 흉부찰과상을 가한 경우, 정당행위에 해당한다(대판 1999.1.26. 98도3029).

다. 안수기도와 정당행위 종교적 기도행위를 마치 의료적으로 효과가 있는 치료행위인 양 내세워 환자를 끌어들인 다음 통상의 일반적인 안수기도의 방식과 정도를 벗어나 환자의 신체에 비정상적이거나 과도한 유형력을 행사하고, 신체의 자유를 과도하게 제압하여 그 결과 환자의 신체에 상해까지 입힌 경우라면, 그러한 유형력의 행사가 비록 안수기도의 명목과 방법으로 이루어졌다 해도 사회상규상 용인되는 정당행위라고 볼 수 없음은 물론이고, 이를 치료행위로 오인한 피해자 측의 승낙이 있었다 하여 달리 볼 수도 없다(대판 2008.8.21. 2008도2695).

라. 위법한 공무집행에 대한 저항과 폭행

(1) 정당행위나 정당방위에 해당하지 않는 사례: 공격행위

A. 지나친 저항 비록 경찰공무원이 피고인의 주머니에서 차량열쇠를 꺼내려 한 행위가 부적법한 것으로 피고인이 저항할 수 있다고 하더라도, 피고인이 경찰관의 계급장을 뜯고 자신의 이마

30 대판 1996.5.28. 96도979; 1986.6.10. 86도400.

31 대판 1986.10.14. 86도1129; 1983.5.24. 83도942.

로 눈부위를 들이받는 등의 상해를 가한 행위는 부당한 법익침해를 방위하기 위한 상당한 이유가 있는 행위로 볼 수 없으므로 상해죄를 구성한다(대판 2010.1.14. 2009도11041).[32]

B. 공격적 저항 비록 경찰관들의 위법한 상경 제지 행위에 대항하기 위하여 한 것이라 하더라도 피고인들이 다른 시위참가자들과 공동하여 경찰관들을 때리고 진압방패와 채증장비를 빼앗는 등의 폭행행위를 한 것은 소극적 방어행위를 넘어서 공격의 의사를 포함하여 이루어진 것으로서 그 수단과 방법에 있어서 상당성이 인정된다고 보기 어려우며 긴급하고 불가피한 수단이었다고 볼 수도 없으므로, 이를 사회상규에 위배되지 아니하는 정당행위나 현재의 부당한 침해를 방어하기 위한 정당방위에 해당한다고 볼 수 없다(대판 2009.6.11. 2009도2114).

(2) 정당행위나 정당방위에 해당하는 사례: 위법한 체포에 대한 저항

A. 임의동행을 거부한 자에 대한 체포 경찰관의 행위는 임의동행을 거부하는 피고인을 불법하게 체포·구금한 것으로 볼 수밖에 없고, 따라서 피고인의 범행은 이러한 불법 체포·구금으로 인한 신체에 대한 현재의 부당한 침해에서 벗어나기 위한 행위로서 위법성이 결여된 행위이다.[33]

B. 체포요건 불비 현행범인으로서의 요건을 갖추고 있었다고 인정되지 않는 상황에서 경찰관들이 동행을 거부하는 자를 체포하거나 강제로 연행하려고 하였다면, 이는 적법한 공무집행이라고 볼 수 없고, 체포를 면하려고 반항하는 과정에서 경찰관에게 상해를 가한 것은 불법 체포로 인한 신체에 대한 현재의 부당한 침해에서 벗어나기 위한 행위로서 정당방위에 해당한다.[34]

5. 반의사불벌죄

가. 폭행 및 존속폭행죄

단순폭행 및 존속폭행죄는 반의사불벌죄이다. 하지만 폭력행위 등 처벌에 관한 법률 제2조 제4항에 의해 ① 2인 이상이 공동하여 폭행하거나 ② 동법 위반으로 2회 이상의 징역형을 받은 자가 다시 폭행죄를 범하여 누범으로 처벌되는 경우에는 반의사불벌죄에 해당하지 않는다.

나. 상습범과 반의사불벌죄 여부 상습존속폭행죄에 대하여는 단순존속폭행의 죄에 적용되는 형법 제260조 제3항은 적용될 수 없다(대판 1965.1.26. 64도687).

다. 폭력행위 등 처벌에 관한 법률 제3조 제1항의 경우 형법 제283조 제3항은 피해자의 명시한 의

32 집에 들어가려다 아파트단지 출입카드가 없어 경비실에 문을 열어 줄 것을 요청했지만 거절당하자 출입구 차단기 일부를 파손하고, 출동한 경찰관이 자신의 호주머니에서 차열쇠를 꺼내려 하자 계급장을 뜯어내고 얼굴을 들이받아 상해를 입힌 사안이다.

33 대판 1999.12.29. 98도138. 피고인에게 경찰서까지 임의동행할 것을 요구하여 순찰차에 태운 다음 옆에 탑승한 경찰관이 피고인의 오른쪽 손목을 잡고 뒤로 꺾어 올리는 등으로 피고인을 제압하자, 피고인이 거기에서 벗어나려고 경찰관과 몸싸움을 하는 과정에서의 몸부림으로 상해가 발생한 사안이다.

34 대판 2002.5.10. 2001도300; 2000.7.4. 99도4341.

사에 반하여 공소를 제기할 수 없는 대상범죄로서 같은 조 제1항 및 제2항에 규정된 형법상 단순협박죄와 존속협박죄만을 규정하고 있을 뿐이므로, 형법 제284조에서 규정하는 단체 또는 다중의 위력을 보이거나 위험한 물건을 휴대한 특수협박죄의 경우에는 형법 제283조 제3항이 적용될 수 없으며, 폭력행위 등 처벌에 관한 법률 제3조 제1항에 있어서도 단체나 다중의 위력으로써 또는 단체나 집단을 가장하여 위력을 보임으로써 위 법률 제2조 제1항에 열거된 죄를 범한 자 또는 흉기 기타 위험한 물건을 휴대하여 그 죄를 범한 자를 가중처벌 하도록 규정하고 있을 뿐 형법 제283조 제3항의 적용에 관하여 아무런 규정을 두고 있지 아니하므로 형법 제283조 제3항이 적용될 여지는 없다(대판 2008.7.24. 2008도4658).

라. 처벌불원의사의 인정 여부

(1) 처벌불원의사가 있는 사례(母의 명의로 된 합의서 제출) 합의서의 작성명의자는 피해자의 모(母)로 되어 있으나, 합의서에 기재된 합의내용도 '피해자는 가해자 측으로부터 50만 원을 받아 합의를 하였기에 차후 이 사건으로 민·형사상의 이의를 제기하지 않겠다'는 취지로 작성되어 있어 처벌불원의 의사표시의 주체가 피해자임을 명시하고 있는 점, 피해자는 합의서 작성 당시 14세에 불과하였던 점에 의하면, 비록 합의서는 피해자 모의 명의로 작성되었지만 거기에는 피해자 자신의 처벌불원의사가 포함되어 있는 것이라고 볼 여지가 없지 않다(대판 2009.12.24. 2009도11859).

(2) 유족의 처벌불원의사 피해자가 사망한 후 상속인이 피해자를 대신하여 처벌불원의 의사표시를 할 수는 없다(대판 2010.5.27. 2010도2680).

IV. 특수폭행죄(폭력행위 등 처벌에 관한 법률)

> **제3조 (집단적 폭행)** ① 단체나 다중(多衆)의 위력(威力)으로써 또는 단체나 집단을 가장하여 위력을 보임으로써 제2조 제1항 각 호에 규정된 죄를 범한 사람 또는 흉기나 그 밖의 위험한 물건을 휴대하여 그 죄를 범한 사람은 제2조 제1항 각 호의 예에 따라 처벌한다.
> ④ 이 법을 위반하여 2회 이상 징역형을 받은 사람이 다시 제1항의 죄를 범하여 누범으로 처벌할 경우에도 제3항과 같다.

1. 의의와 성격 특수폭행죄는 ① 단체나 다중의 위력으로써, ② 단체나 집단을 가장하여 위력을 보임으로써 혹은 ③ 흉기나 위험한 물건을 휴대하여 폭행하는 범죄다. 단순폭행죄의 불법가중유형이고, 반의사불벌죄가 아니다.

2. 단체 또는 다중의 위력

가. 단체 또는 다중

(1) 단체의 의미 공동 목적을 가진 특정 다수인에 의하여 이루어진 계속적이고 통솔체제를 갖춘 조직화된 결합체를 의미한다(대판 2004.7.8. 2004도2009; 1999.12.10. 99도2936).

(2) 다중의 의미 '다중'이라 함은 단체를 이루지 못한 다수인의 집합을 말하는 것으로, 결국 집단적 위력을 보일 정도의 다수 혹은 그에 의해 압력을 느끼게 해 불안을 줄 정도의 다수를 의미한다(대판 2006.2.10. 2005도174; 2008.7.10. 2007도9885).

나. 폭행 현장에 단체 또는 다중이 있어야 하는지 여부

(1) 학설 폭행현장에 단체 또는 다중이 있어야 하는지와 관련하여, ① 긍정설[35]과 ② 부정설[36] 및 ③ 단체는 요하지 않지만 다중은 있어야 한다는 구별설[37]이 나뉘고 있다.

(2) 판례 인원이 불과 3인의 경우에는 그것이 어떤 집단의 힘을 발판 또는 배경으로 한다는 것이 인정되지 않는 한 다중의 위력을 과시한 것이라 인정할 수 없다(대판 1971.12.21. 71도1930).

(3) 검토 단체나 다중을 보여주는 것이 아니라 그 위력을 보여주는 것이므로 그 단체나 다중이 반드시 폭행현장에 있어야 하는 것은 아니다. 물론, 단체 또는 다중은 실제로 존재하여야 하며, 존재하지 않는 단체나 다중을 가장하여 위력을 보일 때에는 폭력행위 등 처벌에 관한 법률 제3조의 문제이다.

다. 위력을 보임

(1) 위력의 의미 위력은 사람의 의사를 제압할 수 있는 세력을 지칭한다.

(2) 판례상의 위력 개념 다중의 '위력'은 다중의 형태로 집결한 다수 인원으로 사람의 의사를 제압하기에 족한 세력을 지칭하며, 그 인원수가 다수에 해당하는가는 행위 당시의 여러 사정을 참작하여 결정하여야 할 것이다.[38]

(3) 상대방의 의사제압 요부 상대방의 의사가 현실적으로 제압될 것을 요하지는 않는다고 할 것이지만, 상대방의 의사를 제압할 만한 세력을 인식시킬 정도는 되어야 한다.[39]

3. 위험한 물건

가. 의미 '위험한 물건'이라 함은 흉기는 아니라고 하더라도 널리 사람의 생명, 신체에 해를 가

---

35 백형구, 64면.

36 권오걸, 49면; 김성돈, 77면; 김/서, 68면; 배종대, 124면; 오영근, 84면; 이재상, 65면; 임웅, 77면.

37 박상기, 62면; 정웅석, 827면.

38 대판 2006.2.10. 2005도174; 2008.7.10. 2007도9885.

39 대판 2006.2.10. 2005도174; 2008.7.10. 2007도9885(공동퇴거불응으로 처벌하였다).

하는 데 사용할 수 있는 일체의 물건을 포함하므로, 본래 살상용·파괴용으로 만들어진 것뿐만 아니라 다른 목적으로 만들어진 칼, 가위, 유리병, 각종 공구, 자동차 등은 물론 화학약품 또는 사주된 동물 등도 그것이 사람의 생명·신체에 해를 가하는 데 사용되었다면 '위험한 물건'이다(대판 2002.9.6. 2002도2812).

나. 판단기준 어떤 물건이 '위험한 물건'에 해당하는지 여부는 구체적인 사안에서 사회통념에 비추어 그 물건을 사용하면 상대방이나 제3자가 생명 또는 신체에 위험을 느낄 수 있는지 여부에 따라 판단하여야 한다.[40]

다. 위험한 물건인 사례 ① 실탄을 장전하지 않은 공기총,[41] ② 농약과 당구큐대,[42] ③ 마요네즈병,[43] ④ 드라이버,[44] ⑤ 양복 재단용 칼,[45] ⑥ 전기충격기[46]는 위험한 물건에 해당한다.

라. 위험한 물건이 아닌 사례

(1) 양순하게 사용된 당구큐대와 당구공 당구장에서 피해자가 시끄럽게 떠든다는 이유로, 주먹으로 피해자의 얼굴 부위를 1회 때리고 당구공으로 피해자의 머리 부위를 수회 때려, 피해자에게 치료 일수 불상의 입술 부위가 터지고 머리 부위가 부어오르는 상해를 가하였지만, 피해자의 얼굴을 주먹으로 가격하여 생긴 상처가 주된 상처로 보이고 당구공으로는 피해자의 머리를 툭툭 건드린 정도에 불과한 경우, 피고인이 당구공으로 피해자의 머리를 때린 행위로 인하여 사회통념상 피해자나 제3자에게 생명 또는 신체에 위험을 느끼게 하였으리라고 보여지지 아니하므로 당구공은 '위험한 물건'에는 해당하지 아니한다.[47]

(2) 뺏은 칼의 칼자루 피해자가 먼저 식칼을 들고 나와 피고인을 찌르려다가 피고인이 이를 저지하기 위하여 그 칼을 뺏은 다음 피해자를 훈계하면서 위 칼의 칼자루 부분으로 피해자의 머리를 가볍게 쳤을 뿐이라면 피해자가 위험성을 느꼈으리라고는 할 수 없다(대판 1989.12.22. 89도1570).

(3) 쇠파이프에 대항한 각목

쇠파이프(길이 2m, 직경 5cm)로 머리를 구타당하면서 이에 대항하여 그곳에 있던 각목(길이

40 대판 2004.5.14. 2004도176; 2003.1.24. 2002도5783; 2008.5.15. 2008도2074.

41 대판 2002.11.26. 2002도4586.

42 대판 2002.9.6. 2002도2812.

43 대판 1984.6.12. 84도647.

44 대판 1984.2.14. 83도3165.

45 대판 1980.9.24. 80도1958.

46 대판 2010도6384.

47 대판 2008.1.17. 2007도9624; 2004.5.14. 2004도176.

1m, 직경 5cm)으로 상대방의 허리를 구타한 경우에는 위 각목은 위험한 물건이라고 할 수 없다(대판 1981.7.28. 81도1046).

(4) 배를 찌른 자동차 열쇠 피해자는 피고인과 주차문제로 시비를 벌이는 과정에서 피고인이 주먹으로 치듯이 얼굴을 몇 번 밀어 화가 나서 손으로 피고인의 몸을 살짝 밀었고, 피고인이 계속해서 머리로 피해자의 가슴을 밀치고 손에 들고 있던 자동차 열쇠로 피해자의 배를 몇 번 툭툭 찌르다가 한 번 따끔하게 찔린 느낌이 있었는데, 그때는 피가 나는 줄 몰랐고 계속해서 머리로 피해자의 가슴을 밀어 도로 쪽으로 밀려 나온 뒤 가로등 불빛에 비춰 보고 배에서 피가 나는 것을 알게 된 경우, 사회통념상 피해자나 제3자가 생명 또는 신체에 위험을 느꼈으리라고는 보이지 아니하므로, 자동차 열쇠는 위험한 물건에 해당하지 않는다(대판 2008.5.15. 2008도2074).

4. 휴대

가. 휴대의 의미

(1) 학설

A. 협의설[48] '휴대하여'의 의미를 사전적 의미 그대로 '몸에 지니는 것'으로 해석한다. 여기서도 휴대와 소지를 같은 범주로 보는 견해와 이를 더 구별하여 '휴대'는 상대방이 인식할 수 있는 상태로 몸에 지녀야 하는 것으로 '소지'보다 좁게 이해하는 견해로 나뉘고 있다.

B. 중간설[49] '휴대하여'의 의미를 몸에 지니는 의미로 해석하면서도 반드시 손에 들어야 하는 것은 아니라 몸 가까이에 두고 쉽게 사용할 수 있는 위치에 있으면 족하다고 하며, 맹견을 휘파람으로 불러 사주하는 경우나 자동차로 난폭하게 몰아붙이는 경우도 포함한다.

C. 광의설[50] 소지하는 것에 한정하지 아니하고 널리 '이용하여'와 같은 의미라고 해석한다. 그러므로 머리를 건물의 벽이나 바위에 부딪히게 하는 경우도 이에 해당한다고 한다. 다만, 이 견해 중에도 그 이용의 대상을 휴대가 가능한 동산에 한정되는 것으로 보아 이처럼 건물의 벽이나 바위에 부딪히게 하는 경우는 포함되지 않는 것으로 보는 견해도 있다.

(2) 판례

A. 이용하여 '휴대하여'는 소지뿐만 아니라 널리 이용한다는 뜻도 포함한다(대판 2002.9.6. 2002도2812).

B. 범행과 무관한 소지 '흉기 기타 위험한 물건을 휴대하여 그 죄를 범한 자'란 범행현장에서 그 범행에 사용하려는 의도 아래 흉기를 소지하거나 몸에 지니는 경우를 가리키는 것이지 그 범행과는 전혀 무관하게 우연히 이를 소지하게 된 경우까지를 포함하는 것은 아니다.[51]

---

48 김성돈, 79면; 박상기, 63면; 방희선, 위험한 물건의 휴대와 자동차의 이용, 판례월보 제395호, 29면; 배종대, 126면; 이재상, 67면, 징/박, 94면.

49 임웅, 81면.

50 권오걸, 52면; 김/서, 69면.

51 대판 1990.4.24. 90도401. 버섯을 채취하러 산에 가면서 칼을 휴대한 것일 뿐 주거침입에 사용할 의도 아래 이를 소지한 것이

C. 독약의 우송 청산염 2g 정도를 협박편지에 동봉 우송하여 피해자에게 도달케 하였다는 것만으로는 위험한 물건의 휴대라고 할 수 없다(대판 1985.10.8. 85도1851).

(3) 검토 휴대는 몸에 지닌다는 뜻으로 일정한 물건의 '이용' 또는 '사용'과는 구분되지만, 위험한 물건을 휴대하고 폭행하는 경우보다 그 물건을 이용 또는 사용하여 폭행하는 경우가 피해를 증폭시킬 수 있다. 따라서 '휴대하여'에는 '이용하여' 또는 '사용하여'가 포함된다고 볼 것이다. 다만, 이렇게 보더라도 휴대할 수 있는 물건의 이용이나 사용에 국한되어야 하고, 자동차와 같이 휴대할 수 없는 물건의 이용이나 사용은 배제되어야 한다. 자동차는 휴대할 수 있는 물건이 아니라, 차라리 휴대될 수 있는 물건이다.

나. 휴대의 판단기준 수인이 흉기를 휴대하여 타인의 건조물에 침입하기로 공모한 후 그중 일부는 밖에서 망을 보고 나머지 일부만이 건조물 안으로 들어갔을 경우, 특수주거침입죄의 구성요건이 충족되었다고 볼 수 있는지의 여부는 직접 건조물에 들어간 범인을 기준으로 하여 그 범인이 흉기를 휴대하였다고 볼 수 있느냐의 여부에 따라 결정되어야 한다.[52]

다. 상대방의 인식 요부

(1) 학설 위험한 물건을 휴대한 사실을 상대방에 인식시킬 필요가 있는가와 관련하여 ① 단체 또는 다중의 위력을 보이는 것과 균형을 이루게 하려면 그러한 물건의 휴대사실을 피해자에게 인식시켜야 한다는 필요설, ② 위험한 물건을 몸에 지님으로써 행위의 위법성을 가중시키는 요소가 발생되었기 때문에 상대방에게 그러한 물건의 존재를 인식시킬 필요가 없다는 불요설[53] 및 ③ 비록 피해자가 현실적으로 휴대사실을 인식할 필요는 없지만 적어도 휴대사실이 객관적으로 인식할 수 있는 상태에 이르러야 한다는 절충설[54]이 대립하고 있다.

(2) 판례

A. 피해자의 인식 요부 위험한 물건을 휴대하고 다른 사람의 재물을 손괴하면 상대방이 그 위험한 물건의 존재를 인식하지 못하였다고 하더라도 휴대에 해당한다(대판 2003.1.24. 2002도5783).[55]

B. 사용 요부 범행 현장에서 범행에 사용하려는 의도 아래 흉기 등 위험한 물건을 소지하거나 몸에 지닌 이상 실제로 범행에 사용하였을 것까지 요구되는 것은 아니다(대판 2004.6.11. 2004도2018).

아니고 주거침입시에 이를 사용한 것도 아니다.

52 대판 1994.10.11. 94도1991. 흉기가 보관되어 있던 차량은 침입한 건물로부터 약 30 내지 50m 떨어진 거리에 있었고, 차량 안에 남아 있던 다른 피고인들은 만약의 사태에 대비하면서 차량 안에 남아서 유심히 주위의 동태를 살피다가 도주한 사안이다.

53 권오걸, 52면; 김/서, 70면; 배종대, 127면; 오영근, 86면; 이재상, 67면; 임웅, 82면.

54 김성돈, 79면; 이형국, 상해·폭행의 죄와 폭력행위등처벌에관한법률, 현대사회와 법의 발달(II); 균제 양승두교수 화갑기념논문집, 569면; 정/박, 94면.

55 자동차를 이용하여 다른 사람의 자동차 2대를 손괴한 사안이다.

C. 휴대의 시기 휴대라 함은 반드시 몸에 지니고 다니는 것을 뜻한다고는 할 수 없으니 범행 현장에서 범행에서 사용할 의도 아래 이를 소지하거나 몸에 지니는 경우도 휴대라고 볼 것이다(대판 1982.2.23. 81도3074).[56]

(3) 검토 가방 속에 넣어두는 경우처럼 휴대하고 있으면 족하고, 이를 상대방에게 인식시킬 필요는 없다. 다만, 입법론적으로 단체 또는 다중의 위력을 '보여'라는 표현과 맥을 같이 하기 위해 위험한 물건을 '휴대하여'를 '보여'로 고칠 필요는 있을 것이다.[57] 그리고 휴대자 자신이 휴대사실을 모른 경우에는 휴대라고 볼 수 없다.

라. 자동차와 휴대

(1) 학설 자동차를 이용 또는 사용한 폭행이 특수폭행에 해당하는지에 대해, 부정설[58]과 긍정설(다수설)이 주장되고 있다.

(2) 판례 ① 자동차는 원래 살상용이나 파괴용으로 만들어진 것이 아니지만 사람의 생명 또는 신체에 위해를 가하거나 재물을 손괴하는 데 사용되었다면 '위험한 물건'에 해당한다.[59] ② 피해자와 사이에 운전 중 발생한 시비로 한차례 다툼이 벌어진 직후 피해자가 계속하여 피고인이 운전하던 자동차를 뒤따라온다고 보고 순간적으로 화가 나 피해자에게 겁을 주기 위하여 자동차를 정차한 후 4~5m 후진하여 피해자가 승차하고 있던 자동차와 충돌한 경우, 피고인 운전의 자동차는 '위험한 물건'에 해당한다(대판 2010.11.11. 2010도10256).

(3) 검토 이미 언급한 바와 같이 휴대의 개념에 이용과 사용을 포함하더라도, 휴대할 수 있는 물건의 이용과 사용에 국한하여야 한다. 자동차를 사용한 경우를 특수폭행으로 처벌하고자 한다면, 먼저 '휴대하여'를 '보이거나 사용하여'로 법부터 고쳐야 할 것이다.

(4) 자동차가 위험한 물건에 해당하지 않는다고 본 사례 이혼 분쟁 과정에서 자신의 아들을 승낙 없이 자동차에 태우고 떠나려고 하는 피해자들 일행을 상대로 급하게 추격 또는 제지하는 과정에서 자동차를 사용하게 된 점, 이 사건 범행은 소형승용차(라노스)로 중형승용차(쏘나타)를 충격한 것이고, 충격할 당시 두 차량 모두 정차하여 있다가 막 출발하는 상태로서 차량 속도가 빠르지 않았으며 상대방 차량의 손괴 정도가 그다지 심하지 아니한 점, 자동차의 충격으로 피해자들이 입은 상해의 정도가 비교적 경미한 점 등의 여러 사정을 종합하면, 피고인의 이 사건 자동차 운행으로 인하여 사회통념상 상대방이나 제3자가 생명 또는 신체에 위험을 느꼈다고 보기 어렵다(대판 2009.3.26. 2007도3500).

---

56 깨어진 유리조각을 들고 피해자의 얼굴에 던진 사안이다. 대판 1984.1.31. 83도2959.

57 박상기, 63면; 하태훈, 최신형사판례분석(60), 고시연구(2004.9), 243면.

58 오영근, 85면; 임웅, 79면; 정영일, 53면.

59 대판 2003.1.24. 2002도5783; 1997.5.30. 97도597.

V. 상해치사죄와 폭행치사상죄

1. 의의와 성격

가. 상해치사죄 사람의 신체를 상해하여 사망에 이르게 하는 범죄로, 상해죄의 결과적 가중범이다. 3년 이상의 유기징역에 처해지며(제259조 제1항), 자기 또는 배우자의 직계존속을 상해하여 사망에 이르게 한 때에는 무기 또는 5년 이상의 징역에 처한다(제259조 제2항).

나. 폭행치사상죄 단순폭행, 존속폭행 및 특수폭행을 범하여 사람을 사상에 이르게 하는 범죄이며, 폭행죄의 결과적 가중범이다. 상해의 결과가 발생한 때에는 그 결과에 따라 상해죄 또는 중상해죄로 처벌하고, 사망의 결과가 발생한 때에는 상해치사죄와 동일하게 처벌한다(제262조).

2. 상당인과관계

가. 다른 원인과 결합된 경우와 인과관계 피고인의 행위가 피해자를 사망하게 한 직접적 원인은 아니었다 하더라도 이로부터 발생된 다른 간접적 원인이 결합되어 사망의 결과를 발생하게 한 경우, 그 행위와 사망 사이에는 인과관계가 있다(대판 2012.3.15. 2011도17648).

나. 지병과 인과관계

(1) 원칙 피해자가 평소 병약한 상태에 있었고 피고인의 폭행으로 사망함에 있어서 지병이 또한 사망 결과에 영향을 주었다고 하여 폭행과 사망 간에 인과관계가 없다고 할 수 없다(대판 1979.10.10. 79도2040).

(2) 인과관계가 있는 사례

A. 심장질환과 폭행 ① 피해자의 멱살을 잡아 흔들고 주먹으로 가슴과 얼굴을 1회씩 구타하고 멱살을 붙들고 넘어뜨리는 등 심하게 폭행을 가함으로써 평소에 오른쪽 관상동맥폐쇄 및 심실의 허혈성심근섬유화증세 등의 심장질환을 앓고 있던 피해자의 심장에 더욱 부담을 주어 나쁜 영향을 초래하도록 하였다면, 비록 피해자가 관상동맥부전과 허혈성심근경색 등으로 사망하였더라도, 폭행의 방법, 부위나 정도 등에 비추어 피고인의 폭행과 피해자의 사망과 간에 상당인과관계가 있었다(대판 1989.10.13. 89도556).[60] ② 피해자를 2회에 걸쳐 두 손으로 힘껏 밀어 땅바닥에 넘어뜨리는 폭행을 가함으로써 그 충격으로 인한 쇼크성 심장마비로 사망케 하였다면, 비록 피해자에게 그 당시 심관성동맥경화 및 심근섬유화증세 등의 심장질환의 지병이 있었고 음주로 만취된 상태였으며, 그것이 피해자가 사망함에 있어 영향을 주었다고 해서 피고인의 폭행과 피해자의 사망 간에 상당인과

60 피고인은 평소에 피해자의 건강상태가 좋지 않았다는 것을 알고 있었다.

관계가 없다고 할 수 없다(대판 1986.9.9. 85도2433).[61]

B. 고혈압과 폭행 피해자가 평소 고혈압과 선천성혈관기형인 좌측전고동맥류의 증세가 있었고 피고인의 폭행으로 피해자가 사망함에 있어 지병이 사망결과에 영향을 주었다고 해서 피고인의 폭행과 피해자의 사망 간에 상당인과관계가 없다고 할 수 없다(대판 1983.1.18. 82도697).[62]

(3) 인과관계가 없는 사례 고등학교 교사가 제자의 잘못을 징계코자 왼쪽 뺨을 때려 뒤로 넘어지면서 사망에 이르게 한 경우, 피해자는 두께 0.5mm밖에 안 되는 비정상적인 얇은 두개골이었고 또 뇌수송을 가진 심신허약자로서 좌측 뺨을 때리자 급성뇌성압 상승으로 넘어지게 된 것이라면 위 소위와 피해자의 사망 간에는 이른바 인과관계가 없는 경우에 해당한다(대판 1978.11.28. 78도1961).[63]

다. 인과관계 유무가 문제되는 사례 ① 상해행위를 피하려다 차에 치여 사망한 경우,[64] ② 폭행행위를 피하려다 창문 밖으로 실족하여 사망한 경우[65]는 상해(폭행)행위와 피해자의 사망 사이에 상당인과관계가 있다.

라. 제3자의 과실이 개입된 경우

(1) 판례 주먹으로 피해자의 복부를 1회 강타하여 장파열로 인한 복막염으로 사망케 하였다면, 비록 의사의 수술지연 등 과실이 사망의 공동원인이 되었다 하더라도 피고인의 행위가 사망의 결과에 대한 유력한 원인이 된 이상 폭력행위와 치사의 결과 간에는 인과관계가 있다(대판 1984.6.26. 84도831, 84감도129).

(2) 검토 인과관계가 인정되더라도 피해자 본인 또는 제3자의 고의·과실행위가 개입된 때에는 객관적 귀속을 부정하여야 한다. 발생된 결과가 본인 또는 제3자의 책임영역에서 발생한 것이기 때문이다.[66]

마. 강타와 그로 인한 낙태로 유발된 심근경색 강타로 인하여 임신 7개월의 피해자가 넘어져서 4일 후에 낙태하고 낙태로 유발된 심근경색증으로 죽음에 이르게 된 경우, 구타행위와 피해자의 사망 간에는 인과관계가 있다(대판 1972.3.28. 72도296).[67]

---

61 피해자가 평소 병약한 사람인 데다 그 당시 음주만취된 상태였다는 것을 알고 있었던 사실이 인정되므로, 그 구체적인 병명은 몰랐다고 하더라도 피고인이 피해자를 2회에 걸쳐 두 손으로 힘껏 밀어 넘어뜨린 때에 이미 그 폭행과 그 결과에 대한 예견가능성이 있었다.

62 피해자의 뺨을 2회 때리고 두 손으로 어깨를 잡아 땅바닥에 넘어뜨리고 머리를 시멘트 벽에 부딪치게 하여서 뇌손상으로 사망한 사안이다.

63 인과관계보다는 예견가능성이 없는 경우이다.

64 대판 1996.5.10. 96도529.

65 대판 1990.10.16. 90도1786.

66 이상돈, 형법학, 381면.

67 예견가능성이 있는지를 의심해 보아야 할 사안이다.

3. 예견가능성

가. 예견가능성이 있는 사례

(1) 안면 및 복부, 흉부 구타와 뇌일혈, 쇼크사 ① 뇌일혈: 안면 및 흉부에 대한 구타는 생리적 작용에 중대한 영향을 줄 뿐 아니라 신경에 강대한 자극을 줌으로써 정신의 흥분과 이에 따르는 혈압의 항진을 초래하여 뇌일혈을 야기케 할 수 있고 이는 누구든지 예견할 수 있으므로 구타와 뇌일혈 사이에 인과관계가 있다(대판 1955.6.7. 55도88). ② 쇼크사: 각종의 장기와 신경이 밀집되어 있어 인체의 가장 중요한 부위를 점하고 있는 흉부에 대한 강도의 타격은 생리적으로 중대한 영향을 줄 뿐만 아니라 신경에 자극을 줌으로써 이에 따른 쇼크로 인해 피해자를 사망에 이르게 할 수 있고, 더욱이 그 가격으로 급소를 맞을 때에는 더욱 그러할 것인데, 피할 만한 여유도 없는 좁은 장소에서 상급자인 피고인이 하급자인 피해자에게 약 1분 이상 가슴과 배를 때렸다면, 사망의 결과에 대한 예견가능성을 부정할 수도 없다(대판 1989.11.28. 89도201).

(2) 아스팔트 도로에 넘어뜨려 머리를 부딪치게 한 경우 사람을 아스팔트 도로 바닥에 넘어뜨려 머리를 강하게 부딪치게 하는 경우 두개골 골절, 뇌출혈 등으로 사망에 이르게 할 수 있는데, 피고인이 피해자의 뺨을 1회 때리고 오른손으로 피해자의 목을 쳐 피해자로 하여금 그대로 뒤로 넘어지면서 머리를 땅바닥에 부딪치게 하여 피해자에게 두개골 골절, 외상성 지주막하출혈, 외상성 경막하출혈 등의 상해를 가하였다면 사망결과에 대한 예견가능성이 있었다(대판 2012.3.15. 2011도17648).

나. 예견가능성이 없는 사례

(1) 특이체질 폭행정도가 서로 시비하다가 피해자를 떠밀어 땅에 엉덩방아를 찧고 주저앉게 한 정도에 지나지 않은 것이었고 또 피해자는 외관상 건강하여 전혀 병약한 흔적이 없는 자인데 사실은 관상동맥경화 및 협착증세를 가진 특수체질자이었기 때문에 위와 같은 정도의 폭행에 의한 충격에도 심장마비를 일으켜 사망하게 된 것이라면, 피고인에게 사망의 결과에 대한 예견가능성이 있었다고 보기 어렵다(대판 1985.4.3. 85도303).[68]

(2) 경미한 폭행과 급성뇌출혈 피해자는 60세의 노인으로서 외견상 건강해 보이지만 평소 고혈압증세가 있어 약 5년 전부터 술도 조심하여 마시는 등 외부로부터의 정신적, 물리적 충격에 쉽게 흥분되어 급성 뇌출혈에 이르기 쉬운 체질이었다면, 가사 피해자가 피고인의 욕설과 폭행으로 충격을 받은 나머지 상해를 입게 된 것이라 하더라도 일반 경험칙상 욕설을 하고 피해자의 어깻죽지를 잡고 조금 걸어가다가 놓아준 데 불과한 정도의 폭행으로 인하여 피해자가 위와 같은 상해를 입을 것이라고 예견할 수는 없다(대판 1982.1.12. 81도1811).[69]

---

68 피해자는 생전에 외관상 건강하여 심장질환이 있음을 전혀 알지 못하였다.

69 상호 욕설을 하며 시비를 하던 끝에 법으로 해결하자고 하면서 피해자의 왼쪽 어깻죽지를 잡고 약 7m 정도 걸어가다가 피해자를 놓아주는 등 폭행을 하자 피해자가 그곳에 있는 평상에 앉아 있다가 쓰러져 약 2주일간의 안정가료를 요하는 뇌실질내 혈

(3) 삿대질을 피하려고 뒷걸음치다가 넘어진 경우 피해자에게 상당한 힘을 가하여 넘어뜨린 것이 아니라 단지 공장에서 동료 사이에 말다툼을 하던 중 피고인이 삿대질하는 것을 피하고자 피해자 자신이 두어 걸음 뒷걸음치다가 회전 중이던 십자형 스빙기계 철받침대에 걸려 넘어진 정도라면, 당시 바닥에 위와 같은 장애물이 있어서 뒷걸음치면 장애물에 걸려 넘어질 수 있다는 것까지는 예견할 수 있었다고 하더라도 그 정도로 넘어지면서 머리를 바닥에 부딪쳐 두개골절로 사망한다는 것은 이례적인 일이어서 통상적으로 일반인이 예견하기 어려운 결과이다(대판 1990.9.25. 90도1596).

VI. 상해의 동시범(특례)

> **제263조 (동시범)** 독립행위가 경합하여 상해의 결과를 발생하게 한 경우에 있어서 원인된 행위가 판명되지 아니한 때에는 공동정범의 예에 의한다.

1. 의의와 성격

가. 의의 동시범은 2인 이상이 의사연락 없이 동일한 대상에 동시 또는 이시에 각자의 범죄를 실행한 경우를 말한다. 의사연락이 있는 경우에는 공동정범으로서 '일부 실행 전체 책임'을 지지만, 동시범의 경우에는 원인된 행위가 판명되지 않아 각자가 미수범으로 처벌된다(제19조).

하지만 제263조는 제19조 동시범의 예외로서, 원인된 행위가 판명되지 않으면 공동정범의 예에 의하도록 하고 있다. 집단적으로 이루어지는 폭행과 상해의 경우에는 원인된 행위를 밝히는 것이 곤란할 수 있다는 정책적 고려를 반영한 것이다.

나. 성격

(1) 학설 상해에 관한 동시범 특례규정의 성격과 관련하여, ① 피고인에게 자기행위로 상해결과가 발생하지 않았음을 증명해야 할 거증책임을 지우는 것이라는 거증책임전환설,[70] ② 검사의 입증곤란을 구제하려고 공동정범에 관한 법률상의 책임추정을 허용한 것이라는 법률상 추정설,[71] ③ 소송법적으로는 거증책임을 전환하는 규정인 동시에 실체법적으로는 공동정범의 범위를 확장시키는 일종의 의제라고 보는 이원설[72] 및 ④ 피고인이 거증책임을 지는 것은 아니고 단지 자신의 행위로 인해 결과가 발생하지 않았음을 시사하는 증거를 제출할 책임을 인정한 것이라는 증거제출

종의 상해를 입은 사안이다.

70 권오걸, 38면, 김/김, 77면; 박상기, 53면; 이재상, 57면; 임웅, 67면; 정영일, 43면. 이 거증책임의 전환은 과실부분에 한하여 제한적으로 인정해야 한다는 제한적 거증책임전환설도 있다(김/서, 58면).

71 강구진, 70면; 김성돈, 67면.

72 이형국, 상해죄에 대한 소고; 계산 성시탁교수 화갑기념논문집, 730면; 정/박, 81면.

책임설[73]이 주장되고 있다.

(2) 판례 (명예훼손의 위법성조각과 관련하여) 행위자가 증명하여야 하는 것이나, 그 증명은 유죄의 인정에 있어 요구되는 것과 같이 법관으로 하여금 의심할 여지가 없을 정도의 확신을 가지게 하는 증명력을 가진 엄격한 증거에 의하여야 하는 것은 아니다(대판 1996.10.25. 95도1473).

(3) 검토 법률상 추정설이나 이원설은 형사소송법의 무죄추정원칙이나 실체진실주의에 반하는 주장이고, 거증책임의 전환을 인정하는 것도 바람직하지 않다. 사망의 결과가 발생해도 제19조의 동시범 규정이 적용되는데, 상해결과에 대해서만 그 예외를 인정하는 것은 책임원칙에 반하는 것으로 위헌의 소지가 없지 않다. 따라서 제263조의 동시범특례는 극히 제한적으로 인정되어야 한다는 점에서 증거제출책임설이 타당하다고 하겠다.

2. 시간적 근접성 요부

가. 학설 독립행위는 장소적으로 떨어져 있어도 무방하다. 다만 시간적으로 동시 혹은 근접한 시간에 행하여져야 하는가와 관련하여, 공동정범과 같이 볼 수 있을 정도의 동일기회가 필요하다는 필요설[74]과 불요설[75]이 대립한다.

나. 판례 시간적 차이가 있는 독립된 상해행위나 폭행행위가 경합하여 사망의 결과가 일어나고, 그 사망의 원인된 행위가 판명되지 않은 경우에는 공동정범의 예에 의하여 처벌할 것이다.[76]

다. 검토 독립행위는 동시 또는 이시에 행하여질 수 있지만, 그 시간적 간격이 일반적인 경험칙을 벗어날 정도로 너무 크지는 말아야 한다는 점에서 두 학설의 차이는 크지 않다.

3. 적용범위

가. 상해치사죄와 폭행치사죄

(1) 학설 제263조가 상해치사와 폭행치사죄에도 적용되는가에 대해서는 긍정설[77]과 부정설[78]이 대립한다.

(2) 판례 동시범의 특례를 규정한 형법 제263조는 상해치사죄에도 적용된다(대판 1985.5.14. 84도2118).[79]

---

73 오영근, 75면.

74 권오걸, 39면; 박상기, 54면; 임웅, 68면; 정/박, 83면.

75 김성돈, 68면; 김/서, 58면; 배종대, 114면; 오영근, 75면; 이재상, 57면.

76 대판 2000.7.28. 2000도2466; 1985.5.14. 84도2118 판결; 1981.3.10. 80도3321.

77 이재상, 58면(상해치사의 경우); 정/박, 82면.

78 권오걸, 41면; 김성돈, 69면; 김/서, 60면; 배종대, 115면; 오영근, 77면; 임웅, 69면.

79 판례는 상해에는 폭행고의로도 족하다고 보기 때문에, 폭행치사죄에도 적용된다는 취지이다.

(3) 검토 제263조가 집단적 폭행과 상해행위에 대응하기 위한 규정이라고는 하지만, 상해의 결과발생에 사망의 결과발생까지 포함시키는 것은 피고인에게 불리한 유추적용이다. '의심스러우면 피고인에게 유리하게'라는 원칙을 뒤집는 제263조는 극히 제한적으로 인정되어야 한다는 점에서, 폭행치사 또는 상해치사죄에는 적용되지 않는다고 보아야 한다. 가령, 甲, 乙, 丙의 상해행위가 경합하여 사망의 결과를 발생시켰는데 원인된 행위가 판명되지 않을 때에는 제263조를 적용하여 모두 상해치사죄로 처벌할 것이 아니라, 상해기수죄로 처벌해도 족할 것이다. 사망의 결과는 상해를 포함하므로 제19조에 따르더라도 상해미수죄가 되지 않는다.

나. 강도치사상 및 강간치사상죄 형법 제263조의 동시범은 상해와 폭행죄에 관한 특별규정으로서, 그 보호법익을 달리하는 강간치상죄에는 적용할 수 없다(대판 1984.4.24. 84도372).

다. 상해행위와 폭행행위의 경합

경합하는 행위는 상해행위에 국한되지 않고, 상해결과를 발생시킬 수 있는 폭행도 포함한다. 따라서 가령, 甲은 상해고의, 乙은 폭행고의로 A의 얼굴을 가격하여 상해를 입혔으나 그 원인행위가 판명되지 않는 경우, 제263조에 따라 甲은 상해기수죄, 乙은 폭행치상죄로 처벌받게 된다.

라. 가해행위 자체가 불명인 경우 가해행위를 한 것 자체가 분명치 않은 사람에 대하여는 동시범으로 다스릴 수 없다(대판 1984.5.15. 84도388).

제3절 • 과실치사상의 죄

I. 과실치사상죄

> **제266조 (과실치상)** ① 과실로 인하여 사람의 신체를 상해에 이르게 한 자는 500만원 이하의 벌금, 구류 또는 과료에 처한다.
> ② 제1항의 죄는 피해자의 명시한 의사에 반하여 공소를 제기할 수 없다.
> **제267조 (과실치사)** 과실로 인하여 사람을 사망에 이르게 한 자는 2년 이하의 금고 또는 700만원 이하의 벌금에 처한다.

1. 개요 과실치사상죄는 정상의 주의를 태만히 하여 사람의 신체를 상해하거나 사람을 사망에 이르게 하는 범죄이다. 형법은 원칙적으로 고의범을 처벌하고 과실범은 예외적으로 처벌하지만,

보호법익 중 가장 중요하다고 할 수 있는 사람의 생명과 신체를 보호하기 위하여 이를 침해하는 과실행위도 처벌하고 있다. 업무상과실과 중과실에 의한 치사상죄는 가중처벌되며(제268조), 과실치상죄는 반의사불벌죄이다.

2. 구성요건 과실치사상죄가 성립하기 위해서는 행위자의 과실, 즉 주의의무위반에 의해 상해나 사망의 결과가 발생해야 한다.

가. 주의의무위반

(1) 학설 주의의무는 결과를 예견하고 회피할 의무를 말하는데, 그 위반의 판단기준과 관련하여, ① 행위자의 주의능력을 기준으로 하는 주관설과 ② 일반인의 주의능력을 기준으로 하는 평균인 표준설(통설, 판례)이 대립한다.

(2) 임대인의 주의의무

A. 판단기준

1) 수선의무의 경우 임대차 목적물상의 하자의 정도가 그 목적물을 사용할 수 없을 정도의 파손 상태라고 볼 수 없다든지, 반드시 임대인에게 수선의무가 있는 대규모의 것이라고 볼 수 없어 임차인의 통상의 수선 및 관리의무에 속한다고 보여지는 경우에는 그 하자로 인하여 가스중독사가 발생하였다고 하더라도 임대인에게 과실이 있다고 할 수 없다(대판 1993.9.10. 93도196).[1]

2) 전기배선의 경우 전기배선이 벽 내부에 매립 설치되어 건물 구조의 일부를 이루고 있다면 그에 관한 관리책임은 일반적으로 소유자에게 있다고 보아야 할 것이고, 다만 그 전기배선을 임차인이 직접 하였으며 그 이상을 미리 알았거나 알 수 있었다는 등의 특별한 사정이 있는 때에는 임차인에게도 그 부분의 하자로 인한 화재를 예방할 주의의무가 인정될 수 있다.[2]

B. 임대인의 과실을 인정한 사례 피고인이 관리하던 가옥의 작은방에 세들어 사는 甲의 어머니와 딸이 연탄가스에 중독되어 사망한 사실, 위 가옥은 낡은 한옥으로 작은방의 마루쪽 출입문 앞 방바닥에는 폭 약 3mm, 길이 약 30cm의 여러 갈래의 틈이, 아랫목을 기준으로 왼쪽 방바닥에 폭 약 2mm, 길이 약 20cm의 틈이, 오른쪽 방바닥에 폭 약 1mm, 길이 약 20cm의 틈이 나 있어 아궁이에서 올라온 연탄가스가 위 방바닥의 틈으로 올라올 염려가 있는 사실, 피고인은 이 사건 발생 전 임차인인 甲으로부터 작은방에서 연탄가스 냄새가 많이 나고 사람들이 두 차례나 연탄가스를 마셔 죽을 뻔하기까지 했으니 방을 고쳐달라는 요구를 받고도 아무런 조치를 취하지 아니한 사

---

1 단순히 하자 자체의 상태만을 고려할 것이 아니라 그 목적물의 구조 및 전반적인 노후화 상태, 평소 임대인 또는 임차인의 하자 상태의 지실 내지 발견가능성 여부, 임차인의 수선요구 여부 및 이에 대한 임대인의 조치 여부 등을 종합적으로 고려하여 임대인의 과실 유무를 판단하여야 한다.

2 대판 2009.5.28. 2009도1040. 피고인은 4층 건물 중 2층을 임차하여 서예학원을 운영하였다.

실을 알 수 있는바, 하자 상태가 가옥의 전반적인 노후화 정도에 비추어 과연 대수선을 요하는 정도인지가 불분명한 이 사건에서, 피고인이 임차인으로부터 이러한 요구를 받고도 연탄가스 냄새가 나는 원인을 조사하고 그에 대한 대책을 강구하는 등의 조처를 취하지 아니한 점에 비추어 보면 이 사건 사고는 임대인인 피고인의 과실로 인하여 발생하였다(대판 1993.9.10. 93도196).

C. 임대인의 과실을 인정하지 않은 사례 ① 임대한 방실의 부엌으로 통하는 문과 벽 사이에 0.4cm 정도의 틈이 있는 경우(대판 1985.3.12. 84도2034), ② 방에 약간의 실금형태로 균열이 있고 외벽에 금이 가 있을 정도인 경우에는 그 방을 사용할 수 없을 정도의 파손상태라고 할 수 없고, 반드시 임대인에게 수선의무가 있는 대규모의 것이라고도 할 수 없어 임차인의 통상의 수선 및 관리의무에 속하므로, 위 균열로 스며든 연탄가스에 피해자가 중독되어 사망한 사고는 임대인의 과실로 인한 것이라고 볼 수 없다(대판 1989.9.26. 89도703).

(3) 운동경기와 과실

A. 주의의무 골프와 같은 개인 운동경기에 참가하는 자는 자신의 행동으로 인해 다른 사람이 다칠 수도 있으므로, 경기 규칙을 준수하고 주위를 살펴 상해의 결과가 발생하는 것을 미연에 방지해야 할 주의의무가 있고, 이러한 주의의무는 경기보조원에 대하여도 마찬가지로 부담한다(대판 2008.10.23. 2008도6080).

B. 위법성 조각 운동경기에 참가하는 자가 경기규칙을 준수하는 중에 또는 그 경기의 성격상 당연히 예상되는 정도의 경미한 규칙위반 속에 제3자에게 상해의 결과를 발생시킨 것으로서, 사회적 상당성의 범위를 벗어나지 아니하는 행위라면 과실치상죄가 성립하지 않는다.[3]

II. 업무상과실·중과실치사상죄

> **제268조(업무상과실·중과실치사상)** 업무상과실 또는 중대한 과실로 인하여 사람을 사상에 이르게 한 자는 5년 이하의 금고 또는 2천만원 이하의 벌금에 처한다.

1. 의의 업무상과실 또는 중대한 과실로 사람을 사상에 이르게 하는 범죄이다. 업무상과실치사상죄는 업무자라는 신분으로 인하여 형이 가중되는 부진정신분범이다.

2. 업무

가. 의의 업무는 사회생활상의 지위에서 계속적으로 행하는 사무를 말하고, 특히 업무상과실치

---

3 대판 2008.10.23. 2008도6080. 골프경기를 하던 중 골프공을 쳐서 아무도 예상하지 못한 자신의 등 뒤편으로 보내어 등 뒤에 있던 경기보조원(캐디)에게 상해를 입힌 경우에는 주의의무를 현저히 위반하여 사회적 상당성의 범위를 벗어난 행위로서 과실치상죄가 성립한다.

사상죄의 업무는 사람의 생명과 신체에 위험을 초래할 만한 업무를 말한다. 가정주부의 취사나 세탁은 사회생활상의 지위에서 계속적으로 행하는 사무이지만, 사람의 생명 또는 신체에 위험을 초래할 수 있는 업무라고 할 수 없다. 즉, 업무는 ① 사회생활상 지위, ② 계속성, ③ 사무의 세 가지 요소를 갖추어야 하고, ④ 생명이나 신체에 위험을 초래할 만한 '위험한 업무'여야 한다.

나. 판례상의 업무

(1) 업무 개념 업무상과실치사상죄에 있어서의 업무라 함은 사람의 사회생활면에 있어서의 하나의 지위로서 계속적으로 종사하는 업무를 말한다(대판 1961.3.22. 61도5).

(2) 업무 성격 업무상과실치사상죄에 있어서의 업무에는 수행하는 직무 자체가 위험성을 갖기 때문에 안전배려를 의무의 내용으로 하는 경우는 물론 사람의 생명·신체의 위험을 방지하는 것을 의무내용으로 하는 업무도 포함된다(대판 2007.5.31. 2006도3493).[4]

(3) 자격, 면허, 허가 유무와 업무 ① 반복 계속의 의사 또는 사실이 있는 한 그 사무에 대한 각별한 경험이나 법규상의 면허를 필요로 하지 아니한다(대판 1961.3.22. 61도5). ② 골재채취허가를 받지 아니한 경우(대판 1985.6.11. 84도2527), 건설업법상 요구되는 현장건설기술자의 자격이 없다는 등의 사유는 업무상과실 책임을 물음에 아무런 영향도 미칠 수 없다(대판 1983.6.14. 82도2713).

(4) 업무인 사례 구치소라는 수용시설의 특성에 비추어 보면, 공휴일 또는 야간에는 소장을 대리하는 당직간부에게는 구치소에 수용된 수용자들의 생명·신체에 대한 위험을 방지할 법령상 내지 조리상의 의무가 있다고 할 것이고, 이와 같은 의무를 직무로서 수행하는 교도관들의 업무는 업무상과실치사죄에서 말하는 업무에 해당한다(대판 2007.5.31. 2006도3493).

다. 형법상의 업무 개념 형법에서는 여러 가지 업무 개념이 사용되고 있다.

(1) 총칙상의 업무 형법 제20조는 업무로 인한 행위의 위법성조각을 규정하고 있다. 이 업무는 위험한 업무에 국한되지 않는 광의의 업무로, 사회생활상의 지위에서 계속적으로 행하는 사무를 말한다.

(2) 각칙상의 업무

A. 보호법익으로서의 업무 업무방해죄의 업무가 예이며, 보호가치 있는 업무를 말한다.

B. 진정신분범의 업무 업무상비밀누설죄, 허위진단서작성죄 등은 일정한 업무자만이 범할 수 있는 진정신분범이다.

C. 부진정신분범의 업무 업무상과실치사상죄, 업무상실화죄, 업무상동의낙태죄처럼, 일반인

---

4 단지 건물의 소유자로서 건물을 비정기적으로 수리하거나 건물의 일부분을 임대하였다는 사정만으로는 업무상과실치상죄에 있어서의 업무로 보기 어렵다. 대판 2009.5.28. 2009도1040.

보다 업무자의 범죄가 가중되는 업무를 말한다.

D. 행위방법으로서의 업무 아동혹사죄처럼 업무가 구성요건적 행위요소로 되어 있는 경우이다.

3. 업무상과실이 가중처벌되는 이유

가. 학설 업무상과실을 가중처벌하는 이유와 관련하여, ① 업무자에게는 더 많은 주의의무가 요구되기 때문이라는 견해,[5] ② 업무자에게는 더 많은 예견가능성이 있기 때문이라는 견해[6] 및 ③ 주의의무는 같지만 업무자에게는 더 많은 주의능력이 있기 때문이라는 견해[7]가 주장되고 있다. 업무자는 더 많은 주의능력으로 결과에 대한 예견가능성이 더 높기 때문에, 법이 업무자에게 더 많은 주의의무를 요구한다고 보면 된다.

나. 판례 업무상과실치상죄를 단순 과실치상죄에 비하여 가중처벌하는 것은 사람의 생명·신체에 대한 위험을 초래할 우려가 있거나 이를 방지할 의무가 있는 업무에 종사하는 자에 대해서는 일반인에 비해 그러한 결과 발생에 대한 고도의 주의의무가 부과되거나 그 예견가능성이 크다는 점 등의 사정을 고려한 때문이라 할 것이므로, 비록 업무에 속하는 행위라 할지라도 그에 수반되는 타인의 생명·신체에 대한 위험성의 내용 및 정도가 일반인의 일상생활에 있어 그것과 비교하여 무거운 주의의무를 부과하거나 고도의 예견가능성을 기대할 정도에 미치지 못하는 경우에는 본죄에 의하여 무겁게 처벌할 수는 없다(대판 2009.10.29. 2009도5753).

4. 업무상과실

가. 무자격자와 과실 무자격자가 자기책임 아래 공사를 감행한 자체를 과실로 보아야 한다(대판 1974.12.24. 74도2072).

나. 무자격자 선임 또는 무자격자에 대한 지시와 과실 무자격자에게 발파작업을 하게 함으로써 사람을 치상케 한 경우에는 업무상과실치상죄가 성립한다(대판 1965.3.9. 65도74).

다. 구체적이고 직접적인 주의의무

(1) 의미 업무상의 과실은 업무와 관련하여 다해야 할 구체적이고 직접적인 주의의무를 할 수 있었음에도 하지 아니한 경우를 가리킨다(대판 2010.11.11. 2010도2887).

---

5 김/김, 105면; 김/서, 80면; 임웅, 91면;

6 김성돈, 86면; 박상기, 70면; 이재상, 76면.

7 배종대, 137면; 오영근, 96면; 정/박, 101면.

(2) 과실이 없는 사례 시공회사의 상무이사인 현장소장이 현장에서의 공사감독을 전담하였고 사장은 그와 같은 감독을 하게 되어 있지 않았다면, 사장으로서는 개별작업에 대하여 일일이 세부적인 안전대책을 강구하여야 하는 구체적이고 직접적인 주의의무가 있다고 하기 어렵다.[8]

라. 과실이 인정된 사례 무게가 무겁거나 날카로운 형상을 가지고 있는 등 상·하차 과정이나 운반 과정에 위험을 초래할 우려가 있는 물품을 출고하여 운반을 의뢰함에 있어서는 그 물품의 특성에 맞게 적절한 단위로 서로 단단히 묶거나 포장하여 운반 과정 등에 장애를 발생시키지 않도록 할 주의의무가 있다(대판 2009.7.23. 2009도3219).

5. 신뢰의 원칙

가. 교통사고와 신뢰의 원칙

(1) 요건 교통사고의 발생에 있어서 피해자나 제3자에 의한 교통법규위반 등의 이상행동이 개재되었을 때에 당시의 제반 사정에 비추어 그와 같은 이상행동은 없을 것이라고 신뢰하는 것이 상당한 경우에 가해자 측에 사고의 원인이 된 교통법규위반이 존재하지 않는 한 가해차량의 운행공용자 내지 운전자의 책임이 부정된다(대판 2000.9.5. 2000다12068).

(2) 고속도로와 자동차 전용도로 고속도로를 운행하는 자동차의 운전자로서는 일반적인 경우에 고속도로를 횡단하는 보행자가 있을 것까지 예견하여 보행자와의 충돌사고를 예방하기 위하여 급정차 등의 조치를 취할 수 있도록 대비하면서 운전할 주의의무가 없고, 다만 고속도로를 무단횡단하는 보행자를 충격하여 사고를 발생시킨 경우라도 운전자가 상당한 거리에서 보행자의 무단횡단을 미리 예상할 수 있는 사정이 있었고, 그에 따라 즉시 감속하거나 급제동하는 등의 조치를 취하였다면 보행자와의 충돌을 피할 수 있었다는 등의 특별한 사정이 인정되는 경우에만 자동차 운전자의 과실이 인정될 수 있다(대판 2000.9.5. 2000도2671).

(3) 중앙선 침범 두 줄의 황색중앙선 표시가 있는 직선도로상을 운행하는 차량의 운전자로서는 특별한 사정이 없는 한 상대방향에서 운행하여 오는 차량이 도로중앙선을 넘어 자기가 진행하는 차선에 진입하지 않으리라고 믿는 것이 우리의 경험법칙에 합당하다(대판 1995.7.11. 95도382).

(4) 신호위반

A. 횡단보도의 신호가 적색인 상태에서 무단횡단한 경우 차량의 운전자로서는 횡단보도의 신호가 적색인 상태에서 반대차선상에 정지하여 있는 차량의 뒤로 보행자가 건너오지 않을 것이라고 신뢰하는 것이 당연하고, 그렇지 아니할 사태까지 예상하여 그에 대한 주의의무를 다하여야 한다고는 할 수 없다(대판 1993.2.23. 92도2077; 1987.8.8. 87도1332).

---

8 대판 1989.11.24. 89도1618. 공장장의 경우도 동일하다(대판 1989.1.31. 88도1683).

B. 교차로 신호위반 대향차선 위의 다른 차량이 신호를 위반하고 직진하는 자기 차량의 앞을 가로질러 좌회전할 경우까지 예상하여 그에 따른 사고발생을 미리 방지하기 위한 특별한 조치까지 강구하여야 할 업무상의 주의의무는 없고, 위 직진차량 운전자가 사고지점을 통과할 무렵 제한속도를 위반하여 과속운전한 잘못이 있었다 하더라도 그러한 잘못과 교통사고의 발생과의 사이에 상당인과관계가 있다고 볼 수 없다(대판 1993.1.15. 92도2579).

(5) 육교 부근 사고일시가 한 가을의 심야이고 그 장소가 도로교통이 빈번한 대도시 육교 밑의 편도 4차선의 넓은 길 가운데 2차선 지점인 경우라면 이러한 교통상황 아래에서의 자동차 운전자는 무단횡단자가 없을 것으로 믿고 운전해 가면 되는 것이고 도로교통법규에 위반하여 그 자동차의 앞을 횡단하려고 하는 사람이 있을 것까지 예상하여 그 안전까지를 확인해 가면서 운전하여야 할 의무는 없다(대판 1988.10.11. 88도1320).

(6) 대로의 가로지르기 편도 5차선 도로의 1차로를 신호에 따라 진행하던 자동차 운전자에게 도로의 오른쪽에 연결된 소방도로에서 오토바이가 나와 맞은편 쪽으로 가기 위해서 편도 5차선 도로를 대각선 방향으로 가로질러 진행하는 경우까지 예상하여 진행할 주의의무는 없다(대판 2007.4.26. 2006도9216).

나. 의료사고와 신뢰의 원칙

(1) 협진과 신뢰의 원칙 내과의사가 신경과 전문의에 대한 협의진료 결과 피해자의 증세와 관련하여 신경과 영역에서 이상이 없다는 회신을 받았고, 그 회신 내용에 의문을 품을 만한 사정이 있다고 보이지 않자 그 회신을 신뢰하여 뇌혈관계통 질환의 가능성을 염두에 두지 않고 내과영역의 진료행위를 계속하다가 피해자의 증세가 호전되기에 이르자 퇴원하도록 조치한 점 등에 비추어 볼 때, 내과의사가 피해자를 진료함에 있어서 지주막하출혈을 발견하지 못한 것에 대해 업무상 과실이 있었다고 단정하기 어렵다(대판 2003.1.10. 2001도3292).[9]

(2) 주치의와 수련의 의사가 다른 의사와 의료행위를 분담하는 경우에도 자신이 환자에 대하여 주된 의사의 지위에 있거나 다른 의사를 사실상 지휘 감독하는 지위에 있다면, 의사는 자신이 주로 담당하는 환자에 대하여 다른 의사가 하는 의료행위의 내용이 적절한 것인지의 여부를 확인하고 감독하여야 할 업무상 주의의무가 있다(대판 2007.2.22. 2005도9229).[10]

---

9 경미한 뇌동맥류 파열에 의한 소량의 지주막하출혈은 뇌전산화단층촬영을 하더라도 발견할 가능성이 낮고, 내과의사로서는 그 경미한 뇌동맥류 파열에 의한 출혈을 발견하기 어렵다는 점 등을 고려하여 내과의사의 업무상 주의의무를 부정한 것이다.

10 피고인이 피해자의 주치의 겸 정형외과의 전공의로서, 같은 과의 수련의가 피고인의 담당 환자인 피해자에 대하여 한 처방이 적절한 것인지의 여부를 확인하고 감독하여야 할 업무상 주의의무가 있음에도 불구하고(이는 수련의가 성형외과 영역과 관련한 처방에 대하여 성형외과 전공의의 지시를 받았다고 하여 달리 볼 것이 아니다), 위 의무를 소홀히 한 나머지, 피해자가 전공의의 잘못된 처방으로 인하여 이 사건 상해를 입게 되었다.

(3) 간호사의 진료보조행위와 신뢰의 원칙

A. 주사와 신뢰원칙 의사가 입회하지 않더라도 간호사가 주사의 부위 및 방법에 관하여 착오를 일으킬 만한 사정도 없었던 점, 신체에 직접 주사하여 주사액을 주입하는 것이 아니라 대퇴부정맥에 연결된 튜브를 통하여 주사액을 주입하는 행위는 투약행위에 가깝다는 점, 간호사의 경력과 그가 취한 행동에 비추어 볼 때 피해자에 대한 주사의 부위 및 방법에 관하여 정확히 이해하고 있었고 그의 자질에 문제가 없었던 것으로 보이는 점, 의사로서는 자신의 지시를 받은 간호사가 자신의 기대와는 달리 간호실습생에게 단독으로 주사하게 하리라는 사정을 예견할 수도 없었다는 점을 종합하여 보면, 현장에 입회하여 간호사의 주사행위를 직접 감독할 업무상 주의의무가 있다고 보기 어렵다(대판 2003.8.19. 2001도3667).[11]

B. 수혈과 신뢰의 원칙 간호사로 하여금 의료행위에 관여하게 하는 경우에도 그 의료행위는 의사의 책임하에 이루어지는 것이고 간호사는 그 보조자에 불과하므로, 의사는 당해 의료행위가 환자에게 위해가 미칠 위험이 있는 이상 간호사가 과오를 범하지 않도록 충분히 지도·감독을 하여 사고의 발생을 미연에 방지하여야 할 주의의무가 있고, 이를 소홀히 한 채 만연히 간호사를 신뢰하여 간호사에게 당해 의료행위를 일임함으로써 간호사의 과오로 환자에게 위해가 발생하였다면 의사는 그에 대한 과실책임을 면할 수 없다(대판 1998.2.27. 97도2812).[12]

(4) 약사의 약품판매와 신뢰의 원칙 약사는 의약품을 판매·조제함에 있어서 의약품의 표시 포장상 약사법 소정의 검인합격품이고 또한 부패, 변질, 변색되지 아니하고 유효기간이 경과되지 아니함을 확인하고 조제판매한 경우에는 특별한 사정이 없는 한 관능시험 및 기기시험까지 할 주의의무가 없다(대판 1976.2.10. 74도2046).

6. 의료사고

가. 과실

(1) 과실의 인정요건 의료사고에 있어서 의사의 과실을 인정하기 위해서는 의사가 결과발생을 예견할 수 있었음에도 불구하고 그 결과발생을 예견하지 못하였고, 그 결과발생을 회피할 수 있었음에도 불구하고 그 결과발생을 회피하지 못한 과실이 검토되어야 한다.[13]

---

11 간호사가 '진료의 보조'를 함에 있어서는 모든 행위 하나하나마다 항상 의사가 현장에 입회하여 일일이 지도·감독하여야 한다고 할 수는 없고, 경우에 따라서는 의사가 진료의 보조행위 현장에 입회할 필요 없이 일반적인 지도·감독을 하는 것으로 족한 경우도 있다.

12 간호사로 하여금 단독으로 수혈을 하도록 내버려둠으로써, 간호사가 혈액봉지의 라벨을 확인하지 아니하여 간호처치대 위에 놓여있던 甲에게 수혈할 혈액봉지를 피해자에 대한 혈액봉지로 오인하고서, 혈액형이 B형인 피해자에 대하여 A형 농축적혈구를 수혈하여 사망하였다.

13 대판 2003.1.10. 2001도3292; 2006.10.26. 2004도486.

(2) 과실의 판단기준

A. 주의의무의 차이 일반의와 전문의, 또는 1차, 2차 및 3차 의료기관의 분화와 같이 사회적 교류의 특정한 영역 안에서 다시 일반과 전문/특수 영역의 분화가 있을 경우에는 각 영역별로 일반적으로 요구되는 주의의무의 정도가 차별화될 수 있다.[14]

B. 판례 ① 과실의 유무를 판단함에는 같은 업무와 직무에 종사하는 일반적 보통인의 주의 정도를 표준으로 하여야 하며, 이에는 사고 당시의 일반적인 의학의 수준과 의료환경 및 조건, 의료행위의 특수성 등이 고려되어야 한다.[15] ② 주의의무의 기준은 진료 당시의 이른바 임상의학의 실천에 의한 의료수준에 의하여 결정되어야 하나, 그 의료수준은 규범적으로 요구되는 수준으로 파악되어야 하고, 당해 의사나 의료기관의 구체적 상황에 따라 고려되어서는 안 된다.[16]

나. 주사와 주의의무 ① 주사를 시주할시에는 시주 후의 부작용을 상정하고 사전 조치를 준비함은 물론 시주한 후에는 의학적으로 기대되는 적절한 사후치료조치를 다할 주의의무가 있다(대판 1976.12.28. 74도816). ② 내과전문의가 기관지폐렴환자로 진단한 환자에 대하여 그 요법으로 일반적으로 통용되고 있는 엠피시린 주사액을 피부반응검사를 거쳐 음성인 경우에 한하여 그 주사액을 시주케 한 행위에는 내과전문의로서의 과실이 있다고 보기 어렵다(대판 1984.6.12. 82도3199).

다. 진단 및 치료

(1) 과실이 있는 사례 갑상선비대증이나 심장병환자에 대하여는 편도선 절제수술이 금기사항으로 되어 있으므로, 의사가 환자의 갑상선과 심장이 보통사람의 그것보다 많이 비대해져 있음을 발견하였으면 마땅히 정밀검사를 통하여 그 발병원인을 밝혔어야 함에도 사전에 이에 대한 정밀검사를 실시하지 아니한 과실로 환자가 갑상선수양암 및 관상동맥경화증 환자임을 알지 못한 채 편도선절제수술을 감행함으로써 수술을 마친 약 40분 후 심장마비로 사망케 하였다면 업무상과실치사의 책임이 있다(대판 1986.10.14. 85도1789).

(2) 과실이 없는 사례 침투태반에 의한 출혈이라 하여도 개업한 산부인과 전문의로서는 우선은 보존적인 요법을 시행하여 지혈이 되기를 기대하면서 관찰을 하여 보고, 그로써 지혈이 될 수 없다는 판단이 서게 되면 그 때에 지체 없이 자궁적출술을 시행하여야 할 것이지, 침투태반에 의한 출혈이라 하여 보존적인 요법을 거치지도 않고 우선 자궁적출술부터 시행할 주의의무가 없다(대판 1997.4.8. 96도3082).

---

14 이상돈, 의사의 과실과 객관적 귀속, 판례연구 제8집(고려대학교 법학연구소), 130면.

15 대판 2003.1.10. 2001도3292; 1999.12.10. 99도3711; 2006.10.26. 2004도486.

16 대판 2010.10.28. 2008도8606; 1997.2.11. 96다5933.

라. 마취 마취회복업무를 담당한 의사로서는 마취환자가 수술 도중 특별한 이상이 있었는지를 확인하여 특별한 이상이 있었던 경우에는 보통 환자보다 더욱 감시를 철저히 하고, 또한 마취환자가 의식이 회복되기 전에는 호흡이 정지될 가능성이 적지 않으므로, 피해자의 의식이 완전히 회복될 때까지 주위에서 관찰하거나 적어도 환자를 떠날 때는 피해자를 담당하는 간호사를 특정하여 그로 하여금 환자의 상태를 계속 주시하도록 하여 만일 이상이 발생한 경우에는 즉시 응급조치가 가능하도록 할 의무가 있다(대판 1994.4.26. 92도3283).

마. 수혈 의사가 환자에게 흔히 부작용을 일으키는 수 있는 수혈을 함에 있어서는 혈액형의 일치 여부는 물론 수혈용 혈액의 완전성 여부를 인정하고 수혈 도중에 있어서도 처음에는 의사가 직접 입회하여 극소량으로부터 서서히 사용하는 등 세심한 주의를 하여 환자의 반응을 감시하여 부작용이 있는가 여부를 인정하는 등 조치를 하고 불의의 위험에 대한 임기응변의 조치를 취할 준비를 갖추는 등의 업무상의 주의의무가 있다.[17]

바. 주의의무를 부정한 사례

(1) 정신병 환자의 탈출 정신병동에 입원중인 환자가 완전감금병동의 화장실 창문을 열고 탈출하려다가 떨어져 죽은 경우, 병동의 당직간호사가 단순히 시정장치의 시정 여부를 확인하는 것을 넘어 이를 설치 관리하는 일까지 간호사의 업무로 보기는 어렵고 또한 여자환자가 화장실에서 10분 이상 지체하는 경우는 흔히 있을 수 있는 일이라 하겠으므로 피해자가 화장실에 가는 시간을 기록하여 두고 10여 분 후에 간호보조사로부터 피해자가 병실 침대에 없다는 보고를 받은 즉시 그를 찾아 나섰다면 그것을 가리켜 환자동태관찰의무를 게을리 한 것이라고 단정할 수도 없다(대판 1992.4.28. 91도1346).

(2) 정신분열환자의 자살 정신병 전문의사가 평소 상당한 주의를 하였었고 망상형 정신분열환자의 자상 내지 자살과 같은 자해행위는 의학상 이례에 속한 예측을 기대하지 못하는 것인데, 피해자가 감시가 소홀한 틈을 타서 자살하였다면 그에게 사고발생의 원인이 된 과실이 있다고 할 수 없다(대판 1970.12.22. 70도2304).

7. 건설공사 사고

가. 도급인의 주의의무

(1) 원칙 원칙적으로 도급인에게는 수급인의 업무와 관련하여 사고방지에 필요한 안전조치를 취할 주의의무가 없으나, 법령에 의하여 도급인에게 수급인의 업무에 관하여 구체적인 관리·감독 의무 등이 부여되어 있거나 도급인이 공사의 시공이나 개별 작업에 관하여 구체적으로 지시·감독

17 대판 1964.6.2. 63다804; 1998.2.27. 97도2812.

하였다는 등의 특별한 사정이 있는 경우에는 도급인에게도 수급인의 업무와 관련하여 사고방지에 필요한 안전조치를 취할 주의의무가 있다(대판 2009.5.28. 2008도7030; 2010.11.11. 2010도2887).

(2) 주의의무가 없는 사례

주택수리공사에 관하여 전문적인 지식이 없는 도급인이 주택수리공사 전문업자에게 주택수리를 의뢰하면서 공사에 관한 관리, 감독업무 또는 공사의 시공에 있어서 분야별 공사업자나 인부들에 대한 구체적인 작업지시 및 감독 업무를 주택수리업자에게 일임한 경우, 도급인에게 공사상 필요한 안전조치를 취할 업무상 주의의무가 없다.[18]

8. 인과관계

가. 불법의 묵인, 자격자 미배치

(1) 면허 없는 자에 대한 하도급 묵인 　만일 자격 있는 자가 시공을 하였다면 당해 재해가 발생하지 아니하였거나 재해 발생의 위험이 상당히 줄어들었으리라고 인정된다면, 공사감독관이 전문건설업 면허나 건설기술 자격이 없는 개인에게 재하도급 주어 공사를 시공하도록 한 사실을 쉽게 알 수 있었음에도 불구하고 이를 적발하지 못한 잘못이 있는 경우, 그와 같은 직무상의 의무위반과 붕괴사고 등의 재해로 인한 치사상의 결과 사이에 상당인과관계가 있다(대판 1995.9.15. 95도906).

(2) 면허 없는 자의 선임 　면허를 받지 못한 자를 화약류취급책임자로 선임하여 발파작업에 종사케 함으로써 그 발파작업 중 그 책임자의 과실로 인하여 사상의 사고가 발생한 경우에는 사상과 그 선임자의 과실 사이에는 상당인과관계가 있다(대판 1966.6.28. 66도758).

(3) 건설기술자 미배치

건설기술자를 현장에 배치할 의무를 위반하여 건설기술자조차 현장에 배치하지 아니한 과실은, 공사현장 인접 소방도로의 지반침하 방지를 위한 그라우팅공사 과정에서 발생한 가스폭발사고와 상당한 인과관계가 있다(대판 1997.1.24. 96도776).[19]

나. 요양방법의 지도의무위반과 인과관계

의사에게는 그 원인사실을 모르고 병명을 문의하는 환자에게 그 병명을 알려주고 이에 대한 주의사항인 피해장소인 방의 수선이나 환자에 대한 요양의 방법 기타 건강관리에 필요한 사항을 지도하여 줄 요양방법의 지도의무가 있는 것이므로, 이를 태만한 것으로서 의사로서의 업무상과실이

---

18 대판 2002.4.12. 2000도3295; 2005.9.9. 2005도3108. 공사 현장에서 甲에게 철거할 부분을 지시하였다거나 공사를 함에 있어서 직접 분야별 공사업자와 교섭하여 분야별 공사비를 정한 사실 또는 공사 도중에 수차례 현장을 방문하여 수급인과 건물의 붕괴에 따른 안전문제에 관하여 이야기를 한 사실이 있었다고 하더라도, 그러한 사실만으로 업무상 주의의무가 있는 것으로 볼 것은 아니다.

19 공사현장에 건설기술자가 배치되었더라면, 배치된 건설기술자가 그의 기술과 경험에 의하여 소방도로에 대한 그라우팅공사를 지하 매설물을 확인하지도 아니한 채 설계도면도 없이 무모하게 시행하지는 못하도록 하였을 가능성이 충분히 있었다(대구 상인동 폭발사건).

있고, 이 과실과 재차의 일산화탄소 중독 사이에 인과관계가 있다(대판 1991.2.12. 90도2547).[20]

다. 설명의무 위반과 인과관계 의사가 설명의무를 위반한 채 의료행위를 하여 피해자에게 상해가 발생하였다고 하더라도, 업무상과실로 인한 형사책임을 지기 위해서는 피해자의 상해와 의사의 설명의무위반 내지 승낙취득 과정의 잘못 사이에 상당인과관계가 존재하여야 하고, 이는 한의사의 경우에도 마찬가지이다(대판 2011.4.14. 2010도10104).[21]

라. 인과관계와 객관적 귀속

혈청에 의한 간기능검사를 시행하지 않거나 이를 확인하지 않은 과실과 피해자의 사망 간에 인과관계가 있다고 하려면, 수술 전에 피해자에 대한 간기능검사를 하였더라면 피해자가 사망하지 않았을 것임이 입증되어야 한다(대판 1990.12.11. 90도694).

마. 인과관계의 단절 피해자가 다른 병원으로 전원하여 진료를 받던 중 사망하였다는 사실 때문에 피고인의 진료상의 과실과 피해자의 사망 사이의 인과관계가 단절된다고 볼 수는 없다(대판 1996.9.24. 95도245).

9. 과실범의 공동정범

가. 학설 과실범의 공동정범을 인정할 수 있는가에 대해서는 ① 행위공동설을 기초하여 그 성립을 인정하는 긍정설[22]과 ② 범죄공동설을 기초로 인정할 수 없다는 부정설[23]이 대립한다.

나. 판례

(1) 성립 여부 형법 제30조에 "공동하여 죄를 범한 때"의 "죄"라 함은 고의범이고 과실범이고를 불문하므로, 두 사람 이상이 어떠한 과실행위를 서로의 의사연락하에 이룩하여 범죄가 되는 결

---

20 자기집에서 취침하다가 연탄가스 중독으로 병원 응급실에 후송되어 온 환자를 진단하여 일산화탄소 중독으로 판명하고 치료한 담당의사에게 회복된 환자가 이튿날 퇴원할 당시 자신의 병명을 문의하였는데도 의사가 아무런 요양방법을 지도하여 주지 아니하여, 환자가 일산화탄소에 중독되었던 사실을 모르고 퇴원 즉시 사고 난 자기 집 안방에서 다시 취침하다 일산화탄소 중독을 입은 사안이다.

21 한의사가 피해자에게 문진하여 과거 봉침을 맞고도 별다른 이상반응이 없었다는 답변을 듣고 부작용에 대한 충분한 사전 설명 없이 환부인 목 부위에 봉침시술을 하였는데, 피해자가 위 시술 직후 쇼크반응을 나타내는 등 상해를 입은 경우, 제반 사정에 비추어 봉침시술에 앞서 설명의무를 다하였더라도 피해자가 반드시 봉침시술을 거부하였을 것이라고 볼 수 없어, 피고인의 설명의무 위반과 피해자의 상해 사이에 상당인과관계를 인정하기 어렵다.

22 김성룡, 고의론에서 접근한 과실범에 있어서 공동정범, 형사법연구 제16호; 이용식, 과실범의 공동정범, 형사판례연구(7), 81면 이하.

23 전지연, 과실범의 공동정범, 형사법연구 제13호; 신동운, 과실의 공동정범 긍정례, 고시연구 제22권 제5호; 허일태, 과실범의 공동정범에 대한 판례연구, 인권과 정의 제275호.

과를 발생케 한 것이라면 과실범의 공동정범이 성립된다.[24]

(2) 과실범의 공동정범이 성립하는 사례

A. 운전병에게 술을 먹인 선탑자 운전병이 운전하던 짚차의 선임 탑승자는 운전병의 안전운행을 감독하여야 할 책임이 있는데 오히려 운전병을 데리고 주점에 들어가서 같이 음주한 다음 운전케 한 결과, 운전병이 음주로 인하여 취한 탓으로 사고가 발생한 경우에는 선임 탑승자에게도 과실범의 공동정범이 성립한다(대판 1979.8.21. 79도1249).

B. 성수대교 사건 교량이 수명을 유지하기 위해서는 완벽한 시공, 철저한 제작·시공상의 감독 및 철저한 유지·관리라는 조건이 합치되어야 하므로, 각 단계에서의 과실 그것만으로 붕괴원인이 되지 못한다고 하더라도 그것이 합쳐지면 교량이 붕괴될 수 있다는 점은 쉽게 예상할 수 있고, 따라서 각 단계에 관여한 자는 전혀 과실이 없다거나 과실이 있다고 하여도 교량붕괴의 원인이 되지 않았다는 등의 특별한 사정이 있는 경우를 제외하고는 붕괴에 대한 공동책임을 면할 수 없다. 피고인들은 성수대교가 안전하게 건축되도록 한다는 공동의 목표와 의사연락이 있었다고 보아야 할 것이므로, 업무상과실치사상죄에 대하여 공동정범의 관계가 성립된다(대판 1997.11.28. 97도1740).

(3) 과실범의 공동정범이 성립하지 않는 사례 군용 짚차는 그 운전병이 선임탑승한 피고인의 지시에 따라 사고지점의 철도선로를 무단횡단하여 피고인의 집에 들렀다가 귀대하기 위해 다시 돌아가던 도중에 운전병의 운전부주의로 사고지점 철도변의 배수로에 앞바퀴가 빠져 철도선로에 돌출된 차량의 앞부분이 때마침 그곳을 통과하던 화물열차에 부딪쳐 손괴되었던 것이므로, 그 손괴의 결과가 피고인이 사고지점을 횡단하도록 지시한 과실에 인한 것이라고 볼 수는 없고, 피고인이 운전병을 지휘·감독할 책임 있는 선임탑승자라 하여 그 점만으로는 곧 피고인에게도 손괴의 결과에 대한 공동과실이 있는 것이라고 단정할 수도 없다(대판 1986.5.27. 85도2483).

III. 중과실치사상죄

1. 중과실 중과실은 행위자가 극히 근소한 주의를 함으로써 결과발생을 인식할 수 있음에도 불구하고 부주의로서 이를 인식하지 못한 경우를 말하는 것이다(대판 1960.3.9. 4292형상761).

2. 중과실이 있는 사례

가. 지나친 경솔 성냥불이 꺼진 것을 확인하지 아니한 채 휴지통에 던진 것은 중대한 과실에 해당한다(대판 1993.7.27. 93도135).

24 대판 1982.6.8. 82도781; 1994.3.22. 94도35; 1979.8.21. 79도1249; 1978.9.26. 78도2082.

나. 보수요구 후 방치 관리하던 주차장 출입구 문주의 하단부분에 금이 가 있어 도괴될 위험성이 있었다면, 소유자에게 보수를 요청하는 외에 보수가 있을 때까지 임시적으로라도 받침대를 세우는 등 도괴를 방지하거나 근처에 사람이나 자동차의 근접을 막는 등 도괴로 인한 인명의 피해를 막도록 조치를 하여야 할 주의의무가 있다 할 것이며, 소유자에게 보수를 요구하는데 그쳤다면 중대한 과실이 있다(대판 1982.11.23. 82도2346).

다. 안수기도 84세 여자 노인과 11세의 여자 아이를 상대로 안수기도를 함에 있어서 그들을 바닥에 반듯이 눕혀 놓고 기도를 한 후 "마귀야 물러가라, 왜 안 나가느냐"는 등 큰 소리를 치면서 한 손 또는 두 손으로 그들의 배와 가슴 부분을 세게 때리고 누르는 등의 행위를 여자 노인에게는 약 20분간, 여자 아이에게는 약 30분간 반복하여 그들을 사망케 한 경우, 고령의 여자 노인이나 나이 어린 연약한 여자 아이들은 약간의 물리력을 가하더라도 골절이나 타박상을 당하기 쉽고, 더욱이 배나 가슴 등에 그와 같은 상처가 생기면 치명적 결과가 올 수 있다는 것은 피고인 정도의 연령이나 경험 지식을 가진 사람으로서는 약간의 주의만 하더라도 쉽게 예견할 수 있으므로 사람을 죽음으로까지 이르게 한 행위는 중대한 과실에 해당한다(대판 1997.4.22. 97도538).[25]

제4절 • 낙태의 죄

I. 낙태죄

1. 총설

가. 의의 낙태의 죄는 태아를 낙태하거나 이로 인해 임산부를 상해 또는 사망에 이르게 하는 범죄이다. 이 낙태 개념과 관련하여, ① 자연적 분만기에 앞서 태아를 인위적으로 모체 밖으로 배출시키거나 태아를 모체 안에서 살해하는 것을 모두 낙태로 보는 광의설(통설, 판례)과 ② 태아를 모체 내에서 살해하는 것만을 낙태로 보는 협의설[1]이 주장되고 있다.

협의설은 인공출산을 낙태 개념에서 배제하고자 하는 것이지만, 낙태미수를 처벌하지 않는 현행법에서 태아의 생명을 보다 두텁게 보호하기 위해서는 태아의 생명을 위태롭게 하는 행위, 즉 자연

25 폭행치사죄로 기소하였더라도 유죄가 되었을 것이다

1 김/김, 43면; 이재상, 85면.

적 분만기에 앞서 태아를 모체 밖으로 배출하는 행위도 낙태로 보아야 한다.

나. 보호법익 ① 태아의 생명을 주된 보호법익으로 하지만, 부차적으로 임부의 생명·신체의 안전도 보호한다는 견해[2]와 ② 태아의 생명만이 보호법익이고 임부의 생명·신체는 태아의 생명보호에 수반되는 부수적 의미에 불과하다는 견해[3]가 주장되고 있다.

우리 형법상으로는 구성요건에 따라 보호법익을 달리 보아야 한다. 자기낙태와 동의낙태죄는 태아의 생명이 보호법익이지만, 그 외의 다른 낙태규정은 부차적으로 임부의 생명·신체의 안전도 보호법익으로 한다고 보아야 한다.

다. 보호의 정도 보호정도와 관련하여, ① 낙태 개념을 넓게 보는 광의설에서는 위험범으로 보지만, ② 좁게 이해하는 협의설에서는 침해범으로 본다. 태아를 모체 밖으로 배출한 후 살해한 경우, 위험범설에서는 낙태죄와 살인죄의 경합범으로 보고, 침해범설에서는 낙태미수와 살인죄의 상상적 경합을 인정하여 결국 살인죄로 보게 된다.

낙태를 광의로 이해하는 한 위험범설이 타당하다. 그리고 이 입장에서도 구체적 위험범으로 보는 입장도 있지만,[4] 태아의 생명에 대한 위험발생이 구성요건화되어 있지 않다는 점에서, 추상적 위험범으로 이해하는 것이 타당하다(통설, 판례).[5]

라. 판례 낙태죄는 태아를 자연분만기에 앞서 인위적으로 모체 밖으로 배출하거나 모체 안에서 살해함으로서 성립하고, 그 결과 태아가 사망하였는지 여부는 낙태죄의 성립에 영향이 없다(대판 2005.4.15. 2003도2780).

2. 자기낙태죄

> **제269조 (자기낙태죄)** ① 부녀가 약물 기타 방법으로 낙태한 때에는 1년 이하의 징역 또는 200만원 이하의 벌금에 처한다.

가. 주체 임부만이 주체가 되는 진정신분범이다.

---

2 권오걸, 66면; 김성돈, 92면; 김/서, 35면; 이재상, 86면; 임웅, 102면 ; 정영일, 71면.

3 박상기, 77면.

4 배종대, 162면.

5 권오걸, 67면; 김성돈, 93면; 김/서. 36면; 박상기, 78면; 임웅, 103면; 전지연, 낙태와 살인, 형사판례연구(14), 61면; 정영일, 71면.

나. 객체 객체는 모체 내의 살아있는 태아이다. 태아는 수정란이 자궁점막에 착상한 때로부터 분만이 개시되기 전까지의 생명체를 말한다.

다. 위법성조각사유

(1) 일반적 위법성조각 긴급피난에 의해 낙태의 위법성이 조각될 수 있다.

(2) 모자보건법상의 위법성조각

A. 입법례 낙태를 허용하는 방식은 기한방식과 적응방식으로 나뉜다. 기한방식은 일정한 기한(가령, 임신 3개월)을 정하여 그 안에서는 자유롭게 낙태를 허용하고, 적응방식은 일정한 적응(낙태사유)이 있을 때 낙태를 허용하는 방식이다. 독일은 임신 12주 이내에는 의사와의 상담을 거쳐 쉽게 낙태를 할 수 있도록 하고, 그 이후에는 의학적 적응이 있을 때에 낙태를 허용하지만, 임신 22주 이내에 의사와의 상담을 거친 낙태에 대해서는 형을 면제한다(결합방식).

B. 모자보건법 모자보건법 제14조는 ① 임신의 지속이 모체의 건강을 심히 해할 우려가 있는 보건의학적 사유 ② 본인 또는 배우자에게 우생학적·유전학적 정신장애나 신채질환이 있거나 전염성질환이 있는 우생학적 사유 및 ③ 강간이나 혼인할 수 없는 혈족 간의 임신과 같은 윤리적 사유가 있는 경우에 낙태를 허용한다. 이 경우에도 낙태는 본인과 배우자의 동의를 얻어 의사가 시술하여야 한다(동법 제28조). 그리고 낙태는 임신한 날로부터 24주 이내에만 허용되고(동법 시행령 제15조 제1항), 그 이후의 낙태는 허용되지 않는다.

C. 판례 '임신의 지속이 보건의학적 이유로 모체의 건강을 심히 해하고 있거나 해할 우려가 있는 경우'라 함은 임신의 지속이 모체의 생명과 건강에 심각한 위험을 초래하게 되어 모체의 생명과 건강만이라도 구하기 위하여 인공임신중절수술이 부득이하다고 인정되는 경우를 말한다(대판 2005.4.15. 2003도2780).[6]

D. 문제점 낙태죄는 거의 사문화된 규정이고, 임부의 자기결정권을 존중하자는 차원에서 모자보건법이 허용하는 적응 외에 사회·경제적 적응을 이유로 한 낙태도 허용하자는 주장도 있다.[7] 하지만 현행 모자보건법이 허용하는 낙태도 너무 광범위하다. 가령, 낙태를 할 수 있는 우생학적 또는 유전학적 정신장애나 신체질환은 연골무형성증, 낭성섬유증 및 그 밖의 유전성 질환으로서 그 질환이 태아에 미치는 위험성이 높은 질환으로 규정하고 있는데(동법 시행령 제15조 제2항), 이 판단이 그리 명료하지 않다. 게다가 이를 진단하는 의사와 낙태를 시술하는 의사를 분리하지 아니하여, 낙태가 광범위하게 허용될 여지를 열어놓고 있다. 출산율이 극히 저조한 사정 등을 감안하더라도 낙태의 요건을 보다 엄격하게 제한할 필요가 있다고 본다.

---

6 태아의 내장, 심장 등에 이상이 있는 경우를 의미한다고 하더라도, 그와 같은 사유만으로는 모자보건법 제14조 제1항 제5호 소정의 사유가 있는 것으로 보기 어렵다.

7 임웅, 108면.

라. 자기낙태죄 조항의 위헌 여부 자기낙태죄 조항으로 제한되는 사익인 임부의 자기결정권이 위 조항을 통하여 달성하려는 태아의 생명권 보호라는 공익에 비하여 결코 중하다고 볼 수 없다(헌재결 2012.8.23. 2010헌바402).

마. 관련문제

(1) 임부의 자살시도 임부가 자살을 시도하다가 낙태를 한 경우에, ① 구성요건해당성이 없어 불가벌이라는 견해[8]와 ② 낙태의 미필적 고의가 인정되어 자기낙태죄가 성립한다는 견해[9]가 대립한다. 자살시도와 낙태의 미필적 고의는 그 성격을 달리하므로 불가벌이라고 보아야 한다.

(2) 임부의 부탁낙태 임부가 타인에게 부탁하여 낙태한 때, 임부는 자기낙태죄로 처벌받고, 동의낙태죄의 공범이 되지 않는다. 이 부탁은 낙태죄가 규정한 '기타 방법'에 해당하기 때문이다.

(3) 낙태교사 피고인이 결혼을 전제로 교제하던 여성이 임신한 사실을 알고 낙태를 권유하였다가 거부당하자 낙태 여부는 알아서 하되 결혼은 하지 않겠다고 말하였고, 상대여성은 그 후 피고인에게 알리지 아니한 채 낙태시술을 받았다면, 피고인의 낙태교사로 인하여 낙태를 결의·시행한 것으로 볼 수 있다(대판 2013.9.12. 2012도2744).

3. (업무상)동의 및 부동의낙태죄

> **제269조 (동의낙태죄)** ② 부녀의 촉탁 또는 승낙을 받아 낙태하게 한 자도 제1항의 형과 같다.
> **제270조 (업무상낙태죄)** ① 의사, 한의사, 조산사, 약제사 또는 약종상이 부녀의 촉탁 또는 승낙을 받아 낙태하게 한 때에는 2년 이하의 징역에 처한다.
> ② 부녀의 촉탁 또는 승낙없이 낙태하게 한 자는 3년 이하의 징역에 처한다.

가. 업무상동의낙태죄의 가벌성, 기대가능성 비록 모자보건법이 인공임신중절수술을 허용하고 있다 하더라도, 이로써 의사가 부녀의 촉탁이나 승낙을 받으면 일체의 낙태행위가 정상적인 행위이고 업무상촉탁낙태죄에 의한 처벌을 무가치하게 되었다고 할 수 없으며, 임산부의 촉탁이 있으면 의사로서 낙태를 거절하는 것이 보통의 경우 도저히 기대할 수 없게 되었다고 할 수도 없다(대판 1985.6.11. 84도1958).

나. 업무상동의낙태죄의 위헌 여부 낙태는 행위태양에 관계없이 태아의 생명을 박탈하는 결과를 초래할 위험이 높고, 일반인에 의해서 행해지기는 어려워 대부분 낙태에 관한 지식이 있는 의료업

---

8 진계호, 115면.

9 김성돈, 96면; 김/서, 37면; 오영근, 104면; 이재상, 95면; 정/박, 114면.

무 종사자를 통해 이루어지며, 태아의 생명을 보호해야 하는 업무에 종사하는 자가 태아의 생명을 박탈하는 시술을 한다는 점에서 비난가능성 또한 크다. 나아가 경미한 벌금형은 낙태시술의 기능이나 낙태에 사용하는 약품 등을 알고 있는 것을 남용하여 영리행위를 추구하는 조산사에 대하여는 위하력을 가지기 어렵다. 이러한 점들을 고려하여 입법자가 이 사건 법률조항에 대하여 형법상 동의낙태죄와 달리 벌금형을 규정하지 아니한 것이 형벌체계상의 균형에 반하여 헌법상 평등원칙에 위배된다고도 할 수 없다(헌재결 2012.8.23. 2010헌바402).

4. 낙태치사상죄

> **제269조** ③ 제2항의 죄를 범하여 부녀를 상해에 이르게 한때에는 3년 이하의 징역에 처한다. 사망에 이르게 한때에는 7년 이하의 징역에 처한다.
> **제270조** ③ 제1항 또는 제2항의 죄를 범하여 부녀를 상해에 이르게 한때에는 5년 이하의 징역에 처한다. 사망에 이르게 한때에는 10년 이하의 징역에 처한다.

가. 의의 본 죄는 동의낙태죄, 업무상동의낙태죄, 부동의낙태죄를 범한 자가 임부의 생명·신체를 침해하는 결과적 가중범이다.

나. 죄를 범하여의 의미 낙태는 미수에 그치고 임부에 대한 치상의 결과를 발생시킨 경우와 관련하여, ① 본 죄는 '죄를 범하여'라고 규정하고 있기 때문에 낙태가 미수상태일 때에는 본 죄가 성립하지 않는다는 견해[10]와 ② 부녀에게 상해가 발생한 이상 낙태의 기수·미수를 불문하고 본 죄가 성립한다는 견해[11]가 대립한다. 법문이 '죄를 범하여'라고 하고 있기 때문에, 낙태는 기수에 이르러야 하고, 따라서 낙태는 미수이나 임부에게 상해의 결과를 발생시킨 때에는 (업무상)과실치상죄가 성립한다고 보아야 한다.

다. 의사의 업무상낙태치사상죄 낙태수술을 하고 태아를 낙태시킨 순간부터 심한 하출혈을 하는 것을 보고 자궁수축제와 지혈제를 주사하고 압박담뽕을 하였으나 아무런 효험이 없이 여전히 출혈이 계속되었을 경우 위 출혈상태로 보아 '이완성 자궁'으로 인한 출혈이라는 것을 예견하였거나 예견할 수 있었을 것이므로 의사로서는 출혈의 근원을 제거하기 위하여 환자로 하여금 자궁절개수술을 받도록 조치를 하여 그 출혈로 인한 사망을 예방하여야 할 주의의무가 있다(대판 1971.8.31. 71도1254).

---

10 김성돈, 100면; 박상기, 83면; 오영근, 107면; 이재상, 98면; 임웅, 114면; 정/박, 119면.

11 김/서, 43면; 백형구, 90면; 정영일, 364면; 정웅석, 860면.

제5절 • 유기와 학대의 죄

I. 유기죄

> **제271조 (유기죄)** ① 노유, 질병 기타 사정으로 인하여 부조를 요하는 자를 보호할 법률상 또는 계약상의무 있는 자가 유기한 때에는 3년 이하의 징역 또는 500만원 이하의 벌금에 처한다.
> ② 자기 또는 배우자의 직계존속에 대하여 제1항의 죄를 범한 때에는 10년 이하의 징역 또는 1천500만원 이하의 벌금에 처한다.

1. 보호법익과 보호정도 유기죄는 보호의무자가 요부조자를 유기하는 범죄이며, 유부조자의 생명 또는 신체의 안전을 보호하고자 한다. 보호정도와 관련하여, ① 구체적 위험범설[1]과 ② 추상적 위험범범설[2]이 대립하고 있다. 가령, 요부조자를 양로원 앞에 유기하고 그를 양로원에서 데리고 들어가는 것을 확인한 후 현장을 떠난 경우에 구체적 위험범설에 따르면 불가벌이지만, 추상적 위험범설은 이미 유기죄의 기수를 인정한다. 유기죄는 보호의무자가 요부조자를 자신의 보호범위 밖에 두는 것을 방지하려는 취지이므로 추상적 위험범으로 봄이 타당하다(통설). 다만, 중유기죄는 '생명에 대한 위험발생'을 요건으로 하기 때문에 구체적 위험범이라 할 것이다.[3]

2. 객관적 구성요건

가. 주체 요부조자를 보호할 법률상 또는 계약상 의무있는 자, 즉 보호의무자이다. 본 죄의 보호의무는 요부조자를 생명·신체에 대한 위험으로부터 보호해야 할 의무를 말한다. 민법상의 부양의무는 경제적 부양에 초점을 맞추지만, 본 죄의 보호의무는 기와침식(起臥寢食)이 어려운 사람의 생명·신체를 보호하고자 한다.

나. 보호의무의 근거

(1) 법률 또는 계약에 의한 의무 법률상 보호의무는 경찰관의 보호조치의무(경찰관직무집행법 제3조), 사고운전자의 구호의무(도로교통법 제54조 제1항), 부부간의 부양의무(민법 제826조 제1항), 친권자의 보호의무(민법 제913조) 등을 말한다.[4] 계약에 의한 보호의무의 경우, 계약당사자는 유기자와 피유기자 외의 제3자여도 무방하다.

---

1 유기천, 상권, 86면.

2 권오걸, 75면; 김성돈, 101면; 김/서, 87면: 배종대, 183면; 오영근, 112면; 이재상, 101면; 임웅, 115면; 정/박, 122면; 정영일, 81면.

3 김성돈, 101면; 김/서, 86면; 박상기, 92면; 임웅, 122면; 정/박, 127면.

4 신분상의 지위에서 특별히 부여되는 것이 아니라, 누구에게나 부여되는 일반의무는 본 죄의 보호의무가 되지 않는다. 경범죄처벌법 제1조 제7호에 규정된 유부조자 신고의무가 그 예이다.

(2) 관련 판례

A. 사실혼 관계 법률상 보호의무 가운데는 민법 제826조 제1항에 근거한 부부간의 부양의무도 포함되며, 법률상 부부는 아니지만 사실혼 관계에 있는 경우에도 민법 규정의 취지 및 유기죄의 보호법익에 비추어 법률상 보호의무의 존재를 긍정하여야 한다(대판 2008.2.14. 2007도3952).[5]

B. 부수적 의무 '계약상 의무'는 간호사나 보모와 같이 계약에 기한 주된 급부의무가 부조를 제공하는 것인 경우에 반드시 한정되지 아니하며, 계약의 해석상 계약관계의 목적이 달성될 수 있도록 상대방의 신체 또는 생명에 대하여 주의와 배려를 한다는 부수적 의무의 한 내용으로 상대방을 부조하여야 하는 경우를 배제하는 것은 아니다(대판 2011.11.24. 2011도12302).[6]

(3) 조리상 보호의무의 포함 여부

A. 학설 법률·계약상의 보호의무 이외에 조리상의 보호의무도 포함되느냐와 관련하여, 부진정부작위범의 보증의무처럼 법률상·계약상 의무 외에 널리 사무관리, 관습 또는 조리에 의한 보호의무까지 포함한다는 긍정설[7]과 법률 또는 계약상 의무에 국한된다는 부정설[8]이 대립한다.

B. 판례 ① 현행 형법은 유기죄에 있어서 구법과는 달리 보호법익의 범위를 넓힌 반면에 보호책임 없는 자의 유기죄는 없애고 법률 또는 계약상의 의무 있는 자만을 유기죄의 주체로 규정하고 있어 명문상 사회상규상의 보호책임을 관념할 수 없다(대판 1977.1.11. 76도3419). ② 설혹 동행자가 구조를 요하게 되었다 하여도 일정거리를 동행한 사실만으로서는 피고인에게 법률상, 계약상의 보호의무가 있다고 할 수 없으니 유기죄의 주체가 될 수 없다(대판 1977.1.11. 76도3419).[9]

C. 검토 법률 또는 계약을 넘어 사무관리나 조리 등에 의한 보호의무를 인정하는 것은 허용

---

5 사실혼에 해당하여 법률혼에 준하는 보호를 받기 위하여는 단순한 동거 또는 간헐적인 정교관계를 맺고 있다는 사정만으로는 부족하고, 그 당사자 사이에 주관적으로 혼인의 의사가 있고 객관적으로도 사회관념상 가족질서적인 면에서 부부공동생활을 인정할 만한 혼인생활의 실체가 존재하여야 한다.

6 그 의무 위반의 효과로서 주로 손해배상책임이 문제되는 민사영역에서와는 달리 유기죄의 경우에는 당사자의 인적 책임에 대한 형사적 제재가 문제된다는 점 등을 고려하여 보면, 단지 위와 같은 부수의무로서의 민사적 부조의무 또는 보호의무가 인정된다고 해서 형법 제271조 소정의 '계약상 의무'가 당연히 긍정된다고는 말할 수 없고, 당해 계약관계의 성질과 내용, 계약당사자 기타 관련자들 사이의 관계 및 전개양상, 그들의 경제적·사회적 지위, 부조가 필요하기에 이른 전후의 경위, 필요로 하는 부조의 대체가능성을 포함하여 부조의 종류와 내용, 달리 부조를 제공할 사람 또는 설비가 있는지 여부 기타 제반 사정을 고려하여 '계약상의 부조의무'의 유무를 신중하게 판단하여야 한다. 일반적으로 술에 취한 사람은 자신을 통제할 능력이 감퇴된다고 보아야 할 것이므로, 그런 상태의 사람에게 재차 영리목적으로 술을 판매하는 자로서는 추가적인 음주로 말미암아 그가 안전상 사고를 당하지 않도록 구체적인 상황하에서 요구되는 필요한 조치를 취하여야 할 안전배려의무는 인정될 수 있을 것이고, 이러한 안전배려의무는 고온의 찜질실 등 이용객의 구체적 상태 여하에 따라 안전에 위해를 초래할 수도 있는 시설을 제공하는 찜질방 영업자에게도 요구된다(대판 2010.2.11. 2009다79316).

7 임웅, 120면; 정영일, 82면.

8 권오걸, 77면; 김성돈, 104면; 김/서, 89면; 박상기, 87면; 배종대, 185면; 이재상, 103면; 오영근, 113면; 정/박, 123면.

9 피해자와 함께 가던 중 술에 취하였던 탓으로 실족하여 2m 아래 개울로 미끄러 떨어져 약 5시간 잠을 자다가 깨어난 피고인과 피해자는 도로 위로 올라가려 하였으나, 야간이므로 도로로 올라가는 길을 발견치 못하여 개울 아래위로 헤매던 중 피해자는 후두부 타박상을 입어서 정상적으로 움직이기가 어렵게 되었고 피고인은 도로로 나오는 길을 발견하여 혼자 도로 위로 올라왔으며, 당시는 영하 15도의 추운 날씨이고 40m 떨어진 곳에 민가가 있었으나, 민가에 가서 피해자의 구조를 요청하지 아니하고 그대로 방치 유기함으로써 심장마비로 사망한 사안이다.

되지 않은 유추적용이다. 이른바 '선한 사마리안 법'을 염두에 두고, 본 죄가 말하는 '법률'에 형법 제18조를 포함시키는 방법으로 조리나 관습에 의한 보호의무를 인정하려는 견해[10]도 있지만, 이 역시 피고인에 불리한 해석으로 허용되지 않는다고 볼 것이다. 필요하다면, 선한 사마리안 법을 입법을 통해 정면으로 받아들여야 할 것이다.

다. 객체 유기죄의 객체는 노유, 질병, 기타 사정으로 부조를 요하는 자, 즉 요부조자이다.

라. 수혈거부와 유기 생모가 사망의 위험이 예견되는 딸에 대하여는 수혈이 최선의 치료방법이라는 의사의 권유를 자신의 종교적 신념이나 후유증 발생의 염려만을 이유로 완강하게 거부하고 방해하였다면, 결과적으로 요부조자를 위험한 장소에 두고 떠난 경우나 다름이 없다.[11]

3. 기타 관련문제

가. 인과관계 치사량의 청산가리를 음독했을 경우 이미 이것이 혈관에 흡수되어 피해자의 안색이 변하고 의식을 잃었을 때는 우리의 의학기술과 의료시설로서는 그 치료가 불가능하여 결국 사망하게 되는 것이고, 또 일반적으로 병원에서 음독환자에게 위세척, 호흡촉진제, 강심제주사 등으로 응급가료를 하나 이것이 청산가리 음독인 경우에는 아무런 도움도 되지 못하는 것이므로 피고인의 유기행위와 피해자의 사망 간에는 상당인과관계가 없다(대판 1967.10.31. 67도1151).

나. 고의 유기죄에 있어서는 행위자가 요부조자에 대한 보호책임의 발행원인이 된 사실이 존재한다는 것을 인식하고 이에 기한 부조의무를 해태한다는 의식이 있음을 요한다.[12]

II. 학대죄, 존속학대죄

> **제273조(학대, 존속학대)** ① 자기의 보호 또는 감독을 받는 사람을 학대한 자는 2년 이하의 징역 또는 500만원 이하의 벌금에 처한다.
> ② 자기 또는 배우자의 직계존속에 대하여 전항의 죄를 범한 때에는 5년 이하의 징역 또는 700만원 이하의 벌금에 처한다.

1. 의의와 성격 학대죄는 자기의 보호 또는 감독을 받는 사람을 학대하는 진정신분범이고, 존속

---

10 이정원, 131면, 임웅, 120면, 정웅석, 866면.

11 대판 1980.9.24. 79도1387. 사리를 변식할 지능이 없다고 보아야 마땅한 11세 남짓의 환자 본인 역시 수혈을 거부하였다고 하더라도 생모의 수혈거부 행위가 위법한 점에 영향을 미치는 것이 아니다.

12 대판 1988.8.9. 86도225; 2008.2.14. 2007도3952.

학대죄는 부진정신분범이다. 학대, 즉 육체적으로 고통을 주거나 정신적으로 차별대우를 하는 행위가 있음과 동시에 범죄가 완성되는 상태범 또는 즉시범[13]이며, 보호의 정도는 추상적 위험범이다. 그리고 학대죄는 행위자의 학대에 대한 내적 성향도 있어야 하는 경향범이기도 하다.

학대죄의 보호법익은 ① 피보호·감독자의 생명·신체의 안전이라는 견해[14]와 ② 생명·신체의 안전과 더불어 인격권도 포함한다는 견해[15]가 대립한다. 육체적 학대를 넘어 정신적 고통을 주는 행위도 학대에 포함되므로 인격권까지 보호법익으로 보는 견해가 타당하다.

2. 구성요건

가. 주체 본 죄의 주체는 일정한 사람을 보호 또는 감독하는 자이고, 존속학대죄에서는 직계존속을 보호 또는 감독할 의무가 있는 직계비속 또는 그 배우자이다.

나. 보호·감독의 근거 보호 또는 감독의 근거가 법률 또는 계약에 국한되는지와 관련하여, ① 유기죄와의 균형상 법률 또는 계약에 의한 보호·감독에 국한된다는 협의설[16]과 ② 유기죄와 같은 제한이 없으므로 사무관리, 조리 및 관습에 의한 보호·감독도 포함된다는 광의설(다수설)[17]이 대립한다. 유기죄와 같은 제한이 없고, 또 법률 또는 계약에 의하지 않는 보호·감독관계에서도 학대가 일어날 수 있기 때문에 광의설이 타당하다.

다. 학대

(1) 학대의 의미

A. 학설 학대에는 정신적 고통을 주는 행위도 포함되는가와 관련하여, ① 학대는 육체적 고통을 주는 행위로서 폭행 이외의 것을 의미한다는 부정설[18]과 ② 육체적 고통 외에 정신적 고통을 주는 가혹행위도 포함한다는 긍정설[19]이 대립한다. 판례는 긍정설의 입장이다.

B. 판례 형법 제273조 제1항에서 말하는 '학대'라 함은 육체적으로 고통을 주거나 정신적으로 차별대우를 하는 행위를 가리키고, 이러한 학대행위는 형법의 규정체제상 학대와 유기의 죄가 같은 장에 위치하고 있는 점 등에 비추어 단순히 상대방의 인격에 대한 반인륜적 침해만으로는 부족하고 적어도 유기에 준할 정도에 이르러야 한다(대판 2000.4.25. 2000도223).

---

13 대판 1986.7.8. 84도2922.

14 박상기, 92면; 정/박, 121면.

15 김성돈, 102면; 김/서, 86면; 오영근, 119면; 이재상, 108면; 임웅, 124면.

16 강구진, 126면.

17 권오걸, 83면; 김성돈, 108면; 오영근, 120면; 이재상, 108면; 임웅, 124면; 정/박, 130면

18 이재상, 108면.

19 김/서, 93면; 배종대, 192면; 오영근, 120면; 임웅, 125면; 정영일, 90면.

(2) 학대에 해당하는 사례 장애인의 비정상적인 행동을 통제할 필요가 있다면 의료기관이나 행정청에 도움을 청해 적절한 조취를 취했어야 함에도 불구하고 임의로 피해자를 침대에 장시간 묶어둬 육체적·정신적 고통을 겪게 한 것은 학대에 해당한다(대판 2013.12.26. 2013도6349).

(3) 학대가 아닌 사례 어린 딸과 성관계를 가진 행위는 그 인격에 대한 반인륜적 침해행위이지만, 이를 가리켜 학대행위에 해당한다고 보기는 어렵고, 피고인과 피해자간의 비정상적 관계가 단순 일과성에 그친 것이 아니라 장장 8년간에 걸쳐 지속되어 왔다는 등의 사정들이 위 판단을 좌우할 만한 결정적인 것은 되지 못한다(대판 2000.4.25. 2000도223).[20]

3. 아동학대범죄의 처벌 등에 관한 특례법 아동학대범죄의 처벌 등에 관한 특례법은 아동학대범죄를 범한 사람이 아동을 사망에 이르게 한 때에는 무기 또는 5년 이상의 징역에 처하고(아동학대치사죄, 제4조), 아동학대범죄를 범한 사람이 아동의 생명에 대해 위험을 발생하게 하거나 불구 또는 난치의 질병에 이르게 한 때에는 3년 이상의 징역에 처한다는 규정을 신설하여(아동학대중상해죄, 제5조) 가중처벌하고 있다.

III. 아동혹사죄

> **제274조 (아동혹사)** 자기의 보호 또는 감독을 받는 16세 미만의 자를 그 생명 또는 신체에 위험한 업무에 사용할 영업자 또는 그 종업자에게 인도한 자는 5년 이하의 징역에 처한다. 그 인도를 받은 자도 같다.

1. 의의와 성격 자기의 보호 또는 감독을 받는 16세 미만의 아동을 생명 또는 신체에 위험한 업무에 사용할 영업자 또는 그 종업자에게 인도하는 진정신분범이며, 인도를 받는 자도 함께 처벌하는 대향범이다.

2. 생명·신체에 위험한 업무 근로기준법 제63조는 여자와 18세 미만자에게 도덕상 또는 보건상 유해한 업무에 종사시키지 못하도록 금지하고, 그 위반자를 3년 이하의 징역 또는 2천만 원 이하의 벌금에 처한다. 따라서 이보다 더 엄격하게 처벌하는 아동혹사죄의 업무는 근로기준법보다 더 제한적으로 해석하여야 한다.

---

20 현행법상으로는 아동복지법위반에 해당한다.

IV. 유기치사상죄

제275조 (유기 등 치사상) ① 제271조 내지 제273조의 죄를 범하여 사람을 상해에 이르게 한 때에는 7년 이하의 징역에 처한다. 사망에 이르게 한 때에는 3년 이상의 유기징역에 처한다.
② 자기 또는 배우자의 직계존속에 대하여 제271조 또는 제273조의 죄를 범하여 상해에 이르게 한 때에는 3년 이상의 유기징역에 처한다. 사망에 이르게 한 때에는 무기 또는 5년이상의 징역에 처한다.

유기치사상죄는 유기 혹은 학대의 죄를 범하여 사람을 상해 또는 사망에 이르게 하는 진정 결과적 가중범이다. 따라서 애초에 살해 또는 상해의 고의가 있었을 때에는 유기치사상죄가 성립하지 아니하고, 바로 살인죄 또는 상해죄가 성립한다. 그리고 존속유기·학대치사상죄는 신분관계로 인하여 형이 가중되는 부진정신분범이다.

제2장

자유에 대한 죄

제1절 • 협박의 죄

제2절 • 체포와 감금의 죄

제3절 • 약취, 유인 및 인신매매의 죄

제4절 • 강요의 죄

제5절 • 강간과 추행의 죄

제1절 • 협박의 죄

제283조(협박, 존속협박) ① 사람을 협박한 자는 3년 이하의 징역, 500만원 이하의 벌금, 구류 또는 과료에 처한다.
② 자기 또는 배우자의 직계존속에 대하여 제1항의 죄를 범한 때에는 5년 이하의 징역 또는 700만원 이하의 벌금에 처한다.
③ 제1항 및 제2항의 죄는 피해자의 명시한 의사에 반하여 공소를 제기할 수 없다.

I. 보호법익

협박죄의 보호법익은 '의사결정의 자유'이다. 협박죄의 성격 내지 보호의 정도와 관련하여서는 견해가 나뉜다.

1. 학설 협박죄의 성격에 관해서는 ① 침해범설[1]과 ② 위험범설[2]이 대립한다. 침해범설은 해악을 고지하여 상대방의 의사결정이 침해되었는지 여부, 즉 상대방이 외포심을 느꼈는지 여부에 따라 협박의 기수와 미수를 구분하려는 입장이다.

2. 판례 협박죄는 사람의 의사결정의 자유를 보호법익으로 하는 위험범이다.[3]

3. 검토 보호법익의 침해 여부와 기수·미수의 구분을 반드시 일치시켜야 하는 것은 아니지만, 현행법이 협박죄의 미수를 처벌하므로 협박의 상대방이 공포심을 느끼지 않았을 때에는 협박죄의 미수로 보는 것이 보다 자연스럽다는 점에서, 협박죄는 침해범으로 보는 것이 타당하다.

---

1 권오걸, 89면; 김/서, 96면; 박상기, 103면; 오영근, 134면; 이재상, 111면; 임웅, 136면; 정/박, 146면.

2 김성돈, 114면; 정영일, 104면.

3 대판 2007.9.28. 2007도606 全合. 협박죄의 미수범을 처벌하는 조항을 두고 있으나 미수범 처벌조항이 있다 하여 반드시 침해범으로 해석할 것은 아니며, 지극히 주관적이고 복합적이며 종종 무의식의 영역에까지 걸쳐 있는 상대방의 정서적 반응을 객관적으로 심리·판단하는 것이 현실적으로 불가능에 가깝고, 상대방이 과거 자신의 정서적 반응이나 감정상태를 회고하여 표현한다 하여도 공포심을 일으켰는지 여부의 의미나 판단기준이 사람마다 다르며 그 정도를 측정할 객관적인 척도도 존재하지 아니하는 점 등에 비추어 보면, 상대방이 현실적으로 공포심을 일으켰는지 여부에 따라 기수 여부가 결정되는 것으로 해석하는 것은 적절치 아니하다.

II. 구성요건

1. 객체: 자연인 협박죄는 사람의 의사결정의 자유를 보호법익으로 하는 범죄로서 개인적 법익 특히 사람의 자유에 대한 죄 중 하나로 구성되어 있는 점 등에 비추어 볼 때, 협박죄는 자연인만을 대상으로 예정하고 있을 뿐 법인은 협박죄의 객체가 될 수 없다.[4]

2. 협박의 의미와 정도

가. 협박의 의미 협박은 객관적으로 사람의 의사결정의 자유를 제한하거나 의사실행의 자유를 방해할 정도로 겁을 먹게 할 만한 해악을 고지하는 것을 말하므로,[5] 적어도 발생가능한 것으로 생각될 수 있는 정도의 구체적인 해악의 고지가 있어야 한다.[6]

나. 협박의 정도 협박죄가 성립되려면 고지된 해악의 내용이 일반적으로 사람으로 하여금 공포심을 일으키게 하기에 충분한 것이어야 할 것이지만 상대방이 그에 의하여 현실적으로 공포심을 일으킬 것까지 요구되는 것은 아니다(대판 2007.9.28. 2007도606 全合).

다. 형법상의 협박 개념

① 광의의 협박 상대방에게 공포심을 일으키려고 해악을 가할 것을 고지하는 것을 말하며, 그 해악이 상대방으로 하여금 현실적으로 공포심을 가질 정도일 필요는 없다. 공무집행방해죄, 직무강요죄, 소요죄 및 특수도주죄의 협박이 그 예이다.

② 협의의 협박 상대방에게 공포심을 일으키려고 해악을 가할 것을 고지한다는 점에서는 광의의 협박과 동일하지만, 여기에서의 해악은 상대방으로 하여금 공포심을 일으키게 할 정도의 것이어야 한다. 상대방이 실제로 공포심을 가졌는가는 그 기수·미수의 문제이다. 협박죄, 강요죄, 공갈죄의 협박이 그 예이다.

③ 최협의의 협박 상대방의 반항을 억압하거나 현저히 곤란하게 할 정도의 해악을 고지하는 경우이다. 반항을 억압하는 강도죄의 협박과 반항을 현저히 곤란하게 하는 강간죄의 협박이 그 예이다.

---

4 대판 2010.7.15. 2010도1017. 다만, 법인의 법익을 침해하겠다는 내용의 해악을 고지하여 사람에게 공포심을 불러일으키는 것은 당연히 협박이 된다. 협박의 상대방과 '밀접한 제3자'의 법익을 침해하는 내용의 해악도 협박이 되고, 이 제3자에는 법인도 포함되기 때문이다.

5 대판 2003.9.26. 2003도763. 협박의 여부는 행위자와 상대방의 성향, 고지 당시의 주변 상황, 행위자와 상대방 사이의 친숙 정도 및 지위 등 행위 전후의 여러 사정을 종합하여 판단하여야 한다.

6 대판 1998.3.10. 98도70; 1995.9.29. 94도2187; 2006.8.25. 2006도546.

3. 해악고지의 방법

가. 묵시적 협박 해악을 가할 것을 고지하는 행위는 통상 언어에 의하는 것이나 경우에 따라서는 한마디 말도 없이 거동에 의하여서도 고지할 수 있다(대판 1975.10.7. 74도2727).[7]

나. 부작위의 고지와 협박

(1) 학설 '부작위의 고지'가 협박이 되는가와 관련하여, 해악의 내용은 작위뿐만 아니라 부작위도 가능하다는 주장이 있다.[8] 가령, 절도범인 여자를 붙잡은 후 성관계를 갖는다면 경찰에 넘기지 않겠다고 말하는 것도 (강요죄의) 협박에 해당한다고 한다.

(2) 판례 가출자의 가족에 대하여 가출자의 소재를 알려주는 조건으로 보험가입을 요구한 소위는 가출자를 찾으려고 하는 그 가족들의 안타까운 심정을 이용하여 보험가입을 권유 내지 요구하는 언동으로 도의상 비난할 수 있을지언정 그로 인하여 가족들에 새로운 외포심을 일으키게 되거나 외포심이 더하여 진다고는 볼 수 없으므로 이를 공갈죄에 있어서의 협박이라고 단정할 수 없다(대판 1976.4.27. 75도2818).

(3) 검토 부작위의 고지가 협박이 되는 사안은 극히 상정하기 어렵다. 절도범인 여자를 붙잡아 '성관계를 갖는다면 경찰에 넘기지 않겠다'고 한 경우는 '성관계를 갖지 않으면 경찰에 넘기겠다'는 의미를 포함하고 있으므로 협박에 해당한다. 하지만 '용돈을 주지 않겠다'거나 '밥을 먹지 않겠다'는 부작위를 고지하더라도 이것이 새로운 공포심을 유발하거나 혹은 기왕의 공포심을 증가시키는 해악에 해당하는지는 의문이다.

다. 제3자에 대한 법익침해를 내용으로 하는 해악고지 고지되는 해악의 내용, 즉 침해하겠다는 법익의 종류나 법익의 향유 주체 등에는 아무런 제한이 없다. 따라서 피해자 본인이나 그 친족뿐만 아니라 그 밖의 '제3자'에 대한 법익 침해를 내용으로 하는 해악을 고지하는 것이라고 하더라도 피해자 본인과 제3자가 밀접한 관계에 있어 그 해악의 내용이 피해자 본인에게 공포심을 일으킬 만한 정도의 것이라면 협박죄가 성립할 수 있다. 이 때 '제3자'에는 자연인뿐만 아니라 법인도 포함된다(대판 2010.7.15. 2010도1017).[9]

---

7 가위를 목에 겨누면서 찌를 것처럼 하여 협박한 사안이다.

8 김성돈, 117면; 박상기, 99면; 오영근, 137면; 이재상, 113면; 임웅, 141면; 정/박, 149면.

9 채권추심 회사의 지사장이 회사로부터 자신의 횡령행위에 대한 민·형사상 책임을 추궁당할 지경에 이르자 이를 모면하기 위하여 회사 본사에 '회사의 내부비리 등을 금융감독원 등 관계 기관에 고발하겠다'는 취지의 서면을 보내는 한편, 회사 경영지원본부장이자 상무이사에게 전화를 걸어 자신의 횡령행위를 문제삼지 말라고 요구하면서 서면의 내용과 같은 취지로 발언한 경우, 상무이사에 대한 협박죄가 성립한다. 하지만 경찰서 지령실에 전화를 걸어 경찰관에게 특정 정당의 경기도당 당시를 폭파하겠다고 말한 행위는, 그 정당에 관한 해악을 고지한 것으로 경찰관에 관한 해악을 고지한 것이 아니고, 그 정당에 대한 해악의 고지가 경찰관 개인에게 공포심을 일으킬 만큼 그와 밀접한 관계에 있다고 보기도 어려우므로 협박에 해당한다고 볼 수 없다(대판 2012.8.17. 2011도10451).

4. 협박이 아닌 사례

가. 감정적인 욕설이나 폭언 행위자의 언동이 단순한 감정적인 욕설 내지 일시적 분노의 표시에 불과하여 주위사정에 비추어 가해의 의사가 없음이 객관적으로 명백한 때에는 협박행위 내지 협박의 의사를 인정할 수 없다(대판 1991.5.10. 90도2102; 2006.8.25. 2006도546).

나. 경고 또는 예고

(1) 협박과의 구별기준 제3자로 하여금 해악을 가하도록 하겠다는 방식으로도 해악의 고지는 얼마든지 가능하지만, 이 경우 고지자가 제3자의 행위를 사실상 지배하거나 제3자에게 영향을 미칠 수 있는 지위에 있는 것으로 믿게 하는 명시적·묵시적 언동을 하였거나 제3자의 행위가 고지자의 의사에 의하여 좌우될 수 있는 것으로 상대방이 인식한 경우에 한하여 비로소 고지자가 직접 해악을 가하겠다고 고지한 것과 마찬가지의 행위로 평가할 수 있고, 만약 고지자가 위와 같은 명시적·묵시적 언동을 하거나 상대방이 위와 같이 인식을 한 적이 없다면 비록 상대방이 현실적으로 외포심을 느꼈다고 하더라도 고지자의 행위가 협박죄를 구성한다고 볼 수는 없다(대판 2006.12.7. 2006도6155; 2007.6.1. 2006도1125).

(2) 협박에 해당하지 않는 사례

A. 길흉화복의 예고 조상천도제를 지내지 아니하면 좋지 않은 일이 생긴다는 취지의 해악의 고지는 길흉화복이나 천재지변의 예고로서 행위자에 의하여 직접, 간접적으로 좌우될 수 없는 것이고, 가해자가 현실적으로 특정되어 있지도 않으며 해악의 발생가능성이 합리적으로 예견될 수 있는 것이 아니므로 협박으로 평가될 수 없다(대판 2002.2.8. 2002도3245).

B. 허망한 경고 피고인의 휴대전화로 대구지방경찰청 112 신고센터에 전화를 하여 경사에게 "내 휴대폰으로 대전역을 폭파시키겠다는 문자메시지를 받았는데 발신자 전화번호는 ○○이다. 알아봐 달라"고 말하고, 동대구지하철역에 전화를 하여 역무주임에게 "내 휴대폰으로 문자메시지가 왔는데○○번을 가진 사람이 지하철을 폭파하겠다는 내용이다. 나는 겁이 나 신고를 못 하겠고 동대구지하철역에 이야기를 해 주는 것이니 알아서 하라"고 말한 것은 협박에 해당하지 아니한다.[10]

5. 주관적 구성요건: 고의

가. 고의의 정도 및 판단기준

고의는 행위자가 그러한 정도의 해악을 고지한다는 것을 인식, 인용하는 것을 그 내용으로 하고 고지한 해악을 실제로 실현할 의도나 욕구는 필요로 하지 아니한다. 다만 협박행위 내지 협박의사가 있었는지의 여부는 행위의 외형뿐만 아니라 그러한 행위에 이르게 된 경위, 피해자와의 관계 등

---

10 대판 2006.12.7. 2006도6155. 위계에 의한 업무방해죄가 성립한다.

을 종합적으로 고려하여 판단해야 한다(대판 1991.5.10. 90도2102; 2006.8.25. 2006도546).

나. 고의가 인정되지 않는 사례

(1) 항의 지서에 연행된 사람이 경찰관으로부터 반공법위반 혐의사실을 추궁당하고 뺨까지 얻어맞게 되자 술김에 흥분하여 항의조로 "내가 너희들의 목을 자른다. 내 동생을 시켜서라도 자른다"라고 말하였다 하여 협박죄를 구성할 만한 해악을 고지할 의사가 있었다고 볼 수 없다(대판 1972.8.29. 72도1565).

(2) 욕설이나 일시적 분노 표시 ① 자신의 동거남과 성관계를 가진 바 있던 피해자에게 "사람을 사서 쥐도 새도 모르게 파묻어 버리겠다. 너 까짓것 쉽게 죽일 수 있다"라고 한 경우(대판 2006.8.25. 2006도546), ② 피해자와 언쟁 중 "입을 찢어 버릴라"라고 한 경우에는 당시의 주위사정 등에 비추어 단순한 감정적인 욕설에 불과하고 해악을 가할 것을 고지한 행위라고 볼 수 없다(대판 1986.7.22. 86도1140).

III. 기타 문제

1. 미수와 기수

가. 미수 미수범 처벌 조항은 해악의 고지가 현실적으로 상대방에게 도달하지 아니한 경우나, 도달은 하였으나 전혀 지각하지 못한 경우, 혹은 고지된 해악의 의미를 상대방이 인식하지 못한 경우 등에 적용될 뿐이다(대판 2007.9.28. 2007도606 全合).

나. 기수 해악을 고지함으로써 상대방이 그 의미를 인식한 이상, 상대방이 현실적으로 공포심을 일으켰는지 여부와 관계없이 협박죄의 기수에 이른 것이다.[11]

2. 위법성조각

가. 판단기준 해악의 고지가 있다 하더라도 그것이 사회의 관습이나 윤리관념 등에 비추어 볼 때에 사회통념상 용인할 수 있을 정도의 것이라면 협박죄는 성립하지 아니한다.[12]

나. 권리행사 또는 직무집행과 위법성조각

(1) 판단기준 권리행사나 직무집행의 일환으로 상대방에게 일정한 해악의 고지를 한 경우, 그

11 대판 2007.9.28. 2007도606 全合; 대판 2008.5.29. 2006도6347.

12 대판 1998.3.10. 98도70; 2010.7.15. 2010도1017; 1995.9.29. 94도2187; 2006.8.25. 2006도546.

해악의 고지가 정당한 권리행사나 직무집행으로서 사회상규에 반하지 아니하는 때에는 협박죄가 성립하지 아니하나, 외관상 권리행사나 직무집행으로 보이는 경우에도 실질적으로 권리나 직무권한의 남용이 되어 사회상규에 반하는 때에는 협박죄가 성립한다(대판 2007.9.28. 2007도606 全合).

(2) 정당한 직무집행 또는 권리행사가 아닌 사례

A. 경찰의 민사분쟁 관여 피해자로부터 돈을 돌려받지 못해 걱정하고 있는 甲으로부터 그가 처한 상황에 대한 설명을 듣고 그 자리에서 피해자에게 전화를 걸어 자신이 정보과 형사라고 신분을 밝힌 다음, 甲이 집안의 동생이라고 거짓말을 하면서 甲의 돈을 빨리 안 해 주면 상부에 보고하여 문제를 삼겠다고 말한 경우, 경찰공무원복무규정 제10조(민사분쟁에의 부당개입금지)에서 "경찰공무원은 직위 또는 직권을 이용하여 부당하게 타인의 민사분쟁에 개입하여서는 아니 된다"고 규정하고 있는 점과 피해자의 범죄혐의가 드러나기 이전이라는 상황에 비추어 보면, 정당한 직무집행의 일환으로 평가할 수 없다(대판 2007.9.28. 2007도606 全合).

B. 사채업자의 협박 사채업자가 피해자에게, 채무를 변제하지 않으면 피해자가 숨기고 싶어 하는 과거의 행적과 사채를 쓴 사실 등을 남편과 시댁에 알리겠다는 등의 문자메시지를 발송한 것은 피해자에게 공포심을 일으키기에 충분하다고 보아야 할 것이고, 정당한 절차와 방법을 통해 권리를 행사하지 아니하고 피해자에게 해악을 고지한 것이 사회의 관습이나 윤리관념 등 사회통념에 비추어 용인할 수 있는 정도의 것이라고 볼 수는 없다(대판 2011.5.26. 2011도2412).

다. 정당행위

(1) 정당행위에 해당하지 않는 사례 친권자는 자(子)를 보호하고 교양할 권리의무가 있고(민법 제913조) 자(子)를 보호 또는 교양하기 위하여 필요한 징계를 할 수 있기는 하지만(민법 제915조), 인격의 건전한 육성을 위하여 필요한 범위 안에서 상당한 방법으로 행사되어야만 할 것인데, 친권자가 스스로의 감정을 이기지 못하고 야구방망이로 때릴 듯이 子에게 "죽여 버린다"고 말하여 협박하는 것은 그 자체로 子의 인격성장에 장해를 가져올 우려가 커서 교양권의 행사라고 보기도 어렵다(대판 2002.2.8. 2001도6468).

(2) 정당행위에 해당하는 사례 신문기자가 기사작성을 위한 자료를 수집하기 위해 취재활동을 하면서 취재원에게 취재에 응해줄 것을 요청하고 취재한 내용을 관계 법령에 저촉되지 않는 범위 내에서 보도하는 것은 신문기자로서의 일상적인 업무 범위 내에 속하는 것으로서, 사회통념상 용인되는 행위이다(대판 2011.7.14. 2011도639).[13]

---

13 신문기자가 고소인에게 2회에 걸쳐 증여세 포탈에 대한 취재를 요구하면서 이에 응하지 않으면 자신이 취재한 내용대로 보도하겠다고 말한 사안이다.

제2절 • 체포와 감금의 죄

I. 체포·감금죄

> **제276조(체포, 감금, 존속체포, 존속감금)** ① 사람을 체포 또는 감금한 자는 5년 이하의 징역 또는 700만원 이하의 벌금에 처한다.
> ② 자기 또는 배우자의 직계존속에 대하여 제1항의 죄를 범한 때에는 10년 이하의 징역 또는 1천500만원 이하의 벌금에 처한다.

1. 의의 및 보호법익

가. 의의와 성격 체포·감금죄는 사람을 위법하게 체포 또는 감금하여 그 '신체활동의 자유'를 침해하는 범죄이며, 체포·감금이 계속되는 동안에는 동 범죄행위가 지속되는 계속범이다. 따라서 체포·감금이 종료되기 전에는 공범성립 및 정당방위가 가능하고, 공소시효도 진행하지 않는다.

나. 보호법익과 보호정도 체포·감금죄의 보호법익은 신체활동(행동)의 자유[1]이고, 보호정도와 관련해서는 ① 침해범설(통설)과 ② 추상적 위험범설[2]이 대립한다. 전자는 보호법익인 신체활동의 자유를 잠재적 자유로 보고 이 잠재적 자유가 침해될 것을 요한다고 하고, 후자는 그 자유를 현실적 자유로 보고 이를 침해할 추상적 위험이 있으면 된다고 하는 것이다. 이 견해대립은 체포·감금의 객체를 어떻게 볼 것인가와 관련된 문제지만, 결론에 있어서 큰 차이가 없는 만큼 위험범의 최소인정이라는 형법의 해석원칙에 가능한 한 침해범으로 보는 것이 타당하다.

2. 구성요건

가. 객체

(1) 학설

A. 최광의설[3] 자연인은 신체활동의 자유를 가졌느냐의 여부에 관계없이 본죄의 객체가 된다고 본다. 따라서 숙면자, 명정자, 정신병자, 불구자는 물론 출산 직후의 영아처럼 신체활동의 자유가 전혀 불가능한 자에 대해서도 본죄의 성립을 인정하게 된다.

B. 광의설(다수설)[4] 곧 활동이 기대되는 잠재적인 신체의 자유를 가진 자이면 본죄의 객체가

1 대판 2000.3.24. 2000도102.
2 김성돈, 129면.
3 오영근, 126면.
4 권오걸, 114면; 김성돈, 131면; 박상기, 120면; 배종대, 221면; 이재상, 120면; 임웅, 130면.

된다고 본다. 따라서 정신병자, 명정자, 숙면자, 불구자는 본죄의 객체가 되지만, 유아와 같이 신체활동의 가능성이 전혀 없는 자에 대해서는 본죄가 성립할 수 없다고 한다.

C. 협의설[5] 신체활동의 잠재적 자유가 침해되면 족하기 때문에 정신병자, 어린아이, 불구자, 사실상 감금상태에 있음을 인식하지 못한 채 실내에서 업무를 보고 있던 사무원 등은 본죄의 객체가 되지만, 거처변경의 의사가 없는 유아, 숙면자, 명정자는 이러한 상태가 존속하는 동안은 그 잠재적인 자유조차 빼앗길 수 없으므로 본죄의 객체가 될 수 없다고 본다.

D. 최협의설 현실적인 활동의 의사가 없는 자는 본죄의 객체가 될 수 없다고 보기 때문에, 유아는 물론 명정자 또는 숙면자도 본죄의 객체에서 제외된다.

(2) 판례 정신병자도 감금죄의 객체가 될 수 있다(대판 2002.10.11. 2002도4315).

(3) 검토 기본적으로 신체활동의 자유를 가진 자연인은 체포·감금의 인식 여부와 상관없이 모두 본죄의 객체가 된다. 통설은 신생아의 경우에는 신체활동의 잠재적 가능성도 없다고 보지만, 그 부모에 의한 이동이 가능하기 때문에, 굳이 신생아를 배제할 이유가 없다는 점에서 최광의설이 타당하다.

나. 체포와 감금

(1) 체포 사람의 신체에 직접적 속박을 가하여 신체활동의 자유를 박탈하는 것을 말한다.

(2) 감금

A. 감금의 의미 감금죄는 사람이 특정한 구역에서 나가는 것을 불가능하게 하거나 또는 심히 곤란하게 하는 죄이다.[6] 따라서 특정 구역에 들어오지 못하게 하는 것은 감금이 아니다. 그리고 체포가 신체활동의 자유를 박탈한다면, 감금은 그것을 제한한다는 차이점이 있다.

B. 감금의 방법

1) 심리적·무형적 방법 사람이 특정한 구역에서 나가는 것을 불가능하게 하거나 심히 곤란하게 하는 장해는 물리적, 유형적 장해뿐만 아니라 심리적, 무형적 장해에 의하여서도 가능하다(대판 2000.3.24. 2000도102).[7]

2) 기망에 의한 감금 기망의 수단으로 의사에 반하여 신체적 자유를 속박하는 경우에도 감금죄가 성립된다(대판 1985.10.8. 84도2424).

3) 부분적 행동의 자유 감금에 있어서 행동의 자유의 박탈은 반드시 전면적이어야 할 필요가 없으므로 감금된 특정구역 내부에서 일정한 생활의 자유가 허용되어 있었다고 하더라도 감금죄의

---

5 김/서, 110면; 정영일, 96면.

6 대판 2000.3.24. 2000도102 판결; 2000.2.11. 99도5286; 1998.5.26. 98도1036.

7 대판 2000.2.11. 99도5286; 1998.5.26. 98도1036; 2011.9.29. 2010도5962.

성립에는 아무 소장이 없다(대판 2000.3.24. 2000도102).[8]

C. 감금에 해당하는 사례 ① 승용차로 피해자를 가로막아 승차시킨 후 피해자의 하차 요구를 무시한 채 목적지가 아닌 장소를 향해 시속 약 60~70km로 진행하여 피해자를 차량에서 내리지 못하게 한 경우(대판 2000.2.11. 99도5286), ② 피해자가 만약 도피하는 경우에는 생명 신체에 심한 해를 당할지도 모른다는 공포감에서 도피하기를 단념하고 있는 상태에서 호텔로 데리고 가 유숙한 후 그와 함께 항공기로 국외에 나간 경우,[9] ③ 대한상이군경회원 80여 명과 공동으로 호텔 출입문을 봉쇄하며 피해자들의 출입을 방해한 경우는 감금죄를 구성한다(대판 1983.9.13. 80도277).

3. 기수와 미수의 구분

가. 체포, 감금사실의 인식요부 피해자가 피체포·감금을 인식하여야 하는가와 관련하여, ① 객관적으로 신체활동의 자유가 침해된 상태더라도 피해자가 침해사실을 인식하지 못했으면 체포·감금사실이 단지 외면적·형식적·추상적 개념에 불과할 것이므로, 피체포·감금사실에 대한 피해자의 인식이 필요하다는 인식필요설[10]과 ② 보호하는 신체활동의 자유는 적어도 잠재적 활동의 자유이므로 체포·감금사실에 대한 피해자의 인식유무에 관계없이 객관적으로 이 자유침해의 사실이 있으면 본죄는 성립한다는 인식불요설[11]이 대립한다. 보호법익을 신체활동의 잠재적 자유로 본다면, 피해자의 인식과는 무관하게 체포·감금의 사실로 이미 그 보호법익이 침해되므로 피해자의 인식은 요하지 않는다고 할 것이다.

나. 일시적 자유제한

(1) 학설 감금이 일시적으로 이루어진 경우와 관련해서는 ① 감금미수설[12]과 ② 감금기수설[13]이 주장되고 있다.

(2) 판례 체포죄에 있어서는 불법하게 타인의 신체를 포박하는 동시에 이를 방관한다면 폭행 또는 협박 등의 죄가 성립함은 논외로 하고 자유구속 상태의 시간적 계속이 있다 할 수 없으므로 체포죄는 성립될 수 없고, 또 감금죄에 있어서도 타인을 불법하게 실내에 인입하는 동시에 퇴거시키거나 언제든지 자유로이 퇴거할 수 있도록 문호를 개방한다면 폭행 또는 협박 등의 죄가 성립

---

8 대판 2011.9.29. 2010도5962; 2000.2.11. 99도5286; 1998.5.26. 98도1036.

9 대판 1991.8.27. 91도1604. 피고인의 협박과 폭행행위로 말미암아 야기된 공포심으로 피해자가 밖으로 나가지 못한 것이라면 가사 피해자가 처음에 위 장소에 간 것이 자발적인 것이고 또 위 장소에 시정장치 등 출입에 물리적인 장애사유가 없었다고 하여도 감금이 성립한다.

10 김/서, 112면; 배종대, 223면; 임웅, 130면.

11 권오걸, 120면; 김성돈, 133면; 오영근, 129면; 이재상, 123면; 정/박, 137면; 정영일, 96면.

12 권오걸, 120면; 김/서, 112면; 박상기, 120면; 이재상. 123면; 임웅, 131면; 정/박, 139면.

13 김성돈, 133면.

함은 논외로 하고 자유구속상태의 시간적 계속이 있다 할 수 없으므로 감금죄는 성립될 수 없다(대판 1960.4.5. 4293형상57 全合).

(3) 검토 감금을 하였으나 피해자가 곧바로 뒷문으로 도주한 경우처럼, 감금이 일시적으로 이루어졌을 뿐인 경우에는 감금죄의 미수로 봄이 타당하다.

4. 정당행위

가. 정신병자의 감금 정신병자 어머니의 의뢰 및 승낙하에 감호를 위하여 보호실 문을 야간에 한해서 3일간 시정하여 출입을 못하게 한 감금행위는 그 병자의 신체의 안정과 보호를 위하여 사회통념상 부득이 한 조처로서 수긍될 수 있는 것이면 위법성이 없다(대판 1980.2.12. 79도1349).

나. 부랑인 보호조치 수용시설에 수용중인 부랑인들의 야간도주를 방지하기 위하여 취침시간 중 출입문을 안에서 시정조치한 행위는 정당행위에 해당된다(대판 1988.11.8. 88도1580).

5. 타죄와의 관계

가. 폭행죄, 협박죄와의 관계 감금을 하기 위한 수단으로서 행사된 단순한 협박행위는 감금죄에 흡수되어 따로 협박죄를 구성하지 아니한다(대판 1982.6.22. 82도705).

나. 강도죄 및 강간죄와의 관계

(1) 학설 감금이 강도나 강간의 수단이었던 경우에는 ① 감금이 강도나 강간죄에 흡수된다는 견해(흡수설)[14]와 ② 감금죄와 강도죄(혹은 강간죄)의 상상적 경합이 된다는 견해(상상적 경합설)[15]가 대립한다.

(2) 판례

A. 수단인 경우(상상적 경합) 강간죄의 성립에 언제나 직접적으로 또 필요한 수단으로서 감금행위를 수반하는 것은 아니므로 감금행위가 강간미수죄의 수단이 되었다 하여 감금행위는 강간미수죄에 흡수되어 범죄를 구성하지 않는다고 할 수는 없는 것이고, 그때에는 감금죄와 강간미수죄는 일개의 행위에 의하여 실현된 경우로서 형법 제40조의 상상적 경합관계에 있다(대판 1983.4.26. 83도323).[16]

B. 강도, 강간 후에도 감금이 계속된 경우(실체적 경합) 감금행위가 단순히 강도상해 범행의 수

14 오영근, 130면.

15 권오걸, 122면; 김성돈, 134면; 김/서, 113면; 임웅, 133면; 정/박, 141면.

16 화물자동차 운행도중에 피해자(여, 17세)가 태워달라고 하여 피해자를 태우고 가다가 강간할 마음이 생겨 목적지로 데려다 주지 아니하고 하차 요구를 거절한 채 계속 운행하면서 00:50경 강제로 추행을 하고, 01:00경에는 강간을 하려다 뜻을 이루지 못한 채 강간할 의사를 버리지 않고 계속하여 피해자를 강제로 그 차에 태워 여관 앞길까지 운행하여 여관 방실에서 강간하려 하였으나 피해자가 화장실에 들어가 문을 잠그고 소리를 질러 미수에 그친 사안이다.

단이 되는 데 그치지 아니하고 강도상해의 범행이 끝난 뒤에도 계속된 경우에는 1개의 행위가 감금죄와 강도상해죄에 해당하는 경우라고 볼 수 없고, 이 경우 감금죄와 강도상해죄는 형법 제37조의 경합범관계에 있다(대판 2003.1.10. 2002도4380).[17]

C. 검토 실체적 경합을 인정한 판례사안에서는 감금죄에 대한 확정판결이 있어서, 상상적 경합관계로 보면 강도상해사실에 대한 후소에 대해서는 면소판결을 하여야 할 사정이 있었다. 만일 강도상해죄로 이미 처벌받은 다음에 감금사실에 대한 후소가 제기된다면, 이때에도 대법원이 별개의 죄로 다룰지는 의문이다. 따라서 이 예외적인 경우를 제외하고 본다면, 감금죄는 계속범이므로 감금이 강도나 강간의 수단이 된 때에는 각 죄의 상상적 경합으로 봄이 타당하다. 강도나 강간이 그 수단으로 항상 감금을 수반하는 것은 아니므로 감금이 흡수된다고 볼 수는 없다.

II. 중체포·감금죄

> **제277조(중체포, 중감금, 존속중체포, 존속중감금)** ① 사람을 체포 또는 감금하여 가혹한 행위를 가한 자는 7년 이하의 징역에 처한다.
> ② 자기 또는 배우자의 직계존속에 대해 전항의 죄를 범한 때에는 2년 이상의 유기징역에 처한다.

1. 의의 사람 또는 직계존속을 체포·감금하여 가혹행위를 하는 범죄이다. 체포·감금과 가혹행위가 결합된 결합범이며, 존속범죄는 부진정신분범이다.

2. 가혹행위

가. 의미 가혹행위는 사람에게 육체적, 정신적 고통을 주는 일체의 행위이다. 감금 후의 폭행이나 협박 혹은 음식을 주지 않거나 잠을 재우지 않는 행위, 고문이나 추행 등이 그 예이다.

나. 판례 '가혹행위'라 함은 사람으로서는 견디기 어려운 정신적·육체적 고통을 가하는 경우를 말한다(대판 2009.12.10. 2009도1166).[18]

다. 가혹행위의 예 감금한 피해자를 때리고 옷을 벗긴 다음 가위로 모발을 자르는 등의 행위는 가혹한 행위에 해당한다(대판 1991.10.25. 91도2085).

---

17 甲 등과 피해자로부터 돈을 빼앗자고 공모한 다음 그를 강제로 승용차에 태우고 가면서 돈을 빼앗고 상해를 가한 뒤에도 계속하여 싱딩한 거리를 진행하다가 교통사고를 일으켜 감금행위가 중단된 사안이다.

18 가혹행위에 해당하는지 여부는 행위자 및 그 피해자의 지위, 처한 상황, 그 행위의 목적, 그 행위에 이르게 된 경위와 결과 등 구체적 사정을 검토하여 판단하여야 하고, 나아가 그 행위가 교육목적의 행위라고 하더라도 교육을 위해 필요한 행위로서 정당한 한도를 초과하였는지 여부를 함께 고려하여야 한다.

라. 학대와 상해의 포함 여부 감금 후 가혹행위를 하면 7년 이하의 징역에 처해지는데, 감금 후 학대를 하여 두 죄의 경합범을 인정하더라도 7년 이하의 징역에 처해진다. 따라서 중감금죄의 가혹행위에는 학대죄에서 말하는 학대가 포함된다. 하지만 감금 후에 상해를 하면, 감금죄(5년 이하의 징역)와 상해죄(7년 이하의 징역)의 경합범으로 10년 6개월 이하의 징역에 처해져야 하므로 7년 이하의 징역으로 처벌하는 중감금죄로 볼 수 없다. 즉, 중감금죄의 가혹행위에는 상해가 포함되지 않는다. 하지만 존속중체포·감금죄에서 말하는 가혹행위에는 상해가 포함된다고 보아야 한다. 그렇지 않으면, 존속을 체포·감금한 후 상해를 한 경우 존속체포·감금죄(10년 이하의 징역)와 존속상해죄(10년 이하의 징역)의 경합범으로서 15년 이하의 징역에 처해져야 하는데, 존속중체포·감금죄의 법정형은 2년 이상의 징역으로 그보다 훨씬 높기 때문이다.[19]

III. 체포·감금치사상죄

1. 의의 체포·감금의 죄를 범하여 사람 또는 직계존속을 사상에 이르게 하는 결과적 가중범이다. 상해에 이르게 한 때에는 1년 이상(존속은 2년 이상), 사망에 이르게 한 때에는 3년 이상(존속은 무기 또는 5년 이상)의 유기징역에 처한다.

2. 인과관계와 예견가능성

가. 인과관계가 있는 사례 ① 4일가량 물조차 제대로 마시지 못하고 잠도 자지 아니하여 거의 탈진 상태에 이른 피해자의 손과 발을 17시간 이상 묶어 두고 좁은 차량 속에서 움직이지 못하게 감금한 행위와 묶인 부위의 혈액 순환에 장애가 발생하여 혈전이 형성되고 그 혈전이 폐동맥을 막아 사망에 이르게 된 결과 사이에는 상당인과관계가 있다(대판 2002.10.11. 2002도4315). ② 피해자가 감금상태를 벗어날 목적으로 차량을 빠져 나오려다가 길바닥에 떨어져 상해를 입고 그 결과 사망에 이르렀다면 감금행위와 피해자의 사망 사이에는 상당인과관계가 있다(대판 2000.2.11. 99도5286; 2000.5.26. 2000도440).

나. 예견가능성이 있는 사례 동거하던 피해자(여, 19세)가 술집에 다시 나가 일을 하겠다고 한다는 이유로 아파트 안방에 피해자를 데리고 들어가 거실로 통하는 안방 문에 못질을 하여 밖으로 나갈 수 없게 감금한 후, 피해자를 때리고 옷을 벗긴 다음 가위로 모발을 자르는 등 가혹한 행위를 하여 피해자가 이를 피하기 위하여 창문을 통해 밖으로 뛰어 내리려 하자 2회에 걸쳐 이를 제지한바, 이때 피해자가 죽는다고 소리치며 울다가 피고인이 밖에서 걸려온 인터폰을 받으려고 방문에 뚫

19 오영근, 148면.

은 구멍을 통하여 거실로 나오는 사이에 갑자기 안방 창문을 통하여 알몸으로 아파트 아래 잔디밭에 뛰어 내리다가 사망하였다면, 중감금행위와 피해자의 사망 사이에는 인과관계가 있고 그로 인한 결과에 대한 예측가능성도 있었다(대판 1991.10.25. 91도2085).

제3절 • 약취, 유인 및 인신매매의 죄

I. 미성년자 약취·유인죄[1]

제287조(미성년자 약취, 유인) 미성년자를 약취 또는 유인한 사람은 10년 이하의 징역에 처한다.

1. 의의와 성격 미성년자를 약취 또는 유인하는 범죄이고, 성년자에 대한 약취·유인은 일반적으로 처벌되지 아니한다. 보호법익은 미성년자의 자유이고, 부차적으로는 보호감독자의 감호권도 보호법익이다.[2] 따라서 미성년자와 보호자의 승낙을 함께 받지 않으면, 피해자의 승낙에 의한 위법성조각이 인정되지 않는다. 보호의 정도와 관련하여 상태범설도 주장되고 있지만,[3] 공소시효의 기산점, 공범성립과 정당방위의 가능성 등을 고려할 때 계속범으로 보아야 한다(통설).[4]

2. 주체와 객체

가. 주체 모든 자연인이 주체가 될 수 있고, 미성년자의 부모나 보호감독자도 원칙적으로 본죄의 주체가 될 수 있다.

(1) 미성년자를 보호·감독하는 사람

A. 원칙 미성년자를 보호·감독하는 자라 하더라도 다른 보호감독자의 감호권을 침해하거나

---

1 특정범죄 가중처벌 등에 관한 법률 제5조의2(약취·유인죄의 가중처벌) ① 형법 제287조의 죄를 범한 자는 그 약취 또는 유인한 목적에 따라 다음과 같이 가중처벌한다.
1. 약취 또는 유인한 미성년자의 부모 기타 그 미성년자의 안전을 염려하는 자의 우려를 이용하여 재물이나 재산상의 이익을 취득할 목적인 때에는 무기 또는 5년 이상의 징역에 처한다.
2. 약취 또는 유인한 미성년자를 살해할 목적인 때에는 사형·무기 또는 7년 이상의 징역에 처한다.

2 김성돈, 138면; 배종대, 230면; 오영근, 142면; 이재상, 130면; 임웅, 155면; 정영일, 121면 ; 대판 2003.3.11.2002도7115. 다만, 이형국, 미성년자약취·유인죄, 고시계 제40권 제8호(462호), 107면에서는 미성년자의 자유와 감호권 외에도 피인취자의 생명·신체의 안전도 보호법익으로 고려된다고 한다.

3 권오걸, 130면.

4 김성돈, 139면; 김/서, 138면; 오영근. 143면; 이재상, 133면; 임웅, 157면; 정영일, 123면.

자신의 감호권을 남용하여 미성년자 본인의 이익을 침해하는 경우에는 미성년자약취·유인죄의 주체가 될 수 있다(대판 2008.1.31. 2007도8011; 2013.6.20. 2010도14328 全合).

B. 부모가 이혼하였거나 별거한 경우 부모가 이혼하였거나 별거하는 상황에서 미성년의 자녀를 부모의 일방이 평온하게 보호·양육하고 있는데, 상대방 부모가 폭행, 협박 또는 불법적인 사실상의 힘을 행사하여 보호·양육상태를 깨뜨리고 자녀를 탈취하여 자기 또는 제3자의 사실상 지배하에 옮긴 경우, 그와 같은 행위는 특별한 사정이 없는 한 미성년자에 대한 약취죄를 구성한다(대판 2013.6.20. 2010도14328 全合).

C. 자녀와 함께 동거하던 부모의 일방이 자녀를 데리고 종전의 거소를 벗어난 경우 미성년의 자녀를 부모가 함께 동거하면서 보호·양육하여 오던 중 부모의 일방이 상대방 부모나 그 자녀에게 어떠한 폭행, 협박이나 불법적인 사실상의 힘을 행사함이 없이 그 자녀를 데리고 종전의 거소를 벗어나 다른 곳으로 옮겨 자녀에 대한 보호·양육을 계속하였다면, 그 행위가 보호·양육권의 남용에 해당한다는 등 특별한 사정이 없는 한 설령 이에 관하여 법원의 결정이나 상대방 부모의 동의를 얻지 아니하였다고 하더라도 그러한 행위에 대하여 곧바로 형법상 미성년자에 대한 약취죄의 성립을 인정할 수는 없다(대판 2013.6.20. 2010도14328 全合).[5]

(2) 관련 판례

A. 성립하지 않는 사례 베트남 국적 여성이 남편의 동의 없이 생후 13개월 된 자녀를 베트남의 친정으로 데려간 행위는 실력을 행사하여 자녀를 평온하던 종전의 보호·양육 상태로부터 이탈시킨 것이라기보다 친권자인 모(母)로서 출생 이후 줄곧 맡아왔던 보호·양육을 계속 유지한 행위에 해당하여 이를 폭행, 협박 또는 불법적인 사실상의 힘을 사용하여 자녀를 자기 또는 제3자의 지배하에 옮긴 약취행위로 볼 수 없다(대판 2013.6.20. 2010도14328 全合).

B. 성립하는 사례 피해자의 아버지인 피고인이 피해자의 어머니이자 피고인의 처가 교통사고로 사망하자 피해자의 외조부에게 피해자의 양육을 맡겨 왔으나, 교통사고 배상금 등을 둘러싸고 분쟁이 발생하여 자신이 직접 피해자를 양육하기로 마음먹고 학교에서 귀가하는 피해자를 본인의 의사에 반하여 강제로 차에 태우고 할아버지에게 간다는 등의 거짓말로 속인 후 고아원에 데려가 피해자의 수용문제를 상담하고 개사육장에서 잠을 재운 후 다른 복지상담소에 데리고 가는 등으로 사실상 지배한 경우는 미성년자약취죄에 해당한다(대판 2008.1.31. 2007도8011).

나. 객체 행위객체는 만 19세 미만의 미성년자이다(민법 제4조). 민법은 혼인한 미성년자를 성년으로 의제하므로, 본죄의 객체에 혼인한 미성년자가 포함되는지 견해가 나뉜다.

---

5 폭행, 협박 또는 불법적인 사실상의 힘을 사용하여 그 미성년자를 평온하던 종전의 보호·양육상태로부터 이탈시켰다고 볼 수 없는 행위에 대하여까지 다른 보호감독자의 보호·양육권을 침해하였다는 이유로 미성년자에 대한 약취죄의 성립을 긍정하는 것은 형벌 법규의 문언 범위를 벗어나는 해석으로서 죄형법정주의의 원칙에 비추어 허용될 수 없다.

(1) 부정설[6] 부정설은 ① 형법에 고유한 미성년자 개념이 없는 이상 민법상의 성년자를 본죄의 미성년자로 보는 것은 죄형법정주의에 반한다는 점, ② 규범의 통일성이라는 관점에서 민법상의 의제조항까지 포함한 미성년 개념과 일치되도록 해석하는 것이 합목적적이라는 점, ③ 실제 범행의 대상이 되는 자는 18세 미만이 대부분일 것이므로 본죄의 객체에서 성년으로 의제된 자를 제외해도 현실에 어긋나지 아니한다는 점, ④ 미성년자가 혼인으로 성년의제가 되면 친권에 복종할 필요가 없어진다는 점 등을 그 논거로 들고 있다.

(2) 긍정설[7] 긍정설은 ① 민법상의 성년의제는 부부의 혼인생활독립의 요청에서 인정된 것이므로 그 입법취지상 민법이외의 다른 법률에서는 이를 적용할 수 없다는 점, ② 성년의제의 규정은 미성년자의 개념정의가 아니라 부부의 혼인생활 독립의 요청에 의한 것이므로 형법상의 미성년자보호를 위한 취지와 다르며, 따라서 민법상 성년의제자를 형법상 본죄의 미성년자로 해석해도 죄형법정주의에 반하지 아니한다는 점, ③ 형법의 가벌성의 기준은 민법에 종속되지 아니하며 형법이 미성년자를 독자적으로 규정하더라도 아무 상관이 없다는 점, ④ 감호자가 없는 미성년자도 본죄의 객체로 되므로 성년의제로 친권에 복종할 필요가 없다는 사법상의 효과 때문에 본죄의 객체에서 제외시켜야 할 이유가 없다는 점 등을 그 논거로 내세우고 있다.

(3) 검토 민법이 혼인한 미성년자를 성년으로 본다고 하더라도 긍정설이 들고 있는 논거처럼 형법의 미성년자보호는 민법의 성년의제와 그 취지를 달리하는 것이기 때문에, 혼인한 미성년자도 본죄의 객체가 된다고 보아야 한다.

3. 약취와 유인

가. 약취

(1) 약취의 의미 ① 약취는 폭행, 협박 또는 불법적인 사실상의 힘을 수단으로 사용하여 피해자를 그 의사에 반하여 자유로운 생활관계 또는 보호관계로부터 이탈시켜 자기 또는 제3자의 사실상 지배하에 옮기는 행위를 말한다(대판 2013.6.20. 2010도14328 全合). ② 사실적 지배라 함은 사람에 대한 물리적·실력적 지배관계를 의미한다(대판 2004.10.28. 2004도4437).[8]

(2) 폭행, 협박의 정도 폭행 또는 협박을 수단으로 사용하는 경우에 그 폭행 또는 협박의 정도는 상대방을 실력적 지배하에 둘 수 있을 정도이면 족하고 반드시 상대방의 반항을 억압할 정도의 것임을 요하지 아니한다(대판 1991.8.13. 91도1184; 1990.2.13. 89도2558).

---

6 권오걸, 131면; 이재상, 132면.

7 김성돈, 140면; 김/서, 119면; 배종대, 232면; 오영근, 144면; 임웅, 158면; 정/박, 167면.

8 대판 2004.5.14. 2003도8019; 1992.1.21. 91도1402 全合; 2008.1.17. 2007도8485.

(3) 관련 판례

A. 성립하지 않는 사례 미성년자의 아버지의 부탁으로 두 아이들을 각 보호하고 있고, 자기 처이며 아이들의 어머니와의 사이에 내부적인 이유가 있어 아이들을 그 어머니로부터 격리시킬 필요가 있다 하여 이러한 조치를 취한 경우에, 어머니의 아이들 인도요구를 거부한 행위가 미성년자약취죄를 구성한다고 볼 수는 없을 것이며, 아이들의 아버지가 미국으로 갔으므로 어머니가 민법상 친권을 행사할 권한이 있다는 이유만으로 미성년자약취죄를 구성한다고 할 수 없다(대판 1974.5.28. 74도840).

B. 성립하는 사례 위험대처능력이 미약한 초등학교 5학년 여학생의 옷소매를 잡아끌면서 '우리 집에 같이 자러 가자'라고 한 행위는 행위의 목적과 의도, 당시 정황 등을 종합해 볼 때 피해자의 의사에 반해 자유로운 생활관계 또는 보호관계로부터 사실상 피고인의 지배하에 옮기기 위한 약취행위의 수단으로서 폭행에 충분히 해당한다(대판 2009.7.9. 2009도3816).[9]

나. 유인

(1) 유인의 의미 ① 유인은 기망 또는 유혹을 수단으로 하여 미성년자를 꾀어 그 하자 있는 의사에 따라 미성년자를 자유로운 생활관계 또는 보호관계로부터 이탈하게 하여 자기 또는 제3자의 사실적 지배하에 옮기는 행위를 말한다.[10] ② 유혹이라 함은 기망의 정도에는 이르지 아니하나 감언이설로써 상대방을 현혹시켜 판단의 적정을 그르치게 하는 것이므로, 반드시 유혹의 내용이 허위일 것을 요하지는 않는다(대판 1996.2.27. 95도2980).

(2) 유인에 해당하는 사례 ① 피해자가 스스로 가출하였다고는 하나 그것이 피고인의 독자적인 교리설교에 의하여 하자 있는 의사로써 이루어진 것이고, 피해자를 보호감독권자의 보호관계로부터 이탈시켜 피고인의 지배하에 옮긴 이상 미성년자유인죄가 성립한다.[11] ② 11세에 불과한 피해자를 유혹하여 모텔 앞길에서부터 모텔 301호실까지 데리고 간 이상, 그로써 피해자를 자유로운 생활관계로부터 이탈시켜 피고인의 사실적 지배 아래로 옮겼다고 할 것이고, 이로써 간음목적유인죄의 기수에 이른 것이다(대판 2007.5.11. 2007도2318).

다. 장소적 이전 요부

(1) 장소이전이 없는 경우 미성년자를 장소적으로 이전시키는 경우뿐만 아니라 장소적 이전 없이 기존의 자유로운 생활관계 또는 부모와의 보호관계로부터 이탈시켜 범인이나 제3자의 사실상 지배하에 두는 경우도 포함된다(대판 2008.1.17. 2007도8485).[12]

---

9 일용직 노동자가 만취상태에서 피해자에게 '학교에 가기 싫으냐. 우리 집에 같이 자러 가자'며 옷소매를 잡아당겼으나 피해자가 경찰에 신고하여 현장에서 체포된 사안이다.

10 대판 1998.3.15. 98도690; 1996.2.27. 95도2980; 1976.9.14. 76도2072.

11 대판 1982.4.27. 82도186.

12 특정범죄가중처벌 등에 관한 법률 제5조의2위반으로 기소하였다.

(2) **부모의 출입봉쇄** 강도 범행을 하는 과정에서 혼자 주거에 머무르고 있는 미성년자를 체포·감금하거나 혹은 미성년자와 부모를 함께 체포·감금 또는 폭행·협박을 가하는 경우, 나아가 주거지에 침입하여 미성년자의 신체에 위해를 가할 것처럼 협박하여 부모로부터 금품을 강취하는 경우와 같이, 일시적으로 부모와의 보호관계가 사실상 침해·배제되었다 할지라도, 그 의도가 미성년자를 기존의 생활관계 및 보호관계로부터 이탈시키는 데 있었던 것이 아니라 단지 금품 강취를 위하여 반항을 제압하는 데 있었다거나 금품 강취를 위하여 고지한 해악의 대상이 그곳에 거주하는 미성년자였던 것에 불과하다면, 특별한 사정이 없는 한 미성년자를 약취한다는 범의를 인정하기 곤란할 뿐 아니라, 보통의 경우 시간적 간격이 짧아 그 주거지를 중심으로 영위되었던 기존의 생활관계로부터 완전히 이탈되었다고 평가하기도 곤란하다(대판 2008.1.17. 2007도8485).[13]

4. 기타 문제

가. 고의 미성년자유인죄의 범의는 피해자가 미성년자임을 알면서 유인행위에 대한 인식이 있으면 족하고 유인하는 행위가 피해자의 의사에 반하는 것까지 인식할 필요는 없다(대판 1976.9.14. 76도2072).

나. 미성년자 및 보호자의 동의와 승낙

(1) **미성년자의 동의** ① 약취행위에 미성년자의 동의가 있다고 하더라도 미성년자약취죄가 성립한다(대판 2003.3.11. 2002도7115). ② 피해자가 하자있는 의사로 자유롭게 승낙하였다 하더라도 본죄의 성립에 소장이 없다(대판 1976.9.14. 76도2072).

(2) **보호자의 권리남용인 동의** 보호자의 감독권은 미성년자의 보호와 정상적이고 건전한 성장을 도모하기 위한 것이므로, 보호자의 동의가 권리의 남용으로 공서양속에 반한다고 인정될 때에는 범죄의 성립에 영향이 없다(대전고법 2000.10.13. 2000노225).[14]

다. 감금죄와의 관계 미성년자를 유인한 자가 계속하여 미성년자를 불법하게 감금하였을 때에는 미성년자유인죄 이외에 감금죄가 별도로 성립한다(대판 1998.5.26. 98도1036).

라. 특별법 특가법 제5조의2 제1항은 미성년자를 약취·유인한 목적에 따라 가중처벌한다.

---

13 14:30경 아파트 현관문을 열고 집안으로 들어서는 피해자에게 달려들어 옆구리에 칼을 들이대고 뒤따라 집안으로 침입한 후 집안을 뒤져 물품을 강취하고, 현금이 발견되지 않자 피해자를 인질로 삼아 그 부모로부터 현금을 취득하기로 마음먹고 피해자를 결박시킨 다음 두 시간 남짓 귀가를 기다린 사실, 그 후 19:00경 피해자의 모가 아파트 안으로 들어오자 거실에 앉아 포박된 피해자의 옆구리에 부엌칼을 들이대면서 "아들을 살리려면 이리 와서 앉아"라고 위협하여 이에 놀란 피해자의 모가 황급히 밖으로 도망치자, 수회 전화를 걸어 "아들을 살리려면 300만 원을 지금 마련해서 올리와라, 경찰에 신고하면 아들을 죽이겠다"고 하는 등 수차례 협박하여 부모로부터 아파트 현관입구에서 금품 50만 원을 전달받았으나 그 무렵 문밖에서 대기 중이던 경찰관에게 체포되었다. 형법 제336조의 인질강도에 해당하는 사안이다.

14 미성년자인 피해자를 유흥주점에서 접객원으로 일하게 하기 위한 유인행위에 대하여 보호자인 친권자가 동의한 사안이다.

II. 추행·간음·결혼·영리목적·국외이송목적 약취유인죄

> **제288조(추행 등 목적 약취, 유인 등)** ① 추행, 간음, 결혼 또는 영리의 목적으로 사람을 약취는 유인한 사람은 1년 이상 10년 이하의 징역에 처한다.
> ② 노동력 착취, 성매매와 성적 착취, 장기적출을 목적으로 사람을 약취 또는 유인한 사람은 2년 이상 15년 이하의 징역에 처한다.
> ③ 국외에 이송할 목적으로 사람을 약취 또는 유인하거나 약취 또는 유인된 사람을 국외에 이송한 사람도 제2항과 동일한 형으로 처벌한다.

1. 추행, 간음, 결혼, 영리목적 약취유인죄

가. 구성요건 추행, 간음, 결혼 또는 영리의 목적으로 사람을 약취 또는 유인하는 목적범이다. 본죄의 미수범과 예비·음모를 처벌한다(제294, 296조). 행위객체는 성년, 미성년, 남녀, 기혼·미혼을 불문한다. 간음목적은 결혼 외의 성교를 목적하는 것이고, 결혼목적의 결혼은 ① 법률혼으로 보는 입장[15]과 ② 사실혼으로 보는 입장[16]이 있지만, 양자를 모두 포함한다(다수설).[17] 영리목적은 재산적 이익을 취득할 목적을 말한다. 다만, 피인취자의 석방의 대가로 재산적 이익을 얻고자 하는 경우에는 인질강도죄가 성립한다(제336조).

나. 석방감경 본죄를 범한 자가 약취, 유인한 사람을 안전한 장소로 풀어준 때에는 그 형을 감경할 수 있다(제295조의2).

2. 국외이송목적 약취유인죄

국외이송목적으로 약취·유인하거나 약취·유인된 사람을 국외에 이송하면 성립하는 범죄이다. 여기에서 말하는 '국외'는 피해자의 거주국 외를 의미한다는 견해[18]도 있지만, '대한민국의 영역 외'로 봄이 타당하다(통설). 타국의 영역 내에 들어갈 목적까지 요하지 않고, 공해상도 국외에 해당한다. 국외이송목적으로 약취·유인하고, 그 약취·유인된 자를 국외에 이송하면, ① 협의의 포괄일죄로 국외이송목적 약취·유인의 단순일죄가 된다는 견해,[19] ② 양 죄의 상상적 경합이 된다는 견해,[20] ③ 실체적 경합이 된다는 견해[21]가 대립한다. 문서위조죄와 동행사죄의 관계와는 달리, 약취·유인의 경우에는 계속범적 성격을 가지고 있으므로 포괄일죄로 봄이 타당하다.

---

15 황산덕, 217면; 정영석, 259면.
16 강구진, 168면; 유기천, 상권, 121면.
17 김성돈, 151면; 김/서, 123면; 배종대, 240면; 이재상, 137면; 임웅, 163면; 정/박, 174면.
18 김종원, 121면.
19 오영근, 154면; 임웅, 172면.
20 이재상, 141면.
21 김성돈, 150면; 박상기, 137면; 정/박, 178면.

III. 인신매매죄

> **제289조(인신매매)** ① 사람을 매매한 사람은 7년 이하의 징역에 처한다.
> ② 추행, 간음, 결혼 또는 영리의 목적으로 사람을 매매한 사람은 1년 이상 10년 이하의 징역에 처한다.
> ③ 노동력 착취, 성매매와 성적 착취, 장기적출을 목적으로 사람을 매매한 사람은 2년 이상 15년 이하의 징역에 처한다.
> ④ 국외에 이송할 목적으로 사람을 매매하거나 매매된 사람을 국외로 이송한 사람도 제3항과 동일한 형으로 처벌한다.

1. 구성요건 단순인신매매죄는 '사람을 매매하는 것'으로 성립하고, 그 외의 인신매매죄는 추행이나 노동력 착취 혹은 국외이송목적을 필요로 하는 목적범이다. 인신매매죄의 실행의 착수는 ① 매매계약의 체결시로 보는 견해[22]와 그 계약에 따른 사실상의 인도·인수행위에 착수한 때로 보는 견해[23]가 대립한다. 본죄는 사람의 자유를 보호하고자 하기 때문에 '매매'를 사법상의 매매와 동일하게 볼 필요는 없다. 매매계약의 체결만으로는 그 자유침해의 위험성만 존재하기 때문에, 이는 본죄의 예비단계이고, 그 계약에 따른 사실상의 인도·인수가 시작되었을 때를 실행의 착수시점으로 봄이 타당하다. 기수시기는 피매매자를 실제로 인도·인수한 때이다.

2. 관련 판례 부녀매매죄는 부녀자의 신체의 자유를 그 일차적인 보호법익으로 하는 죄로서 그 행위의 객체는 부녀이고, 여자인 이상 그 나이나 성년, 미성년, 기혼 여부 등을 불문한다고 보아야 하고, 행위의 주체에는 제한이 없으니 반드시 친권자 등의 보호자만이 본 죄의 주체가 될 수 있다는 것도 근거없는 해석이라 할 것이며, 요컨대 본죄의 성립 여부는 그 주체 및 객체에 중점을 두고 볼 것이 아니라 매매의 일방이 어떤 경위로 취득한 부녀자에 대한 실력적 지배를 대가를 받고 그 상대방에게 넘긴다고 하는 행위에 중점을 두고 판단하여야 하므로, 매도인이 매매 당시 부녀자를 실력으로 지배하고 있었는가 여부, 즉 계속된 협박이나 명시적 혹은 묵시적인 폭행의 위협 등의 험악한 분위기로 인하여 보통의 부녀자라면 법질서에 보호를 호소하기를 단념할 정도의 상태에서 그 신체에 대한 인계인수가 이루어졌는가의 여부에 달려 있다(대판 1992.1.21. 91도1402 全合).

3. 특별법 아동·청소년의 성보호에 관한 법률은 아동·청소년의 성을 사는 행위 또는 아동·청소년이용음란물을 제작하는 행위의 대상이 될 것을 알면서 아동·청소년을 매매한 자를 무기징역 또는 5년 이상의 징역에 처한다(제12조).

---

22 김성돈, 147면; 배종대, 238면; 정/박, 172면.

23 임웅, 167면.

제4절 • 강요의 죄

I. 강요죄

> **제324조(강요)** 폭행 또는 협박으로 사람의 권리행사를 방해하거나 의무없는 일을 하게 한 자는 5년 이하의 징역에 처한다.

1. 의의와 보호법익 강요죄는 폭행 또는 협박으로 사람의 권리행사를 방해하거나 의무없는 일을 하게 함으로써 성립하는 범죄이다. 보호법익은 의사결정의 자유와 그에 따른 행동의 자유이고, 보호의 정도는 침해범이다(통설, 판례).[1] 강요죄는 중범죄가 아님에도 벌금형이 규정되어 있지 않다.

2. 구성요건

가. 폭행과 협박

(1) 폭행 강요죄의 폭행은 광의의 폭행이다. 즉, 사람에 대한 유형력의 행사를 말하고, 반드시 신체에 가해져야 하는 것은 아니다. 가령, 맹인의 지팡이를 탈취하여 보행하지 못하도록 하는 것도 본죄의 폭행에 해당한다. 수면제로 수면에 빠뜨리는 것과 같은 절대적 폭력은 물론이고, 상대방의 의사결정에 영향을 미치는 심리적 폭력도 포함한다.

(2) 협박 강요죄의 협박은 협의의 협박이다.

A. 판단기준 강요죄에서 협박당하는 사람으로 하여금 공포심을 일으키게 하는 정도의 해악의 고지인지는 그 행위 당사자 쌍방의 직무, 사회적 지위, 강요된 권리, 의무에 관련된 상호관계 등 관련 사정을 고려하여 판단되어야 할 것이다(대판 2010.4.29. 2007도7064).

B. 협박이 아닌 사례 직장상사가 범죄행위를 저지른 부하직원에게 징계절차에 앞서 자진 사직할 것을 단순히 권유한 것은 강요죄의 협박에 해당한다고 볼 수 없다(대판 2008.11.27. 2008도7018).

나. 권리행사방해와 의무없는 일을 하게 하는 것

(1) 권리의 범위 권리는 재산적 권리뿐만 아니라 비재산적 권리로 볼 수 있는 개인의 계약체결에 대한 자유권도 포함하고, 그 계약체결이 법률상 위법 기타 제한이 있다 하더라도 강요죄의 성립에는 영향이 없다(대판 1962.1.25. 4293형상233).

(2) 의무의 의미 '의무없는 일'이란 법령, 계약 등에 기하여 발생하는 법률상 의무없는 일을 말

---

1 강요죄는 폭행 또는 협박에 의하여 권리행사가 현실적으로 방해되어야 한다(대판 1993.7.27. 93도901).

하므로, 폭행 또는 협박으로 법률상 의무 있는 일을 하게 한 경우에는 폭행 또는 협박죄만 성립할 뿐 강요죄는 성립하지 아니한다(대판 2008.5.15. 2008도1097).

3. 강요죄의 성립 여부

가. 강요죄에 해당하는 사례 ① 골프시설의 운영자가 골프회원에게 불리하게 변경된 내용의 회칙에 대하여 동의한다는 내용의 등록신청서를 제출하지 아니하면 회원으로 대우하지 아니하겠다고 통지한 경우,[2] ② 피해자의 해외도피를 방지하기 위하여 피해자를 협박하여 여권을 강제 회수한 경우,[3] ③ 피해자를 협박하여 법률상 의무없는 진술서를 작성케 한 경우,[4] ④ 상사 계급의 피고인이 그의 잦은 폭력으로 신체에 위해를 느끼고 겁을 먹은 상태에 있던 부대원들에게 청소불량 등을 이유로 40분 내지 50분간 머리박아(속칭 '원산폭격')를 시키거나 양손을 깍지 낀 상태에서 약 2시간 동안 팔굽혀펴기를 50~60회 정도 하게 한 경우[5]는 강요죄에 해당한다.

나. 강요죄에 해당하지 않는 사례 전답의 점유를 침탈당한 자라도 이를 실력으로 회수할 수 없는 것이니 그 전답의 점유를 실력으로 회수하려는 자에게 폭행을 가하였다면, 이는 단순폭행죄에 해당하고 권리행사를 방해하였다고는 볼 수 없다(대판 1961.11.9. 61도357).

II. 인질강요죄

1. 구성요건 인질강요죄는 사람을 체포, 감금, 약취, 유인하여 이를 인질로 삼아 제3자에 대하여 권리행사를 방해하거나 의무없는 일을 하게 하는 범죄이다. 사람을 체포, 감금, 약취, 유인하여 재산 또는 재산상의 이익을 취득하면, 인질강도죄(제336조)가 성립한다. 피강요자는 '제3자'에 국한되고, 인질에 대한 강요는 본죄를 구성하지 않는다. 이 제3자는 법인과 법인격 없는 단체도 포함한다.

2. 기수와 미수

가. 실행의 착수시기 본죄의 착수시기는 ① 체포, 감금, 약취, 유인행위를 개시한 때라는 견해[6]와 ② 강요행위를 개시한 때라는 견해[7]가 대립한다. 애초에 인질강요의 의사가 있었던 경우에는 체

---

2 대판 2003.9.26. 2003도763.

3 대판 1993.7.27. 93도901.

4 대판 1974.5.14. 73도2578.

5 대판 2006.4.27. 2003도4151.

6 권오걸, 110면; 김/서, 106면; 박상기, 113면; 임웅, 153면; 정/박, 161면; 정영일, 118면.

7 김성돈, 127면; 배종대, 216면; 이재상, 153면; 이형국, 215면; 정웅석, 914면.

포·감금·약취·유인시에 실행의 착수가 있지만, 체포·감금·약취·유인 후에 강요의 고의가 생긴 때에는 강요시에 실행의 착수가 있다고 할 것이다.[8]

나. 기수시기 기수시기는 ① 인질범이 제3자에 대해 일정한 일을 하거나 하지 못하게 강요한 시점이라는 견해[9]와 ② 제3자가 권리행사를 방해받았거나 의무없는 일을 행한 시점이라는 견해[10]가 대립한다. 본죄를 침해범으로 보는 한 후자의 견해가 타당하다.

3. 석방감경 본죄를 범한 자 및 그 미수범이 인질을 안전한 장소에 풀어준 때에는 그 형을 감경할 수 있다(제324조의6). 중지범의 성격을 가지고 있지만, ① 자의성을 요건으로 하지 않고, ② 기수에 이른 후에도 인정되며, ③ 임의적 감경을 인정한다는 차이 및 특징이 있다.

제5절 • 강간과 추행의 죄

I. 강간죄

> **제297조 (강간)** 폭행 또는 협박으로 사람을 강간한 자는 3년 이상의 유기징역에 처한다.

1. 보호법익과 보호정도 보호법익은 사람의 성적 자기결정권이고, 보호의 정도는 침해범이다. 성적 자기결정권은 성행위의 여부와 그 파트너의 선택을 스스로 하는 권리를 말한다.

2. 구성요건

가. 주체 남자는 물론이고 여자도 주체가 될 수 있다. 즉, 여자도 강간죄의 직접정범, 공동정범 및 간접정범이 될 수 있다.

나. 객체 종전에는 객체가 '부녀'로 제한되었지만, 2012.12.18. 강간죄의 객체를 '사람'으로 개

---

8 오영근, 164면.

9 권오걸, 131면; 박상기, 114면; 이정원, 166면.

10 김성돈, 127면; 김/서, 107면; 배종대, 216면; 오영근, 165면; 임웅, 153면.

정하였다. "남자는 강하고 여자는 약하다"는 종전의 가부장적 사고에서 벗어나, 저항할 수 없는 폭행·협박 앞에서는 남자도 약하고, 그의 성적 자기결정권도 침해될 수 있음을 반영한 것이다.

(1) 성전환자

A. 학설 성전환자가 강간죄의 객체가 되는가에 대하여, 본죄의 객체가 사람으로 개정되었기 때문에 당연히 성전환자도 본죄의 객체가 된다는 견해가 있다.[1] 그러나 강간은 강제로 간음하는 것을 말하고, 간음은 이성 간의 성교행위를 의미한다. 따라서 남자가 여자로 성전환자한 사람을 간음하려고 한 경우 강간죄가 성립하는지 여부, 즉 이성 간의 성교행위인지 여부는 강간죄의 객체를 사람으로 바꾸었음에도 불구하고 여전히 종전의 논의와 같은 문제가 남아 있다.

법개정 전의 학계논의에서는 ① 성전환자도 강간죄의 객체가 된다는 긍정설,[2] ② 부정설,[3] ③ 호적정정이 된 경우는 강간죄의 객체가 된다는 제한적 긍정설[4] 및 ④ 강간죄의 불능미수범과 강제추행죄의 상상적 경합설[5]이 주장되었다.

B. 판례

1) 부녀가 아니라고 본 사례 어릴 때부터 정신적으로 여성에의 성귀속감을 느껴 왔고 성전환수술로 인하여 남성으로서의 내·외부성기의 특징을 더 이상 보이지 않게 되었으며 남성으로서의 성격도 대부분 상실하여 외견상 여성으로서의 체형을 갖추고 성격도 여성화되어 개인적으로 여성으로서의 생활을 영위해 가고 있다 할지라도, 기본적인 요소인 성염색체의 구성이나 본래의 내·외부성기의 구조, 정상적인 남자로서 생활한 기간, 성전환 수술을 한 경위, 시기 및 수술 후에도 여성으로서의 생식능력은 없는 점, 그리고 이에 대한 사회 일반인의 평가와 태도 등 여러 요소를 종합적으로 고려하여 보면 사회통념상 여자로 볼 수는 없다(대판 1996.6.11. 96도791).

2) 부녀를 인정한 사례 남성으로 태어난 피해자는 성장기부터 남성에 대한 불일치감과 여성으로서의 귀속감을 나타내면서 따돌림을 당하였고, 사춘기에 이르러 여성으로서의 분명한 성정체성이 형성되기 시작하면서 이를 감당하지 못하여 집을 떠나게 된 사실, 피해자는 24세이던 1974년경 성전환수술을 결심하고 정신과병원에서 정밀진단과 심리치료, 관찰을 거쳐 성전환증이라는 확진을 받은 다음, 성형외과에서 남성의 성기와 음낭을 제거하고 여성의 질 등 외부성기를 형성하는 수술을 받고 이후 상당기간 호르몬 요법의 시술을 받았으며, 2차로 일본에 있는 한 성형외과병원에서 가슴형성수술을 받은 바 있고, 3차로는 1998년 2월 부산에 있는 성형외과에서, 2000년경에 이르러 태국의 한 병원에서 각 가슴보강수술과 질확장술을 받은 사실, 피해자는 남성 또는 여성으로

1 김/서, 132면; 이재상, 160면; 정/박, 189면.

2 권오걸(1), 158면; 김성돈, 158면;, 김/서(7), 158면; 박상기, 145면; 정/박, 188면; 정영일, 141면.

3 배종대, 246면.

4 정/박(1), 170면.

5 임웅(4), 163면.

서 자녀를 출산한 경험이 없고 생식기능 또한 존재하지 아니하나, 성전환수술 후 여성으로서의 성생활에 전혀 지장이 없으며, 특히 피해자의 사정을 이해하는 남성과 과거 10여 년간 동거하며 지속적으로 성관계를 영위함에 아무런 문제가 없었고, 성적 만족도 또한 이상이 없는 사실, 피해자는 여성으로서의 신체와 외관을 갖추고 있을 뿐만 아니라 여성으로서의 성적 정체성도 확고하고 자신이 여성임에 만족하고 있으며, 피해자의 가족들과도 가출 후 10년이 지나면서부터 소식을 주고받으며 관계가 유지되어 왔고, 현재 살아 있는 가족들이 피해자의 처지와 사정을 잘 이해하여 관계가 개선된 사실, 피해자는 성전환수술 후 30여 년간 여성 무용수로서 국내와 국외를 오가며 활동하여 왔는데, 피해자가 국내에 거주할 때는 주로 부산시 소재 일정 지역에 30년 가까이 주거를 정하여 살면서 주민들과는 여성으로서 오랜 세월 동안 친분을 유지하여 온 사실을 각 알 수 있는바, 피해자는 성장기부터 남성에 대한 불일치감과 여성으로의 귀속감을 나타내었고, 성인이 된 후 의사의 진단 아래 성전환수술을 받아 여성의 외부 성기와 신체 외관을 갖추었고, 수술 이후 30여 년간 여성으로 살아오면서 현재도 여성으로서의 성정체성이 확고하여 남성으로 재전환할 가능성이 현저히 낮고, 개인생활이나 사회생활에서도 여성으로 인식되어, 결국 사회통념상 여성으로 평가되는 성전환자에 해당한다고 봄이 상당하므로 강간죄의 객체가 된다.[6]

C. 검토 판례의 종합적 고찰에 따라 성전환자가 부녀로 인정받는 경우에는 그녀는 당연히 남자에 의한 강간죄의 객체가 된다. 하지만 성전환자를 여자로 알고 강간하였지만, 그 성전환자가 부녀로 인정받지 못하는 경우, 그도 사람으로서 본죄의 객체가 되더라도 간음이 성립될 수 없으므로 강간죄의 불능미수범과 강제추행죄의 상상적 경합범이 된다고 본다.

(2) 부부강간

A. 학설 부부강간 중 특히 문제가 되는 것은 아내의 의사에 반하는 남편의 성폭력이다. 이에 대해서는 강간죄의 객체가 된다는 긍정설[7]과 부정설[8]이 대립하고 있다.

B. 판례 헌법이 보장하는 혼인과 가족생활의 내용, 가정에서의 성폭력에 대한 인식의 변화, 형법의 체계와 그 개정 경과, 강간죄의 보호법익과 부부의 동거의무의 내용 등에 비추어 보면, 형법 제297조가 정한 강간죄의 객체인 '부녀'에는 법률상 처가 포함되고, 혼인관계가 파탄된 경우뿐만 아니라 실질적인 혼인관계가 유지되고 있는 경우에도 남편이 반항을 불가능하게 하거나 현저히 곤란하게 할 정도의 폭행이나 협박을 가하여 아내를 간음한 경우에는 강간죄가 성립한다고 보아야 한다(대판 2013.5.16. 2012도14788 全合).

〈반대의견〉 '간음'의 사전적 의미는 '부부 아닌 남녀가 성적 관계를 맺음'이고, 강간은 '강제적인

---

6 대판 2009.9.10. 2009도3580; 대결 2006.6.22. 2004스42 全合.

7 권오걸, 160면; 김성돈, 157면; 박상기, 144면; 배종대, 246면; 오영근, 171면(입장변경); 조국, 31면.

8 김/서, 131면; 이재상, 160면; 이형국, 213면; 임웅, 183면 ; 정/박, 188면; 박동률, 성관련 범죄 용어의 개념과 상호간의 관계, 법학논고 제44집, 63면.

간음'을 의미하므로 강간죄는 그 문언상 '폭행 또는 협박으로 부인이 아닌 부녀에 대하여 성관계를 맺는 죄'라고 해석된다.

C. 검토 변경판례의 반대의견이 지적하듯이 부부간의 성행위를 간음이라 하지 않는다. 따라서 부부간에 폭력적 성행위가 있었다고 하여 이를 강제적 간음이라 할 수 없다. 따라서 입법적으로 해결하지 않는 한, 부부강간은 성립하지 않는다고 보아야 한다. 형법이 가정생활의 깊은 곳에 너무 강하게 다가서면, 예기치 못한 부작용이 많이 발생할 수 있음에 유의해야 한다. 가정폭력을 조사받던 남편이 부인을 살해하는 일이 드물지 않게 일어났었다.

다. 실행행위: 폭행·협박에 의한 간음

(1) 폭행, 협박

A. 폭행, 협박의 정도

1) 학설 폭행 또는 협박은 피해자의 항거를 불능하게 하거나 현저히 곤란하게 할 정도의 것이어야 한다는 것이 통설이다. 이에 대하여 ① 피해자의 합리적 또는 진지한 저항을 곤란하게 하는 폭행·협박으로 족하다는 견해[9] 및 ② 피해자의 진지한 거부의 의사표시와 가해자의 협의의 폭행이 있으면 족하다는 견해[10]가 주장되고 있다.

2) 판례 폭행·협박은 피해자의 항거를 불가능하게 하거나 현저히 곤란하게 할 정도의 것이어야 한다(대판 2004.6.25. 2004도2611).[11]

3) 검토 강간범에 대한 처벌과 처우는 매우 엄중하다. 따라서 강간의 여부는 매우 엄격하게 심사되어야 하고, 특히 사귀고 있던 남녀간에는 더욱더 그러하다. 그렇지 아니하면 사귀다가 헤어지는 경우 특히 남자는 강간범이 될 가능성이 높기 때문이다. 성관계를 마친 자가 "나는 분명히 싫다고 했는데, 강제로 당했다"(이른바 No means no의 논리)라고 하면, 그 상대방이 강간범이 되어야 하는 것은 아니다. 협의의 폭행으로 족하다는 견해는 실제로 강간죄의 성립을 지나치게 넓힐 것이고, '진지한 저항을 곤란하게 하는 폭행·협박'도 그 판단의 유동을 너무 넓힐 것이다. 따라서 여전히 통설이 타당하다고 본다.

B. 폭행, 협박이 있었는지 여부의 판단기준 폭행, 협박이 있었는지 여부는 피해자가 성교 당시 처하였던 구체적인 상황을 기준으로 판단하여야 하며, 사후적으로 보아 피해자가 성교 이전에 범행현장을 벗어 날 수 있었다거나 피해자가 사력을 다하여 반항하지 않았다는 사정만으로 가해자의 폭행, 협박이 피해자의 항거를 현저히 곤란하게 할 정도에 이르지 않았다고 섣불리 단정하여서는 안 된다(대판 2005.7.28. 2005도3071; 2004.6.25. 2004도2611).

---

9 조국, 아내강간의 성부와 강간죄에서의 폭행·협박의 정도에 대한 재검토, 형사정책 제13권 1호, 28면.

10 박상기, 강간죄와 폭행, 협박의 정도, 형사판례연구(4), 190면.

11 대판 1999 9.21. 99도2608; 2001.2.23. 2000도5395; 2007.1.25. 2006도5979.

C. 협박과 항거 불능

1) 시간적 간격이 있는 경우 가해자가 폭행을 수반함이 없이 오직 협박만을 수단으로 피해자를 간음한 경우, 협박과 간음 사이에 시간적 간격이 있더라도 협박에 의하여 간음 또는 추행이 이루어진 것으로 인정될 수 있다면 강간죄가 성립한다(대판 2007.1.25. 2006도5979).

2) 혼외 성관계 사실을 폭로하겠다는 협박 유부녀에게 혼인 외 성관계 사실을 폭로하겠다고 협박하여 그녀를 간음 또는 추행한 경우, 그 협박이 강간죄와 강제추행죄에 해당하는 폭행의 정도인지는, 정조의 가치를 특히 중시하는 우리 사회의 현실 등을 감안할 때 그 폭로가 여성의 명예손상, 가족관계의 파탄, 경제적 생활기반의 상실 등 막대한 영향을 미칠 수 있고, 나아가 폭로의 상대방이나 범위 및 방법에 따라서는 그 심리적 압박의 정도가 심각할 수 있으므로, 단순히 협박의 내용만으로 그 정도를 단정할 수는 없고, 그 밖에도 협박의 경위, 가해자 및 피해자의 신분이나 사회적 지위, 피해자와의 관계, 간음 또는 추행 당시와 그 후의 정황, 그 협박이 피해자에게 미칠 수 있는 심리적 압박의 내용과 정도 등을 종합하여 신중하게 판단하여야 한다.[12]

D. 항거불능 여부가 문제된 사례

1) 항거불능인 사례 피해자를 여관방으로 유인한 다음 방문을 걸어 잠근 후 피해자에게 성교할 것을 요구하였으나 피해자가 이를 거부하자, "옆방에 내 친구들이 많이 있다. 소리 지르면 다 들을 것이다. 조용히 해라. 한 명하고 할 것이냐? 여러 명하고 할 것이냐?"라고 말하면서 성행위를 요구한 사실이 인정되는바, 피해자의 연령이 어린 점, 다른 사람의 출입이 곤란한 심야의 여관방에 피고인과 피해자 단둘이 있는 상황인 점 등을 종합하면 피해자의 항거를 현저히 곤란하게 할 정도의 유형력을 행사한 사실은 충분히 인정된다(대판 2000.8.18. 2000도1914).

2) 항거불능이 아닌 사례 피고인은 소개로 만난 피해자(여, 19세)와 같이 술을 먹고 여관에 들어가 잠을 자다가 성교를 시도하였으나 피해자의 거부로 포기한 바 있고, 그 얼마 후 또 같이 술을 마신 뒤 여관에서 잠을 자기로 하여 피해자가 여관비를 계산하고 여관에 들어가서 TV를 보다 피고인이 먼저 잠든 후 피해자는 그 옆에 엎드려 잠을 잤는데, 아침에 피고인이 순간적으로 욕정을 느껴 피해자의 옷을 벗기고 성교하려 하자 피해자는 잠에서 깨어나 하지 말라고 하면서 몸을 좌우로 흔드는 등 거부하였으나 몸을 일으켜 그 장소에서 탈출하려고 하거나 소리를 질러 구조를 요청하는 등 적극적인 반항은 하지 아니하자, 피고인은 피해자의 몸을 누른 채 한 번만 하게 해달라고 애원하듯이 말하면서 반항이 덜해지자 피해자의 다리를 올려 성교하던 도중 호출기가 울려 그

---

12 대판 2007.1.25. 2006도5979. 피해자는 과거 甲이라는 남자와 교제하면서 임신하기도 하였으나 甲이 연락을 끊은 후 남편과 혼인하여 11세, 9세, 3세의 아들 셋을 두고 있는 가정주부인데, 피고인은 잘못 걸린 전화를 받은 피해자에게 거짓으로 옛날 애인 행세를 하며 모텔 객실에서 불을 끈 상태로 만나 1회 성관계를 가졌다. 그 후 피고인은 "피해자가 모텔에 들어가는 모습을 사진찍은 제3자가 성관계를 요구한다"는 거짓말로 그 제3자의 행세를 하며 피해자에 대한 간음·추행을 이어갔고, 이 사실들이 시어머니와 남편에게 알려지자 피해자는 수면제를 먹고 자살을 기도하기도 하였다.

만두었으며 이로 인해 피해자에게 요치 약 2주의 질 열상을 입힌 후 연락할 때까지 잘 지내라고 하면서 피해자와 같이 여관에서 나온 경우, 피해자의 의사에 반하는 정도의 유형력을 행사하여 피해자를 간음한 것에 불과하고, 그 유형력의 행사가 피해자의 반항을 현저히 곤란하게 할 정도에 이른 것은 아니므로 피고인의 행위는 강간치상죄에 해당하지 않는다(대판 1999.9.21. 99도2608).

(2) 수면제에 의한 강간 수면제를 영양제로 속여 수면상태에 빠뜨린 후 간음한 경우, 수면제를 사용하는 행위도 절대적 폭력으로 보고 본죄의 폭행을 인정하는 강간죄설[13]과 속여서 수면제를 복용시켜 수면상태에 빠뜨린 행위는 폭행과 구분되는 상해행위이므로 상해죄와 준강간죄가 성립한다는 견해[14]가 대립한다. 수면제를 강제로 복용시킨 것이 아니고 속여서 복용시킨 것은 절대적 폭력이 아니라 상해에 해당한다. 그러나 대부분의 상해는 폭행을 내포하고 있기 때문에 수면제를 복용시키고 간음한 경우에도 강간죄가 성립한다고 볼 여지가 있지만, 강간죄설은 결국 강간상해죄를 인정하게 된다는 점에서 처벌이 너무 과중하게 된다(무기 또는 5년 이상의 징역). 따라서 차라리 개념논리에 보다 충실하게 상해죄와 준강간죄가 성립한다고 보는 것으로 족하다고 할 것이다.

3. 실행의 착수와 기수

가. 착수시기 피해자의 항거를 불능하게 하거나 현저히 곤란하게 할 정도의 폭행 또는 협박을 개시한 때에 실행의 착수가 있다고 보아야 하고, 실제로 피해자의 항거가 현저히 곤란하게 되어야만 실행의 착수가 있다고 볼 것은 아니다(대판 2000.6.9. 2000도1253).

(1) 실행의 착수가 있는 사례 간음할 목적으로 새벽 4시에 여자 혼자 있는 방문 앞에 가서 피해자가 방문을 열어 주지 않으면 부수고 들어갈 듯한 기세로 방문을 두드리고 피해자가 위험을 느끼고 창문에 걸터앉아 가까이 오면 뛰어 내리겠다고 하는 데도 베란다를 통하여 창문으로 침입하려고 하였다면, 강간수단으로서의 폭행에 착수하였다고 할 수 있다(대판 1991.4.9. 91도288).

(2) 실행의 착수가 없는 사례 강간할 목적으로 피해자의 집에 침입하였다 하더라도 안방에 들어가 누워 자고 있는 피해자의 가슴과 엉덩이를 만지면서 간음을 기도하였다는 사실만으로 강간의 수단으로 피해자에게 폭행이나 협박을 개시했다고 하기는 어렵다(대판 1990.5.25. 90도607).[15]

나. 기수시기 본죄의 기수시기는 행위자의 성기가 상대방의 성기에 삽입된 때이고, 그 후 사정을 하거나 만족을 한 시점이 아니다.

---

13 김성돈, 158면.

14 오영근, 173면.

15 사촌여동생을 강간할 목적으로 담을 넘어 침입한 후 안방에서 자고 있던 피해자의 가슴과 엉덩이를 만지면서 강간하려 하였으나 피해자가 '야' 하고 고함을 치자 도망간 사안으로, 준강간죄의 미수에 해당한다.

4. 기타 관련문제

가. 죄수

(1) 접속범인 사례 피해자를 1회 간음하고 200m쯤 오다가 다시 1회 간음한 경우, 피고인의 의사 및 그 범행의 시각과 장소로 보아 두 번째의 간음행위는 처음 한 행위의 계속이다(대판 1970.9.29. 70도1516).

(2) 접속범이 아닌 사례 피해자를 1회 강간하여 상처를 입게 한 후 약 1시간 후에 장소를 옮겨 같은 피해자를 다시 1회 강간한 행위는 그 범행시간과 장소를 달리하고 있을 뿐만 아니라 각 별개의 범의에서 이루어진 행위로서 실체적 경합범에 해당한다(대판 1987.5.12. 87도694).

나. 정당방위 정조와 신체의 안전을 지키려는 이념으로 엉겁결에 추행자의 혀를 물어뜯게 되었다면, 이는 자신의 성적순결 및 신체에 대한 현재의 부당한 침해를 방지하기 위한 상당한 행위로서 정당방위에 해당한다(대구고법 1989.1.20. 88노512).

다. 유기죄와의 관계 강간치상의 범행을 저지른 자가 그 범행으로 인하여 실신상태에 있는 피해자를 구호하지 아니하고 방치하였더라도 포괄적으로 단일의 강간치상죄만을 구성한다(대판 1980.6.24. 80도726).

5. 성폭력범죄의 처벌 등에 관한 특례법

가. 주거침입강간죄 ① 타인의 주거에 거주자의 의사에 반하여 들어가는 경우는 주거침입죄가 성립하며, 이 때 거주자의 의사라 함은 명시적인 경우뿐만 아니라 묵시적인 경우도 포함되고 주변 사정에 따라서는 거주자의 반대의사가 추정될 수도 있다.[16] ② 산책하다 빌딩 화장실에 가던 피해자를 발견하고 뒤따라 들어가 안에서 문을 잠그고 강간한 경우, 입구에 명백하게 여성용이라고 표시된 여자화장실은 여성이나 유아 등의 사용이 허용될 뿐 성인 남성의 출입은 원칙상 허용되지 않는다고 봐야 하고, 범죄 목적으로 들어간 이상 여자화장실을 이용하던 피해자가 '점유하는 방실'을 침입한 것으로 봐야 하므로 주거침입강간죄가 성립한다(대판 2012.8.23. 2012도815).

나. 합동강간죄

(1) 성립요건 2인 이상이 합동하는 특수강간죄가 성립하기 위하여는 주관적 요건으로서의 공모와 객관적 요건으로서의 실행행위의 분담이 있어야 하는바, 그 실행행위는 시간적으로나 장소적으로 협동관계에 있다고 볼 정도에 이르면 된다(대판 1998.2.27. 97도1757).

---

16 대판 2003.5.30. 2003도1256. 피해자가 사용 중인 공중화장실의 용변칸에 노크하여 남편으로 오인한 피해자가 용변칸 문을 열자 강간할 의도로 용변칸에 들어간 것이라면, 피해자가 명시적 또는 묵시적으로 이를 승낙하였다고 볼 수 없어 주거침입죄에 해당한다.

(2) 성립하는 사례 강간범행도 양인이 연속적으로 행하면서 상대방이 강간범행의 실행행위를 하는 동안에 방문 밖에서 교대로 대기하고 있었던 이상 강간범행의 실행행위도 시간적으로나 장소적으로 협동관계에 있었다(대판 1996.7.12. 95도2655).

(3) 죄수: 피해자 수 피고인 등이 비록 특정한 1명씩의 피해자만 강간하거나 강간하려고 하였다 하더라도, 사전의 모의에 따라 심야에 인가에서 멀리 떨어져 있어 쉽게 도망할 수 없는 야산으로 피해자들을 유인한 다음 곧바로 암묵적인 합의에 따라 각자 마음에 드는 피해자들을 데리고 불과 100m 이내의 거리에 있는 곳으로 흩어져 동시 또는 순차적으로 피해자들을 각각 강간하였다면, 그 각 강간의 실행행위도 시간적으로나 장소적으로 협동관계에 있었다고 보아야 할 것이므로, 피해자 3명 모두에 대한 특수강간죄 등이 성립된다(대판 2004.8.20. 2004도2870).

다. 흉기휴대강간죄

(1) 휴대의 의미 범행 현장에서 범행에 사용하려는 의도 아래 흉기 등 위험한 물건을 소지하거나 몸에 지닌 이상, 그 사실을 피해자가 인식하거나 실제로 범행에 사용하였을 것까지 요구되는 것은 아니다(대판 2004.6.11. 2004도2018).[17]

(2) 성립하는 사례 같은 시간 같은 장소에서 피해자 2명을 강제로 추행하여 상해를 입게 함에 있어 그중 한 피해자의 반항을 억압하는 과정에서 위험한 물건인 깨어진 병조각을 휴대하고 있었다면, 비록 다른 피해자의 반항을 억압하는 과정에서는 이를 휴대하지 아니하고 있었다 하더라도 그 범행 역시 흉기휴대강간의 범죄를 구성한다(대판 1992.3.31. 92도265).

(3) 주거침입죄와의 관계 성폭력범죄의 처벌 및 피해자보호 등에 관한 법률 제9조 제1항은 같은 법 제5조 제1항의 죄와 제6조의 죄에 대한 결과적 가중범을 동일한 구성요건에 규정하고 있으므로, 피해자의 방안에 침입하여 식칼로 위협하여 반항을 억압한 다음 피해자를 강간하여 상해를 입히게 한 피고인의 행위는 그 전체가 포괄하여 같은 법 제9조 제1항의 죄를 구성할 뿐이지, 그중 주거침입의 행위가 나머지 행위와 별도로 주거침입죄를 구성한다고는 볼 수 없다(대판 1999.4.23. 99도354).

라. 특수강도강간(강제추행)죄

(1) 준(특수)강도가 주체가 될 수 있는지 여부 성폭법 제5조 제2항이 형법의 특정조문을 명시하는 규정형식을 취하고 있다는 점, 형법 제298조의 특수강도강제추행죄는 특수강도죄와 강제추행죄의 결합범으로서 특수강도의 신분을 가지게 된 자가 강제추행이라는 새로운 고의 아래 강제추행에 나아갈 때 성립하는 범죄라는 점 등에 비추어 보면, 특수강도강제추행죄의 주체는 형법의 제

---

17 강간하기 위하여 피해자의 주거 부엌에 있던 칼과 운동화 끈을 들고 피해자가 자고 있던 방안으로 들어가 운동화 끈으로 피해자의 손목을 묶어 반항을 억압한 다음 간음을 하였고, 부엌칼은 굳이 사용할 필요가 없어 사용하지 않았다. 대판 2002.6.14. 2002도1341.

334조 소정의 특수강도범 및 특수강도미수범의 신분을 가진 자에 한정되는 것으로 보아야 하고, 준강도범 내지 준강도미수범은 특수강도강간죄의 행위주체가 될 수 없다(대판 2006.8.25. 2006도2621).

(2) 강간범이 특수강도를 한 경우

A. 강간 종료 후 특수강도를 한 경우 강간범이 강간의 범행 후에 특수강도의 범의를 일으켜 그 부녀의 재물을 강취한 경우에는 이를 특수강도강간죄로 의율할 수 없다.[18]

B. 실행행위의 계속 중에 강도행위를 한 경우 특수강간범이 강간행위 종료 전에 특수강도의 행위를 한 이후에 그 자리에서 강간행위를 계속하는 때에도 특수강도가 부녀를 강간한 때에 해당하여 특수강도강간죄로 의율할 수 있다(대판 2010.12.9. 2010도9630).[19]

II. 유사강간죄

유사강간죄(제297조의2)는 폭행 또는 협박으로 사람에 대하여 구강, 항문 등 신체(성기는 제외한다)의 내부에 성기를 넣거나 성기, 항문에 손가락 등 신체(성기는 제외한다)의 일부 또는 도구를 넣는 행위를 한 사람은 2년 이상의 유기징역에 처한다.

III. 강제추행죄

> **제298조(강제추행)** 폭행 또는 협박으로 사람에 대하여 추행한 자는 10년 이하의 징역 또는 1,500만원 이하의 벌금에 처한다.

1. 주체와 객체 강제추행죄의 주체와 객체에는 제한이 없다. 부부간에도 강제추행이 되는지에 대해 논란이 있지만, 강간죄와 마찬가지로 다수설은 부정한다.

2. 폭행, 협박의 정도문제

가. 학설

(1) 항거불능설 강간죄의 폭행·협박과 마찬가지로 상대방의 반항을 불가능하게 하거나 현저히 곤란하게 할 정도여야 한다는 입장이다.[20]

(2) 완화설[21] 강제추행죄에는 벌금형이 규정되어 있는 점에 비추어 강간죄의 폭행·협박과 폭

18 대판 2002.2.8. 2001도6425; 2010.12.9. 2010도9630.

19 야간에 甲의 주거에 침입, 드라이버를 들이대며 협박하여 甲의 반항을 억압한 상태에서 강간행위의 실행 도중 범행현장에 있던 乙 소유의 핸드백을 가져간 행위는 포괄하여 특수강도강간죄에 해당한다.

20 권오걸, 175면; 김/서, 138면; 배종대, 259면; 오영근, 179면; 이재상, 167면; 정/박, 196면.

21 김성돈, 163면; 박상기, 157면; 임웅, 194면.

행죄·협박죄의 그것의 중간정도, 즉 일반인으로 하여금 항거에 곤란을 느끼게 할 정도로 족하다는 견해, 상대방의 의사에 반하는 유형력의 행사인 한 그 힘의 대소강약을 불문한다는 견해가 있다.

나. 대법원 판결

(1) 원칙 강제추행죄의 폭행 또는 협박은 항거를 곤란하게 할 정도일 것을 요한다.[22]

(2) 폭행 자체가 추행행위인 경우 강제추행죄는 폭행 또는 협박을 가하여 항거를 곤란하게 한 뒤에 추행행위를 하는 경우뿐만 아니라 폭행행위 자체가 추행행위라고 인정되는 경우도 포함하며, 이 경우에 있어서의 폭행은 반드시 상대방의 의사를 억압할 정도의 것임을 요하지 않고 상대방의 의사에 반하는 유형력의 행사가 있는 이상 그 힘의 대소강약을 불문한다.[23]

(3) 검토 강제추행죄에 벌금형이 규정되어 있는 것은 추행의 개념이 강간과는 달리 넓게 해석될 여지가 있고 행위불법이 다르기 때문이다. 형법은 강제추행, 위력에 의한 추행, 단순추행을 구별하여 처벌하고 법정형에도 차이를 두고 있기 때문에, 강제추행의 폭행강도는 상당히 높은 정도여야 하고, 그렇지 않으면 위력에 의한 추행, 단순추행 등과의 구별이 어려워진다.

3. 추행

가. 추행의 의미 '추행'이란 일반인에게 성적 수치심이나 혐오감을 일으키고 선량한 성적 도덕관념에 반하는 행위인 것만으로는 부족하고 피해자의 성적 자기결정의 자유를 침해하는 것이어야 한다. 따라서 건전한 성풍속이라는 일반적인 사회적 법익을 보호하려는 목적을 가진 형법 제245조의 공연음란죄에서 정하는 '음란한 행위'(또는 경범죄처벌법이 정하는 이른바 과다노출행위)가 특정한 사람을 상대로 행하여졌다고 해서 반드시 그 사람에 대하여 '추행'이 된다고 말할 수 없고, 무엇보다도 문제의 행위가 피해자의 성적 자유를 침해하는 것으로 평가될 수 있어야 한다(대판 2012.7.26. 2011도8805).[24]

나. 주관적 경향의 필요 여부

(1) 학설

A. 객관설[25] 추행은 객관적으로 일반인에게 성적 수치와 혐오의 감정을 일으키게 하는 일체의 행위를 말하며, 주관적 동기나 목적은 문제되지 않는다는 입장이다.

---

22 대판 2007.1.25. 2006도5979; 2008.3.13. 2007도10050.

23 대판 2002.4.26. 2001도2417; 1994.8.23. 94도630.

24 대판 2004.4.16. 2004도52; 2010.2.26. 2009도13716.

25 권오걸, 188면; 김성돈, 164면; 배종대, 253면; 오영근, 180면; 이재상, 168면; 정/박, 197면; 정영일, 139면; 홍기태, 강제추행죄에 있어서의 폭행, 협박의 정도, 대법원판례해설 제41호, 584면.

B. 주관설(경향범으로 보는 견해) 추행은 객관적으로 일반인의 성적 수치심을 해하여 선량한 성적 도덕관념에 반하는 행위여야 하는 동시에, 주관적으로는 행위자에게 성욕을 자극·흥분·만족할 목적이 있어야 하는 경향범의 일종으로 본다.[26]

(2) 판례

A. 대법원 판결(객관설) 고의만으로 충분하고 그 외에 성욕을 자극·흥분·만족시키려는 동기나 목적까지 있어야 하는 것은 아니다(대판 2006.1.13. 2005도6791).[27]

B. 헌법재판소 결정(주관설) 강제추행은 성욕을 만족시키거나 성욕을 자극하기 위하여 상대방의 성적 수치심이나 혐오감을 불러일으키는 행위로서 성기삽입 외의 일체의 행위를 말한다(헌재결 2009.6.25. 2007헌바25).

(3) 검토 객관설은 치료목적으로 여성의 유방을 만지는 행위나 수사목적의 강제적인 신체수색도 추행에 해당하고, 다만 그 위법성이 조각되는 것으로 보게 된다는 점에서, 성적 자극이나 만족을 추구하는 경향이 필요하다는 주관설이 타당하다. 객관설과 판례는 가령 복수목적의 유방만지기도 추행에 해당한다는 점에 초점을 맞추지만, 이 경우에 복수가 주된 목적이라고 하더라도 성적 경향이 없었다고 볼 수 없을 것이다.

다. 신체부위에 따라 추행 여부가 다른지 여부

(1) 학설 신체부위에 따라 추행 여부가 달라질 수 있는지와 관련하여, ① 긍정설[28]과 ② 부정설[29]이 대립한다.

(2) 판례 여성에 대한 추행에 있어 신체 부위에 따라 본질적인 차이가 있다고 볼 수는 없다(대판 2004.4.16. 2004도52).[30]

(3) 검토 신체부위에 따라 바로 추행 여부가 결정되는 것은 아니지만, 그 부위에 따라서는 추행인지의 여부에 대한 평가에 상당한 영향을 미칠 수 있다.

라. 물리적 접촉의 필요 여부 엘리베이터라는 폐쇄된 공간에서 피해자들을 칼로 위협하여 꼼짝하

---

26 김/서, 139면; 임웅, 197면,

27 한때 내연관계에 있던 피해자가 피고인의 머리채를 잡아 폭행을 가하자 이에 대한 보복의 의미에서 피고인이 여성인 피해자의 입술, 귀, 유두, 가슴을 입으로 깨무는 등의 행위를 한 경우, 보복목적이었더라도 추행이 된다는 취지이다. 대판 2013.9.26. 2013도5856.

28 권오걸, 176면; 김/서, 163면; 배종대, 253면; 이재상, 165면.

29 김성돈, 165면; 오영근, 181면.

30 부하직원인 피해자(여, 22세)에게 자신의 어깨를 주무르게 한 후 이를 거절하면 큰소리로 화를 내 거절할 수 없도록 하였고, 피고인이 회사 회장과 대표이사의 조카인 관계로 회사 관계자들이 제지하지 않아 계속하여 피고인의 어깨를 주무르게 하여 오던 중, 사무실에서 자신의 어깨를 주무르라는 요구를 피해자가 거절하자 피해자의 등 뒤로 가 '이렇게 하는 거야'라고 말하면서 양손으로 피해자의 어깨를 주물러 업무상 위력에 의하여 피해자를 추행한 것이다.

지 못하도록 자신의 실력적인 지배하에 둔 다음 피해자들에게 성적 수치심과 혐오감을 일으키는 자신의 자위행위 모습을 보여 주고 피해자들로 하여금 이를 외면하거나 피할 수 없게 한 행위는 강제추행죄의 추행에 해당한다(대판 2010.2.26. 2009도13716).[31]

마. 추행의 판단기준 ① 추행에 해당하는지 여부는 피해자의 의사, 성별, 연령, 행위자와 피해자의 관계, 그 행위에 이르게 된 경위, 구체적 행위태양, 주위의 객관적 상황과 그 시대의 성적 도덕관념 등을 종합적으로 고려하여 신중히 결정하여야 한다(대판 2004.4.16. 2004도52).[32] ② 개인의 성적 자유를 보호법익으로 하는 것이므로 결국 이에 해당하는지 여부는 개인의 성적 자유가 현저히 침해되고, 또한 일반인의 입장에서 보아도 추행행위라고 평가될 경우에 한정하여야 할 것이다(대판 1998.1.23. 97도2506).

바. 추행에 해당하는 사례 ① 팔로 힘껏 껴안고 강제로 두 차례 입을 맞춘 경우(대판 1983.6.28. 83도399), ② 골프장 회장과 골프를 친 후 클럽식당에서 식사를 하며 여종업원들에게 함께 술을 마시자 요구하다 거절당하였음에도 클럽회장과의 친분관계로 피해자들에게 어떤 신분상의 불이익을 가할 것처럼 협박하여 이른바 러브샷의 방법으로 술을 마시게 한 경우(대판 2008.3.13. 2007도10050),[33] ③ 피해자와 춤을 추면서 순간적으로 피해자의 유방을 만진 경우(대판 2002.4.26. 2001도2417)는 강제추행에 해당된다.

사. 추행에 해당하지 않는 사례: 공개장소의 성기노출 피고인은 자신의 성기를 꺼내어 일정한 거리를 두고 피해자에게 보였을 뿐 피해자에게 어떠한 신체적 접촉도 아니한 점, 행위장소는 피해자가 차량을 주차하여 둔 사무실 근처의 도로로서 사람 및 차량의 왕래가 빈번한 공개된 곳이었고, 피해자는 곧바로 피고인으로부터 시선을 돌림으로써 그의 행위를 쉽사리 외면할 수 있었으며 필요하다면 주위의 도움을 청하는 것도 충분히 가능하였던 점, 피고인은 피해자를 행위장소로 이끈 것이 아니라 피해자의 차량으로 가는 피해자를 따라가면서 위와 같은 행위에 이른 점 등을 고려하여 보면, 단순히 피고인이 바지를 벗어 자신의 성기를 피해자에게 보여준 것만으로는 그것이 비록 객관적으로 일반인에게 성적 수치심이나 혐오감을 일으키게 하는 행위라고 할 수 있을지 몰라도 폭행 또는 협박으로 추행하였다고 볼 수 없다(대판 2012.7.26. 2011도8805).[34]

---

31 엘리베이터에서 9세 여아가 보는데도 자위행위를 한 사안이다. 대판 2013.1.16. 2011도7164.

32 대판 2004.4.26. 2001도2417; 2008.3.13. 2007도100050; 2010.2.26. 2009도13716.

33 피해자들의 유효한 승낙이 있었다고 볼 수 없다.

34 피고인은 1층에서 식당을 하는 甲으로부터 2층에서 영업하는 피해자(48세, 여)와 분쟁이 있다는 얘기를 듣고, 마침 피해자가 내려와 말을 걸었지만 피해자가 무시하고 식당 앞 도로에 주차해 둔 자신의 차량으로 걸어가자, 피해자의 뒤를 쫓아가며 욕을 하고 바지를 벗어 성기를 보였는데, 그곳은 온천 뒷길로 식당과 편의점 등이 있어서 저녁 8시 무렵에도 사람과 차량의 왕래가 빈번한 도로였다.

IV. 준강간죄, 준강제추행죄

> **제299조 (준강간, 준강제추행)** 사람의 심신상실 또는 항거불능의 상태를 이용하여 간음 또는 추행을 한 자는 전2조의 예에 의한다.

1. 구성요건

가. 심신상실

(1) 학설 제10조의 심신상실은 사물변별능력이나 의사결정능력이 없는 상태를 말하는데, 본죄의 심신상실에는 심신미약까지 포함시킬 것인가에 대하여, 부정설(다수설)[35]과 긍정설[36]이 대립한다.

(2) 판례 피해자는 잠결에 자신의 바지를 벗기려는 피고인을 자신의 애인으로 착각하여 반항하지 않고 응함에 따라 피해자를 1회 간음하였다면, 피해자가 잠결에 피고인을 자신의 애인으로 잘못 알았다고 하더라도 피해자의 위와 같은 의식상태를 심신상실의 상태에 이르렀다고 보기 어렵다(대판 2000.2.25. 98도4355).[37]

(3) 검토 심신상실에 심신미약을 포함시키는 것은 허용되지 않는 유추적용이다. 심신미약자는 제302조의 객체로 보아야 하기 때문에 부정설이 타당하다. 긍정설은 판례사안과 같은 잠자는 사람을 염두에 두고 있지만, 잠자는 사람은 '항거불능상태'에 있는 자로 보아야 한다.

나. 항거불능의 상태

(1) 항거불능상태의 의미 제299조에서의 항거불능의 상태라 함은 제297조, 제298조와의 균형상 심신상실 이외의 원인 때문에 심리적 또는 물리적으로 반항이 절대적으로 불가능하거나 현저히 곤란한 경우를 의미한다(대판 2000.5.26. 98도3257; 2009.4.23. 2009도2001).

(2) 항거불능인 사례

A. 수면상태 잠을 자고 있는 피해자의 옷을 벗긴 후 자신의 바지를 내린 상태에서 피해자의 음부 등을 만지고 자신의 성기를 피해자의 음부에 삽입하려고 하였으나, 피해자가 몸을 뒤척이고 비트는 등 잠에서 깨어 거부하는 듯한 기색을 보이자 더 이상 간음행위에 나아가는 것을 포기한 경우, 준강간죄의 실행에 착수하였다(대판 2000.1.14. 99도5187).

B. 교회 노회장의 추행 피고인에 대한 종교적 믿음이 무너지는 정신적 충격을 받으면서 피고

---

35 권오걸, 184면; 김성돈, 166면; 김/서, 140면; 배종대, 262면; 오영근, 183면; 임웅, 199면.

36 이재상, 170면.

37 피해자는 안방에서 잠을 자고 있던 중 피고인이 안방에 들어오자 피고인을 자신의 애인으로 잘못 알고 불을 끄라고 말하였고, 피고인이 자신을 애무할 때 누구냐고 물었으며, 피고인이 여관으로 가자고 제의하자 그냥 빨리 하라고 말한 사안이다.

인의 행위가 종교적으로 필요한 행위로서 이를 용인해야 하는지에 관해 판단과 결정을 하지 못한 채 곤혹과 당황, 경악 등 정신적 혼란을 겪어 피고인의 행위를 거부하지 못하는 한편, 피고인의 행위를 그대로 용인하는 다른 신도들이 주위에 있는 상태에서 그 정신적 혼란이 더욱 가중되어 피고인의 행위가 성적 행위임을 알면서도 반항이 현저하게 곤란한 상태에 있었다(대판 2009.4.23. 2009도2001).

(3) 항거불능의 상태가 아닌 사례 피해자들이 본인이나 가족의 병을 낫게 하려는 마음에서 목사인 피고인의 요구에 응하였고, 당시 피고인과 대화를 주고받기도 한 사실, 이 사건 범행의 경위 및 횟수, 당시 피고인과 피해자들이 주고받은 대화의 내용 등에 비추어 피해자들은 당시 피고인의 성적 행위를 인식하고 이에 따른 것이 항거가 현저히 곤란한 상태였다고 보기 어렵다(대판 2000.5.26. 98도3257).[38]

2. 실행의 착수시기 잠자는 피해자의 옷을 벗기고 자신의 바지를 내린 상태에서 피해자의 음부 등을 만지는 행위를 한 시점에서 피해자의 항거불능의 상태를 이용하여 간음을 할 의도를 가지고 간음의 수단이라고 할 수 있는 행동을 시작한 것으로서 준강간죄의 실행에 착수하였다고 보아야 할 것이고, 그 후 피해자가 잠에서 깨어나 범인이 성기를 삽입하려고 할 때에는 객관적으로 항거불능의 상태에 있지 않았다고 하더라도 준강간미수죄의 성립에 지장이 없다(대판 2000.1.14. 99도5187).

V. 강간상해죄·치상죄

> **제301조 (강간등상해·치상)** 제297조, 제297조의2 및 제298조부터 제300조의 죄를 범한 자가 사람을 상해하거나 상해에 이르게 한 때에는 무기 또는 5년 이상의 징역에 처한다.

1. 의의와 성격 강간등상해죄·치상죄는 강간이나 강제추행, 준강간이나 준강간 등의 범죄를 범한 자가 사람을 상해하거나 상해에 이르게 하는 범죄이다. 강간등상해죄는 강간 등의 죄와 상해죄의 결합범이고, 강간등치상죄는 진정결과적가중범이다.

2. 상해

가. 상해의 의미 판례는 강간치상죄에서의 상해를 상해죄에서의 상해와 동일하게 본다.[39]

나. 상해의 발생경위 강간치상죄에 있어 상해의 결과는 강간의 수단으로 사용한 폭행으로부터 발생한 경우뿐 아니라, 간음행위 그 자체로부터 발생한 경우나 강간에 수반하는 행위에서 발생한 경우도 포함한다(대판 1999.4.9. 99도519).[40]

---

38 피해자들은 정상적인 판단능력을 가진 성인 여자들이고, 통상적으로는 피고인의 안수기도 시 대상자가 정신이 혼미해져 의지대로 행동할 수 없게 되는 것은 아닌 사실까지 인정하였다.

39 대판 2004.3.11. 2004도483; 1994.11.4. 94도1311; 2003.7.11. 2003도2313.

40 대판 2003.5.30. 2003도1256; 2009.7.23. 2009도1934.

다. '상대적 상해' 개념의 인정 여부

(1) 학설 강간 및 강제추행죄와 비교하여 본죄의 법정형은 대단히 높기 때문에, 강간등상해·치상죄의 상해를 상해죄의 그것보다 엄격하게 해석할 필요가 있는가에 대하여, 긍정설[41]과 부정설[42]이 대립하고 있다.

(2) 판례 대법원은 강간치상죄에서의 상해를 상해죄에서의 상해와 동일하게 판단하고 있다.

(3) 검토 강간과 강제추행죄가 친고죄였을 때에는 상해의 인정 여부가 소송에 중대한 영향을 미쳤지만, 이제는 친고죄가 폐기되어 그 의미가 다소 약해졌다. 하지만 강제추행죄가 10년 이하의 징역임에 비하여 강제추행치상죄는 무기 또는 5년 이상으로 되어 있는 점을 감안하면, 강간등치사상죄의 상해를 다소 엄격하게 제한할 필요가 있다.

라. 상해에 해당하는 사례

(1) 음부, 유방 및 요도 상해 ① 왼쪽 젖가슴을 꽉 움켜잡힘으로 인하여 왼쪽 젖가슴에 약 10일간의 치료를 요하는 좌상을 입고 심한 압통과 약간의 종창이 있어 그 치료를 위하여 병원에서 주사를 맞고 3일간 투약을 한 경우,[43] ② 미성년자에 대한 추행행위로 인하여 피해자의 외음부 부위에 염증이 발생한 경우,[44] ③ 비록 피해자가 성경험을 가진 여자로서 특이체질로 인해 새로 형성된 처녀막이 파열된 경우,[45] ④ 7세 1월 남짓밖에 안 되는 피해자의 질 내에 손가락을 넣어 만지는 등 추행을 하여 피해자의 음순 좌우 양측에 생긴 남적색 피하일혈반이 타박이나 마찰로 말미암아 음순 내부에 피멍이 든 경우,[46] ⑤ 강간으로 요치 10일의 회음부찰과상을 입힌 경우,[47] ⑥ 초등학교 6학년생을 강간하여 음부가 찢어져 피가 나고 약 1주일 동안 통증을 느끼게 한 경우[48]는 상해에 해당한다.

(2) 둔부찰과상 피해자를 협박하여 억지로 성교하려 하고 그로 인하여 피해자에게 요치 1주일간의 좌둔부찰과상을 입게 한 행위는 강간치상죄에 해당한다(대판 1984.7.24. 84도1209).

(3) 병적인 기능장애 강간행위로 인하여 피해자가 불안, 불면, 악몽, 자책감, 우울감정, 대인관계 회피, 일상생활에 대한 무관심, 흥미상실 등의 증상을 보였고, 이와 같은 증세는 의학적으로는

---

41 김성돈, 169면; 오영근, 55면; 이재상, 174면.

42 권오걸, 201면; 김/서, 145면; 이윤승, 강간치상죄에 있어서의 상해의 정도, 대법원판례해설 제16호, 719면; 임웅, 202면; 정영일, 151면.

43 대판 2000.2.11. 99도4794.

44 대판 1996.11.22. 96도1395; 1990.4.13. 90도154. 그 증상이 약간의 발적과 경도의 염증이 수반된 정도에 불과

45 대판 1995.7.25. 94도1351.

46 대판 1990.4.13. 90도154. 상처를 치료하는데 필요한 기간이 2일에 불과

47 대판 1983.7.12. 83도1258. 상해의 정도가 0.1cm 정도의 찰과상에 불과

48 대판 1989.12.22. 89도1079.

통상적인 상황에서는 겪을 수 없는 극심한 위협적 사건에서 심리적인 충격을 경험한 후 일으키는 특수한 정신과적 증상인 외상 후 스트레스 장애에 해당하고, 피해자는 그와 같은 증세로 인하여 2일간 치료약을 복용하였고 6개월간의 치료를 요하는 경우, 피해자가 겪은 위와 같은 증상은 강간을 당한 모든 피해자가 필연적으로 겪는 증상이라고 할 수도 없으므로 결국 피해자는 강간행위로 말미암아 상해를 입은 것이다.[49]

(4) 범행수단인 폭행으로 인한 상해 피해자는 범행 3일 후 상해진단서를 발급받으면서 목부위와 우측 팔꿈치의 동통을 호소하여 그 부분의 엑스선 촬영을 한 다음 약 2주일간의 치료를 요한다는 내용의 상해진단을 받고 병원에서 약물가료를 받았다는 것이며, 피해자는 피고인이 범행 당시 양쪽 손으로 피해자의 팔을 붙잡아 내리누르고 비틀었으며 엄지와 검지손가락으로 약 10초간 피해자의 목을 내리눌러 위와 같은 상처를 입힌 경우, 피해자의 신체의 건강상태가 불량하게 변경되고 생활기능에 장애가 초래된 것이 아니라고 볼 수 없다(대판 1997.9.5. 97도1725).

마. 상해에 해당하지 않는 사례

(1) 흡입상 강간 도중 흥분하여 피해자의 왼쪽 어깨를 입으로 빨아서 생긴 동전크기 정도의 반상출혈상은 별다른 통증이나 자각증상도 없어 피해자는 그 상처를 알아차릴 수도 없었는데 의사가 진찰을 하던 과정에서 우연히 발견한 것이고, 의학상 치료를 받지 아니하더라도 자연흡수되어 보통 1주 정도가 지나면 자연치유되는 것으로서 인체의 생활기능에 장해를 주고 건강상태를 불량하게 변경하는 것이 아니어서 상해에 해당한다 할 수 없다(대판 1986.7.8. 85도2042).[50]

(2) 음부 '통증' 및 외음부 '충혈' ① 강간행위시에 일시적으로 음부에 심한 통증을 느끼게 한 경우,[51] ② 이미 성행위의 경험이 있는 피해자를 강간하다가 3, 4일간의 가료를 요하는 외음부 충혈과 양 상박부 근육통을 입힌 경우[52]는 신체의 완전성이 손상되고 생활기능에 장애가 왔다거나 건강상태가 불량하게 변경되었다고 보기는 어렵다.

(3) 경미한 상처 ① 허벅지 안쪽과 다리 부위에 멍이 든 경우,[53] ② 피해자를 강간하려다가 미수에 그치고 그 과정에서 피해자에게 경부 및 전흉부 피하출혈, 통증으로 약 7일간의 가료를 요하는 상처가 발생한 경우,[54] ③ 피해자를 강간하려다가 미수에 그치고 그 과정에서 피해자의 왼쪽 손바닥에 약 2cm 정도의 긁힌 가벼운 상처가 발생한 경우[55]는 일상생활에서 얼마든지 생길 수 있는

---

49 대판 1999.1.26. 98도3732; 2006.10.13. 2006도3639; 1969.3.11. 69도161.

50 대판 1991.11.8. 91도2188; 1986.7.8. 85도2042.

51 대판 1980.10.27. 80도1225.

52 대판 1989.1.31. 88도831.

53 대판 2004.3.11. 2004도483.

54 대판 1994.11.4. 94도1311.

55 대판 1987.10.26. 87도1880.

극히 경미한 상처로서 굳이 치료할 필요도 없는 것이어서 그로 인하여 인체의 완전성을 해하거나 건강상태를 불량하게 변경하였다고 보기 어려우므로 강간치상죄의 상해에 해당된다고 할 수 없다.

3. 인과관계와 예견가능성

가. 인과관계

(1) 강간을 피하려다 다친 경우와 인과관계 폭행이나 협박을 가하여 간음을 하려는 행위와 이에 극도의 흥분을 느끼고 공포심에 사로잡혀 이를 피하려다 사상에 이르게 된 사실과는 상당인과관계가 있다(대판 1985.5.12. 95도425).[56]

(2) 자살과 인과관계 강간을 당한 피해자가 집에 돌아가 음독자살하기에 이른 원인이 강간을 당함으로 인하여 생긴 수치심과 장래에 대한 절망감 등에 있었다 하더라도, 그 자살행위가 바로 강간행위로 인하여 생긴 당연의 결과라고 볼 수는 없으므로 강간행위와 피해자의 자살행위 사이에 인과관계를 인정할 수는 없다(대판 1982.11.23. 82도1446).

〈민사판결〉 피고는 오토바이에 甲을 태우고 교통사고를 일으켜 甲으로 하여금 오른쪽 하퇴부에 광범위한 압궤상 및 연부조직 손상 등의 상해를 입게 한 사실, 甲은 사고 당시 감수성이 예민한 고등학교 1학년 여학생으로서 사고 후 12개월 동안 병원에서 치료를 받았으나 다리 부위에 보기 흉한 흉터가 남았고 목발을 짚고 걸어 다녀야 했는데 이로 인하여 사람들과의 접촉을 피하고 심한 우울증에 시달리다가 자신의 상태를 비관하여 농약을 마시고 자살한 경우, 교통사고와 甲의 사망 사이에 상당인과관계가 있다(대판 1999.7.13. 99다19957).

나. 예견가능성

(1) 예견가능성이 있는 사례 자신이 경영하는 속셈학원의 강사로 3일 전 채용된 피해자(여, 20세)를 호텔 객실로 끌고 들어간 후 피해자가 자신은 처녀이기 때문에 요구에 응할 수 없다고 하였음에도 이를 묵살하고 2시간 정도에 걸쳐 계속적으로 피해자를 강간하려고 하여 피해자가 피고인의 얼굴을 할퀴고 비명을 지르며 완강히 반항하던 중 객실의 예약된 대실시간이 끝나가자 시간을 연장하기 위하여 피고인이 호텔 프런트에 전화를 하는 사이에 피해자가 더 이상 객실 안에 있다가는 자신의 순결을 지키기 어렵겠다는 생각이 들어 객실을 빠져나가려 하였으나 출입문 쪽에서 피고인이 전화를 하고 있어 출입문 쪽으로 나가려다가는 피고인에게 잡힐 것 같은 생각이 들자 다급한 나머지 객실 창문을 열고 뛰어내리다가 28m 아래 지상으로 추락하여 두개골골절상 등을 입고 사망한 사실 등에 비추어 보면, 위와 같은 상황하에서라면 일반 경험칙상 피해자가 강간을 모면하

---

56 피해자가 강간을 모면하려고 다급해진 나머지 옥상에서 뛰어내림으로써 상해를 입게 한 사안이다. 대판 1991.10.25. 91도2085.

기 위하여 창문을 통하여서라도 탈출하려다가 지상에 추락하여 사망에 이르게 될 수도 있음을 충분히 예견할 수 있었다(대판 1995.5.12. 95도425).

(2) 예견가능성이 없는 사례 피해자(유부녀)가 피고인과 만나 함께 놀다가 큰 저항 없이 여관방에 함께 들어갔으며, 피고인이 강간을 시도하면서 한 폭행 또는 협박의 정도가 강간의 수단으로는 비교적 경미하였고, 피해자가 여관방 창문을 통하여 아래로 뛰어내릴 당시에는 피고인이 소변을 보기 위하여 화장실에 가 있는 때이어서 피해자가 일단 급박한 위해상태에서 벗어나 있었을 뿐 아니라, 무엇보다도 4층에 위치한 방에서 밖으로 뛰어내리는 경우에는 크게 다치거나 심지어는 생명을 잃는 수도 있는 것인 점을 아울러 본다면, 이러한 상황 아래에서 피해자가 강간을 모면하기 위하여 4층에서 창문을 넘어 뛰어내리거나 또는 이로 인하여 상해를 입게까지 되리라고는 예견할 수 없다고 봄이 경험칙에 부합한다(대판 1993.4.27. 92도3229).[57]

4. 기타 문제

가. 공동정범 공범자 중 수인이 강간의 기회에 상해의 결과를 야기하였다면 다른 공범자가 그 결과의 인식이 없었더라도 강간치상죄의 책임이 있다(대판 1984.2.14. 83도3120).

나. 긴급피난 피고인이 스스로 야기한 강간범행의 와중에서 피해자가 피고인의 손가락을 깨물며 반항하자 물린 손가락을 비틀며 잡아 뽑다가 피해자에게 치아결손의 상해를 입힌 소위를 가리켜 법에 의하여 용인되는 피난행위라 할 수 없다(대판 1995.1.12. 94도2781).

다. 강간이 미수인 경우 강간이 미수에 그친 경우라도 피해자가 상해를 입었으면 강간치상죄가 성립하는 것이며, 미수에 그친 것이 자의로 실행에 착수한 행위를 중지한 경우이든 실행에 착수하여 행위를 종료하지 못한 경우이든 가리지 않는다(대판 1988.11.8. 88도1628).

라. 죄수 물건을 훔치러 안방에 들어갔다가 인기척에 깬 피해자가 소리를 지르자 체포를 면탈하기 위하여 손으로 피해자의 입을 막고 피해자의 배 위에 올라타 주먹으로 얼굴을 수회 때려 상해를 가하고, 나아가 순간적으로 욕정을 느껴 피해자의 상의를 찢은 뒤 가슴을 만지고 음부를 만졌다면, 강도상해죄와 강제추행죄의 실체적 경합에 해당한다(대판 2006.8.25. 2006도2621).

---

57 피고인은 거절하는 피해자의 손을 끌고 여관에 들어가 곧바로 피해자를 쇼파에 눕히고 강간을 시도하던 중 피해자의 핸드백을 빼앗아 자신의 목에 걸고 화장실문을 열어 놓고 소변을 보면서 피해자에게 나가면 죽인다고 하였는데, 피해자는 위급한 상황을 모면하기 위하여 방을 빠져 나가려 하였는데, 화장실이 방의 출입문 쪽으로 있어 출입문으로 나가려다가는 피고인에게 잡힐 것 같다는 생각이 들자 다급한 나머지 여관방의 창문을 통하여 아래로 뛰어내려 상해를 입은 사안이다. 대판 1985.10.8. 85도1537.

VI. 위계·위력에 의한 미성년자간음죄

> **제302조 (미성년자등에 대한 간음)** 미성년자 또는 심신미약자에 대하여 위계 또는 위력으로써 간음 또는 추행한 자는 5년 이하의 징역에 처한다.

1. 의의 미성년자와 심신미약자는 판단능력이 온전하지 않기 때문에, 폭행·협박이 아닌 위계·위력으로 동의를 얻어 간음하더라도 이는 유효한 동의라고 할 수 없다. 다만, 폭행·협박이 아닌 위계·위력을 사용하였기 때문에 법정형은 상대적으로 가볍게 규정되어 있다.

2. 위계

가. 위계의 의미

위계는 간음의 목적으로 상대방에게 오인, 착각, 부지를 일으켜 상대방의 그러한 심적 상태를 이용하여 간음의 목적을 달성하는 것을 말하고, 여기에서 오인, 착각, 부지란 간음행위 자체에 대한 오인, 착각, 부지를 말하는 것이지, 간음행위와 불가분적 관련성이 인정되지 않는 다른 조건에 관한 오인, 착각, 부지를 가리키는 것은 아니다(대판 2001.12.24. 2001도5074).[58]

나. 위계에 해당하지 않는 사례

(1) 돈을 주겠다는 거짓말 성경험이 있는 피해자(16세, 상고 1학년)는 성관계를 가지면 50만 원을 주겠다는 제의를 받고 이를 승낙한 뒤 피고인과 성교행위를 하였다면, 피해자는 성교에 대한 사리판단력이 있는 사람으로서 성교의 대가를 받기로 하고 스스로 성교행위에 나아간 것이므로, 50만 원을 주겠다는 피고인의 거짓말에 속아 성교행위를 하였다고 하더라도, 사리판단력이 있는 피해자에 관하여는 그러한 금품의 제공과 성교행위 사이에 불가분의 관련성이 인정되지 아니하는 만큼 피해자가 간음행위 자체에 대한 착오에 빠졌다거나 이를 알지 못하였다고 할 수 없으므로, '위계'로 간음한 것에 해당하지 아니한다(대판 2001.12.24. 2001도5074).[59]

(2) 남자를 소개시켜 준다는 거짓말 정신지체자인 피해자를 여관으로 유인하기 위하여 남자를 소개시켜 주겠다고 거짓말을 하고 피해자가 이에 속아 여관으로 오게 되었고 거기에서 성관계를 하게 되었다 할지라도, 그녀가 여관으로 온 행위와 성교행위 사이에는 불가분의 관련성이 인정되지 아니하는 만큼 이로 인하여 피해자가 간음행위 자체에 대한 착오에 빠졌다거나 이를 알지 못하였다고 할 수는 없다 할 것이어서, 위계에 해당하지 아니한다(대판 2002.7.12. 2002도2029).

---

58 대판 1997.2.28. 96도2825; 2002.7.12. 2002도2029.

59 피고인이 청소년에게 금품의 제공을 약속하고 성교행위를 한 이상 그것이 '청소년의 성을 사는 행위'라는 특별법위반은 별도의 문제일 것이다

3. 위력

가. 위력의 의미 위력이라 함은 피해자의 자유의사를 제압하기에 충분한 세력을 말하고, 유형, 무형을 묻지 않으므로 폭행·협박뿐 아니라 사회적·경제적·정치적인 지위나 권세를 이용하는 것도 가능하며, 위력행위 자체가 추행행위라고 인정되는 경우도 포함되고, 이 경우의 위력은 현실적으로 피해자의 자유의사가 제압될 것임을 요하는 것은 아니다.[60] 그리고 폭행·협박을 사용하고 그것이 반항을 현저히 곤란하게 할 정도이면, 강간죄나 강제추행죄가 성립한다.

나. 위력에 해당하는 사례 ① 피해자는 만 15세의 키 164cm, 체중 48kg인 여자인 데 비해, 피고인은 만 27세의 신장 185cm, 체중 87kg인 남자인바, 피고인이 피해자의 반바지를 벗기려고 하자 피해자가 "안 하신다고 하셨잖아요, 하지 마세요"라고 하면서 계속해서 명시적인 거부 의사를 밝혔음에도, "괜찮다, 가만히 있어"라고 말하면서 피해자의 바지와 팬티를 벗기고 몸으로 피해자를 누르면서 간음하기에 이른 점, 피해자가 처음 만난 피고인의 요구에 순순히 응하여 성관계를 가진다는 것은 경험칙상 납득되지 않는 점, 술에 취한 데다가 나이, 키, 체중에서 현저한 차이가 나는 피고인과 단둘이 모텔방에 있게 된 피해자로서는 피고인에게 압도당하여 정상적인 반항을 하기가 어려웠으리라고 보이는 점 등에 비추어, 피해자와 성교를 위하여 피해자의 몸 위로 올라간 것 이외에 별다른 유형력을 행사하지 않았더라도, 피고인이 몸으로 짓누르고 있어서 저항할 수가 없었고 겁을 먹은 나머지 그 의사에 반하여 간음을 당하였다(대판 2008.7.24. 2008도4069). ② 유치원 원장이라는 신분을 이용하여 유치원 교사들이거나 채용 예정된 피해자들로서 업무차 집 앞에 온 피해자를 오른팔을 잡아당겨 안으려고 하고, 자기의 차량에 태우고 가다가 은밀한 장소에 이르러 강제로 키스를 하든가, 유치원 내에 다른 사람이 없는 틈을 이용하여 허리를 양손으로 잡아 올리고 발기된 성기를 피해자의 허벅지에 닿게 하고, 두 손으로 어깨를 감싸 안고 이에 놀라 비명을 지르는 피해자의 왼손을 잡아 쥐고 주무르고, 전화기 전달을 빙자하여 오른손으로 피해자의 젖가슴 밑부분을 닿게 하는 행위는, 모두 위력을 행사하여 한 것으로 20대 초, 중반에 이른 젊은 미혼의 유치원 교사들의 성적 자유를 현저히 침해한 것이다(대판 1998.1.23. 97도2506).

4. 죄수

미성년자 의제강간죄 또는 미성년자의제강제추행죄는 행위시마다 1개의 범죄가 성립한다(대판 1982.12.14. 82도2442).

---

60 대판 1998.1.23. 97도2506; 2008.7.24. 2008도4069.

VII. 업무상위력 등에 의한 간음죄

> **제303조 (업무상위력등에 의한 간음)** ① 업무, 고용 기타 관계로 인하여 자기의 보호 또는 감독을 받는 사람에 대하여 위계 또는 위력으로써 간음한 자는 5년 이하의 징역 또는 1,500만원 이하의 벌금에 처한다.
> ② 법률에 의하여 구금된 부녀를 감호하는 자가 그 부녀를 간음한 때에는 7년 이하의 징역에 처한다.

1. 업무상위력 등에 의한 간음죄

가. 행위객체 형법개정으로 행위객체는 부녀에서 '사람'으로 바뀌었다. 형법은 간음만을 처벌하고 있지만, 성폭력특별법은 추행한 경우를 신설하여 제1항의 객체를 추행한 경우에는 2년 이하의 징역 또는 500만 원 이하의 벌금에(제10조 제1항), 제2항의 객체를 추행한 경우에는 3년 이하의 징역 또는 1천500만 원 이하의 벌금에 처하고 있다(제10조 제2항).

나. 사실상의 감독, 보호

(1). 보호 또는 감독의 의미 '기타 관계로 자기의 보호 또는 감독을 받는 부녀'라 함은 사실상의 보호 또는 감독을 받는 상황에 있는 부녀인 경우도 이에 포함된다(대판 1976.2.10. 74도1519).

(2) 사실상의 보호, 감독관계에 있는 사례 피고인은 미장원 여주인의 남편으로서 매일같이 미장원에 수시로 출입하고, 비록 피고인이 직접 피해자를 미장원의 종업원으로 고용한 것은 아니라 하더라도 처가 경영하는 미장원에 매일같이 출입하면서 미장원 일을 돕고 있었다면, 피해자는 피고인을 주인으로 대접하고 또 그렇게 대접하는 것이 우리의 일반사회 실정이라 할 것이고, 피고인은 피해자를 사실상 보호 또는 감독을 하는 상황에 있다 할 것이다(대판 1976.2.10. 74도1519).

2. 피구금부녀간음죄 법률에 의하여 구금된 부녀를 감호하는 자가 그 부녀를 간음하는 죄이다. 구금된 부녀의 동의를 받거나 그녀의 진지한 부탁으로 간음한 경우에도 처벌한다. 피구금부녀와 그 감호자의 특수관계를 감안하여 상호간에 성관계가 있으면 그 이유가 어떻든 처벌한다는 취지이다. 본죄의 객체는 법률에 의해 구금된 부녀이지만, 구금은 적법한 구금에 한하지 않는다. 그리고 본죄는 피구금부녀의 감호자만 범할 수 있는 진정신분범이다. 다수설은 본죄를 자수범으로 보지만,[61] 감호자가 다른 감호자를 생명있는 도구로 이용하여 본죄를 범할 수 있기 때문에 본죄는 자수범이 아니라고 할 것이다.[62]

---

61 김성돈, 175면; 박상기, 164면; 이정원, 226면; 임웅, 212면; 정/박, 208면; 진계호, 189면.

62 오영근, 195면.

VIII. 미성년자의제강간·강제추행죄

> **제305조 (미성년자에 대한 간음·추행)** 13세 미만의 사람에 대하여 간음 또는 추행을 한 자는 제297조, 제297조의2, 제298조, 제301조 또는 제301조의2의 예에 의한다.

1. 의의와 보호법익

가. 의의 본죄는 13세 미만의 사람을 간음 또는 추행하거나 이를 통해 상해, 살해하거나 상해나 사망에 이르게 하는 죄이다.

나. 보호법익 '13세 미만의 아동이 외부로부터의 성적 자극이나 물리력의 행사가 없는 상태에서 심리적 장애 없이 성적 정체성 및 가치관을 형성할 권익'을 보호법익으로 하는 것이다(대판 2006.1.13. 2005도6791).

2. 성립요건

가. 미성년자의 동의 위계·위력이나 폭행·협박의 방법에 의함을 요하지 아니하며, 피해자의 동의가 있어도 성립한다(대판 1982.10.12. 82도2183).[63]

나. 고의와 착오 행위자는 대상자가 13세 미만자임을 인식해야 하고, 13세 이상으로 알았다면 본죄가 성립하지 않는다. 13세 이상을 13세 미만자로 알았던 경우에는 본죄의 불능미수가 된다.

다. 죄수관계 미성년자의제강간죄 또는 미성년자의제강제추행죄는 행위시마다 1개의 범죄가 성립한다(대판 1982.12.14. 82도2442).

3. 미성년자의제강간미수의 성립 여부

가. 학설 본죄의 미수범처벌규정이 없지만, 강간과 강제추행죄의 예에 의하므로 본죄의 미수범도 벌한다고 한다(다수설).[64]

나. 판례 형법 제297조와 제298조의 '예에 의한다'는 의미는 미성년자의제강간·강제추행죄의 처벌에 있어 그 법정형뿐만 아니라 미수범에 관하여도 강간죄와 강제추행죄의 예에 따른다는 취

---

63 대판 1998.5.26. 98도1036; 헌재결 2002.10.31. 99헌바40, 2002헌바50.

64 강구진, 179면; 김성돈, 179면; 김/서, 143면; 임웅, 209면; 정/박, 201면.

지로 해석된다(대판 2007.3.15. 2006도9453).[65]

다. 검토

본죄의 미수범을 인정하는 것이 마땅하겠지만, 죄형법정주의가 지배하는 형법의 해석에서는 차라리 입법적 해결을 촉구하는 것이 옳을 것이다.[66]

65 학원 승합차를 운전하던 피고인이 학원수업을 마치고 귀가하기 위하여 승합차를 탄 11세의 피해자가 혼자 남은 틈을 이용하여 승합차 안에서 피해자를 간음하려다 미수에 그친 사안이다.

66 오영근, 199면.

제3장

명예와 신용에 대한 죄

제1절 • 명예에 관한 죄

제2절 • 신용·업무와 경매에 관한 죄

제1절 • 명예에 관한 죄

I. 명예훼손죄

> **제307조 (명예훼손)** ① 공연히 사실을 적시하여 사람의 명예를 훼손한 자는 2년 이하의 징역이나 금고 또는 500만원 이하의 벌금에 처한다.
> ② 공연히 허위의 사실을 적시하여 사람의 명예를 훼손한 자는 5년 이하의 징역, 10년 이하의 자격정지 또는 1천만원 이하의 벌금에 처한다.
> **제312조(피해자 의사)** ② 제307조와 제309조의 죄는 피해자의 명시한 의사에 반하여 공소를 제기할 수 없다.

1. 명예와 보호법익

가. 명예 개념 명예는 세 가지 의미로 사용된다. ① 사람에 대한 사회적 평가를 의미하는 외적 명예, ② 외부적 평가와는 무관한 특정인의 진정한 가치를 의미하는 내적 명예 및 ③ 자신에 대한 주관적 평가, 즉 자존심을 의미하는 명예감정이 그것이다.

나. 보호법익

(1) 학설 통설에 따르면, 명예훼손죄와 모욕죄의 보호법익은 모두 외적 명예이다.[1] 반면, 내적 명예를 기초로 삼고 그 위에 외적 명예를 결합한 규범적·사실적 명예 개념으로 파악하는 것이 타당하다는 견해도 있다.[2] 간명하게 외적 명예로 보는 통설이 타당하다.

(2) 판례 ① 명예훼손죄와 모욕죄의 보호법익은 다 같이 사람의 가치에 대한 사회적 평가인 이른바 외부적 명예인 점에서는 차이가 없다(대판 1987.5.12. 87도739). ② 명예훼손이란 단순히 주관적인 명예감정을 침해하는 것만으로는 부족하고 그 사회적 평가를 저하시키는 행위를 뜻한다(대판 1999.7.13. 98다43632).

다. 보호정도 보호정도와 관련하여 추상적 위험범설[3]과 구체적 위험범설[4]이 대립하지만 추상적 위험범설이 타당하다. 물론, 법문은 "명예를 훼손한 자"로 되어 있어서 침해범으로 해석되지만, '극히 예외적으로' 법문을 무시하고 추상적 위험범으로 볼 수밖에 없다. 명예가 실제로 침해되었는지를

---

1 권오걸, 207면; 김성돈, 182면; 배종대, 274면; 이재상, 184면; 임웅, 215면; 정영일, 173면.

2 김일수, 명예훼손죄를 어떻게 이해할 것인가?, 안암법학 창간호, 284면; 김/서, 154면; 이정원, 명예에 관한 죄에서의 명예 개념과 구성요건의 체계, 경남법학 제13집, 89면.

3 권오걸, 208면; 김성돈, 183면; 김/서, 154면; 오영근, 203면; 임웅, 216면; 정영일, 173면.

4 배종대, 284면.

매번 조사할 방법과 여력이 없기 때문이다. 조속히 법을 개정할 필요가 있다.

라. 성격: 즉시범 서적·신문 등 기존의 매체에 명예훼손적 내용의 글을 게시하는 경우에 그 게시행위로써 명예훼손의 범행은 종료하는 것이며 그 서적이나 신문을 회수하지 않는 동안 범행이 계속되는 것은 아니다(대판 2007.10.25. 2006도346).[5]

2. 공연성

가. 공연성의 의미 공연성은 '불특정 또는 다수인이 직접 인식할 수 있는 상태'를 의미한다(통설). 판례도 원칙적으로 이 입장에서 출발한다.[6]

나. 공연성이 있는 사례 ① 출판물 15부를 피고인들이 소속된 교회의 교인 15인에게 배부한 이상 공연성의 요건은 충족된 것이라고 보겠으며, 배부 받은 사람 중 일부가 출판물 작성에 가담한 사람들이라고 하여도 결론이 달라지지 않는다(대판 1984.2.28. 83도3124). ② 인쇄물을 우송한 200여 명이 회사의 주주들에 한정되어 있었고 피고인들과 이해관계를 같이하는 자들이라 하여도 거기에 공연성이 없다고 할 수 없다(대판 1984.2.28. 83도3292).

다. 전파가능성이론

(1) 판례

A. 개념 비록 개별적으로 한 사람에 대하여 사실을 유포하더라도 이로부터 불특정 또는 다수인에게 전파될 가능성이 있다면 공연성의 요건을 충족한다 할 것이지만, 이와 달리 전파될 가능성이 없다면 특정한 한 사람에 대한 사실의 유포는 공연성을 결한다.[7]

B. 공연성 여부의 판단 시점 통상 기자가 아닌 사람에게 사실을 적시할 경우에는 그 자체로서 적시된 사실이 외부에 공표되는 것이므로 그때부터 곧 전파가능성을 따져야 할 것이지만, 기자를 통해 사실을 적시하는 경우에는 기사화되어 보도되어야만 적시된 사실이 외부에 공표된다고 보아야 할 것이므로, 기자가 취재를 한 상태에서 아직 기사화하여 보도하지 아니한 경우에는 전파가능성이 없다고 할 것이어서 공연성이 없다(대판 2000.5.16. 99도5622).

C. 전파가능성이 있는 경우 ① 甲의 집 앞에서 乙 및 피해자의 시어머니 丙이 있는 자리에서 피해자의 명예를 훼손하는 말을 한 사실이 인정된다면, 전파가능성이 있다(대판 1983.10.11. 83도2222).[8]

---

5 이렇게 보지 아니하면, 공소시효가 진행되지 않는다.

6 대판 2004.6.25. 2003도4934; 1992.5.26. 92도445; 2000.5.16. 99도5622; 2005.12.9. 2004도2880.

7 대판 2004.6.25. 2003도4934; 1992.5.26. 92도445; 2000.5.16. 99도5622; 2005.12.9. 2004도2880.

8 피해자가 "시커멓게 생긴 놈하고 매일같이 붙어 다닌다. 점방 마치면 여관에 가서 누워자고 아침에 들어온다"고 하였다.

② 甲의 인터넷 블로그의 비공개 대화방에서 甲과 사이에 일대일로 대화하면서 그로부터 비밀을 지키겠다는 말을 듣고 한 대화를 한 경우, 甲이 당연히 대화내용을 불특정 또는 다수인에게 전파할 가능성이 없다 할 수 없을 것이다(대판 2008.2.14. 2007도8155).

D. 전파가능성이 없는 사례

1) 피해자와 밀접한 관계있는 사람(친구나 직장동료)에게 적시 ① 다방에서 피해자와 동업관계로 친한 사이인 甲에 대하여 피해자의 험담을 한 경우, 다방내의 좌석이 다른 손님의 자리와 멀리 떨어져 있고 그 당시 甲은 피고인에게 왜 피해자에 관해서 그런 말을 하느냐고 힐책까지 한 사실이 있다면 전파될 가능성이 없다(대판 1984.2.28. 83도891). ② 조합장으로 취임한 피고인이 조합의 원만한 운영을 위하여 피해자의 측근이며 피해자의 불신임을 적극 반대하였던 甲에게 조합운영에 대한 협조를 구하기 위하여 동인과 단둘이 있는 자리에서 이사회가 피해자를 불신임하게 된 사유를 설명하는 과정에서 피해자에 대한 여자관계의 소문이 돌고 있다는 취지의 말을 한 것이라면 전파될 가능성이 있다고 할 수 없다(대판 1990.4.27. 89도1467).

2) 들은 사람이 배우자뿐인 경우 집에서 처로부터 전날 외박한 사실에 대하여 추궁 당하자 이를 모면하기 위해 처에게 피해자와 여관방에서 동침한 사실이 있다고 말한 사실만으로써는 공연성이 있다 할 수 없다(대판 1984.3.27. 84도86; 1985.11.26. 85도2037).

3) 친인척 관계있는 자에게 적시 각 피해자에게 "사이비 기자 운운" 또는 "너 이 쌍년 왔구나" 라고 말한 장소가 여관방 안이고 그곳에는 피고인과 그의 처, 피해자들과 그들의 딸, 사위, 매형밖에 없었고, 피고인의 딸과 피해자들의 아들간의 파탄된 혼인관계를 수습하기 위하여 만나 얘기하던 중 감정이 격화되어 위와 같은 발설을 한 경우, 위 발언은 불특정 또는 다수인이 인식할 수 있는 상태 또는 불특정다수인에게 전파될 가능성이 있는 상태에서 이루어진 것이라 보기 어렵다(대판 1984.4.10. 83도49; 1982.4.27. 82도371).

4) 상대방에게 누설하지 않을 의무가 인정되는 경우 사립대학교교원징계위원회의 증인으로 출석하여 징계위원인 7인의 대학교수에게 증언한 경우, 징계위원들이 징계위원회 회의과정에서 지득한 사실을 누설하지 않을 의무는 조리상 당연히 기대되는 것이므로, 징계위원회에서의 증언내용이 전파된다고 보기 어렵다(헌재결 2000.8.31. 99헌마591).

5) 피해자에게 몰래 한 경우 어느 사람에게 귀엣말 등 그 사람만 들을 수 있는 방법으로 그 사람 본인의 사회적 가치 내지 평가를 떨어뜨릴 만한 사실을 이야기하였다면, 불특정 또는 다수인에게 전파될 가능성이 있다고 볼 수 없어 명예훼손의 구성요건인 공연성을 충족하지 못하는 것이며, 그 사람이 들은 말을 스스로 다른 사람들에게 전파하였더라도 위와 같은 결론에는 영향이 없다(대판 2005.12.9. 2004도2880).[9]

9 피해자만 들을 수 있도록 귀엣말로 피해자가 甲과 부적절한 성적 관계를 맺었다는 점을 지적하였다.

(2) **검토** 판례의 전파성이론을 지지하는 견해도 있지만,[10] 대다수의 학자들은 이를 비판한다. 전파가능성은 객관적 기준의 결여로 자의적으로 적용될 위험이 있고, 그 결과 표현의 자유를 지나치게 제한하여 형법의 보충성의 원리에 반하며, 범죄의 성립이 상대방의 전파가능성에 의하여 결정된다면 결국 단순한 결과책임 내지 우연책임을 인정하는 셈이 되기 때문이다. 따라서 공연성은 불특정인 또는 다수인이 적시된 사실을 직접 인식할 수 있는 상태에 있느냐를 기준으로 삼는 것이 타당하다(직접인식가능성설).[11]

3. 사실의 적시

가. 사실

(1) **사실의 의미** '사실의 적시'란 가치판단이나 평가를 내용으로 하는 의견표현에 대치되는 개념으로, 시간과 공간적으로 구체적인 과거 또는 현재의 사실관계에 관한 보고 내지 진술을 의미하는 것이며, 그 표현내용이 증거에 의한 입증이 가능한 것을 말한다(대판 1998.3.24. 97도2956).

(2) **사실과 의견의 구별** 진술이 사실인가 또는 의견인가를 구별함에 있어서는 언어의 통상적 의미와 용법, 입증가능성, 문제된 말이 사용된 문맥, 그 표현이 행하여진 사회적 상황 등 전체적 정황을 고려하여 판단하여야 한다.[12] ② 신문 등 언론매체의 어떠한 표현이 명예훼손으로 문제되는 경우 그 표현이 사실을 적시하는 것인가, 아니면 단순히 의견 또는 논평을 표명하는 것인가, 또는 의견 또는 논평을 표명하는 것이라면 그와 동시에 묵시적으로라도 그 전제가 되는 사실을 적시하고 있는 것인가 그렇지 아니한가의 구별은, 당해 기사의 객관적인 내용과 아울러 일반의 독자가 보통의 주의로 기사를 접하는 방법을 전제로 기사에 사용된 어휘의 통상적인 의미, 기사의 전체적인 흐름, 문구의 연결 방법 등을 기준으로 판단하여야 하고, 여기에다가 당해 기사가 게재된 보다 넓은 문맥이나 배경이 되는 사회적 흐름 등도 함께 고려하여야 하는 것이다.[13]

나. 적시

(1) 적시의 방법

A. 적시의 정도 신문 등 언론매체의 기사 중에 특정인의 사회적 가치나 평가를 저하시키기에 충분한 구체적인 사실의 적시가 있다고 하기 위해서는, 반드시 그러한 구체적인 사실이 기사 내용 중에 직접적으로 명시되어 있을 것을 요구하는 것은 아니지만, 적어도 기사 내용 중의 특정 문구에

---

10 박상기, 176면.

11 권오걸, 213면; 김성돈, 187면; 김/서, 158면; 오영근, 210면; 이재상, 189면; 임웅, 217면; 정/박, 217면; 정영일, 178면.

12 대판 1998.3.24. 97도2956; 2008.10.9. 2007도1220. 신문 등 언론매체의 어떠한 표현이 명예훼손으로 문제되는 경우(대판 2000.2.25. 98도2188; 1999.2.9. 98다31356; 2007.6.15. 2004도4573.)

13 대판 2000.2.25. 98도2188; 1999.2.9. 98다31356; 2007.6.15. 2004도4573.

의하여 그러한 사실이 곧바로 유추될 수 있을 정도의 표현은 있어야 한다.[14]

B. 간접적, 우회적 표현 ① 사실의 적시란 반드시 사실을 직접적으로 표현한 경우에 한정할 것은 아니고, 간접적이고 우회적인 표현에 의하더라도 그 표현의 전 취지에 비추어 그와 같은 사실의 존재를 암시하고, 또 이로써 특정인의 사회적 가치 내지 평가가 침해될 가능성이 있을 정도의 구체성이 있으면 족하다.[15] ② 인터넷 포털사이트의 피해자에 대한 기사란에 그녀가 재벌과 사이에 아이를 낳거나 아이를 낳아준 대가로 수십억 원을 받은 사실이 없음에도 불구하고 그러한 사실이 있는 것처럼 댓글이 붙어 있던 상황에서, 추가로 "지고지순이 뜻이 뭔지나 아니? 모 재벌님하고의 관계는 끝났나?"라는 내용의 댓글을 게시한 행위는 그와 같은 댓글이 이루어진 장소, 시기와 상황, 그 표현의 전취지 등에 비추어 보면, 간접적이고 우회적인 표현을 통하여 위와 같은 허위 사실의 존재를 구체적으로 암시하는 방법으로 사실을 적시한 경우에 해당한다(대판 2008.5.10. 2008도2422).

C. 암시

1) 판단기준 객관적으로 피해자의 사회적 평가를 저하시키는 사실에 관한 보도내용이 소문이나 제3자의 말, 보도를 인용하는 방법으로 단정적인 표현이 아닌 전문 또는 추측한 것을 기사화한 형태로 표현하였지만, 그 표현 전체의 취지로 보아 그 사실이 존재할 수 있다는 것을 암시하는 방식으로 이루어진 경우에는 사실을 적시한 것으로 보아야 한다(대판 2008.11.27. 2007도5312).

2) 암시에 관한 판례 ① 교수가 학생들 앞에서 피해자의 이성관계를 암시하는 발언을 한 것은 명예훼손죄가 성립된다(대판 1991.5.14. 91도420). ② 월간중앙이 '부처별 고려 대상자 명단'이라는 극비보고서를 단독 입수했다는 부분은 기사가 '특종'임을 과시하려는 문구에 불과한 것으로 보이고, 이로써 피해자가 중요문서를 소홀하게 관리하고 있다는 사실을 암시하는 내용이라고 보기는 어렵다(대판 2007.6.15. 2004도4573).

D. 전문진술 형식, 가정적 표현 ① 사실의 적시자가 타인으로부터 전문한 것으로 적시하든 불문한다(대판 1985.4.23. 85도431). ② 비록 "…라면"이라는 가정적인 표현을 사용한 경우에도 허위사실을 표명한 것으로 볼 수 있다(대판 2003.2.20. 2001도6138 全合).

E. 가치중립적 표현과 명예훼손

1) 성립 여부 가치중립적 표현을 사용하였다 하더라도 사회통념상 특정인의 사회적 평가가 저하되었다고 판단된다면 명예훼손죄가 성립할 수 있다(대판 2007.10.25. 2007도5077).

2) 성립하는 사례 피해자를 괴롭히기 위하여 인터넷사이트 싸이월드에 7회에 걸쳐 피해자가

---

14 대판 2007.6.15. 2004도4573; 2011.8.18. 2011도6904. 8명의 기자들에게 발신번호가 거창지청인 것처럼 허위 발신번호를 게재하여 마치 지청장 또는 지청 구성원이 군수에 대한 수사상황과 피의사실을 미리 알려주는 것처럼 '군수보좌관 멸치 500포 살포혐의 구속, 이 군수 집중조사 중'이라는 허위내용의 문자를 발송하였으나 '거창지청에서 군수보좌관을 구속하고 군수를 조사하고 있다'는 취지의 내용으로 보일 뿐 '거창지청장 또는 거창지청 구성원이 그와 같은 내용을 알린다'는 내용으로는 볼 수 없다.

15 대판 2004.2.27. 2001다53387; 1991.5.14. 91도420; 2008.7.10. 2008도2422.

동성애자라는 내용의 글을 게재한 것은 명예훼손에 해당한다(대판 2007.10.25. 2007도5077).

3) 성립하지 않는 사례 '진로가 일본 아사히 맥주에 지분이 50% 넘어가 일본 기업이 됐다'는 부분은 가치중립적인 표현으로서, 우리나라와 일본의 특수한 역사적 배경과 소주라는 상품의 특수성 때문에 '참이슬' 소주를 생산하는 피해자 회사의 대주주 내지 지배주주가 일본 회사라고 적시하는 경우 일부 소비자들이 '참이슬' 소주의 구매에 소극적이 될 여지가 있다 하더라도, 사회통념상 피해자 회사의 사회적 가치 내지 평가가 침해될 가능성이 있는 명예훼손적 표현이라고 볼 수 없다(대판 2008.11.27. 2008도6728).

(2) 적시의 대상

A. 장래의 일

1) 포함 여부

a. 통설: 장래의 사실이더라도 과거 또는 현재의 사실을 기초로 하거나 이에 대한 주장을 포함하고 있는 경우에는 명예훼손죄가 성립된다는 견해가 통설[16]이고, 판례도 같은 입장이다.

b. 판례: 적시의 대상이 되는 사실이란 현실적으로 발생하고 증명할 수 있는 과거 또는 현재의 사실을 말하며, 장래의 일을 적시하더라도 그것이 과거 또는 현재의 사실을 기초로 하거나 이에 대한 주장을 포함하는 경우에는 명예훼손죄가 성립한다(대판 2003.5.13. 2002도7420).

2) 판단기준 장래의 일을 적시하는 것이 과거 또는 현재의 사실을 기초로 하거나 이에 대한 주장을 포함하는지 여부는 그 적시된 표현 자체는 물론 전체적인 취지나 내용, 적시에 이르게 된 경위 및 전후 상황 기타 제반 사정을 종합적으로 참작하여 판단하여야 한다(대판 2003.5.13. 2002도7420).

3) 장래의 일이 사실의 적시에 해당하는 사례 경찰관을 상대로 진정한 사건이 혐의 인정되지 않아 내사종결 처리되었음에도 불구하고 공연히 "사건을 조사한 경찰관이 내일부로 검찰청에서 구속영장이 떨어진다"라고 말한 것은, 단순히 희망이나 의견을 진술한 것이라거나 또는 가치판단을 나타낸 것에 불과하다고 볼 수 없고, 피해자에 대한 사건이 수사 중이라거나 검사가 구속영장을 청구하였다는 현재의 사실을 기초로 하거나 이에 대한 주장을 포함하고 있다고 할 것이므로, 사실의 적시에 해당한다(대판 2003.5.13. 2002도7420).

B. 공지의 사실

1) 학설 공지의 사실이라도 이를 적시함으로써 더욱 명예를 침해할 수 있는 것이면 무방하다는 견해[17]와 적시는 위해의 증대, 즉 명예가치의 감소를 전제하는 행위이기 때문에 공지의 사실이면 더 이상 적시의 대상이 될 수 없고 불가벌적 불능범에 지나지 않는다는 견해[18]가 주장된다. 다수

16 권오걸, 214면; 김성돈, 188면; 김/서, 159면; 배종대, 286면; 오영근, 208면; 이진국, 사실적시와 가치판단의 한계사례, 비교형사법연구 제5권 제1호, 252면; 임웅, 220면; 정/박, 217면.

17 배종대, 286면; 오영근, 208면; 이재상, 190면; 임웅, 220면; 정영일, 179면.

18 김일수, 전게논문 205면.

설·판례처럼, 반드시 비공지의 사실일 필요는 없다 할 것이다.

2) 판례 명예훼손죄가 성립하기 위하여는 반드시 숨겨진 사실을 적발하는 행위만에 한하지 아니하고, 이미 사회의 일부에 잘 알려진 사실이라고 하더라도 이를 적시하여 사람의 사회적 평가를 저하시킬 만한 행위를 한 때에는 명예훼손죄를 구성한다(대판 1994.4.12. 93도3535).

C. 사실 적시의 상대방 명예훼손의 발언(피해자들이 전과가 많다는 내용)을 들은 사람들이 피해자들과는 일면식이 없다거나 이미 피해자들의 전과사실을 알고 있었다고 하더라도 공연성, 즉 발언이 전파될 가능성이 없다고 볼 수 없다(대판 1993.3.23. 92도455).

다. 구체적인 사실의 적시가 아닌 사례

(1) 평가, 판단, 의견

A. 종교관계

1) 원칙 종교에 대한 비판은 성질상 어느 정도의 편견과 자극적인 표현을 수반하게 되는 경우가 많으므로, 타 종교의 신앙의 대상에 대한 모욕이 곧바로 그 신앙의 대상을 신봉하는 종교단체나 신도들에 대한 명예훼손이 되는 것은 아니고, 종교적 목적을 위한 언론·출판의 자유를 행사하는 과정에서 타 종교의 신앙의 대상을 우스꽝스럽게 묘사하거나 다소 모욕적이고 불쾌하게 느껴지는 표현을 사용하였더라도 그것이 그 종교를 신봉하는 신도들에 대한 증오의 감정을 드러내는 것이거나 그 자체로 폭행·협박 등을 유발할 우려가 있는 정도가 아닌 이상 허용된다고 보아야 한다(대판 2014.9.4. 2012도13718).[19]

2) 평가나 의견에 불과한 사례 ① '목회자로서 입에 담지도 못할 언행'이라거나 '안하무인격의 불손한 태도로서 비인격적이고 비윤리적인 행동'이라고 표현한 부분(대판 1999.6.8. 99도1543), ② "甲은 구원파 계열의 이단이다. 甲은 체계적으로 신학을 공부한 적이 없다"라는 기재부분(대판 2007.10.26. 2006도5924)은 평가나 의견을 표시한 것에 불과하다.

B. 선거관계 합동연설회장에서의 발언 중 "甲은 자기 목적을 위해서는 아무데나 눈물 흘리고 아무데나 웃고 아무데나 비방하는 몰염치한 사람이다. 그와 같이 비양심적인 행동을 하며 목적을 위해서는 수시로 표정을 바꾸는 동인은 지방자치제나 지방발전을 위해 기여할 수 없는 사람이니 의원으로 선출하여서는 안 된다"는 취지의 것은, 피고인이 甲에 대하여 가지고 있는 도덕성에 관한 추상적 판단일 뿐 구체적인 사실의 적시라고 볼 수 없다(대판 1993.1.26. 92도1693).

(2) 욕설 '애꾸눈, 병신'이라고 한 것은 경멸적 감정표현을 과장되게 강조한 욕설에 불과한 것으로서 모욕적인 언사일 뿐 구체적인 사실의 적시라고 할 수 없다(대판 1994.10.25. 94도1770).

---

19 대판 2007.10.26. 2006도5924; 1996.9.6. 96다19246, 19253.

라. 구체적 사실의 적시인 사례 ① 타인의 곡을 도용하고 표절하였다는 취지의 표현(대판 2003.1.10. 2000도5716), ② 피해자의 성형외과에서 받은 수술에 불만을 품은 피고인이 인터넷 포털사이트 네이버의 지식검색 질문·답변 게시판에 "피해자가 가슴전문이라, 눈이랑 턱은 그렇게 망쳐놨구나… 몰랐네…"라는 글을, "내 눈은 지방제거를 잘못 했다고… 모양도 이상하다고 다른 병원에서 그러던데… 인생 망쳤음… ㅠ.ㅠ"이라는 글을 게시한 경우, 위 표현물이 '피고인이 피해자로부터 눈, 턱을 수술 받았으나 수술 후 결과가 좋지 못하다', '피고인이 피해자 운영의 성형외과에서 눈 수술을 받았으나 지방제거를 잘못하여 모양이 이상해졌고, 다른 병원에서도 모두 이를 인정한다'라는 취지의 기재(대판 2009.5.28. 2008도8812)는 명예를 훼손할 만한 구체적인 사실을 적시한 것이다.

4. 사실의 허위성

가. 허위성의 판단기준 ① 적시된 사실의 내용 전체의 취지를 살펴볼 때 중요한 부분이 객관적 사실과 합치되는 경우에는 세부(細部)에 있어서 진실과 약간 차이가 나거나 다소 과장된 표현이 있다 하더라도 이를 허위의 사실이라고 볼 수는 없다.[20] ② 중요한 부분이 객관적 사실과 합치하고, 그 문맥 중에 "탄생시킨 주역, 추종, 저의, 조합원을 기만하고 우롱하는 행위" 등의 다소 감정적이고 과격한 표현방법이 사용되었다 하여 그 적시한 사실이 전체적으로 보아 허위라고 보기 어렵다(대판 1998.10.9. 97도158).

나. 허위라고 볼 수 없는 사례 타인의 발언을 비판할 의도로 출판물에 타인의 발언을 그대로 소개한 후 그중 일부분을 부각, 적시하면서 이에 대한 다소 과장되거나 편파적인 내용의 비판을 덧붙인 경우라 해도, 소개된 타인의 발언과의 전체적, 객관적 해석에도 불구하고 비판적 내용의 사실적시가 허위라고 읽혀지지 않는 한 일부 사실적시 부분만을 따로 떼어 허위사실이라고 단정하여서는 안 된다(대판 2007.1.26. 2004도1632).[21]

다. 허위에 해당하는 사례 어떠한 소문을 듣고 그 진실성에 강한 의문을 품고서도 감히 공표한 경우에는 적어도 미필적 고의가 인정될 수 있고, "어떠한 소문이 있다"라고 공표한 경우 그 소문의 내용이 허위이면 소문이 있다는 사실 자체는 진실이라 하더라도 허위사실공표죄가 성립된다(대판 2002.4.10. 자 2001모193).

라. 증명책임 및 증명의 정도 공표된 사실이 허위라는 점은 검사가 이를 적극적으로 증명하여야 하고, 단지 공표된 사실이 진실이라는 증명이 없다는 것만으로는 허위사실공표에 의한 명예훼손죄

---

20 대판 2004.2.13. 2003도6675; 2000.2.25. 99도4757.

21 비록 공직선거법상의 허위사실공표죄에 대한 판단이기는 하나 명예훼손죄에 대하여도 그대로 적용될 것이다.

가 성립할 수 없다. 그런데 증명책임을 다하였는지 여부를 결정함에 있어서는, 어느 사실이 적극적으로 존재한다는 것의 증명은 물론, 그 사실의 부존재의 증명이라도 특정 기간과 특정 장소에서의 특정행위의 부존재에 관한 것이라면 적극적 당사자인 검사가 이를 합리적 의심의 여지가 없이 증명하여야 할 것이지만, 특정되지 아니한 기간과 공간에서의 구체화되지 아니한 사실의 부존재를 증명한다는 것은 사회통념상 불가능한 반면 그 사실이 존재한다고 주장·증명하는 것이 보다 용이하므로 이러한 사정은 검사가 그 입증책임을 다하였는지를 판단함에 있어 고려되어야 하고, 따라서 의혹을 받을 일을 한 사실이 없다고 주장하는 사람에 대하여 의혹을 받을 사실이 존재한다고 적극적으로 주장하는 사람은 그러한 사실의 존재를 수긍할 만한 소명자료를 제시할 부담을 지며 검사는 제시된 자료의 신빙성을 탄핵하는 방법으로 허위사실임을 입증할 수 있을 것인데, 이 때 제시하여야 할 소명자료는 단순히 소문을 제시하는 것만으로는 부족하고 적어도 허위임을 검사가 입증하는 것이 가능할 정도의 구체성은 갖추어야 하며, 이러한 소명자료의 제시가 없거나 제시된 소명자료의 신빙성이 탄핵된 때에는 허위사실공표로서의 책임을 져야 한다.[22]

5. 명예의 주체

가. 법인이나 단체

(1) 학설 법인이나 단체도 명예훼손죄의 피해자가 될 수 있는가에 대하여, 부정설[23]과 긍정설[24]이 대립한다. 긍정설은 예컨대 정당, 노동조합, 상공회의소, 주식회사, 병원 등은 명예의 주체가 된다고 보고, 다만 가족 또는 개별적인 취미모임인 사교단체는 법에 의하여 인정된 사회적 기능을 담당하고 있지 않으므로 명예의 주체가 될 수 없다고 한다.

(2) 판례 ① 명예훼손죄는 어떤 특정한 사람 또는 인격을 보유하는 단체에 대하여 그 명예를 훼손함으로써 성립하는 것이므로 그 피해자는 특정한 것임을 요한다(대판 2000.10.10. 99도5407). ② 정부 또는 국가기관은 형법상 명예훼손죄의 피해자가 될 수 없으므로, 그 보도의 내용이 공직자 개인에 대한 악의적이거나 심히 경솔한 공격으로서 현저히 상당성을 잃은 것으로 평가되지 않는 한, 그 보도로 인하여 곧바로 공직자 개인에 대한 명예훼손이 된다고 할 수 없다(대판 2011.9.2. 2010도17237).[25]

(3) 검토 법인에 대한 사실의 적시 자체를 금기시해서는 안 되는 만큼, 법인은 명예의 주체가 될 수 없다고 보아야 한다. 법인에 대하여 허위사실을 적시하여 그 신용을 훼손하거나 업무를 방해하면, 이 신용훼손죄나 업무방해죄로 처벌하면 족하다.

---

22 대판 2008.11.13. 2006도7915; 2005.7.22. 2005도2627.

23 배종대, 278면; 오영근, 204면.

24 권오걸, 209면; 김성돈, 185면; 김/서, 156면; 박상기, 173면; 이재상, 185면; 임웅, 221면; 정영일, 174면.

25 공적 관심사안에 대해서는 언론의 자유에 대한 제한이 완화되어야 한다. 특히 정부 또는 국가기관의 정책결정이나 업무수행과 관련된 사항은 항상 국민의 감시와 비판의 대상이 되어야 하고, 이러한 감시와 비판은 이를 주요 임무로 하는 언론보도의 자유가 충분히 보장될 때 비로소 정상적으로 수행될 수 있다.

나. 피해자의 특정 정도

(1) 집단표시에 의한 명예훼손 "서울 사람은 다 깍쟁이다"라거나 혹은 "군인은 다 살인마다"라는 표현처럼 집단이나 일반명칭을 사용하는 경우에는 원칙적으로 명예훼손이 성립하지 않는다. 하지만 "○○대학교 국문과 교수"와 같이 ① 집단의 구성원이 확연히 구분될 수 있을 정도의 '특정성'이 있고, 또 ② 예외를 인정하는 평균적 판단(가령, "서울 치과의사가 대구 치과의사보다 비싸게 받는 편이다")이 아니라, 그 구성원 모두를 지칭하는 경우에는 그 단체의 구성원 개개인에 대한 명예훼손이 성립할 수 있다.

A. 성립요건과 판단기준

1) 원칙 이른바 집단표시에 의한 명예훼손은 그러한 방송 등이 그 집단에 속한 특정인에 대한 것이라고는 해석되기 힘들고 집단표시에 의한 비난이 개별구성원에 이르러서는 비난의 정도가 희석되어 구성원의 사회적 평가에 영향을 미칠 정도에 이르지 않으므로 구성원 개개인에 대한 명예훼손은 성립되지 않는다고 봄이 원칙이다(대판 2003.9.2. 2002다63558; 2014.3.27. 2011도15631).

2) 예외 ① 예외적으로 구성원 개개인에 대하여 방송하는 것으로 여겨질 정도로 구성원 수가 적거나 방송 등 당시의 주위 정황 등으로 보아 집단 내 개별구성원을 지칭하는 것으로 여겨질 수 있는 때에는 집단 내 개별구성원이 피해자로서 특정된다고 보아야 하고, 그 구체적 기준으로는 집단의 크기, 집단의 성격과 집단 내에서의 피해자의 지위 등을 들 수 있다.[26] ② 당해 표현이 집합적 명사를 쓴 경우에도 선거인이 그 표현을 접하는 통상의 방법을 전제로 그 표현의 전체적인 취지와의 연관하에서 표현의 객관적 내용, 사용된 어휘의 통상적인 의미, 문구의 연결방법 등을 종합적으로 고려하여 그 표현이 선거인에게 주는 전체적인 인상을 기준으로 판단할 때, 당해 표현이 특정인을 가리키는 것이 명백하면 당해 표현은 그 특정인에 대한 허위사실의 공표에 해당한다(대판 2003.2.20. 2001도6138 全合).[27]

B. 피해자가 특정된 사례 배포한 보도자료에는 피해자의 이름을 직접적으로 적시하고 있지는 않으나 3.19 동지회 소속 교사들이 학생들을 선동하여 무단하교하게 하였다고 적시하고 있고, 고등학교의 교사는 총 66명으로서 그중 약 37명이 3.19 동지회 소속 교사들이며, 학교의 학생이나 학부모, 교육청 관계자들은 3.19 동지회 소속 교사들이 누구인지 알고 있는 경우, 3.19 동지회는 그 집단의 규모가 비교적 작고 그 구성원이 특정되어 있으므로 3.19 동지회 소속 교사들에 대한 허위의 사실을 적시함으로써 3.19 동지회 소속 교사들 모두에 대한 명예가 훼손되었다(대판 2000.10.10. 99도5407).

C. 피해자가 특정되지 아니한 사례 국회의원이었던 피고인이 여대생들과의 저녁 회식 자리에

---

26 대판 2003.9.2. 2002다63558; 2014.3.27. 2011도15631.

27 "여기 계신 모 후보, 의심의 여지가 많은 방법으로 군복무를 완수하지 못하고 '의가사 제대'했다고 했고, 그 자식도… 고의로 체중을 불려 군대에 가지 않았다는 소문이 많이 있는데, 만일 그것이 사실이라면, 그런 사람이 어떻게 국가를 위하여 몸을 던져 일하겠다고 나설 수 있는 것인지 묻지 않을 수 없습니다"라고 말하였다.

서, (아나운서 지위를 유지하거나 승진하기 위하여) "다 줄 생각을 해야 하는데, 그래도 아나운서 할 수 있겠느냐"라는 등의 발언을 한 경우, 그 발언내용이 매우 부적절하고 저속한 것이기는 하지만, '여성 아나운서'라는 집단의 규모와 조직체계, 집단 자체의 경계가 불분명한 점 등에 비추어 집단 내 개별구성원이 피해자로서 특정되었다고 볼 수 없고, 피고인의 이 사건 발언은 여성 아나운서 일반을 대상으로 한 것으로서 그 개별 구성원인 피해자들에 이르러서는 비난의 정도가 희석되어 피해자 개개인의 사회적 평가에 영향을 미칠 정도에까지는 이르지 아니하였다(대판 2014.3.27. 2011도15631).

(2) 일반명칭에 의한 표시 서울시민 또는 경기도민이라 함과 같은 막연한 표시에 의해서는 명예훼손죄를 구성하지 아니한다 할 것이지만, 집합적 명사를 쓴 경우에도 그것에 의하여 그 범위에 속하는 특정인을 가리키는 것이 명백하면, 이를 각자의 명예를 훼손하는 행위라고 볼 수 있다(대판 2000.10.10. 99도5407).

(3) 성명을 명시하지 아니한 경우

A. 판단기준 ① 사람의 성명을 명시한 바 없는 허위사실의 적시행위도 표현의 내용을 주위사정과 종합판단하여 그것이 특정인을 지목하는 것인가를 알아차릴 수 있는 경우에는 그 특정인에 대한 명예훼손죄를 구성한다(대판 1982.11.9. 82도1256). ② 사람의 성명 등이 명시되지 아니하여 게재된 기사나 영상 자체만으로는 피해자를 인식하기 어렵게 되어 있더라도, 그 표현의 내용을 주위사정과 종합해 보면 기사나 영상이 나타내는 피해자가 누구인가를 알 수 있고 또 그 사실을 아는 사람이 다수인 경우에는 피해자가 특정되어 있다(대판 1989.11.14. 89도1744). ③ 사람의 성명을 명시하지 않거나 두문자(頭文字)나 이니셜만 사용한 경우라도 그 표현의 내용을 주위 사정과 종합하여 볼 때 그 표시가 피해자를 지목하는 것을 알아차릴 수 있을 정도이면 피해자가 특정되었다(대판 2009.2.26. 2008다27769).

B. 피해자가 특정된 사례 종중의 재산관리위원장이던 甲과 피고인 사이에 종중재산의 관리에 관한 다툼이 있어 왔고 부락민 80세대 중 50세대가 종중원이었다면, "어떤 분자가 종중재산을 횡령 착복하였다"는 피고인의 허위사실 방송을 청취한 부락민 중 적어도 종중원들로서는 그 어떤 분자라는 것이 바로 甲을 지목하는 것이라는 것쯤은 알아차릴 수 있는 상황이었다고 보기에 충분하므로, 피고인의 행위는 甲에 대한 명예훼손이 된다(대판 1982.11.9. 82도1256).

6. 훼손

가. 사실의 적시와 명예훼손 적시된 사실은 특정인의 사회적 가치 내지 평가가 침해될 가능성이 있을 정도로 구체성을 띠어야 하는 것이며, 비록 사실을 적시하였더라도 그 사실이 특정인의 사회적 가치 내지 평가를 침해할 수 있는 내용이 아니라면 명예훼손죄는 성립하지 않는다.[28]

---

28 대판 2007.10.26. 2006도5924; 2003.6.24. 2003도1868; 2007.6.15. 2004도4573.

나. 허위사실 적시와 명예훼손 ① 비록 허위의 사실을 적시하였다고 하더라도 그 허위의 사실이 특정인의 사회적 가치 내지 평가를 침해할 수 있는 내용이 아니라면 명예훼손죄는 성립하지 않는다.[29] ② 사회 평균인의 입장에서 허위의 사실을 적시한 발언을 들었을 경우와 비교하여 오히려 진실한 사실을 듣는 경우에 피해자의 사회적 가치 내지 평가가 더 크게 침해될 것으로 예상되거나, 양자 사이에 별다른 차이가 없을 것이라고 보는 것이 합리적인 경우라면, 형법 제307조 제2항의 허위사실 적시에 의한 명예훼손죄로 처벌할 수는 없다(대판 2014.9.4. 2012도13718).

다. 고발했다고 말한 경우 누구든지 범죄가 있다고 생각하는 때에는 고발할 수 있는 것이므로, 어떤 사람이 범죄를 고발하였다는 사실이 주위에 알려졌다고 하여 그 고발사실 자체만으로 고발인의 사회적 가치나 평가가 침해될 가능성이 있다고 볼 수는 없을 터이고, 다만 그 고발의 동기나 경위가 불순하다거나 온당하지 못하다는 등의 사정이 있고 이러한 사정이 함께 알려진 경우에 고발인의 명예가 침해될 가능성이 있다(대판 1994.6.28. 93도696).[30]

7. 고의

가. 고의의 범위와 판단기준

(1) 학설 명예훼손죄의 고의는 사실을 적시하는 것에 대한 인식과 더불어 그 적시로 인해 사람의 명예가 훼손되리라는 것에 대한 인식·인용을 말한다. 허위사실을 적시하는 경우에는 ① 그 허위에 대하여 확실성 정도의 인식을 요하는 지정고의가 있어야 한다는 견해[31]와 ② 미필적 고의로도 족하다는 견해[32]가 나눠고 있다.

(2) 판례 ① 범인이 그와 같은 사실이 허위라고 인식하였어야 한다.[33] ② 허위의 점에 대한 인식은 미필적 고의만으로도 충분하다.[34] ③ 전파가능성을 이유로 명예훼손죄의 공연성을 인정하는 경우에는 적어도 범죄구성요건의 주관적 요소로서 미필적 고의가 필요하므로 전파가능성에 대한 인식이 있음은 물론 나아가 그 위험을 용인하는 내심의 의사가 있어야 한다.[35]

(3) 검토 적시된 사실이 객관적으로 허위인 이상, 그에 대한 인식은 미필적으로도 족하다.

---

29 대판 2000.2.25. 98도2188; 2007.6.15. 2004도4573; 2009.9.24. 2009도6687.

30 피고인은 허가 없이 직업소개를 한 일로 경찰서에서 조사받은 바 있었는데 이는 평소 사이가 좋지 않은 피해자와 甲의 밀고에 의한 것이라고 잘못 생각한 나머지, 피해자는 참석하지 아니하고 甲 외 6명이 참석한 효도친목회 월례회의 석상에서 피해자와 甲을 지칭하면서 "고발당해서 경찰서에 갔다 왔다. 년놈이 신고해서 경찰서에 갔다 왔다. 년은 안 나오고 놈만 나왔다"라고 말한 사안이다. 대판 2009.9.24. 2009도6687.

31 김/서, 161면.

32 권오걸, 219면.

33 대판 2000.2.25. 99도4757; 2001.10.9. 2001도3594.

34 대판 2005.4.29. 2003도2137; 2014.3.13. 2013도12430.

35 대판 2004.4.9. 2004도340; 헌재 2004.9.23. 2004헌마383 결정.

나. 고의가 인정되지 않는 사례

(1) 유혹, 설득 과정에서의 발설 甲에게 피해자가 부정한 여자인 것처럼 허위의 사실을 적시하여 발설한 장소는 마을입구 노상으로서 당시는 밤이고 甲 혼자만 있었으며, 또 허위사실을 발설하게 된 것은 평소 유혹하려던 과부인 甲과 단둘이 마주치게 되자 남편 있는 여자도 서방질을 하는데 과부가 서방을 두는 것이 무슨 잘못이냐며 甲을 설득하는 과정에서 발설케 되었으므로, 공연히 피해자의 명예를 훼손할 범의가 있었던 것으로 단정키 어렵다(대판 1982.2.9. 81도2152).[36]

(2) 확인을 위한 관련자에 대한 질문 새로 목사로서 부임한 피고인이 전임목사에 관한 교회내의 불미스러운 소문의 진위를 확인하기 위하여 이를 교회집사들에게 물어보았다면, 이는 경험칙상 충분히 있을 수 있는 일로서 명예훼손의 고의 없는 단순한 확인에 지나지 아니하여 사실의 적시라고 할 수 없기에, 피고인에게 명예훼손의 고의 또는 미필적 고의가 있을 수 없다(대판 1985.5.28. 85도588).

(3) 질문에 대한 단순한 확인대답 사실을 발설하게 된 경위는 甲이 과거에 그와 같은 말을 하고 다닌 적이 있었느냐는 乙 등의 확인요구에 대답을 하는 과정에서 나오게 되었다는 것이니, 그 발설내용과 동기에 비추어 피해자의 명예를 훼손한다는 범의하에 그와 같은 말을 하였다기보다는 피해자가 그런 말을 하고 다니는 것을 우려하는 뜻에서 한 것이라고 보는 것이 더욱 합리적일뿐더러, 질문에 대한 단순한 확인대답이 명예훼손에서 말하는 사실적시라고도 할 수 없다(대판 1988.9.27. 88도1008).[37]

(4) 보고 피고인이 그 사실을 조작한 것이 아니고 다른 사람으로부터 듣고서 상사에게 보고하여 이를 시정하여야겠다는 생각에서 말을 한 것에 지나지 아니하므로, 이를 허위라고 인식하고서 하였다기보다는(그 사실이 객관적으로 사실인지 또는 허위인지는 별론으로 하고) 사실일 것이라고 생각하였기 때문에 발설하였다고 보는 것이 옳을 것이다.[38]

다. 착오 사실의 진실성 내지 허위성에 착오가 있는 경우에는 어떠한 경우에도 제307조 제1항의 단순명예훼손죄의 죄책을 진다. 허위사실을 진실한 것으로 오인한 경우는 인식한 범위 내에서 책임을 지고(제15조), 진실한 사실을 허위로 안 경우에는 사실적시 명예훼손죄와 허위적시 명예훼손죄의 불능미수가 성립하는데, 명예훼손죄는 미수범처벌규정이 없으므로 이 경우에도 단순명예훼손죄가 성립한다.

---

36 공연성도 인정되기 어려운 사안이다.

37 대판 1983.8.23. 83도1017; 2008.10.23. 2008도6515.

38 동료 종업원 7, 8명으로부터 노동조합장의 비리 소문을 듣고 노종조합의 금정영업소 조합실장으로서 동료 운전사인 甲에게 "종업원들이 이구동성으로 그런 말을 하고 있으니 빨리 수습해야겠다"고 말한 것뿐이며, 그런 다음 실제로 본사에 가서 상무에게 그와 같은 풍문이 떠도니 조사하여 달라고 보고한 사안이다.

8. 기타 문제

가. 정당행위

(1) 학설　언론기관이 아닌 자가 행한 문서에 의한 명예훼손행위에 대하여는 형법 제20조에 의한 위법성조각을 인정하는 것은 부적절하고, 형법 제309조의 구성요건을 제한적으로 해석하는 한편, 형법 제310조를 탄력적으로 해석함으로써 위법성조각 여부를 해결하는 것이 올바른 방법론이라는 주장이 있다.[39]

(2) 판례

A. 정당행위가 아닌 사례　사단법인의 이사장이 이사회 또는 임시총회의 의장으로서 의안에 관하여 발언하다가 타인의 명예를 훼손하는 내용의 말을 하였다면 사회상규에 반하지 아니한다고 할 수 없다(대판 1990.12.26. 90도2473).

B. 정당행위인 사례　조합의 긴급이사회에서 불신임을 받아 조합장직을 사임한 피해자가 그 후 개최된 대의원총회에서 피고인 등의 음모로 조합장직을 박탈당한 것이라고 대의원들을 선동하여 회의진행이 어렵게 되자, 새조합장이 되어 사회를 보던 피고인이 그 회의진행의 질서유지를 위한 필요조처로서 이사회의 불신임결의 과정에 대한 진상보고를 하면서 '피해자는 긴급 이사회에서 불신임을 받고 쫓겨나간 사람'이라고 발언한 것이라면, 피고인에게 명예훼손의 범의가 있다고 볼 수 없을 뿐만 아니라 그러한 발언은 업무로 인한 행위이고 사회상규에 위배되지 아니한 행위이다(대판 1990.4.27. 89도1467).

나. 죄수　① 하나의 유인물로 수인의 명예를 훼손하면 상상적 경합범에 해당한다(인천지법 2004.5.4. 2003고정8). ② 1개의 공고문에 모욕적 언사를 섞어서 사실을 적시하여 사람의 명예를 훼손한 경우 모욕죄는 명예훼손죄에 흡수되어 명예훼손죄 일죄만이 성립한다(대전지법 논산지원 2003.1.30. 2002고단89).

II. 사자명예훼손죄

> **제308조(사자의 명예훼손)** 공연히 허위의 사실을 적시하여 사자의 명예를 훼손한 자는 2년 이하의 징역이나 금고 또는 500만원 이하의 벌금에 처한다.
> **제312조(고소와 피해자의 의사)** ① 제308조와 제311조의 죄는 고소가 있어야 공소를 제기할 수 있다.

1. 보호법익

가. 학설　본죄의 보호법익은 ① 사자의 명예라는 견해,[40] ② 사자에 대한 유족의 추모감정이라

39 조해섭, 출판물에 의한 명예훼손죄의 구성요건과 위법성조각, 형사재판의 제문제 제2권, 73면.
40 권오걸, 255면; 김/서, 166면; 오영근, 223면; 이재상, 198면; 임웅, 231면; 정영일, 181면.

는 견해[41] 및 ③ 사자에 대한 유족 및 일반대중의 추모감정이라는 견해[42]가 주장되고 있다.

나. 판례 사자명예훼손죄는 사자에 대한 사회적, 역사적 평가를 보호법익으로 한다(대판 1983.10.25. 83도1520).

다. 검토 유족이나 일반대중의 추모감정이 보호법익이라는 견해는 형사소송법이 본죄의 고소권자를 '친족과 자손 및 이해관계인'으로 규정하고 있다(형소법 제227, 228조)는 점을 들고 있지만, 유족이나 일반대중이 전혀 추모감정을 갖지 못하는 사자에 대해서는 본죄가 성립하지 않는 문제점이 있기 때문에, 판례와 다수설처럼 본죄의 보호법익은 사자의 명예로 보는 것이 타당하다.

2. 성립 여부가 문제되는 사례

가. 성립하는 사례 사망사실을 알면서 '망인은 사망한 것이 아니고 빚 때문에 도망 다니며 죽은 척 하는 나쁜 놈'이라고 한 것은 공연히 허위의 사실을 적시한 행위로서 사자의 명예를 훼손하였다(대판 1983.10.25. 83도1520).

나. 역사드라마와 사자명예훼손죄 역사드라마가 그 소재가 된 역사적 인물의 명예를 훼손할 수 있는 허위사실을 적시하였는지 여부를 판단함에 있어서는 적시된 사실의 내용, 진실이라고 믿게 된 근거나 자료의 신빙성, 예술적 표현의 자유로 얻어지는 가치와 인격권의 보호에 의해 달성되는 가치의 이익형량은 물론, 실존인물에 의한 역사적 사실과 가상인물에 의한 허구적 이야기가 드라마 내에서 차지하는 비중, 드라마상에서 실존인물과 가상인물이 결합된 구조와 방식, 묘사된 사실이 이야기 전개상 상당한 정도 허구로 승화되어 시청자의 입장에서 그것이 실제로 일어난 역사적 사실로 오해되지 않을 정도에 이른 것으로 볼 수 있는지 여부 등이 종합적으로 고려되어야 한다(대판 2010.4.29. 2007도8411).[43]

3. 착오

산 사람을 죽은 것으로 오인하거나 죽은 사람을 살아있는 것으로 오인하여 공연히 그에 관한 허위사실을 적시하는 경우는 모두 사자명예훼손죄가 성립한다. 전자의 경우에는 제15조 제1항에 의해 인식한 범위 내에서 사자명예훼손죄가 성립하고, 후자의 경우에는 사자명예훼손죄와 허위사실 명예훼손죄의 불능미수가 성립하지만, 명예훼손의 미수는 처벌하지 않기 때문이다.

---

41 배종대, 295면.

42 김성돈, 198면; 박상기, 183면.

43 역사드라마 '서울 1945' 중 이승만이 여운형의 암살을 암시적으로 지시한 부분이 문제되었다.

III. 출판물에 의한 명예훼손죄

> **309조(출판물 등에 의한 명예훼손)** ① 사람을 비방할 목적으로 신문, 잡지 또는 라디오 기타 출판물에 의하여 제307조제1항의 죄를 범한 자는 3년 이하의 징역이나 금고 또는 700만원 이하의 벌금에 처한다.
> ② 제1항의 방법으로 제307조제2항의 죄를 범한 자는 7년 이하의 징역, 10년 이하의 자격정지 또는 1천500만원 이하의 벌금에 처한다.
> **제312조(피해자의 의사)** ② 제307조와 제309조의 죄는 피해자의 명시한 의사에 반하여 공소를 제기할 수 없다.

1. 입법취지 성질상 다수인이 견문할 수 있는 높은 전파성과 신뢰성 및 장기간의 보존가능성 등 피해자에 대한 법익침해의 정도가 더욱 크다는 데 그 가중처벌의 이유가 있다.[44]

2. 출판물

가. 출판물의 의미 등록·출판된 제본 인쇄물이나 제작물은 아니라고 할지라도 적어도 그와 같은 정도의 효용과 기능을 가지고 사실상 출판물로 유통·통용될 수 있는 외관을 가진 인쇄물로 볼 수 있어야 한다.[45] 단순한 복사물이나 프린트물로는 부족하다는 취지이다.

나. 출판물이 아닌 사례 ① 배포한 인쇄물은 가로 25cm, 세로 35cm 정도 되는 일정한 제호(題號)가 표시되었다고 볼 수 없는 낱장의 종이에 단지 단편적으로 피고인의 주장을 광고하는 문안이 인쇄되어 있는 것에 불과한 인쇄물(대판 1998.10.9. 97도158), ② 장수가 2장에 불과하며 제본방법도 조잡한 것으로 보이는 최고서 사본(대판 1997.8.26. 97도133), ③ 가로 약 25cm, 세로 약 30cm 되는 모조지 위에 싸인펜으로 특정인의 인적사항, 인상, 말씨 등을 기재하고 위 사람은 정신분열증 환자로서 무단가출하였으니 연락해 달라는 취지의 내용을 기재한 광고문(대판 1986.3.25. 85도1143)은 출판물에 해당한다고 보기 어렵다.

3. 언론과 명예훼손죄

가. 신문보도의 경우

(1) 성립의 한계 신문보도의 명예훼손적 표현의 피해자가 공적 인물인지 아니면 사인인지, 그 표현이 공적인 관심 사안에 관한 것인지 순수한 사적인 영역에 속하는 사안인지의 여부에 따라 헌

---

44 대판 1998.10.9. 97도158; 1997.8.26. 97도133.

45 대판 1998.10.9. 97도158; 1997.8.26. 97도133.

법적 심사기준에는 차이가 있어야 한다. 객관적으로 국민이 알아야 할 공공성·사회성을 갖춘 사실은 민주제의 토대인 여론형성이나 공개토론에 기여하므로 형사제재로 인하여 이러한 사안의 게재를 주저하게 만들어서는 안 된다. 신속한 보도를 생명으로 하는 신문의 속성상 허위를 진실한 것으로 믿고서 한 명예훼손적 표현에 정당성을 인정할 수 있거나, 중요한 내용이 아닌 사소한 부분에 대한 허위보도는 모두 형사제재의 위협으로부터 자유로워야 한다. 시간과 싸우는 신문보도에 오류를 수반하는 표현은, 사상과 의견에 대한 아무런 제한없는 자유로운 표현을 보장하는 데 따른 불가피한 결과이고 이러한 표현도 자유토론과 진실확인에 필요한 것이므로 함께 보호되어야 하기 때문이다. 그러나 허위라는 것을 알거나 진실이라고 믿을 수 있는 정당한 이유가 없는데도 진위를 알아보지 않고 게재한 허위보도에 대하여는 면책을 주장할 수 없다(헌재결 1999.6.24. 97헌마265).

(2) 해석의 기준 ① 첫째, 명예훼손적 표현이 진실한 사실이라는 입증이 없어도 행위자가 진실한 것으로 오인하고 행위를 한 경우, 그 오인에 정당한 이유가 있는 때에는 명예훼손죄는 성립되지 않는 것으로 해석하여야 한다. 둘째, 형법 제310조 소정의 "오로지 공공의 이익에 관한 때에"라는 요건은 언론의 자유를 보장한다는 관점에서 그 적용범위를 넓혀야 한다. 셋째, 형법 제309조 소정의 "비방할 목적"은 그 폭을 좁히는 제한된 해석이 필요하다. 법관은 엄격한 증거로써 입증이 되는 경우에 한하여 행위자의 비방 목적을 인정하여야 한다(헌재결 1999.6.24. 97헌마265). ② 신문기사의 명예훼손 여부를 판단함에 있어서는 제목이 본문의 내용으로부터 현저히 일탈하고 있어 그 자체만으로 별개의 독립된 기사로 보지 않을 수 없는 경우 등과 같은 특별한 사정이 없는 한 제목만을 따로 떼어 본문과 별개로 다루어서는 아니 되고, 제목과 본문을 포함한 기사 전체의 취지를 전체적으로 파악하여야 한다(대판 2009.1.30. 2006다60908).

나. 잡지의 경우 일정한 입장에 있는 인물에 관한 행위가 공적 비판의 대상이 된다고 하더라도 신문에 비하여 신속성의 요청이 덜한 잡지에 인신공격의 표현으로 비난하는 내용의 기사를 게재함에 있어서는 기사내용의 진실 여부에 대하여 미리 충분한 조사활동을 거쳐야 한다(대판 1988.10.11. 85다카29).[46]

4. 비방할 목적

가. 의의 '사람을 비방할 목적'이란 가해의 의사 내지 목적을 요하는 것으로서 공공의 이익을 위한 것과는 행위자의 주관적 의도의 방향에 있어 서로 상반되는 관계에 있다고 할 것이므로, 적시한 사실이 공공의 이익에 관한 것인 때에는 특별한 사정이 없는 한 비방의 목적은 부인된다.[47]

---

46 잡지발행인이 수기를 잡지에 게재함에 있어 그 내용의 진실성에 대하여는 전혀 검토하지 아니한 채 원문의 뜻이 왜곡되지 않는 범위 내에서 문장의 일부만을 수정하여 피해자가 변호사로서의 본분을 망각한 악덕변호사인 것처럼 비방하는 내용의 글을 그대로 잡지에 게재한 사안이다.

47 대판 2000.2.25. 98도2188; 2004.10.15. 2004도3912; 2004.5.14. 2003도5370; 2003.12.26. 2003도6036.

나. 판단기준 ① 사람을 비방할 목적이 있는지 여부는 당해 적시 사실의 내용과 성질, 당해 사실의 공표가 이루어진 상대방의 범위, 그 표현의 방법 등 그 표현 자체에 관한 제반 사정을 감안함과 동시에 그 표현에 의하여 훼손되거나 훼손될 수 있는 명예의 침해 정도 등을 비교, 고려하여 결정하여야 한다.[48] ② 주요한 동기 내지 목적이 공공의 이익을 위한 것이라면 부수적으로 다른 목적이나 동기가 내포되어 있더라도 그러한 사정만으로 비방할 목적이 있었다고 보기는 어렵다(대판 2009.5.28. 2008도8812; 2006.10.26. 2004도5288).

다. 비방할 목적이 있는 사례 감사원에 근무하는 감사주사가, 감사사항에 대한 감사가 종료된 후 감사반원들의 토론을 거쳐 감사지적사항으로 선정하지 않기로 하여 감사가 종결된 것임에도, 일일감사상황보고서의 일부를 변조하여 제시하면서 자신의 상사인 감사원 국장이 고위층의 압력을 받고 감사기간 중 자신이 감사를 진행 중인 사항에 대한 감사활동을 중단시켰다고 기자회견을 한 경우, 그 적시사실의 허위성에 대한 인식은 물론 상사에 대한 비방의 목적도 있었다(대판 2002.8.23. 2000도329).

5. 간접정범

가. 학설 출판물에 의한 명예훼손죄는 자수범이 아니므로 간접정범에 의하여도 범하여질 수 있다. 가령, 비방의 목적을 가진 자가 정을 모르는 기자에게 허위의 기사를 제공하여 신문에 보도케 한 경우에는 출판물에 의한 명예훼손죄의 간접정범이 된다(통설).[49]

나. 대법원 판결

(1) 기자에게 제공한 경우 출판물에 의한 명예훼손죄는 간접정범에 의하여 범하여질 수도 있으므로 타인을 비방할 목적으로 허위의 기사 재료를 그 정을 모르는 기자에게 제공하여 신문 등에 보도되게 한 경우에도 성립할 수 있다.[50]

(2) 기자 이외의 자에게 제공한 경우 제보자가 기사의 취재·작성과 직접적인 연관이 없는 자에게 허위의 사실을 알렸을 뿐인 경우에는 제보자가 피제보자에게 알리는 사실이 기사화 되도록 특별히 부탁하였다거나 피제보자가 이를 기사화할 것이 고도로 예상되는 등의 특별한 사정이 없는 한, 피제보자가 언론에 공개하거나 기자들에게 취재됨으로써 그 사실이 신문에 게재되어 일반공중에게 배포되더라도 제보자에게 출판물에 의한 명예훼손죄의 책임을 물을 수는 없다(대판 2002.6.28. 2000도3045).[51]

---

48 대판 2003.12.26. 2003도6036; 2002.8.23. 2000도329.

49 권오걸, 235면; 김성돈, 202면; 김/서, 169면; 이재상, 200면; 임웅, 234면; 정/박, 227면.

50 대판 2002.6.28. 2000도3045; 2004.5.14. 2003도5370; 1994.4.12. 93도3535.

51 이태종, 기자 외의 자에 대한 제보와 출판물에 의한 명예훼손, 대법원판례해설 제41호, 600면.

IV. 위법성조각

> **第310条 (위법성조각)** 제307조 제1항의 행위가 진실한 사실로서 오로지 공공의 이익에 관한 때에는 처벌하지 아니한다.

1. 입법취지 및 요건

가. 입법취지 형법이 제310조와 같은 특별한 면책조항을 둔 이유는 국민의 알권리와 다양한 사상, 의견의 교환을 보장하는 언론의 자유가 민주주의의 근간이 되는 핵심적인 기본권임에 비추어, 개인의 명예보호(사익)와 언론의 자유보장(공익)이라는 두 가지의 기본적 권리를 비교·형량하여 개인에 대한 공정한 비판의 여지를 열어두기 위한 것이다(대판 2005.4.29. 2003도2137).

나. 요건 명예를 훼손한 행위가 처벌되지 않기 위하여는 적시된 사실이 객관적으로 볼 때 공공의 이익에 관한 것으로서 행위자도 주관적으로 공공의 이익을 위하여 그 사실을 적시한 것이어야 될 뿐만 아니라, 그 적시된 사실이 진실한 것이거나 적어도 행위자가 그 사실을 진실한 것으로 믿었고, 또 그렇게 믿을 만한 상당한 이유가 있어야 한다(대판 2000.2.25. 98도2188).[52]

2. 진실한 사실

'진실한 사실'이란 그 내용 전체의 취지를 살펴볼 때 중요한 부분이 객관적 사실과 합치되는 사실이라는 의미로서, 일부 자세한 부분이 진실과 약간 차이가 나거나 다소 과장된 표현이 있다고 하더라도 무방하다(대판 2001.10.9. 2001도3594; 2000.2.25. 98도2188).

3. 공공의 이익

가. 범위 '공공의 이익'이라 함은 널리 국가·사회 기타 일반 다수인의 이익에 관한 것뿐만 아니라, 특정한 사회집단이나 그 구성원의 관심과 이익에 관한 것도 포함한다.[53]

나. 판단기준 ① 명예훼손적 표현으로 인한 피해자가 공인인지 사인에 불과한지 여부, 그 표현이 객관적으로 국민이 알아야 할 공공성, 사회성을 갖춘 공적 관심 사안인지 아니면 순수한 사적인 영역에 속하는 것인지 여부, 피해자가 그와 같은 명예훼손적 표현의 위험을 자초한 것인지 여부, 그리고 그 표현에 의하여 훼손되는 명예의 성격과 그 침해의 정도, 그 표현의 방법과 동기 등 제반 사정을 고려하여 판단하여야 할 것이고, 특히 공인의 공적 활동과 밀접한 관련이 있는 사안에 관하

---

52 대판 2005.4.29. 2003도2137; 2006.8.24. 2005다41689; 2006.12.22. 2006다5922.

53 대판 2001.10.9. 2001도3594; 2000.2.25. 98도2188; 2006.5.25. 2005도2049.

여 진실을 공표한 경우에는 원칙적으로 공공의 이익에 관한 것이라는 증명이 있는 것으로 보아야 한다.[54] ② 행위자의 주요 동기 내지 목적이 공공의 이익을 위한 것이라면 부수적으로 다른 사익적 목적이나 동기가 내포되어 있더라도 형법 제310조의 적용을 배제할 수 없다.[55] ③ 피해자를 비방할 목적도 함께 숨어 있었다고 하더라도 그 주요한 동기가 공공의 이익을 위한 것이라면 형법 제310조의 적용을 배제할 수 없는 것이다(대판 1989.2.14. 88도899).

다. 개인의 사적인 신상에 관한 사실 개인의 사적인 신상에 관한 사실이더라도 그가 관계하는 사회적 활동의 성질이나 사회에 미치는 영향력의 정도 등에 따라서는 그 사회적 활동에 대한 비판 내지 평가의 한 자료가 될 수 있는 것이므로, 공공의 이익에 관한 것으로 볼 수 있는 경우가 있다(대판 1996.4.12. 94도3309).[56]

라. 공공의 이익을 인정한 사례

(1) 구원파 비판 신학대학교의 교수가 출판물을 통하여 종교단체인 구원파를 이단으로 비판하는 과정에서 특정인을 그 실질적 지도자로 지목하여 명예를 훼손하는 사실을 적시한 경우, 언급한 피해자의 행태는 객관적으로 볼 때 사회 일반에 상당한 영향력을 행사하고 있던 동인의 사회적 활동에 대한 비판 내지 평가의 한 자료가 될 수 있다는 의미에서 공공의 이익에 관한 것이라고 봄이 상당하다(대판 1996.4.12. 94도3309).

(2) 아파트 재건축조합 아파트재건축 주택조합의 대의원들은 재건축사업 추진을 방해하여 온 피해자의 행위를 주민들에게 사실대로 홍보하여 재건축사업에 적극 협조를 구할 필요가 있다고 결의하고, 이에 따라 조합의 조합장 또는 이사가 그들 명의로 유인물을 작성하여 주민들에게 배포하게 된 경우, 유인물을 제작·반포하게 된 주요한 동기는 피해자의 방해행위를 조합원들에게 통지하여 조합원들의 동요를 막기 위한 것으로 보이므로, 이는 조합 또는 조합원들 모두의 이익을 위한 것으로서 '오로지 공공의 이익에 관한 때'에 해당하고, 유인물에서 "강탈 도용, 악의에 찬, 행패, 협박과 공포조성에 혈안이다" 등 다소 감정적이고 과격한 표현방법을 사용하였다고 하여 유인물을 제작·배포한 주된 목적이나 동기가 공소외인을 비방하려는 데에 있다고 단정할 수 없다(대판 1996.12.25. 95도1473).

---

54 대판 2005.4.29. 2003도2137; 2006.10.13. 2005도3112; 2007.1.26. 2004도1632. 문제가 되는 명예훼손적 표현은 국립대학교의 교수가 자신의 연구실 내에서 제자인 여학생을 성추행하였다는 내용이다.

55 대판 2000.2.25. 98도2188; 2006.10.13. 2005도3112.

56 공직선거 후보자의 유죄확정판결의 전과사실은 비록 종전의 공직 수행과정에서의 범죄나 비리와 직접적으로 관련된 것이 아니더라도 그의 사회적 활동에 대한 비판 내지 평가의 자료가 되어 공직 후보자로서의 자질과 적격성을 판단하는 데 중요한 자료가 될 뿐만 아니라, 그것은 법원의 최종적 사법적 판단까지 받은 것이므로 공적 이익에 관한 사실이라고 보아야 한다. 대판 1996.6.28. 96도977.

(3) 교육계의 나쁜 관행 지적 글이 독자들에게 망 교장이 여성인 기간제교사에게 차 준비나 차 접대를 채용과 계약유지의 조건으로 내세우고 이를 거부하자 부당한 대우를 하여 사직하도록 하였다는 인상을 줌으로써 교장의 명예를 훼손한 사실은 인정되지만, 한편 여성 교원의 차 접대와 관련하여 이 사건 발생 3년 전부터 교육·여성 관련 행정기관에서 이를 금지하는 지침을 내려왔던 점, 교육현장에서의 남녀평등은 중요한 헌법적 가치이고, 교육문제는 교육관련자들만의 문제가 아니라 학부모와 학생 등 국가사회 일반의 관심사항이며, 교육문제에 관하여 정보가 공개되고 공론의 장이 마련될 필요가 있는 점, 글이 게재된 이후 교사 업무분장의 잘못과 부적절한 관행에 대하여 시정조치가 이루어진 점 등을 종합하여 보면, 글을 게재한 주요 동기 내지 목적은 공공의 이익에 관한 것이라고 볼 수 있다(대판 2008.7.10. 2007도9885).

마. 공공의 이익을 부정한 사례

(1) 글의 악의적 게시 글의 내용이 진실한 사실로서 甲 주식회사의 시정되어야 할 부분이 일부 포함되어 있기는 하나 甲 주식회사를 비방하는 취지가 그 내용의 주조를 이루고 있는 점, 이 사건과 관련되어 있는 자들뿐만 아니라 불특정 다수인들이 볼 수 있는 정치인이나 언론사 또는 甲 주식회사와 경쟁관계에 있는 다른 제약회사의 홈페이지에 게재한 점 등에 비추어 볼 때, 글을 게재한 것이 오로지 공공의 이익에 관한 것이라고 할 수는 없다(대판 2004.5.28. 2004도1497).

(2) 관련자 외의 사람들에 대한 적시 ① 적시한 사실이 피해자들이 거주하는 아파트 주민들과 관련이 있다고 볼 수 없고, 달리 피고인들이 피해자들의 주소까지 명시하여야 할 사정이 보이지 아니하는 점 등에 비추어, 피해자들이 거주하는 아파트 앞에서 피해자들의 주소까지 명시하여 피해자들의 명예를 훼손한 것을 두고 오로지 공공의 이익에 관한 것이라고 보기는 어렵다(대판 2008.3.14. 2006도6049).[57] ② 회사대표인 피해자에게 압력을 가하여 단체협상에서 양보를 얻어내기 위한 방법의 하나로 회사의 다른 직원들과 함께 "피해자는 체불임금 지급하고 단체교섭에 성실히 임하라", "노동임금 갈취하는 악덕업주 피해자는 각성하라"는 등의 내용이 기재된 현수막과 피켓을 들고 확성기를 사용하여 불특정다수의 행인을 상대로 소리치면서 회사의 정문을 출발하여 거리행진을 함으로써 피해자의 명예를 훼손한 사실이 인정되는바, 이 사건 행위의 동기 및 목적, 당해 사실의 공표가 이루어진 상대방의 범위 등에 비추어 볼 때, 피고인의 행위가 공공의 이익을 위하여 사실을 적시한 것으로 볼 수 없다(대판 2004.10.15. 2004도3912).

---

57 대법원과는 달리, 원심 법원은 학원에 대하여 동창회비, 협동조합, 학생식당 등과 관련된 학교 내의 비리의혹을 해소하는 등 학교운영의 공공성, 투명성을 보장할 것을 요구하여 학교가 합리적이고 정상적으로 운영되게 할 목적으로 이루어진 것이므로, '진실한 사실로서 오로지 공공의 이익에 관한 것'에 해당하여 위법성이 조각된다고 판단하였다.

4. 적용범위

가. 출판물에 의한 명예훼손과 위법성조각 '비방할 목적'이란 가해의 의사 내지 목적을 요하는 것으로서 공공의 이익을 위한 것과는 행위자의 주관적 의도의 방향에 있어 서로 상반되는 관계에 있다고 할 것이므로, 형법 제310조의 공공의 이익에 관한 때에는 처벌하지 아니한다는 규정은 비방할 목적이 있어야 하는 형법 제309조 제1항 소정의 행위에 대하여는 적용되지 아니하고, 그 목적을 필요로 하지 않는 형법 제307조 제1항의 행위에 한하여 적용되는 것이며, 반면에 적시한 사실이 공공의 이익에 관한 것인 경우에는 특별한 사정이 없는 한 비방 목적은 부인된다고 봄이 상당하므로, 이와 같은 경우에는 형법 제307조 제1항 소정의 명예훼손죄의 성립 여부가 문제될 수 있고, 이에 대하여는 다시 형법 제310조에 의한 위법성 조각 여부가 문제로 될 수 있다.[58]

나. 정보통신망을 통한 명예훼손 정보통신망을 통한 명예훼손이나 허위사실적시 명예훼손에는 위법성조각에 관한 형법 제310조가 적용될 수 없다(대판 2006.8.25. 2006도648).

다. 모욕

(1) 학설 사실의 적시가 없는 모욕행위에 제310조가 적용되지 않는 것은 분명하다. 다만, 명예훼손이 제310조의 요건을 갖춘 경우 명예훼손에 부수되는 모욕행위도 제310조에 의해 위법성이 조각되는가에 대하여, 긍정설[59]과 사회상규문제로 해결하자는 부정설[60]이 대립한다.

(2) 판례 어떤 글이 모욕적인 표현을 포함하는 판단 또는 의견의 표현을 담고 있는 경우에도 그 시대의 건전한 사회통념에 비추어 사회상규에 위배되지 않는 행위로 볼 수 있는 때에는 형법 제20조에 의하여 예외적으로 위법성이 조각된다(대판 2008.7.10. 2008도1433).[61]

(3) 검토 결론에 있어서 차이가 나는 것은 아니지만, 사실의 적시가 없는 모욕행위에 제310조의 적용을 언급할 것이 아니라, 사회상규의 문제로 보는 것으로 족할 것이다.

5. 진실성 오인의 효과

가. 학설

(1) 위법성조각사유의 전제사실에 관한 착오로 이해하는 입장

---

58 대판 2004.5.14. 2003도5370; 2006.10.13. 2005도3112; 2003.12.26. 2003도6036.

59 권오걸, 270면; 이재상, 202면; 임웅, 228면.

60 김성돈, 204면; 김/서, 172면; 배종대, 300면; 오영근, 221면; 정/박, 230면; 정영일, 191면.

61 방송국 시사프로그램을 시청한 후 방송국 홈페이지의 시청자 의견란에 "그렇게 소중한 자식을 범법행위의 변명의 방패로 쓰시다니 정말 대단하십니다"는 등의 표현은 피해자에 대한 사회적 평가를 훼손할 만한 모욕적 언사이지만, 자신의 의견을 개진하고, 피해자에게 자신의 의견에 대한 반박이나 반론을 구하면서 자신의 판단과 의견의 타당함을 강조하는 과정에서 부분적으로 그와 같은 표현을 사용한 것으로서 사회상규에 위배되지 않는다. 대판 2003.11.28. 2003도3972.

A. 엄격책임설 허위사실을 진실한 사실로 알고 공익을 위하여 적시한 경우, 엄격책임설은 그 착오에 정당한 이유가 있는 경우에 책임이 조각된다고 한다.[62] 정당한 이유가 없는 경우에는 제15조 제1항에 의해 제307조 제1항의 사실적시 명예훼손죄로 처벌받는다.

B. 제한책임설 제한책임설의 일종인 유추적용설이나 법효과제한책임설 어느 것에 따르더라도 과실명예훼손이 되어 무죄가 된다.[63, 64]

(2) 진실성의 오인에 상당한 이유가 있을 때 위법성조각을 인정하는 입장 행위자가 적시된 사실을 진실한 것으로 믿었고 또 그렇게 믿은 것에 상당한 이유가 있는 경우에는 위법성이 조각된다는 입장이다. 제310조가 성립하기 위한 특별한 주관적 정당화요소로서 '성실한 검토의무'를 요구하는 견해도 같은 결론에 이른다.[65]

나. 판례 공연히 사실을 적시하여 사람의 명예를 훼손한 행위가 처벌되지 않기 위하여는 적시된 사실이 객관적으로 볼 때 공공의 이익에 관한 것으로서 행위자도 주관적으로 공공의 이익을 위하여 그 사실을 적시한 것이어야 될 뿐만 아니라, 그 적시된 사실이 진실한 것이거나 적어도 행위자가 그 사실을 진실한 것으로 믿었고, 또 그렇게 믿을 만한 상당한 이유가 있어야 한다.[66]

다. 검토 제한책임설에 따르면, 행위자가 허위사실을 너무 경솔하게 진실로 믿은 경우에도 모두 무죄가 된다. 이 문제점을 우회하기 위하여 착오에 정당한 이유가 있는 경우에 이미 위법성이 조각된다는 견해가 주장되지만, 이는 피해자의 입장을 도외시한다는 문제점이 있다. 자신에 대한 허위사실이 실린 신문이 발행되기 위해 지금 윤전기가 돌아간다면, 그 기사를 작성한 기자가 진실한 사실로 믿었는가와는 별개로, 피해자는 힘이 닿는 한 그 윤전기를 정지시키는 등의 정당방위를 할 수 있어야 한다. 이를 위해서는 허위사실의 보도는 위법행위로 보아야 하고, 다만 그 허위를 진실한 것으로 믿은 것에 정당한 이유가 있는 경우에는 면책된다고 봄이 타당하다.

6. 위법성조각사유의 입증책임

가. 학설 제310조에 의해 위법성이 조각되기 위하여 사실의 진실성과 공익성에 대한 증명책임을 누가 지느냐와 관련하여, 거증책임이 피고인에게 전가된다는 거증책임전환설[67]과 형사소송의 일

---

62 권오걸, 254면; 오영근, 220면.

63 김상호, 명예훼손, 동아법학 제23호(동아대학교 법학연구소), 534면.

64 위법성조각사유의 전제사실에 관한 착오문제를 해결하려는 다른 학설들, 즉 엄격고의설과 소극적 구성요건표지이론에 따르면 제한책임설처럼 과실명예훼손이 되어 무죄가 되고, 제한고의설은 엄격책임설과 같은 결론에 이른다.

65 金재봉, 형법 제310조와 의무합치적 심사, 형사판례연구 제8권, 221면 이하; 임웅, 226면.

66 대판 2000.2.25. 98도2188; 2005.4.29. 2003도2137.

67 서일교, 106면; 유기천, 상권, 140면; 정영석, 289면; 황산덕, 234면.

반원칙에 따라 검사가 증명하여야 한다는 검사거증책임설[68]이 대립한다.

나. 판례 위법성조각을 위해서는 적시된 사실이 진실한 사실로 오로지 공공의 이익에 관한 것이라는 점을 행위자가 증명하여야 하는 것이나, 그 증명은 유죄의 인정에 있어 요구되는 것과 같이 법관으로 하여금 의심할 여지가 없을 정도의 확신을 가지게 하는 증명력을 가진 엄격한 증거에 의하여야 하는 것은 아니므로, 이때에는 전문증거에 대한 증거능력의 제한을 규정한 형사소송법 제310조의2는 적용될 여지가 없다.[69]

다. 검토 형사소송에서 거증책임의 전환은 있을 수 없다. 피고인이 제310조의 적용을 받기 위해서는 진실성과 공익성에 대한 주장책임 내지 입증부담은 진다고 할 수 있지만, 결국에는 검사가 진실이 아니라거나 공익을 위한 것이 아니라는 점을 입증하여야 한다.

V. 모욕죄

> **제311조(모욕)** 공연히 사람을 모욕한 자는 1년 이하의 징역이나 금고 또는 200만원 이하의 벌금에 처한다.
> **제312조(고소와 피해자의 의사)** ① 제308조와 제311조의 죄는 고소가 있어야 공소를 제기할 수 있다.

1. 모욕

가. 모욕의 의미 모욕죄에서 말하는 모욕이란 사실을 적시하지 아니하고 사람의 사회적 평가를 저하시킬 만한 추상적 판단이나 경멸적 감정을 표현하는 것이다.[70]

나. 모욕의 인식 요부

(1) 학설 경멸적 표현을 피해자에게 인식시켜야만 모욕의 개념이 충족된다는 견해[71]도 있지만, 공연히, 즉 '불특정 또는 다수인이 인식할 수 있는 상태'에서 경멸적 표현이 행해지면 족하고, 반드시 그것을 누군가 인식하여야 하는 것은 아니다(통설).

---

68 권오걸, 251면; 김성돈, 193면; 김성천, 776면; 김/서, 164면; 박상기, 181면; 배종대, 294면; 오영근, 219면; 이재상, 198면; 임웅, 225면; 정/박, 223면.

69 대판 1996.12.25. 95도1473; 2007.5.10. 2006도8544; 2004.5.28. 2004도1497.

70 대판 2003.11.28. 2003도3972.

71 이정원, 명예에 관한 죄에서의 명예 개념과 구성요건의 체계, 경남법학 제13집, 94면.

(2) 판례 공연히 표시된 모욕죄경멸적 표현은 표시 당시에 제3자가 이를 인식할 수 있는 상태에 있으면 되고, 반드시 제3자가 인식함을 요하지 않으며, 피해자가 그 장소에 있을 것을 요하지도 않고 또 피해자가 이를 인식하였음을 요하지도 않는다(대판 2004.6.25. 2003도4934).

2. 모욕 해당 여부

가. 모욕에 해당하는 사례 ① 시청 공무원에게 다른 직원들이 보는 가운데 '너 공무원 맞아? 또라이 아냐?'라며 소란을 피운 경우(대판 2010도16215), ② 동네사람 4명과 구청직원 2명 등이 있는 자리에서 피해자가 듣는 가운데 구청직원에게 피해자를 가리키면서 "저 망할 년 저기 오네"라고 말한 경우(대판 1990.9.25. 90도873)는 피해자에 대한 모욕에 해당한다.

나. 모욕에 해당하지 않는 사례 "부모가 그런 식이니 자식도 그런 것이다"와 같은 표현으로 인하여 상대방의 기분이 다소 상할 수 있다고 하더라도 그 내용이 너무나 막연하여 그것만으로 곧 상대방의 명예감정을 해하여 형법상 모욕죄를 구성한다고 보기는 어렵다(대판 2007.2.22. 2006도8915).

3. 고소와 반의사불벌

가. 친고죄 모욕죄와 사자명예훼손죄는 친고죄이고, 명예훼손죄와 출판물에 의한 명예훼손죄는 반의사불벌죄이다.

나. 처벌불원의사의 표시정도 반의사불벌죄에 있어서 피해자가 처벌을 희망하지 아니하는 의사표시나 처벌을 희망하는 의사표시의 철회를 하였다고 인정하기 위해서는 피해자의 진실한 의사가 명백하고 믿을 수 있는 방법으로 표현되어야 한다.[72]

다. 비친고죄만 고소하겠다고 한 경우 피해자가 '이씨가 상해를 가한 것만 처리해 줬으면 한다. 상해한 것만 고소하겠다'고 경찰에 진술한 것만으로는 피해자가 피고인에 대한 명예훼손의 공소사실에 관한 처벌을 희망하지 않는 의사를 표시했다거나 처벌을 희망하는 의사를 철회했다고 볼 수 없다(대판 2009도11610).

72 대판 2001.6.15. 2001도1809; 2004.6.25. 2003도4934.

제2절 • 신용·업무와 경매에 관한 죄

I. 신용훼손죄

> **제313조(신용훼손)** 허위의 사실을 유포하거나 기타 위계로써 사람의 신용을 훼손한 자는 5년 이하의 징역 또는 1천500만원 이하의 벌금에 처한다.

1. 의의와 보호법익 허위의 사실을 유포하거나 기타 위계로써 사람의 신용을 훼손하는 범죄이다. 명예가 사람의 인격적 가치라면, 신용은 그 경제적 가치이다. 보호법익은 '사람의 신용'이고, 신용훼손죄의 성립에 있어서는 신용훼손의 결과가 실제로 발생함을 요하는 것이 아니고 신용훼손의 결과를 초래할 위험이 발생하는 것이면 족하므로[1] 추상적 위험범이다.

2. 객체: 신용

가. 신용의 의미 신용훼손죄에서의 '신용'은 경제적 신용, 즉 사람의 지불능력 또는 지불의사에 대한 사회적 신뢰를 말하는 것이다.[2]

나. 신용이 아닌 사례 퀵서비스 운영자인 피고인이 배달업무를 하면서, 손님의 불만이 예상되는 경우에는 평소 경쟁관계에 있는 피해자 운영의 퀵서비스 명의로 된 영수증을 작성·교부함으로써 손님들로 하여금 불친절하고 배달을 지연시킨 사업체가 피해자 운영의 퀵서비스인 것처럼 인식하게 한 경우, 퀵서비스의 주된 계약내용이 신속하고 친절한 배달이라 하더라도, 그와 같은 사정만으로 위 행위가 피해자의 경제적 신용, 즉 지급능력이나 지급의사에 대한 사회적 신뢰를 저해하는 행위에 해당한다고 보기는 어렵다(대판 2011.5.13. 2009도5549).[3]

3. 허위사실의 유포

가. 허위사실의 의미 허위사실이라 함은 객관적으로 진실과 부합하지 않는 과거 또는 현재의 사실을 말하고(미래의 사실도 증거에 의한 입증이 가능할 때에는 여기의 사실에 포함된다) 단순한 의견이나 가치판단을 표시하는 것은 이에 해당하지 않는다(대판 1983.2.8. 82도2486).

---

1 대판 2011.9.8. 2011도7262.

2 대판 2006.5.25. 2004도1313; 2011.9.8. 2011도7262.

3 업무방해죄가 성립한다.

나. 유포의 의미 ① 불특정 또는 다수인에게 전파시키는 것을 말한다.[4] ② 어떤 사실을 유포 의도자와 특별한 관계가 없는 특정인에게만 알려주었다고 하더라도 그 특정인이 전파가능성이 높은 사람이라면 그 행위는 사실의 유포에 해당하나, 만약 그 사실을 전달받은 특정인이 유포하고자 하는 사람과 공범자이거나 유포 의도자를 조력하는 관계에 있어서 유포 의도자로부터 그 사실을 제3자에게 유포하여 달라고 부탁받은 것에 불과하다면 그것만으로는 이 법에서 규정한 사실의 유포행위가 있다고 볼 수 없고, 그 특정인이 부탁받은 대로 제3자에게 그 사실을 전달한 때에 비로소 유포행위의 실행의 착수가 있다(대판 1999.4.23. 99도636).

다. 의견이나 평가인 사례 甲이 계주로서 계 불입금을 모아 도망가더라도 책임지고 도와줄 사람이 없다는 취지의 말은 피고인의 甲에 대한 개인적 의견이나 평가를 진술한 것에 불과하여 허위사실의 유포라고 볼 수 없다(대판 1983.2.8. 82도2486).

4. 위계

가. 위계의 의미 '위계'라 함은 행위자의 행위목적을 달성하기 위하여 상대방에게 오인·착각 또는 부지를 일으키게 하여 이를 이용하는 것을 말한다(대판 2006.12.7. 2006도3400).

나. 위계에 해당하는 사례 조흥은행 본점 앞으로 '피해자가 대출금 이자를 연체하여 위 은행의 수락지점장이 3천만 원의 연체이자를 대납하였다'는 내용을 기재한 편지를 보냈으나 실제로는 지점장이 연체이자를 대납한 적이 없고, 내용이 허위라는 점을 미필적으로나마 인식하고 있었던 것으로 보이는바, 그로써 조흥은행의 오인 또는 착각 등을 일으켜 위계로써 피해자의 신용을 훼손한 경우에는 해당한다. 또한 편지의 내용 중 기본적인 사실이 진실이라 하더라도, 상당부분의 허위내용을 부가시킴으로써 신용훼손의 정도가 증가된 이상 신용훼손죄가 성립한다(대판 2006.12.7. 2006도3400).

5. 고의

가. 미필적 고의 신용훼손죄에 있어서의 범의는 반드시 확정적인 고의를 요하는 것은 아니고, 미필적 인식으로도 족하다(대판 2006.12.7. 2006도3400).

나. 전파가능성과 고의 행위자에게 행위 당시 자신이 유포한 사실이 허위라는 점을 적극적으로 인식하였을 것을 요한다고 할 것이며, 이와 같이 전파가능성을 이유로 허위사실의 유포를 인정하는 경우에는 적어도 범죄구성요건의 주관적 요소로서 미필적 고의가 필요하므로 전파가능성에 대

4 대판 2006.5.25. 2004도1313; 2011.5.13. 2009도5549.

한 인식이 있음은 물론 나아가 그 위험을 용인하는 내심의 의사가 있어야 한다(대판 2006.5.25. 2004도1313).

II. 업무방해죄

> **제314조(업무방해)** ① 제313조의 방법 또는 위력으로써 사람의 업무를 방해한 자는 5년 이하의 징역 또는 1천500만원 이하의 벌금에 처한다.
> ② 컴퓨터등 정보처리장치 또는 전자기록등 특수매체기록을 손괴하거나 정보처리장치에 허위의 정보 또는 부정한 명령을 입력하거나 기타 방법으로 정보처리에 장애를 발생하게 하여 사람의 업무를 방해한 자도 제1항의 형과 같다.

1. 의의와 보호법익

가. 의의　허위사실을 유포하거나 위계 또는 위력으로 사람의 업무를 방해하는 범죄이다.

나. 보호법익

(1) 학설　업무방해죄의 보호법익은 업무라는 견해[5]와 업무는 보호법익이라기보다는 보호의 대상이라고 보아야 하기 때문에 사람의 활동의 자유가 보호법익이라는 견해[6]가 주장된다.

(2) 판례　업무방해죄는 업무를 통한 사람의 사회적·경제적 활동을 보호하고자 하는 것이다.[7]

다. 성격

(1) 학설　업무방해죄는 사람의 경제적 생활관계를 보호하는 것으로 보는 재산죄설,[8] 재산죄라기 보다는 사회인으로서의 활동의 자유를 보호하는 것으로 보는 자유보호설[9] 및 경제인으로서의 활동과 사회인으로서의 활동을 모두 보호하는 것으로 보는 병유설[10]이 대립한다.

(2) 판례　여기에서 말하는 사무 또는 사업은 그것이 사회생활적인 지위에 기한 것이면 족하고 경제적인 것이어야 할 필요는 없다(대판 1995.10.12. 95도1589).

5　배종대, 305면; 오영근, 235면; 이재상, 208면; 임웅, 240면.

6　김성돈, 205면; 김/서, 175면; 박상기, 201면; 이근우, 업무방해죄, 형사재판의 제문제(2), 79면; 손동권, 노동쟁의행위의 가벌성에 관한 연구-우리나라 대법원 판례를 중심으로-. 일람법학 제3권, 218면.

7　대판 2009.11.19. 2009도4166 全合.

8　유기천, 118면.

9　김/김, 225면; 김/서, 206면; 정영일, 200면.

10　김성돈, 205면; 박상기, 200면; 배종대, 302면; 오영근, 231면; 이재상, 205면; 이흥기, 위력에 의한 업무방해죄에 있어서 위력과 정당행위, 대법원판례해설 제15호, 612면; 이형국, 업무방해죄, 고시연구 제22권 제9호(258호), 74면; 임웅, 238면; 정/박, 231면.

(3) 검토 업무방해죄의 보호법익은 업무이지만, 이는 경제적·재산적 업무에 국한되지 않고, 사회인으로서의 업무 일반을 보호한다. 따라서 업무방해죄는 업무활동의 자유와 재산을 동시에 보호한다는 점에서 병유설이 타당하다.

라. 보호의 정도

(1) 학설 보호의 정도와 관련하여서는 추상적 위험범설[11]과 구체적 위험범설[12]이 대립한다.

(2) 판례 업무방해죄의 성립에 있어서는 업무방해의 결과가 실제로 발생함을 요하는 것은 아니고 업무방해의 결과를 초래할 위험이 발생하면 충분하다 할 것이나, 결과발생의 염려가 없는 경우에는 본 죄가 성립하지 않는다.[13]

(3) 검토 업무방해의 행위가 너무 다양하기 때문에, 본죄를 추상적 위험범으로 해석하면 범죄의 성립범위가 너무 넓어질 수 있다. 따라서 법문에 위험발생이 언급되어 있지 않다고 하더라도 본죄의 성립을 제한하기 위해 예외적으로 업무방해의 구체적 위험이 필요하다고 보아야 한다.

2. 타인의 업무방해

가. 업무의 주체: 타인

(1) 타인의 범위 행위의 객체는 타인의 업무이고, 여기서 타인이라 함은 범인 이외의 자연인과 법인 및 법인격 없는 단체를 가리키므로, 법적 성질이 영조물에 불과한 대학교 자체는 업무방해죄에 있어서의 업무의 주체가 될 수 없다.[14]

(2) 대학 편입학업무와 성적평가업무의 주체 대학 편입학업무의 주체는 대학교가 아닌 총장이고, 성적평가업무의 주체는 대학교가 아닌 담당교수이다(대판 1999.1.15. 98도663).

(3) 권한을 위임한 업무 대학교 총장으로서 甲 등에게 입학사정업무를 맡긴 피고인이 미등록 인원만큼의 신입생을 추가로 모집함에 있어, 기부금을 낸 학부모나 교직원 자녀들 52명의 성적 또는 지망학과를 고쳐 그들의 석차가 추가로 모집하는 인원의 범위 내에 들도록 사정부를 허위로 작성한 다음, 그 정을 모르는 甲 등에게 제출하여 그들로 하여금 허위로 작성된 사정부에 따라 입학사정을 하게 함으로써 52명을 합격자로 사정하게 하였다면, 이는 위계로써 甲 등의 입학사정업무

---

11 권오걸, 247면; 김성돈, 205면; 김/김, 226면; 김/서, 173면; 오영근, 240면; 이재상, 215면; 임웅, 240면; 정영일, 206면.

12 박동률, 판례를 통해 본 위계공무집행방해죄-법적 성격과 위계의 범위를 중심으로-, 법학논고 제29집, 184면; 배종대, 312면.

13 대판 2007.4.27. 2006도9028; 2004.3.26. 2003도7927; 2002.3.29. 2000도3231; 2005.5.27. 2004도8447; 2005.10.27. 2005도5432; 2008.1.17. 2006도1721; 2009.9.24. 2007도6185. 피해자 회사가 조경수 운반 등을 위하여 통행하던 도로부분에 축대를 쌓아 피해자의 조경수 운반차량의 통행이 불가능하게 하였는데, 도로부분의 통행을 막기 오래 전부터 도로 인근의 비포장도로가 이 사건 도로부분의 대체도로로 개설되어 있었고, 위 대체도로로도 조경수 운반차량의 통행이 가능하였다.

14 대판 1999.1.15. 98도663; 2007.12.27. 2005도6404.

를 방해하였다(대판 1993.5.11. 92도255). 위임된 권한이 법적으로 여전히 위임자에게 유보되어 있는 것은 별론으로 하고, 그 수임자는 자기의 권한과 같이 자기의 명의와 책임으로 수임된 권한을 행사하는 것이므로 그 범위 내에서는 수임자의 독립된 업무에 속한다.[15]

(4) 기관의 업무 지방공기업법 등의 규정에 의해 공사의 신규직원의 채용권한이 사장에게 귀속되어 있다고 하더라도, 사장이 그 규정에 따라 신규직원의 채용권한을 행사하는 것은 법인인 공사의 기관으로서의 지위에서 공사의 업무를 집행하는 것에 불과하므로, 신규직원 채용업무는 공사의 업무에 해당한다(대판 2007.12.27. 2005도6404).

나. 업무 형법상의 업무는 사회생활상의 지위에 기하여 계속적으로 행하는 사무를 말한다.

(1) 업무의 의미 ① 보호대상이 되는 '업무'는 직업 또는 계속적으로 종사하는 사무나 사업을 말하고, 여기서 '사무' 또는 '사업'은 단순히 경제적 활동만을 의미하는 것이 아니라 널리 사람이 그 사회생활상의 지위에서 계속적으로 행하는 일체의 사회적 활동을 의미한다(대판 2009.11.19. 2009도4166 全合). ② 업무방해죄의 업무는 기초가 된 계약 또는 행정행위 등이 반드시 적법하여야 하는 것은 아니지만 타인의 위법한 행위에 의한 침해로부터 보호할 가치가 있는 것이어야 한다.[16] ③ 업무로서 행해져 온 회사의 경영행위에는 목적 사업의 직접적인 수행뿐만 아니라 그 확장, 축소, 전환, 폐지 등의 행위도 정당한 경영권 행사의 일환으로서 이에 포함된다(대판 2005.4.15. 2004도8701).

(2) 경제적인 업무에 한하는지 여부 사무 또는 사업은 그것이 사회생활적인 지위에 기한 것이면 족하고 경제적인 것이어야 할 필요는 없다(대판 1995.10.12. 95도1589).[17]

(3) 부수적 업무 ① 업무방해죄의 '업무'에는 주된 업무와 밀접불가분의 관계에 있는 부수적인 업무도 포함된다.[18] ② 주간 공장조업이 끝났다고 하더라도 섬유제품을 생산, 가공, 판매하는 회사 본래의 주된 영업활동을 원활하게 수행하기 위하여 회사는 공장건물 및 기자재 관리나 당직근무자 등을 통한 공장출입자에 대한 통제를 야간에도 계속해야 함은 물론, 전체 회사 직원들의 출퇴근이 제대로 이루어질 수 있도록 공장 정문의 정상적인 개폐 등에도 만전을 기하여야 하는 것이며, 이러한 업무는 회사의 주된 업무와 밀접불가분의 관계에 있으면서 계속적으로 수행되어지는 회사의 부수적 업무라 할 것이므로 이는 업무방해죄에서 보호의 대상으로 삼고 있는 업무에 해당된다(대판 1992.2.11. 91도1834).[19]

---

15 이승윤, 대학교 총장이 입학사정위원들에게 허위로 작성된 사정부에 따라 입학사정을 하게 한 행위가 위계에 의한 업무방해죄를 구성하는지 여부, 대법원판례해설 제9-2호, 428면.

16 대판 2007.8.23. 2006도3687; 2004.10.28. 2004도1256; 2005.4.15. 2004도8701.

17 마이크를 빼앗으며 유림총회를 진행하지 못하게 하고 현수막을 제거하고 회의장에 들어가려는 대의원들을 회의에 참석하지 못하게 한 사안이다. 대판 1991.2.12. 90도2501.

18 대판 1993.2.9. 92도2929; 2005.5.27. 2004도8447; 2012.5.24. 2009도4141.

19 피고인이 10여 명과 함께 공장 출입문을 통제하여 규찰을 보며, 노사분규 회의에 참석차 공장에 들렀다가 밖으로 나가려는 전무이사를 나가지 못하게 한 사안이다.

(4) 1회성 업무

A. 계속성을 갖는 업무수행의 일환으로서 행해진 일회성 업무 그 행위 자체는 1회성을 갖는 것이라고 하더라도 계속성을 갖는 본래의 업무수행의 일환으로서 행하여지는 것이라면, 업무방해죄에 의하여 보호되는 업무에 해당된다(대판 1995.10.12. 95도1589).[20]

B. 상사의 명에 의한 일시적 업무 경비원은 주로 경비업무 등 노무를 제공하는 직분을 가지고 있고, 상사의 명에 의하여 그 직장의 업무를 수행한다면 설사 그 업무가 계속적인 직무권한에 속하지 아니한 일시적인 것이라 할지라도 본죄의 업무에 해당한다(대판 1971.5.24. 71도399).[21]

C. 어느 정도 계속성이 있는 일회적 업무 ① 일회적인 사무라 하더라도 그 자체가 어느 정도 계속하여 행해지는 것이면 업무에 해당한다(대판 2005.5.27. 2004도8447). ② 회사가 사업장의 이전을 계획하고 그 이전을 전후하여 사업을 중단 없이 영위할 목적으로 이전에 따른 사업의 지속적인 수행방안, 새 사업장의 신축 및 가동개시와 구 사업장의 폐쇄 및 가동중단 등에 관한 일련의 경영상 계획의 일환으로서 시간적·절차적으로 일정기간의 소요가 예상되는 사업장 이전을 추진·실시하는 행위는, 그 자체로서 일정기간 계속성을 지닌 업무의 성격을 지니고 있을 뿐만 아니라 회사의 본래 업무인 목적사업의 경영과 밀접불가분의 관계에서 그에 수반하여 이루어지는 것으로 볼 수 있으므로 이 점에서도 업무방해죄에 의한 보호의 대상이 되는 업무에 해당한다(대판 2005.4.15. 2004도8701).

D. 단순한 1회적인 사무 피해자의 조경공사업무를 피해자의 직업 또는 사회생활상의 지위에 기하여 계속적으로 종사하는 사무나 사업이라거나 주된 업무인 건물임대업무와 밀접불가분의 관계에 있는 계속적인 부수적 업무라고 볼 수 없고, 단순한 1회적인 사무에 지나지 않는다.[22]

(5) 보호할 가치 있는 업무

A. 판단기준

1) 반사회성 ① 업무방해죄의 '업무'는 타인의 위법한 행위에 의한 침해로부터 보호할 가치가 있는 것이면 되고, 그 업무의 기초가 된 계약 또는 행정행위 등이 반드시 적법하여야 하는 것은 아니며, 다만 어떤 사무나 활동 자체가 위법의 정도가 중하여 사회생활상 도저히 용인될 수 없는 정도로 반사회성을 띠는 경우에는 업무방해죄의 보호대상이 되는 '업무'에 해당한다고 볼 수 없다(대판 2002.4.26. 2001도6903).[23] ② 법률상 보호할 가치가 있는 업무인지 여부는 그 사무가 사실상 평온하게 이루어져 사회적 활동의 기반이 되고 있느냐에 따라 결정되는 것이고, 그 업무의 개시나 수행과정

---

20 종중 정기총회를 주재하는 종중 회장의 의사진행업무 자체는 1회성을 갖는 것이라고 하더라도 그것이 종중 회장으로서의 사회적인 지위에서 계속적으로 행하여 온 종중 업무수행의 일환으로 행하여진 것이므로 업무방해죄에 의하여 보호되는 업무에 해당한다. 대판 2012.5.24. 2009도4141.

21 경비원이 갖고 있는 공장폐쇄에 관한 유인물을 탈취한 사안이다.

22 대판 1993.2.9. 92도2929; 1989.3.28. 89도110; 1985.4.9. 84도300.

23 무허가 포장마차영업도 사실상 평온하게 영위되어 왔으면 보호대상이 된다. 대판 1996.11.12. 96도2214; 2001.11.30. 2001도2015; 1995.6.30. 94도3136; 2007.1.12. 2006도6599.

에 실체상 또는 절차상의 하자가 있다고 하더라도 그 정도가 반사회성을 띠는 데까지 이르지 아니한 이상 업무방해죄의 보호대상이 된다(대판 2006.3.9. 2006도382).[24]

2) 반사회성과 동등한 평가　법원의 직무집행정지 가처분결정에 의하여 그 직무집행이 정지된 자가 법원의 결정에 반하여 직무를 수행함으로써 업무를 계속 행하고 있다면, 그 업무는 국법질서와 재판의 존엄성을 무시하는 것으로서 사실상 평온하게 이루어지는 사회적 활동의 기반이 되는 것이라 할 수 없고, 비록 그 업무가 반사회성을 띠는 경우라고까지는 할 수 없다고 하더라도 법적 보호라는 측면에서는 그와 동등한 평가를 받을 수밖에 없으므로, 그 업무자체는 법의 보호를 받을 가치를 상실하였다. 만약 이러한 업무를 업무방해죄에서 말하는 업무라고 한다면 이는 한 쪽에서는 법이 금지를 명한 것을 다른 쪽에서는 법이 보호하는 결과가 되어 결국 법질서의 불일치와 혼란을 야기하는 결과에 이를 것이다(대판 2002.8.23. 2001도5592).

3) 정당한 업무집행이 아닌 경우　정당한 업무집행이라고 할 수 없는 행위에 대하여는 이를 위력으로 배제하였다고 하더라도 업무방해죄가 성립되지 아니한다(대판 2010.6.10. 2010도935).

B. 보호할 가치가 없는 경우

1) 자격 없는 자의 업무

a. 의료인이나 의료법인이 아닌 자가 의료기관을 개설하여 운영: 의료인이나 의료법인이 아닌 자가 의료기관을 개설하여 운영하는 행위는 그 위법의 정도가 중하여 사회생활상 도저히 용인될 수 없는 정도로 반사회성을 띠고 있으므로, 업무방해죄의 보호대상이 되는 '업무'에 해당하지 않는다(대판 2001.11.30. 2001도2015).

b. 공인중개사 아닌 사람이 영위하는 중개업: 공인중개사가 아닌 피해자의 중개업은 부동산중개업법에 의하여 금지된 행위로서 형사처벌의 대상이 되는 범죄행위에 해당하는 것으로 사회통념상 도저히 용인될 수 없는 정도로 반사회성을 띠는 경우에 해당하여, 보호대상이 되는 업무라고 볼 수 없다(대판 2007.1.12. 2006도6599).

2) 성매매알선 등 행위　성매매알선등행위는 법에 의하여 원천적으로 금지된 행위로서 형사처벌의 대상이 되는 중대한 범죄행위일 뿐 아니라 정의관념상 용인될 수 없는 정도로 반사회성을 띠는 경우에 해당하므로 이는 업무방해죄의 보호대상이 되는 업무라고 볼 수 없다(대판 2011.10.13. 2011도7081).[25]

3) 권한 없는 자의 업무　도로관리청 또는 그로부터 권한을 위임받아 과적차량단속을 위한 적재량 측정업무를 수행하는 자라고 해도, 적재량 측정을 강제할 수 있는 법령상 근거가 없는 한 측

---

24 아파트관리사무실의 경리가 관리단 총회에서 새로이 선임된 관리인에 의하여 재임명되어 경리업무를 수행하여 온 경우, 관리인 선임에 무효사유가 있다고 하더라도 경리의 아파트관리업무가 업무방해죄의 보호대상에서 제외된다고 보기는 어렵다.

25 폭력조직 간부가 조직원들과 공모하여 성매매업소 앞에 속칭 '병풍'을 치거나 차량을 주차해 놓는 등 위력으로써 업무를 방해하였다는 내용으로 기소된 사안이다.

정에 불응하는 자를 고발하는 것은 별론으로 하고 측정을 강제하기 위한 조치를 취할 권한은 없으므로 이를 위한 조치가 정당한 업무집행이라고 볼 수 없다(대판 2010.6.10. 2010도935).[26]

4) 적법절차를 거치지 아니한 경우　① 甲회사가 건축공사를 시공하던 乙에 대한 채권자단 대표로부터 공사시공권을 인수하였다 하더라도, 적법한 절차를 거쳐 공사현장을 인수받지 아니하고 실력으로 공사현장을 인수받아 공사를 시행(계속)하려 한다면, 乙이 공사현장에 들어오려는 甲회사의 사람들을 제지하였다고 하여 甲회사의 정당한 업무를 방해한 것이라고 할 수 없다(대판 1989.3.14. 87도3674). ② 점유 경작하고 있는 논에 甲이 그 논의 소유권을 취득하였다는 이유로 적법한 절차에 의한 인도를 받지 아니한 채 묘판을 설치하려고 하자 그 묘판을 허물어뜨린 행위는, 점유에 대한 부당한 침탈 또는 방해행위의 배제를 위한 행위이므로 이를 업무방해라고 할 수 없다(대판 1980.9.9. 79도249).

5) 업무의 양도·양수와 관련하여 다툼이 있는 경우　어떠한 업무의 양도·양수 여부를 둘러싸고 분쟁이 발생한 경우에 양수인의 업무에 대한 양도인의 업무방해죄가 인정되려면, 당해 업무에 관한 양도·양수합의의 존재가 인정되어야 함은 물론이고 더 나아가 합의에 따라 당해 업무가 실제로 양수인에게 양도된 후 사실상 평온하게 이루어져 양수인의 사회적 활동의 기반이 됨으로써 타인, 특히 양도인의 위법한 행위에 의한 침해로부터 보호할 가치가 있는 업무라고 볼 수 있을 정도에 이르러야 한다(대판 2007.8.23. 2006도3687; 2013.8.23. 2011도4763).

C. 보호할 가치가 있는 경우

1) 무효인 농지임대차에 기한 경작업무　농지의 임대차는 농지개혁법상 무효라고 하더라도 그 임차한 농지의 경작행위를 방해하는 행위는 업무방해죄가 성립된다(대판 1980.11.25. 79도1956).

2) 임대인의 승낙 없는 전차인의 음식점 영업 등　피해자가 임대인인 피고인의 승낙 없이 임차인으로부터 지하실을 전차하였기 때문에 그 전대차로써 임대인인 피고인에게 대항할 수 없다고 하더라도, 피해자가 불법침탈 등의 방법에 의하여 지하실의 점유를 개시한 것이 아니고 그동안 평온하게 음식점영업을 하면서 점유를 계속하여 온 이상 동인들의 업무를 업무방해죄에 의하여 보호받지 못하는 권리라고 단정할 수 없다(대판 1986.12.23. 86도1372; 2008.3.14. 2007도11181).

3) 무효인 관리단총회에서 선임된 관리인에 의해 임명된 경리의 업무　甲은 운영위원회 회장이던 乙로부터 관리사무실의 경리로 임명되어 경리로서의 업무를 개시한 이래 피고인이 제2차 관리단총회에서 관리인으로 선임된 이후에도 계속하여 그 업무를 집행하여 온 경우, 이러한 甲의 업무는 사실상 평온하게 이루어지는 사회적 활동의 기반이 되고 있었다고 보기에 충분하고, 乙에 이어 관리인으로 선임된 것이 의결정수를 충족하지 못하여 무효가 되어 버린 피고인에 의하여 甲이 재임

---

26 적재량 재측정을 요구받은 피고인이 이를 거부하고 고속도로를 빠져나가려 하자 재측정을 시킬 목적으로 차에 올라탄 피해자를 그대로 둔 채 차량을 진행한 사안이다.

명되어 경리업무를 수행하여 왔다고 하더라도, 그러한 사정만으로 甲의 아파트관리업무가 반사회성을 띠게 되어 업무방해죄의 보호대상에서 제외된다고 보기는 어렵다(대판 2006.3.9. 2006도382).

4) 업체 선정을 위한 부적합한 현장성능시험 한국도로공사가 고속도로 통행료 자동징수시스템의 제조구매 입찰을 실시하면서 업체 선정을 위한 현장성능시험을 시행한 경우, 당시 입찰에 참가한 회사의 하이패스 시스템이 시험에 관한 기본가정 내지 도로공사의 제안요청서상 요구되는 기술적 조건을 충족하지 못하였고 입찰참여조건을 위반하여 성능시험 자체가 부적합한 것으로 드러났다고 하더라도, 시험의 개시나 수행과정에서의 하자 정도가 반사회성을 띠는 데까지 이르렀다고 볼 수 없으므로, 도로공사의 성능시험 업무는 업무방해죄의 보호대상이 된다(대판 2010.5.27. 2008도2344).

(6) 공무의 포함 여부

A. 학설 본죄의 업무에 공무가 포함되는가와 관련하여, 긍정설[27]은 공무를 제외할 경우 위력 또는 허위사실의 유포에 의한 공무방해를 처벌할 수 없게 되어 불합리가 생긴다고 하고, 부정설[28]은 공무집행방해죄가 별도로 규정되어 있어 공무를 포함시킬 필요가 없을 뿐만 아니라 법률이 공무집행방해죄의 행위유형을 '폭행, 협박, 위계'로 제한하고 있는 것은 그 밖의 수단에 의한 방해행위는 처벌하지 않겠다는 입법자의 의사로 해석하는 것이 타당하다고 한다. 절충설[29]은 비공무원의 공무수행(예컨대 관공서의 사환의 심부름)과 비권력적 공무수행, 그리고 공무원의 권력적 공무 중 폭행·협박·위계 이외의 수단으로 방해한 것은 본죄의 업무에 포함된다고 한다.

B. 판례 업무방해죄와 공무집행방해죄는 그 보호법익과 보호대상이 상이할 뿐만 아니라 업무방해죄의 행위유형에 비하여 공무집행방해죄의 행위유형은 보다 제한되어 있다. 즉, 공무집행방해죄는 폭행, 협박에 이른 경우를 구성요건으로 삼고 있을 뿐 이에 이르지 아니하는 위력 등에 의한 경우는 그 구성요건의 대상으로 삼고 있지 않다. 또한 형법은 여러 가지 유형의 공무방해행위를 처벌하는 규정을 개별적·구체적으로 마련하여 두고 있으므로, 이러한 처벌조항 이외에 공무의 집행을 업무방해죄에 의하여 보호받도록 하여야 할 현실적 필요가 적다는 측면도 있다. 그러므로 형법이 업무방해죄와는 별도로 공무집행방해죄를 규정하고 있는 것은 사적 업무와 공무를 구별하여 공무에 관해서는 공무원에 대한 폭행, 협박 또는 위계의 방법으로 그 집행을 방해하는 경우에 한하여 처벌하겠다는 취지라고 보아야 할 것이고, 따라서 공무원이 직무상 수행하는 공무를 방해하는 행위에 대해서는 업무방해죄로 의율할 수는 없다(대판 2009.11.19. 2009도4166 全合).[30]

---

27 김/서, 177면; 정영일, 203면. 임웅, 245면에서는 공무에 대해서는 컴퓨터업무방해죄가 마련되지 아니한 만큼, 정보처리장치에 장애를 야기하여 공무집행을 방해한 때에는 제314조 제2항에 의해 처벌할 수 있어야 한다고 한다. 하지만 이러한 필요성이 있다면 입법적으로 해결하는 것이 옳을 것이다.

28 권오걸, 253면; 김성돈, 211면; 박상기, 202면; 배종대, 307면; 오영근, 240면; 박종호, 업무방해죄에 있어서 위계 및 위력의 의미, 대법원판례해설 제56호, 309면; 이재상, 211면.

29 정/박, 238면; 황산덕, 241면.

30 지방경찰청 민원실에서 자신들이 진정한 민원사건의 처리와 관련하여 지방청장의 면담 등을 요구하며 이를 제지하는 경찰관

C. 검토 공무원인 이상 그 공무가 권력적 작용인가 아닌가는 공무집행방해죄의 해석에 영향을 미치지 아니한다고 보아야 하는 점에서 절충설은 문제가 있고,[31] 또 업무방해죄와 공무집행방해죄의 행위방법이 각기 상이하므로 공무를 본죄의 업무에 포함시키는 것은 판례가 적시하고 있는 양자의 구분을 모호하게 만든다는 점에서 부정설이 타당하다.

(7) 업무가 아닌 사례

A. 주주의 총회의결권 행사 주주로서 주주총회에서 의결권 등을 행사하는 것은 주식의 보유자로서 그 자격에서 권리를 행사하는 것에 불과할 뿐 그것이 '직업 기타 사회생활상의 지위에 기하여 계속적으로 종사하는 사무 또는 사업'에 해당한다고 할 수 없다(대판 2004.10.28. 2004도1256).

B. 비실명예금의 합의차명에 의한 실명전환과 업무 기존 비실명자산의 거래자가 긴급명령의 시행에 따라 이를 실명전환하는 경우, 금융기관으로서는 실명전환사무를 처리함에 있어서 거래통장과 거래인감 등을 소지하여 거래자라고 자칭하는 자의 명의가 실명인지 여부를 확인하여야 하고 또 그것으로써 금융기관으로서의 할 일을 다하는 것이라 할 것이고, 그가 과연 금융자산의 실질적인 권리자인지 여부를 조사·확인할 것까지는 없다고 할 것이므로, 기존의 비실명예금을 합의차명에 의하여 명의대여자의 실명으로 전환한 행위는 긴급명령에 따른 금융기관의 실명전환에 관한 업무를 방해한 것이라 할 수 없다(대판 1997.4.17. 96도3377 全合).

C. 등교하여 수업을 듣는 행위 초등학생들이 교실에서 수업을 듣는 것은 헌법 제31조가 정하고 있는 무상으로 초등교육을 받을 권리 및 초·중등교육법 제12, 13조가 정하고 있는 국가의 의무교육 실시의무와 부모들의 취학의무 등에 기하여 학생들 본인의 권리를 행사하는 것이거나 국가 내지 부모들의 의무를 이행하는 것에 불과할 뿐 그것이 '직업 기타 사회생활상의 지위에 기하여 계속적으로 종사하는 사무 또는 사업'에 해당한다고 할 수 없다(대판 2013.6.14. 2013도3829).[32]

다. 방해

(1) 방해의 의미

A. 학설 '업무를 방해'한다는 것은 업무에 어떤 지장을 주거나 지장을 줄 위험을 발생케 하면 족하고, 업무의 집행을 불능케 하거나 업무를 정지케 하는 것까지를 요구하지 않는다(통설).[33] 이에 반해 업무의 실시 자체가 방해받아야 하고, 업무의 공정이 저해되는 정도로는 업무방해죄가 되지 않는다는 견해[34]도 주장되고 있다.

들에게 큰소리로 욕설을 하고 행패를 부린 사안이다.

31 이재상, 211면.

32 초등학교 교실에 들어가 난동을 부려 수업을 방해한 사안이다.

33 김성돈, 213면; 이재상, 215면; 임웅, 246면; 정/박, 240면.

34 이근우, 위 논문, 87면.

B. 판례 ① 업무를 '방해한다'함은 업무의 집행 자체를 방해하는 것은 물론이고 널리 업무의 경영을 저해하는 것도 포함한다(대판 2002.3.29. 2000도3231).[35] ② 업무수행 자체가 아니라 업무의 적정성 내지 공정성이 방해된 경우에도 업무방해죄가 성립한다.[36]

C. 검토 공무집행방해죄와는 달리, 업무방해죄의 경우에는 업무집행의 방해는 물론이고, 통설·판례처럼 업무의 적정성 내지 공정성이 저해된 경우에도 본죄가 성립한다고 보아야 한다.

(2) 방해가 아닌 사례

A. 도급인이 공사현장에 남아 있는 수급인 소유의 공사자재를 옮긴 경우 도급인의 공사계약 해제가 적법하고 수급인이 스스로 공사를 중단한 상태에서 도급인이 공사현장에 남아 있는 수급인 소유의 공사자재 등을 다른 곳에 옮겨 놓았다고 하여 도급인이 수급인의 공사업무를 방해한 것으로 볼 수는 없다(대판 1999.1.29. 98도3240).

B. 부당한 침해의 배제행위 정당한 업무수행이라고 할 수 없는 행위에 대하여 위력으로 방해하였다 하더라도, 이는 오히려 자신의 업무에 대한 부당한 침탈 또는 방해행위의 배제를 위한 것이어서 업무방해죄가 성립하지 않는다(대판 1983.10.11. 82도2584).[37]

C. 지입차주의 집단적 운송거부 화물연대 조합원들은 대부분 지입차주로서 근로기준법상 근로자가 아니라 개인사업자 지위에 있으므로 화물운송업체의 지시에 응해야 할 포괄적이고 종속적인 노무제공 의무가 있다고 볼 수 없고, 화물차주들의 집단적 운송거부로 화물운송이 지장을 받더라도 이는 화물차주들이 운송위탁계약을 불이행해 생긴 결과에 불과하므로, 화물연대 조합원들이 집단적으로 거부한 사정만으로는 화주 등 타인의 업무를 방해했다고 평가할 수 없다(대판 2011.7.14. 2010도10406).

3. 허위사실의 유포

가. 허위사실의 의미 허위사실의 유포라 함은 객관적으로 진실과 부합하지 않는 과거 또는 현재의 사실을 유포하는 것으로서 (미래의 사실도 증거에 의한 입증이 가능할 때에는 여기의 사실에 포함된다.) 피고인의 단순한 의견이나 가치판단을 표시하는 것은 이에 해당하지 않는다(대판 1983.2. 8. 82도2486).

나. 허위의 정도 '허위의 사실을 유포한다'고 함은 반드시 기본적 사실이 허위여야 하는 것은 아니고, 비록 기본적 사실은 동일하더라도 이에 허위사실을 상당 정도 부가시킴으로써 타인의 업무를 방해할 위험이 있는 경우도 포함되지만, 그 내용 전체의 취지를 살펴볼 때 중요한 부분이 객관

---

35 대판 1999.5.14. 98도3767; 2005.4.15. 2004도8701; 2012.5.24. 2009도4141.

36 대판 2008.1.17. 2006도1721; 2010.3.25. 2009도8506.

37 자기소유의 토지에다 타인이 가옥을 신축하려고 기초를 판 것을 메워버린 행위는 자기소유, 점유에 대한 부당한 침탈 또는 방해행위를 배제하기 위한 것이고 이를 타인의 업무를 방해한 것이라고 보기는 어렵다. 대판 1985.10.22. 85도1597.

적 사실과 합치되고 단지 세부에 있어 약간의 상위가 있거나 다소 과장된 표현이 있는 정도에 불과하여 타인의 업무를 방해할 위험이 없는 경우는 이에 해당하지 않는다(대판 2006.9.8. 2006도1580).

다. 유포의 의미 '유포한다'고 함은 불특정 또는 다수인에게 전파시키는 것을 말한다(대판 2006.5.25. 2004도1313).

라. 허위사실의 유포에 해당하는 사례 甲의 구속 형사사건의 변호인으로 선임된 변호사가 甲에게 무죄판결을 받아주겠다고 약속한 일이 없고 甲이 범죄사실을 자백하여 유죄의 선고를 받고 확정되었는데도, 사람의 통행이 빈번한 변호사 사무실 앞에서 등에 붉은색 페인트로 "무죄라고 약속하고 이백만 원에 선임했다. 사건담당변호사"라는 등을 기재한 흰 까운을 입고 주변을 배회하는 등 하였다면, 이는 공연히 허위의 사실을 적시하여 유포함으로써 변호사로서의 업무의 경영을 저해하는 경우에 해당하므로 업무방해죄를 구성한다(대판 1991.8.27. 91도1344).

4. 위계

가. 위계의 의미 ① 위계라 함은 행위자의 행위목적을 달성하기 위하여 상대방에게 오인, 착각 또는 부지를 일으키게 하여 이를 이용하는 것을 말하며, 상대방이 이에 따라 그릇된 행위나 처분을 하였다면 위계에 의한 업무방해죄가 성립된다(대판 1992.6.9. 91도2221).[38] ② 인터넷 자유게시판 등에 실제의 객관적인 사실을 게시하는 행위는 설령 그로 인하여 피해자의 업무가 방해된다고 하더라도 '위계'에 해당하지 않는다(대판 2007.6.29. 2006도3839).

나. 위계의 상대방 컴퓨터 등 정보처리장치에 정보를 입력하는 등의 행위가 그 입력된 정보 등을 바탕으로 업무를 담당하는 사람의 오인, 착각 또는 부지를 일으킬 목적으로 행해진 경우에는 그 행위가 업무를 담당하는 사람을 직접적인 대상으로 이루어진 것이 아니라고 하여 위계가 아니라고 할 수는 없다(대판 2013.11.28. 2013도5117).[39]

다. 제3자에 대한 위계 소방사업부 직원들이 집단적으로 사표를 제출함으로써 일시적으로나마 위 직원들이 소방사업부의 업무에서 이탈하거나 소방사업부 업무를 중단할 위험이 생겼고, 그로 인하여 피해자의 소방사업부 업무의 경영을 저해할 위험성이 발생하였다(대판 2002.3.29. 2000도3231).[40]

---

38 대판 2005.3.25. 2003도5004; 2008.1.17. 2006도1721; 2009.9.24. 2007도6185.

39 국회의원 비례대표 후보자 추천을 위한 당내 경선과정에서 선거권자들로부터 인증번호만을 전달받은 뒤 그들 명의로 특정 후보자에게 전자투표한 사안이다.

40 피고인이 소방사업부 직원들에게 회사에서 소방사업부를 정리하기로 하였으며 자신이 독립하여 이를 운영하기로 하였다는 취지의 허위사실을 유포하는 방법으로 소방사업부 직원들로부터 사표를 제출받았다.

라. 취업과 위계

(1) 학력을 낮춰 입사한 경우

A. 학설 학력을 낮추어 회사에 입사한 것이 업무방해가 되는가와 관련하여, 긍정설[41]과 부정설[42]이 대립한다.

B. 판례 사용자가 이력서에 근로자의 학력 등의 기재를 요구하는 것은 근로능력의 평가 외에 근로자의 진정성과 정직성, 당해 기업의 근로환경에 대한 적응성 등을 판단하기 위한 자료를 확보하고, 나아가 노사간 신뢰관계의 형성과 안정적인 경영환경의 유지 등을 도모하고자 하는 데에도 그 목적이 있는 것으로, 이는 고용계약의 체결뿐 아니라 고용관계의 유지에 있어서도 중요한 고려요소가 된다고 볼 수 있다. 따라서 취업규칙에서 근로자가 고용 당시 제출한 이력서 등에 학력 등을 허위로 기재한 행위를 징계해고사유로 특히 명시하고 있는 경우에는, 이를 이유로 해고하는 것은 고용 당시 및 그 이후의 제반사정에 비추어 보더라도 사회통념상 현저히 부당하지 않다면 그 정당성이 인정된다(대판 2012.7.5. 2009두16763).[43]

C. 검토 회사가 입사심사를 거치므로, 단순히 학력을 낮추어 기재한 소극적 부작위만으로는 업무방해의 위계가 아니라고 할 것이지만, 회사가 특정학력자를 뽑지 않겠다는 의사를 분명히 하였음에도 해당하는 학력을 고의로 누락하는 것은 위계에 해당할 수도 있다 할 것이다.

(2) 위장취업의 경우

A. 학설 전과사실을 숨기기 위하여 타인명의를 도용하는 등의 방법으로 입사한 경우에 업무방해죄의 위계가 되는지에 대하여, 부정설[44]과 긍정설[45]이 대립한다.

B. 판례 회사가 공원모집을 함에 있어 학력, 경력을 기재한 이력서와 주민등록등본, 생활기록부 및 각서 등 서류를 교부받고, 응모자를 상대로 문제를 출제하여 시험을 보게 한 것은 단순히 응모자의 노동력을 평가하기 위한 것만이 아니라 노사간의 신뢰 형성 및 기업질서 유지를 위한 응모자의 지능과 경험, 교육 정도, 정직성 및 직장에 대한 적응도 등을 감안하여 회사의 근로자로서 고용할 만한 적격자인지 여부를 결정하기 위한 자료를 얻기 위한 것으로 인정되는데, 피고인이 노동운동을 하기 위하여 노동현장에 취업하고자 하나 자신이 대학교에 입학한 학력과 국가보안법위반죄의 처벌 전력 때문에 쉽사리 입사할 수 없음을 알고, 타인명의로 허위의 학력과 경력을 기재한 이력서를 작성하고 동인의 고등학교 생활기록부 등 서류를 작성 제출하여 시험에 합격하였다면, 위계에 의하여 회사의 근로자로서의 적격자를 채용하는 업무를 방해하였다(대판 1992.6.9. 91도2221).

---

41 임웅, 241면.

42 김/서, 179면; 배종대, 310면; 이재상, 업무방해와 쟁의행위의 정당성, 고시계 제39권 제8호(450호), 197면; 정영일, 205면.

43 해고된 원고들이 4년제 대학졸업자임에도 회사에 생산직 사원으로 입사할 당시 이력서에 대학졸업 사실을 기재하지 않았다.

44 배종대, 310면; 이재상, 업무방해와 쟁의행위의 정당성, 고시계 제39권 제8호(450호), 196면; 정영일, 205면.

45 임웅, 241면.

C. 검토 회사가 자신을 뽑지 않을 것이라는 점을 알고 이를 회피할 의사로 타인의 명의를 모용하여 입사한다면, 이는 업무방해죄에서 말하는 전형적인 위계에 해당한다 할 것이다.

마. 허위신청과 위계

(1) 위계에 해당하기 위한 요건 주한외국영사관의 비자발급업무와 같이 상대방으로부터 신청을 받아 일정한 자격요건 등을 갖춘 경우에 한하여 그에 대한 수용 여부를 결정하는 업무에 있어서는 신청서에 기재된 사유가 사실과 부합하지 않을 수 있음을 전제로 하여 그 자격요건 등을 심사·판단하는 것이므로, 그 업무담당자가 사실을 충분히 확인하지 아니한 채 신청인이 제출한 허위의 신청사유나 허위의 소명자료를 가볍게 믿고 이를 수용하였다면, 이는 업무담당자의 불충분한 심사에 기인한 것으로서 신청인의 위계가 업무방해의 위험성을 발생시켰다고 할 수 없어 위계에 의한 업무방해죄를 구성하지 않는다.[46]

(2) 불충분한 심사에 기인한 경우 업무담당자의 불충분한 심사로 인하여 피고인의 신청을 믿은 것이므로 신청인의 위계가 업무방해의 위험성을 발생시켰다고 할 수 없다(대판 2008.6.26. 2008도2537).[47]

(3) 충분한 심사를 하였지만 발견하지 못한 경우 신청인이 업무담당자에게 허위의 주장을 하면서 이에 부합하는 허위의 소명자료를 첨부하여 제출한 경우, 그 수리 여부를 결정하는 업무담당자가 관계 규정이 정한 바에 따라 그 요건의 존부에 관하여 나름대로 충분히 심사를 하였으나 신청사유 및 소명자료가 허위임을 발견하지 못하여 그 신청을 수리하게 될 정도에 이르렀다면, 이는 업무담당자의 불충분한 심사가 아니라 신청인의 위계행위에 의하여 업무방해의 위험성이 발생된 것이어서 위계에 의한 업무방해죄가 성립된다(대판 2004.3.26. 2003도7927).[48]

바. 논문과 위계

(1) 대작 단순히 통계처리와 분석 또는 외국자료의 번역과 타자만을 타인에게 의뢰한 것이 아니라 전체 논문의 초안작성을 의뢰하고, 그에 따라 작성된 논문의 내용에 약간의 수정만을 가하여 제출하면 업무방해죄가 성립된다(대판 1996.7.30. 94도2708).

(2) 타인의 논문 게재 甲이 작성한 각 논문을 전혀 수정하지 아니한 채 자신을 저작자 명의로 하여 각 학회 편집담당자에게 송부하고 학회지에의 게재를 요청하여 각 논문들이 그대로 게재된 경우, 위계행위로 인하여 학회지 업무담당자들의 편집 및 출판 업무가 방해되었다고 할 것이고, 갑

---

46 대판 2004.3.26. 2003도7927; 2009.2.26. 2008도11862.

47 제출한 이력서와 성적증명서에 서로 모순이 있는 사안이다. 대판 2009.1.30. 2008도6950.

48 허위의 사실을 기재하여 신청서를 제출한 것에 그치지 않고, 그 소명을 위하여 허위로 작성한 서류를 제출하고 다른 사람으로 하여금 비자 면접 때 그에 맞추어 허위의 답변을 하도록 연습을 시켜 그와 같이 면접을 하게 하고, 회사 재직 여부를 묻는 미국 대사관 직원의 문의 전화에 허위로 답변한 사안이다. 대판 2007.12.27. 2007도5030.

이 저작자 표시를 단독 또는 갑과 공동 명의로 하는 점에 관하여 동의하거나 적극적인 권유를 하였는지 여부는 업무방해죄 성립에 아무런 영향이 없다(대판 2009.9.10. 2009도4772).

사. 시험과 위계

(1) 순수한 예상문제를 선정 객관적으로 보아 출제교사가 출제할 것이라고 예측되는 순수한 예상문제를 선정하여 수험생이나 그 교습자에게 주는 행위를 가지고 시험실시업무를 방해하는 행위라고 할 수는 없다(대판 1999.12.10. 99도3487).

(2) 출제위원이 문제를 선정하여 유출

A. 출제되지 아니한 경우 시험의 출제위원이 문제를 선정하여 시험실시자에게 제출하기 전에 유출하였다고 하더라도 이러한 행위 자체는 위계를 사용하여 시험실시자의 업무를 방해하는 행위가 아니라 준비단계에 불과한 것이고, 유출된 문제가 시험실시자에게 제출되지도 아니하였다면 문제유출로 인하여 시험실시 업무가 방해될 추상적인 위험조차도 없으므로 업무방해죄가 성립하지 아니한다(대판 1999.12.10. 99도3487).

B. 출제된 경우 교수인 甲이 출제교수들로부터 대학원 신입생전형 시험문제를 제출받아 피고인 乙, 丙에게 그 시험문제를 알려주자 그들이 답안쪽지를 작성한 다음 이를 답안지에 그대로 베껴 써서 그 정을 모르는 시험감독관에게 제출한 경우, 위계로써 입시감독업무를 방해한 것이므로 업무방해죄에 해당한다(대판 1991.11.12. 91도2211).

(3) 부정청탁하였으나 뜻을 이루지 못한 경우 대학교 입시 수험생의 학부모로부터 부정청탁을 받은 甲 교수가 그 수험생으로 하여금 답안지에 비밀표시를 하도록 해 놓고 채점위원이 될 것으로 예상되는 乙 교수에게 비밀표시된 답안지 채점을 부정하게 높게 하는 등 위계의 방법으로 부정합격시키도록 하자고 부탁하여 乙이 이를 승낙하는 방법으로 甲과 공모하였는데, 그 후 乙이 채점위원이 되지 아니하자 채점위원이 된 丙 교수에게 그와 같은 부정채점을 청탁한 경우, 丙이 乙의 부정채점 제의를 거절하고 즉시 교무처장에게 신고함으로써 더 이상 입시부정행위를 할 수 없게 되었고 달리 그 이후 乙이 甲이나 수험생들 및 총장으로 하여금 부정한 행위나 처분을 하게할 만한 행위를 한 바 없다면, 乙의 범행 가담 이후 총장의 입시관리업무가 방해될 만한 행위가 없다 할 것이니 업무방해죄의 기수로 논할 수 없음이 명백하므로, 丙에게 부정청탁을 하였으나 뜻을 못 이룬 乙의 행위를 형법 제314조를 적용하여 업무방해죄의 죄책을 지울 수 없다(대판 1994.12.2. 94도2510).

(4) 확정된 성적의 변경 채점결과를 변경한 행위는 채점절차가 실질적으로 완료되어 채점위원이라고 하더라도 채점상의 착오를 바로 잡기 위한 것이 아닌 한 더 이상 채점결과를 변경할 수 없는 단계에서 일부 응시생들을 합격시킬 목적만으로 행하여진 것이므로, 채점행위의 범위를 벗어난 것으로서 채점을 담당한 교수의 권한에 속하는 것이 아님이 분명하고, 결국 아무 권한도 없이 이미 확정된 채점결과를 임의로 변경하여 대학원위원회의 합격자사정업무를 위계로써 방해한 것에 해

당한다(대판 1993.12.28. 93도2669).

(5) 필기시험점수 조작 조작되지 않은 필기시험 점수에 의할 경우 면접시험에 응시할 자격이 없는 자들을 점수조작행위에 의하여 면접시험에 응시할 수 있게 하였다면, 점수조작행위는 면접위원으로 하여금 면접시험 응시자의 정당한 자격 유무에 관하여 오인·착각 또는 부지를 일으키게 하는 위계에 해당한다(대판 2010.3.25. 2009도8506).[49]

아. 위계에 해당하는 사례 ① 여러 곳에 공장을 둔 회사의 노동조합 중앙집행위원회에서 회사 사정상 이전에 예정되었던 공장별 체육대회를 취소하되 당일을 유급휴일로 할 것인지의 여부는 단체협약에 관한 사항으로서 노사협의를 거쳐 최종 결정하기로 하였는데, 그 후 당일을 유급휴일로 할 것인지에 관하여 노사협의가 없었고 오히려 회사와 회사 노동조합에서는 당일에 정상 근무를 하도록 통보하였음에도 불구하고, 회사 노동조합 인천지부 지부장 등이 공동하여 체육대회 전날 노동조합 인천지부 대의원회를 개최하여 일방적으로 체육대회 날을 휴무로 결정한 후, 같은 취지의 유인물을 참석 대의원들에게 배포하여 인천공장 소속 근로자들로 하여금 당일을 유급휴일로 오인하여 출근하지 않도록 함으로써 인천공장의 정상 가동을 불능케 한 행위(대판 1992.3.31. 92도58), ② 한국도로공사가 甲 주식회사의 고속도로 통행요금징수 기계화시스템의 성능에 대한 2차 현장평가를 하게 되었는데, 甲 회사와는 반대의 이해관계를 가진 乙 주식회사의 직원들이 설비가 차량판별시 타이어의 접지면을 고려하고 있어 타이어의 접지면이 통상 예정했던 경우와 달라지면 그 차량판별에 오차가 발생하는 등의 문제점이 있음을 알아내어, 설비의 차량판별에 있어서의 문제점을 부각시키기 위하여 한국도로공사에 알리지 아니한 채 인위적으로 각종 소형화물차 16대의 타이어 공기압을 낮추어 접지면을 증가시킨 후 설비가 설치되어 있는 동서울톨게이트 하행선 우측 2번 라인을 통과하도록 한 행위(대판 1994.6.14. 93도288), ③ 한국자산관리공사가 공적자금을 회수하기 위하여 공적자금 투입업체의 출자전환주식을 매각하기로 하고 그 매각업무의 주간사를 선정하는 과정에서 우선 공사 내부구성원들이 1차 선정위원회를 구성하여 후보기관을 심사·선정하면서, 선정위원회가 준수해야 하는 매각심사소위원회의 평가표에 따를 경우 甲 업체의 제안서 심사결과가 경쟁상대인 乙 업체보다 불리하다고 판단되자, 평가표의 평가항목별 배점을 甲 업체에 유리하게 수정하여 甲 업체를 1순위로, 乙 업체를 2순위로 선정한 다음, 이러한 사실을 고지하지 않은 채 별도의 민간전문가가 참여한 2차 선정위원회에 심사결과와 수정된 평가표를 제출하여 평가절차를 진행하게 한 행위(대판 2008.1.17. 2006도1721), ④ 甲 운영의 정비사업전문관리업자인 A 회사를 주택재개발사업의 정비사업체로 선정되게 할 목적으로 정비사업체선정을 위한 추진위원회 회의에서 추진위

---

49 수협의 직원채용과 관련하여, 조합장과 필기시험 담당직원들의 공모 내지 양해하에 이루어진 시험점수조작행위로 인하여 면접위원들의 수행면접업무가 방해되었다는 취지이다.

원들에게 선정대상업체인 A 회사와 경쟁업체인 B 회사를 비교 설명하면서 B 회사의 사업실적을 실제보다 축소하여 허위로 고지한 행위(대판 2009.9.24. 2007도6185), ⑤ 甲이 작성한 각 논문을 피고인 자신이나 甲 및 피고인이 공동으로 작성한 논문인 것처럼 학술지에 제출하여 발표한 논문연구실적을 부교수 승진심사 서류에 포함하여 제출한 행위(대판 2009.9.10. 2009도4772),[50] ⑥ 상호저축은행 경영진이 상호저축은행의 영업정지가 임박해 있던 상황에서 금융감독원 파견감독관에게 알리지 아니한 채 영업마감 후에 전화로 특정 고액 예금채권자들에게 영업정지 예정사실을 알려주어 이들로 하여금 상호저축은행을 방문하여 예금을 인출하도록 한 행위(대판 2013.1.24. 2012도10629)는 업무방해죄의 위계에 해당한다.

자. 위계에 해당하지 않는 사례 ① 어장의 대표자였던 피고인이 어장 측에 대한 허위의 채권을 주장하면서 후임대표자에게 그 인장을 인도하기를 거절함으로써 후임대표자가 만기도래한 어장소유의 수산업협동조합 예탁금을 인출하지 못하였고 어장소유 선박의 검사를 받지 못한 결과를 초래한 경우(대판 1984.7.10. 84도638), ② 경영하던 공장을 양도하면서 미수 외상대금 채권의 수금권을 포기하기로 약정하고도 이를 외상채무자들에게 고지하지 아니하고 외상대금을 수령한 행위(대판 1984.5.9. 83도2270), ③ 신규직원 채용권한을 갖고 있는 시험업무 담당자들이 모두 공모 내지 양해하에 부정한 행위를 한 경우(대판 2007.12.27. 2005도6404)[51]는 '위계'에 해당한다고 할 수 없다.

5. 위력

가. 위력의 의미와 정도

(1) 위력의 의미 '위력'이란 사람의 자유의사를 제압, 혼란케 할 만한 일체의 유형적 또는 무형적 세력을 말하는 것으로서 폭행, 협박은 물론 사회적, 경제적, 정치적 지위와 권세에 의한 압력 등을 포함하는 것이다(대판 2000.7.6. 99도4079).[52]

(2) 위력의 정도

A. 판단기준 ① '위력'이라 함은 범인의 위세, 사람 수, 주위의 상황 등에 비추어 피해자의 자유의사를 제압하기 족한 세력을 말하는 것이고, 현실적으로 피해자의 자유의사가 제압된 것

50 피고인이 승진 임용심사시에 제출한 논문들 중 이 사건 각 논문을 제외한 다른 논문만으로도 부교수 승진요건을 월등히 충족하고 있었다는 등의 사정만으로 승진 임용심사 업무의 적정성이나 공정성을 해할 위험이 없었다고 단정할 수는 없다.

51 공사의 신규직원 채용시험업무 담당자들인 甲 등이 일반행정 6급시험 응시자인 乙의 필기시험성적을 조작한 것과 전문계약직인 사서직 응시자 丙을 면접대상자에 포함시킬 수 있도록 응시자격 요건을 변경한 것은 공사사장의 부정한 지시에 따른 결과일 뿐이지 공사사장의 행위에 의해 시험업무 담당자들이 오인·착각 또는 부지를 일으킨 결과가 아니다.

52 대판 2005.3.25. 2003도5004; 2007.6.14. 2007도2178; 2003.12.26. 2001도1863.

을 요하는 것은 아니다.[53] ② 위력의 사용은 폭행·협박의 정도에 이르러야만 되는 것도 아니다(대판 1993.2.23. 92도3395).

B. 위력에 해당하는 사례 포크레인의 작업반경 내에서 서성거리며 욕설을 한 행위는 위력에 해당한다(대판 2010.1.28. 2009도8817).

C. 위력에 해당하지 않는 사례 ① 부녀자인 피고인이 논둑에 서서 벼를 베고 있는 사람들에게 벼를 베기만 하면 좋지 못하다고 말한 행위(대판 1967.1.31. 66도1686), ② 계약갱신 및 체납임·관리비 상당액을 독려차 나온 사원에게 "너희들이 무엇인데 상인협의회에서 하는 일을 방해하며 협의회에서 돌리는 유인물을 압수하느냐, 당장 해임시키겠다"고 한 정도의 욕설을 한 행위(대판 1983.10.11. 82도2584), ③ 종합시장주식회사 측의 임차보증금과 임료의 일방적 인상과 증평수문제 등 불합리한 문제에 대하여 피해상인들이 이에 대항키 위해 자발적으로 결성한 단체인 종합상가상인협의회의 임원들이 가입상인들로부터 임관리비 상당액을 징수하여 은행에 예치한 행위(대판 1983.10.11. 82도2584), ④ 사장실 밖으로 끌려 나가지 않기 위하여 팔, 다리를 휘두르는 등의 방법으로 저항한 행위(대판 2007.10.11. 2007도6406)는 통념상 허용한도를 벗어나 피해자들의 의사의 자유를 제압·혼란케 하는 것으로서 '위력'에 해당한다고 보기 어렵다.

나. 물적 상태를 이용한 위력

(1) 위력 해당 여부 업무방해죄의 위력은 반드시 업무에 종사 중인 사람에게 직접 가해지는 세력만을 의미하는 것은 아니고, 사람의 자유의사를 제압하기에 족한 일정한 물적 상태를 만들어 사람으로 하여금 자유로운 행동을 현저히 곤란하게 하는 행위도 포함될 수 있다(대판 2009.9.10. 2009도5732).[54]

(2) 위력에 해당하는 사례

A. 도로의 불통 불특정 다수인의 통행로로 이용되어 오던 도로의 토지 일부의 소유자라 하더라도 그 도로의 중간에 바위를 놓아두거나 이를 파헤침으로써 차량의 통행을 못하게 한 행위는 업무방해죄에 해당한다(대판 2002.4.26. 2001도6903).[55]

B. 자물쇠의 비밀번호 변경 사업장이 자신의 소유라고 주장하며 피해자에게 "사업장에는 얼씬도 하지 말고 일절 관여하지 말라"고 말하면서 자물쇠의 비밀번호를 변경한 것은, 피해자가 운영하는 사업이 자신의 명의로 사업자등록이 되어 있고 자신이 상주하여 지게차 판매 등을 하고 있

---

53 대판 1995.10.12. 95도1589; 2005.5.27. 2004도8447.

54 피해자들이 경작 중이던 농작물을 트랙터를 이용하여 갈아엎어 버린 다음 그곳에 자신을 위해 이랑을 만들고 새로운 농작물을 심어 놓는 방법으로 피해자들의 자유의사를 제압하기에 족한 물적 상태를 만들어 놓은 사안이다. 대판 2012.5.24. 2009도4141.

55 일반교통방해죄도 성립하고 두 죄는 상상적 경합이 된다.

는 지위를 이용하여 자물쇠의 비밀번호를 변경함으로써 피해자의 업무를 위력으로 방해하였다(대판 2009.4.23. 2007도9924).[56]

C. 건물 출입문 개방시간 단축 건물의 지하실을 임차하여 다방을 경영하고 있는 자에 대하여 건물주가 지하실 다방에 출입할 수 있는 샷터문을 종전에 6:00시부터 22:00시까지 개방하던 것을 8:00시부터 17:00시까지 개방시간을 단축시키고, 다방으로 통하는 배전선을 떼어 전등, 환기장치를 쓰지 못하게 한 행위는 위력에 해당한다(대판 1962.4.12. 62도17).

D. 직인의 인계 거부 학원운영 문제를 둘러싸고 이사장과 갈등관계에 있던 자가 이사장직인 등을 관리·보관하는 지위에 있음을 이용하여 이사장직인 등을 감춘 채 이를 이사장에게 인계하지 아니한 행위는 이사장으로서의 학사업무를 방해한 것이다(대판 2010.2.11. 2009도11815).

E. 접속권한 차단 A 자동차(주)의 상무이사가 대리점 영업소장인 피해자로 하여금 회사 내부 전산망 전부와 고객관리시스템 중 자유게시판에 대한 접속을 차단한 행위는 위력으로 피해자의 업무를 방해한 것이다(대판 2012.5.24. 2009도4141).

(3) 위력에 해당하지 않는 사례 피해자가 공과금을 납부하지 아니하자 관리업체 직원이 피해자의 퇴근 후 점포에 들어가 전구 8개를 빼내어 가는 방법으로 단전조치를 행한 행위는, 피해자와 별다른 물리적 충돌이 없었고 피해자는 단순히 전구를 다시 끼우기만 하면 원상회복할 수 있었으므로 위력에 해당하지 아니한다(대판 2010.10.14. 2010도7421).

(4) 제3자에 대한 위력 ① 위력에는 제3자를 통하여 간접적으로 행사하는 것도 포함될 수 있다. 그러나 어떤 행위의 결과 상대방의 업무에 지장이 초래되었다 하더라도 행위자가 가지는 정당한 권한을 행사한 것으로 볼 수 있는 경우에는, 그 행위의 내용이나 수단 등이 사회통념상 허용될 수 없는 등 특별한 사정이 없는 한 업무방해죄를 구성하는 위력을 행사한 것이라고 할 수 없다. 따라서 제3자로 하여금 상대방에게 어떤 조치를 취하게 하는 등으로 상대방의 업무에 곤란을 야기하거나 그러한 위험이 초래되게 하였다 하더라도, 행위자가 그 제3자의 의사결정에 관여할 수 있는 권한을 가지고 있거나 그에 대하여 업무상의 지시를 할 수 있는 지위에 있는 경우에는 특별한 사정이 없는 한 업무방해죄를 구성하지 아니한다(대판 2013.2.28. 2011도16718). ② 위력은 원칙적으로 피해자에게 행사되어야 하므로, 그 위력 행사의 상대방이 피해자가 아닌 제3자인 경우 그로 인하여 피해자의 자유의사가 제압될 가능성이 직접적으로 발생함으로써 이를 실질적으로 피해자에 대한 위력의 행사와 동일시할 수 있는 특별한 사정이 있는 경우가 아니라면 피해자에 대한 업무방해죄가 성립한다고 볼 수 없다(대판 2013.3.14. 2010도410).

---

56 사업은 실질적으로 피해자가 단독으로 운영하여 온 것으로 사업장의 재산은 피해자의 단독 소유인데, 피해자가 피고인에게 피고인 명의의 ○○전동지게차사업을 정리하고 새로운 상호로 지게차 판매 등을 직영하겠다고 하자 피고인이 자물쇠의 비밀번호를 변경한 사안이다.

다. 쟁의행위와 위력

(1) 집단적 노무제공거부

A. 위력 해당 여부

1) 학설 집단적 노무제공거부행위와 관련하여, 정당성을 갖추었느냐와 상관없이 파업 그 자체는 업무방해죄와 무관하다는 부정설[57]과 근로관계법령이 허용하지 않는 집단적인 노무제공거부행위는 위력이 될 수 있다는 긍정설[58]이 대립한다.

2) 판례 ① 쟁의행위로서의 파업이 언제나 업무방해죄에 해당하는 것으로 볼 것은 아니고, 전후 사정과 경위 등에 비추어 사용자가 예측할 수 없는 시기에 전격적으로 이루어져 사용자의 사업운영에 심대한 혼란 내지 막대한 손해를 초래하는 등으로 사용자의 사업계속에 관한 자유의사가 제압·혼란될 수 있다고 평가할 수 있는 경우에 비로소 그 집단적 노무제공의 거부가 위력에 해당하여 업무방해죄가 성립한다(대판 2011.3.17. 2007도482 全合).[59] ② 파업의 정당성이 인정되지 않는다는 이유로 업무방해죄에 해당한다고 판단한 것은 부당하다(대판 2014.11.13. 2011도393).

3) 헌법재판소 결정 헌법 제33조 제1항은 근로자의 단체행동권을 헌법상 기본권으로 보장하면서 단체행동권에 대한 어떠한 개별적 법률유보조항도 두고 있지 않으며, 단체행동권에 있어서 쟁의행위는 핵심적인 것인데 쟁의행위는 고용주의 업무에 지장을 초래하는 것을 당연한 전제로 하므로, 헌법상 기본권 행사에 본질적으로 수반되는 것으로서 정당화될 수 있는 업무의 지장 초래가 당연히 업무방해에 해당하여 원칙적으로 불법한 것이라 볼 수는 없다. 단체행동권의 행사로서 노동법상의 요건을 갖추어 헌법적으로 정당화되는 행위를 범죄행위의 구성요건에 해당하는 행위임을 인정하되 다만 위법성을 조각하도록 한 취지라는 해석은 헌법상 기본권의 보호영역을 하위법률을 통해 지나치게 축소시키는 것이기 때문이다(헌재결 2010.4.29. 2009헌가168).

4) 검토 쟁의행위는 원칙적으로 업무방해죄의 구성요건인 위력에 해당하지 않지만, 판례가 설시하고 있는 바와 같이 예측할 수 없는 시기에 전격적으로 이루어지는 집단적 노무제공거부행위는 경우에 따라 위력에 의한 업무방해가 될 여지도 없지 않다.

B. 위력에 해당하는 사례 중앙노동위원회위원장이 특별조정위원회의 조건부 중재회부권고의 취지에 따라 두 차례에 걸쳐 중재회부 보류결정을 한 것은, 전국철도노동조합과 한국철도공사 간의 노사 자치에 의한 교섭을 존중하되 양자 사이의 노동쟁의가 더 이상 단체교섭을 통해 자율적으로 해결될 수 없다고 판단되는 경우 사회적 혼란을 야기할 가능성이 큰 필수공익사업장인 한국철

57 김순태, 파업과 위력업무방해죄와의 관계, 법학논총 제12집(국민대학교 법학연구소), 362면 이하.

58 김/서, 180면; 박상기, 203면; 배종대, 313면; 오영근, 245면; 이재상, 214면; 정/박, 241면.

59 전원합의체 판결에서는 근로자들이 집단적으로 근로의 제공을 거부한 행위가 당연히 위력에 해당함을 전제로 하여 노동관계 법령에 따른 정당한 쟁의행위로서 위법성이 조각되는 경우가 아닌 한 업무방해죄를 구성한다는 기존의 입장을 변경하였다. 대판 2013.5.23. 2011도12440.

도공사에서의 쟁의행위를 허용하지 아니하고 직권중재를 통하여 해결하겠다는 의사를 명확히 한 것이고, 그에 따라 단체교섭의 최종적 결렬 직후 직권중재회부결정을 한 것이다. 그럼에도 전국철도노동조합의 위원장인 피고인은 전국 규모의 철도사업장에서 파업을 그대로 강행하였다. 한국철도공사로서는, 전국철도노동조합이 필수공익사업장으로 파업이 허용되지 아니하는 이 사건 사업장에서 직권중재 회부시 쟁의행위 금지규정 등을 위반하면서까지 파업을 강행하리라고는 예측할 수 없었다 할 것이다. 나아가 전국적으로 이루어진 파업의 결과 수백 회에 이르는 열차 운행이 중단되어 총 135억 원 상당의 손해를 야기하는 등 한국철도공사의 사업운영에 예기치 않은 중대한 손해를 끼치는 상황을 초래한 것으로 업무방해죄가 성립한다(대판 2011.3.17. 2007도482 全合).

C. 위력에 해당하지 않는 사례 ① 골프장에서 전국여성노동조합 분회장으로 일하던 피고인이 출장배치를 받은 경기보조원들에게 출장을 거부할 것을 순차적으로 지시해 그들이 소극적으로 출장하지 않게 했을 뿐인 경우, 피고인과 경기보조원들이 집단적으로 골프장에서 골프장 운영자의 자유의사를 제압하기에 충분한 적극적 행위를 했다고 볼 수 없다(대판 2013.5.23. 2011도12440).[60] ② 사측에 노조 인정, 노조 사무실 제공, 대표이사 면담 등을 요구했지만, 사측에서 성실하게 단체교섭에 응하지 않는다고 판단되자 조직적으로 잔업과 특근을 거부한 경우는 위력의 행사로 볼 수 없다(대판 2014.6.12. 2012도2701).

(2) 직장점거와 위법성

A. 적법요건 직장점거는 파업시 사용자에 의한 방해를 막고 변화하는 강세에 기민하게 대처하기 위하여 퇴거하지 않고 사용자의 의사에 반하여 직장에 체류하는 쟁의수단이므로 사용자 측의 점유를 완전히 배제하지 아니하고 그 종업도 방해하지 않는 부분적, 병존적 점거일 경우에 한하여 정당성이 인정되는 것이고, 이를 넘어 사용자의 기업시설을 장기간에 걸쳐 전면적, 배타적으로 점유하는 것은 사용자의 시설관리권능에 대한 침해로서 부당하다(대판 1990.10.12. 90도1431; 2007.12.28. 2007도5204).

B. 적법한 사례 사업장 내 회의실 점거행위는, 쟁의행위로서의 목적과 절차적 정당성을 갖춘 것이고, 사업장시설을 전면적, 배타적으로 점거한 것이라고 보기 어렵고 오히려 점거의 범위가 사업장 시설의 일부분이고 사용자 측의 출입이나 관리지배를 배제하지 않는 부분적, 병존적인 점거에 지나지 않으며, 실질적으로 사업주의 업무의 중단 또는 혼란을 초래한 바도 없어 사업주의 업무가 실제로 방해되었거나 또는 적어도 그 업무방해의 결과를 초래할 위험성이 발생하였다고 보이지도 아니하므로, 사업장 내 회의실 점거행위는 정당한 쟁의행위로서 위법성이 조각된다(대판 2007.12.28. 2007도5204).

(3) 집회, 시위 과정의 소음과 위력 집회나 시위는 다수인이 공동목적으로 회합하고 공공장소를 행진하거나 위력 또는 기세를 보여 불특정 다수인의 의견에 영향을 주거나 제압을 가하는 행

---

60 골프 경기의 특성상 경기 진행에 반드시 경기보조원이 필요한 것은 아니어서 경기보조원들이 출장을 거부하더라도 경기 진행이 다소 지연될 뿐 경기 자체가 불가능하게 되는 것은 아니므로, 골프장 운영자에게 반드시 불이익이 발생한다고 단정할 수도 없는 점 등을 고려하면 골프장운영자의 자유의사를 제압·혼란케 할 정도의 위력에 해당한다고 보기에는 부족하다.

위로서 그 회합에 참가한 다수인이나 참가하지 아니한 불특정 다수인에게 의견을 전달하기 위하여 어느 정도의 소음이 발생할 수밖에 없는 것은 부득이한 것이므로 집회나 시위에 참가하지 아니한 일반 국민도 이를 수인할 의무가 있다고 할 수 있으며, 확성기 등을 사용한 행위 자체를 위법하다고 할 수는 없으나 집회나 시위의 장소, 태양, 내용과 소음 발생의 수단, 방법 및 그 결과 등에 비추어, 집회나 시위의 목적 달성의 범위를 넘어 사회통념상 용인될 수 없는 정도로 타인에게 심각한 피해를 주는 소음을 발생시킨 경우에는 위법한 위력의 행사로서 정당행위라고는 할 수 없다(대판 2004.10.25. 2004도4467).[61]

라. 단전, 단수와 위력

(1) 업무방해에 해당하는 사례(피해자에게 잘못이 없음) ① 피해자가 시장번영회를 상대로 잦은 진정을 하고 협조를 하지 않는다는 이유로 시장번영회 총회결의에 의하여 피해자 소유점포에 대하여 정당한 권한 없이 단전조치를 한 것이라면, 결의에 참가한 회원의 위력에 의한 업무방해행위가 성립하고 피해자에게 사전통고를 한 여부나 회장의 자격으로 단전조치를 한 여부는 죄의 성립에 영향이 없다(대판 1983.11.8. 83도1798). ② 임대차계약서 제16조 제2항은 “제16조 제1항의 경우 임대인이 임차인에게 단전조치 등을 요구할 수 있다”는 취지로 규정되어 있으나, 피해자는 임대차계약의 종료 후 ‘갱신계약에 관한 의사표시 혹은 명도의무를 지체’하였을 뿐 차임, 관리비의 연체 등과 같은 제16조 제1항 각 호의 위반행위를 한 적이 없기 때문에 단전조치에 관한 계약상의 근거가 없고(가사 계약상의 근거가 있다 하여도 피해자의 승낙은 언제든지 철회할 수 있는 것이므로 피해자 측이 단전조치에 대해 즉각 항의하였다면 그 승낙은 이미 철회된 것으로 보아야 할 것이다), 피해자가 이 사건 단전조치와 같은 이유로 단전조치를 당한 경험이 있다거나 단전조치 전 수십 차례에 걸쳐 단전조치를 통지받았다거나, 혹은 기한유예 요청을 하였다는 사정만으로는 단전조치를 묵시적으로 승낙하였던 것으로 볼 수도 없다(대판 2006.4.27. 2005도8074). ③ 약정 임대차기간이 7 내지 9개월 이상 남아 있고, 임대차보증금이 7천만 원 이상 남아 있는 상태에서 많은 비용을 들여 영업을 하고 있는 주점이 월 3백만 원씩의 차임지급을 연체하고 있다는 이유로 계약해지의 의사표시와 단전·단수조치의 경고만을 한 후에 2회에 걸쳐 단수·단전조치를 한 것은 비록 자신의 궁박한 상황에서 한 것이라고 할지라도 임차인의 권리를 합리적인 범위를 벗어나 과도하게 침해하거나 제한하는 것으로 사회통념상 현저하게 타당성을 잃은 것이어서 정당행위에 해당한다고 볼 여지가 없을 뿐 아니라, 자신의 행위가 위법하지 않은 것으로 오인함에 정당한 이유가 있다고 볼 수도 없다(대판 2007.9.20. 2006도9157).

---

61 신고한 옥외집회에서 고성능 확성기 등을 사용하여 발생된 소음이 82.9dB 내지 100.1dB에 이르고, 사무실 내에서의 전화통화, 대화 등이 어려웠으며, 밖에서는 부근을 통행하기조차 곤란하였고, 인근 상인들도 소음으로 인한 고통을 호소하는 정도에 이르렀다면 이는 위력으로 인근 상인 및 사무실 종사자들의 업무를 방해한 업무방해죄를 구성한다. 대판 2008.9.11. 2004도746.

(2) 업무방해에 해당하지 않는 사례 백화점 입주상인들이 영업을 하지 않고 매장 내에서 점거농성만을 하면서 매장 내 기존의 전기시설에 임의로 전선을 연결하여 각종 전열기구를 사용함으로써 화재위험이 높아 백화점 경영 회사의 대표이사가 부득이 단전조치를 취하였다면, 그 단전조치 당시 보호받을 업무가 존재하지 않았을 뿐만 아니라 화재예방 등 건물의 안전한 유지관리를 위한 정당한 권한행사에 해당하므로 단전조치가 업무방해죄를 구성한다고 볼 수 없다(대판 1995.6.30. 94도3136).

(3) 정당행위인 사례(피해자의 잘못이 많음) ① 약정 임대차기간이 이미 만료되었고, 임대차보증금도 연체차임 등으로 공제되어 모두 소멸한 상태에서 영업을 하고 있는 주점이 월 차임지급을 연체하고 있는 반면, 임대인은 임차인들의 차임연체 등으로 인한 자금난으로 은행으로부터 호텔에 대한 경매실행통지서 등을 받는 상황에서 약정 임대차기간 만료 전부터 계약해지의 의사표시를 하고, 약정 임대차기간 만료 후에는 2회에 걸쳐 연체차임의 지급을 최고함과 아울러 단전·단수조치를 예고한 후에 1회의 단전·단수조치를 한 경우, 자신의 궁박한 상황에서 임차인의 부당한 의무불이행에 대해 불가피하게 취한 조치로서 임차인의 권리를 합리적인 범위를 벗어나 과도하게 침해하거나 제한하는 것으로 사회통념상 현저하게 타당성을 잃은 것으로 보이지 아니하며, 동기와 목적, 수단과 방법, 그와 같은 조치에 이르게 된 경위 등 여러 가지 사정에 비추어 볼 때, 사회통념상 허용될 만한 정도의 상당성이 있는 위법성이 결여된 행위로서 정당행위에 해당하는 것으로 볼 여지가 있다(대판 2007.9.20. 2006도9157). ② 시장번영회의 회장으로서 시장번영회에서 제정하여 시행중인 관리규정을 위반하여 칸막이를 천장에까지 설치한 일부 점포주들에 대하여 단전조치를 한 경우, 그 경위가 단전 그 자체를 궁극적인 목적으로 한 것이 아니라 관리규정에 따라 상품진열 및 시설물 높이를 규제함으로써 시장기능을 확립하기 위하여 적법한 절차를 거쳐 시행한 것이고, 그 수단이나 방법에 있어서도 비록 전기의 공급이 현대생활의 기본조건이기는 하나 번영회를 운영하기 위한 효과적인 규제수단으로서 회원들의 동의를 얻어 시행되고 있는 관리규정에 따라 전기공급자의 지위에서 그 공급을 거절한 것이므로 정당한 사유가 있다고 볼 것이고, 나아가 제반사정에 비추어 보면 피고인의 행위는 법익권형성, 긴급성, 보충성을 갖춘 행위로서 사회통념상 허용될 만한 정도의 상당성이 있는 것이므로 정당행위에 해당한다(대판 1994.4.15. 93도2899).

마. 사회적, 경제적 지위(권리행사)와 위력

(1) 권리행사와 위력 채권자의 권리행사는 사회통념상 허용되는 방법에 의하여야 하는 것이므로, 가령 우월한 경제적 지위를 가진 대부업자가 그 지위를 이용하여 채무자를 압박하는 방법으로 채권추심행위를 하였다면, 이는 위력을 이용한 행위로서 위법하고 그로 인하여 채무자의 업무가 방해될 위험이 발생하였다면 업무방해죄의 죄책을 면할 수 없다(대판 2005.5.27. 2004도8447).[62]

---

62 간판업을 하는 피해자가 대출금 200만 원의 약정이자 10만 원을 갚지 못하자 대출회사 직원들이 피해자의 핸드폰에 40여 일

(2) 자신명의로 등록된 피해자 운영의 학원에 대한 폐원신고 자신의 명의로 등록되어 있는 피해자 운영의 학원에 대하여 피해자의 승낙을 받지 아니하고 폐원신고를 하였다고 하더라도, 피해자에게 사전에 통고를 한 뒤 폐원신고를 하였다면 피해자에게 오인, 착각, 또는 부지를 일으켜 이를 이용하여 피해자의 업무를 방해한 것으로 보기 어렵고, 오히려 피해자가 운영하고 있는 학원이 자신의 명의로 등록되어 있는 지위를 이용하여 임의로 폐원신고를 함으로써 피해자의 업무를 위력으로써 방해한 것이다(대판 2005.3.25. 2003도5004).

(3) 공사감독자의 지위 공사감독자로서의 사회적 지위와 권세에 의한 압박을 통하여 자신이 추천하는 하도급업체, 납품업체 또는 감리원을 선정하게 하거나 현장소장을 교체하도록 한 것은 위력에 의한 업무방해에 해당한다(대판 2007.6.14. 2007도2178).

바. 소비자불매운동과 위력 소비자불매운동이 헌법상 보장되는 정치적 표현의 자유나 일반적 행동의 자유 등의 점에서도 전체 법질서상 용인될 수 없을 정도로 사회적 상당성을 갖추지 못한 때에는 그 행위 자체가 위법한 세력의 행사로서 형법 제314조 제1항의 업무방해죄에서 말하는 위력의 개념에 포섭될 수 있고, 그러한 관점에서 어떠한 소비자불매운동이 위력에 의한 업무방해죄를 구성하는지 여부는 해당 소비자불매운동의 목적, 불매운동에 이르게 된 경위, 대상 기업의 선정이유 및 불매운동의 목적과의 연관성, 대상 기업의 사회·경제적 지위와 거기에 비교되는 불매운동의 규모 및 영향력, 불매운동 참여자의 자발성, 불매운동 실행과정에서 다른 폭력행위나 위법행위의 수반 여부, 불매운동의 기간 및 그로 인하여 대상 기업이 입은 불이익이나 피해의 정도, 그에 대한 대상 기업의 반응이나 태도 등 제반 사정을 종합적·실질적으로 고려하여 판단하여야 한다(대판 2013.3.14. 2010도410).[63]

사. 위력에 해당하는 사례 ① 의결권의 대리행사를 위임받아 주주총회에 참석한 의결권 대리인들이 대표이사의 주주총회장에서의 퇴장 요구를 거절하면서 고성과 욕설 등을 사용하여 대표이사의 주주총회의 개최, 진행을 포기하게 만든 경우(대판 2001.9.7. 2001도2917), ② 다방 내에 불의의 침입을 하여 상당시간 고성으로 악담을 반복하고 혹은 격외의 기물을 반입한 경우(대판 1961.2.24. 4293형상864), ③ 전용실시권 없이 의장권만을 경락에 의하여 취득한 자가 전용실시권에 기하여 그 권리범위에 속하는 물품을 제조·판매하는 거래처에 대하여 자기에게만 실시권이 있는 양 주장하면서 물품의 제조판매 중지와 불응시 제재하겠다는 통고문을 내용증명우편으로 발송한 경우(대판 1977.4.26. 76도2446)는 업무방해죄에 해당한다.

에 걸쳐 460회의 전화를 건 사안이다.

63 신문의 광고주들에 대하여 집단적 항의전화나 항의글 등의 방법으로 광고중단을 압박한 행위를 위력에 해당한다.

6. 컴퓨터업무방해죄

가. 컴퓨터 등 정보처리장치 '컴퓨터 등 정보처리장치'란 자동적으로 계산이나 데이터처리를 할 수 있는 전자장치로서 하드웨어와 소프트웨어를 모두 포함한다(대판 2004.7.9. 2002도631).

나. 손괴 ① '손괴'란 유형력을 행사하여 물리적으로 파괴·멸실시키는 것뿐 아니라 전자기록의 소거나 자력에 의한 교란도 포함된다(대판 2012.5.24. 2011도7943). ② 업무수행을 위해서가 아니라 담당 직원의 정상적인 업무수행을 방해할 의도에서 담당 직원의 의사와는 상관없이 함부로 컴퓨터의 하드디스크를 분리·보관한 행위는 '손괴'에 해당한다(대판 2012.5.24. 2011도7943).

다. 허위의 정보 또는 부정한 명령의 입력

(1) 의미 '허위의 정보 또는 부정한 명령의 입력'이란 객관적으로 진실에 반하는 내용의 정보를 입력하거나 정보처리장치를 운영하는 본래의 목적과 상이한 명령을 입력하는 것이다(대판 2012.5.24. 2011도7943).

(2) 해당하는 사례

A. 무권한자의 아이디와 비밀번호 무단변경 전보발령을 받아서 더 이상 웹서버를 관리 운영할 권한이 없는 피고인이 웹서버에 접속하여 홈페이지 관리자의 아이디와 비밀번호를 무단으로 변경한 경우, 이와 같은 행위는 피고인이 웹서버를 관리 운영할 정당한 권한이 있는 동안 입력하여 두었던 홈페이지 관리자의 아이디와 비밀번호를 단지 후임자 등에게 알려주지 아니한 행위와는 달리 정보처리장치에 부정한 명령을 입력하여 정보처리에 현실적 장애를 발생시킴으로써 피해자 대학에 업무방해의 위험을 초래하는 행위에 해당한다(대판 2006.3.10. 2005도382).[64]

B. 함부로 타인의 컴퓨터에 비밀번호를 설정 업무수행을 위해서가 아니라 담당직원의 정상적인 업무수행을 방해할 의도에서 그 담당 직원의 의사와는 상관없이 함부로 컴퓨터에 비밀번호를 설정한 행위는 '허위의 정보 또는 부정한 명령의 입력'에 해당한다(대판 2012.5.24. 2011도7943).[65]

라. 기타 방법 '기타 방법'이란 컴퓨터의 정보처리에 장애를 초래하는 가해수단으로서 컴퓨터의 작동에 직접·간접으로 영향을 미치는 일체의 행위를 말한다(대판 2004.7.9. 2002도631).

마. 장애 및 업무방해의 결과 발생 요부 가해행위 결과 정보처리장치가 사용목적에 부합하는 기능

---

64 대학의 노동조합이 다음날 13:00부터 파업에 들어가기로 결정하자, 이를 알게 된 대학은 컴퓨터시스템이 마비되는 것을 우려하여 그 노동조합의 사무국장인 피고인을 같은 날 정보지원센터에서 교학처로 전보시키는 인사명령을 하였다.

65 조합의 감사가 조합장인 피고인을 공금횡령으로 탄핵하는 것을 저지하기 위하여 조합사무실에 있던 컴퓨터 중 경리 여직원이 사용하던 컴퓨터에 자신만이 아는 비밀번호를 설정하고, 조합업무 담당자가 사용하던 컴퓨터의 하드디스크를 분리하여 사무실 금고에 보관하였다.

을 하지 못하거나 사용목적과 다른 기능을 하는 등 정보처리에 장애가 현실적으로 발생하였을 것을 요한다고 할 것이나, 정보처리에 장애를 발생하게 하여 업무방해의 결과를 초래할 위험이 발생한 이상, 업무방해의 결과가 실제로 발생하지 않더라도 위 죄가 성립하는 것이다(대판 2009.4.9. 2008도11978).

바. 컴퓨터업무방해죄의 성립 여부가 문제된 사례

(1) 단순히 메인 컴퓨터의 비밀번호를 알려주지 아니한 경우 메인 컴퓨터의 비밀번호는 시스템 관리자가 시스템에 접근하기 위하여 사용하는 보안수단에 불과하므로, 단순히 메인 컴퓨터의 비밀번호를 알려주지 아니한 것만으로는 정보처리장치의 작동에 직접 영향을 주어 사용목적에 부합하는 기능을 하지 못하게 하거나 사용목적과 다른 기능을 하게 하였다고 볼 수 없어 컴퓨터등장애업무방해죄로 의율할 수 없다(대판 2004.7.9. 2002도631).[66]

(2) 악성프로그램 설치 악성프로그램이 설치된 컴퓨터 사용자들이 실제로 인터넷 포털사이트 '네이버' 검색창에 해당 검색어로 검색하거나 검색결과에서 해당 스폰서링크를 클릭하지 않았음에도 악성프로그램을 이용하여 그와 같이 검색하고 클릭한 것처럼 네이버의 관련 시스템 서버에 허위신호를 발송하는 방법으로 정보처리에 장애를 발생하게 한 경우, 피고인의 행위는 객관적으로 진실에 반하는 내용의 정보인 '허위의 정보'를 입력한 것에 해당한다(대판 2013.3.28. 2010도14607).[67]

7. 기타 문제

가. 고의 고의 또한 반드시 업무방해의 목적이나 계획적인 업무방해의 의도가 있어야만 하는 것은 아니고, 자신의 행위로 인하여 타인의 업무가 방해될 가능성 또는 위험에 대한 인식이나 예견으로 충분하며, 그 인식이나 예견은 확정적인 것은 물론 불확정적인 것이라도 이른바 미필적 고의로 인정된다(대판 2012.5.24. 2009도4141).

나. 위법성조각

(1) 피해자의 승낙 계원들로 하여금 甲 대신 피고인을 계주로 믿게 하여 계금을 지급하고 불입금을 지급받아 위계를 사용하여 甲의 계 운영업무를 방해하였다고 하여도, 피고인에 대하여 다액의 채무를 부담하고 있던 甲으로서는 채권확보를 위한 피고인의 요구를 거절할 수 없었기 때문에 피고인이 계주업무를 대행하는 데 대하여 이를 승인 내지 묵인한 사실이 인정된다면, 피고인의 소위는 이른바 甲의 승낙이 있었던 것으로서 위법성이 조각된다(대판 1983.2.8. 82도2486).

(2) 정당행위 토지의 소유권자로서 주식회사에 대하여 사용대차계약을 해지하고 토지의 인도

66 메인컴퓨터의 관리책임을 맡고 있던 회사의 이사가 퇴직하면서 퇴직금 미지급 등을 이유로 기존에 정하여 놓은 정당한 비밀번호를 회사에 알려 주지 아니한 사안이다.

67 포털사이트 검색순위의 상위가 올라가도록 조작해 준 사안이다.

를 구할 권리가 있다는 이유만으로 주식회사로 들어가는 진입로를 폐쇄한 것은, 그 권리를 확보하기 위하여 다른 적법한 절차를 취하는 것이 곤란하였던 것으로 보이지 않아, 그 동기와 목적이 정당하다거나 수단·방법이 상당하다고 할 수 없고, 또한 그에 관한 피고인의 이익과 피해자가 침해받은 이익 사이에 균형이 있는 것으로도 보이지 않으므로 정당한 행위라 할 수 없다(대판 2007.5.11. 2006도4328).

(3) 정당방위 토지에 대한 확정판결에 의하여 소유자 甲에게 인도집행이 완료되었다 할지라도 그 토지는 종전부터 피고인이 경작하던 것으로 전년도에 파종한 보리가 30cm 이상 성장되어 있었으므로, 이 보리는 피고인의 소유로서 그가 수확할 권한이 있으니 甲이 토지를 경작하기 위하여 소를 사용하여 쟁기질을 하고 성장한 보리를 갈아 뭉게는 행위는 피고인의 재산에 대한 현재의 부당한 침해라 할 것이므로 이를 막기 위하여 그 경작을 못하도록 소 앞을 가로막고 쟁기를 잡아당기는 등의 피고인의 소위는 정당방위라 할 것이다(대판 1977.5.24. 76도3460).

다. 기대가능성 입학시험에 응시한 수험생으로서 자기 자신이 부정한 방법으로 탐지한 것이 아니고 우연한 기회에 미리 출제될 시험문제를 알게 되어 그에 대한 답을 암기하였을 경우, 그 암기한 답에 해당된 문제가 출제되었다 하여도 암기한 답을 그 입학시험 답안지에 기재하여서는 아니된다는 것을 그 일반수험생에게 기대한다는 것은 보통의 경우 도저히 불가능하다(대판 1966.3.22. 65도1164).

라. 공범 ① 업무방해죄는 노동조합간부의 지시에 의한 공동정범의 형태로도 행해질 수 있다(대판 1992.11.10. 92도1315). ② 근로자들에게 위계 또는 위력을 행사한 결과로 근로자들이 회사의 업무를 방해한 경우에만 업무방해죄의 책임을 진다고 볼 것은 아니다(대판 1991.4.23. 90도2771).

마. 죄수

철제울타리를 설치하여 작업도로를 사용하지 못하게 함으로써 피해자들 각자의 경작업무를 방해한 경우, 각 죄는 상상적 경합관계에 있다(대판 2005.10.27. 2005도5432).

바. 타죄와의 관계

(1) 손괴죄, 폭행 등과의 관계(실체적 경합) ① 2000.11.22.부터 2001.1.19. 사이에 발생한 수차에 걸친 난방공급 중단에 따른 각종 시설물과 장비손괴의 범죄사실 및 2000.12.13.부터 2001.1.31.까지의 전면파업을 통한 과학기술원 업무방해의 범죄사실은 실체적 경합범이고 업무방해의 포괄일죄나 상상적 경합범이라고 볼 수 없다(대판 2003.12.26. 2001도3380). ② 슈퍼마켓사무실에서 식칼을 들고 피해자를 협박한 행위와 식칼을 들고 매장을 돌아다니며 손님을 내쫓아 영업을 방해한 행위는 별개의 행위이다(대판 1991.1.29. 90도2445). ③ 업무방해죄와 폭행죄는 구성요건과 보호법익을 달리하고 있

고, 업무방해죄의 성립에 일반적·전형적으로 사람에 대한 폭행행위를 수반하는 것은 아니며, 폭행행위가 업무방해죄에 비하여 별도로 고려되지 않을 만큼 경미한 것이라고 할 수도 없으므로, 설령 피해자에 대한 폭행행위가 동일한 피해자에 대한 업무방해죄의 수단이 되었다고 하더라도 폭행행위가 이른바 '불가벌적 수반행위'에 해당하여 업무방해죄에 대하여 흡수관계에 있다고 볼 수는 없다(대판 2012.10.11. 2012도1895).[68]

(2) 명예훼손죄와의 관계 허위사실을 유포한 1개의 행위가 허위사실 유포에 의한 업무방해죄뿐 아니라 허위사실적시에 의한 명예훼손죄에도 해당하는 경우 그 2개의 죄는 상상적 경합관계에 있다(대판 2003.9.26. 2002도3924).[69]

(3) 업무방해죄와의 관계 한국소비자보호원을 비방할 목적으로 18회에 걸쳐서 출판물에 의하여 공연히 허위의 사실을 적시·유포함으로써 한국소비자보호원의 명예를 훼손하고 업무를 방해하였다는 것으로서 상상적 경합의 관계에 있다(대판 1993.4.13. 92도3035).

III. 경매·입찰방해죄

第315조 (경매, 입찰의 방해) 위계 또는 위력 기타 방법으로 경매 또는 입찰의 공정을 해한 자는 2년 이하의 징역 또는 700만원 이하의 벌금에 처한다.

1. 보호법익 및 보호정도 본죄의 보호법익은 경매와 입찰의 공정이고,[70] 불공정한 결과가 현실적으로 발생할 것을 요하지 않는 추상적 위험범이다.[71]

2. 경매와 입찰

가. 의의 경매와 입찰은 다수의 청약자 중에서 가장 좋은 조건을 제시한 청약자와 계약을 맺는 방식이고, 경매는 다른 청약자가 제시하는 조건을 알 수 있지만, 입찰은 이를 모른다는 차이점이 있다.

나. 경매·입찰의 범위

(1) 법적 의무가 있는 경매·입찰에 한정되는지 여부 입찰시행자가 입찰을 실시할 법적 의무에

68 상상적 경합이 된다.

69 대판 2007.11.15. 2007도7140; 2007.2.23. 2005도10233. 허위사실이 기재된 현수막을 설치하고 허위사실을 기재한 유인물을 불특정 다수인에게 배포하고, 같은 일시, 장소에서 피해자의 기념전시회에 참석한 손님들에게 피해자가 공사대금을 주지 않는다는 취지로 소리를 치며 소란을 피운 사안이다.

70 대판 2006.6.9. 2005도8498; 2006.12.22. 2004도2581.

71 대판 2006.6.2. 2006도265; 2006.12.22. 2004도2581; 2007.5.31. 2006도8070.

기하여 시행한 입찰만이 입찰방해죄의 객체가 되는 것은 아니다(대판 2007.5.31. 2006도8070).[72] 즉, 국가나 공공단체뿐만 아니라 일반 사인(私人)이 시행하는 경매·입찰도 포함된다.

(2) 추첨에 의한 분양자 선택과 입찰 여부 공정한 자유경쟁을 통한 적정한 가격형성을 목적으로 하는 공적·사적 경제주체의 임의의 선택에 따른 계약체결의 과정에 공정한 경쟁을 해하는 행위가 개재되었다 하여 입찰방해죄로 처벌할 수 없다.[73]

3. 경매·입찰의 공정을 해하는 행위

가. 의미 '경매·입찰의 공정을 해하는 행위'란 공정한 자유경쟁을 방해할 염려가 있는 상태를 발생시키는 것, 즉 공정한 자유경쟁을 통한 적정한 가격형성에 부당한 영향을 주는 상태를 발생시키는 것으로, 가격결정뿐 아니라 '적법하고 공정한 경쟁방법'을 해하는 행위도 포함된다.[74]

나. 가격의 기준

(1) 학설 침해되는 '적정한 가격'은 시장가격을 의미한다는 시장가격설[75]과 경쟁가격설(다수설)[76]이 대립한다.

(2) 판례 행위가 설사 유찰방지를 위한 수단에 불과하여 입찰가격에 있어서 국가의 이익을 해하거나 입찰자에게 부당한 이익을 얻게 하는 것이 아니었고 낙찰가격도 사정가격보다 높은 것이었다 하여도, 실질적으로는 단독입찰을 경쟁입찰인 것 같이 가장하여 입찰가격으로서 낙찰되게 한 점에서 경쟁입찰의 방법을 해한 것이어서 입찰의 공정을 해하였다(대판 1971.4.30. 71도519).

(3) 검토 가격뿐만 아니라 다른 계약조건이나 경쟁방법도 공정하게 유지되어야 하므로, 공정을 해한다는 것은 구체적인 자유경쟁을 통해 형성되는 경쟁가격과 계약조건 및 공정한 경쟁방법을 침해하는 모든 행위로 보아야 한다.

4. 담합행위(단독입찰을 경쟁입찰로 가장하는 행위)

가. 의의 경매·입찰 참여자들이 특정 참여자가 경락 또는 낙찰받도록 합의하는 것을 말한다. 참여자 전원이 아니라 참여자의 일부가 담합한 경우에도 그것이 입찰의 공정을 해하는 것으로 평가되는 이상 입찰방해죄는 성립한다(대판 2006.12.22. 2004도2581).[77]

---

72 학교법인의 이사장과 직원이 공모하여 예정가격을 미리 알려줌으로써 특정 업체가 공정한 자유경쟁 없이 공사를 낙찰받을 수 있도록 한 사안이다.

73 대판 2008.5.29. 2007도5037; 2008.12.24. 2007도9287.

74 대판 2007.5.31. 2006도8070; 2008.5.29. 2007도5037.

75 김/서, 186면; 정/박, 248면.

76 김성돈, 222면; 박상기, 212면; 배종대, 317면; 이재상, 219면; 임웅, 250면.

77 대판 2006.6.9. 2005도8498; 2009.5.14. 2008도11361.

나. 성립하는 사례

(1) 무모한 출혈경쟁을 방지하기 위한 경우(가장입찰) ① 설사 동종업자 사이의 무모한 출혈경쟁을 방지하기 위한 수단에 불과하여 입찰가격에 있어 입찰실시자의 이익을 해하거나 입찰자에게 부당한 이익을 얻게 하는 것이 아니었다 하더라도 실질적으로는 단독입찰을 하면서 경쟁입찰인 것 같이 가장하였다면, 그 입찰가격으로써 낙찰하게 한 점에서 경쟁입찰의 방법을 해한 것이다(대판 2003.9.26. 2002도3924). ② 입찰자들 상호간에 특정업체가 낙찰받기로 하는 담합이 이루어진 상태에서 그 특정업체를 포함한 다른 입찰자들은 당초의 합의에 따라 입찰에 참가하였으나 일부 입찰자는 자신이 낙찰받기 위하여 당초의 합의에 따르지 아니한 채 오히려 낙찰받기로 한 특정업체보다 저가로 입찰하였다면, 이러한 일부 입찰자의 행위는 위와 같은 담합을 이용하여 낙찰을 받은 것이라는 점에서 적법하고 공정한 경쟁방법을 해한 것이 되고, 따라서 이러한 일부 입찰자의 행위 역시 입찰방해죄에 해당한다(대판 2010.10.14. 2010도4940).

(2) 입찰실시자의 이익을 해하지 아니한 경우 ① 가장경쟁자를 조작하고 입찰에 관하여 사전에 모의를 하는 경우에는 입찰가격에 있어 입찰을 실시하는 자의 이익을 해한 것이 없다 해도 실질적인 단독입찰을 경쟁입찰로 가장하여 그 입찰가격으로서 낙찰하게 한 점에서 담합자 간에 금품의 수수 여부를 막론하고 입찰의 공정을 해하였다 할 것이므로 입찰방해죄를 구성한다(대판 1976.7.13. 74도717; 1994.5.24. 94도600). ② 투찰을 함에 있어서 다른 응찰자들과 가격을 합의하고, 낙찰이 되면 특정 업체에서 공사를 모두 하기로 하는 등의 담합행위를 한 이상 '적법하고 공정한 경쟁방법'을 해하는 행위로서 입찰의 공정을 해하는 경우에 해당하는 것이고, 결과적으로 투찰에 참여한 업체의 수가 많아서 실제로 가격형성에 부당한 영향을 주지 않았다고 하여 입찰방해죄의 성립을 방해할 수 없는 것이다(대판 2009.5.14. 2008도11361).

(3) 낙찰확률을 높인 경우 물품보관함 입찰에 입찰등록을 한 업체들 중 실제로는 입찰에 참가할 의사가 없는 6개 업체로 하여금 마치 경쟁입찰인 것처럼 가장하여 甲 주식회사에 대한 입찰 들러리를 서게 하였으므로, 결국 입찰에서 실질적으로 경쟁을 할 업체는 甲 주식회사 등 3개 업체라고 할 것인데, 甲 회사의 대표이사와 乙 회사의 대표이사가 담합을 하여 乙 회사가 입찰을 포기함으로써 당초 3개 업체의 경쟁에서 2개 업체의 경쟁으로 경쟁이 약화되었다고 할 것이고, 이러한 행위는 입찰의 공정을 해하는 것으로서 입찰방해죄에 해당한다(대판 2006.6.9. 2005도8498).

5. 위력에 의한 방해 피고인들이 공동하여 입찰장소의 주변을 에워싸고 사람들의 출입을 막는 등 위력을 사용하여 입찰에 참가하려는 甲 등을 입찰에 참석하지 못하도록 하고 乙과 丙만 참여하여 입찰이 실시되도록 하였다면 입찰방해죄가 성립되는 것이다(대판 1993.2.23. 92도3395).

6. 타죄와의 관계

가. 건설산업기본법의 가중처벌 '건설공사'의 입찰에 있어, 부당한 이익을 취득하거나 공정한 가격결정을 저해할 목적으로 입찰자간에 공모하여 미리 조작한 가격으로 입찰한 자는 5년 이하의 징역 또는 5천만 원 이하의 벌금으로 가중처벌된다(동법 제95조).

나. 위계에 의한 공무집행방해죄와의 관계

(1) 입찰방해죄만 성립하는 경우 범죄행위가 법원경매업무를 담당하는 집행관의 구체적인 직무집행을 저지하거나 현실적으로 곤란하게 하는 데까지는 이르지 않고 입찰의 공정을 해하는 정도의 행위라면 경매·입찰방해죄에만 해당될 뿐, 위계에 의한 공무집행방해죄에는 해당되지 않는다.[78]

(2) 모두 성립하는 경우(공무원이 입찰예정가를 알려주고 단독입찰을 경쟁입찰로 가장) 교육청 부지에 대한 입찰에서 교육행정공무원인 甲, 乙은 부동산임대업자 丙에게 대체적인 낙찰예정가를 알려 주어 입찰절차에서 丙이 낙찰받을 수 있도록 편리를 보아 주고, 丁은 실질적인 丙의 단독입찰을 경쟁입찰로 가장하여 입찰에 참가하여 丙에게 낙찰받게 한 경우, 甲과 乙에게는 입찰방해죄와 함께 위계에 의한 공무집행방해죄가 성립한다(대판 2000.3.24. 2000도102).

---

78 경매브로커를 통하여 다른 입찰참가자의 응찰가격을 알아내 그보다 높은 가격을 응찰가격으로 써냄으로서 부동산을 낙찰받은 사안이다.

제4장

사생활의 평온에 대한 죄

제1절 • 비밀침해의 죄

I. 비밀침해죄

> **제316조(비밀침해)** ① 봉함 기타 비밀장치한 사람의 편지, 문서 또는 도화를 개봉한 자는 3년 이하의 징역이나 금고 또는 500만원 이하의 벌금에 처한다.
> ② 봉함 기타 비밀장치한 사람의 편지, 문서, 도화 또는 전자기록 등 특수매체기록을 기술적 수단을 이용하여그 내용을 알아낸 자도 제1항의 형과 같다.

1. 의의와 보호법익

가. 의의와 성격 봉함 기타 비밀장치한 사람의 편지, 문서, 도화를 개봉하거나 또는 이들 편지 등과 전자기록 등 특수매체기록을 기술적 수단을 이용하여 그 내용을 알아내는 범죄이다. 본죄는 주거침입죄와 함께 사생활의 비밀을 보호하고자 한다. 본죄의 보호법익은 '개인의 비밀'이고, 이 비밀을 침해할 위험이 있는 행위가 있으면 본죄가 성립한다는 점에서 보호의 정도는 추상적 위험범이다.

나. 비밀의 주체

(1) 법인과 법인격 없는 단체를 포함하는지 여부 비밀의 주체는 자연인에 국한된다는 부정설[1]과 법인 및 법인격 없는 단체를 포함한다는 긍정설[2]이 대립한다. 본죄는 개인의 사생활(privacy)을 보호하고자 하는 것인 만큼, 비밀의 주체는 자연인에 국한된다고 볼 것이다.

(2) 국가나 공공단체가 포함되는지 여부 이에 대해서도 포함설[3]과 불포함설[4]이 대립한다. 포함설은 정부기관 사이의 편지교환도 보호되어야 한다고 하지만, 본죄는 개인적 법익에 관한 범죄이면서 친고죄로 규정된 점을 감안하면, 불포함설이 타당하다.

2. 구성요건

가. 행위객체 비밀장치한 사람의 편지, 문서, 도화 또는 전자기록 등 특수매체기록이다. 따라서 비밀장치가 없는 우편엽서나 봉함하지 않은 편지는 본죄의 객체가 아니다.

(1) 비밀장치

A. 의미 '봉함 기타 비밀장치가 되어 있는 문서'란 '기타 비밀장치'라는 일반 조항을 사용하

---

1 김성돈, 227면; 박상기, 217면; 오영근, 258면; 임웅, 254면.

2 배종대, 323면; 백형구, 396면; 이재상, 225면; 정/박, 253면.

3 박상기, 217면; 이재상, 225면.

4 배종대, 322면; 오영근, 258면; 정/박, 253면.

여 널리 비밀을 보호하고자 하는 규정의 취지에 비추어 볼 때, 반드시 문서 자체에 비밀장치가 되어 있는 것만을 의미하는 것은 아니고, 봉함 이외의 방법으로 외부 포장을 만들어서 그 안의 내용을 알 수 없게 만드는 일체의 장치를 가리키는 것으로, 잠금장치 있는 용기나 서랍 등도 포함한다(대판 2008.11.27. 2008도9071).

B. 해당하는 사례 서랍이 2단으로 되어 있어 그중 아래 칸의 윗부분이 막혀 있지 않아 위 칸을 밖으로 빼내면 아래 칸의 내용물을 쉽게 볼 수 있는 구조로 되어 있는 서랍이라고 하더라도, 피해자가 아래 칸에 잠금장치를 하였고 통상적으로 서랍의 위 칸을 빼어 잠금장치 된 아래 칸 내용물을 볼 수 있는 구조라거나 그와 같은 방법으로 볼 수 있다는 것을 예상할 수 없어 객관적으로 그 내용물을 쉽게 볼 수 없도록 외부에 의사를 표시하였다면, 아래 칸은 위 칸에 잠금장치가 되어 있는지 여부에 관계없이 그 자체로서 비밀장치에 해당한다(대판 2008.11.27. 2008도9071).

(2) 도화 도화는 도면과 그림을 말하며, 시각은 물론이고 촉각에 의해 인식되는 것도 포함한다. 도화에는 의사가 표시되어 있어야 한다는 견해[5]도 있지만, 사진이나 도표처럼 의사표시를 담고 있지 않은 비밀스런 도화도 있을 수 있다.[6]

(3) 특수매체기록 '비밀장치한 전자기록 등 특수매체기록'이란, 권한 없는 사람이 기록에 접근하는 것을 방지하거나 곤란하게 하기 위한 장치가 마련되어 있는 특수매체기록을 말하는 것으로, 컴퓨터나 기록 자체가 시정되어 있는 경우는 물론, "비밀번호를 설정하여 둔 컴퓨터 하드디스크"처럼, 비밀번호, 지문인식과 같은 특수한 작동체계를 설정하여 둔 경우도 이에 포함된다(서울동부지법 2007.7.5. 2007노318).

나. 실행행위

(1) 개봉 봉함 기타 비밀장치를 파괴, 훼손하여 편지, 문서, 도화 등을 인식할 수 있도록 하는 행위이다. 본죄는 추상적 위험범이므로 개봉행위로 족하고, 그 내용을 인식할 것까지를 요하지는 않는다.

(2) 기술적 수단을 이용하여 그 내용을 알아내는 것 여기서 말하는 기술은 고도의 기술이 아니더라도 가령, 물에 적셔 내용을 알아내는 것도 포함한다. 다만, 봉투를 단순히 햇빛이나 불빛에 비추어보는 것은 여기에서 말하는 기술적 수단이라고 볼 수 없다. 본죄는 그 '내용을 알아내야' 하므로 침해범이라는 견해[7]도 있지만, 그 내용을 인식하는 것으로 족하고 그 의미까지 이해할 필요는 없다는 점에서 추상적 위험범이라 할 것이다.[8]

---

5 김성돈, 228면; 김/서, 190면; 배종대, 323면; 이재상, 225면; 정/박, 253면.

6 박상기, 221면; 오영근, 259면; 이정원, 277면; 임웅, 255면.

7 이재상, 227면; 임웅, 256면; 정/박, 255면.

8 권오걸, 273면; 김성돈, 226면; 박상기, 220면; 오영근, 261면; 이정원, 278면.

3. 죄수(罪數) 타인의 봉함된 편지봉투를 찢어서 편지를 읽은 경우, 손괴죄는 비밀침해죄에 흡수된다는 견해[9]와 비밀침해죄만 성립한다는 견해[10]가 대립한다. 손괴죄의 법정형이 비밀침해죄의 법정형보다 더 높다고 하더라도 비밀침해의 불법이 편지봉투 자체를 손괴하는 불법보다 커기 때문에 후자가 전에 흡수된다고 보아도 무방하다.[11] 편지봉투를 찢어 내용을 읽은 후 그 편지를 찢어버리거나 은닉한 경우에는 손괴죄와 비밀침해죄의 실체적 경합이 된다는 견해[12]와 상상적 경합이 된다는 견해[13]가 주장되는데, 처음부터 편지를 읽은 후 찢어버릴 생각이었던 경우에는 상상적 경합이 되고, 편지를 읽은 후 비로소 그 편지를 찢어버릴 고의가 생겼다면 실체적 경합으로 봄이 타당하다.

4. 친고죄 본죄는 친고죄이다. 발신자가 고소권자임에는 다툼이 없지만, 수신자의 경우에는 ① 항상 고소권자가 된다는 견해(다수설),[14] ② 편지가 발송된 후부터 고소권자가 된다는 견해, ③ 편지가 도착한 후 고소권자가 된다는 견해가 대립한다. 편지에는 수신자의 비밀도 포함되어 있으므로 발신자와 수신자가 비밀침해죄의 피해자라고 보아야 한다.

II. 업무상비밀누설죄

1. 의의와 성격 본죄는 일정한 직업에 있는 사람이 그 업무처리와 관련하여 지득한 타인의 비밀을 누설하는 진정신분범이다. 보호법익은 '개인의 비밀'이고, 보호정도는 추상적 위험범이다.

2. 구성요건

가. 행위주체 의사, 한의사, 치과의사, 약제사, 약종상, 조산사, 변호사, 변리사, 공인회계사, 공증인, 대서업자나 그 직무상 보조자 또는 차등의 직에 있었던 자이다. 여기에 열거되지 않은 사람은 본죄의 주체가 될 수 없다.

나. 행위의 객체: 타인의 비밀

(1) 비밀의 의의 비밀은 타인에게 알려지지 않음으로서 본인에게 이익이 되는 사실이다.

---

9 권오걸, 275면; 임웅, 257면.

10 오영근, 262면.

11 우편관서 및 서신송달업자가 취급 중인 우편물 또는 서신이 문제되는 경우에는 우편법 제48조의 '우편물개피훼손죄'가 성립하여 3년 이하의 징역 또는 3천만 원 이하의 벌금에 처해진다.

12 임웅, 257면.

13 오영근, 262면.

14 권오걸, 274면; 김성돈, 230면; 김/서, 193면; 박상기, 221면; 배종대, 327면; 오영근, 263면; 임웅, 257면; 정/박, 256면.

(2) 비밀의 판단기준

A. 학설 본인이 비밀로 하길 원하는 사실은 모두 비밀이 된다는 주관설,[15] 객관적으로 보호할 가치가 있어야 한다는 객관설[16] 및 객관적으로 비밀로서 보호할 가치가 있고 본인도 비밀로 하길 원하는 사실이 비밀이 된다는 절충설(다수설)[17]이 대립한다.

B. 판례 의료법에 의하여 보호되는 비밀이란, 의사가 환자의 신뢰를 바탕으로 하여 진료 과정에서 알게 된 사실로서, 객관적으로 보아 환자에게 이익이 되거나 또는 환자가 특별히 누설을 금하여 실질적으로 그것을 비밀로서 보호할 가치가 있다고 인정되는 사실을 말한다(서울동부지법 2004.5.13. 2003고단2941).

C. 검토 하급심 판례는 주관설에 가까운 절충설이나 비밀의 범위가 너무 넓어질 위험이 있다. 따라서 다수설처럼, 본인도 비밀로 하고 싶어 하고 또 객관적으로 비밀로 보호할 이익이 있는 것이 비밀이 된다고 보아야 한다.

3. 위법성

가. 피해자의 승낙 피해자의 승낙이 있으면 구성요건해당성이 배제된다. 본인이 비밀로 하고 싶지 않은 것은 비밀이 되지 않기 때문이다.

나. 법령에 의한 행위 의사가 업무상 제1-2종 전염병을 지득한 경우에는 전염병예방법에 따라 관한 보건소장에게 신고하여야 하고, 이는 법령에 의한 행위로 위법성이 조각된다. 그리고 본죄의 주체는 중대한 공익상의 필요가 있을 때에는 증언을 거부할 수 없는데(형소법 제149조 단서), 이 증언도 법령에 의한 행위로서 위법성이 조각된다.

다. 증언거부권자의 증언 본죄의 주체는 형소법 제149조에 의해 증언거부권을 행사할 수 있는데, 이 증언거부권을 행사하지 아니하고 증언을 한 경우에 본죄가 성립하는가와 관련하여, ① 증언거부권자로서 증언의무가 없는 자가 비밀준수의무를 위반하였기 때문에 본죄가 성립한다는 적극설,[18] ② 증언거부권을 행사하지 않으면 증언의무가 있어서 본죄가 성립하지 않는다는 소극설[19] 및 ③ 개인의 비밀보호와 실체적 진실발견이라는 이익을 비교형량하여야 한다는 이익형량설[20]이 대립

---

15 이건호, 515면.

16 남흥우, 104면.

17 권오걸, 277면; 김성돈, 231면; 김/서, 195면; 박상기, 224면; 배종대, 330면; 오영근, 265면; 이재상, 230면; 임웅, 262면; 정/박, 258면; 정영일, 224면.

18 김/서, 197면; 이형국, 291면.

19 권오걸, 280면; 김성돈, 233면; 배종대, 332면; 이재상, 232면; 정/박, 260면.

20 박상기, 226면; 오영근, 268면; 임웅, 263면; 정영일, 226면.

한다. 형소법 제149조 단서는 중대한 공익상의 필요가 있는 경우에는 증언의무가 있는 것으로 하고 있는데, 이 중대한 공익 여부를 판단하는 것이 그리 명확하지 않은 경우가 많을 수 있다. 따라서 증언거부권자가 거부권을 행사하지 아니하고 증언한 경우에도 결국 비밀보호 및 실체진실발견의 이익을 비교형량하여 후자가 큰 경우에 위법성이 조각된다고 볼 것이다.

제2절 • 주거침입의 죄

I. 주거침입죄

> **제319조(주거침입)** ① 사람의 주거, 관리하는 건조물, 선박이나 항공기 또는 점유하는 방실에 침입한 자는 3년 이하의 징역 또는 500만원 이하의 벌금에 처한다.

1. 의의와 보호법익

가. 의의 사람의 주거, 관리하는 건조물, 선박이나 항공기 또는 점유하는 방실에 침입하는 범죄이다. 주거의 평온을 보호함으로써 사생활의 비밀을 보장하려는 규정이다.

나. 보호법익

(1) 학설 주거침입죄의 보호법익과 관련하여, ① 주거에 대한 가장(家長)의 허락권이라는 의미의 주거권으로 보는 구주거권설, ② 주거의 모든 구성원이 갖는 주거권으로 보는 신주거권설,[1] ③ 주거의 사실상의 평온이라는 사실상평온설(통설),[2] ④ 개인의 사적 장소는 주거의 사실상의 평온이지만, 개방된 장소는 업무상의 평온과 비밀이 보호법익이라는 구분설[3]이 대립하고 있다.

(2) 대법원 판결 ① 주거침입죄의 보호법익은 주거권이라는 법적 개념이 아니고 사적 생활관계에 있어서의 사실상 주거의 자유와 평온으로서 그 주거에서 공동생활을 하고 있는 전원이 평온을 누릴 권리가 있다.[4] ② 거주자 또는 관리자가 건조물 등에 거주 또는 관리할 권한을 가지고 있

---

1 이재상, 235면; 이정원, 289면.

2 권오걸, 282면; 김성돈, 232면; 김/서, 200면; 배종대, 335면; 오영근, 272면; 이형국, 주거침입죄에 관한 소고, 헌법학과 법학의 제문제, 516면; 정/박, 262면; 정영일, 230면.

3 임웅, 266면.

4 대판 1984.6.26. 83도685; 2001.4.24. 2001도1092.

는가 여부는 주거침입죄의 성립을 좌우하는 것이 아니다.[5]

(3) 검토　본죄는 특정인이 일정한 장소에 머무를 수 있는 법적 권리를 보호하고자 하는 것을 넘어, 그러한 권리가 없더라도 일정한 장소 내지 주거가 누려야 할 사실상의 평온상태를 보호하고자 한다는 점에서 사실상의 평온설이 타당하다.

다. 보호의 정도

(1) 학설　주거권설에서는 본죄의 보호정도를 위험범[6]으로 보고, 사실상의 평온설에서는 침해범[7]으로 보는 것이 일반적이다.

(2) 판례　거주자가 누리는 사실상의 주거의 평온을 해할 수 있는 정도에 이르렀다면 본죄가 성립하는 것으로 보아야 한다(대판 2001.4.24. 2001도1092).

(3) 검토　판례는 보호법익을 사실상의 평온으로 보면서도 종종 주거권설을 견지하기도 하여 그 입장이 명확하지는 않다. 물론, 사실상의 평온이라는 개념도 그리 명확한 것은 아니지만, 본죄의 보호법익을 법률상의 권리가 아닌 사실상의 평온으로 보는 이상 보호의 정도는 침해범으로 봄이 타당하다.

2. 행위의 객체: 타인의 주거, 건조물

가. 주거　주거는 사람이 기거하고 침식에 사용하는 장소를 의미한다는 견해(다수설)[8]와 사람이 일상생활을 영위하기 위하여 점거하는 장소면 족하고 반드시 침식에 사용하는 장소이어야 하는 것은 아니라는 견해[9]가 대립한다. 침식에 사용되지 않는 것은 관리하는 건조물이나 점유하는 방실로 보아야 하므로 다수설이 타당하다. 다만, 기와침식은 일시적이라도 무방하므로 텐트나 천막도 주거가 될 수 있다.

나. 건조물

(1) 건조물의 의미　건조물은 주위벽 또는 기둥과 지붕 또는 천정으로 구성된 구조물로서 사람이 기거하거나 출입할 수 있는 장소를 말하며 반드시 영구적인 구조물일 것을 요하지 않는다(대판 1989.2.28. 88도2430).[10]

---

5 대판 2007.8.23. 2007도2595; 2008.5.8. 2007도11322.

6 권오걸, 282면; 박상기, 230면; 이재상, 235면; 이형국, 위 논문 516면; 정영일, 230면.

7 김성돈, 235면; 김/서, 200면; 오영근, 273면; 임웅, 267면; 정/박, 262면.

8 권오걸, 283면; 김/서, 201면; 박상기, 229면; 오영근, 273면; 임웅, 268면; 정/박, 263면.

9 배종대, 336면; 이재상, 236면.

10 알루미늄 새시로 된 담배점포는 건조물에 해당한다. 대판 2007.12.13. 2007도7247.

(2) 건조물인 사례 선박건조자재운반용으로 도크에 고정되어 82m 높이에 설치되어 있으며 10평 정도 되는 방실 등이 있고 평소 그 운전을 위해 1~2명의 직원이 근무하며 인가자 이외의 출입이 금지되는 '골리앗크레인'에 출입통제를 위해 출입문이 잠긴 채 간수인이 없었다 하여도, 피고인 등 70명 정도의 근로자가 함께 위 '골리앗크레인'에 들어가서 농성을 하였다면, 다중의 위력을 보여 간수하는 건조물에 침입한 것이다(대판 1991.6.11. 91도753).

(3) 건조물이 아닌 사례

A. 타워크레인 운전실 타워크레인은 기사 1명이 의자에 앉아서 작업을 하는 조종석이 있고 투명한 창문으로 둘러져 있는 0.5평이 채 안 되는 운전실과 철제 난간들이 설치되어 있을 뿐 따로 기둥이나 벽이 있는 공간이나 방실은 있지 아니하므로, 위 타워크레인은 건설기계의 일종으로서 작업을 위하여 토지에 고정되었을 뿐이고 위 운전실은 기계를 운전하기 위한 작업공간 그 자체이지 건조물침입죄의 객체인 건조물에 해당하지 아니한다(대판 2005.10.7. 2005도5351).

B. 물탱크시설 건조물은 주위 벽, 기둥과 지붕 또는 천정으로 구성된 구조물로서 사람이 기거하거나 출입할 수 있는 장소를 말하므로, 물탱크시설은 이에 해당하지 않는다(대판 2007.12.13. 2007도7247).

C. 건축 중인 건물 건축 중인 건축물의 일부 층에 대한 골조공사가 진행되고 있었는데 당시 건축 중인 건축물은 아직 벽, 기둥, 지붕, 천정 등을 완전히 갖추지 못하여 일반인의 관점에서 볼 때 사람이 기거하거나 출입하기에 적합할 정도로 완성되지 아니한 상태였으므로, 아직 건조물에 해당할 정도로 완성되지 못하였다(대판 2005.10.7. 2005도5351).

다. 점유하는 방실(예: 연구실, 호텔객실, 화장실 등) 사실상 피해 회사를 퇴사한 이상 더 이상 피해 회사의 승낙 없이는 위 사무실을 출입할 수 없게 되었다고 봄이 상당하고, 이후 사무실에 나타나지 않다가 약 20일이 지나서 피해 회사의 명시적인 의사에 반하여 비정상적인 방법으로 사무실에 들어간 행위는 방실침입죄에 해당한다(대판 2007.8.23. 2007도2595).

라. 위요지

(1) 주거 해당 여부 주거라 함은 단순히 가옥 자체만을 말하는 것이 아니라 그 위요지를 포함한다(대판 2001.4.24. 2001도1092).[11]

(2) 위요지의 요건 위요지가 되기 위하여는 건조물에 인접한 주변 토지로서 관리자가 외부와의 경계에 문과 담 등을 설치하여 토지가 건조물의 이용을 위하여 제공되었다는 것이 명확히 드러나야 한다(대판 2005.10.7. 2005도5351).[12]

---

11 대판 1983.3.8. 82도1363; 2005.10.7. 2005도5551; 2009.8.20. 2009도3452; 2009.9.10. 2009도4335.

12 대판 2004.6.10. 2003도6133; 2010.3.11. 2009도12609; 2010.4.29. 2009도14643.

(3) 위요지에 해당하는 사례

A. 대학교 운동장 한양대학교 종합운동장은 한양대학교의 강의동을 비롯한 건조물에 인접한 부분이고, 한양대학교와 외부와의 경계에는 정문을 비롯하여 문과 담 등이 설치되어 있어 한양대학교 구내와 외부와는 명확히 구분되어 있으므로 위요지이다(대판 2004.6.10. 2003도6133).

B. 공동주택 안에서 공용으로 사용하는 계단과 복도 다가구용 단독주택이나 다세대주택·연립주택·아파트 등 공동주택 안에서 공용으로 사용하는 계단과 복도는 주거로 사용하는 각 가구 또는 세대의 전용 부분에 필수적으로 부속하는 부분으로서 그 거주자들에 의하여 일상생활에서 감시·관리가 예정되어 있고 사실상의 주거의 평온을 보호할 필요성이 있는 부분이므로, 다가구용 단독주택이나 공동주택의 내부에 있는 공용 계단과 복도는 특별한 사정이 없는 한 주거침입죄의 객체인 '사람의 주거'에 해당한다(대판 2009.8.20. 2009도3452; 2009.9.10. 2009도4335).

C. 화단의 설치, 수목의 식재로 담장의 설치를 대체하는 경우 화단의 설치, 수목의 식재 등으로 담장의 설치를 대체하는 경우에도 건조물에 인접한 그 주변 토지가 건물, 화단, 수목 등으로 둘러싸여 건조물의 이용에 제공되었다는 것이 명확히 드러난다면 위요지가 될 수 있다(대판 2010.3.11. 2009도12609).

(4) 위요지가 아닌 사례 ① 아파트 공사현장의 건축물이 아직 사람이 기거하거나 출입하기에 적합할 정도로 완성되지 아니한 상태인 경우, 공사현장은 그 안에 있는 현장사무실 또는 경비실의 이용을 위하여 제공된 토지로 볼 수 없다(대판 2005.10.7. 2005도5351). ② 건조물의 이용에 기여하는 인접의 부속 토지라고 하더라도 인적 또는 물적 설비 등에 의한 구획 내지 통제가 없어 통상의 보행으로 그 경계를 쉽사리 넘을 수 있는 정도라고 한다면, 일반적으로 외부인의 출입이 제한된다는 사정이 객관적으로 명확하게 드러났다고 보기 어려우므로, 다른 특별한 사정이 없는 한 주거침입죄의 객체에 속하지 아니한다(대판 2010.4.29. 2009도14643).

마. 타인의 점유

(1) 저당부동산의 종물의 범위 어느 건물이 주된 건물의 종물이기 위하여는 주물의 상용에 이바지하는 관계에 있어야 하고 이는 주물 자체의 경제적 효용을 다하게 하는 것을 말하는 것이므로, 주물의 소유자나 이용자의 사용에 공여되고 있더라도 주물 자체의 효용과 관계없는 물건은 종물이 아니다(대판 2007.12.13. 2007도7247).

(2) 종물이 아닌 사례 피해자의 축사 건물 및 그 부지를 임의경매절차에서 매수한 사람이 부지 밖에 설치된 피해자 소유 소독시설을 통로로 삼아 축사건물에 출입한 경우, 소독시설은 축사 출입차량의 소독을 위하여 설치한 것이기는 하나 별개의 토지 위에 존재하는 독립한 건조물로서 축사 자체의 효용에 제공된 종물이 아니므로 그 출입행위는 건조물침입죄를 구성한다(대판 2007.12.13. 2007도7247).

3. 침입

가. 침입의 의미 침입은 거주자의 의사에 반하여 행위자의 신체가 주거 등에 들어가는 것을 말하고, 밖에서 돌멩이를 던져놓는 것은 침입에 해당하지 않는다.

나. 관련 판례 ① 침입이 신체적 침해로서 행위자의 신체가 주거에 들어가야 함을 의미한다(대판 2007.11.15. 2007도6990). ② 침입이라 함은 거주자 또는 간수자의 의사에 반하여 들어가면 족한 것이고 어떤 저항을 받는 것을 요하지 않는다(대판 1983.3.8. 82도1363). ③ 침입이 평온, 공연하게 이루어졌다거나 주거자 또는 관리인 등의 승낙이나 허가를 얻어 들어갔다 하여도 불법행위를 할 목적으로 들어간 때에는, 주거자나 관리인의 의사 또는 추정된 의사에 반하여 들어간 것이라 아니 할 수 없으므로 역시 주거침입죄가 성립된다(대판 1967.12.19. 67도1281).

다. 관리자

(1) 권리 없는 자의 점유와 관리자 ① 점유할 권리 없는 자의 점유라고 하더라도 그 주거의 평온은 보호되어야 할 것이므로, 권리자가 그 권리를 실행함에 있어 법에 정하여진 절차에 의하지 아니하고 그 건조물 등에 침입한 경우에는 주거침입죄가 성립한다(대판 1987.11.10. 87도1760).[13] ② 가옥을 피해자가 점유관리하고 있었다면 그 건물이 가사 피고인의 소유였다 할지라도 주거침입죄의 성립에 아무런 장애가 되지 않는다.[14]

(2) 복수의 주거권자: 남편 부재 중 불륜 목적으로 침입한 경우

A. 학설 복수의 주거권자 중 한 사람의 승낙이 다른 거주자의 의사에 직접·간접으로 반하는 경우에 주거침입죄가 성립하는가와 관련하여, 적극설(판례)[15]과 소극설[16]이 대립한다.

B. 판례 ① 남편이 일시 부재중 간통의 목적하에 그 처의 승낙을 얻어 주거에 들어간 경우라도 남편의 주거에 대한 지배관리관계는 여전히 존속한다고 봄이 옳고, 사회통념상 간통의 목적으로 주거에 들어오는 것은 남편의 의사에 반한다고 보여지므로 처의 승낙이 있었다 하더라도 남편의 주거의 사실상의 평온은 깨어졌다 할 것이므로 이러한 경우에는 주거침입죄가 성립한다(대판 1984.6.26. 83도685). ② 2인 이상이 하나의 공간에서 공동생활을 하고 있는 경우에는 각자 주거의 평온을 누릴 권리가 있으므로, 사용자가 제3자와 공동으로 관리·사용하는 공간을 사용자에 대한 쟁의행위를 이유로 관리자의 의사에 반하여 침입·점거한 경우, 비록 그 공간의 점거가 사용자에 대한 관계에서 정당한 쟁의행위로 평가될 여지가 있다 하여도 이를 공동으로 관리·사용하는 제3자의

---

13 대판 1995.9.15. 94도3336; 2008.5.8. 2007도11322; 2007.3.15. 2006도7044.

14 대판 1989.9.12. 89도889; 2007.3.15. 2006도7044.

15 권오걸, 290면; 김성돈, 241면; 박상기, 233면; 이재상, 240면; 정/박, 266면; 정영일, 234면.

16 김/서, 204면; 배종대, 340면; 오영근, 277면; 임웅, 273면.

명시적 또는 추정적인 승낙이 없는 이상 위 제3자에 대하여서까지 이를 정당행위라고 하여 주거침입의 위법성이 조각된다고 볼 수는 없다(대판 2010.3.11. 2009도5008).[17]

라. 의사에 반한 침입

(1) 의사의 의미 ① 거주자의 의사라 함은 명시적인 경우뿐만 아니라 묵시적인 경우도 포함되고 주변사정에 따라서는 거주자의 반대의사가 추정될 수도 있다(대판 2003.5.30. 2003도1256).[18] ② 출입문을 통한 정상적인 출입이 아닌 경우 특별한 사정이 없는 한 그 침입방법 자체에 의하여 의사에 반하는 것이다(대판 1995.9.15. 94도3336).[19]

(2) 기망이나 강박에 의한 승낙

A. 학설 기망의 방법으로 피해자의 승낙을 받아 주거에 들어가는 것이 침입에 해당하는가와 관련하여, 긍정설[20]과 부정설[21]이 대립한다. 부정설은 주거침입죄의 승낙은 구성요건해당성을 배제하는 양해이고, 아울러 착오에 의한 양해도 유효하다고 본다. 한편, 강박의 방법으로 받은 승낙은 유효하지 않다는 점에 대체로 견해가 일치한다.

B. 판례 피해자의 옛 애인 및 '사진 찍은 자'로 1인 2역을 행세하면 설령 그 정을 알지 못하는 피해자로부터 승낙을 얻어 피해자의 주거에 들어갔다고 하더라도, 그 승낙의 의사표시는 기망 및 협박에 의한 것으로서 무효이므로 주거침입죄가 성립한다(대판 2007.1.25. 2006도599).

C. 검토 피해자의 진정한 의사에 반하여 주거에 들어가는 것은 침입에 해당한다고 보아야 하므로, 기망이나 강박에 의한 승낙은 유효하지 않다고 보아야 한다.

(3) 개방된 장소의 범죄목적 출입

A. 학설 호텔이나 식당처럼 공중의 출입이 허용된 장소라고 하더라도 그 장소에 위법한 목적을 가지고 들어가는 경우가 침입에 해당하는가와 관련하여, ① 이를 긍정하는 적극설[22]과 ② 위법한 목적이 있다고 하여 바로 주거침입죄가 성립하지는 않고, 예외적으로 주거권자의 의사에 반함이 명백한 경우에 주거침입죄가 성립한다는 소극설[23]이 대립한다. 판례는 적극설의 입장이다. 하지만 금지되는 것은 개방된 장소에서의 범죄행위이지, 범죄목적을 가진 출입행위 자체가 아니다. 물론, 범죄목적을 가진 출입행위를 처벌하면, 개방된 장소에서의 범죄가 보다 강하게 통제될 수 있겠지만,

---

17 사용자인 주식회사 A 이외에도 B가 공동관리하는 로비에 관한 점거행위는 정당한 쟁의행위로서 형법 제20조의 정당행위에 해당하여 위법성이 조각된다는 이유를 들어 B가 관리하는 건조물에 침입하였다는 공소사실을 무죄로 인정한 원심을 파기하였다.

18 피해자가 사용 중인 공중화장실의 용변칸에 노크하여 남편으로 오인한 피해자가 용변칸 문을 열자 강간할 의도로 용변칸에 들어간 사안이다. 대판 1993.3.23. 92도455.

19 대판 1990.3.13. 90도173; 2007.8.23. 2007도2595.

20 권오걸, 288면; 배종대, 341면; 오영근, 278면; 정영일, 233면.

21 김성돈, 239면; 김/서, 204면; 박상기, 231면; 이재상, 242면; 임웅, 270면.

22 권오걸, 325면; 김성돈, 240면; 배종대, 241면.

23 김/서, 205면; 박상기, 232면; 오영근, 280면; 이재상, 242면; 임웅, 272면; 정영일, 233면.

이 경우에는 주거침입죄의 성립이 지나치게 넓어진다. 판례는 다른 범죄의 입증 내지 처벌이 어려울 때 그 대안으로 주거침입죄의 성립을 인정하여, 주거침입죄를 마치 하나의 하수종말처리장처럼 다루는데, 이는 너무 지나친 강성형사정책의 반영이라고 할 것이므로 소극설이 타당하다고 본다.

B. 관련 판례

1) 의사에 반하는 사례

a. 관리자에 의한 출입 제한: 대교가 교내에서의 집회를 허용하지 아니하고 집회와 관련된 외부인의 출입을 금지하였는데도 집회를 위하여 그 대학교에 들어간 것이라면, 비록 대학교에 들어갈 때 구체적으로 제지를 받지 아니하였다고 하더라도 대학교 관리자의 의사에 반하여 건조물에 들어간 것으로서 건조물침입죄가 성립한다(대판 2004.8.30. 2004도3212).[24]

b. 범죄목적의 출입: ① 일반인의 출입이 허용된 건조물에 시설을 손괴하는 등 범죄의 목적으로 들어간 경우에는 건조물침입죄가 성립된다(대판 2007.3.15. 2006도7079). ② 일반인의 출입이 허용된 음식점이라 하더라도 영업주의 명시적 또는 추정적 의사에 반하여 들어가면 주거침입죄가 성립한다(대판 1997.3.28. 95도2674).[25]

c. 일반적으로 개방되어 있는 장소가 아닌 경우: 일반적으로 대학교의 강의실은 그 대학 당국에 의하여 관리되면서 그 관리업무나 강의와 관련되는 사람에 한하여 출입이 허용되는 건조물이지 널리 일반인에게 개방되어 누구나 자유롭게 출입할 수 있는 곳은 아니다(대판 1992.9.25. 92도1520).

2) 추정적 승낙 건물의 소유자라고 주장하는 피고인과 그것을 점유관리하고 있는 피해자 사이에 건물의 소유권에 대한 분쟁이 계속되고 있는 상황이라면, 피고인이 그 건물에 침입하는 것에 대한 피해자의 추정적 승낙이 있었다고 볼 수 없다(대판 1989.9.12. 89도889).

3) 묵시적 승낙 다방, 당구장, 독서실 등의 영업소가 들어서 있는 건물 중 공용으로 사용되는 계단과 복도는 주야간을 막론하고 관리자의 명시적 승낙이 없어도 누구나 자유롭게 통행할 수 있는 곳이라 할 것이므로, 관리자가 1층 출입문을 특별히 시정하지 않는 한 범죄의 목적으로 위 건물에 들어가는 경우 이외에는 그 출입에 관하여 관리자나 소유자의 묵시적 승낙이 있다고 봄이 상당하여 그 출입행위는 주거침입죄를 구성하지 않는다(대판 1985.2.8. 84도2917).[26]

4) 평소 출입이 허용된 사람 ① 거주자나 관리자와의 관계 등으로 평소 그 건조물에 출입이 허용된 사람이라 하더라도 주거에 들어간 행위가 거주자나 관리자의 명시적 또는 추정적 의사에 반함에도 불구하고 감행된 것이라면 주거침입죄는 성립하는 것이다(대판 1995.9.15. 94도3336).[27] ② 사용자의

---

24 대판 2008.11.13. 2006도755; 1996.5.10. 96도419.

25 기관장들의 조찬모임에서의 대화내용을 도청하기 위한 도청장치를 설치할 목적으로 손님을 가장하여 그 조찬모임 장소인 음식점에 들어간 사안이다.

26 소등된 당구장이나 다방에는 들어가지 않고 친구를 찾아 복도를 다녔다는 것이니 복도의 통행을 금한 관리인의 조치가 있었다고 볼 수도 없다고 보았다.

27 대판 2007.8.23. 2007도2595; 1983.7.12. 83도1394.

직장폐쇄가 정당한 쟁의행위로 인정되지 아니하는 때에는 다른 특별한 사정이 없는 한 근로자가 평소 출입이 허용되는 사업장 안에 들어가는 행위가 주거침입죄를 구성하지 아니한다(대판 2002.9.24. 2002도2243).[28]

5) 해고된 근로자의 회사출입

a. 출입제한의 한계: 직장폐쇄가 정당한 쟁의행위로 평가받는 경우 사용자의 사업장에 대한 물권적 지배권이 전면적으로 회복되므로 사용자는 직장폐쇄의 효과로서 사업장의 출입을 제한할 수 있다고 하더라도, 사업장 내의 노조사무실 등 정상적인 노조활동에 필요한 시설, 기숙사 등 기본적인 생활근거지에 대한 출입은 허용되어야 하고, 다만 쟁의 및 직장폐쇄와 그 후의 상황전개에 비추어 노조가 노조사무실 자체를 쟁의장소로 활용하는 등 노조사무실을 쟁의행위와 무관한 정상적인 노조활동의 장소로 활용할 의사나 필요성이 없음이 객관적으로 인정되거나, 노조사무실과 생산시설이 장소적·구조적으로 분리될 수 없는 관계에 있어 일방의 출입 혹은 이용이 타방의 출입 혹은 이용을 직접적으로 수반하게 되는 경우로서 생산시설에 대한 노조의 접근 및 점거가능성이 합리적으로 예상되고, 사용자가 노조의 생산시설에 대한 접근, 점거 등의 우려에서 노조사무실 대체장소를 제공하고 그것이 원래 장소에서의 정상적인 노조활동과 견주어 합리적 대안으로 인정된다면, 합리적인 범위 내에서 노조사무실의 출입을 제한할 수 있다(대판 2010.6.10. 2009도12180).

b. 건조물침입죄가 성립하는 사례: ① 회사에서 해고근로자들의 출입을 허락해 왔다 하더라도, 이는 어디까지나 회사의 업무가 정상적으로 수행되고 있는 경우에 복직협의 등에 관련하여 필요한 범위내의 출입에 한정된 것이라고 봄이 상당할 것인바, 사무실은 당시 노조간부들이 무단으로 점거하여 노조 임시사무실로 사용하고 있던 중이었을 뿐 아니라 해고근로자가 사무실에 들어간 시점도 회사 노조원들에 의해 회사가 점거되어 회사의 업무가 정상적으로 수행되지 아니할 때인 것으로 엿보이는바, 그렇다면 오히려 특별한 사정이 없는 한 해고근로자의 위와 같은 출입행위는 관리자인 회사 측의 의사 내지 추정적 의사에 반하는 것이라 아니할 수 없고, 또 피고인이 그와 같은 승낙이 있다고 믿었음에 정당한 이유가 있다고도 보기 어렵다(대판 1994.2.8. 93도120). ② 해고를 당한 후 해고처분무효확인소송을 제기하여 그 효력을 다툼으로써 노동조합의 조합원인 근로자의 지위를 그대로 갖고 있다 하더라도, 회사가 조합의 대의원이 아닌 피고인에게 회사 내의 조합대의원회의에 참석하는 것을 허락하지 아니하였는데도 그 의사에 반하여 함부로 거기에 들어가고 회사경비원들의 출입통제업무를 방해한 것은 건조물침입죄와 업무방해죄에 해당한다(대판 1991.9.10. 91도1666).

c. 성립하지 않는 사례: 해고된 근로자가 조합원의 자격으로서 회사 내 노조사무실에 들어가는 것은 정당한 행위로서 회사 측에서도 이를 제지할 수 없는 것이므로, 노조사무실 출입목적으로 경

---

28 직장폐쇄는 사용자와 근로자의 교섭태도와 교섭과정, 근로자의 쟁의행위의 목적과 방법 및 사용자가 받은 타격의 정도 등 구체적인 사정에 비추어 쟁의행위에 대한 방어수단으로서 상당성이 있어야만 사용자의 정당한 쟁의행위로 인정될 수 있다.(대판 2010.6.10. 2009도12180)

비원의 제지를 뿌리치고 회사 내로 들어가는 것은 건조물침입죄로 벌할 수 없다(대판 1991.11.8. 91도326).

6) 사용권한자의 침입 교회의 교인은 교회재산을 사용할 수 있는 적법한 지위에 있으므로, 자신이 따르지 않는 목사와 그를 따르는 교인들이 설치해 놓은 자물쇠를 제거하고 지하성전에 들어간 행위는 건조물침입죄를 구성하지 않고, 재물손괴의 위법성을 조각하는 정당방위에 해당한다(대판 2011.2.24. 2010도13849).

7) 판단시점 피해자와의 매매계약의 해제 문제를 해결하기 위하여 피고인 등이 주거에 들어간 이후 문제해결이 여의치 아니하여 소란을 피우는 등의 사태가 발생하였다 하더라도, 피고인 등이 당초부터 피해자 등의 반대를 무릅쓰고 주거에 들어갔다거나 또는 주거에 들어갈 당초부터 내심으로 그와 같이 재물을 손괴하는 등 소란을 피울 목적이 있었다는 등 피고인 등이 주거에 들어가는 행위가 피해자 등의 명시적, 묵시적 의사에 반함을 객관적으로 인정할 만한 사정이 인정되지 아니한다면 이를 주거침입죄로 의율할 수는 없다(대판 1993.3.23. 92도455).

8) 침입에 해당하는 사례 ① 약 270명의 승려 및 신도들이 신임주지의 주지취임을 반대하면서 사찰 경내를 굳게 지키고 있는 상황을 알면서, 신임지주가 37명가량의 일반승려들을 규합하여 이들과 함께 날이 채 새기도 전에 잠겨진 뒷문을 넘어 들어가거나 정문에 설치된 철조망을 걷어 내고 정문을 통과하는 방법으로 사찰 경내로 난입했다면, 종법에 따른 검수절차를 통한 주지직 취임의 한계를 일탈한 것이고, 전임 주지 측의 사찰 경내에 대한 사실상 점유의 평온을 침해한 것으로 주거침입죄가 성립한다(대판 1983.3.8. 82도1363). ② 대리응시자들의 시험장의 입장은 시험관리자의 승낙 또는 그 추정된 의사에 반한 불법침입이다(대판 1967.12.19. 67도1281).

4. 위법성조각

가. 정당행위

(1) 정당행위에 해당하는 사례 이혼 후 자녀를 직접 양육하지 아니하는 부부 중 일방은 자녀와 면접·서신교환 또는 접촉하는 권리인 면접교섭권을 가지므로, 이혼 후 자녀를 양육하지 아니하는 모가 부의 허락 없이 그 주거에 들어가 자녀들의 양육에 필요한 최소한의 행위만을 한 경우에 주거침입죄의 고의가 없거나 정당한 행위로서 위법성이 조각된다(대판 2003.11.28. 2003도5931).

(2) 정당행위에 해당하지 않는 사례 ① 타인의 주거에 침입한 행위가 비록 불법선거운동을 적발하려는 목적으로 이루어진 것이라고 하더라도, 타인의 주거에 도청장치를 설치하는 행위는 그 수단과 방법의 상당성을 결하는 것으로서 정당행위에 해당하지 않는다(대판 1998.5.12. 98도662). ② 자기 소유의 임야에 심어둔 밤나무를 손괴한 현행범인을 추적하여 그 범인의 아버지 집에 들어가서 그 아버지와 시비 끝에 상해를 입힌 경우에는 아버지에 대한 상해죄는 물론이고 주거침입이 위법성도 조각되지 아니한다(대판 1965.12.21. 65도899).

나. 자력구제 권리자가 그 권리실행으로서 자력구제의 수단으로 건조물에 침입한 경우에도 주거침입죄가 성립한다(대판 1985.3.26. 85도122; 2007.3.15. 2006도7044).

5. 실행의 착수 및 기수시기

가. 실행의 착수

(1) 착수시기 주거침입죄의 실행의 착수는 주거자, 관리자, 점유자 등의 의사에 반하여 주거나 관리하는 건조물 등에 들어가는 행위 즉, 구성요건의 일부를 실현하는 행위까지 요구하는 것은 아니고, 범죄구성요건의 실현에 이르는 현실적 위험성을 포함하는 행위를 개시하는 것으로 족하다(대판 2003.10.24. 2003도4417).[29]

(2) 실행의 착수가 인정되는 사례 ① 야간에 아파트에 침입하여 물건을 훔칠 의도하에 아파트의 베란다 철제난간까지 올라가 유리창문을 열려고 시도한 경우(대판 2003.10.24. 2003도4417), ② 주거침입의 범의로써 예컨대 주거로 들어가는 문의 시정장치를 부수거나 문을 여는 등 침입을 위한 구체적 행위를 시작한 경우(대판 1995.9.15. 94도2561), ③ 출입문이 열려 있으면 안으로 들어가겠다는 의사 아래 출입문을 당겨 본 경우(대판 2006.9.14. 2006도2824)[30]는 주거침입의 실행의 착수가 있었다.

(3) 실행의 착수가 없는 사례 ① 다세대주택 2층의 불이 꺼져 있는 것을 보고 물건을 절취하기 위하여 가스배관을 타고 올라가다가 발은 1층 방범창을 딛고 두 손은 1층과 2층 사이에 있는 가스배관을 잡고 있던 상태에서 순찰 중이던 경찰관에게 발각되자 그대로 뛰어내린 경우(대판 2008.3.27. 2008도917), ② 침입 대상인 아파트에 사람이 있는지를 확인하기 위해 그 집의 초인종을 누른 경우(대판 2008.4.10. 2008도1464)[31]는 침입의 현실적 위험성을 포함하는 행위를 시작하였다거나, 주거의 사실상의 평온을 침해할 객관적인 위험성을 포함하는 행위를 한 것으로 볼 수 없다.

나. 기수시기

(1) 학설 주거침입죄의 기수시기와 관련하여, ① 신체의 전부가 들어가야 한다는 전부침입설(다수설)[32]과 ② 신체의 일부만 들어가도 족하다는 일부침입설[33]이 대립한다.

---

29 대판 2006.9.14. 2006도2824; 2008.3.27. 2008도917.

30 출입문이 열려있는 집에 들어가 재물을 절취하기로 마음먹고, 다세대주택에 들어가 그 건물 101호의 출입문을 손으로 당겨보았는데 문이 잠겨있어 범행에 실패한 사안이다. 하지만 공동주택의 공용부분을 주거로 보는 판례변경으로 이미 공용부분에 들어감으로써 주거침입은 기수라고 볼 여지도 있지만, 기소된 주거침입은 공용부분이 아닌 피해자의주거에 대한 침입 여부가 문제된 것이므로, 판례가 상충되는 것은 아니다.

31 아파트의 초인종을 누르다가 사람이 없으면 만능키 등을 이용하여 문을 열고 안으로 들어가 물건을 훔치기로 모의한 후 초인종을 누르면서 "자장면 시키지 않았느냐"라고 말하였으나 집 안에 있던 피해자가 "시킨 적 없다"고 대답하자 계단을 이용하여 아래층으로 이동한 사안이다.

32 권오걸, 323면; 김성돈, 241면; 김/서, 206면; 배종대, 338면; 오영근, 283면; 이재상, 237면; 정/박, 267면.

33 김/김, 305면; 박상기, 234면; 임웅, 273면; 정영일, 237면.

(2) 판례(일부침입설) 주거침입죄는 사실상의 주거평온을 보호법익으로 하는 것이므로, 반드시 행위자의 신체의 전부가 범행의 목적인 타인의 주거 안으로 들어가야만 성립하는 것이 아니라 신체의 일부만 타인의 주거 안으로 들어갔다고 하더라도 거주자가 누리는 사실상의 주거의 평온을 해할 수 있는 정도에 이르렀다면 범죄구성요건을 충족하는 것이다(대판 1995.9.15. 94도2561).[34]

(3) 검토 판례사안과 같은 일부침입의 경우, 행위자가 '애초에 일부침입의 의사뿐이었다'고 하면, 전부침입설은 미수의 고의를 인정하여 처벌할 수 없는 문제점을 드러낸다는 우려에서 일부침입설이 주장되고 있다. 하지만 전부침입의 고의가 입증되면 주거침입의 미수로 처벌하면 되고, 이를 입증할 수 없을 때에는 '주거수색죄로 처벌하면 족하다'[35]는 점에서 전부침입설이 타당하다 할 것이다.

6. 고의

가. 고의의 내용 주거침입죄의 범의는 반드시 신체의 전부가 타인의 주거 안으로 들어간다는 인식이 있어야만 하는 것이 아니라 신체의 일부라도 타인의 주거 안으로 들어간다는 인식이 있으면 족하다(대판 1995.9.15. 94도2561).[36]

나. 고의가 있는 사례 피해자의 동리 부녀자에 대한 욕설을 따지기 위하여 동리 부녀자 10여 명과 작당하여 야간(밤 9시경)에 피해자의 집에 몰려 들어갔다면, 이는 주거자의 의사에 반한다는 인식 아래 한 것으로 위법하다(대판 1983.10.11. 83도2230).

7. 특수주거침입죄

단체 또는 다중의 위력을 보이거나 위험한 물건을 휴대하여 주거침입죄를 범한 때에는 5년 이하의 징역으로 가중처벌한다(제320조). 하지만 이 경우에는 특별법에 해당하는 폭력행위 등 처벌에 관한 법률 제3조 제1항이 적용된다.[37]

8. 기타 문제

가. 법률의 착오 학생회관의 관리권은 그 대학당국에 귀속된다고 보아야 하므로, 학생회의 동의가 있어 그 침입이 위법하지 않다고 믿었다고 하더라도 이에 정당한 사유가 있다고 볼 수 없어 주거침입죄를 구성한다(대판 1995.4.14. 95도12).

---

34 야간에 타인의 집의 창문을 열고 집 안으로 얼굴을 들이민 사안이다.

35 임상규, 주거침입죄에 관한 대법원의 주요판례와 그 해석 및 입법론적 보완책, 법학논고 제34집(2010), 경북대학교 법학연구원, 342면.

36 일부침입설의 입장이다.

37 폭처법 제3조 제1항의 규정은 형법 제320조에 대한 특별규정이다(대판 1998.5.12. 98도662).

나. 절도죄와의 관계(주간인 경우) 절도의 목적으로 건조물에 침입한 자가 절취할 물건을 물색하다가 발각되어 미수에 그친 경우에는 건조물침입죄와 절도미수의 죄가 성립되며, 다만 상습범일 경우에는 특정범죄가중처벌등에 관한 법률 제5조의4 제1항 위반의 죄가 성립할 뿐이다(대판 1984.3.13. 84도71; 1984.12.26. 84도1573 全合).

다. 퇴거불응죄와의 관계 건조물을 불법 침입한 사실을 인정한 이상 별도로 퇴거불응죄를 구성하는 것은 아니다(서울고법 1970.12.3. 70노665).

라. 죄수 다른 사람의 주택에 무단 침입한 범죄사실로 이미 유죄판결을 받은 사람이 그 판결이 확정된 후에도 퇴거하지 않은 채 계속하여 당해 주택에 거주한 경우, 판결 확정 이후의 행위는 별도의 주거침입죄를 구성한다(대판 2008.5.8. 2007도11322).

II. 퇴거불응죄

제319조 (퇴거불응) ② 전항의 장소에서 퇴거요구를 받고 응하지 아니한 자도 전항의 형과 같다.

1. 의의와 성격 본죄는 적법하게 주거에 들어간 자가 주거자의 퇴거요구에 불응함으로써 성립하는 진정부작위범이고, 보호법익은 주거침입죄와 같이 '주거의 사실상 평온'이고, 보호정도는 침해범이다.

2. 구성요건

가. 행위주체 ① '퇴거요구를 받고 응하지 아니한 자'는 타인의 주거 등에 적법하게 또는 과실로 들어간 자가 거주자 등의 퇴거요구를 받고 이에 응하여야 할 책임이 있음에도 그 장소에서 퇴거하지 아니하는 것을 의미한다(헌재결 2012.4.24. 2011헌바48). ② 퇴거불응죄는 주거침입죄와는 달리 범죄를 목적으로 주거에 들어갈 것을 요하지 아니한다(대판 2015.5.14. 2014도655).[38]

나. 퇴거

(1) 의미 퇴거불응죄의 퇴거는 주거침입죄의 침입과는 반대로 행위자의 신체가 주거에서 나감을 의미한다(대판 2007.11.15. 2007도6990).

---

38 지하철에서 노점을 열거나 종교·기부를 권유하다 적발되어 퇴거요구를 받고 역사를 떠나지 아니한 사안이다.

(2) 퇴거한 사례(가재도구를 남겨둔 경우) 건물에 가재도구 등을 남겨두었다는 사정은 퇴거불응죄의 성부에 영향이 없고, 퇴거요구를 받고 피해자에게 건물의 열쇠를 반환한 다음 건물에서 나감으로써 퇴거하였다(대판 2007.11.15. 2007도6990).

(3) 퇴거불응 교회는 교인들의 총유에 속하는 것으로서 교인들 모두가 사용수익권을 갖고 있고, 출입이 묵시적으로 승낙되어 있는 장소인바, 이같이 일반적으로 개방되어 있는 장소라도 필요한 때는 관리자가 그 출입을 금지 내지 제한할 수 있다(대판 1992.4.28. 91도2309).[39]

3. 직장폐쇄와 퇴거불응

가. 학설 정당하게 개시된 직장점거가 사용자의 직장폐쇄로 인하여 위법한 것으로 되는지와 관련하여, 긍정설[40]과 부정설 및 절충설이 대립한다. 절충설은 직장폐쇄가 있으면 직장점거는 민사상으로는 위법하게 되지만 그로 인하여 바로 형사처벌의 대상이 되는 것은 아니며, 형사상의 위법성은 직장폐쇄와 관계없이 직장점거 자체의 위법성에 의하여 판단하여야 한다는 입장이다. 적법한 퇴거요구에는 응하여야 한다는 점에서 긍정설이 타당하다.

나. 판례

(1) 직장폐쇄가 적법한 경우 근로자들의 직장점거가 개시 당시 적법한 것이었다 하더라도 사용자가 이에 대응하여 적법하게 직장폐쇄를 하게 되면, 사용자의 사업장에 대한 물권적 지배권이 전면적으로 회복되는 결과, 사용자는 점거중인 근로자들에 대하여 정당하게 사업장으로부터의 퇴거를 요구할 수 있고 퇴거를 요구받은 이후의 직장점거는 위법하게 되므로, 적법하게 직장폐쇄를 단행한 사용자로부터 퇴거요구를 받고도 불응한 채 직장점거를 계속한 행위는 퇴거불응죄를 구성한다.[41]

(2) 직장폐쇄가 위법한 경우 사용자의 직장폐쇄가 정당한 쟁의행위로 인정되지 아니하는 때에는 적법한 쟁의행위로서 사업장을 점거 중인 근로자들이 직장폐쇄를 단행한 사용자로부터 퇴거 요구를 받고 이에 불응한 채 직장점거를 계속하더라도 퇴거불응죄가 성립하지 아니한다(대판 2007.12.28. 2007도5204).[42]

---

39 예배의 목적이 아니라 교회의 예배를 방해하여 교회의 평온을 해할 목적으로 교회에 출입하는 것이 판명되어 교회 건물의 관리주체라고 할 수 있는 교회당회에서 피고인에 대한 교회출입금지의결을 하고 이에 따라 교회의 관리인이 피고인에게 퇴거를 요구한 사안이다.

40 신영철, 직장폐쇄 후 계속된 직장점거가 퇴거불응죄를 구성하는지의 여부, 대법원판례해설 제16호, 37면.

41 대판 1991.8.13. 91도1324.

42 파업에 돌입한 지 불과 4시간 만에 사업주가 바로 직장폐쇄하였다.

III. 주거, 신체수색죄

1. 구성요건 사람의 신체, 주거, 관리하는 건조물, 자동차, 선박이나 항공기 또는 점유하는 방실을 수색한 자는 3년 이하의 징역에 처한다(제321조).

2. 관련 판례 정기주주총회에 적법하게 참석한 주주라고 할지라도 주주총회장에서의 질문, 의사진행 발언, 의결권의 행사 등의 주주총회에서의 통상적인 권리행사 범위를 넘어서서 회사의 구체적인 회계장부나 서류철 등을 열람하기 위하여는 별도로 상법 제466조 등에 정해진 바에 따라 회사에 대하여 열람을 청구하여야 하고, 회사에서 정당한 이유 없이 이를 거부하는 경우에는 법원에 이행을 청구하여 결과에 따라 회계장부 등을 열람할 수 있을 뿐 주주총회 장소라고 하여 회사 측의 의사에 반하여 회사의 회계장부를 강제로 찾아 열람할 수는 없다고 할 것이며, 설사 회사 측이 회사 운영을 부실하게 하여 소수주주들에게 손해를 입게 하였다고 하더라도 위와 같은 사정만으로 주주총회에 참석한 주주가 강제로 사무실을 뒤져 회계장부를 찾아내는 것이 사회통념상 용인되는 정당행위로 되는 것은 아니다(대판 2001.9.7. 2001도2917).

제5장

재산적 법익에 대한 범죄

제1절 • 재산범죄 일반론

제2절 • 절도의 죄

제3절 • 강도의 죄

제4절 • 사기의 죄

제5절 • 공갈의 죄

제6절 • 횡령의 죄

제7절 • 배임의 죄

제8절 • 장물에 관한 죄

제9절 • 손괴의 죄

제10절 • 권리행사를 방해하는 죄

제1절 • 재산범죄 일반론

I. 재산범죄의 분류

1. 형법상의 재산범죄 형법이 규율하는 재산범죄의 기본유형은 절도와 강도죄, 사기와 공갈죄, 횡령과 배임죄, 장물죄, 손괴죄 및 권리행사방해죄의 9가지이다.

2. 재산범죄의 분류

가. 재물죄와 이득죄 행위의 객체가 재물인 재산죄를 재물죄(예: 절도, 횡령, 장물, 손괴, 권리행사방해, 점유이탈물횡령, 점유강취죄)라 하고, 재산상의 이익을 객체로 하는 재산죄를 이득죄(예: 배임, 컴퓨터사용사기, 부당이득죄)라고 한다. 강도나 사기 및 공갈죄 등은 재물과 재산상의 이익을 모두 객체로 한다.

나. 영득죄와 손괴죄 재물죄는 영득죄와 손괴죄로 구분되는데, 영득죄는 타인의 재물을 자기의 소유물처럼 사용·수익·처분하는 죄이고, 손괴죄는 재물의 효용을 훼손하는 죄이다. 판례·다수설에 따르면, 영득죄는 불법영득의사를 필요로 하는 반면에, 손괴죄는 그러하지 아니하다.

다. 탈취죄와 편취죄 실행행위의 방법에 따라 탈취죄와 편취죄로 나뉘는데, 탈취죄는 피해자의 의사에 반하여 재물의 점유를 취득하거나 그 재물을 영득하는 죄(예: 절도, 강도, 점유강취, 권리행사방해죄)이고, 편취죄는 상대방의 하자있는 의사에 의해 재물 또는 재산상의 이익을 취득하는 죄(예: 사기, 공갈, 부당이득죄)이다.

II. 재물과 재산상의 이익

1. 재물

가. 재물의 개념

(1) 학설 재물은 일반적으로 재산적 가치가 있는 물건을 말하고, 민법에서는 유체물과 더불어 관리가능한 동력도 물건으로 다룬다.[1] 형법 제346조도 "관리할 수 있는 동력은 재물로 간주한다"고 규정하고 있는데, 이 규정의 해석과 관련하여 ① 재물은 유체물에 국한된다는 유체성설[2]과 ② 관

---

1 민법 제98조(물건의 정의) 본법에서 물건이라 함은 유체물 및 전기 기타 관리할 수 있는 자연력을 말한다.

2 김성돈, 252면; 김/서, 223면; 박상기, 241면; 배종대, 355면; 손동권, 265면; 정영일, 256면.

리가능한 동력도 재물로 보는 관리가능성설[3]이 대립한다.

(2) 검토 관리가능성설은 제346조를 확인규정으로 보고, 관리가능한 무체물도 당연히 재물이라고 보지만, 재물의 개념이 너무 확대될 여지가 없지 않다. 제346조도 재물은 유체물에 국한된다는 전제하에 '관리가능한 동력을 재물로 간주'하고 있고, 소유와 관리는 구별되어야 하므로 관리할 수 있는 동력이라고 하여 제346조와 무관하게 당연히 소유권 범죄의 객체가 되는 것은 아니라고 할 것이다. 따라서 고체·액체·기체 및 물·가스·증기는 유체물로서 재물이고, 인공열기와 인공냉기 및 압축공기 등은 유체화되어 있으므로 재물이라고 할 것이지만, 전기 등은 제346조에 의해 비로소 재물로 간주된다고 보아야 한다.

나. 경제적 가치의 요부

(1) 학설 재물은 경제적 가치가 없더라도 주관적 내지 소극적 가치가 있으면 족하다는 주관적·소극적 가치설[4]과 금전적 교환가치는 아니더라도 재산적 가치라는 의미의 경제적 가치가 있어야 한다는 필요설[5]이 대립한다.

(2) 판례 절도죄의 객체인 재물은 반드시 객관적인 금전적 교환가치를 가질 필요는 없고 소유자, 점유자가 주관적인 가치를 가지고 있음으로써 족하다고 할 것이고, 이 경우 주관적, 경제적 가치의 유무를 판별함에 있어서는 그것이 타인에 의하여 이용되지 않는다고 하는 소극적 관계에 있어서 그 가치가 성립하더라도 관계없다(대판 2004.10.28. 2004도5183).[6]

(3) 검토 Sache(물건)를 대상으로 하는 독일과는 달리 우리 형법은 재물이라고 하고 있기 때문에, 재산적 내지 경제적 가치가 있는 물건이어야 한다. 따라서 비록 사소하지만 경제적 가치를 가지고 있는 애인사진이나 찢어진 어음[7] 등은 재물에 해당하지만, 애인발톱이나 손톱처럼 소지자의 주관적 가치만을 반영하는 것은 재물이 아니라고 하여야 한다.

다. 관리할 수 있는 동력(제346조)

(1) 관리의 의미 관리란 물리적 또는 물질적 관리를 가리킨다고 볼 것이고, 재물과 재산상 이익을 구별하고 횡령과 배임을 별개의 죄로 규정한 현행 형법의 규정에 비추어 볼 때 사무적으로 관리가 가능한 채권이나 그 밖의 권리 등은 재물에 포함된다고 해석할 수 없다(대판 1994.3.8. 93도2272).

---

3 권오걸, 305면; 오영근, 294면; 이재상, 253면; 이형국, 절도죄의 행위객체에 관한 소고, 현대형사법론; 죽헌 박양빈 교수 화갑기념논문집, 453면; 임웅, 294면; 정/박, 280면; 정영일, 213면.

4 권오걸, 313면; 김성돈, 254면; 김/서, 225면; 박상기, 242면; 배종대, 357면; 이재상, 256면; 임웅, 296면; 정/박, 281면; 정영일, 256면.

5 오영근, 296면.

6 대판 1996.5.10. 95도3057; 2007.8.23. 2007도2595.

7 대판 1987.10.13. 87도1240; 1976.1.27. 74도3442.

(2) 통신역무: 전화기 무단사용 타인의 전화기를 무단으로 사용하여 전화통화를 하는 행위는, 상대방과의 통신을 매개하여 주는 역무 즉 전기통신사업자에 의하여 가능하게 된 전화기의 음향송수신기능을 부당하게 이용하는 것으로, 이러한 내용의 역무는 무형적인 이익에 불과하고 물리적 관리의 대상이 될 수 없어 재물이 아니다(대판 1998.6.23. 98도700).

(3) 컴퓨터에 저장된 정보 컴퓨터에 저장되어 있는 '정보' 그 자체는 유체물이라고 볼 수도 없고, 물질성을 가진 동력도 아니므로 재물이 될 수 없다(대판 2002.7.12. 2002도745).

(4) 인간과 동물의 노동력 이 노동력도 관리가능한 동력에 해당하는가에 대해서는 긍정설[8]과 부정설[9]이 대립한다. 인간과 동물의 노동력은 재물이라기보다는 재산상 이익에 해당하고, 이를 몰래 이용하였을 때에는 사기죄나 민법상의 불법행위로 보면 족하다 할 것이므로 부정설이 타당하다.

2. 재산상의 이익

가. 개념 재산상의 이익은 재물을 제외하고 재산적 가치를 가진 일체의 이익을 말한다. 재물도 재산상 이익의 하나라는 견해[10]도 있지만, 형법은 재물과 재산상의 이익을 구분한다는 점에서 재산상 이익은 재물을 제외한 일체의 이익으로 보아야 한다.

나. 재산상 이익의 범위

(1) 학설 재산상 이익은 법률상의 권리로 인정되는 경제적 이익을 지칭한다는 법률적 재산설, 경제적 가치가 있는 모든 이익이라는 경제적 재산설[11] 및 법률상 보호가치가 있는 모든 경제적 이익이라는 법률적·경제적 재산설[12]이 주장되고 있다.

(2) 판례 재산상의 이익이 반드시 사법(私法)상 보호되는 경제적 이익만을 의미하지 아니하고, 부녀가 금품을 받을 것을 전제로 성행위를 하는 경우 그 행위의 대가는 사기죄의 객체인 경제적 이익에 해당한다(대판 2001.10.23. 2001도2991).[13]

(3) 검토 법률상 보호가치가 있는 것만을 재산상의 이익으로 보게 되면, 재산범죄의 성립범위가 지나치게 좁아진다. 가령, 판례와 같은 매음료 면탈의 경우 및 폭행·협박으로 채무를 면탈받는 경우도 재산상 이익을 인정할 수 없게 된다. 따라서 재산상의 이익은 적법이나 불법을 불문하고, 형법적으로 보호할 가치가 있는 모든 경제적 이익이라는 경제적 재산설이 타당하다.

---

8 김/김, 318면; 오영근, 297면; 이재상, 255면; 정영석, 322면; 정영일, 258면; 황산덕, 266면.

9 김성돈, 253면; 김/서, 224면; 박상기, 245면; 배종대, 357면; 이형국, 319면; 임웅, 295면; 정/박, 280면.

10 김/서, 359면 ; 오영근, 434면 ; 이재상, 358면 ; 임웅, 재산범죄에 있어서 재물과 재산상의 이익 개념에 대한 비판적 고찰, 형사법연구 제21권 제4호(2009), 365면; 정/박, 398면.

11 권오걸, 440면; 김성돈, 291면; 오영근, 300면; 이재상, 301면; 임웅, 288면; 정/박, 286면.

12 김/김, 365면; 김/서, 257면; 배종대 411면; 이형국 351면.

13 금품을 받을 것을 전제로 성행위를 하는 경우 그 행위의 대가는 사기죄의 객체인 경제적 이익에 해당하므로, 부녀를 기망하여 성행위 대가의 지급을 면하는 경우 사기죄가 성립한다.

III. 불법영득의사

1. 불법영득의사의 요부

가. 학설 독일 형법은 명문으로 위법영득의사를 규정하고 있는데, 명문의 규정이 없는 우리의 경우에도 불법영득의사가 필요하다는 필요설[14]과 재산죄의 고의로 족하다는 불요설[15]이 대립하고 있다.

나. 판례 단순한 점유의 침해만으로서는 절도죄를 구성할 수 없고 소유권 또는 이에 준하는 본권을 침해하는 의사, 즉 목적물의 물질을 영득할 의사이거나 또는 그 물질의 가치만을 영득할 의사이든 적어도 그 재물에 대한 영득의 의사가 있어야 한다(대판 1999.4.9. 99도519).[16]

2. 체계상의 지위 불법영득의사는 고의와 구분되는 초과주관적 요소라는 견해(다수설)[17]와 고의의 내용이라는 견해[18]가 주장되고 있다. 재물죄의 경우에는 재물의 '취득'에 대한 인식·인용이 있어야 하는데, 취득은 취거+영득의 줄인 말이다. 여기에서 다수설은 취거에 대한 인식·인용을 고의로 보고, 영득에 대응하는 주관적 요소는 고의와 구분되는 영득의사로 보는 것이다. 하지만 취득 자체에 대한 인식·인용이 있어야 한다면, 취거에 대응하는 취거의사와 영득에 대응하는 영득의사는 모두 고의의 내용이라고 보아야 한다.

3. 불법영득의사의 내용

가. 학설 불법영득의사는 '권리자를 배제하고 타인의 재물을 자기의 소유물과 같이 그 소유권의 내용을 행사하겠다는 의사'라고 보는 소유자의사설[19]과 '권리자를 배제하고(소극적 요소) 타인의 재물을 자기의 소유물과 같이 그 경제적 용법에 따라 이용·처분하려는 의사(적극적 요소)'로 이해하는 경제적 용법설[20]이 대립한다. 후자에 따르면, 경제적 용법에 따른 활용이라고 볼 수 없는 손괴나 은닉의사는 배제되게 된다.

나. 판례 절도죄의 성립에 필요한 불법영득의 의사라 함은 권리자를 배제하고 타인의 물건을

---

14 권오걸, 334면; 김성돈, 265면; 김/서, 238면; 박상기, 257면; 배종대, 378면; 이재상, 273면; 임웅, 316면; 정영일, 217면.
15 오영근, 319면; 이건호, 524면; 정/박, 314면; 정영석, 334면.
16 대판 2000.10.13. 2000도3655; 1996.5.10. 95도3057; 2006.3.24. 2005도8081.
17 권오걸, 334면; 김성돈, 266면; 김/서, 238면; 손동권, 285면; 이재상, 272면; 임웅, 317면; 정영일, 261면.
18 배종대, 376면; 오영근, 320면; 정/박, 317면.
19 권오걸, 385면; 김성돈, 266면; 배종대, 380면; 오영근, 324면; 이재상, 274면; 임웅, 318면.
20 김/서, 238면; 박상기, 257면; 백형구, 136면; 황산덕, 282면.

자기의 소유물과 같이 그 경제적 용법에 따라 이용, 처분하려는 의사를 말하고,[21] 영구적으로 그 물건의 경제적 이익을 보유할 의사임은 요치 않는다(대판 2002.9.6. 2002도3465).

4. 불법영득의 대상

가. 학설 불법영득의 객체는 재물 자체에 국한된다는 물체설, 재물에 화체된 경제적 가치가 불법영득의 대상이라고 보는 가치설 및 물체 자체 또는 그 물체에 화체된 경제적 가치가 영득의 대상이라고 보는 종합설(다수설, 판례)[22]이 대립한다. 물체설에 따르면, 예금통장으로 현금을 인출한 후 그 통장을 반환한 때에는 통장 자체에 대한 불법영득이 부정된다. 그리고 가치설이나 종합설에서 말하는 가치는 사용가치가 아니라, 재물이 갖는 특수한 기능가치에 국한된다고 본다. 가령, 신용카드로 현금을 인출한 후 그 카드를 반환한 경우, 신용카드 자체에 대한 영득은 인정되지 않는다고 한다. 신용카드의 사용가치는 영득하였지만 기능가치는 영득하지 아니하였기 때문이다. 물체 자체는 아니더라도 물체의 기능가치를 영득한 것도 포함된다고 보아야 하기 때문에, 영득의 대상은 물체 또는 그 물체에 화체된 기능가치라고 할 것이다.

나. 관련 판례

(1) 원칙(종합설) 목적물의 물질을 영득할 의사이거나 또는 그 물질의 가치만을 영득할 의사이든 적어도 그 재물에 대한 영득의사가 있어야 한다(대판 1992.9.8. 91도3149).[23]

(2) 신용카드, 직불카드의 일시사용 신용카드업자가 발행한 신용카드는 이를 소지함으로써 신용구매가 가능하고 금융의 편의를 받을 수 있다는 점에서 경제적 가치가 있다 하더라도, 그 자체에 경제적 가치가 화체되어 있거나 특정의 재산권을 표창하는 유가증권이라고 볼 수 없고, 단지 신용카드회원이 그 제시를 통하여 신용카드회원이라는 사실을 증명하거나 현금자동지급기 등에 주입하는 등의 방법으로 신용카드업자로부터 서비스를 받을 수 있는 증표로서의 가치를 갖는 것이어서, 이를 사용하여 현금자동지급기에서 현금을 인출하였다 하더라도 신용카드 자체가 가지는 경제적 가치가 인출된 예금액만큼 소모되었다고 할 수 없으므로, 이를 일시 사용하고 곧 반환한 경우에는 불법영득의 의사가 없다(대판 1999.7.9. 99도857).[24]

(3) 예금통장을 무단사용하여 예금을 인출한 후 예금통장을 반환한 경우 예금통장은 예금채권을 표창하는 유가증권이 아니고 그 자체에 예금액 상당의 경제적 가치가 화체되어 있는 것도 아니지

---

21 대판 2000.10.13. 2000도3655; 1992.9.8. 91도3149; 1999.4.9. 99도519; 1996.5.10. 95도3057.

22 권오걸, 388면; 김성돈, 268면; 김성천, 860면; 김/서, 241면; 박상기, 259면; 배종대, 385면; 이재상, 276면; 이정원, 305면; 이형국, 325면; 임웅, 321면.

23 대판 2000.10.13. 2000도3655; 1996.5.10. 95도3057; 2006.3.24. 2005도8081; 2006.4.14. 2006도1185.

24 종업원으로 일하던 가게에서, 가게주인이 자리를 비운 틈을 타 두고 간 핸드백에서 신용카드 1장을 꺼내어 현금자동지급기에서 50만 원의 현금서비스 받은 후 피해자의 핸드백 안에 그 신용카드를 도로 넣어 둔 사안이다. 대판 2006.3.9. 2005도7819.

만, 이를 소지함으로써 예금채권의 행사자격을 증명할 수 있는 자격증권으로서 예금계약사실 뿐 아니라 예금액에 대한 증명기능이 있고 이러한 증명기능은 예금통장 자체가 가지는 경제적 가치라고 보아야 하므로, 예금통장을 사용하여 예금을 인출하게 되면 인출된 예금액에 대하여는 예금통장 자체의 예금액 증명기능이 상실되고 이에 따라 상실된 기능에 상응한 경제적 가치도 소모된다. 그렇다면 타인의 예금통장을 무단사용하여 예금을 인출한 후 바로 예금통장을 반환하였다 하더라도, 예금통장 자체가 가지는 예금액 증명기능의 경제적 가치에 대한 불법영득의 의사를 인정할 수 있으므로 절도죄가 성립한다(대판 2010.5.27. 2009도9008).[25]

5. 영득의 불법: 청구권이 있는 경우

가. 학설 재물에 대한 물권적 청구권 또는 특정물채권에 의한 청구권이 있는 때에도 불법영득의사가 인정되는가와 관련하여, ① 이때의 영득은 실질적 소유권질서와 일치하기 때문에 불법하다고 할 수 없다는 영득의 불법성설[26]과 ② 영득의 불법과는 무관하게 행위 수단 그 자체의 불법성이 인정되면 절취행위가 성립한다는 절취의 불법성설[27]이 대립한다.

나. 판례 ① 비록 약정에 기한 인도 등의 청구권이 인정된다고 하더라도, 점유자의 의사에 반하여 점유를 배제하는 행위를 함으로써 절도죄는 성립하는 것이고, 그러한 경우에 불법영득의 의사가 없었다고 할 수는 없다(대판 2001.10.26. 2001도4546). ② 외상 매매계약의 해제가 있고 외상 매매물품의 반환청구권이 피고인에게 있다고 하여도, 절도행위의 객체는 점유라 할 것이므로, 승낙을 받지 않고 물품들을 가져갔다면 그 물품에 대한 반환청구권이 있었다고 하더라도 절도행위에 해당된다(대판 1973.2.28. 72도2538).[28]

6. 불법영득의사에 관한 판례·다수설의 문제점 절도죄의 성립에 필요한 주관적 구성요건요소는 '취거+영득'에 대한 인식·인용이다. 여기에서 취거의사와 영득의사를 서로 구분되는 것으로 보든 혹은 모두 고의의 내용으로 보든 그 위법성은 구성요건단계에서 논의할 일이 아니다. 가령, 목적물에 대한 물권적 혹은 채권적 청구권이 있다고 하더라도 권리자의 무단취거는 허용되지 않는 사력구제이다. 특히, 소유물반환청구권을 가지고 있다고 하더라도 소유권자의 무단취거는 권리행

25 피해자 A 건설주식회사의 사무실에서 피해자 명의의 농협통장을 몰래 가지고 나와 예금 1,000만 원을 인출 후 다시 제자리에 갖다 놓은 사안이다.

26 권오걸, 336면; 김/서, 241면; 박상기, 259면; 이재상, 280면; 이형국, 326면; 임웅, 323면.

27 김성돈, 270면.

28 우리의 법제가 물권행위의 독자성과 무인성을 인정하고 있지 않는 점과 민법 548조 1항 단서가 거래안정을 위한 특별규정이란 점을 생각할 때 계약이 해제되면 그 계약의 이행으로 변동이 생겼던 물권은 당연히 그 계약이 없었던 원상태로 복귀한다(대판 1977.5.24. 75다1394; 1995.5.12. 94다18881,18898,18904).

사방해죄를 구성한다. 그럼에도 채권적 청구권이 있는 경우에, 영득의 불법성이 없다는 이유로 절도죄의 구성요건해당성을 부정한다면, 이는 물권보다 채권을 두텁게 보호하는 일이 된다.

따라서 가령, 목적물에 대한 대금지급을 완료하여 그 목적물에 대한 인도청구권이 있다고 하더라도 권리자가 이를 무단취거하면, 타인소유물에 대한 무단취거의사와 영득의사가 있는 것으로 보아야 하고, 아울러 그 무단취거는 허용되지 않는 사력구제로서 위법하다고 보아야 한다. 물론, 대금지급을 완료하였다는 점에서 영득행위가 '실질적으로 위법하지 않다'고 볼 수 있지만, 이 위법성평가를 구성요건단계에 선치시켜 여기에서 '위법'영득의사를 논의할 일은 아니다. 따라서 구성요건단계에서 논의되어야 할 것은 취거의사와 영득의사가 있느냐의 문제이고, 이 존재하는 '취거+영득의사'가 위법한가의 문제는 위법성단계에서 논의하여야 한다.

대금지급을 완료하였더라도 권리자가 목적물을 무단취거하면, 이는 허용되지 않는 사력구제로서 그 위법성이 탈락하지 않는다. 다만, 행위자가 대금지급의 완료를 이유로 그 사력구제가 허용되는 것으로 오인했다면, 이는 책임단계에서 논의되어야 할 금지착오의 문제로 보아야 한다. 이렇게 볼 때, 재산죄의 주관적 구성요건요소로 '위법'영득의사가 필요하다고 보는 판례·다수설은 위법성 내지 책임단계의 평가를 구성요건에 선치시키고 있는 셈이다. 구성요건단계에서 심사하여야 할 것은 영득의사의 존재 여부이지, 존재하는 영득의사의 위법성이 아니다.[29]

제2절 • 절도의 죄

I. 단순절도죄

> **제329조(절도)** 타인의 재물을 절취한 자는 6년 이하의 징역 또는 1천만원 이하의 벌금에 처한다.

1. 보호법익과 보호의 정도

가. 보호법익

(1) 학설 절도죄의 보호법익은 소유권이라는 소유권설[1]과 점유로 보는 점유설[2] 및 주된 보호법익은 소유권이고 점유는 부차적인 보호법익이라는 소유권 및 점유설[3]이 주장되고 있다.

29 임상규, 권리행사와 재산범죄, 형사법연구 제26호 특집호(2006), 730면 이하.

1 김/김, 314면; 김/서, 221면; 박상기, 247면; 배종대, 351면; 성낙현, 절도의 보호법익과 불법영득의 대상, 고시계 제44권 제11호, 64면; 이재상, 249면; 정영일, 249면.

2 정창운, 132면.

3 권오걸, 341면; 김성돈, 250면; 오영근, 315면; 이형국, 312면; 임웅, 290면.

(2) 판례 절도죄는 재물의 점유를 침탈하는 범죄이므로 재물의 점유자가 절도죄의 피해자가 되는 것이나, 점유자의 점유를 침탈하므로 인하여 그 재물의 소유자도 해하게 되는 것이므로 재물의 소유자도 절도죄의 피해자로 보아야 한다(대판 1980.11.11. 80도131).[4]

나. 보호의 정도 보호법익을 소유권으로 보는 소유권설에서는 절도죄를 추상적 위험범으로 보고,[5] 점유설에서는 침해범으로 이해하게 된다.[6] 하지만 점유설은 절도죄와 권리행사방해죄의 구분을 모호하게 만들고, 소유권설은 절도죄와 횡령의 구분을 어렵게 만든다. 따라서 절도죄의 본질은 타인의 점유를 침해하여 그 소유권을 위태롭게 만든다는 점에서 찾아야 한다면, 절도죄의 일차적인 보호법익은 타인의 점유, 부차적인 보호법익이 타인의 소유권이라고 보아야 하고, 보호의 정도는 일차적인 보호법익에 초점을 맞추어 침해범이라고 할 것이다. 소유권이라는 법률상의 권리는 절취행위를 통해 침해되지 않지만, 점유의 침해로 그 소유권의 실질적 내용이 사실상 침해되기 때문이다.

2. 행위의 객체: 재물

가. 타인이 점유하는 타인소유의 재물 재물은 재산적 가치가 있는 유체물을 말하며, 관리가능한 동력도 재물로 간주된다. 컴퓨터에 저장되어 있는 '정보' 그 자체는 유체물이라고 볼 수도 없고, 물질성을 가진 동력도 아니므로 재물이 될 수 없다(대판 2002.7.12. 2002도745).

나. 부동산 포함 여부 부동산이 절도죄의 객체가 되는가와 관련하여, ① 절취는 점유이전을 전제로 하므로 부동산은 객체가 아니라는 불포함설[7]과 ② 사기와 공갈 및 횡령죄의 객체인 재물 개념에 부동산이 포함되므로 통일적 해석이라는 관점에서 부동산도 객체가 된다고 보는 포함설[8]이 대립한다. 부동산의 절취행위를 처벌할 필요가 있다면, 일본처럼 입법적으로 해결할 일이고,[9] 몰래 취거할 수 없는 부동산은 절취의 대상이 아니라고 할 것이다. 수목 또는 미분리의 과실에 대한 명인방법의 개서행위도 절취보다는 손괴 등으로 처벌하여야 한다.

다. 금제품(禁制品)의 재물성

(1) 학설 금제품이 절도죄의 객체가 되는가에 대하여, ① 소유권의 목적이 될 수 없으므로 재

---

4 대판 2010.2.25. 2009도5064; 헌재결 2012.3.29. 2010헌바89.

5 김/김, 315면; 유기천, 189면; 이재상, 250면; 정영일, 249면.

6 김성돈, 250면; 김/서, 222면; 박상기, 247면; 배종대, 352면; 이정원, 271면; 임웅, 290면.

7 권오걸, 312면; 김성돈, 255면; 김/서, 226면; 박상기, 243면; 배종대, 359면; 이재상, 257면.

8 오영근, 325면; 임웅, 267면; 정/박, 282면; 정영석, 325면; 정영일, 257면.

9 일본 형법 제235조의2(부동산침탈) 타인의 부동산을 침탈한 자는 10년 이하의 징역에 처한다.

산죄의 객체가 될 수 없다는 부정설,[10] ② 몰수되기까지는 그 소유 또는 점유를 보호해야 하고, 사인(私人)의 소지가 금지되어 있어도 국가가 소유권을 가지고 있어서 재산죄의 객체가 된다는 긍정설,[11] ③ 소유와 소지가 모두 금지된 경우(예: 위조된 통화)에는 객체가 될 수 없으나 소지만 금지된 경우(예: 불법소지 무기)는 객체가 될 수 있다는 절충설[12]이 대립한다.

(2) 판례 유가증권(위조한 리프트 탑승권)도 그것이 정상적으로 발행된 것은 물론 비록 작성권한 없는 자에 의하여 위조된 것이라고 하더라도 절차에 따라 몰수되기까지는 그 소지자의 점유를 보호하여야 한다는 점에서 형법상 재물로서 절도죄의 객체가 된다(대판 1998.11.24. 98도2967).

(3) 검토 재산상의 이익을 경제적 관점에서 파악하듯이 재물도 경제적 재물 개념에 따라야 한다. 금제품은 사법상의 권리객체가 될 수 없더라도 그것이 사실상의 경제적 가치를 가진 물건이라면 재산죄의 객체가 된다고 보아야 한다.

라. 재물인 사례 송달된 심문기일소환장,[13] 백지의 자동차출고의뢰서 용지,[14] 인감증명서,[15] 찢어진 약속어음,[16] 주민등록증,[17] 부동산매매계약서 사본[18]은 절도죄의 객체인 재물에 해당한다. 또한 도시계획구조변경계획서가 폐지로서 소각할 것이라고 하더라도 그 내용을 알아볼 수 있고 그 내용이 경제생활상 가치가 있는 이상 재물에 해당된다(대판 1981.3.24. 80도2902).

3. 재물의 타인성

가. 타인의 재물인 사례

(1) 명의대여에 따른 영업허가증 등 명의대여 약정에 따른 신청에 의하여 발급된 영업허가증과 사업자등록증을 피해자가 인도받음으로써 피해자의 소유가 된다(대판 2004.3.12. 2002도5090).[19]

(2) 인도하기 전의 계약목적물 '甲이 임야의 입목을 벌채하는 등의 공사를 완료하면 乙은 甲에게 그 벌채한 원목을 인도한다'는 계약이 성립되고 甲이 계약상 의무를 모두 이행하였더라도, 그

---

10 서일교, 134면.
11 권오걸, 311면; 김성돈, 256면; 김/서, 226면; 박상기, 246면; 오영근, 302면; 임웅, 301면; 정/박, 284면.
12 배종대, 358면; 백형구, 128면; 이재상, 259면; 이형국, 319면; 정영석, 324면.
13 대판 2000.2.25. 99도5775.
14 대판 1996.5.10. 95도3057.
15 대판 1986.9.23. 85도1775.
16 대판 1976.1.27. 74도3442.
17 대판 1969.12.9. 69도1627.
18 대판 2007.8.23. 2007도2595.
19 신용불량자인 피해자가 그 명의로 신용카드가맹점을 개설할 수 없어서, 식당 종업원인 피고인의 승낙을 받고 그 명의로 일반음식점에 관한 식품접객업 영업허가를 받고 그 사업자등록을 한 다음, 피고인 명의로 발급된 영업허가증과 사업자등록증을 피해자가 교부받아 보관하고 있던 중 피고인이 꺼내어 간 사안이다.

것만으로 원목의 소유권이 바로 甲에게 귀속되는 것이 아니라 별도로 그 소유자인 乙이 甲에게 위 원목에 관한 소유권이전의 의사표시를 하고 이를 인도함으로써 비로소 그 소유권이전의 효력이 생기는 것이므로, 아직 乙이 甲에게 원목에 관한 소유권이전의 의사표시를 하고 이를 인도하지 아니한 채 이를 타인에게 매도한 행위는 자기소유물건의 처분행위에 불과하여 절도죄를 구성하지 아니한다(대판 1991.4.26. 90도1958).[20]

(3) 지입차량 대외적으로는 자동차등록원부상의 소유자 등록이 원인무효가 아닌 한 지입받은 회사가 소유권자로서의 권리(처분권 등)를 가지고 의무(공과금 등 납세의무, 중기보유자의 손해배상 책임 등)를 지는 것이므로, 피고인들의 중기취거행위는 지입받은 회사의 중기등록원부상의 소유권을 침해한 것으로서 특수절도죄에 해당한다(대판 1989.11.14. 89도773).[21]

(4) 교회의 분열과 법률관계

A. 민사적 법률관계 교회를 탈퇴한 교인들은 교회재산에 대한 사용, 수익권을 상실하고 종전 교회는 잔존 교인들을 구성원으로 해 실체의 동일성을 유지하면서 존속하며 종전 교회 재산은 잔존 교인들의 총유로 귀속된다. 다만 사단법인의 정관변경에 준하여 의결권을 가진 교인 3분의 2 이상의 찬성에 의한 결의를 거쳐 소속 교단에서 탈퇴 내지 교단을 변경하는 경우에는, 종전 교회의 실체는 이와 같이 교단을 탈퇴한 교회로서 존속하고 종전 교회재산은 탈퇴한 교회 소속 교인들의 총유로 귀속된다(대판 2006.4.20. 2004다37775 全合).

B. 형사적 법률관계 하나의 교회가 두 개 이상으로 분열된 경우 그 재산의 처분에 관하여 교회 장정 등에 규정이 없는 한 분열 당시 교인들의 총의에 따라 그 귀속을 정하여야 하고 그와 같은 절차 없이 위 재산에 대하여 다른 교파의 점유를 배제하고 자기 교파만의 지배에 옮긴다는 인식 아래 이를 가지고 갔다면 절도죄를 구성한다(대판 1998.7.10. 98도126).

나. 타인의 재물이 아닌 사례

(1) 컴퓨터 정보를 출력한 문서와 복사문서 컴퓨터에 저장된 정보를 출력하여 생성한 문서는 피해 회사의 업무를 위하여 생성되어 회사에 의하여 보관되고 있던 문서가 아니라 피고인이 가지고 갈 목적으로 회사의 업무와 관계없이 새로이 생성시킨 문서라 할 것이므로, 이는 회사 소유의 문서라고 볼 수는 없다 할 것이어서, 이를 가지고 간 행위를 들어 회사 소유의 문서를 절취한 것으로 볼 수는 없다(대판 2002.7.12. 2002도745).[22]

---

20 권리행사방해죄가 성립한다.

21 乙이 甲 회사로부터 중기를 甲 회사에 소유권을 유보하고 할부로 매수한 다음 丙 회사에 이를 지입하고 중기등록원부에 丙 회사를 소유자로 등록한 후 乙의 甲에 대한 할부매매대금 채무를 담보하기 위하여 甲 명의로 근저당권설정등록을 하였으며, 위 중기는 乙이 이를 점유하고 있었는데 甲의 회사원인 피고인들이 승낙 없이 위 중기를 가져간 사안이다.

22 환송심에서 회사 소유 복사용지 2매에 대한 절도죄로 공소장 변경되어 유죄가 선고되었다. 복사한 문서도 동일하다(대판 1996.8.23. 95도192).

(2) 양식어업권 구역 내의 자연산 동식물 수산업법에 의해 양식어업면허를 받았다는 사실만으로써 곧 당해구역 내에 자연적으로 번식하는 수산동·식물에 관하여 당연히 소유권이나 점유권을 취득한다고 할 수는 없으므로, 다른 사람이 굴 양식면허를 받은 구역 내에서 자연서식의 바지락을 채취하였다고 하더라도 절도죄를 구성한다고는 할 수 없다(대판 1983.2.8. 82도696).

(3) 제3자가 양도담보권자로부터 매수한 양도담보목적물인 동산 양도담보권자인 채권자가 제3자에게 담보목적물인 동산을 매각한 경우, 제3자는 채권자와 채무자 사이의 정산절차 종결 여부와 관계없이 양도담보목적물을 인도받음으로써 소유권을 취득하게 되고, 양도담보의 설정자가 담보목적물을 점유하고 있는 경우에는 목적물의 인도는 채권자로부터 목적물반환청구권을 양도받는 방법으로도 가능하다. 채권자가 양도담보목적물을 위와 같은 방법으로 제3자에게 처분하여 목적물의 소유권을 취득하게 한 다음 그 제3자로 하여금 그 목적물을 취거하게 한 경우, 제3자로서는 자기의 소유물을 취거한 것에 불과하므로, 사안에 따라 권리행사방해죄를 구성할 여지가 있음은 별론으로 하고 절도죄를 구성할 여지는 없다(대판 2008.11.27. 2006도4263).[23]

다. 부합과 소유권의 귀속관계

(1) 권원 없이 농작물, 수목을 식재한 경우

A. '수목'의 경우 타인의 토지상에 권원 없이 식재한 수목의 소유권은 토지소유자에게 귀속하고 권원에 의하여 식재한 경우에는 그 소유권이 식재한 자에게 있으므로, 권원 없이 식재한 감나무에서 감을 수확한 것은 절도죄에 해당한다(대판 1998.4.24. 97도3425).[24]

B. '농작물'의 경우 타인소유의 토지에 사용수익의 권한 없이 농작물을 경작한 경우에 그 농작물의 소유권은 경작한 사람에게 귀속된다(대판 1970.3.10. 70도82).[25]

(2) 부합되지 않는 사례 선박소유자 아닌 사람이 구입하여 선박에 비치한 나침판과 쌍안경은 이를 선박으로부터 분리함에 있어 훼손이나 비용을 요하지 아니하면, 민법상의 부합의 원리에 따라 그 소유권이 선박소유자에게 귀속된다고 볼 수 없다(대판 1980.3.25. 79도3139).

4. 타인의 점유

가. 형법상 점유의 기능

(1) 보호객체로서의 점유 권리행사방해죄는 타인이 점유하는 자기소유물을 무단취거하는 범

23 통발어구의 양도담보권자인 주식회사의 상무이사 등이 양도담보의 목적물인 어구를 제3자에게 매각한 후 그로 하여금 먼바다 수심 깊은 곳에 투하되어 있는 어구를 임의로 취거하게 한 사안이다.

24 절도의 범의 및 금지착오가 문제되는 사안이다. 대판 1980.9.30. 80도1874.

25 농작물재배의 경우에는 파종시부터 수확까지 불과 수개월밖에 안 걸리고 경작자의 부단한 관리가 필요하며, 그 점유의 귀속이 비교적 명백함에 반하여 임야의 경우에는 이와 판이하여 임목의 성장이 장기간을 요하고 그 점유상태도 보통 명백한 것이 아니므로 임야에 타인이 권한 없이 식부한 경우에는 적절하지 아니하다(대판 1970.11.30. 68다1995).

죄이고, 이 점유가 바로 권리행사방해죄의 보호법익이다.

(2) 행위주체로서의 점유 자기가 보관하는 타인의 재물을 횡령하는 범죄의 보관은 점유를 포함하고, 이 점유는 횡령죄의 주체가 될 수 있는 신분요소로서의 의미를 갖는다.

(3) 행위객체로서의 점유 절도나 강도죄의 점유는 침해되는 행위객체로서의 점유이다.

나. 점유의 요소

(1) 객관적, 물리적 요소: 사실상의 지배

A. 의의 점유는 재물에 대한 사실상의 지배를 말한다. 민법에서는 간접점유(제197조 제1항), 상속에 의한 점유(제198조) 및 법인의 점유를 인정하면서 점유보조자의 점유는 부정한다. 이에 비하여 형법의 점유는 보다 현실적·물리적 측면에 초점을 맞추어, 간접점유와 상속에 의한 점유를 인정하지 않는 반면에, 물건을 사실상 지배하고 있는 점유보조자의 점유를 인정한다.

B. 관련 판례

1) 판단기준 절도죄란 재물에 대한 타인의 사실상의 지배, 즉 소지를 침해함으로써 성립하는 것인바, 어느 누가 재물을 사실상 지배하느냐 하는 것은 재물의 크기, 형상, 개성의 유무, 시간적, 장소적 관계 등을 종합하여 사회통념에 비추어 결정해야 할 것이다(대판 1981.8.25. 80도509).

2) 상속에 의한 점유의 인정 여부 (형법에서는 상속에 의한 점유는 인정되지 않기 때문에) 재물을 점유하는 소유자로부터 이를 상속받아 그 소유권을 취득하였다고 하더라도 상속인이 그 재물에 관하여 사실상의 지배를 가지게 되어야만 이를 점유하는 것으로서 그때부터 비로소 상속인에 대한 절도죄가 성립할 수 있다(대판 2012.4.26. 2010도6334).

3) 사실상의 지배가 인정되는 사례 ① 타인이 갈취한 재물을 그 타인의 의사에 반하여 절취하였다면 절도죄를 구성하고 장물취득죄가 되지 않는다(대판 1966.12.20. 66도1437).[26] ② 분묘를 30~40년 전에 이장하면서 망부석을 그 곳에 방치하여 그 소유권을 포기한 것으로 인정되기 때문에 그 순간 무주물로 되었고, 또 망부석이 임야의 소유권과 독립한 별개의 소유권의 대상이 된다고 하더라도, 소유권자가 소유권을 포기하는 의사로 이를 방기한 후 수십 년의 세월이 흐르는 사이에 그 일부가 흙속에 묻혀 그 임야내의 다른 토석과 같이 취급되면서 그 임야의 소유권이 전전 매매되었다면, 특단의 사정이 없는 한 임야의 소유권을 취득하게 되는 자는 구체적으로 그 임야 내에 있는 망부석의 존재를 인식하지 못하고 있는 경우라 하더라도 망부석을 사실상 지배하고 있다(대판 1981.8.25. 80도509).

4) 사실상의 지배관계가 없는 사례 육지로부터 멀리 떨어진 섬에서 광산을 개발하기 위하여 발전기, 경운기엔진을 섬으로 반입하였다가 광업권 설정이 취소됨으로써 광산개발이 불가능하게 되자 육지로 그 물건들을 반출하는 것을 포기하고 그대로 유기하여 둔 채 섬을 떠난 후 10년 동안 그

26 취소되지 아니한 이상 소유권은 갈취자에게 있다.

물건들을 관리하지 않고 있었다면, 그 섬에 거주하는 피고인이 그 소유자가 섬을 떠난 지 7년이 경과한 뒤 노후된 물건들을 피고인 집 가까이에 옮겨 놓았다 하더라도, 그 물건들을 옮겨갈 당시 원 소유자나 그 상속인이 그 물건들을 점유할 의사로 사실상 지배하고 있었다고는 볼 수 없으므로, 그 물건들을 절도죄의 객체인 타인이 점유하는 물건으로 볼 수 없다(대판 1994.10.11. 94도1481).

(2) 주관적, 정신적 요소: 점유의사

A. 의의 점유가 인정되기 위해서는 주관적 지배의사, 점유의사가 있어야 하고, 이 지배의사는 사실상의 처분의사, 자연적 지배의사로서 족하므로 법적 처분권이나 행위능력을 가지고 있지 않은 유아나 정신병자도 사실상의 지배의사를 가질 수 있다. 재물에 대한 지배의사는 개개의 재물에 따라 구체화되어야 할 필요가 없고 일정한 영역에 미치는 일반적인 점유의사로서 족하다. 자기가 지배하는 장소 내에 있는 재물일반에 대하여 포괄적·추상적 관리, 지배의 의사가 있으면 되는 것이고 이러한 장소 내에 있는 한 지배의사가 있는 것으로 보아야 한다(일반적, 포괄적 지배의사). 그러므로 자기 집 안에서 잃어버렸거나 그 소재를 망각한 물건, 자기의 집이나 신변에 부착했으나 그 사실을 잊고 있는 물건, 부재중에 우편함에 배달된 소포, 자기 집 문 앞에 배달해 놓은 상품, 진주양식장에 투입한 진주조개, 바다에 쳐 놓은 그물에 들어간 고기에 대하여서도 지배의사가 인정된다. 그리고 지배의사는 반드시 현실적인 것을 요하지 아니하며 잠재적 지배의사로써 족하므로 수면중인 자, 의식을 잃은 자도 지배의사를 갖는다.

B. 관련 판례

1) 지배의사의 추정 객관적으로 어떤 사람이 재물을 사실상 지배하고 있다고 인정되는 이상 다른 특별한 사정이 없는 한 그 사람은 그 재물에 대한 지배의사를 가지고 있다(대판 1981.8.25. 80도509).

2) 잠재적 지배의사 설사 피해자가 졸도하여 의식을 상실한 경우에도 현장에 일실된 피해자의 물건은 자연히 그 지배하에 있다(대판 1956.8.17. 56도170).

3) 일반적, 포괄적 지배의사 범행 당시 비록 동인이 집에 없었다 하더라도 그것이 동인소유의 집 벽에 걸려있었던 이상 동인의 지배력이 미치는 범위 안에 있는 것이다(대판 1985.3.26. 84도365).

(3) 사회적, 규범적 요소

A. 의의 형법은 현실적·물리적 점유를 기본으로 하면서, 사회적·규범적 맥락을 감안하여 그 현실적 점유를 확대 또는 축소한다. 따라서 가령, 여행 중 빈집에 놓아 둔 물건, 밭에 놓아 둔 농기구나 도로변에 세워 둔 자동차, 개나 고양이처럼 집에 돌아오는 습성을 가진 가축의 경우에는 그 주인에게, 목욕탕에 두고 온 물건에 대하여서는 목욕탕 주인에게 점유가 있는 것으로 인정된다. 같은 맥락에서 재물에 대한 사실상의 지배가 있고 점유의사가 있는 경우에도 사회규범적 관점에서 형법적 점유가 부정되기도 한다. 가령, 매입할 물건을 고객이 손에 쥐고 있어도 아직 대금을 지불하지 않는 한 그 물건의 점유는 상점 주인에게 있고, 음식점에서 손님에게 제공된 식기는 음식점 주인의 점유에 속한다.

B. 관련 판례

1) 판단기준 ① 어떤 물건이 타인의 점유하에 있다고 할 것인지의 여부는, 객관적인 요소로서의 관리범위 내지 사실적 관리가능성 외에 주관적 요소로서의 지배의사를 참작하여 결정하되 궁극적으로는 당해 물건의 형상과 그 밖의 구체적인 사정에 따라 사회통념에 비추어 규범적 관점에서 판단할 수밖에 없다(대판 1999.11.12. 99도3801).[27] ② 범행당시 비록 동인이 집에 없었다 하더라도 그것이 동인소유의 집 벽에 걸려있었던 이상 동인의 지배력이 미치는 범위 안에 있는 것이라 할 것이다(대판 1985.3.26. 84도365).

2) 타인의 점유인 사례 ① 피해자 경영의 금방에서 마치 귀금속을 구입할 것처럼 가장하여 피해자로부터 순금목걸이 등을 건네받은 다음 화장실에 갔다 오겠다는 핑계를 대고 도주한 것이라면, 순금목걸이 등은 도주하기 전까지는 아직 피해자의 점유하에 있었다고 할 것이므로 절도죄에 해당한다(대판 1994.8.12. 94도1487). ② 산지기로서 종중 소유의 분묘를 간수하고 있는 자는 그 분묘에 설치된 석등이나 문관석 등을 점유하고 있다고는 할 수 없으므로, 이러한 물건 등을 반출하여 가는 행위는 횡령죄가 아니고 절도죄를 구성한다(대판 1985.3.26. 84도3024, 84감도474). ③ 강간을 당한 피해자가 도피하면서 현장에 놓아두고 간 손가방은 점유이탈물이 아니라 사회통념상 피해자의 지배하에 있는 물건이라고 보아야 할 것이므로, 그 손가방 안에 들어 있는 피해자 소유의 돈을 꺼낸 소위는 절도죄에 해당한다(대판 1984.2.28. 84도38).

3) 타인의 점유가 아닌 사례 ① 소속 대대 위병소 앞 탄약고 출입문 서북방 20m 떨어진 언덕위 소로에서 더덕을 찾기 위하여 나무막대로 땅을 파다가 땅속 20cm 깊이에서 탄통 8개를 발견하고 뚜껑을 열어 그 안에 군용물인 탄약이 들어 있음을 확인하고도 이를 지휘관에게 보고하는 등의 절차를 거치지 아니하고 전역일에 이를 가지고 나갈 목적으로 그 자리에 다시 파묻어 은닉한 경우, 소속 중대 및 대대가 보유 중인 탄약의 재고에 아무런 이상이 없다는 탄약 조사결과 등에 비추어 보면, 위 탄통이 땅속에 묻혀 있게 된 원인과 경위, 종전의 점유관계 등을 밝히지 아니하고서는 그것이 위 부대를 관리하는 대대장의 점유하에 있다거나 피고인이 위 탄통에 대한 타인의 점유를 침탈하여 새로운 점유를 취득한 것이라고 보기 어렵다(대판 1999.11.12. 99도3801). ② 임차인이 임대계약 종료 후 식당건물에서 퇴거하면서 종전부터 사용하던 냉장고의 전원을 켜 둔 채 그대로 두었다가 약 1개월 후 철거해 가는 바람에 그 기간 동안 전기가 소비된 경우, 임차인이 퇴거 후에도 냉장고에 관한 점유·관리를 그대로 보유하고 있었다고 보아야 하므로, 냉장고를 통하여 전기를 계속 사용하였다고 하더라도 이는 당초부터 자기의 점유·관리하에 있던 전기를 사용한 것일 뿐 타인의 점유·관리하에 있던 전기가 아니어서 절도죄가 성립하지 않는다(대판 2008.7.10. 2008도3252).[28]

---

27 대판 2008.7.10. 2008도3252.

28 피해자 측은 피고인의 퇴거 직후 명도상황을 점검하면서 대형냉장고가 전원이 연결된 상태로 존치되어 있는 것을 확인하고 피고인에게 철거를 요구하였으며, 이에 따라 피고인이 대형냉장고를 철거하였는데, 그 기간 동안의 전기사용료는 22,965원이었다.

5. 공동점유

가. 대등관계에서의 공동점유 대등관계의 공동점유를 형법에서는 타인점유로 본다.

(1) 합유(조합, 동업관계)[29]

A. 동업체에 제공된 물품, 동업자금으로 구입한 물건 ① 동업체에 제공된 물품은 동업관계가 청산되지 않는 한 동업자들의 공동점유에 속하므로, 그 물품이 원래 피고인의 소유라거나 피고인이 다른 곳에서 빌려서 제공하였다는 사유만으로는 절도죄의 객체가 됨에 지장이 없다(대판 1995.10.12. 94도2076). ② 피고인과 피해자의 동업자금으로 구입하여 피해자가 관리하고 있던 포크레인 1대를 그의 허락 없이 다른 사람 甲으로 하여금 운전하여 가도록 한 행위는 절도죄를 구성한다(대판 1990.9.11. 90도1027).

B. 동업자가 탈퇴한 경우 두 사람으로 된 동업관계, 즉 조합관계에 있어 그중 1인이 탈퇴하면 조합관계는 해산됨이 없이 종료되어 청산이 뒤따르지 아니하며 조합원의 합유에 속한 조합재산은 남은 조합원의 단독소유에 속하고, 탈퇴자와 남은 자 사이에 탈퇴로 인한 계산을 하여야 한다(대판 2009.2.12. 2008도11804).[30]

(2) 공동점유(보관)

A. 공동점유인 사례 피고인이 지원소대장으로서 상황장갑차의 탑승원 중 가장 상급자라 하더라도 그 장갑차 내에 적재된 군용물이 피고인의 단독점유하에 있다고는 볼 수 없다(대판 1984.2.28. 83도3271).[31]

B. 공동점유가 아닌 사례: 부부 간의 특유재산 피해품인 민화가 오빠가 매수한 것이라면 이는 동인의 특유재산으로서 이에 대한 점유·관리권은 동인에게 있다 할 것이고, 그 부부의 공동점유하에 있다고 볼 수는 없다(대판 1985.3.26. 84도365).

나. 상하주종관계에서의 공동점유 상하주종관계에 있는 공동점유란 상점주인과 점원, 사장과 비서와 같이 상위점유자(점유주)와 하위점유자(점유보조자) 사이의 공동점유를 말한다. 양자를 구분해서 점유보조자의 점유 여부를 논하는 것은 절도죄에 있어서 피해자 및 친족상도례의 적용과 관련하여 큰 의미를 갖는다.

---

29 민법상 조합계약은 2인 이상이 상호 출자하여 공동으로 사업을 경영할 것을 약정하는 계약으로, 특정한 사업을 공동경영하는 약정에 한하여 이를 조합계약이라 할 수 있고, 공동의 목적 달성이라는 정도만으로는 조합의 성립요건을 갖추었다고 할 수 없다(대판 2007.6.14. 2005다5140).

30 피해자와 피고인이 공동으로 생강을 경작하여 이익을 분배하기로 약정하고 함께 생강종자를 심고 농사를 시작하였는데, 불화가 생겨 피해자가 생강 밭에 나오지 않았으며, 그때부터 피고인 혼자 생강 밭을 경작하고 수확한 경우, 피해자가 묵시적으로 동업탈퇴의 의사표시를 한 것이다.

31 중대장에게 항의를 하고 만약 관철되지 않는 경우에 동인을 살해하고 자기도 자살을 하는데 사용할 의도로 수류탄 등을 가져간 사안이다.

(1) **학설** 상하주종관계의 상대적 점유를 인정할 것인가와 관련하여, 긍정설[32]과 부정설[33]이 대립한다. 긍정설에 따르면, 점유보조자(하위점유자)는 '대외적인' 관계에서는 점유자로 인정되는 반면, 점유주(상위점유자)와의 '대내적인' 관계에서는 점유자로 인정되지 않는다. 그 결과 상점의 점원인 점유보조자가 상점의 물품을 영득하면 횡령죄가 아니라 절도죄가 성립한다. 그러나 부정설은 상하주종관계의 공동점유라는 이론구성을 하지 않고, 처음부터 점유보조자의 점유를 부정하고 점유주의 단독점유만을 인정한다. 하지만 제3자에 대한 관계에서는 점유보조자의 점유를 인정하여 그 역시 점유침탈의 피해자로 보아야 하므로 긍정설이 타당하다. 다만, 상위점유자의 구체적인 위탁이 있는 경우에는 보관물에 대한 하위점유자의 단독점유로 보아야 하고, 그 보관물의 임의처분 또는 임의소비는 횡령죄를 구성한다.

(2) **판례**

A. 구체적인 위탁이 있는 경우: 횡령죄 성립 ① 피고인이 비록 동회의 사환에 불과하다 하더라도 동 직원으로부터 교부 받은 현금과 예금에서 찾은 돈은 피고인의 사실상 지배하에 있었던 것으로서 피고인은 타인의 재물을 보관하는 자에 해당한다(대판 1968.10.29. 68도1222).[34] ② 피해자가 그 소유의 오토바이를 타고 심부름을 다녀오라고 하여서 피고인이 그 오토바이를 타고 가다가 마음이 변하여 이를 반환하지 아니한 채 그대로 타고 가버렸다면, 횡령죄를 구성함은 변론으로 하고 적어도 절도죄를 구성하지는 아니한다(대판 1986.8.19. 86도1093).[35] ③ 범행 당시 휴업중인 싸롱의 소유자로부터 열쇠를 받고 그 관리를 위임받아 보관 중인 싸롱내의 물품을 부정처분한 경우, 횡령의 죄책은 있을지언정 절도에는 해당하지 않는다(대판 1983.2.22. 82도3092).

B. 구체적인 위탁이 없는 경우: 절도죄 성립 경리담당직원인 甲의 요청으로 甲과 동행하여 은행에 가서 甲이 찾은 현금 200여 만 원 중 50만 원을 그의 부탁으로 소지하고 甲과 동행하여 근무하는 사무실에 당도한 후 50만 원을 甲에게 교부할 때 그중 10만 원을 현금처럼 가장한 돈뭉치와 바꿔치기 한 경우, 돈 50만 원을 甲을 위하여 운반하기 위하여 소지하였다 하더라도 甲의 점유가 상실된 것이라고 볼 수 없을뿐더러, 피고인의 운반을 위한 소지는 피고인의 독립적인 점유에 속하는 것이 아니고 甲의 점유에 종속하는 점유의 기관으로서 소지함에 지나지 않으므로, 그 소지 중에 있는 돈 10만 원을 꺼내어 이를 영득한 행위는 피해자의 점유를 침탈함에 돌아가기 때문에 절도죄가 성립한다(대판 1966.1.31. 65도1178).

---

32 권오걸, 321면; 김성돈, 261면; 이재상, 266면; 임웅, 308면.

33 김/서, 231면; 박상기, 253면; 배종대, 365면; 정/박, 301면; 정영일, 212면.

34 피해자는 당일 피고인에게 금고 열쇠와 오토바이 열쇠를 맡기고 금고 안의 돈을 배달될 가스대금으로 지급하라고 지시한 후 외출하였다. 대판 1982.3.9. 81도3396.

35 피고인에게 오토바이 열쇠를 주면서 그 오토바이를 타고 가서 수표를 현금으로 바꾸어 오라고 시키자 피고인이 이를 응낙하고 그 오토바이를 타고 가버렸다.

다. 운송물의 점유

(1) 학계의 논의 물품의 운송을 위탁한 경우에는 위탁자가 운송자를 현실적으로 지시·통제할 수 있느냐에 따라 점유의 귀속을 결정한다. 국제선박운송, 장거리육상운송과 같이 위탁자의 지시·통제가 현실적으로 어려운 경우에는 장거리 운송자가 운송물품에 대하여 단독점유하는 것으로 인정되고, 운송·운반위탁자의 감독과 통제가 가능한 근거리 운송·운반의 경우에는 상하주종관계의 공동점유의 문제로 된다.[36] 그 밖에 철도운송의 경우에는 확정적이고도 규칙적인 시각과 궤도에 따라 운행한다는 특성상 운송화물에 대한 철도승무원의 단독점유를 인정할 수는 없다는 견해[37]와 이를 긍정하여 횡령죄가 성립된다는 견해[38]가 대립한다. 짐칸이 따로 마련되어 있는 철도운송의 특성을 감안하면, 철도운송의 경우에는 그 운송화물에 대한 철도승무원의 단독점유를 인정할 수 없다고 보아야 한다.

(2) 판례

A. 철도운송 열차로 운송 중인 화물은 교통부의 기관에 의하여 점유보관되는 것이고, 열차 승무원들의 점유보관하에 있는 것이 아니므로, 승무원들이 합동하여 그 운송 중인 화물을 탈취한 때에는 업무상횡령이 아니라 특수절도가 성립한다(대판 1969.7.8. 69도798).

B. 근거리 운반 피해자가 시장 점포에서 물건을 매수하여 묶어서 그곳에 맡겨 놓은 후 그곳에서 약 50m 떨어져 동 점포를 살펴볼 수 없는 딴 가게로 가서 지게 짐꾼인 피고인을 불러 피고인 단독으로 위 점포에 가서 맡긴 물건을 운반해 줄 것을 의뢰하였더니, 피고인이 동 점포에 가서 맡긴 물건을 찾아 피해자에게 운반해 주지 않고 용달차에 싣고 가서 처분한 것이라면, 피고인의 위 운반을 위한 소지 관계는 피해자의 위탁에 의한 보관관계에 있다고 할 것이므로 이를 영득한 행위는 절도죄가 아니라 횡령죄를 구성한다(대판 1982.11.23. 82도2394).

라. 봉함물 및 시건물(施健物)의 점유

(1) 봉함물

A. 학설 포장물의 보관을 위탁받은 자가 임의로 포장물 내의 내용물을 영득한 경우, '봉해서 위탁된 포장물 내의 물건'에 대한 점유가 위탁자와 수탁자 중 누구에게 속하는가와 관련하여, ① 포장물 전체는 수탁자의 점유에 속하고 내용물은 위탁자의 점유에 속하므로 내용물만을 영득하면 절도죄가 성립한다는 견해, ② 내용물뿐만 아니라 포장물 전체가 수탁자의 점유에 속하므로 횡령죄가 성립한다는 견해,[39] ③ 내용물뿐만 아니라 포장물 전체가 위탁자의 점유에 속하므로 절도

---

36 김성돈, 262면; 김/서, 231면; 오영근, 311면; 이재상, 267면; 임웅, 306면; 정/박, 303면.

37 오영근, 311면; 임웅, 307면.

38 배종대, 367면.

39 권오걸, 323면; 오영근, 312면; 임웅, 310면; 정영일, 211면.

죄가 성립한다는 견해,[40] ④ 형식적으로 봉함물이라는 점에 구애될 것이 아니라 구체적인 위탁관계의 취지와 성격에 따라 형식적 위탁관계이면 절도죄가 성립하고, 실질적 위탁관계이면 횡령죄가 성립한다는 견해,[41] ⑤ 위탁된 용기의 크기와 이에 대한 위탁자 또는 열쇠소지자의 접근가능성이라는 두 가지 표준이 기준이 되어야 한다는 견해[42]가 대립한다.

B. 판례 보관계약에 따라 보관 중인 포장된 가마니 속의 정부 소유미의 점유는 정부에 있다 할 것이므로, 이를 발취한 보관자의 행위는 횡령죄가 아니라 절도죄에 해당한다(대판 1956.1.27. 4288형상375).

C. 검토 형법에서는 가능한 한 점유의 현실적·물리적 측면에 초점을 맞출 필요가 있으므로 포장물과 내용물 전체가 수탁자의 점유에 속한다고 보는 것이 타당하다.

(2) 잠금장치되어 위탁된 용기 내의 물건에 대한 점유

A. 학계의 논의 잠금장치의 '열쇠' 내지 비밀번호를 '위탁자'가 가지고 있고 수탁자는 그 용기를 보관·간수하는 데에 그치는 경우이다. ① 잠금장치된 용기가 건조물에 부착되어 있거나(예: 은행 또는 지하철역의 보관함) 크기와 무게에 비추어 이동이 곤란한 정도이면(예: 대형철제금고, 자판기), 열쇠소지자(위탁자)만이 단독으로 용기의 내용물을 점유한다. 따라서 수탁자의 내용물 영득은 절도죄가 된다. ② 잠금장치된 용기가 크지 않아서 들고 다닐 수 있는 정도, 즉 이동가능한 용기라면(예: 소형금고, 가방), 수탁자가 내용물뿐만 아니라 용기 전체에 대해서 단독점유한다. 그러나 열쇠소지자인 위탁자가 자유로이 용기에 접근하여 수시로 용기의 안전을 확인할 수 있는 지위에 있다면, 내용물에 대해 열쇠소지자의 단독점유 또는 수탁자와의 공동점유를 인정할 수 있을 것이다.

B. 판례 피해자의 妻였던 甲이 사실상 별개 가옥에 별거중이면서 인장이 든 돈궤짝은 피해자가 그 거주가옥에 보관 중이었던 경우, 甲이 돈궤짝의 열쇠를 소지하고 있었다고 하여도 그 안에 들은 인장은 甲의 단독보관하에 있은 것이 아니라 피해자와 공동보관하에 있었다(대판 1984.1.31. 83도3027).

마. 유실물과 점유

(1) 학계의 논의 유실물은 타인소유의 재물이지만, 타인의 점유를 이탈하여 아직 '어느 누구의 점유에도 속하지 않는' 물건이다. 그런데 '유실물' 및 '준유실물'이라고 하더라도 '다른 사람의 배타적인 지배범위 내에' 두고 온 경우에는 사회통념상 다른 사람의 새로운 점유가 개시된 것으로 봄이 타당하므로, 이를 영득하는 행위는 절도죄를 구성한다.[43] 따라서 여관의 객실이나 당구장에 잊어버리고 온 물건은 여관이나 당구장의 주인의 점유하에 있으므로, 후에 온 손님이 우연히 그 물건을 발견하여 가져갔다면 절도죄가 성립한다. 그렇지만 지하철·버스·공중화장실 등 '공중의 출입이

---

40 황산덕, 275면.

41 김성돈, 263면; 김/서, 232면; 배종대, 371면; 박상기, 254면; 정/박, 304면.

42 이재상, 267면.

43 김성돈, 259면; 김/서, 229면; 배종대, 363면; 이재상, 264면; 임웅, 304면, 정/박, 298면.

자유롭고 빈번하며 관리자의 배타적 지배가 미치기 어려운 장소'에 잊어버리고 온 물건은 지하철 승무원·버스운전기사 등 관리자의 점유하에 있다고 하기보다는 사회통념상 점유이탈물로 보는 것이 타당하다.[44]

(2) 관련 판례

A. 지하철이나 고속버스 승객이 놓고 내린 지하철의 전동차 바닥이나 선반 위에 있던 물건을 가지고 간 경우, 지하철의 승무원은 유실물법상 전동차의 관수자로서 승객이 잊고 내린 유실물을 교부받을 권능을 가질 뿐 전동차 안에 있는 승객의 물건을 점유한다고 할 수 없고, 유실물을 현실적으로 발견하지 않는 한 이에 대한 점유를 개시하였다고 할 수도 없으므로, 그 사이에 유실물을 발견하고 가져간 행위는 점유이탈물횡령죄에 해당함은 별론으로 하고 절도죄에 해당하지는 않는다(대판 1999.11.26. 99도3963; 1993.3.16. 92도3170).

B. 타인의 관리하에 있는 사례

1) 당구장 어떤 물건을 잃어버린 장소가 당구장과 같이 타인의 관리 아래 있을 때에는 그 물건은 일응 그 관리자의 점유에 속한다 할 것이고, 이를 그 관리자 아닌 제3자가 취거하는 것은 유실물횡령이 아니라 절도죄에 해당한다(대판 1988.4.25. 88도409).

2) 피씨방 피해자가 피씨방에 두고 간 핸드폰은 피씨방 관리자의 점유하에 있어서 제3자가 이를 취한 행위는 절도죄를 구성한다(대판 2007.3.15. 2006도9338).

바. 사자의 점유

(1) 학설 사자의 점유를 부정하고 또 형법상 상속에 의한 점유의 이전도 인정되지 않으므로 결국 점유이탈물횡령죄가 성립한다는 견해,[45] 사자에게는 점유의사를 인정할 수 없으므로 사자 자신의 점유는 부정할 수밖에 없지만, 사자의 '생전 점유가 사망 직후에도 다소간 계속'된다고 하는 것이 사회통념에 맞는다고 보아 절도죄의 성립을 긍정하는 견해[46]가 대립한다.

(2) 판례 피해자를 살해한 방에서 사망한 피해자 곁에 4시간 30분쯤 있다가 그곳 벽에 걸려있던 피해자가 소지하는 물건들을 영득의 의사로 가지고 나온 경우, 피해자가 생전에 가진 점유는 사망 후에도 여전히 계속되는 것으로 보아 이를 보호함이 법의 목적에 맞는 것이라고 할 것이고, 따라서 피고인의 행위는 피해자의 점유를 침탈한 것으로서 절도죄에 해당한다(대판 1993.9.28. 93도2143).

(3) 검토 민법에서도 사자의 점유를 인정하지 않는바, 점유의 보다 사실적인 측면에 초점을 맞추는 형법에서는 점유의사를 인정할 수 없는 사자의 점유를 부정하는 것이 타당하다.

---

44 임웅, 절도죄에 있어서 점유의 귀속, 고시연구 제27권 제8호(317호), 35면.

45 권오걸, 324면; 김성돈, 260면; 김/서, 228면; 오영근, 307면; 이재상, 263면.

46 김/김, 328면; 박상기, 251면; 배종대, 370면; 임웅, 305면; 정영일, 211면; 최철환, 사자의 점유 및 사자 명의의 문서, 판례월보 제293호, 30면.

6. 절취행위

가. 절취의 의미

(1) 통설·판례 절취란 타인이 점유하고 있는 자기 이외의 자의 소유물을 점유자의 의사에 반하여 그 점유를 배제하고 자기 또는 제3자의 점유로 옮기는 것을 말한다(대판 2001.10.26. 2001도4546).[47]

(2) 검토 통설·판례는 점유배제와 점유취득, 즉 재물의 취거행위를 절취라고 하고, 점유배제는 종국적이어야 하지만 점유취득은 일시적이라도 무방하다고 한다. 하지만 절취의 '취'는 취득을 의미하고, 취득은 '취거+영득'의 줄임말이다. 따라서 기존 점유의 배제와 새로운 점유의 취득 외에, 영득행위도 절취의 개념요소로 보아야 한다.

나. 기망적 수단과 절취(책략절도)

(1) 기망적 수단과 점유 기존 점유를 배제하고 새로운 점유를 취득하는 데 기망수단을 사용한 경우를 지칭하여 책략절도라고 한다. 여기에서는 권리자의 하자있는 의사에 기한 점유취득이 아니라, 권리자의 의사에 반한 점유침탈이 문제되기 때문에 절도죄가 성립한다.

(2) 판례 ① 피해자가 가지고 있는 책을 잠깐 보겠다고 하며 동인이 있는 자리에서 보는 척하다가 가져갔다면 책은 아직 피해자의 점유하에 있었다고 할 것이므로 절도죄가 성립한다(대판 1983.2.22. 82도3115). ② 피해자가 결혼예식장에서 신부 측 축의금 접수인인 것처럼 행세하는 피고인에게 축의금을 내어 놓자 이를 교부받아 가로챈 경우, 피해자의 교부행위의 취지는 신부 측에 전달하는 것일 뿐 피고인에게 그 처분권을 주는 것이 아니므로 피고인이 그 돈을 가져간 것은 신부 측 접수처의 점유를 침탈하여 범한 절취행위라고 보는 것이 정당하다(대판 1996.10.15. 96도2227, 96감도94).

다. 피해자의 승낙과 절취행위

(1) 묵시적 승낙

A. 착오에 의한 묵시적 승낙과 절취행위 피고인이 밍크 45마리에 대한 권리가 있다고 주장하며 가져간 데 대하여 피해자의 묵시적인 동의가 있었다면, 피고인의 주장이 후에 허위임이 밝혀졌더라도 피고인의 행위는 절도죄의 절취행위에 해당하지 않는다(대판 1990.8.10. 90도1211).

B. 묵시적 승낙이 있는 사례 피고인이 동거 중인 피해자의 지갑에서 현금을 꺼내가는 것을 피해자가 현장에서 목격하고도 만류하지 아니하였다면, 피해자가 이를 허용하는 묵시적 의사가 있었다고 봄이 상당하여 이는 절도죄를 구성하지 않는다(대판 1985.11.26. 85도1487).

C. 묵시적 승낙이 없는 사례 굴삭기 매수인이 약정된 기일에 대금채무를 이행하지 아니하면 굴삭기를 회수하여 가도 좋다는 약정을 하고 각서와 매매계약서 및 양도증명서 등을 작성하여 판

---

47 대판 2002.7.12. 2002도745.

매회사 담당자에게 교부한 후 채무를 불이행하자 담당자가 굴삭기를 취거하여 매도한 경우, 굴삭기에 대한 소유권 등록 없이 매수인의 위와 같은 약정 및 각서 등의 작성, 교부만으로 굴삭기에 대한 소유권이 판매회사로 이전될 수는 없으므로 굴삭기 취거 당시 소유권은 여전히 매수인에게 남아 있고, 매수인의 의사표시 중에 자신의 동의나 승낙 없이 현실적으로 자신의 점유를 배제하고 굴삭기를 가져가도 좋다는 의사까지 포함되어 있었던 것으로 보기는 어려우므로, 굴삭기 취거행위는 절도죄에 해당하고 불법영득의 의사도 인정된다(대판 2001.10.26. 2001도4546).

(2) 추정적 승낙 피고인과 피해자는 사귀어 오다 다소 사이가 멀어졌으나 관계가 완전히 단절되지 않고 지속됐고, 피고인이 피해자의 거실 소형금고에서 현금 5만 원을 꺼내가면서 '서울 갈 차비를 가져간다'는 쪽지를 남긴 점, 평소 피해자도 피고인에게 1~2만 원씩 차비로 갖다 쓰라고 한 적이 있고 피해자가 피고인의 돈을 가져다 쓰기도 한 점, 당시에는 피해자의 휴대폰 전원이 꺼져 있어 피해자로부터 사전승낙을 받을 수 없었던 점에 비추어, 비록 피해자가 사전에 승낙했다고 보기는 어려워도 피고인이 피해자의 금고에서 5만 원을 꺼내가는 것을 피해자가 알았더라면 당연히 승낙했을 것으로 예견된다(대판 2010도8380).[48]

(3) 의사에 반하지 않는 경우 피고인이 발급받아 제3자에게 교부하여 준 속칭 '대포통장'의 명의인으로서, 그 계좌로 송금되어 온 금전을 인출하기 위하여 일단 통장의 분실신고를 하여 계좌거래를 정지시킨 다음 통장을 재발급받는 방법으로 금전의 인출을 시도한 행위는, 자신의 명의로 된 은행계좌를 이용한 것이어서 애초 예금계좌를 개설한 은행의 의사에 반한다고 볼 수 없으므로 절취행위에 해당하지 않는다(대판 2009.12.9. 2009도9776).

7. 주관적 구성요건

가. 고의

(1) 의의 절도의 고의는 타인의 점유하에 있는 타인소유물을 그 의사에 반하여 자기 또는 제3자의 점유하에 이전하는 데에 대한 인식을 말한다(대판 1989.1.17. 88도971). 하지만 이미 언급한 바와 같이 절취의 취득은 '취거+영득'을 의미하므로, 기존 점유의 배제와 새로운 점유의 취득 외에, 영득부분에 대한 인식·인용도 있어야 한다. 이러한 의미에서 영득의사는 고의의 내용이라고 보아야 한다.

(2) 소유권에 대한 착오와 고의

A. 버린 물건으로 오인한 경우 타인이 그 소유권을 포기하고 버린 물건으로 오인하여 이를 취득하였다면, 오인하는 데에 정당한 이유가 있는 것으로 인정되는 한 절도의 범의를 인정하기 어렵다(대판 1989.1.17. 88도971).[49]

---

48 2년여간 사귀어 온 남자친구와 싸운 뒤 열쇠수리공을 불러 남자친구 집에 들어가 벽지 등에 욕설을 써놓고 현금 5만 원을 들고 나온 사안이다. 주거침입죄와 손괴죄가 인정되었다.

49 두부상자가 쓰레기통 옆에 놓여있고 그 위에 쓰레기로 보이는 신문지 등이 덮여 있었거나, 자정 가까운 시간에 점포를 폐점하

B. 자기의 소유로 착오한 경우 절도죄에 있어서 재물의 타인성을 오신하여 그 재물이 자기에게 취득(빌린 것)할 것이 허용된 동일한 물건으로 오인하고 가져온 경우에는 범죄사실에 대한 인식이 있다고 할 수 없으므로 범의가 조각되어 절도죄가 성립하지 아니한다(대판 1983.9.13. 83도1762, 83감도315).[50]

(3) 특약에 따른 권리행사와 고의 묘목매매계약의 잔대금 지급전 언제라도 묘목을 이식 인도받을 수 있기로 한 특약에 따라 인부를 동원하여 묘목의 이식작업을 완료하였다는 것이므로, 계약에 따라 그 이행에 착수한 이후에 한 매도인의 계약해제통고는 그 효력이 없고 따라서 해약통고 이후에 은행나무 묘목 약 2,500주를 이식한 행위는 자신의 권리를 행사한 것으로 타인의 재물을 절취한다는 의사가 있었다고는 볼 수 없다(대판 1983.6.28. 83도1132).

나. (불법)영득의사

(1) 일시사용과 (불법)영득의사

A. 판단기준 ① 불법영득의사의 유무는 행위당시를 기준으로 하여 판단하여야 한다(대판 1991.6.11. 91도878). ② 타인의 재물을 점유자의 승낙 없이 무단사용하는 경우에 있어서 그 사용으로 인하여 물건 자체가 가지는 경제적 가치가 상당한 정도로 소모되거나 또는 사용 후 그 재물을 본래의 장소가 아닌 다른 곳에 버리거나 곧 반환하지 아니하고 장시간 점유하고 있는 것과 같은 때에는 그 소유권 또는 본권을 침해할 의사가 있다고 보아 불법영득의 의사를 인정할 수 있으나, 그 사용으로 인한 가치의 소모가 무시할 수 있을 정도로 경미하고 또 사용 후 곧 반환한 것과 같은 때에는 그 소유권 또 그 사용으로 인하여 재물 자체가 가지는 본권을 침해할 의사가 있다고 할 수 없어 불법영득의 의사를 인정할 수 없다(대판 2000.3.28. 2000도493).[51]

B. (불법)영득의사가 없는 경우

1) 자동차 등의 일시 사용: 피해자와 친족관계 또는 친분관계가 있는 경우 ① 甲이 경영하는 건재상사의 종업원으로 종사하여 왔는데 동료종업원이 폭행사건으로 파출소에 연행되었다는 소식을 듣고 그를 만나러 가면서 건재사 마당에 세워둔 甲 소유의 차량을 타고 갔다 올 생각으로 이 차를 운전하고 파출소를 향해 가다가 교통사고를 일으키게 된 경우(대판 1981.12.8. 81도1761), ② 동네 선배로부터 차량을 빌렸다가 반환하지 아니한 보조열쇠를 이용하여 그 후 3차례 위 차량을 2~3시간 정도 운행

면서 제조 연월일이 오래된 빵을 별다른 감수조치를 취함이 없이 점포밖에 방치한 사안으로, 외관상 피해자가 그 소유를 포기한 물품으로 오인될 수도 있다. 대판 1984.12.11. 84도2002.

50 피고인이 고양이를 들고 간 것은 사실이지만 절취할 의사로 가져간 것이 아니고, 그날 피고인이 다른 데서 빌려가지고 있다가 잃어버린 고양이인 줄로 잘못 알고 가져가다가 주인이 자기 것이라고 하여 돌려주었을 뿐이라고 일관되게 범의를 부인한 사안이다.

51 대판 1999.7.9. 99도857; 2006.3.9. 2005도7819. 불법영득의 의사 없이 타인의 자동차를 일시사용한 경우, 이에 따른 유류소비행위는 자동차의 일시사용에 필연적으로 부수되어 생긴 결과로서 절도죄를 구성하지 않는 자동차의 일시사용행위에 포함된 것이라 할 것이므로, 자동차 자체의 일시사용과 독립하여 별개의 절도죄를 구성하지 않는다(대판 1985.3.26. 84도1613).

한 후 원래 주차된 곳에 갖다놓아 반환한 경우(대판 1992.4.24. 92도118)는 피해자와의 친분관계, 차량의 운행경위, 운행시간, 운행 후의 정황 등에 비추어 불법영득의 의사가 있었다고 볼 수 없다.

2) 인도장의 일시사용 ① 혼인신고서를 작성하기 위하여 피해자의 도장을 몰래 꺼내어 사용한 후 곧바로 제자리에 갖다 놓은 경우(대판 2000.3.28. 2000도493), ② 甲의 인감도장을 그의 책상서랍에서 몰래 꺼내어 가서 차용금증서의 연대보증인란에 찍고 난 후 곧 제자리에 넣어둔 경우(대판 1987.12.8. 87도1959)는 도장에 대한 불법영득의 의사를 인정할 수 없다.

C. (불법)영득의사가 있는 경우: 소유자와 전혀 모르는 관계 ① 길가에 세워져 있는 오토바이를 소유자의 승낙 없이 타고 가서 약 1시간 50분 후 본래 있던 곳에서 약 7, 8미터 되는 장소에 방치한 경우(대판 1981.10.13. 81도2394), ② 길가에 시동을 걸어놓은 채 세워둔 모르는 사람의 자동차를 함부로 운전하고 200m가량 간 경우(대판 1992.9.22. 92도1949), ③ 甲의 영업점 내에 있는 甲 소유의 휴대전화를 허락 없이 가지고 나와 이를 이용하여 통화를 하고 문자메시지를 주고받은 다음 약 1~2시간 후 甲에게 아무런 말을 하지 않고 위 영업점 정문 옆 화분에 놓아두고 간 경우(대판 2012.7.12. 2012도1132)는 자신의 소유물과 같이 경제적 용법에 따라 이용하다가 본래의 장소와 다른 곳에 유기한 것이므로 불법영득의사가 있었다.

(2) 제3자를 위한 영득의사 독일과는 달리 명문규정을 두고 있지 않은 우리나라의 경우에도 제3자를 위한 영득의사를 인정하는데 거의 견해가 일치한다. 판례도 같은 입장이다.[52]

(3) (불법)영득의사가 없는 사례

A. 증거를 인멸하기 위한 손괴 살해된 피해자의 주머니에서 꺼낸 지갑을 살해도구로 이용한 골프채와 옷 등 다른 증거품들과 함께 자신의 차량에 싣고 가다가 쓰레기 소각장에서 태워버린 경우, 범행의 증거를 인멸하기 위한 행위로서 불법영득의사가 있다고 보기 어렵다(대판 2000.10.13. 2000도3655).

B. 항의 표시 또는 혼내주려는 행위 재단법인의 설립자인 망 甲의 무남독녀로서 甲이 사망한 후에 재단법인의 이사장직으로 있다가 사촌형제인 피해자와의 분규로 이사장직을 사임한 바 있어서, 피해자의 집무실에 찾아가 피해자의 잘못을 나무라는 과정에서 피해자가 퉁명스럽게 비웃자 순간적으로 화가 나서 피해자에게도 자신과 같은 정도로 분한 감정을 심어주고 혼내주려는 생각에서 그 곳에 있던 피해자의 가방을 들고 나오게 되었고, 그 후 흥분을 가라앉히고 가방을 돌려주려 하였으나 피해자가 완강히 거절하여 돌려주지 못하고 재단법인의 총무과장 집에 맡겨두었다가 다음날 사무과장의 사무실에 두고 나왔다면 불법영득의 의사가 있었다고 할 수 없다(대판 1993.4.13. 93도328).

C. 입증자료로 하기 위한 경우 ① 가구회사의 디자이너가 회사로부터 부당하게 징계를 받았다고 생각하고 노동위원회에 구제신청을 하면서 자신이 그동안 회사업무에 충실하였다는 사실을 입증하기 위한 자료로 삼기 위하여 자신이 제작한 가구 디자인 도면을 가지고 나온 경우(대판 1992.3.27. 91도2831),

52 대판 2004.10.27. 2003도6738; 1989.9.12. 89도382; 1996,9.6. 95도2551; 2000.12.27. 2000도4005.

② 시비하는 중에 식칼로 찔러 죽이겠다고 위협을 하여 주위를 살펴보니 식칼이 있어 파출소에 가져가 협박의 증거물로 제시한 경우(대판 1986.7.8. 86도354)는 불법영득의 의사가 있었다고 할 수 없다.

D. 만나기 위한 수단인 경우 ① 내연관계에 있던 여자가 계속 회피하며 만나 주지 않자 내연관계를 회복시켜 볼 목적으로 그녀의 물건을 가져 와 보관한 후 이를 찾으러 오면 그때 그 물건을 반환하면서 타일러 다시 내연관계를 지속시킬 생각으로 물건을 가져 왔고, 그녀의 가족에게 그 사실을 그녀에게 연락하라고 말하였으며, 그 후 이를 보관하고 있으면서 이용 내지 소비하지 아니한 경우(대판 1992.5.12. 92도280), ② 피해자의 전화번호를 알아두기 위하여 피해자가 떨어뜨린 전화요금영수증을 습득한 후 돌려주지 않은 경우(대판 1989.11.28. 89도1679)[53]는 불법영득의 의사가 있다고 인정하기 어렵다.

E. 부패방지를 위한 처분 매수인이 매수한 배추를 약정기일까지 수거해 가지도 않고 달리 연락도 되지 않는 데다가 배추는 누렇게 뜨고 썩기 시작하여 그대로 다 버리게 될 우려가 있어 처분하고 그 대금 중 소개비를 공제한 잔금을 농협에 정기예탁한 경우라면, 불법영득의 의사가 있었다고 볼 수 없다(대판 1982.2.23. 81도2371).

F. 권리자를 배제할 의사가 없는 경우 자신이 잃어버린 총을 보충하기 위하여 다른 사람 소지의 군용 칼빙소총 1정을 무단히 가지고 나온데 불과한 경우, 권리자(국가)를 배제할 의사를 가지고 한 것이 아니므로 영득의 의사가 있었다고 볼 수 없다(대판 1965.2.24. 64도795).

(4) (불법)영득의사가 있는 사례

A. 다른 곳에 버린 경우 소유자의 승낙 없이 오토바이를 타고 가서 다른 장소에 버린 경우, 자동차등불법사용죄가 아닌 절도죄가 성립한다(대판 2002.9.6. 2002도3465).

B. 후일 돌려주었거나 변제할 의사가 있는 경우 ① 후일 변제할 의사가 있었거나(대판 1999.4.9. 99도519), ② 후일 되돌려 주었다거나 현금을 가져나올 때 일시 차용한다는 쪽지를 써 놓았다 하여도(대판 1983.3.8. 83도54) 불법영득의사가 있었다.

C. 채권추심 또는 확보를 위한 취거 ① 채무자의 책상 서랍을 승낙 없이 뜯어 돈을 꺼내 자기의 채권의 변제에 충당한 경우(대판 1983.4.12. 83도297), ② 회사의 물품대금채권을 확보할 목적으로 채무자의 승낙을 받지 아니한 채 채무자의 소유인 자동차를 운전하여 회사로 옮겨놓은 경우(대판 1990.5.25. 90도573), ③ 자신의 피해자에 대한 채권을 다른 채권자들보다 우선적으로 확보할 목적으로 피해자가 부도를 낸 다음날 새벽에 피해자의 가구점의 시정장치를 쇠톱으로 절단하고 침입하여 가구들을 화물차에 싣고 가 다른 장소에 옮겨 놓은 경우(대판 2006.3.24. 2005도8081)는 불법영득의사가 있었다.

D. 취거행위가 결과적으로 소유자의 이익이 되는 경우 어떠한 물건을 점유자의 의사에 반하여 취거하는 행위가 결과적으로 소유자의 이익으로 된다는 사정 또는 소유자의 추정적 승낙이 있다

---

53 숙소로 사용하고 있는 여인숙에서 피해자와 동침하고 계속 같이 있다가 동녀가 방바닥에 떨어뜨린 전화영수증을 습득한 후 피해자가 이를 알고 반환을 요구하였으나 이를 거절하고, 전화요금영수증에 기재된 전화번호로 피해자에게 전화를 걸어 만나자고 하였으나 거절당하였다.

고 볼 만한 사정이 있다고 하더라도, 그러한 사유만으로 불법영득의 의사가 없다고 할 수는 없다(대판 2014.2.21. 2013도14139).[54]

II. 야간주거침입절도

> **제330조(야간주거침입절도)** 야간에 사람의 주거, 간수하는 저택, 건조물이나 선박 또는 점유하는 방실에 침입하여 타인의 재물을 절취한 자는 10년 이하의 징역에 처한다.

1. 의의와 성격 본죄는 야간에 주거에 침입하여 타인의 재물을 절취하는 죄로서 단순절도죄보다 불법이 가중된 유형이며, 독자적인 범죄유형으로 보는 견해[55]도 있지만, 야간에 이루어지는 주거침입과 절도의 결합범이라 할 것이다(통설).[56]

2. 야간

가. 야간의 의미 범죄지의 일몰시부터 일출시까지를 말한다.[57]

나. 야간이 미치는 범위

(1) 학설 본죄가 성립하기 위해서는 ① 주거침입이 야간에 이루어져야 한다는 견해(판례, 다수설),[58] ② 절취행위가 야간이어야 한다는 견해,[59] ③ 주거침입과 절취행위 중 어느 하나만 야간이면 된다는 견해[60] 및 ④ 모두 야간이어야 한다는 견해[61]가 주장되고 있다.

(2) 판례 형법은 제329조에서 절도죄를 규정하고 곧바로 제330조에서 야간주거침입절도죄를 규정하고 있을 뿐 야간절도죄에 대한 처벌규정을 별도로 두고 있지 아니한데, 이러한 형법 제330조의 규정형식과 그 구성요건의 문언에 비추어 보면, 형법은 야간에 이루어지는 주거침입행위의 위험성에 주목하여 그러한 행위를 수반한 절도를 야간주거침입절도죄로 중하게 처벌하고 있는 것

---

54 피고인이 승용차의 소유자인 리스회사로부터 甲 명의로 리스한 후 사채업자로부터 돈을 빌리면서 승용차를 인도하였는데, 사채업자가 이를 다른 사람에게 매도하자 다른 사람이 점유하는 위 승용차를 임의로 가져가서 리스회사에 반납한 사안이다.

55 김/서, 245면; 정영일, 265면.

56 권오걸, 347면; 김성돈, 274면; 오영근, 339면; 이재상, 282면; 임웅, 331면; 정/박, 318면.

57 대판 1967.8.29. 67도944.

58 권오걸, 349면; 오영근, 342면; 이재상, 282면; 임웅, 333면.

59 김/김, 352면; 박상기, 263면; 백형구, 140면.

60 김성돈, 275면; 배종대, 390면; 정/박, 319면.

61 김/서, 246면; 정영일, 220면.

으로 보아야 한다. 따라서 주거침입이 주간에 이루어진 경우에는 야간주거침입절도죄는 성립하지 않는다고 해석함이 상당하다.

한편, 야간주거침입절도죄는 주거에 침입한 단계에서 이미 실행에 착수한 것으로 보아야 하므로, 만일 주간에 주거에 침입하여 야간에 재물을 절취한 경우에도 야간주거침입절도죄의 성립을 인정한다면, 행위자가 주간에 주거에 침입하여 절도의 실행에는 착수하지 않은 상태에서 발각된 경우 야간에 절취할 의사였다고 하면 야간주거침입절도의 미수죄가 되고 주간절도를 계획하였다고 하면 주거침입죄만 인정된다는 결론에 이르는데, 결국 행위자의 주장에 따라 범죄의 성립이 좌우되는 불합리한 결과를 초래하게 된다(대판 2011.4.14. 2011도300).[62]

(3) 검토 본죄는 '야간에… 침입하여' 절취할 것을 요하기 때문에, 적어도 주거침입은 야간에 이루어져야 하고, 절취행위는 야간이든 주간이든 불문한다. 따라서 본죄는 야간에 이루어지는 주거침입죄와 절도죄의 결합범이고, 보호법익은 '야간주거의 사실상 평온'과 '점유 및 소유권'이고, 보호정도는 침해범이다.

3. 침입의 대상

가. 입법의 과오 침입의 대상은 주거, 간수하는 저택, 건조물이나 선박 또는 점유하는 방실이다. 주거침입죄와 비교할 때, 간수하는 저택이 포함되고 항공기는 빠져 있다. 건조물에는 '관리하는'이라는 수식어가 생략되어 있다. 1995년에 주거침입죄와 특수강도죄를 개정하면서, 본죄는 개정하지 않았기 때문에 초래된 입법의 과오이다.

나. 건조물의 의미 건조물은 주위벽, 기둥과 지붕 또는 천정으로 구성된 구조물로서 사람이 기거하거나 출입할 수 있는 장소를 말하며 반드시 영구적인 구조물일 것을 요하지 않는다(대판 1989.2.28. 88도2430, 88감도194).

III. 특수절도죄

> **제331조(특수절도)** ① 야간에 문호 또는 장벽 기타 건조물의 일부를 손괴하고 전조의 장소에 침입하여 타인의 재물을 절취한 자는 1년 이상 10년 이하의 징역에 처한다.
> ② 흉기를 휴대하거나 2인 이상이 합동하여 타인의 재물을 절취한 자도 전항의 형과 같다.

62 15:40경 피해자가 운영하는 모텔에 이르러 평소 비어 있는 객실의 문을 열어둔다는 사실을 알고 객실 안까지 들어간 다음, 같은 날 21:00경 LCD모니터 1대를 절취한 사안이다.

1. 의의와 유형 특수절도는 야간건조물손괴침입절도와 흉기휴대절도 및 합동절도의 세 가지 유형이 있다. 단순절도에 비해 불법이 가중된 유형들이다.

2. 야간건조물손괴침입절도

가. 문호 또는 장벽 기타 건조물의 일부와 손괴의 의미 '문호 또는 장벽 기타 건조물의 일부'는 주거 등에 대한 침입을 방지하기 위하여 설치된 일체의 위장시설(圍障施設)을 말하고, '손괴'는 물리적으로 그 위장시설을 훼손하여 효용을 상실시키는 것을 말한다(대판 2004.10.15. 2004도4505).

나. 손괴에 해당하는 경우 야간에 불이 꺼져 있는 상점의 출입문을 발로 걷어차자 잠금 고리의 아래쪽 부착 부분이 출입문에서 떨어져 출입문과의 사이가 뜨게 되면서 출입문이 열려 상점 안으로 침입하여 재물을 절취하였다면, 이는 물리적으로 위장시설을 훼손하여 그 효용을 상실시키는 행위에 해당한다(대판 2004.10.15. 2004도4505).

3. 흉기휴대절도

가. 흉기와 위험한 물건

(1) 학설 흉기는 총이나 일본도처럼 살상목적으로 제작된 물건을 말한다. 본조가 말하는 흉기에 위험한 물건이 포함되는지에 대하여, 포함된다는 견해(포함설)[63]와 포함되지 않는다는 견해(불포함설)[64]가 대립한다.

(2) 판례 형법은 흉기와 위험한 물건을 분명하게 구분해 규정하고 있고, 형벌법규는 문언에 따라 엄격하게 해석, 적용해야 하며 피고인에게 불리한 방향으로 지나치게 확장이나 유추해석 해서는 안 된다. 형법에서 흉기를 휴대해 타인의 재물을 절취한 행위를 특수절도죄로 가중처벌하는 것은 흉기의 휴대로 인해 피해자에 대한 위험성이 커진다는 점 등을 고려한 것으로 볼 수 있다. 형법에서 규정한 흉기는 본래 살상용, 파괴용으로 만들어 진 것이거나 이에 준할 정도의 위험성을 가진 것으로 봄이 상당하고, 그러한 물건에 해당하는지는 그 물건의 본래의 용도와 크기, 모양, 개조 여부, 구체적 범행과정에서 물건을 사용한 방법 등 제반 사정에 비춰 사회통념에 따라 객관적으로 판단해야 한다(대판 2012.6.14. 2012도4175).[65]

(3) 검토 흉기는 살상목적으로 제작된 것(예: 총, 일본도)으로 위험한 물건의 일종이지만, 모든 위험한 물건이 흉기에 해당하지는 않는다. 따라서 위험한 물건을 흉기에 포함시켜 해석하는 것은

---

63 박상기, 264면; 배종대, 393면; 이재상, 285면; 이정원, 100면; 임웅, 335면; 정/박, 322면.

64 김성돈, 277면; 김/서, 249면; 오영근, 344면; 정영일, 223면.

65 드라이버로 자동차 창문을 깨고 현금을 훔친 사안이다. 사용한 드라이버는 일반적인 드라이버와 동일한 것으로 특별히 개조되지 않았으므로 흉기를 휴대해 재물을 절취한 것으로 보기 어렵다고 보았다.

판례가 지적하는 것처럼 허용되지 않는 유추적용이 될 수 있다. 다만, 판례는 살상목적으로 제작되지는 않았지만 그 용법에 따라 흉기로 보이는 물건, 이른바 용법상 흉기(가령, 부엌칼, 쇠망치 등)도 흉기에 포함시키고 있는데, 그 취지에는 공감하는 바가 없지 않다. 조속히 본죄의 흉기를 '위험한 물건'으로 개정할 필요성이 있다.

나. 휴대 휴대는 몸에 지니는 것을 말하지만, 소지하지 않더라도 즉시 사용할 수 있을 정도의 가까운 거리에 있으면 족하다. 흉기의 휴대사실을 피해자에게 인식시킬 필요는 없다.

4. 합동절도

가. 합동범의 본질

(1) 학설 합동범의 본질과 관련하여, ① 합동범의 합동은 '시간적·장소적 협동'을 의미한다는 현장설,[66] ② 합동범은 공동정범에 해당하지만 집단범죄에 대한 대책의 하나로 특별히 그 형을 가중한다는 가중적 공동정범설,[67] ③ 합동범은 이른바 공모공동정범의 형태로 범할 수 있는 범죄로 보는 공모공동정범설,[68] ④ 합동범은 현장적 공동정범이지만, 이에 대한 기능적 행위지배를 하는 배후인물은 합동범의 공동정범이 된다는 현장적 공동정범설[69]이 대립하는데, 판례·다수설인 현장설의 태도가 타당하다.

(2) 판례 2인 이상이 합동하여 타인의 재물을 절취한 경우의 특수절도죄가 성립하기 위하여는 주관적 요건으로서의 공모와 객관적 요건으로서의 실행행위의 분담이 있어야 하고 그 실행행위에 있어서는 시간적으로나 장소적으로 협동관계에 있음을 요한다(대판 1996.3.22. 96도31; 1989.3.14. 88도847).

나. 합동범의 공모공동정범

(1) 학설 합동범의 공동정범이 성립할 수 있는지에 대해서 긍정설[70]과 부정설[71]이 대립한다. 긍정설은 합동범의 외부에 있는 자도 기능적 행위지배가 있는 한 합동범의 공동정범이 성립할 수 있다고 하지만, 이에 따르면 현장에 없는 사람도 합동범의 정범이 되어 현장에 있는 사람을 합동범으

---

66 권오걸, 355면; 김성돈, 278면; 배종대, 397면; 오영근, 347면; 이재상, 288면; 이충상, 범행현장에 가지 아니한 자가 합동절도의 공동정범이 될 수 있는지-합동범의 공동정범의 성립가능성-, 법조 제47권 제10호, 158면; 임웅, 337면; 정/박, 325면; 정영일, 223면; 홍성욱, 합동범의 공동정범, 실무연구자료(대전지방법원), 314면.

67 김종원, 194면; 황산덕, 287면.

68 김종수, 공모공동정범, 법조 1952, 20면 이하.

69 김일수, 합동범의 본질과 성립요건, 서울지방변호사회 판례연구 제3집, 85면; 김/서, 250면.

70 김성돈, 279면; 김/서, 250면; 이호중, 합동범의 공동정범, 형사판례연구(7), 149면; 이충상, 위 논문, 159면; 홍성욱, 위 논문, 323면.

71 권오걸, 357면; 임웅, 338면; 이재상, 289면; 이정원, 344면; 정/박, 325면; 정영일, 합동범에 관한 연구, 형사판례연구(7), 114면; 하태훈, 기능적 행위지배와 합동범, 고시계(1998.9), 94면.

로 처벌하자는 현장설의 취지가 몰각된다는 문제점이 있다.

(2) 판례 3인 이상의 범인이 합동절도의 범행을 공모한 후 적어도 2인 이상의 범인이 범행 현장에서 시간적, 장소적으로 협동관계를 이루어 절도의 실행행위를 분담하여 절도 범행을 한 경우에는 공동정범의 일반 이론에 비추어 그 공모에는 참여하였으나 현장에서 절도의 실행행위를 직접 분담하지 아니한 다른 범인에 대하여도 그가 현장에서 절도 범행을 실행한 위 2인 이상의 범인의 행위를 자기 의사의 수단으로 하여 합동절도의 범행을 하였다고 평가할 수 있는 정범성의 표지를 갖추고 있다고 보여지는 한 그 다른 범인에 대하여 합동절도의 공동정범의 성립을 부정할 이유가 없다(대판 1998.5.21. 98도321 全合).[72]

다. 절도기수 후의 합동 가부 입목을 절취하기 위하여 이를 캐낸 때에는 그 시점에서 이미 소유자의 입목에 대한 점유가 침해되어 범인의 사실적 지배하에 놓이게 됨으로써 범인이 점유를 취득하게 되는 것이므로 이때 절도죄는 기수에 이르렀다고 할 것이고, 이를 운반하거나 반출하는 등의 행위는 필요로 하지 않으므로 甲이 영산홍을 땅에서 완전히 캐낸 이후에 비로소 乙이 범행장소로 와서 甲과 함께 영산홍을 승용차까지 운반한 경우, 甲과 합동하여 영산홍 절취행위를 한 것으로 볼 수는 없다(대판 2008.10.23. 2008도6080).[73]

라. 합동범인 사례 ① 피해자의 형과 범행을 모의하고 피해자의 형이 피해자의 집에서 절취행위를 하는 동안 그 집 안의 가까운 곳에 대기하고 있다가 절취품을 가지고 같이 나온 경우(대판 1996.3.22. 96도313), ② 甲, 乙과 실행행위의 분담을 공모하고 甲, 乙의 절취행위 장소부근에서 차량 내에 대기하여 실행행위를 분담한 경우(대판 1988.9.13. 88도1197)는 시간적, 장소적으로 협동관계에 있었다.

5. 주거침입죄와의 관계 야간주거침입절도죄 및 제331조 제1항의 손괴특수절도죄를 제외하고 일반적으로 주거침입은 절도죄의 구성요건이 아니므로, 절도범인이 그 범행수단으로 주거침입을 한 경우에 그 주거침입행위는 절도죄에 흡수되지 아니하고 별개로 주거침입죄를 구성하여 절도죄와는 실체적 경합의 관계에 서는 것이 원칙이다(대판 2008.11.27. 2008도7820).[74]

---

72 만일 공동정범의 성립가능성을 제한한다면 직접 실행행위에 참여하지 아니하면서 배후에서 합동절도의 범행을 조종하는 수괴는 그 행위의 기여도가 강력함에도 불구하고 공동정범으로 처벌받지 아니하는 불합리한 현상이 나타날 수 있다. 그러므로 합동절도에서도 공동정범과 교사범·종범의 구별기준은 일반원칙에 따라야 하고, 그 결과 범행현장에 존재하지 아니한 범인도 공동정범이 될 수 있으며, 반대로 상황에 따라서는 장소적으로 협동한 범인도 방조만 한 경우에는 종범으로 처벌될 수도 있다. 대판 2011.5.13.2011도2021.

73 원심은, 영산홍을 땅에서 캐낸 것만으로는 절취행위가 완성되지 않았음을 전제로, 캐낸 영산홍을 함께 승용차까지 운반함으로써 비로소 절취행위가 완성되었다고 보고 특수절도죄로 처벌하였다. 장물운반죄가 성립하지만, 부부간이므로 형법 제365조가 적용되어 처벌할 수는 없다.

74 대판 2009.12.24. 2009도9667.

IV. 자동차등불법사용죄

> **제331조의2(자동차 등 불법사용)** 권리자의 동의없이 타인의 자동차, 선박, 항공기 또는 원동기장치자전차를 일시 사용한 자는 3년 이하의 징역, 500만원 이하의 벌금, 구류 또는 과료에 처한다.

1. 의의와 보호법익

가. 의의 타인의 재물을 영득의사 없이 일시 사용하는 사용절도는 원칙적으로 불가벌이지만, 자동차나 선박 등의 일시 사용을 예외적으로 처벌하고자 하는 것이다. 자동차나 선박 등의 경우에는 그 일시 사용으로 인한 피해가 적지 않다는 점 등을 고려하여 1995년에 신설한 범죄이다.

나. 보호법익 본죄의 보호법익은 소유권이라는 견해[75]와 사용권이라는 견해[76]가 대립한다. 본죄는 영득의사 없이 자동차 등을 일시 사용하는 범죄이므로 사용권설이 타당하고, 보호정도는 침해범이다.

2. 구성요건

가. 일시 사용 여기서 말하는 '일시'는 권리자의 배제로 볼 수 없을 정도의 비교적 짧은 시간을 말한다. 일시 사용이라고 하더라도 자동차 등의 현저한 가치소모를 초래하는 등으로 인해 영득의사가 인정되는 경우에는 본죄가 아니라 절도죄가 성립한다. 사용은 교통수단으로서의 사용을 의미하기 때문에, 자동차의 오디오를 듣는 것은 사용에 해당하지 않는다.

본죄의 사용은 처음부터 불법하게 사용을 개시한 경우를 의미한다.[77] 적법하게 사용을 개시하였다가 불법적으로 계속 사용하는 것은 사법상의 계약위반행위가 될 뿐이다. 본죄는 무단사용이 종료할 때까지 범죄행위가 계속되는 계속범이고,[78] 미수범을 처벌하며, 친족상도례규정(제344조)이 준용된다.

나. 권리자의 동의없는 사용 권리자(소유자 또는 사용자)의 동의가 있는 경우에는 본죄의 구성요건해당성이 배제된다. 사후동의는 본죄의 성립에 영향을 미치지 않는다.

---

75 박상기, 269면; 배종대, 399면; 이재상, 292면; 이정원, 320면.

76 권오걸, 359면; 김성돈, 280면; 김/서, 252면; 오영근, 351면; 임웅, 340면; 정/박, 330면.

77 권오걸, 361면; 김성돈, 281면; 오영근, 352면; 이재상, 293면; 임웅, 341면; 정/박, 331면.

78 김/서, 252면; 임웅, 341면.

V. 실행의 착수 및 기수

1. 실행의 착수

가. 착수시기

(1) **단순절도죄의 실행착수** 절도죄의 실행의 착수시기는 재물에 대한 타인의 사실상의 지배를 침해하는데 밀접한 행위가 개시된 때이고(대판 1986.12.23. 86도2256), 주간에 절도의 목적으로 다른 사람의 주거에 침입한 경우에도 절취할 재물의 물색행위를 시작하는 등 그에 대한 사실상의 지배를 침해하는 데에 밀접한 행위를 개시하여야 절도죄의 실행에 착수한 것으로 볼 수 있다(대판 2003.6.24. 2003도1985, 2003감도26).

(2) **야간주거침입절도죄의 실행착수** 야간에 타인의 재물을 절취할 목적으로 사람의 주거에 침입한 경우에는 주거에 침입한 단계에서 이미 야간주거침입절도죄라는 범죄행위의 실행에 착수한 것이라고 보아야 하며, 주거침입죄의 경우 주거침입의 범의로써, 예컨대 주거로 들어가는 문의 시정장치를 부수거나 문을 여는 등 침입을 위한 구체적 행위를 시작하였다면 주거침입죄의 실행의 착수는 있었다(대판 2003.10.24. 2003도4417).[79]

(3) **특수절도죄의 실행착수**

A. 야간손괴주거침입의 경우 야간에 절도의 목적으로 출입문에 장치된 자물통 고리를 절단하고 출입문을 손괴한 뒤 집안으로 침입하려다가 발각된 것이라면 이는 특수절도죄의 실행에 착수한 것이다(대판 1986.9.9. 86도1273).

B. 합동절도의 경우 2인 이상이 합동하여 주간에 절도의 목적으로 타인의 주거에 침입하였다 하여도 아직 절취할 물건의 물색행위를 시작하기 전이라면 특수절도죄의 실행에는 착수한 것으로 볼 수 없는 것이어서 그 미수죄가 성립하지 않는다(대판 2009.12.24. 2009도9667).[80]

(4) **실행의 착수 여부**

A. 실행의 착수가 있는 사례

1) 단순절도의 경우

a. 차문 손잡이 당기기: 자동차 안에 들어 있는 밍크코트를 발견하고 이를 절취할 생각으로 차 오른쪽 앞문을 열려고 앞문손잡이를 잡아당겼다면 절도의 실행에 착수하였다(대판 1986.12.23. 86도2256).

b. 호주머니 더듬기: 소매치기의 경우 피해자의 양복상의 주머니로부터 금품을 절취하려고 그 호주머니에 손을 뻗쳐 그 겉을 더듬은 때에는 절도의 실행에 착수한 것이다(대판 1984.12.11. 84도2524).

c. 훔칠 물건을 물색한 경우: ① 금품을 훔칠 목적으로 피해자의 집에 담을 넘어 침입하여 그 집

---

79 대판 2006.9.14. 2006도2824; 1984.12.26. 84도2433.

80 주간에 피해자의 아파트 출입문 시정장치를 손괴하다가 마침 귀가하던 피해자에게 발각되어 도주한 경우 제331조 제2항에 정한 특수절도죄의 실행의 착수가 없었다. 주거침입죄가 성립한다.

부엌에서 금품을 물색하던 중에 발각되어 도주한 경우(대판 1987.1.20. 86도2199, 86감도245), ② 피해자 집에 침입하여 응접실 책상 위에 놓여 있던 라디오를 훔치려고 라디오 선을 건드리다가 발각된 경우(대판 1966.5.3. 66도383), ③ 담을 넘어 피해회사 마당에 들어가 그중 1명이 그곳에 있는 구리를 찾기 위하여 담에 붙어 걸어가다가 잡힌 경우(대판 1989.9.12. 89도1153)는 절취대상품에 대한 물색행위가 있었으므로 절도의 실행에 착수한 것이다.

2) 야간주거침입절도의 경우 야간에 아파트에 침입하여 물건을 훔칠 의도하에 아파트의 베란다 철제난간까지 올라가 유리창문을 열려고 시도하였다면, 야간주거침입절도죄의 실행에 착수한 것이다(대판 2003.10.24. 2003도4417).

3) 특수절도(손괴절도)의 경우 야간에 절도목적으로 출입문에 장치된 자물통 고리를 절단하고 출입문 유리를 손괴한 뒤 침입하려다 발각된 경우, 특수절도죄의 실행에 착수한 것이다.[81]

B. 실행의 착수가 없는 사례 ① 공사현장 안에 있는 건축자재 등을 훔칠 생각으로 공범과 함께 마스크를 착용하고 공사현장 안으로 들어간 후 창문을 통하여 건축 중인 아파트의 지하실 안쪽을 살폈을 뿐인 경우(대판 2010.4.29. 2009도14554), ② 소를 흥정하고 있는 피해자의 뒤에 접근하여 그가 들고 있던 가방으로 돈이 들어 있는 피해자의 하의 왼쪽 주머니를 스치면서 지나간 경우(대판 1986.11.11. 86도1109, 86감도143),[82] ③ 낮에 현관문을 열고 피해자의 집안에 들어가 신발장 앞에 서 있다가 피해자의 딸에게 적발된 경우(대판 2010도9750), ④ 절도의 목적으로 피해자의 집 현관을 통하여 마루 위에 올라서서 창고문 쪽으로 향하다가 피해자에게 발각되어 체포된 경우(대판 1986.10.28. 86도1753), ⑤ 노상에 세워놓은 자동차 안에 있는 물건을 훔칠 생각으로 자동차의 유리창을 통하여 그 내부를 손전등으로 비추어 본 것에 불과한 경우(대판 1985.4.23. 85도464)는 타인의 재물에 대한 지배를 침해하는데 밀접한 행위를 한 것이라고는 볼 수 없어 절취행위의 착수에 이른 것이었다고 볼 수 없다.

2. 기수

가. 기수시기 절도죄는 재물에 대한 새로운 점유취득이 있을 때 기수가 된다. 새로운 점유취득이 인정되기 위해서는 ① 재물을 안전한 장소에 옮기거나 이용상태에 두어야 한다는 은닉설, ② 경계망을 완전히 벗어나야 한다는 이전설, ③ 기존 점유를 배제하고 자기 또는 제3자의 실력적 지배하에 두어야 한다는 취득설이 대립하는데, 통설·판례[83]는 취득설을 취하고 있다.

나. 기수인 사례 ① 공동피고인과 함께 피해자 집에 침입하여 광에서 공동피고인이 자루에 담아

81 대판 1986.9.9. 86도1273; 1977.7.26. 77도1802.

82 단지 피해자의 주의력을 흩뜨려 주머니 속에 들은 금원을 절취하기 위한 예비단계의 행위에 불과하다.

83 대판 1964.12.8. 64도577.

주는 백미를 받아 집을 나오려다가 피해자에게 발각된 경우(대판 1964.12.8. 64도577), ② 까페에서 야간에 아무도 없는 내실에 침입하여 장식장 안에 들어 있던 정기적금통장 등을 꺼내 들고 까페로 나오던 중 발각되어 돌려준 경우(대판 1991.4.23. 91도476)는 재물에 대한 소지(점유)를 침해하고 일단 자신의 지배 내에 옮겼다고 볼 수 있으므로 기수이다.

다. 미수인 사례 자동차를 절취할 생각으로 자동차의 조수석문을 열고 들어가 시동을 걸려고 시도하는 등 차 안의 기기를 이것저것 만지다가 핸드브레이크를 풀게 되었는데 그 장소가 내리막길인 관계로 시동이 걸리지 않은 상태에서 약 10m 전진하다가 가로수를 들이받는 바람에 멈추게 되었다면 절도의 기수에 해당한다고 볼 수 없다(대판 1994.9.9. 94도1502).

VI. 친족상도례

> **제328조(친족간의 범행)** ① 직계혈족, 배우자, 동거친족, 동거가족 또는 그 배우자간의 절도죄는 형을 면제한다.
> ② 제1항 이외의 친족간에 절도죄를 범한 때에는 고소가 있어야 공소를 제기할 수 있다.
> ③ 전 2항의 신분관계가 없는 공범에 대하여는 전 2항을 적용하지 아니한다.

1. 의의와 성격 친족간의 재산범죄는 그 친족 사이에서 해결할 수 있는 여지를 열어주기 위하여 근친간에는 형을 면제하고, 원친 사이에는 고소를 요건으로 하는 친고죄로 규정하였다. '형을 면제한다'는 것의 법적 성격과 관련하여 책임이 조각되기 때문이라는 견해도 있었지만, 현재는 '인적 처벌조각사유'로 보는 것이 통설·판례의 입장이다.[84]

2. 친족의 범위

가. 원칙 친족의 개념과 범위는 원칙적으로 민법에 따른다.

나. 배우자의 범위: 사실혼 포함 여부

(1) 학설 법률상의 배우자 외에 사실상의 배우자도 포함되는가에 대하여, 긍정설[85]과 부정설[86]이 대립하고 있다.

84 권오걸, 366면; 김/서, 218면; 배종대, 406면; 이재상, 294면; 임웅, 328면; 정/박, 288면.

85 김/서, 218면; 오영근, 354면; 임웅, 328면; 정/박, 289면.

86 권오걸, 366면; 김성돈, 285면; 박상기, 275면; 배종대, 406면: 이재상, 296면.

(2) 판례 친족상도례에서의 배우자란 혼인에 의하여 결합한 남녀의 일방을 말하며 사실혼 관계에 있는 자는 포함되지 않는다(대판 2001.6.29. 2001도2514).

(3) 검토 사실혼관계를 포함하면, 사실혼의 존재 여부가 재판의 선결문제가 되어 재판이 장기화될 수 있는 문제가 있다. 하지만 가정의 문제는 가급적 처벌대상으로 삼지 않겠다는 입법취지를 감안하자면, 가정의 실체를 가진 사실혼에도 형법의 관여는 자제되어야 한다는 점에서 긍정설이 타당하다.

(4) 동거가족의 배우자에 한정되는지 여부 '그 배우자'는 동거가족의 배우자만을 의미하는 것이 아니라, 직계혈족, 동거친족, 동거가족 모두의 배우자를 의미하는 것이다(대판 2011.5.13. 2011도1765).

다. 혈족의 범위

(1) 학설 부·조부·증조부 등의 배우자인 모·조모·증조모 등은 직계혈족이 된다는 견해도 있었지만,[87] 오늘날에는 부계와 모계를 구분하지 않는 것이 일반적인 견해이다.

(2) 판례 구 민법 제932조 소정의 미성년자의 직계혈족이라 함은 특히 부계혈족이라고 제한한 바 없고 또 이를 부계혈족에 한한다고 해석할 이유가 없다(대결 1981.1.19 자 81스25내지29; 2007.11.29. 2007도7062).

라. 친족관계의 적용범위

(1) 인적 범위

A. 학설 친족관계는 범인과 재물의 소유자 사이에 존재해야 한다는 견해[88]와 소유자 및 점유자 양쪽 모두와 친족관계가 있어야 한다는 견해[89]가 나뉘고 있다.

B. 판례 친족상도례는 범인과 피해물건의 소유자 및 점유자 쌍방 간에 같은 조문 소정의 친족관계가 있는 경우에만 적용되는 것이고, 단지 절도범인과 피해물건의 소유자간에만 친족관계가 있거나 절도범인과 피해물건의 점유자간에만 친족관계가 있는 경우에는 그 적용이 없다(대판 1980.11.11. 80도131).

C. 검토 판례·다수설에 따르면, 가령 甲이 30년 전에 훔쳐와 자신의 물건처럼 사용하고 있는 것을 그의 아들이 아버지의 물건으로 알고 절취한 때에도 친족상도례가 적용되지 않는데, 이는 너무 가혹한 경우이다. 따라서 절도죄의 주된 보호법익이 점유라고 보는 입장에서는 원칙적으로 범인과 점유자 사이에 친족관계가 있으면 족하다고 할 것이다. 다만, 범인이 당해 재물의 점유자와 소유자가 다른 것을 알았을 때에는 점유자를 넘어 소유자와도 친족관계가 있어야 한다. 그리고 상

---

87 이윤승, 구민법 제777조 제1항 소정의 8촌 이내의 부계존속의 범위와 친족상도례, 대법원판례해설 제16호, 47면.

88 김/서, 219면; 배종대, 407면; 이재상, 295면; 이정원, 324면; 정영일, 228면.

89 권오걸, 368면; 김성돈, 286면; 오영근, 355면; 임웅, 329면.

하주종관계의 공동점유가 문제되는 경우에는 범인이 소유자인 상위점유자와 친족관계가 있다면, 점유보조자인 하위점유자와는 친족관계가 없더라도 친족상도례가 적용된다고 보아야 한다.

(2) 시적 범위

A. 인지의 소급효와 친족상도례 친족관계는 원칙적으로 범행 당시에 존재해야 하지만, 부가 혼인 외의 출생자를 인지하는 경우에는 민법 제860조에 의하여 그 자의 출생시에 소급하여 인지의 효력이 생기기 때문에, 인지의 소급효는 친족상도례의 적용에도 미치고, 인지가 범행 후에 이루어진 경우라고 하더라도 친족상도례의 규정이 적용된다(대판 1997.1.24. 96도1731).

B. 민법개정과 친족상도례

1) 문제점 민법이 개정됨에 따라 재판시에 비로소 친족관계에 있게 된 경우에도 형법 제1항 제2호에 의해 친족상도례가 적용될 수 있는가라는 문제가 제기될 수 있다. 하지만 민법이 개정된 것을 가리켜 형법 제1조 제2호 소정의 법률의 변경에 의하여 범죄를 구성하지 아니하거나 형이 감경된 경우에 해당한다고 볼 수 없고, 또 친족상도례에 관한 규정자체가 변경된 것도 아니고 단지 그 요건사실에 관계되는 민법의 규정이 변경된 것에 불과하다. 게다가 개정된 민법 부칙 제2조에 의하면 "이 법에 특별한 규정이 있는 경우를 제외하고는 이미 구법(민법 중 이 법에 의하여 개정 또는 폐지되는 종전의 조항을 말한다)에 의하여 생긴 효력에 영향을 미치지 아니한다"고 규정하여 소급효를 인정하고 있지 아니한 점에 비추어 보더라도 친족상도례의 적용이 없다고 할 것이다.

2) 판례 피고인이 피해자의 아버지의 사촌누나의 손자인 경우 구 민법 제777조 제1호 소정의 8촌 이내의 부계혈족의 친족관계에 있다고 할 수 없어 피해자의 고소가 있어야만 논할 수 있는 경우라고 할 수 없다(대판 1991.8.27. 90도2857).

마. 교사범과 친족상도례 절도교사는 피고인과 친족관계에 있는 피해자의 고소가 있어야 논할 수 있다(대판 1985.3.26. 84도365).

바. 친족상도례 규정의 위헌성 형식적인 측면에서 본다면 형법 제328조 제1항의 형 면제는 유죄의 실체판결이고, 형법 제328조 제2항은 친고죄로 규정되어 있어서 고소가 없음에도 기소된 경우에는 공소기각의 판결을 선고하므로, 형법 제328조 제2항의 먼 친족간의 범죄에 대하여 더 유리한 취급을 하는 경우가 있다고 볼 수도 있다.

그러나 실질적인 측면에서 보면, 첫째 피해자의 고소가 있는 경우, 형법 제328조 제1항의 가까운 친족간의 절도죄는 필요적으로 형을 면제하고, 형법 제328조 제2항의 먼 친족간의 절도죄는 기소하여 처벌할 수 있으므로 형법 제328조 제1항의 적용을 받는 것이 형법 제328조 제2항의 적용을 받는 것보다 불리하다고 할 수 없고, 둘째 피해자의 고소가 없는 경우에는 형법 제328조 제1항의 가까운 친족간의 절도죄는 기소하더라도 형을 면제하여야 하기 때문에 검찰실무상 공소권없음의 불기소처분을 하며, 형 면제 사유가 있음에도 이를 간과하고 기소하는 것은 매우 이례적인 일일 뿐만 아니라, 형법 제328조 제1항의 가까운 친족간의 절도죄는 고소 여부와 상관없이 일률적으로 형을 면제하기 때문에 굳이 친고죄로 규정할 필요가 없고, 반대의견과 같이 친고죄로 규정하면서 고소가 있는 경우에는 형을 면제하도록 하는 것은 이론상으로는 가능하나 그러한 입법례를 찾아보기 어려운 점 등을 종합해 볼 때, 친족간의 절도죄에 있어서 형법 제328조 제1항의 친족과 형법 제328조 제2항의 친족간을 법률상 달리 취급하는 데에는 합리적인 이유가 없다고 보기 어렵다(헌재결 2012.3.29. 2010헌바89).[90]

VII. 기타 관련문제

1. 채권추심과 자구행위

채무자인 피해자가 부도를 낸 후 도피하였고 다른 채권자들이 채권확보를 위하여 피해자의 물건들을 취거해 갈 수도 있다는 사정만으로는 법정절차에 의하여 자신들의 피해자에 대한 청구권을 보전하는 것이 불가능한 경우에 해당한다고 볼 수 없을 뿐만 아니라, 또한 피해자 소유의 가구점에 관리종업원이 있음에도 불구하고 가구점의 시정장치를 쇠톱으로 절단하고 들어가 가구들을 무단으로 취거한 행위가 피해자에 대한 청구권의 실행불능이나 현저한 실행곤란을 피하기 위한 상당한 이유가 있는 행위라고도 할 수 없다(대판 2006.3.24. 2005도8081).[91]

2. 죄수: 관리자 기준

가. 피해자와 장소가 다른 경우 甲의 집에 침입하여 그 집의 방안에서 그 소유의 재물을 절취하고 그 무렵 그 집에 세들어 사는 乙의 방에 침입하여 재물을 절취하려다 미수에 그쳤다면, 위 두 범죄는 그 범행장소와 물품의 관리자를 달리하고 있어서 별개의 범죄를 구성한다(대판 1989.8.8. 89도664).

나. 포괄일죄 단일범의로 절취한 시간과 장소가 접착되어 있고 같은 관리인의 관리하에 있는 방안에서 소유자를 달리하는 두 사람의 물건을 절취한 경우에는 1개의 절도죄가 성립한다(대판 1970.7.21. 70도1133).[92]

---

90 청구인이 이복남매의 주거에 침입하여 청구인의 어머니 소유인 양도성예금증서를 절취한 사안이다.

91 대판 1984.12.26. 84도2582.

92 원심은 물건의 소유자가 다르고 절취한 시간과 장소가 다르다는 이유로 형법 제37조 전단 경합범을 인정하였다.

3. 불가벌적 사후행위

가. 불가벌적 사후행위인 사례: 장물인 유가증권의 사용행위

(1) 자기앞수표 금융기관발행의 자기앞수표는 그 액면금을 즉시 지급받을 수 있어 현금에 대신하는 기능을 하고 있으므로 절취한 자기앞수표를 현금 대신으로 교부한 행위는 절도행위에 대한 가벌적 평가에 당연히 포함되는 것으로 봄이 상당하다(대판 1987.1.20. 86도1728).[93]

(2) 열차승차권 열차승차권은 그 자체에 권리가 화체되어 있는 무기명증권이므로 이를 곧 사용하여 승차하거나 권면가액으로 양도할 수 있고 매입금액의 환불을 받을 수 있는 것으로서 열차승차권을 절취한 자가 환불을 받음에 있어 비록 기망행위가 수반한다 하더라도 절도죄 외에 따로이 사기죄가 성립하지 아니한다(대판 1975.8.29. 75도1996).

나. 불가벌적 사후행위가 아닌 사례

(1) 다른 법익의 침해 ① 은행예금통장을 절취한 후 이를 사용하여 마치 진실한 예금명의인이 예금을 찾는 것처럼 은행원을 기망·오신시켜 예금을 인출한 경우(대판 1974.11.26. 74도2817), ② 신용카드를 절취한 후 이를 사용한 경우(대판 1996.7.12. 96도1181)는 절도죄 외에 새로운 법익을 침해하는 것이므로 불가벌적 사후행위라고 볼 수 없다.

(2) 장물의 처분행위와 제3자에 대한 사기죄 ① 절취한 장물을 자기 것인 양 제3자를 기망하여 금원을 편취한 경우(대판 1980.11.25. 80도2310), ② 절취한 전당표를 전당포에 제시 기망하여 전당물을 되찾아 편취한 경우는 장물에 관하여 소비 또는 손괴하는 경우와는 달리 제3자에 대한 관계에 있어서는 새로운 법익을 침해하는 행위로서 사기죄를 구성하고, 절도의 사후행위라고 볼 것이 아니다(대판 1980.10.14. 80도2155).[94]

(3) 처분행위가 행정단속법규위반이 되는 경우 ① 대마취급자가 아닌 자가 절취한 대마를 흡입할 목적으로 소지한 행위(대판 1999.4.13. 98도3619), ② 절취한 소를 도축장이나 수육가공장이 아닌 장소에서 도살 또는 해체하는 행위(대판 1964.8.27. 64도267), ③ 자동차를 절취한 후 자동차등록번호판을 떼어내는 행위(대판 2007.9.6. 2007도4739)는 새로운 법익의 침해로 보아야 하므로 절도범행의 불가벌적 사후행위가 되는 것은 아니다.

4. 타죄와의 관계

가. 자동차불법사용죄와의 관계 ① 불법영득의사가 인정되는 경우에는 절도죄로 처벌할 수 있을 뿐 자동차등불법사용죄로 처벌할 수 없다(대판 2002.9.6. 2002도3465). ② 자동차등불법사용의 위법성에 대

---

93 대판 1982.7.27. 82도822; 1980.1.15. 79도2948.

94 절취한 전당표를 제3자에게 교부하면서 누님의 것이니 찾아 달라고 거짓말을 하여 이를 믿은 제3자가 전당포에 이르러 종업원에게 전당표를 제시하여 전당물을 교부받게 하여 편취하였다. 대판 1974.11.26. 74도2817.

한 평가는 특가법상의 상습절도 등 죄의 구성요건적 평가 내지 위법성 평가에 포함되어 있다고 보는 것이 타당하고, 따라서 상습절도 등의 범행을 한 자가 추가로 자동차등불법사용의 범행을 한 경우에 그것이 절도 습벽의 발현이라고 보이는 이상 자동차등불법사용의 범행은 상습절도 등의 죄에 흡수되어 일죄만이 성립하고 이와 별개로 자동차등불법사용죄는 성립하지 않는다(대판 2002.4.26. 2002도429).

나. 주거침입죄와 상습절도죄와의 관계 상습절도죄를 범한 범인이 그 범행의 수단으로 주거침입을 한 경우에 주거침입행위는 상습절도죄에 흡수되어 상습절도죄의 일죄만이 성립하고 별개로 주거침입죄를 구성하지 않으며, 또 상습절도죄를 범한 범인이 그 범행 외에 상습적인 절도의 목적으로 주거침입을 하였다가 절도에 이르지 아니하고 주거침입에 그친 경우에도 절도상습성의 발현이라고 보여지는 이상, 주거침입행위는 다른 상습절도죄에 흡수되어 상습절도의 일죄만을 구성하고 이 상습절도죄와 별개로 주거침입죄를 구성하지 않는다(대판 1984.12.26. 84도1573 全合).[95]

제3절 • 강도의 죄

I. 강도죄

> **제333조(강도)** 폭행 또는 협박으로 타인의 재물을 강취하거나 기타 재산상의 이익을 취득하거나 제3자로 하여금 이를 취득하게 한 자는 3년 이상의 유기징역에 처한다.

1. 의의와 성격 강도죄는 폭행·협박과 재물 또는 재산상 이익의 강취행위가 합쳐진 결합범이다. 보호법익은 '재산 및 신체의 안전 또는 의사결정의 자유'이고, 보호의 정도는 침해범이다. 강도죄에는 친족상도례가 적용되지 않는다.

2. 행위의 객체

가. 타인소유의 재물

(1) 타인소유 폭행, 협박당한 자가 탈취당한 재물의 소유자 또는 점유자일 것을 요하지도 아니

---

95 상습절도죄에 대한 특별법으로 특정범죄 가중처벌 등에 관한 법률 제5조의4 제1항이 있었으나 헌재결 2015.2.26. 2014헌가16, 2014헌가19, 2014헌가23.(병합)에 의해 위헌 결정되었다.

한다(대판 2010.12.9. 2010도9630).[1]

(2) **재물** 절도죄에서 말하는 재물과 크게 다르지 않다.

A. 부동산 부동산이 강도죄의 재물에 포함되는가와 관련하여, ① 긍정설[2]과 ② 부정설[3] 및 ③ 강도죄의 '재산상 이득'에 포함된다는 견해[4]가 주장되고 있다. 부동산은 취거의 대상이 아니라 권리의 취득이 문제되기 때문에, 재물보다는 강도죄의 재산상 이익에 포함된다고 할 것이다.

B. 찢어진 어음 찢어진 어음이라 하더라도 그것이 아직 객관적인 경제적 가치 내지 금전적 교환가치를 가지고 있는 경우에는 피해자가 재사용 가능하거나 적어도 피해자에게는 그 어음의 원인채권을 변제받기 위한 증거 내지 수단으로 쓸 수 있는 사정이 있다 할 것이므로, 그 어음조각은 여전히 강도죄의 객체인 재물에 해당한다(대판 1987.10.13. 87도1240).[5]

나. 재산상의 이익

(1) 재산상 이익의 범위

A. 사법상의 효력이 있어야 하는지 여부 강제이득죄는 권리의무관계가 외형상으로라도 불법적으로 변동되는 것을 막고자 함에 있는 것으로서, 항거불능이나 반항을 억압할 정도의 폭행, 협박을 그 요건으로 하는 강도죄의 성질상 그 권리의무관계의 외형상 변동의 사법상 효력의 유무는 그 범죄의 성립에 영향이 없고, 법률상 정당하게 그 이행을 청구할 수 있는 것이 아니라도 강도죄에 있어서의 재산상의 이익에 해당하는 것이다(대판 1994.2.22. 93도428).[6]

B. 소극적 이익 강도죄의 요건인 재산상의 이익은 적극적 이익(적극적인 재산의 증가)이든 소극적 이익(소극적인 부채의 감소)이든 상관없는 것이다(대판 1994.2.22. 93도428).

(2) **재산상의 이익을 취득한 사례** 폭행·협박으로 피해자로 하여금 매출전표에 서명을 하게 한 다음 이를 교부받아 소지함으로써 이미 외관상 각 매출전표를 제출하여 신용카드회사들로부터 그 금액을 지급받을 수 있는 상태가 되었는바, 피해자가 각 매출전표에 허위 서명한 탓으로 신용카드회사들에게 각 매출전표를 제출하여도 신용카드회사들이 신용카드 가맹점 규약 또는 약관의 규정을 들어 그 금액의 지급을 거절할 가능성이 있다 하더라도, 그로 인하여 각 매출전표상의 금액을 지급받을 가능성이 완전히 없어져 버린 것이 아니고 외견상 여전히 그 금액을 지급받을 가능성이 있는 상태이므로, 결국 '재산상 이익'을 취득하였다고 볼 수 있다(대판 1997.2.25. 96도3411).[7]

---

1 A를 강간하던 중 범행현장에 있던 乙 소유의 핸드백을 가져간 사안이다.

2 오영근, 358면; 임웅, 348; 정영일, 229면.

3 박상기, 277면.

4 김/서, 257면; 배종대, 410면; 이재상, 299면; 정/박, 335면.

5 강취한 것은 피고인이 이미 두 갈래로 찢은 후 피해자가 소지하고 있던 약속어음 1매이다.

6 지불각서를 강제로 작성하게 한 후 교부받았다. 대판 1987.2.10. 86도2472.

7 잠들어 있는 틈을 타서 피해자가 피고인들 몰래 매출전표들을 가지고 나온 탓으로 피고인들이 카드회사로부터 매출전표에 기

3. 실행행위: 강취

가. '강취'의 의미 강취는 피해자의 의사가 억압되어 반항이 불가능한 상태에서 피해자의 의사에 반하여 재물을 자기 또는 제3자의 점유로 옮기거나(대판 1995.3.28. 95도91), 재산상 이익이 사실상 피해자에 대하여 불이익하게 범인 또는 제3자 앞으로 이전되는 것을 말한다(대판 2004.6.24. 2004도1098).

나. 폭행, 협박

(1) 정도 강도죄에 있어서 폭행과 협박의 정도는 사회통념상 객관적으로 상대방의 반항을 억압하거나 항거불능케 할 정도의 것이라야 한다(대판 2004.10.28. 2004도4437).[8]

(2) 판단기준 반항을 억압할 정도인가의 여부는 피해자의 주관적 기준이 아니라, 구체적 사정을 종합한 객관적 판단에 따라야 한다(객관설).[9]

(3) 판례 타인에 대하여 폭행 또는 협박을 가하여 재물을 탈취한 경우에 그것이 강도죄가 되느냐 공갈죄가 되느냐는 그 폭행 또는 협박이 사회통념상 일반적으로 피해자의 반항을 억압할 수 있는 정도의 것인가 아닌가를 기준으로 하여 정한다(대판 1956.5.8. 56도50).

다. 이른바 혼취강도[10]

(1) 학설 수면제를 복용시키고 재물을 절취한 경우, 수면상태를 상해로 본다면 강도상해죄로 볼 수 있으나 이는 너무 가중한 처벌을 초래한다. 따라서 이와 관련하여, ① 폭행과 상해를 구분하는 우리나라에서는 절도죄와 상해죄의 경합으로 보아야 한다는 견해[11]와 ② 상해는 폭행을 포함한다고 보아 강도죄를 인정하는 견해(판례, 다수설)[12]가 대립한다.

(2) 판례 아리반(신경안정제) 4알을 탄 우유나 사와가 들어 있는 갑을 휴대하고 다니다가 사람에게 마시게 하여 졸음에 빠지게 하고 그 틈에 그 사람의 돈이나 물건을 빼앗은 경우에, 그 수단은 강도죄에서 요구하는 남의 항거를 억압할 정도의 폭행에 해당된다(대판 1979.9.25. 79도1735).

(3) 검토

모든 상해가 폭행(유형력의 행사)을 전제하거나 혹은 내포하고 있는 것은 아니지만, 마취제나 수면제를 복용시키는 행위는 넓은 의미의 폭행에 포함될 수 있으므로 판례·다수설처럼 강도죄를 인정하는 것이 타당하다.

재된 금원을 지급받지 못하게 되었다 하더라도 이미 기수에 달한 강제이득죄의 성부에 어떠한 영향을 줄 수 없다.

8 대판 2001.3.23. 2001도359.

9 권오걸, 377면; 김성돈, 292면; 김/서, 260면; 이재상, 304면; 임웅, 347면; 정/박, 337면.

10 일본 형법 제239조(혼취강도) 사람을 혼취시키고 그 재물을 절취한 자는 강도로서 논한다.

11 오영근, 53면.

12 김/서, 259면; 배종대, 413면; 임웅, 348면; 정/박, 335면.

라. 날치기와 강도

(1) 원칙 날치기와 같이 강력적으로 재물을 절취하는 행위는 때로는 피해자를 전도시키거나 부상케 하는 경우가 있고, 구체적인 상황에 따라서는 이를 강도로 인정하여야 할 때가 있다 할 것이나, 그와 같은 결과가 피해자의 반항억압을 목적으로 함이 없이 점유탈취의 과정에서 우연히 가해진 경우라면 이는 절도에 불과한 것으로 보아야 한다(대판 2003.7.25. 2003도2316).[13]

(2) 날치기 수법의 점유탈취가 강도에 해당하는 사례 날치기 수법의 점유탈취 과정에서 이를 알아채고 재물을 뺏기지 않으려는 피해자의 반항에 부딪혔음에도 계속하여 피해자를 끌고 가면서 억지로 재물을 빼앗은 행위는 피해자의 반항을 억압한 후 재물을 강취한 것이다(대판 2007.12.13. 2007도7601).

마. 항거불능이 아닌 사례 범행시 비록 칼을 내보이기는 하였으나 범행시간과 장소 및 불과 일이백원 정도의 잔돈만을 소지하고 있는 15, 16세 정도의 소년만을 대상자로 선정 범행한 점, 피해자가 "내 돈을 돌려주어"라고 요구했고 피해자에게 시계를 벗어 달라고 했으나 시계는 안 주었다는 취지의 진술이 있는 점 등의 사정으로 보아, 그의 협박의 정도가 피해자 등의 반항을 억압함에 족한 협박이라고 볼 수 없는 경우에는 강도죄로 처단할 수 없다(대판 1976.8.24. 76도1932).

4. 인과관계: 수단과 목적의 관계

가. 원칙 폭행·협박과 재산의 강취는 서로 수단과 목적의 관계에 있기 때문에, 양자 사이에는 인과관계가 있어야 하고, 또 시간적·장소적 연관성이 있어야 한다.

나. 판례

(1) 판단기준 타인에 대하여 반항을 억압함에 충분한 정도의 폭행 또는 협박을 가한 사실이 있다 해도 그 타인이 재물 취거의 사실을 알지 못하는 사이에 그 틈을 이용하여 우발적으로 타인의 재물을 취거한 경우에는 폭행이나 협박이 재물 탈취의 방법으로 사용된 것이 아님은 물론, 그 폭행 또는 협박으로 조성된 피해자의 반항억압의 상태를 이용하여 재물을 취득하는 경우에도 해당하지 아니하여 양자 사이에 인과관계가 존재하지 아니한다 할 것이므로, 폭행 또는 협박에 의한 반항억압의 상태가 처음부터 재물 탈취의 계획하에 이루어졌다거나 양자가 시간적으로 극히 밀접되어 있는 등 전체적·실질적으로 단일한 재물 탈취의 범의의 실현행위로 평가할 수 있는 경우에 해당하지 아니하는 한 강도죄의 성립을 인정하여서는 안 된다(대판 2009.1.30. 2008도10308).

(2) 인과관계가 없는 사례 주점에서 만난 도우미인 피해자와 윤락을 위해 주점을 나와 모텔로 갈 당시 피해자에게 화대를 지급하기 위해 현금 인출기에서 20만 원을 인출하여 모텔에서 피해자와 성관계를 하던 중, 피해자가 성교행위가 너무 과격하다는 이유로 항의를 하면서 성교를 중단하

---

13 피해자가 날치기에 대항하여 가방을 놓지 않으려고 버티다가 바닥에 넘어진 후에도 계속하여 가방끈을 놓지 않은 채 5m가량 끌려가던 중 힘이 빠져 가방을 놓쳤고 그 과정에서 상해를 입은 사안이다. 대판 2007.12.13. 2007도7601.

는 바람에 말다툼이 벌어져 이에 화가 난 피고인이 피해자에 대한 폭행을 시작하면서 피해자가 이불을 뒤집어쓴 후에도 계속해서 주먹과 발로 피해자를 구타한 후 이불 속에 들어가 있는 피해자를 두고 옷을 입고 방을 나가다가 탁자 위의 피해자 손가방 안에서 현금 20만 원 등이 든 피해자의 키홀더를 우발적으로 가져간 경우, 재물 취거행위가 피해자가 이불 속에 들어가 있어 이를 전혀 인식하지 못한 가운데 이루어진 데다가 원인이 되었던 피해자에 대한 폭행행위도 그와는 전혀 무관한 윤락행위 도중의 시비 끝에 발생하게 된 것이라면, 비록 재물의 취득이 피해자에 대한 폭행 직후에 이루어지긴 했지만 폭행이 피해자의 재물 탈취를 위한 피해자의 반항억압의 수단으로 이루어졌다고 단정할 수 없어 양자 사이에 인과관계가 존재한다고 보기 어렵다(대판 2009.1.30. 2008도10308).[14]

(3) 인과관계가 있는 사례 강간범인이 부녀를 강간할 목적으로 폭행, 협박에 의하여 반항을 억압한 후 반항억압 상태가 계속 중임을 이용하여 재물을 탈취하는 경우에는 재물탈취를 위한 새로운 폭행, 협박이 없더라도 강도죄가 성립한다(대판 2010.12.9. 2010도9630).

5. 피해자의 처분행위를 요하는지 여부

가. 원칙 피해자의 처분행위(재물처분의 의사표시)는 요하지 않는다(통설, 판례).[15] 피해자가 처분의사를 표시하더라도 이는 어차피 비진의(非眞意) 의사표시로서 무효이다.

나. 판례 ① 강도죄의 재산상 이득행위는 재물강취와 마찬가지로 반드시 상대방의 의사에 의한 처분행위를 필요로 하지 않는다(대판 1964.9.8. 64도310). ② 피해자가 우연히 재물탈취 사실을 알지 못하였다고 하더라도 강도죄는 성립한다(대판 2010.12.9. 2010도9630).

6. 권리행사와 강도

가. 학설 변제기가 도래한 채권을 면제받기 위하여 폭행·협박으로 채무자의 재산을 강취한 경우, ① 불법영득의사가 없어서 강도죄는 성립하지 아니하고 폭행·협박죄만 성립한다는 견해[16]와 ② 강도죄가 성립한다는 견해[17]가 대립한다.

나. 판례 채권자로부터 채무자에 대한 외상물품 대금채권의 회수를 의뢰받았다 하더라도, 채무자의 반항을 억압할 정도의 폭행과 협박을 가하여 재물 및 재산상 이득을 취득한 이상 이는 정당한 권리행사라고 볼 수 없음이 명백하여 강도죄가 성립한다(대판 1995.12.12. 95도2385).

---

14 타인에게 상해를 가하여 혼미상태에 빠지게 한 경우에 우발적으로 그의 재물을 도취하는 소위는 폭행을 도취의 수단으로 사용한 것이 아니므로 강도죄가 성립하지 아니한다(대판 1956.8.17. 4289형상170).

15 권오걸, 382면; 김성돈, 295면; 김/서, 262면; 박상기, 279면; 배종대, 417면; 오영근, 362면; 이재상, 307면; 임웅, 349면; 정영일, 233면.

16 임웅, 351면.

17 김성돈, 298면; 오영근, 365면.

다. 검토 채권자에게는 타인의 재물 또는 재산상 이익에 대한 영득의사 또는 이득의사가 존재한다. 이 존재하는 영득의사가 위법한가에 대해서는 견해가 나뉠 수 있지만, 어쨌든 이 위법성은 구성요건단계의 문제가 아니므로 '불법영득의사가 없다'고 볼 수는 없다. 게다가 채권자는 허용되지 않는 사력구제를 한 것이기 때문에, 영득행위 및 영득의사가 위법하다고 하여야 하고, 다만 이러한 영득이 허용된다고 착오했다면 이는 금지착오의 문제에 지나지 않는다.[18]

7. 고의 및 불법영득의사

가. 불법영득의사가 있는 사례 소총 소지자를 총기로 협박하여 그 소총을 교부받아 실탄을 장전한 후 소속 부대 하급자에게 건네주어 그로 하여금 소속 부대원들이 내무반에서 나오는지 여부를 감시하도록 지시한 경우, 비록 피고인의 지시에 따라 그 소총을 소지하고 있던 하급자가 나중에 피고인이 위병소를 빠져나갈 때 뒤따라 나가면서 그 소총에서 탄창을 제거한 후 그 소총을 원래의 소지자에게 던져 준 사실이 있다고 하더라도, 그러한 사정만으로는 그 소총에 대한 군용물특수강도죄의 불법영득의사가 없었다고 할 수 없다(대판 1995.7.11. 95도910).

나. 불법영득의사가 없는 사례

(1) 희롱과 불법영득의사 피해자를 강간한 후 항거불능 상태에 있는 피해자에게 돈을 내놓으라고 하여 피해자가 서랍 안에서 꺼내주는 돈을 받는 즉시 팁이라고 하면서 피해자의 브라자 속으로 그 돈을 집어넣어 준 것이라면, 피해자를 희롱하기 위하여 돈을 뺏은 다음 그대로 돌려주려고 한 의도였다고 할 것이므로, 불법영득의 의사가 있었다고 보기 어렵다(대판 1986.6.24. 86도776).

(2) 도망가지 못하도록 가방을 뺏은 경우 강간하는 과정에서 피해자들이 도망가지 못하게 하기 위해 손가방을 빼앗은 것에 불과하다면, 이에 불법영득의 의사가 있었다고 할 수 없다(대판 1985.8.13. 85도1170).

II. 특수강도

> **제334조(특수강도)** ① 야간에 사람의 주거, 관리하는 건조물, 선박이나 항공기 또는 점유하는 방실에 침입하여 제333조의 죄를 범한 자는 무기 또는 5년 이상의 징역에 처한다.
> ② 흉기를 휴대하거나 2인 이상이 합동하여 전조의 죄를 범한 자도 전항의 형과 같다.

1. 의의 및 성격 제1항의 야간주거침입강도죄는 주거침입죄와 강도죄의 결합범이고, 제2항의 합동강도죄는 강도죄의 불법가중유형이다.

---

18 임상규, 권리행사와 재산범죄, 형사법연구 제26호 특집호(2006), 한국형사법학회, 733면.

2. 야간주거침입강도

가. 실행의 착수시기

(1) 학설 야간주거침입절도죄의 경우에 주거침입시에 실행의 착수를 인정하듯이 야간주거침입강도의 경우에도 주거침입시에 실행의 착수를 인정하는 견해(주거침입시설)[19]와 오히려 야간주거침입절도와의 구분을 위해서도 야간주거침입강도의 실행착수는 폭행·협박시로 보아야 한다는 견해(폭행·협박시설)[20]가 대립한다.

(2) 판례 ① 특수강도의 실행의 착수는 강도의 실행행위, 즉 사람의 반항을 억압할 수 있는 정도의 폭행 또는 협박에 나아갈 때에 있다(대판 1991.11.22. 91도2296 폭행시설). ② 야간주거침입강도죄는 주거침입과 강도의 결합범으로서 시간적으로 주거침입행위가 선행되므로 주거침입을 한 때에 본죄의 실행에 착수한 것으로 볼 것인바, 흉기휴대 합동강도죄에 있어서도 그 강도행위가 야간에 주거에 침입하여 이루어지는 경우에는 주거침입을 한 때에 실행에 착수한 것으로 보는 것이 타당하다(대판 1992.7.28. 92도917 주거침입시설).

(3) 검토 대법원의 판결은 상충되는데, 주거침입시로 보게 되면, 야간주거침입절도와 야간주거침입강도의 착수가 행위자의 주관에 의해 구분하게 되는 불합리가 생기기 때문에, 야간주거침입강도의 실행착수는 폭행·협박시로 보는 것이 타당하다.

나. 주거침입죄와의 관계 형법 제334조 제1항 특수강도죄는 '주거침입'이라는 요건을 포함하고 있으므로 형법 제334조 제1항 특수강도죄가 성립할 경우 '주거침입죄'는 별도로 처벌할 수 없고, 형법 제334조 제1항 특수강도에 의한 강도상해가 성립할 경우에도 별도로 '주거침입죄'를 처벌할 수 없다(대판 2012.12.27. 2012도12777).

3. 합동강도 합동은 특수절도에서 본 것과 같이 장소적 협동을 의미한다(현장설).

III. 준강도

> **제335조(준강도)** 절도가 재물의 탈환을 항거하거나 체포를 면탈하거나 죄적을 인멸할 목적으로 폭행 또는 협박을 가한 때에는 전2조의 예에 의한다.

---

19 권오걸, 390면; 정영일, 235면.

20 김성돈, 300면; 김/서, 266면; 박상기, 283면; 배종대, 421면; 이재상, 317면; 임웅, 354면; 정/박, 253면; 홍영기, 특수강도죄의 실행의착수시기-결합범과 실행 착수시기 도그마틱의 단순화-, 성균관법학 제21권 제1호(2009), 431면.

1. 서설

가. 의의 절도가 재물의 탈환을 항거하거나 체포를 면탈하거나 죄적을 인멸할 목적으로 폭행 또는 협박하는 범죄이다. 재물탈취 후 폭행·협박을 한다는 점에서 사후강도라고도 한다.

나. 입법취지 강도죄와 준강도죄의 구성요건인 재물탈취와 폭행·협박 사이에 시간적 순서상 전후의 차이가 있을 뿐 실질적으로 위법성이 같다(대판 2004.11.18. 2004도5074 全合).

다. 성격 준강도죄의 성격에 관하여는 ① 강도죄의 특수유형이라는 견해,[21] ② 강도죄가 아니라 절도죄의 가중유형이라는 견해,[22] ③ 강도죄나 절도죄의 가중유형이 아니라 독립된 범죄라는 견해[23]가 대립한다. 폭행·협박과 재물취득의 순서가 바뀌어 있지만, 실질상 강도와 유사하기 때문에, 강도의 한 특수유형으로 볼 수 있다. 본죄는 '목적'을 요하는 목적범이지만, 절도를 신분으로 볼 수 없기 때문에 신분범이라고는 할 수 없다.

2. 주체: 절도

가. 원칙 절도에는 단순절도는 물론이고 특수절도 등 절도의 가중유형을 포함한다. 다만, 절도의 교사범이나 방조범은 포함되지 않는다(통설).

나. 절도미수범 포함 여부 통설과 판례는 절도의 기수·미수를 불문한다고 본다.[24] 이는 절도가 미수라고 하더라도 준강도가 성립할 수 있다는 의미이고, 절도가 미수인 경우에는 후술하는 것처럼 준강도가 아니라 준강도의 미수가 된다. 이러한 의미에서 본죄의 주체는 절도의 기수범에 국한된다는 견해[25]도 있다.

다. 강도 포함 여부

(1) 학설 본죄의 주체에 '강도'를 포함시키는 견해[26]도 있으나, 통설[27]은 부정한다.

(2) 참조 판례 절도가 체포를 면탈할 목적으로 경찰관에게 폭행 협박을 가한 때에는 준강도죄와

---

21 오영근, 370면; 임웅, 355면; 정영일, 285면.

22 강구진, 303면.

23 권오걸, 393면; 이재상, 310면; 정/박, 343면.

24 권오걸, 394면; 김성돈, 301면; 김/서, 267면; 박상기, 284면; 배종대, 431면; 오영근, 370면; 이재상, 311면; 임웅, 355면; 정/박, 344면; 정영일, 236면; 대판 1990.2.27. 89도2532.

25 김일수, 282면.

26 배종대, 432면; 이재상, 310면.

27 권오걸, 396면; 김성돈, 302면; 김/서, 267면; 박상기, 284면; 임웅, 356면; 정/박, 345면.

공무집행방해죄를 구성하고 상상적 경합관계에 있으나, 강도범인이 체포를 면탈할 목적으로 경찰관에게 폭행을 가한 때에는 강도죄와 공무집행방해죄는 실체적 경합관계에 있다(대판 1992.7.28. 92도917).

3. 체포면탈 등의 목적

가. 재물의 탈환을 항거할 목적 '재물의 탈환을 항거할 목적'이라 함은 일단 절도가 재물을 자기의 배타적 지배하에 옮긴 뒤 탈취한 재물을 피해자 측으로부터 탈환당하지 않기 위하여 대항하는 것을 말한다(대판 2003.7.25. 2003도2316).

나. 목적이 없는 사례 절도 피해자가 잠을 자다가 이마를 맞고 잠이 깨어 비로소 맞은 것을 알았다고 진술할 뿐, 피해자가 소리를 지르므로 피고인이 체포를 면탈하기 위하여 피해자를 때린 것이라고 인정할 수 없다면 피고인에게는 준강도상해의 죄책을 지울 수 없다(대판 1984.6.5. 84도460).

4. 폭행, 협박

가. 폭행, 협박의 시기

(1) 절도의 기회: 시간적, 장소적 근접성 ① 폭행 또는 협박은 절도의 실행에 착수하여 그 실행중이거나 그 실행 직후 또는 실행의 범의를 포기한 직후로서 사회통념상 범죄행위가 완료되지 아니하였다고 인정될 만한 단계에서 행하여짐을 요한다(대판 1999.2.26. 98도3321).[28] ② 절도의 기회라고 함은 절도범인과 피해자 측이 절도의 현장에 있는 경우와 절도에 잇달아 또는 절도의 시간·장소에 접착하여 피해자 측이 범인을 체포할 수 있는 상황, 범인이 죄적인멸에 나올 가능성이 높은 상황에 있는 경우를 말하고, 그러한 의미에서 피해자 측이 추적태세에 있는 경우나 범인이 일단 체포되어 아직 신병확보가 확실하다고 할 수 없는 경우에는 절도의 기회에 해당한다(대판 2001.10.23. 2001도4142, 2001감도100).

(2) 절도의 기회인 사례 ① 붙잡혀 보안사무실로 인도되어 피해자로부터 그 경위를 확인받던 중 체포된 상태를 벗어나기 위해서 피해자에게 폭행을 가하여 상해를 가하였다면, 일단 체포되었다고는 하지만 아직 신병확보가 확실하다고 할 수 없는 단계에서 체포된 상태를 면하기 위해서 피해자를 폭행하여 상해를 가한 것이므로, 이러한 행위는 절도의 기회에 체포를 면탈할 목적으로 폭행하여 상해를 가한 것으로서 강도상해죄에 해당한다(대판 2001.10.23. 2001도4142, 2001감도100). ② 절도범행의 종료 후 얼마 되지 아니한 단계이고 안전지대에로 이탈하지 못하고 피해자 측에 의하여 체포될 가능성이 남아있는 단계에서 추적당하여 체포되려 하자 구타한 경우에는, 절도행위와 체포를 면탈하기 위한 구타행위와의 사이에 시간상 및 거리상 극히 근접한 관계에 있다 할 것이므로, 준강도죄가 성립한다(대판 1982.7.13. 82도1352).

---

28 대판 1984.9.11. 84도1398, 84감도214.

(3) 절도의 기회가 아닌 사례: 안전지대로 이탈 피해자의 집에서 절도범행을 마친지 10분가량 지나 피해자의 집에서 200m가량 떨어진 버스정류장이 있는 곳에서 절도범인이라고 의심하고 뒤쫓아 온 피해자에게 붙잡혀 피해자의 집으로 돌아왔을 때 비로소 피해자를 폭행한 경우, 그 폭행은 사회통념상 절도범행이 이미 완료된 후에 행하여졌으므로 준강도죄가 성립하지 않는다(대판 1999.2.26. 98도3321).

나. 폭행, 협박의 정도 폭행, 협박은 일반강도죄와의 균형상 사람의 반항을 억압할 정도의 것임을 요하므로, 일반적, 객관적으로 체포 또는 재물탈환을 하려는 자의 체포의사나 탈환의사를 제압할 정도라고 인정될 만한 폭행, 협박이 있어야만 준강도죄가 성립하지만(대판 1990.4.24. 90도193), 반드시 현실적으로 반항을 억압하였음을 필요로 하는 것은 아니다(대판 1981.3.24. 81도409).

다. 준강도죄의 폭행, 협박에 해당하는 사례 ① 절도가 체포를 면탈할 목적으로 멱살을 잡은 피해자의 얼굴을 주먹으로 때리거나 밀어 뒤로 넘어뜨려 상해를 입게 한 경우(대판 1985.11.12. 85도2115),[29] ② 절도가 체포를 면탈할 목적으로 상대방의 왼쪽 손바닥을 1회 입으로 깨물어 전치 1주일을 요하는 좌측 수장교상을 입힌 경우에는 피해자의 반항을 억압하기 위한 수단으로서 일반적, 객관적으로 가능하다고 인정되는 정도라고 볼 수 있으므로 준강도죄에서 말하는 폭행에 해당한다(대판 1967.9.19. 67도1015).

라. 준강도죄의 폭행, 협박에 해당하지 않는 사례 ① 체포하려는 피해자가 체포에 필요한 정도를 넘어서서 발로 차며 늑골 9, 10번 골절상 등 전치 3개월을 요하는 중상을 입힐 정도로 심한 폭력을 가해오자 이를 피하기 위하여 엉겁결에 솥뚜껑을 들어 위 폭력을 막아 내려다가 그 솥뚜껑에 스치어 피해자가 상처를 입게 된 경우(대판 1990.4.24. 90도193), ② 옷을 잡히자 체포를 면하려고 충동적으로 저항을 시도하여 잡은 손을 뿌리친 정도의 폭행을 한 경우는 일반적, 객관적으로 피해자의 체포의사를 제압할 정도의 폭행에 해당하지 않는다고 할 것이므로 준강도(상해)죄는 성립되지 않는다(대판 1985.5.14. 85도619).

마. 체포를 면탈할 목적으로 비로소 흉기를 휴대한 경우와 준(특수)강도의 성부 절도범인이 처음에는 흉기를 휴대하지 아니하였으나 체포를 면탈할 목적으로 폭행 또는 협박을 가할 때에 비로소 흉기를 휴대사용하게 된 경우에는 형법 제334조의 예에 의한 준강도(특수강도의 준강도)가 되는 것으로 해석하여야 할 것이다(대판 1973.11.13. 73도1553 全合).[30]

---

29 대판 1983.3.8. 82도2838; 1991.11.26. 91도2267.

30 단순절도가 달아나던 중 체포를 면하려고 주운 흉기를 휘둘렀다. 이에 대하여 행위의 주체인 절도의 태양에 따라 구별하여야 한다는 소수의견이 있다.

5. 준강도의 미수

가. 학설 준강도죄의 미수·기수는 ① 절도의 미수·기수에 의하여 결정된다는 견해(절취행위기준설)[31]와 ② 폭행·협박의 미수·기수에 의하여 결정된다는 견해(폭행·협박기준설)[32] 및 ③ 절취행위와 폭행·협박행위가 결합되어 있으므로, 준강도죄의 미수·기수는 절취행위와 폭행·협박행위의 양자를 기준으로 하여 결정된다는 견해(종합설)[33]가 대립한다.

나. 판례 준강도죄의 입법 취지, 강도죄와의 균형 등을 종합적으로 고려해 보면, 준강도죄의 기수 여부는 절도행위의 기수 여부를 기준으로 하여 판단하여야 한다. 만일 강도죄에 있어서는 재물을 강취하여야 기수가 됨에도 불구하고 준강도의 경우에는 폭행·협박을 기준으로 기수와 미수를 결정하게 되면 재물을 절취하지 못한 채 폭행·협박만 가한 경우에도 준강도죄의 기수로 처벌받게 됨으로써 강도미수죄와의 불균형이 초래된다(대판 2004.11.18. 2004도5074 全合).[34]

다. 검토 준강도가 강도의 역전된 특수유형으로 본다면, 폭행·협박이 반항을 억압할 정도에 이르지 않으면 강도가 아닌 공갈로 보듯이, 준강도에서도 폭행·협박의 기수·미수도 함께 고려되어야 한다는 점에서 종합설이 타당하다.

IV. 인질강도죄

> **제336조(인질강도)** 사람을 체포·감금·약취 또는 유인하여 이를 인질로 삼아 재물 또는 재산상의 이익을 취득하거나 제3자로 하여금 이를 취득하게 한 자는 3년 이상의 유기징역에 처한다.

1. 의의와 성격 체포·감금죄 혹은 약취·유인죄와 공갈죄의 결합범이다. 보호법익은 인질의 자유와 생명·신체의 안전 및 재산이고, 보호의 정도는 침해범이다.

2. 실행의 착수시기 인질강도죄의 실행의 착수는 ① 체포·감금 또는 약취·유인시로 보는 견해[35]

---

31 김성돈, 304면; 김/서, 271면; 이재상, 313면; 정영일, 239면.

32 배종대, 436면.

33 권오걸, 403면; 박상기, 287 면; 오영근, 375면; 임웅, 360면.

34 이에 대하여 폭행·협박행위를 기준으로 하여 준강도죄의 미수범을 인정하는 외에 절취행위가 미수에 그친 경우에도 준강도죄의 미수범이라고 보아야 한다는 별개의견과 준강도죄의 기수·미수의 구별은 구성요건적 행위인 폭행 또는 협박이 종료되었느냐에 따라 결정되어야 한다는 반대견해도 있다.

35 권오걸, 407면; 오영근, 378면; 임웅, 363면; 정/박, 340면.

와 ② 재물요구시로 보는 견해[36]가 대립한다. 인질강도를 하려고 체포 등을 하였을 때는 체포·감금 또는 약취·유인시에 이미 실행의 착수가 있다고 보는 것이 이론적으로 타당하지만, 본죄와 체포·감금죄 또는 약취·유인죄가 확연이 구분되는 시점은 재물요구시이므로 이때에 본죄의 실행에 착수했다고 보아도 무방하다. 야간주거침입강도의 실행착수를 폭행·협박시로 보는 것과 같은 맥락이다.

3. 승계적 공범 비록 타인이 미성년자를 약취, 유인한 행위에는 가담한 바 없다 하더라도 사후에 그 사실을 알면서 약취, 유인한 미성년자의 부모 기타 그 미성년자의 안전을 염려하는 자의 우려를 이용하여 재물이나 재산상의 이익을 취득하거나 요구하는 타인의 행위에 가담하여 이를 방조한 때에는, 단순히 재물 등 요구행위의 종범이 되는 데 그치는 것이 아니라 결합범인 특정범죄가중처벌 등에 관한 법률 제5조의2 제2항 제1호 위반죄의 종범으로 의율함이 상당하다(대판 1982.11.23. 82도2024).[37]

V. 강도상해(치상)죄, 강도살인(치사)죄, 강도강간죄

1. 의의와 성격 강도상해, 강도살인, 강도강간죄는 강도가 사람을 상해, 살해하거나 강간하는 결합범이고, 강도치상과 강도치사죄는 강도와 과실치사상죄의 결합범인 진정결과적 가중범이다.

2. 주체: 강도(준강도, 특수강도, 인질강도 포함)

가. 준강도의 포함 여부 강도살인죄의 주체인 강도는 준강도죄의 강도범인을 포함한다고 할 것이므로, 절도가 체포를 면탈할 목적으로 사람을 살해한 때에는 강도살인죄가 성립한다(대판 1987.9.22. 87도1592; 대판 1983.6.28. 83도1210).

나. 강도미수 포함 여부

(1) 학설 1995년 이전에는 강도상해와 강도살인의 미수범처벌규정이 있었으나 강도치상과 강도치사의 미수범처벌규정은 없었는데, 법개정을 하면서 강도치상과 강도치사죄의 경우에도 미수범을 처벌하는 것으로 규정하고 있다(제342조). 이와 관련하여 결과적 가중범인 강도치상과 강도치사

---

36 김성돈, 309면.

37 특정범죄 가중처벌 등에 관한 법률 제5조의2(약취·유인죄의 가중처벌) 형법 제287조의 죄를 범한 자가 약취 또는 유인한 미성년자의 부모 기타 그 미성년자의 안전을 염려하는 자의 우려를 이용하여 재물이나 재산상의 이익을 취득하거나 이를 요구한 때에는 무기 또는 10년 이상의 징역에 처한다.

죄의 미수범을 인정할 것인가와 관련하여 긍정설[38]과 부정설[39]이 대립한다. 부정설은 제342조의 미수범은 강도상해와 강도살인죄에만 적용된다고 보고, 긍정설은 기본범죄인 강도가 미수인 상태에서 치사상이라는 중한 결과를 일으킨 때를 강도치사상죄의 미수로 본다.

(2) 판례 대법원은 법개정 전에 강도상해, 치상죄의 성립에는 강도범행의 기수나 미수 여부도 불문한다고[40] 판시하여, 강도가 미수라고 하더라도 강도치상죄의 기수를 인정하였지만 개정 후의 판례는 찾아볼 수 없다. 그러나 비록 강도치상죄의 미수에 관한 것은 아니나 결과적가중범의 미수범 처벌규정이 있는 구 성폭력범죄의 처벌 및 피해자보호 등에 관한 법률 제9조 제1항과 관련하여 "같은 법 제6조 제1항에서 규정하는 특수강간의 죄를 범한 자뿐만 아니라, 특수강간이 미수에 그쳤다고 하더라도 그로 인하여 피해자가 상해를 입었으면 특수강간치상죄가 성립하는 것이고, 같은 법 제12조에서 규정한 위 제9조 제1항에 대한 미수범 처벌규정은 제9조 제1항에서 특수강간치상죄와 함께 규정된 특수강간상해죄의 미수에 그친 경우, 즉 특수강간의 죄를 범하거나 미수에 그친 자가 피해자에 대하여 상해의 고의를 가지고 피해자에게 상해를 입히려다가 미수에 그친 경우 등에 적용된다"고 판시하고 있으므로,[41] 대법원은 강도치상죄에 대하여도 강도가 미수에 그쳤다고 하더라도 강도치상죄의 기수를 인정할 것으로 보인다.

(3) 검토 해석론이 법개정을 정면에서 무시하는 것은 자제되어야 한다. 강도치상죄는 진정한 의미의 결과적가중범이 아니라 중한 범죄(강도)를 하다가 경한 결과(상해)를 일으키는 재미있는 범죄이다. 그럼에도 강도의 기회에 상해의 결과가 발생하면, 강도치상과 함께 '무기 또는 7년 이상'의 징역에 처해지는데, 이는 양형에 엄청난 부담을 준다. 따라서 강도치상죄의 상해를 엄격하게 해석하는 것과 더불어, 강도가 기수이고 치상의 결과를 일으킨 경우와 구분하여 강도가 미수인 상태에서 치상의 결과를 발생시킨 경우를 '강도치상죄의 미수'로 보아 한번 더 감경의 여지를 열어둘 필요가 있다.

3. 강도의 기회

가. '강도의 기회'의 의미 강도상해죄 등은 강도의 기회에 상해 등을 가한 경우에 성립한다. 여기에서 말하는 강도의 기회라 함은 강도범행의 실행중이거나 그 실행 직후 또는 실행의 범의를 포기한 직후로서 사회통념상 범죄행위가 완료되지 아니하였다고 볼 수 있는 단계에서 행하여짐을 요한다(대판 2004.6.24. 2004도1098).

---

38 김일수(III), 608면; 이정원, 377면; 임웅, 365면.

39 김성돈, 312면; 김성천, 901면; 김/서, 276면; 박상기, 290면; 배종대, 427면; 이재상, 319면; 이형국, 485면; 정/박, 356면.

40 대판 1994.2.22. 93도428; 1985.10.22. 85도2001.

41 대판 2008.4.24. 2007도10058. 위험한 물건인 전자충격기를 사용하여 강간을 시도하다가 미수에 그치고 피해자에게 약 2주간의 치료를 요하는 안면부 좌상 등의 상해를 입힌 사안이다.

나. 강도의 기회인 사례 ① 피해자로부터 재물을 강취하고 피해자가 운전하는 자동차에 함께 타고 도주하다가 단속 경찰관이 뒤따라오자 강취와 1시간 20분이 지나 피해자를 칼로 찔러 상해를 가한 경우(대판 1992.1.21. 91도2727), ② 택시를 타고 가다가 요금지급을 면할 목적으로 소지한 과도로 운전수를 협박하자 이에 놀란 운전수가 택시를 급우회전하면서 그 충격으로 겨누고 있던 과도에 어깨부분이 찔려 상처를 입힌 경우(대판 1985.1.15. 84도2397), ③ 강취현장에서 발을 붙잡고 늘어지는 피해자를 30m쯤 끌고 가서 폭행함으로써 상해를 가한 경우는 사회통념상 범죄행위가 완료되지 아니하였다고 할 것이므로 강도의 기회에 해당한다(대판 1984.6.26. 84도970).

4. 강도상해(치상)죄

가. 성격 강도상해죄는 강도살인, 치사죄와 함께 강도의 범행에 있어서는 살상, 치사상 등의 잔혹한 행위를 수반하는 경우가 허다함에 비추어 재산범죄의 가중유형이라기 보다는 오히려 상해죄나 폭행치상죄의 가중유형으로 설정된 것이고, 강도죄와 상해죄(또는 폭행치상죄)의 결합범이라 할 것이다(헌재결 1997.8.21. 93헌바60).

나. 상해

(1) 상해의 의미 강도상해죄에 있어서의 상해는 상해죄에서의 상해와 동일하다(대판 2004.10.28. 2004도4437).

(2) 상해에 해당하는 사례 ① 폭행당하여 이가 흔들리고 피가 난 경우(대판 2004.10.28. 2004도4437), ② 주먹으로 머리를 1회 때리고 발을 걸어 넘어뜨린 후 가슴을 1회 걷어차 피해자가 2주일간의 치료를 요하는 우측두부 타박으로 인한 피하출혈상 등을 입게 한 경우는 이로 인하여 피해자의 신체의 건강상태가 불량하게 변경되고 생활기능에 장애가 초래된 것이라고 볼 수 있어 상해에 해당한다(대판 2002.1.11. 2001도5925).

(3) 상해에 해당하지 않는 사례 약물을 탄 오렌지를 먹자마자 정신이 혼미해지고 그 후 기억을 잃었다는 것은 강도죄에 있어서 항거불능상태를 말하는 것은 될지언정 이것만으로는 약물중독상해를 인정할 자료가 되지 못한다(대판 1984.12.11. 84도2324).

다. 상해의 발생원인

(1) 학설 다수설[42]은 상해나 치상의 원인은 강도의 기회에 행하여지면 충분하다고 하는 반면, 소수설[43]은 상해의 결과는 강도의 기회에 발생하면 충분하지만 치상의 결과는 결과적 가중범의 본

---

42 권오걸, 409면; 배종대, 423면; 오영근, 380면; 이재상, 318면; 임웅, 364면; 정영일, 246면.

43 김/서, 274면.

질상 강도의 수단인 폭행·협박행위에 의해 직접 발생한 것이라야 한다고 한다. 상해는 반드시 강도의 수단인 폭행·협박으로부터 직접 발생해야 하는 것은 아니므로 다수설이 타당하다.

(2) 판례 ① 강도를 하는 기회에 범행의 현장에서 사람을 상해한 이상, 재물강취의 수단인 폭행으로 인하여 상해의 결과가 발생한 것이 아니고, 재물의 탈환을 항거하거나 체포를 면탈하거나 죄적을 인멸할 목적으로 폭행을 가한 것이 아니라고 하더라도 강도상해죄가 성립한다(대판 1992.4.14. 92도408).[44] ② 상해행위가 강도가 기수에 이르기 전에 행하여져야만 하는 것은 아니므로, 강도범행 이후에도 피해자를 계속 끌고 다니거나 차량에 태우고 함께 이동하는 등으로 강도범행으로 인한 피해자의 심리적 저항불능 상태가 해소되지 않은 상태에서 상해행위가 있었다면 강취행위와 상해행위 사이에 다소의 시간적·공간적 간격이 있었다는 것만으로는 강도상해죄의 성립에 영향이 없다(대판 2014.9.26. 2014도9567).

라. 인과관계와 예견가능성

(1) 인과관계가 있는 사례 폭행 또는 협박으로 타인의 재물을 강취하려는 행위와 이에 극도의 흥분을 느끼고 공포심에 사로잡혀 이를 피하려다 상해에 이르게 된 사실과는 상당인과관계가 있다 할 것이고, 상해의 결과발생을 예견할 수 있었다면 강도치상죄로 다스릴 수 있다(대판 1996.7.12. 96도1142).

(2) 인과관계가 없는 사례 도주하는 강도를 체포하기 위해 뒤에서 덮쳐 오른손으로 목을 잡고 왼손으로 앞부분을 잡는 순간 강도가 들고 있던 벽돌에 끼어 있는 철사에 찔려 부상을 입었다거나 또는 도망하려는 공범을 뒤에서 양팔로 목을 감싸잡고 내려오다 같이 넘어져 부상을 입은 경우라면, 위 부상들은 피해자들의 적극적인 체포행위 과정에서 스스로의 행위의 결과로 입은 상처이어서 상해의 결과에 대하여 강도상해죄로 의율할 수 없다(대판 1985.7.9. 85도1109).

5. 강도살인(치사)죄

가. 채무면탈목적의 살인과 강도살인죄

(1) 원칙 채무를 면탈하고자 채권자를 살해하는 경우 단순살인죄가 성립한다는 견해[45]도 있었으나 오늘날에는 강도살인죄가 성립한다는 데 견해가 일치한다.

(2) 채권자의 처분행위(의사표시) 요부 강도죄의 성립에 채권자의 처분행위, 즉 채무면제의 의사표시를 요하지 않기 때문에, 강도살인죄의 성립을 위해 채권자의 처분행위가 있어야 하는 것은 아니다.

(3) 채무면탈이 불가한 경우 택시비나 술값처럼 채권자를 살해하면 사실상 채무를 면하게 되

---

44 합동하여 노상에서 협박으로 피해자의 재물을 강취하고, 이어 그 자리에서 피해자가 그만 보내달라고 요구하자 공동하여 피해자를 상해한 사안이다.

45 유기천, 220면.

는 경우에는 강도살인죄가 성립한다는 데 견해가 일치한다. 다만, 차용증을 써주었거나 담보물권이 설정되어 있는 등 채권자를 살해하더라도 채무면탈이 불가한 경우에 강도살인죄가 성립하는가에 대하여는 견해가 나뉜다.

A. 학설 채무면탈이 불가한 때에는 단순살인죄가 성립한다는 견해(판례)[46]와 강도살인죄의 불능미수가 된다는 견해[47]가 대립한다. 강도살인죄의 기수·미수는 살인의 기수·미수에 따라 결정되고, 강도의 기수·미수는 불문한다. 따라서 채무면탈이 불가능할 때에는 강도는 불능미수고, 이 미수상태에서 피해자를 살해하였으므로 강도살인죄가 성립한다고 볼 수도 있다. 하지만 이렇게 보면, 어떤 이익을 노린 모든 살해행위가 강도살인죄로 되는 문제가 있으므로, 채무면탈을 노리고 살해하였으나 채무면탈이 불가능한 경우에는 강도살인죄의 불능미수로 보는 견해가 타당하다. 이에 반하여 먼저 강도에 착수하였으나 재산강탈에 성공하지 못한 상태에서 피해자를 살해한 경우에는 강도살인죄의 기수가 된다.

B. 판례

1) 상속인이 채권의 존재를 알고 있는 경우

a. 채권의 존재를 확인할 방법이 확보된 경우: 단순살인죄 ① 채무의 존재가 명백할 뿐만 아니라 채권자의 상속인이 존재하고 상속인에게 채권의 존재를 확인할 방법이 확보되어 있는 경우(대판 2004.6.24. 2004도1098),[48] ② 피해자의 상속인이 존재하고 피해자에 대한 피고인의 채무에 관하여 피해자의 직장동료들이 알고 있었을 뿐 아니라 차용증이 작성되어 있었던 경우에는, 비록 채무를 면탈할 의사로 채권자를 살해하더라도 일시적으로 채권자 측의 추급을 면한 것에 불과하여 재산상 이익의 지배가 채권자 측으로부터 범인 앞으로 이전되었다고 보기는 어려우므로, 강도살인죄가 성립할 수 없다(대판 2005.6.23. 2005도1947).

b. 채권의 존재를 확인할 방법이 확보되지 아니한 경우: 강도살인죄 5천만 원의 대여금채권이 명백하고 피해자의 상속인이 피해자가 피고인에게 돈을 빌려준 사실을 알고 있었다고 하더라도, 상속인들은 피해자가 언제, 얼마의 돈을 어떤 방법으로 빌려주었는지 전혀 알지 못하였을 뿐만 아니라 대여금채권의 존재·내용을 확인할 증거·방법이 확보되어 있지 않았으므로 피해자의 상속인들이 대여금채권을 행사할 가능성은 사실상 없었고, 이러한 상황에서 피해자에 대한 차용금채무를 면탈할 의사로 피해자를 살해한 이상, 차용금채무에 대한 채권자의 추급을 일시적으로 면한 정도를 넘어, 사실상 채권자로부터 그 추급을 받지 않게 되었다거나 적어도 그 추급을 현저히 곤란하게 하는 상태를 조성하였을 뿐만 아니라 불법이득의 의사도 충분하였다(대판 2004.9.23. 2004도4629).

---

46 김/서, 263면; 박상기, 292면; 오영근, 385면 정/박, 357면.

47 임웅, 368면.

48 대판 2010.9.30. 2010도7405.

2) 상속인이 채권의 존재를 모르는 경우: 강도살인죄 ① 피해자를 살해할 당시 소주방 안에는 피고인과 피해자 두 사람밖에 없었음을 알 수 있는바, 그와 같은 경우 피해자를 살해하면 피해자는 술값 채권을 행사할 수 없게 되고, 피해자 이외의 사람들에게는 피해자가 술값 채권을 가지고 있음이 알려져 있지 아니한 탓으로 피해자의 상속인이 채권을 행사할 가능성은 없다 하겠으므로, 채무를 면탈할 목적으로 피해자를 살해한 것은 재산상의 이익을 취득할 목적으로 피해자를 살해한 것이라 할 수 있다(대판 1999.3.9. 99도242). ② 피해자의 택시에 무임승차하였다가 택시요금을 요구하는 피해자의 추급을 벗어나고자 피해자를 살해한 경우에는 강도살인죄가 성립한다(대판 1985.10.22. 85도1527).

나. 강도공범 1인의 느닷없는 살해행위 등산용 칼을 이용하여 노상강도를 하기로 공모한 경우, 범행 당시 차안에서 망을 보고 있던 피고인 甲이나 등산용 칼을 휴대하고 있던 공범 乙과 함께 차에서 내려 피해자로부터 금품을 강취하려 했던 피고인 丙으로서는 그때 우연히 현장을 목격하게 된 다른 피해자를 乙이 소지 중인 등산용 칼로 살해하여 강도살인행위에 이를 것을 전혀 예상하지 못하였다고 할 수 없으므로 피고인 甲과 丙을 강도치사죄로 의율함이 옳다(대판 1990.11.27. 90도2262).

다. 살해 후의 재물취거와 강도살인

(1) 강도살인에 해당하는 사례 채무면탈의 목적으로 채권자를 살해하고 동인의 반항능력이 완전히 상실된 것을 이용하여 즉석에서 동인이 소지하고 있던 재물까지 탈취하였다면, 살인행위와 재물탈취행위는 서로 밀접하게 관련되어 있어 살인행위를 이용한 재물탈취행위라고 볼 것이므로, 이는 강도살인죄에 해당한다(대판 1985.10.22. 85도1527).

(2) 강도살인에 해당하지 않는 사례 살해 후 상당한 시간이 지난 후에 별도의 범의에 터잡아 이루어진 재물 취거행위를 살인행위와 합쳐서 강도살인죄로 처단할 수는 없다(대판 2004.6.24. 2004도1098).[49]

라. 절도범의 죄적 인멸 목적 살인 절취의 범행 중에 죄적을 인멸할 목적으로 사람을 살해함은 강도살인죄가 성립한다(대판 1983.6.28. 선고 83도1210).

마. 강도살인 공동정범의 범의 강도살인죄의 공동정범이 성립하기 위하여는 강도의 점뿐 아니라 살인의 점에 관한 고의의 공동이 필요하다(대판 1991.11.12. 선고 91도2156).[50]

---

49 살해 후 15시간이 지나 범행현장에 다시와 피해자의 지갑 속에 들어 있던 돈과 피해자의 주머니에 들어 있던 10만 원가량의 돈을 꺼내간 사안으로, 살인죄와 절도죄가 성립한다.

50 대판 2004.6.24. 2004도1098.

6. 강도강간죄

가. 성격 강도죄와 강간죄의 결합범으로 강도가 강도범행으로 야기된 반항불능상태를 이용해 피해자를 강간하는 경우가 빈번하기 때문에 강도죄의 가중적 구성요건으로 규정된 것이다(헌재결 2001.11.29. 2001헌가16).

나. 강도신분의 취득시기

(1) 강도완료 전의 강간 강도가 실행에 착수하였으나 아직 강도행위를 완료하기 전에 강간을 한 경우도 이에 포함된다(대판 1984.10.10. 84도1880).[51]

(2) 강간 도중에 강도 강간범이 강간행위 종료 전 즉 실행행위의 계속 중에 강도의 행위를 할 경우에는 이때에 바로 강도의 신분을 취득하는 것이므로, 이후에 그 자리에서 강간행위를 계속하는 때에는 강도가 부녀를 강간한 때에 해당하여 강도강간죄를 구성하는 것이며, 강간죄가 즉시범이고 그 기수시기가 강도죄의 착수시기보다 앞섰다는 사유만으로서는 강도강간죄의 성립에 영향이 없다(대판 1988.9.9. 88도1240).[52]

(3) 강간 후에 재물 강취한 경우

A. 학설 강간 후에 재물을 강취한 경우에, ① 강간죄와 강도죄의 경합범이 된다는 견해[53]와 ② 강간죄와 절도죄의 경합범이 된다는 견해[54]가 대립한다.

B. 판례 강간범이 강간행위 후에 강도의 범의를 일으켜 그 부녀의 재물을 강취하는 경우에는 형법상 강도강간죄가 아니라 강간죄와 강도죄의 경합범이 성립될 수 있을 뿐이다(대판 2002.2.8. 선고 2001도6425).[55]

C. 검토 강간 후 피해자가 반항이 억압된 상태를 이용하여 강도의 범의로 재물을 강취한 경우에는 강간죄와 강도죄의 경합범이 되고, 강간 후 피해자의 반항이 억압된 상태와 무관하게 재물탈취의 고의로 피해자의 재물을 탈취한 때에는 강간죄와 절도죄의 경합범이 된다.

다. 피해자의 동일성 필요 유무 강도하기로 모의를 한 후 피해자 甲男으로부터 금품을 빼앗고 이어서 피해자 乙女를 강간하였다면 강도강간죄를 구성한다(대판 1991.11.12. 91도2241).

라. 강도강간미수와 강도치상과의 관계 강도가 재물강취의 뜻을 재물의 부재로 이루지 못한 채 미

---

51 과도를 피해자의 목에 들이대고 "소리치면 죽여 버리겠다. 돈이 있으면 내놓아라"고 협박하던 중 욕정을 일으켜 강간한 사안이다. 대판 1986.5.27. 86도507.

52 피해자를 강간하던 중 동인이 낀 반지를 강취한 후 강간행위를 계속했다.

53 권오걸, 421면; 김/서, 280면; 배종대, 429면; 오영근, 389면; 이재상, 322면; 임웅, 370면.

54 김성돈, 316면.

55 대판 1977.9.28. 77도1350.

수에 그쳤으나 그 자리에서 항거불능의 상태에 빠진 피해자를 간음할 것을 결의하고 실행에 착수했으나 역시 미수에 그쳤더라도 반항을 억압하기 위한 폭행으로 피해자에게 상해를 입힌 경우에는 강도강간미수죄와 강도치상죄가 성립되고 상상적 경합관계이다(대판 1988.6.28. 88도820).

VI. 기타 관련문제

1. 기수시기 이른바 강제이득죄의 성립요건인 '재산상 이익의 취득'을 인정하기 위하여는 재산상 이익이 사실상 피해자에 대하여 불이익하게 범인 또는 제3자 앞으로 이전되었다고 볼 만한 상태가 이루어져야 한다(대판 2004.6.24. 2004도1098).

2. 공동정범

가. 준강도죄와 공동정범 절도의 공동정범 중 1인이 체포면탈의 목적으로 폭행·협박을 가한 경우, 폭행·협박을 하지 않은 다른 공동정범자도 '준강도죄의 공동정범'이 되는지, 그 폭행·협박으로 상해의 결과가 일어난 경우에는 강도상해죄의 공동정범이 되는지가 문제된다.

(1) 학설 다른 가담자에게 폭행·협박 혹은 그로 인한 상해의 결과를 예견할 수 있었을 때에는 준강도 혹은 강도상해죄의 공동정범이 성립한다는 긍정설(판례)과 다른 가담자가 폭행·협박을 예상하고 있었다고 하더라도 상호간에 의사연락이 없었고 또 그 폭행·협박을 기능적으로 지배하였다고 볼 수 없어서 준강도의 공동정범이 성립할 수 없다는 부정설[56]이 대립한다.

(2) 판례

A. 성립 여부 타인의 재물을 절취하기로 공모한 후 피고인은 망을 보고 甲이 재물을 절취한 다음 달아나려다가 피해자에게 발각되자 체포를 면탈할 목적으로 피해자를 때려 상해를 입혔다면, 피고인도 이를 전연 예견하지 못했다고 볼 수 없어 강도상해죄의 죄책을 면할 수 없다(대판 1989.12.12. 89도1991).

B. 공동정범이 인정되지 않는 사례: 예기하지 못한 경우 ① 절도를 공모한 피고인이 다른 공모자 甲의 폭행행위에 대하여 사전양해나 의사의 연락이 전혀 없었고, 범행장소가 빈 가게로 알고 있었고, 甲이 담배창구를 통하여 가게에 들어가 물건을 절취하고 피고인은 밖에서 망을 보던 중 예기치 않았던 인기척 소리가 나므로 도주해 버린 이후에 甲이 창구에 몸이 걸려 빠져 나오지 못하게 되어 피해자에게 붙들리자 체포를 면탈할 목적으로 피해자에게 폭행을 가하여 상해를 입힌 것이고, 피고인은 그동안 상당한 거리를 도주하였을 것으로 추정되는 경우(대판 1984.2.28. 83도3321), ② 피해자

56 권오걸, 405면; 김성돈, 306면; 김/서, 272면; 박상기, 287면; 오영근, 376면; 이재상, 314면; 임웅, 361면; 정/박, 350면.

는 피고인 및 甲이 자기 집에서 물건을 훔쳐 나왔다는 연락을 받고 도주로를 따라 추격하자 범인들이 이를 보고 도주하므로 1km가량 추격하여 피고인을 체포해 추격하여 온 사람들에게 인계하고, 1km를 더 추격하여 甲을 체포해 가지고 간 나무몽둥이로 동인을 1회 구타하자 동인이 몽둥이를 빼앗아 피해자를 구타 상해를 가하고 도주한 경우(대판 1982.7.13. 82도1352), 피고인으로서는 사전에 甲과의 사이에 상의한 바 없었음은 물론 체포 현장에 있어서도 피고인과의 사이에 전혀 의사연락이 없어, 甲이 피해자를 구타하여 상해를 가할 것을 피고인은 예기하지 못하였다고 할 것이므로, 구타 상해행위를 공모 또는 예기하지 못한 피고인에게까지 준강도상해의 죄책을 문의할 수 없다.

(3) 검토 절도를 모의하였을 뿐인 경우, 1인의 폭행·협박을 다른 가담자가 예견할 수 있었다고 하더라도 준강도의 공동정범이 될 수 없다. 과실범의 표지인 예견가능성을 이유로 폭행·협박이나 상해의 고의 또는 그에 대한 모의를 인정할 수 없기 때문이다. 따라서 1인의 폭행·협박으로 치상의 결과를 일으키거나 상해를 가한 경우, 이를 예견할 수 있었던 다른 가담자는 절도의 공동정범과 과실치상죄의 경합범이 된다고 보아야 한다.

나. 강도상해죄와 공동정범

(1) 학설 강도를 모의했을 뿐인데 공동정범자 1인이 상해를 가한 경우에 다른 가담자에게 강도상해죄의 죄책을 물을 수는 없다. 다만, 고의상해가 아닌 치상의 결과를 일으켜 1인이 강도치상죄로 처벌되는 경우, 다른 가담자에게 이 강도치상죄의 공동정범을 인정할 수 있느냐에 대해서는 긍정설[57]과 부정설[58]이 대립한다. 긍정설은 결과적 가중범의 공동정범을 인정하지만, 부정설은 과실범의 공동정범을 부정하는 맥락에서 결과적 가중범의 공동정범도 부정한다.

(2) 판례 강도공범자 중의 1인이 강도의 기회에 피해자에게 폭력을 가하여 상해를 입힌 경우에, 다른 공범자도 재물강취의 수단으로 폭행이 가해질 것이라는 점에 관하여 상호의사의 연락이 있었던 것이므로, 구체적으로 상해에 관하여는 공모하지 않았다 하더라도 폭행으로 생긴 결과에 대하여 공범으로서의 책임을 진다(대판 1988.12.13. 88도1844).[59]

(3) 검토 강도를 모의한 이상 그 수단인 폭행이 상해결과를 초래할 여지가 많다는 점에서 판례는 상해에 대한 예견가능성을 당연한 것으로 전제하고 있는 것으로 보인다. 하지만 고의상해를 공모하지 않은 이상 강도상해죄의 공동정범은 성립할 수 없고, 또 과실범의 공동정범을 인정되지 않기 때문에 결과적 가중범인 강도치상죄의 공동정범도 성립할 수 없다는 점에서 부정설이 타당하다. 강도의 공동정범자 중 1인이 상해를 가하거나 치상의 결과를 일으킨 경우, 이를 예견할 수 있었던 다른 가담자는 강도치상죄의 단독정범이 된다고 할 것이다.

---

57 김성돈, 313면; 이재상, 319면.

58 권오걸, 413면; 오영근, 382면; 임웅, 366면.

59 대판 1998.4.14. 98도356; 1985.9.24. 85도1686.

다. 강도살인죄와 공동정범

(1) **원칙** 강도상해의 경우와는 달리 강도살인에 있어서는 살인이라는 결과가 폭행, 협박에 부수하여 쉽게 발생하는 것도 아니고 강도행위에 당연히 예상되는 범위 내에 있다고도 할 수 없으므로, 공모자 중의 1인이 강도의 기회에 사람을 살해했을 경우 다른 공모자는 살인의 고의를 가지고 있지 않은 이상 강도살인죄의 공동정범이 된다고 할 수 없다.[60]

(2) **판례** 강도살인죄는 고의범이고 강도치사죄는 이른바 결과적가중범으로서 살인의 고의까지 요하는 것이 아니므로, 수인이 합동하여 강도를 한 경우 그중 1인이 사람을 살해하는 행위를 하였다면 그 범인은 강도살인죄의 기수 또는 미수의 죄책을 지는 것이고, 다른 공범자도 살해행위에 관한 고의의 공동이 있었으면 그 또한 강도살인죄의 기수 또는 미수의 죄책을 지는 것이 당연하다 하겠으나, 고의의 공동이 없었으면 피해자가 사망한 경우에는 강도치사의, 강도살인이 미수에 그치고 피해자가 상해만 입은 경우에는 강도상해 또는 치상의, 피해자가 아무런 상해를 입지 아니한 경우에는 강도의 죄책만 진다(대판 1991.11.12. 91도2156).

3. 죄수

가. 강도죄의 죄수

(1) **학설** 강도죄는 절도죄와는 달리 그 보호법익 가운데 재산권뿐만 아니라 인격적 이익, 즉 생명·신체 및 의사결정의 자유도 포함하고 있으므로, 그 죄수결정에 있어서 원칙적으로 강도치사상의 경우를 제외하고는 재산침해의 요소를 죄수결정의 표준으로 삼는 것이 타당하다.[61] 다만, 동일한 강도의 기회에 한 사람에게는 상해를 입히고 다른 한 사람에게는 폭행만을 가한 경우와 관련하여, ① 포괄하여 1개의 강도상해죄를 구성한다고 볼 것이고 1인에 대한 강도상해죄와 다른 1인에 대한 강도죄의 경합범이라고 볼 것은 아니라는 견해[62]와 ② 이 경우 일률적으로 강도상해의 포괄일죄가 성립한다고 보기는 어렵고 상해의 점을 제외하고 피해자들에 대한 강도행위가 일죄인지 수죄인지를 판단하여 죄수를 논해야 한다는 견해[63]가 대립한다.

(2) **판례: 관리주체를 기준**

A. 시간과 장소가 접착된 경우

1) 점유관리자가 1인인 경우 강도가 시간적으로 접착된 상황에서 가족을 이루는 수인에게 폭행·협박을 가하여 집안에 있는 재물을 탈취한 경우, 재물은 가족의 공동점유하에 있는 것이므로, 이를 탈취하는 행위는 소유자가 누구인지에 불구하고 단일한 강도죄의 죄책을 진다고 보아야 한

---

60 홍성무, 강도살인죄와 공동정범, 대법원판례해설 제16호.

61 이민걸, 강도죄 및 강도상해죄의 죄수관계, 형사판례연구(3), 231면.

62 이창구, 강도상해죄의 죄수, 대법원판례해설 제7호, 495면; 정영일, 249면.

63 이상선, 강도죄의 죄수관계, 재판과 판례 제6집(대구판례연구회), 472면.

다(대판 1996.7.30. 96도1285).[64]

2) 점유관리자가 다른 경우　강도가 동일한 장소에서 동일한 방법으로 시간적으로 접착된 상황에서 수인의 재물을 강취하였다고 하더라도, 수인의 피해자들에게 폭행 또는 협박을 가하여 그들로부터 그들이 각기 점유관리하고 있는 재물을 각각 강취하였다면, 피해자들의 수에 따라 수 개의 강도죄를 구성하는 것이고, 다만 강도범인이 피해자들의 반항을 억압하는 수단인 폭행·협박행위가 사실상 공통으로 이루어졌기 때문에 법률상 1개의 행위로 평가되어 상상적 경합으로 보아야 될 경우가 있는 것은 별문제이다(대판 1991.6.25. 91도643).

3) 상상적 경합인 사례　여관에서 종업원을 칼로 찔러 상해를 가하고 객실로 끌고 들어가는 등 폭행·협박을 하고 있던 중, 마침 다른 방에서 나오던 여관의 주인도 같은 방에 밀어 넣은 후 주인으로부터 금품을 강취하고 1층 안내실에서 종업원의 현금을 꺼내 갔다면, 여관 종업원과 주인에 대한 각 강도행위가 각별로 강도죄를 구성하되 피해자인 종업원과 주인을 폭행·협박한 행위는 법률상 1개의 행위로 평가되는 것이 상당하므로, 두 죄는 상상적 경합관계에 있다(대판 1991.6.25. 91도643).

B. 시기와 장소가 다른 경우　피고인이 여관에 들어가 1층 안내실에 있던 여관의 관리인을 칼로 찔러 상해를 가하고 그로부터 금품을 강취한 다음 각 객실에 들어가 각 투숙객들로부터 금품을 강취하였다면, 비록 시간적으로 접착된 상황에서 동일한 방법으로 이루어지기는 하였으나, 포괄하여 1개의 강도상해죄만을 구성하는 것이 아니라 실체적 경합범의 관계에 있다(대판 1991.6.25. 91도643).

나. 준강도죄의 죄수　절도가 체포를 면탈할 목적으로 추격하여 온 수인에게 대하여, 같은 기회에 동시 또는 이시에 폭행 또는 협박을 하였다 하더라도, 준강도의 포괄일죄가 성립한다(대판 1966.12.6. 66도1392).[65]

다. 강도상해죄의 죄수

(1) 학설　강도상해죄는 그 보호법익으로서 재산적 측면보다는 생명, 신체 등의 인격적 측면을 중시하고 있으므로 강도의 행위 개수보다도 상해결과의 개수, 즉 피해자의 수에 의하여 죄수를 정하여야 한다는 견해[66]와 재산적 측면을 중시하는 입장에서 강도의 행위 개수에 의하여 강도상해죄의 죄수를 결정해야 한다는 견해[67]가 대립한다.

(2) 판례

A. 피해자별로 강도상해죄 성립　강도가 한 개의 강도범행을 하는 기회에 수명의 피해자에게

64 대판 1979.10.10. 79도2093.

65 대판 2001.8.21. 2001도3447. 절도의 피해자가 1인이다.

66 권오걸, 414면; 김/서, 276면; 박상기, 291; 배종대, 427면; 오영근, 383면.

67 진계호, 360면.

각 폭행을 가하여 상해를 입힌 경우에는 피해자별로 수 개의 강도상해죄가 성립하며 실체적 경합범의 관계에 있다(대판 1987.5.26. 87도527).

B. 준강도죄와 준강도상해죄 준강도행위가 진전하여 상해행위를 수반하였다 하더라도, 일괄하여 준강도상해죄의 일죄가 성립하는 것이지 별도로 준강도죄의 성립이 있는 것은 아니다(대판 1966.12.6. 66도1392).[68]

(3) 검토 강도상해죄는 강도라는 중한 범죄를 범할 기회에 경한 상해의 결과를 일으킨 범죄이기 때문에 강도에 초점을 맞추는 것이 옳지만, 피해자의 수와 그 각자가 입은 상해의 정도 등도 함께 고려하여 죄수관계를 정하여야 한다.

4. 타죄와의 관계

가. 상습강도죄와 강도상해죄와의 관계 강도상해죄와 특수강도죄는 그 구성요건 해당행위가 상이할 뿐만 아니라 강도상해죄에 관한 형법규정에는 같은 강도, 특수강도, 약취강도, 해상강도 등의 죄와는 달리 상습범 가중규정을 두고 있지 아니하므로, 특수강도의 상습범에 대한 가중처벌을 규정한 특가법 제5조의4 제1항 위반의 죄와 강도상해죄는 포괄일죄의 관계에 있지 않으므로 위 확정판결의 기판력은 강도상해죄에 미치지 않는다(대판 1985.9.24. 85도1686).[69]

나. 상습강도죄와 강도예비죄와의 관계 상습강도죄를 범한 범인이 그 범행 외에 상습적인 강도의 목적으로 강도예비를 하였다가 강도에 이르지 아니하고 강도예비에 그친 경우에도, 그것이 강도상습성의 발현이라고 보여지는 경우에는 강도예비행위는 상습강도죄에 흡수되어 상습강도죄의 일죄만을 구성하고 이 상습강도죄와 별개로 강도예비죄를 구성하지 않는다(대판 2002.11.26. 2002도5211).[70]

다. 상습절도죄와의 관계

(1) 준강도죄의 경우 준강도죄는 그 주체가 절도범인이기만 하면 족하고 반드시 상습을 요하는 것이 아니므로, 준강도죄에 당연히 상습특수절도사실이 포함되어 있다고 할 수 없다(대판 1996.7.26. 96감도42).[71]

(2) 상습강도죄의 경우 상습절도죄와 상습강도죄를 별개의 죄로 보아 이들 가운데 상습강도죄

---

68 체포를 면탈할 목적으로 팔꿈치로 甲의 얼굴을 가격하고, 발로 乙의 정강이를 걷어차 약 2주간의 치료를 요하는 하퇴부좌상을 가한 사안이다. 대판 2001.8.21. 2001도3447.

69 상습강도죄에 대한 특별법으로 특정범죄 가중처벌 등에 관한 법률 제5조의4 제3항이 있었으나 헌재결 2015.2.26. 2014헌가16, 2014헌가19, 2014헌가23.(병합)에 의해 위헌 결정되었다. 대판 1990.9.28. 90도1365; 1992.4.14. 92도297.

70 대판 2003.3.28. 2003도685.

71 준강도죄의 구성요건은 상습절도죄의 모든 구성요건요소를 포함하고 있지 않기 때문에, 두 죄는 특별관계가 아니라 상상적 경합범의 관계에 있다고 보아야 한다(이근우, 형사재판의 제문제(1), 형사실무연구회, 437면).

의 정한 형에 경합범가중을 한 것은 정당하고, 상습절도죄와 상습강도죄는 포괄일죄가 되어 상습강도죄로만 처벌해야 하는 것은 아니다(대판 1990.1.23. 89도2260).

5. 예비, 음모

가. 목적

(1) 예비, 음모의 정도 형법 제343조(강도예비, 음모)는 그 법정형이 단순 절도죄의 법정형을 초과하는 등 상당히 무겁게 정해져 있고, 원래 예비·음모는 법률에 특별한 규정이 있는 경우에 한하여 예외적으로 처벌의 대상이 된다는 점을 고려하면, 강도예비·음모죄로 인정되는 경우는 위 법정형에 상당한 정도의 위법성이 나타나는 유형의 행위로 한정함이 바람직하다(대판 2006.9.14. 2004도6432).

(2) 목적의 정도

A. 학설 예비죄의 목적에 대해서는 확정적 인식을 요한다는 견해[72]와 미필적 인식으로 족하다는 견해[73]가 대립한다. 예비죄는 목적범 중 '단축된 2행위범'에 해당하기 때문에, 미필적 인식으로 족하다는 견해[74]도 있다.

B. 판례 강도예비·음모죄가 성립하기 위해서는 행위자에게 미필적으로라도 강도를 할 목적이 인정되어야 한다(대판 2006.9.14. 2004도6432).

C. 검토 목적은 고의보다 강한 의지적 요소를 필요로 하는 개념이므로 목적에 대해서는 확정적 인식이 필요하다고 할 것이다.

(3) 준강도의 목적인 경우

A. 학설 준강도할 목적이 있었던 경우에도 강도예비죄가 성립하느냐에 대하여 긍정설[75]과 부정설[76]이 대립한다.

B. 판례 단순히 준강도할 목적이 있음에 그치는 경우에는 강도예비죄로 처벌할 수 없다(대판 2006.9.14. 2004도6432).[77]

C. 검토 '강도할 목적'은 확정적으로 인식하여야 하므로, 절도를 하다가 발각되면 준강도로 나아갈 생각으로 흉기 등을 준비한 행위는 강도예비가 될 수 없다.

나. 예비·음모에 해당하지 않는 사례 ① 수회에 걸쳐 '총을 훔쳐 전역 후 은행이나 현금수송차량을 털어 한탕 하자'는 말을 나눈 정도만으로는 강도음모를 인정하기에 부족하다(대판 1999.11.12. 99도3801).

---

72 배종대, 443면; 오영근, 총론, 499면; 임웅, 총론, 345면.

73 박이규, 준강도할 목적이 있음에 그치는 경우에도 강도예비.음모죄가 성립하는지, 대법원판례해설 제66호, 397면.

74 손해목, 총론, 827면.

75 김/서, 282면.

76 권오걸, 424면; 김성돈, 319면; 정/박, 362.

77 절도 범행이 발각되는 경우 체포를 면탈하는 등의 목적으로 등산용칼 등을 휴대하고 있었던 사안이다.

② 야간에 등산용칼, 후레쉬, 포장용 테이프를 휴대하고 배회한 사실만으로는 강도할 목적으로 예비하였다고 인정하기는 어렵다(대판 2006.9.14. 2004도6432).

다. 예비, 음모에 해당하는 사례 본범이 절취한 차량이라는 정을 알면서도 본범이 차량을 이용하여 강도를 하려 함에 있어 차량을 운전해 달라는 부탁을 받고 차량을 운전해 준 경우, 강도예비와 아울러 장물운반의 고의를 가지고 위와 같은 행위를 하였다(대판 1999.3.26. 98도3030).

제4절 • 사기의 죄

I. 서설

1. 의의와 성격 절도와 강도는 탈취죄인 반면에, 사기와 공갈죄는 편취죄이다. 사기의 수단은 기망이라는 점에서 폭행·협박을 수단으로 하는 공갈죄와 구분된다.

2. 보호법익 사기죄의 보호법익은 ① 전체로서의 재산이라는 견해,[1] ② 전체로서의 재산 및 거래의 진실성(신의칙)이라는 견해[2] 및 ③ 개개의 재산과 의사결정의 자유라는 견해[3]가 주장되고 있다. 독일 형법은 사기죄의 성립에 손해의 발생을 요하므로 보호법익을 전체로서의 재산으로 본다. 하지만 우리 형법은 재물 및 재산상의 이익을 취득했느냐에 초점을 맞추기 때문에, 대가를 지불하여 전체적인 재산적 손해가 없더라도 기망에 의한 특정물의 취득은 사기죄가 될 수 있으므로 사기죄의 보호법익은 개별재산이라고 보아야 한다.

그리고 절도죄보다 사기죄의 법정형이 높다는 이유로 절취보다 편취의 불법성이 크다고 보아 사기죄의 보호법익에는 재산처분의 자유도 포함된다는 견해[4]도 있다. 하지만 사기죄의 법정형이 절도보다 높은 것은 기망에 의해 취득할 수 있는 재산상의 이익이 절취의 방법으로 취득하는 재물의 가치를 월등히 상회할 수 있기 때문이고, 기망에 의한 법률행위는 취소하기 전까지 유효하다는 점

---

1 김성돈, 321면; 김/서, 333면; 박상기, 298면; 안경옥, 사기죄에 있어서의 기망행위, 형사판례연구(5), 211면; 이재상, 326면; 정/박, 365면.

2 배종대, 445면; 임웅, 377면; 정영일, 305면.

3 오영근, 399면.

4 오영근, 398면.

에 비추어 보더라도 통상 절취의 불법이 사취의 그것보다 크다고 할 것이다. 따라서 사기죄의 보호법익은 개별재산으로 보아야 하고, 거래의 진실성이나 신의칙 등은 기망 여부를 판단하는 하나의 기준으로 보면 족하다. 보호의 정도는 침해범이다.

II. 단순사기죄

> **제347조(사기)** ① 사람을 기망하여 재물의 교부를 받거나 재산상의 이익을 취득한 자는 10년 이하의 징역 또는 2천만원 이하의 벌금에 처한다.
> ② 전항의 방법으로 제3자로 하여금 재물의 교부를 받게 하거나 재산상의 이익을 취득하게 한 때에도 전항의 형과 같다.

一. 의의와 행위객체

1. 의의와 성립요건

사람을 기망하여 자기 또는 제3자가 재물이나 재산상의 이익을 취득하는 범죄이다. 사기죄가 성립하기 위해서는 ① 기망행위가 있어야 하고, ② 그 기망행위로 인해 피기망자가 착오에 빠져야 하며, ③ 착오에 빠진 피기망자의 재산에 대한 처분행위를 통해, ④ 자기 또는 제3자가 그 재산을 취득하여야 한다.

2. 행위의 객체: 재물 또는 재산상의 이익

가. 재물

(1) 타인이 점유하는 타인소유물이어야 하는지 여부

A. 통설, 판례 절도죄와는 달리 사기죄의 객체인 재물 앞에는 '타인의'라는 수식어가 없지만, 통설과 판례는 사기죄의 객체는 당연히 타인소유의 재물 또는 재산상 이익이라고 한다.[5]

B. 검토 자기가 점유하는 타인소유물을 기망의 방법으로 영득하면 횡령죄가 성립한다는 데에 견해가 일치한다.[6] 하지만 타인이 점유하는 자기소유물을 편취하면 어떻게 되느냐가 문제된다. 일본 형법은 자기소유물이라도 타인이 점유하고 있는 경우에는 아예 타인재물로 간주하기 때문에(동법 제242조, 제251조) 사기죄가 성립한다. 그런데 우리 형법은 타인이 점유하는 자기소유물을 탈취한 때에는 권리행사방해죄(제323조)나 점유강취죄(제325조)로 처벌하는데, 점유편취죄는 따로 두고 있지 않

---

5 김성돈, 322면; 김/서, 335면; 오영근, 400면; 정/박, 368면; 대판 2010.12.9. 2010도6256.

6 김성돈, 341면; 오영근, 400면; 임웅, 401면; 대판 1980.12.9. 80도1177.

다. 따라서 점유편취죄를 따로 두지 않는 한 현행법상으로는 무죄라는 견해[7]도 있지만, 제347조의 사기죄는 '타인의' 재물에 국한하고 있지 않기 때문에, 타인이 점유하는 자기소유물에 대한 편취도 사기·공갈죄가 된다고 보아야 한다.[8]

(2) 경제적 가치의 요부

A. 학설 재물은 금전적 교환가치라는 의미의 경제적 가치를 가져야 한다는 견해[9]와 피해자의 주관적 가치로 족하다는 견해[10]가 대립한다. 금전적 교환가치를 가져야 하는 것은 아니지만, 재산적 가치가 전혀 없는 것은 재물이라고 할 수 없다.

B. 판례상의 재물 ① 부도난 약속어음,[11] ② 무효인 약속어음공정증서,[12] ③ 경락허가결정등본,[13] ④ 수출물품수령증,[14] ⑤ 주권포기각서,[15] ⑥ 인감증명서[16]는 형법상의 재물로서 사기죄의 객체가 된다.

(3) 국가적·사회적 법익의 침해와 사기죄의 성부 기망행위에 의하여 국가적 또는 공공적 법익을 침해한 경우라도 그와 동시에 사기죄의 보호법익인 재산권을 침해하는 것과 동일하게 평가할 수 있는 때에는 당해 행정법규에서 사기죄의 특별관계에 해당하는 처벌규정을 별도로 두고 있지 않는 한 사기죄가 성립할 수 있다(대판 2008.11.27. 2008도7303).[17]

나. 재산상 이익

(1) 소극적 이익 사기죄에서의 '재산상의 이익'이란 채권을 취득하거나 담보를 제공받는 등의 적극적 이익뿐만 아니라 채무를 면제받는 등의 소극적 이익까지 포함한다(대판 2012.4.13. 2012도1101).[18]

(2) 자금운용의 권한 내지 지위 경제적 이익을 기대할 수 있는 자금운용의 권한 내지 지위의 획득도 그 자체로 경제적 가치가 있는 것으로 평가할 수 있다면 사기죄의 객체인 재산상의 이익에 포

---

7 김성돈, 322면.
8 강수진, 권리행사와 사기죄, 형사판례연구(6), 293면; 임상규, 권리행사와 재산범죄, 형사법연구 제26호 특집호(2006), 721면.
9 김/서, 335면; 박상기, 302면; 진계호, 재산죄의 객체, 고시계 제35권 제2호, 117면.
10 배종대, 448면; 정영일, 306면.
11 대판 1985.3.9. 85도951.
12 대판 1995.12.22. 94도3013.
13 대판 1989.3.14. 89도975.
14 대판 1982.9.28. 82도1865.
15 대판 1996.9.10. 95도2747.
16 대판 2011.11.10. 2011도9919.
17 기망행위에 의하여 조세를 포탈하거나 조세의 환급·공제를 받은 경우, 조세범처벌법 제9조에서 이러한 행위를 처벌하는 규정을 별도로 두고 있을 뿐만 아니라, 조세를 강제적으로 징수하는 국가 또는 지방자치단체의 직접적인 권력작용을 사기죄의 보호법익인 재산권과 동일하게 평가할 수 없는 것이므로, 조세범처벌법 위반죄가 성립함은 별론으로 하고 사기죄는 성립하지 않는다.
18 피해자를 기망하여 부동산 매매계약을 체결하면서 그 대금 중 일부는 현금으로 송금 받고, 나머지는 피해자의 기존 채권과 상계하는 방법으로 지급하기로 한 경우, 기존 채무가 소멸되는 재산상 이익을 취득하였다.

함된다(대판 2012.9.27. 2011도282).[19]

(3) 가압류, 가처분의 해제와 재산상 이익

A. **기망하여 정당한 가압류를 해제한 경우** 수분양권자로서는 가압류가 해제됨으로써 아파트 매도가 용이해져 매도대금을 수령할 수 있게 된 이익이 있으므로 가압류청구금액 상당의 재산상의 이익을 취득한 사기죄가 성립한다(대판 2007.7.26. 2007도3160).[20]

B. **기망하여 무효인 가등기 말소한 경우** 피해자를 기망하여 가등기를 말소하도록 한 이상, 설령 가등기가 부동산 실권리자명의 등기에 관한 법률에 위반하여 무효라 하더라도 가등기의 부담이 없는 부동산을 소유하게 되는 재산상의 이익을 취득한 것이다(대판 2008.1.24. 2007도9417).[21]

C. **사후에 피보전채권이 존재하지 않는 것으로 밝혀진 경우** 가압류의 피보전채권이 존재하지 않는 것으로 밝혀졌다 하더라도 가압류의 해제로 인한 재산상의 이익이 없었던 것으로 볼 수 없다(대판 2007.9.20. 2007도5507).[22]

다. 취득

(1) 취득의 의미 재산상 이익취득은 그 재산상의 이익을 법률상 유효하게 취득함을 필요로 하지 아니하고 그 이익 취득이 법률상 무효라 하여도 외형상 취득한 것이면 족한 것이므로, 피전부채권이 법률상으로는 유효한 것이 아니고 전부명령이 효력을 발생할 수 없다 하여도 피전부채권이나 전부명령이 외형상으로 존재하는 한 재산상 이익취득이다(대판 1975.5.27. 75도760).[23]

(2) 제3자로 하여금 재물을 교부받게 한 경우와 사기죄의 성부 범인이 기망에 의해 스스로 재물을 취득하지 않고 제3자로 하여금 재물의 교부를 받게 하여 사기죄가 성립하려면, 제3자가 범인과 사이에 정을 모르는 도구 또는 범인의 이익을 위해 행동하는 대리인의 관계에 있거나, 적어도 불법영득의사와의 관련상 범인에게 그 제3자로 하여금 재물을 취득하게 할 의사가 있어야 한다. 위와

---

19 자신이 개발한 주식운용프로그램을 이용하면 상당한 수익을 낼 수 있고 손해가 발생하더라도 원금과 정기예금 이자상당의 반환은 보장하겠다는 취지로 甲을 기망하여 甲의 자금이 예치된 甲 명의 주식계좌에 대한 사용권한을 부여받아 재산상 이익을 취득하였다는 내용으로 기소된 사안에서, 주식운용에 따른 수익금이 발생할 경우 그중 1/2에 해당하는 돈을 매달 지급받기로 약정한 점 등 제반 사정을 종합하면, 장래의 수익 발생을 조건으로 한 수익분배청구권을 취득하였을 뿐 아니라 그러한 경제적 이익을 기대할 수 있는 자금운용의 권한과 지위를 획득하였고, 이는 주식거래의 특성 등에 비추어 충분히 경제적 가치가 있다고 평가할 수 있다는 것이다.

20 아파트 소유권이전등기청구권을 가압류 당한 아파트 수분양권자가 위 청구권을 행사하거나 아파트를 매도할 수 없게 되자 가압류채권자에게 가압류를 해제하여 주면 아파트 매도대금으로 채무를 변제하겠다고 거짓말하여 이에 속은 채권자로부터 가압류해제신청서를 받아 가압류를 해제한 후 아파트를 매도하였으면서도 위 채무를 변제하지 아니하였다.

21 피해자가 피고인에 대한 농지에 관한 명의신탁약정에 기한 소유권이전등기청구권을 보전할 목적으로 농지에 자신의 아들 명의로 가등기를 마쳤는데, 속아서 가등기를 말소하자 농지를 제3자에게 매도하고 그 소유권이전등기를 경료한 사안이다.

22 가처분 등기의 경우도 동일하다(대판 2011.10.27. 2010도7624).

23 허위내용의 약속어음 공정증서를 집행권원으로 하여 채권압류 및 전부명령을 신청하여 그 결정을 받은 사안이다. 대판 2012.5.24. 2010도12732; 2015.2.12. 2014도20086.

같은 의사는 반드시 적극적 의욕이나 확정적 인식이어야 하는 것은 아니고 미필적 인식이 있으면 충분하다. 한편, 재물편취를 내용으로 하는 사기죄에 있어서는 기망으로 인한 재물교부가 있으면 그 자체로써 피해자의 재산침해가 되어 곧 사기죄는 성립하는 것이고, 그로 인한 이익이 결과적으로 누구에게 귀속하는지는 사기죄의 성부에 아무런 영향이 없다(대판 2009.1.30. 2008도9985).

라. 재물과 재산상 이익의 구별 기준 피해자와의 관계에서 살펴보아 그것이 피해자 소유의 재물인지 아니면 피해자가 보유하는 재산상의 이익인지에 따라 재물이 객체인지 아니면 재산상의 이익이 객체인지 구별하여야 하는 것이다(대판 2010.12.9. 2010도6256).

二. 기망행위

1. 기망의 의미 기망은 널리 재산상의 거래관계에서 서로 지켜야 할 신의성실의 의무를 저버리는 모든 명시적, 묵시적, 적극적 또는 소극적 행위를 말한다.

가. 부작위에 의한 기망 ① 법률상 고지의무 있는 자가 일정한 사실에 관하여 상대방이 착오에 빠져 있음을 알면서도 이를 고지하지 않는 것을 말한다. 일반거래의 경험칙상 상대방이 그 사실을 알았더라면 당해 법률행위를 하지 않았을 것이 명백한 경우에는 신의칙에 비추어 그 사실을 고지할 법률상 의무가 인정되는 것이다(대판 2004.6.11. 2004도1553).[24] ② 법률관계의 효력에 영향이 없고 상대방의 권리실현에 장애가 되지 아니하는 사유는 이를 고지할 의무가 없다(대판 1985.3.12. 84도93).[25]

나. 묵시적 기망 부작위에 의한 기망은 거래 또는 신의칙상의 설명의무 내지 고지의무를 전제로 하지만, 묵시적 기망은 이러한 의무를 전제로 하지 않고, 일정한 행동으로 상대방의 착각을 유도하는 것이다. 가령, 돈을 지불할 의사가 있는 것처럼 가장하여 무전숙박 또는 무전취식하는 것이 그 예이다.

다. 기망행위의 상대: 사람 이동통신 판매대리점의 컴퓨터를 이용해 이동통신회사들의 전산망에 접속한 다음 전산상으로 사용정지된 휴대전화를 사용할 수 있도록 하거나 유심칩 읽기를 통해 문자메시지 발송한도를 해제한 것은 전산상 자동으로 처리된 것일 뿐 사기죄 구성요건인 '사람을 기망하여 재산상 이득을 취득한 경우'에 해당한다고 볼 수 없다(대판 2011.7.28. 2011도5299).[26]

---

24 대판 2003.5.30. 2002도3455; 2004.5.27. 2003도4531; 2000.1.28. 99도2884.

25 대판 2008.5.8. 2008도1652; 2012.4.13. 2011도2989.

26 정보통신망 이용촉진 및 정보보호 등에 관한 법률위반에는 해당한다.

2. 부작위에 의한 기망의 유형

가. 차용사기

(1) 용도 기망: 동기의 착오

A. 학설 용도를 숨기고 금전을 차용하는 경우도 기망행위가 되는가와 관련하여 부정설[27]과 긍정설[28]이 대립한다. 단순히 용도를 고지하지 않은 것만으로는 기망이 될 수 없지만, 그 용도를 고지하였더라면 대주가 돈을 빌려주지 않을 상황이었던 경우에는 기망행위가 된다(판례).

B. 판례

1) 요건 금전을 차용함에 있어서 차용한 금전의 용도나 변제할 자금의 마련방법에 관하여 사실대로 고지하였더라면 상대방이 그 금전의 차용에 응하지 않았을 경우에, 용도나 변제자금의 마련방법에 관하여 진실에 반하는 사실을 고지하여 금전을 교부받은 경우에는 사기죄가 성립하고, 이 경우 차용금채무에 대한 담보를 제공하였다는 사정만으로는 결론을 달리 할 것은 아니다(대판 2005.9.15. 2003도5382).[29]

2) 기망에 해당하는 사례 개발제한구역 지정의 해제는 물론이고 그 해제로 인하여 얻게 될 재산상의 이익을 나누어줄 의사와 능력이 없으면서도, 마치 피해자로부터 돈을 차용하게 되면 이를 개발제한구역 지정을 해제하는데 필요한 비용으로 사용하고 개발제한구역 해제로 인하여 얻게 될 이익을 피해자에게 나누어 줄 것처럼 피해자를 속여 피해자로부터 금원을 차용한 경우, 피고인이 지방공무원으로서 신분을 가지고 있었고 자기명의로 된 주택을 소유하고 있었다고 하더라도 그와 같은 사정은 편취범의를 인정하는 데 있어 장애사유가 될 수 없다(대판 1996.2.27. 95도2828).

(2) 차용사기가 아닌 사례

A. 대환 기망에 의하여 채무의 변제기를 연장받은 경우에도 사기죄가 성립하므로, 타인을 기망하여 대출을 받은 것이 신규대출이 아니라 대환에 해당한다고 하더라도 사기죄로 의율함에 지장이 없다(대판 1997.2.14. 96도2904).[30]

B. 차입금을 투자금으로 전환한 경우 기망하여 편취한 재물의 반환을 회피할 목적으로 현실적인 자금의 수수 없이 이미 있던 차입원리금을 주식 구입자금 또는 신규 차입금에 새로이 투자하는 형식을 취하였다 하더라도 새로운 법익을 침해하는 것이 아니어서 별도의 죄를 구성하지 아니한다(대판 2001.7.24. 2001도2196).[31]

---

27 이재상, 333면.

28 김/서, 417면; 오영근, 410면; 정영일, 315면.

29 대판 2012.4.13. 2012도1101; 1996.2.27. 95도2828; 1995.9.15. 95도707.

30 대환이라 함은 현실적인 자금의 수수 없이 형식적으로만 신규대출을 하여 기존채무를 변제하는 것으로서 특별한 사정이 없는 이상 대환은 형식적으로는 별도의 대출에 해당하나 실질적으로는 기존채무에 대한 변제기의 연장에 해당하는 것이다.

31 대판 2001.4.10. 2001도661.

나. 매매

(1) 판단기준 부동산을 매매함에 있어서 매도인이 매수인에게 매매와 관련된 어떤 구체적인 사정을 고지하지 아니함으로써 장차 매매의 효력이나 매매에 따르는 채무의 이행에 장애를 가져와 매수인이 매매목적물에 대한 권리를 확보하지 못할 위험이 생길 수 있음을 알면서도 매수인에게 그와 같은 사정을 고지하지 아니한 채 매매계약을 체결하고 매매대금을 교부받는 한편, 매수인은 그와 같은 사정을 고지받았더라면 매매계약을 체결하지 아니하거나 매매대금을 지급하지 아니하였을 것임이 경험칙상 명백한 경우에는, 신의성실의 원칙상 매수인에게 미리 그와 같은 사정을 고지할 의무가 매도인에게 있다고 할 것이므로, 매도인이 매수인에게 그와 같은 사정을 고지하지 아니한 것이 기망에 해당한다고 할 것이지만, 매매로 인한 법률관계에 아무런 영향도 미칠 수 없는 것이어서 매수인의 권리의 실현에 장애가 되지 아니하는 사유까지 매도인이 매수인에게 고지할 의무가 있다고는 볼 수 없다(대판 2011.1.27. 2010도5124).[32]

(2) 등기가 원인무효인 부동산의 매매: 소유권에 대한 불고지

A. 제3자 보호규정이 없는 경우: 기망에 해당 국유재산법 위반행위로 말미암아 전득자들이 매매목적물인 국유지에 대한 권리를 확보하지 못할 위험이 생길 수도 있다는 사정은, 전득자들의 입장에서 볼 때 전매계약의 체결 여부를 결정짓는 매우 중요한 요소라 할 것이므로 신의성실의 원칙상 전득자들에게 이를 고지할 의무가 있다(대판 1994.10.21. 94도2048).

B. 제3자 보호규정이 있는 경우: 기망에 해당하지 않음 부동산의 명의수탁자가 부동산을 제3자에게 매도하고 매매를 원인으로 한 소유권이전등기까지 마쳐 준 경우, 명의신탁의 법리상 대외적으로 수탁자에게 그 부동산의 처분권한이 있는 것임이 분명하고 제3자로서도 자기명의의 소유권이전등기가 마쳐진 이상 무슨 실질적인 재산상의 손해가 있을 리 없으므로, 그 명의신탁 사실과 관련하여 신의칙상 고지의무가 있다거나 기망행위가 있었다고 볼 수도 없다(대판 2007.1.11. 2006도4498).[33]

(3) 담보제공사실의 불고지

A. 근저당권설정등기 등의 불고지

1) 담보등기가 되어 있는 경우 매매계약체결 당시 부동산등기부에 등재되어 있는 공동담보 제공사실을 매수인에게 고지하지 아니한 것에 지나지 아니하고, 적극적으로 담보제공사실이 없다는 취지의 말을 한 바 없다면 피해자를 기망하는 행위를 한 바 없다(대판 1970.5.26. 70도481).[34]

2) 약정만 하고 담보등기가 되어 있지 않는 경우: 처분권 있음 甲에 대한 채무담보를 위하여 부동

---

32 이때에도 상대방이 고지의무의 대상이 되는 사실을 알고 있거나 스스로 확인할 의무가 있는 경우 또는 거래관행상 상대방이 당연히 알고 있을 것으로 예상되는 경우 등에는 고지의무 위반이 인정되지 않는다(대판 2014.7.24. 2013다97076).

33 명의신탁을 해지하더라도 등록이 말소, 이전되기 전까지는 명의수탁자의 처분행위가 유효하다. 대판 1985.12.10. 85도1222; 1990.11.13. 90도1961.

34 대판 1979.7.10. 79도1133.

산에 대하여 매매계약을 체결하고 다시 피해자와도 매매계약을 체결하여 잔금까지 모두 교부받은 경우, 잔금의 수령이 甲에 대한 채무의 변제기 이후라 하더라도 동인 앞으로 담보제공에 따른 소유권이전등기가 경료되어 있지 않은 이상, 담보제공 사실을 소극적으로 고지하지 아니하였다는 사실만으로 피해자를 기망한 것이라고 볼 수 없다(대판 1985.11.26. 85도1830).[35]

B. 동산의 매도담보 사실 불고지: 소유권이 채권자에게 이전되어 처분권이 없음 타인에게 매도담보로 제공한 동산을 그 사실을 은폐하고 다시 제3자에게 매도담보로 제공한 경우에는 사기죄가 성립된다(대판 1960.10.26. 60도82).

(4) 경매나 소송 계속 중인 사실 불고지 ① 제3자가 매도인을 상대로 대지 및 지상건물에 대한 명도소송을 제기하여 계속 중이고 점유이전금지가처분까지 되어 있는 사실을 매수인이 알았다면 거래의 경험칙상 위 대지를 매수하지 아니하였을 것이 분명하므로, 신의성실의 원칙에 따라 매도인은 위와 같은 소송관계를 매수인에게 고지할 법률상 의무가 있다(대판 1985.3.26. 84도301).[36] ② 매수인이 소송 계속 중인 사실을 알았다면 매수하지 아니할 것으로 보여지는 경우에 소송 계속 사실을 숨기고 매도하여 그 대금을 교부받았다면 사기죄가 성립하고, 매도인이 매수인에게 소유권이전등기를 넘겨준 여부 등 현실적으로 매수인의 재산상의 손해 여부는 사기죄의 성립에 아무런 소장이 없다(대판 1983.3.22. 82도2837).[37]

(5) 이중매매사실의 불고지: 처분권 있음 부동산의 이중매매에 있어서 매도인이 제1의 매매계약을 일방적으로 해제할 수 없는 처지에 있었다는 사정만으로는 바로 제2의 매매계약의 효력이나 그 매매계약에 따르는 채무이행 또는 제2의 매수인의 매매목적물에 대한 권리의 실현에 장애가 된다고도 볼 수 없는 것이므로, 매도인이 제2의 매수인에게 그와 같은 사정을 고지하지 아니하였다고 하여 제2의 매수인을 기망한 것이라고 할 수 없다(대판 1991.12.24. 91도2698).[38]

(6) 가격과 관련된 기망

A. 위임인에게 매도위임가격보다 고가매매사실 불고지 토지의 공유자 겸 명의수탁자가 나머지 공유자들로부터 그들 소유 지분에 관하여 매도가격 및 처분기한을 특정하여 처분권한을 위임받고 그 처분에 따른 양도소득세 등 일체의 경비를 자신이 부담하기로 약정한 경우, 매도위임가격보다 훨씬 고가로 매도하였다 하더라도 그와 같은 사실을 위임인에게 고지할 법률상 의무가 없다(대판 1999.5.25. 98도2792).[39]

---

35 대물변제예약의 경우도 동일하다. 대판 1989.10.24. 89도1397: 1984.5.9. 83도3194.

36 대판 1986.9.9. 86도956; 1985.4.9. 85도242.

37 피해자에게 매도한 부동산은 소유권을 주장하는 문중에서 신탁해제를 원인으로 피고인을 상대하여 소유권이전등기 청구소송이 계속중임에도 불구하고 소송계속 사실을 은폐하고 매도하였다.

38 당초 제2의 매수인인 피해자와 매매계약을 체결할 당시 매매목적물인 토지에 관하여 제1의 매수인의 신청에 의한 처분금지가처분결정이 내려진 사실을 전혀 알지 못하였다. 대판 2008.5.8. 2008도1652; 2012.1.26. 2011도15179.

39 매도위임약정은 피고인이 그 노력과 비용하에 계쟁 토지를 타에 매도하되 실제 매도대금의 다과와 상관없이 피해자들에게 평

B. 공동으로 매수하면서 매수단가를 자신보다 비싸게 한 경우 동일한 부동산을 피해자와 함께 매수하면서 매도인과 공모하여, 사실은 그 부동산의 평당 매수단가를 피해자보다 싸게 매수하면서도 피해자에게는 자신이 마치 피해자와 같은 값으로 매수하는 것처럼 말하여 부동산을 비싼 값에 매수케 하고 그 매매차액을 분배·교부받은 경우, 이는 기망행위에 해당한다(대판 1992.3.10. 91도2746).

C. 매수인의 고지의무: 재개발지구에 포함된 사실 불고지 후 저가로 매수(현재의 사실) 피해자가 대지일대에 불량주택재개발사업이 진행 중에 있는 사실을 알지 못하고 있는 것을 이용하여 재개발사업이 진행 중에 있는 대지에 대하여 그 현상인 사도로서의 대가만을 지급하고 그 소유권을 취득함으로써 재개발사업시행의 결과 위의 대가와는 현격한 차이가 나는 아파트분양 또는 시가에 의한 보상금 등의 이득을 취할 의도하에 피해자에게 대지가 재개발사업지구내에 들어 있는 사실을 고지하지 아니하였을 뿐만 아니라 그 대가로 지급된 금 200만 원은 공공용지로 수용될 경우의 보상금액에도 1/10 정도에 불과하다는 것이니, 대지가 재개발사업지구내에 포함되어 있는 사실을 피해자가 알았더라면 피해자로서는 금 200만 원에 대지의 소유권이전등기를 넘겨주지 않았을 것임이 경험칙상 명백하므로, 대지를 취득함에 있어 피해자에게 위와 같은 사실을 고지할 법률상 의무가 있다고 보아야 할 것이고, 더욱이 대지는 그 당시 재개발사업의 시행으로 인하여 시가가 금 1억 원 정도에 이르고 있었는데도 이를 숨겼을 뿐만 아니라 오히려 대지는 그 현상이 사도이어서 쓸모가 없는 땅이라고 강조하는 등 적극적인 기망행위를 한 사실을 알아볼 수 있으니 사기죄를 구성한다(대판 1987.10.13. 86도1912).[40]

D. 전매하면서 취득가격 미고지 아파트 입주권을 2억 5,000만 원에 확보하여 이를 피해자에게 전매한다는 사실을 고지하지 아니하고 피해자에게 2억 9,500만 원에 매도한 경우, 차액 4,500만 원을 편취한 것으로 보기 어렵다(대판 2011.1.27. 2010도5124).

(7) 매매목적물에 대한 상황 불고지

A. 사실상의 도로인 사실 불고지 137평의 대지의 매도인은 그중 30평 내외가 사실상 도로로 사용되고 있는 사실을 매수인에게 고지할 의무가 있다(대판 1971.7.27. 71도977).

B. 수용될 수 있는 사정 불고지(현재의 사실) 토지에 대하여 도시계획이 입안되어 있어 장차 협의매수되거나 수용될 것이라는 사정을 매수인에게 고지하지 아니한 행위가 부작위에 의한 사기죄를 구성한다(대판 1993.7.13. 93도14).

(8) 자동차매매와 불고지

A. 보증보험에 대한 할부채무의 불고지 중고자동차매매에 있어서 매도인의 할부금융회사 또는

당 금 120,000원에 상당한 금원을 지급하고, 나머지 초과이득은 피고인에게 귀속하며 이에 대하여 피해자들은 일체 관여하지 않기로 하는 내용이었다.

40 원심은, 피해자에게 대지 일대에 재개발사업이 진행 중에 있다는 점과 보상이 이루어지게 된다는 점 등을 고지해 줄 신의칙상 의무는 없다고 하여 무죄를 선고하였다.

보증보험에 대한 할부금 채무가 매수인에게 당연히 승계되는 것이 아니므로, 그 할부금 채무의 존재를 매수인에게 고지하지 아니한 것이 부작위에 의한 기망에 해당하지 아니한다(대판 1998.4.14. 98도231).

B. 지입차량에 대한 체납채무 불고지 지입회사는 지입차량에 대한 체납채무를 납입하지 아니하면 정기검사를 거부하고, 지입차량의 매매시에 연체채무가 완납되거나 이를 매수인이 인수하는 경우에만 지입차주의 변경을 허용하여 주는 것이 통례로 되어 있는 점과 지입차량의 총 매매대금인 710만 원에 비하여 회사에 대한 연체채무가 상당히 고액인 300만 원 이상인 점을 고려할 때, 매수인으로서는 위와 같은 채무의 존재를 알았더라도 차량을 매수하였을 것으로는 경험칙상 인정되지 아니하므로, 지입차주가 채무내용에 관하여 이를 알고 있었다면 채무의 존재를 매수인에게 고지할 의무가 있다(대판 1990.11.13. 90도1961).

(9) 공장 등 기업체 매매

A. 이전하지 아니하고는 계속 가동할 수 없음을 불고지 공장의 정상가동 여부는 매매계약의 체결 여부를 결정짓는 중요한 요소이므로 공장을 이전하지 아니하고서는 계속 가동할 수 없게 된 경우, 신의성실의 원칙상 매도인에게 위와 같은 사정에 관한 고지의무가 있다(대판 1991.7.23. 91도458).

B. 법인 소유가 아닌 공장시설을 법인 소유로 가장 공장시설을 법인체의 소유인 것처럼 가장하여 그 법인체를 매도한 경우에 매매의 직접대상은 법인체라 할지라도 그 법인체의 소유가 될 수 없는 공장시설을 그 법인체의 소유인 것처럼 가장한 점에 기망행위가 성립한다(대판 1983.8.23. 83도1447).

C. 분식결산으로 결손금을 줄여 매도한 경우 자신이 운영하던 주식회사가 적자운영을 계속하여 오다가 회사를 피해자에게 매도할 즈음 회사의 결손액이 약 8천만 원 내지 1억 원이 된다는 사실을 자신이 잘 알고 있었음에도, 회사 경리부차장에게 지시하여 회사 결손금이 3천만 원 정도가 되도록 대차대조표를 줄여 이를 진실로 믿은 피해자로부터 회사 인수대금으로 4,500만 원으로 가격을 결정하고 잔액 1,500만 원을 교부받은 것은 사기죄가 성립한다(대판 1986.7.8. 86도981).

다. 임대차와 전대차, 임차권 양도

(1) 경매진행 사실 불고지 피해자가 임대차계약 당시 임차할 여관건물에 관하여 법원의 경매개시결정에 따른 경매절차가 이미 진행 중이었다면, 신의칙상 피해자에게 이를 고지할 의무가 있다 할 것이고, 피해자 스스로 건물에 관한 등기부를 확인 또는 열람하는 것이 가능하다고 하여 결론을 달리 할 것은 아니다(대판 1998.12.8. 98도3263).

(2) 담보제공사실 불고지

A. 저당권설정, 가등기담보 불고지: 시가가 채무와 보증금을 초과한 경우 고의 부정 임대차 목적물의 계약 당시의 시가가 임대차보증금과 가등기담보로 차용한 채무액을 합산한 금액을 훨씬 초과하고 그 가등기도 바로 말소되었다면, 임대인이 임대차계약의 보증금잔액을 교부받을 당시에 설사 가등기담보사실을 임차인에게 고지하지 아니하였다고 하더라도 사기죄의 범의를 인정하기 어

렵다(대판 1985.4.9. 85도326).

B. 담보조로 소유권이전등기한 사실의 불고지 채권의 담보로 가옥소유권이 채권자에게 이전등기되었음에도 이런 사실을 숨긴 채 채무자와 공모하여 동 가옥이 채무자의 소유인 양 타인에게 임대하고 그 임대보증금등 명목으로 금원을 수령한 소위는 사기죄를 구성한다(대판 1984.1.31. 83도1501).

(3) 임대인의 승낙유무와 불고지

A. 임대인의 승낙을 받은 것처럼 기망 임대인의 승인 없이 임차권을 양도하거나 전대할 수 없도록 되어 있음에도 불구하고 임차인이 피해자에게 임대인의 승낙을 받은 것처럼 거짓말을 하여 이를 오신한 피해자와 임차권양도계약을 체결하고 그 보증금 및 권리금을 교부받았다면 그로써 사기죄가 성립한다(대판 1984.1.17. 83도2932).

B. 재계약이 불가능한 임차권 양도 임차권양도계약이 체결될 당시에 임차건물에 대한 임대차기간의 연장이나 임차권 양도에 대한 임대인의 동의 여부가 확실하지 않은 상태에서 몇 차례에 걸쳐 명도요구를 받고 있었던 임차권 양도인이 그 여부를 확인하여 양수인에게 설명하지 아니한 채 임차권을 양도한 행위는 기망행위에 해당한다(대판 1996.6.14. 94다41003).[41]

(4) 임대인의 동의 유무와 전대차 전대금지의 특약이 없는 경우 임차인이 그 사용부분 중 일부를 전대한 것은 그 권리범위 내에 속하여 사기죄가 성립되지 아니한다(대판 1982.12.14. 82도2465).[42]

(5) 임대차보증금 등을 담보로 제공하거나 전부된 사실 불고지 다방의 임대차보증금, 비품 등을 타에 담보로 제공하고도 이를 은폐하는 등 피해자를 기망하여 피해자와 다방 전대차계약을 맺고 계약금을 수령하였다면 사기죄는 성립하는 것이고, 추후 잔대금까지 수령하였다거나 또는 위 담보채무를 전대차계약 기간만료 전에 변제함으로써 피해자에게 위 담보와 관련하여 손해를 끼치지 않았다는 등의 사유는 계약금에 대한 사기죄의 성립에 영향을 끼치는 것은 아니다(대판 1991.11.12. 91도2270).

라. 자동차할부금융 할부금융회사로서는 사채업자가 할부금융의 방법으로 대출의뢰인들 명의로 자동차를 구입하여 보유할 의사 없이 단지 자동차할부금융대출의 형식을 빌려 자금을 융통하려는 의도로 할부금융대출을 신청하였다는 사정을 알았더라면 할부금융대출을 실시하지 않았을 것이므로, 사채업자로서는 신의성실의 원칙상 사전에 할부금융회사에게 자동차를 구입하여 보유할 의사 없이 자동차할부금융대출의 방법으로 자금을 융통하려는 사정을 고지할 의무가 있다(대판 2004.4.9. 2003도7828).[43]

---

41 대판 1993.6.8. 92도2622; 1981.6.9. 81도277.

42 민법 제632조(임차건물의 소부분을 타인에게 사용케 하는 경우) 전3조의 규정은 건물의 임차인이 그 건물의 소부분을 타인에게 사용하게 하는 경우에 적용하지 아니한다.

43 사채업자가 대출희망자로부터 대출을 의뢰받은 다음 대출희망자가 자동차의 실제 구입자가 아니어서 자동차할부금융의 대상이 되지 아니함에도, 그가 실제로 자동차를 할부로 구입하는 것처럼 그 명의의 대출신청서 등 관련 서류를 작성한 후 이를 할부금융회사에 제출하여 자동차할부금융으로 대출금을 받은 경우이다.

마. 채권양도사실 불고지 채무자는 채권자로부터 채권의 양도통지를 받지 않은 이상 채무금은 원래의 채권자에게 반환할 의무가 있는 것이므로, 채권양도 통지 전에는 채무자가 채권자에게 채무금을 반환하면 유효한 변제가 되는 것이고 채권자에 대하여 채무금의 지급을 거부할 권리를 유보하고 양수인에게만 지급해야 할 특별한 사정이 없는 한 채무자로서는 양수인이 채무의 지급을 구한다 하더라도 거부할 권리가 있으므로, 채권자가 채권의 양도사실을 밝히지 아니하고 직접 외상대금을 수령하였다 하여 기망수단을 써서 채무자를 착오에 빠뜨려 대금을 편취한 것이라 할 수 없다(대판 1984.5.9. 83도2270).[44]

바. 대금 초과지급

(1) 학설 물건을 판 매도인이 거스름돈을 초과지급하는 경우(이른바 잔전사기)에 이를 고지할 의무가 있는가와 관련하여, ① 고지의무가 없거나 작위에 의한 기망과의 동가치성이 없기 때문에 사기죄가 아닌 점유이탈물횡령죄가 성립한다는 견해[45]도 있다. 하지만 ② 초과지급을 지급 당시에 안 경우에는 신의칙상의 고지의무가 있다고 할 것이므로 부작위에 의한 사기죄가 성립하고, 초과지급을 사후에 알고 이를 영득한 경우에는 점유이탈물횡령죄가 성립한다고 보아야 한다.[46]

(2) 판례 매수인이 매도인에게 매매잔금을 지급함에 있어 착오에 빠져 지급해야 할 금액을 초과하는 돈을 교부하는 경우, 매도인이 사실대로 고지하였다면 매수인이 그와 같이 초과하여 교부하지 아니하였을 것임은 경험칙상 명백하므로, 매도인이 매매잔금을 교부받기 전 또는 교부받던 중에 그 사실을 알게 되었을 경우에는 특별한 사정이 없는 한 매도인으로서는 매수인에게 사실대로 고지하여 매수인의 그 착오를 제거하여야 할 신의칙상 의무를 지므로, 그 의무를 이행하지 아니하고 매수인이 건네주는 돈을 그대로 수령한 경우에는 사기죄에 해당될 것이지만, 그 사실을 미리 알지 못하고 매매잔금을 건네주고 받는 행위를 끝마친 후에야 비로소 알게 되었을 경우에는 주고받는 행위는 이미 종료되어 버린 후이므로 매수인의 착오 상태를 제거하기 위하여 그 사실을 고지하여야 할 법률상 의무의 불이행은 더 이상 그 초과된 금액 편취의 수단으로서의 의미는 없으므로, 교부하는 돈을 그대로 받은 그 행위는 점유이탈물횡령죄가 될 수 있음은 별론으로 하고 사기죄를 구성할 수는 없다(대판 2004.5.27. 2003도4531).[47]

3. 기망의 내용

가. 법률행위의 중요부분에 한하는지 여부 사기죄의 실행행위로서의 기망은 반드시 법률행위

---

44 채권양수인에 대한 횡령죄가 성립한다. 대판 1982.11.23. 82도2428.

45 김성돈, 329면; 김/서, 341면; 박상기, 306면; 이재상, 338면; 정/박, 376면; 정영일, 313면.

46 권오걸, 445면; 김성천, 923면; 오영근, 407면; 임웅, 385면.

47 피해자가 매매잔금을 지급하면서 착오로 1천만 원권 자기앞수표 1장을 추가로 지급한 사안이다.

의 중요 부분에 관한 허위표시임을 요하지 아니하고 상대방을 착오에 빠지게 하여 행위자가 희망하는 재산적 처분행위를 하도록 하기 위한 판단의 기초가 되는 사실에 관한 것이면 충분하다(대판 2004.6.11. 2004도1553).[48]

나. 장래의 사실

(1) 원칙 장래의 사실도 과거 또는 현재의 사실을 반영하거나 관련을 맺고 있는 경우에는 기망내용이 될 수 있다.

(2) 판례 신도들을 상대로 하여 자신은 성경의 완성이고 모든 경전의 완성이자 하나님의 완성으로서 자기를 믿으면 모든 병을 고칠 수 있고, 자신이 하나님인 사실이 알려져 세계 각국에서 금은보화가 모이면 마지막 날에 1인당 1,000억 원씩을 나누어 주겠으며, 헌금하지 않는 신도는 하나님이 깍쟁이 하나님이므로 영생할 수 없다는 취지의 설교를 사실인 것처럼 계속하여 신도들을 기망하였음이 분명한 이상, 이는 종교의 자유의 한계를 일탈한 것으로서 이에 기망당한 신도들로부터 헌금명목으로 고액의 금원을 교부받은 것을 형법상 사기죄에 해당한다(대판 1995.4.28. 95도250).[49]

다. 가치판단·의견의 표시와 기망

(1) 원칙 가치판단이나 의견진술은 사실을 허구하는 것이 아니라 주관적 견해의 표시에 불과하므로 원칙적으로 기망행위에 해당할 수 없다. 하지만 경우에 따라서는 의견진술(감정전문가의 고가품 판단 혹은 증권전문가의 유망한 주식이라는 의견)과 사실진술이 명확히 구분되지 않는 경우도 있기 때문에, 가치평가라고 하더라도 일반인이 오인할 수 있는 사실을 내포한 경우에는 기망이 될 수 있다고 보아야 한다.[50] 정도를 넘어선 과장광고가 그 예이다.

(2) 판례 전매이익을 많이 얻을 수 있다고 말하고 자기가 책임을 진다고 해서 투자하였다는데 불과하여 공모 및 기망사실을 인정할 자료로는 부족하다(대판 1984.2.14. 83도2471).

4. 기망행위의 유형

가. 상품의 선전, 광고, 판매, 계약과 기망

(1) 선전, 광고

A. 판단기준 ① 일반적으로 상품의 선전·광고에 있어 다소의 과장, 허위가 수반되는 것은 그것이 일반 상거래의 관행과 신의칙에 비추어 시인될 수 있는 한 기망성이 결여된다고 하겠으나, 거

---

48 용도를 속이고 돈을 빌린 경우에 만일 진정한 용도를 고지하였더라면 상대방이 빌려 주지 않았을 것이라는 관계에 있는 때에는 사기죄의 실행행위인 기망은 있는 것이다. 대판 1996.2.27. 95도2828; 1995.9.15. 95도707; 2007.10.25. 2005도1991.

49 과거사실에 대한 기망도 포함되어 있다.

50 김성돈, 325면; 김/서, 337면. 반대 견해로는 임웅, 381면.

래에 있어서 중요한 사항에 관하여 구체적 사실을 거래상의 신의성실의 의무에 비추어 비난받을 정도의 방법으로 허위로 고지한 경우에는 과장, 허위광고의 한계를 넘어 사기죄의 기망행위에 해당한다(대판 2004.1.15. 2001도1429).[51] ② 통신판매에 있어 소비자가 갖는 상품의 품질, 가격에 대한 정보는 전적으로 유통업자의 광고에 의존할 수밖에 없고, TV홈쇼핑업체에 대한 소비자들의 신뢰는 TV라는 영상매체를 이용한 스스로의 강도 높은 광고에 의하여 창출된 것인 만큼 이에 대한 소비자들의 신뢰와 기대는 특별히 보호되어야 한다(대판 2002.2.5. 2001도5789).[52]

B. 기망행위에 해당하는 사례 ① 오리, 하명, 누에, 동충하초, 녹용 등 여러 가지 재료를 혼합하여 제조·가공한 '녹동달오리골드'라는 제품이 당뇨병, 관절염, 신경통 등의 성인병 치료에 특별한 효능이 있는 좋은 약이라는 허위의 강의식 선전·광고행위를 하여 이에 속은 노인들로 하여금 위 제품을 고가에 구입하도록 한 것은 그 사술의 정도가 사회적으로 용인될 수 있는 상술의 정도를 넘은 것이어서 사기죄의 기망행위를 구성한다(대판 2004.1.15. 2001도1429). ② 농업협동조합의 조합원이나 검품위원이 아닌 자가 TV홈쇼핑업체에 납품한 삼이 제3자가 산삼의 종자인지 여부가 불분명한 삼의 종자를 뿌려 이식하면서 인공적으로 재배한 삼이라는 사실을 알면서도, 광고방송에 출연하여 삼이 조합의 조합원들이 자연산삼의 종자를 심산유곡에 심고 자연방임 상태에서 성장시킨 산양산삼이며 자신이 조합의 검품위원으로서 삼 중 우수한 것만을 선정하여 감정인의 감정을 받은 것처럼 허위내용의 광고를 한 것은, 진실규명이 가능하고 구매의 결정에 있어 가장 중요한 요소로서 구체적 사실인 판매물품의 품질에 관하여 기망한 것으로서 그 사술의 정도가 사회적으로 용인될 수 있는 상술의 정도를 넘은 것이어서 사기죄의 기망행위를 구성한다(대판 2002.2.5. 2001도5789). ③ 식육식당을 경영하는 자가 음식점에서 한우만을 취급한다는 취지의 상호를 사용하면서 광고선전판, 식단표에도 한우만을 사용한다고 기재한 후 수입소고기를 판매한 경우, 이러한 광고는 진실규명이 가능한 구체적인 사실인 쇠갈비의 품질과 원산지에 관하여 기망이 이루어진 경우로서 그 사술의 정도가 사회적으로 용인될 수 있는 상술의 정도를 넘는 것이다(대판 1997.9.9. 97도1561).

(2) 변칙세일 종전에 출하한 일이 없던 신상품에 대하여 첫 출하시부터 종전가격 및 할인가격을 비교표시하여 막바로 세일에 들어가는 이른바 변칙세일은 진실규명이 가능한 구체적 사실인 가격조건에 관하여 기망이 이루어진 경우로서 그 사술의 정도가 사회적으로 용인될 수 있는 상술의 정도를 넘은 것이어서 사기죄의 기망행위를 구성한다(대판 1992.9.4. 91도2994).

나. 보험, 보상금 관련 사기

(1) 보상금사기 비록 토지의 소유자로 등기되어 있다고 하더라도 자신이 진정한 소유자가 아

---

51 대판 2002.2.5. 2001도5789; 2007.1.25. 2004도45; 2001.5.29. 99다55601, 55618; 1983.8.23. 83도1447.

52 백화점과 같은 대형유통업체의 광고도 동일하다(대판 1992.9.4. 91도2994).

닌 사실을 알게 된 이상, 당해 토지의 수용보상금을 수령함에 있어서 당해 토지를 수용한 기업자나 공탁공무원에게 그러한 사실을 고지하여야 할 의무가 있다(대판 1994.10.14. 94도1911).[53]

(2) 보험사기

A. 입원의 의미 및 판단기준 입원이라 함은 환자의 질병에 대한 저항력이 매우 낮거나 투여되는 약물이 가져오는 부작용 혹은 부수효과와 관련하여 의료진의 지속적인 관찰이 필요한 경우, 영양상태 및 섭취음식물에 대한 관리가 필요한 경우, 약물투여·처치 등이 계속적으로 이루어질 필요가 있어 환자의 통원이 오히려 치료에 불편함을 끼치는 경우 또는 환자의 상태가 통원을 감당할 수 없는 상태에 있는 경우나 감염의 위험이 있는 경우 등에 환자가 병원 내에 체류하면서 치료를 받는 것으로서, 보건복지부 고시인 '요양급여의 적용기준 및 방법에 관한 세부사항' 등의 제반 규정에 따라 환자가 6시간 이상 입원실에 체류하면서 의료진의 관찰 및 관리하에 치료를 받는 것을 의미한다고 할 것이나, 입원실 체류시간만을 기준으로 입원 여부를 판단할 수는 없고, 환자의 증상, 진단 및 치료 내용과 경위, 환자들의 행동 등을 종합하여 판단하여야 한다(대판 2006.1.12. 2004도6557).[54]

B. 실질적으로 통원치료임에도 입원치료한 양 보험금 청구 내과에서 정기적으로 근육주사를 2대 맞고 1~2시간 동안 링거주사액을 투여 받는 등의 치료를 받아 치료시간 자체가 6시간이 되지 아니할 뿐만 아니라, 근육주사만 맞은 날도 있고 입원기간 중 1주일에 3~4회 정도 자신의 점포에 가서 일을 하거나 씽크대 배달업무를 계속 수행하고, 장애자인 둘째 아들을 차에 태우고 야외로 나가기도 하였으며, 입원기간 대부분 집에서 잠을 잔 점 등에 비추어, 형식상으로는 내과에서 입원수속을 밟고 치료를 받았다 하더라도 그 치료의 실질은 통원치료에 해당하므로, 내과에서 입원치료를 받은 것처럼 보험회사를 기망하여 보험금을 편취하였다(대판 2006.1.12. 2004도6557).

C. 불필요한 장기 입원 ① 치료의 실질이 입원치료가 아닌 통원치료에 해당하는 경우는 물론, 입원의 필요성이 없음에도 의사로 하여금 입원치료의 필요성이 있다고 오판하도록 하여 필요 이상의 장기입원을 한 경우 역시 이를 알리지 않은 채 보험회사에 대하여 보험약관에 정한 입원기간을 충족시켰다고 주장하면서 보험금을 청구하는 행위는 기망행위에 해당한다(대판 2007.6.15. 2007도2941).[55] ② 상대방의 과실에 의하여 야기된 교통사고로 일부 경미한 상해를 입은 것이 사실이라고 하더라도, 이를 기화로 상해를 과장하여 병원에 장기간 입원하고 이를 이유로 다액의 보험금을 받

53 토지를 甲으로부터 매수한 직후 토지에 관하여 경료된 甲의 소유권보존등기가 위조된 서류에 의하여 경료된 것으로 원인무효의 등기라는 사실을 알게 되었다.

54 환자가 입원 수속을 밟은 후 고정된 병실을 배정받아 치료를 받는 형식을 취하였고 병원에 6시간 이상 체류하였다고 하더라도 실제 치료를 받은 시간은 일부분에 불과하고 나머지 시간 동안 의료진의 관찰이나 감독을 전혀 받지 아니한 채 단순히 병원에 머무르기만 하였으며, 환자가 받은 치료의 내용이나 목적이 통원치료로도 충분히 달성될 수 있을 때에는 이를 입원치료가 아닌 통원치료로 보아야 하므로, 피고인들에 대한 치료의 실질은 입원치료가 아니라 통원치료에 해당한다. 대판 2009.5.28. 2008도4665.

55 불필요한 장기입원과 재입원을 통하여 보험약관에 정한 입원기간을 충족시킨 후 보험금을 청구하였다.

는 경우 그 보험금 전체에 대해 사기죄가 성립한다(대판 2005.9.9. 2005도3518).[56]

D. 의사의 요양급여비용 허위 청구

1) 성립하는 사례 ① 환자들이 실질적으로 통원치료를 받았을 뿐임에도 원무과 직원으로 하여금 입원치료를 받은 것처럼 허위 사실을 기재한 요양급여비용 청구서를 작성하게 한 후 이를 국민건강보험공단에 발송하여 입원치료에 대한 요양급여비용을 지급받은 이상 사기죄가 성립한다(대판 2006.1.12. 2004도6557).[57] ② 의료기관이 청구한 진료수가 내역을 보험회사가 삭감할 것을 미리 예상하고 그만큼 허위로 과다하게 진료수가를 청구하였다면, 허위로 과다하게 청구한 부분에 대한 편취의사 및 불법영득의사가 있었다(대판 2008.2.29. 2006도5945).[58] ③ 전화 진찰을 요양급여대상으로 되어 있던 내원 진찰인 것으로 하여 요양급여비용을 청구한 것은 기망행위로서 사기죄를 구성한다(대판 2013.4.26. 2011도10797).

2) 성립하지 않는 사례 임상병리사가 의사의 지도하에 심전도검사를 할 수 있다고 하더라도 그렇다고 하여 의사가 의료행위의 일환으로 심전도검사를 행하는 것 자체를 배제하는 취지는 아니므로, 심전도검사가 임상병리사에 의해 행하여지지 않았더라도 야간 당직의사의 지도하에 간호사들에 의해 이루어졌는지 여부를 살펴본 후에 심전도검사료 부분의 청구 및 수령이 편취행위에 해당하는지 여부를 판단하여야 한다(대판 2009.6.11. 2009도794).

E. 산재 발생 경위의 허위기재 산업재해보상보험 요양신청서에 부상 발생경위를 허위로 기재하는 등의 부정한 방법으로 요양신청을 하여 산업재해보상 보험급여를 지급받았다면, 이는 그 자체로 이미 사회통념상 권리행사의 수단으로서 용인할 수 있는 범위를 벗어난 것으로서 사기죄에 있어서의 기망행위에 해당한다(대판 2007.5.10. 2007도1780).[59]

F. 고지의무 위반 특정 질병을 앓고 있는 사람이 보험회사가 정한 약관에 그 질병에 대한 고지의무를 규정하고 있음을 알면서도 이를 고지하지 아니한 채 그 사실을 모르는 보험회사와 질병을 담보하는 보험계약을 체결한 다음 바로 그 질병의 발병을 사유로 하여 보험금을 청구하였다면, 사

---

56 대판 2007.5.11. 2007도2134; 2011.2.24. 2010도17512.

57 대판 2009.5.28. 2008도4665. 입원 당시 보험가입 여부에 대한 질문을 하였고, "링거주사의 경우 입원치료를 받아야 보험혜택을 받을 수 있다."고 말하기도 한 점, 환자들이 입원확인서를 발급받아 이를 보험회사에 제출하면 4~5일 정도 지나 보험회사 직원이 조사를 하기 위해 병원에 와서 원장인 피고인 등을 만나곤 하였던 점에 비추어, 자신이 발급한 입원확인서가 환자들의 보험회사에 대한 보험금청구에 사용된다는 것을 알았다고 봄이 상당하므로, 사무장과 공모하여 허위의 입원확인서를 발급해 주는 방법으로 환자들로 하여금 보험금을 편취하는 것을 용이하게 하여 이를 방조하였다.

58 의료기관이 청구한 진료수가를 보험회사가 10~15%가량 삭감하는 관행이나 묵계가 성립되어 있다고는 인정되지 아니하므로, 의료기관의 이 진료수가의 허위·과다청구를 가리켜 적법행위에 대한 기대가능성이 없다거나 위법성이 없다고는 할 수 없다. 대판 2005.9.28. 2005도1876.

59 연합회의 하계수련대회를 진행하던 중 술에 취한 상태에서 연합회의 다른 임원들과 말다툼을 하다가 홧김에 스스로 화장실 유리문을 발로 차는 바람에 깨진 유리조각에 오른쪽 발을 찔리는 상해를 입었음에도 "회사 하계수련대회 기간에 체력증신을 위한 훈련을 하던 중 모래사장을 맨발로 뛰다가 유리에 발을 찔려 상처를 입었다"라고 허위내용의 산업재해보상보험 요양신청서를 작성한 후 근로복지공단에 제출하여 산업재해보상 보험급여를 지급받았다. 산업재해보상 보험급여를 지급받을 수 있는 지위에 있었다고 하더라도 영향이 생기는 것은 아니다. 대판 2003.6.13. 2002도6410.

기죄에 있어서의 기망행위 내지 편취의 범의를 인정할 수 있다(대판 2007.4.12. 2007도967).[60]

다. 유가증권 관련 사기

(1) 어음의 상호 융통　어음의 발행인들이 각자 자력이 부족한 상태에서 자금을 편법으로 확보하기 위하여 서로 동액의 융통어음을 발행하여 교환한 경우에는, 특별한 사정이 없는 한 쌍방은 상대방의 부실한 자력상태를 용인함과 동시에, 상대방이 발행한 어음이 지급기일에 결제되지 아니할 때에는 자기가 발행한 어음도 결제하지 않겠다는 약정하에 서로 어음을 교환하는 것이므로, 자기가 발행한 어음이 지급기일에 결제되지 않으리라는 점을 예견하였거나 지급기일에 지급될 수 있다는 확신 없이 상대방으로부터 어음을 교부받았다고 하더라도 사기죄가 성립하는 것은 아니다(대판 2002.4.23. 2001도6570).

(2) 융통어음의 할인　융통어음을 할인함에 있어 상대방에 대하여 어음이 이른바 진성어음인 것처럼 하기 위하여 적극적인 위장수단을 강구하는 것은 명백한 기망행위에 해당되어 상대방으로 하여금 그 뜻을 오신케 하고 할인명목으로 돈을 교부케 한 행위도 사기죄를 구성한다(대판 1997.9.9. 97도1561).[61]

(3) 수표나 어음의 할인　수표나 어음이 지급기일에 결제되지 않으리라는 점을 예견하였거나 지급기일에 지급될 수 있다는 확신이 없으면서도 할인을 받으면 사기죄가 성립한다(대판 1998.12.9. 98도3282).

라. 연대보증, 물상보증

(1) 연대보증　피해자를 기망하여 연대보증인으로 서명케 한 행위는 사기죄에 해당한다(대판 1983.2.22. 82도2555; 2003.4.25. 2003도1215).

(2) 물상보증　매매계약이 토지거래허가를 받지 아니하여 유동적 무효의 상태에 있었다 하더라도, 대출금 및 매매대금을 정산해 줄 것처럼 피해자를 기망하여 그로 하여금 근저당권을 설정하게 함으로써 재산상의 이익을 취득한 이상 사기죄의 죄책을 면할 수 없다(대판 2008.2.14. 2007도10658).[62]

마. 기타 문제

(1) 분식회계 또는 회계처리기준을 위반한 재무제표 제출　분식회계에 의한 재무제표로 금융기

---

60 보험회사가 그 사실을 알지 못한 데에 과실이 있다거나 고지의무위반을 이유로 보험계약을 해제할 수 있다고 하여 사기죄의 성립에 영향이 생기는 것은 아니다.

61 융통어음은 융통자와 피융통자 사이의 내부관계에 있어서는 피융통자가 어음금의 결제를 책임지는 것을 당연한 전제로 하여 수수되는 것이므로, 당사자 사이에서는 어음의 만기가 도래하기 이전에 피융통자가 어음을 회수하여 융통자에게 반환하거나, 융통어음의 결제자금으로 액면금에 상당한 금액을 융통자에게 지급하기로 하는 약정이 있었던 것으로 봄이 상당하다(대판 1999.10.22. 98다51398).

62 피해자에게 대출금 및 매매대금의 정산을 미끼로 피해자로 하여금 토지에 근저당권을 설정하게 하여 이를 담보로 차용한 돈을 개인의 사업자금으로 사용하였다. 대판 1984.4.10. 84도119.

관을 기망하여 대출을 받았다면 사기죄는 성립하고, 변제의사와 변제능력의 유무 그리고 충분한 담보가 제공되었다거나 피해자의 전체 재산상에 손해가 없고 사후에 대출금이 상환되었다고 하더라도, 사기죄의 성립에는 영향이 없다(대판 2005.4.29. 2002도7262).[63]

(2) **채무의 변제기 연기** 사기죄에 있어서 채무이행을 연기받는 것도 재산상의 이익이 되므로, 채무자가 채권자에 대하여 소정기일까지 지급할 의사와 능력이 없음에도 종전 채무의 변제기를 늦출 목적에서 어음을 발행 교부한 경우에는 사기죄가 성립한다(대판 1997.9.9. 97도1561).

(3) **허위의 연고권을 주장하여 국유재산대부계약** 국유 재산의 매각을 전제로 하여 연고권자에게 유상대부 계약을 함에 있어서 허위로 연고권이 있는 것 같이 하여 대부계약을 하고 이어 이를 매수할 경우에 있어서는, 대부를 받은 자에게 우선 매수권이 있는 것은 아니라 할지라도 사실상 우선적으로 매수할 수 있는 것이므로 대부계약을 받을 때에 관계 공무원을 기망하였다면 사기죄가 된다(대판 1972.1.31. 71도1193).

(4) **문자메시지 사기** 접속 후 매 30초당 정보이용료 1,000원이 부과되는 060 회선을 임차하여 휴대폰 사용자들인 피해자들에게 음악편지도착 등의 문자메시지를 무작위로 보내어 마치 아는 사람들로부터 음악 및 음성메시지가 도착한 것으로 오인하게 하여 통화버튼을 눌러 접속하게 한 후 정보이용료가 부과되게 한 행위는 사기죄의 구성요건에 해당한다(대판 2004.10.15. 2004도4705).

5. 기망행위를 수단으로 한 권리행사 그 권리행사에 속하는 행위와 그 수단에 속하는 기망행위를 전체적으로 관찰하여 그와 같은 기망행위가 사회통념상 권리행사의 수단으로서 용인할 수 없는 정도라면 그 권리행사에 속하는 행위는 사기죄를 구성한다(대판 2003.12.26. 2003도4914).

三. 피해자의 착오

1. 착오의 내용 착오는 사실에 관한 것이거나 법률관계에 관한 것이거나 법률효과에 관한 것이거나를 묻지 않고 반드시 법률행위의 내용의 중요부분에 관한 것일 필요도 없다(대판 1984.2.14. 83도2995).

2. 피해자의 동기의 착오, 과실

가. 동기의 착오

(1) **학설** 동기의 착오도 착오가 될 수 있는가에 대하여 긍정설[64]과 부정설[65]이 대립한다. 거래의 신의칙에 반한 기망행위가 있는 한 동기의 착오도 착오로 보아야 한다.

---

63 대판 2012.6.14. 2012도1283; 2000.9.8. 2000도1447.

64 권오걸, 448면; 김성돈, 332면; 오영근, 401면; 임웅, 343면; 정영일, 315면.

65 이재상, 334면.

(2) 판례 토지의 매매계약서에 매수인의 매수목적, 즉 건물건축의 목적으로 매수한다는 내용이 표시되지 않았다고 하여도 매도인이 그러한 매수인의 매수목적을 알면서 건축이 가능한 것처럼 가장하여 이를 오신한 매수인과 사이에 매매계약이 성립된 것이라면, 위와 같은 매도인의 행위는 사기죄의 구성요건인 기망행위에 해당한다(대판 1985.4.9. 85도167).

나. 피해자의 과실과 착오 착오에 빠진 원인 중에 피기망자 측에 과실이 있는 경우에도 사기죄가 성립한다(대판 2009.6.23. 2008도1697).

3. 착오의 주체

가. 판단기준 금융기관의 여신이 기망행위로 인한 착오에 기인한 것인지 여부는 해당 여신을 결정할 권한 있는 자가 착오에 빠져 여신을 결정한 것인지를 기준으로 판단하여야 한다(대판 2007.6.1. 2006도1813).

나. 공(空)리스 등과 피기망자 5억 원을 초과하는 리스자금의 여신은 국민리스 주식회사의 경영위원회에서 전적인 결정권한을 가지고 있고, 부산지점장인 피고인은 단지 경영위원회에 심사승인품의서를 제출하는 것뿐임을 인정할 수 있으므로, 경영위원회의 위원들을 피기망자로 하는 사기죄가 성립한다(대판 2001.4.27. 99도484).[66]

4. 착오 유무가 문제되는 사례

가. 착오에 해당하는 사례 피해자들이 대담녹음에 응하여 금원을 교부하게 된 것은 피고인의 허언으로 인하여 위 대담내용이 방송될 것으로 잘못 안 나머지 착오에 기인한 것이라고 보아야 할 것이고, 금원의 교부가 명시적인 요구에 의하여 하여졌느냐 또는 피해자들이 자진하여 교부하였느냐에 따라 이론을 달리할 수는 없는 것이다(대판 1979.8.14. 78도1808).

나. 착오에 해당하지 않는 사례

송금의뢰인과 수취인 사이에 계좌이체 등의 원인인 법률관계가 존재하는지 여부에 관계없이 수취인과 은행 사이에는 계좌이체금액 상당의 예금계약이 성립하고, 수취인은 은행에 대하여 금액 상당의 예금채권을 취득한다. 그리고 송금의뢰인과 수취인 사이에 계좌이체 등의 원인이 되는 법률관계가 존재하지 않음에도 불구하고, 계좌이체에 의하여 수취인이 계좌이체금액 상당의 예금채권을

66 부산지점장으로서 실적으로 올리기 위해 실제로 리스물건을 설치하지 않은 채 이루어지는 '공리스'라는 사실을 알면서도 甲과 공모하여 회사의 경영위원회에 심사승인품의서를 제출하였다. 대판 2002.7.2. 2002도2620.

취득한 경우에, 송금의뢰인은 수취인에 대하여 금액 상당의 부당이득반환청구권을 가지게 되지만, 은행은 이익을 얻은 것이 없으므로 은행에 대하여는 부당이득반환청구권을 가지지 않는다. 그렇다면 송금의뢰인이 수취인의 예금구좌에 계좌이체 등을 한 이후, 수취인이 은행에 대하여 예금반환을 청구함에 따라 은행이 수취인에게 그 예금을 지급하는 행위는 계좌이체금액 상당의 예금계약의 성립 및 그 예금채권 취득에 따른 것으로서 은행이 착오에 빠져 처분행위를 한 것이라고 볼 수 없으므로, 결국 이러한 행위는 은행을 피해자로 한 사기죄에 해당하지 않는다(대판 2010.5.27. 2010도3498).

四. 교부·처분행위

1. 처분행위의 의미 처분행위라고 하는 것은 범인 등에게 재물을 교부하거나 또는 재산상의 이익을 부여하는 재산적 처분행위를 의미한다(대판 2002.7.2. 2002도2620).[67]

2. 객관적 요건: 처분효과의 직접성

가. 원칙 처분행위의 결과는 처분행위자의 행동으로부터 직접 야기되어야 하는데, 여기서 직접성이란 피기망자의 착오로 인한 행동이 기망자의 범죄적 중간행위를 개입시키지 않고 직접 재산감소를 야기함을 의미한다. 이 점에서 사기죄는 탈취행위의 개입이 필요한 절도죄와 구분된다.

나. 판례 처분행위라 함은 재산적 처분행위로서 피해자가 자유의사로 직접 재산상 손해를 초래하는 작위에 나아가거나 또는 부작위에 이른 것을 말한다(대판 2007.7.12. 2005도9221).

3. 주관적 요건: 처분의사

가. 학설 사기죄의 처분행위에 처분의사, 즉 자신의 행위로 인해 재산의 감소가 일어나거나 채무를 부담하게 된다는 점에 대한 인식이 있어야 하는가와 관련하여, ① 객관적으로 손해를 초래할 수 있는 행위가 있으면 족하므로 처분의사를 요하지 않는다는 불요설[68]과 ② 사실상의 처분의사가 있어야 한다는 필요설[69] 및 ③ 사기이득죄의 경우에는 처분의사를 요하지 않지만, 사기취재죄의 경우에는 절도죄와의 구별을 위해 처분의사를 요한다는 절충설이 대립한다(독일의 판례, 다수설).

나. 판례(필요설) 처분행위는 주관적으로 피기망자가 처분의사, 즉 처분결과를 인식하고 객관적

---

67 대판 2001.4.21. 99도484; 2002.11.22. 2000도4419

68 권오걸, 451면; 박상기, 312면; 이재상, 345면.

69 김성돈, 333면; 김/서, 344면; 배종대, 468면; 신양균, 절도와 사기의 구별, 현대형사법론; 죽헌 박양빈교수 화갑기념논문집, 299면; 오영근, 412면; 임웅, 387면; 정/박, 318면.

으로는 이러한 의사에 지배된 행위가 있을 것을 요하지만 반드시 작위에 의할 것을 요하지 않는다(대판 2007.3.30. 2005도5972).[70]

다. 검토 사기죄는 피기망자의 '하자 있는 의사에 기한' 처분행위를 요건으로 하므로 이 처분행위에는 처분의사가 있어야 한다. 이 점에서 사기죄는 상대방의 '의사에 반한' 탈취행위를 전제로 하는 절도죄와 구별된다. 즉, 반지를 끼어본다는 핑계로 교부받은 후 이를 가지고 그대로 도주하는 이른바 책략절도(策略竊盜)는 사기가 아니라 절도죄가 된다. 반지의 교부행위에 주인의 처분의사가 없기 때문이다.

4. 재물의 교부 사기죄에 있어서 '재물의 교부'란 범인의 기망에 따라 피해자가 착오로 재물에 대한 사실상의 지배를 범인에게 이전하는 것을 의미한다(대판 2003.5.16. 2001도1825).

가. 교부행위의 성격 교부행위는 민법의 법률행위에 국한되지 않고, 사실상 재산적 손실을 초래하는 행위 전체를 의미한다.

나. 현실의 인도 외에 관념상의 인도도 포함되는지 여부

(1) 인도방법 피해자의 하자 있는 의사에 기하여 재물에 대한 사실상의 지배를 넘기는 행위라면 반드시 현실의 인도에 국한되지 않고, 관념상의 인도 방법에 의한 점유의 이전도 여기에 포함된다.[71]

(2) 판례 재물의 교부가 있었다고 하기 위하여 반드시 재물의 현실의 인도가 필요한 것은 아니고 재물이 범인의 사실상의 지배 아래에 들어가 그의 자유로운 처분이 가능한 상태에 놓인 경우에도 재물의 교부가 있었다(대판 2003.5.16. 2001도1825).

다. 재물의 교부가 있는 사례

보관 및 운송의 편의상 피해자로 하여금 제작된 도자기를 자신이 지정하는 전국의 사찰로 직접 배달하도록 하여 피해자는 제작된 도자기 중 1,600개 정도를 지정된 사찰로 배달하고, 나머지 3,400개 정도의 도자기는 지시에 따라 지정된 사찰로 배달할 수 있는 상태에 놓인 채로 보관 중이며, 도자기는 백두산 미륵불상 건립사업을 홍보하기 위하여 피고인이 지은 시(詩)와 그의 낙관 및 백두산을 배경으로 한 미륵불상 사진이 새겨져 있어 피고인에게만 소용이 있을 뿐 다른 용도로 사

70 대판 1999.7.9. 99도1326; 2011.4.14. 2011도769.

71 한창훈, 사기죄에 있어서 재물의 교부가 재물의 현실의 인도만을 의미하는 것인지 여부, 대법원판례해설 제45호, 699면.

용할 수 없으므로, 보관 중인 도자기는 피고인의 사실상의 지배 아래에 들어가 피고인의 자유로운 처분이 가능한 상태에 놓였다(대판 2003.5.16. 2001도1825).[72]

5. 피기망자와 피해자가 일치하지 않을 경우: 삼각사기

가. 학설 피기망자와 피해자가 일치하지 않는 경우와 관련하여서는, ① 피기망자가 피해자의 재산을 처분할 수 있는 법적 지위를 가졌거나 위임을 받았어야 한다는 법적 권한설[73]과 ② 법적인 근거를 요하지는 않으나 단순한 사실상의 처분가능성만으로는 충분하지 않다고 보는 사실적 지위설[74]이 대립한다.

나. 판례 피기망자와 재산상의 피해자가 같은 사람이 아닌 경우에는 피기망자가 피해자를 위하여 그 재산을 처분할 수 있는 권능을 갖거나 그 지위에 있어야 하는 것이지만, 피해자를 위하여 재산을 처분할 수 있는 권능이나 지위라 함은 반드시 사법상의 위임이나 대리권의 범위와 일치하여야 하는 것은 아니다(대판 1994.10.14. 94도1575).[75]

다. 검토 피기망자가 법적 처분권한을 가진 경우는 물론이고, 사실상 처분할 수 있는 지위 또는 권한을 가졌으면 족하다고 보아야 한다. 따라서 가령, 출발하려는 버스의 바깥에서 그 버스에 승차한 승객에게 옆에 있는 제3자의 가방을 자기 가방이라고 기망하며 차창으로 넘겨받는 경우, 그 승객은 가방에 대한 사실상의 처분지위에 있다고 할 수 없으므로 절도죄가 성립한다.

6. 부작위에 의한 처분: 방치행위

가. 부작위에 의한 처분의 가부 ① 주관적으로 피기망자가 처분의사, 즉 처분결과를 인식하고 객관적으로는 이러한 의사에 지배된 행위가 있을 것을 요하지만 반드시 작위에 의할 것임을 요하지는 아니한다(대판 2007.3.30. 2005도5972).[76] ② 피해자가 착오에 빠진 결과 채권의 존재를 알지 못하여 채권을 행사하지 아니하였다면 그와 같은 부작위도 재산의 처분행위에 해당한다(대판 2007.7.12. 2005도9221).

---

72 점유개정의 방법에 의한 점유의 이전이 있었다고 볼 수 있다.

73 배종대, 471면.

74 권오걸, 455면; 김성돈, 334면; 김/서, 345면; 박상기, 316면; 신양균, 사기와 절도의 구별, 현대형사법론; 죽헌 박양빈교수 화갑기념논문집, 315면; 오영근, 413면; 이재상, 346면; 임웅, 388면; 정/박, 381면; 정영일, 322면.

75 피해자가 토지를 매각하여 자신의 딸과 사위의 사업자금에 사용하도록 하기 위하여 그 인감도장을 甲에게 주었으며, 甲은 다시 乙에게 그 매각을 위임하면서 위 인감도장을 교부하였는데, 피기망자인 丙은 乙로부터 교부받은 피해자의 인감도장을 사용하여 근저당권설정서류를 마련하였다는 것이므로, 피해자 등이 丙에게 토지에 관한 매도권한만을 위임한 바 있으나 동인 등이 사건 관계인들을 거치는 사이에 위임의 취지가 변질되어 근저당권이 설정되기에 이르렀다고 하더라도, 이를 들어 피기망자인 丙이 피해자를 위하여 토지를 처분할 권능을 갖지 아니하거나 지위에 있지 아니하였다고 단정할 것이 아니다.

76 대판 1999.7.9. 99도1326; 1987.10.26. 87도1042.

나. 해당하는 사례 ① 출판사 경영자가 출고현황표를 조작하는 방법으로 실제출판부수를 속여 작가에게 인세의 일부만을 지급한 경우, 작가가 나머지 인세에 대한 청구권의 존재 자체를 알지 못하는 착오에 빠져 행사하지 아니한 것은 사기죄에 있어 부작위에 의한 처분행위에 해당한다(대판 2007.7.12. 2005도9221).[77] ② 사실은 오락실 개업준비를 위하여 권리금을 지급한 사실이 없음에도 허위의 사용내역서를 작성·교부하여 마치 피고인이 권리금 6천만 원을 지급한 것처럼 피해자들인 동업자를 속여 6천만 원 출자금 지급을 면제받아 재산상의 이익을 취득하려 하였으나 동업자인 피해자들이 근거자료 제시를 요구하며 이의를 제기하는 바람에 그 뜻을 이루지 못한 경우, 비록 동업자들이 피고인에 대하여 출자의무를 명시적으로 면제하지 아니하더라도, 피고인의 기망행위에 의하여 피고인이 출자금 전액에 대한 출자의무를 이행하였다는 착오에 빠진 결과 이를 면제해 주는 결과에 이를 수 있는 만큼, 부작위에 의한 처분행위에 해당한다(대판 2009.3.26. 2008도6641).

7. 처분행위가 없는 사례

가. 변제 관련

(1) 채무의 담보나 이행을 위하여 채권 기타 재산적 권리를 양도한 경우

A. 판단기준 단순한 채무변제 유예의 정도를 넘어서 채무의 면제라고 하는 재산상 이익에 관한 사기죄가 성립하기 위해서는 채무자의 기망행위로 인하여 채무를 확정적으로 소멸 내지 면제시키는 채권자의 처분행위가 있어야만 하는 것이므로, 단지 채무의 이행을 위하여 채권 기타 재산적 권리의 양도가 있었다는 사정만으로 그러한 처분행위가 있었다고 단정하여서는 안 될 것이다(대판 2009.2.12. 2008도10971).

B. 처분행위가 없는 사례 ① 기존 채무의 담보조로 처분권이 없는 부동산 등에 대해서 환매권 양도계약을 체결(대판 1986.7.22. 86도681), ② 존재하지 않는 채권의 양도(대판 1985.3.12. 85도74), ③ 채무변제를 위하여 위조약속어음을 교부한 경우는 채권자에 대한 기존의 채무가 소멸하는 것이 아니어서 재산상의 이득을 취하였다고는 볼 수 없으므로 사기죄는 성립하지 않는다(대판 1982.9.28. 82도1759; 1983.4.12. 82도2938).

나. 등기관련

(1) 용도를 속이고 인감증명서 등을 교부받아 이전등기

A. 인감증명서에 대한 사기 여부 피해자에게서 매수한 재개발아파트 수분양권을 이미 매도하였는데도 마치 자신이 피해자의 입주권을 정당하게 보유하고 있는 것처럼 피해자의 딸과 사위에게 거짓말하여 피해자 명의의 인감증명서 3장을 교부받은 경우, 인감증명서는 피해자 측이 발급받

---

77 3분의 1 정도만 기재된 출고현황표를 피해자에게 송부하였다.

아 소지하게 된 피해자 명의의 것으로서 재물성이 인정된다 할 것인데, 피해자 측을 기망하여 이를 교부받은 이상 재물에 대한 편취행위가 성립한다(대판 2011.11.10. 2011도9919).

B. 부동산에 대한 사기 여부 부동산 매수인은 매도인에 대하여 부동산의 소유권이전등기 소요 서류의 교부청구권이 있으므로 매수인 측의 대리인이 매도인인 피해자들로부터 동 서류 등을 교부받은 것이라면, 당시 그 서류를 이용하여 다른 부동산에 대한 소유권이전등기를 할 의사를 가지고 있었고 피해자들이 매수인의 진의를 알지 못하고 있었다 하더라도, 피해자들의 등기소요서류 교부행위 자체는 착오로 인한 재산적 처분행위라고 할 수 없어 비록 진실한 용도를 고지 않았다 하더라도 그것만으로 곧 서류의 수령행위가 사기죄를 구성한다고는 볼 수 없다(대판 1984.9.25. 84도1449).[78]

(2) 기타 ① 문서를 위조하여 소유권이전등기를 한 경우(대판 1981.7.28. 81도529), ② 타인소유 부동산에 대한 보존등기를 한 경우(대판 1982.2.9. 81도944)[79]는 피해자의 처분행위가 없을 뿐 아니라 등기공무원에게는 위 부동산의 처분권한이 있다고 볼 수 없어 사기죄가 성립하지 않는다.

다. 타인명의로 사업자등록이 이루어져 타인 앞으로 부가가치세와 종합소득세 부과 ① 타인명의로 사업자등록이 이루어져 타인 앞으로 부가가치세와 종합소득세 등이 부과되었다고 하더라도, 이로 인해 피고인이 그 세금 상당의 재산상 이익을 취득하는 피해자의 재산적 처분행위가 있었다고 할 수 없으므로 이는 사기죄에 해당하지 않는다(대판 2008.1.15. 2008도9643).[80] ② 피해자가 피고인에게 사업자등록 명의를 대여한 행위 자체를 사기죄의 재산적 처분행위로 볼 수 없을 뿐만 아니라, 피해자의 명의대여 행위로 인하여 피고인이 임대보증금반환채무, 주차부스 구매대금채무, 각종 세금 및 고용·산재보험료채무 등을 면하게 되는 것도 아니다(대판 2012.6.28. 2012도4773).[81]

---

78 피해자로부터 부동산을 대금 9,500만 원에 매수하기로 계약을 체결한 후 계약금 및 중도금으로 4,500만 원을 지급하고 나머지 잔금을 지급하지 않은 상태에서, 피해자에게 형질변경 및 건축허가를 받는 데에 부동산매도용인감증명서 및 확인서면이 반드시 필요하니 이를 나에게 건네주면 용도로만 사용하겠다라고 거짓말하여 교부받은 후 피고인 명의로 소유권이전등기를 하였다. 교부받은 서류에 대해서는 사기죄의 성립이 가능하다. 대판 2001.7.13. 2001도1289; 1990.2.27. 89도335.

79 공정증서원본부실기재죄가 성립한다.

80 실제 사업자가 타인명의로 사업자등록을 하고 사업을 영위한 경우에 그 명의자는 실제의 사업자가 아닌 명의상의 귀속자에 불과하므로 그 명의자에 대하여 한 부가가치세 부과처분과 종합소득세 부과처분은 위법하고, 과세의 대상이 되는 소득·수익·재산·행위 또는 거래의 귀속이 명의일 뿐이고 사실상 귀속되는 자가 따로 있는 때에는 사실상 귀속되는 자를 납세의무자로 한다는 실질과세의 원칙상 과세관청은 타인의 명의로 사업자등록을 하고 실제로 사업을 영위한 자에 대해 세법을 적용하여 과세할 수 있음은 당연하다.

81 피해자로부터 사업자등록 명의를 대여받아 호텔을 운영하면서 피해자에게 채무를 부담하게 하더라도 이를 변제할 의사나 능력이 없었음에도, "관광호텔의 사업자등록 명의를 변경하여야 하는데 명의를 빌려주면 호텔을 운영하면서 발생하는 세금이나 채무는 모두 제가 변제하도록 하고 피해자한테는 아무런 손해가 가지 않도록 해 드리겠다."고 거짓말을 하여 이에 속은 피해자로 하여금 호텔에 관한 임대보증금반환채무 5천만 원, 주차부스 구매대금채무 1백만 원, 각종 세금 및 고용·산재보험료채무 1천7백만 원 상당을 부담하게 하였다. 타인에게 사업자등록 명의를 대여한 경우 그 명의대여자는 상법 제24조에 의해 자기를 영업주로 오인하여 거래한 제3자에 대하여 그 타인과 연대하여 변제할 책임을 지기는 하나, 이러한 명의대여자의 책임은 명의자를 사업주로 오인하여 거래한 제3자를 보호하기 위한 것으로 거래상대방이 명의대여 사실을 알지 못하였고 알지 못한 데 대하여 중대한 과실이 없는 경우에 명의를 차용한 자와 연대하여 변제할 책임을 지는 법정책임인 것이지, 명의대여자가 거래상대방에게 채무부담을 하기로 하는 내용의 법률행위 등 처분행위에 기한 책임은 아니다. 그리고 명의대여자가 상법 제24조에

라. 피사취계 제출 은행을 지급장소로 한 약속어음에 있어서 피사취계의 제출은 발행인이 은행에 대하여 지급위탁을 취소하는 의사표시에 불과하므로 이에 따라 은행은 제시된 어음금의 지급을 거절하여야 하고 은행이 그 지급위탁 취소사유로 되어 있는 사취사실이 진실인가의 여부를 판단하여 지급위탁의 취소를 거절할 수는 없는 것이므로, 발행인이 어음이 사취된 것처럼 가장하여 피사취계를 제출한 경우라 하더라도 그 피사취계의 제출로써 은행을 기망하여 어음금 지급에 관한 재산적 처분행위를 하게 한 것이라고 볼 수 없다(대판 1983.10.11. 83도1799).

마. 치료비 면탈 목적의 도주 치료비채무의 이행을 모면하기 위하여 거짓말을 하고 입원환자(처)와 함께 병원을 빠져 나와 도주하였다 하여도, 그것만으로서는 치료비의 지급채무를 면탈받은 것은 아니라 할 것이므로 사기죄가 될 수 없다(대판 1970.9.22. 70도1615).

五. 재산상 손해와 이익 취득

1. 재산의 의미와 불법원인급여

가. 재산의 의미 법률적 재산설, 경제적 재산설 및 법률적·경제적 재산설이 주장되고 있으나 경제적 재산설이 타당함은 이미 앞에서 살펴보았다.

나. 불법원인계약·급여와 사기죄

(1) 학설 매음료를 지급할 듯이 상대방을 속이고 매음한 뒤 매음료의 지급을 면한 경우, 사기죄가 성립하는지에 대하여, 부정설[82]과 긍정설[83]이 대립한다.

부정설은 ① 급여된 이익이 재산으로서의 법률상 보호를 받을 수 없는 것이므로 재산에 대한 침해가 없다는 점, ② 매음계약 자체가 공서양속에 반하여 무효이므로 채권·채무가 존재하지 않아 법률상 보호를 부여할 수 없다는 점 및 ③ 간음행위는 재물이 아니고 금전가치로 환산할 수 있는 재산상의 이익도 아니라는 점 등을 이유로 든다.

긍정설은 법률적 재산개념설을 전제하고 있으나 형법에서는 경제적 재산개념에 따라야 한다. 그리고 ① 화대를 지급받은 부녀자는 불법이득을 한 것이 아니라 일종의 자연채무와 동일한 성격을 가지는 채권·채무관계가 형성되므로 사기죄의 성립을 인정하여야 하고, ② 재산이 반드시 민법상

의한 명의대여자 책임을 부담한다고 하더라도 명의차용자와 연대하여 변제할 책임이 있는 것일 뿐, 명의차용자가 거래상대방에 대하여 그 거래로 인한 채무를 면하게 되는 것은 아니다.

82 김/서, 349면; 안경옥, 소위 화대사기의 가벌성, 고시계 제45권 제10호, 54면; 이정원, 불법원인급여와 재산범죄의 성립 여부, 비교형사법연구 제4권 제2호, 675면.

83 권오걸, 433면; 김기정, 매음료의 면탈과 사기죄의 성부, 대법원판례해설 제39호, 439면; 배종대, 476면; 이재상, 354면; 임웅, 392면; 정/박, 391면.

보호되어야 할 필요는 없으므로 피해자가 기망당하여 화대의 지급을 유예 또는 면해 주는 것을 재산상의 손해로 볼 수 있다.

(2) 관련 판례

A. 불법원인계약에 의한 채무편취 일반적으로 부녀와의 성행위 자체는 경제적으로 평가할 수 없고 부녀가 상대방으로부터 금품이나 재산상 이익을 받을 것을 약속하고 성행위를 하는 약속 자체는 선량한 풍속 기타 사회질서에 위반한 사항을 내용으로 하는 법률행위로서 무효이나, 사기죄의 객체가 되는 재산상의 이익이 반드시 사법(私法)상 보호되는 경제적 이익만을 의미하지 아니하고, 부녀가 금품 등을 받을 것을 전제로 성행위를 하는 경우 그 행위의 대가는 사기죄의 객체인 경제적 이익에 해당하므로, 부녀를 기망하여 성행위 대가의 지급을 면하는 경우 사기죄가 성립한다 (대판 2001.10.23. 2001도2991).

B. 불법원인급여 ① 민법 제746조의 불법원인급여에 해당하여 급여자가 수익자에 대한 반환청구권을 행사할 수 없다고 하더라도, 수익자가 기망을 통하여 급여자로 하여금 불법원인급여에 해당하는 재물을 제공하도록 하였다면 사기죄가 성립한다(대판 2006.11.23. 2006도6795).[84] ② 화투의 조작에 숙달하여 원하는 대로 끝수를 조작할 수 있어서 우연성이 없음에도 피해자를 우연에 의하여 승부가 결정되는 것처럼 오신시켜 돈을 도하게 하여 이를 편취한 행위는 이른바 기망방법에 의한 도박으로서 사기죄에 해당한다(대판 1985.4.23. 85도583).

2. 손해의 발생 요부

가. 학설 사기죄가 성립하기 위해서는 손해가 발생하여야 하는가와 관련하여, ① 피해자에게 재산상의 손해가 발생하여야 한다는 필요설[85]과 ② 재물의 교부 또는 재산상의 이익의 공여 그 자체를 손해라고 볼 수 있으므로 손해발생을 요하지 않는다는 불요설(판례)[86] 및 ③ 사기취재죄의 경우에는 손해의 발생을 요하지 아니하나 사기이득죄의 경우에는 손해의 발생을 요한다는 이분설[87]이 주장되고 있다.

손해발생을 구성요건으로 규정한 독일 형법과는 달리 우리 형법은 재물 및 재산상의 이익을 취득했느냐에 초점을 맞춘다. 따라서 가령, 반드시 갖고 싶은 국보급 골동품의 소유자를 기망하여 골동품을 취득하였다면, 비록 그 대가를 지불하였다고 하더라도 사기죄가 성립한다. 필요설에서도 현실적 손해가 아니더라도 손해발생의 구체적 위험이 있으면 족하다고 하는데, 이 구체적 위험을 판

---

84 피해자로부터 도박자금으로 사용하기 위하여 금원을 차용하고, 상고사건에 관한 교제비로 사용한다고 기망하여 금원을 편취한 사안이다. 대판 1995.9.15. 95도707.

85 권오걸, 464면; 김성돈, 335면; 김성천, 935면; 김/서, 347면; 박상기, 322면; 배종대, 473면; 이재상, 348면; 임웅, 395면; 정/박, 382면, 진계호, 재산죄의 객체, 고시계 제35권 제2호, 126면.

86 오영근, 408면; 정영일, 308면.

87 김종원, 216면; 황산덕, 307면.

단하는 것은 간단한 문제가 아니다.

가령, 하루에 그릇 500개를 세척할 수 있을 뿐인 식기세척기를 하루 1,000개의 그릇을 세척할 수 있다고 기망하여 그 정당한 대가를 받고 판매한 경우에, 손해발생의 구체적 위험이 있는지에 대한 판단은 분명하지 않다. 따라서 우리 형법상으로는 손해발생보다는 재물 또는 재산상 이익의 취득에 초점을 맞추는 불요설이 타당하다.

나. 관련 판례 사기죄의 본질은 기망에 의한 재물이나 재산상 이득의 취득에 있고 이로써 상대방의 재산이 침해되는 것이므로, 상대방에게 현실적으로 재산상의 손해가 발생함을 요하지 않는 것이다(대판 1998.11.10. 98도2526).[88]

다. 전체재산의 감소 요부

(1) 학설 전체재산의 감소가 있어야 한다는 견해[89]도 있지만, 판례는 이를 부정한다.

(2) 판례 기망으로 인한 재물의 교부가 있으면 그 자체로써 곧 사기죄는 성립하고, 상당한 대가가 지급되었다거나 피해자의 전체 재산상에 손해가 없다고 하여도 사기죄의 성립에는 영향이 없다(대판 1999.7.9. 99도1040).[90]

라. 구걸사기, 기부금사기

(1) 학설 구걸사기나 기부금사기가 사기죄를 구성하는가와 관련하여 긍정설[91]과 부정설이 대립한다. 부정설은 피기망자가 자기 재산의 감소를 명백히 인식하였기 때문에, 속아서 재산침해가 생긴 것(무의식적 재산침해)은 아니라는 것을 이유로 든다. 이에 비하여 피기망자가 추구한 객관적 목적이 결여되어 의미 없는 지출이 된 경우에는 무의식적 재산침해를 인정할 수 있다는 목적결여이론[92]은 긍정설을 따른다.

그리고 사기죄의 성립에 손해발생이 필요하다는 독일의 통설과 판례도 구걸사기나 기부금사기의 경우에 사기죄의 성립을 긍정한다. 기망으로 재산을 제공한 피해자가 그에 상응하는 반대급부를 — 비록 비물질적인 목적이기는 하지만 — 얻지 못한 것이 곧 재산상 손해로 보는 것이다. 재산상의 손해를 이렇게 확장한다면, 손해발생이 필요하지 않다는 견해와 본질적으로 구분되지 않는

---

88 대판 1988.6.28. 88도740; 2004.4.9. 2003도7828.

89 권오걸, 464면; 김성돈, 336면; 박상기, 323면.

90 의사면허 없는 자가 속이고 의사로 취업하여 취업기간 동안에 내과전문의에 상당하는 의료기술을 가지고 진료행위를 하여, 병원을 경영하는 갑이 많은 의료수가를 받게 되어 전체적으로 재산상 손해를 입은 바 없다 할지라도 사기죄의 성립에 영향이 없다. 대판 1985.5.14. 80도2973; 1984.12.26. 84도1936; 1982.6.22. 82도777.

91 박상기, 312면; 정영일, 316면.

92 김성돈, 336면; 이재상, 349면.

다. 사기죄의 손해발생이 필요하지 않는다는 불요설에 따르면, 구걸사기나 기부금사기의 경우에, 무의식적 재산침해가 없다고 하더라도 사기죄의 성립을 긍정할 수 있다.

(2) 관련 판례 ① 기망당한 신도들로부터 헌금명목으로 고액의 금원을 교부받은 것은 형법상 사기죄에 해당한다(대판 1995.4.28. 95도250). ② 중국 영토 안에 있는 백두산 지역에 중국 당국의 허가를 받아 미륵불상을 건립하여 봉안하는 것이 불가능하다는 사실을 잘 알고 있음에도 불구하고, 백두산에 미륵부처님을 봉안하는 사업에 시주하면 가족의 이름을 비석에 새겨 주겠다는 내용의 홍보유인물을 제작하여 전국의 사찰 주지들을 통하여 불교신도들에게 나누어 주고 위 사업이 실제로 이루어지는 것으로 잘못 믿은 불교신도들로부터 시주금을 받았다면 사기죄가 성립한다(대판 2003.5.16. 2001도1825).

3. 편취액

가. 저당권 등이 설정된 부동산 편취 특정경제범죄가중처벌등에관한법률 제3조의 적용을 전제로 해 부동산의 가액을 산정함에 있어서는, 그 부동산에 근저당권설정등기가 경료돼 있거나 압류 또는 가압류 등이 이루어져 있는 때에는 특별한 사정이 없는 한 아무런 부담이 없는 상태에서의 그 부동산의 시가 상당액에서 근저당권의 채권최고액, 압류에 걸린 집행채권액, 가압류에 걸린 집행채권액 등을 뺀 실제의 교환가치를 그 부동산의 가액으로 봐야 한다(대판 2007.4.19. 2005도7288 全合).

나. 어음 수표 할인의 경우 어음·수표의 할인에 의한 사기죄에 있어서 취득한 재산상의 이익액은, 당사자가 선이자와 비용을 공제한 현금액만을 실제로 수수하면서도 선이자와 비용을 합한 금액을 대여원금으로 하기로 하고 대여이율을 정하는 등의 소비대차특약을 한 경우는 별론으로 하고, 어음·수표의 액면금이 아니라 수령한 현금액이다(대판 1998.12.9. 98도3282).[93]

다. 유가증권 편취의 경우 유가증권을 편취한 사기범행의 이득액은 유가증권의 액면가액이다(대판 1994.9.9. 94도2032).

라. 공범과 편취액 공동으로 사기죄를 범한 경우에 공범자는 자기가 받은 이득액뿐만 아니라 다른 공범자가 받은 이득액에 대하여도 그 죄책을 면할 수 없는 것이므로, 특정경제범죄가중처벌등에관한법률 의 적용 여부를 가리는 이득액을 정함에 있어서는 모든 공범자가 받은 이득액을 합한 금액을 기준으로 하여야 한다(대판 1991.10.8. 91도1911).

---

93 대판 2009.7.23. 2009도2384.

六. 인과관계

1. 인과관계의 정도와 판단기준

가. 정도

(1) 학설 조건적 인과관계만 있으면 족하다는 것이 독일의 통설이다. 이에 반해 상당인과관계가 있어야 한다는 견해는 특별히 엉성한 기망을 사기죄의 구성요건에서 배제하고 또한 특별한 경신자들에 대해서는 형법적 보호를 인정하지 않으려고 하는 의도에서 출발하고 있다.

(2) 판례 차용금 용도의 목적이 실현 안 되더라도 어차피 금원을 대여하기로 합의하여 이를 교부한 경우에는, 차용금 용도가 거짓이었다 하여도 기망행위와 피해자의 재산적 처분행위와의 사이에는 상당인과관계가 있다고 보기 어렵다(대판 1984.1.17. 83도2818).

나. 판단기준 피해자의 재산적 처분행위나 이러한 재산적 처분행위를 유발한 피고인의 행위가 피고인이 도모하는 어떠한 사업의 성패 내지 성과와 밀접한 관련 아래 이루어진 경우에는, 단순히 피고인의 재력이나 신용상태 등을 토대로 기망행위나 인과관계 존부를 판단할 수는 없고, 피해자와의 관계, 당해 사업에 대한 피해자의 인식 및 관여 정도, 피해자가 당해 사업과 관련하여 재산적 처분행위를 하게 된 구체적 경위, 당해 사업의 성공가능성, 피해자의 경험과 직업 등의 사정을 모두 종합하여 일반적·객관적으로 판단하여야 한다(대판 2011.10.13. 2011도8829).

2. 인과관계가 인정되는 사례 적자 상태인 당해 기업에 대한 여신이 가능했을 수도 있다고 하더라도 이로 인하여 획일적으로 부실 재무제표 제출로 인한 기망행위와 여신 결정 사이의 인과관계가 단절된다고 볼 수는 없고, 기업이 적자 상태를 숨기기 위하여 흑자 상황인 것처럼 작성한 재무제표를 제출하였다는 사실이 발각될 경우 초래될 수 있는 신뢰성 평가에 있어서의 부정적인 영향까지 적절하게 고려·평가하여 인과관계 단절 여부를 살펴보아야 한다(대판 2012.6.14. 2012도1283).[94]

3. 인과관계가 인정되지 않는 사례 ① 동정심에서 대여한 경우,[95] ② 차용금 용도의 목적이 실현되지 않더라도 대여하기로 합의한 경우,[96] ③ 도로부지의 사실상 사용자가 아닌 사람이 점용허가를 받은 경우[97]는 상당인과관계가 없다.

---

94 대판 2007.6.28. 2006다52259.

95 대판 1983.6.28. 83도831. 총각이라면서 결혼하여 사업을 일으켜 보자고 기망하였지만, 피해자가 금원을 대여할 당시 피고인이 경영하는 회사의 자금사정이 어렵다는 사실 및 피고인에게 동거하는 약혼녀가 있다는 사실을 알고 있음에도 그를 좋아하고 동정한 나머지 금원을 대여하여 주었다.

96 대판 1984.1.17. 83도2818. 피해자는 일단 철근구입을 위한 교제비 명목으로 금원을 대여한 것이긴 하나 철근구입이 실현 안 되더라도 고율의 이자로 금원을 대여하기로 합의하였다.

97 대판 1974.7.23. 74도669. 오로지 관리청의 재량에 의하여 점용허가를 결정할 수 있는 것이므로, 망행위가 있었다 하더라도

七. 고의와 영득(이득)의사

1. 고의

가. 고의의 내용 사기죄의 성립에 있어서 피해자에게 손해를 가하려는 목적을 필요로 하지는 않지만 적어도 타인의 재물 또는 이익을 침해한다는 의사와 피기망자로 하여금 어떠한 처분을 하게 한다는 의사는 있어야 한다(대판 1998.4.24. 97도3054).

나. 고의의 판단 방법과 판단시점

(1) 판단방법 ① 편취의 범의는 자백하지 아니하는 이상 범행 전후의 피고인의 재력, 환경, 범행의 내용, 거래의 이행과정 등과 같은 객관적 사정 등을 종합하여 판단할 수밖에 없다(대판 2004.10.15. 2003도3472). ② 범의는 확정적 고의가 아닌 미필적 고의로도 족하다(대판 2009.6.11. 2009도794).

(2) 판단시점 거래물품의 편취에 의한 사기죄의 성립 여부는 거래 당시를 기준으로 물품을 편취할 고의가 있었는지의 여부에 의하여 판단하여야 하므로, 납품 후 경제사정 등의 변화로 납품대금을 일시 변제할 수 없게 되었다고 하여 사기죄에 해당한다고 볼 수 없다(대판 2003.1.24. 2002도5265).

다. 계속적 거래와 고의 ① 계속적인 금전거래나 대차관계를 가지고 있으면서 일시적인 자금궁색 등의 이유로 채무를 이행하지 못하게 되었다면 그러한 결과만으로 금전차용자의 행위가 편취의 범의에서 비롯된 것이라고 단정할 수는 없다(대판 1993.1.15. 92도2588). ② 계속적인 물품거래 도중 일시적인 자금 압박으로 물품대금을 지급하지 못한 것에 불과한 경우, 거래 당시부터 편취 범의가 있었다고 보기 어렵다(대판 2003.1.24. 2002도5265).

라. 분양과 고의 ① 쇼핑몰 상가 분양사업을 계획하면서 사채와 분양대금만으로 사업부지 매입 및 공사대금을 충당할 수 있다는 막연한 구상 외에 체계적인 사업계획 없이 무리하게 쇼핑몰 상가 분양을 강행한 경우(대판 2005.4.29. 2005도741), ② 재력이 별로 없이 무리하게 연립주택의 건축을 떠맡아 일체의 공사자금을 다른 사람들로부터 조달하여 공사를 하다가 채무초과 상태가 되어 목적물로 모두 채권담보의 목적으로 제3자들 앞으로 가등기가 경료되거나 이중으로 분양계약이 체결되어 담보권의 실행을 위하여 채권자들에게 각 그 가등기에 기한 본등기절차를 이행하거나 분양계약에 기한 소유권이전등기절차를 이행하고 목적물도 명도하여 주어야 할 형편에 처해 있었음에도, 피해자들과 분양계약을 다시 체결하거나 임대차(전세)계약을 체결한 경우는 편취의 범의를 인정할 수 있다(대판 1990.11.3. 90도1218).

이는 점용허가 여부의 결정에 하나의 참고가 되었을 뿐 기망행위에 기인하여 점용허가가 이루어진 것이라 단정할 수 없다.

마. 고의가 인정되는 사례 ① 도산 직전에 납품받은 경우,[98] ② 허위의 매출전표를 카드회사에 제출한 경우,[99] ③ 기망하여 용도가 특정된 자금을 대출받은 경우[100]는 사기죄의 범의를 인정할 수 있다.

바. 고의가 없는 사례

(1) 채무불이행과 고의 자기소유의 고철과 석탄 및 주물공장을 이용하여 제품을 만들어 판매한 매각대금으로 타인의 채무를 변제하기로 약정하였다면 그 매각대금으로 채무를 변제하지 아니하였다 하더라도 이는 단순한 채무불이행으로서 횡령죄나 사기죄를 구성하지 아니한다(대판 1971.11.23. 71도1724).

(2) 실경영주의 회사재산 양도담보제공 주식회사 소유의 재봉틀의 처분에 관하여 사실상 전권을 행사하고 있는 실질적 경영주가 재봉틀이 회사의 소유라는 사실을 고지하지 아니하고 이를 타인에게 양도담보로 제공하고 돈을 빌렸더라도, 사기의 범의가 있다거나 차용행위가 돈을 편취하는 행위에 해당한다고 하기는 어렵다(대판 1991.6.11. 91도817).

2. 불법영득(이득)의사

가. 영득의사의 내용 사기죄에 있어서의 불법영득의 의사라고 함은 타인의 물건을 일시적으로 그 경제적 용법에 따라 이용 또한 처분하려는 의사까지도 포함한다고 보아야 할 것이고, 반드시 그 물건을 영구적으로 보유할 의사가 있어야 하는 것이 아니다(대판 1966.3.15. 66도132).

나. 기망행위를 수단으로 한 권리행사와 사기

(1) 학설 재물의 교부 또는 재산상의 이익을 받을 정당한 권리를 가진 자가 기망의 수단으로 재물 또는 재산상의 이익을 취득한 때에는 ① 정당한 권리의 범위 내인 때에는 이득 자체에 불법성이 없기 때문에 사기죄가 성립하지 아니한다는 부정설[101]과 ② 기망이라는 수단 방법이 사회통념상 허용될 수 없는 것인 경우라면 사기죄의 구성요건에 해당한다는 긍정설(판례)[102]이 대립한다. 이 경우의 권리자는 타인의 재산을 영득 또는 이득할 의사를 가지고 있었고, 이 존재하는 영득 혹은 이득의사가 위법한가의 문제는 위법성의 문제이다. 권리자라고 하더라도 권리행사의 방법으로 절취, 갈취 등의 방법을 사용하는 것은 허용되지 않는 사력구제로서 위법행위이며, 행위자가 이러한 사력구제가 적법하다고 생각했다면, 이는 금지착오의 문제일 뿐이다.

---

98 대판 1983.5.10. 83도340.

99 대판 1999.2.12. 98도3549.

100 대판 2007.4.7. 2006도7634. 대출받을 자금을 상환할 의사와 능력이 있었는지 여부를 불문하고 편취의 고의가 있었다.

101 권오걸, 558면; 김/서, 353면; 배종대, 495면; 이재상, 351면; 임웅, 399면.

102 강수진, 권리행사와 사기죄, 형사판례연구(6), 290~293면; 정영일, 327면.

(2) 관련 판례

A. 판단기준 기망행위를 수단으로 한 권리행사의 경우, 그 권리행사에 속하는 행위와 그 수단에 속하는 기망행위를 전체적으로 관찰하여 그와 같은 기망행위가 사회통념상 권리행사의 수단으로서 용인할 수 없는 정도라면 그 권리행사에 속하는 행위는 사기죄를 구성한다(대판 2003.12.26. 2003도4914).[103]

B. 정당한 권리행사가 아닌 사례 ① 채권을 변제받기 위한 방편이었다 하더라도 피해자에게 환전하여 주겠다고 기망하여 약속어음을 교부받는 행위는 위법성을 조각할 만한 정당한 권리행사 방법이라고 볼 수 없다(대판 1982.9.14. 82도1679). ② 피해자에 대하여 동시이행 조건 없이 부동산에 관한 소유권이전등기절차의 이행을 명하는 승소확정판결을 받아 단독으로 이전등기를 경료할 수 있었다 하더라도, 그 판결에 기해 이전등기를 경료하지 않고 판결 확정 후 피해자에게 매매잔금을 공탁해 줄 것처럼 거짓말을 하여 '부동산에 관한 이전등기를 경료받은 후 피해자에게 매매잔금을 공탁해 주는 조건으로 부동산의 소유권을 임의로 이전받기로' 피해자와 합의하고 그에 기해 부동산의 소유권을 이전받은 이상, 사회통념상 권리행사의 수단으로서 용인할 수 있는 범위를 벗어난 것으로 사기죄에 있어서의 기망행위에 해당한다(대판 2011.3.10. 2010도14856).

C. 정당한 권리행사인 사례 피고인을 임차인으로 하는 임대차계약서 작성 당시에 토지 및 건물에 관하여 경매신청이 되지 아니하였을 뿐만 아니라, 임대차계약은 甲으로부터 수령권한을 위임받은 피고인이 건축주와 사이에 자신의 공사대금채권과 갑의 대여금채권 전부를 임대차보증금반환채권으로 전환하기로 합의하여 이루어진 것으로서 진정한 임대차계약이고, 실제로 피고인이 임대차목적물에 입주하여 거주하면서 주민등록전입신고를 하고 확정일자를 받은 이상, 전혀 아무런 권리도 없으면서 허위의 임대차계약서를 조작한 사안과 달리 피고인은 진정한 임차인이라고 할 것이므로, 경매법원으로부터 배당을 받은 것은 임대차보증금반환채권의 실행행위에 불과하며, 비록 무효로 하기로 한 약속어음 공정증서에 기하여 배당을 받았다고 할지라도 임대차보증금반환채권의 실행행위의 일환으로 배당금을 받은 피고인에게 편취의 범의가 있다거나 경매법원을 기망하여 배당금을 편취하였다고는 볼 수 없다(대판 2004.7.22. 2003도6412).

다. 불법영득의사가 없는 사례: 변태지출 면사무소직원이 면회계공무원으로부터 자금을 지출받음에 있어서 적법한 절차가 아닌 허위의 지출결의서의 작성·행사라는 변태적인 방법을 취하였다 하여도 그 돈을 결국 면이 지출해야 할 소요경비에 사용하였다면, 허위공문서의 작성 및 동행사의 점은 별론으로 하고 거기에는 면에 무슨 손해가 있다거나 불법영득의사가 있었다고는 볼 수 없다(대판 1984.2.14. 83도2857).

---

103 대판 2003.6.13. 2002도6410.

八. 기타 문제

1. 실행의 착수 및 기수시기

가. 실행의 착수시기

(1) 보험사기 ① 보험금을 편취할 의사로 허위로 보험사고를 신고하거나 고의로 보험사고를 유발한 경우 보험금에 관한 사기죄가 성립한다(대판 2011.2.24. 2010도17512). ② 보험계약자가 상법상 고지의무를 위반하여 보험자와 보험계약을 체결한다고 하더라도 그 보험금은 보험계약의 체결만으로 지급되는 것이 아니라 우연한 사고가 발생하여야만 지급되는 것이므로, 상법상 고지의무를 위반하여 보험계약을 체결하였다는 사정만으로는 미필적으로나마 보험금 편취를 위한 고의의 기망행위가 있었다고 단정하여서는 아니 되고, 더 나아가 보험사고가 이미 발생하였음에도 이를 묵비한 채 보험계약을 체결하거나 보험사고 발생의 개연성이 농후함을 인식하면서도 보험계약을 체결하는 경우 또는 보험사고를 임의로 조작하려는 의도를 갖고 보험계약을 체결하는 경우와 같이 그 행위가 '보험사고의 우연성'과 같은 보험의 본질을 해할 정도에 이르러야 비로소 보험금 편취를 위한 고의의 기망행위를 인정할 수 있다(대판 2012.11.15. 2010도6910). ③ 타인의 사망을 보험사고로 하는 생명보험계약을 체결함에 있어 제3자가 피보험자인 것처럼 가장하여 체결하는 등으로 그 유효 요건이 갖추어지지 못한 경우에도, 그 보험계약 체결 당시에 이미 보험사고가 발생하였음에도 이를 숨겼다거나 보험사고의 구체적 발생 가능성을 예견할 만한 사정을 인식하고 있었던 경우 또는 고의로 보험사고를 일으키려는 의도를 가지고 보험계약을 체결한 경우와 같이 보험사고의 우연성과 같은 보험의 본질을 해칠 정도라고 볼 수 있는 특별한 사정이 없는 한, 그와 같이 하자 있는 보험계약을 체결한 행위만으로는 미필적으로라도 보험금을 편취하려는 의사에 의한 기망행위의 실행에 착수한 것으로 볼 것은 아니다(대판 2013.11.14. 2013도7494).[104]

(2) 사기도박 사기죄는 편취의 의사로 기망행위를 개시한 때에 실행에 착수한 것으로 보아야 하므로, 사기도박에 있어서도 사기적인 방법으로 도금을 편취하려고 하는 자가 상대방에게 도박에 참가할 것을 권유하는 등 기망행위를 개시한 때에 실행의 착수가 있다(대판 2011.1.13. 2010도9330).

(3) 실행의 착수가 없는 사례

A. 허위의 보조금 정산보고서 제출, 허위의 태풍 피해신고 정산보고서나 피해신고는 보조금의 지원 여부 및 정도를 결정함에 있어 그 직권조사를 개시하기 위한 참고자료에 불과하므로, 허위의 신고만으로는 보조금 편취범행의 실행에 착수한 것이라고 볼 수 없다(대판 2003.6.13. 2003도1279).

B. 이의신청 부동산소유권이전등기등에관한특별조치법에 의거하여 임야의 사실상의 양수자

---

104 기망행위의 실행의 착수로 인정할 수 없는 경우에 피보험자 본인임을 가장하는 등으로 보험계약을 체결한 행위는 단지 장차의 보험금 편취를 위한 예비행위에 지나지 않는다.

가 확인서발급 신청을 하자, 위조된 계약서 사본을 첨부하여 임야의 소유자라고 허위 주장하여 이의신청을 한 결과 확인서발급신청이 기각되었다 하더라도 임야를 편취하려는 기망행위에 나아간 것이라고 보기 어렵다(대판 1982.3.9. 81도2767).

나. 기수시기

(1) 자신의 지배하에 둔 경우 타인의 명의를 빌려 예금계좌를 개설한 후 통장과 도장은 명의인에게 보관시키고 자신은 위 계좌의 현금인출카드를 소지한 채 피해자를 기망하여 위 예금계좌로 돈을 송금하게 한 경우, 자신은 통장의 현금인출카드를 소지하고 있으면서 언제든지 카드를 이용하여 차명계좌 통장으로부터 금원을 인출할 수 있었고, 피해자를 기망하여 통장으로 돈을 송금받은 이상 이로써 송금받은 돈을 자신의 지배하에 두게 되어 편취행위는 기수에 이르렀다(대판 2003.7.25. 2003도2252).[105]

(2) 부동산 사기의 기수시기 토지 자체의 편취가 기수에 이르렀다고 하기 위하여는 그 토지에 관한 소유권취득의 등기를 하여야만 한다(대판 1996.5.14. 96도481).

(3) 유가증권 편취의 기수시기 사기범행으로 당좌수표 등 유가증권을 편취할 경우에는 유가증권을 교부받은 단계에서 재물편취의 기수가 된다(대판 1985.12.24. 85도2317).

(4) 지급보증서, 신용보증서의 교부와 기수시기

A. 은행의 지급보증서 지급보증서라는 서면의 취득만 하고 이를 채권자에게 교부하기 전 단계에서는 채권자로부터 금원의 융자 또는 융자금의 변제기 연장을 받을 수 있는 재산상의 이익을 취득한 것이라고는 할 수 없고, 더 나아가 보증서가 채권자에게 제공되어 보증채무가 성립됨으로써 비로소 재산상의 이익을 취득한 것이 되어 이득사기죄로서 완성된다 할 것이므로, 피해자 은행으로부터 지급보증서를 교부만 받아 이를 채권자에게 교부하지 아니한 단계라면 재산상의 이득에 대한 사기죄에 있어서는 그것의 취득만으로서 범죄가 완성되었다 할 수 없다(대판 1982.4.13. 80도2667).[106]

B. 신용보증기금의 신용보증서 신용보증기금의 신용보증서 발급이 기망행위에 의하여 이루어진 이상 그로써 곧 사기죄는 성립하는 것이고, 그로 인하여 취득한 재산상 이익은 신용보증금액 상당액이다(대판 2007.4.26. 2007도1274).[107]

(5) 딱지어음 사기의 기수시기 어음, 수표의 발행인이 지급기일에 결제되지 않으리라는 정을

---

105 이후 편취금을 인출하지 않고 있던 중 피해자가 이를 인출하여 갔다 하더라도 이는 범죄성립 후의 사정일 뿐 사기죄의 성립에 영향이 없다.

106 교부받은 급보증서는 지급보증인이 특정채무자의 특정채권자에 대한 특정채무의 보증인으로서의 채무를 부담하겠다는 청약의 의사표시를 기재한 서면으로서 그 보증서가 상대방 채권자에게 제공되어 채권자가 그 청약을 승낙함으로써 비로소 피해자인 지급보증인은 보증채무를 부담하게 되고 이와 동시에 피고인은 기도한 대로 금원의 융자 또는 융자금의 변제기연장을 받을 수 있는 재산상의 이익을 취득한 것으로 된다.

107 대한주택보증도 동일하다. 대판 2008.2.28. 2007도10416; 2013.11.28. 2011도7229.

예견하면서도 이를 발행하고, 거래상대방을 속여 할인을 받거나 물품을 매수하였다면 발행인의 사기행위는 이로써 완성되는 것이고, 거래상대방이 그 어음, 수표를 타에 양도함으로써 전전유통되고 최후소지인이 지급기일에 지급제시하였으나 부도되었다고 하더라도 발행인이 최후소지인의 전자들과 사이에 공모관계에 있다는 등의 특별한 사정이 없는 한 최후소지인에 대한 관계에서 발행인의 행위를 사기죄로 의율할 수 없다(대판 2005.10.13. 2005도4589).[108]

다. 중지미수 피고인이 피해자에게 위조한 주식인수계약서와 통장사본을 보여주면서 50억 원의 투자를 받았다고 말하며 자금대여를 요청하였고, 이에 피해자와 함께 50억 원의 입금 여부를 확인하기 위해 은행에 가던 중 은행 입구에서 차용을 포기하고 돌아간 것이라면, 이는 피고인이 범행이 발각될 것이 두려워 범행을 중지한 것으로서, 일반 사회통념상 범죄를 완수함에 장애가 되는 사정에 해당한다고 보아야 할 것이므로, 자의에 의한 중지미수라고는 볼 수 없다(대판 2011.11.10. 2011도10539).

2. 죄수

가. 동일 피해자인 경우

(1) 포괄일죄의 요건 ① 단일한 범의를 가지고 상대방을 기망하여 착오에 빠뜨리고 그로부터 동일한 방법에 의하여 여러 차례에 걸쳐 재물을 편취하면 그 전체가 포괄하여 일죄로 된다(대판 2004.7.22. 2004도2390).[109] ② 범의의 단일성과 계속성이 인정되지 아니하거나 범행방법이 동일하지 않은 경우에는 각 범행은 실체적 경합범에 해당한다(대판 2004.6.25. 2004도1751).

(2) 포괄일죄가 아닌 사례 ① 건축비 차용금으로 편취한 사기범행 부분과 현금 명목으로 편취한 사기범행 부분은 범의의 단일성과 계속성이 인정되지 아니하거나 범행방법이 동일하지 아니하다(대판 1997.6.27. 97도508). ② 어음할인으로 금원을 편취한 사기범행 부분과 플라스틱 사출원료를 편취한 사기범행 부분은 범행의 방법이 동일하지 아니하고 범의의 단일성과 계속성을 인정하기 어렵다(대판 2004.6.25. 2004도1751).

나. 여러 명의 피해자

(1) 죄수 판단기준 여러 사람의 피해자에 대하여 따로 기망행위를 하여 각각 재물을 편취한 경우에는 비록 범의가 단일하고 범행방법이 동일하더라도 각 피해자의 피해법익은 독립한 것이므로, 그 전체가 포괄일죄로 되지 아니하고 피해자별로 독립한 여러 개의 사기죄가 성립된다(대판 2004.7.22. 2004도2390).[110]

---

108 대판 2005.4.15. 2005도652; 1998.2.10. 97도3040.

109 대판 2003.4.8. 2003도382; 2001.12.28. 2001도6130; 2006.2.23. 2005도8645.

110 대판 2003.4.8. 2003도382; 2001.12.28. 2001도6130; 2006.2.23. 2005도8645; 2011.4.14. 2011도769; 2010.4.29.

(2) 상상적 경합인 사례 피해자들을 유인하여 사기도박으로 도금을 편취한 행위는 사회관념상 1개의 행위로 평가하는 것이 타당하므로, 피해자들에 대한 각 사기죄는 상상적 경합의 관계에 있다(대판 2011.1.13. 2010도9330).

(3) 피해자 별로 실체적 경합인 사례 자산관리위탁계약서상의 약정 및 계약금 지급의 유예 사실을 숨기는 한편 분양 계약금이 입금된 것처럼 가장하여 피해 저축은행들로부터 10여 일의 짧은 기간 동안에 수백 회에 걸쳐 중도금 대출 명목으로 금원을 편취한 것으로, 단일한 범의하의 동일한 수법의 범행이므로 피해 저축은행 별로 사기죄의 포괄일죄가 성립된다(대판 2006.2.23. 2005도8645).[111]

3. 공범

가. 공동정범

(1) 공모공동정범 사기의 공모공동정범이 그 기망방법을 구체적으로 몰랐다고 하더라도 공모관계를 부정할 수 없다(대판 2013.08.23. 2013도5080).

(2) 실행의 착수 후 공모관계의 이탈 공범들과 다단계금융판매조직에 의한 사기범행을 공모하고 피해자들을 기망하여 투자금 명목으로 피해금원의 대부분을 편취한 단계에서 조직의 관리이사직을 사임한 경우, 사임 이후 피해자들이 납입한 나머지 투자금 명목의 편취금원도 같은 기망상태가 계속된 가운데 같은 공범들에 의하여 같은 방법으로 수수됨으로써 피해자별로 포괄일죄의 관계에 있으므로 이에 대하여도 공범으로서의 책임을 부담한다(대판 2002.8.27. 2001도513).

(3) 딱지어음 사기 딱지어음을 발행하여 매매한 이상 사기의 실행행위에 직접 관여하지 아니하였다고 하더라도 공동정범으로서의 책임을 면하지 못하고, 딱지어음의 전전유통경로나 중간 소지인들 및 그 기망방법을 구체적으로 몰랐다고 하더라도 공모관계를 부정할 수 없다(대판 1997.9.12. 97도1706).

나. 방조범 의사가 입원치료를 받을 필요가 없는 환자들이 보험금 수령을 위하여 입원치료를 받으려고 하는 사실을 알면서도 입원을 허가하여 형식상으로 입원치료를 받도록 한 후 입원확인서를 발급하여 주면 사기방조죄가 성립한다(대판 2006.1.12. 2004도6557).

4. 불가벌적 사후행위

가. 불가벌적 사후행위인 사례

(1) 장물인 자기앞수표, 무기명증권의 교부 ① 금융기관 발행의 자기앞수표는 그 액면금을 즉시 지급받을 수 있는 점에서 현금에 대신하는 기능을 가지고 있어서 장물인 자기앞수표를 취득한 후

2010도2810.

111 대판 2000.2.11. 99도4862; 2010.5.27. 2007도10056.

이를 현금 대신 교부한 행위는 장물취득에 대한 가벌적 평가에 당연히 포함되는 불가벌적 사후행위로서 별도의 범죄를 구성하지 아니한다(대판 1993.11.23. 93도213). ② 열차승차권은 자체에 권리가 화체되어 있는 무기명증권이므로 이를 사용하여 승차하거나 권면가액으로 양도할 수 있고 매입금액의 환불을 받을 수 있는 것으로서 환불을 받음에 있어 비록 기망행위가 수반한다 하더라도 따로 사기죄로 평가할 만한 새로운 법익의 침해가 있다고 할 실질을 가진 것으로 볼 수 없어 절도의 사후처분행위로서 불가벌적이다(대판 1975.8.29. 75도1996).

(2) 편취한 약속어음을 채권변제에 충당 당초부터 피해자를 기망하여 약속어음을 교부받은 경우에는 그 교부받은 즉시 사기죄가 성립하고, 그 후 이를 피해자에 대한 피고인의 채권의 변제에 충당하였다 하더라도 불가벌적 사후행위가 되고 별도의 횡령죄를 구성하지 않는다(대판 1983.4.26. 82도3079).

나. 불가벌적 사후행위가 아닌 사례: 새로운 법익의 침해

(1) 강취한 예금통장으로 예금 인출 강취한 은행예금통장을 이용하여 예금의 환급 명목으로 금원을 편취하는 것은 다시 새로운 법익을 침해하는 행위이므로 장물의 단순한 사후처분과는 같지 아니하고 별도의 사기죄를 구성한다(대판 1990.7.10. 90도1176).

(2) 장물을 자기의 소유로 기망한 경우 ① 절도범인이 그 절취한 장물을 자기 것인 양 제3자를 기망하여 금원을 편취한 경우에는 장물에 관하여 소비 또는 손괴하는 경우와는 달리 제3자에 대한 관계에 있어서는 새로운 법익의 침해가 있다고 할 것이므로 절도죄 외에 사기죄가 성립한다(대판 1980.11.25. 80도2310).[112] ② 절취한 전당표를 전당포에 제시 기망하여 전당물을 되찾아 편취하는 것은 다시 새로운 법익을 침해하는 행위로서 사기죄를 구성한다고 봄이 상당하고 이를 절도의 사후행위라고 볼 것이 아니다(대판 1980.10.4. 80도2155). ③ 편취한 약속어음을 그와 같은 사실을 모르는 제3자에게 편취사실을 숨기고 할인받는 행위는 당초의 어음 편취와는 별개의 새로운 법익을 침해하는 행위로서 기망행위와 할인금의 교부행위 사이에 상당인과관계가 있어 새로운 사기죄를 구성한다 할 것이고, 설령 그 약속어음을 취득한 제3자가 선의이고 약속어음의 발행인이나 배서인이 어음금을 지급할 의사와 능력이 있었다 하더라도 이러한 사정은 사기죄의 성립에 영향이 없다(대판 2005.9.30. 2005도5236).

5. 타죄와의 관계

가. 도박죄와의 관계 이른바 사기도박에 있어서와 같이 도박당사자의 일방이 사기의 수단으로써 승패의 수를 지배하는 경우에는 도박에 있어서의 우연성이 결여되어 사기죄만 성립하고 도박죄는 성립하지 아니한다(대판 2011.1.13. 2010도9330).

---

112 대판 2011.4.28. 2010도15350.

나. 사문서위조, 통화위조 등과의 관계

(1) 학설 위조된 문서나 통화를 진정한 것으로 행사하여 재산을 취득할 때, ① 사기죄와 위조문서행사죄(또는 위조통화행사죄)의 상상적 경합이 된다는 견해[113]와 실체적 경합(판례)이 된다는 견해가 주장되고 있다. 행위동일성이 인정되므로 상상적 경합설이 타당하다.

(2) 판례 ① 위조사문서행사죄와 이로 인한 사기죄는 상상적 경합관계에 있다고 볼 수 없다(대판 1981.7.28. 81도529). ② 통화위조죄에 관한 규정은 공공의 거래상의 신용 및 안전을 보호하는 공공적인 법익을 보호함을 목적으로 하고 있고, 사기죄는 개인의 재산법익에 대한 죄이어서 양 죄는 그 보호법익을 달리하고 있으므로 위조통화를 행사하여 재물을 불법영득한 때에는 위조통화행사죄와 사기죄의 양 죄가 성립된다(실체적 경합)(대판 1979.7.10. 79도840).

다. 부정수표단속법위반과의 관계 사기의 수단으로 발행한 수표가 지급거절된 경우 부정수표단속법위반과 사기죄는 행위의 태양과 보호법익을 달리하므로 실체적 경합의 관계에 있다(대판 2004.6.25. 2004도1751).

라. 보건범죄 단속에 관한 특별조치법 위반과의 관계 사기죄와 무허가의약품제조행위를 처벌하는 보건범죄단속에관한특별조치법위반죄는 실체적 경합관계로 봄이 상당하다(대판 2004.1.15. 2001도1429).

마. 변호사법위반죄와의 관계 공무원이 취급하는 사건에 관하여 청탁 또는 알선할 의사와 능력이 없음에도 청탁 또는 알선한다고 기망하고, 이에 속은 피해자로부터 이른바 로비자금 명목으로 금원을 송금받은 행위는 사기죄와 변호사법위반죄에 각 해당하고, 양 죄는 상상적 경합의 관계에 있다(대판 2006.1.27. 2005도8704).[114]

바. 석유 및 석유대체사업법위반과의 관계 판매의 목적으로 휘발유에 솔벤트, 벤젠 등을 혼합하여 판매한 행위는 석유사업법 제24조, 제22조 위반죄와 형법상 사기죄의 상상적 경합관계에 있다(대판 1980.12.9. 80도384 全合).

6. 친족상도례

가. 피기망자 포함 여부

(1) 학설 친족상도례의 적용과 관련하여 재산상의 피해자 외에 피기망자도 피해자로 볼 것인

---

113 김성돈, 341면; 김/서, 353면; 배종대, 496면; 오영근, 422면; 이재상, 354면; 이형국, 385면; 임웅, 400면; 정/박, 387면.

114 형이 더 무거운 사기죄에 정한 형으로 처벌하기로 하면서도, 공무원이 취급하는 사건에 관하여 청탁한다는 명목으로 받은 금품은 몰수 또는 추징할 수 있다. 대판 2008.2.28. 2007도10004.

지에 대해, 긍정설[115]과 부정설[116]이 대립한다. 사기죄의 보호법익을 재산 외에 거래의 진실성 내지 신의칙도 포함하는 입장은 긍정설을 취한다.

(2) 판례(부정설) 법원을 기망하여 제3자로부터 재물을 편취한 경우에 피기망자인 법원은 피해자가 될 수 없고 재물을 편취당한 제3자가 피해자라고 할 것이므로, 피해자인 제3자와 사기죄를 범한 자가 직계혈족의 관계에 있을 때에는 그 범인에 대하여 형법 제328조 제1항을 준용하여 형을 면제하여야 한다(대판 1976.4.13. 75도781).[117]

(3) 검토 사기범인과 재산상의 피해자 사이에 친족관계가 있으면 족하다고 보는 판례·다수설의 입장이 타당하다. 이 점에 비추어 보더라도 사기죄의 보호법익은 개별재산이라고 가능한 한 단순화할 필요가 있다.

나. 특별법과 친족상도례 특경법 제3조 제1항에 의해 가중처벌되는 경우에도 형벌상 사기죄의 성질은 그대로 유지되는 것이고, 특경법에 친족상도례의 적용을 배제한다는 명시적인 규정이 없으므로 형법 제354조는 특경법 제3조 제1항 위반죄에도 그대로 적용된다(대판 1989.6.13. 89도582; 2010.2.11. 2009도12627).

다. 사돈과 친족 사기죄의 피고인과 피해자가 사돈지간이라고 하더라도 민법상 친족으로 볼 수 없다(대판 2011.4.28. 2011도2170).

III. 소송사기

1. 소송사기의 의의 및 성립의 엄격성

가. 의의 소송사기는 법원을 기망하여 자기에게 유리한 판결을 얻음으로써 상대방의 재물 또는 재산상 이익을 취득하는 것을 내용으로 하는 범죄이다(대판 2004.3.12. 2003도333).[118] 소송절차에 있어서 법원을 기망하는 경우가 전형적인 소송사기라 하겠으나, 넓은 의미로는 독촉절차상의 지급명령, 공시최고절차상의 제권판결, 강제집행절차와 관련하여 집행법원, 나아가 집행관을 기망하는 경우까지도 소송사기의 일례로서 소개하는 것이 일반적이다.

---

115 임웅, 403면.

116 김성돈, 339면; 박상기, 327면; 이재상, 354면.

117 대판 2014.9.26. 2014도8076.

118 대판 2004.6.24. 2002도4151; 2006.11.10. 2006도5811.

나. 성립의 엄격성 범행을 인정한 경우 외에는 그 소송상의 주장이 사실과 다름이 객관적으로 명백하고 그 소송상의 주장이 명백히 허위인 것을 인식하였거나 증거를 조작하려고 한 흔적이 있는 등의 경우 외에는 이를 쉽사리 유죄로 인정하여서는 안 된다(대판 2004.6.25. 2003도7124).[119]

2. 행위의 주체

가. 적극적 당사자(원고) 허위의 주장을 청구원인으로 하여 소송을 제기한 원고가 소송사기의 주체가 될 수 있음은 명백하고 실제로 이러한 경우가 대부분이다.

나. 소극적 당사자(피고) 피고라 하더라도 허위내용의 서류를 작성하여 이를 증거로 제출하거나 위증을 시키는 등의 적극적인 방법으로 법원을 기망하여 착오에 빠지게 한 결과 승소확정판결을 받음으로써 자기의 재산상의 의무이행을 면하게 된 경우에는 사기죄가 성립한다(대판 2004.3.12. 2003도333).[120]

다. 제3자

(1) 공동정범 피고인의 母가 직접 당사자가 되어 소송을 제기하였다고 하더라도 피고인이 그와 공모하여 한 것인 이상 소송사기죄의 성립에는 영향이 없다(대판 1980.5.27. 80도838).[121]

(2) 간접정범

A. 성립요건 자기에게 유리한 판결을 얻기 위하여 소송상의 주장이 사실과 다름이 객관적으로 명백하거나 증거가 조작되어 있다는 정을 인식하지 못하는 제3자를 이용하여 그로 하여금 소송의 당사자가 되게 하고 법원을 기망하여 소송 상대방의 재물 또는 재산상 이익을 취득하려 하였다면 간접정범의 형태에 의한 소송사기죄가 성립하게 된다(대판 2007.9.6. 2006도3591).

B. 성립하는 사례 피고인의 요청에 따라 피해자 甲이 허위로 작성하여 준 현금지불각서에 기하여 乙에게 각서의 허위의 채권을 양도함으로써 乙로 하여금 甲을 상대로 법원에 양수금 청구의 소를 제기하게 하였지만, 甲이 응소하여 다투는 바람에 미수에 그친 경우, 사기미수죄가 성립한다(대판 2004.1.27. 2001도5414).

라. 제권판결과 소송사기의 주체

(1) 어음과 수표의 발행인: 다른 사람이 소지하고 있음을 안 경우 약속어음의 발행인이나 수표의 발행인이 그 어음 또는 수표를 타인이 교부받아 소지하고 있는 사실을 알면서도 허위의 분실사유

---

119 대판 2005.3.24. 2003도2144; 2007.9.6. 2006도3591.

120 대판 1998.2.27. 97도2786; 1987.9.22. 87도1090.

121 대판 1987.9.22. 87도1090.

를 들어 공시최고신청을 하고 이에 따라 법원으로부터 제권판결을 받았다면, 그 어음(수표)채무를 면하게 된 데 대하여 사기죄가 성립한다(대판 1995.9.15. 94도3213).[122]

(2) 소지인이었던 사람 수표의 소지인인 피해자는 그 원인관계의 흠결이나 하자에 관계없이 수표상의 권리를 행사할 수 있는 자격이 있으므로, 위법하게 제권판결을 선고받아 그 수표(증권)를 무효로 하였다면, 이로써 피해자에게 현실적·경제적으로 재산상 손해가 생겼는지 여부에 관계없이 피해자의 수표상의 권리를 침해하여 재산상 손해를 입혔다(대판 2003.12.26. 2003도4914).[123]

3. 기망행위

가. 허위의 주장

(1) 허위의 의미 및 판단기준 허위주장이라고 하려면 소 제기 등의 행위가 그 본질에 있어서 자신의 정당한 권리행사의 일환으로 이루어진 것이 아니라 허구의 주장과 증거조작을 통하여 법원을 기망하려고 시도한 것이라고 인정될 수 있어야 한다(대판 2002.12.10. 2002도5190).[124]

(2) 권리행사와 소송사기 甲에 대한 乙과 丙의 채무를 대위변제할 정당한 이익이 있어 채무자들을 대신하여 변제했다면 그로 인하여 甲의 乙과 丙에 대한 채권을 법적으로 당연히 양도받은 것이 되어(민법 제481조) 丙에 대한 채권자임이 명백하고, 위조된 채권양도계약서와 통지서를 증거로 했다 하여도 승소판결을 받음으로써 비로소 금원을 편취하게 되는 것이 아니므로, 비록 위조된 채권양도 계약서와 통지서를 증거로 했다 하여도 그것은 자신의 권리발생 사유에 관한 법적인 평가를 잘못한 데서 연유된 것으로 볼 것이지 그러한 범죄문서의 수단에 의하여 권리행사를 하려고 한 것으로 볼 것이 아니다(대판 1989.7.11. 89도346).

C. 정당한 권리행사가 아닌 사례

1) 타주점유임이 불명확한 경우 소송의 승패에 결정적인 증거인 자주점유의 권원에 관한 처분문서를 위조하고 그 성립에 관한 위증을 교사한 행위는, 비록 점유자가 자주점유로 추정받는다고 하더라도 위와 같은 기망행위에 의하여 적극적으로 법원을 기망하여 착오에 빠지게 함으로써 승소판결을 받고 등기까지 했던 것이라면, 정당한 권리행사라 할 수 없어 사기죄를 구성한다(대판 1997.10.14. 96도1405).

2) 타주점유인 경우 토지에 대한 자신의 점유가 타주점유여서 점유취득시효완성으로 인한 소유권이전등기청구권이 발생하지 않았다는 것을 잘 알면서도, 마치 자신의 점유가 자주점유인 것처럼 법원을 기망하여 취득시효완성으로 인한 소유권이전등기절차의 이행을 명하는 승소판결을 받

122 대판 1999.4.9. 99도364.

123 자기앞수표를 다른 사람에게 교부하여 다른 사람이 소지하고 있음을 알면서도 허위의 주장을 하여 제권판결을 받은 사안이다.

124 대판 2003.3.16. 2003도373.

을 목적으로, 매도증서를 위조한 다음 이를 법원에 증거로 제출한 사실을 충분히 인정할 수 있으므로, 소송사기에 의한 사기미수죄로 처단한 것은 정당하다(대판 1996.5.14. 96도785).

(3) 허위의 주장만으로도 소송사기가 성립하는지 여부

법원을 기망하는 것은 반드시 허위의 증거를 이용하지 않더라도 당사자의 주장이 법원을 기만하기 충분한 것이라면 기망수단이 되는 것이다(대판 2004.6.24. 2002도4151).[125]

(4) 상대방에게 유리한 증거를 제출하지 아니한 경우(부작위) 상대방에게 유리한 증거를 제출하지 않거나 상대방에게 유리한 사실을 진술하지 않는 행위만으로는 소송사기에 있어 기망이 된다고 할 수 없다(대판 2002.6.28. 2001도1610).[126]

나. 증거조작

(1) 증거조작의 의미 소송사기에서 말하는 증거의 조작이란 처분문서 등을 거짓으로 만들어 내거나 증인의 허위 증언을 유도하는 등으로 객관적·제3자적 증거를 조작하는 행위를 말하는 것이다(대판 2004.3.25. 2003도7700).[127]

(2) 증거조작이 아닌 사례 원고가 소송 제기에 앞서 그 명의로 피해자에 대한 일방적인 권리주장을 기재한 통고서 등을 작성하여 내용증명우편으로 발송한 다음 이를 법원에 증거로 제출하였다 하더라도, 위 통고서는 원고의 주장을 기재한 원고 명의의 문서일 뿐 객관적·제3자적 증거가 아니므로 증거를 조작하였다고 볼 수는 없다(대판 2004.3.25. 2003도7700).

(3) 증거조작인 사례 재심원고를 승소시키기 위하여 재심피고 명의로 허위의 내용을 기재한 준비서면과 자술서를 작성하여 법원에 제출한 행위는 허위의 증거를 조작하고 적극적으로 사술을 사용하여 법원을 기망하는 행위로서 소송사기의 실행의 착수에 해당한다(대판 1988.4.12. 87도2394).

(4) 상대방의 입증방해: 처분문서 등을 위조하여 제출 상대방의 입증 여부에 따라 소송의 승패가 결정되는 소송에서, 소송의 승패에 결정적인 증거인 자주점유의 권원에 관한 처분문서를 위조하고, 그 성립에 관한 위증을 교사함으로써 상대방의 추정번복의 입증을 원천적으로 봉쇄한 것은 소송사기가 된다(대판 1997.10.14. 96도1405).

---

125 피해자에게 수표를 할인해 준 것이 아니라 甲에게 할인을 해주었는데도 아무런 관련이 없는 피해자를 상대로 지급명령을 신청하고, 그 후 피해자가 제기한 청구이의의 소송에서 甲을 내세워 위증을 교사하거나, 피고인 앞으로 허위의 가등기가 되어 있음을 기화로 그 가등기가 진정한 매매예약에 의한 것처럼 가등기에 기한 본등기절차이행의 소를 제기(허위서류를 제출하거나 위증을 교사한 사실이 없음)한 사안이다. 대판 2011.9.8. 2011도7262; 1993.9.14. 93도915.

126 수표금 중 일부가 소송제기 전에 배당절차를 통하여 변제된 사정을 적극적으로 진술하지 아니하거나 기한 미도래의 채권을 소송에 의하여 청구함에 있어서 기한의 이익이 상실되었다는 허위의 증거를 조작하는 등의 적극적인 사술을 사용하지 아니한 채 즉시 지급을 구하는 취지의 지급명령신청을 한 사안이다. 대판 1982.7.27. 82도1160.

127 대판 2004.6.25. 2003도7124; 2007.9.6. 2006도3591.

다. 경매, 강제집행, 배당요구와 기망행위

(1) 채권이 있는 경우: 무효로 하기로 한 약속어음 공정증서에 기하여 배당받은 경우 피고인을 임차인으로 하는 임대차계약서 작성 당시에 토지 및 건물에 관하여 경매신청이 되지 아니하였을 뿐만 아니라, 임대차계약은 甲으로부터 수령권한을 위임받은 피고인이 건축주와 사이에 자신의 공사대금채권과 甲의 대여금채권 전부를 임대차보증금반환채권으로 전환하기로 합의하여 이루어진 것으로서 진정한 임대차계약이고, 실제로 피고인이 임대차목적물에 입주하여 거주하면서 주민등록전입신고를 하고 확정일자를 받은 이상, 전혀 아무런 권리도 없으면서 허위의 임대차계약서를 조작한 사안과 달리 피고인은 진정한 임차인이라고 할 것이므로, 피고인이 경매법원으로부터 배당을 받은 것은 임대차보증금반환채권의 실행행위에 불과하며, 비록 가압류권자인 乙이 무효로 하기로 한 약속어음 공정증서에 기하여 배당을 받았다고 할지라도 임대차보증금반환채권의 실행행위의 일환으로 배당금을 받은 피고인에게 편취의 범의가 있다거나 경매법원을 기망하여 배당금을 편취하였다고는 볼 수 없다(대판 2004.7.22. 2004도6412).

(2) 채권이 없는 경우 ① 약속어음의 원인관계 소멸 후 강제집행을 승낙한 취지의 기재가 있는 약속어음 공정증서에 기해 강제집행을 한 경우(대판 1999.12.10. 99도2213), ② 판결확정 후 채권을 변제받고도 강제집행을 한 경우(대판 1988.4.12. 87도2394), ③ 허위내용의 부동산가압류 신청 후 배당요구한 경우(대판 2007.3.30. 2006도6350)는 사기(미수)죄를 구성한다.

(3) 허위의 피담보채권에 기초하여 유치권에 기한 경매를 신청한 경우 유치권에 의한 경매도 강제경매나 담보권실행을 위한 경매와 마찬가지로 목적부동산 위의 부담을 소멸시키는 것을 법정매각조건으로 하여 실시되고 우선채권자뿐만 아니라 일반채권자의 배당요구도 허용되며, 유치권자는 일반채권자와 마찬가지로 배당을 받을 수 있다. 이러한 법리에 의하면, 유치권에 의한 경매를 신청한 유치권자는 일반채권자와 마찬가지로 피담보채권액에 기초하여 배당을 받게 되는 결과 피담보채권인 공사대금 채권을 실제와 달리 허위로 크게 부풀려 유치권에 의한 경매를 신청할 경우 정당한 채권액에 의하여 경매를 신청한 경우보다 더 많은 배당금을 받을 수도 있으므로, 이는 법원을 기망하여 배당이라는 법원의 처분행위에 의하여 재산상 이익을 취득하려는 행위로서, 불능범에 해당한다고 볼 수 없고, 소송사기죄의 실행의 착수에 해당한다(대판 2012.11.15. 2012도9603).

라. 기망행위에 해당하는 사례

(1) 원고의 경우 ① 타주점유임을 알면서도 매도증서를 위조한 다음 점유취득시효의 완성을 주장한 경우(대판 1996.5.14. 96도785), ② 허위의 가등기에 기해 본등기절차이행의 소를 제기한 경우(대판 1993.9.14. 93도915), ③ 매각처분권한을 위임하였음에도 불법매도라고 주장한 경우(대판 1987.5.12. 87도417), ④ 채무가 소멸되지 아니하였음에도 소멸되었다며 저당권 말소소송을 제기한 경우(대판 1969.4.29. 68도925)는 사기(미수)의 죄가 성립된다.

(2) 피고의 경우: 진정하게 작성된 문서임에도 위조된 것이라고 주장 스스로 소유권이전등기에 필요한 서류를 작성, 교부해 주고서도, 가등기 등 말소청구소송에서 가등기와 소유권이전등기는 제3자들의 문서위조와 인감위조 등에 의하여 이루어진 원인무효의 등기라고 주장한 것은, 단순히 사실을 잘못 인식하였다거나 법률적 평가를 잘못한 것이 아니라 권리가 존재하지 아니함을 잘 알고 있으면서도 허위의 주장을 한 것이다(대판 1990.1.23. 89도607).

4. 착오에 의한 재산의 처분행위

가. 재판의 내용 ① 소송사기에 있어서 피기망자인 법원의 재판은 피해자의 처분행위에 갈음하는 내용과 효력이 있는 것이어야 하고, 그렇지 아니하는 경우에는 착오에 의한 재물의 교부행위가 있다고 할 수 없어서 사기죄는 성립되지 아니한다(대판 2002.1.11. 2000도1881). ② 법원의 임차권등기명령은 피신청인의 재산상의 지위 또는 상태에 영향을 미칠 수 있는 행위로서 피신청인의 처분행위에 갈음하는 내용과 효력이 있다(대판 2012.5.24. 2010도12732).[128]

나. 사망한 사람을 상대로 한 제소 제소가 사망한 사람을 상대로 한 것이라면 사망한 사람에 대한 판결은 그 내용에 따른 효력이 생기지 아니하여 상속인에게 그 효력이 미치지 아니하므로 소송사기죄가 성립되지 않으며(대판 1987.12.22. 87도852),[129] 소송사기의 불능미수에 해당한다고 볼 수도 없다(대판 2002.1.11. 2000도1881).

5. 재산상의 이익

가. 이익을 얻을 수 있는 지위와 재산상의 이익 법원을 기망하여 자기에게 유리한 판결을 얻고 판결의 확정에 의하여 타인의 협력 없이 자신의 의사만으로 재물이나 재산상 이익을 얻을 수 있는 지위를 취득하게 되면, 그 지위는 재산적 가치가 있는 구체적 이익으로서 사기죄의 객체인 재산상의 이익에 해당한다(대판 2006.4.7. 2005도9858 全合).

나. 말소소송과 재산상의 이익

(1) 소유자로 등기된 적이 있는 자가 이전등기의 말소소송을 제기한 경우 부동산등기부상 소유자로 등기된 적이 있는 자가 자신 이후에 소유권이전등기를 경료한 등기명의인들을 상대로 허위의 사실을 주장하면서 그들 명의의 소유권이전등기의 말소를 구하는 소송을 제기한 경우, 소송에

---

128 법원의 임차권등기명령을 이용한 소송사기의 경우 피해자인 피신청인이 직접 처분행위를 하였는지 여부는 사기죄의 성부에 아무런 영향을 주지 못한다.

129 소송사기의 불능미수를 인정할 수 있는 사안이지만, 대법원은 불능미수의 인정에 극히 인색하다. 대판 1986.10.28. 84도2386.

서 승소한다면 등기명의인들의 등기가 말소됨으로써 소송을 제기한 자의 등기명의가 회복되는 것이므로 이는 법원을 기망하여 재물이나 재산상 이익을 편취한 것이라고 할 것이고, 따라서 등기명의인들 전부 또는 일부를 상대로 하는 그와 같은 말소등기청구 소송의 제기는 사기의 실행에 착수한 것이다(대판 2003.7.22. 2003도1951).

(2) 소유자로 등기된 적이 없는 자가 보존등기의 말소소송을 제기한 경우

피고인 또는 그와 공모한 자가 자신이 토지의 소유자라고 허위의 주장을 하면서 소유권보존등기명의자를 상대로 보존등기의 말소를 구하는 소송을 제기한 경우, 그 소송에서 토지가 피고인 또는 그와 공모한 자의 소유임을 인정해 보존등기말소를 명하는 내용의 승소확정판결을 받는다면, 언제든지 단독으로 상대방의 소유권보존등기를 말소시킨 후 부동산등기법 제130조 2호 소정의 소유권을 증명하는 판결로 해 자기 앞으로 소유권보전등기를 신청해 등기를 마칠 수 있게 되며, 이는 법원을 기망하여 유리한 판결을 얻음으로써 대상 토지의 소유권에 대한 방해를 제거하고 그 소유명의를 얻을 수 있는 지위라는 재산상 이익을 취득한 것이고 그 기수시기는 판결이 확정된 때이다(대판 2006.4.7. 2005도9858 全合).

다. 제권판결과 재산상의 이익

(1) 어음과 수표

A. 지급거절증서 작성기간 경과 전 발행인이 소지인에 대하여 처음부터 그 어음상 채무를 부담하지 않았다는 등의 특별한 사정이 없는 한 원인관계상의 채무가 존속하고 있더라도 사위의 방법으로 얻어낸 제권판결로 그 어음채무를 면하게 되므로 사기죄가 성립한다(대판 1995.9.15. 94도3213).[130]

B. 지급거절증서 작성 기간 경과 후에 양도된 경우 甲이 자금관계 없이 수취인을 백지로 한 약속어음을 작성하여 乙에게 일시 빌려 주었던바 乙은 지급거절증서작성기간 경과 후에 丙에게 손해배상조로 이를 양도한 경우, 양도는 지명채권양도의 효력밖에 없고 발행인인 甲에게 대하여 乙이나 丙은 어음금을 청구할 권리는 없는 법리라 할 것이고, 甲이 어음을 분실하였다고 하여 제권판결을 받았다 하여도 어음금채무를 면하여 재산상의 이익을 취득하였다고 할 수 없으므로 사기죄가 성립하지 아니한다(대판 1976.7.27. 75도634).

(2) 무효인 임차권등기 상가건물 임대차보호법 제6조에 의한 임차권등기명령에 기해 임차권등기를 한 경우, 그 임차권등기의 기초가 되는 임대차계약이 통정허위표시로서 무효라 하더라도, 장차 피신청인의 이의신청 또는 취소신청에 의한 법원의 재판을 거쳐 그 임차권등기가 말소될 때까지는 신청인은 외형상으로 우선변제권 있는 임차인으로서 부동산 담보권에 유사한 권리를 취득하게 된다 할 것이니, 이러한 이익은 재산적 가치가 있는 구체적 이익으로서 사기죄의 객체인 재산

130 대판 2003.12.26. 2003도4914.

상 이익에 해당한다(대판 2012.5.24. 2010도12732).[131]

6. 고의

가. 고의의 내용 원고 측에 의한 소송사기가 성립하기 위하여는 제소 당시에 그 주장과 같은 채권이 존재하지 아니하다는 것만으로는 부족하고 그 주장의 채권이 존재하지 아니한 사실을 잘 알고 있으면서도 허위의 주장과 입증으로써 법원을 기망한다는 인식을 하고 있어야만 하는 것이고, 이와 마찬가지로, 피고 측에 의한 소송사기가 성립하기 위하여는 원고 주장과 같은 채무가 존재한다는 것만으로는 부족하고 그 주장의 채무가 존재한다는 사실을 잘 알고 있으면서도 허위의 주장과 입증으로써 법원을 기망한다는 인식을 하고 있어야만 한다(대판 2004.3.12. 2003도333).[132]

나. 고의를 인정하기 어려운 사례

(1) 권리 있는 자가 증거조작을 한 경우

A. 저당채무를 대위변제한 자가 저당채권자명의로 우선변제를 받은 경우 타인의 채무를 대위변제한 경우 그 채무를 위한 담보권은 당연히 소멸되는 것이 아니고 대위변제한 자가 채권자를 대위하여 그 담보권에 기하여 우선변제를 받는 것이므로, 저당채무를 대위변제한 자가 경락대금을 배당받는 과정에서 민법상 변제자 대위의 방식에 의하지 아니하고 저당채권자가 직접 우선변제를 받는 것 같이 그의 명의로 채권계산서를 제출하여 배당금을 수령하였더라도, 실질적으로 우선배당금을 받을 권리가 있는 이상 타인의 재물을 편취할 범의가 있었다고는 볼 수 없다(대판 1985.7.9. 85도1034).

B. 실체관계와 부합하는 경우 점유하고 있는 토지에 대하여 매매를 원인으로 하는 소유권이전등기소송을 제기하여서 자백간주에 의한 승소판결을 받아 경료된 소유권이전등기가 비록 절차상의 하자가 있다 하더라도, 점유에 의한 소유권취득시효가 완성함으로써 결국 소유권이전등기가 실체적 권리관계에 부합하는 유효한 등기라고 한다면, 토지를 편취하려는 범의가 있었다고 볼 수 없다(대판 1987.3.10. 86도864).

(2) 과장표현의 경우 단순히 사실을 잘못 인식하였다거나 법률적 평가를 잘못하여 존재하지 않는 권리를 존재한다고 믿고 제소한 행위는 사기죄를 구성하지 아니하며, 소송상 주장이 다소 사실과 다르더라도 존재한다고 믿는 권리를 이유 있게 하기 위한 과장표현에 지나지 아니하는 경우에는 사기의 범의가 있다고 볼 수 없다(대판 2003.5.16. 2003도373).[133]

---

131 단지 사업자등록을 하기 위하여 부동산임대차계약서를 작성하였을 뿐 실제로 피해자로부터 보증금 300만 원에 건물을 임차하지는 아니하였음에도, 허위의 임대차계약서를 법원에 제출하여 임차권등기명령을 신청한 사안이다.

132 대판 2004.6.24. 2002도4151; 2009.12.10. 2009도9982.

133 대판 2004.6.25. 2003도7124; 2004.3.25. 2003도7700; 2007.9.6. 2006도3591.

7. 기타 문제

가. 실행의 착수시기

(1) 소나 항변의 제기 등

A. 허위의 소, 항변, 반소의 제기 소송절차에 의한 소송사기의 경우에는 법원에 대하여 허위의 소 또는 허위의 항변이나 반소를 제기한 때에 실행의 착수가 있는 것이다(대판 1993.9.14. 93도915).[134]

B. 경매절차의 경우 강제집행절차를 통한 소송사기는 집행절차의 개시신청을 한 때 또는 진행 중인 집행절차에 배당신청을 한 때에 실행에 착수하였다고 볼 것이다(대판 2015.2.12. 2014도10086).

C. 허위의 증거, 답변서, 준비서면 제출 피고의 경우에는 적극적인 방법으로 법원을 기망할 의사를 가지고 허위내용의 서류를 증거로 제출하거나 그에 따른 주장을 담은 답변서나 준비서면을 제출한 경우에 사기죄의 실행의 착수가 있다(대판 1998.2.27. 97도2786).

D. 송달 요부 소장의 유효한 송달을 요하지 아니한다(대판 2006.11.10. 2006도5811).[135]

(2) 실행의 착수가 있는 사례

A. 임차권등기명령 신청 진정한 임차권자가 아니면서 허위의 임대차계약서를 법원에 제출하여 임차권등기명령을 신청하면 그로써 소송사기의 실행행위에 착수한 것으로 보아야 하고, 나아가 그 임차보증금 반환채권에 관하여 현실적으로 청구의 의사표시를 하여야만 사기죄의 실행의 착수가 있다고 볼 것은 아니다(대판 2012.5.24. 2010도12732).

B. 예비적, 선택적으로 별개의 허위권원을 추가로 주장한 경우 특정 권원에 기하여 민사소송을 진행하던 중 법원에 조작된 증거를 제출하면서 종전에 주장하던 특정 권원과 별개의 허위의 권원을 추가로 주장하는 경우에, 그 당시로서는 종전의 특정 권원의 인정 여부가 확정되지 아니하였고 만약 종전의 특정 권원이 배척될 때에는 조작된 증거에 의하여 법원을 기망하여 추가된 허위의 권원을 인정받아 승소판결을 받을 가능성이 있으므로, 가사 나중에 법원이 종전의 특정 권원을 인정하여 승소판결을 선고하였다고 하더라도, 이러한 행위는 특별한 사정이 없는 한 소송사기의 실행의 착수에 해당된다(대판 2004.6.25. 2003도7124).

C. 채무자의 소유권이전등기청구권에 대하여 압류신청을 한 경우 민사집행법 제244조에서 규정하는 부동산에 관한 권리이전청구권에 대한 강제집행의 경우, 소유권이전등기청구권에 대한 압류는 당해 부동산에 대한 경매의 실시를 위한 사전 단계로서의 의미를 가지나, 전체로서의 강제집행절차를 위한 일련의 시작행위라고 할 수 있으므로, 허위 채권에 기한 공정증서를 집행권원으로 하여 채무자의 소유권이전등기청구권에 대하여 압류신청을 한 시점에 소송사기의 실행에 착수하였다고 볼 것이다(대판 2015.2.12. 2014도10086).

---

134 승소하더라도 판결을 실제 집행할 의사가 없었다고 하여 달리 볼 것은 아니다(대판 2008.4.17. 2004도4899 全合).

135 제소자가 상대방의 주소를 허위로 기재함으로써 그 허위주소로 소송서류가 송달되어 그로 인하여 상대방 아닌 다른 사람이 그 서류를 받아 소송이 진행된 경우에도 마찬가지로 적용된다.

(3) 실행의 착수가 없는 사례

A. 가압류 가압류는 강제집행의 보전방법에 불과하고 그 기초가 되는 허위의 채권에 의하여 실제로 청구의 의사표시, 즉 허위의 주장을 한 것이 아니므로 소의 제기 없이 가압류신청을 한 것만으로는 사기죄의 실행에 착수한 것이라고 할 수 없다(대판 1982.10.26. 82도1529).[136]

B. 존재하지 않는 채권에 대해 채권압류 및 전부명령 신청 채권에 대한 압류 및 전부(추심)명령을 신청한 경우, 집행력 있는 정본의 존부, 집행개시의 요건 구비 여부 등은 법원의 심사 대상이지만 피압류채권의 존부는 그 심사 대상이 아니다. 피고인(甲 회사 운영자)이 '甲 회사의 乙에 대한 채권'이 존재하지 않는다는 사실을 알면서 그 사실을 모르는 丙(甲 회사의 채권자)에게 '甲회사의 乙에 대한 채권'의 압류 및 전부(추심)명령을 신청하게 하여 그 명령을 받게 한 경우, 丙이 甲 회사에 대하여 진정한 채권을 가지고 있는 이상, 위와 같은 사정만으로는 법원을 기망하였다고 볼 수 없고, 丙이 乙을 상대로 전부(추심)금 소송을 제기하지 않은 이상 소송사기의 실행에 착수하였다고 볼 수도 없다(대판 2009.12.10. 2009도9982).

C. 사해행위라며 이전등기말소소송을 제기한 경우 피고인이, 甲이 부동산을 매수한 일이 없음에도 매수한 것처럼 허위의 사실을 주장하여 부동산에 대한 소유권이전등기를 거친 사람을 상대로 이전등기의 원인무효를 내세워 이전등기의 말소를 구하는 소송을 甲 명의로 제기하고 소송의 결과 원고로 된 甲이 승소한다고 가정하더라도 피고의 등기가 말소될 뿐이고 이것만으로 피고인이 부동산에 관한 어떠한 권리를 취득하거나 의무를 면하는 것은 아니므로 법원을 기망하여 재물이나 재산상 이익을 편취한 것이라고 보기 어렵고, 따라서 위 소 제기 행위를 가리켜 사기의 실행에 착수한 것이라고 할 수 없다(대판 2009.4.9. 2009도128).[137]

D. 유치권 신고 유치권자가 경매절차에서 유치권을 신고하는 경우, 법원은 이를 매각물건명세서에 기재하고 그 내용을 매각기일공고에 적시하나 이는 경매목적물에 대하여 유치권 신고가 있음을 입찰예정자들에게 고지하는 것에 불과할 뿐 처분행위로는 볼 수 없고, 또한 유치권자는 권리신고 후 이해관계인으로서 경매절차에서 이의신청권 등 몇 가지 권리를 얻게 되지만 이는 법률의 규정에 따른 것으로서 재물 또는 재산상 이익을 취득하는 것으로 볼 수 없으므로 소송사기 실행의 착수가 있다고 볼 수는 없다(대판 2009.9.24. 2009도5900).[138]

---

136 대판 1988.9.13. 88도55.

137 원인무효로 인한 소유권보존등기말소청구소송을 제기하여 법원의 촉탁으로 예고등기가 이루어지는 경우, 경매절차가 진행 중인 부동산의 경우에 경매 유찰 등으로 인하여 경매가격이 하락된다는 사실에 착안하여 전소유자의 채권자인 양 사해행위청구소송을 제기한 사안이다. 경매방해죄가 성립할 수 있다. 대판 1981.12.8. 81도1451.

138 부동산 경매절차에서 피고인들이 허위로 유치권을 신고한 사실을 기초로 하고, 법원을 피기망자 겸 처분행위자로 구성하여 소송사기 미수죄로 기소한 사안이다.

나. 기수

(1) 기수시기

A. 학설 소송사기의 기수시기는 승소판결이 확정된 때이다(판결확정시설).[139]

B. 판례(판결확정시설) ① 사기소송은 원고의 경우에는 승소의 판결, 피고의 경우에는 원고의 패소판결이 확정되면 불법한 이익을 취득한 사기죄가 성립된다(대판 1980.4.22. 80도533).[140] ② 제권판결에 대하여는 불복의 소가 마련되어 있지만 이는 상소와는 다른 것이고, 제권판결은 선고와 동시에 그 효력을 발생하는 것이므로, 사위의 방법으로 얻어낸 제권판결에 의한 사기죄는 그 판결 선고시에 기수에 이르게 된다(대판 2003.12.26. 2003도4914).

(2) 확정판결에 의한 이행이 불가벌적 사후행위인지 여부 타인의 토지소유권의 편취를 목적으로 하는 사기소송에 의하여 목적토지에 대한 소유권이전등기절차 이행에 관한 승소의 확정판결을 받은 후(불법한 이익의 취득) 다시 판결에 기한 이전등기까지 경료(재산권의 취득)하였을 경우에 있어서는 그 죄책이 승소판결의 확정과 동시에 기수단계에 이르렀다고 할지라도 그 후에 있은 이전등기에 관한 행위는 이를 이미 완료된 사기죄의 사후행위이라고 볼 것이 아니고, 그것 역시 재물편취를 위한 행위였다고 할 것이며, 승소판결의 확정에 관한 행위와 그 판결에 기한 이전등기경료에 관한 행위는 다 같이 사기행위로 인한 재물편취에 관한 행위로서 포괄적으로 관찰하여져야 할 성질의 행위들이었다고 할 것이었은즉, 그중 승소판결의 확정에 관한 행위의 죄책이 일반사면령에 의하여 사면된 것이었다 하여 그 판결에 기한 이전등기경료에 관한 행위의 죄책까지 당연히 사면되었던 것은 아니다(대판 1970.12.22. 70도2313).

다. 불능범 ① 민사소송법상 소송비용의 청구는 소송비용액 확정절차에 의하도록 규정하고 있으므로, 위 절차에 의하지 아니하고 손해배상금 청구의 소 등으로 소송비용의 지급을 구하는 것은 소의 이익이 없는 부적법한 소로서 허용될 수 없다. 따라서 소송비용을 편취할 의사로 소송비용의 지급을 구하는 손해배상청구의 소를 제기하였다고 하더라도 이는 객관적으로 소송비용의 청구방법에 관한 법률적 지식을 가진 일반인의 판단으로 보아 결과 발생의 가능성이 없어 위험성이 인정되지 않는다(대판 2005.12.8. 2005도8105).[141] ② 임대인과 임대차계약을 체결한 임차인이 임차건물에 거주하기는 하였으나 그의 처만이 전입신고를 마친 후에 경매절차에서 배당을 받기 위하여 임대차계

---

139 권오걸, 547면; 김성돈, 345면; 김/서, 433면; 배종대, 424면; 이재상, 340면; 임웅, 390면.

140 대판 1997.7.11. 95도1874.

141 甲으로부터 소송비용 명목으로 이미 송금 받았음에도 불구하고 甲을 피고로 하여 소송비용 상당액의 지급을 구하는 손해배상금 청구의 소를 제기하였다가 담당 판사로부터 소송비용의 확정은 소송비용액 확정절차를 통하여 하라는 권유를 받고 소를 취하하였다. 손해배상금 청구의 소는 소의 이익이 흠결된 부적법한 소로서 각하를 면할 수 없어 승소할 수 없는 것이고, 그렇다면 소송사기 범행은 실행수단의 착오로 인하여 결과발생이 불가능할 뿐만 아니라 위험성도 없다고 보았다. 하지만 이 경우는 결과발생이 불가능하지만 위험성이 있는 불능미수로 봄이 상당하다.

약서상의 임차인 명의를 처로 변경하여 경매법원에 배당요구를 한 경우, 실제의 임차인이 전세계약서상의 임차인 명의를 처의 명의로 변경하지 아니하였다 하더라도 소액임대차보증금에 대한 우선변제권 행사로서 배당금을 수령할 권리가 있다 할 것이어서, 경매법원이 실제의 임차인을 처로 오인하여 배당결정을 하였더라도 이로써 재물의 편취라는 결과의 발생은 불가능하다 할 것이고, 이러한 임차인의 행위를 객관적으로 결과발생의 가능성이 있는 행위라고 볼 수도 없다(대판 2002.2.8. 2001도6669).[142]

Ⅳ. 컴퓨터등사용사기죄

> **제347조의2(컴퓨터등 사용사기)** 컴퓨터등 정보처리장치에 허위의 정보 또는 부정한 명령을 입력하거나 권한 없이 정보를 입력·변경하여 정보처리를 하게 함으로써 재산상의 이익을 취득하거나 제3자로 하여금 취득하게 한 자는 10년 이하의 징역 또는 2천만원 이하의 벌금에 처한다.

1. 의의와 성격 컴퓨터 등 정보처리장치에 허위의 정보 또는 부정한 명령을 입력하거나 권한 없이 정보를 입력·변경하여 정보처리를 하게 함으로써 본인 또는 제3자가 재산상의 이익을 취득하게 하는 범죄이다. 기계를 상대로 한 기망은 사기죄가 성립하지 않기 때문에 신설한 규정이고, 재산상의 이익을 객체로 하는 이득죄이다.

2. 입법취지와 보호법익 재산변동에 관한 사무가 사람의 개입 없이 컴퓨터 등에 의하여 기계적·자동적으로 처리되는 경우가 증가함에 따라 이를 악용하여 불법적인 이익을 취하는 행위도 증가하였으나 이들 새로운 유형의 행위는 사람에 대한 기망행위나 상대방의 처분행위 등을 수반하지 않아 기존 사기죄로는 처벌할 수 없다는 점 등을 고려하여 신설한 규정이다(대판 2014.3.13. 2013도16099). 보호법익은 재산이고, 보호의 정도는 침해범이다.

3. 부정한 명령이나 권한 없는 정보의 입력과 정보처리

가. '부정한 명령, 권한 없는 정보'의 의미 ① '부정한 명령의 입력'은 당해 사무처리시스템에 예정되어 있는 사무처리의 목적에 비추어 지시해서는 안 될 명령, 즉 권한 없는 명령이나 허위의 명령을 입력하는 것을 의미하고, '권한 없는 정보의 입력'은 타인의 진정한 정보를 권한 없는 자가 그 타인의 승낙 없이 사용하는 것을 의미한다(대판 2010.9.9. 2008도128). ② 설령 '허위의 정보'를 입력한 경우

142 주택임대차보호법상의 대항요건인 주민등록은 임차인 본인뿐 아니라 그 배우자나 자녀 등 가족의 주민등록을 포함한다(대결 1995.6.5. 94마2134).

가 아니라고 하더라도, 당해 사무처리시스템의 프로그램을 구성하는 개개의 명령을 부정하게 변개·삭제하는 행위는 물론 프로그램 자체에서 발생하는 오류를 적극적으로 이용하여 그 사무처리의 목적에 비추어 정당하지 아니한 사무처리를 하게 하는 행위도 특별한 사정이 없는 한 위 '부정한 명령의 입력'에 해당한다(대판 2013.11.14. 2011도4440).

나. 정보처리의 의미 ① 정보 혹은 명령의 입력 등에 따라 진실에 반하거나 정당하지 아니한 기록을 만드는 것 또는 정당하지 아니한 사무처리를 하게 하는 것을 의미한다(대판 2010.9.9. 2008도128). ② '정보처리'는 사기죄에서 피해자의 처분행위에 상응하므로 입력된 허위의 정보 등에 의하여 계산이나 데이터의 처리가 이루어짐으로써 직접적으로 재산처분의 결과를 초래하여야 하고, 행위자나 제3자의 '재산상 이익 취득'은 사람의 처분행위가 개재됨이 없이 컴퓨터 등에 의한 정보처리 과정에서 이루어져야 한다(대판 2014.3.13. 2013도16099).[143]

4. 재물 포함 여부

가. 학설 본죄의 재산상 이익에 재물이 포함되느냐에 대해, 포함설[144]과 불포함설[145]이 대립한다. 포함설은 재물도 재산상 이익의 특수한 형태라고 본다.

나. 판례(불포함설) 형법은 재산범죄의 객체가 재물인지 재산상의 이익인지에 따라 이를 재물죄와 이득죄로 명시하여 규정하고 있는데, 형법 제347조가 일반 사기죄를 재물죄 겸 이득죄로 규정한 것과 달리 제347조의2는 컴퓨터등사용사기죄의 객체를 재물이 아닌 재산상의 이익으로만 한정하여 규정하고 있으므로, 절취한 타인의 신용카드로 현금자동지급기에서 현금을 인출하는 행위가 재물에 관한 범죄임이 분명한 이상 이를 위 컴퓨터등사용사기죄로 처벌할 수는 없다(대판 2003.5.13. 2003도1178).[146]

---

143 시설공사 발주처인 지방자치단체 등의 재무관 컴퓨터에는 암호화되기 직전 15개의 예비가격과 그 추첨번호를 해킹하여 볼 수 있는 악성프로그램을, 입찰자의 컴퓨터에는 입찰금액을 입력하면서 선택하는 2개의 예비가격 추첨번호가 미리 지정된 추첨번호 4개 중에서 선택되어 조달청 서버로 전송되도록 하는 악성프로그램을 각각 설치하여 낙찰하한가를 미리 알아낸 다음 특정 건설사에 낙찰이 가능한 입찰금액을 알려주어 그 건설사가 낙찰받게 함으로써 낙찰금액 상당의 재산상 이익을 취득하게 하였다. 낙찰하한가에 가장 근접한 금액으로 투찰한 건설사라고 하더라도 적격심사를 거쳐 일정 기준 이상이 되어야만 낙찰자로 결정될 수 있는 점 등을 감안할 때, 조달청의 국가종합전자조달시스템에 입찰자들이 선택한 추첨번호가 변경되어 저장되도록 하는 등 권한 없이 정보를 변경하여 정보처리를 하게 함으로써 직접적으로 얻은 것은 낙찰하한가에 대한 정보일 뿐, 위와 같은 정보처리의 직접적인 결과 특정 건설사가 낙찰자로 결정되어 낙찰금액 상당의 재산상 이익을 얻게 되었다거나 그 낙찰자 결정이 사람의 처분행위가 게재됨이 없이 컴퓨터 등의 정보처리과정에서 이루어졌다고 보기 어렵다.

144 권오걸, 472면; 김/서, 359면; 이재상, 358면; 오영근, 434면; 임웅, 재산범죄에 있어서 재물과 재산상의 이익 개념에 대한 비판적 고찰, 형사법연구 제21권 제4호(2009), 365면; 정/박, 398면; 정웅석, 1173면; 허일태, 위탁금전의 소비와 형법상 고유한 소유권 개념, 형사판례연구12(2004), 270면.

145 김성돈, 354면; 배종대, 499면; 임상규, 은행거래금전의 재물성과 장물성에 관한 이의, 비교형사법연구 제13권 제1호, 54면; 윤동호, 컴퓨터등사용사기죄의 취득객체와 보호법익, 비교형사법연구 제9권 제2호.

146 대판 2002.7.12. 2002도2134.

다. 검토 재물도 재산상 이익의 하나라는 점은 이론(異論)의 여지가 없지만, 형법은 이들을 엄격히 구별하여 규율하고 있기 때문에, 법의 전체적 맥락을 고려하지 않고 단순히 개별범죄의 필요에 따라 이 개념적 구분을 쉽게 흔들어서는 곤란하다. 특히, 1995년 본조가 신설된 후 2001. 12. 29. '권한 없이 정보를 입력·변경하여'라는 행위태양을 추가하면서도 본조의 객체에 재물을 포함시키지 않은 졸속입법을 탓해야 하는 측면도 있지만, 형법해석론이 입법을 대체하는 것은 가급적 자제되어야 한다.

5. 컴퓨터사용사기죄의 성립 여부가 문제되는 사례

가. 컴퓨터사용사기죄가 성립하는 사례

(1) 타인명의로 발급받은 신용카드 사용 타인의 인적 사항을 도용하여 타인명의로 발급받은 신용카드의 번호와 그 비밀번호를 인터넷사이트에 입력함으로써 재산상 이익을 취득한 행위는 컴퓨터등사용사기죄에 해당한다(대판 2003.1.10. 2002도2363).[147]

(2) 위임받은 금액을 초과하여 현금카드로 현금인출 예금주인 현금카드 소유자로부터 일정한 금액의 현금을 인출해 오라는 부탁을 받으면서 현금카드를 건네받은 것을 기화로 그 위임을 받은 금액을 초과하여 현금을 인출한 경우에는, 그 인출된 현금에 대한 점유를 취득함으로써 이때에 그 인출한 현금총액 중 인출을 위임받은 금액을 넘는 부분의 비율에 상당하는 재산상 이익을 취득한 것으로 볼 수 있으므로, 이러한 행위는 그 차액 상당액에 관하여 컴퓨터 등 정보처리장치에 권한 없이 정보를 입력하여 정보처리를 하게 함으로써 재산상의 이익을 취득하는 행위로서 컴퓨터등사용사기죄에 해당한다(대판 2006.3.24. 2005도3516).

(3) 금융기관 직원의 단말기 이용 무자원 송금 금융기관의 직원이 범죄의 목적으로 전산단말기를 이용하여 다른 공범자들이 지정한 특정계좌에 무자원 송금의 방식으로 거액을 입금한 것은 컴퓨터 등 사용사기죄에서의 권한 없이 정보를 입력하여 정보처리를 하게 한 경우에 해당한다고 할 것이고, 이는 그 직원이 평상시 금융기관의 여·수신업무를 처리할 권한이 있었다고 하여도 마찬가지다(대판 2006.1.26. 2005도8507).

(4) 전자식 자금이체거래(인터넷뱅킹)

A. 학설 타인의 예금통장이나 카드로 ATM기 또는 인터넷뱅킹을 통해 예금을 인출하거나 이체하는 이체하는 행위의 죄책과 관련하여, ① 컴퓨터사용사기죄가 성립한다는 견해(대판 2009.7.9. 2009도3681)와 ② 예금주가 예금을 사실상 지배하고 있다고 보아 절도죄가 된다는 견해[148]가 대립한다.

---

147 인터넷사이트 한국신용정보 주식회사에 甲 명의로 접속하여 그의 신용정보 조회를 하면서, 부정발급받은 甲 명의의 삼성스카이패스카드의 카드번호와 비밀번호 등을 입력하고 그 사용료 2,000원을 지급하도록 부정한 명령을 입력한 사안이다.

148 천진호, 타인명의예금 인출행위의 형사책임과 장물죄, 형사판례연구(13), 387면.

B. 판례: 컴퓨터사용사기죄설

1) 민사적 법률관계 권한 없이 컴퓨터 등 정보처리장치를 이용하여 예금계좌 명의인이 거래하는 금융기관의 계좌 예금 잔고 중 일부를 자신이 거래하는 다른 금융기관에 개설된 그 명의 계좌로 이체한 경우, 예금계좌 명의인의 거래 금융기관에 대한 예금반환 채권은 이러한 행위로 인하여 영향을 받을 이유가 없는 것이므로, 거래 금융기관으로서는 예금계좌 명의인에 대한 예금반환 채무를 여전히 부담하면서도 환거래관계상 다른 금융기관에 대하여 자금이체로 인한 이체자금 상당액 결제채무를 추가 부담하게 됨으로써 이체된 예금 상당액의 채무를 이중으로 지급해야 할 위험에 처하게 된다(대판 2007.3.15. 2006도2704).[149]

2) 컴퓨터사용사기죄가 성립하는 사례 ① 권한 없이 주식회사의 아이디와 패스워드를 입력하여 인터넷뱅킹에 접속한 다음 회사의 예금계좌로부터 자신의 예금계좌로 합계 180,500,000원을 이체하는 내용의 정보를 입력하여 자신의 예금액을 증액시킨 것은 컴퓨터등사용사기죄에 해당한다(대판 2004.4.16. 2004도353). ② 친척 소유 예금통장을 절취한 피고인이 그 친척 거래 금융기관에 설치된 현금자동지급기에 예금통장을 넣고 조작하는 방법으로 친척 명의 계좌의 예금 잔고를 다른 금융기관에 개설된 피고인 명의 계좌로 이체한 경우, 컴퓨터등사용사기죄가 성립한다(대판 2007.3.15. 2006도2704).

나. 컴퓨터사용사기죄가 성립하지 않는 사례 휴대전화의 경우 그 사용시마다 사용자가 정당한 사용권자인지에 관한 정보를 입력하는 절차가 없고, 이동통신회사가 서비스를 제공하는 과정에서 휴대전화를 통하여 입력된 신호에 대하여 신원확인절차를 거치지는 않는 점 등에 비추어 보면, 휴대전화의 통화 또는 인터넷접속 버튼을 누르는 경우 기계적 또는 전자적 작동 과정에 따라 그대로 일정한 서비스가 제공되는 것이므로, 휴대전화기의 통화버튼이나 인터넷접속버튼을 누르는 것만으로 사용자에 의한 정보 혹은 명령의 입력이 행하여졌다고 보기 어렵고, 따라서 휴대전화 또는 이동통신회사에 의하여 그 입력된 정보 혹은 명령에 따른 정보처리가 이루어진 것으로 보기도 어려우므로, 컴퓨터등사용사기죄가 성립하지 아니한다(대판 2010.9.9. 2008도128).

6. 기타 문제

가. 기수시기 금융기관의 직원이 전산단말기를 이용하여 다른 공범들이 지정한 특정계좌에 돈이 입금된 것처럼 허위의 정보를 입력하는 방법으로 위 계좌로 입금되도록 한 경우, 이러한 입금절차를 완료함으로써 장차 그 계좌에서 이를 인출하여 갈 수 있는 재산상 이익의 취득이 있게 되었다 할 것이므로 컴퓨터 등 사용사기죄는 기수에 이르렀다(대판 2006.9.14. 2006도4127).[150]

---

149 대판 2009.7.9. 2009도3681.

150 그 후 그러한 입금이 취소되어 현실적으로 인출되지 못하였다고 하더라도 이미 성립한 컴퓨터 등 사용사기죄에 어떠한 영향이 있다고 할 수 없다.

나. 친족상도례의 적용 가부 친척 소유 예금통장을 절취한 자가 그 친척 거래 금융기관에 설치된 현금자동지급기에 예금통장을 넣고 조작하는 방법으로 친척 명의 계좌의 예금 잔고를 자신이 거래하는 다른 금융기관에 개설된 자기 계좌로 이체한 경우, 그 범행으로 인한 피해자는 이체된 예금 상당액의 채무를 이중으로 지급해야 할 위험에 처하게 되는 그 친척 거래 금융기관이라 할 것이고, 거래 약관의 면책 조항이나 채권의 준점유자에 대한 법리 적용 등에 의하여 위와 같은 범행으로 인한 피해가 최종적으로는 예금 명의인인 친척에게 전가될 수 있다고 하여, 자금이체 거래의 직접적인 당사자이자 이중지급 위험의 원칙적인 부담자인 거래 금융기관을 위와 같은 컴퓨터 등 사용사기 범행의 피해자에 해당하지 않는다고 볼 수는 없으므로, 위와 같은 경우에는 친족 사이의 범행을 전제로 하는 친족상도례를 적용할 수 없다(대판 2007.3.15. 2006도2704).[151]

V. 신용카드범죄

1. 신용카드의 의의 신용카드란 이를 제시함으로써 반복하여 신용카드가맹점에서 일정한 사항을 결제할 수 있는 증표(證票)로서 신용카드업자가 발행한 것을 말한다. 신용카드는 현금을 인출하는 현금카드의 역할도 하지만, 물품구입일이나 용역제공일로부터 대금결제일까지 대금지급을 늦추어 주고 또 현금서비스도 제공한다는 점에서 '신용기능'에 중점이 두어져 있다.[152]

2. 신용카드 자체에 대한 범죄

가. 신용카드의 탈취, 편취 신용카드에는 재산권이 화체되어 있는 것은 아니기 때문에 유가증권은 아니지만,[153] 재산범죄의 객체인 재물에 해당한다. 따라서 신용카드를 탈취 혹은 편취하면 탈취죄와 편취죄가 성립한다.

나. 타인 신용카드의 일시 사용 타인명의의 신용카드로 현금을 인출한 후 그 카드를 반환하는 경

151 손자가 할아버지의 예금통장을 절취하여 이를 현금자동지급기에 넣고 조작하는 방법으로 예금잔고를 자신의 거래은행 계좌로 이체한 사안이다.

152 신용카드와 구별하여야 할 것으로 직불카드, 선불카드 및 현금카드가 있다. ① 직불카드는 직불카드회원과 신용카드가맹점 간에 전자적(電子的) 또는 자기적(磁氣的) 방법으로 금융거래계좌에 이체(移替)하는 등의 방법으로 결제가 이루어질 수 있도록 신용카드업자가 발행한 증표(자금을 융통받을 수 있는 증표는 제외한다)를 말한다. 상품이나 용역을 구입한 소비자가 대금결제를 위해 직불카드를 제시하면 가맹점에 설치된 단말기를 통해 고객의 은행계좌에서 가맹점의 은행계좌로 대금이 직접 이체되도록 하는 카드이다. ② 선불카드는 신용카드업자가 대금을 미리 받고 이에 해당하는 금액을 기록(전자적 또는 자기적 방법에 따른 기록을 말한다)하여 발행한 증표로서 선불카드소지자가 신용카드가맹점에 제시하여 그 카드에 기록된 금액의 범위에서 결제할 수 있게 한 증표를 말한다. 공중전화카드와 지하철 정액권 및 고속도로통행카드 등이 그 예이다. ③ 현금카드는 예금주가 현금자동인출기를 통해 예금의 범위 내에서 현금을 인출할 수 있도록 하는 카드이다. 신용기능이 없다.

153 김성돈, 346면; 임웅, 409면. 반대설로는 권오걸, 810면; 박상기, 505면.

우에 인출한 현금에 대한 범죄성립의 문제는 별론으로 하고 신용카드 자체에 대한 범죄는 성립하지 않는다(절도죄 참조).

다. 신용카드의 위·변조 신용카드의 전자기록을 변경하는 행위는 형법상의 사전자기록 위·변작죄에 해당하고, 동시에 여신전문금융법의 신용카드위·변조죄에 해당한다(동법 제70조 제1항 제1호). 두 범죄가 상상적 경합이라는 견해[154]도 있지만, 법조경합에 의해 보다 중한 후자가 성립한다.[155]

3. 신용카드의 부정발급

가. 자기명의 신용카드의 부정발급 대금지급능력이나 의사가 없음에도 정상적으로 결제할 것처럼 가장하여 자기명의의 신용카드를 발급받는 경우와 관련하여, 사기죄설[156]과 무죄설[157]이 대립한다. 이론상 사기죄가 성립하는 것은 분명하지만, 이 자체만으로는 가벌성이 낮을 뿐만 아니라 현실적으로 문제될 여지가 거의 없다. 다만 위와 같이 신용카드의 부정발급과 이후의 부정사용으로 인한 사기죄의 피해자는 신용카드회사이고 일련의 과정으로서 범의의 단일성·동일성이 인정되므로 포괄일죄에 해당할 것이다.

나. 타인명의 신용카드의 부정발급 타인명의를 모용하거나 타인명의의 신용카드를 신청할 자격이 있는 것처럼 가장하여 타인명의의 신용카드를 발급받은 경우, ① 신용카드 자체는 재산적 가치가 경미하여 카드사에 손해를 입힌 것이 아니므로 사기죄를 인정할 수 없다는 부정설[158]과 ② 긍정설[159]이 대립한다. 자기명의 신용카드를 부정발급 받은 경우와 같이 신용카드에 대한 사기죄가 성립하고, 부정발급 받은 타인명의의 신용카드를 사용하여 물품을 구입하면 피해자는 가맹점이다. 따라서 신용카드 편취의 사기죄와 이를 사용한 사기죄의 피해자가 다르므로 사기죄의 포괄일죄에 해당하는 것은 아니다. 그리고 타인명의의 신용카드를 발급받기 위해 신청서를 작성·교부한 행위는 사문서위조 및 同행사죄에 해당하고, 이 행사죄와 사기죄는 상상적 경합관계에 있다.

4. 신용카드의 부정사용

가. 신용카드사용의 민사적 법률관계 신용카드의 거래는 신용카드회사로부터 카드를 발급받은

154 박상기, 336면.
155 임웅, 411면.
156 김성돈, 346면; 김/서, 354면; 오영근, 431면; 이재상, 369면; 임웅, 412면.
157 배종대, 479면; 정/박, 392면.
158 배종대, 486면; 정/박. 380면.
159 김성돈, 347면; 김/서, 354면; 오영근, 430면 ; 임웅, 412면.

사람이 카드를 사용하여 카드가맹점으로부터 물품을 구입하면 카드를 소지하여 사용하는 사람이 카드회사로부터 카드를 발급받은 정당한 소지인인 한 카드회사가 그 대금을 가맹점에 결제하고, 카드회사는 카드사용자에 대하여 물품구입대금을 대출해 준 금전채권을 가지는 것이고, 또 카드사용자가 현금자동지급기를 통해서 현금서비스를 받아 가면 현금대출관계가 성립되게 되는 것이다 (대판 1996.4.9. 95도2466).[160]

나. 자기명의 신용카드의 부정사용

(1) 가맹점에서의 물품구입

A. 학설 자기명의의 신용카드를 이용하여 대금의 지불능력과 지불의사가 없음에도 이를 가장하여 물품을 구입하거나 용역을 제공받는 경우에 사기죄가 성립하는가와 관련하여 부정설[161]과 긍정설이 대립한다. 부정설은 가맹점이 회원의 지급능력을 신뢰하면 되기 때문에 착오에 빠지지 않는다는 점, 카드회사가 대금을 지불하므로 손해도 발생하지 않는다는 점을 이유로 든다. 긍정설은 피해자가 누구인가와 관련하여, ① 가맹점이 피기망자이자 피해자라는 견해[162]와 ② 카드회사가 피기망자이자 피해자라는 견해[163] 및 ③ 가맹점이 피기망자이고 카드회사가 피해자라는 견해[164]로 나누어지고 있다.

B. 판례 신용카드사용으로 인한 대금을 신용카드업자에게 결제할 의사나 능력이 없으면서도 신용카드를 사용하여 가맹점으로부터 물품을 구입하고 현금서비스를 받았다면, 신용카드업자가 가맹점을 통하여 송부된 카드회원 서명의 매출전표를 받은 후 카드회원인 피고인이 대금을 결제할 것으로 오신하여 가맹점에 물품구입대금을 결제하여 줌으로써 신용카드업자로부터 물품구입대금을 대출받고, 현금자동지급기를 통한 현금대출도 받아(현금자동지급기를 통한 현금대출은 단순히 그 지급방법만이 사람이 아닌 기계에 의하여 이루어지는 것에 불과하다) 신용카드업자로 하여금 같은 액수 상당의 피해를 입게 한 것이고, 이러한 카드사용으로 인한 일련의 편취행위는 그것이 가맹점을 통한 물품구입행위이든, 현금자동지급기에 의한 인출행위이든 불문하고 모두가 피

---

160 대판 1996.5.28. 96도908

161 김도근, 신용카드 관련범죄의 유형 및 그에 대한 판례의 태도, 재판실무연구(2001. 광주지방법원) 201면; 김영환, 신용카드 범죄의 유형 및 그 죄책, 재판실무연구(2003. 광주지방법원) 301~310면; 김/서, 355면; 배종대, 483면; 안경옥, 신용카드 부정취득·사용행위에 대한 형사법적 고찰, 형사법연구 제11호, 262면; 양영희, 신용카드 범죄의 유형 및 그 죄책, 재판실무연구(2003. 광주지방법원) 189면; 정/박, 393면; 정영진, 신용카드범죄의 유형과 제재, 재판자료 제64집 248면; 조호경, 신용카드의 부정사용과 그 형사적 책임, 청주법률논단 제1집(충북법률실무연구회), 354면.

162 김문환, 판례로 본 크레디트카드 범죄(상), 판례월보 212호, 36면; 김우진, 신용카드부정사용죄의 기수시기, 형사판례연구(3), 287면; 박형준·정화순, 신용카드를 부정사용한 자의 죄책, 재판실무연구 제1권(수원지방법원), 347면.

163 이신섭, 크레디트카드에 관한 법률적 문제, 재판자료 제32집, 307면.

164 권오걸, 483면; 김성돈, 348면; 김영대, 신용카드범죄에 관한 연구, 검찰 제107호, 273면; 박상기, 337면; 이재상, 불법영득의사와 크레디트카드사기, 고시계(1994.6.), 199면; 장용석, 신용카드범죄의 유형 및 처리, 법조 제41권 제4호, 92면; 정진연, 신용카드범죄에 대한 재조명, 법학논총 제17집, 숭실대학교 법학연구소, 10면.

해자인 신용카드업자의 기망당한 금전대출에 터잡아 포괄적으로 이루어지는 것이라 할 것이다(대판 2005.8.19. 2004도6859).[165]

C. **검토** 자기명의 신용카드의 부정발급과 부정사용은 사기죄의 포괄일죄이고, 카드회사를 피기망자와 피해자로 보는 판례의 입장이 타당하다. 물품구입의 현실적 피기망자는 가맹점이라는 주장도 있지만, 가맹점은 카드소지인을 신뢰하면 족하기 때문에 착오에 빠지지 않는다고 할 것이다. 궁극적인 피기망자는 속아서 카드를 발급하고 또 이로 인해 재산상의 손해가 귀속되는 카드회사이다.

(2) 현금자동지급기(ATM)에서의 현금서비스

A. 자기명의로 부정발급받은 후의 현금서비스

1) 학설 자기명의 신용카드를 부정발급받은 후 지불능력도 의사도 없으면서 ATM기에서 현금서비스를 받는 경우, ① ATM기 관리자의 의사에 반한 현금인출이므로 절도죄가 된다는 견해(절도죄설)[166]와 ② 부정발급과 부정사용의 전과정이 사기에 해당한다는 견해(사기죄설)[167] 및 ③ 의사에 반한 점유침탈도 없고 기계에 대한 기망도 인정할 수 없어 무죄가 된다는 견해(무죄설)[168]가 주장되고 있다.

2) 판례 대법원은 물품구입과 현금서비스를 구분하지 아니하고 사기죄의 포괄일죄로 본다.

3) 검토 부정발급 후 물품을 구입하는 것과 현금서비스를 받는 것은 본질적으로 구분되지 않기 때문에 판례의 입장이 타당하다. 착오에 빠진 카드회사가 신용을 공여했고, 카드소지인은 이 신용과 ATM기의 조작을 통해 카드회사에 손해를 발생시킨 일련의 행위가 사기에 해당한다.

B. 정상발급받은 신용카드로 부정한 현금서비스를 받은 경우

1) 학설 신용카드의 발급은 정상적이었으나 이후 지불능력과 의사가 없는 상태에서 현금서비스를 받는 경우, ① 사기죄가 된다는 견해(사기죄설)[169]와 ② 절도죄가 된다는 견해(절도죄설)[170] 및 ③ 무죄라는 견해(무죄설)[171]가 주장되고 있다.

2) 판례 신용카드사용으로 인한 신용카드업자의 금전채권을 발생케 하는 행위는 카드회원의 신용카드업자에 대하여 대금을 성실히 변제할 것을 전제로 하는 것이므로, 카드회원이 일시적인 자금궁색 등의 이유로 그 채무를 일시적으로 이행하지 못하게 되는 상황이 아니라 이미 과다한 부

---

165 대판 2006.3.24. 2006도282; 1996.4.9. 95도2466; 1996.5.28. 96도908.

166 정웅석, 1182면.

167 김성돈, 349면; 정/박, 393면; 최순용, 신용카드 사용범죄의 형사책임, 주리스트 제381호, 57면.

168 김/서, 356면; 박상기, 337면; 배종대, 489면; 이재상, 376면; 하태훈, 현금자동인출기부정사용에 대한 형법적 평가, 형사판례연구(4), 330면.

169 대판 2005.8.19. 2004도6859.

170 김성돈, 350면.

171 김/서, 356면; 박상기, 337면 ; 이재상, 376면; 임웅, 422면; 정/박, 393면.

채의 누적 등으로 신용카드사용으로 인한 대출금채무를 변제할 의사나 능력이 없는 상황에 처하였음에도 불구하고 신용카드를 사용하였다면 사기죄에 있어서 기망행위 내지 편취의 범의를 인정할 수 있다(대판 2005.8.19. 2004도6859).[172]

3) 검토 ATM기 관리자는 올바른 카드와 올바른 비밀번호가 입력되면, 그 입력자의 지불능력이나 의사에는 관심이 없기 때문에, 현금서비스를 그의 의사에 반한 탈취행위로 볼 수 없다(절도죄 성립불가). 그러나 신용카드를 사용하여 현금자동지급기를 통해서 현금서비스를 받아 가면 신용카드회사와 현금대출관계가 성립되므로, 차용사기의 법리가 그대로 적용될 것이다. 따라서 현금서비스를 받을 당시 결제할 의사나 능력이 없었다면 신용카드회사에 대한 사기죄가 성립한다.

다. 타인명의 신용카드의 부정사용

(1) 현금인출

A. 타인의 이름을 모용하여 부정발급받은 신용카드의 사용

1) 학설 타인의 이름을 모용하여 부정발급받은 신용카드로 지불능력과 의사도 없이 ATM기에서 현금서비스를 받는 경우와 관련하여, 사기죄설[173]과 절도죄설[174]이 대립한다.

2) 판례(절도죄설) 타인의 명의를 모용하여 신용카드를 발급받은 경우, 비록 카드회사가 기망을 당한 나머지 피고인에게 피모용자 명의로 발급된 신용카드를 교부하고, 사실상 피고인이 지정한 비밀번호를 입력하여 현금자동지급기에 의한 현금대출(현금서비스)을 받을 수 있도록 하였다 할지라도, 카드회사의 내심의 의사는 물론 표시된 의사도 어디까지나 카드명의인인 피모용자에게 이를 허용하는 데 있을 뿐 피고인에게 이를 허용한 것은 아니라는 점에서, 타인의 명의를 모용하여 발급받은 신용카드를 사용하여 현금자동지급기에서 현금대출을 받는 행위는 카드회사에 의하여 미리 포괄적으로 허용된 행위가 아니라, 현금자동지급기의 관리자의 의사에 반하여 그의 지배를 배제한 채 그 현금을 자기의 지배하에 옮겨 놓는 행위로서 절도죄에 해당한다(대판 2002.7.12. 2002도2134).[175]

3) 검토 ATM기 관리자는 제대로 된 카드와 올바른 비밀번호의 입력에 관심이 있고, 그 카드를 누가 투입했는가에는 관심이 없다고 보아야 하기 때문에, 그의 의사에 반한 탈취행위, 즉 절도죄를 인정할 수는 없다. 이 경우에도 카드회사를 기망하여 종국적으로 카드회사의 손해로 귀착되는 현금서비스를 받았다는 점에서 사기죄로 봄이 타당하다.

---

172 대판 2006.3.24. 2006도282.

173 김성돈, 351면.

174 김석환, 신용카드범죄에 관한 최근 판례 고찰-현금지급기에서 현금을 인출한 경우, 형평과 정의 제11집(대구지방변호사회), 143면.

175 대판 2006.7.27. 2006도3126.

B. 절취, 강취한 신용카드의 사용

1) 학설 절취, 강취한 타인의 신용카드로 ATM기에서 현금을 인출하는 경우, ① 인출한 현금에 대한 절도죄가 된다는 견해(절도죄설)[176]와 ② 컴퓨터사용사기죄의 '권한 없는 정보의 입력'에 해당하여 컴퓨터사용사기죄가 된다는 견해(컴퓨터사용사기죄설)[177]가 대립한다.

2) 판례(절도죄설) 강취한 현금카드를 사용하여 현금자동지급기에서 예금을 인출한 행위는 피해자의 승낙에 기한 것이라고 할 수 없으므로, 현금자동지급기 관리자의 의사에 반하여 그의 지배를 배제하고 그 현금을 자기의 지배하에 옮겨 놓는 것이 되어서 강도죄와는 별도로 절도죄를 구성한다(대판 2007.5.10. 2007도1375).[178]

3) 검토 인출한 현금은 재물이라는 점에서 재산상의 이익을 대상으로 하는 컴퓨터사용사기죄는 성립할 수 없다. 그리고 이미 살펴본 것처럼 ATM기 관리자의 의사에 반한 점유배제도 인정하기 곤란하다. 따라서 이 경우에는 신용카드에 대한 절도 혹은 강도죄와 신용카드부정사용죄의 실체적 경합범이 된다고 보아야 한다.

C. 편취한 신용카드의 사용

1) 학설 편취한 타인의 신용카드로 ATM기에서 현금을 인출하는 경우, ① 카드명의인이 편취당한 카드의 사용권한을 부여한 것으로 볼 수 없으므로 카드에 대한 공갈죄와 인출한 현금에 대한 절도죄 또는 컴퓨터사용사기죄의 경합범이 된다는 견해(경합범설)[179]와 ② 카드에 대한 사기·공갈죄가 성립된 이상 그 카드를 이용하여 현금을 인출하더라도 포괄하여 일죄가 된다는 견해(포괄일죄설)[180]가 주장되고 있다.

2) 판례(현금카드에 관한 판례) 예금주인 현금카드 소유자를 협박하여 카드를 갈취하였고, 하자 있는 의사표시이기는 하지만 피해자의 승낙에 의하여 현금카드를 사용할 권한을 부여받아 이를 이용하여 현금을 인출한 이상, 피해자가 승낙의 의사표시를 취소하기까지는 현금카드를 적법, 유효하게 사용할 수 있고, 은행도 피해자의 지급정지 신청이 없는 한 피해자의 의사에 따라 그의 계산으로 적법하게 예금을 지급할 수밖에 없는 것이므로, 피해자로부터 현금카드를 사용한 예금인출의 승낙을 받고 현금카드를 교부받은 행위와 이를 사용하여 현금자동지급기에서 예금을 여러 번 인출한 행위들은 모두 피해자의 예금을 갈취하고자 하는 단일하고 계속된 범의 아래에서 이루어진

---

176 강영호, 신용카드업법 제25조 제1항 소정의 부정사용의 개념과 절취한 타인의 신용카드를 사용하여 현금자동인출기에서 현금을 인출한 경우의 죄수, 대법원판례해설 제24호, 558면; 김석환, 신용카드범죄에 관한 최근 판례 고찰-현금지급기에서 현금을 인출한 경우, 형평과 정의 제11집(대구지방변호사회), 143면; 김성돈, 351면; 이재상, 합동범의 공모공동정범, 법학논집 제3권 제1.2호(이화여자대학교 법학연구소), 212면; 정영일, 219면.

177 권오걸, 488면; 오영근, 절도죄와 컴퓨터등사용사기죄, 고시계 제48권 제5호, 103면; 이재상, 372면; 이정원, 391면; 정/박, 396면.

178 대판 2007.4.13. 2007도1377; 2009.7.9. 2009도3681; 1998.5.21. 98도321 全合; 1995.7.28. 95도997.

179 차맹기, 불법영득한 카드사용에 대한 대책, 비교형사법연구 창간호, 363면.

180 김성돈, 352면; 김종덕, 신용카드범죄에 관한 소고, 고시계 제48권 제12호, 78면.

일련의 행위로서 포괄하여 하나의 공갈죄를 구성한다고 볼 것이지, 현금지급기에서 피해자의 예금을 취득한 행위를 현금지급기 관리자의 의사에 반하여 그가 점유하고 있는 현금을 절취한 것이라 하여 이를 현금카드 갈취행위와 분리하여 따로 절도죄로 처단할 수는 없다(대판 1996.9.20. 95도1728).[181]

3) 검토 ATM기 관리자의 의사를 왜곡하여 절도죄를 인정하거나 재물을 재산상 이익에 포함시켜 컴퓨터사용사기죄를 인정하는 것은 무리이다. 사기·강박에 의한 법률행위는 취소하기 전까지 유효하다는 점에서 사기·공갈죄의 포괄일죄를 인정하는 판례입장이 타당하다.

D. 횡령 혹은 사용권한 남용의 경우

1) 학설 보관을 위임받은 타인의 신용카드로 현금을 인출하거나 위임받은 금액 이상을 인출한 경우, ① 신용카드 명의인에 대한 배임죄와 카드회사에 대한 절도죄의 상상적 경합이라는 견해(배임죄 절도죄의 상상적 경합설)[182]와 ② 권한 없이 정보를 입력하였으므로 컴퓨터사용사기죄가 된다는 견해(컴퓨터사용사기죄설)(대판 2006.3.24. 2005도3516) 및 ③ 카드명의인에 대한 배임죄와 컴퓨터사용사기죄의 상상적 경합이라는 견해(배임죄·컴퓨터사용사기죄의 상상적 경합설)[183]가 주장되고 있다.

2) 판례 예금주인 현금카드 소유자로부터 일정한 금액의 현금을 인출해 오라는 부탁을 받으면서 현금카드를 건네받은 것을 기화로 그 위임을 받은 금액을 초과하여 현금을 인출한 경우에는, 그 인출된 현금에 대한 점유를 취득함으로써 이때에 그 인출한 현금총액 중 인출을 위임받은 금액을 넘는 부분의 비율에 상당하는 재산상 이익을 취득한 것으로 볼 수 있으므로, 이러한 행위는 그 차액 상당액에 관하여 컴퓨터 등 정보처리장치에 권한 없이 정보를 입력하여 정보처리를 하게 함으로써 재산상의 이익을 취득하는 행위로서 컴퓨터등사용사기죄에 해당한다(대판 2006.3.24. 2005도3516).

3) 검토 재물과 재산상의 이익을 엄격하게 구별하던 대법원이 이 사안에서는 슬그머니 재물을 재산상 이익에 포함시키고 있다. 인출한 현금은 재물이기 때문에 이득죄인 컴퓨터사용사기죄가 성립할 수 없고, 의사에 반한 점유배제도 없어서 절도죄를 인정할 수 없다. 따라서 이 경우에는 카드명의인에 대한 배임죄로 봄이 타당하다.

(2) 계좌이체 타인의 신용카드를 이용하여 현금지급기에서 자신의 계좌로 돈을 이체한 행위는 컴퓨터 등 사용사기죄에서의 컴퓨터 등 정보처리장치에 권한 없이 정보를 입력하여 정보처리를 하게 한 행위에 해당함은 별론으로 하고 이를 절취행위라고 볼 수는 없고, 한편 계좌이체 후 현금지급기에서 현금을 인출한 행위는 자신의 신용카드나 현금카드를 이용한 것이어서 이러한 현금인출이 현금지급기 관리자의 의사에 반한다고 볼 수 없으므로, 이 또한 절취행위에 해당하지 아니한다(대판 2008.6.12. 2008도2440).

---

181 대판 2007.5.10. 2007도1375 편취한 신용카드의 사용도 동일하다(대판 2005.9.30. 2005도5869).

182 양영희, 전게논문, 188면.

183 이동신, 예금주인 현금카드 소유자로부터 일정액의 현금을 인출해 오라는 부탁과 함께 현금카드를 건네받아 그 위임받은 금액을 초과한 현금을 인출한 행위가 컴퓨터 등 사용사기죄를 구성하는지 여부, 대법원판례해설 제62호, 421~422면.

(3) 물품구매나 용역 수령

A. 학설 타인의 신용카드로 가맹점에서 물품을 구입하거나 용역을 제공받는 경우, 사기죄가 성립하고 피기망자가 가맹점이라는 점에는 견해가 일치한다. 다만, 피해자가 누구인가와 관련하여, ① 가맹점이라는 견해,[184] ② 카드회사라는 견해,[185] ③ 카드회사와 카드명의인이라는 견해[186] 및 ④ 구분설[187]이 주장되고 있다. 구분설은 가맹점에 귀책사유가 있어서 카드회사로부터 카드대금을 받지 못하는 경우에는 가맹점이 피해자이고, 가맹점에 귀책사유가 없어서 카드회사가 카드대금을 보전해야 하는 경우는 카드회사가 피해자라는 견해이다.

B. 판례 절취한 카드로 가맹점들로부터 물품을 구입하겠다는 단일한 범의를 가지고 그 범의가 계속된 가운데 동종의 범행인 신용카드 부정사용행위를 동일한 방법으로 반복하여 행하였고, 또 신용카드의 각 부정사용의 피해법익도 모두 신용카드를 사용한 거래의 안전 및 이에 대한 공중의 신뢰인 것으로 동일하므로, 동일한 신용카드를 위와 같이 부정사용한 행위는 포괄하여 일죄에 해당하고, 신용카드를 부정사용한 결과가 사기죄의 구성요건에 해당하고 그 각 사기죄가 실체적 경합관계에 해당한다고 하여도 신용카드부정사용죄와 사기죄는 그 보호법익이나 행위의 태양이 전혀 달라 실체적 경합관계에 있으므로 신용카드 부정사용행위를 포괄일죄로 취급하는 데 아무런 지장이 없다(대판 1996.7.12. 96도1181).

C. 검토 여신전문금융업법 제17조에 '신용카드업자는 원칙적으로 도난당한 신용카드를 사용한 거래에 따른 손실을 신용카드가맹점이 부담하도록 할 수 없다고 규정하면서, 예외적으로 신용카드가맹점의 고의 또는 중대한 과실을 증명하면 그 손실의 전부 또는 일부를 신용카드가맹점이 부담하도록 할 수 있다'고 규정되어 있지만, 이는 어디까지나 신용카드회사와 가맹점 중 누가 손실을 부담할 것인지 여부를 규정한 것일 뿐이지 이로 인해 범죄의 피해자가 달라진다고 할 수는 없다. 먼저 가맹점에게 고의가 있다면 가맹점에 착오가 없으므로 사기죄가 성립할 여지가 없다. 또한 사기 피해자에게 과실이 있더라도 사기죄가 성립한다. 따라서 구분설은 타당하지 않다. 가맹점은 카드사용자에게 권한이 없다는 것을 알았다면 도난당한 신용카드를 사용한 거래를 하지 아니하였을 것이므로 가맹점을 피해자로 하는 사기죄가 성립한다 할 것이다.

---

184 김우진, 신용카드부정사용죄의 기수시기, 형사판례연구(3), 283면; 원유석, 신용카드범죄에 대한 약간의 고찰, 사법연수원논문집 제1집, 218면; 유남석, 신용카드부정사용죄의 죄수, 판례월보 제314호, 42면; 윤영선, 주요범죄의 죄수결정기준, 법조 48권 10호, 52면.

185 이인규, 신용카드 관련 범죄에 관한 판례의 동향, 부산대학교 법학연구 제39권 제1호(통권47호) 283면; 이재상, 불법영득의사와 크레디트카드 사기, 고시계(1994.6.) 199면; 이재상, 363면.

186 권오걸, 484면; 배종대, 476면; 오경식, 여신전문금융업법 상에 나타난 신용카드범죄에 대한 고찰, 형사정책 제10호(한국형사정책학회), 326면.

187 김성돈, 349면; 오영근, 419면; 임웅, 신용카드 부정사용행위의 형사책임, 저스티스 제34권 제2호 115면; 임웅, 413면; 정/박, 394면.

VI. 편의시설부정이용죄

> **제348조의2(편의시설부정이용)** 부정한 방법으로 대가를 지급하지 아니하고 자동판매기, 공중전화 기타 유료자동설비를 이용하여 재물 또는 재산상의 이익을 취득한 자는 3년 이하의 징역, 500만원 이하의 벌금, 구류 또는 과료에 처한다.

1. 입법취지와 보호법익 공중전화 등 유료자동설비를 부정한 방법으로 사용하는 행위를 기존의 사기죄나 절도죄로 처벌할 수 없는 점을 보완하기 위하여 1995년에 신설한 범죄이다. 보호법익은 재산이고, 보호의 정도는 침해범이다.

2. 유료자동설비

가. 의의 대가를 지불하면 일정한 물건이나 서비스를 제공하는 일체의 기계적·전자적 장치를 말한다. 자동판매기와 공중전화기외에 동전을 넣어 작동시키는 물품보관함이나 자동놀이기구 등이 그 예이다.

나. 가정집 일반전화의 무단사용 일반전화는 사용 후 그 요금이 후에 청구되므로 대가를 지불하고 사용하는 유료자동설비에 해당하지 않기 때문에 편의시설부정이용죄가 되지 않는다. 그리고 누구를 기망한 바도 없기 때문에 사기죄도 성립하지 않고, 또 전화의 음향송수신의 역무는 관리가능한 재물이 아니어서 절도죄도 되지 않는다. 결국 민사책임만 남을 뿐이다.

3. 타인의 전화카드 부정사용

가. 편의시설부정이용죄의 성립 여부 타인의 전화카드를 절취하여 전화통화에 이용한 경우에는 통신카드서비스 이용계약을 한 피해자가 그 통신요금을 납부할 책임을 부담하게 되므로, '대가를 지급하지 아니하고' 공중전화를 이용한 경우에 해당한다고 볼 수 없어 편의시설부정이용죄를 구성하지 않는다(대판 2001.09.25. 2001도3625).

나. 사문서부정행사죄의 성립 여부 사용자에 관한 각종 정보가 인쇄된 플라스틱 카드에 부착되어 있는 전화카드의 자기띠 부분은 카드의 나머지 부분과 불가분적으로 결합되어 전체가 하나의 문서를 구성하고, 절취한 전화카드를 공중전화기에 넣어 사용하면, 전화카드 전체가 하나의 문서로서 사용된 것으로 보아야 하므로 권리의무에 관한 타인의 사문서를 부정행사한 경우에 해당한다(대판 2002.06.25. 2002도461).

VII. 부당이득죄

> **제349조(부당이득)** ① 사람의 궁박한 상태를 이용하여 현저하게 부당한 이익을 취득한 자는 3년 이하의 징역 또는 1천만원 이하의 벌금에 처한다.
> ② 전항의 방법으로 제삼자로 하여금 부당한 이익을 취득하게 한 때에도 전항의 형과 같다.

1. 의의 및 성격 자본주의 사회에서 부당이득의 일반을 처벌대상으로 삼을 수는 없고, '타인의 궁박한 상태를 이용한' 폭리행위를 처벌하려는 취지이다. 종래 아파트 건설현장에서 문제되던 이른바 '알박기' 등이 대상이 될 수 있다. 보호법익은 재산이고, 보호의 정도는 침해범이다.

2. 궁박

가. 의미 및 판단기준 궁박이라 함은 '급박한 곤궁'을 의미하는 것으로서 피해자가 궁박한 상태에 있었는지 여부는 거래당사자의 신분과 상호간의 관계, 피해자가 처한 상황의 절박성의 정도 등 제반 상황을 종합하여 구체적으로 판단하여야 할 것이다(대판 2005.4.15. 2004도1246).[188]

나. 궁박상태에 해당하지 않는 사례 재건축조합에게 토지를 시세보다 비싼 가격으로 매도하였다고 하더라도, 조합이 재건축사업을 추진함에 있어서 토지가 반드시 필요한 것은 아니었고, 이를 매입하지 아니하고도 재건축을 추진할 대안이 있었음에도 재건축조합의 이익에 가장 부합하다는 판단하에 피고인을 설득하여 토지를 매입하게 된 사정 등에 비추어 재건축조합의 궁박 상태를 인정하기에는 부족하다(대판 2005.4.15. 2004도1246).

3. 현저한 부당이득

가. 판단기준 ① 부동산의 매매와 관련하여 취득한 이익이 현저하게 부당하지 여부는 우리 헌법이 규정하고 있는 자유경제질서와 여기에서 파생되는 계약자유의 원칙을 바탕으로 당해 토지를 보유하게 된 경위 및 보유기간, 주변부동산의 시가, 가격결정을 둘러싼 상방의 협상과정 및 거래를 통한 피해자의 이익 등을 종합하여 구체적으로 신중하게 판단하여야 한다(대판 2005.4.15. 2004도1246).[189]
② 개발사업 등이 추진되는 사업부지 중 일부의 매매와 관련된 이른바 '알박기' 사건에서 부당이득죄의 성립을 인정하기 위하여는 피해자의 개발사업 등이 추진되는 상황을 미리 알고 그 사업부지 내의 부동산을 매수한 경우이거나 피해자에게 협조할 듯한 태도를 취하여 사업을 추진하도록 한

---

188 대판 2008.5.29. 2008도2612.

189 대판 2006.12.8. 2006도6356; 2005.9.29. 2005도4239; 2008.5.29. 2008도2612.

후에 협조를 거부하는 경우 등과 같이 피해자가 궁박한 상태에 빠지게 된 데에 적극적으로 원인을 제공하였거나 상당한 책임을 부담하는 정도에 이르러야 한다(대판 2009.1.15. 2008도8577).[190] ③ 개발사업 등의 추진 전에 이를 알지 못하고 부동산을 취득·소유하면서 그 위에 생활 또는 사업상의 기반을 쌓고 있어서 그 부동산을 타인에게 양도하는 것이 그의 생활 또는 사업 등에 상당한 변화를 초래하게 되는 경우에는, 일반적으로 애초 그 양도의 의무 및 의사가 없는 사람으로 하여금 그 양도를 결단하도록 하기 위하여 그러한 변화에 대한 주저를 극복할 상당한 경제적 유인(誘因) 등이 제공될 필요가 있고, 사업자로서도 그러한 사정을 통상 알 수 있다는 점에 비추어, 이를 매도하라는 사업자 등의 제안을 받고 그 매도의 조건을 협상한 결과 큰 이득을 얻었다는 것만으로는 다른 특별한 사정이 없는 한 피해자의 궁박을 이용하여 현저하게 부당한 이익을 얻었다고 쉽사리 말할 수 없다. 또한, 그 협상의 과정에서 개발사업의 시행으로 인근 부동산의 시가가 전반적으로 상승한 것을 들어 대가의 증액을 요구했다고 해서 이를 형사적으로 비난받을 행태라고 할 수 없다(대판 2009.1.15. 2008도1246).[191]

나. 해당하지 않는 사례 시가의 약 10배에 해당하는 가격으로 매도함으로써 사회통념상 과도한 이득을 취하였다는 사정만으로는 피해자들의 궁박한 상태를 이용하여 현저하게 부당한 이득을 취득하였다고 단정할 수 없다(대판 2006.12.8. 2006도6356).

4. 기수시기 본죄를 위험범으로 보는 입장에서는 계약체결만으로 기수가 된다고 하고,[192] 침해범으로 보는 입장에서는 상대방에게 손해의 발생이 있어야 기수가 된다고 한다.[193] 본죄를 침해범으로 보아 손해의 발생이 있어야 한다고 할 것이다. 본죄의 미수는 벌하지 않는다.

---

190 아파트 건축사업이 추진되기 수년 전부터 사업부지 내 일부 부동산을 소유하여 온 피고인이 사업자의 매도 제안을 거부하다가 인근 토지 시가의 40배가 넘는 대금을 받고 매도한 사안에서, 부당이득죄의 성립을 부정하였다.

191 아파트 신축사업이 추진되기 수년 전 사업부지 중 일부 토지를 취득하여 거주 또는 영업장소로 사용하던 피고인이 이를 사업자에게 매도하면서 시가 상승 등을 이유로 대금의 증액을 요구하여 종전보다 1.5 내지 3배가량 높은 대금(차액이 7억 내지 21억 원)을 받은 사안에서, 부당이득죄의 성립을 부정하였다.

192 이재상, 357면.

193 권오걸, 602면; 김성돈, 365면; 김/서, 462면; 임웅, 389면.

제5절 • 공갈의 죄

제350조(공갈) ① 사람을 공갈하여 재물의 교부를 받거나 재산상의 이익을 취득한 자는 10년 이하의 징역 또는 2천만원 이하의 벌금에 처한다.
② 전항의 방법으로 제삼자로 하여금 재물의 교부를 받게 하거나 재산상의 이익을 취득하게 한 때에도 전항의 형과 같다.

I. 서설

1. 의의와 성격 공갈죄는 폭행·협박으로 타인의 재물 또는 재산상의 이익을 갈취하는 재물죄이자 이득죄이다. 사람의 공포심을 이용한다는 점에서 착오를 이용하는 사기죄와 함께 편취죄로 분류된다.

2. 보호법익 공갈죄의 보호법익은 재산과 개인의 의사결정의 자유이다. 사기죄의 기망은 그 자체로 범죄가 되지 않는 것과 달리, 공갈죄의 수단은 폭행·협박은 그 자체로 사람의 의사결정의 자유를 침해할 수 있는 범죄행위이다. 보호의 정도는 침해범이다.

II. 행위의 객체

1. 재물

가. 타인의 재물이어야 하는지 여부

(1) 학설 사기죄와 마찬가지로 공갈죄의 재물 앞에는 '타인의'라는 수식어가 생략되어 있어서 타인이 점유하는 자기소유물에 대한 갈취행위도 공갈죄로 처벌할 수 있다. 하지만 통설·판례는 사기죄와 마찬가지로 공갈죄의 객체도 타인의 재물에 국한되는 것으로 본다.

(2) 판례 공갈죄의 대상이 되는 재물은 타인의 재물을 의미하므로, 사람을 공갈하여 자기의 재물의 교부를 받는 경우에는 공갈죄가 성립하지 아니한다(대판 2012.8.30. 2012도6157).

나. 판단기준 타인의 재물인지의 여부는 민법, 상법, 기타의 실체법에 의하여 결정되는데, 금전을 도난당한 경우 절도범이 절취한 금전만 소지하고 있는 때와 같이 구체적으로 절취된 금전을 특정할 수 있어 객관적으로 다른 금전 등과 구분됨이 명백한 예외적인 경우에는 절도 피해자에 대한

관계에서 그 금전이 절도범인 타인의 재물이라고 할 수 없다(대판 2012.8.30. 2012도6157).[1]

다. 전체 재산의 감소 요부 피공갈자의 하자 있는 의사에 기하여 이루어지는 재물의 교부 자체가 공갈죄에서의 재산상 손해에 해당하므로, 반드시 피해자의 전체 재산의 감소가 요구되는 것은 아니다(대판 2013.4.11. 2010도13774).[2]

2. 재산상이익

가. 정교와 재산상이익 공갈죄의 객체인 재산상 이익은 경제적 이익이 있는 것을 말하는 것인바, 일반적으로 부녀와의 정교 그 자체는 이를 경제적으로 평가할 수 없는 것이므로 부녀를 공갈하여 정교를 맺었다고 하여도 특단의 사정이 없는 한 이로써 재산상 이익을 갈취한 것이라고 볼 수는 없는 것이며, 부녀가 주점접대부라 할지라도 매음을 전제로 정교를 맺은 것이 아닌 이상 매음대가의 지급을 면하였다고 볼 여지가 없으니 공갈죄가 성립하지 아니한다(대판 1983.2.8. 82도2714).[3]

나. 채권양도 등의 약속 채무의 변제 또는 채권양도 등을 약속받는 것도 재산상의 이익에 해당한다(대판 2010.12.9. 2010도13774).

III. 실행행위: 갈취

1. 협박

가. 의미 공갈죄의 수단으로서 협박은 사람의 의사결정의 자유를 제한하거나 의사실행의 자유를 방해할 정도로 겁을 먹게 할 만한 해악을 고지하는 것을 말한다(대판 2003.5.13. 2003도709).

나. 협박의 방법과 내용 협박죄에서의 협박과 동일하다.

---

1 금전을 절취한 후 다른 금전과 섞거나 교환한 바 없이 쇼핑백에 넣어 자신의 집에 숨겨두었는데, 이를 안 절도 피해자가 절도범에게 겁을 주어 그로부터 쇼핑백에 들어 있던 절취된 금전을 그대로 돌려받은 경우, 그 수단이 된 행위로 별도의 범죄가 성립될 수 있음은 별론으로 하고, 타인의 재물을 갈취한 행위로서 공갈죄가 성립되지 않는다. 이 사안에서는 절도범으로부터의 도품탈환이 문제되었고, 이 갈취행위가 위법하다고 하더라도 절도 피해자를 면책시켜야 할 사안이다(임상규, 권리행사와 재산범죄, 형사법연구 제26호 특집호, 734면). 이와는 달리, 타인의 권리목적이 된 자기소유물을 갈취하는 경우에는 공갈죄가 될 수 있다고 하여야 한다.

2 甲 회사에 내하여 불매운동을 하겠다면서 특정 신문들에 대한 광고를 중단할 것과 다른 신문들에 대해서도 동등하게 광고를 집행할 것을 요구한 사안이다.

3 가짜 기자 행세를 하면서 싸롱 객실에서 나체쇼를 한 피해자를 고발할 것처럼 데리고 나와 여관으로 유인한 다음, 겁에 질려있는 그녀의 상태를 이용하여 1회 성교하였다.

(1) 묵시적 협박에 해당하는 사례

A. 차용과 묵시적 공갈 환지계장의 신분으로서 피해자가 도급받은 공사를 지휘·감독하는 직책을 가지고 있었고 피해자는 피고인의 지휘·감독 여하에 따라 공사에 대하여 견제 또는 방해를 받을 수 있는 위치에 있었다면, 현 실정으로 보아 피해자에게 30만 원의 차용을 요구할 수 있는 정도의 우정관계가 있었다는 등의 특별한 사정이 없는 한 피해자에게 30만 원을 요구하여 피해자가 위 금액을 교부한 것은 비록 차용이라는 용어를 썼어도 실은 묵시적으로 공갈을 하여 위 금액을 갈취한 것이라고 봄이 타당하다(대판 1974.4.30. 73도2518).

B. 정신병원에 강제 입원시킨 후 퇴원요구 거부 피고인의 의사 여하에 따라 피해자의 퇴원 여부가 결정되는데, 피해자는 그의 의사에 반하여 5개월가량 정신병원에 입원해 있으면서 피고인에게 수차례에 걸쳐 퇴원시켜 줄 것을 요청하였음에도 거절된 사정을 알 수 있는바, 자신에 대한 입원조치가 계속되는 것에 불안감을 느끼고 퇴원을 적극 요구하던 피해자가 퇴원을 조건으로 하여 부동산의 이전요구에 응하였다면, 퇴원의 결정권을 쥐고 있는 피고인의 권리이전요구는 이에 응하지 않으면 계속적인 입원치료라는 불이익이 초래될 위험이 있다는 위구심을 야기시키는 암묵적 의사표시로서 피해자의 재산처분에 관한 의사결정의 자유를 제한하거나 의사실행의 자유를 방해하기에 족한 것으로 볼 수 있어 해악의 고지로 평가할 수 있다(대판 2001.2.23. 2000도4415).[4]

다. 공갈 상대방의 자격 공갈의 상대방은 재산상의 피해자와 동일함을 요하지는 아니하나, 공갈의 목적이 된 재물 기타 재산상의 이익을 처분할 수 있는 사실상 또는 법률상의 권한을 갖거나 그러한 지위에 있음을 요한다(대판 2005.9.29. 2005도4738).[5]

2. 처분행위

가. 처분행위 필요 유무 재산상 이익의 취득으로 인한 공갈죄가 성립하려면 폭행 또는 협박과 같은 공갈행위로 인하여 피공갈자가 재산상 이익을 공여하는 처분행위가 있어야 한다. 물론 그러한 처분행위는 반드시 작위에 한하지 아니하고 부작위로도 족하여서, 피공갈자가 외포심을 일으켜 묵인하고 있는 동안에 공갈자가 직접 재산상의 이익을 탈취한 경우에도 공갈죄가 성립할 수 있다. 그러나 폭행의 상대방이 위와 같은 의미에서의 처분행위를 한 바 없고, 단지 행위자가 법적으로 의무 있는 재산상 이익의 공여를 면하기 위하여 상대방을 폭행하고 현장에서 도주함으로써 상대방이 행위자로부터 원래라면 얻을 수 있었던 재산상 이익의 실현에 장애가 발생한 것에 불과하다면, 그

4 정신보건법 제24조 제6항은 입원동의서를 제출한 보호의무자로부터 퇴원신청이 있는 경우에는 정신의료기관의 장은 지체 없이 환자를 퇴원시킬 것을 규정하고 있고, 비록 협의상 이혼의 확인을 받았더라도 이혼신고 전에는 처의 보호의무자로서의 지위가 유지된다.

5 술집종업원은 주류에 대한 사실상의 처분권자이므로 공갈죄의 피해자이다.

행위자에게 공갈죄의 죄책을 물을 수 없다(대판 2012.1.27. 2011도16044).[6]

나. 권리행사의 단념 피해자로부터 연체차임의 지급을 요구받자 이를 면할 의도로 피해자의 신체에 어떠한 위해를 가할 듯한 위협적인 언동을 취하여 이에 외포된 피해자로 하여금 그 차임청구를 단념하게 한 경우, 피해자가 당시 명시적으로 차임채권을 포기하는 의사를 표시하지는 않았다고 하더라도 범행 당시는 물론이고 그 후에도 차임지급을 청구한 적이 전혀 없었던 점 등에 비추어 보면, 피해자는 피고인의 공갈행위로 인하여 외포되어 채권행사를 단념하게 되었고 이로 인하여 피고인은 그 지급을 면하는 재산상의 이익을 취득한 것으로 보아야 한다(대판 2005.12.22. 2003도6433).

IV. 권리행사와 공갈

1. 공갈죄 성립 여부

가. 학설 권리행사의 수단으로 폭행·협박을 가한 경우에, ① 공갈행위 자체가 권리행사로서 허용될 수 있는 한계를 일탈한 경우에는 공갈죄가 성립한다는 견해(공갈죄설),[7] ② 권리행사의 경우에는 불법영득(이득)의사가 없으므로 폭행·협박죄만 성립한다는 견해(폭행·협박죄설),[8] ③ 재산상의 이익은 얻지 않지만 재산의 공여하는 일을 시키는 것이므로 강요죄가 성립한다는 견해(강요죄설)[9] 및 ④ 특정물의 경우에는 폭행·협박죄만 성립하지만 불특정물의 경우에는 공갈죄가 성립한다는 견해(구분설)[10]가 대립하고 있다. 그리고 폭행·협박죄설에서는 재산의 일부에 대해서만 권리가 있음에도 그 전부를 갈취한 경우에, 그 일부가 가분인 때에는 권리가 없는 부분에, 그 일부가 불가분인 때에는 전부에 대해서 공갈죄가 성립한다고 한다.

나. 판례 해악의 고지가 정당한 재산분할의 범위 내에서 또는 피해자와의 약정에 기하여 그 권리의 실현수단으로 사용된 경우라고 하여도 그 권리실현의 수단방법이 사회통념상 허용되는 정도나 범위를 넘는 때에는 공갈죄의 실행에 착수한 것으로 보아야 한다(대판 2001.2.23. 2000도4415).

---

6 피고인이 택시요금의 지급을 면하고자 피해자를 폭행하고 달아났을 뿐, 피해자가 폭행을 당하여 외포심을 일으켜 수동적·소극적으로라도 피고인이 택시요금 지급을 면하는 것을 용인하여 이익을 공여하는 처분행위를 하였다고 할 수 없다.

7 김성돈, 373면; 오영근, 455면; 정/박, 419면; 정영석, 365면; 정영일, 349면.

8 권오걸, 510면; 김성천, 964면; 김/서, 377면; 박상기, 359면; 배종대, 514면; 이재상, 383면; 임웅, 439면; 한정환, 공갈죄(상), 판례월보 제351호, 62면.

9 장영민, 권리행사와 공갈죄의 성부, 형사판례연구(4), 405면

10 오영근(1), 519면.

다. 검토 권리가 있다는 이유로 그 행사를 위해 탈취나 편취와 같은 범죄적 수단을 동원해서는 안된다. 이는 허용되지 않는 사력구제로서 모두 위법행위이고, 따라서 공갈죄가 성립한다는 견해가 타당하다. 다만, 권리자가 탈취나 편취가 허용될 수 있다고 믿었고, 이를 인정할 만한 특별한 사정이 있는 경우에 한하여 행위자의 면책이 논의될 수 있을 뿐이다.

2. 공갈의 유형

가. 고소, 고발, 진정, 신고와 공갈

(1) 공갈에 해당하는 사례 ① 공사 수급인이 권리행사에 빙자하여 도급인 측에 대하여 비리를 관계기관에 고발하겠다는 내용의 협박 내지 사무실의 장시간 무단점거 및 직원들에 대한 폭행 등의 위법수단을 써서 기성고 공사대금 명목으로 8천만 원을 교부받은 소위는 사회통념상 허용되는 범위를 넘는 것으로서 이는 공갈죄에 해당한다(대판 1991.12.13. 91도2127). ② 피고인이, 甲은 주식회사 옵셔널캐피탈의 자금 100억 원을 횡령하였다는 등으로 수사기관에 고소하거나 그와 같은 취지의 글을 인터넷에 수회에 걸쳐 게시하였을 뿐만 아니라 회계장부 열람을 위한 가처분을 신청하거나 이를 이유로 옵셔널캐피탈의 사무실을 수시로 방문하는 행위로 인하여 옵셔널캐피탈의 업무에 사실상 적지 않은 방해를 주고 있는 상황에서, 을에게 이러한 행위를 중단하는 대가로 금전을 요구하면서 만일 옵셔널캐피탈이 피고인의 요구를 받아들이지 않을 경우 앞으로도 계속하여 고소 제기 등과 같은 행위를 함으로써 옵셔널캐피탈의 업무에 지장을 줄 것 같은 태도를 보인 것은 옵셔널캐피탈에 대한 공갈행위를 구성한다(대판 2007.10.11. 2007도6406).

(2) 공갈에 해당하지 않는 사례 공사한 건물의 대장상 평수보다 실제상의 평수가 많아 실제상의 평수에 따른 공사금의 지급을 요구하면서 그렇지 않으면 구청장에게 진정하여서라도 대장상의 건물평수가 부족함을 밝히겠다고 하는 의사표시는 사회상규에 어긋나지 아니하며, 협박을 하여 부당한 이득을 얻으려는 의사가 있었다고 볼 수 없다(대판 1979.10.30. 79도1660).

나. 조직폭력배 관련 공갈

(1) 협박 후 취직하여 근로제공 없이 월급 수령 종업원이 주인을 협박하여 그 업소에 취직을 하고 주인으로부터 월급 상당액을 교부받은 경우, 종업원이 주인에게 종업원으로서 상당한 근로를 제공한 바가 없다면 이는 갈취행위로 보아야 한다(대판 1991.10.11. 91도1755).

(2) 채권회수의뢰를 받은 경우(소위 해결사) 乙로부터 피해자 甲에 대한 외상대금채권회수의 의뢰를 받고 이를 승낙한 다음 외상대금을 받아 주기 위하여 甲에게 乙의 채무를 당장 갚고 나서 영업을 하라고 요구하고, 이를 갚기 전에는 영업을 할 수 없다 하면서 개새끼라고 욕을 하고 눈을 치켜뜨고 죽어볼래 하면서 甲의 멱살을 2, 3분 잡아 흔드는 등 겁을 먹게 하여 甲으로 하여금 금원을 乙에게 교부하게 하였다면, 위 소위는 공갈죄를 구성하는 것으로 이 행위가 단순히 채권회수를

위한 권리행사로서 사회통념상 용인된 행위라고는 할 수 없다(대판 1987.10.26. 87도1656).

다. 보도와 공갈

(1) 판단기준 신문사 경영자가 자신이 발행하는 신문의 구독을 요청 또는 권유하는 것은 신문부수의 확장을 위한 일상적인 업무의 범위 내에 속하는 것으로서 특단의 사정이 없는 한 사회통념상 용인되는 행위라고 보아야 할 것이므로, 언론사 종사자가 취재원에 대하여 불리한 기사의 보도 여부를 놓고 광고게재나 신문구독을 요구한 행위가 공갈죄의 수단으로서 해악의 고지에 해당되는지 여부는, 그러한 요구를 한 자와 요구를 받은 자 사이의 관계와 지위, 언론사의 사회적 영향력, 당사자의 의도와 추구하고자 하는 경제적 이익의 내용, 그러한 요구에 이른 전후 경위, 당사자가 그 과정에서 보인 태도, 관련 기사 내용과 그 기사가 상대방의 이해관계에 미치는 영향력의 크기, 불리한 기사와 요구한 금품 사이의 견련성 정도, 불이익을 시사한 구체적인 언동의 존부와 그 내용 등을 두루 심사하여 이를 신중하게 판단하여야 한다(대판 2002.12.10. 2001도7095).

(2) 공갈에 해당하는 사례(공사비리 등을 계속 보도하겠다는 태도) 방송기자가 피해자에게 피해자 경영의 건설회사가 건축한 아파트의 진입도로미비 등 공사하자에 관하여 방송으로 계속 보도할 것 같은 태도를 보임으로써, 피해자가 위 방송으로 말미암아 그의 아파트 건축사업이 큰 타격을 받고 자신이 경영하는 회사의 신용에 커다란 손실을 입게 될 것을 우려하여 방송을 하지 말아 달라는 취지로 2백만 원을 교부한 경우, 공갈죄의 구성요건이 충족되고 또 인과관계도 인정된다(대판 1991.5.28. 91도80).

(3) 공갈에 해당하지 않는 사례 지역신문의 발행인이 시정에 관한 비판기사 및 사설을 보도하고 관련 공무원에게 광고의뢰 및 직보배정을 타신문사와 같은 수준으로 높게 해달라고 요청한 사실만으로 공갈죄의 수단으로서 그 상대방을 협박하였다고 볼 수 없다(대판 2002.12.10. 2001도7095).

3. 공갈죄에 해당하는지 여부가 문제되는 사례

가. 공갈죄에 해당하는 사례

(1) 과도한 폭력행사 피해자와의 동거를 정산하는 과정에서 피해자에 대하여 금전채권이 있다고 하더라도 그 권리행사를 빙자하여 사회통념상 용인되기 어려운 정도를 넘는 협박을 수단으로 사용하였다면 공갈죄가 성립한다(대판 1996.9.24. 96도2151).[11]

(2) 계약의 취소 없이 피해자의 전매차익을 받아낼 목적의 협박 피해자의 기망에 의하여 부동산을 비싸게 매수한 피고인이라도 그 계약을 취소함이 없이 등기를 피고인 앞으로 둔 채 피해자의 전매차익을 받아낼 셈으로 피해자를 협박하여 재산상의 이득을 얻거나 돈을 받았다면, 이는 정당한 권리행

11 전화로 100만 원을 주지 않으면 "친정집에 불을 질러 버리겠다. 집안 식구를 모두 몰살시키겠다"고 협박하였다.

사의 범위를 넘은 것으로서 사회통념상 용인될 수 없으므로 공갈죄를 구성한다(대판 1991.9.24. 91도1824).

나. 공갈죄에 해당하지 않는 사례

(1) 부당한 민사소송의 제기 토지매도인이 그 매매대금을 지급받기 위하여 매수인을 상대로 하여 당해 토지에 관한 소유권이전등기말소청구소송을 제기하고 위 대금을 변제받지 못하면 위 소송을 취하하지 아니하고 예고등기도 말소하지 않겠다는 취지를 알렸다고 하여 이를 지목하여 공갈행위라고 단정할 수는 없다(대판 1989.2.26. 87도690).

(2) 가출자의 소재를 알려주는 조건으로 보험에 가입시킨 경우 가출자의 가족에게 가출자의 소재를 알려주는 조건으로 보험가입을 요구한 행위는 가출자를 찾으려고 하는 가족들의 안타까운 심정을 이용하여 보험가입을 권유 내지 요구하는 언동으로 도의상 비난할 수 있을지언정 그로 인하여 가족들에 새로운 외포심을 일으키게 되거나 외포심이 더하여 진다고는 볼 수 없으므로 이를 공갈죄에 있어서의 협박이라고 단정할 수 없다(대판 1976.4.27. 75도2818).

V. 기타 문제

1. 실행의 착수시기 피해자의 고용인을 통하여 피해자에게 피해자가 경영하는 기업체의 탈세사실을 국세청이나 정보부에 고발한다는 말을 전하였다면 이는 공갈죄의 행위에 착수한 것이다(대판 1969.7.29. 69도984).

2. 기수시기

가. 부동산공갈죄의 기수시기 부동산에 대한 공갈죄는 그 부동산에 관하여 소유권이전등기를 경료받거나 또는 인도를 받은 때에 기수로 되는 것이고, 소유권이전등기에 필요한 서류를 교부 받은 때에 기수로 되어 그 범행이 완료되는 것은 아니다(대판 1992.9.14. 92도1506).

나. 통장에 입금된 경우 피해자들을 공갈하여 피해자들로 하여금 지정한 예금구좌에 돈을 입금케 한 이상, 위 돈은 범인이 자유로이 처분할 수 있는 상태에 놓인 것으로서 공갈죄는 이미 기수에 이르렀다(대판 1985.9.24. 85도1687).

3. 친족상도례

가. 특별법상의 공갈과 친족상도례, 반의사불벌죄 흉기 기타 위험한 물건을 휴대하고 공갈죄를 범하여 '폭력행위 등 처벌에 관한 법률' 제3조 제1항, 제2조 제1항 제3호에 의하여 가중처벌되는 경

우에도 형법상 공갈죄의 성질은 그대로 유지되는 것이고, 특별법인 위 법률에 친족상도례에 관한 형법 제354조, 제328조의 적용을 배제한다는 명시적인 규정이 없으므로, 형법 제354조는 '폭력행위 등 처벌에 관한 법률' 제3조 제1항 위반죄에도 그대로 적용된다(대판 2010.7.29. 2010도5795).

나. 피공갈자가 피해자에 해당하는지 여부

(1) 보호법익과의 관계 공갈죄의 수단이 폭행·협박이라는 범죄수단이기 때문에, 이 폭행·협박에 의해 의사결정의 자유가 침해되는 피공갈자는 당연히 피해자에 해당한다.[12]

(2) 판례 술집종업원은 주류에 대한 사실상의 처분권자이므로 공갈죄의 피해자에 해당된다(대판 2005.9.29. 2005도4738).

4. 타죄와의 관계

가. 뇌물죄와의 관계

(1) 학설 공무원이 직무집행과 관련하여 공갈을 수단으로 수뢰한 경우에, ① 다수설은 공무원에게 직무집행의 의사가 있었던 경우에는 공갈과 수뢰죄의 상상적 경합이 되지만, 단지 직무집행을 빙자했을 뿐인 때에는 공갈죄가 성립한다고 하고,[13] ② 소수설은 직무집행의 의사와 무관하게 직무와의 관련성 및 대가성이 인정되면 공갈과 수뢰죄의 상상적 경합이 되지만, 이 직무관련성 및 대가성이 부정되면 공갈죄가 성립한다고 한다.[14] 공무원에게 공갈죄만 성립하는 경우에는 재물교부자는 공갈죄의 피해자일 뿐이라는 데 견해가 일치한다. 그러나 공무원의 행위가 공갈과 수뢰죄의 상상적 경합이 되는 경우, ① 재물교부자는 증뢰죄의 죄책을 진다는 견해[15]와 ② 그 의사의 임의성이 완전히 상실되지 않았을지라도 외포심에서 마지 못해 재산을 처분한 것이지 뇌물공여의 의사로 행한 것은 아니기 때문에 증뢰죄를 구성하지 않는다는 견해[16]가 대립한다.

(2) 판례

A. 공갈죄의 성립조건 및 교부자의 책임 공무원이 직무집행의 의사 없이 또는 직무처리와 대가적 관계없이 타인을 공갈하여 재물을 교부하게 한 경우에는 공갈죄만이 성립하고, 이러한 경우 재물의 교부자가 공무원의 해악의 고지로 인하여 외포의 결과 금품을 제공한 것이라면 그는 공갈죄의 피해자가 될 것이고 뇌물공여죄는 성립될 수 없다(대판 1994.12.22. 94도2528).[17]

---

12 권오걸, 513면; 박상기, 354면; 임웅, 442면.

13 권오걸, 512면; 박상기, 359면; 배종대, 515면; 오영근, 457면; 이재상, 386면; 정/박, 420면; 정영일, 352면; 조관행, 뇌물죄와 공갈죄의 관계 및 뇌물죄가 아닌 공갈죄를 구성한다는 주장에 대한 판단의 요부, 대법원판례해설 제22호, 631면.

14 김성돈, 375면; 김/서, 379면; 이정원, 436면; 임웅, 441면.

15 권오걸, 512면; 오영근, 457면; 이재상, 386면; 조관행, 전게논문 631면.

16 김/서, 379면; 임웅, 441면; 정/박, 420면.

17 대판 1969.7.22. 69도1166; 1966.4.6. 66도12.

B. 공갈과 수뢰죄의 상상적 경합인 경우 세무공무원에게 회사에 대한 세무조사라는 직무집행의 의사가 있었고, 과다계상된 손금항목에 대한 조사를 하지 않고 이를 묵인하는 조건으로 다시 말하면 직무처리에 대한 대가관계로서 금품을 제공받았으며, 회사의 대표이사는 공무원의 직무행위를 매수하려는 의사에서 금품을 제공하였고, 세무공무원은 세무조사 당시 타회사 명의의 세금계산서가 위장거래에 의하여 계상된 허위의 계산서라고 판단하고 이를 바로잡아 탈루된 세금을 추징할 경우 추징할 세금이 모두 50억 원에 이를 것이라고 알려 주었음이 명백하다면, 문제된 세금계산서가 진정한 거래에 기하여 제출된 것인지, 세무공무원의 묵인행위로 인하여 회사에게 추징된 세금액수가 실제적으로 줄어든 것이 있는지 여부에 관계없이 세무공무원 및 대표이사의 행위가 뇌물죄를 구성한다(대판 1994.12.22. 94도2528).[18]

C. 공갈죄만 성립하는 경우 경찰관이 입찰방해 비위사실을 탐지하고 수사코자 조합에 출두하여 공사 입찰관계 서류를 임의 제출받아 조사하면서 피해자에게 사건을 적당히 처리해 줄 것이니 금 7만 원을 달라고 뇌물의 공여를 요구하고, 경찰관의 요구에 불응하면 입찰방해의 사실에 관하여 입건한다는 경찰관의 말에 의하여 외포의 결과 금품을 제공하게 된 것이므로, 공갈죄의 피해자가 된다(대판 1969.7.22. 69도1166).

(3) 검토 공무원의 수뢰죄가 성립하기 위하여 직무관련성 내지 대가성이 있어야 한다는 것은 당연하다. 따라서 다수설과 소수설의 차이는 공무원에게 직무집행의 의사가 없었을 때 즉 직무집행을 빙자했을 뿐인 경우, 소수설은 대가관계를 이유로 수뢰죄의 성립을 인정하지만 다수설과 판례는 부정한다. 공무원이 공갈로 재물을 취득했음에도 직무집행의 의사가 있었던 경우에 수뢰죄의 성립을 인정하는 것은, 그렇지 아니하면 공갈없이 수뢰한 경우보다 가볍게 처벌될 수 있기 때문이다. 게다가 현실적으로 직무집행의 의사가 있었을 때가 없었을 때보다 공갈의 정도가 약하다. 따라서 대가관계를 전제로, 직무집행의 의사가 있었던 경우에는 공갈죄 외에 수뢰죄의 상상적 경합을 인정하고, 그렇지 않은 경우에는 공갈죄만 인정하는 판례·다수설이 타당하다. 공무원에게 수뢰죄가 성립하는 경우에는 재물교부자에게 증뢰죄가 성립한다.

나. 사문서위조죄 등과의 관계 예금통장과 인장을 갈취한 후 예금 인출에 관한 사문서를 위조하고 이를 행사하여 예금을 인출한 행위는 공갈죄 외에 별도로 사문서위조, 동행사 및 사기죄가 성립한다(대판 1979.10.30. 79도489).

다. 상해죄와의 관계 공갈행위의 수단으로 상해행위가 행하여진 경우에는 공갈죄와 별도로 상해죄가 성립하고, 이들 죄는 상상적 경합관계에 있다(대판 2008.1.24. 2007도9580).

---

18 공갈죄로 기소된 바 없었으므로 상상적 경합의 유무에 대한 판단은 하지 아니하였다.

5. 죄수와 공범

가. 죄수 투자금의 회수를 위해 피해자를 강요하여 물품대금을 횡령하였다는 자인서를 받아낸 뒤 이를 근거로 돈을 갈취한 경우, 주된 범의가 피해자로부터 돈을 갈취하는 데에 있었던 것이라면 단일한 공갈의 범의하에 갈취의 방법으로 일단 자인서를 작성케 한 후 이를 근거로 계속하여 갈취행위를 한 것으로 보아야 할 것이므로 포괄하여 공갈미수의 일죄만을 구성한다고 보아야 할 것이며, 이와 달리 처음 범의는 자인서를 받아내는 데에 있었으나 자인서를 받아낸 후 금전갈취의 범의까지 일으켜 폭행·협박을 계속한 것이라면 강요죄와 공갈미수죄의 실체경합으로 볼 여지가 있을 것이다(대판 1985.6.25. 84도2083).

나. 공동정범 공범자가 공갈행위의 실행에 착수한 후 그 범행을 인식하면서 그와 공동의 범의를 가지고 그 후의 공갈행위를 계속하여 재물의 교부나 재산상 이익의 취득에 이른 때에는 공갈죄의 공동정범이 성립한다(대판 1997.2.14. 96도1959).

제6절 • 횡령의 죄

I. 서설

1. 의의와 성격 타인의 재물을 보관하는 자가 그 재물을 횡령하거나 반환을 거부함으로써 성립하는 재물죄이자 영득죄이다. 타인의 점유를 침해하지 않는다는 점에서 탈취죄와 구분되고, 피해자의 처분행위가 없어도 된다는 점에서 편취죄와 구분된다.

2. 횡령죄의 본질

가. 학설

(1) 월권행위설[1] 권한을 넘어서는 처분행위를 통해 위탁자와 신탁자와의 신임관계를 깨뜨리는 데에 횡령의 본질이 있다는 견해이다. 월권행위만 있으면 횡령죄가 성립하고 불법영득의 의사는 필요하지 않기 때문에, 일시 사용의 목적으로 점유물을 처분하거나 손괴 또는 은닉할 의사로 자

---

1 김성돈, 377면; 김/서, 283면; 김태명, 횡령죄의 기수시기와 장물죄의 성립 여부, 형사법연구 제23호, 116면; 이재상, 389면; 임웅, 446면.

기가 점유하는 재물을 처분하는 때에도 횡령죄의 성립을 긍정한다.

(2) **영득행위설**[2] 위탁받은 타인의 재물을 위법하게 영득하는 데에 횡령의 본질이 있으므로, 고의 외에 주관적 구성요건으로서 불법영득의 의사가 있어야 한다는 견해이다.

(3) **이분설**[3] 횡령의 본질은 기본적으로 영득행위로 보면서, 반환거부의 경우는 월권행위에 본질이 있다는 견해이다.

나. 판례(영득행위설) 횡령죄에 있어서 불법영득의 의사는 타인의 재물을 보관하는 자가 자기 또는 제3자의 이익을 꾀할 목적으로 그 위탁의 취지에 반하여 권한 없이 보관하는 타인의 재물을 자기의 소유인 것처럼 처분하려는 의사를 의미한다(대판 1997.9.30. 97도1863).

다. 검토 횡령죄와 배임죄가 신임관계를 위배한다는 배신행위에 본질이 있음은 부정할 수 없다. 그러나 채무불이행과 같은 모든 배신행위가 횡령이 되는 것은 아니고, 그중에서 자기가 보관하는 재물을 영득하는 배신행위가 횡령의 본질이다. 따라서 영득행위설이 타당하지만, 반환거부의 경우에는 반드시 영득의사를 전제로 하지 않는다는 점에서 이분설이 타당하다.

3. 보호법익 및 보호의 정도

가. 학설 횡령죄의 보호법익은 재물에 관한 소유권 기타 본권이다. 보호의 정도는 절도죄의 경우와 마찬가지로 위험범이라는 견해[4]와 침해범이라고 하는 견해[5]가 대립한다.

나. 판례

횡령죄는 다른 사람의 재물에 관한 소유권 등 본권을 그 보호법익으로 하고, 본권이 침해될 위험성이 있으면 그 침해의 결과가 발생되지 아니하더라도 성립하는 위태범이다(대판 2002.11.13. 2002도2219).

다. 검토 위험범설은 횡령행위를 통해 궁극적으로 소유권을 취득하지 못하고 위태롭게 할 뿐이라는 점에 초점을 맞춘다. 그러나 위험범설에 따르면, 재물의 영득의사가 표출되는 때에 횡령죄의 기수를 인정하여 그 성립범위가 너무 넓어질 위험이 있다. 판례는 위험범설에 따르면서도 부동산

---

2 김성돈, 377면; 김/서, 283면; 김태명, 횡령죄의 기수시기와 장물죄의 성립 여부, 형사법연구 제23호, 116면; 이재상, 389면; 임웅, 446면.

3 오영근, 463면.

4 이재상, 388면; 임웅, 444면; 정영일, 355면; 한창훈, 횡령죄가 위태범인지 여부 및 보관 중인 타인의 재물을 담보로 제공하는 행위가 사법상 무효인 경우 횡령죄가 성립하는지 여부, 대법원판례해설 제43호, 739면.

5 권오걸, 515면; 김성돈, 376면; 김/서, 282면; 김태명, 전게논문 121면; 박양빈, 횡령죄(2) -불법원인위탁과 횡령죄, 장물죄 및 공갈죄-, 고시연구 제22권 제8호, 156면; 성낙현, 횡령의 객관적 구성요건의 실체, 법조 통권 제589호, 33면; 오영근, 461면.

횡령의 기수시기를 등기이전시로 보고 있는데, 이는 횡령의사의 표출로는 부족하고 그 의사가 실현되었을 때 횡령의 기수로 본다는 취지이다. 이러한 점을 감안하고 또 횡령죄의 미수가 처벌된다는 점을 고려하면 침해범으로 해석함이 보다 타당하다고 할 것이다.

II. 단순횡령죄

> **제355조 제1항 (횡령)** 타인의 재물을 보관하는 자가 그 재물을 횡령하거나 그 반환을 거부한 때에는 5년 이하의 징역 또는 1,500만원 이하의 벌금에 처한다.

1. 서언 횡령죄는 '타인의 재물을 보관하는 자'가 범하는 진정신분범이다. 위탁관계에 의해 보관하는 타인의 재물을 횡령하거나 반환거부하는 범죄이므로, 재물의 타인성, 보관, 횡령행위 등의 개념이해에 초점을 맞추어야 한다.

2. 객체: 타인의 재물

가. 판단기준 횡령죄의 객체가 타인의 재물이라는 점에는 異論의 여지가 없다(대판 2010.1.10. 2011도12408). ① 타인의 재물인가의 여부는 민법, 상법, 기타의 실체법에 의하여 결정되어야 한다(대판 2010.5.13. 2009도1373). ② 국제사법 제1조 소정의 외국적 요소가 있는 경우에는 국제사법의 규정에 좇아 정하여지는 준거법을 1차적인 기준으로 하여 당해 재물의 소유권의 귀속관계 등을 결정하여야 한다(대판 2011.4.28. 2010도15350).

나. 유가증권과 소유관계

(1) 할인을 의뢰받고 교부받은 어음 약속어음을 할인을 위하여 교부받은 경우에 그 약속어음이 수탁자의 점유하에 있는 동안에도 소유권은 위탁자에게 있고, 수탁자는 위탁의 취지에 따라 이를 단지 보관하는 것으로 볼 것이고, 할인의 편의를 위하여 배서양도의 형식을 취하였다 하더라도 다를 바 없다(대판 1983.4.26. 82도3079).[6]

(2) 담보로 교부받은 수표 채권자가 그 채권의 지급을 담보하기 위하여 채무자로부터 수표를 발행·교부받아 이를 소지한 경우에는, 단순히 보관의 위탁관계에 따라 수표를 소지하고 있는 경우와는 달리 그 수표상의 권리가 채권자에게 유효하게 귀속되고, 채권자와 채무자 사이의 수표 반환에 관한 약정은 원인관계상의 인적 항변사유에 불과하므로, 채권자는 횡령죄의 주체인 타인의 재

---

6 위탁된 약속어음을 수탁자가 자신의 채무변제에 충당한 사안이다. 대판 2004.5.28. 2003도7509; 1999.7.23. 99도1911.

물을 보관하는 자의 지위에 있다고 볼 수 없다(대판 2000.2.11. 99도4979).

다. 위탁판매, 조합, 익명조합과 소유관계

(1) 위탁판매[7] ① 위탁판매에 있어서는 위탁품의 소유권은 위임자에게 속하고 그 판매대금은 다른 특약이나 특별한 사정이 없는 한 이를 수령함과 동시에 위탁자에 귀속한다(대판 1982.2.23. 81도2619).[8] ② 위탁판매인과 위탁자간에 판매대금에서 각종 비용이나 수수료 등을 공제한 이익을 분배하기로 하는 등 그 대금처분에 관하여 특별한 약정이 있는 경우에는 이에 관한 정산관계가 밝혀지지 않는 한 위탁물을 판매하여 이를 소비하거나 인도를 거부하였다 하여 곧바로 횡령죄가 성립한다고는 할 수 없다(대판 1990.3.27. 89도813).

(2) 조합

A. 동업관계가 계속되는 경우 동업재산은 동업자의 합유에 속하므로, 동업관계가 존속하는 한 동업자는 동업재산에 대한 지분을 임의로 처분할 권한이 없고, 동업자 한 사람이 지분을 임의로 처분하거나 또는 동업재산의 처분으로 얻은 대금을 보관 중 임의로 소비하였다면 횡령죄의 죄책을 진다(대판 2011.6.10. 2010도17684).

B. 동업자가 탈퇴하여 단독으로 경영하게 된 경우 동업자들이 동업관계에서 탈퇴하여 단독으로 경영하게 된 이후에는 동업자의 금원을 보관하는 자의 지위에 있지 아니하다(대판 1996.5.28. 96도140).

C. 익명조합[9] 익명조합원이 영업을 위하여 출자한 금전 기타의 재산은 상대방인 영업자의 재산으로 되는 것이므로, 영업자가 그 영업의 이익금을 함부로 자기용도에 소비하였다 하여도 횡령죄가 되지 아니한다(대판 1971.12.28. 71도2032).[10]

D. 내적 조합[11] 조합재산은 조합원의 합유에 속하므로 조합원 중 한 사람이 조합재산 처분으로 얻은 대금을 임의로 소비하였다면 횡령죄의 죄책을 면할 수 없고, 내부적으로는 조합관계에 있지만 대외적으로는 조합관계가 드러나지 않는 이른바 내적 조합의 경우에도 마찬가지다(대판 2011.11.24. 2010도5014).

E. 가맹점계약 가맹점주가 판매하여 보관 중인 물품판매 대금은 가맹점주의 소유라 할 것이어서 가맹점주가 이를 임의 소비한 행위는 프랜차이즈 계약상의 채무불이행에 지나지 아니하므로,

---

7 상법 제103조(위탁물의 귀속) 위탁매매인이 위탁자로부터 받은 물건 또는 유가증권이나 위탁매매로 인하여 취득한 물건, 유가증권 또는 채권은 위탁자와 위탁매매인 또는 위탁매매인의 채권자간의 관계에서는 이를 위탁자의 소유 또는 채권으로 본다.

8 대판 2013.3.28. 2012도16191.

9 상법 제79조(익명조합원의 출자) 익명조합원이 출자한 금전 기타의 재산은 영업자의 재산으로 본다.

10 대판 2009.4.23. 2007도9924; 2011.11.24. 2010도5014.

11 내적 조합(內的 組合)은, 당사자 간의 내적 관계에서는 조합관계가 있지만, 대외적 행위는 당사자 전원 내지 조합 자체의 이름으로 하는 것이 아니라 조합원 1인 또는 조합원으로부터 위임을 받은 제3자의 명의로 하는 것으로서, 대외적으로는 조합관계가 나타나지 않는 형태의 법률관계를 말한다.

결국 횡령죄는 성립하지 아니한다(대판 1998.4.14. 98도292).[12]

라. 원천징수한 돈과 소유관계

(1) 원천공제한 국민연금보험료 국민연금법에 의하여 사용자는 매월 임금에서 국민연금보험료 중 근로자가 부담할 기여금을 원천공제하여 근로자를 위하여 보관하고, 국민연금관리공단에 위 보험료를 납부하여야 할 업무상 임무를 부담하게 된다(대판 2011.2.10. 2010도13284).

(2) 사업자가 받은 부가가치세 사업자가 매출세액을 징수하는 경우에 부가가치세의 납부의무자도 아닌 거래상대방을 위하여 이를 보관하는 관계에서 징수하는 것이라고 할 수는 없고, 사업자는 일정한 과세기간 종료 후에 그 기간 동안 발생한 매출세액과 매입세액 여하에 따라 매출세액의 징수 여부에 관계없이 자신의 책임하에 부가가치세 납부의무를 이행하는 것이므로 일단 징수한 매출세액은 공급자의 소유로 귀속되는 것이다(대판 1999.11.26. 99도1969).

마. 타인의 재물인 사례

(1) 양도인이 수령한 금원

A. 면허양도인 양식어업면허권자가 그 어업면허권을 양도한 후 아직도 어업면허권이 자기 앞으로 되어 있음을 틈타서 어업권손실보상금을 수령하여 생활비 등에 소비하였다면 이는 횡령죄를 구성한다(대판 1993.8.24. 93도1578).

B. 채권양도인이 수령한 금전 양도인이 채권양도 통지를 하기 전에 채무자로부터 채권을 추심하여 금전을 수령한 경우, 아직 대항요건을 갖추지 아니한 이상 채무자가 양도인에 대하여 한 변제는 유효하고 그 결과 양수인에게 귀속되었던 채권은 소멸하지만, 이는 이미 채권을 양도하여 그 채권에 관한 한 아무런 권한도 가지지 아니하는 양도인이 양수인에게 귀속된 채권에 대한 변제로서 수령한 것이므로, 채권양도의 당연한 귀결로서 그 금전을 자신에게 귀속시키기 위하여 수령할 수는 없는 것이고 오로지 양수인에게 전달해 주기 위하여서만 수령할 수 있을 뿐이어서, 양도인이 수령한 금전은 양도인과 양수인 사이에서 양수인의 소유에 속하고, 여기에다가 위와 같이 양도인이 양수인을 위하여 채권보전에 관한 사무를 처리하는 지위에 있다는 것을 고려하면, 양도인은 이를 양수인을 위하여 보관하는 관계에 있다(대판 1999.4.15. 97도666 全合).[13]

C. 채권양도가 기망수단인 경우 피해자로부터 돈을 빌리기 위해 피해자가 요구하는 대로 차용금에 대한 담보 명목으로 공사대금채권을 양도하는 형식만 갖추었을 뿐 당초부터 공사대금채권을 추심하여 빼돌릴 생각을 가지고 있었던 경우라면 차용금편취에 관한 사기죄가 성립하지만, 공사대

---

12 기본적인 성격은 각각 독립된 상인으로서의 본사 및 가맹점주 간의 계약기간 동안의 계속적인 물품공급계약이고, 이러한 가맹점 계약을 동업계약 관계로는 볼 수 없다.

13 대판 2007.5.11. 2006도4935.

금채권을 양도한 후 공사대금을 추심하여 임의 소비한 행위는 금전 차용 후 담보로 제공한 양도채권을 추심받아 이를 빼돌리려는 사기범행의 실행행위에 포함된 것으로 봄이 상당하므로 사기죄와 별도로 횡령죄는 성립하지 않는다(대판 2011.5.13. 2011도1442).

(2) 소유권유보부 판매

A. 민사적 법률관계 ① 동산의 매매계약을 체결하면서, 매도인이 대금을 모두 지급받기 전에 목적물을 매수인에게 인도하기는 하지만 대금이 모두 지급될 때까지는 목적물의 소유권은 매도인에게 유보되며 대금이 모두 지급된 때에 그 소유권이 매수인에게 이전된다는 내용의 이른바 소유권유보의 특약을 한 경우, 목적물이 매수인에게 인도되었다고 하더라도 특별한 사정이 없는 한 매도인은 대금이 모두 지급될 때까지 매수인뿐만 아니라 제3자에 대하여도 유보된 목적물의 소유권을 주장할 수 있으며, 이와 같은 법리는 소유권유보의 특약을 한 매매계약이 매수인의 목적물 판매를 예정하고 있다 하더라도 다를 바 없다(대판 2007.6.1. 2006도8400).[14] ② 부동산과 같이 등기에 의하여 소유권이 이전되는 경우에는 등기를 대금완납시까지 미룸으로써 담보의 기능을 할 수 있기 때문에 굳이 위와 같은 소유권유보부매매의 개념을 원용할 필요성이 없으며, 일단 매도인이 매수인에게 소유권이전등기를 경료하여 준 이상은 매수인에게 소유권이 귀속된다. 자동차, 중기, 건설기계 등은 비록 동산이기는 하나, 등록이 부동산 등기와 마찬가지로 소유권이전의 요건이므로 역시 소유권유보부매매의 개념을 원용할 필요성이 없다(대판 2010.2.26. 2009도5064).

B. 횡령죄 성부 소유권유보의 특약하에 피해자 회사로부터 금형을 인도받고서도 이를 임의로 공소외 주식회사에 인도한 행위는 횡령죄에 해당한다(대판 2007.6.1. 2006도8400).

(3) 기타

A. 1인 주주회사의 1인 주주 주식회사의 주식이 사실상 1인의 주주에 귀속하는 1인 회사에 있어서도 행위의 주체와 그 본인은 분명히 별개의 인격이므로 그 법인인 주식회사 소유의 금원을 임의로 소비할 때 횡령죄는 성립하는 것이다(대판 1987.2.24. 86도999).

B. 독립채산제 방식으로 운영되는 법인의 지점이 보유한 재산과 지점의 구성원 상법에 의하면 주식회사의 지점이나 합명회사의 분사무소는 주식회사나 합명회사와 독립된 별개의 법인격이나 권리주체가 아니라 주식회사나 합명회사에 소속된 하부조직에 불과하므로, 주식회사의 지점이나 합명회사의 분사무소가 주식회사의 본점이나 합명회사의 주사무소의 회계와는 별도의 독립채산제 방식으로 운영되고 있다고 하더라도 주식회사의 지점이나 합명회사의 분사무소가 보유한 재산은 그 주식회사 또는 합명회사의 소유일 뿐 법인격도 없고 권리주체도 아닌 주식회사의 지점이나 합명회사의 분사무소 구성원들 개인의 소유가 되는 것은 아니다(대판 2010.5.13. 2009도1373).

C. 운송수입금 운송회사와 소속 근로자 사이에 근로자가 운송회사로부터 일정액의 급여를

---

14 대판 2010.2.11. 2009다93671.

받으면서 당일 운송수입금을 전부 운송회사에 납입하되, 운송회사는 근로자가 납입한 운송수입금을 월 단위로 정산하여 그 운송수입금이 월간 운송수입금 기준액인 사납금을 초과하는 경우에는 그 초과금액에 대하여 운송회사와 근로자에게 일정 비율로 배분하여 정산하고, 사납금에 미달되는 경우에는 그 부족금액에 대하여 근로자의 급여에서 공제하여 정산하기로 하는 약정이 체결되었다면, 근로자가 사납금 초과 수입금을 개인 자신에게 직접 귀속시키는 경우와는 달리, 근로자가 애초 거둔 운송수입금 전액은 운송회사의 관리와 지배 아래 있다고 봄이 상당하므로 근로자가 운송수입금을 임의로 소비하였다면 횡령죄를 구성한다(대판 2014.4.30. 2013도8799).

바. 타인의 재물이 아닌 사례

(1) 선의취득한 동산 극장 내에 비치된 일체의 비품 및 극장 운영권을, 공연장 허가명의자로서 극장을 직접 운영하고 있던 갑으로부터 매수하고 인도받아 소유권을 선의취득하였다고 인정된다면, 극장비품인 동산에 대한 당초 소유자의 반환요구를 거절하였다고 하여 횡령죄를 구성할 수는 없다(대판 1983.12.13. 83도2642).

(2) 우선변제, 반환 약속의 목적물: 민사상의 채무불이행

A. 매수인이 매도인에게 목적 부동산을 담보로 대출받아 잔금을 지급하기로 한 경우 부동산 매수인이 매매대금의 완납 전에 매매목적물을 담보로 하여 금전을 차용함에 있어 매도인의 승낙을 받는 한편 매도인과 사이에 그 차용금액의 일부는 매도인에게 매매대금으로 우선 교부하여 주기로 약정한 다음 금전을 차용하여 이를 전부 임의로 소비한 경우에, 매도인과 매수인 사이의 약정은 매매잔대금의 지급방법의 하나를 정한 것에 불과한 것이므로, 이로써 매수인이 대금완납시까지 매도인을 위하여 위 매매목적물을 관리하거나 담보제공하여 차용한 금전을 보관하여야 하는 지위에 있다고 볼 수 없으므로, 매수인이 차용금액의 일부를 매도인에게 지급하지 아니하였다고 하더라도 이는 단순한 민사상의 채무불이행에 지나지 아니할 뿐 횡령죄는 성립하지 아니한다(대판 1987.3.24. 83도1420).[15]

B. 공탁금 회수 즉시 반환하기로 하고 차용한 금원을 공탁 후 회수한 경우 공탁금회수 즉시 반환하기로 하고 차용한 금원을 피고인명의로 공탁하였다가 공탁금회수 청구권에 의하여 법원으로부터 회수한 금원은 공탁자인 피고인의 소유이고, 공탁금회수 즉시 채권자에게 반환하기로 하는 약정이 있었다 하더라도 그 결론에는 영향이 없다(대판 1985.3.26. 84도2293).

C. 제품판매 대금으로 변제 약속 자기소유의 고철과 석탄 및 주물공장을 이용하여 제품을 만들어 판매함으로써 그 매각대금으로 타인의 채무를 변제하기로 약정하였다면, 그 매각대금으로 채무를 변제하지 아니하였다 하더라도 이는 단순한 채무불이행으로서 횡령죄나 사기죄를 구성하지 아니한다(대판 1971.11.23. 71도1724).

---

15 경우에 따라서는 사기죄가 성립될 수 있다.

(3) 부합 임차인이 임차건물에 덧붙여 방 한 칸과 부엌 일부를 증축하여 기존건물과 일체로서 점유, 사용해 온 경우, 증축된 부분은 물리적 구조나 용도, 기능 및 거래의 관점에서 사회적, 경제적으로 고찰할 때 그 자체는 구조상 건물로서의 독립성이 없고 별개의 독립물로서의 효용을 갖지 못하여 기존 건물에 부합되었다고 할 것이니, 동 건물의 철거보상금은 건물 소유자에게 귀속되는 것이므로 소유자가 이를 임의로 소비하였다 하더라도 횡령죄는 성립하지 아니한다(대판 1983.11.8. 83도2411).[16]

(4) 권리자가 편법을 사용하여 수령한 금원 주식회사의 대표이사가 적법하게 수령할 권한이 있는 보수가 압류당할 우려가 있자 이를 피하기 위하여 비록 실제 근무하지 않는 근로자의 임금 명목으로 보수를 조성하여 타인의 명의로 이를 수령하였다 하더라도, 수령과 동시에 그 금원에 대한 소유권을 취득하였다고 보아야 할 것이므로 보수를 소비하는 것은 자신의 재물을 소비한 것에 불과하고, 이를 가지고 타인의 재물을 보관하는 자가 그 재물을 횡령한 경우에 해당한다고 볼 수 없다(대판 2003.10.10. 2003도3516).

(5) 담보조로 미등기 가옥에 대한 가옥세대장상의 소유자명의변경의 경우 채무자가 담보조로 그 소유의 미등기 가옥의 소유자명의를 채권자 명의로 가옥세대장상에 변경등록하였다 하더라도 그것만으로 채권자에게 그 건물의 소유권이 이전되거나 담보권설정의 효력이 생기는 것이 아니므로, 가옥에 거주하는 채무자(망인)의 처는 자기소유 건물의 점유자이지 채권자 소유의 건물을 보관하는 관계에 있다고 볼 수 없어 가옥을 임의처분하였다 하여 횡령죄가 성립하는 것이 아니다(대판 1983.2.22. 83도2616).[17]

(6) 금전의 소유권이 이전된 사례 ① 입사보증금,[18] ② 보험료,[19] ③ 임대보증금,[20] ④ 지입료,[21] ⑤ 선매대금[22]은 교부받은 사람에게 소유권이 이전되는 것이고, 따라서 교부한 자를 위하여 그 돈을 보관하는 지위에 있지 아니하므로 교부받은 돈을 임의로 소비하였다 하더라도 횡령죄를 구성하지 아니한다.

3. 재물

가. 재물의 의미 ① 재물이라 함은 부동산, 동산은 물론 유가증권 등을 포함한다(대판 2007.10.11. 2007

---

16 건물이 증축된 경우에 증축 부분이 기존건물에 부합된 것으로 볼 것인가 아닌가 하는 점은 증축 부분이 기존건물에 부착된 물리적 구조뿐만 아니라, 그 용도와 기능의 면에서 기존건물과 독립한 경제적 효용을 가지고 거래상 별개의 소유권 객체가 될 수 있는지의 여부 및 증축하여 이를 소유하는 자의 의사 등을 종합하여 판단하여야 한다(대판 2002.10.25. 2000다63110; 2002.5.10. 99다24256).

17 배임죄가 성립할 수 있다.

18 대판 1979.6.12. 79도656.

19 대판 1960.2.17. 60도961.

20 대판 2002.11.8. 2002도3738.

21 대판 1997.9.5. 97도1592.

22 대판 1986.6.24. 86도631.

도6406). ② 관리할 수 있는 동력도 재물로 간주되지만, 여기에서 말하는 관리란 물리적 또는 물질적 관리를 가리킨다고 볼 것이고, 재물과 재산상 이익을 구별하고 횡령과 배임을 별개의 죄로 규정한 현행 형법의 규정에 비추어 볼 때 사무적으로 관리가 가능한 채권이나 그 밖의 권리 등은 재물에 포함된다고 해석할 수 없다(대판 1994.3.8. 93도2272).

나. 특허권(권리) 광업권은 재물인 광물을 취득할 수 있는 권리에 불과하지 재물 그 자체는 아니므로 횡령죄의 객체가 된다고 할 수 없다(대판 1994.3.8. 93도2272).[23]

다. 주식과 주권 상법상 주식은 자본구성의 단위 또는 주주의 지위(주주권)를 의미하고 주주권을 표창하는 유가증권인 주권과는 구분되는바, 주권은 유가증권으로서 재물에 해당되므로 횡령죄의 객체가 될 수 있으나, 자본의 구성단위 또는 주주권을 의미하는 주식은 재물이 아니므로 횡령죄의 객체가 될 수 없다(대판 2005.2.18. 2002도2822).[24]

4. 보관

가. 보관의 의미와 보관의 유효 요부

(1) 보관의 의미 횡령죄에 있어서 보관이라 함은 재물이 사실상 지배하에 있는 경우뿐만 아니라 법률상의 지배·처분이 가능한 상태를 모두 가리키는 것으로 타인의 금전을 위탁받아 보관하는 자는 보관방법으로 이를 은행 등의 금융기관에 예치한 경우에도 보관자의 지위를 갖는다(대판 2000.2.11. 99도4979).[25]

(2) 보관행위의 유효 요부 횡령죄에서 재물의 보관은 소유자 등과의 위탁관계에 기인하여 이루어져야 하는 것이지만, 그 위탁관계는 사실상의 관계이면 족하고 위탁자에게 유효한 처분을 할 수 있는지 또는 수탁자가 법률상 그 재물을 수탁할 권리가 있는지 여부를 불문하는 것이다(대판 2005.6.24. 2005도2413).[26]

---

23 사금채취광업권을 명의신탁받아 보관하던 중, 피해자로부터 광업권을 반환하라는 요구를 받고도 피해자로부터 광업권을 매수한 것이라고 주장하면서 반환요구를 거부하였다.

24 주주총회의사록에 첨부된 주주명부에 기재된 주식의 수는 주주총회에 참석한 주주들이 행사한 의결권의 수를 의미하는 것으로 볼 수는 있으나, 그것 자체로 주주로서의 회사에 대한 권리관계의 변동을 나타내는 것이라거나 더욱이 주권에 대한 처분행위를 의미하는 것으로는 볼 수 없으므로, 주주총회의사록에 첨부된 주주명부에 주식수를 달리 기재한 것만으로는 피고인이 보관하고 있는 주권에 대한 업무상횡령죄가 성립된다고 할 수 없다.

25 대판 2005.6.24. 2005도2413.

26 피해자 종중의 회장인 甲으로부터 피해자 종중 소유의 토지를 담보로 대출을 받아 달라는 부탁과 함께 토지의 소유권을 이전받아 피해자 종중을 위하여 보관하던 중, 저축은행으로부터 토지를 담보로 6천만 원을 대출받아 개인적인 용도로 임의로 사용하고, 개인적인 용도로 1억 원을 대출받으면서 토지에 채권최고액 1억 2천만 원의 근저당권을 임의로 설정한 사안이다. 종중회장은 종중총회의의 결의없이 피고인에게 이전등기를 하였다.

나. 보관의 근거: 위탁관계에 기한 보관

(1) 조리, 관습에 의한 위탁관계 인정 가부

A.학설 보관관계가 계약이 아닌 사무관리, 관습, 조리 및 신의칙에 의해서도 성립될 수 있는가에 대하여, 긍정설[27]과 부정설[28]이 대립한다. 부정설은 관습·조리에 의한 위탁관계까지 인정하면 점유이탈물횡령죄와의 구별이 모호해진다는 점, 죄형법정주의 원칙상 금지된 유추적용의 위험이 생긴다는 점을 이유로 든다. 본인과 아무런 '위탁관계없이' 우연히 점유하게 된 물건을 영득하는 것은 점유이탈물횡령죄가 되지만, 계약관계가 무효나 취소되더라도 보관물을 반환하기까지는 조리 또는 신의칙상 사실상의 위탁관계가 지속된다고 보아야 하기 때문에 긍정설이 타당하다.

B. 관련 판례(긍정설)

1) 보관의 근거 ① 보관이 위탁관계에 기인하여야 할 것임은 물론이나 그것이 반드시 사용대차, 임대차, 위임 등의 계약에 의하여 설정되는 것임을 요하지 아니하고 사무관리, 관습, 조리, 신의칙에 의해서도 성립된다(대판 1987.10.13. 87도1778). ② 횡령죄에 있어 재물 보관에 관한 위탁관계는 사실상의 관계에 있으면 충분하다(대판 2011.10.13. 2009도13751).

2) 사무관리 또는 조리상의 보관을 인정한 사례 ① 임차인이 이사하면서 그가 소유하거나 타인으로부터 위탁받아 보관 중이던 물건들을 임대인의 방해로 옮기지 못하고 임차공장 내에 그대로 두었다면, 임대인은 사무관리 또는 조리상 당연히 임차인을 위하여 위 물건들을 보관하는 지위에 있다 할 것이므로 임대인이 그 후 이를 임의로 매각하거나 반환을 거부하였다면 횡령죄를 구성한다(대판 1985.4.9. 84도300). ② 甲 회사가 공사를 중단한 후 丙 회사가 공사현장을 인수하고 甲 회사가 공사를 위하여 설치해 두었던 형틀을 잔여공사을 위하여 사용한 것이라면 甲 회사로부터 위탁받은 여부에 불문하고 위 형틀을 보관하고 있었다(대판 1969.12.9. 69도1923).

다. 사실상의 위탁관계

(1) 착오송금의 경우

A. 민사적 법률관계 현금으로 계좌송금 또는 계좌이체가 된 경우에는 예금원장에 입금의 기록이 된 때에 예금이 된다고 예금거래기본약관에 정하여져 있을 뿐이고, 수취인과 은행 사이의 예금계약의 성립 여부를 송금의뢰인과 수취인 사이에 계좌이체의 원인인 법률관계가 존재하는지 여부에 의하여 좌우되도록 한다고 별도로 약정하였다는 등의 특별한 사정이 없는 경우에는, 송금의뢰인이 수취인의 예금구좌에 계좌이체를 한 때에는, 송금의뢰인과 수취인 사이에 계좌이체의 원인인 법률관계가 존재하는지 여부에 관계없이 수취인과 수취은행 사이에는 계좌이체금액 상당의 예금계약

---

27 권오걸, 521면; 김성돈, 381면; 김/서, 285면; 오영근, 465면; 이재상, 394면; 임웅, 448면; 정/박, 431면; 정영일, 361면.

28 김일수, 불법원인급여와 횡령죄 및 그 공범 여부, 월간고시 제20권 제9호(236호), 185면.

이 성립하고, 수취인이 수취은행에 대하여 금액 상당의 예금채권을 취득한다. 이때, 송금의뢰인과 수취인 사이에 계좌이체의 원인이 되는 법률관계가 존재하지 않음에도 불구하고, 계좌이체에 의하여 수취인이 계좌이체금액 상당의 예금채권을 취득한 경우에는, 송금의뢰인은 수취인에 대하여 금액 상당의 부당이득반환청구권을 가지게 되지만, 수취은행은 이익을 얻은 것이 없으므로 수취은행에 대하여는 부당이득반환청구권을 취득하지 아니하는 것이다(대판 2007.11.29. 2007다51239).[29]

B. 횡령죄 성립 여부

1) 학설　착오로 송금된 돈을 인출하여 임의소비하는 경우, ① 거래의 신의칙상 송금인과의 보관관계를 인정할 수 있어서 횡령죄가 성립한다는 견해(횡령죄설),[30] ② 보관관계를 인정하더라도 예금에 대한 점유를 인정할 수 없으므로 은행에 대한 사기죄가 된다는 견해(사기죄설)[31] 및 ③ 송금인의 신임에 의한 보관관계를 인정할 수 없으므로 점유이탈물횡령죄가 된다는 견해(점유이탈물횡령죄설)[32]가 주장되고 있다.

2) 판례(횡령죄설)　어떤 예금계좌에 돈이 착오로 잘못 송금되어 입금된 경우에는 그 예금주와 송금인 사이에 신의칙상 보관관계가 성립한다고 할 것이므로, 송금 절차의 착오로 인하여 피고인 명의의 은행 계좌에 입금된 돈을 임의로 인출하여 소비한 행위는 횡령죄에 해당하고, 이는 송금인과 피고인 사이에 별다른 거래관계가 없다고 하더라도 마찬가지이다(대판 2010.12.9. 2010도891).[33]

3) 검토　착오송금의 경우 송금의뢰인의 송금의뢰, 송금인의 의사에 기해 점유가 이탈되었기 때문에 순수한 의미의 점유이탈물로 볼 수 없다. 또 민법은 착오송금의 경우에도 수취인과 수취은행 사이에 유효한 예금관계가 성립된다고 보기 때문에, 형법이 은행에 대한 사기죄를 인정하는 것은 상호간의 해석론적 충돌을 야기할 수 있다. 따라서 수취인의 예금통장에 송금인의 이름이 기재되어 있어서 수취인은 착오송금된 돈의 타인성을 인식하였고, 또 송금인과 수취인 사이에는 신의칙에 기한 사실상의 보관관계를 인정할 수 있다는 점에서 횡령죄설이 타당하다.

(2) 간접적 위탁　횡령죄에 있어서 타인을 위하여 재물을 보관하게 된 원인은 반드시 소유자의 위탁행위에 기인한 것임을 필요로 하지 않으므로, 甲 회사로부터 피해자 등을 대신하여 그들의 공동지분이 있는 대리점 개설보증금을 반환받아 은행에 예금하고 있었다면, 피해자를 위하여 그 지분상당의 금원을 보관 중이었다 할 것이므로 이를 임의로 인출 소비한 소위는 횡령죄를 구성한다(대판 1985.9.17. 84도2644).

---

29 계좌이체는 은행간 및 은행점포간의 송금절차를 통하여 저렴한 비용으로 안전하고 신속하게 자금을 이동시키는 수단이고, 다수인 사이에 다액의 자금이동을 원활하게 처리하기 위하여 중개 역할을 하는 은행이 각 자금이동의 원인인 법률관계의 존부, 내용 등에 관여함이 없이 이를 수행하는 체제로 되어있다. 대판 2006.3.24. 2005다59673.

30 박동률, 예금, 차명예금, 계좌송금, 계좌이체와 관련된 형법상의 문제점, 경북대학교 법학논고 제28집, 453면; 정영일, 362면.

31 권창국, 송금착오와 횡령죄에 있어서 위탁관계 및 점유, 법률신문 제3391호(2005.9); 이재상, 394면.

32 김/서, 285면.

33 대판 2005.10.28. 2005도5975; 1968.7.24. 66도1705.

(3) 사실상 위탁관계를 인정한 사례 ① 종중의 회장으로부터 담보 대출을 받아 달라는 부탁과 함께 종중 소유의 임야를 이전받은 다음 임야를 담보로 금원을 대출받아 임의로 사용하고 자신의 개인적인 대출금 채무를 담보하기 위하여 임야에 근저당권을 설정하였다면, 비록 임야를 이전받는 과정에서 적법한 종중총회의 결의가 없었다고 하더라도 피고인은 임야나 대출금에 관하여 사실상 종중의 위탁에 따라 이를 보관하는 지위에 있다고 보아야 할 것이어서 종중에 대한 관계에서 횡령죄를 구성한다.[34] ② 등기부상으로 회사의 대표이사를 사임한 후에도 계속하여 사실상 대표이사 업무를 행하여 왔고 회사원들도 피고인을 대표이사의 일을 하는 사람으로 상대해 왔다면, 피고인은 회사 소유 금전을 보관할 업무상의 지위에 있었다(대판 1982.1.12. 80도1970).

라. 부동산의 보관

(1) 학설 횡령죄의 보관에는 재물에 대한 사실상의 지배(점유) 외에 법률상의 지배도 포함되고, 부동산의 등기에 의한 보관이 그 대표적인 예이다. 부동산의 보관과 관련하여, ① 부동산에 대한 사실상의 점유자는 등기명의인 여하를 불문하고 부동산의 보관자가 된다는 견해[35]가 있으나 ② 그 부동산을 유효하게 처분할 수 있는 권능이 있을 때 보관관계가 인정된다(다수설, 판례).[36] 따라서 원인무효인 소유권이전등기의 명의자는 당해 부동산을 점유하고 있다고 하더라도 이를 유효하게 처분할 수 없기 때문에 횡령죄의 보관자가 되지 않는다.

(2) 판례(유효한 처분권능의 유무)

A. 등기된 부동산의 경우

1) 판단기준 ① 부동산에 관한 횡령죄에 있어서 타인의 재물을 보관하는 자의 지위는 동산의 경우와는 달리 부동산에 대한 점유의 여부가 아니라 부동산을 제3자에게 유효하게 처분할 수 있는 권능의 유무에 따라 결정하여야 한다(대판 2004.5.27. 2003도6988).[37] ② 부동산의 보관은 원칙적으로 등기부상의 소유명의인에 대하여 인정되지만, 등기부상의 명의인이 아니라도 소유자의 위임에 의거해서 실제로 타인의 부동산을 관리·지배하면서 제3자에게 유효하게 처분할 수 있는 지위에 있는 자는 그 부동산에 대한 지배력을 가지고 있는 자로서 횡령죄의 성립에 있어 그 부동산을 보관하는 자에 해당한다(대판 2010.1.28. 2009도1884).

2) 실질적인 지배·관리권 및 대외적인 처분권이 있는 경우 등기부상 소유명의인의 배우자로서 소유명의인의 위임에 의하여 그 부동산의 실질적인 지배·관리권 및 대외적인 처분권을 갖고 있는 경

34 대판 2005.6.24. 2005도2413.

35 이재상, 391면.

36 김성돈, 380면; 김/서, 288면; 오영근, 469면; 정/박, 430면; 정영일, 360면.

37 매수인에 대한 사기죄가 성립한다. 대판 2005.6.24. 2005도2413.

우에는 그 부동산의 보관자에 해당한다(대판 2010.1.28. 2009도1884).[38]

3) 보관관계가 없는 사례　부동산의 공유자 중 1인이 다른 공유자의 지분을 임의로 처분하거나 임대하여도 그에게는 그 처분권능이 없어 횡령죄가 성립하지 아니한다(대판 2004.5.27. 2003도6988).[39]

B. 미등기 건물의 경우

1) 관리를 위임받아 거주하는 자　부동산의 보관은 원칙으로 등기부상의 소유명의인에 대하여 인정되지만 등기부상의 명의인이 아니라도 소유자의 위임에 의거해서 실제로 타인의 부동산을 관리, 지배하면 부동산의 보관자라 할 수 있고, 미등기건물에 대하여는 위탁관계에 의하여 현실로 부동산을 관리, 지배하는 자가 보관자라고 할 수 있다(대판 1993.3.9. 92도2999).[40]

2) 건축허가 명의수탁자　소유권보존등기가 되어있지 않은 건물이 실제로 피해자가 재료의 주요부분과 노력을 제공하여 건축한 피해자의 소유로서 건축허가명의만을 甲 회사에게 신탁한 경우에 있어서, 甲 회사의 실질적인 경영자는 건축허가명의자인 甲 회사의 명의로 소유권보존등기를 하여 대외적으로 유효하게 위 건물을 처분할 수 있는 지위에 있는 자이어서 타인의 부동산인 위 건물을 보관하는 자에 해당한다(대판 1990.3.23. 89도1911).

C. 원인무효인 등기명의자: 위탁관계가 없음　① 원인무효인 소유권이전등기의 등기명의자로서 부동산을 법률상 유효하게 처분할 수 있는 지위에 있지 않은 자는 타인의 재물을 보관하는 자에 해당하지 않는다(대판 1989.2.28. 88도1368).[41] ② 타인소유의 토지에 관하여 소유권이전등기를 경료받음이 없이 경작관리권만을 위임받아 이를 점유해 온 자는 토지 자체에 대한 보관자의 지위에 있다고는 할 수 없고, 그 후 동인이 허위의 보증서와 확인서를 발급받아 부동산소유권이전등기등에 관한 특별조치법에 의한 소유권이전등기를 임의로 경료하였다 하더라도, 그와 같은 원인무효의 등기에 의하여 토지에 대한 처분권능이 새로이 발생하는 것이 아니다(대판 1987.2.10. 86도1607).

마. 소유권 취득에 등록이 필요한 동산과 보관　소유권의 취득에 등록이 필요한 타인소유의 차량을 인도받아 보관하고 있는 사람이 이를 사실상 처분하면 횡령죄가 성립하며, 그 보관 위임자나 보관

---

38 피고인은 임야의 매매계약 및 명의신탁약정에 직접 참여한 당사자인 반면 남편 甲은 매매계약과 명의신탁약정의 당사자도 아니었고, 甲은 임야의 소유명의인으로 등기된 사실 외에는 매매계약 체결 등의 구체적인 내용은 물론 이후의 처분 경위 등을 제대로 알지 못하였고 임야에 관한 사항은 모두 피고인이 알아서 처리한 경우, 피고인이 임야의 소유명의자인 남편 甲의 위임을 받아 실질적인 지배·관리권과 대외적인 처분권을 갖고 있었다.

39 구분소유자 전원의 공유에 속하는 공용부분인 지하주차장 일부를 독점 임대하였더라도 그 공용부분을 다른 구분소유자들을 위하여 보관하는 지위에 있는 것은 아니므로, 공용부분을 임대하고 수령한 임차료 역시 다른 구분소유자들을 위하여 보관하는 것은 아니다. 대판 2000.4.11. 2000도565.

40 미등기건물의 관리를 위임받아 그곳에서 거주하고 있는 자가 임의로 건물에 대하여 자신의 명의로 보존등기를 마치는 것은 객관적으로 불법영득의 의사를 외부에 발현시키는 행위로서 횡령죄에 해당하고, 피해자의 승낙없이 자신의 명의로 보존등기를 한 때 이미 횡령죄는 완성된다. 공정증서원본불실기재죄 및 행사죄도 성립한다.

41 대판 1966.5.24. 66도519; 2007.5.31. 2007도1082; 2010.6.24. 2009도9242.

자가 차량의 등록명의자일 필요는 없다. 그리고 이 법리는 지입회사에 소유권이 있는 차량에 대하여 지입회사로부터 운행관리권을 위임받은 지입차주가 지입회사의 승낙없이 그 보관 중인 차량을 사실상 처분하거나 지입차주로부터 차량 보관을 위임받은 사람이 지입차주의 승낙 없이 그 보관 중인 차량을 사실상 처분한 경우에도 마찬가지로 적용된다(대판 2015.6.25. 2015도1944 全合).[42]

바. 영득의 의사로 점유한 경우 ① 횡령죄는 불법영득의 의사없이 목적물의 점유를 시작한 경우라야 하고 타인을 공갈하여 재물을 교부케 한 경우에는 공갈죄를 구성하는 외에 그것을 소비하고 타에 처분하였다 하더라도 횡령죄를 구성하지는 않는다(대판 1986.2.11. 85도2513).[43] ② 당초부터 기망하여 약속어음을 교부받은 것이라면 그 교부받은 즉시 사기죄가 성립하고 그 후 이를 피고인의 채권의 변제에 충당하였다 하더라도 불가벌적 사후행위가 됨에 그칠 뿐, 횡령죄를 구성하지는 않는다(대판 1983.4.26. 82도3079).

사. 수표발행권한을 위임받은 자와 수표자금 회사와 은행사이의 당좌예금 계약에 기하여 회사로부터 수표를 발행하는 권한을 위임받고 있는 자는 그 수표자금으로서 예치되어 있는 금원에 대하여 보관하는 지위에 있다(대판 1983.9.13. 82도75).[44]

5. 용도가 특정된 금전

가. 금전의 소유권에 관한 일반론 금전은 그 자체로서는 개성이 없고 단지 일정한 금전적 가치를 구현하고 있을 뿐이며, 고도의 유통성과 대체성을 가지고 있는 것이므로 그 소유권도 점유와 함께 이전하고, 금전에 기한 물권적 반환청구권을 인정할 여지가 없다고 해석하는 것이 일반적 견해이다.

나. 횡령죄의 성립 여부

(1) 학설 용도가 특정되어 위탁된 금전을 그 용도를 벗어 임의소비하는 경우, ① 금전 기타 대체물이 특정물로서 위탁된 경우가 아니라면, 금전에 대한 소유권은 이미 수탁자에게 있고, 또 금전은 물건으로서가 아니라 가치로 고찰되어야 하기 때문에 횡령이 아닌 위탁자에 대한 배임죄로 보아야 한다는 견해(배임죄설),[45] ② 금전 기타 대체물도 재물이라고 하지 않을 수 없고, 일정한 목적

---

42 소유권의 취득에 등록이 필요한 차량에 대한 횡령죄에서 타인의 재물을 보관하는 사람의 지위는 일반 동산의 경우와 달리 차량에 대한 점유 여부가 아니라 등록에 의하여 차량을 제3자에게 법률상 유효하게 처분할 수 있는 권능 유무에 따라 결정하여야 한다는 취지의 대판 1978.10.10. 78도1714; 2006.12.22. 2004도3276 등은 이와 배치되는 범위에서 변경되었다.

43 대판 1971.5.24. 71도694.

44 수표발행의 권한이 있는 자가 업무상의 임무에 위배하여 자기 또는 제3자의 용도에 충당하기 위하여 수표를 발행하고 그 수표를 이용하여 거래은행으로부터 회사의 예금을 인출하는 행위는 불법영득의 의사를 실현하는 행위로서 업무상횡령죄가 성립한다.

45 배종대, 528면; 오영근, 474면; 이재상, 404면; 임웅, 471면.

과 용도를 특정하여 위탁한 금전의 소유권은 위탁자에게 유보되기 때문에 그 임의소비는 위탁자에 대한 횡령죄가 성립한다는 견해(횡령죄설)[46]가 대립한다. 금전에 대한 일반적인 소유권은 점유이전과 함께 위탁자에게 이전되지만, 용도를 특정하여 위탁한 경우에는 금액소유권이 위탁자에게 유보되어 위탁자에 대한 횡령죄가 성립한다는 견해(금액소유권유보설)[47]도 있다.

(2) 판례(횡령죄설) ① 타인으로부터 용도가 엄격히 제한된 자금을 위탁받아 집행하면서 그 제한된 용도 이외의 목적으로 자금을 사용하는 것은, 그 사용이 개인적인 목적에서 비롯된 경우는 물론 결과적으로 자금을 위탁한 본인을 위하는 면이 있더라도, 그 사용행위 자체로서 불법영득의사를 실현한 것이 되어 횡령죄가 성립한다(대판 2004.8.20. 2003도4732).[48] ② 용도나 목적이 특정되어 보관된 금전은 그 보관 도중에 특정의 용도나 목적이 소멸되었다고 하더라도, 위탁자가 이를 반환받거나 그 임의소비를 승낙하기까지는 횡령죄의 적용에 있어서는 여전히 위탁자의 소유물이라 할 것이다(대판 2002.11.22. 2002도4291).

(3) 검토 용도가 특정되어 위탁된 금전의 임의소비가 위탁자에 대한 배임이 된다는 점에는 異論의 여지가 없다. 그럼에도 이를 횡령죄로 보는 것은 그 금전을 수령한 자 또는 함께 소비한 자를 장물죄로 처벌할 여지를 남겨놓기 위함이다. 하지만 이를 위해 민법과는 달리 금전에 대한 소유권이 위탁자에게 유보된다고 보거나 혹은 금액소유권과 같은 형법 특유의 소유권을 인정하기 보다는 민법의 논리에 따라 위탁자에 대한 배임죄가 성립한다는 견해가 타당하다. 후술하는 것처럼 금전은 장물로 보기 곤란한 점이 없지 않다.

다. 일시사용과 횡령 목적, 용도를 정하여 위탁한 금전은 금전의 특정성이 요구되지 않는 경우 수탁자가 위탁의 취지에 반하지 않고 필요한 시기에 다른 금전으로 대체시킬 수 있는 상태에 있는 한 이를 일시 사용하더라도 횡령죄를 구성한다고 할 수 없고, 수탁자가 그 위탁의 취지에 반하여 다른 용도에 소비할 때 비로소 횡령죄를 구성한다(대판 1995.10.12. 94도2076).[49]

라. 용도가 특정된 사례 ① 청약증거금,[50] ② 양곡을 구입하여 달라는 부탁을 받고 그 자금으로 교부받은 돈(특정물품 구입자금),[51] ③ 수도요금과 전기요금의 연체방지를 위해 송금받은 돈,[52]

---

46 권오걸, 531면; 김성돈, 385면; 김성천, 983면; 김/서, 293면; 정/박, 438면; 정영일, 359면.

47 허일태, 위탁금전의 소비와 형법상 고유한 소유권 개념, 형사판례연구12(2004), 273면.

48 대판 2004.5.27. 2003도6988; 2003.5.30. 2002도235; 2008.2.29. 2007도9755.

49 대판 2002.10.11. 2002도2939; 2008.3.14. 2007도7568

50 대판 1980.10.14. 79도671.

51 대판 1982.3.9. 81도572.

52 대판 2008.10.9. 2008도3787.

④ 사립학교의 교비회계와 학교발전기금,[53] ⑤ 정부출연금,[54] ⑥ 보조금의예산및관리에관한법률에 의한 국가보조금,[55] ⑦ 지방자치단체의 사회단체보조금 지원에 관한 조례상의 보조금,[56] ⑧ 상가의 수분양자들로부터 분양 대금과는 별도로 교부받은 상가개발비[57]는 용도가 특정된 금전으로서 이를 용도 이외에 사용하면 횡령죄가 성립한다.

마. 용도특정금전과 상계 등 자신의 채권에 충당 ① 환전하여 달라는 부탁과 함께 교부받은 돈을 그 목적과 용도에 사용하지 않고 마음대로 피고인의 위탁자에 대한 채권에 상계충당함은, 상계정산하기로 하였다는 특별한 약정이 없는 한 당초 위탁한 취지에 반하는 것으로서 횡령죄를 구성한다고 볼 것이고, 위탁자에 대한 채권의 존재는 횡령죄의 성립에 영향을 미치는 것이 아니며, 또한 상계할 수 있는 반대채권이 있어 그에 상계충당하였다는 것만으로는 용도 내지 목적을 특정하여 위탁한 돈의 반환을 거절할 정당한 사유가 되지 못한다(대판 1997.9.26. 97도1520). ② 교회신축공사를 감독하면서 교회로부터 레미콘대금을 지급하라는 명목으로 금원을 받았으면서도 거기에 사용하지 아니하고 이를 마음대로 피고인이 받을 채권과 상계처리하였다면 상계정산하기로 하였다는 특별한 약정이 없는 한 이는 금원을 위탁한 취지에 반하는 것이어서 횡령죄를 구성한다(대판 1989.1.31. 88도1992).

6. 금전의 수수를 수반하는 사무처리를 위임받은 자가 수령한 금원

가. 소유권의 귀속 금전의 수수를 수반하는 사무처리를 위임받은 자가 그 행위에 기하여 위임자를 위해 제3자로부터 수령한 금전은, 목적이나 용도를 한정하여 위탁된 금전과 마찬가지로 달리 특별한 사정이 없는 한 그 수령과 동시에 위임자의 소유에 속하고 위임을 받은 자는 이를 위임자를 위하여 보관하는 관계에 있다(대판 2004.4.9. 2004도671).[58]

나. 판단기준 ① 수령한 금전이 사무처리의 위임에 따라 위임자를 위하여 수령한 것인지 여부는 수령의 원인이 된 법률관계의 성질과 당사자의 의사에 의하여 판단되어야 한다(대판 2005.11.10. 2005도3627).[59] ② 금전의 수수를 수반하는 사무처리를 위임받은 자가 그 행위에 기하여 위임자를 위하여 제3자로부터 수령한 금전이라고 하더라도 이것이 위임자의 소유에 속하지 아니한 경우라면, 그 반환을 거부하는 수임자를 횡령죄로 처벌할 수 없는 것이다(대판 2007.7.26. 2007도1840).[60]

53 대판 2010.7.22. 2007도4713.

54 대판 1999.7.9. 98도4088.

55 대판 2004.12.24. 2003도4570.

56 대판 2010.9.30. 2010도987.

57 대판 2012.3.15. 2010도1378.

58 대판 2003.9.26. 2003도3394.

59 대판 2009.6.11. 2009도2461.

60 甲과 사이에 공탁금을 수령하여 그중 4,100만 원을 甲에게 반환하기로 약정하였다고 하더라도 배당절차에서 피고인 자신의

다. 정산절차가 남아 있는 경우 수령한 금전이 사무처리의 위임에 따라 위임자를 위하여 수령한 경우, 만일 당사자 사이에 별도의 채권, 채무가 존재하여 수령한 금전에 관한 정산절차가 남아 있는 등 위임자에게 반환하여야 할 금액을 쉽게 확정할 수 없는 사정이 있다면, 이러한 경우에는 수령한 금전의 소유권을 바로 위임자의 소유로 귀속시키기로 하는 약정이 있었다고 쉽사리 단정하여서는 안 된다(대판 2005.11.10. 2005도3627).

7. 불법원인급여와 횡령

가. 불법원인급여물의 소유권 귀속

(1) 반사적 소유권취득론 급여를 한 사람은 그 원인행위가 법률상 무효라 하여 상대방에게 부당이득을 원인으로 한 반환청구를 할 수 없음은 물론, 원인행위가 무효이기 때문에 급여한 물건의 소유권은 여전히 자기에게 있다고 하여 소유권에 기한 반환청구도 할 수 없는 것이고, 그리하여 그 반사적 효과로서 급여한 물건의 소유권은 급여를 받은 상대방에게 귀속하게 되는 것이다(대판 1979.11.13. 79다483 全合).

(2) 불법성비교론 수익자의 불법성이 급여자의 그것보다 현저히 크고, 그에 비하면 급여자의 불법성은 미약한 경우에도 급여자의 반환청구가 허용되지 않는다고 하는 것은 공평에 반하고 신의성실의 원칙에도 어긋난다고 할 것이므로, 이러한 경우에는 민법 제746조 본문의 적용이 배제되어 급여자의 반환청구는 허용된다(대판 1993.12.10. 93다12947).[61]

나. 불법원인급여물에 대한 횡령죄의 성부

(1) 학설 민법이 반환청구를 인정하지 않는 불법원인급여물을 임의처분하면 형법적으로는 횡령죄가 성립하느냐가 문제된다.

A. 긍정설[62] 불법원인급여물이라 하더라도 이를 보관자가 영득하면 횡령죄가 성립한다는 견해이다. ① 민법상으로도 반환의무를 부담하지 않는 것이 아니라(일종의 자연채무이다) 소송법상 소추가 불가능한 것뿐이며, 재산범죄에 있어서는 민법상의 침해 여부는 문제가 되지 아니하고 형법 독자적인 목적에 의하여 해결하여야 한다는 점, ② 보관자가 민법상 반환의무를 부담하지 아니한다고 해서 곧 그 소유권이 보관자에게 넘어가는 아니며 그 보관하는 재물은 여전히 타인의 재물이라고 할 수 있는 점, ③ 위탁관계를 발생시킬 계약이 법률상 무효이더라도 그것에 기초하여 인도된 재물에 관하여는 여전히 사실상의 위탁관계가 존재한다는 점을 이유로 든다.

명의로 수령한 금원은 피고인의 소유에 속한다

61 대판 1997.10.24. 95다49530, 49547.

62 박정헌, 불법원인급여와 횡령, 재판자료 제50집, 329면; 손동권, 418면; 이상윤, 불법원인급여와 횡령죄, 외법논집 제15집; 임웅, 469면; 정영일, 364면.

B. 부정설[63] 불법원인급여물을 영득하더라도 횡령죄가 성립하지 않는다는 견해이다. 민법상 반환의무가 없는 경우에는 그것을 반환하지 않고 영득하여도 허용되는 것이므로 형법상으로도 전체로서의 법질서에 위반하지 않는 행위가 되고, 따라서 그러한 경우의 영득행위는 위법하지 않게 됨으로써 결국 횡령죄의 성립은 없고, 불법원인위탁의 경우에도 불법한 목적을 위한 위탁이 본래의 소유자와 수탁자 간에 신임관계에 의한 위탁이 있다고 볼 수는 없다고 한다.

C. 절충설 불법원인급여와 불법원인위탁을 구별하여, 불법원인급여의 경우에는 소유권의 이전의사가 있으므로 그 대상물의 임의처분은 횡령죄를 구성하지 않는 반면에, 불법원인위탁의 경우에는 소유권이 위탁자에게 남아 있으므로 그 임의처분은 ① 횡령죄를 구성한다는 견해(횡령죄설)[64]와 ② 비록 보호가치 없는 신뢰관계의 배반으로 인해 법익침해나 법익위태화가 없더라도 법익평온상태를 교란하는 정도의 결과반가치와 행위반가치는 인정되므로 횡령죄의 불능미수로 보아야 한다는 견해(횡령죄의 불능미수범설)[65]가 주장되고 있다.

(2) 판례

A. 원칙 피고인이 甲으로부터 乙에 대한 뇌물공여 또는 배임증재의 목적으로 전달하여 달라고 교부받은 금전은 불법원인급여물에 해당하여 소유권은 피고인에게 귀속되는 것으로서, 피고인이 금전을 乙에게 전달하지 않고 임의로 소비하였다고 하더라도 횡령죄가 성립하지 않는다(대판 1999.6.11. 99도275).[66]

B. 예외(수탁자의 불법이 수탁자의 그것보다 현저히 큰 경우) 포주인 피고인이 피해자가 손님을 상대로 윤락행위를 할 수 있도록 업소를 제공하고, 윤락녀인 피해자가 윤락행위의 상대방으로부터 받은 화대를 피고인에게 보관하도록 하였다가 이를 분배하기로 한 약정은 선량한 풍속 기타 사회질서에 위반되는 것이고, 따라서 피해자가 그 약정에 기하여 피고인에게 화대를 교부한 것은 불법의 원인으로 인하여 급여를 한 경우로 보아야 하겠지만, 피고인은 다방 종업원으로 근무하고 있던 피해자를 수차 찾아가 자신의 업소에서 윤락행위를 해 줄 것을 적극적으로 권유함으로써 피해자가 피고인과 사이에 위와 같은 약정을 맺고서 윤락행위를 하게 되었고, 피고인은 전직 경찰관으로서 행정사 업무에 종사하면서도 자신의 업소에 피해자 등 5명의 윤락녀를 두고 그들이 받은 화대에서 상당한 이득을 취하는 것을 영업으로 해 왔음에 반하여, 피해자는 혼인하여 남편과 두 아들

---

63 강동범, 소위 불법원인급여와 횡령죄의 성부, 형사판례연구(1), 194면; 권오걸, 536면; 김성돈, 390면; 박장우, 불법원인급여와 횡령죄의 성부, 법조 제38권 제5호, 128면; 박상기, 383면; 배종대, 524면; 오영근, 467면; 원혜욱, 횡령죄에 있어서의 위탁관계, 형사판례연구(14), 164면; 이재상, 396면; 이정원, 412면; 장영민, 불법원인급여와 횡령죄, 형사판례연구(8), 250면; 정/박, 435면.

64 유지민, 불법원인급여와 횡령죄, 검찰 제37호(1971.5), 100면; 문형섭, 불법원인위탁과 횡령죄, 법학논총 제26집, 전남대학교 법률행정연구소, 132면.

65 김/서, 288면.

66 대판 1988.9.20. 86도628.

이 있음에도 남편이 알코올중독으로 생활능력이 없어 가족의 생계를 위하여 피고인의 권유에 따라 윤락행위에 이르게 되었음을 알 수 있는바, 위와 같은 피고인과 피해자의 사회적 지위, 그 약정에 이르게 된 경위에다가 앞에서 본 약정의 구체적 내용, 급여의 성격 등을 종합해 볼 때, 피고인 측의 불법성이 피해자 측의 그것보다 현저하게 크다고 봄이 상당하므로, 민법 제746조 본문의 적용은 배제되어 피해자가 피고인에게 보관한 화대의 소유권은 여전히 피해자에게 속하는 것이어서, 피해자는 그 전부의 반환을 청구할 수 있고 피고인이 이를 임의로 소비한 행위는 횡령죄를 구성한다(대판 1999.9.17. 98도2036).

(3) 검토 민법이 불법원인급여물에 대한 반환청구권을 인정하지 않는다면, 그 물건의 소유권은 결국 수급자 혹은 수탁자에게 귀속된다. 이는 반환청구권을 인정하지 않는 반사적 효과에 불과하다고 보더라도 결론은 달라지지 않는다. 그럼에도 형법이 수급자 혹은 수탁자의 그 영득행위를 처벌한다면, 이는 결국 당해 물건을 위탁자에게 반환할 것을 강제하는 셈인데, 형법이 앞장서 민법 질서를 교란하는 것은 바람직하지 않다. 언론에 보도되는 이른바 배달사고와 관련하여 위탁자는 물론 '수탁자도 나쁜 놈'이라는 생각을 가질 수는 있으나 탈취나 편취와 같은 범죄수단이 개입되어 있지 않는 한 형법이 사인(私人)간에 맺은 불법의 커넥션에 간여할 일은 아니라 할 것이다. 횡령죄 부정설이 타당하다.

8. 횡령행위

가. 횡령행위의 의미와 횡령행위가 법률상 무효인 경우

(1) 의미 ① 횡령죄의 구성요건으로서의 횡령행위란 불법영득의사를 실현하는 일체의 행위를 말하고, 횡령죄에 있어서의 행위자는 이미 타인의 재물을 점유하고 있으므로 점유를 자기를 위한 점유로 변개하는 의사를 일으키면 곧 영득의 의사가 있었다고 할 수 있지만, 단순한 내심의 의사만으로는 횡령행위가 있었다고 할 수 없고 영득의 의사가 외부에 인식될 수 있는 객관적 행위가 있을 때 횡령죄가 성립한다(대판 1993.3.9. 92도2999). ② 횡령행위의 한 태양으로서의 은닉이란, 타인의 재물의 보관자가 위탁의 본지에 반해 그 재물을 발견하기 곤란한 상태에 두는 것을 말한다(대판 1999.9.17. 99도2889).

(2) 횡령행위가 법률상 무효인 경우 다른 사람의 재물을 보관하는 사람이 그 사람의 동의 없이 함부로 이를 담보로 제공하는 행위는 불법영득의 의사를 표현하는 횡령행위로서 사법(私法)상 그 담보제공행위가 무효이거나 그 재물에 대한 소유권이 침해되는 결과가 발생하는지 여부에 관계없이 횡령죄를 구성한다(대판 2002.11.13. 2002도2219).[67]

---

67 타인의 기계에 대해 공장저당권을 설정한 사안이다. 대판 2003.5.16. 2002도619; 2009.2.12. 2008도10971.

나. 법인의 대표자(직원)에 대한 소송비용(변호사선임료)을 회사자금으로 지급한 경우

(1) 횡령죄 성립의 요건 법인 자체가 소송당사자가 된 경우에는 원칙적으로 소송의 수행이 법인의 업무수행이라고 볼 수 있으므로 변호사 선임료를 법인의 비용으로 지출할 수 있을 것이나, 법인이 형식적으로 소송당사자가 되어 있을 뿐 실질적인 당사자가 따로 있고 법인으로서는 소송의 결과에 별다른 이해관계가 없다고 볼 특별한 사정이 있는 경우에는 소송의 수행이 법인의 업무수행이라 볼 수 없어 법인의 비용으로 이를 위한 변호사선임료를 지출할 수는 없다(대판 2008.6.26. 2007도9679).[68]

(2) 횡령이 아닌 사례 법인의 이사를 상대로 한 이사직무집행정지가처분결정이 된 경우, 당해 법인의 업무를 수행하는 이사의 직무집행이 정지당함으로써 사실상 법인의 업무수행에 지장을 받게 될 것은 명백하므로, 법인으로서는 이사 자격의 부존재가 객관적으로 명백하여 항쟁의 여지가 없는 경우가 아닌 한 가처분에 대항하여 항쟁할 필요가 있다고 할 것이고, 이와 같이 필요한 한도 내에서 법인의 대표자가 법인 경비에서 당해 가처분 사건의 피신청인인 이사의 소송비용을 지급하더라도, 이는 법인의 업무수행을 위하여 필요한 비용을 지급한 것에 해당하고 법인의 경비를 횡령한 것이라고는 볼 수 없다(대판 2003.5.30. 2003도1174).

(3) 횡령에 해당하는 사례 ① 법인의 구성원이 업무수행에 있어 관계 법령을 위반함으로써 형사재판을 받게 된 경우(대판 2003.5.30. 2002도235),[69] ② 대표이사가 회사를 위한 탈세행위로 인하여 형사재판을 받는 경우(대판 1990.2.23. 89도2466), ③ 경영권을 방어하기 위한 목적으로 신주를 발행하는 과정에서 저지른 배임행위(대판 2008.6.26. 2007도9679), ④ 개인의 명예훼손 등을 이유로 한 손해배상청구소송(대판 2003.5.30. 2002도235)과 관련하여 변호사비용을 법인자금으로 지급하는 것은 횡령에 해당한다.

다. 비자금과 횡령

(1) 차명계좌를 이용한 비자금 조성

A. 성립 가부 법인의 운영자 또는 관리자가 법인의 자금을 이용하여 비자금을 조성하였다고 하더라도 그것이 당해 비자금의 소유자인 법인 이외의 제3자가 이를 발견하기 곤란하게 하기 위한 장부상의 분식에 불과하거나 법인의 운영에 필요한 자금을 조달하는 수단으로 인정되는 경우에는 불법영득의 의사를 인정하기 어렵다. 다만 법인의 운영자 또는 관리자가 법인을 위한 목적이 아니라 법인과는 아무런 관련이 없거나 개인적인 용도로 착복할 목적으로 법인의 자금을 빼내어 별도로 비자금을 조성하였다면 그 조성행위 자체로써 불법영득의 의사가 실현된 것으로 볼 수 있다(대판 2010.12.9. 2010도11015).[70]

---

68 회사의 대표이사가 자신이 당사자일 뿐만 아니라 자신의 경영권을 방어하기 위한 목적으로 신주를 발행하는 과정에서 저지른 배임행위에 대한 소송을 수행하면서 변호사 비용을 회사의 자금으로 지급하였다. 대판 2006.8.24. 2004도6280.

69 변호사비용은 학원 및 대학교의 분규 와중에서 대학교총장의 업무수행 중 관계 법령을 위반한 행위로 인하여 받게 된 형사재판을 위한 것이었다.

70 대판 2009.2.12. 2006도6994; 2006.8.24. 2006도3039; 2010.5.13. 2009도1373; 1998.2.13. 97도1962.

B. 성립하지 않는 사례 비자금 조성의 주재자가 회사의 대표이사이고 대표이사가 비자금의 집행을 최종적으로 관리 및 결재하였으므로 그 자금은 여전히 법인의 관리하에 있는 것으로 볼 여지가 충분하다고 보이는 점, 동일한 수법으로 조성된 비자금 중 상당 부분은 사용처를 알 수 없거나 개인적으로 사용하였다는 증거가 부족하여 결국 위 부분은 공소제기된 횡령액에 포함되지 아니한 점 등 제반 사정을 앞서 본 법리에 비추어 보면, 회사의 자금을 인출하여 차명계좌에 보관한 행위가 인출금을 법인의 자금으로 별도 관리하기 위한 것이 아니라 불법영득의사의 실행으로 한 것이라고 인정할 수 있을 만큼 합리적인 의심을 할 여지가 없을 정도로 입증되었다고 보기는 부족하고, 공소제기된 바와 같은 용도로 일부를 개인적으로 사용함으로써 불법영득의사가 명백히 표현되었다고 볼 것이어서 구체적인 사용시에 비로소 횡령행위가 기수에 이르렀다(대판 2006.8.24. 2006도3039).

C. 성립하는 사례 피해자 산림조합이 영리를 주된 목적으로 하는 사기업과 같이 조합 자체의 영리활동을 유지·확장하기 위하여 비자금을 조성·관리할 필요까지는 없었던 것으로 보이는 점, 비자금의 조성 과정에는 조합의 일부 직원들만이 관여하였고 3,200여 명에 이르는 조합의 조합원들 중 조합장을 제외한 다른 조합원들은 그 조성사실조차 몰랐던 점, 비자금은 주로 조합의 금고에 수표 또는 현금으로 보관되었는데 그 금고는 조합이 신용사업을 운영하면서 사용한 금고와는 다른 것으로 보이는 점, 계약상대방에게 실제의 비용보다 부풀린 금액을 명목상 지급하는 형식을 취한 다음 그 차액을 지급하지 않거나 또는 일단 지급하였다가 다시 이를 반환받는 방법으로 합계 11억 6천만 원 상당의 비자금을 조성하였고, 조합장과 상무 및 지도과장만이 비자금의 지출 용도와 금액을 결정하였으며 그 결정은 아무런 기준 없이 그때그때 자의적·즉흥적으로 이루어진 것으로 보이고, 3인 사이에 사용내역을 점검하거나 확인하기 위한 장부도 작성되지 아니한 점, 비자금의 대부분은 피고인들을 비롯한 조합의 직원들이 매년 명절이나 연말 등에 나누어 가지거나 사업과 관련된 기관의 임직원들에게 음성적으로 공여하는 등의 목적으로 사용되었고 조합을 위하여 정당한 용도로 사용된 것으로 볼 만한 금액은 미미한 점 등을 종합해 보면, 비자금을 피고인 3 또는 피고인 2에게 따로 보관하도록 하는 방법으로 조성한 시점에 불법영득의사가 객관적으로 명백히 표현되었으므로 비자금의 각 조성행위 자체로써 각 업무상횡령죄가 기수에 이르렀고, 비록 비자금 중의 일부를 조합의 업무와 관련된 용도로 사용하였다고 하더라도 횡령죄의 성립에 영향을 미치지 못한다(대판 2009.2.12. 2006도6994).

(2) 차명계좌입금과 횡령 여부 일반투자자들이 투자하는 금원을 법인자금과 일반자금으로 분류하여 그중 일반자금을 피고인 또는 회사 임직원 명의의 차명계좌에 입금시켜 관리하도록 하였다 하더라도 그것이 회사재산으로 존재하는 한 불법영득의 의사가 있었다고 보기는 어렵다(대판 2000.12.27. 2000도4005).[71]

---

71 피고인이 관리하는 일반자금을 이사회의 결의 등 법령이나 정관에서 정한 절차를 거치지도 아니한 채 피고인의 구두지

(3) 장부분식과 횡령 여부 조성한 비자금이 회사의 장부상 일반자금 속에 은닉되어 있었다 하더라도 이는 당해 비자금의 소유자인 회사 이외의 제3자가 이를 발견하기 곤란하게 하기 위한 장부상의 분식(粉飾)에 불과하여 그것만으로 불법영득의 의사를 인정할 수는 없다(대판 1999.9.17. 99도2889).

라. 기타

(1) 공사대금을 부풀려 지급하고 그중 일부를 되돌려 받는 행위 타인을 위해 금전을 보관·관리하는 자가 개인적 용도로 사용할 자금을 마련하기 위하여, 적정한 금액보다 과다하게 부풀린 금액으로 공사계약을 체결하기로 공사업자 등과 사전에 약정하고 그에 따라 과다지급된 공사대금 중의 일부를 공사업자로부터 되돌려 받는 행위는 그 타인에 대한 관계에서 횡령에 해당한다(대판 2010.5.27. 2010도3399).

(2) 고문료 지급과 횡령 회사 운영자나 대표 등이 내부 절차를 거쳐 고문 등을 위촉하고 급여를 지급한 행위가 업무상횡령으로 인정되기 위해서는 고문 등을 위촉할 필요성이나 정당성이 명백히 결여되거나 그 지급되는 급여가 합리적인 수준을 현저히 벗어나는 경우이어야 한다(대판 2013.6.27. 2012도4848).[72]

9. 반환거부

가. 반환거부의 의미 '반환의 거부'라고 함은 보관물에 대하여 소유자의 권리를 배제하는 의사표시를 하는 행위를 뜻하므로, 반환거부가 횡령죄를 구성하려면 타인의 재물을 보관하는 자가 단순히 그 반환을 거부한 사실만으로는 부족하고 그 반환거부의 이유와 주관적인 의사들을 종합하여 반환거부행위가 횡령행위와 같다고 볼 수 있을 정도이어야 한다(대판 2004.4.9. 2004도671).[73]

나. 반환의 지연 피해자의 요구에 의하여 아파트의 소유권이전등기를 피해자 또는 동인이 지정한 甲에게 넘겨주지 아니하였다 하더라도 그와 같은 반환의 지연행위를 불법영득의 의사를 실현하는 횡령행위라고 보기는 어렵다(대판 1993.6.8. 94도874).

다. 정당한 사유와 불법영득의사

(1) 정당한 사유가 없는 사례 ① 금전의 수수를 수반하는 부동산의 매도에 관한 사무의 위탁의

시 등에 의하여 자의적으로 인출하여, 계열회사 설립 또는 증자를 하면서 피고인 또는 차명주주 명의로 주식을 매입하고, 피고인 개인 명의로 다른 사람에게 대여하고, 피고인 또는 임직원 개인 명의로 부동산을 취득하는 자금 등으로 사용하였고, 또 자금의 사용내역을 회사장부에 정상적으로 기재하지도 아니한 채 개인 활동비 등으로 사용하였다면, 자기 또는 제3자의 이익을 꾀할 목적으로 업무상의 임무에 위배하여 보관하는 타인의 재물을 자기의 소유인 경우와 같이 처분하는 의사가 있었다.

72 어머니를 고문으로 위촉하고 매월 800만 원 합계 5억8천만 원 지급한 사안이다.

73 대판 2002.9.4. 2000도637; 2006.2.10. 2003도7487.

취지에 반하여 부동산의 매매계약금으로 수령한 돈을 자신의 피해자에 대한 채권의 변제에 충당한다는 명목으로 반환을 거부하면서 자기의 소유인 것 같이 이를 처분하였다면, 매매계약금의 반환을 거부한 데에는 정당한 사유가 있다고 할 수 없어 불법영득의 의사가 인정된다(대판 2004.3.12. 2004도134). ② 타인의 금전을 위탁받아 보관하는 자가 보관방법으로 금융기관에 자신의 명의로 예치한 경우, 금융기관으로서는 특별한 사정이 없는 한 실명확인을 한 예금명의자만을 예금주로 인정할 수밖에 없으므로, 수탁자 명의의 예금에 입금된 금전은 수탁자만이 법률상 지배·처분할 수 있을 뿐이고 위탁자로서는 위 예금의 예금주가 자신이라고 주장할 수는 없으나, 그렇다고 하여 보관을 위탁받은 금전이 수탁자 소유로 된다거나 위탁자가 금전의 반환을 구할 수 없는 것은 아니므로, 수탁자가 이를 함부로 인출하여 소비하거나 또는 위탁자로부터 반환요구를 받았음에도 이를 영득할 의사로 반환을 거부하는 경우에는 횡령죄가 성립한다(대판 2000.8.18. 2000도1856).

(2) 정당한 사유가 있는 사례 ① 보관자의 지위에 있는 등기명의자가 진정한 소유자가 밝혀지면 등기해주겠다고 한 경우(대판 2002.9.4. 2000도637), ② 채권변제를 받기 위한 반환거부, 회사채무변제를 위한 반환거부(대판 1982.4.13. 80도537), ③ 동업 정산금 등을 분배받지 못하여 동업자가 매도한 시설을 유치한 경우(대판 1990.3.13. 89도1952)는 불법영득의 의사를 가지고 그 물건의 반환을 거부한 것이라고는 할 수 없다.

라. 반환거부로 인한 횡령에 해당하는 사례 ① 실질적으로 피해자가 단독으로 운영하여 오던 사업장이어서 그 사업장의 재산은 피해자의 단독 소유라고 할 것임에도, 익명조합관계의 영업자의 지위에 있다고 주장하면서 사업장의 재산의 반환을 거부한 경우(대판 2009.4.23. 2007도9924), ② 피해자들로부터 불상(佛像)의 반환을 요구받고도 이를 반환하지 아니하였고, 불상을 반환하지 못하는 이유로, 불상을 한강에 버렸다고 하거나, 팔아달라고 갑에게 맡겼다거나, 술에 취한 상태에서 택시에 두고 내려 분실하였다고 하는 등 수시로 진술을 번복하고 있을 뿐 불상의 행방에 관하여 납득할 만한 설명을 하지 못하고 있는 경우(대판 2009.12.10. 2008도10669)는 그 반환을 거부한 때에 해당하여 횡령죄가 성립한다.

10. 고의

가. 부외(簿外)부채 변제와 고의

(1) 법인이 승인하지 않은 부외부채 변제 학교법인의 이사장이었던 자가 이사장으로 근무할 당시 학교법인이 부담하는 부외부채를 자신의 자금으로 변제한 후 그 자금회수를 위하여 자신이 보관하던 학교법인 소유의 양도성 예금증서를 어음할인에 대한 담보로 제공한 경우, 부외부채가 학교법인이 승인한 채무가 아니고 변제도 학교법인의 의사에 반하여 임의로 한 것이면 불법영득의 의사가 인정된다(대판 2000.2.8. 99도3982).

(2) 정상적인 부외부채 변제 상호신용금고의 경영자가 장부상 직원들의 봉급을 인상한 것처럼 하여 실제로는 종전과 같은 액수를 지급하면서 그 차액으로 회사의 부외부채를 변제한 경우, 이는 회사의 채무를 변제한 것이어서 횡령의 범의가 있었다고 볼 수 없다(대판 1986.6.24. 86도538).

나. 고의를 인정하기 어려운 사례 피해자 사이에 변제할 금액에 관하여 서로 계산이 틀려서 상호간에 의견의 일치를 본 바 없으므로, 이미 처분한 토지대금만으로는 채권추심이 다 안 된 것으로 알고 다른 토지를 거의 같은 시기에 매각처분하였다 하여 횡령할 범의가 있었다고 볼 수 없다(대판 1972.12.26. 72도2529).

11. 불법영득의사

가. 불법영득의사의 의미: 제3자의 영득 포함 여부

(1) 학설 보관하는 재물을 제3자의 이익을 위하여 영득하는 경우도 횡령죄가 성립하는가에 대해 부정설[74]과 긍정설[75]이 대립한다. 부정설은 횡령죄가 배임죄와 달리 제3자의 이익을 위한 횡령을 명시하고 있지 않은 것은 단순한 입법자의 착오라고만 볼 수 없고, 더구나 횡령죄의 성립범위를 명문의 근거도 없이 제3자의 영득까지 포함한다고 하는 것은 형법의 죄형법정주의에 반할 수 있다고 한다. 판례는 긍정설의 입장이다.

(2) 판례 횡령죄의 불법영득의사는 타인의 재물을 보관하는 자가 위탁의 취지에 반하여 자기 또는 제3자의 이익을 위하여 권한 없이 그 재물을 자기소유인 것처럼 처분하는 의사를 의미하는 것으로, 반드시 자기 스스로 영득하여야만 횡령죄가 성립되는 것은 아니다(대판 2004.10.27. 2003도6738).[76]

나. 불법영득의사의 추단

(1) 원칙 ① 위탁받아 보관 중이던 돈이 모두 없어졌는데도 그 행방이나 사용처를 설명하지 못하거나 또는 주장하는 사용처에 사용된 자금이 다른 자금으로 충당된 것으로 드러나는 등 주장하는 사용처에 사용되었다는 점을 인정할 수 있는 자료가 부족하고 오히려 개인적인 용도에 사용하였다는 점에 대한 신빙성 있는 자료가 많은 경우에는 위 돈을 불법영득의 의사로 횡령한 것으로 추단할 수 있다(대판 2009.4.23. 2009도495).[77] ② 회사의 업무를 위하여 사용한 것이라고 다투는 소위 리베이트(판촉비) 명목으로 사용하여 횡령하였다는 부분은, 회사의 법인자금이 현금으로 출금된 사실은 명

---

74 허일태, 위탁금전의 소비와 형법상 고유한 소유권 개념, 비교형사법연구 제12권. 266면.

75 권오걸, 548면; 김성돈, 394면.

76 계열사에 대한 지원이 문제된 사안이다. 대판 1989.9.12. 89도382; 1996,9.6. 95도2551; 2000.12.27. 2000도4005; 2006.11.10. 2004도5167.

77 대판 2004.9.24. 2004도3532; 2003.12.26. 2003도6387.

백하고 피고인도 이를 자신이 사용하였음을 인정하면서도 그 사용처를 제대로 설명하지 못함은 물론 그 사용에 대한 증빙도 전혀 제시하지 못하고 있으므로, 피고인이 이를 불법영득의 의사로써 횡령한 것이라고 추단할 수 있다(대판 2006.8.24. 2006도3039).

(2) 예외 불법영득의사의 존재를 인정하기 어려운 사유를 들어 그 돈의 행방이나 사용처에 대한 설명을 하고 있고 이에 부합하는 자료도 있다면, 달리 위탁받은 돈을 일단 타용도로 소비한 다음 그만한 돈을 별도로 입금 또는 반환한 것이라는 등의 사정이 인정되지 아니하는 한 함부로 위탁받은 돈을 불법영득의사로 인출하여 횡령하였다고 인정할 수 없다(대판 2009.4.23. 2009도495).[78]

(3) 금전의 용도가 추상적으로 정하여 진 경우: 판공비 또는 업무추진비 어떤 금전의 용도가 추상적으로 정하여져 있다 하여도 구체적인 사용목적이나 사용처, 사용시기 등에 관하여 보관자에게 광범위한 재량을 가지고 이를 사용할 권한이 부여되어 있고, 지출한 후에 그에 관한 사후보고나 증빙자료의 제출도 요구되지 않는 성질의 것이라면, 그 보관자가 금전을 사용한 다음 행방이나 사용처를 제대로 설명하지 못하거나 증빙자료를 제출하지 못하고 있다고 하여 함부로 불법영득의 의사를 추단하여서는 아니 된다(대판 2010.6.24. 2007도5899; 2010.6.24. 2008도6755).

다. 예산전용과 불법영득의사

(1) 판단기준 ① 예산항목 유용자체가 위법한 목적을 갖고 있다거나 예산의 용도가 엄격하게 제한되어 있는 경우에는 불법영득의 의사가 인정된다(대판 2004.12.24. 2003도4570). ② 출장비 예산의 항목 유용 자체가 위법한 목적이 있다거나 예산의 용도가 엄격하게 제한되어 있다고 볼 만한 사정이 없다면, 단지 출장비를 지정용도 이외로 임의 소비하였다는 것만으로 바로 불법영득의 의사를 인정할 수는 없다(대판 2002.11.26. 2002도5130).[79]

(2) 불법영득의사가 없는 사례 ① 본래 책정되거나 영달되어 있어야 할 필요경비이기 때문에 일정한 절차를 거치면 그 지출이 허용될 수 있었던 때에는 그 간격을 메우기 위한 유용이 있었다는 것만으로 바로 그 유용자에게 불법영득의 의사가 있었다고 단정할 수는 없다(대판 2002.11.26. 2002도5130).[80] ② 법인의 대표자가 법인의 예비비를 전용하여 기관운영판공비, 회의비 등으로 사용한 경우, 이사회에서 사전에 예비비의 전용결의가 이루어지지 아니하였다는 사정만으로 불법영득의 의사를 단정할 수 없다(대판 2002.2.5. 2001도5439).

---

78 대판 2006.8.24. 2006도3272.

79 허위공문서작성죄가 성립한다.

80 출장비를 사무실 비품 구입비, 직원 회식비로, 사무실 운영비로 각 사용하였고, 나머지 금원도 대부분 과적단속계를 운영하면서 소요되는 비용으로 사용하였다.

라. 대부행위와 불법영득의사

(1) 대표이사의 대부행위: 권한 있음 회사의 대표이사의 대부행위는 비록 회사의 영업목적에 적절하지 않다 하더라도 회사의 대부행위로서 효력이 있는 것이므로, 단지 그가 업무상 점유하는 돈을 대부하였다는 사실만으로 곧 그에게 불법영득의 의사가 있었다고는 볼 수 없다(대판 1984.11.13. 84도2112).[81]

(2) 공동관리하는 금원의 대부: 권한 없음 피고인 등 8명이 공동으로 관리하는 타인의 금원을 피고인이 마음대로 제3자에게 사채로서 대여한 경우는 횡령죄가 성립된다(대판 1980.5.27. 80도132).

마. 비자금 사용과 불법영득의사 회사의 비자금을 사용한 사실은 인정하면서도 비자금을 회사를 위하여 인출, 사용하였다고 주장하면서 불법영득의사의 존재를 부인하는 경우, 주장하는 비자금의 사용이 회사의 운영과정에서 통상적으로 발생하는 비용에 대한 지출(부담)로서 회사가 비용을 부담하는 것이 상당하다고 볼 수 있는지 여부, 비자금 사용의 구체적인 시기, 대상, 범위, 금액 등에 대한 결정이 객관적, 합리적으로 적정하게 이루어졌는지 여부(다만, 일반적인 비자금의 조성과정이나 비자금의 성격 등에 비추어 볼 때, 비자금 사용에 관하여 회사 내부규정이 존재하지 않거나 이사회 결의 등을 거치지 않았다고 하더라도, 그러한 사정만으로 바로 불법영득의사의 존재가 인정된다고 할 것은 아니다) 등을 비롯하여 비자금을 사용하게 된 시기, 경위, 결과 등을 종합적으로 고려하여, 해당 비자금 사용의 주된 목적이 개인적인 용도에 사용하기 위한 것이라고 볼 수 있는지 여부 내지 불법영득의사의 존재를 인정할 수 있는지 여부에 대하여 판단하여야 할 것이다(대판 2009.2.26. 2007도4784).[82]

바. 불법영득 의사가 없는 사례

(1) 회사 소유 돈으로 대표이사 자신의 채권변제에 충당 회사에 대하여 개인적인 채권을 가지고 있는 대표이사가 회사를 위하여 보관하고 있는 회사 소유의 금전으로 자신의 채권 변제에 충당하는 행위는 회사와 이사의 이해가 충돌하는 자기거래행위에 해당하지 않는 것이므로, 대표이사가 이사회의 승인 등의 절차 없이 그와 같이 자신의 회사에 대한 채권을 변제하였더라도, 이는 대표이사의 권한 내에서 한 회사 채무의 이행행위로서 유효하고, 따라서 불법영득의 의사가 인정되지 아니한다(대판 2002.7.26. 2001도5459).[83]

(2) 본인의 이익을 위한 처분

A. 원칙 보관자가 소유자의 이익을 위하여 이를 처분하는 경우에는 특단의 사정이 없는 한 불법영득의 의사를 인정할 수 없다(대판 1982.3.9. 81도3009; 2009.4.23.).[84]

---

81 경우에 따라서는 배임죄가 성립할 수도 있다.

82 대판 2011.12.22. 2011도12041; 2012.5.24. 2012도535.

83 대판 1999.2.23. 98도2296; 2005.2.18. 2002도2822; 2006.4.28. 2005도4085.

84 신입생이 입학정원에 미달되어 학교에서 교사들로 하여금 신입생 모집활동을 하게 하고 그 비용으로 재단이사 및 학교

B. 용도가 특정된 경우 타인으로부터 용도가 엄격히 제한된 자금을 위탁받아 집행하면서 제한된 용도 이외의 목적으로 자금을 사용하는 것은 결과적으로 자금을 위탁한 본인을 위하는 면이 있더라도 사용행위 자체로서 불법영득의사를 실현하는 것이 되어 횡령죄가 성립한다(대판 2011.5.26. 2011도1904).

(3) 가장납입금의 반환 주식회사의 설립업무 또는 증자업무를 담당한 자와 주식인수인이 사전 공모하여 주금납입취급은행 이외의 제3자로부터 납입금에 해당하는 금액을 차입하여 주금을 납입하고 납입취급은행으로부터 납입금보관증명서를 교부받아 회사의 설립등기절차 또는 증자등기절차를 마친 직후 이를 인출하여 위 차용금채무의 변제에 사용하는 경우, 위와 같은 행위는 실질적으로 회사의 자본을 증가시키는 것이 아니고 등기를 위하여 납입을 가장하는 편법에 불과하여 주금의 납입 및 인출의 전 과정에서 회사의 자본금에는 실제 아무런 변동이 없다고 보아야 한다. 따라서 그들에게 회사의 돈을 임의로 유용한다는 불법영득의 의사가 있다고 보기 어렵고, 회사 자본이 실질적으로 증가됨을 전제로 한 업무상횡령죄가 성립한다고 할 수 없다(대판 2011.9.8. 2011도7262).

(4) 용도에 부합하게 사용한 경우 ① 재물을 업무상 고유한 용도에 부합하게 사용한 경우에는 그러한 사용에 불법영득의사가 있다고 쉽사리 단정하여서는 안 된다(대판 2012.6.14. 2008도10658). ② 회사의 경영자가 회사를 위하여 자금을 지출할 때, 법령의 규정 또는 회사 내부의 규정에 의해 자금의 용도가 엄격하게 제한되어 있는 것이 아닐 뿐 아니라 자금을 집행하기 위한 회사 내부의 정상적인 절차도 거쳤다면, 원래 사용될 이외의 목적으로 자금을 지출하였다는 사정만으로 지출행위에 불법영득의 의사가 있었다고 단정할 수 없다(대판 2012.5.24. 2012도535).[85]

사. 불법영득의사가 있는 사례 어촌계장이던 피고인이 어촌계장을 그만 둔 후 甲으로부터 동인이 종래 어촌계 자금을 변태지출하여 변상할 책임이 있는 금원을 어촌계에 입금시켜 달라는 의뢰를 받고 동 금원을 교부받아 보관 중에 소비하였다면, 비록 피고인이 어촌계로부터 도로 받아야 할 다액의 채권이 있었다 하더라도, 보관금을 그 취지에 따라 입금조치하지 않고 타에 소비한 데에 영득의 의사가 없다거나 또는 위법성이 조각된다 할 수 없다(대판 1986.9.23. 86도1478).

12. 기타 문제

가. 기수와 미수

(1) 기수시기

A. 학설 횡령죄의 기수시기는 ① 영득의사가 외부에 표현되었을 때 이미 인정된다는 표현설[86]

장 등의 양해 아래, 재단 수유의 급여자금으로 교사들의 월급여 및 퇴직금을 지급함에 있어서 봉급 지급명세서나 퇴직금 지급명세서에는 실지 지급액보다 높게 기장하고 그 차액을 사용한 것이다. 대판 2009도495; 2011.5.26. 2011도1904.

85 배임죄의 성립은 가능하다. 대판 2013.2.15. 2011도13606.

86 박상기, 387면; 배종대, 537면; 임웅, 477면; 이재상, 407면; 정영일, 376면.

과 ② 영득의사가 실현되었을 때 비로소 인정된다는 실현설[87]의 대립이 있다. 부동산의 경우 표현설에 따르면 영득의사를 표출하는 매매계약의 체결시에 이미 횡령은 기수에 이른다고 하고, 이렇게 보면 횡령죄의 미수는 중지미수와 불능미수를 제외하면 거의 있을 수 없다고 한다. 이에 비하여 실현설에 따르면 부동산의 매매계약으로는 횡령죄의 기수를 인정할 수는 없고, 소유권이전등기를 경료하였을 때 비로소 횡령죄의 기수가 된다고 한다. 표현설에 따르면 부동산의 매매계약을 체결하기 이전이라도, 가령 매매의 의사표시만으로도 횡령죄는 기수에 이를 수 있는데, 이는 횡령의 '영득' 개념과 어울리지 않고, 본죄가 미수범을 처벌하는 점을 놓고 볼 때, 실현설이 타당하다고 할 것이다.

B. 판례 명의수탁자가 신탁관계에 위반하여 이를 담보로 제공하고 근저당권을 설정하는 경우에는 부동산에 관한 근저당권설정등기를 마치는 때에 부동산에 관한 횡령죄의 기수가 된다(대판 1985.9.10. 89도86).

(2) 미수인 사례 피해자로부터 위탁받아 식재·관리하여 오던 나무들을 피해자 모르게 제3자에게 매도하는 계약을 체결하고 제3자로부터 계약금을 수령한 상태에서 피해자에게 적발되어 계약이 더 이행되지 아니하고 무위로 그친 경우, 횡령기수가 아니라 횡령미수에 해당한다(대판 2012.8.17. 2011도9113).

나. 공범

(1) 공동정범

A. 성립하는 사례 주식회사의 재산을 임의로 처분하려는 대표이사의 횡령행위를 주선하고 처분행위를 적극적으로 종용한 경우에는 대표이사의 횡령행위에 가담한 공동정범의 죄책을 진다(대판 2005.8.19. 2005도3045).

B. 대향자와 공동정범 성립 여부 채권자가 채무자로부터 채권확보를 위하여 담보물을 제공받을 때 그 물건이 채무자가 보관중인 타인의 물건임을 알았다고 하여도 그것만으로 채권자가 채무자의 불법영득행위인 횡령행위에 공모가담한 것으로 단정할 수 없다(대판 1992.9.8. 92도1396).

(2) 부작위에 의한 종범: 묵인 법원의 입찰사건에 관한 제반 업무를 주된 업무로 하는 공무원이 자신이 맡고 있는 입찰사건의 입찰보증금이 계속적으로 횡령되고 있는 사실을 알았다면, 담당공무원으로서는 이를 제지하고 즉시 상관에게 보고하는 등의 방법으로 그러한 사무원의 횡령행위를 방지해야 할 법적인 작위의무를 지는 것이 당연하고, 비록 그의 묵인 행위가 배당불능이라는 최악의 사태를 막기 위한 동기에서 비롯된 것이라고 하더라도 자신의 작위의무를 이행함으로써 결과발생을 쉽게 방지할 수 있는 공무원이 그 사무원의 새로운 횡령범행을 방조 용인한 것을 작위에 의한 법익 침해와 동등한 형법적 가치가 있는 것이 아니라고 볼 수는 없다(대판 1996.9.6. 95도2551).

87 권오걸, 545면; 김성돈, 393면; 김/서, 305면; 오영근, 487면; 이형국, 420; 정/박, 442면.

다. 횡령금액

(1) 채권자단 대표의 횡령: 분할채권 채권을 추심하여 각 채권자들의 채권액에 비례하여 분배하기로 한 채권자단의 단장이 채무자로부터 채권자들에게 분배해 달라는 취지로 받은 금원을 보관 중 자신의 채권액에 모두 충당한 경우, 동인도 자기채권액에 비례하여 분배받을 것이 있음이 마땅하므로 동인의 횡령액은 그 전액을 횡령하였다고는 볼 수 없고 자기의 채권비율에 따른 분배액을 초과한 금액만을 횡령하였다고 보아야 한다(대판 1985.2.13. 84도2521).

(2) 동업재산의 횡령: 합유 동업자의 한 사람이 동업재산을 보관 중 임의로 횡령하였다면 지분비율에 관계없이 임의로 횡령한 금액 전부에 대하여 횡령죄의 죄책을 부담하는 것이다(대판 2000.11.10. 2000도3013).[88]

(3) 약속어음의 횡령 소개인이 매매잔대금조로 교부받아 보관하던 약속어음을 현금으로 할인한 자체가 불법영득의사의 실현인 경우, 횡령액은 어음을 할인한 현금액이 아니라 횡령한 약속어음의 액면금 상당액인 것이다(대판 1983.11.8. 83도2411).

라. 죄수

(1) 죄수 판단기준: 위탁관계의 수 甲 주식회사가 지식경제부 산하 여러 기관들과 각각 다른 시기에 서로 다른 내용의 협약을 체결하여 정부과제사업 9건을 부여받고 각 과제별로 정부출연금을 교부받았는데, 甲 회사의 대표이사 또는 자금담당 임원으로 정부출연금을 보관하는 지위에 있는 피고인들이 위탁 취지에 반하여 자금을 처분한 경우, 개별 협약 및 정부출연금 위탁관계를 하나로 묶어 주는 포괄적인 법률관계가 존재하는 등 특별한 사정이 없는 한 甲 회사와 기관들 사이에는 각 과제별로 별개의 정부출연금 위탁관계가 성립하고, 피고인들의 행위는 과제별로 별개인 위탁신임관계를 침해한 것으로서 그로 인한 피해법익이 단일하다고 할 수 없을 뿐만 아니라 범의의 단일성도 인정되기 어렵다(대판 2011.7.28. 2009도8265).

(2) 포괄일죄

A. 판단기준 수 개의 업무상 횡령행위라 하더라도 피해법익이 단일하고, 범죄의 태양이 동일하며, 단일 범의의 발현에 기인하는 일련의 행위라고 인정될 때에는 포괄하여 1개의 범죄이다(대판 2004.10.27. 2003도6738).[89]

B. 포괄일죄인 사례 수 개의 업무상 횡령행위 도중에 공범자의 변동이 있는 경우라 하더라도 그 수 개의 행위가 위와 같은 기준을 충족하는 것이라면 별개의 죄가 되는 것이 아니라 포괄일죄가 된다(대판 2009.2.12. 2006도6994).

---

88 대판 1996.3.22. 95도2824; 1982.9.28. 81도2777; 2007.2.22. 2006도8105; 2011.6.10. 2010도17684.

89 대판 1990.10.10. 90도580; 2006.6.2. 2005도3431.

(3) 불가벌적 사후행위

A. 원칙 횡령죄는 상태범이므로 횡령행위의 완료 후에 행하여진 횡령물의 처분행위는 그것이 그 횡령행위에 의하여 평가되어 버린 것으로 볼 수 있는 범위내의 것이라면 소위 불가벌적 사후행위로서 별죄를 구성하지 않는다(대판 1978.11.28. 78도2175).[90]

B. 불가벌적 사후행위가 아닌 사례

1) 수표할인 의뢰받고 제3자를 기망하여 할인받은 돈의 사용행위와 횡령 피고인이 甲으로부터 지급받은 수표할인금은 乙의 소유에 속하는 것으로 보아야 할 것이고, 乙을 위하여 위 금원을 보관하는 지위에 있는 피고인이 이를 임의로 소비한 것은, 사기 범행의 피해자인 甲과의 관계에 있어서는 위 사기죄의 불가벌적 사후행위라고 할지라도 제3자인 乙에 대한 관계에 있어서는 새로운 법익을 침해한 것으로 횡령죄가 성립한다(대판 1998.4.10. 97도3057).

2) 기망하여 편취한 분양대금, 신주인수대금의 임의사용과 법인에 대한 횡령 대표이사가 회사의 상가분양 사업을 수행하면서 수분양자들을 기망하여 편취한 분양대금은 회사의 소유로 귀속되는 것이므로, 분양대금을 횡령하는 것은 사기 범행이 침해한 것과는 다른 법익을 침해하는 것이어서 회사를 피해자로 하는 별도의 횡령죄가 성립된다(대판 2005.4.29. 2005도741).[91]

마. 타죄와의 관계

(1) 장물죄와의 관계

A. 횡령행위에 가담한 자의 죄책

1) 학설 본범이 횡령하는 물건을 그 정을 알면서 취득한 자의 죄책과 관련하여, 횡령죄의 공범이 된다는 견해(횡령죄의 공범설)[92]와 장물취득이 된다는 견해(장물취득죄설)[93]가 대립한다. 가령, 甲이 자신이 보관하는 회사의 자금을 자신의 채무변제를 위하여 乙에게 지급하고 乙은 그 정을 알면서 취득하는 경우, 甲의 횡령행위에 가담하는 것으로 보면 횡령죄의 공범이 되지만, 이미 甲의 횡령이 기수에 이른 것으로 보면 그가 횡령한 재물을 취득하는 장물취득죄가 된다.

2) 판례 甲, 乙이 피고인에게 금원을 교부한 행위 자체가 횡령행위라고 하더라도, 이러한 경우 甲, 乙의 업무상 횡령죄가 기수에 달하는 것과 동시에 그 금원은 장물이 되는 것이다(대판 2004.12.9. 2004도5904).

3) 검토 위 사안의 乙은 甲과 횡령을 모의하고 그 실행행위를 나누어 하지 않았다는 점에서 횡령죄의 공동정범을 인정할 수 없다. 그럼에도 횡령의 공동정범보다 더 중한 장물취득죄를 인정

---

90 대판 1993.3.9. 92도2999.

91 대판 2006.10.27. 2004도6503.

92 김성돈, 397면; 박상기, 390면; 이재상, 413면.

93 권오걸, 558면; 김/서, 309면; 배종대, 543면; 정/박, 455면.

하는 것은 가혹할 수 있다. 따라서 위 사안에서는 甲의 영득의사가 표현되었지만 아직 완전히 실현된 것은 아니라는 점에서, 乙은 甲의 횡령행위를 방조한 횡령죄의 공범으로 이해하는 견해가 타당하다.

B. 보관장물의 횡령 장물을 보관하던 자가 그 장물을 영득한 경우에 장물보관죄 외에 횡령죄가 성립하고, 양 죄는 실체적 경합관계에 선다는 견해[94]가 있다. 하지만 판례는 장물보관죄만 성립하고, 이후의 횡령행위는 불가벌적 사후행위가 된다고 한다(대판 1976.11.23. 76도3067).[95] 장물보관죄가 성립하는 것은 맞지만, 장물의 보관은 불법원인위탁 또는 급여이고, 불법원인급여물에 대해서는 횡령죄가 성립하지 않으므로 불가벌적 사후행위도 아니라고 보아야 한다.

(2) 사기죄와의 관계

A. 횡령하기 위하여 기망수단을 쓴 경우

1) 학설 자기가 보관하는 재물을 기망수단을 이용하여 횡령한 경우에는 피기망자의 교부행위가 없으므로 횡령죄만 성립한다.[96] 다만, 자기가 보관하는 타인의 재물을 자기소유물이라고 속이고 제3자에게 매각한 때에는 횡령죄 외에 제3자에 대한 사기죄가 성립하고, 양 죄는 상상적 경합관계에 있다.

2) 판례 자기가 점유하는 타인의 재물을 횡령하기 위하여 기망수단을 쓴 경우에는 피기망자에 의한 재산처분행위가 없으므로 일반적으로 횡령죄만 성립되고 사기죄는 성립되지 아니한다(대판 1980.12.9. 80도1177).[97]

B. 제3자에 대한 사기죄가 성립하는 경우 대표이사가 회사의 상가분양 사업을 수행하면서 수분양자들을 기망하여 편취한 분양대금은 회사의 소유로 귀속되는 것이므로, 대표이사가 분양대금을 횡령하는 것은 사기 범행이 침해한 것과는 다른 법익을 침해하는 것이어서 회사를 피해자로 하는 별도의 횡령죄가 성립된다(대판 2005.4.29. 2005도741).[98]

(3) 뇌물죄와의 관계 회사가 기업활동을 하면서 형사상의 범죄를 수단으로 하여서는 안 되므로 뇌물공여를 금지하는 법률 규정은 회사가 기업활동을 할 때 준수하여야 하고, 따라서 회사의 이사 등이 업무상의 임무에 위배하여 보관 중인 회사의 자금으로 뇌물을 공여하였다면 이는 오로지 회사의 이익을 도모할 목적이라기보다는 뇌물공여 상대방의 이익을 도모할 목적이나 기타 다른 목적으로 행하여진 것이라고 보아야 하므로, 그 이사 등은 회사에 대하여 업무상횡령죄의 죄책을

94 임웅, 479면. 김/서, 310면에서는 장물보관죄와 횡령불능미수죄의 경합이 된다고 한다.

95 대판 2004.4.9. 2003도8219; 김성돈, 397면; 배종대, 543면; 이재상, 413면; 정/박, 454면.

96 권오걸, 560면; 김성돈, 341면; 김/서, 309면; 이재상, 412면; 임웅, 479면; 정/박, 454면.

97 피해자로부터 임야의 매각위임을 받아 타에 매도처분을 하여 그 매득금 60만 원을 받았다면 매득금은 의뢰자인 피해자의 소유에 귀속하여 피고인이 이를 보관하고 있는 상태라 할 것인데, 피고인이 이중 30만 원을 영득하기 위하여 30만 원에 매각하였다고 기망하여 30만 원만 피해자에 교부하였다. 대판 1987.12.22. 87도2168.

98 대판 1989.12.24. 89도1605.

면하지 못한다. 그리고 특별한 사정이 없는 한 이러한 법리는 회사의 이사 등이 회사의 자금으로 부정한 청탁을 하고 배임증재를 한 경우에도 마찬가지로 적용된다(대판 2013.4.25. 2011도9238).

바. 친족상도례 형법 제361조에 의하여 준용되는 제328조 제2항 소정의 친족간의 범행에 관한 조문은 범인과 피해물건의 소유자 및 위탁자 쌍방 사이에 같은 조문 소정의 친족관계가 있는 경우에만 적용되는 것이고, 단지 횡령범인과 피해물건의 소유자간에만 친족관계가 있거나 횡령범인과 피해물건의 위탁자간에만 친족관계가 있는 경우에는 그 적용이 없다(대판 2008.7.24. 2008도3438).[99]

III. 부동산 명의신탁과 횡령죄

1. 관련규정: 부동산 실권리자명의 등기에 관한 법률

가. 제4조(명의신탁약정의 효력) ① 명의신탁약정은 무효로 한다. ② 명의신탁약정에 따라 행하여진 등기에 의한 부동산에 관한 물권변동은 무효로 한다. 다만, 부동산에 관한 물권을 취득하기 위한 계약에서 명의수탁자가 그 일방당사자가 되고 그 타방당사자는 명의신탁약정이 있다는 사실을 알지 못한 경우에는 그러하지 아니하다. ③ 제1항 및 제2항의 무효는 제3자에게 대항하지 못한다.

나. 제7조(벌칙) ① 명의신탁자 및 그를 교사하여 당해 규정을 위반하도록 한 자는 5년 이하의 징역 또는 2억 원 이하의 벌금에 처한다. ② 제3조 제1항의 규정을 위반한 명의수탁자 및 그를 교사하여 당해 규정을 위반하도록 한 자는 3년 이하의 징역 또는 1억 원 이하의 벌금에 처한다.

다. 제8조(종중 및 배우자에 대한 특례) 다음 각호의 1에 해당하는 경우로서 조세포탈, 강제집행의 면탈 또는 법령상 제한의 회피를 목적으로 하지 아니하는 경우에는 제4조 내지 제7조 및 제12조 제1항·제2항의 규정을 적용하지 아니한다.

1. 종중이 보유한 부동산에 관한 물권을 종중(종중과 그 대표자를 같이 표시하여 등기한 경우를 포함한다)외의 자의 명의로 등기한 경우
2. 배우자 명의로 부동산에 관한 물권을 등기한 경우

---

99 피고인이 甲으로부터 乙에게 전달해 달라는 부탁과 함께 금 200만 원을 교부받은 삼촌으로부터 乙에게 전달해 주겠다며 위 금원을 받아 보관하던 중 200만 원을 임의 사용하였다.

2. 명의신탁관계의 성립

가. 성립요건 명의신탁관계가 성립되려면 명의신탁자와 명의수탁자가 사이에 명의신탁 약정이 있어야 한다.

(1) 묵시적 합의 명의신탁관계는 묵시적 합의에 의하여서도 성립될 수 있다(대판 2010.1.28. 2009도1884).[100]

(2) 새로운 소유권이전등기가 필요한지 여부 명의신탁관계의 성립에 명의수탁자 앞으로의 새로운 소유권이전등기가 행하여지는 것이 반드시 필요한 것은 아니므로, 명의수탁자가 소유하는 부동산에 관하여도 명의신탁자와 사이의 사후적인 명의신탁약정에 의하여 등기명의신탁관계가 성립할 수 있다. 따라서 부동산 소유자가 그중 일부 지분을 제3자(명의신탁자)를 위하여 '대외적으로만' 보유하는 관계에 관한 약정(명의신탁약정)을 맺으면, 그 지분에 관하여 이른바 2자간 등기명의신탁관계가 성립한다(대판 2009.11.26. 2009도5547).[101]

나. 명의신탁관계가 성립하지 않는 사례: 명의신탁약정이 없음 ① 채권담보조로 공동명의로 소유권이전등기를 하기로 약속하고도 단독등기한 경우(대판 1985.6.11. 84도2243), ② 종중의 종손이 종중의 결의 없이 종중대표자 자격을 참칭하여 자신 앞으로 법률상 원인 없는 소유권이전등기를 경료한 경우(법률상 원인 없이 등기를 경료한 자)(대판 1985.9.10. 84도1518), ③ 종중으로부터 명의신탁을 받은 수탁자가 사망하자 상속인이 상속등기와 아울러 매매를 가장하여 다른 사람 앞으로 소유권이전등기를 경료한 경우(명의수탁자로부터 '개별승계' 받은 자)(대판 1984.4.12. 79도2410), ④ 매도인이 약정에 의하여 대금 수령 전에 미리 소유권이전등기를 넘겨준 경우(등기이전의무의 선이행)(대판 1992.10.13. 92도1799),[102] ⑤ 명의신탁받아 보관 중이던 토지를 임의로 매각하여 이를 횡령한 후 그 매각대금을 이용하여 다른 토지를 취득한 경우(대판 2006.10.13. 2006도4034)에는 명의신탁관계가 성립하지 아니한다.

다. 명의신탁관계가 성립하는 사례

(1) 명의수탁자의 '포괄승계인' 명의수탁자가 사망하면 명의신탁관계는 재산상속인과의 사이에 존속하게 된다(대판 1996.5.31. 94다35985).[103]

(2) 명의신탁에 의한 낙찰 부동산경매절차에서 부동산을 매수하려는 사람이 매수대금을 자신이 부담하면서 다른 사람의 명의로 매각허가결정을 받기로 다른 사람과 약정함에 따라 매각허가가 이루어진 경우, 경매절차에서 매수인의 지위에 서게 되는 사람은 어디까지나 명의인이므로 경

---

100 대판 2001.1.5. 2000다49091; 2008.10.23. 2007도6433; 2012.2.23. 2011다86720.

101 대판 2010.2.11. 2008다16899.

102 대판 1983.12.13. 83도1556.

103 대판 1996.1.23. 95도784.

매 목적 부동산의 소유권은 매수대금을 실질적으로 부담한 사람이 누구인가와 상관없이 명의인이 취득한다고 할 것이고, 이 경우 매수대금을 부담한 사람과 이름을 빌려준 사람 사이에는 명의신탁 관계가 성립한다(대판 2005.4.29. 2005다664).[104]

(3) 구분소유적 공유관계와 상호명의신탁 구분소유적 공유관계에서 각 공유자 상호간에는 각자의 특정 구분부분을 자유롭게 처분함에 서로 동의하고 있다고 볼 수 있으므로, 공유자 각자는 자신의 특정 구분부분을 단독으로 처분하고 이에 해당하는 공유지분등기를 자유로이 이전할 수 있는데, 이는 공유지분등기가 내부적으로 공유자 각자의 특정 구분부분을 표상하기 때문이다. 그러나 구분소유하고 있는 특정 구분부분별로 독립한 필지로 분할되는 경우에는 특별한 사정이 없는 한 각자의 특정 구분부분에 해당하는 필지가 아닌 나머지 각 필지에 전사된 공유자 명의의 공유지분등기는 더 이상 당해 공유자의 특정 구분부분에 해당하는 필지를 표상하는 등기라고 볼 수 없고, 각 공유자 상호간에 상호명의신탁관계만이 존속하므로, 각 공유자는 나머지 각 필지 위에 전사된 자신명의의 공유지분에 관하여 다른 공유자에 대한 관계에서 그 공유지분을 보관하는 자의 지위에 있다(대판 2014.12.24. 2011도11084).

3. 명의신탁 부동산의 처분과 횡령

가. 명의신탁의 유형

(1) 양자간 등기명의신탁 부동산의 소유자가 그 등기명의를 타인에게 신탁하기로 하는 명의신탁약정을 맺고 그 등기를 수탁자에게 이전하는 형식의 명의신탁으로 대부분 신탁자가 등기부상 나타난다.

(2) 3자간 등기명의신탁(중간생락등기형 명의신탁) 신탁자가 수탁자와 명의신탁약정을 맺고, 신탁자가 매매계약의 당사자가 되어 매도인과 매매계약을 체결하되, 다만 등기는 매도인으로부터 수탁자 앞으로 직접 이전하는 형식의 명의신탁으로 중간생략등기형 명의신탁이라고도 한다(대판 1963.1.24. 62다825).

(3) 계약명의신탁(매수위임형 명의신탁) 신탁자가 수탁자와 명의신탁약정을 맺고, 수탁자가 매매계약의 당사자가 되어 매도인과 매매계약을 체결한 후, 그 등기를 수탁자 앞으로 이전하는 형식의 명의신탁이다. 매수위임형 명의신탁이라고도 한다. 이 경우에도 매도인이 그러한 사정을 아는 경우와 알지 못하는 경우로 나뉜다.

나. 양자간 등기명의신탁과 횡령

(1) 학설 양자간 등기명의신탁의 수탁자가 수탁부동산을 임의처분하면 횡령죄가 되는가에 대

---

104 대판 2008.11.27. 2008다62687; 2000.9.8. 2000도258; 2000.4.7. 99다15863, 15870.

해 부정설[105]과 긍정설[106]이 대립한다. 부정설은 반환청구권이 인정되지 않는 불법원인급여이므로 횡령죄가 성립하지 않는다고 하고, 긍정설은 신탁자가 말소등기를 청구할 수 있어서 반드시 불법원인급여와 동일하게 볼 수는 없고, 등기원인이 법률상 무효라고 하더라도 사실상의 위탁관계만 존재하면 족하다는 점을 이유로 들고 있다.

부동산실명법은 탈세나 투기목적의 명의신탁을 '사회질서위반행위'를 넘어서는 '반사회적 행위'로 보고 있다. 게다가 이 경우에 횡령죄를 인정한다면 부동산실명법에도 불구하고 여전히 부동산의 소유권은 명의신탁자에게 있는 것으로 인정하게 되어 명의신탁약정의 무효화를 통한 명의신탁의 악용방지라는 목적 달성이 난관에 봉착할 수 있다. 그럼에도 여전히 명의신탁이 횡행하고 있는 현실적 문제 때문에 지금까지 많은 학설과 판례가 횡령죄 긍정설의 입장을 취해왔으나 이제는 제도의 안착을 위해서도 부정설을 고려해 봄이 상당하다.

(2) 관련 판례(긍정설)

A. 불법원인급여의 해당 여부 ① 부동산실명법이 규정하는 명의신탁약정은 부동산에 관한 물권의 실권리자가 타인과의 사이에서 대내적으로는 실권리자가 부동산에 관한 물권을 보유하거나 보유하기로 하고 그에 관한 등기는 타인의 명의로 하기로 하는 약정을 말하는 것일 뿐이므로, 그 자체로 선량한 풍속 기타 사회질서에 위반하는 경우에 해당한다고 단정할 수 없을 뿐만 아니라, 위 법률은 원칙적으로 명의신탁약정과 그 등기에 기한 물권변동만을 무효로 하고 명의신탁자가 다른 법률관계에 기하여 등기회복 등의 권리행사를 하는 것까지 금지하지는 않는 대신 명의신탁자에 대하여 행정적 제재나 형벌을 부과함으로써 사적자치 및 재산권보장의 본질을 침해하지 않도록 규정하고 있으므로, 위 법률이 비록 부동산등기제도를 악용한 투기·탈세·탈법행위 등 반사회적 행위를 방지하는 것 등을 목적으로 제정되었다고 하더라도, 무효인 명의신탁약정에 기하여 타인명의의 등기가 마쳐졌다는 이유만으로 그것이 당연히 불법원인급여에 해당한다고 볼 수는 없는 것이다(대판 2003.11.27. 2003다41722).[107] ② 이는 탈세의 목적으로 한 명의신탁약정에 기하여 타인명의의 등기가 마쳐진 경우라도 마찬가지이다(대판 2010.9.30. 2010도8556).[108] ③ 강제집행을 면할 목적으로 부동산의 소유자명의를 신탁하는 것이 불법원인급여에 해당한다고 볼 수는 없다(대판 1994.4.15. 93다61307).[109]

B. 횡령죄 성립 여부 신탁자가 그 소유명의로 되어 있던 부동산을 수탁자에게 명의신탁하였

105 박상기, 부동산명의신탁과 횡령죄, 형사판례연구(6), 278면; 오영근, 480면.

106 권오걸, 569면; 김성돈, 399면; 김/서, 297면; 배종대, 531면; 서요한, 명의신탁된 부동산 영득행위의 죄책, 재판실무 제2집(창원지방법원), 404면; 이재상, 400면; 임웅, 453면; 최상욱, 부동산명의신탁과 형사책임, 고시연구 제27권 제2호, 72면; 정/박, 448면; 정영일, 372면; 정웅석, 명의신탁과 불가벌적 사후행위, 형사법의 신동향 제8호(2007.6.), 160면; 허성희, 부동산의 명의신탁과 횡령죄의 성부, 실무연구자료 제6권(대전지방법원), 319면.

107 대판 2010.9.30. 2010도8556.

108 피해자가 세금문제를 고려하여 피고인의 처 명의로 이전등기함으로써 명의신탁하였다.

109 불법원인급여라고 하면 부동산을 반환받을 수 없어 결과적으로 강제집행면탈을 용인하는 결과가 된다.

는데 수탁자가 임의로 이에 관하여 근저당권을 설정하였다면 신탁자에 대한 횡령죄가 성립한다 (대판 1999.10.12. 99도3170).

C. 양자간 명의신탁인 사례 피고인이 피해자와 특정 토지를 공동으로 매수하여 공동으로 소유권이전등기를 마치되 그 업무를 피고인이 처리하기로 하는 공동매수약정을 맺었음에도 그에 반하여 피고인 단독명의로 소유권이전등기를 마쳤다가, 이에 대해 항의하는 피해자에게 해당 지분에 관한 소유권확인증서를 작성·교부한 후 해당 토지에 관해 수령한 도시개발사업보상금 중 피해자의 지분 부분에 대한 반환 요구를 거부한 경우, 소유권확인증서 작성으로 피고인과 피해자 사이에 '2자간 등기명의신탁약정'이 성립하였다(대판 2009.11.26. 2009도5547).

다. 3자간 등기명의신탁(중간생략등기형)과 횡령

(1) 횡령죄 성립 여부

A. 부정설[110] 명의신탁에 있어서는 반드시 신탁자가 그 명의신탁 전에 확정적으로 소유권자(완전한 권리자)로 되어 있어야 한다는 것이 요건이므로, 형식주의를 취하는 현행 민법하에서는 매수인(명의신탁인이 될 사람)이 소유권이전등기를 받지 아니한 이상 소유권을 취득한 것이 되지 않으며, 따라서 명의신탁에 의하여 대내적으로 보유하게 될 소유권이 없다고 한다.

B. 긍정설[111] 횡령죄를 판단함에 있어서의 보관위탁관계의 설정은 반드시 소유자와 사이에서 이루어져야만 되는 것은 아니고, 제3자의 소유물을 보관 위탁할 수 있는 것이며, 횡령죄의 보관관계는 사실상의 위탁관계이면 족한 것이고 그것이 유효할 것임을 요하는 것은 아니므로 신탁자와의 관계에서 위탁관계를 인정할 수 있다고 한다.

C. 배임죄설[112] 부동산물권변동에 관한 형식주의에 따라 명의신탁자는 아직 소유자가 아니기 때문에 명의신탁자에 대한 횡령죄가 성립될 수 없고, 명의신탁자에 대한 신뢰관계의 배신행위로서 재산상 손해를 끼친 배임행위가 된다고 한다.

D. 무죄설[113] 탈세, 투기목적의 명의신탁은 반사회적 행위로서 불법원인급여에 해당한다는 입장에서 횡령죄가 성립하지 않는다는 입장이다.

(2) 피해자 횡령죄긍정설은 그 피해자가 누구인지와 관련하여 다시 견해가 나뉜다.

---

110 박상기, 부동산의 계약명의신탁과 횡령죄, 법률신문 2875호(2000.3.24.); 천진호, 명의신탁부동산 처분행위의 형사책임, 형사판례연구(11), 222면 이하.

111 권오걸, 571면; 김성돈, 400면; 박상기, 379면; 배종대, 532면; 이재상, 401면; 임웅, 454면; 정영일, 373면; 정/박, 449면; 정형식, 이른바 중간생략등기형 명의신탁에 있어서 수탁자가 부동산을 임의로 처분한 경우, 횡령죄의 성립 여부, 대법원판례해설 제39호, 450면.

112 김/서, 298면; 서요한, 위 논문, 406면.

113 강동범/이강민, 등기명의신탁과 수탁자의형사책임, 법학논고 제41집, 324면.

A. 신탁자설[114] 매도인은 신탁자로부터 매매대금을 받고 신탁자의 부탁에 따라(신탁자의 위험부담으로) 수탁자에게 그 명의를 넘겨주었으므로 매매계약에 따른 계약이행을 마친 것이고, 그 이후 부동산실명법의 규정 때문에 등기명의의 이전에도 불구하고 그 소유권이 여전히 남아 있다가 제3자에게 넘어가는 결과가 되었다고 하더라도 그에게 어떠한 피해가 있는 것은 아니라는 점, 신탁자의 입장에서는 명의신탁이 무효이므로 내부적으로든 외부적으로든 당해 부동산에 대한 소유권을 취득한 바는 없으나 매도인을 대위하여 소유권을 확보할 수 있는 기대를 상실한 결과가 되고, 매도인에 대해서는 원래의 매매계약에 따른 이행으로 수탁자 앞으로의 등기이전을 요청하여 그 이행이 이루어진 이상 또다시 원래의 매매계약에 따른 이행을 하라고 청구할 수 없다는 점, 따라서 매매대금을 지급하고 부동산을 취득하지 못한 손해를 입은 자는 결국 신탁자이고 결국 신탁자가 피해자라고 봄이 상당하다는 것이다.

B. 매도인설[115] 신탁자와 수탁자와의 명의신탁약정은 무효이고 그 소유권은 여전히 매도인에게 남아 있다고 보아야 하므로 매도인에 대한 횡령죄를 구성한다고 한다.

C. 양자설[116] 부동산의 원소유자로서 소유권을 회복하여 신탁자에게 이전시켜야 하는 매도인과 매도인의 소유권 주장이 불가능함으로써 역시 소유권을 주장할 수 없는 신탁자 모두가 피해자가 되는 것으로 해석함이 타당하다고 한다.

(3) 판례(긍정설 중 신탁자설) 부동산을 그 소유자로부터 매수한 자가 그의 명의로 소유권이전등기를 하지 아니하고 제3자와 맺은 명의신탁약정에 따라 매도인으로부터 바로 그 제3자에게 중간생략의 소유권이전등기를 경료한 경우, 그 제3자가 그와 같은 명의신탁 약정에 따라 그 명의로 신탁된 부동산을 임의로 처분하였다면 신탁자에 대한 횡령죄가 성립한다(대판 2001.11.27. 2000도3463).[117]

라. 계약명의신탁(매수위임형)과 횡령

(1) 매도인이 선의인 경우

A. 학설 매도인이 선의인 경우, 수탁자의 임의처분과 관련하여 횡령죄설,[118] 배임죄설[119] 및 무죄설[120]이 대립한다. 매도인이 선의인 경우 명의신탁약정은 무효라고 하더라도 부동산의 등기이전은

---

114 권오걸, 572면; 김성돈, 400면; 박상기, 379면; 황철규, 횡령과 배임의 경계에 있는 사안들에 대한 검토, 사법연수원논집 제3집, 377면.

115 이재상, 401면; 임웅, 455면; 정/박, 450면; 지영난, 부동산실명법 시행 이후 부동산 명의신탁의 법률관계, 실무연구 제4권(서울지법남부지원), 65면.

116 손동권, 454면.

117 대판 2010.1.28. 2009도1884; 2008.4.10. 2008도1033.

118 김/김, 493면.

119 김성돈, 401면; 배종대, 534면; 이재상, 402면; 임웅, 455면; 정/박, 452면; 최상욱, 명의신탁부동산의 처분과 형사책임, 형사법연구 제13권(2000.6), 201면.

120 권오걸, 575면; 김/서, 301면; 박상기, 380면; 오영근, 481면.

유효하므로 수탁자가 정상적으로 소유권을 취득한다. 따라서 횡령죄가 성립할 수는 없고, 또 명의신탁 자체가 범죄이므로 신탁자와 수탁자 간에 사실상의 신임관계를 인정할 수 있다고 하더라도 이는 형법의 보호대상이 아니라고 보아야 한다(무죄설).[121]

B. 판례(무죄설)

1) 신탁부동산 그 소유권이전등기에 의한 당해 부동산에 관한 물권변동은 유효하고, 한편 신탁자와 수탁자 사이의 명의신탁 약정은 무효이므로 결국 수탁자는 전소유자인 매도인뿐만 아니라 신탁자에 대한 관계에서도 유효하게 당해 부동산의 소유권을 취득한 것으로 보아야 할 것이고, 따라서 그 수탁자는 타인의 재물을 보관하는 자라고 볼 수 없다(대판 2000.3.24. 98도4347).[122]

2) 매매계약을 해제하고 반환받은 매매대금 이러한 계약명의신탁의 법리는 수탁자가 신탁 부동산에 관한 등기를 이전받기 전에 소유자와 사이의 합의로 매매계약을 해제한 후 그 매매대금을 반환받았다고 하더라도 마찬가지로 적용된다고 보아야 할 것이므로, 그 수탁자가 횡령죄에 있어서의 '타인의 재물을 보관하는 자'의 지위에 있다고 볼 수는 없다(대판 2007.3.29. 2007도766).[123]

3) 배임죄의 성립 여부 신탁자와 수탁자가 명의신탁약정을 맺고 그에 따라 수탁자가 당사자가 되어 명의신탁약정이 있다는 사실을 알지 못하는 소유자와 사이에서 부동산에 관한 매매계약을 체결한 계약명의신탁에 있어서, 수탁자는 신탁자에 대한 관계에서도 신탁 부동산의 소유권을 완전히 취득하고 단지 신탁자에 대하여 명의신탁약정의 무효로 인한 부당이득반환의무만을 부담할 뿐인바, 그와 같은 부당이득반환의무는 명의신탁약정의 무효로 인하여 수탁자가 신탁자에 대하여 부담하는 통상의 채무에 불과할 뿐 아니라 신탁자와 수탁자 간의 명의신탁약정이 무효인 이상, 특별한 사정이 없는 한 신탁자와 수탁자 간에 명의신탁약정과 함께 이루어진 부동산 매입의 위임 약정 역시 무효라고 볼 것이어서 수탁자를 신탁자와의 신임관계에 기하여 신탁자를 위하여 신탁 부동산을 관리하면서 신탁자의 허락 없이는 이를 처분하여서는 아니되는 의무를 부담하는 등으로 신탁자의 재산을 보전·관리하는 지위에 있는 자에 해당한다고 볼 수 없어 수탁자는 타인의 사무를 처리하는 자의 지위에 있지 아니하다 할 것이고, 이러한 계약명의신탁의 법리는 부동산실권리자명의등기에 관한법률 제4조 제1항에 따라 무효인 명의신탁약정에 대하여 신탁자가 그 소유권이전등기의 경료 이전에 해지의 의사를 표시한 경우에도 마찬가지로 적용되는 것이다(대판 2004.4.27. 2003도6994).[124]

(2) 매도인이 악의인 경우

A. 학설 매도인이 악의인 경우, 수탁자의 임의처분과 관련하여 ① 매도인에 대한 횡령죄설,[125]

---

121 무죄설에 따르면, 수탁자는 부동산실명법 제7조 제2항 위반으로 처벌될 뿐이다.

122 대판 2006.9.8. 2005도9733; 2009.9.10. 2009도4501.

123 피해자에 대하여 제공받은 매매대금 상당액의 부당이득반환의무만을 부담할 뿐이다.

124 대판 2001.9.25. 2001도2720; 2002.4.12. 2001도2785; 2007.3.29. 2007도766.

125 권오걸, 575면; 박상기, 380면; 임웅, 455면.

② 신탁자에 대한 횡령죄설,[126] ③ 신탁자에 대한 배임죄설[127] 및 ④ 무죄설[128]이 대립한다. 수탁자는 타인의 재물을 보관하는 자도 아니고, 또 신탁자의 사무를 처리하는 자도 아니라고 보아야 하므로 무죄설이 타당하다. 대법원은 계약명의신탁의 경우에는 수탁자의 임의처분을 무죄로 보고 있다. 명의신탁이라는 반사회적 행위에 형법이 적극 개입하지 않으려는 의지의 표현일 수 있고, 이러한 입장에서 한 발 더 나아가 이제는 등기명의신탁과 2자간 명의신탁에서도 보다 전향적인 입장변화가 필요하다.

B. 판례(무죄설)

1) 명의신탁자에 대한 횡령죄나 배임죄 성립 여부 부동산실명법 제4조 제2항 본문에 의하여 수탁자 명의의 소유권이전등기는 무효이고, 당해 부동산의 소유권은 매도인이 그대로 보유하게 되므로, 명의수탁자는 부동산 취득을 위한 계약의 당사자도 아닌 명의신탁자에 대한 관계에서 횡령죄에서의 '타인의 재물을 보관하는 자'의 지위에 있다고 볼 수 없고, 또한 명의수탁자가 명의신탁자에 대하여 매매대금 등을 부당이득으로서 반환할 의무를 부담한다고 하더라도 이를 두고 배임죄에서의 '타인의 사무를 처리하는 자'의 지위에 있다고 보기 어렵다(대판 2012.11.29. 2011도7361).[129]

2) 매도인에 대한 횡령죄나 배임죄 성립 여부 명의수탁자는 매도인에 대하여 소유권이전등기말소의무를 부담하게 되나, 소유권이전등기는 처음부터 원인무효로서 명의수탁자는 매도인의 소유권에 기한 방해배제청구로 그 말소를 구하는 것에 대하여 상대방으로서 응할 처지에 있음에 불과하고, 그가 제3자와 사이에 한 처분행위가 제4조 제3항에 따라 유효하게 될 가능성이 있다고 하더라도 이는 거래의 상대방인 제3자를 보호하기 위하여 명의신탁약정의 무효에 대한 예외를 설정한 취지일 뿐 매도인과 명의수탁자 사이에 위 처분행위를 유효하게 만드는 어떠한 신임관계가 존재함을 전제한 것이라고는 볼 수 없으므로, 그 말소등기의무의 존재나 명의신탁자에 의한 유효한 처분가능성을 들어 명의수탁자가 매도인에 대한 관계에서 횡령죄에서의 '타인의 재물을 보관하는 자' 또는 배임죄에서의 '타인의 사무를 처리하는 자'의 지위에 있다고 볼 수도 없다(대판 2012.11.29. 2011도7361).

4. 취득자와 소개자의 죄책

가. 취득자의 죄책

(1) 학설 수탁자가 신탁부동산을 임의처분한다는 정을 알면서 이를 매수한 제3자의 죄책과 관련하여, 횡령죄공범설,[130] 장물취득죄설[131] 및 무죄설[132]로 견해가 나뉜다. 신탁부동산을 취득한 제

126 김성돈, 401면; 백제명, 부동산명의신탁과 횡령죄, 형사판례연구(7), 382면; 오영근, 481면.

127 김/서, 299면; 배종대, 533면; 장영민, 위 논문, 39면; 정/박, 451면; 최상욱, 위 논문, 75면; 정영일, 492면.

128 허성희, 위 논문, 332면.

129 대판 2012.12.13. 2010도10515.

130 김성돈, 397면; 박상기, 390면; 임웅, 454면.

131 권오걸, 558면; 김/서, 302면; 정/박, 455면.

132 오영근, 491면.

3자는 유효하게 소유권을 취득하므로 그가 수탁자의 횡령사실을 단순히 알고 있었던 것만으로는 범죄가 되지 않는다고 보아야 한다. 다만, 수탁자의 임의처분이 횡령죄를 구성한다는 입장을 취하더라도, 제3자가 처음부터 수탁자와 짜고 수탁부동산을 영득할 것을 공모하는 등 수탁자의 횡령행위에 적극 가담한 경우에는 횡령죄의 공동정범이 될 수 있다고 하여야 한다.

(2) 판례 ① 부동산의 수탁자가 신탁자의 승낙없이 매각처분함으로써 횡령죄가 성립하는 경우에 매수인이 그 정을 알고 있었다 하더라도 수탁자와 짜고 불법영득할 것을 공모한 것이 아닌 한 그 횡령죄의 공동정범이 되지 아니한다(대판 1979.11.27. 79도2410).[133] ② 신탁행위에 있어서는 수탁자가 외부관계에 대하여 소유자로 간주되므로 이를 취득한 제3자는 수탁자가 신탁자의 승낙 없이 매각하는 정을 알고 있는 여부에 불구하고 장물취득죄가 성립하지 아니한다(대판 1979.11.27. 79도2410).

나. 소개자의 죄책

(1) 방조범의 성립 부동산소개업자로서 부동산의 등기명의수탁자가 그 명의신탁자의 승낙 없이 이를 제3자에게 매각하여 불법영득하려고 하는 점을 알면서도 그 범행을 도와주기 위하여 수탁자에게 매수할 자를 소개하여 주는 등의 방법으로 그 횡령행위를 용이하게 하였다면 이러한 부동산소개업자의 행위는 횡령죄의 방조범에 해당한다(대판 1988.3.22. 87도2585).

(2) 공동정범의 성립 여부 부동산의 등기명의 수탁자가 명의신탁자의 승낙 없이 이를 제3자에게 양도함으로써 횡령죄가 성립하는 경우에, 그것을 양수한 사람이나 이를 중간에서 소개한 사람은 비록 그 점을 알고 있었다 하더라도 처음부터 수탁자와 짜고 불법영득할 것을 공모한 것이 아닌 한 그 횡령죄의 공동정범이 될 수 없다(대판 1983.10.25. 83도2027).

5. 타죄와의 관계

가. 사문서위조죄와의 관계

(1) 다툼이 없는 경우 위탁자에게 아무런 부담이 지워지지 않은 채 재산이 수탁자에게 명의신탁된 경우에는, 특단의 사정이 없는 한 그 재산의 처분 기타 권한행사에 있어서는 수탁자의 명의사용을 포괄적으로 위탁자에게 허용하였다고 봄이 상당하므로, 위탁자가 신탁재산의 처분에 관하여 수탁자 명의의 매매계약서, 등기위임장 등을 작성하였다고 하여 사문서위조죄가 되지 아니한다(대판 1983.10.25. 83도1213).[134]

(2) 다툼이 있는 경우

A. 명의신탁 자체에 다툼이 있는 경우 수탁자가 명의신탁 받은 사실을 부인하면서 신탁재산이

---

133 대판 1971.1.26. 70도2173; 1983.10.25. 83도2027.

134 대판 2007.3.29. 2006도9425.

수탁자 자신의 소유라고 주장하는 등으로 신탁자와 사이에 신탁재산의 소유권에 관하여 다툼이 있는 경우에는, 더 이상 신탁자가 그 재산의 처분 등과 관련하여 수탁자의 명의를 사용하는 것이 허용된다고 볼 수 없다(대판 2007.3.29. 2006도9425).[135]

B. 신탁자의 신탁재산 처분권한을 다투는 경우 수탁자가 명의신탁 받은 사실 자체를 부인하는 것이 아니더라도 신탁자의 신탁재산 처분권한을 다투는 등 신탁재산에 관한 처분이나 기타 권한 행사에 있어서 신탁자에게 부여하였던 수탁자 명의사용에 대한 포괄적 허용을 철회한 것으로 볼 만한 사정이 있는 경우에도 마찬가지다(대판 2007.11.30. 2007도4812).[136]

나. 사기죄와의 관계

(1) 명의수탁자 명의수탁자가 부동산을 제3자에게 매도하고 매매를 원인으로 한 소유권이전등기까지 마쳐 준 경우, 명의신탁의 법리상 대외적으로 수탁자에게 그 부동산의 처분권한이 있는 것임이 분명하고 제3자로서도 자기명의의 소유권이전등기가 마쳐진 이상 무슨 실질적인 재산상의 손해가 있을 리 없으므로, 그 명의신탁 사실과 관련하여 신의칙상 고지의무가 있다거나 기망행위가 있었다고 볼 수도 없어서 그 제3자에 대한 사기죄가 성립될 여지가 없고, 나아가 그 처분시 매도인(명의수탁자)의 소유라는 말을 하였다고 하더라도 역시 사기죄가 성립하지 않으며, 이는 자동차의 명의수탁자가 처분한 경우에도 마찬가지이다(대판 2007.1.11. 2006도4498).[137]

(2) 명의신탁자 이른바 계약명의신탁 약정에 의하여 명의수탁자에게 명의신탁한 부동산을 피해자에게 매도함에 있어, 해당 부동산의 소유명의자인 명의수탁자가 명의신탁자에게 종전의 명의신탁약정에 기한 포괄적 명의사용 허락을 이미 철회하였고 해당 부동산의 매도를 반대하고 그 매도에 따른 절차이행에 협조하지 아니하겠다는 의사를 명시적으로 밝히고 있는 이상, 명의신탁자가 해당 부동산을 피해자에게 매도하여 그 부동산에 관하여 피해자에게 소유권을 이전해주는 것은 불가능하거나 현실적으로 매우 어려운 일이라고 할 것이고, 일반거래의 경험칙상 피해자가 해당 부동산의 소유명의자인 명의수탁자가 해당 부동산의 매도를 반대하고 그 매도에 따른 절차이행에 협조하지 아니하겠다고 하고 있는 사정을 미리 알았더라면 해당 부동산을 매수하지 아니하였을 것이라는 관계가 인정된다. 그렇다면, 신의성실의 원칙상 피해자와 매매계약을 체결하기 이전에 명의수탁자의 위와 같은 의사에 관하여 피해자에게 미리 고지하여야 할 법률상 의무가 있다고 할 것인데도, 이를 숨긴 채 명의수탁자 명의로 매매계약을 체결한 것은 피해자를 기망한 것이라 봄이 상당하다(대판 2007.11.30. 2007도4812).

---

135 대판 2007.11.30. 2007도4812.

136 수탁자가 신탁자에게 차용금을 변제하지 않는 한 명의신탁해 놓은 토지를 타인에게 매도하는 데에 필요한 서류 작성에 협조하지 않겠다고 한 사안이다.

137 대판 1985.12.10. 85도1222; 1990.11.13. 90도1961.

6. 불가벌적 사후행위

가. 후행처분이 불가벌적 사후행위인지 여부(대판 2013.2.21. 2010도10500 全合)[138]

(1) 다수의견 일단 특정한 처분행위(이를 '선행 처분행위'라 한다)로 인하여 법익침해의 위험이 발생함으로써 횡령죄가 기수에 이른 후 종국적인 법익침해의 결과가 발생하기 전에 새로운 처분행위(이를 '후행 처분행위'라 한다)가 이루어졌을 때, 그 후행 처분행위가 선행 처분행위에 의하여 발생한 위험을 현실적인 법익침해로 완성하는 수단에 불과하거나 그 과정에서 당연히 예상될 수 있는 것으로서 새로운 위험을 추가하는 것이 아니라면 후행 처분행위에 의해 발생한 위험은 선행 처분행위에 의하여 이미 성립된 횡령죄에 의해 평가된 위험에 포함되는 것이라 할 것이므로 그 후행 처분행위는 이른바 불가벌적 사후행위에 해당한다.

그러나 후행 처분행위가 이를 넘어서서, 선행 처분행위로 예상할 수 없는 새로운 위험을 추가함으로써 법익침해에 대한 위험을 증가시키거나 선행 처분행위와는 무관한 방법으로 법익침해의 결과를 발생시키는 경우라면, 이는 선행 처분행위에 의하여 이미 성립된 횡령죄에 의해 평가된 위험의 범위를 벗어나는 것이므로 특별한 사정이 없는 한 별도로 횡령죄를 구성한다.

따라서 타인의 부동산을 보관 중인 자가 불법영득의사를 가지고 그 부동산에 근저당권설정등기를 경료함으로써 일단 횡령행위가 기수에 이르렀다 하더라도 그 후 같은 부동산에 별개의 근저당권을 설정하여 새로운 법익침해의 위험을 추가함으로써 법익침해의 위험을 증가시키거나 해당 부동산을 매각함으로써 기존의 근저당권과 관계없이 법익침해의 결과를 발생시켰다면, 이는 당초의 근저당권 실행을 위한 임의경매에 의한 매각 등 그 근저당권으로 인해 당연히 예상될 수 있는 범위를 넘어 새로운 법익침해의 위험을 추가시키거나 법익침해의 결과를 발생시킨 것이므로 특별한 사정이 없는 한 불가벌적 사후행위로 볼 수 없고, 별도로 횡령죄를 구성한다.

(2) 반대의견 횡령죄가 성립한 후에는 재물의 보관자에 의한 새로운 처분행위가 있다고 하여 별도의 법익침해의 결과나 위험이 발생할 수 없으나, 다만 타인의 부동산을 보관 중인 자가 그 부동산의 일부 재산상 가치를 신임관계에 반하여 유용하는 행위라서, 선행행위를 배임행위로 평가할 수 있는 경우에는 후행 처분행위의 처벌 가능성이 긍정될 수 있다.

나. 불가벌적 사후행위가 아닌 사례(수용보상금 횡령 후 토지반환거부) 명의수탁자가 신탁 받은 부동산의 일부에 대한 토지수용보상금 중 일부를 소비하고, 이어 수용되지 않은 나머지 부동산 전체에 대한 반환을 거부한 경우, 부동산의 일부에 관하여 수령한 수용보상금 중 일부를 소비하였다고 하여 객관적으로 부동산 전체에 대한 불법영득의 의사를 외부에 발현시키는 행위가 있었다고 볼

---

138 종중으로부터 토지를 명의신탁받아 보관하던 중 자신의 개인채무변제에 사용하기 위한 돈을 차용하기 위해 1995.11.30. 1,400만 원의 근저당권을, 2003.4.15. 750만 원의 근저당권을 설정한 후 2009.2.21. 다른 사람에게 1억 9,300만 원에 매도하였다.

수는 없으므로, 그 금원 횡령죄가 성립된 이후에 수용되지 않은 나머지 부동산 전체에 대한 반환을 거부한 것은 새로운 법익의 침해가 있는 것으로서 별개의 횡령죄가 성립하는 것이지 불가벌적 사후행위라 할 수 없다(대판 2001.11.27. 2000도3463).

IV. 동산의 명의신탁과 횡령죄

1. 자동차 등의 명의신탁

가. 소유권 귀속 관계 자동차나 중기(또는 건설기계)의 소유권의 득실변경은 등록을 함으로써 그 효력이 생기고 그와 같은 등록이 없는 한 대외적 관계에서는 물론 당사자의 대내적 관계에 있어서도 그 소유권을 취득할 수 없는 것이 원칙이지만, 당사자 사이에 그 소유권을 그 등록 명의자 아닌 자가 보유하기로 약정하였다는 등의 특별한 사정이 있는 경우에는 그 내부관계에 있어서는 그 등록 명의자 아닌 자가 소유권을 보유하게 된다(대판 2007.1.11. 2006도4498).[139]

나. 절도죄 성립 여부가 문제되는 사례 ① 승용차는 피해자가 구입한 것으로 피해자의 실질적인 소유이고, 다만 장애인에 대한 면세 혜택 등의 적용을 받기 위해 피고인의 어머니인 甲의 명의를 빌려 등록한 것이며, 피고인이 甲으로부터 위 승용차를 가져가 매도할 것을 허락받고 그녀의 인감증명 등을 교부받은 뒤에 피고인이 승용차를 위 피해자 몰래 가져갔다면, 피고인과 甲의 공모·가공에 의한 절도죄의 공모공동정범이 성립된다(대판 2007.1.11. 2006도4498).[140] ② 피고인 명의로 등록되어 있지만 피고인이 사실혼 관계에 있던 피해자에게 승용차를 선물하여 증여한 이래 피해자만이 승용차를 운행하며 관리하여 왔고, 피고인과 피해자가 별거하면서 재산분할 내지 위자료 명목으로 피해자가 승용차를 소유하기로 한 경우, 승용차는 그 등록명의와 관계없이 피고인과 피해자 사이에서는 피해자를 소유자로 보아야 한다(대판 2013.02.28. 2012도15303).

2. 지입[141]

가. 소유권에 대한 법률관계 택시를 회사에 지입하여 운행하였다고 하더라도, 회사와 사이에 택

---

139 대판 2012.4.26. 2010도11771.

140 대판 2012.4.26. 2010도11771.

141 자동차 지입은 자동차의 소유자 혹은 그 매수대금의 실질적인 출연자가 그 소유명의를(많은 경우 현물출자의 방식으로) 화물자동차 운수사업법상의 사업등록을 마친 지입회사 앞으로 두고, 다시 지입회사로부터 위탁을 받아 자신의 독립된 계산하에 지입자동차를 운행·관리하면서, 지입회사의 등록명의를 이용하는 데 따르는 사용료 및 지입회사가 지입자동차에 대하여 제세 공과금을 납부하는 등의 대외적인 관리 업무를 처리해주는 데 대한 보수 명목으로 매월 소정의 지입료를 지급하는 것을 내용으로 하는 계약으로서, 비전형적인 혼합계약의 일종이라 할 수 있다.(헌재결 2000.6.1. 99헌가11, 12; 대판 2000.10.13. 2000다20069.)

시의 소유권을 피고인이 보유하기로 약정하였다는 등의 특별한 사정이 없는 한, 택시는 등록명의 자인 회사의 소유이고 피고인의 소유는 아니라고 할 것이므로, 회사의 요구로 택시를 회사 차고지에 입고하였다가 회사의 승낙을 받지 않고 가져간 행위는 권리행사방해죄에 해당하지 않는다(대판 2003.5.30. 2000도5767).[142]

나. 몰수와의 관계 밀수전용의 선박·자동차 기타 운반기구가 관세법 제183조에 의하여 몰수대상이 되는지의 여부를 판단함에 있어 당해 운반기구가 누구의 소유에 속하는가 하는 것은 그 공부상의 명의 여하에 불구하고 권리의 실질적인 귀속관계에 따라 판단하여야 한다(대판 1999.12.20. 99도3478).[143]

제7절 • 배임의 죄

> **제355조 제2항(배임)** 타인의 사무를 처리하는 자가 그 임무에 위배하는 행위로 재산상의 이익을 취득하거나 제3자로 하여금 이를 취득하게 하여 본인에게 손해를 가한 때에도 전항의 형과 같다.

I. 배임죄의 본질과 보호법익

1. 의의 배임죄는 타인의 사무를 처리하는 자가 그 임무에 위배하여 본인에게 재산상의 손해를 가하는 진정신분범이다. 배임죄는 재산상의 이익을 행위객체로 하는 순수 이득죄라는 점에서 재물죄인 횡령죄와 구별된다.

2. 배임죄의 본질

가. 학설

(1) 권한남용설 배임죄의 본질이 법적 대리권의 남용에 있다고 보고, 배임행위는 법률행위에 제한되며, 대리권 없는 자의 법률행위는 물론 순수한 사실행위의 경우에는 배임죄가 성립하지 않

---

142 대판 1994.11.11. 94도343; 1974.11.12. 74도1632; 2005.11.10. 2005도6604; 1970.8.31. 70도1328; 1968.11.5. 68다1658.

143 해운주식회사에 지입하여 둔 것으로서 그 등기부상의 명의에 불구하고 사실상 피고인의 소유에 속하는 것인데, 이를 밀수전용의 운반기구로 사용하여 밀수범행에 이르렀으니 선박은 관세법 제183조에 의한 몰수 대상물이 된다.

는다고 하는 견해이다. 이에 따르면 배임은 법률행위로 인하여 성립하는 데 반하여, 횡령은 사실행위로 인하여 성립하고, 양자는 택일관계에 있다고 한다. 이 권한남용설에 의하면, 배임죄의 성립범위를 확실히 할 수 있다는 장점은 있으나 배임죄의 인정범위가 지나치게 협소해질 우려가 있다.

(2) 배신설[1] 타인의 재산상 이익을 보호할 신의성실의 의무를 위배하여 타인에게 재산상의 손해를 가하는 데에 배임죄의 본질이 있다고 본다. 즉 권한을 남용한다는 대외관계가 아니라 신임관계를 위배하여 본인에게 손해를 끼친다는 대내(내부)관계에서 배임죄의 본질을 찾는다. 그러므로 신임관계는 법령과 계약 외에 관습 또는 사무관리 등의 사실상의 신임관계에 의해서도 발생할 수 있다.[2] 행위객체에 따라, 즉 횡령죄는 재물, 배임죄는 전체로서의 재산을 대상으로 하는 것이기 때문에 배임죄와 횡령죄는 일반법과 특별법의 관계에 있게 된다. 통설·판례의 입장이다.

나. 판례(배신설) 배임죄에 있어서 '임무에 위배하는 행위'라 함은 처리하는 사무의 내용, 성질 등에 비추어 법령의 규정, 계약의 내용 또는 신의칙상 당연히 하여야 할 것으로 기대되는 행위를 하지 않거나 당연히 하지 않아야 할 것으로 기대되는 행위를 함으로써 본인과의 신임관계를 저버리는 일체의 행위를 포함한다(대판 2003.1.10. 2002도758).

3. 보호법익과 보호의 정도

가. 보호법익 보호법익은 전체로서의 재산이며, 보호의 정도는 침해범이다.[3] 배임죄를 위험범으로 보는 견해[4]도 있으나 결론에 있어서 큰 차이는 나지 않는다. 재산 및 재산상의 손해를 보다 법률적 관점에서 접근하면 배임죄가 위험범으로 보이지만, 그 보호의 정도와 관련하여서는 좀 더 경제적인 측면에서 접근하여야 할 필요가 있다.

나. 판례 배임죄는 현실적인 재산상 손해액이 확정될 필요까지는 없고 단지 재산상 권리의 실행을 불가능하게 할 염려 있는 상태 또는 손해 발생의 위험이 있는 경우에 바로 성립되는 위태범이다(대판 2000.4.11. 99도334).

---

1 권오걸, 590면; 김성돈, 409면; 김/서, 381면; 박상기, 396면; 배종대, 549면; 이재상, 420면; 임웅, 488면; 정/박, 463면; 정영일, 391면.

2 박성수, 배임죄와 타인의 사무를 처리하는 자, 법조 제46권 제4호, 132면; 안경옥, '사실상의 신임관계'에 기초한 배임죄처벌의 한계, 형사판례연구(9), 285면.

3 권오걸, 588면; 김성돈, 408면; 김/서, 382면; 안경옥, 배임죄의 손해발생 위험, 판례월보 제357호, 46면; 오영근, 498면; 임웅, 486면; 정/박, 464면.

4 박상기, 395면; 이재상, 418면; 정영일, 389면.

II. 주체: 타인의 사무를 처리하는 자

1. 사무처리의 근거

가. '타인의 사무를 처리하는 자'의 의미 ① 타인의 재산적 이익 등을 보호·관리하는 것이 신임관계의 전형적·본질적 내용이 되는 지위에 있는 사람을 말한다. 그러나 그 사무의 처리가 오로지 타인의 이익을 보호·관리하는 것만을 내용으로 하여야 할 필요는 없고, 자신의 이익을 도모하는 성질도 아울러 가진다고 하더라도 타인을 위한 사무로서의 성질이 부수적·주변적인 의미를 넘어서 중요한 내용을 이루는 경우에는 '타인의 사무를 처리하는 자'에 해당한다. 따라서 위임 등 계약에 기하여 위임인 등으로부터 맡겨진 사무를 처리하는 것이 약정된 보수 등을 얻기 위한 것이라고 하더라도, 또는 매매 등 계약에 기하여 일정한 단계에 이르러 타인에게 소유권등기를 이전하는 것이 대금 등을 얻고 자신의 거래를 완성하기 위한 것이라도 하더라도, 그 사무를 처리하는 이는 상대방과의 신임관계에서 그의 재산적 이익을 보호·관리하여야 할 지위에 있다(대판 2012.5.12. 2010도3532). ② 그 사무가 타인의 사무가 아니고 자기의 사무의 경우라면 그 사무를 타인을 위하여 처리하는 경우라 하더라도 이는 타인의 사무를 처리하는 자라고는 볼 수 없다(대판 1987.4.28. 86도2490).[5]

나. 타인의 사무처리가 되기 위한 요건 ① 타인의 사무라 함은 타인의 재산관리에 관한 사무를 대행하는 경우, 예컨대 위임, 고용 등의 계약상 타인의 재산의 관리·보전의 임무를 부담하는 데 본인을 위하여 일정한 권한을 행사하는 경우, 등기협력의무와 같이 매매, 담보권설정 등 자기의 거래를 완성하기 위한 자기의 사무인 동시에 상대방의 재산보전에 협력할 의무가 있는 경우 따위를 말한다(대판 2005.3.25. 2004도6890).[6] ② 단순히 타인에 대하여 채무를 부담함에 불과한 경우에는 본인의 사무로 인정될지언정 타인의 사무처리에 해당한다 할 수는 없다(대판 1984.12.26. 84도2127).

다. 사무처리의 근거 ① 사무처리의 근거, 즉 신임관계의 발생근거는 법령의 규정, 법률행위, 관습 또는 사무관리에 의하여도 발생할 수 있다(대판 1999.6.22. 99도1025).[7] ② 업무상배임죄에서 업무의 근거는 사실상의 것도 포함한다(대판 2002.6.14. 2001도3534).[8]

라. 법적 의무 업무상배임죄는 타인에 대한 신뢰관계에서 일정한 임무에 따라 사무처리를 할 법적 의무가 있는 자가 당해 사정하에서 당연히 할 것이 법적으로 기대되는 행위를 하지 않는 때에

---

5 대판 2009.2.26. 2008도11722; 1999.6.22. 99도1025; 2010.4.15. 2009도6634.

6 대판 1983.2.8. 81도3137; 1999.9.17. 97도3219.

7 대판 2010.4.15. 2009도6634.

8 대판 2000.3.14. 99도457.

성립하는 것이다(대판 1986.8.19. 85도2144).[9]

마. 사실상의 신임관계

(1) 해임된 경우　법적인 권한이 소멸된 후에 사무를 처리하거나 사무처리자가 그 직에서 해임된 후 사무인계 전에 사무를 처리한 경우도 배임죄의 사무를 처리하는 경우에 해당한다(대판 1999.6.22. 99도1095).[10]

(2) 사실상의 기관

A. 법인의 회장으로 행세하면서 업무를 처리한 자　법인등기부상 상호신용금고의 임원으로 등기되지 않았고 또한 같은 금고에는 정관상 회장이라는 자리가 없었다 하여도, 회장이라는 직명하에 금고의 업무를 통할하고 금고의 임직원들도 같은 피고인을 회장으로 상대해 온 이상 금고의 사무를 처리하는 업무상의 지위에 있었다(대판 1988.11.22. 88도1523).

B. 학교법인의 이사인 대학교 총장, 고등학교 교장　대학교 총장으로 대학교 업무 전반을 총괄함과 동시에 학교법인의 이사로서 학교법인 이사회에 상당한 영향력을 행사하고 있는 자가 학교법인의 이사로서 이사회에 참석하여 명예총장에 추대하는 결의에 찬성하고, 이사회의 결의에 따라 대학교의 총장으로서 대학교의 교비로써 명예총장의 활동비 및 전용 운전사의 급여를 지급한 경우, 업무상배임죄의 주체가 될 수 있다(대판 2003.1.10. 2002도758).[11]

바. 객관적, 간접적 신임관계

(1) 인정되는 사례

A. 담보목적으로 소유권이전등기 소요서류나 은행통장을 교부받은 자와 교부한 자　영화제작사인 甲 회사의 대표이사가, 회사 제작의 영화 '어린왕자'에 관련된 프린트 및 현상료를 투자자인 乙 회사가 부담하는 대신, 乙 회사에 甲 회사 명의의 은행통장과 법인인감, 보안카드를 건네주고, 자신이 이를 변제하지 못할 경우 통장계좌로 입금받을 예정인 부가가치세 환급금으로 대체하기로 하는 내용의 지불각서를 작성하여 주었으나, 그 후 환급금의 입금 사실을 먼저 확인하고 통장 분실신고를 한 뒤 재발급받은 새 통장을 이용하여 돈을 다른 계좌로 이체하고 출금하여 다른 채권자들에

9　보험계약 모집인이 보험회사로부터 자기가 모집하여 체결시킨 보험계약이 위험성이 크니 해약토록 하라는 지시를 받고 이를 이행하지 아니하는 사이 보험사고가 발생하여 보험회사가 그 계약에 따른 보험금을 지급하게 되었다 하더라도, 보험모집인에게 보험계약자들을 설득하여 보험계약을 해약시켜야 할 법적 의무가 있다 할 수 없어 이를 이행하지 아니한 것이 업무상 임무에 위배된다고 할 수 없다.

10　주택조합 정산위원회 위원장이 해임되고 후임 위원장이 선출되었는데도 업무 인계를 거부하고 있던 중, 정산위원회를 상대로 제기된 소송의 소장부본 및 변론기일소환장을 송달받고도 그 제소사실을 정산위원회에 알려주지도 않고 스스로 응소하지도 않아 의제자백에 의한 패소확정판결을 받게 한 경우, 업무상배임죄가 성립한다.

11　학교법인의 부지를 甲의 명의를 빌려 시세보다 현저히 저렴한 임대료로 임차하여 이사장 처로 하여금 골프연습장을 경영하도록 한 사안이다. 대판 2000.3.14. 99도457.

게 지급한 경우, 대표이사로서는 자신이 현상료 등을 변제할 때까지 乙 회사가 예금채권에 대한 실질적인 담보권을 유지하고, 나아가 이를 변제하지 못한 경우에는 乙 회사가 예금을 직접 출금할 수 있도록 협력해야 할 의무가 있음에도, 스스로 예금을 출금·소비함으로써 의무에 위배하여 乙 회사에 손해를 가하였으므로 배임죄를 구성한다(대판 2010.8.19. 2010도6280).[12]

B. 매도인의 명의수탁자와 매수인 등기명의자로부터 매각토지를 분할하여 매수인들에게 이전등기를 해 줄 사무를 위임받고 우선 자기명의로 신탁등기를 경료한 자는 차후 그 토지를 분할하여 매수인들에게 각 소유권이전등기절차 이행의 사무를 처리해 줄 임무가 있다(대판 1980.12.23. 80도1715).

C. 피담보채무의 이행인수자와 공장저당권자 설정자로부터 그의 금융기관에 대한 피담보채무를 이행인수하면서 공장저당법에 의하여 공장저당권이 설정된 공장기계를 함께 양수한 자는, 그 채무변제시까지 목적물을 담보목적에 맞게 보관하여야 할 임무가 있다고 할 것이므로, 그 임무에 위배하여 제3자에게 임의 매도하였다면 공장저당권자에 대하여 배임죄가 성립한다(대판 2003.7.11. 2003도67).

(2) 인정되지 않는 사례 대지매도인이 중도금 및 잔금채권을 담보하기 위하여 매수인이 건축한 동 지상 상가건물의 소유권보존등기를 그 명의로 하면서 동인과 사이에 점포를 직접 분양자들에게 지분이전등기를 하기로 하였는데, 이미 상가점포를 분양받은 자들이 있음에도 불구하고 매수인의 요구에 따라 제3자에게 소유권지분이전등기를 경료하여 주었다 하더라도, 매도인은 점포분양 계약의 당사자가 아니므로 점포분양자들에게 지분이전등기절차에 협력할 의무를 부담하고 있다고 보기 어렵고, 설사 매도인이 대지를 매도하면서 직접 점포를 분양받은 자에게 이전등기를 해 줄 것을 약정하였다고 하더라도 이는 매수인에 대하여 부담하는 의무일 뿐 분양자들에 대한 의무로는 볼 수 없으므로 이들의 사무를 처리하는 자의 지위에 있다고 볼 수 없으며, 매도인이 매매계약상의 의무를 이행함으로 인하여 점포분양자들이 손해를 입었다고 하더라도 이를 배임행위에 해당한다거나 매수인의 배임행위에 가담하였다 하여 동인과 배임죄의 공동정범으로 처단할 수는 없다(대판 1984.1.24. 83도1035).

2. 사무처리의 내용

가. 사무의 성질

(1) 재산상의 사무에 한정 유무

A. 학설 배임죄의 사무는 ① 재산상의 사무이어야 한다는 견해,[13] ② 반드시 재산상의 사무이어야 하는 것은 아니지만 재산적 이해관계를 가진 사무여야 한다는 견해[14] 및 ③ 모든 사무라는

12 대판 1973.3.13. 73도181; 1969.12.9. 69도1647.

13 김성돈, 412면; 김/김, 499면; 김/서, 383면; 배종대; 551면; 이재상, 423면; 소순무, 배임죄에 있어서의 타인의 사무를 처리하는 자에 대한 고찰, 사법논집 제15집, 384면; 정/박, 469면.

14 박성수, 위 논문 140면; 정영일, 393면.

견해[15]가 주장되고 있다. 본죄의 사무를 '모든 사무'로 보면 배임죄의 성립범위가 너무 넓어진다는 점을 우려하지만, 재산상의 사무 혹은 그와 이해관계가 있는 사무라는 개념도 모호하기는 마찬가지이다. 배임죄의 성립에는 '재산상의 손해발생'이 필요하기 때문에 전체적으로 보면, 결국 본죄의 사무는 적어도 재산과 이해관계가 있는 사무이어야 하지만, 미리 사무의 범위를 제한할 것이 아니라 손해발생의 여부에 초점을 맞추어야 한다.

B. 판례 '타인의 사무를 처리하는 자'라 함은 양자간의 신임관계에 기초를 둔 타인의 재산의 보호 내지 관리의무가 있음을 그 본질적 내용으로 하는 경우라 할 것이다(대판 1987.4.28. 86도2490).[16]

(2) 사무의 독립성과 재량성

A. 의미 배임은 신임관계를 저버리는 행위이기 때문에 처리하는 사무는 어느 정도 독립성 내지 재량성이 있어야 한다는 것이 다수설[17]이다. 본인의 엄격한 지시와 감독하에 기계적 사무에 종사하는 자는 배임이 문제될 여지가 없기 때문이다. 판례는 사무의 성격을 제한하지 않는다.

B. 판례 반드시 제3자에 대한 대외관계에서 그 사무에 관한 대리권이 존재할 것을 요하지 않으며, 그 사무가 포괄적 위탁사무일 것을 요하는 것도 아니다(대판 1999.6.22. 99도1025).[18]

(3) 공무의 포함 여부 공무원이 그 임무에 위배하는 행위로써 제3자로 하여금 재산상의 이익을 취득하게 하여 국가에 손해를 가한 경우에 업무상배임죄가 성립될 수 있다(대판 2008.6.26. 2006도2222).

나. 사무의 내용

(1) 상급기관 직접 업무를 담당하고 있는 자가 아니더라도 그 업무 담당자의 상급기관으로서 실행행위자의 행위가 피해자인 본인에 대한 배임행위에 해당한다는 것을 알면서도 실행행위자의 배임행위를 교사하거나 또는 배임행위의 전 과정에 관여하는 등으로 배임행위에 적극 가담한 경우에는 배임죄의 주체가 된다(대판 2004.7.9. 2004도810).[19]

(2) 보조자 타인의 사무를 처리하는 자의 보조기관으로서 직접 또는 간접으로 그 처리에 관한 사무를 담당하는 자도 포함한다(대판 2000.4.11. 99도334).[20]

3. 타인의 사무인 경우

가. 계주

(1) 계가 정상적으로 운영되고 있는 경우 낙찰계의 계주가 계원들로부터 계불입금을 징수하게

---

15 오영근, 503면; 임웅, 492면.
16 대판 2008.3.13. 2008도373.
17 김성돈, 413면; 김/서, 384면; 오영근, 493면; 이재상, 426면; 정/박, 469면.
18 대판 2007.6.1. 2006도1813; 2010.10.14. 2010도387.
19 대판 1999.7.23. 99도1911.
20 대판 1999.7.23. 99도1911; 2004.6.24. 2004도520.

되면 그 계불입금은 실질적으로 낙찰계원에 대한 계금지급을 위하여 계주에게 위탁된 금원의 성격을 지니고 따라서 계주는 이를 낙찰·지급받을 계원과의 사이에서 단순한 채권관계를 넘어 신의칙상 그 계금지급을 위하여 계불입금을 보호 내지 관리하여야 하는 신임관계에 들어서게 되므로 이에 기초한 계주의 계금지급의무는 배임죄에 말하는 타인의 사무에 해당한다(대판 2009.8.20. 2009도3143).

(2) 파계된 경우 계가 파계된 후에 있어서는 계불입금의 청산의무는 있을지언정 계 존속을 전제로 한 계금지급의무는 인정할 여지가 없는 것이므로, 계주가 파계 후에 계원들로부터 계가 존속하는 것처럼 계금을 징수하는 것이 계원들과 사이에 사기죄가 성립함은 별론으로 하고 징수한 금원을 계불입금의 청산금이 아니라 계 존속을 전제로 한 계금으로서 계원에게 지급할 업무상 임무가 있다고 볼 수 없다(대판 1982.11.9. 82도2093).

(3) 계원이 의무불이행한 경우 계원이 계불입금을 성실히 지급하지 않음으로써 계의 기본약정을 파기하였다면 계주가 그에게 계금을 주어야 할 의무는 없고 다만 그들 사이에는 정산문제만 남게 될 뿐이므로, 계주가 계원에 대하여 계금을 지급하지 아니하였다고 하여 이를 임무에 위배한 행위라 할 수 없다(대판 1987.6.23. 86도2343).

(4) 계원들로부터 계금을 징수하지 아니한 경우 계주가 계원들로부터 계불입금을 징수하지 아니하였다면 그러한 상태에서 부담하는 계금지급의무는 신임관계에 이르지 아니한 단순한 채권관계상의 의무에 불과하여 타인의 사무에 속하지 아니하고, 계주가 계원들과의 약정에 위반하여 계불입금을 징수하지 아니한 경우라 하여 달리 볼 수 없다. 또한 낙찰계를 정상적으로 유지·운영할 의무는 계원들과의 약정에 따라 이행하여야 할 일반적 의무로서 계주 자신의 사무에 불과하다(대판 2009.8.20. 2009도3143).

(5) 계주가 다른 계원의 이름을 모용하여 낙찰받은 경우 낙찰계에 있어서와 같이 계주가 계원의 위임을 받아 계불입금을 납부받고 입찰을 시행하여 낙찰계원에게 계금을 급부할 임무가 있는 경우에, 그 임무에 위배하여 계주가 마음대로 계원의 이름을 모용하여 낙찰받아 그 계금을 자의로 소비한 때에는 배임죄가 성립되고, 그 경우 피해자는 계원 전체이고 피해액은 계주가 이득한 금액이다(대판 1986.7.22. 86도230).

나. 동업관계 탈퇴자 동업관계에서 탈퇴한 이상 아직 존속하고 있는 조합을 위하여 탈퇴로 인한 계산이 끝날 때까지 사업자등록명의나 공장시설 등을 선량하게 보존할 의무가 있다 할 것이므로, 조합을 탈퇴한 후에 위와 같은 임무에 위배하여 그 사업자등록 명의를 다른 사람 앞으로 변경시켜 그 대가로 월사용료를 받기로 하고 그에게 공장설비를 이용하도록 함으로써 다른 동업자들로 하여금 공장경영에 관여할 수 없게 하였다면 이는 배임죄에 해당한다(대판 1987.5.12. 86도2566).

다. 법인의 대표자, 청산인 법인이 처리할 의무를 지는 타인의 사무에 관하여는 법인이 배임죄의 주체가 될 수 없고 법인을 대표하여 사무를 처리하는 자연인인 대표기관이 바로 타인의 사무를 처리하는 자로서 배임죄의 주체가 된다(대판 1985.10.8. 83도1375).[21]

라. 허가의 명의수탁자 다방영업 허가에 따르는 재산적 이익의 실질적 귀속자인 甲이 피고인에게 다방시설을 포함한 운영권 일체를 임대함에 있어, 임대기간 동안은 다방영업허가명의를 피고인 명의로 변경하고 그 임대기간이 종료될 때에는 甲 또는 甲이 지정하는 제3자 앞으로 명의를 변경하기로 약정하였다면, 피고인은 임대기간이 종료되면 약정대로 허가 명의를 변경할 수 있도록 협력할 의무가 있고, 이 의무이행은 피고인 자신의 사무인 동시에 甲의 사무라고 할 것인데, 명의환원 약정을 부인하고 자신이 명실상부한 영업허가 명의자라고 주장하면서 영업장소를 이전하고 다방의 상호를 변경하고 甲의 명의변경요구를 거부하는 소위는 배임죄에 해당한다(대판 1981.8.20. 80도1176).

마. 독립채산제로 운영되는 법인(감정평가법인)의 지점장 피고인이 각 부동산에 관하여 담보목적에 부적합한 수준으로 과대하게 평가하자 금융기관은 이를 이유로 법인의 경기지점뿐만 아니라 법인의 전체 본·지점의 감정평가를 6개월간 정지한 사실을 알 수 있는바, 법인과 사이에서 법인의 경기남부지점을 피고인의 부담과 책임으로 운영하고 매월 일정금액만을 법인에게 납부하기로 한 것은, 경기남부지점이 처리한 감정평가업무로 인한 경제적 이익의 분배에 관하여 그와 같이 약정을 한 것에 불과하고, 피고인이 법인의 명의로 감정평가업무를 수주하여 수행할 뿐만 아니라 그 평가과정에 법인이 관여하기도 하고 그중 잘못된 감정에 대하여는 법인이 책임을 부담하게 되는 점에 비추어 보면, 피고인이 행한 업무로 인한 경제적 이익을 피고인에게 귀속시키기로 약정하였다고 하여도 피고인이 행한 모든 감정평가업무가 법인의 사무가 아닌 피고인의 사무로 되는 것은 아니라 할 것이다(대판 2004.10.27. 2003도7340).

바. 근저당권설정자 근저당권설정자는 채권자가 담보의 목적을 달성할 수 있도록 그 담보물을 보관할 의무를 지게 되어 채권자에 대하여 그의 사무를 처리하는 자의 지위에 있고, 한편 토지에 식재된 수목은 특별한 사정이 없는 한 그 토지의 부합물에 해당하여 그 토지에 설정된 근저당권의 효력이 미치므로, 근저당권설정자가 그 근저당권의 목적이 되는 토지에 식재된 수목을 처분하는 등으로 부당히 그 담보가치를 감소시키는 행위를 한 경우에는 배임죄가 성립한다(대판 2007.1.11. 2006도4215).

4. 타인의 사무가 아닌 경우

가. 단순한 채무불이행

(1) 특약위반 ① 피해자가 대출금 중 일부를 직접 지급받도록 한 약정(대판 1987.2.10. 86도1258), ② 추

21 대판 1984.10.10. 82도2395 全合. 청산인도 동일하다(1990.2.23. 89도325).

가로 담보설정하지 않겠다는 약정(대판 1984.12.26. 84도2127), ③ 물상보증인에게 공장재산의 처분에 관한 특약을 한 경우(대판 1984.7.10. 84도995), ④ 연체된 할부금 납부약속(대판 1983.11.8. 83도2496), ⑤ 권리행사를 우선적으로 부여한다는 내용의 약정(대판 1984.9.25. 84도698)에 따른 임무는 단순한 민사상의 채무를 부담하는 경우에 해당할 뿐, 이로 인하여 배임죄에서 말하는 타인의 사무를 처리하는 자에 해당한다고는 할 수 없다.

(2) 의무이행의 거절 상표권양도약정을 체결한 피고인은 양수인에 대하여 그 상표권에 관하여 양수인 명의로 이전등록하도록 협력할 의무가 있고 그 점에서 양수인의 사무를 처리하는 자의 지위를 가진다 할 것이지만, 상표권이전등록의무의 이행을 거부하고 양수인과 동종생산업체를 설립하여 제품에 위 상표를 부착하여 사용하였다 하더라도, 이는 상표권이전등록을 이행하여 자기의 양도행위를 완성하여야 하는 자기의 채무의 불이행에 불과한 것이고 그것이 양수인의 사무를 처리하는 자의 임무위배행위에 해당하여 배임죄를 구성하는 것이라고 할 수는 없다(대판 1984.5.29. 83도2930).

(3) 경락포기 약속 불이행 부동산을 경락한 피고인이 그 경락허가결정이 확정된 뒤에 그 경매부동산의 소유자들에게 대하여 그 경락을 포기하겠노라고 약속하여 놓고 그 경매법원에서 경락대금지급명령이 전달되자 약속을 어기고 그 경락대금을 완납함으로써 그 경락부동산에 대한 소유권을 취득한 경우에 피고인은 타인의 사무를 처리하는 자에 해당하지 아니한다(대판 1969.2.25. 69도46).

(4) 채무변제를 위해 담보로 제공한 임차권을 유지할 계약상 의무 채무자가 투자금반환채무의 변제를 위하여 담보로 제공한 임차권 등의 권리를 그대로 유지할 계약상 의무가 있다고 하더라도, 이는 기본적으로 투자금반환채무의 변제의 방법에 관한 것이고, 성실한 이행에 의하여 채권자가 계약상 권리의 만족이라는 이익을 얻는다고 하여도 이를 가지고 통상의 계약에서의 이익대립관계를 넘어서 배임죄에서 말하는 신임관계에 기초하여 채권자의 재산을 보호 또는 관리하여야 하는 '타인의 사무'에 해당한다고 볼 수 없다(대판 2015.3.26. 2015도1301).[22]

(5) 단순한 채권적 수인의무에 불과한 경우 피고인과 甲 간에 연립주택에 대한 분양권을 부여하는 약정은 피고인이 그 공사대금 채무를 변제하는 방편으로 甲에게 연립주택의 분양권을 위임하여 그 분양대금 중 세대당 500만 원씩 변제충당하는 행위를 인용하여야 할 소극적 의무를 내용으로 하는 것으로서, 위와 같은 내용의 채무부담행위는 甲의 재산을 관리·보전할 임무부담행위도 아니고 甲의 채권의 실현에 특별히 피고인의 협력의무를 수반하는 것도 아닌 단순한 채권적 수인의무에 불과하다 할 것이므로 이를 타인의 사무라고는 보기 어렵다(대판 1987.4.28. 86도2490).[23]

(6) 지입과 관련된 의무불이행 ① 지입차량의 관리위임을 맡은 운수사가 지입차주에 대하여

---

22 아울렛 매장의 운영과 관련하여 甲으로부터 투자를 받으면서 투자금반환채무의 변제를 위하여 의류매장에 관한 임차인 명의와 판매대금 입금계좌 명의를 甲 앞으로 변경하여 주었음에도 제3자에게 의류매장에 관한 임차인의 지위 등 권리 일체를 양도한 사안이다.

23 대판 1982.9.14. 80도1816; 1982.9.28. 81도2777.

차량관리수위탁계약을 부활시켜 줄 의무(대판 1978.10.10. 78도714), ② 대표이사로서 회사에 지입된 지입차의 운전사들에 대한 갑종근로소득세의 징수와 그 납부사무(대판 1977.5.24. 76도62)는 지입차주인 타인의 사무가 아니라 회사대표로서의 본인의 사무이다.

나. 피해자와의 관계에서 타인의 사무가 아닌 경우

(1) 주식회사의 대표이사와 주주, 청산인과 회사채권자 관계 신주발행과 관련한 대표이사의 업무는 회사의 사무일 뿐이므로 신주발행 과정에서 대표이사가 납입된 주금을 회사를 위하여 사용하도록 관리·보관하는 업무 역시 회사에 대한 선관주의의무 내지 충실의무에 기한 것으로서 회사의 사무에 속하는 것이고, 신주발행에서 대표이사가 일반 주주들에 대하여 그들의 신주인수권과 기존 주식의 가치를 보존하는 임무를 대행한다거나 주주의 재산보전 행위에 협력하는 자로서 타인의 사무를 처리하는 자의 지위에 있다고는 볼 수 없다(대판 2010.10.14. 2010도387).[24]

(2) 공무집행과 국민 국세체납으로 압류한 물건을 공매처분하는 세무공무원의 직무는 국가에 대하여 체납세액의 확보와 충당을 위하여 이를 성실하게 수행할 의무가 있는 임무이고 공매대상인 압류물품의 소유자나 체납자의 사무를 처리하는 지위에 있다고 볼 수 없다(대판 1975.11.25. 75도2619).[25]

(3) 금융기관 임직원과 예금주 금융기관의 임직원은 예금주로부터 예금계좌를 통한 적법한 예금반환 청구가 있으면 이에 응할 의무가 있을 뿐 예금주와 사이에서 그의 재산관리에 관한 사무를 처리하는 자의 지위에 있다고는 할 수 없다(대판 2008.4.24. 2008도1408).[26]

다. 익명조합에서 영업자의 정산의무 동업자의 1인이 자금만 투자하고 다른 동업자가 노무와 설비를 투자하여 공사를 수급하여 시공하고 그 대금 등을 추심하는 등 일체의 거래행위를 담당하면서 그 이익을 나누어 갖기로 하는 내용의 동업계약이 체결되었다가 그 계약이 종료된 경우, 공사시공 등 일체의 행위를 담당하였던 동업자가 자금만을 투자한 동업자에게 투자금원을 반환하고 또 이익 또는 손해를 부담시키는 내용의 정산의무나 그 정산과정에서 행하는 채권의 추심과 채무의 변제 등의 행위는 모두 공사시공 동업자 자신의 사무이지 자금을 투자한 다른 동업자를 위하여 하는 타인의 사무라고 볼 수는 없다(대판 1992.4.14. 91도2390).

라. 전부명령의 제3채무자 추심 또는 전부명령을 받은 채권자에게 지급하는 은행의 행위는 자신의 사무처리행위이지 채권자의 사무처리행위라고 볼 수 없으므로, 전부명령을 받은 채권자에게 예

---

24 대판 2005.4.29. 2005도856; 1990.5.25. 90도6.

25 대판 1984.7.10. 84도883.

26 금융기관의 임직원이 임의로 예금주의 예금계좌에서 5천만 원을 인출하였다. 은행에 대한 업무상 횡령죄의 성립이 가능하다.

금액을 지급하지 않았다 하여 배임죄가 성립하지 않는다(대판 1983.7.12. 83도1405).

마. 가장납입

(1) 주주에 대한 배임 여부 신주발행과 관련한 대표이사의 업무는 회사의 사무일 뿐이므로 신주발행에 있어서 대표이사가 납입된 주금을 회사를 위하여 사용하도록 관리·보관하는 업무 역시 회사에 대한 선관주의의무 내지 충실의무에 기한 것으로서 회사의 사무에 속하는 것이고, 신주발행에 있어서 대표이사가 일반 주주들에 대하여 그들의 신주인수권과 기존 주식의 가치를 보존하는 임무를 대행한다거나 주주의 재산보전 행위에 협력하는 자로서 타인의 사무를 처리하는 자의 지위에 있다고는 볼 수 없을 뿐만 아니라, 납입을 가장하는 방법에 의하여 주금이 납입된 경우 회사의 재산에 대한 지분가치로서의 기존 주식의 가치가 감소하게 될 수는 있으나, 이는 가장납입에 의하여 회사의 실질적 자본의 감소가 초래됨에 따른 것으로서 업무상배임죄에서의 재산상 손해에 해당된다고 보기도 어려우므로, 신주발행에 있어서 대표이사가 납입의 이행을 가장한 경우에는 상법 제628조 제1항에 의한 가장납입죄가 성립하는 이외에 따로 기존 주주에 대한 업무상배임죄를 구성한다고 할 수 없다(대판 2004.5.13. 2002도7340).[27]

(2) 회사에 대한 배임 여부

A. 학설 회사설립 또는 신주발행시의 가장납입에 대해 배임죄의 성립을 긍정하는 견해[28]와 부정하는 견해[29]가 대립한다. 상법상 납입가장죄(상법 제628조 제1항) 혹은 공정증서원본불실기재죄(제228조) 및 同행사죄(제229조)가 성립할 수 있다(대판 1986.8.19. 85도2158).[30]

B. 판례 주식회사의 설립업무 또는 증자업무를 담당한 자와 주식인수인이 사전 공모하여 주금납입취급은행 이외의 제3자로부터 납입금에 해당하는 금액을 차입하여 주금을 납입하고 납입취급은행으로부터 납입금보관증명서를 교부받아 회사의 설립등기절차 또는 증자등기절차를 마친 직후 이를 인출하여 위 차용금채무의 변제에 사용하는 경우, 위와 같은 행위는 실질적으로 회사의 자본을 증가시키는 것이 아니고 등기를 위하여 납입을 가장하는 편법에 불과하여 주금의 납입 및 인출의 전과정에서 회사의 자본금에는 실제 아무런 변동이 없다고 보아야 할 것이므로, 재산상의 이익을 취한다는 의사가 있었다고 볼 수는 없어 특경법위반(배임)죄 역시 성립한다고 할 수 없다(대판 2004.6.17. 2003도7645 全合).[31]

---

27 대판 2004.6.17. 2003도7645 全合; 2010.10.14. 2010도387.

28 서태경, 납입가장행위에 대한 형사책임, 한양법학 제21집(2007.8), 381면; 안경옥, 가장납입행위에 대한 형사처벌, 형사법연구 제24호; 허일태, 가장납입과 형사책임, 형사법연구 제23호, 295면 이하.

29 이민걸, 위 논문.

30 대판 1986.9.9. 85도2297; 2003.8.22. 2003도2807.

31 대판 2007.9.6. 2005도1847.

바. 대항요건까지 마친 후의 채권양도인 3자 합의시에 피해자에 대한 채무변제로서 甲에 대한 임대보증금 수령채권 200만 원을 피해자에게 채권양도하고 그 대항요건까지 구비하여 주었으므로 피해자를 위한 더 이상의 아무런 사무도 남아 있지 아니하다 할 것이고, 그 후 甲 사이에 임대보증금을 200만 원으로 감축하였다 하더라도 그 범위 내에서는 채권양도는 여전히 유효한 것이고, 따라서 甲으로부터 보증금 잔액 100만 원을 수령하였다 하더라도 이로서 피해자의 甲에 대한 양수채권 100만 원이 소멸되는 것이 아니므로, 결국 피고인은 채권자인 피해자의 사무를 처리하는 자도 아니고, 위와 같은 행위로 피해자에게 손해를 입힐 위험도 없다 할 것이니 배임죄도 성립할 수 없다(대판 1984.11.13. 84도698).

사. 구두(口頭)증여자[32] 서면에 의하지 아니한 증여계약이 행하여진 경우 당사자는 그 증여가 이행되기 전까지는 언제든지 이를 해제할 수 있으므로, 증여자가 구두의 증여계약에 따라 수증자에 대하여 증여 목적물의 소유권을 이전하여 줄 의무를 부담한다고 하더라도 그 증여자는 수증자의 사무를 처리하는 자의 지위에 있다고 할 수 없다(대판 2005.12.9. 2005도5962).[33]

III. 이중양도와 배임

1. 부동산의 이중매매 부동산을 매각할 의사로 매매계약을 체결한 자가 계약금이나 중도금을 지급받고도 그 부동산의 등기이전이 완료되지 않은 상태에서 다시 제3자와 매매계약을 체결하고 계약금 혹은 중도금을 받거나 소유권이전등기를 경료해 준 경우의 죄책에 관한 문제이다.

가. 신분취득시기

(1) 계약금만 수령한 경우 매도인이 매수인에게 부동산을 매도하고 계약금만을 수수한 상태에서 매수인이 잔대금의 지급을 거절한 이상 매도인으로서는 이행을 최고할 필요없이 매매계약을 해제할 수 있는 지위에 있었으므로 위 매도인을 타인의 사무를 처리하는 자라고 볼 수 없다(대판 1984.5.15. 84도315).[34]

---

32 민법 제555조 (서면에 의하지 아니한 증여와 해제) 증여의 의사가 서면으로 표시되지 아니한 경우에는 각 당사자는 이를 해제할 수 있다.

33 피해자가 소나무 거래처를 소개하여 준 사실이 있어 이에 대한 사례로서 느티나무를 피해자에게 증여하기로 구두 약정하였다.

34 대판 2007.6.14. 2007도379.

(2) 중도금을 수령한 경우[35]

A. 학설 판례·다수설은 매도인이 중도금을 수령하면 '타인의 사무를 처리하는 자'의 지위에 있어서 이중매매는 배임죄를 구성한다고 보는 반면에,[36] 중도금수령으로는 부족하고 잔금을 수령하여야 한다는 견해[37]도 있다. 최근에 동산의 이중양도를 배임으로 보지 않은 판례변경이 있었는데, 부동산의 이중매매에서도 시각변화가 필요하다. 집을 마련하기 위해 거의 전재산을 동원하여 계약금과 중도금을 지급한 매수인의 지위를 보호하는 마땅한 민법적 수단이 없어서 배임죄의 처벌 필요성도 있었지만, 기본적으로 매수인의 등기에 협조할 사무는 '타인의 사무'가 아니라 '타인을 위한' 매도인의 자기사무라는 측면이 없지 않다.[38] 따라서 현시점에서는 적어도 잔금을 수령하여 당해 부동산에 관한 물권적 기대권이 무르익었을 때 배임죄가 성립할 수 있는 것으로 그 성립범위를 제한할 필요가 있다.

B. 판례 ① 이중매매에 있어서 매도인이 매수인의 사무를 처리하는 자로서 배임죄의 주체가 되기 위하여는 매도인이 계약금을 받은 것만으로는 부족하고 적어도 중도금을 받는 등 매도인이 더 이상 임의로 계약을 해제할 수 없는 상태에 이르러야 한다(대판 1986.7.8. 85도1873).[39] ② 주택 전세권설정계약을 맺고 전세 중도금을 지급받고도 다른 사람에게 근저당권설정등기를 해 줌으로써 전세금반환채무에 대한 담보능력 상실의 위험이 생겼다면 등기를 경료한 행위는 배임죄를 구성한다(대판 2012.3.29. 2011도13275).[40]

C. 중도금수령과 동일시할 수 있는 경우 부동산을 양도하면서 양수인으로부터 계약금 및 중도금에 갈음하여 양수인 소유의 부동산을 이전받기로 하고 그 소유권이전등기소요서류를 모두 교부받았다면 양도인이 비록 그 부동산에 관하여 자기 앞으로 소유권이전등기를 마치지 않은 상태였다 하더라도, 그 이전등기에 필요한 서류를 모두 교부받은 이상 양도인 앞으로의 소유권이전등기는 그 실행 여부만이 남아 있는 것이고, 이는 오로지 양도인의 의사와 행위에 의하여 좌우될 사항이어서 그 상태는 사회통념 내지 신의칙에 비추어 계약금 및 중도금을 이행받은 경우와 마찬가지라고 봄이 상당하여, 이 경우 양도인이 양도부동산을 제3자에게 이중양도하고 소유권이전등기를

---

35 부동산매매에 있어서 매도인의 등기의무를 매수인인 타인의 사무라고 보게 되는 이유는 매도인의 등기의무는 그로써 자기의 재산처분을 완성케 하는 것이어서 본래 매도인 자신의 사무에 속하는 것이지만 등기의무자인 매도인의 등기협력 없이는 매수인 앞으로의 소유권이전을 완성할 수 없기 때문에 이와 같은 등기협력의무로서의 성질을 중시하여 이 점에서 그 등기의무를 주로 매수인의 소유권취득을 위해 부담하는 타인의 사무에 속한다고 보는 것이다(대판 1985.11.26. 85도1493 全合).

36 김성돈, 425면; 김/서, 387면; 배종대, 558면; 이재상, 435면; 임웅, 501면; 정/박, 479면.

37 강구진, 이중매매의 형사책임에 관한 약간의 고찰, 법조 제15권, 29면; 오영근, 516면.

38 문형섭, 배임죄의 본질과 주체의 범위, 법조 제51권 제1호(2002), 21면.

39 대판 2007.6.14. 2007도379.

40 부동산임대차계약서를 작성했지만 보증금을 담보하기 위해 전세권설정등기를 경료해 주기로 한 이상 임대차계약의 실질은 민법상 전세권설정계약에 가깝다. 임대차기간이 종료됐다고 하더라도 이는 계약의 용익적 권능의 소멸을 의미할 뿐 보증금반환채권의 담보를 부담하기로 한 전세권설정등기의무는 소멸되지 않았다.

마쳤다면 이는 양수인에 대한 배임행위가 된다(대판 1986.10.28. 86도936).

(3) 시효와의 관계 부동산을 양수한 자가 그 목적물을 인도받은 경우에는 그 양수인의 소유권 이전등기 청구권은 소멸시효에 걸리지 않는다고 해석해야 할 법리이므로, 토지를 양도하고 이전등기 없이 10년이 경과된 후라도 타인의 사무를 처리하는 지위에 있는 자이다(대판 1977.3.8. 74도2796).[41]

(4) 채권담보목적으로 대물변제예약을 체결한 채무자 채무자가 채권자에 대하여 소비대차 등으로 인한 채무를 부담하고 이를 담보하기 위하여 장래에 부동산의 소유권을 이전하기로 하는 내용의 대물변제예약에서, 그 약정의 내용에 좇은 이행을 하여야 할 채무는 특별한 사정이 없는 한 '자기의 사무'에 해당하는 것이 원칙이다. 채무자가 대물변제의 예약에 따라 부동산에 관한 소유권을 이전해 줄 의무는 그 예약 당시에 확정적으로 발생하는 것이 아니라 채무자가 차용금을 제때에 반환하지 못하여 채권자가 예약완결권을 행사한 후에야 비로소 문제가 되는 것이고, 채무자는 예약완결권 행사 이후라도 얼마든지 금전채무를 변제하여 당해 부동산에 관한 소유권이전등기절차를 이행할 의무를 소멸시키고 그 의무에서 벗어날 수 있다. 한편 채권자는 당해 부동산을 특정물 그 자체보다는 담보물로서의 가치를 평가하고 이로써 기존의 금전채권을 변제받는 데 주된 관심이 있으므로, 채무자의 채무불이행으로 인하여 대물변제예약에 따른 소유권이전등기를 받는 것이 불가능하게 되는 상황이 초래되어도 채권자는 채무자로부터 금전적 손해배상을 받음으로써 대물변제예약을 통해 달성하고자 한 목적을 사실상 이룰 수 있는 것이다. 이러한 점에서 대물변제예약의 궁극적 목적은 차용금반환의무의 이행 확보에 있고, 채무자가 대물변제예약에 따라 부동산에 관한 소유권이전등기절차를 이행할 의무는 그 궁극적 목적을 달성하기 위해 채무자에게 요구하는 부수적 내용이어서 이를 가지고 배임죄에서 말하는 신임관계에 기초하여 채권자의 재산을 보호 또는 관리하여야 하는 '타인의 사무'에 해당한다고 볼 수는 없다(대판 2014.8.21. 2014도3363 全合).

나. 선계약의 유효성

(1) 무효인 사례

A. 토지거래 허가가 없는 경우 ① 국토의 계획 및 이용에 관한 법률에 의하여 지정된 토지의 거래계약 허가구역 안에 있는 토지의 매매에 관하여 토지거래허가를 받은 바 없으므로, 그 매매계약은 채권적 효력도 없는 것이어서 매도인에게 매수인에 대한 소유권이전등기에 협력할 의무가 생겼다고 볼 수 없으므로, 매도인을 배임죄의 주체인 타인의 사무를 처리하는 자에 해당한다고 할 수 없고, 허가구역 안에 있는 토지의 거래당사자 사이에 그 허가를 받도록 서로 협력할 의무가 있다고 하더라도 이는 아직 타인의 사무로 볼 수는 없다(대판 1996.2.9. 95도2891).[42] ② 토지에 관한 거래허가

41 3자간 등기명의신탁에 의한 등기가 유효기간의 경과로 무효로 된 경우에도 마찬가지이다(대판 2013.12.12. 2013다26647). 대판 2007.7.26. 2007도3882.

42 대판 1996.8.23. 96도1514; 1994.6.28. 94도1279; 1994.3.8. 93도2221; 2011.6.30. 2011도614.

가 없으면 건물만이라도 매매하였을 것이라고 볼 수 있는 특별한 사정이 없는 한 토지와 지상의 건물은 법률적인 운명을 같이한다고 볼 것이어서, 토지에 대한 거래허가가 있어 매매계약이 유효한 것으로 확정되지 아니한 상태에서 건물 부분의 매매계약만 유효한 것으로 보아 매도인에게 건물만에 대한 이전등기의무가 있다고 할 수 없다(대판 1994.6.28. 94도1279).[43]

B. 선량한 풍속에 반하는 경우 내연의 처와의 불륜관계를 지속하는 대가로서 부동산에 관한 소유권이전등기를 경료해 거주요건을 갖추지 못한 자가 허가요건을 갖춘 甲 명의를 도용하여 매매계약을 체결 주기로 약정한 경우, 부동산 증여계약은 선량한 풍속과 사회질서에 반하는 것으로 무효이어서 증여로 인한 소유권이전등기의무가 인정되지 아니하는 이상 동인이 타인의 사무를 처리하는 자에 해당한다고 볼 수 없어 등기의무를 이행하지 않는다 하더라도 배임죄를 구성하지 않는다(대판 1986.9.9. 86도1382).

(2) 무효가 아닌 사례

A. 허가지역으로 지정고시되기 전의 매매계약 토지거래허가규제지역 내에 있는 토지에 관한 매매계약 체결일이 같은 법상의 규제지역으로 지정고시되기 전인 때에는 그 매매계약에 관하여 관할 관청의 허가를 받을 필요가 없다(대판 1996.8.23. 96도1514).

B. 국토의 계획 및 이용에 관한 법률상의 신고의무 위반 신고구역에 관한 규정은 단속법규로서 신고의무에 위반한 거래계약의 사법상의 효력까지 부인하는 것은 아니다(대판 1996.8.23. 96도1514).[44]

다. 정지조건부 계약에서 조건의 미성취 도급인이 수급인에게 잔여공사를 완공할 것을 정지조건으로 하여 공사비에 대한 대물변제로 부동산의 소유권을 이전키로 하였으나 수급인이 공사를 완성하지 않았다면, 수급인으로서는 도급인에게 대물변제예약의 이행을 청구할 수 있는 지위에 있지 않다 할 것이므로, 도급인이 부동산을 다시 다른 채권자에게 담보제공하였다 하여 이를 임무위배행위라 할 수 없다(대판 1985.3.26. 85도124).[45]

라. 타인의 권리매매와 배임 임무위배행위 당시 부동산의 소유명의가 매도인 아닌 제3자 앞으로 되어 있다 하더라도, 그 소유권이전등기를 매수인에게 경료하여 줄 수 있는 지위, 즉 매수인을 위한 등기협력임무가 이행가능한 지위에 있으면 배임죄의 성립에 지장이 없다(대판 1993.4.9. 92도2431).

마. 실행의 착수시기

(1) 학설 부동산 이중매매가 배임죄가 되는 경우 그 착수시기와 관련하여, ① 후매수인으로부

43 일부무효의 법리가 적용되었다. 대판 1994.3.8. 93도2221.

44 대판 1979.3.27. 79도141.

45 대판 1984.7.24. 84도815.

터 중도금을 수령한 때로 보는 견해(중도금수령시설)[46]와 ② 등기이전에 착수한 때로 보는 견해(등기이전 착수시설)[47]가 대립한다. 배임죄의 성립을 제한한다는 차원에서 후자가 타당하다.

(2) 판례(중도금수령시설)

A. 중도금수령 부동산의 이중양도에 있어서 매도인이 제2차 매수인으로부터 계약금만을 지급받고 중도금을 수령한 바 없다면 배임죄의 실행의 착수가 있었다고 볼 수 없다(대판 2003.3.25. 2002도7134).[48]

B. 미등기부동산의 이중매매

1) 이중매매계약을 한 경우 양수인에게 무허가건물을 인도할 의무를 부담하는 양도인이 중도금 또는 잔금까지 수령한 상태에서 양수인의 의사에 반하여 제3자에게 그 무허가건물을 이중으로 양도하고 중도금까지 수령하였다면, 이는 양수인에 대한 관계에서 임무위배행위로서 배임죄의 실행의 착수가 있었다고 할 것이고, 더 나아가 제3자로부터 잔금을 수령하고 무허가건물을 인도하였다면 이는 배임죄의 기수에 해당한다(대판 2005.10.28. 2005도5713).[49]

2) 이중처분을 위해 가옥대장의 명의변경만 한 경우 미등기가옥을 甲에게 매도한 후 이를 타에 처분하려고 가옥대장의 소유명의를 처 명의로 변경한 행위만으로는 처에게 재산상 이익을 주거나 甲에게 재산상 손해를 가하였다고 할 수 없으므로 아직 배임죄의 구성요건에 해당되는 행위에 착수하였다고 볼 수 없다(대판 1969.7.8. 69도760).

바. 기수시기

(1) 판단기준 위임받은 타인의 사무가 부동산소유권이전등기의무인 경우에는 임무위배행위로 인하여 매수인이 가지고 있는 소유권이전등기청구권이 이행불능되거나 이행불능에 빠질 위험성이 있으면 배임죄는 성립된다(대판 1993.5.27. 93도169).[50]

(2) 기수인 사례 ① 부동산의 이중매매에 있어서 배임죄의 기수시기는 2차 매수인 앞으로 소유권이전등기를 마친 때라고 할 것이다(대판 1984.11.27. 83도1946).[51] ② 제3자에게 이중으로 매도하고 제3자 앞으로 소유권이전청구권 보전을 위한 가등기를 마쳐 주었다면, 매수인에게 손해발생의 위험을 초래하는 행위로서 배임죄를 구성한다(대판 2008.7.10. 2008도3766).[52]

---

46 권오걸, 621면; 김/서, 390면; 박상기, 408면; 이재홍, 이중매매와 관련된 대법원 판례의 연구-대법원 판례를 중심으로-, 판례월보 288호, 35면; 정영일, 401면.

47 김성돈, 425면; 오영근, 517면; 이재상, 435면; 임웅, 부동산의 이중매매와 이중저당의 형사책임, 고시연구 제27권 제5호, 73면.

48 대판 2010.4.29. 2010도750.

49 자신의 처가 甲에 대하여 부담하는 채무의 대물변제명목으로 피고인 소유의 무허가건물을 甲에게 양도하고, 재차 자신의 처가 乙에 대하여 부담하는 채무의 대물변제명목으로 무허가건물을 양도하고 무허가건물대장상의 소유자명의를 乙로 변경한 사안이다.

50 대판 1985.8.20. 84도2109.

51 판례는 배임죄를 위태범으로 보기 때문에, 다소 논리의 일관성이 결여되어 있다고 볼 수 있다.

52 피해자에게 임야를 매도하고 일부 잔금까지 지급받았음에도, 다시 임야를 제3자에게 매도하여 계약금을 지급받고는 그 앞으로 소유권이전청구권 보전을 위한 가등기를 마친 사안이다. 대판 1985.10.8. 83도1375.

사. 기타

(1) 선매수인에게 등기를 하여 준 경우, 후매수인에 대한 배임죄 성립 여부 부동산을 매도한 후에 매수인명의로 소유권이전등기가 완료되기 전에 부동산을 다른 사람에게 매도한 경우(이중매매의 경우) 매도인은 각 매수인에게 동 부동산에 대한 소유권을 이전해 줄 의무가 있는 것이며 그 의무에 우열이 있는 것이 아니므로 매도인이 어느 매수인에게 소유권이전등기절차를 이행하여서 그 매수인명의로 등기가 완료하면 특별한 사정이 없는 한 타 매수인에 대한 소유권이전의무는 이행불능이 되어 그 매수인에 대하여 매도인은 채무불이행의 책임을 지게 된다고 할 것임은 부동산매매계약에 인한 매도인의 채무의 성질상 당연하다고 할 것이나, 배임죄 성립에 관해서는 민법의 위 이론을 그대로 적용할 수 없는 것이고 부동산이 매도되면 형법은 부동산을 매도한 자에게 매수인을 위한 업무로 매수인에게 소유권을 이전해 줄 의무를 성실히 이행할 것을 명하는 동시에 그 임무에 위배하여 부동산을 다시 타인에게 매도하고 그에게 소유권을 이전하는 것을 금하고 있는 것이라고 할 것이므로, 부동산을 이중으로 매도한 경우에 매도인이 선매수인에게 소유권이전의무를 이행하였다고 해서 형법상 후매수인에 대하여 그 임무를 위배하였다고는 할 수 없다(대판 1977.10.11. 77도1116).[53]

(2) 이중처분 전에 처분금지가처분등기가 된 경우 배임죄에 있어서 '재산상 손해를 가한 때'라 함은 현실적으로 손해를 가한 경우뿐만 아니라 손해발생의 위험을 초래한 경우도 포함되는 것이므로, 염전을 매도하고 계약금과 중도금을 받은 자가 잔금과 상환으로 이전등기절차를 하여 줄 임무에 위배하여 제3자 앞으로 근저당권설정등기를 하였다면, 비록 피해자가 위 근저당권설정등기를 하기 전에 처분금지가처분을 해 두었다 하더라도 배임죄의 성립에 아무런 영향을 미칠 수 없다(대판 1990.10.16. 90도1702).

(3) 선매수인에 대한 사기죄와의 관계 부동산에 근저당권을 설정하여 줄 의사가 없음에도 피해자를 속이고 근저당권설정을 약정하여 금원을 편취한 경우라 할지라도, 이러한 약정은 사기 등을 이유로 취소되지 않는 한 여전히 유효하여 피해자 명의의 근저당권설정등기를 하여 줄 임무가 발생하는 것이고, 그럼에도 불구하고 임무에 위배하여 부동산에 관하여 제3자 명의로 근저당권설정등기를 마친 경우, 이러한 배임행위는 금원을 편취한 사기죄와는 전혀 다른 새로운 보호법익을 침해하는 행위로서 사기범행의 불가벌적 사후행위가 되는 것이 아니라 별죄를 구성한다(대판 2008.3.27. 2007도9328).[54]

---

53 아파트 부지를 은행 명의의 근저당권을 설정하고 은행으로부터 160억 원을 대출받으면서, 이후 아파트 공사가 완공되어 아파트 건물에 관하여 소유권보존등기를 할 때에는 이를 이미 담보로 제공된 아파트 부지와 함께 피담보채무를 위한 공동담보로 제공하기로 약정하였고, 피해자들에게 아파트를 매도하고 그 매매대금을 모두 지급받은 후 아파트가 준공되자 소유권보존등기를 경료하면서 은행에게 공동담보로 근저당권설정등기를 하였다. 금융기관에 근저당권설정등기를 경료하여 준 것은 분양계약보다 앞선 추가담보제공의 약정에 기한 것이다. 대판 1992.12.24. 92도1223; 1986.12.9. 86도1112; 2009.2.26. 2008도11722; 2010.4.29. 2010도750.

54 대판 1992.12.24. 92도1223.

(4) 수목의 이중매매 동백나무는 입목에 관한 법률의 적용을 받을 수 있는 수목의 집단에 속하지 아니하고, 이를 토지와 독립하여 거래하는 경우 명인방법에 의한 거래가 인정되고 있어 매도인은 매수인 명의로의 명인방법의 실시에 협력할 임무가 있는 것인데, 매도인이 명인방법도 실시하지 아니한 채 이미 매도한 입목(동백나무)을 포함한 임야를 이중으로 타에 매도하고 소유권이전등기를 경료해 주었다면, 입목매수인과의 관계에 있어서는 배임죄의 죄책을 면할 수 없다(대판 1993.9.28. 93도2069).

(5) 고의 매도인이 부동산을 매도한 후 그 매매계약을 해제하고 이를 다시 제3자에게 매도한 경우에, 그 매매계약의 해제가 해제요건을 갖추지 못하여 부적법하더라도 매도인이 그 해제가 적법한 것으로 믿고 그 믿음에 정당한 이유가 있다면 매도인에게 배임죄의 범의를 인정할 수 없는 것이지만, 계약해제사유가 적법한 것이 아니고 이를 적법한 해제사유로 믿었거나 그 믿음에 정당한 사유가 있었다고 보이지 아니하는 경우 배임의 범의가 있었다(대판 1990.11.13. 90도153).

2. 동산의 이중양도 당사자 일방이 재산권을 상대방에게 이전할 것을 약정하고 상대방이 그 대금을 지급할 것을 약정함으로써 그 효력이 생기는 계약의 경우(민법 제563조), 쌍방이 그 계약의 내용에 좇은 이행을 하여야 할 채무는 특별한 사정이 없는 한 '자기의 사무'에 해당하는 것이 원칙이다. 매매의 목적물이 동산일 경우, 매도인은 매수인에게 계약에 정한 바에 따라 그 목적물인 동산을 인도함으로써 계약의 이행을 완료하게 되고 그때 매수인은 매매목적물에 대한 권리를 취득하게 되는 것이므로, 매도인에게 자기의 사무인 동산인도채무 외에 별도로 매수인의 재산의 보호 내지 관리 행위에 협력할 의무가 있다고 할 수 없다. 동산매매계약에서의 매도인은 매수인에 대하여 그의 사무를 처리하는 지위에 있지 아니하므로, 매도인이 목적물을 매수인에게 인도하지 아니하고 이를 타에 처분하였다 하더라도 배임죄가 성립하는 것은 아니다(대판 2011.1.20. 2008도10479 全合).

3. 채권과 면허의 이중양도

가. 채권의 이중양도

(1) 일반채권의 경우 ① 우리 민법은 채무자와 제3자에 대한 대항요건으로서 채무자에 대한 양도의 통지 또는 채무자의 양도에 대한 승낙을 요구하고, 채무자에 대한 통지의 권능을 양도인에게만 부여하고 있으므로, 양도인은 채무자에게 채권양도 통지를 하거나 채무자로부터 채권양도 승낙을 받음으로써 양수인으로 하여금 채무자에 대한 대항요건을 갖출 수 있도록 해 줄 의무를 부담하며, 양도인이 채권양도 통지를 하기 전에 타에 채권을 이중으로 양도하여 채무자에게 그 양도통지를 하는 등 대항요건을 갖추어 줌으로써 양수인이 채무자에게 대항할 수 없게 되면 양수인은 그 목적을 달성할 수 없게 되므로, 양도인이 이와 같은 행위를 하지 않음으로써 양수인으로 하여금 원만하게 채권을 추심할 수 있도록 하여야 할 의무도 당연히 포함되고, 양도인의 이와 같은 적극적·소극적 의무는 이미 양수인에게 귀속된 채권을 보전하기 위한 것이고 그 채권의 보전 여부는 오로

지 양도인의 의사에 매여 있는 것이므로, 채권양도의 당사자 사이에서는 양도인은 양수인을 위하여 양수채권 보전에 관한 사무를 처리하는 자라고 할 수 있고, 따라서 채권양도의 당사자 사이에는 양도인의 사무처리를 통하여 양수인은 유효하게 채무자에게 채권을 추심할 수 있다는 신임관계가 전제되어 있다(대판 1999.4.15. 97도666 全合). ② 회원 가입시에 일정 금액을 예탁하였다가 탈퇴 등의 경우에 예탁금을 반환받는 이른바 예탁금 회원제로 운영되는 골프장의 회원권을 다른 채무에 대한 담보 목적으로 양도한 경우에 회원권은 양도인과 양수인 사이에서는 동일성을 유지한 채 양도인으로부터 양수인에게 이전하고, 양도인은 양수인에게 귀속된 회원권을 보전하기 위하여 채무자인 골프장 운영 회사에 채권양도 통지를 하거나 채권양도 승낙(필요한 경우에는 명의개서까지)을 받음으로써 양수인으로 하여금 채무자에 대한 대항요건을 갖출 수 있도록 해 줄 의무를 부담하므로, 회원권 양도의 당사자 사이에서는 양도인은 양수인을 위하여 회원권 보전에 관한 사무를 처리하는 자이다(대판 2012.2.23. 2011도16385).

(2) 임차권의 경우 ① 임차권 양도인의 임대인에 대한 통지의무(대판 1991.12.10. 91도2184), ② 임차권 양도인의 양수인에 대한 명도의무(대판 1990.9.25. 90도1216)[55]는 임차권 양도인으로서 부담하는 채무로서 양도인 자신의 의무일 뿐이지 양수인의 권리취득을 위한 사무의 일부를 이룬다고 볼 수 없다.

나. 특허나 면허의 이중양도 등 직무발명에 대한 특허를 받을 수 있는 권리 등을 사용자 등에게 승계한다는 취지를 정한 약정 또는 근무규정의 적용을 받는 종업원 등은 사용자 등이 이를 승계하지 아니하기로 확정되기 전까지는 임의로 위와 같은 승계 약정 또는 근무규정의 구속에서 벗어날 수 없는 상태에 있는 것이어서, 종업원 등이 그 발명의 내용에 관한 비밀을 유지한 채 사용자 등의 특허권 등 권리의 취득에 협력하여야 할 의무는 자기 사무의 처리라는 측면과 아울러 상대방의 재산보전에 협력하는 타인 사무의 처리라는 성격을 동시에 가지게 되므로, 이러한 경우 종업원 등은 배임죄의 주체인 '타인의 사무를 처리하는 자'의 지위에 있다(대판 2012.11.15. 2012도6676).[56]

IV. 양도담보와 형사책임

1. 부동산의 양도담보와 배임죄

가. 부동산 양도담보와 소유권 귀속

(1) 학계의 다수의견 가등담보 등에 관한 법률 시행 이후 양도담보의 경우에는 소유권은 여전

---

55 대판 1986.9.23. 86도811.

56 종업원 등이 임무를 위반하여 직무발명을 완성하고도 그 사실을 사용자 등에게 알리지 않은 채 그 발명에 대한 특허를 받을 수 있는 권리를 제3자에게 이중으로 양도하여 제3자가 특허권 등록까지 마치도록 하는 등으로 그 발명의 내용이 공개되도록 하였다면, 이는 사용자 등에게 손해를 가하는 행위로서 배임죄를 구성한다.

히 채무자에게 유보되고, 채권자는 진정한 의미의 소유권을 취득한 것이 아니라 양도담보권이라는 독특한 제한물권을 취득하는 데 불과하다는 담보물권설이 학계의 다수설이다.[57] 가등기담보법 제4조 제2항 전단, 제2조 제1호에 따를 때, 담보부동산의 등기가 채권자에게 이전되어 있더라도 청산기간 경과 후 청산금을 채무자에게 지급한 때에 비로소 채권자는 목적부동산의 소유권을 취득하는 것으로 규정하고 있다는 점, 같은 법 제11조가 양도담보의 목적물을 취득한 악의의 제3자에게 대항할 수 있도록 하고 있다는 점을 그 근거로 든다.

(2) 판례 ① 채권담보를 위하여 소유권이전등기를 경료한 양도담보권자는 채무자가 변제기를 도과하여 피담보채무의 이행지체에 빠졌을 때에는, 담보계약에 의하여 취득한 목적부동산의 처분권을 행사하기 위한 환가절차의 일환으로서, 즉 담보권의 실행으로서 채무자에 대하여 그 목적 부동산의 인도를 구할 수 있고 제3자가 채무자로부터 적법하게 목적부동산의 점유를 이전받아 있는 경우에는 그 목적부동산의 인도청구를 할 수도 있다 할 것이나 직접 소유권에 기하여 그 인도를 구할 수는 없다(대판 1991.11.8. 91다21770).[58] ② 귀속청산의 방법으로 담보권이 실행되어 그 소유권이 확정적으로 이전되었다고 인정하려면, 담보 부동산을 적정한 가격으로 평가한 후 그 대금으로써 피담보채권의 원리금에 충당하고 나머지 금원을 반환하거나 평가금액이 피담보채권액에 미달하는 경우에는 채무자에게 그와 같은 내용의 통지를 하는 등 정산절차를 마친 사실이 인정되어야 할 것이다(대판 1996.7.30. 95다11900).

나. 담보권자의 처분행위와 배임죄

(1) 변제기 이전의 처분행위

A. 학설 양도담보권자가 변제기 이전에 목적부동산을 처분하는 경우, ① 어떠한 형식의 변칙담보이든 가등기담보법은 그 청산이 있기까지는 담보물의 소유권이 채무자에게 있다고 보고 있으므로, 채권자가 변제기 이전에 담보물을 처분하는 행위는 횡령죄를 구성한다는 횡령죄설[59]과 ② 매도담보를 포함한 모든 양도담보의 경우에 채권자가 변제기 이전에 담보물을 처분하는 행위는 배임죄를 구성한다는 배임죄설[60]이 주장되고 있다.

B. 판례 채권의 담보를 목적으로 부동산의 소유권이전등기를 마친 채권자는 채무자가 변제기일까지 그 채무를 변제하면 채무자에게 그 소유명의를 환원하여 주기 위하여 그 소유권이전등

---

57 김천수, 양도담보 법리의 기본적 고찰-동산양도담보의 이중설정을 중심으로-, 민사판례연구 제28권(2006); 손동권, 부동산 처분행위와 관련한 횡령죄와 배임죄의 구별문제, 현대법학의 이론; 우재 이명구박사화갑기념논문집(3), 558면; 이재호, 양도담보목적물의 처분과 형사책임, 법률구조 제32호, 23면; 허익범, 양도담보와 배임죄-대법원 판결을 중심으로-, 형평과 정의 제3집, 88면.

58 대판1996.6.28. 96다9218.

59 김성천, 977면; 김/서, 295면; 박상기, 372면; 오영근, 472면; 임웅, 465면; 정/박, 429면.

60 권오걸, 560면; 배종대, 526면.

기를 이행할 의무가 있으므로, 그 변제기일 이전에 그 임무에 위배하여 제3자에게 근저당권을 경료하여 주었다면 변제기일까지 채무자의 채무변제가 없었다고 하더라도 배임죄는 성립되고, 그와 같은 법리는 채무자에게 환매권을 주는 형식을 취하였다고 하여 다를 바 없다(대판 1995.5.12. 95도283).[61]

C. 검토 판례가 적시하는 것처럼 담보권자의 변제기 이전에 담보목적물을 처분하면 배임죄가 될 수 있다는 점에는 이론(異論)의 여지가 없다. 하지만 소유권은 채무자에게 있고, 법률상의 보관은 채권자가 하고 있어서 채권자의 임의처분은 횡령죄의 요건도 충족한다. 그렇다면 일반법과 특별법의 관계에 있는 배임죄와 횡령죄의 관계를 고려할 때, 횡령죄가 성립한다는 견해가 타당하다.

(2) 변제기 후의 처분행위[62] 채무의 변제기가 도과된 후라고 하더라도 채권자가 담보권을 실행하여 정산절차를 마치기 전에는 채무자는 언제든지 채무를 변제하고 채권자에게 가등기 및 가등기에 기한 본등기의 말소를 청구할 수 있는 것이며, 양도담보권자가 변제기 후에 담보권실행을 위하여 담보물을 정당한 가격으로 타에 처분하거나 자기가 그 소유권을 인수하려면 그 대금으로써 피담보채권의 원리금을 충당하고 잔액이 있으면 이를 채무자에게 반환하는 등의 정산을 필하지 않은 상태에서는 아직 그 피담보채권이 소멸되었다고는 볼 수 없다 할 것인바, 부동산에 관한 가등기에 기한 본등기는 정산절차가 필요한 약한 의미의 양도담보라 할 것이고, 피해자와 사이에 피해자가 변제기에 채무를 변제하지 아니하면 부동산의 소유권이 확정적으로 귀속된다는 명시적 특약이 없는 이 건에 있어서 부동산에 관한 정산절차를 거치기 이전에 甲에게 부동산에 관하여 가등기를 설정한 행위는 배임죄를 구성한다.[63]

(3) 채권 소멸 후의 처분 가등기담보법이 시행되기 전에는 대법원이 “담보목적으로 가등기가 경료된 피해자 소유의 부동산에 대하여 피해자의 아들로부터 채무가 변제공탁된 사실을 통고받고서도 본등기를 경료함과 동시에 제3자 앞으로 가등기를 경료하여 주거나, 양도담보로 받은 6필지 토지 중 처분한 4필지 땅으로 원리금을 정산하고 남았는데도 남은 2필지를 타에 처분한 것은 그 2필지 토지에 관하여 채무자에게 등기를 회복시켜 줄 임무에 위배하여 그에게 손해를 가한 것이므로 배임죄에 해당된다.”고 판단하였다(대판 1990.8.10. 90도414).[64] 그런데 위 법 시행 후에 대법원은 “양도

---

61 대판 1992.7.14. 92도753; 1989.11.28. 89도1309; 2007.1.25. 2005도7559.

62 가등기담보법이 시행되기 이전에 대법원은 “채권자가 변제기 경과 후 담보권을 실행하는 방법으로 양도담보목적물을 환가처분하거나 평가처분하는 대신에 다시 제3자 앞으로 가등기를 경료하거나 근저당권을 설정하고 금원을 차용하여 이로써 양도담보채권의 변제에 충당하고 그 잔액을 채무자에게 정산한다 하여도, 채무자로서는 가등기 또는 근저당권등기의 부담은 붙을지언정 담보목적물의 환수권을 상실하지 아니하여 위의 환가처분이나 평가처분보다 불이익하다고 볼 수 없으므로, 당사자의 의사에 반한다고 볼 특별한 사정이 없는 채권추심을 위한 양도 담보권자의 담보설정행위를 위법한 담보물의 처분행위로서 채무자에 대한 배임행위가 된다고 단정할 수 없다.”고 판단하였다(대판 1982.9.28. 82도1621).

63 광주고법 2002.3.21. 2001노688(대판 2002.6.28. 2002도1703에 의해 확정). 가등기담보법 제3조, 제4조는 채권자가 가등기담보법 제2조 제1호에 정한 담보계약에 따른 ‘담보권’을 실행하는 방법으로서 귀속정산 절차를 규정한 것이다(대판 2013.9.27. 2011다106778).

64 대판 1979.6.12. 79도205.

담보권자와 채무자 사이에 변제할 채무액에 관하여 다툼이 있었다면 채무가 잔존한 것으로 믿고 담보부동산을 처분한 양도담보권자에게 부동산에 관한 횡령의 범의가 있다고 볼 수 없다."는 원심을 정당하다고 판단하였다(대판 1992.7.14. 92도279). 그러나 위 대법원 판결은 횡령의 범의가 없다고 판단하여 무죄를 선고한 원심이 정당하다고 하였을 뿐 횡령죄 성립 여부에 대하여 적극적으로 판단한 것이 아니어서 양도담보권자의 채권소멸 후 처분행위가 횡령죄에 해당하는 것으로 해석한 것인지 여부는 명백하지 아니하다. 오히려 대법원이 변제기 후의 처분행위를 배임죄로 보므로 채권소멸 후의 처분행위도 배임죄로 보는 것이 자연스러울 것이다.

(4) 정산절차 위배

A. 담보권자의 적정가격 처분의무

1) 학설 담보권자가 변제기 경과 후에 담보목적물을 처분하는 경우에 적정가격에 처분하여야 하는가에 대하여 긍정설[65]과 부정설[66]이 대립한다. 판례는 부정설의 입장이다.

2) 판례 담보권자가 담보권을 실행하기 위하여 담보목적물을 처분함에 있어 시가에 따른 적절한 처분을 하여야 할 의무는 담보계약상의 민사채무일 뿐 그와 같은 형법상의 의무가 있는 것은 아니므로 그에 위반한 경우 배임죄가 성립된다고 할 수 없다(대판 1997.12.23. 97도2430).[67]

B. 양도담보권자의 정산의무 불이행

1) 학설 가등기담보법 시행으로 양도담보에 제공된 부동산의 소유권이전은 소유권이전등기 시점이 아니라 청산시점이므로, 채권자가 이 청산의무를 이행하지 않는 경우에는 그 청산금에 대하여 횡령죄가 성립한다는 견해[68]와 이를 부정하는 견해[69]가 대립한다. 청산의무의 불이행은 단순한 채무불이행으로 범죄로 다룰 일은 아니다. 판례도 같은 입장이다.

2) 판례 양도담보권자가 담보부동산을 처분한 후 정산의무를 이행하지 아니한 것만으로는 범죄행위가 되지 아니한다(대판 1992.7.14. 92도279).

다. 담보권설정의무자의 처분행위와 배임죄 자신의 채권자와 부동산양도담보설정계약을 체결한 피고인이 그 소유권이전등기 경료 전에 임의로 기존의 근저당권자인 제3자에게 지상권설정등기를 경료하여 준 경우, 그 지상권 설정이 새로운 채무부담행위에 기한 것이 아니라 기존의 저당권자가 가지는 채권을 저당권과 함께 담보하는 의미밖에 없다고 하더라도 이로써 양도담보권자의 채권에

---

65 김/서, 295면; 서정우, 변칙담보와 형사책임, 재판자료 제13집(1982), 397면; 허익범, 양도담보와 배임죄(하), 형평과 정의 제4집, 110면.

66 정영일, 398면.

67 대판 1989.10.24. 87도126; 1985.11.26. 85도1493 소송.

68 권오걸, 654면; 김성천, 977면; 김/서, 294면; 박상기; 372면; 임웅, 466면.

69 정영일, 398면.

대한 담보능력 감소의 위험이 발생한 이상 배임죄를 구성한다(대판 1997.6.24. 96도1218).

2. 동산의 양도담보와 배임죄

가. 동산 양도담보와 소유권 귀속

(1) 학설 동산에 대하여는 가등기담보법이 적용되지 않는다. 따라서 동산 양도담보의 법률관계는 신탁적 소유권양도로 보기도 하는데(신탁적 소유권양도설), 소유권의 대내·외 분리이론에 따라 소유권이 대내적으로 채무자에게 존재한다는 견해(판례)와 소유권은 항상 채권자에게 이전된다는 견해로 나뉜다. 그리고 같은 양도담보이면서도 목적물에 따라 이론구성을 달리하는 것은 불합리하다는 이유로 동산에 대하여도 가등기담보법을 유추적용하여야 한다는 견해(담보물권설)도 있는데, 이에 따르면 소유권은 여전히 채무자에게 남아 있게 된다.

(2) 판례(신탁적 소유권양도설) 금전채무를 담보하기 위하여 채무자가 그 소유의 동산을 채권자에게 양도하되 점유개정에 의하여 채무자가 이를 계속 점유하기로 한 경우, 특별한 사정이 없는 한 동산의 소유권은 신탁적으로 이전되고, 채권자와 채무자 사이의 대내적 관계에서 채무자는 의연히 소유권을 보유하나 대외적인 관계에 있어서 채무자는 동산의 소유권을 이미 채권자에게 양도한 무권리자가 된다. 따라서 동산에 관하여 양도담보계약이 이루어지고 채권자가 점유개정의 방법으로 인도를 받았다면, 그 정산절차를 마치기 전이라도 양도담보권자인 채권자는 제3자에 대한 관계에 있어서는 담보목적물의 소유자로서 그 권리를 행사할 수 있다(대판 2008.11.27. 2006도4263).[70]

나. 양도담보설정자의 처분행위

(1) 배임죄의 성립 여부 동산의 소유권은 신탁적으로 채권자에게 이전됨에 불과하여 채권자와 채무자간의 대내적 관계에서 채무자는 의연 소유권을 보유하나 양도담보권자가 담보의 목적을 달성할 수 있도록 이를 보관할 의무를 지게 되어 채권담보의 약정에 따라 담보권자의 사무를 처리하는 자의 지위에 있게 되므로, 채무자가 양도담보된 동산을 처분하는 등 부당히 그 담보가치를 감소시키는 행위를 한 경우에는 배임죄가 성립된다(대판 1989.7.25. 89도350).[71]

(2) 횡령죄의 성립 여부

채무자가 채무이행을 담보하기 위하여 동산에 관한 양도담보계약을 체결하고 점유개정의 방법으로 여전히 동산을 점유하고 있는 경우라도, 양도담보계약의 내용이 차용금의 담보를 위하여 매매의 형식을 빌렸을 뿐이고 실질은 차용금의 담보와 담보권실행시의 정산절차를 주된 내용으로 하는 것이라면, 소유권은 채무자에게 유보되어 있고 채권자에게는 채무불이행시의 목적물에 대한

---

70 대판 2007.2.22. 2006도8649; 2004.6.25. 2004도1751.

71 대판 1983.11.8. 82도2119; 1983.3.8. 82도1829; 1998.11.10. 98도2526.

담보권 및 환가권만이 귀속된다고 보아야 할 것이므로 이때 채무자는 자기의 물건을 보관하고 있는 셈이 되어 횡령죄의 주체가 될 수 없다(대판 1980.11.11. 80도2097).[72]

다. 이중양도담보설정

(1) 선행 채권자에 대한 관계 동산을 양도담보로 제공하고 점유개정의 방법으로 점유하고 있다가 이를 다시 제3자에게 역시 점유개정의 방법으로 양도하는 경우에는, 제3자가 그 동산을 선의취득할 수가 없으므로, 최초의 양도담보권자에게 어떠한 재산상 손해의 위험이 발생한다고 할 수 없고, 따라서 배임죄가 성립하지 않는다(대판 2007.2.22. 2006도6686).[73]

(2) 후행 채권자에 대한 관계 금전채무를 담보하기 위하여 채무자가 그 소유의 동산을 채권자에게 양도하되 점유개정에 의하여 채무자가 이를 계속 점유하기로 한 경우, 특별한 사정이 없는 한 동산의 소유권은 신탁적으로 이전됨에 불과하여 채권자와 채무자 사이의 대내적 관계에서 채무자는 의연히 소유권을 보유하나 대외적인 관계에 있어서 채무자는 동산의 소유권을 이미 채권자에게 양도한 무권리자가 되는 것이어서, 다시 다른 채권자와 사이에 양도담보 설정계약을 체결하고 점유개정의 방법으로 인도를 하더라도 선의취득이 인정되지 않는 한 나중에 설정계약을 체결한 채권자는 양도담보권을 취득할 수 없는데, 현실의 인도가 아닌 점유개정으로는 선의취득이 인정되지 아니하므로 결국 뒤의 채권자는 양도담보권을 취득할 수 없고, 따라서 이와 같이 채무자가 그 소유의 동산에 대하여 점유개정의 방식으로 채권자들에게 이중의 양도담보 설정계약을 체결한 후 양도담보 설정자가 목적물을 임의로 제3자에게 처분하였다면 양도담보권자라 할 수 없는 뒤의 채권자에 대한 관계에서는 설정자인 채무자가 타인의 사무를 처리하는 자에 해당한다고 할 수 없어 배임죄가 성립하지 않는다(대판 2004.6.25. 2004도1751).

(3) 후행채권자의 취거행위 돈사에서 대량으로 사육되는 돼지에 대한 이중의 양도담보설정계약이 체결된 경우, 뒤에 양도담보설정계약을 체결한 이중양수 채권자가 임의로 돼지를 반출한 행위는 절도죄를 구성한다(대판 2007.2.22. 2006도8649).

V. 배임행위

1. 임무위배

가. 임무위배의 의미 임무에 위배하는 행위라 함은 처리하는 사무의 내용, 성질 등 구체적 상황에 비추어 법령의 규정, 계약의 내용 또는 신의칙상 당연히 하여야 할 것으로 기대되는 행위를 하

72 대판 2009.2.12. 2008도10971.

73 대판 1990.2.13. 89도1931; 1989.4.11. 89도1586; 1987.5.12. 86도1117; 2007.2.22. 2006도6686.

지 않거나 당연히 하지 않아야 할 것으로 기대되는 행위를 함으로써 본인과의 신임관계를 저버리는 일체의 행위를 의미한다(대판 2004.7.9. 2004도810).[74]

나. 법률상 무효인 경우와 임무위배 ① 주식회사의 대표이사가 회사의 유일한 재산을 처분하면서 주주총회의 특별결의나 이사회의 승인을 거치지 아니하여 그 매매계약이나 소유권이전등기가 법률상 무효라고 하더라도 경제적 관점에서 파악할 때 재산상 손해를 가한 경우에 해당한다(대판 1995.11.21. 94도1375). ② 학교법인의 이사가 학교법인의 이사장과 공모하여 학교법인의 전 이사장인 甲 개인명의의 당좌수표를 회수하기 위하여 학교법인 명의로 약속어음 6매를 발행하고 그중 5매에 대하여 강제집행인락공증을 해 준 이상, 당시 어음을 발행함에 있어서 이사회의 적법한 결의를 거치지 아니하고 관할청의 허가를 받지 아니하여 법률상 당연 무효라고 하더라도 배임행위가 성립함에 아무런 지장이 없다(대판 1995.12.22. 94도3013).

2. 임무위배행위의 유형

가. 보증과 담보제공

(1) 일반보증: 보증인인 금융기관의 피보증인에 대한 자금 대출 이미 타인의 채무에 대하여 보증을 하였는데 피보증인이 변제자력이 없어 결국 보증인이 그 보증채무를 이행하게 될 우려가 있다고 하더라도, 보증인이 피보증인에게 신규로 자금을 제공하거나 피보증인이 신규로 자금을 차용하는 데 담보를 제공하면서 그 신규자금이 이미 보증을 한 채무의 변제에 사용되도록 한 경우가 아니라면, 보증인으로서는 결국 기보증채무와 별도로 새로 손해를 발생시킬 위험을 초래한 것이라고 볼 수밖에 없다(대판 2004.7.9. 2004도810).[75]

(2) 상호지급보증 호지급보증 관계에 있는 회사 간에 보증회사가 채무변제능력이 없는 피보증회사에 대하여 합리적인 채권회수책 없이 새로 금원을 대여하거나 예금담보를 제공하였다면 업무상배임죄를 구성한다(대판 2004.7.9. 2004도810).

나. 유가증권의 발행, 배서, 보충권의 남용 주식회사의 이사가 타인 발행의 약속어음에 회사 명의로 배서할 경우, 그 타인이 어음금의 지급능력이 없어 그 배서로 인하여 회사에 손해가 발생하리라는 점을 알면서 이에 나아갔다면, 이러한 약속어음의 배서행위는 회사에 대하여 배임행위가 된다(대판 2000.5.26. 99도2781).

---

74 대판 2003.10.10. 2003도3516; 2002.7.22. 2002도1696.

75 대판 2009.7.23. 2007도541; 2010.10.28. 2009도1149.

다. 대출

(1) 채권회수조치(담보설정 등)를 취하지 아니한 경우 회사의 이사 등이 타인에게 회사자금을 대여함에 있어 충분한 담보를 제공받는 등 상당하고도 합리적인 채권회수조치를 취하지 아니한 채 만연히 대여해 주었다면, 회사에 대하여 배임행위가 되고, 이러한 이치는 그 타인이 자금지원 회사의 계열회사라 하여 달라지지 않는다(대판 2003.10.10. 2003도3516).[76]

(2) 대환과 신규대출

A. 대환과 배임죄의 성부 금융기관이 거래처의 기존 대출금에 대한 원리금 및 연체이자에 충당하기 위하여 거래처에게 신규대출을 함에 있어 형식상 신규대출을 하는 것처럼 서류상 정리를 하였을 뿐 실제로 거래처에게 대출금을 새로 교부한 것이 아니라면 그로 인하여 금융기관에게 어떤 새로운 손해가 발생하는 것은 아니라고 할 것이므로 따로 업무상배임죄가 성립된다고 볼 수 없다(대판 2003.10.10. 2003도3516).[77]

B. 대환이 아닌 사례: 신규대출이나 보증 금융기관이 실제로 거래처에 대출금을 새로 교부한 경우에는 거래처가 그 대출금을 임의로 처분할 수 없다거나 그 밖에 어떠한 이유로든 그 대출금이 기존 대출금의 원리금으로 상환될 수밖에 없다는 등의 특별한 사정이 없는 한 비록 새로운 대출금이 기존 대출금의 원리금으로 상환되도록 약정되어 있다고 하더라도 그 대출과 동시에 이미 손해 발생의 위험은 발생하였다고 보아야 할 것이므로 업무상배임죄가 성립한다(대판 2010.1.28. 2009도10730).[78]

(3) 대출규정위반

A. 보증인 흠결 일정 수의 보증인을 요구하는 은행의 대출규정은 그 정도의 보증인이 되어야 채권 회수에 문제가 없으리라는 판단에 근거한 것이므로, 그중 1인이 흠결되거나 자격이 미달되는 보증인을 세우고 대출을 하는 경우에는 비록 다른 보증인에 의하여 채권회수가 모두 이루어진다 하더라도, 은행의 입장에서는 그 대출 당시에 채권 회수가 곤란해질 위험에 처하게 된 것이다(대판 2002.6.28. 2000도3716).

B. 융통어음의 할인 융통어음의 할인을 금지하는 것도 진성어음의 경우와 달리 융통어음의 경우에는 어음금이 지급되지 아니할 위험성이 높아서 담보의 일종으로 취득한 어음이 전혀 가치가 없어질 가능성이 크다는 점에 기인하므로, 은행 규정에 위배하여 융통어음을 할인하여 준 경우, 은행의 입장에서는 그 대출 당시에 채권 회수가 곤란해질 위험에 처하게 된 것이다(대판 2002.6.28. 2000도3716).

(4) 자기주식취득이나 경영권 유지를 위한 대출 주식회사인 금융기관이 실질적으로 대출금을 회수할 가능성이 없음에도 불구하고 타인으로 하여금 장중에 있는 자기주식을 취득하게 하기 위

---

76 회사채 보증도 동일하다(대판 2007.6.1. 2006도1813). 대판 2000.3.14. 99도4923; 2006.11.9. 2004도7027; 2009.7.23. 2007도541; 2010.10.28. 2009도1149.

77 대판 2000.6.27. 2000도1155.

78 대판 2003.10.10. 2003도3516; 2000.6.27. 2000도1155.

하여 금원을 대출하는 것은 자본충실의 원칙에 반한다고 보아야 하므로, 그와 같은 대출은 그 목적과 취지가 법령이나 사회상규에 위반되어 금융기관에 대한 배임에 해당한다(대판 2003.10.10. 2003도3516).[79]

라. 매매와 계약, 담보권 훼손

(1) 비영리법인의 기본재산 매각 비영리 재단법인의 이사장이 설립목적과는 다른 목적으로 기본재산을 매수하여 사용할 의도를 가진 甲과 사이에 기본재산의 직접적인 매도는 주무관청의 허가문제로 불가능하자, 이사진 등을 교체하는 방법으로 재단법인의 운영을 甲에게 넘긴 후 甲이 의도하는 사업을 할 수 있게 재단법인의 명칭과 목적을 변경함으로써 사실상 기본재산을 매각하는 효과를 얻되 대가로 금원을 받기로 하는 약정을 체결하고 일부를 수령한 경우, 주무관청의 허가의 문제로 법률상 유효한 약정인가 여부와 관계없이 재단법인과 사이의 신임관계를 저버린 배임행위에 해당한다(대판 2001.9.28. 99도2639).

(2) 높은 가격의 도급계약 체결 타인을 위하여 도급계약을 체결할 임무가 있는 자가 부당하게 높은 가격으로 도급계약을 체결하여 타인에게 부당하게 많은 채무를 부담하게 하였다면 그로써 곧바로 업무상배임죄가 성립한다(대판 1999.4.27. 99도883).[80]

(3) 저가 매매나 처분 ① 피고인으로서는 특별한 사정이 없는 한 공유지분에 관한 매매가격을 적정하게 함은 물론 각자의 공유지분 비율에 따라 그 매매가격이 서로 균등하게 성립되도록 합의·절충하여야 할 신의칙상의 임무가 있음에도 불구하고, 피고인은 실제로 원매자인 주택조합 측과의 사이에 공유자의 소유지분에 관한 매도가격을 피고인의 것보다 훨씬 싼 값으로 하기로 합의·절충하여 공유자가 그 소유지분을 피고인에 비하여 상대적으로 현저하게 불리한 가격조건으로 매도하게 함으로써 임무에 위배한 행위를 하였다고 할 것이니 이러한 피고인의 행위는 배임죄를 구성한다(대판 1994.9.9. 94도922).[81] ② 학교법인의 이사장이 학교법인 소유의 토지를 매도함에 있어서 그 매수인이 그 매매목적물인 부동산을 매수 즉시 그 매매가격보다 월등하게 높은 가격으로 전매할 것임을 알면서도 이를 확실하게 예측되는 전매가격보다 현저한 저가로 매도하였다면, 이는 그 임무에 위배되는 배임행위로서 본인인 학교법인에게 손해를 가하였다(대판 1990.6.8. 89도1417).

(4) 담보가치 훼손

A. 담보목적물의 부합물 처분행위 근저당권설정자는 채권자가 담보의 목적을 달성할 수 있도

---

79 대판 1999.6.25. 99도1141.

80 공사 도급금액을 1억 4천만 원으로 하는 아파트 하자보수공사계약을 체결하고도 그 실질과는 달리 공사 도급금액을 금 3억 원으로 하는 아파트 하자보수공사계약을 체결한 후 리베이트 형식으로 금원을 취득하였다. 배임수재죄도 성립한다. 대판 1997.6.13. 97도618.

81 대판 1990.6.8. 89도1417.

록 담보물을 보관할 의무를 지게 되어 채권자에 대하여 그의 사무를 처리하는 자의 지위에 있고, 한편 토지에 식재된 수목은 특별한 사정이 없는 한 토지의 부합물에 해당하여 토지에 설정된 근저당권의 효력이 미치므로, 근저당권설정자가 근저당권의 목적이 되는 토지에 식재된 수목을 처분하는 등으로 부당히 그 담보가치를 감소시키는 행위를 한 경우에는 배임죄가 성립하게 된다(대판 2007.1.11. 2006도4215).

B. 저당권이 설정된 자동차를 대포차량으로 매도 자동차에 대하여 저당권이 설정되는 경우 자동차의 교환가치는 그 저당권에 포섭되고, 저당권설정자가 자동차를 매도하여 그 소유자가 달라지더라도 저당권에는 영향이 없으므로, 특별한 사정이 없는 한 저당권설정자가 단순히 그 저당권의 목적인 자동차를 다른 사람에게 매도한 것만으로는 배임죄에 해당하지 아니하나, 자동차를 담보로 제공하고 점유하는 채무자가 부당히 담보가치를 감소시키는 행위를 한 경우 배임죄의 죄책을 면할 수 없다(대판 2012.9.13. 2010도11665).[82]

마. 영업비밀

(1) 영업비밀이나 영업상 주요한 자산의 유출 회사직원이 영업비밀을 경쟁업체에 유출하거나 스스로의 이익을 위하여 이용할 목적으로 무단으로 반출하였다면 반출시에 업무상배임죄의 기수가 되고, 영업비밀이 아니더라도 그 자료가 불특정 다수의 사람에게 공개되지 않았고 사용자가 상당한 시간, 노력 및 비용을 들여 제작한 영업상 주요한 자산인 경우에도 그 자료의 반출행위는 업무상배임죄를 구성하며, 회사직원이 영업비밀이나 영업상 주요한 자산인 자료를 적법하게 반출하여 그 반출행위가 업무상배임죄에 해당하지 않는 경우라도 퇴사시에 그 영업비밀 등을 회사에 반환하거나 폐기할 의무가 있음에도 경쟁업체에 유출하거나 스스로의 이익을 위하여 이용할 목적으로 이를 반환하거나 폐기하지 아니하였다면, 이러한 행위는 업무상배임죄에 해당한다(대판 2008.4.24. 2006도9089).[83]

---

82 신원을 정확히 알 수 없는 갑이라는 사람으로부터 2천만 원을 차용하고 담보로 자동차를 인도하면서 차량포기각서까지 작성해 준 사실, 이후 차용금을 변제하지 아니하였을 뿐만 아니라 피해자에 대한 대출금 변제도 중단한 사실, 이에 피해자는 자동차에 대한 저당권을 실행하기 위하여 자동차 인도명령을 받았으나 소재파악이 되지 않아 결국 집행불능에 이른 사실 및 정상적인 거래관계였다면 마땅히 수반되어야 할 양도인의 인감증명서 교부 등 자동차관리법 기타 관계 법령에 따른 이전등록에 필요한 조치도 전혀 이루어지지 않았던 것으로 보이는 사정 등에 비추어, 저당권이 설정된 자동차를 저당권자의 허락을 받지 않고 임의로 제3자에게 양도담보로 제공한 행위는, 적어도 미필적으로나마 저당권자인 피해자의 자동차에 대한 추급권 행사가 불가능하게 될 수 있음을 알면서도 그 담보가치를 실질적으로 상실시키는 것으로서, 배임죄가 성립되는 특별한 사정이 있는 경우에 해당한다.

83 회사 관련 파일에 관한 보안준수서약서 또는 비밀유지서약서, 고용계약에 따른 부수적 의무 내지 신의칙상 퇴사시 파일들을 회사에 반환하거나 폐기할 의무가 있고, 업무상 필요가 있는 경우에 한하여 업무용 자료의 반출을 용인하고 있음에도, 회사직원이 회사의 승낙을 받지 않은 채 파일들을 반출하고, 퇴사시에 위 사실을 고지하지 않은 채 파일들을 폐기하지 않고 계속 보관하여 파일들 중 일부를 경쟁업체에 반출한 경우이다. 대판 2009.10.15. 2008도9433; 2011.6. 30. 2009도3915; 1999.3.12. 98도4704.

(2) 경업(부정경쟁) 피해자 경영의 사업체의 전무로 재직하면서 거래처의 관리, 물품의 발주와 수금 등 영업 전반에 관한 업무를 관장하고 있었다면, 피해자를 위하여 성실히 근무하고 사업비밀을 유지하며 경업을 하여서는 아니 될 업무상의 임무가 있다 할 것이고, 따라서 그의 독자적인 계산 아래 별도의 업체를 만들어 피해자의 업체와 비슷한 상호를 사용하여 같은 거래업체에다 동일한 물건을 납품한 소위는 피해자와의 신임관계를 저버리는 행위로서 업무상배임죄가 성립된다(대판 1988.4.25. 87도2339).

바. 목적 이외에 사용 ① 사회복지사업법에 의하여 지방자치단체로부터 받은 보조금(대판 1990.7.24. 90도1042), ② 정부의 어가부채경감대책에 따라 수산업협동조합중앙회가 조성하여 해수어류수산업협동조합이 차입한 '수산업 경영개선자금'(대판 2007.4.27. 2007도1038), ③ 중소기업진흥기금(대판 1997.10.24. 97도2042)을 목적 이외에 사용하였다면, 특정 목적을 위하여 조성된 기금의 감소를 초래함으로써 기금이 그 목적을 위하여 사용됨을 저해하는 것이라 할 것이므로, 기금의 대출로 인하여 재산상의 손해를 입었다.

사. 업무를 수행하지 않는 임원에 대한 보수 지급, 임원에 대한 변호사선임비 등의 지급 ① 주주총회나 이사회에서 임원을 해임하지 않았다거나 해임할 가능성이 없다는 이유만으로 실제 회사 업무를 전혀 수행하지 않는 임원에 대한 정기적인 보수 지급행위가 정당화될 수는 없다(대판 2007.6.1. 2006도1813).[84] ② 회사의 임직원이 업무수행을 하면서 관계 법령을 위반함으로써 형사재판을 받게 된 것에 관하여 회사의 대표이사가 해당 임직원의 변호사비용, 벌금, 위로금 등을 회사의 자금으로 지급하는 경우, 원칙적으로 그 대표이사는 업무상배임죄에 해당한다(대판 2006.6.27. 2006도1187).[85]

아. 사채 및 주식과 관련된 배임

(1) 신주발행

A. 주주배정방식의 경우 주주는 유한책임의 원칙에 따라 회사에 대하여 추가 출자의무를 부담하지 아니하고, 준비금을 자본으로 전입할 경우에는 지분비율에 따라 무상으로 신주를 발행할 수도 있고, 주주배정방식으로 신주 등을 발행하는 경우에는 이사가 경영판단에 의하여 자유로이 발행가액을 정할 수 있으므로 원칙적으로 시가발행의무가 없으며, 시가보다 낮은 가액으로 신주 등을 발행하였다고 하더라도 회사에 대한 임무위배에 해당하지 아니한다(대판 2009.5.29. 2007도4949 全合).

B. 제3자 배정방식의 경우 제3자 배정방식으로 신주 등을 발행하면서, 시가와 같이 공정한 가

84 대표이사의 처에게 보수를 지급하였다.

85 변호사선임비용 등의 지급이 회사의 이익을 도모할 목적으로 합리적인 범위 내에서 이루어졌다는 등의 특별한 사정이 없는 이상 이에 관하여 이사회의 의결 등이 있었다는 사정만으로 형사책임을 면한다고 할 수 없다. 대판 2003.5.30. 2002도235.

액으로 발행하지 아니하고 그보다 현저하게 낮은 가액으로 발행하는 경우에는, 공정한 발행가액과 실제 발행가액과의 차액에 실제로 발행된 주식 수를 곱한 액수만큼 회사에 신규 자산이 형성되지 못하는 손해가 발생하므로, 이사가 그 임무에 위배한 경우에 이사는 회사에 대하여 배임죄의 책임을 진다(대판 2009.5.29. 2007도4949 全合).

(2) 고객 주식의 임의매매 증권회사의 직원으로서 고객과의 매매거래 계좌설정 계약에 따라 고객의 사무를 처리하는 지위에 있는 자가 고객의 동의를 얻지 않고 주식을 매입한 것이라면, 주식의 시세의 하락으로 인하여 고객에게 손해가 발생될 염려가 있다는 인식이 미필적으로나마 있었다고 할 것이고, 그가 근무하는 증권회사가 주식의 매입으로 인하여 수수료를 취득한 이상 그 직원에게 자기 또는 제3자가 재산상의 이익을 얻는다는 인식도 있었다(대판 1995.11.21. 94도1598).[86]

(3) 주식의 교환, 취득 회사의 입장에서 볼 때 경영상의 필요에 의한 정상적인 거래로서 허용될 수 있는 한계를 넘어 주로 주식을 매도하려는 내부자의 개인적인 이익을 위한 것에 불과하다면, 그와 같은 거리는 그 내부자에게 이익을 얻게 하고 회사에 손해를 가하는 행위로서 회사에 대한 배임행위에 해당한다(대판 2005.4.29. 2005도856).[87]

자. 이사의 감사에 대한 보고의무위반과 배임죄 성립 여부 이사가 대표이사의 비위 사실을 발견하고, 동인에게 일단 그 시정을 촉구한 뒤 별다른 조치를 취하지 않은 경우, 대표이사의 횡령 사실을 발견하였을 당시는 이미 대표이사에 의한 횡령이 이루어진 후로서 대표이사에게 시정을 촉구한 뒤의 부작위가 새로운 범죄를 구성하기 위하여는 그 부작위로 인하여 피해자 회사가 대표이사에 대하여 가지는 손해배상 청구권의 행사가 위태롭게 되든가 혹은 그 청구권의 집행가능성이 없어지는 등의 새로운 손해의 발생 혹은 그 위험이 존재하여야만 한다(대판 2003.4.25. 2001도4035).

차. 법인카드의 사적 사용 피해자 법인으로부터 교부받아 소지하고 있던 판공비 지출용 법인신용카드를 업무와 무관하게 개인적 용도에 사용한 행위는 업무상배임죄를 구성한다(대판 2006.5.26. 2003도8095).[88]

---

86 증권회사와 피해자 사이에 그 이전까지 아무런 거래관계가 없었으며, 그 직원이 피해자가 위 예탁금을 입금한 지 얼마 되지 않아 아무런 승낙 없이 무단 매수한 점 등에 비추어 보면 고객을 위한다는 의사는 부수적일 뿐이고 이득 또는 손해의 의사가 주된 것으로 보았다.

87 대판 2008.5.29. 2005도4640.

88 법인카드 사용에 대하여 실질적 1인 주주의 양해를 얻었다거나 실질적 1인 주주가 향후 그 법인카드 대금을 변상, 보전해 줄 것이라고 일방적으로 기대하였다는 사정만으로는 업무상배임의 고의나 불법이득의 의사가 부정된다고 볼 수 없다. 대판 2014.2.21. 2011도8870.

3. 배임행위가 아닌 사례

가. 허위의 회계처리 채무면제나 채권의 포기로 채권이 소멸하기 위하여는 채권자가 채무자에 대하여 채무를 면제하거나 채권을 포기하는 의사표시를 하여야 한다 할 것인바, 가지급금이 회사에 반제된 것처럼 회계전표를 허위 작성하는 방법으로 허위의 회계처리를 한 것만으로 위 가지급금 반환채무를 면제하거나 그 청구권을 포기하는 의사를 표시한 것으로는 볼 수 없다(대판 2003.10.10. 2003도3516).

나. 근저당설정자의 위조서류에 의한 근저당권 말소 근저당권설정등기를 임의로 말소하여서 안 되는 것은 물권인 근저당권의 대세적 효력의 당연한 귀결로서 근저당권설정자를 포함한 모든 사람이 부담하는 의무이고, 근저당권설정자가 그 설정계약에 따라 근저당권자의 재산의 관리보호를 위하여 특별히 부담하는 의무는 아니므로, 근저당권설정자가 등기관계서류를 위조하여 근저당권설정등기를 말소하였다 하더라도 이는 문서에 관한 범죄를 구성할 뿐이고 달리 배임죄를 구성한다고 할 수 없다(대판 1987.8.18. 87도201).[89]

다. 근저당권설정자(물상보증인)의 승낙 없는 대출, 계속적 보증에 따른 대출 제3자가 자기소유의 부동산에 관하여 채무자를 위하여 일정한 채무최고액을 정하여 채권자에게 근저당권설정을 계약하고 등기를 마친 경우에는 특별한 사정이 없는 한 채권자 및 채무자는 그 한도액 내에서 금원대차를 할 수 있고 그 대차시마다 근저당권설정자의 승낙을 받을 필요가 없다고 할 것이며, 설령 그 한도액을 초과하여 대차를 한다 할지라도 근저당권설정자는 그 한도액 범위 내에서만 담보책임이 있으므로 이 경우에도 근저당권설정자의 사전승낙이 필요 없다고 해석되므로, 채무자가 금원차용시마다 설정자의 사전승낙을 받지 않았다 하여도 배임죄를 구성하지 않는다(대판 1984.7.24. 84도3196).[90]

VI. 재산상의 손해

1. 이익취득과 손해발생 배임죄가 성립하기 위해서는 재산상의 이익을 취득하거나 제3자로 하여금 취득하게 하고, 본인에게 재산상의 손해를 발생시켜야 한다.

2. 손해발생의 위험으로 족한지 여부

가. 학설 본인에게 현실적인 손해가 아니라 손해발생의 위험을 발생시킨 것으로 족한지 여부와

89 대판 2007.8.24. 2007도3408.
90 대판 2002.6.28. 2000도3716.

관련하여, 긍정설[91]과 부정설[92]이 대립한다. 결론에 있어서 큰 차이를 보이지는 않는다. 가령, 임무에 위배하여 본인에게 채무를 부담시킨 경우에, 긍정설은 아직 현실적 손해는 없지만 손해발생의 위험성이 있어서 배임죄가 성립한다고 하고, 부정설은 보다 경제적인 관점에서 이미 손해가 발생했다고 보기 때문이다. 다만, 경향적으로 긍정설이 배임죄의 성립을 보다 넓게 파악할 위험이 있고, 또 법문이 '손해를 가한 때'라고 하고 있어서 그 보호정도를 침해범으로 이해하는 한 부정설이 타당하다고 할 것이다.

나. 판례 배임죄에 있어서 '재산상의 손해를 가한 때'라 함은 현실적인 손해를 가한 경우뿐만 아니라 재산상 실해발생의 위험을 초래한 경우도 포함되고 일단 손해의 위험성을 발생시킨 이상 사후에 담보를 취득하였다거나 피해자 회복되었다고 하여도 배임죄의 성립에 영향을 주는 것이 아니다(대판 2004.10.28. 2002도3131).[93]

3. 판단기준

가. 경제적 관점 재산상 손해의 유무에 대한 판단은 본인의 전 재산 상태와의 관계에서 법률적 판단에 의하지 아니하고 경제적 관점에서 파악하여야 하며, 따라서 법률적 판단에 의하여 당해 배임행위가 무효라 하더라도 경제적 관점에서 파악하여 배임행위로 인하여 본인에게 현실적인 손해를 가하였거나 재산상 실해발생의 위험을 초래한 경우에는 재산상의 손해를 가한 때에 해당한다(대판 2004.3.26. 2003도7878).[94]

나. 총체적 판단

(1) 급부와 반대급부가 상응한 경우 재산상 손실을 야기하는 임무위배행위가 동시에 그 손실을 보상할 만한 재산상 이익을 준 경우, 예컨대 그 배임행위로 인한 급부와 반대급부가 상응하고 다른 재산상 손해(현실적인 손해 또는 재산상 실해발생의 위험)도 없는 때에는 전체적 재산가치의 감소, 즉 재산상 손해가 있다고 할 수 없다(대판 2005.4.15. 2004도7053).[95]

(2) 현금유동성의 상실 비상장주식의 실거래가격이 시가와 근사하거나 적정한 가격으로 볼 수 있는 범위 내에 속하는 것으로 보여 실거래가격과의 차액 상당의 손해가 있다고 할 수 없는 경우에

---

91 김성돈, 419면; 박상기, 403면; 배종대, 564면; 이재상, 429면; 정/박, 475면; 정영일, 407면.

92 김/서, 389면; 오영근, 512면; 이형국, 512면; 임웅, 498면.

93 임무에 위배하여 약속어음을 발행함으로써 배임죄가 성립하고, 그 후에 그 약속어음을 반환받았다고 하여 배임죄의 성립에 영향을 주는 것은 아니다. 대판 2006.6.2. 2004도7112; 2009.6.25. 2008도10096.

94 대판 2000.11.24. 99도822; 2003.10.10. 2003도3516; 2006.6.2. 2004도7112; 2007.3.15. 2004도5742.

95 대판 2005.4.29. 2005도856; 2006.6.2. 2004도7112; 2007.3.15. 2004도5742; 2007.6.15. 2005도4338.

있어서도, 그 거래의 주된 목적이 비상장주식을 매도하려는 매도인의 자금조달에 있고 회사가 그 규모 및 재정 상태에 비추어 과도한 대출을 일으켜 그 목적달성에 이용된 것에 불과하다고 보이는 등의 특별한 사정이 있는 경우라면, 그와 같이 비상장주식을 현금화함으로써 매도인에게 유동성을 증가시키는 재산상의 이익을 취득하게 하고 반대로 회사에 그에 상응하는 재산상의 손해로서 그 가액을 상정할 수 없는 손해를 가한 것이다(대판 2005.4.29. 2005도856).[96]

(3) 기대이익의 상실 손해에는 장차 취득할 것이 기대되는 이익을 얻지 못하는 경우도 포함된다(대판 2004.7.9. 2004도810).

(4) 담보교체, 채무자 교체와 손해의 발생 여부

A. 담보교체의 경우 회사의 대표이사가 제3자를 위하여 회사의 재산을 담보로 제공한 후 이미 설정한 담보물을 교체하는 경우에 기존 담보물의 가치보다 새로 제공하는 담보물의 가치가 더 크다면, 회사에게 증가된 담보가치 중에서 피담보채무액에 상당하는 액수만큼 재산상 손해가 발생하였다(대판 2006.11.9. 2004도7027).[97]

B. 자금 이동 없는 서류상의 채무자변경 회사가 행한 대출의 실질이 자금 이동 없는 서류상의 채무자 변경에 불과하고 실질적인 담보력에 변화가 없어 이로 인하여 대출 채권을 회수하지 못할 위험이 발생하였거나 발생할 염려가 생긴 것이 아니라면 그 대출행위는 배임죄를 구성한다고 볼 수 없다(대판 2007.6.1. 2006도1813).[98]

C. 무담보채무에 대한 사후 근저당권설정 전통사찰의 입장에서는 당초 신도로부터 돈을 차용할 당시 그 차용금에 대한 담보로 근저당권을 설정해 주기로 약정하였다고 볼 수 없는 이상, 무담보채무를 부담하는 상태에서 근저당권부 채무를 부담하는 것으로 그 법률상 지위가 변동되어 이를 같이 평가할 수 없는 데다가, 근저당권설정등기가 경료됨으로 인하여 부동산에 대한 처분 및 이용 가능성이 제한되는 재산상 손해가 발생하였다(대판 2007.12.27. 2005도5365).

다. 무효인 경우

(1) 학설 배임행위가 법률상 무효여서 본인의 재산상태가 사실상 악화된 바가 없다면 현실적인 손해가 없음은 물론이고, 실해가 발생할 구체적인 위험도 없는 것이어서 본인에게 재산상의 손해를 가한 것이라고는 볼 수 없으므로 미수라고 보는 견해[99]도 있으나 재산상의 손해는 법률적 관

---

96 상호저축은행의 경영진이 영업정지가 임박한 단계에 있는 상호저축은행의 특정 예금채권자들에게만 그 사실을 알려주어 그들로 하여금 예금을 인출하도록 하여 상호저축은행의 자산이 감소되게 함으로써 유동성을 악화시키는 등의 재산상 손해를 입게 하고 특정 예금채권자들에게 다른 고객들과 달리 영업정지 직전에 예금 전액을 인출할 수 있는 재산상 이익을 취득하였다. 대판 2013.1.24. 2012도10629.

97 대판 2008.5.8. 2007도11322.

98 채무상환 능력이 없는 종전채무자 甲 회사의 채무를 乙 회사가 인수하는 서류상의 채무자 변경에 불과하고, 실질적인 담보력에 변화가 없다.

99 안경옥, 위 논문, 47~48면.

점이 아닌 경제적 관점에서 파악하여야 한다.

(2) 판례

A. 배임죄가 성립하는 사례

1) 무효인 등기의 경우　주식회사의 대표이사가 회사의 유일한 재산을 처분하면서 주주총회의 특별결의나 이사회의 승인을 거치지 아니하여 그 매매계약이나 소유권이전등기가 법률상 무효라고 하더라도 경제적 관점에서 파악할 때 재산상 손해를 가한 경우에 해당한다(대판 1995.11.21. 94도1375).

2) 무효인 상계의 경우　甲 주식회사의 실질적 경영자인 피고인이 자신의 개인사업체가 甲 회사에 골프장 조경용 수목을 매도하였다는 허위의 매매계약을 체결하고 그 매매대금 채권과 甲 회사의 피고인에 대한 채권을 상계처리한 경우, 피고인의 수목 매매대금 채권이 존재하지 아니하여 상계가 법률상 무효라고 하더라도 甲 회사에 재산상 실해발생의 위험이 초래되었다(대판 2012.2.23. 2011도15857).

B. 배임죄가 성립하지 않는 사례

1) 법령에 위반한 무효인 단순한 채무부담행위　법인의 대표자 또는 피용자가 법인 명의로 한 채무부담행위가 관련법령에 위배되어 법률상 효력이 없는 경우에는 그로 인하여 법인에게 어떠한 손해가 발생한다고 할 수 없으므로, 그 행위로 인하여 법인이 민법상 사용자책임 또는 법인의 불법행위책임을 부담하는 등의 특별한 사정이 없는 한 대표자 또는 피용자의 행위는 배임죄를 구성하지 아니한다(대판 2010.9.30. 2010도6490).[100]

2) 권한남용을 상대방이 안 경우

a. 단순한 채무부담행위의 경우: 주식회사의 실질적 경영자인 甲이 자신의 개인채무를 담보하기 위하여 회사 소유 부동산에 乙 앞으로 근저당권설정등기를 마친 경우, 乙은 甲이 개인채무를 담보하기 위하여 근저당권을 설정한다는 사정을 잘 알고 있어서 근저당권설정행위는 대표권 남용행위로서 무효이므로 회사는 乙에 대하여 무효인 근저당권에 기한 채무는 물론 사용자책임이나 법인의 불법행위 등에 따른 손해배상의무도 부담할 여지가 없고, 근저당권이 그 후 해지를 원인으로 말소되어 甲의 근저당권설정행위로 말미암아 회사에 재산상 손해가 발생하였다거나 재산상 실해발생의 위험이 초래된 것으로 볼 수 없어 업무상배임죄가 성립하지 아니한다(대판 2012.2.23. 2011도15857).[101]

b. 어음 발행의 경우: 회사의 대표이사가 개인 채무를 담보하기 위하여 회사 명의의 약속어음을 발행하는 것은 대표권 남용행위이고, 만일 상대방이 그 사실을 알고 있었거나 중대한 과실로 알지 못하였다면 대표이사가 회사 명의의 약속어음을 발행한 것은 회사에 대하여 무효이므로 회사는 상대방에 대하여 어음금 채무를 지지 아니할 뿐만 아니라 위와 같은 사정하에서라면 회사는 상대

---

100 대판 2011.7.14. 2011도3180; 1987.11.10. 87도993; 2010.3.25. 2009도14585.

101 대판 2011.7.14. 2011도3180; 2011도8110; 2012.5.24. 2012도2142.

방에 대하여 민법 제35조 제1항에 의한 손해배상책임 또는 민법 제756조 제1항에 의한 사용자책임도 지지 아니한다. 그러나 약속어음은 원칙적으로 배서에 의하여 양도할 수 있고, 약속어음에 의하여 청구를 받은 자는 그 소지인이 채무자를 해할 것을 알고 어음을 취득한 경우가 아니라면 발행인 또는 종전의 소지인에 대한 인적 관계로 인한 항변으로써 소지인에게 대항하지 못하므로(어음법 제17조, 제77조 제1항), 대표이사가 대표권을 남용하여 회사 명의의 약속어음을 발행하였다면, 비록 상대방이 그 사실을 알고 있었거나 중대한 과실로 알지 못하여 회사가 상대방에 대하여는 채무를 부담하지 아니한다 하더라도 약속어음이 제3자에게 유통될 경우 회사가 소지인에 대하여 어음금 채무를 부담할 위험은 이미 발생하였다 할 것이므로, 그 약속어음이 제3자에게 유통되지 아니한다는 특별한 사정이 없는 한 경제적 관점에서는 회사에 대하여 배임죄에서의 재산상 실해발생의 위험이 초래되었다(대판 2012.12.27. 2012도10822).[102]

3) 문서를 위조하여 대표이사가 된 자의 행위　주식회사의 주주총회결의에서 자신이 대표이사로 선임된 것으로 주주총회의사록 등을 위조한 자가 회사를 대표하여 한 대물변제 등의 행위는 법률상 효력이 없어 그로 인하여 회사에 어떠한 손해가 발생한다고 할 수 없으므로, 그 행위로 인하여 회사가 상법 제395조의 표현대표이사책임을 부담하는 등의 특별한 사정이 없는 한 그 대표이사를 사칭한 자의 행위는 배임죄를 구성하지 아니한다(대판 2013.03.28. 2010도7439).

라. 1인 회사와 손해　주식회사의 주식이 사실상 1인 주주에 귀속하는 소위 1인 회사에 있어서도 행위의 주체와 그 본인은 분명히 별개의 인격이며, 그 본인인 주식회사에 재산상 손해가 발생하였을 때 배임의 죄는 기수가 되는 것이므로, 궁극적으로 그 손해가 주주의 손해가 된다고 하더라도 (또 주식회사의 손해가 항시 주주의 손해와 일치한다고 할 수도 없다) 이미 성립한 죄에는 아무 소장이 없다(대판 1983.12.13. 83도2330 全合).

4. 재산상 실해발생의 위험이 초래되지 아니한 경우

가. 법인이 불법행위책임을 지지 않는 경우　대표이사가 개인의 차용금 채무에 관하여 개인 명의로 작성하여 교부한 차용증에 추가로 회사의 법인 인감을 날인하였다고 하더라도 대표이사로서 행한 적법한 대표행위라고 할 수 없으므로 회사가 위 차용증에 기한 차용금 채무를 부담하게 되는 것이 아님은 물론이고, 나아가 금원의 대여자는 위와 같은 행위가 적법한 대표행위가 아님을 알았거나 알 수 있었다 할 것이어서 회사가 대여자에 대하여 사용자책임이나 법인의 불법행위 등에 따른 손해배상의무도 부담할 여지가 없으므로, 결국 회사에 재산상 손해가 발생하였다거나 재산상 실해발

102 회사의 대주주이자 실사주인 피고인이 회사의 형식상 대표이사와 공모하여 자신의 채권자에게 회사 명의로 문방구 어음을 발행·교부해 준 행위가 대표권 남용행위에 해당함을 그 상대방이 알고 있었던 경우에도 배임죄에서의 실해발생 위험이 있다고 보았다.

생의 위험이 초래되었다고 볼 수 없다(대판 2004.4.9. 2004도771).[103]

나. 일반경쟁입찰에 의하여야 하는데도 수의계약한 경우 일반경쟁입찰에 의하여 매각할 은닉신고된 국유부동산을 수의계약으로 매각한 경우, 수의계약에 의한 매각대금이 정당한 객관적 시가가 못 되고 일반경쟁입찰의 방식으로 매각할 경우의 예상대금보다 저렴한 금액인 경우에만 국가에 손해가 발생한 것이다(대판 1981.6.23. 80도2934).

다. 채권행사를 방해하는 사실상태의 초래: 전산조작행위 전산조작행위라는 사실만으로는 곧바로 회사의 해당 체인점들에 대한 외상대금채권의 소멸이라는 법적 효과가 생기는 것은 아니므로 전산조작행위가 회사에 현실적인 손해를 가한 경우에는 해당하지 아니하고, 회사의 외상대금채권 행사가 곤란하게 되는 상태가 조성된 것은 사실이라 할 것이나 그렇다고 하여 곧바로 회사의 외상대금채권 행사가 사실상 불가능해지거나 현저히 곤란하게 되었다고 단정할 수는 없고, 만일 회사가 관리·운영하는 전산망 이외에 전표, 매출원장 등 회사의 체인점들에 대한 외상대금채권의 존재와 액수를 확인할 수 있는 방법들이 존재하고 또한 삭제된 전매입고 금액을 기술적으로 용이하게 복구하는 것이 가능하다면, 위와 같은 전산조작행위로 말미암아 회사의 체인점들에 대한 외상대금채권 행사가 사실상 불가능해지거나 또는 현저히 곤란하게 된다고 할 수 없을 것이므로 회사에 사실상 실해발생의 위험이 생기는 것도 아니라 할 것이며, 회사의 체인점들에 대한 외상대금채권 행사가 사실상 불가능해지거나 또는 현저히 곤란해진 것이 아니라면 해당 체인점의 점주들이 그에 상응하는 재산상 이익을 취득하였다고 보기도 어려울 것이다(대판 2006.7.27. 2006도3145).[104]

라. 동일인 대출한도 초과대출, 신용협동조합의 비조합원에 대한 대출

(1) 학설 부당대부 때문에 현실적으로 정규조합원에 대한 대부업무가 저해될 상황이 존재하여야 하고 자금 양이 풍부하여 여유자금을 유리하게 운영하는 방법으로 제한 외의 대부를 한 때에는 조합에 손해가 없으므로 배임죄는 성립하지 않는다.[105]

(2) 판례 동일인 대출한도를 초과하여 대출함으로써 구 새마을금고법을 위반하였다고 하더라도 그 사실만으로 특별한 사정이 없는 한 업무상배임죄가 성립한다고 할 수 없고, 일반적으로 이러한 동일인 대출한도 초과대출이라는 임무위배의 점에 더하여 대출 당시의 대출채무자의 재무상태, 다른 금융기관으로부터의 차입금, 기타 채무를 포함한 전반적인 금융거래상황, 사업현황 및 전

103 대판 2000.2.11. 99도2983.

104 환송심에서 바로 복구할 수 있었다는 이유로 무죄를 선고하여 확정되었다.

105 임대규, 위 논문, 349면.

망과 대출금의 용도, 소요기간 등에 비추어 볼 때 대출채권의 회수에 문제가 있는 것으로 판단되는 경우에 재산상 손해가 발생하였다고 보아 업무상배임죄가 성립한다(대판 2008.6.19. 2006도4876 全合).

5. 이익의 취득

가. 필요 유무 배임죄는 배임행위로 인하여 행위자 스스로 또는 제3자로 하여금 재산상의 이익을 취득할 것을 요건으로 하므로, 본인에게 손해를 가하였다고 할지라도 재산상의 이익을 행위자 또는 제3자가 취득한 사실이 없다면 배임죄가 성립되지 않는다(대판 2006.7.27. 2006도3145).[106]

나. 판단기준 행위자 또는 제3자가 재산상 이익을 취득하였는지 여부는 전체적 재산가치의 증가를 가져오는 것을 말한다(대판 2007.7.26. 2005도6439).

다. 이익을 취득하지 않은 사례 ① 입주자대표회의 회장이 지출결의서에 날인을 거부함으로써 아파트 입주자들에게 그 연체료를 부담시킨 경우, 열 사용요금 납부 연체로 인하여 발생한 연체료는 금전채무 불이행으로 인한 손해배상에 해당하므로, 공급업체가 연체료를 지급받았다는 사실만으로 공급업체가 그에 해당하는 재산상의 이익을 취득하게 된 것으로 단정하기 어렵다(대판 2009.6.25. 2008도3792).[107] ② 피해 회사의 승낙 없이 임의로 지정 할인율보다 더 높은 할인율을 적용하여 회사가 지정한 가격보다 낮은 가격으로 제품을 판매하는 이른바 '덤핑판매'로 제3자인 거래처에 재산상의 이익이 발생하였는지 여부는 경제적 관점에서 실질적으로 판단하여야 할 것인바, 피해 회사가 정한 할인율 제한을 위반하였다 하더라도 시장에서 거래되는 가격에 따라 제품을 판매하였다면 지정 할인율에 의한 제품가격과 실제 판매시 적용된 할인율에 의한 제품가격의 차액 상당을 거래처가 얻은 재산상의 이익이라고 볼 수는 없다(대판 2009.12.24. 2007도2484).

라. 이익을 취득한 사례 영업비밀에 해당하는 파일들을 자신의 개인 이메일로 전송받아 보관함으로써 재산상 이익을 취득하였다(대판 2011.7.28. 2010도9652).

마. 인과관계 재산상의 이익취득에 관하여 배임죄의 죄책을 인정하기 위해서는 그러한 재산상의 이익취득과 임무위배행위 사이에 상당인과관계가 인정되어야 한다(대판 2008.6.26. 2007도7060).[108]

---

106 대판 2007.7.26. 2005도6439; 2009.6.25. 2008도3792; 2009.12.24. 2007도2484.

107 입주자들이 연체료 상당의 손해를 입었으니 제3자가 이익을 취득한 바가 없다.

108 대판 2007.7.26. 2005도6439.

VII. 기타 문제

1. 고의

가. 고의의 정도

(1) 학설 배임죄의 고의가 있다고 하기 위해서는 ① 본인에게 손해가 발생한다는 것을 확정적으로 인식하거나 의욕이 있어야 한다는 견해[109]도 있으나 ② 다수설[110]은 미필적 인식으로 족하다고 본다.

(2) 판례 배임의 범의는 배임행위의 결과 본인에게 재산상의 손해가 발생하거나 발생할 염려가 있다는 인식과 자기 또는 제3자가 재산상의 이득을 얻는다는 인식이 있어야 하고, 이러한 인식은 미필적 인식으로도 족한 것이다(대판 2004.7.9. 2004도810).[111]

나. 가해 의사의 요부

(1) 학설 본인에게 재산상의 손해를 가한다는 의사나 자기 또는 제3자에게 재산상의 이득을 얻게 하려는 목적이 필요한가에 대하여, 필요설[112]과 불요설[113]이 주장되고 있다. 다른 재산죄와는 달리 배임죄의 이득의사는 고의의 내용으로 보면서 본인에게 손해를 가할 의사가 필요하다고 보기도 하는데,[114] 영득의사나 이득의사는 모두 고의의 내용일 뿐이고, 자기 또는 제3자가 이득을 얻고 본인에게 손해가 발생한다는 것에 대한 미필적 인식으로 족하기 때문에 불요설이 타당하다.

(2) 판례 ① 배임의 범의는 본인에게 재산상의 손해를 가한다는 의사나 자기 또는 제3자에게 재산상의 이득을 얻게 하려는 목적은 요하지 아니한다(대판 2004.7.9. 2004도810).[115] ② 업무상배임죄의 고의가 인정되려면 본인에게 재산상의 손해를 가한다는 의사가 있어야 한다(대판 2006.11.9. 2004도7027).[116] ③ 업무상배임죄가 성립하려면 주관적 요건으로서 본인에게 손해를 가한다는 인식, 즉 배임의 고의가 있어야 하는데, 이러한 인식은 미필적 인식으로도 족하다(대판 2008.4.24. 2006도9089).[117]

다. 경영판단과 고의

(1) 원칙 기업의 경영에는 원천적으로 위험이 내재하여 있어서 경영자가 아무런 개인적인 이

109 임대규, 위 논문, 370면; 소순무, 위 논문, 399면.
110 김/서, 391면; 배종대, 566면; 오영근, 514면; 이재상, 431면; 정/박, 476면.
111 대판 2004.3.26. 2003도7878; 1983.12.13. 83도2330 全合.
112 김성돈, 420; 김/서, 391면; 박상기, 405면; 이재상, 431면.
113 배종대, 566면; 오영근, 514면; 정/박, 476면; 정영일, 409면.
114 김성돈, 420면.
115 대판 2004.3.26. 2003도7878; 1983.12.13. 83도2330 全合.
116 대판 1987.3.10. 81도2026; 2003.2.11. 2002도5679.
117 대판 2009.7.23. 2007도541; 2008.5.29. 2005도 4640; 2004.6.24. 2004도520; 2011.12.22. 2011도112041; 2006.11.9. 2004도7027; 1987.3.10. 81도2026; 2003.2.11. 2002도5679.

익을 취할 의도 없이 선의에 기하여 가능한 범위 내에서 수집된 정보를 바탕으로 기업의 이익에 합치된다는 믿음을 가지고 신중하게 결정을 내렸다 하더라도 그 예측이 빗나가 기업에 손해가 발생하는 경우가 있을 수 있는바, 이러한 경우에까지 고의에 관한 해석기준을 완화하여 업무상배임죄의 형사책임을 묻고자 한다면 이는 죄형법정주의의 원칙에 위배되는 것임은 물론이고 정책적인 차원에서 볼 때에도 영업이익의 원천인 기업가 정신을 위축시키는 결과를 낳게 되어 당해 기업뿐만 아니라 사회적으로도 큰 손실이 될 것이므로, 현행 형법상의 배임죄가 위태범이라는 법리를 부인할 수 없다 할지라도, 문제된 경영상의 판단에 이르게 된 경위와 동기, 판단대상인 사업의 내용, 기업이 처한 경제적 상황, 손실발생의 개연성과 이익획득의 개연성 등 제반 사정에 비추어 자기 또는 제3자가 재산상 이익을 취득한다는 인식과 본인에게 손해를 가한다는 인식(미필적 인식을 포함)하의 의도적 행위임이 인정되는 경우에 한하여 배임죄의 고의를 인정하는 엄격한 해석기준은 유지되어야 할 것이고, 그러한 인식이 없는데 단순히 본인에게 손해가 발생하였다는 결과만으로 책임을 묻거나 주의의무를 소홀히 한 과실이 있다는 이유로 책임을 물을 수는 없다(대판 2004.7.22. 2002도4229).[118]

(2) 경영판단이 아닌 사례 ① 기업의 경영자가 당해 기업이나 경영자 개인이 정치적인 이유 등으로 곤란함을 겪고 있는 상황에서 벗어나기 위해서는 비록 경제적인 관점에서 기업에 재산상 손해를 가하는 결과가 초래되더라도 이를 용인할 수밖에 없다는 인식하에 의도적으로 그와 같은 행위를 하였다면 업무상배임죄의 고의는 있었다(대판 2007.3.15. 2004도5742). ② 법령을 위반한 행위에 대하여는 원칙적으로 경영판단의 원칙이 적용되지 않는다(대판 2007.7.26. 2006다33609). ③ 금융기관의 이사가 단순히 회사의 영업에 이익이 될 것이라는 일반적·추상적인 기대하에 일방적으로 임무를 수행하여 회사에 손해를 입게 한 경우에는 허용되는 경영판단의 재량범위 내에 있는 것이라고 할 수 없다(대판 2008.7.10. 2006다39935).

라. 계약해제와 고의 매매계약에 있어서 매도인이 부동산을 매도한 후 매매계약을 해제하고 이를 다시 제3자에게 매도한 경우, 매매계약의 해제가 해제요건을 갖추지 못하여 부적법하더라도 매도인이 해제가 적법한 것으로 믿고 그 믿음에 정당한 이유가 있다면 매도인에게 배임죄의 범의를 인정할 수 없고, 이와 같은 법리는 기부약정과 같은 증여계약에도 마찬가지로 적용되어야 한다(대판 2007.3.29. 2006도6674).[119]

마. 본인을 위한 의사가 있는 경우

(1) 오로지 본인을 위한 경우 오로지 조합의 이익을 위하여 양곡을 신속히 처분하려다 손해가

118 대판 2004.10.28. 2002도3131; 2007.1.26. 2004도1632; 2007.3.15. 2004도5742; 2010.10.28. 2009도1149.

119 대판 2006.5.12. 2006도1140.

발생한 것이라면, 조합에 손해를 가하고 자기 또는 제3자에게 재산상의 이익을 취득하게 한다는 인식, 인용하에서 행해진 행위라고 할 수 없다(대판 1992.1.17. 91도1675).[120]

(2) 부수적인 경우 본인의 이익을 위한다는 의사도 가지고 있었다 하더라도 본인의 이익을 위한다는 의사는 부수적일 뿐이고 이득 또는 가해의 의사가 주된 경우, 배임죄의 고의가 있었다(대판 2003.2.11. 2002도5679).[121]

(3) 목적과 수단이 위법한 경우 행위자가 가사 본인을 위한다는 의사를 가지고 행위를 하였다고 하더라도 그 목적과 취지가 법령이나 사회상규에 위반된 위법한 행위로서 용인할 수 없는 경우에는 그 행위의 결과가 일부 본인을 위하는 측면이 있다고 하더라도 이는 본인과의 신임관계를 저버리는 행위로서 배임죄의 성립을 인정함에 영향이 없다(대판 2003.10.10. 2003도3516).[122]

바. 부정적한 회계처리와 고의 법인의 임원이 회계처리를 적정하게 하지 아니함으로써 다른 법인에 자금을 대여한 사실 자체를 은폐한 경우, 그러한 부적정한 회계처리는 자금대여와 관련된 배임행위의 고의를 뒷받침하는 유력한 요소로 평가할 수 있는 것이다(대판 2010.10.28. 2009도1149).

사. 고의를 인정하기 어려운 사례 ① 주택조합 조합장이 기망행위에 속아 공원용지의 해제를 위해 경비를 지급한 경우(대판 1993.1.15. 92도166), ② 변제기 전의 채무변제(대판 1996.12.23. 95도1120)[123]의 경우에는 배임의 고의를 인정할 수 없다.

2. 실행의 착수시기 및 기수시기

가. 실행의 착수 배임의 고의로 임무위배행위를 개시한 때에 실행의 착수가 있다.

나. 기수

(1) 기수시기

A. 학설 통설과 판례는 배임죄의 기수시기를 '본인에게 손해가 발생한 때'로 보고 있다. 이에 비해 배임죄의 본질을 이득행위에 있다고 보는 이득행위설에서는 이익취득과 손해발생 중 나중의

---

120 당시 시장에 양곡의 물량이 많아 현금판매가 어려웠고 기온상승으로 양곡이 변질될 우려가 생겼으며 농협중앙회로부터 재고양곡의 조기판매 추진지시를 받는 등 사정으로 조합장이 조합규약에 따른 대금회수 확보를 위한 담보취득 등의 조치 없이 외상판매하였다.

121 이익을 취득하는 제3자가 계열회사라 하더라도 동일하다(대판 2008.5.29. 2005도4640; 2009.7.23. 2007도541.). 대판 2006.11.9. 2004도7027.

122 한스종금의 대외적 신인도를 높이기 위하여 조작된 거래로써 회사의 수익을 가장하고, 그 BIS 비율을 조작하여 회사의 자본충실 정도를 왜곡한 사안이다. 대판 2002.7.22. 2002도1696.

123 재단의 직원이 금 15억여 원의 재단 채무를 변제기한보다 약 8개월 앞당겨 변제하였다.

것을 기수시기로 보는 견해[124]도 있다. 법문이 '손해를 가한 때'라고 명시하고 있으므로 통설·판례의 입장이 타당하다.

B. 판례 ① 배임죄는 본인에게 손해를 가한 때에 기수가 되는 것이다(대판 1987.4.28. 83도1568). ② 처음부터 삼성전자의 영업비밀을 다른 벤처기업에 유출하거나 스스로의 이익을 위하여 이용할 목적으로 그 영업비밀을 씨디롬과 디스켓에 담아 두었던 것이므로, 그중 씨디롬을 삼성전자 밖으로 반출하여 집으로 가져와 보관한 때에 이미 삼성전자의 재산상 손해발생의 위험이 현실화되어 업무상배임죄의 기수에 이르렀다(대판 2003.10.30. 2003도4382).

(2) 기수가 아닌 사례 회사의 대표이사가 회사 명의로 체결한 계약이 관련 법령이나 정관에 위배되어 법률상 효력이 없는 경우에는 그로 인하여 회사가 계약 상대방에게 민법상 불법행위책임을 부담하게 되는 등 특별한 사정이 없는 한 계약의 체결행위만으로 회사에 현실적인 손해가 발생하거나 재산상 실해발생의 위험이 초래되었다고 할 수 없어서, 그것만으로 배임죄 구성요건이 모두 충족되어 범행이 기수에 이르렀거나 범행이 종료되었다고 볼 수 없다(대판 2011.11.24. 2010도11394).[125]

3. 공범

가. 수익자와 공범

(1) 공동정범

A. 성립요건 업무상배임죄의 실행으로 인하여 이익을 얻게 되는 수익자 또는 그와 밀접한 관련이 있는 제3자를 배임의 실행행위자와 공동정범으로 인정하기 위해서는, 실행행위자의 행위가 피해자인 본인에 대한 배임행위에 해당한다는 것을 알면서도 소극적으로 그 배임행위에 편승하여 이익을 취득한 것만으로는 부족하고, 실행행위자의 배임행위를 교사하거나 또는 배임행위의 전 과정에 관여하는 등으로 배임행위에 적극 가담할 것을 필요로 한다(대판 1999.7.23. 99도1911).[126]

B. 공동정범이 성립하는 사례: 적극 가담 회사의 대주주가 된 자가 회사 임원 등의 배임행위를 교사하거나 배임행위의 전 과정에 관여하는 등으로 적극 가담한 경우에는 업무상배임죄의 공동정범이 된다(대판 2007.2.8. 2006도483).

C. 적극 가담이 아닌 사례 ① 학교법인의 이사가 이사회에 출석하여 법인의 재산을 타에 기증

---

124 오영근, 521면.

125 대표이사가 주주총회 의사록을 허위로 작성하고 이를 근거로 임직원들과 주식매수선택권부여계약을 체결한 사안이다. 상법과 정관에 위배되어 법률상 무효인 계약을 체결한 것만으로는 업무상배임죄 구성요건이 완성되거나 범행이 종료되었다고 볼 수 없고, 임직원들이 이후 계약에 기초하여 회사에 주식매수선택권을 행사하고, 피고인이 이에 호응하여 주식의 실질가치에 미달하는 금액만을 받고 신주를 발행해 줌으로써 비로소 회사에 현실적 손해가 발생하거나 그러한 실해발생의 위험이 초래되었다고 볼 수 있으므로, 업무상배임죄는 의도한 배임행위가 모두 실행된 때로서 최종적으로 주식매수선택권이 행사되고 그에 따라 신주가 발행된 시점에 종료한다고 보았다. 원심은 계약을 체결한 시점에 범행이 종료되었음을 전제로 공소시효가 완성되었다고 보아 면소를 선고한 사안이다.

126 대판 2007.2.8. 2006도483; 2008.7.24. 2008도287; 2009.9.10. 2009도5630; 2003.10.30. 2003도4382.

하기로 하는 결의에 찬성하고 결의내용을 적은 이사회회의록에 날인한 것만으로는 배임죄의 공범은 되지 아니한다(대판 1985.7.23. 85도480). ② 수분양권 매매계약과 관련하여 제2매수인이 매수 당시에는 이중매매 사실을 몰랐으나 나중에 그 사실을 알고 매도인을 상대로 소송을 제기하던 중 오히려 매도인과 약정을 맺고 그의 도움으로 승소판결을 받고 분양권에 대한 소유권이전등기까지 마친 경우, 제2매수인의 민사상 권리 행사가 매도인의 배임행위를 교사하거나 전 과정에 관여하는 등 배임행위에 적극 가담한 경우에 해당한다고 볼 수 없다(대판 2009.9.10. 2009도5630).

(2) 방조범 성립 여부 거래상대방의 대향적 행위의 존재를 필요로 하는 유형의 배임죄에 있어서 거래상대방으로서는 기본적으로 배임행위의 실행행위자와는 별개의 이해관계를 가지고 반대편에서 독자적으로 거래에 임한다는 점을 감안할 때, 거래상대방이 배임행위를 교사하거나 그 배임행위의 전 과정에 관여하는 등으로 배임행위에 적극 가담함으로써 그 실행행위자와의 계약이 반사회적 법률행위에 해당하여 무효로 되는 경우, 배임죄의 교사범 또는 공동정범이 될 수 있음은 별론으로 하고 관여의 정도가 거기에까지 이르지 아니하여 법질서 전체적인 관점에서 살펴볼 때 사회적 상당성을 갖춘 경우에 있어서는 비록 정범의 행위가 배임행위에 해당한다는 점을 알고 거래에 임하였다는 사정이 있어 외견상 방조행위로 평가될 수 있는 행위가 있었다고 할지라도 범죄를 구성할 정도의 위법성은 없다(대판 2005.10.28. 2005도4915).[127]

나. 공범과 신분 신분관계가 없는 자가 그러한 신분관계가 있는 자와 공모하여 업무상배임죄를 저질렀다면 그러한 신분관계가 없는 자에 대하여는 형법 제33조 단서에 의하여 단순배임죄에 정한 형으로 처단하여야 할 것이다(대판 1999.4.27. 99도883).

다. 부작위에 의한 방조범

형법상 방조는 직무상의 의무가 있는 자가 정범의 범죄행위를 인식하면서도 그것을 방지하여야 할 제반조치를 취하지 아니하는 부작위로 인하여 정범의 실행행위를 용이하게 하는 경우에도 성립된다 할 것이므로, 은행지점장이 정범인 부하직원들의 범행을 인식하면서도 그들의 은행에 대한 배임행위를 방치하였다면 배임죄의 방조범이 성립된다(대판 1984.11.27. 84도1906).

4. 죄수

가. 포괄일죄

(1) 요건 수 개의 업무상 배임행위가 있더라도 피해법익이 단일하고 범죄의 태양이 동일할 뿐

127 甲은 상속세 납부자금 마련을 주된 목적으로 하는 주식매매계약이라는 개인적 거래에 수반하여 독립된 법인 소유의 부동산을 乙에게 담보로 제공하였고, 乙은 이러한 사정을 알면서 가등기의 설정을 요구하고 그 등기를 경료한 것에 불과한 사안이다. 대판 2011.5.6. 2011도738.

만 아니라, 그 수 개의 배임행위가 단일한 범의에 기한 일련의 행위라고 볼 수 있는 경우에는 그 수 개의 배임행위는 포괄하여 일죄를 구성한다(대판 2004.7.9. 2004도810).

(2) 포괄일죄인 사례 상호신용금고의 대표이사가 별다른 담보를 취득함이 없이 변제자력이 불충분한 제3자에게 장기간에 걸쳐 계속적으로 불성실한 대출을 한 때에는, 포괄하여 상호신용금고법에 규정된 배임죄로 처단하여야 한다(대판 1987.7.21. 87도546).

(3) 단순일죄인 사례 대출에 있어서 부실한 담보를 받고 대출한도 거래약정 또는 여신한도 거래약정을 체결하면 그때에 그 한도금액 범위 내에서 한 개의 배임죄가 성립한다고 볼 것이며, 그 한도금액을 여러 번에 걸쳐 나누어 인출하였다고 하여 그 여러 번의 인출행위를 포괄하여 배임죄의 일죄가 성립한다고 볼 것은 아니다(대판 2001.2.9. 2000도5000).[128]

나. 불가벌적 사후행위

(1) 불가벌적 사후행위인 사례 대표이사가 자신의 채권자에게 차용금에 대한 담보로 회사 명의 정기예금에 질권을 설정하여 주었는데, 그 후 채권자가 차용금과 정기예금의 변제기가 모두 도래한 이후 대표이사의 동의하에 정기예금 계좌에 입금되어 있던 회사 자금을 전액 인출한 경우, 민법 제353조에 의하면 질권자는 질권의 목적이 된 채권을 직접 청구할 수 있으므로, 대표이사의 예금인출동의행위는 이미 배임행위로써 이루어진 질권설정행위의 사후조처에 불과하여 새로운 법익의 침해를 수반하지 않는 불가벌적 사후행위에 해당하고, 별도의 횡령죄를 구성하지 않는다(대판 2012.11.29. 2012도10980).

(2) 불가벌적 사후행위가 아닌 사례 ① 배임죄와 횡령죄의 구성요건적 차이에 비추어 보면, 회사에 대한 관계에서 타인의 사무를 처리하는 자가 임무에 위배하여 회사로 하여금 자신의 채무에 관하여 연대보증채무를 부담하게 한 다음, 회사의 금전을 보관하는 자의 지위에서 회사의 이익이 아닌 자신의 채무를 변제하려는 의사로 회사의 자금을 자기의 소유인 경우와 같이 임의로 인출한 후 개인채무의 변제에 사용한 행위는, 연대보증채무 부담으로 인한 배임죄와 다른 새로운 보호법익을 침해하는 것으로서 배임 범행의 불가벌적 사후행위가 되는 것이 아니라 별죄인 횡령죄를 구성하며, 횡령행위로 인출한 자금이 선행 임무위배행위로 인하여 회사가 부담하게 된 연대보증채무의 변제에 사용되었다 하더라도 달리 볼 것은 아니다(대판 2011.4.14. 2011도277).[129] ② 배임죄는 재산상 이익을 객체로 하는 범죄이므로, 1인 회사의 주주가 자신의 개인채무를 담보하기 위하여 회사 소유

---

128 당초 부실한 담보를 제공받고 대출한도거래약정을 체결한 자체가 불량대출로서 그 한도금액 전체를 손해 및 이득액으로 하는 한 개의 배임죄가 성립할 뿐이라고 한다.

129 주식회사의 대표이사와 실질적 운영자가 공모하여, 자신들이 乙에 대해 부담하는 개인채무 지급을 위하여 회사로 하여금 약속어음을 공동발행하게 하고 채무에 대하여 연대보증하게 한 후 보관 중인 돈을 임의로 인출하여 乙에게 지급, 채무를 변제한 사안이다.

의 부동산에 대하여 저당권설정등기를 마쳐 주어 배임죄가 성립한 이후에 그 부동산에 대하여 새로운 담보권을 설정해 주는 행위는, 선순위 근저당권의 담보가치를 공제한 나머지 담보가치 상당의 재산상의 이익을 침해하는 행위로서 배임죄가 성립한다(대판 2005.10.28. 2005도4915).

5. 타죄와의 관계

가. 횡령죄와의 관계 배임죄와 횡령죄는 일반법과 특별법의 관계에 있기 때문에 '재물의 횡령'이라는 횡령죄의 요건이 충족된 경우에는 횡령죄만 성립하고 배임죄는 성립하지 않는다.

나. 사기죄와의 관계

(1) 학설 타인의 사무를 처리하는 자가 본인을 기망하는 임무위배행위로 본인에게 손해를 입힌 경우, ① 사기죄가 성립한다는 견해(사기죄설)[130]와 ② 사기와 배임죄의 상상적 경합이라는 견해(상상적 경합설)[131]가 대립한다. 판례는 입장을 바꾸어 상상적 경합설을 취한다. 한편, 판례는 본인에 대한 배임행위가 제3자에 대한 기망행위가 되는 경우에는 배임죄와 사기죄의 실체적 경합이 된다고 한다. 배임죄의 신임관계와 사기죄의 일반적 신뢰는 서로 일치하지 아니하므로 판례의 입장이 타당하다.

(2) 판례

A. 본인에 대한 관계 사기죄는 사람을 기망하여 재물의 교부를 받거나 재산상의 이익을 취득하는 것을 구성요건으로 하는 범죄로서 임무위배를 그 구성요소로 하지 아니하고 사기죄의 관념에 임무위배행위가 당연히 포함된다고 할 수도 없으며, 업무상배임죄는 업무상 타인의 사무를 처리하는 자가 그 업무상의 임무에 위배하는 행위로써 재산상의 이익을 취득하거나 제3자로 하여금 이를 취득하게 하여 본인에게 손해를 가하는 것을 구성요건으로 하는 범죄로서 기망적 요소를 구성요건의 일부로 하는 것이 아니어서 양 죄는 그 구성요건을 달리하는 별개의 범죄이고 형법상으로도 각각 별개의 장(章)에 규정되어 있어, 1개의 행위에 관하여 사기죄와 업무상배임죄의 각 구성요건이 모두 구비된 때에는 양 죄를 법조경합 관계로 볼 것이 아니라 상상적 경합관계로 봄이 상당하다 할 것이고, 나아가 업무상배임죄가 아닌 단순배임죄라고 하여 양 죄의 관계를 달리 보아야 할 이유도 없다(대판 2002.7.18. 2002도669 全合).[132]

B. 제3자에 대한 관계 본인에 대한 배임행위가 본인 이외의 제3자에 대한 사기죄를 구성한다

---

130 오영근, 523면.

131 김성돈, 423면; 김/서, 393면; 박상기, 412면; 배종대, 568면; 이재상, 437면; 임웅, 401면; 성/박, 480면; 정영일, 420면.

132 신용협동조합의 전무인 피고인이 조합원의 예금인출청구서, 금전소비대차약정서 등을 위조한 후 조합의 담당직원을 기망하여 예금인출금 또는 대출금 명목으로 금원을 교부받은 사안이다.

하더라도 그로 인하여 본인에게 손해가 생긴 때에는 사기죄와 함께 배임죄가 성립한다(대판 2010.11.11. 2010도10690).[133]

다. 사문서위조죄와의 관계 약식명령이 확정된 범죄사실인 합의서를 위조·행사하였다는 사실(개발기획팀 부장이 대표이사의 승낙 없이 회사에 불리한 합의서에 회사의 인감 날인)과 동일한 합의서를 임의로 작성·교부하여 회사에 재산상 손해를 가하였다는 공소사실(업무상배임)은 그 객관적 사실관계가 하나의 행위라고 할 것이어서 상상적 경합관계에 있다(대판 2009.4.9. 2008도5634).

VIII. 배임수증재죄

> **제357조(배임수증재)** ① 타인의 사무를 처리하는 자가 그 임무에 관하여 부정한 청탁을 받고 재물 또는 재산상의 이익을 취득한 자는 5년 이하의 징역 또는 1천만원 이하의 벌금에 처한다.
> ② 제1항의 재물 또는 이익을 공여한 자는 2년 이하의 징역 또는 500만원 이하의 벌금에 처한다.
> ③ 범인이 취득한 제1항의 재물은 몰수한다. 그 재물을 몰수하기 불능하거나 재산상의 이익을 취득한 때에는 그 가액을 추징한다.

1. 의의와 보호법익

가. 의의와 성격 배임수재죄와 배임증재죄는 수뢰죄와 증뢰죄의 관계와 유사하다. 공무원이 직무와 관련하여 뇌물을 수수하는 것을 처벌하듯이, 타인의 사무를 처리하는 자가 그 임무에 관하여 부정한 청탁을 받고 재산을 수수하는 행위를 처벌하는 것이다. 배임이라는 표현과는 달리 본죄의 성립에 배임행위가 반드시 있어야 하는 것은 아니라는 점에서 배임죄와는 별개의 독립범죄라고 할 것이다. 재물과 재산상의 이익을 행위객체로 하는 재물죄이자 이득죄이다.

나. 보호법익과 보호의 정도

(1) 학설 본죄의 보호법익은 ① 사무처리의 청렴성 내지 공정성이라는 견해[134]와 ② 타인의 재산권 및 사무처리의 청렴성이라는 견해[135]가 주장되고 있다. 부정한 청탁을 받고 본인에게 피해를

---

133 건물에 관하여 전세임대차계약을 체결할 권한이 없음에도 임차인들을 속이고 전세임대차계약을 체결하여 그 임차인들로부터 전세보증금 명목으로 돈을 교부받은 행위는 건물주가 민사적으로 임차인들에게 전세보증금반환채무를 부담하는지 여부와 관계없이 사기죄에 해당하고, 건물에 관하여 전세임대차계약이 아닌 월세임대차계약을 체결하여야 할 업무상 임무를 위배하여 전세임대차계약을 체결하여 그 건물주인 피해자로 하여금 전세보증금반환채무를 부담하게 한 행위는 사기죄와 별도로 업무상배임죄에 해당한다는 것이다.

134 권오걸, 640면; 김성돈, 430면; 김/김, 525면; 김/서, 395면; 박상기, 415면; 배종대, 570면; 손동권, 473면; 이재상, 438면; 임웅, 510면.

135 오영근, 526; 이형국, 440면; 정/박, 483면; 정영일, 432면.

주지 못하도록 하겠다는 것이 본죄의 주된 취지이지만, 반드시 재산상의 손해가 발생하여야 하는 것은 아니라는 점에서 전자의 견해가 타당하다(판례). 보호법익을 이렇게 제한하면, 배임수재한 재물은 장물이 아니라고 할 수 있다. 보호의 정도는 침해범이다.

(2) 판례 배임수재죄는 '타인의 사무를 처리하는 자의 청렴성'을 보호법익으로 하는 것이다(대판 1997.10.24. 97도2042).[136]

다. 배임행위의 요부 재물 등의 취득 후에 청탁의 취지에 따른 배임행위를 하였음을 요하지 않는다(대판 1982.7.13. 82도925).[137]

라. 본인의 손해발생 요부 회사에 아무런 손해가 발생하지 아니하였더라도 대표이사의 배임수재죄 성립에 아무런 영향이 없다(대판 1983.12.27. 82도735).[138]

2. 타인의 사무

가. 의미 및 사무처리의 근거 배임수재죄의 주체로서 '타인의 사무를 처리하는 자'의 의미 및 사무처리의 근거는 배임죄의 주체인 '타인의 사무를 처리하는 자'와 동일하다(대판 2011.8.25. 2009도5618).

나. 재산상의 사무에 국한되는지 여부 타인의 사무는 재산상의 사무에 국한된다고 볼 수 없다(대판 2003.3.25. 2003도301).

다. 장래의 사무 타인의 사무를 처리하는 자가 그 신임관계에 기한 사무의 범위에 속한 것으로서 장래에 담당할 것이 합리적으로 기대되는 임무에 관하여 부정한 청탁을 받고 재물 또는 재산상 이익을 취득한 후 그 청탁에 관한 임무를 현실적으로 담당하게 되었다면 이로써 타인의 사무를 처리하는 자의 청렴성은 훼손되는 것이어서 배임수재죄의 성립을 인정할 수 있다(대판 2010.4.15. 2009도4791).

라. 부정한 청탁과 직무수행 및 재산취득의 선후관계

(1) 타인의 사무를 처리할 때 부정한 청탁을 받고 퇴직 후 재물을 취득한 경우

A. 학설 직무를 수행할 때 부정한 청탁을 받고 그 직무를 벗어난 후에 재산을 취득하는 경우에 배임수재죄가 성립하는지와 관련하여, 긍정설[139]과 부정설[140]이 대립한다.

---

136 대판 1987.11.24. 87도1560; 2005.1.14. 2004도6646.

137 대판 1987.11.24. 87도1560; 2010.4.15. 2009도6634.

138 회사가 발주하는 공사에 관하여 입찰경쟁업체로 지명함에 있어서 부적당하다는 정을 알면서도 부정한 청탁을 받고 건설업체를 지명하고 그 사례조로 금원을 수수하였는데, 그 후 건설업체가 공사를 아무런 하자 없이 시공하여 준공검사를 마친 사안이다. 대판 1984.8.21. 83도2447.

139 권오걸, 644면; 김성돈, 433면; 이재상, 440면; 정/박, 485면.

140 오영근, 527면.

B. 판례 그 임무에 관하여 부정한 청탁을 받고 재물을 수수함으로써 성립하고 반드시 수재 당시에도 그와 관련된 임무를 현실적으로 담당하고 있음을 그 요건으로 하는 것은 아니므로, 타인의 사무를 처리하는 자가 그 임무에 관하여 부정한 청탁을 받은 이상 그 후 사직으로 인하여 그 직무를 담당하지 아니하게 된 상태에서 재물을 수수하게 되었다 하더라도, 그 재물 등의 수수가 부정한 청탁과 관련하여 이루어진 것이라면 배임수재죄가 성립한다(대판 1997.10.24. 97도2042).[141]

(2) 타인의 사무를 처리하는 자의 지위를 취득하기 전에 부정한 청탁을 받은 경우 타인의 사무를 처리하는 자의 지위를 취득하기 전에 부정한 청탁을 받은 행위를 처벌하는 별도의 구성요건이 존재하지 않는 이상, 타인의 사무처리자의 지위를 취득하기 전에 부정한 청탁을 받은 경우에 배임수재죄로는 처벌할 수 없다고 보는 것이 죄형법정주의의 원칙에 부합한다(대판 2010.7.22. 2009도12878).

(3) 검토 배임수재죄에는 사전수뢰죄 및 사후수뢰죄와 같은 규정이 없다. 그런데 판례는 사전수재죄는 부정하면서 사후수재죄는 인정하고 있다. 재산취득이 부정한 청탁과 관련성(대가 또는 사례)이 있다면, 처벌의 필요성이 있는 것도 사실이다. 하지만 사후수뢰죄는 '부정처사'를 요건으로 하는데, 배임수재죄는 배임행위를 요건으로 하지 않는다. 따라서 직무수행 중 부정한 청탁을 받았더라도 그 직무를 벗어난 이상 그 사무처리의 공정성을 해칠 우려가 없다고 볼 수 있다. 물론, 직무수행 중 부정한 청탁을 받고 직무를 벗어난 상태에서 재산을 취득한다면, 이는 그 직무를 수행할 때 이미 그 부정한 청탁을 들어주었다는 것을 의미하므로 부정한 청탁과 사후수재의 대가성이 인정된다. 따라서 사후수재도 처벌할 필요성이 없지 아니한데, 이는 궁극적으로 입법적으로 해결되어야 할 문제이다.

마. 타인의 사무를 처리하는 자인지 여부가 문제된 사례

(1) 편입학과 학교법인의 상무 대학에의 편입학에 관한 사무는 대학의 총장이나 학장의 임무에 속하고 학교법인의 상무이사가 처리할 임무가 아니므로, 편입학에 대한 사례로 학교법인의 상무이사에게 재물을 공여한 것으로 인정되더라도 배임증재에는 해당하지 아니한다(대판 1982.4.13. 81도2646).

(2) 대표자의 선거와 타인의 사무 구 화물자동차 운수사업법 제33조 제1항, 제2항, 제9항, 제35조 제1항 및 연합회와 지역협회 각 정관규정 등에 의하면, 지역협회 대표자가 연합회 총회에서 총회의 구성원이 되어 회장 선출에 관한 선거권 내지 의결권을 행사하는 것은 연합회 회원인 지역협회 업무집행기관으로서 권한을 행사하는 것에 불과하므로, 이러한 대표자의 권한행사는 자기의 사무를 처리하는 것이 아니라 타인인 '지역협회'의 사무를 처리하는 것으로 보아야 한다(대판 2011.8.25. 2009도5618).[142]

---

141 대판 1987.4.28. 87도414; 1984.11.27. 84도1906; 2013.11.14. 2011도11174.

142 시·도 화물자동차운송사업협회 대표자들이 甲으로부터 전국화물자동차운송사업연합회 회장 선거에서 자신을 지지해달라는 취지의 부정한 청탁을 받고 돈을 수수한 사안이다.

3. 임무에 관하여 부정한 청탁

가. 임무에 관하여의 의미

'임무에 관하여'라는 의미도 배임죄에서의 '임무'와 동일하다(대판 2010.4.15. 2009도6634).[143]

나. 부정한 청탁

(1) 의미 및 판단기준 　'부정한 청탁'이라 함은 반드시 업무상 배임의 내용이 되는 정도에 이를 것을 요하지 않고, 사회상규 또는 신의성실의 원칙에 반하는 것을 내용으로 하는 것이면 족하다(대판 2008.12.11. 2008도6987).[144]

(2) 묵시적 청탁 　그 청탁이 반드시 명시적으로 이루어져야 하는 것은 아니고, 묵시적으로 이루어지더라도 무방하다(대판 2005.6.9. 2005도1732).

(3) 청탁의 정도 　부정한 청탁의 내용은 어느 정도 구체적이고 특정한 임무행위에 관한 것임을 요하며 만연히 임무와 관련하여 재물 또는 재산상 이익을 취득하는 것만으로는 배임수재죄를 구성하지 않는다(대판 1983.12.27. 83도2472).[145]

(4) 부정한 청탁에 해당하는 사례

A. 선처, 묵인, 편의 제공 　① 재건축조합의 조합장과 시공회사의 대표이사 사이에 시공회사에게 유리한 쪽으로 편의를 보아 달라는 취지의 묵시적인 청탁은 있었다고 추인함이 상당하므로, 대표이사가 조합장에게 무상으로 재건축공사장의 식당을 운영하도록 한 것이 배임증재죄에 해당한다(대판 2005.6.9. 2005도1732). ② 공사감독을 까다롭게 하지 말아 달라는 취지의 청탁은 그것이 묵시적이라 하더라도 사회상규 또는 신의성실의 원칙에 반하는 부정한 청탁에 해당한다.[146] ③ 거액의 금품을 제공하는 대가로 전환사채의 조기상환 및 인수가 이루어질 수 있도록 부탁한 행위는 부정한 청탁을 하면서 금품을 공여한 경우에 해당한다(대판 2006.5.11. 2003도4320).

B. 선임, 채용, 선수 선발, 가입, 추천 부탁 　① KOC 위원장에게 KOC 위원이 되고자 KOC 위원으로 선임해 달라는 등의 부탁을 한 것(대판 2005.1.14. 2004도6646), ② 특정인을 어떤 직위에 우선적으로 추천해 달라는 것(대판 1989.12.12. 89도495), ③ 음악대학 교수 공채 응모자의 연구실적 등을 심사하는 학과심사위원회의 위원과 임용후보자를 최종 선발하는 인사소위원회의 위원에게 딸을 음악대학 작곡과 교수로 채용되게 해 달라고 한 것(대판 1999.3.12. 98도473), ④ 항운노등조합 위원장 및 부위원장이 조합원 가입을 부탁받은 것(대판 2001.9.25. 2000도3639)은 사회상규 또는 신의성실의 원칙에 반하는 청탁이다.

---

143 대판 1982.2.9. 80도2130; 2010.9.9. 2009도10681.

144 회원제 골프장의 예약업무 담당자가 부킹대행업자의 청탁에 따라 회원에게 제공해야 하는 주말부킹권을 부킹대행업자에게 판매하고 대금 명목의 금품을 받은 것은 배임수재죄에 해당한다. 대판 2005.6.9. 2005도1732, 2006.5.11. 2003도4320.

145 유류부정처분 대금을 나누어 준 것이 단지 환심을 사 두어 후일 범행이 발각되더라도 이를 누설하지 않게끔 하기 위한 것이었다.

146 대판 1988.3.8. 87도1445; 1991.11.26. 91도2418.

C. 유리한 감정이나 금액 책정 부탁 ① 관계자로부터 부동산에 관하여 적정가보다도 고액으로 감정평가를 하여 달라는 부정한 청탁을 받고 그들이 제출하는 허위 자료를 근거로 하는 등의 방법으로 고의로 과대하게 잘못 감정평가를 한 것은 배임수재죄에 해당한다(대판 2004.10.27. 2003도7340).[147] ② 감정업에 종사하는 자가 감정물의 감정평가액을 낮추어 평가하여 달라는 청탁을 받고 금품을 수령한 것은 배임수재죄에 해당한다(대판 1982.7.13. 82도925).

D. 특혜

1) 방송 ① 특정회사에서 출판되는 교재를 채택하여 특정회사의 이익을 위해 수능과외방송을 하는 내용의 방송협약을 체결해 달라고 부탁하는 것은 부정한 청탁에 해당된다(대판 2002.4.9. 99도2165). ② 방송국에서 프로그램의 제작연출 등의 사무를 처리하는 프로듀서에게 특정 가수의 노래만을 자주 방송하여 달라는 청탁은 부정한 청탁이다(대판 1991.1.15. 90도2257).

2) 교육 대학교수가 특정출판사의 교재를 채택하여 달라는 청탁을 받고 교재 판매대금의 일정비율에 해당하는 금원을 받은 경우 배임수증죄가 성립한다(대판 1996.10.11. 95도2090).[148]

3) 병원과 의사 종합병원 또는 대학병원 소속 의사들이 자신들이 처방하는 약을 환자들이 예외 없이 구입·복용하는 것을 기화로, 의약품수입업자로부터 부탁을 받고 그들이 수입한 약을 환자에게 처방하여 주고 금원을 교부받은 경우, 배임수재죄를 구성한다(대판 1991.6.11. 91도413).[149]

4) 계약 ① 물품구매계약을 담당하고 있는 공사 자재과장과 직원에게 물품납품계약을 한국보훈복지공단과 수의계약으로 체결하여 주고 편의를 보아 주면 사례하겠다고 청탁하고 그 구매계약체결 후 금품을 교부하였다면 위 청탁은 부정한 청탁이다(대판 1990.8.10. 90도665). ② 미술장식품 알선업을 하는 자가 건물을 신축하는 회사에 미술장식품 제작자의 추천 및 계약업무 등을 담당하는 사람들에게 미술장식품을 납품하게 하여 주면 사례를 하겠다는 내용의 임무에 관한 부정한 청탁을 하고 조각가들을 대리하여 미술장식품 납품계약을 체결한 다음 위 담당자들에게 사례비를 교부한 것은 배임증재죄에 해당한다(대판 2003.5.30. 2003도1096).

5) 대출 대출금의 회수불능이 예상되는 회사들 앞으로 거액의 대출을 원활하게 하여 달라고 은행장에게 청탁하고 거액의 돈을 공여한 것은 불량대출까지도 그 청탁의 내용으로 한 것이었다 할 것이므로 이는 은행장으로서의 임무에 관한 부정한 청탁에 해당한다(대판 1983.3.8. 82도2873).

6) 경매 집행관사무소 사무원이 경매브로커들로부터 채권자들이 그들에게 부동산명도, 철거, 인도 등의 집행용역을 의뢰하도록 알선하여 주고 집행일정을 그들에게 편리하도록 결정하며

---

147 감정평가법인의 지점을 독립채산제로 운영하는 자가 위 법인의 명의로 감정평가업무를 수주하여 그 업무를 처리한 사안이다.

148 대학교수가 학생들에게 가르칠 교재의 선택 및 출판업자를 선정하는 일은 자유재량에 맡겨짐은 사실이나, 이는 대학교의 수업권(교육법 제150조 참조)을 위임받은 것이라 할 것이므로 자신의 학문적인 성과를 저술한 책자를 출판하는 것이 아니라 대학교재로 쓸 것을 전제로 하는 한 이를 자신의 업무라고 볼 수 없다는 것이다.

149 대판 1988.12.20. 88도167.

집행비용을 신속하게 지급받도록 도와주고, 유체동산 경매시에는 경매정보 및 정확한 경매개시 시각, 위치를 그들에게만 알려 주어 저가에 경락받도록 도와주는 등 강제집행 전반에 관하여 편의를 보아 달라는 취지로 받은 부탁은 부정한 청탁에 해당한다(대판 2002.7.12. 2002도2036).

(5) 부정한 청탁이 아닌 사례

A. 권리를 확보하기 위한 부탁 계약관계를 유지시켜 기존권리를 확보하기 위한 부탁행위는 부정한 청탁이라 할 수 없으므로, 계약관계를 유지시켜 달라는 부탁을 받고 사례금 명목으로 금원을 교부받은 행위는 배임수재죄에 해당하지 아니한다(대판 1985.10.22. 85도465).[150]

B. 규정이 허용하는 범위 내에서 최대한의 선처 청탁한 내용이 단순히 규정이 허용하는 범위 내에서 최대한의 선처를 바란다는 내용에 불과하다면 사회상규에 어긋난 부정한 청탁이라고 볼 수 없고, 따라서 이러한 청탁의 사례로 금품을 수수한 것은 배임증재 또는 배임수재에 해당하지 않는다(대판 1982.9.28. 82도1656).

C. 사회복지법인 운영권의 유상양도 사회복지법인의 설립자 내지 운영자가 사회복지법인 운영권을 양도하고 양수인으로부터 양수인 측을 사회복지법인의 임원으로 선임해 주는 대가로 양도대금을 받기로 하는 내용의 '청탁'을 받았다 하더라도, 그 청탁의 내용이 당해 사회복지법인의 설립 목적과 다른 목적으로 기본재산을 매수하여 사용하려는 것으로서 실질적으로 법인의 기본재산을 이전하는 것과 다름이 없어 사회복지법인의 존립에 중대한 위협을 초래할 것임이 명백하다는 등의 특별한 사정이 없는 한 사회상규 또는 신의성실의 원칙에 반하는 것을 내용으로 하는 청탁이라고 할 수 없으므로 이를 배임수재죄의 성립 요건인 '부정한 청탁'에 해당한다고 할 수 없다. 나아가 사회복지법인의 설립자 내지 운영자가 자신들이 출연한 재산을 회수하기 위하여 양도대금을 받았다거나 당해 사회복지법인이 국가 또는 지방자치단체로부터 일정한 보조금을 지원받아 왔다는 등의 사정은 위와 같은 결론에 영향을 미칠 수 없다(대판 2013.12.26. 2010도16681).

4. 재물 또는 재산상 이익의 취득

가. 취득의 의미

(1) 자신의 것으로 취득 ① 그 재물 또는 이익을 사무처리자 자신의 것으로 취득하거나 그 자신의 것으로 공여하는 것을 뜻하므로, 사무처리자가 자기가 아닌 본인의 채권을 회수하거나 상대방이 본인에 대한 채무를 변제하는 것은 재물의 취득이나 그 공여에 해당한다고 할 수 없다(대판 1987.4.4. 85도1339). ② '타인'의 사무를 처리하는 자가 그 임무에 관하여 부정한 청탁을 받았다고 하더라도 자신이 아니라 그 '타인'에게 재물 또는 재산상의 이익을 취득하게 한 경우에는 배임수재죄가 성립하지 않는다(대판 2008.4.24. 2006도1202).[151]

---

150 대판 1991.8.27. 91도61.

151 조합 이사장이 조합이 주관하는 도자기 축제의 대행기획사를 선정하는 과정에서 최종 기획사로 선정된 회사로부터 조

(2) 현실적 취득 배임수재죄에서 말하는 '재산상의 이익의 취득'이라 함은 현실적인 취득만을 의미하므로 단순한 요구 또는 약속만을 한 경우에는 이에 포함되지 아니한다(대판 1999.1.29. 98도4182).

(3) 영득의사 재물 등을 영득할 의사로 취득하여야 한다(대판 1983.3.8. 82도2873).

(4) 부수적 이익 본인에 대한 채무변제가 부수적으로 사무처리자 자신의 어떤 책임 또는 불이익을 면하게 하여 그의 이익이 되는 것이라 하더라도 그것이 주로 본인의 사무처리에 관계되고 본인을 위한 사무처리의 결과로서 이루어진 것이라면, 그 부수적 이익을 가지고 위의 사무처리자 자신이 이익을 취득하거나 그에게 이익을 공여한 것으로 볼 수는 없다(대판 1987.4.4. 85도1339).

(5) 제3자 취득의 경우

A. 취득이 될 수 있는 요건 배임죄에서의 제3자 취득과 동일하다(대판 2006.12.22. 2004도2581).[152]

B. 취득인 사례 ① 구 병역법상 지정업체의 대표이사가 병역의무자를 형식적으로 당해 지정업체 소속 병역특례 산업기능요원으로 편입시킨 뒤 다른 회사에서 근무하도록 해 달라는 부정한 청탁을 받고 그 대가로 지정업체 명의의 계좌로 금원을 송금받은 경우, 피고인이 당해 지정업체의 대표이사이자 주요 주주이므로 지정업체가 재물 또는 재산상 이익을 받는 것은 피고인이 받는 것과 사실상 동일하게 평가할 수 있어 배임수재죄가 성립한다(대판 2008.3.27. 2006도3504). ② 자신의 처제 명의로 주식매수대금을 입금하고 주식의 주권을 인도받은 다음 처제 명의로 개설된 증권계좌에 주식을 입고한 후 상당한 매도차익을 얻었으며, 그 자금의 출처, 매도차익의 귀속, 증권계좌의 지배관리 등 여러 사정에 비추어 주식을 통한 재산상 이익은 처제가 아닌 피고인이 취득한 것으로 봄이 상당하다(대판 2010.9.9. 2009도7568).[153]

나. 취득이 아닌 사례

(1) 회원권의 명의가 변경되지 않은 경우 甲이 피고인에게 골프장 회원권의 공여의 의사표시를 하고 피고인이 이를 승낙하였더라도 그 골프장 회원권에 관하여 피고인 명의로 명의변경이 이루어지지 아니한 이상, 피고인이 현실적으로 재산상의 이득을 '취득'하였다고 할 수 없다(대판 1999.1.29. 98도4182).

(2) 공범 간의 사후 분배행위 공동의 사기범행으로 인하여 얻은 금원을 공범자끼리 수수한 행위는 공동 편취한 금원의 내부적인 사후분배행위에 지나지 않는 것이어서 그 금원수수행위가 따로 배임증수재죄를 구성한다고 볼 수는 없다(대판 1985.8.20. 84도2599).

합운영비 지급을 약속받고 축제가 끝난 후 조합운영비 명목으로 현금 3,000만 원을 교부받아 조합운영비로 사용한 경우이다.

152 고속도로 휴게소의 판매점에 관한 점포임대계약을 체결하여 영업권을 취득하였던 사람은 피고인이 아니라 그의 처제이었던 경우, 처제가 판매점의 명목상 영업주에 불과하고 실질적인 영업주는 피고인이었다거나 혹은 피고인이 처제의 생활비나 그에 대해 채무를 부담하고 있어 이로 인해 그만큼의 지출을 면하게 되었다는 등으로 사회통념상 피고인이 이를 직접 취득한 것과 같이 평가할 수 있는 관계가 있어야 할 것이라고 한다. 대판 2008.3.27. 2006도3504.

153 방송국 예능국 PD가 연예기획사를 운영하는 사람으로부터 시세차익이 예상되는 주식의 매수기회를 제공받은 사안이다.

5. 기타 문제

가. 공범

(1) 신분과 공범 배임수재죄는 원칙적으로 타인의 사무를 처리하는 자라야 그 범죄의 주체가 될 수 있고, 그러한 신분을 가지지 아니한 자는 신분 있는 자의 범행에 가공한 경우에 한하여 그 주체가 될 수 있다(대판 2008.3.27. 2006도3504).

(2) 수재자 및 증재자 모두에게 범죄가 성립하여야 하는지 여부 배임수재죄와 같은 배임증재죄는 통상 필요적 공범의 관계에 있기는 하나 이것은 반드시 수재자와 증재자가 같이 처벌받아야 하는 것을 의미하는 것은 아니고, 증재자에게는 정당한 업무에 속하는 청탁이라도 수재자에게는 부정한 청탁이 될 수도 있는 것이다(대판 1991.1.15. 90도2257).[154]

나. 죄수 ① 타인의 사무를 처리하는 자가 동일인으로부터 그 직무에 관하여 부정한 청탁을 받고 여러 차례에 걸쳐 금품을 수수한 경우, 그것이 단일하고도 계속된 범의 아래 일정기간 반복하여 이루어진 것이고 그 피해법익도 동일한 때에는 이를 포괄일죄로 보아야 한다(대판 2008.12.11. 2008도6987).[155] ② 여러 사람으로부터 각각 부정한 청탁을 받고 그들로부터 각각 금품을 수수한 경우에는 비록 그 청탁이 동종의 것이라고 하더라도 단일하고 계속된 범의 아래 이루어진 범행으로 보기 어려워 그 전체를 포괄일죄로 볼 수 없다(대판 2008.12.11. 2008도6987).

다. 타죄와의 관계

(1) 배임죄와의 관계

A. 학설 타인의 사무를 처리하는 자가 부정한 청탁을 받고 배임행위를 한 후 재산을 취득하는 경우에 배임죄와 배임수재죄가 ① 상상적 경합이라는 견해[156]와 ② 실체적 경합이라는 견해[157]가 대립한다. 재산의 취득행위가 양 죄의 공통분모를 이루기 때문에 상상적 경합으로 보는 것이 타당하다. 다만, 타인의 사무처리자가 부정한 청탁을 받고 재산을 취득한 후 배임행위로 나아가면 배임수재죄와 배임죄의 실체적 경합이 된다.[158]

B. 판례 ① 배임수재죄와 배임죄는 행위의 태양을 전연 달리하고 있어 일반법과 특별법 관계가 아닌 별개의 독립된 범죄라고 보아야 하고, 업무상배임죄가 배임수재죄에 흡수되는 관계에 있다거나 결과적 가중범의 관계에 있다고는 할 수 없으므로 양 죄는 형법 제37조 전단의 경합범이다

154 대판 2011.10.27. 2010도7624; 1982.7.13. 82도874.

155 대판 2012.5.24. 2010도3950.

156 김성돈, 434면; 임웅, 514면.

157 권오걸, 641면; 김/서, 398면; 박상기, 412면; 배종대, 572면; 이재상, 440면; 정/박, 485면.

158 김성돈, 434면.

(대판 1984.11.27. 84도1906). ② 업무상배임죄와 배임증재죄는 별개의 범죄로서 배임증재죄를 범한 자라 할지라도 그와 별도로 타인의 사무를 처리하는 지위에 있는 사람과 공범으로서는 업무상배임죄를 범할 수도 있는 것이다(대판 1999.4.27. 99도883).

(2) 횡령죄와의 관계 회사의 대표이사가 업무상 보관하던 회사 자금을 빼돌려 횡령한 다음 그 중 일부를 더 많은 장비 납품 등의 계약을 체결할 수 있도록 해 달라는 취지의 묵시적 청탁과 함께 배임증재에 공여한 경우, 횡령의 범행과 배임증재의 범행은 서로 범의 및 행위의 태양과 보호법익을 달리하는 별개의 행위이므로, 위 횡령의 점에 대하여 약식명령이 확정되었다고 하더라도 그 기판력이 배임증재의 점에는 미치지 아니한다(대판 2010.5.13. 2009도13463).

라. 몰수 ① 배임수재자가 해당 금액을 제공자에게 반환하였다 하더라도 이를 추징할 수 없는 것은 아니다(대판 1983.8.23. 83도406). ② 타인의 업무를 처리하는 자에게 공여한 금품에 부정한 청탁의 대가로서의 성질과 그 외의 행위에 대한 사례로서의 성질이 불가분적으로 결합되어 있는 경우에는 그 전부가 부정한 청탁의 대가로서의 성질을 갖는다(대판 2012.5.24. 2010도3950).

제8절 • 장물에 관한 죄

I. 서설

1. 의의와 보호법익 장물죄는 장물을 취득, 양도, 운반 또는 보관하거나 이들 행위를 알선하는 범죄이다. 장물은 절도, 강도, 사기, 공갈, 횡령 등 재산범죄로 영득한 재물을 말하고, 이들 재산범죄를 장물범의 본범이라고 한다. 장물죄는 본범이 영득한 재물을 대상으로 하는 재물죄이고, 본범의 사후종범에 해당하지만, 본범을 유발하고 비호하는 성격이 강하여 독립된 재산범죄로 규정하고 있다.

장물죄의 보호법익은 ① 소유자의 추구권이라는 견해[1]와 ② 재산권이라는 견해[2] 및 ③ 재산이라는 견해[3]가 대립한다. 형법은 민법상의 권리를 넘어 사실상의 이익도 보호대상으로 삼고 있기 때문

---

1 강구진, 389면; 김종원, 248면.

2 권오걸, 657면; 김성돈, 436면; 김/김, 532면; 김/서, 400면; 박상기, 421면; 배종대, 575면; 이재상, 444면; 임웅, 517면; 정/박, 493면; 정영일, 424면.

3 오영근, 534면. 형법은 민법상의 권리관계를 보호하는 데에 목적이 있지 않고, 사실상의 재산상태를 보호하는 데에 일

에, 재산범죄의 보호법익은 재산으로 보는 견해가 타당하다.

보호의 정도는 ① 침해범이라는 견해(침해범설),[4] ② 위험범이라는 견해(위험범설)[5] 및 ③ 장물알선죄는 위험범이지만 장물취득, 양도, 운반, 보관죄는 침해범이라는 견해(구별설)[6]가 대립한다. 장물의 취득, 운반, 보관 등에 의해 민법상의 권리가 침해되는 것이 아니라 침해될 위험이 있을 뿐이지만, 그러한 행위를 통해 소유권의 권능인 사용·수익·처분권이 사실상 침해되기 때문에, 이에 초점을 맞추어 보호의 정도는 침해범이라 할 것이다.

2. 장물죄의 본질

가. 학설

(1) 추구권설[7] 장물죄는 추구권(소유권 등 본권에 기한 반환청구권), 즉 재물에 대한 점유를 상실한 본범의 피해자가 그 점유를 회복할 수 있는 권리를 침해하거나 위태화하는 것에 장물죄의 본질이 있다는 견해이다. 추구권설은 불법원인급여, 선의취득, 추구권의 시효소멸, 계약의 취소·해제의 불가능으로 인해 피해자가 반환청구권을 행사할 수 없는 경우에는 장물성을 인정하지 않는다. 이 견해는 장물죄의 성립범위를 지나치게 제한한다는 비판을 받고 있다.

(2) 위법상태유지설[8] 장물죄의 본질은 본범에 의해 발생한 위법상태를 유지, 존속시키는 데에 있다는 견해이다. 추구권이라는 사법상의 권리와 상관없이 형법의 독자적 견지에서 장물죄를 파악하려고 한다. 이에 의하면 반환청구권이 인정되지 않는 불법원인급여물도 장물로 파악할 수 있지만, 뇌물죄나 도박죄에 의해 취득한 재물도 장물이 될 수 있다. 위법상태를 유지, 존속시키기 때문이다. 위법상태의 유지라는 개념이 불명확한 만큼, 장물로 볼 것인가의 판단문제에 상당한 유동성을 가져다주는 이점이 있다.

(3) 결합설(다수설)[9] 장물죄의 본질은 피해자의 추구권행사를 곤란하게 하고 또한 재산범죄로 초래된 위법상태를 유지하는 것에 있다는 견해이다. 선의취득으로 피해자가 반환청구를 할 수 없을 때에는 장물성이 인정되지 않고, 연쇄장물은 장물죄가 본범에 해당하므로 장물성을 인정하며, 불법원인급여물과 대체장물에 대해서는 장물성을 인정할 수도 있고 부정할 수도 있다. 기본적으로

차적 목적이 있으므로 모든 재산범죄의 보호법익은 '재산권'이 아니라 '재산'이라고 해야 한다는 견해이다.

4 권오걸, 657면; 김성돈, 436면; 정/박, 493면.

5 오영근, 534면; 이재상, 444면; 이형국, 장물죄에 관한 소고, 연세대 연세행정론총 제16집(연세대학교행정대학원), 214면; 임웅, 518면; 정영일, 424면.

6 김/서, 400면; 박상기, 421면.

7 김종원, 248면; 정영석, 394면; 황산덕, 332면.

8 김성돈, 438면; 김성천, 1038면; 이정원, 444면; 임웅, 521면.

9 권오걸, 661면; 김선복, 대체장물인 금전의 장물성 인정 여부, 비교형사법연구 제4권 제2호, 309면; 김/서, 402면; 박상기, 423면; 배종대, 576면; 이재상, 446면; 임현, 장물인 현금을 은행예금한 후 인출한 경우 장물성 여부(대체장물과 장물의 동일성), 비교형사법연구 제2권, 239면; 정/박, 492면.

위법상태의 유지라는 모호성을 내포하고 있기 때문이다.

나. 판례 ① 장물이라 함은 재산권상의 침해를 가져올 위법행위로 인하여 영득한 물건으로서 피해자가 반환청구권을 가지는 것을 말한다(대판 1975.12.9. 74도2804). ② 피해자에게 그 회복추구권이 없어진 경우에는 장물성을 잃게 된다(대판 1972.2.22. 71도2296). ③ 장물인 정을 모르고 보관하던 중 장물인 정을 알게 되었고, 장물을 반환하는 것이 불가능하지 않음에도 불구하고 계속 보관함으로써 피해자의 정당한 반환청구권 행사를 어렵게 하여 위법한 재산상태를 유지시킨 경우에는 장물보관죄에 해당한다(대판 1987.10.13. 87도1633).[10]

다. 검토 장물죄의 본질을 정확하게 파악되면, 구체적인 사례의 재물이 장물에 해당하는지 여부가 명확하게 판단될 수 있어야 한다. 이것이 본질을 검토하는 이유이기도 하다. 하지만 위 학설 어느 것에 의하더라도 그러한 판단의 명확성은 보장되지 않는다. 사안은 복잡하고 너무 다양하기 때문이다. 이 다양한 장물의 유형들을 포괄할 수 있는 용어나 개념을 찾다 보니 위법상태유지설이나 결합설이라는 모호한 주장이 나오는 것이다. 따라서 장물죄의 본질은 추구권의 침해에 있다는 점을 직시하고, 다만 이것으로 모든 사안을 포괄할 수 없으므로 적어도 교과서적으로는 결합설을 취할 수밖에 없음을 간파하여야 한다.

II. 장물취득, 양도, 운반, 보관, 알선죄

> **제362조(장물의 취득, 알선 등)** ① 장물을 취득, 양도, 운반 또는 보관한 자는 7년 이하의 징역 또는 1천500만원 이하의 벌금에 처한다.
> ② 전항의 행위를 알선한 자도 전항의 형과 같다.

1. 행위의 주체 장물죄의 주체는 본범과 그 공동정범 및 간접정범이 아닌 자이다.

가. 본범 ① 장물죄는 타인(본범)이 불법하게 영득한 재물의 처분에 관여하는 범죄이므로, 자기의 범죄에 의하여 영득한 물건에 대하여는 성립하지 아니하고 이는 불가벌적 사후행위에 해당하나, 자기의 범죄라 함은 정범자(공동정범과 합동범을 포함한다)에 한정되는 것이다(대판 1986.9.9. 86도1273).[11] ② 본범자와 공동하여 장물을 운반한 경우에 본범자는 장물죄에 해당하지 않으나 그 외의

10 대판 1986.1.21. 85도2472.

11 평소 본범과 공동하여 수차 상습으로 절도 등 범행을 자행함으로써 실질적인 범죄집단을 이루고 있었다 하더라도, 당해

자의 행위는 장물운반죄를 구성한다(대판 1999.3.26. 98도3030).

나. 본범의 공범

(1) 학설 재산범죄의 본범을 교사·방조한 자가 본범이 영득한 재물을 취득하는 경우에 장물범이 되는가에 대하여, 긍정설(다수설)[12]과 부정설[13]이 대립한다. 부정설은 교사범도 정범과 같이 처벌되고, 교사행위에 의해 재산범죄는 이미 유발되었다고 할 수 있기 때문에 장물죄에 의해 다시 재산범죄가 유발되는 효과는 없다는 점을 이유로 든다. 하지만 장물죄는 본범을 비호하는 측면도 있기 때문에 긍정설이 타당하다.

(2) 판례(긍정설) 횡령교사를 한 후 횡령한 물건을 취득한 때에는 횡령교사죄와 장물취득죄의 경합범이 성립한다(대판 1969.6.24. 69도692).

2. 행위의 객체: 장물

가. 장물의 의의

(1) 개념 장물은 재산범죄에 의해 위법하게 영득한 재물이다. 따라서 재산범죄가 아닌 뇌물죄나 도박죄 등을 통해 취득한 재물은 장물이 아니다. 그리고 배임죄와 같은 이득죄로 취득한 재산상의 이익은 장물이 될 수 없고, 또한 물건이나 재물에 해당하지 않는 권리나 정보 등도 장물이 될 수 없다. 단, 권리가 화체되어 있는 유가증권, 문서 등은 재물이므로 장물이 될 수 있다. 부동산도 장물이 될 수 있다.

(2) 판례

A. 물건 장물이라 함은 물리적 관리가능성이 있는 물건, 즉 '재물'을 말하는 것이고 재산상의 이익은 장물죄의 객체가 될 수 없다(대판 1971.2.21. 70도2589).

B. 영득죄 장물이라 함은 재산죄인 범죄행위에 의하여 영득된 물건을 말하는 것으로서 절도, 강도, 사기, 공갈, 횡령 등 영득죄에 의하여 취득된 물건이어야 한다(대판 2004.12.9. 2004도5904).

C. 반환청구권 장물이라 함은 재산권상의 침해를 가져올 위법행위로 인하여 영득한 물건으로서 피해자가 반환청구권을 가지는 것을 말한다(대판 1975.12.9. 74도2804).

D. 물건 그 자체 장물이라 함은 재산범죄로 인하여 취득한 물건 그 자체를 말하고, 그 장물의 처분 대가는 장물성을 상실하는 것이다(대판 2004.3.12. 2004도134).[14]

범죄행위의 정범자(공동정범이나 합동범)로 되지 아니한 이상 이를 자기의 범죄라고 할 수 없고, 따라서 그 장물의 취득을 불가벌적 사후행위라고 할 수 없다.

12 권오걸, 663면; 김성돈, 445면; 김/서, 403면; 박상기, 430면; 배종대, 590면; 이재상, 457면; 임웅, 522면.

13 오영근, 539면.

14 대판 2000.3.10. 98도2579; 1972.2.22. 71도2296; 2004.4.16. 2004도353.

나. 본범의 성립범위

(1) 본범의 성립정도 본범은 재산범죄의 구성요건에 해당하는 위법행위이면 족하고(대판 2011.4.28. 2010도15350), 책임과 처벌조건 및 소추조건까지 갖출 것을 요하지 않으며, 본범의 공소시효가 만료된 경우에도 장물성에는 영향이 없다.[15]

(2) 본범의 기수 혹은 종료 요부 장물죄가 성립하기 위해서는 ① 본범이 기수에 이르러야 한다는 견해[16]와 ② 영득행위가 종료하였으면 족하고 기수·미수와는 상관없다는 견해[17]가 대립한다. 본범이 강도인 경우에 재물취득에는 성공했으나 폭행·협박이 반항을 억압할 정도가 아니어서 강도죄가 미수라고 하더라도 그 강도가 영득한 재물은 장물이 되기 때문에 기수·미수는 불문한다.

(3) 본범에 대해 우리 형법이 적용되지 않는 경우: 외국인의 국외범과 장물 장물죄에 있어서 본범의 행위에 관한 법적 평가는 그 행위에 대하여 우리 형법이 적용되지 아니하는 경우에도 우리 형법을 기준으로 하여야 하고 또한 이로써 충분하므로, 본범의 행위가 우리 형법에 비추어 절도죄 등의 구성요건에 해당하는 위법한 행위라고 인정되는 이상 이에 의하여 영득된 재물은 장물에 해당한다(대판 2011.4.28. 2010도15350).[18]

다. 장물 여부가 문제되는 유형

(1) 장물과 경제적 가치

A. 학설 다수설[19]은 장물은 물건이면 족하고 경제적 교환가치를 요하지 않는다고 하지만, 재물은 '재산적 가치 혹은 경제적 가치가 있는(財) 물건(物)'을 의미하므로 경제적 교환가치는 아니더라도 경미하나마 경제적 가치는 있어야 한다는 것이다.[20]

B. 판례(위조된 유가증권) 유가증권도 그것이 정상적으로 발행된 것은 물론 비록 작성권한 없는 자에 의하여 위조된 것이라고 하더라도 절차에 따라 몰수되기까지는 그 소지자의 점유를 보호하여야 한다는 점에서 형법상 재물로서 절도죄의 객체가 된다. 따라서 리프트탑승권 발매기를 전산조작하여 위조한 탑승권을 발매기에서 뜯어 간 행위는 탑승권 위조행위와 위조탑승권 절취행위

---

15 권오걸, 669면; 김성돈, 441면; 김/서, 405면; 배종대, 582면; 이재상, 450면; 오영근, 541면; 임웅, 524면. 참고판례: 허가 없이 발굴한 본범에 대하여 공소시효가 완성되어 국가과형권을 발동할 수가 없게 되어서 그 위반물품에 대하여 몰수 또는 추징도 할 수 없는 단계에 이르렀을 때에는 그 위반물품에 대한 이른바 문화재보호법상의 장물성도 잃게 되는 것이므로, 문화재의 양도예비나 양도알선예비 당시 문화재를 허가 없이 발굴한 본범에 대한 공소시효가 완성되었다면 이를 양도하거나 양도·알선할 목적으로 예비하였다 하더라도 위 법조 위반으로 처벌할 수 없다(대판 1987.10.13. 87도538).

16 김/서, 405면; 배종대, 583면; 정/박, 498면.

17 김성돈, 442면; 박상기, 427면; 오영근, 542면; 이재상, 451면; 임웅, 524면.

18 미국 캘리포니아주에서 미국 리스회사와 미국 캘리포니아주의 법에 따라 체결한 리스계약의 목적물인 차량을 리스이용자들이 리스기간 중에 임의로 처분하고 피고인이 이를 수입한 사안이다.

19 김성돈, 439면; 박상기, 425면; 이재상, 448면; 정/박, 495면.

20 오영근, 539면.

가 결합된 것으로, 위조탑승권의 장물성이 인정된다(대판 1998.11.24. 98도2967).

(2) 장물과 관리할 수 있는 동력

A. 학설 장물죄에는 동력에 관한 규정이 없다. 따라서 ① 동력은 장물이 될 수 없다는 견해[21]와 ② 제346조는 주의규정일 뿐이고 관리가능한 동력은 장물이 될 수 있다는 견해[22]가 대립한다. 장물죄에 동력규정이 준용되지 않더라도 본범에 동력에 관한 의제규정이 준용되기 때문에, 본범이 영득한 관리가능한 동력도 장물이 될 수 있다. 다만, 입법론적으로는 장물죄에도 동력규정을 두는 것이 보다 바람직하다.

B. 판례 관리할 수 있는 동력도 장물에 포함된다(대판 1972.6.13. 72도971).

(3) 권리행사방해죄의 객체인 재물과 장물

A. 학설 권리행사방해죄에 의해 취거한 재물도 장물이 될 수 있다는 견해[23]와 권리행사방해죄는 타인의 점유 또는 권리의 목적이 된 자기의 물건이 객체이므로 영득행위가 있을 수 없고, 장물죄는 소유권에 기한 반환청구권도 보호법익으로 하므로 소유자로부터 물건을 취득한 사람은 추구권을 위태화하거나 침해할 수 없어 장물죄가 성립할 수 없다는 견해[24]가 대립한다.

B. 판례 장물은 절도, 강도, 사기, 공갈, 횡령 등 영득죄에 의하여 취득된 물건이어야 한다(대판 1975.9.23. 74도1804).[25]

C. 검토 판례는 권리행사방해죄를 열거하지 않고 있으나 '영득죄에 의해 취득된 물건'이라고 하고 있어서 그 입장이 분명하지는 않다. 자기소유물의 취거가 타인의 권리를 침해하는 때에는 장물이 되지만, 그 권리가 소멸된 이후에 취거한 자기소유물은 장물이 될 수 없다고 보아야 한다.

(4) 횡령죄와 장물

A. 학설 甲이 보관하는 타인의 물건을 횡령하기 위해 乙에게 매각하고자 하는데, 乙이 이 사실을 알고도 매입한 경우 乙의 죄책이 무엇인지에 대해 견해가 나뉜다. ① 甲의 매도의사표시가 있으면 乙의 매수의사표시가 없더라도 횡령행위가 종료되므로 乙이 그 재물을 매입한 것은 장물취득죄가 된다는 견해,[26] ② 甲의 매도의사표시로서 횡령행위가 기수가 되는 것은 아니므로 乙의 의사표시는 횡령죄의 방조범이 되고, 乙이 그 재물을 인도받음과 동시에 甲의 횡령행위는 기수가 되며, 乙의 행위는 장물취득죄가 되므로 乙은 횡령죄의 방조범과 장물취득죄의 상상적 경합이 된다는 견해[27] 및 ③ 甲의 매도의사표시로서 횡령행위가 종료하지 않았고 乙의 매수행위는 횡령죄에

21 김성돈, 439면; 박상기, 425면; 배종대, 580면; 정영일, 428면.

22 권오걸, 664면; 김/서, 403면; 오영근, 539면; 이재상, 448면; 임웅, 523면; 정/박, 496면.

23 김성돈, 440면; 김/서, 404면; 배종대, 580면.

24 오영근, 540면.

25 대판 2004.12.9. 2004도5904.

26 권오걸, 670면; 김/서, 406면; 박상기, 431면; 배종대, 584면; 정/박, 498면.

27 김종원, 250면.

가공하는 것이므로 횡령죄의 공범(경우에 따라 교사 또는 방조범)이 된다고 하는 견해[28]가 주장되고 있다.

B. 판례

1) 장물죄의 성립 甲이 회사자금으로 乙에게 주식매각 대금조로 금원을 지급한 경우, 그 금원은 단순히 횡령행위에 제공된 물건이 아니라 횡령행위에 의하여 영득된 장물에 해당한다고 할 것이고, 나아가 설령 甲이 乙에게 금원을 교부한 행위 자체가 횡령행위라고 하더라도 이러한 경우 甲의 업무상횡령죄가 기수에 달함과 동시에 그 금원은 장물이 된다(대판 2004.12.9. 2004도5904).

2) 명의신탁된 부동산의 처분과 장물 신탁행위에 있어서는 수탁자가 외부관계에 대하여 소유자로 간주되므로 이를 취득한 제3자는 수탁자가 신탁자의 승낙 없이 매각하는 정을 알고 있는지 여부에 불구하고 장물취득죄가 성립하지 아니한다(대판 1979.11.27. 79도2410).

C. 검토 판례는 수탁자가 신탁부동산을 횡령한다는 정을 알고 매수한 제3자는 (소유권을 유효하게 취득하기 때문에) 장물취득이 되지 않지만, 처음부터 수탁자와 짜고 영득을 공모한 경우에는 횡령죄의 공동정범을 인정한다(대판 1979.11.27. 79도2410).[29] 이 취지에 따르면 위 사안의 乙이 甲과 횡령을 모의하고 그 실행행위를 나누어 했는지를 보아야 한다. 횡령죄의 공동정범은 장물취득죄의 주체가 되지 않는다. 하지만 위 사안의 乙은 단순히 甲의 횡령을 알고 있었을 뿐이므로 횡령죄의 공동정범이 될 수 없는데, 그럼에도 횡령의 공동정범보다 더 중한 장물취득죄를 인정하는 것은 가혹하다. 따라서 위 사안에서는 甲의 영득의사가 표현되었지만 아직 완전히 실현된 것은 아니라는 점에서, 乙은 甲의 횡령행위를 방조한 횡령죄의 공범으로 이해하는 견해가 타당하다.

(5) 불가벌적 사후행위와 장물 재산범죄를 저지른 이후에 별도의 재산범죄의 구성요건에 해당하는 사후행위가 있었다면 비록 그 행위가 불가벌적 사후행위로서 처벌의 대상이 되지 않는다 할지라도 그 사후행위로 인하여 취득한 물건은 재산범죄로 인하여 취득한 물건으로서 장물이 될 수 있다(대판 2004.4.16. 2004도353).

(6) 사기, 공갈죄에서 취소·해제권이 상실된 경우 사기·공갈에 의해 재물을 교부하였는데 피해자가 취소·해제권을 포기하거나 취소·해제권이 소멸된 경우, ① 장물성이 상실된다는 견해[30]와 ② 위법상태는 유지되므로 장물성이 상실되지 않는다는 견해[31]가 대립한다. 이 경우는 위법상태가 유지된다고 주장할 수도 있고 그렇지 않다고 주장할 수 있으나 장물죄의 핵심이 추구권의 침해에 있다고 볼 때, 장물성이 상실된다고 봄이 타당하다.

(7) 불법원인급여물과 장물 불법원인급여물의 장물성이 인정되는가와 관련하여, ① 추구권설

28 김성돈, 442면; 오영근, 543면; 이재상, 451면; 이형국, 453면; 임웅; 525면.

29 대판 1971.1.26. 70도2173; 1983.10.25. 83도2027.

30 오영근, 546면; 이재상, 450면; 정/박, 499면.

31 권오걸, 671면; 김성돈, 443면; 배종대, 583면; 임웅, 528면.

의 입장에서 불법원인급여물의 장물성을 부정하는 견해[32]와 ② 불법원인급여물에 대한 사기죄와 횡령죄의 성립이 인정된다는 점 및 위법상태유지설과 결합설의 관점에서 장물성을 인정하는 것이 타당하다는 견해[33]가 대립한다. 불법원인급여물에 대한 횡령죄는 성립하지 않지만, 그에 대한 탈취와 편취죄는 성립한다. 이처럼 본범에게 재산범죄가 성립하는 한 이러한 재산범죄로 영득한 재물은 장물이 된다. 다만, 불법원인급여물을 받은 당사자가 이를 영득하는 경우에는 횡령죄가 성립하지 않기 때문에, 이때는 장물이 아니라고 보아야 한다.

(8) 장물인 수입자동차의 신규등록 장물인 수입자동차를 신규등록하였다고 하여 그 최초 등록명의인이 해당 수입자동차를 원시취득하게 된다거나 그 장물양도행위가 범죄가 되지 않는다고 볼 수는 없다(대판 2011.5.13. 2009도3552).

라. 대체물과 장물의 동일성

(1) 대체물 장물의 대가로서 얻은 재물, 즉 대가장물 또는 대체장물은 장물이 아니라는 점에 견해가 일치한다(대판 2004.3.12. 2004도134).[34] 가령, 훔친 돈으로 구입한 양복, 훔친 자전거를 매각하고 받은 금전 등은 장물이 될 수 없다. 하지만 훔친 물건을 자기소유물로 기망하여 매각하고 금전을 수령하는 경우에는 이 금전이 사기로 영득한 재물이므로 장물이 될 수 있다.

(2) 대체현금

A. 학설 가령, 훔친 1만 원을 환전한 1,000원권 10장 혹은 훔친 100만 원을 은행에 예치했다가 인출한 100만 원의 경우에 장물의 동일성이 유지되는가와 관련하여, 긍정설[35]과 부정설[36] 및 절충설[37]이 대립한다. 긍정설은 금전의 경우 물체보다는 가치의 영득에 초점을 맞추기 때문에, 환전금전의 경우에도 장물의 동일성이 유지된다고 한다. 절충설은 자기앞수표나 현금을 교환한 환전금전의 경우에는 장물의 동일성이 유지되지만, 다른 수표나 어음을 제시하여 지급받은 현금에 대해서는 피해자의 추구권이 미칠 수 없으므로 그 현금은 장물성이 유지되지 않는다고 한다.

B. 판례 ① 장물의 처분 대가는 장물성을 상실하는 것이지만, 금전은 고도의 대체성을 가지고 있어 다른 종류의 통화와 쉽게 교환할 수 있고, 그 금전 자체는 별다른 의미가 없고 금액에 의하여 표시되는 금전적 가치가 거래상 의미를 가지고 유통되고 있는 점에 비추어 볼 때, 장물인 현금

---

32 김/서, 407면; 김종원, 251면; 오영근, 545면; 정영일, 428면.

33 권오걸, 671면; 김성돈, 443면; 이재상, 450면; 정/박, 500면.

34 대판 2000.3.10. 98도2579; 1972.2.22. 71도2296; 2004.4.16. 2004도353.

35 권오걸, 666면; 김성돈, 440면; 이재상, 452면; 정/박, 501면.

36 김/서, 408면; 김혜경, 컴퓨터 등 사용사기죄와 금전의 장물성, 법학연구 제14권 제3호(연세대학교), 169면; 박상기, 427면; 배종대, 580면; 오영근, 544면; 이정원, 451면; 이형국, 454면; 임웅, 526면.

37 김선복, 대체장물인 금전의 장물성 인정 여부, 비교형사법연구 제4권 제2호, 320면; 여훈구, 장물인 현금 또는 자기앞수표의 예금과 장물성 상실 여부, 형사판례연구(9), 312면.

을 금융기관에 예금의 형태로 보관하였다가 이를 반환받기 위하여 동일한 액수의 현금을 인출한 경우에, 예금계약의 성질상 인출된 현금은 당초의 현금과 물리적인 동일성은 상실되었지만 액수에 의하여 표시되는 금전적 가치에는 아무런 변동이 없으므로 장물로서의 성질은 그대로 유지된다고 봄이 상당하고, 자기앞수표도 그 액면금을 즉시 지급받을 수 있는 등 현금에 대신하는 기능을 가지고 거래상 현금과 동일하게 취급되고 있는 점에서 금전의 경우와 동일하게 보아야 한다(대판 2004.3.12. 2004도134).[38] ② 재산범죄에 의하여 취득한 물건이 금전인 경우에는 그 보관 내지 소지형태가 수표나 예금 혹은 현금 등으로 바뀌더라도 그 보관이나 소지 또는 관리에 있어 가액이 명확히 구분되는 한도 내에서는 달리 특별한 사정이 없는 한 장물로서의 성질을 잃지 않는다(대판 1999.9.17. 98도2269).[39]

(3) 절(강)취한 예금통장으로 인출한 현금

A. 학설 절취한 예금통장으로 현금을 인출한 경우 ① 장물의 동일성이 유지된다는 견해,[40] ② 장물의 동일성은 인정되지 않지만 사기죄로 취득한 재물이므로 장물이 된다는 견해[41] 및 ③ 절취한 예금통장으로 현금을 인출하는 경우 사기죄는 성립하지 않고, 사문서위조죄와 동행사죄만 성립하므로 인출한 현금은 사문서위조죄와 동행사죄에 의해 취득한 물건으로 재산범죄에 의해 영득한 물건이 아니기 때문에 장물이 아니라는 견해[42]가 주장되고 있다.

B. 판례 예금통장을 강취하고 예금자 명의의 예금청구서를 위조한 다음 이를 은행원에게 제출·행사하여 예금인출금 명목의 금원을 교부받았다면, 강도, 사문서위조, 同행사, 사기의 각 범죄가 성립하고 이들은 실체적 경합관계에 있다(대판 1991.9.10. 91도1722).

(4) 검토 재산범죄로 취득한 금전의 대체물, 즉 대체금전 내지 환전금전의 장물성을 논하기에 앞서, 금전 자체의 장물성이 인정될 수 있는지를 검토하여야 한다. 금전은 그 자체가 탈취죄의 대상이 된다는 점에서 재물임에 틀림이 없다. 하지만 금전은 특정물이 아닌 한 물건 그 자체보다는 금액이라는 가치로 거래되기 때문에, 민법은 금전을 가치로 거래되는 특수한 동산으로 다루어 '점유 있는 곳에 소유 있다'고 보고, 금전에 대해서는 물권적 반환청구권을 인정하지 않는다.

게다가 금전은 훔친 자전거처럼 헐값에 거래되지 않는 만큼, 장물범이 본범을 유발하거나 비호하는 관계가 성립하지 않고, 또 돈에는 꼬리표가 붙어 있지 아니하다. 따라서 훔친 돈을 지갑에 넣는 순간 지갑 속의 돈과 뒤섞여(혼합) 장물성이 상실된다. 그리고 현금이 오가는 거래는 10%에도

---

38 장물인 현금 및 자기앞수표가 예금된 통장에는 2,400만 원이 입금되기 전에 6만 원의 예금이 남아 있었으나, 장물이 입금된 당일 2,400만 원이 인출되었으므로 인출된 2,400만 원은 당일 입금한 그 장물로 보아도 무방하다는 취지이다. 대판 2000.3.10. 98도2579; 2004.4.16. 2004도353.

39 국고수표를 횡령하여 타인의 예금구좌에 입금시켜 놓았다가 현금으로 되찾은 경우라면, 그 현금은 여전히 횡령죄의 장물로서의 성질을 잃지 않는다고 한다.

40 유기천, 314면; 진계호, 399면.

41 배종대, 581면; 이재상, 452면; 임웅, 526면; 정/박, 502면.

42 오영근, 장물죄에 관한 연구, 형사정책연구 제13권 제2호, 148면. 오영근, 544면에서는 '인출한 예금은 예금통장절도죄를 완성하여 취득한 재물로서 절도죄로 취득한 장물'이라고 한다.

미치지 못하고, 대부분의 금전거래는 예금채권의 이체와 같은 '기장금전'(Giralgeld)의 전환으로 이루어지는데, 이 경우에는 장물이 문제될 여지가 없다.[43] 따라서 큰 도둑의 배후는 장물로 처벌하지 못하고, 아주 작은 도둑의 배후만 장물로 처벌하게 된다.

홈친 돈은 덤핑으로 처리되지 않고, 대부분 채무변제 등에 사용된다. 채권자가 훔친 돈이라는 정을 알면서 채무변제를 받는 것을 장물죄로 처벌하는 것이 바람직한지도 고민해 보아야 한다. 더러운 돈임을 알고 받은 채권자가 처벌되어야 한다면, 뇌물로 받은 더러운 돈을 받은 채권자도 마찬가지로 처벌해야 할 것이다. 대체금전의 장물성을 논하기에 앞서, 이제는 '금전은 장물이 아니다'는 쪽으로 생각을 바꾸어 볼 필요가 있다.[44]

마. 장물이 아닌 사례

(1) 재산범죄에 의한 것이 아닌 경우 산림법 소정의 절취한 임산물이 아니고 임산물 단속에 관한 법률 위반죄에 의하여 생긴 임산물은 재산범죄적 행위에 의한 것이 아니기 때문에 장물이 될 수 없다(대판 1975.9.23. 74도1804).[45]

(2) 재산상의 이익

A. 컴퓨터등사용사기죄의 범행으로 취득한 예금채권을 인출한 현금 컴퓨터등사용사기죄의 범행으로 예금채권을 취득한 다음 자기의 현금카드를 사용하여 현금자동지급기에서 현금을 인출한 경우, 현금카드 사용권한 있는 자의 정당한 사용에 의한 것으로서 현금자동지급기 관리자의 의사에 반하거나 기망행위 및 그에 따른 처분행위도 없었으므로, 별도로 절도죄나 사기죄의 구성요건에 해당하지 않는다 할 것이고, 그 결과 그 인출된 현금은 재산범죄에 의하여 취득한 재물이 아니므로 장물이 될 수 없다(대판 2004.4.16. 2004도353).[46]

B. 배임죄에 제공된 물건

1) 부동산의 이중매매와 장물 대지에 관하여 매수인 甲에게 소유권 이전등기를 하여 줄 임무가 있는 소유자가 임무에 위반하여 다른 사람에게 매도하고 소유권이전등기를 경유하여 준 경우에는, 부동산소유자가 배임행위로 인하여 영득한 것은 재산상의 이익이고 배임범죄에 제공된 대지는 범죄로 인하여 영득한 것 자체는 아니므로, 취득자 또는 전득자에게 대하여 장물취득죄로 처단할 수 없다(대판 1975.12.9. 74도2804).

2) 양도담보물의 처분과 장물 양도담보로 제공한 후 다시 타에 양도한 물건은 배임행위에 제

---

43 물론, 대법원은 계좌이체된 예금채권의 재물성과 장물성은 인정하지 않는 반면에, 송금된 돈에 대해서는 예금채권이 증가되었을 뿐임에도 재물성과 장물성을 인정하고 있다.

44 임상규, 은행거래금전의 재물성과 장물성에 관한 異意, 비교형사법연구 제13권 제1호, 60면.

45 대판 2004.12.9. 2004도5904.

46 컴퓨터사용사기죄로 취득한 예금채권은 재물이 아니라 재산상 이익이므로, 예금구좌에서 6천만 원을 인출하였더라도 장물을 금융기관에 예치하였다가 인출한 것으로 볼 수 없다.

공한 물건이지 배임행위로 인하여 영득한 물건 자체는 아니므로 장물이라고 볼 수 없다(대판 1983.11.8. 82도2119).

3. 장물죄의 행위태양

가. 장물취득

(1) '취득'의 의미

A. 사실상의 처분권 취득 취득이라고 함은 점유를 이전받음으로써 그 장물에 대하여 사실상의 처분권을 획득하는 것을 의미하는 것이므로, 단순히 보수를 받고 본범을 위하여 장물을 일시 사용하거나 그와 같이 사용할 목적으로 장물을 건네받은 것만으로는 장물을 취득한 것으로 볼 수 없다(대판 2003.5.13. 2003도1366).[47]

B. 합의에 의한 취득 타인이 갈취한 재물을 그 타인의 의사에 반하여 절취하였다면 절도죄를 구성하고 장물취득죄가 되지 않는다(대판 1966.12.20. 66도1437).[48]

(2) 전당포업자의 전당과 취득 전당포영업자가 돈을 대여하고 물건을 전당잡는 행위(질권설정행위)는 전당 잡은 물건에 대하여 사실상의 처분권을 획득하는 행위로서 장물취득죄에 있어서의 취득행위에 해당한다(대판 2006.10.13. 2004도6084).

(3) 통장을 양도하여 본범의 사기범행을 용이하게 한 방조범이 계좌에 입금된 돈을 인출한 경우 본범의 사기행위는 피고인이 예금계좌를 개설하여 본범에게 양도한 방조행위가 가공되어 본범에게 편취금이 귀속되는 과정 없이 피고인이 피해자로부터 피고인의 예금계좌로 돈을 송금받아 취득함으로써 종료되는 것이고, 그 후 피고인이 자신의 예금계좌에서 위 돈을 인출하였다 하더라도 이는 예금명의자로서 은행에 예금반환을 청구한 결과일 뿐 본범으로부터 위 돈에 대한 점유를 이전받아 사실상 처분권을 획득한 것은 아니므로, 피고인의 위와 같은 인출행위를 장물취득죄로 벌할 수는 없다(대판 2010.12.9. 2010도6256).

나. 장물운반

(1) 본범과 함께 장물을 운반한 경우 본범이 절취한 차량이라는 정을 알면서도 본범으로부터 그들이 위 차량을 이용하여 강도를 하려 함에 있어 차량을 운전해 달라는 부탁을 받고 위 차량을 운전해 준 경우, 강도예비와 아울러 장물운반의 고의를 가지고 위와 같은 행위를 하였다(대판 1999.3.26. 98도3030).

(2) 절취한 자동차에 편승 타인이 절취, 운전하는 승용차의 뒷자석에 편승한 것을 가리켜 장물운반행위의 실행을 분담하였다고는 할 수 없다(대판 1983.9.13. 83도1146).

---

47 보수를 받는 조건으로 습득한 신용카드로 물품을 구입하여 주기로 하고 교부받은 것은 취득이 아니라 보관에 해당한다.

48 취소되지 아니한 이상 갈취자가 소유권을 취득한다.

다. 장물보관

(1) 보관 위탁을 받아 장물을 자기 점유하에 두는 것을 말하며, 유·무상을 불문한다.

(2) 보관 후 장물인 정을 알게 된 경우

A. 학설 다수설과 판례는 자신이 보관하던 물건이 장물인 정을 알게 된 후에도 계속 보관하는 경우 장물보관죄가 성립한다고 한다.[49] 하지만 보관을 회피할 작위의무, 즉 위탁자나 권리자 및 관헌 등에게 장물을 반환할 의무, 고지의무 또는 유기의무를 인정하는 것이 가능한지는 의문이고, 선행행위로 인한 작위의무를 인정한다고 하더라도 본범에게 장물을 반환할 것을 형벌로 강제하는 것은 부자연스러우며, 또 법적근거 없이 관헌이나 피해자에 대한 반환 또는 고지의무를 부과하는 것도 자유권 침해의 소지가 있다는 의견[50]도 있다.

B. 판례 ① 장물인 정을 모르고 보관하던 중 장물인 정을 알게 되었고, 장물을 반환하는 것이 불가능하지 않음에도 불구하고 계속 보관함으로써 피해자의 정당한 반환청구권 행사를 어렵게 하여 위법한 재산상태를 유지시킨 경우에는 장물보관죄에 해당한다(대판 1987.10.13. 87도1633).[51] ② 장물인 정을 모르고 장물을 보관하였다가 그 후에 장물인 정을 알게 된 경우, 그 정을 알고서도 이를 계속하여 보관하는 행위는 장물죄를 구성하는 것이나 이 경우에도 점유할 권한이 있는 때에는 이를 계속하여 보관하더라도 장물보관죄가 성립하지 않는다(대판 1986.1.21. 85도2472).[52]

라. 장물알선

(1) 알선의 의미 '알선'이란 장물을 취득·양도·운반·보관하려는 당사자 사이에 서서 이를 중개하거나 편의를 도모하는 것을 의미한다(대판 2009.4.23. 2009도526).

(2) 기수시기

A. 학설 장물알선죄의 기수시기와 관련하여, ① 사실상의 알선행위만 있으면 족하다는 견해(알선행위시설),[53] ② 장물을 취득, 양도, 운반, 보관하기로 하는 계약이 체결되어야 한다는 견해(계약체결시설)[54] 및 ③ 알선으로 점유의 이전이 있어야 한다는 견해(점유이전시설)[55]가 주장되고 있다. 판례는 알선행위시설을 취하고 있으나 장물의 취득, 운반, 보관과 비교하여 볼 때, 알선의 성공시기는 점유이전시로 보는 것이 타당하다 할 것이다.

B. 판례(알선행위시설) 장물을 취득·양도·운반·보관하려는 당사자 사이에 서서 서로를 연결

---

49 김성돈, 448면; 김/서, 411; 배종대, 587면; 박상기, 428면; 오영근, 550면; 임웅, 532면.

50 이신섭, 장물죄에 있어서의 지정의 시기, 대법원판례해설 제8호, 459면.

51 수표들을 보관하던 중 발행은행에 문의하여 도난당한 장물인 정을 알게 되었으면서도 계속 보관한 사안이다.

52 채권의 담보로 장물인 수표를 교부받은 경우이다.

53 김/김, 546면; 김/서, 412면; 박상기, 429면; 정영일, 450면.

54 이형국, 535면; 임웅, 533면; 정/박, 506면.

55 김성돈, 449면; 배종대, 588면; 오영근, 551면; 이재상, 456면.

하여 장물의 취득·양도·운반·보관행위를 중개하거나 편의를 도모하였다면, 그 알선에 의하여 당사자 사이에 실제로 장물의 취득·양도·운반·보관에 관한 계약이 성립하지 아니하였거나 장물의 점유가 현실적으로 이전되지 아니한 경우라도 장물알선죄가 성립한다(대판 2009.4.23. 2009도526).[56]

4. 고의

가. 장물에 대한 인식의 정도 장물의 인식은 장물일지도 모른다는 의심을 가지는 정도의 미필적 인식으로서도 충분하다(대판 1995.1.20. 94도1968).[57]

나. 본범에 대한 인식정도 장물죄의 고의는 범인이 장물이라는 정을 알면 족하고 그 본범의 범행을 구체적으로 알아야 하는 것이 아니며 또 그 인식은 미필적 인식으로 족하다(대판 1969.1.21. 68도1474).[58]

다. 고의의 판단시점 장물취득죄는 취득 당시 장물인 정을 알면서 재물을 취득하여야 성립하는 것이므로, 피고인이 재물을 인도받은 후에 비로소 장물이 아닌가 하는 의구심을 가졌다고 하여 그 재물수수행위가 장물취득죄를 구성한다고 할 수 없다(대판 2006.10.13. 2004도6084).

5. 죄수

가. 보관과 알선 장물의 처분의뢰를 받고 다음날 12:00경까지 보관하다가 그날 13:00경 처분을 알선한 경우와 같이 보관과 알선의 두 행위가 시간적으로 근접하여 있고 사회관념상 장물의 처분알선을 의뢰받아 보관하다가 처분을 알선하여 주었다면 장물알선죄 1개의 행위로 처단함이 상당하다(서울고법 1973.5.8. 73노237).

나. 상습범과 죄수 수 개의 행위가 상습장물취득과 상습장물알선인 경우라 하더라도 이는 포괄되어 중한 상습장물취득죄의 일죄만이 성립되는 것이다(대구고법 1972.3.30. 71노1241).

6. 타죄와의 관계

가. 장물에 대한 재산범죄

(1) 학설 장물을 탈취 혹은 편취하면 이 재산범죄가 성립하는 외에 장물취득죄도 성립하는가

---

56 甲과 乙로부터 절취하여 온 귀금속을 매도하여 달라는 부탁을 받고 장물이라는 정을 알면서도 수락한 다음, 귀금속을 매수하기로 한 丙에게 전화하여 노래연습장에서 만나기로 하고 귀금속을 가지고 노래연습장에 갔다가 미처 丙을 만나기도 전에 추적 중이던 경찰관에 의하여 체포된 사안이다.

57 대판 2004.12.9. 2004도5904.

58 대판 1987.4.14. 87도107.

와 관련하여, ① 장물취득죄는 성립하지 않는다는 견해[59]와 ② 장물취득죄도 성립하여 상상적 경합이 된다는 견해[60]가 대립한다. 장물취득죄는 본범과의 의사합치가 있어야 하기 때문에, 장물을 탈취 또는 편취하는 경우에는 장물취득죄가 성립하지 않는다.

(2) 판례 타인이 갈취한 재물을 그 타인의 의사에 반하여 절취하였다면 절도죄를 구성하고 장물취득죄가 되지 않는다(대판 1966.12.20. 66도1437).

나. 횡령죄와의 관계 장물을 보관하던 자가 그 장물을 영득한 경우, 판례는 장물보관죄만 성립하고, 이후의 횡령행위는 불가벌적 사후행위가 된다고 한다.[61] 그러나 장물의 보관은 불법원인급여에 해당되는바, 불법원인급여물에 대해서는 횡령죄 자체가 성립하지 않기 때문에 불가벌적 사후행위도 아니라고 보아야 한다(횡령죄 참조).

다. 장물처분과 사기죄 장물을 취득한 후 마치 장물이 아닌 것처럼 매수인을 기망하여 이를 매도하는 경우, 매수인에 대한 기망행위는 새로운 법익의 침해로 보아야 하므로, 위와 같은 기망행위가 장물취득 범행의 불가벌적 사후행위가 되는 것은 아니다(대판 2011.4.28. 2010도15350).

III. 업무상과실, 중과실장물취득죄

> **제364조(업무상과실, 중과실)** 업무상과실 또는 중대한 과실로 인하여 제362조의 죄를 범한 자는 1년 이하의 금고 또는 500만원 이하의 벌금에 처한다.

1. 업무의 범위 업무라고 함은 본래의 업무는 물론 그에 부수되는 업무도 포함한다.[62]

2. 상인의 주의의무 ① 전당포영업자가 전당의뢰자로부터 목적물을 전당 잡으면서 전당포영업법 제15조 소정의 확인방법에 따라 의뢰자의 주민등록증을 제시받아 그의 주소, 성명, 직업, 연령 등 인적사항을 확인하고 전당물대장에 전당물과 전당물주의 특징 등을 기재하는 한편 그의 전화번호까지 적어 두었다면 전당업무처리상의 주의의무를 다한 것으로 보아야 할 것이고 더 나아가 전당

---

59 김성돈, 450면; 배종대, 590면; 오영근, 553면; 이재상, 458면; 임웅, 534; 정/박, 506면.

60 전영일, 434면.

61 대판 1976.11.23. 76도3067; 2004.4.9. 2003도8219.

62 대판 1962.5.17. 4294형상596. 창고업을 하는 자로서 본래의 업무로서 양곡을 보관하는 동시에 보관의뢰자들간에 양곡의 매매 또는 그 알선을 하는 등 거래를 한 경우에 있어서는 그 매매 또는 그 알선은 본래의 창고업에 부수된 업무이다.

물의 구입경위나 출처, 전당의 동기까지 확인해야 할 주의의무는 없다(대판 1984.9.25. 84도1488).[63] ② 금은방을 운영하는 자가 귀금속류를 매수함에 있어 매도자의 신원확인절차를 거쳤다고 하여도 장물인지의 여부를 의심할 만한 특별한 사정이 있거나, 매수물품의 성질과 종류 및 매도자의 신원 등에 좀 더 세심한 주의를 기울였다면 물건이 장물임을 알 수 있었음에도 불구하고 이를 게을리하여 장물인 정을 모르고 매수하여 취득한 경우에는 업무상과실장물취득죄가 성립한다(대판 2003.4.25. 2003도348).[64]

제9절 • 손괴의 죄

I. 손괴죄

> **제366조(재물손괴 등)** 타인의 재물, 문서 또는 전자기록 등 특수매체기록을 손괴 또는 은닉 기타 방법으로 그 효용을 해한 자는 3년 이하의 징역 또는 700만원 이하의 벌금에 처한다.

1. 의의와 보호법익 손괴죄는 재물 등의 효용을 해하는 범죄로, 영득의사를 요하지 않는다는 점에서 이를 필요로 하는 영득죄와 구별된다. 보호법익은 재물, 문서 및 특수매체기록의 효용이고, 보호의 정도는 침해범이다. 본죄의 미수범은 처벌한다(제371조).

2. 행위의 객체: 타인의 재물 등

가. 재물 재물은 유체물을 말하며, 동력규정이 준용된다(제372조). 동산과 부동산을 모두 포함하며, 동물도 재물에 해당한다. 다만, 공무소에서 사용하는 물건, 서류, 특수매체기록을 손괴하면 공용물손괴죄(제141조 제1항)가 성립한다.

(1) 재산적 이용가치 내지 효용이 없는 경우 이기과정에서 잘못 기재되어 찢어 버린 부분 그 자체가 손괴죄의 객체가 되는 재산적 이용가치 내지 효용이 있는 재물이라고 볼 수 없다(대판 1989.10.24. 88도1296).

(2) 도시재개발과 무허가 건물 관리처분계획의 인가·고시 이후 분양처분의 고시 이전에 재개

---

63 1999년 전당포영업법은 폐지되었다.

64 물건이 장물인지의 여부를 의심할 만한 특별한 사정이 있는지 여부나 물건이 장물임을 알 수 있었는지 여부는 매도자의 인적사항과 신분, 물건의 성질과 종류 및 가격, 매도자와 그 물건의 객관적 관련성, 매도자의 언동 등 일체의 사정을 참작하여 판단하여야 한다.

발구역 안의 무허가 건물을 제3자가 임의로 손괴할 경우 특별한 사정이 없는 한 재물손괴죄가 성립한다(대판 2004.5.28. 2004도434).[1]

(3) 다른 용도로 사용할 수 있는 경우 포도주 원액이 부패하여 포도주 원료로서의 효용가치는 상실되었으나, 그 산도가 1.8도 내지 6.2도에 이르고 있어 식초의 제조 등 다른 용도에 사용할 수 있는 경우에는 재물손괴죄의 객체가 될 수 있다(대판 1979.7.24. 78도2138).

(4) 재건축사업으로 철거 예정이고 그 입주자들이 모두 이사한 아파트 재건축사업으로 철거가 예정되어 있었고 그 입주자들이 모두 이사하여 아무도 거주하지 않은 채 비어 있는 아파트라 하더라도, 그 아파트 자체의 객관적 성상이 본래 사용목적인 주거용으로 사용될 수 없는 상태가 아니었고 더욱이 그 소유자들이 재건축조합으로의 신탁등기 및 인도를 거부하는 방법으로 계속 그 소유권을 행사하고 있는 상황이었다면, 위 아파트가 재물로서의 이용가치나 효용이 없는 물건으로 되었다고 할 수 없으므로, 아파트는 재물손괴죄의 객체가 된다(대판 2007.9.20. 2007도5207).[2]

나. 타인소유

(1) 자기가 점유하는 물건인 경우 문서손괴죄의 객체는 타인소유의 문서이며, 자신의 점유하에 있는 문서라고 할지라도 타인소유인 이상 이를 손괴하는 행위는 문서손괴죄에 해당한다(대판 1984.12.26. 84도2290).[3]

(2) 부합

A. 권한 없이 농작물을 경작한 경우 타인소유의 토지에 사용수익의 권한 없이 농작물을 경작한 경우에 그 농작물의 소유권은 경작한 사람에게 귀속된다. 따라서 설사 장차 소송에 의하여 피고인 명의로 소유권이전등기를 받을 수 있는 형편에 있고 또 불법적으로 피고인의 경작을 방해하기 때문에 흥분한 나머지 범한 것이라 할지라도 재물손괴의 죄책을 면할 수 없다(대판 1970.3.10. 70도82).

B. 농작물의 매수인이 명인방법을 갖추지 아니한 경우 쪽파와 같은 수확되지 아니한 농작물은 명인방법을 실시함으로써 소유권을 취득한다(대판 1996.2.23. 95도2754).

다. 문서

(1) 문서의 정도 손괴죄의 객체인 문서란 거기에 표시된 내용이 적어도 법률상 또는 사회생활상 중요한 사항에 관한 것이어야 하는바, 이미 작성되어 있던 장부의 기재를 새로운 장부로 이기하

---

1 구 도시재개발법에 의한 재개발구역 안의 무허가 건물에 대한 사실상 소유권은 관리처분계획의 인가·고시에 의하여 이에 해당하는 아파트 등을 분양받을 조합원의 지위로 잠정적으로 바뀌고, 분양처분의 고시가 있는 경우에는 그에 대한 사실상 소유권이 소멸하고 분양받은 아파트에 대한 소유권만이 남게 된다.

2 대판 2010.2.26. 2009도8473.

3 피해자로부터 전세금 2백만 원을 받고 영수증을 작성·교부한 뒤에 피해자에게 전세금을 반환하겠다고 말하여 피해자로부터 위 영수증을 교부받고 나서 전세금을 반환하기도 전에 이를 찢어 버린 사안이다.

는 과정에서 누계 등을 잘못 기재하다가 그 부분을 찢어 버리고 계속하여 종전 장부의 기재내용을 모두 이기하였다면, 그 당시 새로운 경리장부는 아직 작성 중에 있어서 손괴죄의 객체가 되는 문서로서의 경리장부가 아니다(대판 1989.10.24. 88도1296).

(2) 자기명의의 문서 비록 자기명의의 문서라 할지라도 이미 타인(타기관)에 접수되어 있는 문서에 대하여 함부로 무효화시켜 그 용도에 사용하지 못하게 하였다면 문서손괴죄를 구성한다(대판 1987.4.14. 87도177).

(3) 허위내용의 문서 확인서가 소유자의 의사에 반하여 손괴된 것이라면 그 확인서가 피고인 명의로 작성된 것이고 또 그것이 진실에 반하는 허위내용을 기재한 것이라 하더라도 문서손괴의 죄책을 면할 수 없다(대판 1982.12.28. 82도1807).

3. 행위의 태양

가. 손괴 재물손괴죄는 타인의 소유물에 대한 효용의 전부 또는 일부를 침해하겠다는 인식을 가지고 물건의 전부 또는 일부에 대하여 유형력을 행사함으로써 그 원래의 용도에 따른 효용을 멸실시키거나 감손시킬 때 성립한다(대판 1989.1.31. 88도1592). 벽에 낙서를 하는 행위, 타이어의 공기를 빼는 행위 등이 그 예이다.

나. 은닉

(1) 의의 재물 등의 소재를 불분명하게 하여 그 발견이 어렵게 만드는 것을 말한다.

(2) 은닉에 해당하지 않는 사례 피해자를 좀 더 호젓한 곳으로 데리고 가기 위하여 피해자의 가방을 빼앗고 따라오라고 하였는데 피해자가 따라오지 아니하고 그냥 돌아갔기 때문에 가방을 돌려주기 위하여 부근 일대를 돌아다니면서 피해자를 찾아 나선 것을 가리켜, 재물을 은닉하거나 그 효용을 해한 경우에 해당한다고 할 수는 없다(대판 1992.7.28. 92도1345).[4]

다. 효용상실

(1) '효용을 해한다'의 의미 재물의 효용을 해한다고 함은 사실상으로나 감정상으로 그 재물을 본래의 사용목적에 공할 수 없게 하는 상태로 만드는 것을 말하며, 일시적으로 그 재물을 이용할 수 없는 상태로 만드는 것도 여기에 포함된다(대판 2007.6.28. 2007도2590).

(2) 기능장애

A. 일시적 이용 불능 ① 일시 그것을 이용할 수 없는 상태로 만드는 것도 효용을 해하는 것에 해당한다(대판 1992.7.28. 92도1345). ② 회사의 경리사무처리상 필요불가결한 매출계산서, 매출명세서 등의

4 대판 1993.12.7. 93도2701.

반환을 거부함으로써 그 문서들을 일시적으로 그와 같은 용도에 사용할 수 없게 하는 것도 그 문서의 효용을 해한 경우에 해당한다(대판 1971.11.23. 71도1576).[5]

B. 구체적 역할 상실 ① 효용을 해하는 행위에는 일시 물건의 구체적 역할을 할 수 없는 상태로 만드는 경우도 해당하므로, 판결에 의하여 명도받은 토지의 경계에 설치해 놓은 철조망과 경고판을 치워 버림으로써 울타리로서의 역할을 해한 때에는 재물손괴죄가 성립한다(대판 1982.7.13. 82도105).[6] ② 우물에 연결하고 땅속에 묻어서 수도관적인 역할을 하고 있는 고무호오스 중 약 1.5미터를 발굴하여 우물가에 제쳐 놓음으로써 물이 통하지 못하게 한 행위는, 호오스 자체를 물질적으로 손괴한 것은 아니라 할지라도 그 구체적인 역할을 하고 있는 고무호오스 효용을 해한 것이라고 볼 수 있다(대판 1971.1.26. 70도2378).[7] ③ 시각장애인 안내견을 강제로 끌고 가 철봉기둥에 안내견의 목줄을 묶어 놓았고 이로 인해 안내견의 목 부분에 발적 및 교상 흔적이 생겼으며, 안내견의 심리적 안정상태가 저하되고 대인기피증이 나타나 시각장애인 안내견으로서의 기능에 문제를 초래해 그 기능을 해쳤다(대판 2008.11.27. 2008도9115).

C. 감정상의 효용상실 감정상으로 그 물건의 본래의 사용목적에 공할 수 없게 하는 상태로 만드는 것도 역시 '효용을 해한 것'에 해당된다.[8] 밥그릇에 소변을 보는 행위가 그 예이다.

(3) 부동산과 효용상실(낙서, 게시물 부착) 건조물의 벽면에 낙서를 하거나 게시물을 부착하는 행위 또는 오물을 투척하는 행위 등이 그 건조물의 효용을 해하는 것에 해당하는지 여부는, 당해 건조물의 용도와 기능, 그 행위가 건조물의 채광·통풍·조망 등에 미치는 영향과 건조물의 미관을 해치는 정도, 건조물 이용자들이 느끼는 불쾌감이나 저항감, 원상회복의 난이도와 거기에 드는 비용, 그 행위의 목적과 시간적 계속성, 행위 당시의 상황 등 제반 사정을 종합하여 사회통념에 따라 판단하여야 할 것이다(대판 2007.6.28. 2007도2590).[9]

(4) 어음과 효용상실 약속어음의 발행인이 소지인에게 어음의 액면과 지급기일을 개서하여 주겠다고 하여 위 어음을 교부받은 후, 어음의 수취인란에 타인의 이름을 추가로 기입하여 어음배서의 연속성을 상실하게 함으로써 그 효용을 해한 경우에는 문서손괴죄에 해당한다(대판 1985.2.26. 84도2802).

---

5 피해자가 경영하는 동양공업사 총무부장이 피해자에게 봉급 인상을 요구하는 한편 후일에 공업사의 탈세사실을 고발하겠다는 구실로 공업사에 비치된 피해자 소유의 문서로서 물품의 판매, 수금, 결산 등 경리 관계를 위하여 불가결한 매출계산서 100매철 21권 및 매출명세서 17장을 집에 반출한 후 은닉한 사안이다. 영득의사가 있다면 횡령죄가 성립하는데, 증거사용목적이므로 영득의사를 인정하기 어렵다고 보아 손괴죄로 기소한 것으로 보인다.

6 대판 2006.12.22. 2006도7219.

7 제쳐 놓은 호오스는 언제든지 본래의 자리에 끼워 놓기만 하면 다시 물이 내려갈 수 있는 상태에 있으므로 고무호오스 자체의 효용을 해한 것이라고는 볼 수 없다는 이유로 원심은 무죄를 선고하였다.

8 대판 1971.11.23. 71도1576; 1992.7.28. 92도1345.

9 집회를 개최하던 중 래커 스프레이를 이용하여 회사건물 외벽과 1층 벽면 등에 '자본똥개, 원직복직, 결사투쟁' 등의 내용으로 낙서를 함으로써 이를 제거하는 데 약 341만 원 상당이 들도록 한 행위는 건물의 효용을 해한 것으로 볼 수 있으나 이와 별도로 계란 30여 개를 건물에 투척한 행위는 건물의 효용을 해하는 정도의 것에 해당하지 않는다고 보았다.

4. 고의

가. 정도 재물손괴의 범의를 인정함에 있어서는 반드시 계획적인 손괴의 의도가 있거나 물건의 손괴를 적극적으로 희망하여야 하는 것은 아니고, 소유자의 의사에 반하여 재물의 효용을 상실케 하는 데 대한 인식이 있으면 된다(대판 1993.12.7. 93도2701).

나. 고의가 인정되는 사례 경락받은 농수산물 저온저장 공장건물 중 공냉식 저온창고를 수냉식으로 개조함에 있어, 공장에 시설된 피해자 소유의 자재에 관하여 피해자에게 철거를 최고하는 등 적법한 조치를 취함이 없이 이를 일방적으로 철거하게 하여 손괴하였다면, 재물손괴의 범의가 없었다고 할 수 없고 이것이 사회상규상 당연히 허용되는 것이라고 할 수도 없다(대판 1990.5.22. 90도700).

5. 기타

가. 위법성 조각

(1) 정당행위

A. 해당하는 사례 아파트의 입주자대표회의로부터 새롭게 관리업무를 위임받은 甲 회사의 직원들인 피고인들이 저수조 청소를 위하여 중앙공급실에의 출입을 시도하여 오다가, 기존에 관리업무를 수행하던 乙 회사의 직원들로부터 계속 출입을 제지받자 출입문에 설치된 자물쇠를 손괴하고 중앙공급실에 침입한 행위는, 정당행위에 해당한다(대판 2006.4.13. 2003도3902).

B. 해당하지 않는 사례 ① 피해자들이 명시적 내지는 묵시적으로 각 무허가 주택의 철거에 동의하지 아니한 상태에서 법률이 정한 절차에 의하지 아니하고 피해자들의 각 무허가 주택을 임의로 철거한 행위는 비록 그것이 재개발사업추진이라는 조합원 전체의 이익을 위한 것이었다 하더라도 긴급피난이나 정당행위에 해당된다고 볼 수는 없다(대판 2004.5.28. 2004도434).[10] ② 甲 건설이 아파트의 유치권자로서 소유자나 제3자에 의한 점유의 침탈을 막을 필요가 있었다고 하더라도, 아파트의 출입문을 용접한 행위가 그 수단과 방법에 있어서 상당성이 인정된다고 보기 어렵고, 甲 건설이 유치권을 행사하고 있던 다른 아파트 2채에 대한 점유를 각 그 소유자들에 의해 침탈당하였다는 사정만으로 아파트에 관한 점유의 침탈을 막는 데에 이와 같은 출입문 용접행위가 긴급하고 불가피한 수단이었다고도 볼 수 없다(대판 2011.1.13. 2010도5989).

(2) 피해자의 승낙

A. 피해자의 승낙이 없는 사례: 부동산 재건축조합의 규약이나 정관에 '조합은 사업의 시행으로서 그 구역 내의 건축물을 철거할 수 있다', '조합원은 그 철거에 응할 의무가 있다'는 취지의 규

10 재개발로 신축될 아파트의 동·호수까지 배정받았다고 하여 피해자들이 각 무허가 주택의 철거에 명시적 내지는 묵시적으로 동의한 것으로 볼 수는 없다.

정이 있고, 조합원이 재건축조합에 가입하면서 '조합원의 권리, 의무 등 조합 정관에 규정된 모든 내용에 동의한다'는 취지의 동의서를 제출하였다고 하더라도, 조합원은 이로써 조합의 건축물 철거를 위한 명도의 의무를 부담하겠다는 의사를 표시한 것일 뿐이므로, 조합원이 그 의무이행을 거절할 경우 재건축조합은 명도청구소송 등 법적 절차를 통하여 그 의무이행을 구하여야 함이 당연하고, 조합원이 위와 같은 동의서를 제출한 것을 '조합원이 스스로 건축물을 명도하지 아니하는 경우 재건축조합이 법적 절차에 의하지 아니한 채 자력으로 건축물을 철거하는 것'에 대해서까지 사전승낙한 것이라고 볼 수는 없다(대판 2007.9.20. 2007도5207).

B. 피해자의 승낙이 있는 사례: 동산 쪽파를 원시취득한 자는 피고인 소유의 토지를 임차하여 쪽파를 재배한 甲임이 분명한데 그 이후에 이를 매수한 자가 위와 같은 명인방법을 갖추지 아니하였고, 피고인과 甲 사이에서는 1994. 4. 25.까지 쪽파를 수확하지 않을 경우에는 피고인이 이를 임의처분하여도 이의를 제기하지 않기로 약정하였음을 알아볼 수 있으므로, 위 일자 이후에 이루어진 피고인의 이 사건 손괴행위는 소유자인 甲의 승낙에 의한 것이다(대판 1996.2.23. 95도2754).

(3) 정당방위 교회의 교인으로서 교회재산을 사용할 수 있는 적법한 지위에 있으므로, 자신이 따르지 않는 목사와 그를 따르는 교인들이 설치해 놓은 자물쇠를 제거하고 지하성전에 들어간 행위는 건조물침입죄를 구성하지 않고 재물손괴의 위법성을 조각하는 정당방위에 해당한다(대판 2011.2.24. 2010도13849).

나. 업무방해죄와의 관계 공동재물손괴의 범행은 업무방해의 과정에서 그 소란의 일환으로 저지른 것이기는 하지만, 양 죄는 피해자가 다를 뿐 아니라 업무방해의 범행은 공동재물손괴의 범행 외에 장시간에 걸쳐 집단적으로 한국철도공사 사업본부장실을 점거하고 구호를 제창하는 등의 위력을 행사하는 방법으로 저지른 것이어서 행위의 태양이 다르다고 할 것이고, 따라서 양 죄는 실체적 경합범의 관계에 있다(대판 2003.12.26. 2001도3380; 2007.5.11. 2006도9478).

II. 경계침범죄

1. 의의와 보호법익

가. 의의 경계침범죄는 경계표를 손괴, 이동 또는 제거하거나 기타 방법으로 토지의 경계를 인식불능하게 하는 범죄이다. 보호법익은 토지경계의 명확성이고, 보호의 정도는 침해범이다.

나. 관련 판례 ① 경계침범죄는 토지의 경계에 관한 권리관계의 안정을 확보하여 사권을 보호하고 사회질서를 유지하려는 데 그 목적이 있다(대판 1992.12.8. 92도1682).[11] ② 형법 제370조의 법의는 사회

11 대판 2010.9.9. 2008도8973.

질서유지를 위하여 자력구제행동을 취하는 것을 막으려는 데 있다(대판 1976.5.25. 75도2564).

2. 객체: 경계표

가. 법률상 정당한 경계 요부 ① 경계는 반드시 법률상의 정당한 경계를 가리키는 것은 아니고, 비록 법률상의 정당한 경계에 부합되지 않는 경계라 하더라도 종래부터 일반적으로 승인되어 왔거나 이해관계인들의 명시적 또는 묵시적 합의에 의하여 정해진 것으로서 객관적으로 경계로 통용되어 왔다면 경계라 할 것이고, 그와 같이 종래 통용되어 오던 사실상의 경계가 법률상의 정당한 경계인지 여부에 대하여 다툼이 있다고 하더라도 사실상의 경계가 법률상 정당한 경계가 아니라는 점이 이미 판결로 확정되었다는 등 경계로서의 객관성을 상실하는 것으로 볼 만한 특단의 사정이 없는 한, 여전히 본조에서 말하는 경계에 해당되는 것이다(대판 1992.12.8. 92도1682).[12] ② 경계라 함은 소유권 등 권리의 장소적 한계를 나타내는 지표를 말함이니 실체상의 권리관계에 부합하지는 않더라도 관습으로 인정되었거나 일반적으로 승인되어 왔다거나 이해관계인의 명시 또는 묵시의 합의에 의하여 정하여진 것이거나 또는 권한 있는 당국에 의하여 확정된 것이어야 함도 아니고 사실상의 경계표로 되어 있다면 침해의 객체가 되는 것이다(대판 1976.5.25. 75도2564).

나. 영속성 요부 경계침범죄에서 말하는 경계표는 그것이 어느 정도 객관적으로 통용되는 사실상의 경계를 표시하는 것이라면 영속적인 것이 아니고 일시적인 것이라도 이 죄의 객체에 해당한다(대판 1999.4.9. 99도480).[13]

다. 경계표인 사례 경계를 표시하는 경계표는 반드시 담장 등과 같이 인위적으로 설치된 구조물만을 의미하는 것으로 볼 것은 아니고, 수목이나 유수 등과 같이 종래부터 자연적으로 존재하던 것이라도 경계표지로 승인된 것이면 여기의 경계표에 해당한다(대판 2007.12.28. 2007도9181).[14]

라. 경계표가 아닌 사례 기존경계가 진실한 권리상태와 맞지 않는다는 이유로 당사자의 어느 한쪽이 기존경계를 무시하고 일방적으로 경계측량을 하여 이를 실체권리관계에 맞는 경계라고 주장하면서 그 위에 계표를 설치하더라도 이와 같은 경계표는 경계침범죄에서 말하는 계표에 해당되지 않는다(대판 1986.12.9. 86도1492).

---

12 대판 1999.4.9. 99도480; 1991.9.10. 91도856; 2010.9.9. 2008도8973.

13 말뚝과 철조망은 경계표에 해당한다.

14 피고인 소유의 토지와 피해자 소유토지의 경계에 관하여 다툼이 있던 중에 그 경계선 부근에 심어져 있던 조형 소나무 등을 뽑아 내고 그 부근을 굴착하였다.

3. 행위의 태양

가. 인식불능

(1) 인식불능 요부

A. 학설 다수설과 판례에 따르면, '계표의 손괴, 이동 또는 제거'는 토지의 경계를 인식불능케 하는 방법의 예시에 불과하고, 계표의 손괴가 있더라도 경계의 인식불능이 초래되지 않으면 본죄가 성립하지 않고, 본죄의 (처벌하지 않는) 미수에 해당한다고 한다.[15] 하지만 계표의 손괴행위 자체가 이미 손괴죄로서 본죄보다 더 중하게 처벌받는다. 이 때문에 '경계표의 이동, 손괴 또는 제거행위'와 '인식불능행위'는 선택적으로 파악해야 한다는 견해[16]도 주장된다. 계표의 손괴행위를 통해 경계의 인식불능에 이르면, 최소한 손괴죄 이상의 법정형을 마련함에도 이러한 고려없이 본죄의 법정형을 손괴죄보다 낮게 설정하였기 때문에 생기는 문제이다. 이 법정형이 시정되기 전까지는 소수설처럼 해석할 수밖에 없다.

B. 판례 경계침범죄는 단순히 계표를 손괴하는 것만으로는 부족하고 계표를 손괴, 이동 또는 제거하거나 기타 방법으로 토지의 경계를 인식불능하게 함으로써 비로소 성립된다(대판 1991.9.10. 91도856).[17]

(2) 인식불능이 아닌 사례 ① 기왕에 건립되어 있던 담벽의 연장선상에 추가로 담벽을 설치한 행위가 자신이 주장하는 경계를 보다 확실히 하고자 한 행위에 지나지 아니할 뿐 토지경계에 대한 인식불능의 결과를 초래한다고는 볼 수 없으면 경계침범죄가 성립되지 않는다(대판 1992.12.8. 92도1682). ② 건물을 신축하면서 그 건물의 1층과 2층 사이에 있는 처마를 피해자 소유의 가옥 지붕 위로 나오게 한 사실만으로는 양 토지의 경계가 인식불능되었다고 볼 수 없다(대판 1984.2.28. 83도1533). ③ 설치된 담벽이 정당한 경계가 아니라는 이유로 담벽을 부수기는 하였으나 그 담벽이 완전히 철거된 것이 아니고 약 50cm의 높이를 그대로 둔 채 지적공사의 측량대로 그 20cm 밖으로 새로이 담장을 설치한 것이라면, 기존의 담벽에 의한 경계는 여전히 남아 있어 토지의 경계를 인식하는 데는 아무런 영향이 없다(대판 1991.9.10. 91도856).

(3) 인식불능인 사례 자기토지에 인접한 타인소유토지 8평을 침범하여 점포를 건축함으로써 양 토지간의 경계를 인식불능케 하였다면 경계침범죄가 성립한다(대판 1968.9.17. 68도967).

---

15 권오걸, 706면; 김성돈, 465면; 박상기, 440면; 배종대, 602면; 이재상, 473면; 정/박, 525면.

16 김/서, 330면.

17 인접한 피해자 소유의 토지를 침범하여 나무를 심고 도랑을 파내는 등의 행위를 하였다 하더라도, 피고인과 피해자 소유의 토지는 이전부터 경계구분이 되어 있지 않았고 피고인의 행위로 인하여 새삼스럽게 토지경계에 대한 인식불능의 결과를 초래하였다고 볼 수 없다고 보았다. 대판 1992.12.8. 92도1682; 2010.9.9. 2008도8973.

제10절 • 권리행사를 방해하는 죄

I. 권리행사방해죄

> **제323조(권리행사방해)** 타인의 점유 또는 권리의 목적이 된 자기의 물건 또는 전자기록 등 특수매체기록을 취거, 은닉 또는 손괴하여 타인의 권리행사를 방해한 자는 5년 이하의 징역 또는 700만원 이하의 벌금에 처한다.

1. 의의와 보호법익 권리행사방해죄는 강요죄 및 인질강요죄와 함께 규정되어 있지만, 본죄는 타인의 점유 또는 권리의 목적이 된 자기물건을 취거하는 재산범죄이다. 보호법익은 '점유 및 소유권 이외의 재산권'이며, 보호의 정도는 위험범이다. 권리행사가 방해되었을 때 기수가 되는 것으로 규정되어 있지만, 권리의 목적이 된 자기물건을 취거하는 행위 자체로 본죄는 성립하고 그로 인해 권리가 실제로 침해되었느냐를 묻지 않기 때문이다.

본죄의 구성요건에는 취거 외에 손괴도 규정되어 있다. 따라서 타인의 재물을 손괴하면 손괴죄로 3년 이하의 징역에 처해지는데, 타인의 점유 또는 권리의 목적이 된 자기물건을 손괴하면 권리행사방해죄로 5년 이하의 징역에 처해진다. 이러한 처벌의 불균형은 권리행사방해죄의 법정형이 너무 높게 설정되어 있음을 시사한다. 친족간 특례규정이 적용되고, 동력규정은 준용되지 않는다.

2. 행위의 객체: 타인의 점유 또는 권리의 목적이 된 자기물건

가. 자기의 물건

(1) 의미 '자기의 물건'이라 함은 범인이 소유하는 물건을 의미하고, 여기서 소유권의 귀속은 민법 기타 법령에 의하여 정하여진다(대판 2007.1.11. 2006도4215).

(2) 명의신탁의 경우

A. 부동산 명의신탁

1) 명의수탁자 종중 및 배우자에 대한 특례가 인정되는 경우나 부동산에 대한 물권을 취득하기 위한 계약에서 명의수탁자가 그 일방당사자가 되고 그 타방당사자가 명의신탁약정이 있다는 사실을 알지 못한 경우 이외에는 명의수탁자는 명의신탁받은 부동산의 소유자가 될 수 없고, 이는 제3자에 대한 관계에 있어서도 마찬가지이므로, 명의수탁자로서는 명의신탁받은 부동산이 '자기의 물건'이라고 할 수 없다(대판 2007.1.11. 2006도4215).[1]

2) 명의신탁자 부동산실명법 제8조 소정의 목적으로 명의신탁을 함으로써 명의신탁이 무효

---

1 영농조합법인이 甲으로부터 과수원을 매수할 당시 피고인에게 매수인 명의를 신탁하였고 甲도 이를 알고 있었던 경우, 과수원 및 지상에 식재된 감귤나무를 피고인의 소유로 볼 수 없다.

로 되는 경우에는 말할 것도 없고, 그러한 목적이 없어서 유효한 명의신탁이 되는 경우에도 제3자로서 임차인인 피해자에 대한 관계에서는 명의신탁자는 소유자가 될 수 없다(대판 2005.9.9. 2005도626).[2]

B. 자동차 등의 명의신탁 자동차나 중기(또는 건설기계)의 소유권의 득실변경은 등록을 함으로써 그 효력이 생기고 그와 같은 등록이 없는 한 대외적 관계에서는 물론 당사자의 대내적 관계에 있어서도 그 소유권을 취득할 수 없는 것이 원칙이지만, 당사자 사이에 그 소유권을 그 등록 명의자 아닌 자가 보유하기로 약정하였다는 등의 특별한 사정이 있는 경우에는 그 내부관계에 있어서는 그 등록 명의자 아닌 자가 소유권을 보유하게 된다(대판 2007.1.11. 2006도4498).[3]

(3) 지입 택시를 회사에 지입하여 운행하였다고 하더라도, 회사와 사이에 택시의 소유권을 피고인이 보유하기로 약정하였다는 등의 특별한 사정이 없는 한, 택시는 등록명의자인 회사의 소유이고 지입차주의 소유는 아니므로, 지입차주가 회사의 요구로 택시를 회사 차고지에 입고하였다가 회사의 승낙을 받지 않고 이를 가져간 행위는 권리행사방해죄에 해당하지 않는다(대판 2003.5.30. 2000도5767).[4]

(4) 대표이사와 회사소유의 물건 주식회사의 대표이사가 대표이사의 지위에 기하여 그 직무집행행위로서 타인이 점유하는 회사의 물건을 취거한 경우, 위 행위는 회사의 대표기관으로서의 행위라고 평가되므로 회사의 물건도 권리행사방해죄에 있어서의 '자기의 물건'이라고 보아야 할 것이다(대판 1992.1.21. 91도1170).

(5) 등기, 등록과의 관계

A. 타인명의로 등록된 경우 피해자에게 교부한 약속어음이 부도나 피해자로부터 원금에 대한 변제독촉을 받자 BMW 차량 및 열쇠와 자동차등록증 사본을 피해자에게 교부하고, 금원을 변제할 때까지 피해자가 차량을 보관하게 함으로써 담보로 제공하였음에도 불구하고, 피해자의 승낙 없이 미리 소지하고 있던 차량의 보조키를 이용하여 이를 운전하여 간 경우, 위 차량은 자동차등록원부에 비엠더블유파이낸셜서비스코리아 명의로 등록되어 있고 자동차관리법 제6조에 의하면 자동차 소유권의 득실변경은 등록을 하여야 그 효력이 생기는 것이므로, 위 차량은 그 등록명의자인 비엠더블유파이낸셜서비스코리아의 소유이다(대판 2005.11.10. 2005도6604).

B. 미등록의 경우 렌트카 회사의 공동대표이사 중 1인이 회사보유 차량을 자신의 개인적인 채무담보 명목으로 피해자에게 양도하였는데 다른 공동대표이사인 피고인이 위 차량을 임의로 가져간 경우, 차량이 위 회사나 피고인 명의로 등록되어 있지 않은 상태라면 자기의 소유물을 객체로 하는 권리행사방해죄는 성립하지 않는다(대판 2006.3.23. 2005도4455).

---

2 이른바 중간생략형 명의신탁 또는 계약명의신탁의 방식으로, 처에게 명의신탁한 점포에 자물쇠를 채워 피해자가 출입하지 못하게 한 사안으로 업무방해죄를 인정하였다.

3 딸이 장애인에 대한 면세혜택을 받기 위해 어머니 명의로 등록한 승용차를 피고인이 어머니로부터 매도승낙을 받고 딸 몰래 운전해 간 사안이다. 피고인과 어머니는 절도의 공모공동정범이다.

4 절도죄에 해당한다는 취지이다. 담보로 제공하였다가 운전하여 가도 동일하다. 대판 1994.11.11. 94도343; 1974.11.12. 74도1632; 2005.11.10. 2005도6604.

나. 타인의 점유

(1) 점유의 의미

A. 학설 권리행사방해죄에서 말하는 점유의 의미와 관련하여, ① 질권, 유치권, 임차권 등 적법한 권원(본권)에 기초하여 적법하게 개시된 점유를 의미한다는 견해(본권설),[5] ② 사실상의 지배, 즉 점유 그 자체를 독립된 법익으로 보호하므로 법적 권원에 기초한 것에 한정되지 않는다는 견해(점유설)[6] 및 ③ 도둑의 도품에 대한 점유는 보호대상이 아니고, 형법이 보호할 만한 '평온점유' 또는 '일응 이유가 있는 점유'에 한정해야 한다는 견해(평온점유설)[7]가 대립한다.

B. 판례 ① 권리행사방해죄에서의 보호대상인 타인의 점유는 반드시 점유할 권원에 기한 점유만을 의미하는 것이 아니고, 일단 적법한 권원에 기하여 점유를 개시하였으나 사후에 점유 권원을 상실한 경우의 점유, 점유 권원의 존부가 외관상 명백하지 아니하여 법정절차를 통하여 권원의 존부가 밝혀질 때까지의 점유, 권원에 기하여 점유한 것은 아니나 동시이행항변권 등으로 대항할 수 있는 점유 등과 같이 법정절차를 통한 분쟁해결시까지 잠정적으로 보호할 가치 있는 점유는 모두 포함된다고 볼 것이고, 다만 절도범인의 점유와 같이 점유할 권리 없는 자의 점유임이 외관상 명백한 경우에는 포함되지 아니한다(대판 2006.3.23. 2005도4455).[8] ② 무효인 경매절차에서 경매목적물을 경락받아 이를 점유하고 있는 낙찰자의 점유는 적법한 점유로서 그 점유자는 권리행사방해죄에 있어서의 타인의 물건을 점유하고 있는 자라고 할 것이다(대판 2003.11.28. 2003도4257).[9]

C. 검토 '도둑의 점유는 보호할 수 없다'는 인식이 팽패해 있다. 하지만 도둑의 점유라고 쉽게 침해해도 되는 것은 아니다. 도둑을 추격하여 자기물건을 탈환하는 것처럼, 도둑의 점유가 아직 완성되지 않은 경우에는 정당방위나 자구행위로서 위법성이 조각된다. 하지만 이미 도둑의 점유가 완성된 이후에는 비록 소유자라고 하더라도 그 점유를 무단침탈하는 행위는 허용되지 않는 사력구제이다. 권리행사방해죄의 구성요건에 해당하는 위법행위라는 것이다. 다만, 이것이 허용되는 것으로 오인한 경우에는 금지착오로서 책임이 조각될 수 있다. 이처럼 사력구제금지의 반사적 효과로서 도둑의 점유도 보호된다는 점에서, 권리행사방해죄의 점유에는 도둑의 점유도 포함된다고 보아야 한다.

(2) 채권적인 사용관계 승낙을 얻어 타인의 변소를 사용하는 권리는 채권적 사용관계이고 점유권을 내용으로 하는 것이 아니기 때문에 변소를 손괴하여도 권리행사방해죄가 성립되지 않는다 (대판 1971.6.29. 71도926).

---

5 박상기, 442면; 배종대, 604면; 오영근, 578면; 이재상, 476면; 임웅, 555면; 정/박, 530면.

6 임상규, 권리행사와 재산범죄, 형사법연구 제26호 특집호(2006), 724면.

7 권오걸, 712면; 김성돈, 470면; 김/서, 419면; 이정희, 권리행사방해죄에 있어서의 타인의 점유, 실무연구자료 제5권(대전지방법원), 244면.

8 대판 2010.10.14. 2008도6578.

9 채무자가 채권자에게 일정한 기일까지 채무를 변제하기로 하고, 그때까지 변제하지 못할 때에는 특정한 물건의 소유권을 양도함과 동시에 이를 인도하기로 하는 법정화해가 있었던 사안이다.

다. 타인의 권리

(1) 채권의 포함 여부 권리행사방해죄의 구성요건 중 타인의 '권리'란 반드시 제한물권만을 의미하는 것이 아니라 물건에 대하여 점유를 수반하지 아니하는 채권도 이에 포함된다(대판 1991.4.26. 90도1958).[10]

(2) 대물변제 예약 권리행사방해죄에 있어서 "타인의 권리의 목적이 된 자기의 물건"이라는 요건의 그 권리 중에는 반드시 제한물권이나 물건에 대하여 점유를 수반하는 채권만이 아니라 이를테면 정지조건 있는 물권변제의 예약권을 가지는 경우도 포함된다(대판 1968.6.18. 68도616).

3. 행위의 태양

가. 취거 취거라 함은 타인의 점유 또는 권리의 목적이 된 자기의 물건을 그 점유자의 의사에 반하여 그 점유자의 점유로부터 자기 또는 제3자의 점유로 옮기는 것을 말하므로 점유자의 의사나 그의 하자 있는 의사에 기하여 점유가 이전된 경우에는 취거로 볼 수 없다(대판 1988.2.23. 87도1952).[11]

나. 은닉 공장근저당권이 설정된 선반기계 등을 이중담보로 제공하기 위하여 이를 다른 장소로 옮긴 경우, 공장저당권의 행사가 방해될 우려가 있는 행위로서 권리행사방해죄에 해당한다(대판 1994.9.27. 94도1439).[12]

다. 손괴 회사의 전무이사가 가압류의 목적이 된 회사 소유의 건물을 철거해 버린 경우, 권리행사방해죄가 성립한다(대판 1960.9.14. 4292형상537).

4. 기타

가. 고의 피해자가 채권 및 담보제공 약정을 이유로 승용차의 반환을 거절하고 있는 경우이든, 승용차를 단순히 임차하였다가 그 반환을 거부하고 있는 경우이든 두 경우 모두 권리행사방해죄에서의 보호대상인 점유에 해당하는 것이므로, 피해자가 승용차를 단순히 임차하였다가 그 반환을 거절하고 있는 것으로 잘못 알고 있었다는 사정만으로는 권리행사방해의 고의가 없었다고 볼 수 없다(대판 2006.3.23. 2005도4455).

---

10 '피해자가 임야의 입목을 벌채하는 등의 공사를 완료하면 피고인은 피해자에게 그 벌채한 원목을 인도한다'는 내용의 계약이 성립되었고 피해자가 계약상 의무를 모두 이행하였다 하더라도, 그것만으로 원목의 소유권이 바로 피해자에게 귀속되는 것이 아니라 별도로 그 소유자인 피고인이 피해자에게 원목에 관한 소유권이전의 의사표시를 하고 이를 인도함으로써 비로소 그 소유권이전의 효력이 생기므로, 아직 피해자에게 원목에 관한 소유권이전의 의사표시를 하고 이를 인도하였다고 볼 만한 증거가 없으니 피고인이 이를 타인에게 매도한 행위는 자기소유물건의 처분행위에 불과하여 절도죄를 구성하지 아니하나 권리행사방해죄는 성립할 수 있다는 취지이다.

11 채권자인 甲이 채무자인 피고인으로부터 차용금 채무의 담보로 제공받은 피고인 소유의 맥콜을 乙에게 보관시키고 있던 중, 피고인이 맥콜은 丙으로부터 교부받은 것이고 이를 동인에게 반환한다는 내용으로 된 반환서를 丙에게 작성해 주어, 丙이 乙에게 반환서를 제시하면서 맥콜은 피고인에게 편취당한 장물이므로 인계하여 달라고 요구하여 이를 믿은 乙로부터 교부받은 사안이다.

12 배임으로 기소하였으나 권리행사방해죄를 인정하였다.

나. 정당행위 차량회수 당시에 그 미납액이 보증금액수에 미달되어 있었고 또 일부는 당초 회사로부터 차량을 인수한 자로부터 다시 인수하여 회사에 대한 지입료 등 납부의무 자체의 존부와 그 액수가 불명확한 상태에 있었던 사정 등이 엿보이는 데다가, 월납입금의 미납이 발생할 경우 회사 측이 법적 절차에 의하지 아니하고 다소간의 실력을 행사하는 등 일방적으로 차량 등을 회수하여야만 될 급박한 필요성이 있게 된다고 볼 만한 자료가 없는 경우, 차량대여시에 서면약정을 받아 두었다 하여 차량 등을 실제로 회수할 때에 이를 회수당한 사람들의 의사에 반한다면 일방적인 실력행사에 의하는 등의 회수행위는 정당행위에 해당한다 할 수 없다(대판 1989.7.25. 88도410).[13]

II. 강제집행면탈죄

제327조(강제집행면탈) 강제집행을 면할 목적으로 재산을 은닉, 손괴, 허위양도 또는 허위의 채무를 부담하여 채권자를 해한 자는 3년 이하의 징역 또는 1천만원 이하의 벌금에 처한다.

1. 의의와 보호법익

가. 의의와 성격 강제집행을 면할 목적으로 재산을 은닉, 손괴, 허위양도 또는 허위의 채무를 부담하여 채권자를 해하는 범죄이며, '강제집행을 면할 목적'을 요하는 목적범이다.

나. 보호법익

(1) 학설 본죄의 보호법익은 강제집행의 직전 단계에 있는 채권자의 채권이라는 견해[14]도 있으나, 부차적으로는 국가의 강제집행기능도 보호법익으로 한다.[15]

(2) 판례 강제집행면탈죄는 채권자의 정당한 권리행사 보호 외에 강제집행의 기능보호도 그 법익으로 하는 것이나, 현행 형법상 강제집행면탈죄가 개인적 법익에 관한 재산범의 일종으로 규정되어 있는 점과 채권자를 해하는 것을 그 구성요건으로 규정하고 있는 점 등에 비추어 보면 주된 법익은 채권자의 권리보호에 있다.[16]

다. 보호의 정도

(1) 학설 보호법익이 보호받는 정도와 관련하여, 구체적 위험범설[17]과 추상적 위험범설[18] 및 침해

---

13 대여받은 사람들이 장차 회사에 대한 지입료 등 월납입금을 미납할 경우 회사 임의로 차량을 철수·회수하거나 번호판을 제거하여도 이의없다는 취지의 서면약정을 하였다.

14 김/서, 425면; 박상기, 445면; 오영근, 583면; 이재상, 481면.

15 권오걸, 717면; 김성돈, 474면; 배종대, 612면; 임웅, 560면; 정/박, 537면.

16 대판 1982.10.26. 82도2157; 1988.4.12. 88도48; 2007.7.12. 2007도3005; 2008.5.8. 2008도198; 2010.12.9. 2010도11015; 2011.9.8. 2011도5165.

17 권오걸, 717면; 배종대, 603면.

18 김성돈, 474면; 김/서, 425면; 박상기, 445면; 이재상, 484면; 임웅, 560면; 정영일, 458면.

범설[19]이 대립한다. 본죄는 '채권자를 해한 때'에 성립하기 때문에 침해범설이 타당하다.

(2) 판례 채권자를 해할 위험이 있으면 성립하는 것이고, 반드시 채권자를 해하는 결과가 야기되거나 행위자가 어떤 이득을 취하여야 범죄가 성립하는 것은 아니다(대판 1996.1.26. 95도2526).[20]

2. 성립요건

가. 채권

(1) 채권의 존재 강제집행의 기본이 되는 채권자의 권리, 즉 채권의 존재는 강제집행면탈죄의 성립요건이며 그 채권의 존재가 인정되지 않을 때에는 강제집행면탈죄는 성립하지 않는다(대판 1982.10.26. 82도2157).[21]

(2) 조건부 채권 집행할 채권이 조건부 채권이라 하여도 그 채권자는 이를 피보전권리로 하여 보전처분을 함에는 법률상 아무런 장해도 없다 할 것이니, 이와 같은 보전처분을 면할 목적으로 제327조 소정의 행위를 한 이상 강제집행면탈죄는 성립되며, 그 후 그 조건의 불성취로 채권이 소멸되었다 하여도 일단 성립한 범죄에는 영향을 미칠 수 없다(대판 1984.6.12. 82도1544).[22]

(3) 강제집행면탈에 해당하는 행위를 한 다음 상계의 의사표시(소급효 있음) 상계로 인하여 소멸한 것으로 보게 되는 채권에 관하여는 그 상계의 효력이 발생하는 시점 이후에는 채권의 존재가 인정되지 않으므로 강제집행면탈죄가 성립하지 않는다(대판 2012.8.30. 2011도2252).

나. 주체

(1) 학설 본죄의 주체와 관련하여, ① 채무자만이 범할 수 있는 진정신분범이라는 견해[23]와 채무자 외에 제3자도 주체가 될 수 있다는 견해(다수설)[24]가 대립한다. 채권·채무와 관련이 있는 제3자(가령, 채무자인 법인의 기관)도 주체가 될 수 있다는 점에서 다수설이 타당하다.

(2) 판례 허위의 임대차사실이 부동산임대차 보고서에 기재되고 경매법원이 甲에게 배당요구할 것을 통지한 경우, 이는 단순히 거짓말을 한 것을 넘어서 경매목적 부동산(피고인의 남편 소유)에 대한 강제집행을 면탈한 목적으로 허위의 채무를 부담한 경우에 해당한다(대판 1989.5.23. 88도343).[25]

---

19 오영근, 583면.

20 대판 2003.10.9. 2003도3387; 1998.9.8. 98도1949; 1999.2.9. 96도3141; 2001.11.27. 2001도4759.

21 대판 1988.4.12. 88도48; 2007.7.12. 2007도3005; 2008.5.8. 2008도198; 2010.12.9. 2010도11015; 2011.9.8. 2011도5165.

22 상계의 의사표시가 있는 경우에는 각 채무는 상계할 수 있는 때에 소급하여 대등액에 관하여 소멸한다. 가압류의 피보전권리는 가압류신청 당시 확정적으로 발생되어 있어야 하는 것은 아니고 이미 그 발생의 기초가 존재하는 한 조건부 채권이나 장래에 발생할 채권도 가압류의 피보전권리가 될 수 있다(대판 1993.2.12. 92다29801).

23 김/서, 426면; 박상기, 445면; 이정원, 강제집행면탈죄에 대한 검토와 개선방안, 비교형사법연구 제7권 제1호, 183면; 임웅, 561면.

24 권오걸, 718면; 김성돈, 474면; 배종대, 612면; 오영근, 584면; 이재상, 483면; 정영일, 459면.

25 임대차조사를 하러 온 집달관에게 甲이 건물의 일부를 보증금없이 월 2만 원의 차임을 지급하며 살고 있는데도 전세금 100만

다. 객체: 재산

(1) 재산의 범위

A. 특허를 받을 수 있는 권리 재산에는 동산·부동산뿐만 아니라 재산적 가치가 있어 민사소송법에 의한 강제집행 또는 보전처분이 가능한 특허 내지 실용신안 등을 받을 수 있는 권리도 포함된다(대판 2001.11.27. 2001도4759).[26]

B. 장래의 권리 장래의 권리라도 채무자와 제3채무자 사이에 채무자의 장래청구권이 충분하게 표시되었거나 결정된 법률관계가 존재한다면 재산에 해당한다(대판 2011.7.28. 2011도6115).[27]

(2) 채무자의 재산에 한정되는지 여부

A. 학설 본죄의 객체는 채무자의 재산에 한정된다는 견해(다수설)[28]와 채무자의 재산으로 한정할 이유가 없다는 견해[29]가 대립한다. 제3자도 본죄의 주체가 될 수 있다고 하더라도 본죄의 객체는 강제집행이나 보전처분의 대상이 되는 채무자의 재산이라고 보아야 한다.

B. 판례 강제집행면탈죄의 객체는 채무자의 재산 중에서 채권자가 민사집행법상 강제집행 또는 보전처분의 대상으로 삼을 수 있는 것이어야 한다(대판 2008.9.11. 2006도8721).[30]

(3) 명의신탁과 강제집행면탈죄

A. 명의신탁자 이른바 계약명의신탁의 경우 매도인인 소유자가 명의신탁 사실을 알고 있었는지 여부와 관계없이, 명의신탁자는 그 매매계약에 의해서는 당해 부동산의 소유권을 취득하지 못하게 되어 결국 그 부동산은 명의신탁자에 대한 강제집행이나 보전처분의 대상이 될 수 없다(대판 2009.5.14. 2007도2168; 2011.12.8. 2010도4129).[31]

B. 명의수탁자(부동산실명법 시행 이전의 판결임) 목사인 피고인 및 甲의 공동명의로 신탁된 교회 소유의 대지가 甲의 사업실패로 그 채권자들로부터 강제집행의 우려가 있자 교회건축위원회에서 피고인 및 甲에 대한 명의신탁을 해지한 후 다른 재직회 임원 앞으로 명의신탁하기로 결정하고 이에 따라 매매를 원인으로 하여 경료된 소유권이전등기는 신탁자의 신탁재산에 대한 정당한 권리행사이고 강제집행면탈죄의 구성요건인 허위양도에 해당하지 아니한다(대판 1983.7.26. 82도1524).

원을 지급하고 1년간 임차를 하고 있다고 거짓말한 사안이다.

26 피고인 명의로 등록된 특허권과 실용신안권, 피고인 명의로 특허출원 및 실용신안출원된 각 지적재산권을 허위양도하였다.

27 경매절차에서 배당받을 배당금지급채권은 강제집행면탈죄의 객체에 해당한다.

28 권오걸, 718면; 김성돈, 475면; 김/서, 426면; 오영근, 584면; 이재상, 483면; 임웅, 561면.

29 배종대, 613면; 정영일, 459면.

30 대판 2009.5.14. 2007도2168; 2011.7.28. 2011도6115.

31 부동산에 관하여 부동산실권리자명의등기에 관한 법률 제4조 제2항 본문이 적용되어 명의수탁자인 채무자 명의의 소유권이전등기가 무효인 경우에는 그 부동산은 채무자의 소유가 아니기 때문에 이를 채무자의 일반 채권자들의 공동담보에 공하여지는 책임재산이라고 볼 수 없고, 채무자가 위 부동산에 관하여 제3자와 근저당권설정계약을 체결하고 나아가 그에게 근저당권설정등기를 마쳐 주었다 하더라도 그로써 채무자의 책임재산에 감소를 초래한 것이라고 할 수 없으므로 이를 들어 채무자의 일반 채권자들을 해하는 사해행위라고 할 수 없고, 채무자에게 사해의 의사가 있다고 볼 수도 없다(대판 2000.3.10. 99다55069).

(4) 객체가 아닌 사례 건물은 지하 4층, 지상 12층으로 건축허가를 받았으나 명의변경 당시 지상 8층까지 골조공사가 완료된 채 공사가 중단되었던 사정에 비추어 민사집행법상 강제집행이나 보전처분의 대상이 될 수 있다고 단정하기 어렵다(대판 2014.10.27. 2014도9442).[32]

라. 강제집행

(1) 강제집행의 의미

A. 원칙 본죄의 강제집행은 민사소송법상의 강제집행이나 가압류·가처분을 의미한다.[33] 따라서 국세징수법의 체납처분이나 형사소송법상의 벌금 등의 재판의 집행은 포함되지 않는다.

B. 판례

1) 범위 강제집행면탈죄가 적용되는 강제집행은 민사집행법 제2편의 적용 대상인 '강제집행' 또는 가압류·가처분 등의 집행을 가리키는 것이고, 민사집행법 제3편의 적용 대상인 담보권실행 등을 위한 경매를 면탈할 목적으로 재산을 은닉하는 등의 행위는 위 죄의 규율 대상에 포함되지 않는다(대판 2015.3.26. 2014도14909).

2) 소유권이전등기청구의 소 강제집행이란 소위 광의의 강제집행인 소유권이전등기절차이행의 청구소의 제기도 포함된다(대판 1983.10.25. 82도808).

3) 추징 민사소송법이 정한 가압류는 보전될 소위 피보전권리가 민사소송법이 정한 절차에 따라 권리보호를 받을 수 있는 권리라야 할 것이며, 재산형의 일종인 추징은 그 추징을 과한 형사판결이 확정되거나 가납재판이 있어 그를 집행하는 검사의 명령이 채무명의와 동일한 효력을 가져올 수 있다 하여도 그것이 민사소송절차에 의하여 권리보호를 받는 것이라 볼 수는 없어 가압류명령으로 보전될 수 있는 피보전권리라고 보기 어렵다(대판 1971.10.11. 71다1588).

4) 체납처분 국세징수법에 의한 체납처분을 면탈할 목적으로 재산을 은닉하는 등의 행위는 강제집행면탈죄의 규율대상에 포함되지 않는다(대판 2012.4.26. 2010도5693).

(2) 강제집행을 받을 구체적 상황 강제집행면탈죄는 현실적으로 민사소송법에 의한 강제집행 또는 가압류, 가처분의 집행을 받을 우려가 있는 객관적인 상태 아래, 즉 채권자가 본안 또는 보전소송을 제기하거나 제기할 태세를 보이고 있는 상태에서 주관적으로 강제집행을 면탈하려는 목적으로 재산을 은닉, 손괴, 허위양도하거나 허위의 채무를 부담하여 채권자를 해할 위험이 있으면 성립하는 것이다(대판 1996.1.26. 95도2526).[34]

(3) 강제집행의 우려가 있는 사례 ① 발행한 약속어음이 부도가 난 경우(대판 1999.2.9. 96도3141), ② 차

---

32 甲 주식회사 대표이사 등인 피고인들이 공모하여 회사 채권자들의 강제집행을 면탈할 목적으로 甲 회사가 시공 중인 건물의 건축주 명의를 甲 회사에서 乙 주식회사로 변경하였다.

33 권오걸, 894면; 김성돈, 476면; 박상기, 447면; 배종대, 613면; 오영근, 574면; 이재상, 472면; 임웅, 562면.

34 대판 2003.10.9. 2003도3387; 1999.2.9. 96도3141; 2001.11.27. 2001도4759.

량에 동승하였다가 교통사고를 당해 사망한 사람의 유족이 치료비 요구에 불응한다 하여 진정을 내고 있는 경우(대판 1979.4.10. 78도2370), ③ 감사원의 감사가 종료될 무렵을 전후하여 그 상급자인 구청 세무과장으로부터 횡령액을 변상하지 않으면 어차피 나라에서 환수조치를 할 것이니 빨리 변상조치를 하라고 권유 겸 독촉을 받은 경우는 강제집행을 당할 구체적인 위험이 있는 상태이다(대판 1996.1.26. 95도2526).

(4) 강제집행의 우려가 없는 사례 이행기가 도과되어 채권자들로부터 채무변제의 독촉을 받고 있는 상태는 아니었으며 채권자들 또한 피고인을 상대로 법적 절차를 취하기 위한 준비를 하고 있었던 것도 아니어서 현실적으로 강제집행을 받을 위험이 있는 객관적 상태에 있지 아니하였다면, 객관적으로 강제집행을 면탈할 상태가 아니어서 강제집행면탈죄가 성립되지 않는다(대판 1974.10.8. 74도1798).[35]

마. 채권자를 해할 위험

(1) 피담보채무액이 시가보다 높은 경우 허위양도한 부동산의 시가액보다 부동산에 의하여 담보된 채무액이 더 많다고 하여 허위양도로 인하여 채권자를 해할 위험이 없다고 할 수 없다(대판 1999.2.12. 98도2474; 2008.5.8. 2008도198).[36]

(2) 위험의 추단 현실적으로 강제집행을 받을 우려가 있는 상태에서 강제집행을 면탈할 목적으로 허위의 채무를 부담하는 등의 행위를 하는 경우에는 채권자를 해할 위험이 있다고 보아야 한다(대판 1996.1.26. 95도2526; 2008.4.24. 2007도4585).

(3) 다른 재산이 있는 경우

A. 약간의 다른 재산이 있는 경우 강제집행을 면할 목적으로 허위채무를 부담하고 근저당권설정등기를 경료하여 줌으로써 채권자를 해하였다고 인정된다면, 설혹 그 근저당권이 설정된 부동산 외에 약간의 다른 재산이 있더라도 강제집행면탈죄가 성립된다(대판 1990.3.23. 89도2506).[37]

B. 집행을 확보할 수 있는 충분한 재산이 있는 경우 채무자의 재산은닉 등 행위 시를 기준으로 채무자에게 채권자의 집행을 확보하기에 충분한 다른 재산이 있었다면 채권자를 해하였거나 해할 우려가 있다고 쉽사리 단정할 것이 아니다(대판 2011.9.8. 2011도5165).

(4) 가압류목적물의 제3취득자의 허위채무부담과 강제집행면탈죄 성부 가압류 후에 목적물의 소유권을 취득한 제3취득자가 다른 사람에 대한 허위의 채무에 기하여 근저당권설정등기 등을 경

35 대판 1979.9.11. 79도436.

36 사해행위취소의 소에서 채무자가 수익자에게 양도한 목적물에 저당권이 설정되어 있는 경우라면 그 목적물 중에서 일반채권자들의 공동담보에 제공되는 책임재산은 피담보채권액을 공제한 나머지 부분만이라고 할 것이고, 그 피담보채권액이 목적물의 가액을 초과할 때는 당해 목적물의 양도는 사해행위에 해당하지 않는다(대판 2002.4.12. 2000다63912; 2013.7.18. 2012다5643 全合).

37 시가는 고정적인 것이 아니고 강제집행이 되는 경우 오히려 상당한 가격 하락이 있을 수 있고, 근저당권의 채권최고액이 높음에 비추어 피담보채권의 액수 또한 증가할 여지도 있다. 대판 2008.4.24. 2007도4585.

료하더라도 이로써 가압류채권자의 법률상 지위에 어떤 영향을 미치지 않으므로, 강제집행면탈죄에 해당하지 아니한다(대판 2008.5.29. 2008도2476).[38]

(5) 허위의 채권양도통지가 가압류 결정 정본과 제3채무자에게 동시에 도달한 경우 가압류 결정 정본이 송달된 날짜와 피고인이 채권을 양도한 날짜가 동일하므로 가압류 결정 정본이 제3채무자에게 송달되기 전에 피고인이 채권을 허위로 양도하였다면 피고인의 이러한 행위는 강제집행면탈죄에 해당한다(대판 2012.6.28. 2012도3999).[39]

3. 행위의 태양

가. 은닉

(1) 은닉의 의미 '은닉'이라 함은 강제집행을 실시하는 자에 대하여 재산의 발견을 불능 또는 곤란케 하는 것을 말하는 것으로서, 재산의 소재를 불명케 하는 경우는 물론 소유관계를 불명하게 하는 경우도 포함하나, 재산의 소유관계를 불명하게 하는 데 반드시 공부상의 소유자 명의를 변경하거나 폐업 신고 후 다른 사람 명의로 새로 사업자등록을 할 것까지 요하는 것은 아니다(대판 2003.10.9. 2003도3387; 2011.7.28. 2011도6115).

(2) 은닉에 해당하는 사례

A. 금전등록기의 사업자 명의변경 사업장의 유체동산에 대한 강제집행을 면탈할 목적으로 사업자등록의 사업자 명의를 변경함이 없이 사업장에서 사용하는 금전등록기의 사업자 이름만을 변경한 경우, 재산의 '은닉'에 해당한다(대판 2003.10.9. 2003도3387).[40]

B. 제3자이의의 소, 청구이의의 소 제기 ① 채권자에 의하여 압류된 채무자 소유의 유체동산을 채무자의 모 소유인 것으로 사칭하면서 모의 명의로 제3자이의의 소를 제기하고 집행정지결정을 받아 그 집행을 저지하였다면, 이는 재산을 은닉한 경우에 해당한다(대판 1992.12.8. 92도1653). ② 피고인이 甲에 대한 약속어음 공정증서에 기하여 甲의 부동산에 대한 강제경매를 신청하여 최고가매각결정이 내려졌음에도, 피고인의 채권자인 피해자가 경매사건의 배당금 중 1억 원에 대하여 가압류하자 피고인과 甲이 공모하여, 甲의 피고인에 대한 채권이 모두 변제된 것처럼 채무완제확인서를 첨부하여 청구이의의 소를 제기하고 이를 근거로 강제집행정지신청, 경매취소신청을 하여 경매절차가 종

---

38 가압류에는 처분금지적 효력이 있으므로 가압류 후에 목적물의 소유권을 취득한 제3취득자 또는 그 제3취득자에 대한 채권자는 그 소유권 또는 채권으로써 가압류권자에게 대항할 수 없다.

39 채권양도통지, 가압류 또는 압류명령 등이 제3채무자에 동시에 송달되어 그들 상호간에 우열이 없는 경우에도 채권양수인, 가압류 또는 압류채권자는 모두 제3채무자에 대하여 완전한 대항력을 갖추었다고 할 것이므로, 전액에 대하여 채권양수금, 압류전부금 또는 추심금의 이행청구를 하고 적법하게 이를 변제받을 수 있고, 제3채무자로서는 이들 중 누구에게라도 채무전액을 변제하면 다른 채권자에 대한 관계에서도 유효하게 면책되는 것이다.

40 피고인이 주식회사 엘지피앤에프의 명의로 엘지슈퍼를 경영하다가 연쇄점 내에 있는 물건들에 관한 소유관계를 불명하게 하여 강제집행을 저지하려는 의도로 연쇄점에서 사용하는 금전등록기의 사업자 이름을 회사 대표이사 甲에서 피고인의 형으로 변경하였고, 그로 인하여 피해자가 유체동산가압류 집행을 하려 하였으나 집행위임을 받은 집행관이 금전등록기의 사업자 이름이 집행채무자의 이름과 다르다는 이유로 그 집행을 거부하였다.

료되게 한 것은 소유관계를 불명하게 하는 방법에 의한 재산의 은닉에 해당한다(대판 2011.7.28. 2011도6115).

C. 가등기채권자가 채무자와 공모하여 자백간주판결에 의해 본등기를 한 후 가압류등기말소 자신의 채권담보의 목적으로 채무자 소유의 선박들에 관하여 가등기를 경료하여 두었다가 채무자와 공모하여 선박들을 가압류한 다른 채권자들의 강제집행을 불가능하게 할 목적으로 정확한 청산절차도 거치지 않은 채 의제자백판결을 통하여 선순위 가등기권자인 피고인 앞으로 본등기를 경료함과 동시에 가등기 이후에 경료된 가압류등기 등을 모두 직권말소하게 하였음은 소유관계를 불명하게 하는 방법에 의한 '재산의 은닉'에 해당한다(대판 2000.7.28. 98도4558).

(3) 은닉에 해당하지 않는 사례 채무자가 제3자 명의로 되어 있던 사업자등록을 또 다른 제3자 명의로 변경하였다는 사정만으로는 그 변경이 채권자의 입장에서 볼 때 사업장 내 유체동산에 관한 소유관계를 종전보다 더 불명하게 하여 채권자에게 손해를 입게 할 위험성을 야기한다고 단정할 수 없다(대판 2014.6.12. 2012도2732).

나. 허위양도

(1) 허위양도의 의미 ① 허위양도라 함은 실제로 양도의 진의가 없음에도 불구하고 표면상 양도의 형식을 취하여 재산의 소유명의를 변경시키는 것이다(대판 2001.11.27. 2001도4759). ② 진의에 의하여 재산을 양도하였다면 설령 그것이 강제집행을 면탈할 목적으로 이루어진 것으로서 채권자의 불이익을 초래하는 결과가 되었다고 하더라도 강제집행면탈죄의 허위양도 또는 은닉에는 해당하지 아니한다(대판 1998.9.8. 98도1949).

(2) 허위양도인 사례 ① 임차권자의 명의를 변경한 경우(대판 1971.4.20. 71도319), ② 가옥대장상의 소유자 명의의 변경한 경우는 재산의 허위양도에 해당한다(대판 1968.7.31. 68도677).

다. 허위의 채무부담

(1) '허위의 채무부담'의 의미 허위의 채무를 부담한다는 것은 채무가 없으면서도 있는 것처럼 가장하는 것을 말한다(대판 1989.5.23. 88도343).[41]

(2) 특정물채권(등기청구권, 명도청구권)과 허위의 채무부담(가등기, 근저당권설정) 채권자의 채

---

41 민법 제548조 제1항 단서에서 규정하는 제3자라 함은 해제된 계약으로부터 생긴 법률적 효과를 기초로 하여 새로운 이해관계를 가졌을 뿐 아니라 등기·인도 등으로 완전한 권리를 취득한 사람을 지칭하는 것이다. 그런데 미등기 무허가건물의 매수인은 소유권이전등기를 마치지 않는 한 건물의 소유권을 취득할 수 없고, 소유권에 준하는 관습상의 물권이 있다고도 할 수 없으며, 현행법상 사실상의 소유권이라고 하는 포괄적인 권리 또는 법률상의 지위를 인정하기도 어렵다. 또한, 무허가건물관리대장은 무허가건물에 관한 관리의 편의를 위하여 작성된 것일 뿐 그에 관한 권리관계를 공시할 목적으로 작성된 것이 아니므로 무허가건물관리대장에 소유자로 등재되었다는 사실만으로는 무허가건물에 관한 소유권 기타의 권리를 취득하는 효력이 없다. 따라서 미등기 무허가건물에 관한 매매계약이 해제되기 전에 매수인으로부터 해당 무허가건물을 다시 매수하고 무허가 건물관리대장에 소유자로 등재되었다고 하더라도 건물에 관하여 완전한 권리를 취득한 것으로 볼 수 없으므로 민법 제548조 제1항 단서에서 규정하는 제3자에 해당한다고 할 수 없다(대판 2014.2.13. 2011다64782).

권이 건물철거 및 토지인도청구권인 경우라면, 채무자인 건물 소유자가 제3자에게 허위의 금전채무를 부담하면서 이를 피담보채무로 하여 건물에 관하여 근저당권설정등기를 경료하였다는 것만으로는 직접적으로 토지 소유자의 건물철거 및 토지인도청구권에 기한 강제집행을 불능케 하는 사유에 해당한다고 할 수 없으므로 건물 소유자에게 강제집행면탈죄가 성립한다고 할 수 없고, 이는 건물 소유자가 토지 임차인으로서 임대인인 토지 소유자에 대하여 민법 제643조의 건물매수청구권을 행사함으로써 건물 소유자와 토지 소유자 사이에 건물에 관한 매매관계가 성립하여 토지 소유자가 건물 소유자에 대하여 건물에 관한 소유권이전등기 및 명도청구권을 가지게 된 후에 건물 소유자가 제3자에게 허위의 금전채무를 부담하면서 이를 피담보채무로 하여 건물에 관하여 근저당권설정등기를 경료한 경우에도 마찬가지이다(대판 2008.6.12. 2008도2279).[42]

(3) 가등기와 허위의 채무부담

A. 단순히 가등기만을 한 경우 타인에게 채무를 부담하고 있는 양 가장하는 방편으로 부동산에 관하여 소유권이전청구권보전을 위한 가등기를 경료하여 주었다 하더라도, 그와 같은 가등기는 원래 순위보전의 효력밖에 없는 것이므로, 가등기를 경료한 사실만으로는 강제집행을 면탈할 목적으로 허위채무를 부담하여 채권자를 해한 것이라고 할 수 없다(대판 1987.8.18. 87도1260).

B. 허위채무 부담 후 가등기한 경우 甲 앞으로 단순히 각 가등기를 마쳐 준 데 그친 것이 아니고, 甲이 피고인 명의의 농협예금계좌로 돈을 송금하는 방법으로(피고인은 이를 즉시 현금으로 인출하여 甲에게 반환하였다) 마치 갑이 피고인에게 돈을 빌려준 것 같은 외관을 갖춘 경우, 강제집행을 면탈할 목적으로 허위의 채무를 부담한 것이다(대판 2008.6.26. 2008도3184).[43]

(4) 허위의 채무부담인 사례

A. 법인 이사장이 재단에 대해 채권이 있는 양 가장한 경우 재단법인의 이사장이 강제집행을 면탈할 목적으로 재단법인에 대하여 채권을 가지는 양 가장하여 이를 갑에게 양도함으로써 재단법인으로 하여금 허위의 채무를 부담케 하고 이를 담보한다는 구실하에 재단법인소유토지를 갑 명의로 가등기 및 본등기를 경료케 하였다면 강제집행면탈죄를 구성한다(대판 1982.12.14. 80도2403).

B. 채무변제계약 공정증서를 작성한 후 이에 기하여 채권압류 및 추심명령을 받은 경우 허위의 채무를 부담하는 내용의 채무변제계약 공정증서를 작성한 후 이에 기하여 채권압류 및 추심명령을 받은 때에, 강제집행면탈죄가 성립한다(대판 2009.5.28. 2009도875).

(5) 허위의 채무부담이 아닌 사례

A. 전부명령 송달 후의 변제 가장행위 채권자가 채무자에 대한 채무명의에 기하여 제3채무자에 대한 매매잔대금채권에 관하여 압류 및 전부명령을 받고 그 명령이 제3채무자에게 송달되자 피고

42 대판 1982.5.25. 81도3136; 1984.2.14. 83도708.

43 甲도 공동정범이다. 대판 1996.1.26. 95도2526.

인이 채무자와 공모하여 잔대금이 전부명령 송달 전에 전액 지급된 양 허위영수증을 발행한 경우, 피고인이 채무자로부터 허위영수증을 수취한 것이 제3채무자에 대한 전부명령의 송달로 잔대금채권에 대한 집행이 완료된 후라면 이로써는 동 채권에 대한 채권자의 강제집행을 방해하였다고는 볼 수 없고 또 영수증의 발행 및 그 수취행위는 제3채무자의 재산에 대한 형법 제327조 소정의 어느 행위에도 해당되지 않는다 할 것이므로 강제집행면탈죄는 성립되지 아니한다(대판 1984.6.12. 82도1544).

B. 장래의 조건부채권을 위한 저당권설정 장래에 발생할 특정의 조건부채권을 담보하기 위한 방편으로 부동산에 대하여 근저당권을 설정한 것이라면, 특별한 사정이 없는 한 이는 장래 발생할 진실한 채무를 담보하기 위한 것으로서, '허위의 채무를 부담'하는 경우에 해당한다고 할 수 없다(대판 1996.10.25. 96도1531).[44]

4. 기타

가. 기수시기 강제집행 면탈의 목적으로 채무자가 그의 제3채무자에 대한 채권을 허위로 양도한 경우에 제3채무자에게 채권 양도의 통지가 행하여짐으로써 통상 제3채무자가 채권 귀속의 변동을 인식할 수 있게 된 시점에서는 채권 실현의 이익이 해하여질 위험이 실제로 발현되었다고 할 것이므로, 늦어도 그 통지가 있는 때에는 그 범죄행위가 종료하여 그때부터 공소시효가 진행되고, 후에 채권양도통지서에 확정일자를 받은 날부터 공소시효가 진행된다고 할 것이 아니다(대판 2011.10.13. 2011도6855).

나. 불가벌적 사후행위 허위의 금전채권에 기하여 이를 담보하는 양 설정한 소유권이전등기청구권 보전을 위한 가등기를 甲에게 양도해 주어 본등기를 경료하게 함으로써 건물이 허위로 양도되게 하였음을 알 수 있는바, 담보가등기 설정행위를 강제집행면탈 행위로 본다고 하더라도, 그 가등기를 양도하여 본등기를 경료하게 함으로써 소유권을 상실케 하는 행위는 면탈의 방법과 법익침해의 정도가 훨씬 중하다는 점을 고려할 때 이를 불가벌적 사후행위로 볼 수는 없다(대판 2008.5.8. 2008도198).

다. 횡령죄와의 관계 타인의 재물을 보관하는 자가 보관하고 있는 재물을 영득할 의사로 은닉하였다면 이는 횡령죄를 구성하는 것이고 채권자들의 강제집행을 면탈하는 결과를 가져온다 하여 이와 별도로 강제집행면탈죄를 구성하는 것은 아니다(대판 2000.9.8. 2000도1447).

라. 채권자가 수인인 경우와 죄수 채권자들에 의한 복수의 강제집행이 예상되는 경우 재산을 은닉 또는 허위양도함으로써 채권자들을 해하였다면, 채권자별로 각각 강제집행면탈죄가 성립하고 상호 상상적 경합범의 관계에 있다(대판 2011.12.8. 2010도4129).

44 부동산실명법 시행 이전의 명의신탁으로 유예기간이 경과되지 아니하였다.

제2편

사회적 법익에 대한 죄

제1장·공공의 안전과 평온에 대한 죄

제2장·공공의 신용에 대한 죄

제3장·사회의 도덕에 대한 죄

제1장

공공의 안전과 평온에 대한 죄

제1절 • 공안을 해하는 죄

제2절 • 방화와 실화의 죄

제3절 • 수리방해의 죄

제4절 • 교통방해의 죄

제1절 • 공안을 해하는 죄

I. 범죄단체조직죄

> **제114조(범죄단체 등의 조직)** 사형, 무기 또는 장기 4년 이상의 징역에 해당하는 범죄를 목적으로 하는 단체 또는 집단을 조직하거나 이에 가입 또는 그 구성원으로 활동한 사람은 그 목적한 죄에 정한 형으로 처벌한다. 다만, 형을 감경할 수 있다.

1. 서설

가. 의의와 입법취지 사형, 무기 또는 장기 4년 이상의 징역에 해당하는 범죄를 범할 목적으로 단체 또는 집단을 조직하거나 이에 가입 또는 그 구성원으로 활동한 자를 처벌하는 범죄이고, 일정한 목적을 요하는 목적범이다. "다수의 합동력에 의하여 국법질서를 파괴하는 것을 방지"[1]하려는 취지이지만, 범죄의 예비·음모에 해당하는 범죄단체의 조직행위 자체를 '목적한 죄에 정한 형'으로 처벌하는 것은 과잉대응이다. 2013. 4. 5. 법개정을 통해 '4년 이상의 징역에 해당하는 범죄'로 성립범위를 제한하기는 하였지만, 가담자들의 역할과 활동에 따라 그 형벌을 달리할 필요가 있다. 본죄의 보호법익은 '공공의 안전과 평온'이고, 보호의 정도는 추상적 위험범이다. 소위 조폭을 처벌하는 폭력행위 등 처벌에 관한 법률 제4조는 범죄단체조직죄의 특별법이다.

나. 성격

(1) 학설 본죄는 범죄단체를 조직함으로써 즉시 성립·완성되는 즉시범이라는 견해[2]와 단체의 조직 및 가입이라는 일의 성격상 일정한 시간이 경과할 것을 요하는 계속범이라는 견해[3]가 대립한다.

(2) 판례(즉시범) 범죄단체조직죄는 범죄를 목적으로 단체 또는 집단을 구성함으로써 즉시 성립·완성되는 즉시범이므로 범죄성립과 동시에 공소시효가 진행되는 것이다(대판 2005.9.9. 2005도3857).

(3) 검토 본죄를 즉시범으로 보면, 범죄단체의 조직이나 가입행위가 발각되었을 때에는 이미 공소시효가 완성되어 있을 수 있다. 이러한 문제를 해결하기 위해 2013. 4. 5. 본죄의 행위태양에 '범죄단체 구성원으로 활동'을 추가하였다. 반면에 범죄단체를 조직만 하고 활동을 하지 않은 자도 있을 수 있는데, 이 자에 대한 공소시효의 진행을 단체가 해산될 때까지 미루어 두는 것은 당사자

---

1 대판 1976.4.13. 76도340.

2 권오걸, 732면; 오영근, 600면; 정영일, 470면.

3 김성돈, 483면; 김/서, 435면; 박상기 452면; 배종대, 623면; 임웅, 575면; 정/박, 549면.

에게 너무 불리한 해석이다. 따라서 본죄는 판례처럼 즉시범으로 봄이 타당하다.

2. 범죄단체

가. 범죄단체의 의미 범죄를 목적으로 하는 단체라 함은 특정다수인이 일정한 범죄를 수행한다는 공동목적 아래 이루어진 계속적인 결합체로서 단체를 주도하는 최소한의 통솔체제를 갖추고 있음을 요한다(대판 1985.10.8. 85도1515).

나. 범죄단체가 아닌 사례 각기 소매치기의 범죄를 목적으로 모여 그 실행행위를 분담하기로 약정한 사실은 인정할 수 있으나 계속적이고 통솔체제를 갖춘 단체를 조직하였거나 그와 같은 단체에 가입하였다고 볼 수 없다(대판 1981.11.24. 81도2608).[4]

3. 기수시기 범죄단체조직죄는 범죄를 목적으로 하는 단체를 조직함으로써 성립하는 것이고 그 후 목적한 범죄의 실행행위를 하였는가 여부는 위 죄의 성립에 영향이 없다(대판 1975.9.13. 75도2321).[5]

4. 죄수

가. 목적한 범죄를 수행한 경우

(1) 학설 본죄를 범한 후 목적한 범죄를 실행한 경우에, ① 본죄는 목적한 범죄에 흡수된다는 견해[6]와 ② 양 죄는 실체적 경합이 된다는 견해[7]가 주장된다. 본죄와 목적한 범죄의 보호법익이 서로 다르기 때문에 이론적으로는 실체적 경합으로 보는 것이 타당하겠으나 본죄는 예비·음모에 해당할 뿐임에도 그 법정형을 지나치게 높게 규정하고 있다는 점을 감안하여 본죄는 목적한 범죄에 흡수된다고 보는 것이 현실적일 것이다.

(2) 판례(실체적 경합) 범죄단체를 구성한 사실, 상해, 폭행, 감금 등의 죄를 범한 사실을 각 인정한 조치는 정당하다(대판 1996.6.25. 96도923)고 판시하여 실체적 경합으로 보고 있다.

나. 죄수관계 ① 범죄단체에 가입하여 활동하는 경우에는 가입죄와 활동죄가 성립하고, 두 죄는 실체적 경합관계에 있다(대판 2008.5.29. 2008도1857). ② 출소 후 종전의 조직생활을 계속한 것을 가리켜 새로 범죄단체에 가입한 것이라고 볼 수 없다(대판 2009.6.11. 2009도1274).

---

4 최근 수사기관은 소위 보이스피싱 사기 등을 범죄단체조직죄로 의율하기로 하였다.

5 대판 1975.9.13. 75도2321.

6 오영근, 600면; 임웅, 576면.

7 권오걸, 733면: 김성돈, 485면; 박상기, 455면; 정영일, 471면.

II. 공무원자격사칭죄

제118조(공무원자격의 사칭) 공무원의 자격을 사칭하여 그 직권을 행사한 자는 3년 이하의 징역 또는 700만원 이하의 벌금에 처한다.

1. 의의와 성격 본죄는 공무원의 자격을 사칭하여 그 직권을 행사함으로써 '국가의 기능'을 저해하는 범죄이다. 보호법익은 '국가의 기능'이고, 본죄의 미수범은 벌하지 않는다.

2. 성립요건 공무원자격사칭죄가 성립하려면 어떤 직권을 행사할 수 있는 권한을 가진 공무원임을 사칭하고 그 직권을 행사한 사실이 있어야 한다(대판 1981.9.8. 81도1955).[8]

가. 공무원의 자격사칭 공무원이 아닌 자가 공무원의 자격을 가진 것처럼 오신하게 하는 일체의 행위이다. 공무원에는 임시직 공무원도 포함되고(대판 1973.5.22. 73도884),[9] 공무원이 다른 공무원의 자격을 사칭하는 경우에도 본죄가 성립한다.

나. 직권행사

(1) 직권행사의 의미 사칭한 해당 공무원이 행할 수 있는 고유한 직무에 관한 사항을 권한 없이 함부로 행사하는 것을 말한다. 공무원의 자격만 사칭하고 직권을 행사한 일이 없으면, 경범죄처벌법위반이 될 수 있을 뿐이다.[10]

(2) 직권행사가 아닌 사례(직권을 벗어난 사항)

A. 합동수사반원임을 사칭하여 한 채권의 추심행위 위임받은 채권을 용이하게 추심하는 방편으로 합동수사반원임을 사칭하고 협박한 사실이 있다고 하여도, 채권의 추심행위는 합동수사반의 수사업무의 범위에는 속하지 아니하므로 이를 공무원자격사칭죄로 처벌할 수 없다(대판 1981.9.8. 81도1955).

B. 중앙정보부직원을 사칭하여 자인서 제출, 수사경위 청취 중앙정보부원이 아닌 자가 이를 사칭하여 어떤 고소사건의 수사경위를 청취하였다 하더라도, 그 자격을 사칭한 중앙정보부원의 직권인 정보업무를 행한 것이라고 할 수 없다(대판 1972.6.27. 72도550).[11]

---

8 대판 1981.9.8. 81도1955.

9 대판 1973.5.22. 73도884.

10 경범죄처벌법 제3조(경범죄의 종류) ① 다음 각 호의 어느 하나에 해당하는 사람은 10만 원 이하의 벌금, 구류 또는 과료(科料)의 형으로 처벌한다. 7. (관명사칭 등) 국내외의 공직(公職), 계급, 훈장, 학위 또는 그 밖에 법령에 따라 정하여진 명칭이나 칭호 등을 거짓으로 꾸며 대거나 자격이 없으면서 법령에 따라 정하여진 제복, 훈장, 기장 또는 기념장(記念章), 그 밖의 표장(標章) 또는 이와 비슷한 것을 사용한 사람

11 대판 1972.6.27. 72도550.

제2절 • 방화와 실화의 죄

I. 현주건조물방화죄

> **제164조(현주건조물등에의 방화)** ① 불을 놓아 사람이 주거로 사용하거나 사람이 현존하는 건조물, 기차, 전차, 자동차, 선박, 항공기 또는 광갱을 소훼한 자는 무기 또는 3년 이상의 징역에 처한다.
> ② 제1항의 죄를 범하여 사람을 상해에 이르게 한 때에는 무기 또는 5년 이상의 징역에 처한다. 사망에 이르게 한 때에는 사형, 무기 또는 7년이상의 징역에 처한다.

1. 의의와 성격 불을 놓아 사람이 주거로 사용하거나 현존하는 건조물 등을 소훼하는 범죄이다. 행위객체가 주거용 또는 사람이 현존하는 건조물 등이라는 점에서 일반건조물방화죄보다 중하게 처벌된다. 제2항의 현주건조물방화치사상죄는 중한 결과에 고의 또는 과실을 요하는 부진정 결과적 가중범이다.

2. 보호법익 및 보호의 정도

가. 보호법익

(1) 학설 방화죄의 보호법익은 '공공의 안전'이라는 사회적 법익이다. 이 외에 '재산'이라는 개인적 법익도 보호법익에 포함되는가에 대하여, 포함설(다수설, 판례)[1]과 불포함설[2]이 대립한다. 방화는 공공의 안전에도 위해를 가하지만, 재물손괴의 한 방법이기도 하다는 점을 감안하면 포함설이 타당하다.

(2) 판례 현주건조물방화죄는 공중의 생명, 신체, 재산 등에 대한 위험을 예방하기 위하여 공공의 안전을 제1차적인 보호법익으로 하고 제2차적으로는 개인의 재산권을 보호하는 것이다(대판 1983.1.18. 82도2341).

나. 보호의 정도 현주건조물방화죄는 공공의 안전이 침해될 위험이 있으면 성립하고, 구체적으로 그 결과가 발생됨을 요하지 아니하는 추상적 위험범이다.[3] 이에 비해 자기소유 일반건조물방화죄(제166조 제2항)와 일반물건방화죄(제167조)는 구체적 위험범이다. 가령, 법전을 한적한 해변에서 태우는 것은 문제가 없지만, 이를 지하철에서 태우는 것은 공공의 안전에 구체적 위험을 발생시키는 행위이다.

---

1 권오걸, 747면; 김성돈, 497면; 김/서, 454면; 박상기, 470면; 배종대, 636면; 오영근, 604면; 임웅, 595면; 정/박, 567면; 정영일, 487면.

2 김성천, 1106면; 이재상, 507면.

3 대판 1983.1.18. 82도2341.

3. 객체: 사람이 주거로 사용하거나 사람이 현존하는 건조물 등

가. 사람 본죄의 사람은 타인을 의미한다. 따라서 자기 혼자서 기거하거나 자신만이 현존하는 건조물에 방화하면 일반건조물방화죄가 성립한다. 타인에는 자신의 배우자나 자식도 포함된다.

나. 건조물 방화죄의 객체인 건조물은 토지에 정착되고 벽 또는 기둥과 지붕 또는 천장으로 구성되어 사람이 내부에 기거하거나 출입할 수 있는 공작물을 말하고, 반드시 사람의 주거용이어야 하는 것은 아니라도 사람이 사실상 기거·취침에 사용할 수 있는 정도는 되어야 한다(대판 2013.12.12. 2013도3950).

4. 실행의 착수

가. 착수시기 및 판단기준 매개물을 통한 점화에 의하여 건조물을 소훼함을 내용으로 하는 형태의 방화죄의 경우에, 범인이 그 매개물에 불을 켜서 붙였거나 또는 범인의 행위로 인하여 매개물에 불이 붙게 됨으로써 연소작용이 계속될 수 있는 상태에 이르렀다면, 그것이 곧바로 진화되는 등의 사정으로 인하여 목적물인 건조물 자체에는 불이 옮겨 붙지 못하였다고 하더라도 방화죄의 실행의 착수가 있었다(대판 2002.3.26. 2001도6641).[4]

나. 착수가 있는 사례 설령 외부적 사정에 의하여 피고인이 라이터로 붙인 불이 주택 주변에 뿌려진 휘발유를 거쳐 방화 목적물인 주택 자체에 옮겨 붙지는 아니하였다 하더라도, 당시 피고인이 뿌린 휘발유가 인화성이 강한 상태로 주택 주변과 피고인 및 피해자의 몸에 적지 않게 살포되어 있었던 점, 피고인은 그러한 주변 사정을 알면서도 라이터를 켜 불꽃을 일으킨 점, 그로 인하여 매개물인 휘발유에 불이 붙어 연소작용이 계속될 수 있는 상태에 이르고, 실제로 피해자가 발생하기까지 한 점 등의 제반 사정에 비추어 볼 때, 피고인의 행위는 현존건조물방화죄의 실행의 착수에 해당한다(대판 2002.3.26. 2001도6641).[5]

5. 기수

가. 기수시기: 소훼

(1) 학설 본죄는 목적물의 소훼한 때에 기수가 되는데, 불이 어느 정도 진척되어야 이 소훼를 인정할 수 있는가와 관련하여, ① 불이 매개물을 떠나 목적물에 붙어 독립하여 연소할 수 있는 상태이면 족하다는 견해(독립연소설),[6] ② 목적물의 중요부분이 연소되기 시작하면 된다는 견해(중요

---

4 구체적인 사건에 있어서 이러한 실행의 착수가 있었는지 여부는 범행 당시 피고인의 의사 내지 인식, 범행의 방법과 태양, 범행 현장 및 주변의 상황, 매개물의 종류와 성질 등의 제반 사정을 종합적으로 고려하여 판단하여야 한다.

5 노모의 부양문제로 처와 부부싸움을 자주 하는 등 가정불화와 직장 승진대상에서 누락되는 등의 문제로 심한 정신적 갈등을 겪어 오던 중, 집에서 처와 심한 부부싸움을 하다가 격분하여 "집을 불태워 버리고 같이 죽어 버리겠다."며 그곳 창고 뒤에 있던 휘발유통을 들고 나와 처와 자녀 2명이 있는 집 주위에 휘발유를 뿌리고, 1회용 라이터를 켜 불을 놓았다.

6 권오걸, 753면; 김성천, 1110면; 박상기, 472면; 이재상, 515면.

부분연소개시설),[7] ③ 목적물의 일부가 훼손되어야 한다는 견해(일부손괴설),[8] ④ 목적물의 중요부분이 불에 타 그 효용이 상실되어야 한다는 견해(효용상실설),[9] ⑤ 추상적 위험범은 독립연소설에 따르되 구체적 위험범은 중요부분연소개시설에 따라야 한다는 견해(이분설)[10]가 주장되고 있다.

(2) 판례 방화죄는 화력이 매개물을 떠나 스스로 연소할 수 있는 상태에 이르렀을 때에 기수가 되고, 반드시 목적물의 중요부분이 소실하여 그 본래의 효용을 상실한 때라야만 기수가 되는 것이 아니다.[11]

(3) 검토 본죄가 공공의 안전과 재산을 함께 보호한다는 점을 감안하면, 판례의 독립연소설은 기수시기가 너무 빠르고 효용상실설은 너무 늦다. 본죄가 추상적 위험범이라는 측면에서는 독립연소설이 타당할 수 있으나 부차적인 보호법익인 재산은 적어도 그 일부가 침해될 것을 요한다는 점에서 일부손괴설의 입장이 타당하다 할 것이다.

나. 기수인 사례 ① 홧김에 자기집 헛간 지붕 위에 올라가 거기다 라이타로 불을 놓고, 이어서 본채, 사랑채 지붕 위에 차례로 올라가 거기에다 각각 불을 놓아 헛간지붕 60평방센치미터가량, 본채지붕 1평방미터가량, 사랑채지붕 1평방미터가량을 태운 경우(대판 1970.3.24. 70도330), ② 사체 위에 옷가지 등을 올려 놓고 불을 붙인 천조각을 던져 불길이 방 안을 태우면서 천장에까지 옮겨붙은 경우(대판 2007.3.16. 2006도9164)[12]는 설령 불이 완전연소에 이르지 못하고 도중에 진화되었다고 하더라도 이미 현주건조물방화죄는 기수이다.

다. 기수가 아닌 사례 형법 제166조의 건조물이 아닌 형법 제167조의 물건에 해당하는 폐가의 내부와 외부에 쓰레기를 모아 놓고 태워 불길이 폐가 주변 수목 4~5그루를 태우고 폐가의 벽을 일부 그을리게 하는 정도만으로는 방화죄의 기수에 이르렀다고 보기 어렵다(대판 2013.12.12. 2013도3950).[13]

6. 기타 문제

가. 타죄와의 관계

(1) 강도살인죄와의 관계 피해자들의 재물을 강취한 후 그들을 살해할 목적으로 현주건조물에 방화하여 사망에 이르게 한 경우, 강도살인죄와 현주건조물방화치사죄에 모두 해당하고 그 두 죄

---

7 이형국, 524면; 정영일, 492면; 황산덕, 40면.
8 김성돈, 502면; 오영근, 621면; 임웅, 602면; 정/박, 576면.
9 서일교, 290면; 정영석, 119면.
10 김/서, 459면; 배종대, 642면.
11 대판 1970.3.24. 70도330.
12 대판 2007.3.16. 2006도9164.
13 일반물건방화죄에 관하여는 미수범 처벌규정이 없어서 무죄가 선고된 사안이다.

는 상상적 경합범관계에 있다(대판 1998.12.8. 98도3416; 1996.4.26. 96도485).

(2) 살인죄 및 존속살해죄와의 관계

A. 학설　살인의 고의로 현주건조물에 방화하여 사람 혹은 직계존속을 살해한 경우, ① 현주건조물방화치사죄만 성립한다는 견해[14]와 ② 현주건조물방화치사죄와 살인죄(혹은 존속살해죄)의 상상적 경합이라는 견해[15]가 대립한다.

B. 판례　① 현주건조물방화치사상죄는 그 전단이 규정하는 죄에 대한 일종의 가중처벌 규정으로서 과실이 있는 경우뿐만 아니라 고의가 있는 경우에도 포함된다고 볼 것이므로, 사람을 살해할 목적으로 현주건조물에 방화하여 사망에 이르게 한 경우에는 현주건조물방화치사죄로 의율하여야 하고 이와 더불어 살인죄와의 상상적 경합범으로 의율할 것은 아니라고 할 것이고, 다만 존속살인죄와 현주건조물방화치사죄는 상상적 경합범관계에 있으므로 법정형이 중한 존속살인죄로 의율함이 타당하다(대판 1996.4.26. 96도485; 1983.1.18. 82도2341). ② 불을 놓은 집에서 빠져나오려는 피해자들을 막아 소사케 한 행위는 1개의 행위가 수 개의 죄명에 해당하는 경우라고 볼 수 없고, 방화행위와 살인행위는 법률상 별개의 범의에 의하여 별개의 법익을 해하는 별개의 행위라고 할 것이니 현주건조물방화죄와 살인죄는 실체적 경합관계에 있다(대판 1983.1.18. 82도2341).[16]

C. 검토　현주건조물방화치사죄는 중한 결과에 고의가 있어도 성립하는 부진정 결과적 가중범이므로 사람을 살해할 고의로 현주건조물에 방화하여 그를 살해한 경우에는 현주건조물치사죄 일죄가 성립한다고 보아야 한다. 다만, 그 사람이 직계존속인 경우에는 판례와 같이 현주건조물방화치사죄와 존속살해죄의 상상적 경합을 인정하여 존속살해죄로 처벌하여야 한다. 법개정으로 존속살해죄의 법정형이 낮추어졌지만, 존속살해죄에는 자격정지가 병과될 수 있어서(제256조) 현행법에서도 존속살해죄가 현주건조물방화치사죄보다 중한 범죄이다.

나. 부작위에 의한 방화　모텔 방에 투숙하여 담배를 피운 후 재떨이에 담배를 끄게 되었으나 담뱃불이 완전히 꺼졌는지 여부를 확인하지 않은 채 불이 붙기 쉬운 휴지를 재떨이에 버리고 잠을 잔 과실로 담뱃불이 휴지와 옆에 있던 침대시트에 옮겨붙게 함으로써 화재가 발생하였고, 이러한 과실은 중대한 과실에 해당하더라도, 부작위에 의한 현주건조물방화치사 및 현주건조물방화치상죄

---

14 오영근, 624면; 정/박, 579면.

15 김성돈, 505면; 김/서, 460면; 배종대, 644; 이재상, 519면; 임웅, 604면; 정영일, 492면.

16 부가 사찰의 주지인 피해자 1 때문에 가족이 거주하여 오던 암자에서 쫓겨난 데 대하여 원한을 품고 피해자 1의 집에 침입하여, 부엌의 석유곤로 석유를 바가지에 따라 마루에 놓아 두고 큰방에 들어가자 피해자 1은 없고 동인의 처 피해자 2와 딸 피해자 3(19세), 피해자 4(11세), 피해자 5(8세) 등이 깨어, 피해자 3이 피고인을 알아보기 때문에 마당에 있던 절구방망이를 가져와 피해자 2와 3의 머리를 각 2회씩 강타하여 실신시킨 후 이불로 뒤집어씌우고 석유를 뿌리고 성냥불을 켜 대어 피해자 1 및 동인 가족들이 현존하는 집을 전소케 하고, 불이 붙은 동가에서 빠져 나오려는 피해자 4와 5가 탈출하지 못하도록 방문 앞에 버티어 서서 지킨 결과, 실신하였던 피해자 2와 탈출하지 못한 피해자 4와 5가 현장에서 소사하였고, 탈출한 피해자 3은 화상을 입고 입원가료 중 사망하였다.

가 성립하기 위하여는, 법률상의 소화의무가 인정되는 외에 소화의 가능성 및 용이성이 있었음에도 그 소화의무에 위배하여 이미 발생한 화력을 방치함으로써 소훼의 결과를 발생시켜야 하는 것인데, 이 사건 화재가 중대한 과실 있는 선행행위로 발생한 이상 화재를 소화할 법률상 의무는 있다 할 것이나, 화재 발생 사실을 안 상태에서 모텔을 빠져나오면서도 모텔 주인이나 다른 투숙객들에게 이를 알리지 아니하였다는 사정만으로는 화재를 용이하게 소화할 수 있었다고 보기 어렵다(대판 2010.1.14. 2009도12109, 2009감도38).

II. 일반물건방화죄

1. 의의 불을 놓아 건조물이 아닌 일반물건을 소훼하여 공공의 위험을 발생시키는 '구체적 위험범'이다. 1년 이상 10년 이하의 징역에 처한다(제167조 제1항). 방화의 대상물건이 자기소유물일 때에는 3년 이하의 징역 또는 700만 원 이하의 벌금에 처한다(동조 2항).

2. 무주물과 일반물건방화죄의 객체 형법 제167조 제2항은 방화의 객체인 물건이 자기의 소유에 속한 때에는 같은 조 제1항보다 감경하여 처벌하는 것으로 규정하고 있는바, 방화죄는 공공의 안전을 제1차적인 보호법익으로 하지만 제2차적으로는 개인의 재산권을 보호하는 것이라고 볼 수 있는 점, 현재 소유자가 없는 물건인 무주물에 방화하는 경우에 타인의 재산권을 침해하지 않는 점은 자기의 소유에 속한 물건을 방화하는 경우와 마찬가지인 점, 무주의 동산을 소유의 의사로 점유하는 경우에 소유권을 취득하는 것에 비추어(민법 제252조) 무주물에 방화하는 행위는 그 무주물을 소유의 의사로 점유하는 것이라고 볼 여지가 있는 점 등을 종합하여 보면, '무주물'을 '자기소유의 물건'에 준하는 것으로 보아 형법 제167조 제2항을 적용하여 처벌하여야 한다(대판 2009.10.15. 2009도7421).[17]

3. 공공의 위험 형법 제167조 제1항의 '공공의 위험'이라고 함은 불특정 또는 다수의 생명·신체 또는 재산을 침해할 구체적인 위험을 말한다.[18]

---

17 노상에서 전봇대 주변에 놓인 재활용품과 쓰레기를 발견하고 소지하고 있던 라이터를 이용하여 불을 붙인 다음 불상의 가연물을 집어넣어 화염을 키움으로써 공공의 위험을 발생시켰다.

18 대판 2010.1.14. 2009도12947.

III. 연소죄

1. 의의 자기건조물방화죄 및 자기물건방화죄를 범하여 현주건조물이나 타인소유의 일반건조물에 연소한 때(1년 이상 10년 이하의 징역), 자기물건방화죄를 범하여 타인소유의 물건에 연소한 때(5년 이하의 징역)에 성립하는 범죄이다.

2. 성격 연소(延燒)는 '이어서 소훼'하는 것을 말하며, 자기물건이나 자기건조물에 방화하였는데, 행위자가 예기치 않은 불길의 확산으로 타인의 물건이나 건조물 등을 소훼한 경우이다. 따라서 연소죄는 고의로 범한 자기물건방화죄와 과실로 일으킨 타인물건의 소훼결과가 결합된 진정 결과적 가중범이다.

IV. 실화죄, 중실화죄, 업무상실화죄

1. 의의 실화죄는 ① 과실로 현주건조물이나 공용건조물 또는 타인소유의 일반건조물을 소훼하거나(제170조 제1항) 혹은 ② 과실로 자기소유의 건조물이나 물건을 소훼하여 공공의 위험을 발생하게 하는 범죄이다(제170조 제2항). 법정형에는 징역형이 규정되어 있지 않고 1,500만 원 이하의 벌금에 처하는 것으로 하고 있다. 업무상실화 또는 중실화죄의 경우에는 3년 이하의 금고 또는 2,000만 원 이하의 벌금에 처한다(제171조).

2. 실화죄의 객체

가. 판례 형법 제170조 제2항에서 말하는 '자기의 소유에 속하는 제166조 또는 제167조에 기재한 물건'이라 함은 '자기의 소유에 속하는 제166조에 기재한 물건 또는 자기의 소유에 속하든, 타인의 소유에 속하든 불문하고 제167조에 기재한 물건'을 의미하는 것이라고 해석하여야 하며, 제170조 제1항과 제2항의 관계로 보아서도 제166조에 기재한 물건(일반건조물 등) 중 타인의 소유에 속하는 것에 관하여는 제1항에서 규정하고 있기 때문에 제2항에서는 그중 자기의 소유에 속하는 것에 관하여 규정하고, 제167조에 기재한 물건에 관하여는 소유의 귀속을 불문하고 그 대상으로 삼아 규정하고 있는 것이라고 봄이 관련조문을 전체적, 종합적으로 해석하는 방법일 것이고, 이렇게 해석한다고 하더라도 그것이 법규정의 가능한 의미를 벗어나 법형성이나 법창조행위에 이른 것이라고는 할 수 없어 죄형법정주의의 원칙상 금지되는 유추해석이나 확장해석에 해당한다고 볼 수는 없을 것이다(대결 1994.12.20. 94모32 全合).[19]

---

19 타인소유의 사과나무 밭에서 담뱃불을 붙이고 실수를 하여 피해자들 소유의 사과나무를 소훼한 사안이다.

나. 검토 실수로 자기소유의 과수원을 불태워 공공의 위험을 발생시켜도 처벌된다면, 그 목적물이 타인소유이면 당연히 처벌대상이 되어야 한다. 하지만 제170조 제2항이 이러한 목적론적 해석이 가능하도록 허용하는지는 의문이다. 대법원은 '자기의 소유에 속하는 제166조 또는 제167조에 기재한 물건'이라는 문장 속의 '또는'을 분리사로 보았지만, ① "내가 사랑하는 엄마 또는 아빠의 사진"이라는 표현 속에서 사랑하는 객체는 '엄마와 아빠' 모두이기 때문에 '또는'은 연결사로 보아야 한다. 이에 대하여 ② "예쁜 피카츄 그림이 그려진 어린이용 또는 회사원용 가방"이라는 문장에서는 회사원용 가방에 피카츄 그림이 그려져 있을 가능성이 낮다는 이유로 '또는'은 글의 맥락에 따라서 분리사도 될 수 있다는 주장이 있다.[20] 하지만 ②의 문장에서는 회사원용 가방에도 피카츄 그림이 그려져 있는 경우이다. 그렇지 아니한 상황을 표현하려면 적어도 "예쁜 피카츄 그림이 그려진 어린이용 가방 또는 회사원용 가방"으로 바꾸어 '또는'을 중심으로 두 가방이 분리되어야 한다. 이러한 의미에서 제170조 제2항은 시급히 개정되어야 할 대상이다.

3. 업무상과실

가. 업무의 의미와 범위

(1) 의미 형법 제171조 소정의 업무는 직무로서 화기로부터의 안전을 배려해야 할 사회생활상의 지위를 뜻한다(대판 1988.10.11. 88도1273).

(2) 범위 업무상실화죄에 있어서의 업무에는 그 직무상 화재의 원인이 된 화기를 직접 취급하는 것에 그치지 않고 화재의 발견, 방지 등의 의무가 지워진 경우를 포함한다(대판 1983.5.10. 82도2279).

나. 과실의 경합 공동의 과실이 경합되어 화재가 발생한 경우에 적어도 각 과실이 화재의 발생에 대하여 하나의 조건이 된 이상, 그 공동적 원인을 제공한 각자는 실화죄의 죄책을 진다(대판 1956.12.27. 56도276).[21]

다. 행정법규상의 의무, 일반적 추상적 의무 선박의 등화단속을 담당한 책임자가 있는 경우에 선장은 담당자를 지휘·감독할 행정상의 책임은 있다 할 것이나 등화단속에 대한 직접 책임은 없다 할 것이므로, 책임자가 실화하였다 할지라도 선장에게 업무상 실화로써 문의할 수 없다(대판 1956.12.27. 56도276).[22]

---

20 최봉철, 문언중심적 법해석론 비판, 법철학연구 제2권(1999), 287면.

21 도정공장 내에 설치되어 있는 백열전구에 종이류로 된 전등갓을 설치하였고 또한 이를 그대로 방치하였다가 뒤늦게 제거한 경우, 화재가 전등갓을 제거하는 과정에서 떨어진 불티로 인하여 발생한 것이라면 각자 업무상실화죄의 죄책을 면할 수는 없다.

22 선장이 상법 기타 해운행정법상의 특별법령에서 과한 의무를 해태한 경우라 할지라도 동 과실이 반드시 형사상의 과실에 해당한다 할 수 없다.

라. 인정되지 않는 사례 자동차 운전업무에 종사하는 자는 자동차 충돌로 인한 사고발생을 미리 방지하여야 할 의무가 있다고 하는 것은 몰라도, 일반적으로 그 자동차 운전 중 충돌로 인한 기름 탱크의 파열로 발생할지 모를 화재를 미리 방지하여야 할 업무상의 주의의무는 없다(대판 1972.2.22. 71도2231).[23]

4. 중과실

가. 중과실의 의미 중실화는 행위자가 극히 작은 주의를 함으로써 결과발생을 예견할 수 있었는데도 부주의로 이를 예견하지 못하는 경우를 말한다.[24]

나. 중과실에 해당하는 사례

① 성냥불로 담배를 붙인 다음 그 성냥불이 꺼진 것을 확인하지 아니한 채 휴지가 들어 있는 플라스틱 휴지통에 던져 화재가 발생한 경우,[25] ② 주방에 설치된 간이온돌용 새마을보일러로부터 5 내지 10센티미터쯤의 거리에 가연물질을 그대로 두고 신문지를 구겨서 보일러의 공기조절구를 살짝 막아 놓은 채 그 자리를 떠나버렸기 때문에 화재가 발생한 경우[26]는 중실화죄에 해당한다.

제3절 • 수리방해의 죄

1. 의의와 보호법익 제방을 결궤하거나 수문을 파괴하거나 기타 방법으로 수리를 방해하는 범죄이다(제184조). '결궤'는 제방에 손상을 가하여 무너뜨리는 것을 말한다. 본죄의 보호법익은 '수리권'이고, 보호의 정도는 추상적 위험범이다.

2. 수리

가. 수리의 의미 수리(水利)라 함은, 관개용·목축용·발전이나 수차 등의 동력용·상수도의 원천용 등 널리 물이라는 천연자원을 사람의 생활에 유익하게 사용하는 것을 가리키고, 형법 제185조

---

23 업무상과실로 그가 운전하는 3륜차의 기름 탱크를 반대 방향에서 오는 짐차 차체에 부딪쳐서 파열케 하고 이로 인한 발화로 그 차체를 태웠다.

24 대판 1988.8.23. 88도855.

25 대판 1993.7.27. 93도135.

26 대판 1988.8.23. 88도855.

의 교통방해죄 또는 형법 제195조의 수도불통죄의 경우 등 다른 규정에 의하여 보호되는 형태의 물의 이용은 제외된다(대판 2001.6.26. 2001도404).

나. 수리의 발생근거 수리방해죄는 타인의 수리권을 보호법익으로 하므로 수리방해죄가 성립하기 위하여는 법령, 계약 또는 관습 등에 의하여 타인의 권리에 속한다고 인정될 수 있는 물의 이용을 방해하는 것이어야 한다(대판 2001.6.26. 2001도404).

다. 수리가 아닌 사례 원천 내지 자원으로서의 물의 이용이 아니라 하수나 폐수 등 이용이 끝난 물을 배수로를 통하여 내려보내는 것은 수리에 해당한다고 할 수 없고, 그러한 배수 또는 하수처리를 방해하는 행위는, 특히 배수가 수리용의 인수(引水)와 밀접하게 연결되어 있어서 배수의 방해가 직접 인수에까지 지장을 초래한다는 등의 특수한 경우가 아닌 한, 수리방해죄의 대상이 될 수 없다(대판 2001.6.26. 2001도404).[1]

3. 방해 수리를 방해한다 함은 제방을 무너뜨리거나 수문을 파괴하는 등 조문에 예시된 것을 포함하여 저수시설, 유수로(流水路)나 송·인수시설 또는 이들에 부설된 여러 수리용 장치를 손괴·변경하거나 효용을 해침으로써 수리에 지장을 일으키는 행위를 가리킨다(대판 2001.6.26. 2001도404).

제4절 • 교통방해의 죄

I. 일반교통방해죄

> **제185조(일반교통방해)** 육로, 수로 또는 교량을 손괴 또는 불통하게 하거나 기타 방법으로 교통을 방해한 자는 10년 이하의 징역 또는 1천500만원 이하의 벌금에 처한다.

1. 의의와 보호법익 교통의 안전 및 원활한 교통을 방해하는 범죄이다. 보호법익은 '공중의 교통안전'이고(대판 2002.4.26. 2001도6903; 1995.9.15. 95도1475), 보호의 정도는 추상적 위험범이다. 교통이 불가능하거나 현저히 곤란한 상태를 야기하면 곧바로 기수가 되고 교통방해의 결과가 현실적으로 발생

---

1 농촌주택에서 배출되는 생활하수의 배수관(소형 PVC관)을 토사로 막아 하수가 내려가지 못하게 한 경우, 수리방해죄에 해당하지 아니한다.

하여야 하는 것은 아니다(대판 2012.9.13. 2010도1654).

2. 육로

가. 육로의 의미 육로라 함은 사실상 일반공중의 왕래에 공용되는 육상의 통로를 널리 일컫는 것으로서, 그 부지의 소유관계나 통행권리관계 또는 통행인의 많고 적음 등을 가리지 않는다(대판 2002.4.26. 2001도6903; 1994.11.4. 94도2112; 2007.2.22. 2006도8750).

나. 육로가 아닌 사례

(1) 일시사용이나 묵인 ① 토지의 소유자가 자신의 토지의 한쪽 부분을 일시 공터로 두었을 때 인근주민들이 토지의 동서쪽에 있는 도로에 이르는 지름길로 일시 이용한 적이 있다 하여도 이를 일반공중의 내왕에 공용되는 도로라고 할 수 없으므로 육로로 볼 수 없다(대판 1984.11.13. 84도2192). ② 대지 중 도로와 접한 일부를 마을주민들 및 등산객들이 통행에 사용하고 있다고 하더라도, 이는 어디까지나 마당으로서 개인소유 및 점유하에 있는 것이고, 마을주민 등의 편의를 위하여 묵시적으로 통행이 허용된 것일 뿐, 불특정다수인 또는 차마가 자유롭게 통행할 수 있는 공공성을 지닌 장소로 보기는 어렵다(대판 2009.1.30. 2008도8195).

(2) 분쟁이 있는 경우 토지상에 정당한 도로개설이 되기 전까지 소유자가 농작물경작지로서 이용하려고 하였고 부근 주민들은 큰 도로로 나아가는 간편한 통로로 이용하려고 하여 분쟁이 계속되었다면, 주민들이 자유롭게 통행할 수 있는 공공성이 있는 곳이라고 보기 어렵다(대판 2009.1.30. 2008도8195).

다. 육로인 사례: 맹지 통행로를 거치지 않고는 일반도로에서 자신들 소유토지에 이를 수 없다면, 이 통행로는 사실상 일반공중의 왕래에 공용되는 육로에 해당한다고 할 것이고, 이는 사실상 이 통로를 2가구 외에는 달리 이용하는 사람들이 없다 하더라도 달리 볼 것은 아니다(대판 2007.2.22. 2006도8750).

3. 방해

가. 손괴의 의미 손괴라고 함은 물리적으로 파괴하여 그 효용을 상실하게 하는 것을 말하므로, 대교의 건설 당시의 부실제작 및 부실시공행위 등에 의하여 트러스가 붕괴되는 것도 손괴의 개념에 포함된다(대판 1997.11.28. 97도1740).

나. 방해의 의미 방해라 함은 통행을 불가능하게 하거나 현저하게 곤란하게 하는 일체의 행위를 말한다(대판 1995.9.15. 95도1475).

4. 시위와 교통방해죄

가. 원칙 ① 적법한 신고를 마치고 도로에서 집회나 시위를 하는 경우 도로의 교통이 어느 정도 제한될 수밖에 없으므로, 집회 또는 시위가 신고된 범위 내에서 행해졌거나 신고된 내용과 다소 다르게 행해졌어도 신고된 범위를 현저히 일탈하지 않는 경우에는, 그로 인하여 도로의 교통이 방해를 받았다고 하더라도 특별한 사정이 없는 한 일반교통방해죄가 성립하지 아니한다(대판 2008.11.13. 2006도755). ② 교통방해가 헌법상 보장되는 집회의 자유를 행사함으로 인하여 필연적으로 발생하는 것으로서 국가와 제3자가 수인하여야 하는 범위 내에 있다면, 이는 사회상규에 반하지 아니하는 행위로서 위법성이 조각되어 결국 형사처벌의 대상이 될 수 없을 것이다(헌재결 2013.6.27. 2012헌바194).

나. 예외 집회 또는 시위가 당초 신고된 범위를 현저히 일탈하거나 집회 및 시위에 관한 법률에 의한 조건을 중대하게 위반하여 도로 교통을 방해함으로써 통행을 불가능하게 하거나 현저하게 곤란하게 하는 경우에는 일반교통방해죄가 성립한다(대판 2008.11.13. 2006도755).

다. 성립하는 사례 행진시위의 참가자들이 일부 구간에서 감행한 전차선 점거행진, 도로점거 연좌시위는 당초 신고된 범위를 현저히 일탈하거나 조건을 중대하게 위반한 것으로서 그로 인하여 도로의 통행이 불가능하게 되거나 현저하게 곤란하게 된 이상 일반교통방해죄에 해당한다(대판 2008.11.13. 2006도755).

라. 성립하지 않는 사례 약 600명의 노동조합원들이 차도만 설치되어 있을 뿐 보도는 따로 마련되어 있지 아니한 도로 우측의 편도 2차선의 대부분을 차지하면서 대오를 이루어 행진하는 방법으로 시위를 하고 이로 인하여 나머지 편도 2차선으로 상·하행차량이 통행하느라 차량의 소통이 방해되었다 하더라도 시위행위에 대하여 일반교통방해죄를 적용할 수 없다(대판 1992.8.18. 91도2771).

5. 성립 여부가 문제되는 사례

가. 성립하는 사례 ① 도로가 농가의 영농을 위한 경운기나 리어카 등의 통행을 위한 농로로 개설되었다 하더라도 그 도로가 사실상 일반공중의 왕래에 공용되는 도로로 된 이상, 경운기나 리어카 등만 통행할 수 있는 것이 아니고 다른 차량도 통행할 수 있으므로 이러한 차량의 통행을 방해한다면 이는 일반교통방해죄에 해당한다(대판 1995.9.15. 95도1475). ② 이 사건 도로는 '소공주길'로서, 조선호텔 방향으로 편도 3개 차로, 그 반대방향으로 편도 1개 차로가 설치된 왕복 4차로의 도로인데, 조선호텔 방향으로 진행하는 차량은 인접한 소공로로 진입하게 되는 등 그 기능을 단순히 주변의 롯데백화점이나 조선호텔의 주차장에 출입하는 차량이 이용하는 것에 한한다고 볼 수 없을 뿐만 아니라 평소 다수의 차량이 도로를 통행하고 있음을 알 수 있는바, 2~3대의 차량과 간이테이블 수

십 개를 이용하여 도로 중 조선호텔 방면 편도 3개 차로 중 길가 쪽 2개 차로를 차지하는 포장마차를 설치하고 영업을 하였다면, 비록 그와 같은 행위가 주로 주간에 비하여 차량통행이 적은 야간에 이루어진 것이라고 하더라도 그로 인하여 도로의 교통을 방해하여 차량통행이 현저히 곤란한 상태가 발생하였다고 하지 않을 수 없고, 도로를 통행하는 차량이 나머지 1개 차로와 반대편 차로를 이용할 수 있었다고 하여 일반교통방해죄에 해당하지 않는다고 볼 수도 없다(대판 2007.12.14. 2006도4662). ③ 도로에 트랙터를 세워 두거나 철책 펜스를 설치하여 노폭을 현저하게 제한함으로써 종전에는 통행이 가능하던 차량의 통행을 불가능하게 한 행위는 일반교통방해죄를 구성한다(대판 2009.1.30. 2008도10560). ④ 아파트 후문 입구 중앙에 차량을 주차해 한 대가 겨우 빠져나갈 수 있을 정도로 교통 흐름이 원활하지 않았다면 교통이 방해돼 본래의 용도에 따른 차량통행이 현저히 곤란한 상태가 발생했다(대판 2012.9.13. 2010도1654).

나. 성립하지 않는 사례: 일시적인 불법주차나 점거 ① 차량을 40분가량 주차한 장소는 여객터미널 도로 중에서 공항리무진 버스들이 승객들을 승·하차시키는 장소로서 일반차량들의 주차가 금지된 구역이기는 하지만 주차장소 옆 차로를 통해 다른 차량들이 충분히 통행할 수 있었을 것으로 보이고, 주차한 차량으로 인해 공항리무진 버스가 후진을 해 차로를 바꿔 진출해야 하는 불편을 겪기는 했지만 통행이 곤란하거나 현저하게 곤란하지는 않았다(대판 2009.7.9. 2009도4266). ② 도로를 가로막고 앉아서 차량의 통행을 일시적으로 방해한 행위가 교통을 방해하여 통행을 불가능하게 하거나 현저하게 곤란하게 하는 행위라고 보기는 어렵다(대판 2009.1.30. 2008도10560).

6. 기타

가. 기수시기 일반교통방해죄는 이른바 추상적 위험범으로서 교통이 불가능하거나 또는 현저히 곤란한 상태가 발생하면 바로 기수가 되고 교통방해의 결과가 현실적으로 발생하여야 하는 것은 아니다(대판 2007.12.14. 2006도4662; 2005.10.28. 2004도7545).

나. 위법성 조각

(1) 정당행위 차량들의 통행으로 인하여 가옥에 균열이 발생한 사정 등이 있다고 하더라도, 차량들의 통행을 금지하는 가처분 등의 방법을 이용하지 아니한 채 통행 방해 행위에 이른 점에 비추어 그 행위의 수단이나 방법에 상당성이 있다고 보기 어렵고, 긴급성이나 보충성의 요건을 갖추었다고 보기도 어렵다(대판 2009.1.30. 2008도10560).

(2) 자구행위

A. 무단으로 확장 개설된 육로에 웅덩이를 판 경우 도로가 피고인 소유토지상에 무단으로 확장 개설되어 그대로 방치할 경우 불특정 다수인이 통행할 우려가 있다는 사정만으로는, 법정절차에

의하여 자신의 청구권을 보전하는 것이 불가능한 경우에 해당한다고 볼 수 없을 뿐 아니라, 이미 불특정 다수인이 통행하고 있는 육상의 통로에 구덩이를 판 행위가 청구권의 실행불능이나 현저한 실행곤란을 피하기 위한 상당한 이유가 있는 행위라고도 할 수 없다(대판 2007.3.15. 2006도9418).

B. 민사조정 성립과의 관계 처인 甲과 고소인 사이의 민사소송에서 고소인 및 그 가족들이 甲 소유인 도로 부분을 통행하지 아니하기로 하는 내용의 조정이 성립되었다고 하더라도, 그 조정조항을 강제로 실현하기 위하여는 당사자인 甲이 간접강제신청 등 법이 정한 절차를 밟아야 하는 것이고, 피고인이 도로 부분에 쇠파이프 구조물을 설치하거나 화물차로 도로를 가로막아 차량의 통행을 제한할 수 있는 것은 아니다(대판 2005.10.28. 2004도7545).

다. 업무방해죄와의 관계 불특정 다수인의 통행로로 이용되어 오던 도로의 토지 일부의 소유자라 하더라도 그 도로의 중간에 바위를 놓아두거나 이를 파헤침으로써 차량의 통행을 못 하게 한 행위는 일반교통방해죄 및 업무방해죄에 해당한다(대판 2002.4.26. 2001도6903).[1]

II. 기타 교통방해의 죄

1. 기차전복죄 등

가. 의의 사람이 현존하는 기차, 전차, 자동차, 선박 또는 항공기를 전복, 매몰, 추락 또는 파괴하는 범죄이다. 무기 또는 3년 이상의 징역에 처한다(제187조).

나. 객체: 사람이 현존하는 기차 등

(1) 사람의 현존 시기 사람이 현존하는 선박에 대해 매몰행위의 실행을 개시하고 그로 인하여 선박을 매몰시켰다면, 매몰의 결과발생시 사람이 현존하지 않았거나 범인이 선박에 있는 사람을 안전하게 대피시켰다고 하더라도 선박매몰죄의 기수로 보아야 한다(대판 2000.6.23. 99도4688).

(2) 고의 선박매몰죄의 고의가 성립하기 위하여는 행위시에 사람이 현존한다는 점에 대한 인식과 함께 이를 매몰한다는 결과발생에 대한 인식이 필요하며, 현존하는 사람을 사상에 이르게 한다는 등 공공의 위험에 대한 인식까지는 필요하지 않다(대판 2000.6.23. 99도4688).

다. 행위태양: 파괴, 추락

(1) 파괴 '파괴'란 다른 구성요건 행위인 전복, 매몰, 추락 등과 같은 수준으로 인정할 수 있을

---

1 상상적 경합관계이다.

만큼 교통기관으로서의 기능·용법의 전부나 일부를 불가능하게 할 정도의 파손을 의미하고, 그 정도에 이르지 아니하는 단순한 손괴는 포함되지 않는다(대판 2009.4.23. 2008도11921; 1970.10.23. 70도1611).

(2) 추락 항공기의 '추락'이라 함은 공중에 떠 있는 항공기를 정상시 또는 긴급시의 정해진 항법에 따라 지표 또는 수면에 착륙 또는 착수시키지 못하고, 그 이외의 상태로 지표 또는 수면에 낙하시키는 것을 말한다(대판 1990.9.11. 90도1486).

2. 교통방해치사상죄

가. 의의 교통방해죄 및 기차전복 등의 죄를 범하여 사람을 상해 또는 사망에 이르게 하는 결과적 가중범이다. 교통방해치사죄(무기 또는 5년 이상의 징역)는 진정 결과적 가중범이고, 교통방해치상죄(무기 또는 3년 이상의 징역)는 부진정 결과적 가중범이다.

나. 인과관계

(1) 제3자의 과실이 개재된 경우 교통방해행위가 피해자의 사상이라는 결과를 발생하게 한 유일하거나 직접적인 원인이 된 경우만이 아니라, 그 행위와 결과 사이에 피해자나 제3자의 과실 등 다른 사실이 개재된 때에도 그와 같은 사실이 통상 예견될 수 있는 것이라면 상당인과관계를 인정할 수 있다(대판 2014.7.24. 2014도6206).

(2) 인과관계가 있는 사례 피고인이 고속도로 2차로를 따라 자동차를 운전하다가 1차로를 진행하던 甲의 차량 앞에 급하게 끼어든 후 곧바로 정차하여, 甲의 차량 및 이를 뒤따르던 차량 두 대는 연이어 급제동하여 정차하였으나, 그 뒤를 따라오던 乙의 차량이 앞의 차량들을 연쇄적으로 추돌케 하여 乙을 사망에 이르게 하고 나머지 차량 운전자 등 피해자들에게 상해를 입힌 경우, 편도 2차로의 고속도로 1차로 한가운데에 정차한 피고인은 현장의 교통상황이나 일반인의 운전 습관·행태 등에 비추어 고속도로를 주행하는 다른 차량 운전자들이 제한속도 준수나 안전거리 확보 등의 주의의무를 완전하게 다하지 않을 수도 있다는 점을 알았거나 충분히 알 수 있었으므로, 피고인의 정차 행위와 사상의 결과 발생 사이에 상당인과관계가 있고, 사상의 결과 발생에 대한 예견가능성도 인정된다(대판 2014.7.24. 2014도6206).

3. 업무상과실자동차파괴죄

가. 의의 업무상과실로 사람이 현존하는 자동차를 전복, 매몰, 추락 또는 파괴하는 범죄이다.

나. 업무상과실의 주체 '업무상과실'의 주체는 기차, 전차, 자동차, 선박, 항공기나 기타 일반의 '교통왕래에 관여하는 사무'에 직접·간접으로 종사하는 자이어야 할 것인바, 성수대교는 차량 등의 통행을 주된 목적으로 하여 건설된 교량이므로, 그 건설 당시 제작, 시공을 담당한 자도 '교통왕

래에 관여하는 사무'에 간접적으로 관련이 있는 자에 해당한다(대판 1997.11.28. 97도1740).

다. 업무상과실자동차추락죄와의 관계 업무상과실로 교량을 손괴하여 자동차의 교통을 방해하고 자동차를 추락시킨 경우, 업무상과실일반교통방해죄와 업무상과실자동차추락죄가 성립하고, 두 죄는 상상적 경합관계에 있다(대판 1997.11.28. 97도1740).

제2장

공공의 신용에 대한 죄

제1절 • 문서에 관한 죄

I. 서설

1. 의의와 보호법익 문서는 일정한 거래나 사실관계를 증명하는 수단이다. 이러한 문서를 위·변조하거나 혹은 그 문서에 허위내용을 기재하는 것은 문서에 대한 사람들의 신뢰와 거래의 안전을 크게 해칠 수 있다는 점에서 이와 관련된 행위를 범죄로 다루는 것이다. 보호법익은 문서 자체의 가치가 아니고 '문서에 대한 공공의 신용'이고(대판 1993.7.27. 93도1435; 2008.2.14. 2007도9606), 보호의 정도는 추상적 위험범이다. 문서의 위·변조 및 허위작성행위 자체를 처벌하고, 누군가에게 구체적 손해가 생기거나 생길 위험이 있을 것을 요하지 않는다(대판 1995.11.10. 95도1395).

2. 위조유형과 처벌방식

가. 유형위조와 무형위조

(1) 유형위조 유형위조는 문서의 내용과 상관없이 타인의 명의나 자격을 모용(도용)하는 것을 말한다. 문서작성자와 문서명의자가 일치하지 않는 것이다.

(2) 무형위조 무형위조는 문서의 내용을 허위로 기재하는 것을 말한다. 문서작성자와 문서명의자가 일치하지만 내용이 허위인 것이다. 이 역시 위조의 한 형태이지만, 용어적으로는 '허위문서의 작성'이라고 한다.

나. 형식주의와 실질주의 형식주의는 문서의 진정성립을 보호하고, 문서의 내용은 문제 삼지 않는 입장으로, 유형위조를 벌하고 무형위조는 벌하지 않는다. 이에 비하여 실질주의는 문서의 내용의 진정을 보호하려는 입장으로, 허위문서를 작성하는 무형위조를 벌하고, 명의나 자격을 모용하는 유형위조는 벌하지 않는 처벌방식이다.

다. 형법의 입장 형법은 공문서의 경우에는 유형위조와 무형위조를 모두 처벌한다. 사문서의 경우에는 형식주의에 입각하여 유형위조를 벌하고, 원칙적으로 무형위조는 벌하지 않는다. 즉, 허위공문서작성죄와 비교할 수 있는 허위사문서작성죄는 존재하지 않는다. 다만, 사문서의 경우에도 예외적으로 허위진단서작성죄는 처벌하고 있다. 예외적으로 실질주의를 택한 것이다.

3. 문서의 의의와 종류

가. 문서의 개념 문서는 사람의 사상이나 관념을 표시한 물체 전체를 말하지만, 문서죄의 객체

가 되는 문서는 전체 문서 중에서 '법적으로 중요한 사실을 계속적으로 증명할 만한 문서'를 말한다. 따라서 형법상의 문서는 ① 사상과 관념을 표시할 것, ② 계속성을 가질 것, ③ 중요사실을 증명할 것, 그리고 ④ 작성명의자가 표시되어 있을 것이라는 네 가지 요건을 필요로 한다.

나. 문서의 요건

(1) 관념이나 의사의 표시

A. 표시수단과 방법 문서는 문자 또는 가독적 부호로 사람의 사상이나 관념을 표시해 둔 것이다. 전자기록 등 특수매체기록은 가독성이 없어서 문서가 아니며, 택시의 주행미터기, 지문 및 혈흔과 같이 사람의 관념을 표시하는 것이 아닌 것도 문서가 아니다.

B. 생략문서 문서는 반드시 문장으로 표시될 필요는 없고, 신용장에 날인된 은행의 접수일부인(대판 1979.10.30. 77도1879), 세금영수필 통지서에 날인된 세무계장의 소인(대판 1995.9.5. 95도1269) 및 전세계약서의 확정일자인과 같은 생략문서도 그것이 사람 등의 동일성을 나타내는 데 그치지 않고 그 외의 사항을 증명, 표시하는 한 인장이나 기호가 아니라 문서로 취급되어야 한다.

C. 관련 판례 ① 서명·날인서는 도로포장공사에 반대하는 취지의 탄원을 하고자 마을주민 55명이 작성한 것을 복사한 것으로, '서명·날인서'라는 표제하에 성명, 주민번호, 주소, 날인, 비고란이 표로 미리 작성되어 있고 그 해당란에 마을주민 55명이 자필로 자신들의 인적사항을 기재한 후 서명 또는 날인한 것에 불과하며, 그러한 기재 및 서명·날인 외에 달리 그 작성의 취지나 목적, 즉 서명·날인행위를 통하여 표시하고자 하는 의사 또는 관념의 내용에 관하여는 아무런 기재가 되어 있지 아니하므로, 형법상 문서에 관한 죄에 있어서의 문서에 해당하지 않는다(대판 2003.9.2. 2003도1747). ② 백지에 피해자 주식회사의 법인명판과 인감도장을 찍었다 하더라도 이것만으로 그 백지에 사실증명에 관한 피해자 회사의 일정한 의미가 있는 구체적인 의사가 표현되어 있다고 볼 수 없으므로 이를 형법상 사문서위조죄에서 말하는 사실증명에 관한 문서로 볼 수 없다(대판 2002.12.10. 2002도5533).

(2) 계속성 사람의 사상이나 관념은 어느 정도 계속적으로 표시되어야 한다. 백사장이나 눈 위에 써 놓은 글씨, 컴퓨터 모니터 화면에 나타내는 이미지(대판 2007.11.29. 2007도7480; 2010.7.15. 2010도6068; 2008.4.10. 2008도1013) 등은 계속성이 없기 때문에 문서로 볼 수 없다.

(3) 권리·의무의 증명 문서는 객관적으로 권리·의무 등 사회생활상의 중요사항을 증명할 수 있는 증명능력을 갖춘 것이어야 하고, 주관적으로는 이를 증명하기 위한 증명의사에 기하여 작성된 것이어야 한다. 소설이나 시 등은 사상이나 관념을 표시하고 있지만, 권리의무나 사실관계를 증명하는 것이 아니므로 문서가 아니다. 증명능력과 관련하여 부진정문서의 문서성이, 그리고 증명의사와 관련하여 우연문서의 문서성이 문제된다.

A. 부진정문서의 문서성

1) 학설 위·변조되거나 허위작성된 문서를 부진정문서라고 한다. 이 부진정문서가 문서죄의

객체가 되는지와 관련하여, ① 부진정문서는 위·변조사실을 증명하는 증거물일 뿐이고 진정문서만이 문서죄의 객체가 된다는 견해[1]와 ② 부진정문서도 문서죄의 객체가 될 수 있다는 견해[2]가 대립한다.

2) 판례 공문서변조란 근거 없이 이미 진정하게 성립된 공무원 또는 공무소 명의의 문서내용에 대하여 그 동일성을 해하지 아니할 정도로 변경을 가하는 것을 말한다 할 것인바, 폐품반납증은 이미 허위로 작성된 공문서이므로 공문서변조죄의 객체가 되지 아니한다(대판 1986.11.11. 86도1984).

3) 검토 문서변조죄의 객체는 진정문서이지만, 문서위조죄의 객체는 진정문서나 부진정문서를 불문한다. 문서의 위조행위 자체가 부진정문서를 만드는 것이고, 진정문서는 이 위조의 견본역할을 할 뿐 그 자체가 위조의 객체는 아니며, 위조의 객체(목표)는 오히려 만들어지는 부진정문서 그 자체이다.

B. 우연문서의 문서성 처음부터 증명의사를 가지고 작성된 문서를 목적문서라고 하고, 작성 후에 증명의사가 생겨난 문서를 우연문서라고 한다. 공문서는 모두 목적문서이지만, 사문서 중에는 우연문서도 존재한다. 우연문서라고 하더라도 증명의사가 생긴 때부터는 문서에 해당한다. 가령, 개인의 비망록처럼 처음에는 증명의사 없이 작성되었더라도 일정한 사실을 증명하기 위하여 제출되는 경우에는 문서죄의 객체인 문서가 된다.

(4) 작성명의자의 표시: 보장적 기능

A. 의미 작성명의자가 표시되지 않은 문서는 문서죄의 객체가 되지 않는다. 작성명의자는 문서를 작성한 사람이 아니라 문서에 표시된 명의인을 말한다.

B. 작성명의자 판단기준 문서의 진정한 작성명의자가 누구인지 여부는 문서의 표제나 명칭만으로 판단하여서는 아니 되고, 문서의 형식과 외관은 물론 문서의 종류, 내용, 일반 거래에 있어서 그 문서가 가지는 기능 등 제반 사정을 종합적으로 참작하여 판단하여야 한다(대판 1997.6.27. 95도1964).

C. 작성명의자

1) 작성명의자를 알 수 없는 사례 새마을금고 총무부장이 작성한 대의원 피선거권자 명단에는 작성명의인이 표시되어 있지 않음은 물론, 그 내용·형식·체제 등에 비추어 보더라도 그 서류 자체에 의하여 그 작성명의인을 판별할 수 없으므로, 피선거권자 명단을 작성함에 있어서 타인의 명의를 모용하였다고 볼 수 없어 그 서류를 사문서위조죄의 객체가 되는 문서로 볼 수 없다(대판 1992.5.26. 92도353).[3]

2) 작성명의자를 알 수 있는 사례 피의자신문조서는 그 조서 말미에 작성자의 서명, 날인이 없

---

1 박상기, 520면; 배종대, 690면; 이재상, 586면; 정/박, 620면.

2 오영근, 726면; 임웅, 678면.

3 새마을금고의 총무부장으로서 금고 이사회의 결의에 따라 대의원 피선거권자 명단을 작성함에 있어 이사회의 의결에 포함되지 아니한 2인의 성명을 대의원 피선거권자 명단 2통에 각기 함부로 기재하였다.

으나, 피의자신문조서 첫머리에 작성 사법경찰리와 참여 사법경찰리의 직위와 성명을 적어 넣은 것이 있어 그 문서 자체에 의하여 작성자를 추지할 수 있으므로, 피의자신문조서를 허위공문서작성죄의 객체가 되는 공문서로 볼 수 있다(대판 1995.11.10. 95도2088).

3) 작성명의인이 아닌 사례 십지지문 지문대조표는 수사기관이 피의자의 신원을 특정하고 지문대조조회를 하기 위하여 직무상 작성하는 서류로서, 비록 자서란에 피의자로 하여금 스스로 성명 등의 인적사항을 기재하도록 하고 있다 하더라도 이를 사문서로 볼 수는 없다(대판 2000.8.22. 2000도2393).

D. 가명이나 통명 사용

1) 위조 해당 여부 실제의 본명 대신 가명이나 위명을 사용하여 사문서를 작성한 경우에 그 문서의 작성명의인과 실제 작성자 사이에 인격의 동일성이 그대로 유지되는 때에는 위조가 되지 않으나, 명의인과 작성자의 인격이 상이할 때에는 위조죄가 성립할 수 있다(대판 2010.11.11. 2010도1835).

2) 위조에 해당하는 사례 실존하는 甲으로 가장하여 이력을 속여 회사에 취직한 자가 甲 명의 근로계약서를 작성한 행위는, 본명 대신에 가명을 사용한 경우와는 달라서 사문서위조에 해당한다(대판 1979.6.26. 79도908; 2010.11.11. 2010도1835).[4]

E. 명의인의 실존 요부 그 명의인이 실재하지 않는 허무인이거나 또는 문서의 작성일자 전에 이미 사망하였다고 하더라도 그러한 문서 역시 공공의 신용을 해할 위험성이 있으므로 문서위조죄가 성립한다고 봄이 상당하며, 이는 공문서뿐만 아니라 사문서의 경우에도 마찬가지라고 보아야 한다(대판 2005.2.24. 2002도18 全合).

다. 문서의 종류와 도화

(1) 공문서

A. 공문서의 개념 공문서는 공무원 또는 공무소가 그 직무에 관하여 작성하는 문서이다.[5]

B. 공무원의 범위: 계약에 의하여 공무의 일부를 대행하는 경우 공문서변조나 위조죄의 행위주체가 공무원과 공무소가 아닌 경우에는 형법 또는 기타 특별법에 의하여 공무원 등으로 의제되는 경우(예컨대 정부투자기관관리기본법 제18조, 지방공기업법 제83조, 한국은행법 제112조의2, 특가법 제4조)를 제외하고는 계약 등에 의하여 공무와 관련되는 업무를 일부 대행하는 경우가 있다 하

---

4 甲이라는 가명을 사용하여 乙이 경영하는 다방에 종업원으로 취업하면서 선불금으로 100만 원을 받고 이에 대한 반환을 약속하는 내용의 현금보관증을 작성하면서 본인의 실명과 실제 주민등록번호 대신에 甲이라는 가명과 출생연도 부분이 허위인 주민등록번호를 기재하여 교부하였는데, 乙은 甲이 피고인의 가명이라는 것과 주민등록번호가 실재하지 않는 번호라는 것을 모르고 있었던 경우, 현금보관증이라는 문서의 성질과 기능, 작성 경위에 비추어 보면 현금보관증에 표시된 명칭과 주민등록번호 등으로부터 인식되는 인격은 '1954년에 출생한 52세가량의 여성인 甲'이고, 1950년생인 피고인과는 다른 인격인 것이 분명하므로, 비록 甲이라는 가명을 다방에 근무하는 동안 계속 사용해 왔고, 문서로부터 발생할 책임을 면하려는 의사나 편취의 목적을 가지지는 않았다고 하더라도, 명의인과 작성자의 인격의 동일성을 오인케 한 이러한 행위는 사문서위조, 동행사죄에 해당한다.

5 대판 1996.3.26. 95도3073; 2008.1.17. 2007도6987.

더라도 공무원 또는 공무소가 될 수는 없고, 특히 형벌법규의 구성요건을 법률의 규정도 없이 유추확대해석하는 것은 죄형법정주의원칙에 반한다.[6]

C. **공문서인 사례**

1) 형식과 내용에 의한 공문서 허위로 작성한 주민등록표가 그 작성명의인이 명시되어 있지는 않으나 법령에서 정한 서식에 따른 세대주 등과 재작성일의 기재 및 확인자의 날인이 있고 본적확인란에 동사무소 사무장의 도장이 찍혀 있어 문서의 형식, 내용 등 그 문서 자체만을 보아도 세대주의 변경으로 주민등록표를 다시 작성한 것임을 알 수 있는 경우, 허위공문서작성죄의 객체가 되는 문서에 해당한다(대판 1990.10.16. 90도1199).

2) 간인이 되지 않은 문서 공문서에 첨부한 도면에 간인이 날인되지 아니하였다는 이유만으로 그 도면을 공문서의 일부가 아니라고 볼 수 없다(대판 1985.6.25. 85도540).

3) 관례상 보관하는 공문서 변조하였다는 인증서는 비록 원본의 보관에 관하여 법령상의 근거규정이 없다고 하더라도 관례상 합동법률사무소에서 보존·관리하고 있던 사서증서인증서 원본이므로 공문서이다(대판 1992.10.13. 92도1064).

(2) 사문서

A. '사실증명에 관한 문서'의 의미 ① 사실증명에 관한 타인의 문서는 권리의무에 관한 문서 이외의 문서로서, 법률상 또는 사회생활상 중요한 사실을 증명하는 문서를 말한다.[7] ② 거래상 중요한 사실을 증명하는 문서는, 법률관계의 발생·존속·변경·소멸의 전후과정을 증명하는 것이 주된 취지인 문서뿐만 아니라 직접적인 법률관계에 단지 간접적으로만 연관된 의사표시 내지 권리·의무의 변동에 사실상으로만 영향을 줄 수 있는 의사표시를 내용으로 하는 문서도 포함될 수 있다(대판 2009.4.23. 2008도8527).

B. 사문서에 해당하는 사례 ① 채권계약서의 입회인으로 타인의 명의를 함부로 써서 작성한 문서(대판 2000.2.11. 99도4819), ② 공립학교기성회의 지출결의서(대판 1971.7.27. 71도934), ③ 외국 국가기관 명의의 문서(대판 2003.9.26. 2003도3729; 1998.4.10. 98도164, 98감도12),[8] ④ 후불식 공중전화 카드(대판 2002.6.25. 2002도461)[9]는 사문서이다.

(3) 공문서와 사문서의 복합문서

A. 증명이나 인증문구가 있는 공문서와 공문서의 범위

1) 원칙 공무원이 작성한 문서와 개인이 작성한 문서가 1개 문서 중에 포함되어 있는 경우에

---

6 대판 1996.3.26. 95도3073; 2008.1.17. 2007도6987.

7 대판 2008.11.27. 2008도7018; 2000.2.11. 99도4819.

8 외국에서 발행된 유효기간이 경과한 국제운전면허증에 첨부된 사진을 비꾸이 붙인 행위가 문제된 사안이다.

9 사용자에 관한 각종 정보가 전자기록되어 있는 자기띠가 카드번호와 카드발행자 등이 문자로 인쇄된 플라스틱 카드에 부착되어 있는 전화카드의 경우, 그 자기띠 부분은 카드의 나머지 부분과 불가분적으로 결합되어 전체가 하나의 문서를 구성한다.

도 공무원이 작성한 증명문구에 의하여 증명되는 개인작성부분을 변조한 경우에는 공문서변조죄가 성립한다(대판 1985.9.24. 85도1490).

2) 사서증서의 인증서 공증인이 공증인법에 의하여 사서증서에 대하여 하는 인증은 당해 사서증서에 나타난 서명 또는 날인이 작성명의인에 의하여 정당하게 성립하였음을 인증하는 것일 뿐 그 사서증서의 기재내용을 인증하는 것이 아닌바, 사서증서의 인증서 중 인증기재 부분은 공문서에 해당한다고 하겠으나, 위와 같은 인증이 있었다고 하여 사서증서의 기재내용이 공문서인 인증기재 부분의 내용을 구성하는 것은 아니라고 할 것이므로, 사서증서의 기재내용을 일부 변조한 행위는 공문서변조죄가 아니라 사문서변조죄에 해당한다(대판 2005.3.24. 2003도2144).

3) 인감증명서의 사용용도란의 기재 변경 인감의 증명을 신청함에 있어서 그 용도가 부동산매도용일 경우에는 부동산매수자란에 매수자의 성명(법인인 경우에는 법인명), 주소 및 주민등록번호를 기재하여 신청하여야 하지만 그 이외의 경우에는 신청 당시 사용용도란을 기재하여야 하는 것은 아니고, 필요한 경우에 신청인이 직접 기재하여 사용하도록 되어 있으며, 사용용도에 따른 인감증명서의 유효기간에 관한 종전의 규정도 삭제되어 유효기간의 차이도 없으므로 인감증명서의 사용용도란의 기재는 증명청인 동장이 작성한 증명문구에 의하여 증명되는 부분과는 아무런 관계가 없다고 할 것이므로, 권한 없는 자가 임의로 인감증명서의 사용용도란의 기재를 고쳐 썼다고 하더라도 공무원 또는 공무소의 문서내용에 대하여 변경을 가하여 새로운 증명력을 작출한 경우라고 볼 수 없으므로, 공문서변조죄가 성립되지는 않는다(대판 2004.8.20. 2004도2767).

B. 단순 복합문서 임의동행동의서는 사인 명의로 된 사문서 부분과 임의동행을 요구한 경찰관이 직무와 관련된 사항인 동행일시·목적 등과 자신의 소속·계급·성명을 기재한 공문서 부분이 병존하는 문서라고 봄이 상당하다(대판 2010.6.24. 2008도11226).

(4) 도화 ① 지적도는 공도화에 해당하고(대판 1997.12.26. 96도3057), ② 담뱃갑은 사도화에 해당한다(대판 2010.7.29. 2010도2705).

II. 문서위·변조죄

제225조(공문서등의 위조·변조) 행사할 목적으로 공무원 또는 공무소의 문서 또는 도화를 위조 또는 변조한 자는 10년 이하의 징역에 처한다.
제231조(사문서등의 위조·변조) 행사할 목적으로 권리·의무 또는 사실증명에 관한 타인의 문서 또는 도화를 위조 또는 변조한 자는 5년 이하의 징역 또는 1천만원 이하의 벌금에 처한다.

1. 의의 및 보호법익 행사할 목적으로 공무원 또는 공무소의 문서 또는 도화(공문서위·변조죄),

권리의무 또는 사실증명에 관한 타인의 문서 또는 도화(사문서위·변조죄)를 위조 또는 변조하는 범죄이고, 행사할 목적을 요하는 목적범이다. 보호법익은 문서에 대한 공공의 신용이고, 보호의 정도는 추상적 위험범이다.

2. 행사할 목적

가. 행사할 목적의 의미 '행사할 목적'이라 함은 그 문서가 정당한 권한에 기하여 작성된 것처럼 다른 사람으로 하여금 오신하도록 하게 할 목적을 말한다.[10]

나. 목적의 존재시기 공문서위조죄에 있어서의 행사의 목적은 그 공문서를 위조할 때에 있으면 족하고 이를 행사할 때까지 그 목적이 있어야만 하는 것이 아니므로, 위조공문서를 행사하려다가 이를 임의로 중지하였다고 하더라도 공문서위조죄가 성립한다(대판 1970.11.30. 70도2238).

다. 목적의 정도 문서변조죄에 있어서의 행사할 목적은 적극적 의욕이나 확정적 인식을 요하지 아니하고 미필적 인식이 있으면 족하다(대판 2006.1.26. 2004도788).

3. 위조

가. 위조의 의미 위조는 정당한 작성권한 없는 자가 작성권한 있는 자의 명의로 작성하는 것을 말한다(대판 1983.5.24. 82도1426).

나. 작성권한

(1) 대표이사의 권한 대표이사가 권한을 행사하는 과정에서 단순히 그 1인 주주의 위임 또는 승낙을 받지 않았다고 하여 그 대표권 행사가 권한을 넘어서는 행위가 되는 것은 아니다(대판 2008.11.27. 2006도9194).[11]

(2) 위임과 위조

A. 위조와의 구별기준 위탁된 권한을 초월하여 위탁자 명의의 문서를 작성하는 경우에는 문서위조죄가 성립한다 할 것이나 타인의 대표자 또는 대리자가 그 대표명의, 대리명의 또는 직접 본인의 명의를 사용하여 문서를 작성할 권한을 가지는 경우에 그 권한을 남용하여 단순히 자기 또는 제3자의 이익을 도모할 목적으로 마음대로 그 대표자, 대리명의 또는 직접 본인 명의로 문서를 작성한 때에는 앞의 경우와는 달리 문서위조죄는 성립하지 아니한다(대판 1983.10.25. 83도2257).

---

10 대판 2007.7.27. 2006도2330; 1989.12.12. 89도1253.

11 주식회사의 대표이사가 실질적 운영자인 1인 주주의 구체적인 위임이나 승낙을 받지 않고 이미 퇴임한 전 대표이사를 대표이사로 표시하여 회사 명의의 문서를 작성한 경우, 문서위조죄의 성립을 부정하였다.

B. 권한범위 내: 작성권한의 남용

1) 원칙 작성권한을 남용하여 문서를 작성한 경우에 본인과 그 대리인 사이에 배신관계가 인정되지만 그것은 어디까지나 내부관계에 불과하고, 대외적으로는 그 문서의 공신성을 해하지 아니하므로 문서위조죄가 성립하지 아니한다.[12]

2) 포괄적 위임

a. 판단기준: 문서명의인이 문서작성자에게 사전에 문서작성과 관련한 사무처리의 권한을 포괄적으로 위임함으로써 문서작성자가 위임된 권한의 범위 내에서 그 사무처리를 위하여 문서명의인의 문서를 작성·행사한 것이라면, 비록 문서작성자가 개개의 문서작성에 관하여 문서명의인으로부터 승낙을 받지 않았다 하더라도 사문서위조죄는 성립하지 않는다.[13]

b. 포괄적 위임이 있는 사례: ① 매수인으로부터 매도인과의 토지매매계약체결에 관하여 포괄적 권한을 위임받은 자는 위임자 명의로 토지매매계약서를 작성할 적법한 권한이 있다 할 것이므로, 매수인으로부터 그 권한을 위임받은 피고인이 실제 매수가격보다 높은 가격을 매매대금으로 기재하여 매수인 명의의 매매계약서를 작성하였다 하여도 그것은 작성권한 있는 자가 허위내용의 문서를 작성한 것일 뿐 사문서위조죄가 성립될 수는 없다(대판 1984.7.10. 84도1146).[14] ② 학교법인 이사들이 그 인장을 학교 측에 보관시키면서 이사들의 의사에 반하지 아니하는 범위 내에서, 즉 이사회회의록 등을 작성할 때 그 내용이 진실에 합치되는 경우에는 필요에 따라 이를 사용할 수 있도록 사전에 포괄적 위임을 한 경우에는, 이사회회의록의 내용이 회의경과를 그대로 기재하고 있어 이사들의 의사에 배치되는 점이 전혀 없는 이상 사문서위조죄를 구성하지 않는다(대판 1984.3.27. 82도1915).

C. 권한범위 외: 작성권한의 초월

1) 학설 대리권·대표권이 있는 자가 권한을 넘어서 문서를 작성한 경우(월권대리)에 이는 본인에게는 무효인 문서지만, 선의의 제3자 보호를 위해 사법상으로는 유효한 것으로 본다. 이 사법상의 효과와는 별개로 어떠한 형사책임을 지는가와 관련하여, ① 자격모용에 의한 문서작성죄가 성립한다는 견해[15]와 ② 문서위조죄가 성립한다는 견해[16]가 대립한다. 권한을 초월한 부분에 대해서는 본인의 명의와 대리인의 자격을 동시에 모용한 것이므로 후자는 전자에 흡수되어 문서위조죄가 성립한다고 보아야 한다(판례).

---

12 김성돈, 586면; 이상철, 위 논문, 139면; 이재상, 584면; 임웅, 686면.

13 대판 2011.4.28. 2010도15817; 2011.9.29. 2011도6223. 포괄적인 명의사용의 근거가 되는 위임관계 내지 대리관계가 종료된 경우에는 특단의 사정이 없는 한, 위임받은 사무의 처리와 관련하여 위임인의 명의를 사용하는 것이 더 이상 허용된다고 볼 수 없다.

14 피해자에게 답(畓)을 매수토록 종용하면서 매수가격이 3,700만 원임에도 4,100만 원이라고 속여 그 차액을 편취할 심산으로 승낙을 받아 계약서를 작성한 사안으로 사기죄가 성립할 수 있다.

15 배종대, 697면; 오영근, 745면; 이재상, 583면; 임웅, 686면.

16 김성돈, 587면; 김/서, 576면; 김태명, 533면; 박상기, 525면; 정/박, 630면.

2) 관련 판례

a. 위임된 범위를 일탈한 경우: ① 타인으로부터 그 명의의 문서작성을 위임받은 경우에도 위임된 권한을 초월하여 내용을 기재함으로써 명의자의 의사에 반하는 사문서를 작성하는 것은 작성권한을 일탈한 것으로서 사문서위조죄에 해당한다.[17] ② 甲으로부터 금 7,500만 원의 차용위탁을 받고 백지의 대출신청서 및 영수증에 동인의 날인을 받은 연후에 차용금액을 금 1억 5천만 원으로 기입하여 甲 명의의 대출신청서 및 영수증을 작성하였다면 문서위조죄가 성립한다(대판 1982.10.12. 82도2023). ③ 신축상가건물의 명목상 건축주의 포괄적 승낙하에 분양에 관한 모든 업무를 처리하던 실제 건축주가 실제 분양되지도 않은 상가에 대하여 명목상의 건축주 명의로 분양계약서 및 입금표를 작성한 것은 상가건물이 실제 분양되지도 않았고 분양대금이 납부된 바도 없는데 그러한 사실이 있는 것으로 되어 있는 허위내용의 문서를 작성하는 것과 같은 범죄행위는 포괄적으로 위임받은 분양업무에 속하는 것이라고 볼 수 없다(대판 1997.3.28. 96도3191).

b. 보충기재의 권한만 위임된 경우: 공문서작성권자로부터 일정한 요건이 구비되었는지의 여부를 심사하여 요건이 구비되었음이 확인될 경우에 한하여 작성권자의 직인을 사용하여 작성권자 명의의 공문서를 작성하라는 포괄적인 권한을 수여받은 업무보조자인 공무원이, 위임의 취지에 반하여 공문서 용지에 허위내용을 기재하고 작성권자의 직인을 날인하였다면, 업무보조자인 공무원에게 공문서위조죄가 성립한다(대판 1996.4.23. 96도424; 1984.9.11. 84도368).

c. 전결, 대결, 대행의 경우: ① 학교 성적증명서 작성에 있어서 작성권자는 학교의 교장일 뿐 교감이 아님이 명백하고, 대결할 수 있는 위임이 있었다 하더라도 부정한 행사는 그 위임의 본지에 반하는 것이라 할 것이므로, 이는 결국 권한 없는 자의 결재에 의한 성적증명서의 작성이 되므로 사문서위조죄에 해당된다(대판 1983.4.12. 83도154). ② 산업과장으로서 시장으로부터 양곡인도사무를 전결사항으로 위임을 받아 양곡인도 지령서를 작성할 권한까지 부여받았다 하더라도, 시장으로서 전혀 양곡인도지령의 사실이 없음에도 불구하고 공문서를 작성함과 같은 일은 사무위임자 또는 문서작성을 위탁한 사람의 의사에 반하는 위탁의 범위를 일탈하는 행위로서 공문서위조죄가 성립된다(대판 1965.3.16. 65도106).

다. 위조의 정도 일반인으로 하여금 공무원 또는 공무소의 권한 내에서 작성된 문서라고 믿을 수 있는 형식과 외관을 구비한 문서를 작성하면 공문서위조죄가 성립한다.[18]

(1) 판단기준 일반인이 명의자의 진정한 사문서로 오신하기에 충분한 정도인지 여부는 그 문서의 형식과 외관은 물론 그 문서의 작성경위, 종류, 내용 및 일반거래에 있어서 그 문서가 가지는

17 대판 1992.12.22. 92도2037; 1984.6.12. 83도2408; 2005.10.28. 2005도6088; 2006.9.28. 2006도1545; 2001.1.5. 2000도2348.

18 대판 1992.11.27. 92도2226; 2003.9.26. 2003도3729.

기능 등 여러 가지 사정을 종합적으로 고려하여 판단하여야 한다.[19]

(2) 서명이나 날인 요부 ① 반드시 그 작성명의자의 서명이나 날인이 있어야 하는 것은 아니다.[20] ② 위조한 선하증권("COPY NON NEGOTIABLE"이라고 찍힌 선하증권의 사본)은 진정한 사문서로 보기에 충분한 형식과 외관을 갖추고 있고, 실제로도 이를 은행에 증빙자료로 제출하여 수입대금이 지급되도록 한 사실도 인정되므로, 비록 선하증권에 작성명의자의 서명·날인이 되어 있지 않다고 하더라도, 위조사문서행사죄의 대상인 문서에 해당한다(대판 2010.5.13. 2008도10678).[21]

(3) 문서로서의 형식과 외관을 갖춘 사례 ① 차용증 3장에는 연대보증인으로 甲의 이름이 적혀 있고, 아울러 甲의 주민등록번호와 주소도 함께 적혀 있어, 비록 甲의 날인이 없다고 하더라도 위와 같은 정도라면 甲이 연대보증을 하였다는 내용의 문서로 볼 수 있을 정도의 형식과 외관을 갖추어 일반인이 甲 명의의 진정한 사문서로 오신하기에 충분하다(대판 2007.5.10. 2007도1674). ② 후보자 추천과 관련하여 甲에 대한 수상후보자 추천서와 경력증명서를 작성하고, 추천서의 추천기관장란에 원장 乙의 성명을 기재하고 경력증명서의 하단에 '사회복지법인 대표이사 乙'이라고 기재한 다음, 다른 서류에 찍혀 있던 직인을 칼로 오려 내어 풀로 붙인 후 이를 복사한 경우, 각 문서는 직인을 오려 붙인 흔적을 감추기 위하여 복사한 것으로서 일반적으로 문서가 갖추어야 할 형식을 다 구비하고 있고, 주의 깊게 관찰하지 아니하면 그 외관에 비정상적인 부분이 있음을 알아차리기가 어려울 정도이므로, 일반인이 그 명의자의 진정한 사문서로 오신하기에 충분한 정도의 형식과 외관을 갖추었다(대판 2011.2.10. 2010도8361).

(4) 외관과 형식을 갖추지 못한 사례 위조·행사하였다는 출근통지서는 타자용지에 타자기로 작성한 것으로 그 첫머리에 발신기관명이 기재되어 있지 않고, 그 작성명의도 공무소인 시청이나 공무원인 그 시장 또는 보조기관인 총무과장으로 되어 있지 않고 말단에 총무과로만 기재되어 있어 본문의 내용을 읽어 보지 않고는 어느 기관의 총무과인지 선뜻 알아볼 수 없게 되어 있을 뿐만 아니라, '총무과'라는 기재 부분 옆에는 직인이나 관인이 아닌 사인이 찍혀 있어 그 외관이 공문서라고 보기 어려울 정도로 극히 조악하고, 본문에 있어서도 출근통지라는 매우 이례적인 내용을 담고 있는 점을 종합 고찰하여 보면, 출근통지서는 외견상으로도 공무소 또는 공무원이 그 직무권한 내에서 작성한 공문서라고 보기 어려울 정도로 공문서로서의 외관과 형식을 갖추지 못하였다(대판 1992.5.26. 92도699).

---

19 대판 1997.12.26. 95도2221; 1996.2.9. 94도1858; 2008.3.27. 2008도443.

20 대판 1997.12.26. 95도2221; 2007.5.10. 2007도1674; 1989.8.8. 88도2209; 2000.2.11. 99도4819; 1984.10.23. 84도1729; 1982.10.12. 81도3176. 은행지점장이 甲 외 6명의 예금청구서 7매를 각 위조하여 이를 지점 출납담당계원에게 진정한 문서인 것처럼 제시하여 예금 2억 원을 인출하여 이를 임의 소비함으로써 횡령하였다.

21 사본을 제출하여 위조유가증권행사죄가 성립할 수 없다고 하자 예비적으로 위조사문서행사죄로 공소장을 변경하였다.

라. 위조의 방법

(1) 기존의 진정문서 이용 ① 유효기간이 경과하여 무효가 된 공문서라고 할지라도 작성권한자가 기간과 발행일자를 정정하여 새로운 공문서를 작성하였다면 그것은 법률상 유효한 새로운 공문서라고 할 것이고, 작성권한자의 부하 되는 업무담당자가 위와 같은 정정기재를 하고 정정기재 부분에 함부로 작성권한자의 직인을 압날하여 공문서를 작성하였다면, 형식과 외관에 의하여 효력이 있는 공문서를 위조한 경우에 해당한다(대판 1980.11.11. 80도2126). ② 기존의 진정문서를 이용하여 문서를 변개하는 경우에도 문서의 중요 부분에 변경을 가하여 새로운 증명력을 가지는 별개의 문서를 작성하는 것은 변조가 아닌 위조에 해당한다(대판 2003.9.26. 2003도3729). ③ 진정한 문서의 사본을 전자복사기를 이용하여 복사하면서 일부 조작을 가하여 그 사본 내용과 전혀 다르게 만드는 행위는 공공의 신용을 해할 우려가 있는 별개의 문서사본을 창출하는 행위로서 문서위조행위에 해당한다.[22]

(2) 사진 교체 타인의 주민등록증 사본의 사진란에 피고인의 사진을 붙여 복사하여 행사한 행위는 공문서위조죄 및 동행사죄에 해당한다(대판 2000.9.5. 2000도2855).

(3) 명의인을 기망하여 서명날인을 받은 경우: 간접정범

A. 명의인에게 그 문서의 작성의사가 없는 경우 ① 명의인을 기망하여 문서를 작성케 하는 경우는 서명, 날인이 정당히 성립된 경우에도 기망자는 명의인을 이용하여 서명날인자의 의사에 반하는 문서를 작성케 하는 것이므로 사문서위조죄가 성립한다.[23] ② 권리의무에 관한 사문서인 타인명의의 신탁증서 1통을 작성한 후 마치 이를 다른 내용의 문서인 것처럼 그 타인에게 제시하여 날인을 받았다면 사문서위조죄가 성립한다(대판 1983.6.28. 83도1036).

B. 명의인에게 그 문서의 작성의사가 있는 경우 어느 문서의 작성권한을 갖는 공무원이 그 문서의 기재 사항을 인식하고 그 문서를 작성할 의사로써 이에 서명날인하였다면, 설령 서명날인이 타인의 기망으로 착오에 빠진 결과 문서의 기재사항이 진실에 반함을 알지 못한 데 기인한다고 하여도, 문서의 성립은 진정하며 여기에 하등 작성명의를 모용한 사실이 있다고 할 수는 없으므로, 공무원 아닌 자가 관공서에 허위내용의 증명원을 제출하여 그 내용이 허위인 정을 모르는 담당공무원으로부터 그 증명원 내용과 같은 증명서를 발급받은 경우, 공문서위조죄의 간접정범으로 의율할 수는 없다.[24]

---

22 대판 2004.10.28. 2004도5183; 2000.9.5. 2000도2855. 타인의 주민등록증을 이용하여 주민등록증상 이름과 사진을 하얀 종이로 가린 후 복사기로 복사를 하고, 다시 컴퓨터를 이용하여 위조하고자 하는 당사자의 인적사항과 주소, 발급일자를 기재한 후 덮어쓰기를 하여 이를 다시 복사한 사안이다.

23 대판 2000.6.13. 2000도778; 1979.6.26. 79도908. 정기문중총회 회의록을 임의로 작성하고는 종중원들을 찾아다니면서 서명, 날인을 받았는데, 이때 종중원들에게 임야의 등기, 매도권한을 피고인에게 일임하고 매도금액 3분의 1을 문중에 반납하고 나머지를 피고인에게 소송대행비용으로 준다는 회의록의 내용 등에 관하여 제대로 알려 주지 아니한 채, 단지 임야에 관하여 문중 명의로 소유권이전등기를 하는 데 필요하다는 정도로만 얘기하면서 서명, 날인을 받았다.

24 대판 2001.3.9. 2000도938. 시종합건설본부에서 발주하는 도로 확장공사에 입찰하여 1순위자로 선정되었으나, 건설본부에서 요구하는 공사실적이 부족하여 탈락될 위기에 처하자, 공사실적증명서를 위조한 후 이를 건설본부에 제출하여 증명

(4) 위조문서의 복사 전자복사기로 복사한 문서의 사본도 문서위조죄 및 동행사죄의 객체인 문서에 해당하고, 위조된 문서원본을 단순히 전자복사기로 복사하여 그 사본을 만드는 행위도 공공의 신용을 해할 우려가 있는 별개의 문서사본을 창출하는 행위로서 문서위조행위에 해당한다.[25]

(5) 날인된 백지문서 이용 혼인신고 당시에는 피해자가 피고인과 동거관계를 청산하고 만나주지 아니하는 등으로 피고인을 피하여 왔다면, 당초에는 피해자와 피고인이 사실혼 관계에 있었고 또 피해자에게 혼인의 의사가 있었다 하더라도 위 혼인신고 당시에는 그 혼인의사가 철회되었다고 보아야 할 것이므로, 피고인이 일방적으로 혼인신고서를 작성하여 혼인신고를 한 소위는 설사 혼인신고서 용지에 피해자 도장이 미리 찍혀 있었다 하더라도 사문서위조죄에 해당한다(대판 1987.4.11. 87도399).

(6) 복사문서의 사본(재사본) 오늘날 일상거래에서 복사문서가 원본에 대신하는 증명수단으로서의 기능이 증대되고 있는 실정에 비추어 볼 때 이에 대한 사회적 신용을 보호할 필요가 있으므로, 복사한 문서의 사본은 문서위조 및 동행사죄의 객체인 문서에 해당한다(대판 1989.9.12. 87도506 全合).[26]

마. 명의자의 승낙

(1) 명시적 승낙 공문서인 기안문서의 작성권한자가 직접 이에 서명하지 않고 피고인에게 지시하여 자기의 서명을 흉내 내어 기안문서의 결재란에 대신 서명케 한 경우라면, 피고인의 기안문서작성행위는 작성권자의 지시 또는 승낙에 의한 것으로서, 공문서위조죄의 구성요건해당성이 조각된다(대판 1983.5.24. 82도1426).

(2) 묵시적 승낙

A. 해당하는 사례 甲과 乙이 공동으로 주식회사를 경영하다가 甲이 회사의 소유와 경영에 관한 일체의 권리를 포기하면서 그 사무처리의 권한까지 乙에게 포괄적으로 위임함으로써 乙이 그 사무처리를 위하여 甲 명의의 주식배당포기서, 이사사임서 등을 작성 행사한 것이라면, 비록 乙이 개개의 문서작성에 관한 승낙을 받지 않았다 하더라도 묵시적인 승낙을 받았다고 할 것이다(대판 1988.9.13. 87도2012.).

B. 사임한 이사명의의 문서작성

1) 원칙 통상 이사가 사임하면 그 즉시 이사로서의 지위를 상실하므로 자신의 이름을 회사의 이사인 것처럼 사용하도록 허락한 사람이 사임의 의사표시를 하는 경우 그 의사표시에는 명의사

원을 발급받았다.

25 대판 1996.5.14. 96도785; 1996.5.14. 96도785. 매도증서를 위조하여 소지하고 있던 중, 매도증서에 관한 사문서위조죄의 공소시효가 완성된 후에 이를 전자복사기로 그대로 복사하여 법원에 제출하였다.

26 제 237조의2는 "전자복사기, 모사전송기, 기타 이와 유사한 기기를 사용하여 복사한 문서 또는 도화의 사본도 문서 또는 도화로 본다"고 규정함으로써 입법적으로 해결하였다.

용에 대한 기존의 승낙이나 동의를 더 이상 유지하지 않는다는 의사도 포함된 것이고 상대방도 이러한 의사를 인식하였다고 보는 것이 일반적이므로, 그 이후에는 더 이상 그 명의를 사용할 수 없다(대판 2009.5.14. 2008도11040).

2) 예외 사임으로 인하여 필요한 이사의 수에 결원이 생기는 등의 사유가 있는 경우에는 명의사용을 곧바로 금지한 것이고 상대방인 1인 회사의 대표이사도 그 금지의 의사를 인식하였다고 단정할 수는 없다. 그러므로 상대방이 이를 인식하였는지 여부는 당초 이사로 선임된 동기, 사임으로 인한 이사 정원의 미달 여부, 사임의 동기, 이사와 회사 및 1인 주주와의 관계, 사임 이후의 명의사용에 대하여 이의를 제기하였는지 여부 등의 사정을 종합하여 살펴보아야 한다(대판 2009.5.14. 2008도11040).

(3) 추정적 승낙 ① 행위 당시 명의자의 현실적인 승낙은 없었지만 행위 당시의 모든 객관적 사정을 종합하여 명의자가 행위 당시 그 사실을 알았다면 당연히 승낙했을 것이라고 추정되는 경우 사문서의 위·변조죄가 성립하지 않는다.[27] ② 명의자의 명시적인 승낙이나 동의가 없다는 것을 알고 있으면서도 명의자 이외의 자의 의뢰로 문서를 작성하는 경우, 명의자가 문서작성 사실을 알았다면 승낙하였을 것이라고 기대하거나 예측한 것만으로는 그 승낙이 추정된다고 단정할 수 없다.[28] ③ 문서명의인이 이미 사망하였는데도 문서명의인이 생존하고 있다는 점이 문서의 중요한 내용을 이루거나 그 점을 전제로 문서가 작성되었다면 이미 그 문서에 관한 공공의 신용을 해할 위험이 발생하였다 할 것이므로, 그러한 내용의 문서에 관하여 사망한 명의자의 승낙이 추정된다는 이유로 사문서위조죄의 성립을 부정할 수 없다(대판 2011.9.29. 2011도6223).

(4) 사후 추인 사문서위조나 공정증서원본불실기재가 성립한 후, 사후에 피해자의 동의 또는 추인 등의 사정으로 문서에 기재된 대로 효과의 승인을 받거나 등기가 실체적 권리관계에 부합하게 되었다 하더라도 이미 성립한 범죄에는 아무런 영향이 없다(대판 2007.6.28. 2007도2714).

바. 위조에 해당하는 사례

(1) 문서기안자가 작성권자의 결재 없이 문서작성 문서를 작성할 권한을 위임받지 아니한 문서기안자가 문서작성권한을 가진 사람의 결재를 받은 바 없이 권한을 초과하여 문서를 작성하였다면 이는 사문서위조죄가 된다.[29]

(2) 주취운전자 적발보고서의 운전자란에 타인의 서명 주취운전자 적발보고서 및 주취운전자 정황진술보고서의 각 운전자란에 타인의 서명을 한 다음 이를 경찰관에게 제출한 것은 사문서위조 및 동행사죄에 해당한다(대판 2004.12.23. 2004도6483).

---

27 대판 2003.5.30. 2002도235; 2011.9.29. 2010도14587.

28 대판 2008.4.10. 2007도9987; 2011.9.29. 2010도14587.

29 대판 1997.2.14. 96도2234; 1990.10.12. 90도1790. 면사무소 호적계장이 면장의 결재 없이 호적의 출생년란, 주민등록번호란에 허위내용의 호적정정을 기재하였다.

사. 위조에 해당하지 않는 사례

(1) 연대보증의 승낙을 받고 주채무자로 차용증 작성 피해자들이 일정 한도액에 관한 연대보증인이 될 것을 허락하고 이에 필요한 문서를 작성하는 데 쓰일 인감도장과 인감증명서(대출보증용)를 채무자에게 건네준 취지는 채권자에 대해 동액 상당의 채무를 부담하겠다는 내용의 문서를 작성하도록 허락한 것으로 보아야 할 것이므로, 비록 차용금증서에 피해자들을 연대보증인으로 하지 않고 직접 차주로 하였을지라도 정당한 권한에 기하여 그 권한의 범위 안에서 적법하게 작성된 것으로 보아야 한다(대판 1984.10.10. 84도1566).

(2) 사문서의 무형위조 ① 이사회를 개최함에 있어 이사들이 그 참석 및 의결권의 행사에 관한 권한을 피고인에게 위임하였다면 그 이사들이 실제로 이사회에 참석하지도 않았는데 마치 참석하여 의결권을 행사한 것처럼 피고인이 이사회회의록에 기재하였다 하더라도, 이는 이른바 사문서의 무형위조에 해당할 따름이어서 처벌대상이 되지 아니한다(대판 1985.10.22. 85도1732). ② 세금계산서의 작성권자는 어디까지나 재화나 용역을 공급하는 공급자라고 보아야 할 것이고, 세금계산서상의 공급받는 자는 그 문서내용의 일부에 불과할 뿐 세금계산서의 작성명의인은 아니라 할 것이니, 공급받는 자 난에 임의로 다른 사람을 기재하였다 하여 그 사람에 대한 관계에서 사문서위조죄가 성립된다고 할 수 없다(대판 2007.3.15. 2007도169).

(3) 공란으로 된 작성일자 보충 작성일자만을 공란으로 둔 채 완성된 대출금신청서와 차용금증서에 타인이 작성일자를 임의로 기입한 행위는 특단의 사유가 없는 한 문서작성명의인의 작성권한을 침해한 것이라고 할 수 없으므로 문서위조죄에 해당하지 아니한다(대판 1983.4.26. 83도520).

4. 변조

가. 변조의 의미와 정도 ① 변조죄는 권한 없는 자가 이미 진정하게 성립된 타인명의의 문서내용에 대하여 동일성을 해하지 않을 정도로 변경을 가하여 새로운 증명력을 작출케 함으로써 공공적 신용을 해할 위험성이 있을 때 성립한다.[30] ② 자신의 주민등록증 비닐커버 위에 검은색 볼펜을 사용하여 주민등록번호 전부를 덧기재하고 투명 테이프를 붙이는 방법으로 주민등록번호 중 출생연도를 나타내는 '71'을 '70'으로 고친 경우, 변조행위가 공문서 자체에 변경을 가한 것이 아니며 그 변조방법이 조잡하여 공문서에 대한 공공의 위험을 초래할 정도에 이르지 못하였다(대판 1997.3.28. 97도30).

나. 변조의 객체

(1) 허위작성 또는 위조된 문서의 변경

A. 학설 부진정문서도 문서변조죄의 객체가 되는지에 대해, 긍정설[31]과 부정설(판례, 다수설)

---

30 대판 2011.9.29. 2010도14587; 2003.12.26. 2002도7339; 2000.11.10. 2000도3033.

31 김성돈, 583면; 오영근, 740면.

이 대립한다. 부진정문서의 변조행위도 문서에 대한 공공의 신용을 해칠 우려가 있지만, 그 자체는 당벌성이 약하고, 변조된 부진정문서가 행사되는 경우에 행사죄로 처벌하면 족하다.

B. 판례 이미 허위로 작성된 공문서는 공문서변조죄의 객체가 되지 아니한다(대판 1986.11.11. 86도1984).

다. 권한 없는 자

(1) 수인의 작성명의자 중 1인의 변경행위 문서에 2인 이상의 작성명의인이 있는 때에 그 명의자 중 한 사람이 타 명의자와 합의 없이 행사할 목적으로 그 문서의 내용을 변경하였을 때는 사문서변조죄가 성립된다(대판 1977.7.12. 77도1736).

(2) 인사이동으로 권한이 없어진 후 문서내용 변경 재산세 과세대장의 작성권한이 있던 자가 인사이동되어 그 권한이 없어진 후 그 기재내용을 변경한 경우, 공문서변조죄에 해당한다(대판 1996.11.22. 96도1862).

(3) 작성명의인의 변경행위와 변조 여부

A. 학설 통설은 작성명의인이 문서내용을 변경하는 것은 변조에 해당하지 않는다고 보는 반면에, 당해 문서에 대한 작성명의자의 변경권이 해소되었다고 볼 수 있는 시점 이후에는 작성명의인의 변경이 변조에 해당한다는 견해[32]가 있다. 그러나 무형위조를 벌하지 않는 취지에 비추어 보면, 변경권이 소멸된 이후 작성명의자의 변조행위는 손괴죄로 벌하면 족하다.[33]

B. 판례 甲의 위임을 받아 그 소유 부동산을 매도함에 있어서 甲을 대리하여 매수인과 매매계약을 체결한 乙이 매매계약의 이행 문제로 분쟁이 생기자 매수인의 요구에 따라 매매계약서상 매도인 甲 명의 위에 乙이 甲의 대리인이라는 표시로 '乙代'라는 문구를 삽입 기재하였다 하더라도, 이는 부동산의 처분권한을 위임받아 매매계약서 작성권한 있는 자가 한 변경행위에 불과하므로 그 명의인의 승낙을 받지 아니하였다고 하여 사문서변조죄가 성립되는 것은 아니다(대판 1986.8.19. 86도544).

라. 변조의 정도: 새로운 증명력 창출

(1) 새로운 증명력을 가져온 사례

A. 영수증에 계쟁부동산을 기재 망인이 피고인으로부터 어음 1장을 발행교부 받으면서 증빙으로 작성하여 준 영수증에 망인이 "위 어음은 한국주택은행 이리지점의 융자에 따른 할부금 및 연체이자를 불입하기 위해 받은 것이다"는 사실내용을 기재하여 두었을 뿐이어서, 문면 자체만으로는 당초 어음 수수에 의한 변제목적이 된 해당 은행융자금 상환채무가 구체적으로 어떠한 채무를

32 박상기, 527면.

33 권오걸, 843면; 김성돈, 593면; 김태명, 540면; 임웅, 691면; 정/박, 633면.

가리키는지의 점이 분명치 않은 경우, 나중에 관련 민사소송에서 어음을 계쟁부동산을 담보물로 한 은행융자금채무의 상환을 위하여 교부받은 것이라는 주장사실을 입증하는 데 사용할 목적으로, 영수증 위의 '할부금'이라는 기재부분 옆에다 망인의 승낙 없이 임의로 계쟁 부동산을 지칭하는 표시로서 '733-19번지'라고 써 넣은 것이라면, 변경 내용이 비록 객관적인 진실에 합치하는 것이라 하더라도 이는 영수증에 새로운 증명력을 가져오게 한 것임이 분명하므로, 사문서변조죄의 구성요건을 충족한다(대판 1995.2.24. 94도2092).

B. 건축허가서의 설계도면 교체 건축허가서에 첨부된 설계도면을 떼어 내고 건축사협회의 도면등록 일부인을 건축허가 신청당시 일자로 소급 변조하여 새로 작성한 설계도면을 그 자리에 가철한 행위는 공문서변조죄에 해당한다(대판 1982.12.14. 81도81).

C. 송금 부분을 가리고 예금통장을 복사 민사소송에서 쟁점이 된 송금 부분을 가리고 예금통장을 복사함으로써 문서내용에 변경을 가하고 이를 증거로 제출한 이상, 새로운 증명력이 작출돼 공공적 신용을 해할 위험성이 있었다(대판 2011.9.29. 2010도14587).

(2) 새로운 증명력을 가져오지 아니한 사례

A. 문서의 일부 복사 복사된 내사결과보고서가 외견상 다른 문서의 일부분을 복사한 것일 가능성이 충분히 예상되고, 원본인 내사결과보고서의 내용이 복사된 내사결과보고서의 내용과 상충하여 원본 전체의 내용을 오인하게 할 가능성이 있는 경우에 해당한다고 보기 어려우므로, 내사결과보고서를 복사하면서 표지를 제외하고 '건의' 부분을 가린 채 복사하였다고 하여도 이를 기존 공문서에 새로운 증명력을 작출하는 행위로 볼 수 없다(대판 2003.12.26. 2002도7339).

B. 인낙조서에 첨부된 도면에 임의로 점선을 그은 행위 인낙조서에 첨부되어 있는 도면 및 그 사본에 임의로 그은 점선은 인낙조서 본문이나 도면에서 그에 대한 설명이 없는 이상, 특정한 의미 내용을 갖지 아니한 단순한 도형에 불과하여 그 자체로서 새로운 증명력이 작출케 된다고 할 수 없으므로, 그와 같은 점선을 그은 행위가 문서의 손괴에 해당할 수 있음은 별론으로 하고, 공도화로서의 공공적 신용을 해할 위험이 있는 공도화변조죄에 해당한다고 할 수 없다(대판 2000.11.10. 2000도3033).

C. 새로운 증명력을 가하지 않는 기재 추가 ① 본명은 박규탁이나 일상거래상 박진우로 통용되어 온 경우에 甲 작성의 박진우 앞으로 된 영수증에 '박진우'라는 기재 옆에 '규탁'이라고 기입한 경우(대판 1981.10.27. 81도2055), ② 매매계약서와 대금영수증의 여백 부분에 '○○○ 귀하'라고 표시한 경우(대판 1980.3.11. 80도222)는 사문서의 내용이나 효력에 전에 없던 새로운 것을 가져오게 한 기재가 아니므로 사문서위조죄가 성립하지 아니한다.

마. 변조의 내용: 변경내용이 명의자에게 유리한 경우 변조된 문서가 명의인에게 유리하여 결과적으로 그 의사에 합치한다 하더라도 사문서변조죄의 구성요건을 충족한다(대판 1985.1.22. 84도2422).

5. 기타 문제

가. 위조죄의 기수시기 한 개의 공문서의 작성자가 2인 이상일 경우에도 1인의 작성행위의 완료로써 그 1인의 공문서작성행위는 완료되는 것이며, 나머지 다른 사람의 서명날인이 없다 하여 전체의 허위공문서가 작성되지 않는다고 볼 것이 아니다(대판 1973.6.16. 73도733).

나. 죄수

(1) 죄수 판단기준: 문서의 수 사문서위조죄는 각 문서마다 1개의 죄가 성립한다(대판 1982.12.14. 82도1362).

(2) 여러 사람 명의의 문서: 상상적 경합 문서에 2인 이상의 작성명의인이 있을 때에는 각 명의자마다 1개의 문서가 성립되므로, 2인 이상의 연명으로 된 문서를 위조한 때에는 작성명의인의 수대로 수 개의 문서위조죄가 성립하고 또 그 연명문서를 위조하는 행위는 자연적 관찰이나 사회통념상 하나의 행위라 할 것이어서 위 수 개의 문서위조죄는 상상적 경합범에 해당한다(대판 1987.7.21. 87도564).

다. 위조죄와 행사죄의 관계

(1) 학설 행사할 목적으로 문서를 위조한 후 이를 행사하는 경우, ① 위조죄와 행사죄의 실체적 경합이라는 견해(실체적 경합설),[34] ② 상상적 경합이라는 견해(상상적 경합설),[35] ③ 문서위조죄가 성립한다는 견해(위조죄설),[36] ④ 위조문서행사죄가 성립한다는 견해(행사죄설)[37]가 대립한다. 우선 위조죄설은 문서위조죄의 공소시효가 지난 후에 행사하는 경우를 처벌할 방법이 없다. 상상적 경합설과 행사죄설에 따르더라도 문서위조죄로 처벌받은 후에 행사하는 경우에는 기판력과의 저촉문제가 생길 여지가 있다. 문서위조죄와 행사죄는 목적범과 실행범으로 그 성격이 각기 다르다고 할 것이므로 실체적 경합관계로 봄이 타당하다.

(2) 판례 예금통장을 강취하고 예금자 명의의 예금청구서를 위조한 다음 이를 은행원에게 제출, 행사하여 예금인출금 명목의 금원을 교부받았다면 강도, 사문서위조, 동행사, 사기의 각 범죄가 성립하고 이들은 실체적 경합관계에 있다(대판 1991.9.10. 91도1722).

---

34 권오걸, 845면; 김성돈, 593면; 박상기, 546면; 이정원, 572면; 정/박, 636면.

35 이재상, 588면; 배종대, 702면.

36 김/서, 583면.

37 오영근, 742면; 임웅, 690면.

III. 자격모용문서작성죄

> **제226조(자격모용에 의한 공문서 등의 작성)** 행사할 목적으로 공무원 또는 공무소의 자격을 모용하여 문서 또는 도화를 작성한 자는 10년 이하의 징역에 처한다.
> **제232조(자격모용에 의한 사문서의 작성)** 행사할 목적으로 타인의 자격을 모용하여 권리·의무 또는 사실증명에 관한 문서 또는 도화를 작성한 자는 5년 이하의 징역 또는 1천만원 이하의 벌금에 처한다.

1. 의의와 성격 문서위·변조죄는 '명의'를 모용하는 것임에 반해 본죄는 공무원·공무소 또는 타인의 '자격'을 모용하는 범죄이다. A국립대학 평교수 甲이 'A대학교 총장 甲'이라고 하는 경우가 총장자격을 모용한 공문서작성이고, 사립대학인 경우에는 자격모용에 의한 사문서작성이 된다.

2. 요건

가. '작성권한 없는 자'의 자격모용 공문서의 작성권한 없는 자가 공무원의 자격을 모용하여 공문서를 작성하는 경우에는 자격모용공문서작성죄가 성립한다(대판 2008.1.17. 2007도6987).

나. 타인의 의미 자격모용에 의한 사문서작성죄에서의 '타인'에는 자연인뿐만 아니라 법인, 법인격 없는 단체를 비롯하여 거래관계에서 독립한 사회적 지위를 갖고 활동하고 있는 존재로 취급될 수 있으면 여기에 해당된다(대판 2008.2.14. 2007도9606).[38]

3. 대표이사 명의의 문서작성

가. 문서의 명의자 주식회사의 대표이사가 그 대표 자격을 표시하는 방식으로 작성된 문서에 표현된 의사 또는 관념이 귀속되는 주체는 대표이사 개인이 아닌 주식회사이므로 그 문서의 명의자는 주식회사라고 보아야 한다(대판 2008.11.27. 2006도2016; 2008.12.24. 2008도7836).[39]

나. 적법한 대표이사 자신의 문서작성

(1) 원칙 원래 주식회사의 적법한 대표이사는 회사의 영업에 관하여 재판상 또는 재판 외의 모든 행위를 할 권한이 있으므로, 대표이사가 직접 주식회사 명의 문서를 작성하는 행위는 자격모용

---

38 甲은 乙이 등록한 'A부동산'의 등록명의를 빌려 부동산중개행위를 하기로 하였는데, 부동산매매계약서의 공인중개사란에 'A부동산'의 상호와 등록번호 및 전화번호, 그리고 그 자신을 대표자로 기재하였다. 계약서에 기재된 'A부동산'은 단순히 상호를 가리키는 것이 아니라 독립한 사회적 지위를 갖고 활동하고 있는 존재로 취급될 수 있다는 취지이다.

39 위와 같은 문서작성행위가 위조에 해당하는지는 그 작성자가 주식회사 명의의 문서를 적법하게 작성할 권한이 있는지에 따라 판단하여야 하고, 문서에 대표이사로 표시되어 있는 사람으로부터 그 문서작성에 관하여 위임 또는 승낙을 받았는지에 따라 판단할 것은 아니다.

사문서작성 또는 위조에 해당하지 않는 것이 원칙이다. 이는 그 문서의 내용이 진실에 반하는 허위이거나 대표권을 남용하여 자기 또는 제3자의 이익을 도모할 목적으로 작성된 경우에도 마찬가지이다(대판 2008.11.27. 2006도2016; 1980.4.22. 79도3034).

(2) 대표이사의 전임 대표이사 명의의 문서작성 주식회사 A의 적법한 대표이사인 이상, 그 권한이 제한되어 있는 특별한 경우가 아니라면 직접 A 명의 문서를 작성하는 행위는 위조에 해당하지 않는 것이 원칙이고, 이는 문서의 내용이 이미 퇴임한 대표이사를 대표이사로 표시하는 등과 같이 진실에 반하는 허위인지, 대표권을 남용하여 자기 또는 제3자의 이익을 도모할 목적으로 문서를 작성한 것인지 또는 대표이사로 표시된 사람으로부터 그 문서작성에 관하여 위임 또는 승낙을 받았는지 등에 따라 달라지는 것이 아니다(대판 2008.11.27. 2006도2016; 2008.12.24. 2008도7836).[40]

(3) 권한 남용의 경우

A. 원칙 자격모용사문서작성죄를 구성하는지 여부는 그 문서를 작성함에 있어 타인의 자격을 모용하였는지 아닌지의 형식에 의하여 결정할 것이므로, 타인의 대표자 또는 대리자가 그 대표명의 또는 대리명의를 써서 문서를 작성할 권한을 가지는 경우에 그 지위를 남용하여 단순히 자기 또는 제3자의 이익을 도모할 목적으로 문서를 작성하였다고 하더라도 자격모용사문서작성죄는 성립하지 아니한다(대판 2007.10.11. 2007도5838; 2010.5.13. 2010도1040; 2012.9.27. 2012도7467).[41]

B. 예외: 제한된 지배인의 대리권한을 넘는 경우 회사 내부규정 등에 의하여 각 지배인이 회사를 대리할 수 있는 행위의 종류, 내용, 상대방 등을 한정하여 권한을 제한한 경우에 제한된 권한 범위를 벗어나서 회사 명의의 문서를 작성하였다면, 이는 자기 권한 범위 내에서 권한 행사의 절차와 방식 등을 어긴 경우와 달리 문서위조죄에 해당한다(대판 2012.9.27. 2012도7467).

C. 권한 남용인 사례 토지매수권한을 위임받은 대리인이 자기 또는 제3자의 이익을 도모할 목적으로 위임받은 매매대금 범위 내에서 매매대금을 허위로 기재한 매매계약서를 작성한 행위는 그 작성권한을 남용한 경우로 볼 수 있을 뿐 자격모용사문서작성죄를 구성한다고 볼 수 없다(대판 2007.10.11. 2007도5838).[42]

다. 대표권이나 대리권이 없는 경우

(1) 학설 대표권이나 대리권이 없는 자가 마치 권한이 있는 것처럼 타인의 자격을 모용하여 문서를 작성한 경우, 문서위조죄가 된다는 견해(문서위조죄설)[43]와 본죄가 성립한다는 견해(자격모용에 의한

---

40 '주식회사 A 대표이사 乙'로 표시하여 허위내용 영수증과 세금계산서를 작성한 행위가 문제되었다.

41 甲 주식회사의 아산지점 지배인이 자신을 甲 주식회사의 대표이사로 표시하여 甲 주식회사가 乙 주식회사의 1억 원 차용금 채무에 대하여 연대보증한다는 취지의 차용증을 작성하였다.

42 3억 5천만 원에 매수할 대리권을 수여받고 3억 원에 매수한 후, 5천만 원 착복을 위해 매매계약서에 3억 5천만 원으로 기재하고, 매도인인 종중의 대표자에게는 2억 5천만 원의 매매계약서를 작성해 주었다.

43 김성돈, 597면; 김/서, 576면.

문서작성죄설)[44]가 주장되고 있다. A의 대리인이 아닌 甲이 본인(A) 명의의 문서에 'A의 대리인 甲'이라고 표시한 경우에는 명의모용이 중요하므로 문서위조죄가 성립하고, 'A의 대리인 甲'이라는 표기를 통해 자신(대리인) 명의의 문서를 작성한 경우에는 자격모용에 의한 문서작성죄로 보아야 한다.

(2) 판례 정당한 대표권이나 대리권이 없는 자가 마치 대표권이나 대리권이 있는 것처럼 가장하여 타인의 자격을 모용하여 문서를 작성하면 자격모용에 의한 문서작성죄가 성립한다(대판 1993.7.27. 93도1435).

라. 대표이사로부터 포괄적으로 권한 행사를 위임받은 사람이 회사 명의로 문서를 작성

(1) 포괄적 위임 가부 주식회사의 적법한 대표이사라 하더라도 그 권한을 포괄적으로 위임하여 다른 사람으로 하여금 대표이사 업무를 처리하게 하는 것은 허용되지 않으므로, 대표이사로부터 개별적·구체적으로 주식회사 명의 문서작성에 관하여 위임 또는 승낙을 받은 경우에만 예외적으로 적법하게 주식회사 명의로 문서를 작성할 수 있을 뿐이다(대판 2008.11.27. 2006도2016).

(2) 문서죄 성립 여부 대표이사로부터 포괄적으로 권한 행사를 위임받은 사람이 주식회사 명의로 문서를 작성하는 행위는 원칙적으로 권한 없는 사람의 문서작성행위로서, 자격모용사문서작성 또는 위조에 해당한다(대판 2008.11.27. 2006도2016).[45]

마. 대표이사직에 있었던 자가 대표이사의 승낙을 받아 문서작성(개별적 위임) 대표이사직에 있었던 자가 재직시에 발행한 약속어음의 발행명의인과 일치시키기 위하여 위 약속어음에 대한 회사명의의 지급각서를 작성함에 있어서 당시의 대표이사의 승낙을 받아 작성하였다면 이는 진정한 문서로서 타인의 자격을 모용하여 문서를 작성하였다고 볼 수 없다(대판 1975.11.25. 75도2067).[46]

4. 자격모용문서작성죄가 성립하는 사례

가. 전보 후의 결재 甲 구청장이 乙 구청장으로 전보된 후 甲 구청장의 권한에 속하는 건축허가에 관한 기안용지의 결재란에 서명을 한 것은 자격모용에 의한 공문서작성죄를 구성한다(대판 1993.4.27. 92도2688).

나. 무권한자의 결재 공문서인 주·부식구입요구서의 과장결재란에 자신의 서명을 한 경우, 과장의 자격을 모용하여 자신의 이름으로 공문서를 작성한 것이므로, 자격모용공문서작성죄가 성립함

44 배종대, 697면; 박상기, 525면; 이재상, 583면; 임웅, 685면; 정/박, 629면.

45 주식회사 A의 대표이사이면서, 주식회사 B의 대표이사 乙로부터 포괄적인 위임을 받아 두 회사의 대표이사 업무를 처리하고 있던 甲이 임의로 '주식회사 B 대표이사 乙'로 표시한 사안이다.

46 각서에 '주식회사 대표이사 피고인'이라 서명하고 피고인의 사인을 압날하여 이를 작성하였다.

은 별론으로 하고 공문서위조죄가 성립할 수는 없다(대판 2008.1.17. 2007도6987).

다. 직무집행정지가처분결정의 취소 전에 한 전임대표자의 문서작성 종중의 신임 대표자가 선임되고 전임 대표자에 대한 직무집행정지가처분결정이 있은 후 가처분결정이 취소된 경우, 신임 대표자 선임결의가 무효라 하더라도 전임 대표자가 가처분결정을 알면서 가처분결정시부터 취소시 사이에 대표자 자격으로 작성한 이사회의사록 등은 자격을 모용하여 작성한 문서이다(대판 2007.7.26. 2005도4072).

라. 중간생략등기 시 소유자의 대리인으로 매매계약서에 기재한 경우 부동산의 양도계약이 중간생략등기의 합의에 의하여 순차적으로 이루어져 최초 양도인으로부터 최종 양수인에게 소유권이전등기청구권이 전전 양도된다고 하여 최초 양도인이 그 후의 양수인에게 최초 양도인을 대리하여 그를 매도인으로 하는 부동산 매매계약서를 작성할 권한까지 수여한 것으로는 볼 수 없으므로, 최종 양수인의 직전 양도인이 최초 양도인으로부터 대리권한을 수여받지 않고 최초 양도인의 대리인으로서 최종 양수인에게 부동산 매매계약서를 작성·교부하였다면 자격모용에 의한 사문서작성 및 동행사죄가 성립한다(대판 2008.5.29. 2008도1506).

5. 자격모용문서작성죄가 성립하지 않는 사례

가. 임원 선임결의가 무효인 경우 전임이사가 작성한 문서 종중의 이사 선임결의가 무효인 경우, 전임 이사들이 계속 종전 그 직무를 수행하면서 임원 자격으로 작성한 이사회의사록 등은 자격을 모용하여 작성한 문서가 아니다(대판 2007.7.26. 2005도4072).

나. 선임결의가 무효인 경우 종전 임원의 가처분결정 이전에 작성한 문서 종중의 신임 대표자가 선임되고 전임 대표자에 대한 직무집행정지가처분결정이 있은 후 가처분결정이 취소된 경우, 선임결의가 무효라면 종전 임원의 가처분결정 이전에 작성한 이사회의사록은 '자격을 모용하여 작성한 문서'가 아니고, 이를 가처분결정 이후에 행사하였다고 하더라도 자격모용작성사문서행사죄가 성립하지 않는다(대판 2007.7.26. 2005도4072).

다. 법령 및 정관의 규정을 준수하지 않은 주주총회이지만 유효한 경우 주주총회 의장의 선임에 관한 법령 및 정관의 규정을 준수하지 않고 대주주가 임시의장이 되어 임시주주총회 의사록을 작성한 경우, 해당 주주총회 결의가 유효하면 의장의 지위에 관한 자격모용사문서작성죄 및 동행사죄가 성립하지 아니한다(대판 2008.6.26. 2008도1044).[47]

---

47 임시의장이 되어 기존의 이사와 감사를 모두 해임하고 다른 사람을 이사와 감사로 각 선임한다고 결의한 내용의 임시주주총회 의사록을 작성하였다.

6. 행사할 목적: 상대방이 명의모용 사실을 안 경우 재건축조합의 조합장이 아닌 자가 자신이 재건축조합의 조합장인 것처럼 명의를 모용하여 계약서를 작성한 이상, 계약의 상대방이 명의모용 사실을 알았다거나, 그 계약서에 재건축조합 조합장의 직인이 아닌 다른 직인 내지 사인이 날인되었다는 등의 사정이 있다고 하더라도, 자격모용에 의한 사문서작성죄의 범의와 행사할 목적이 인정된다(대판 2007.7.27. 2006도2330).[48]

IV. 허위공문서작성죄

제227조(허위공문서작성등) 공무원이 행사할 목적으로 그 직무에 관하여 문서 또는 도화를 허위로 작성하거나 변개한 때에는 7년 이하의 징역 또는 2천만원 이하의 벌금에 처한다.

1. 의의와 성격 공무원이 행사할 목적으로 그 직무에 관하여 문서 또는 도화를 허위로 작성하거나 변개하는 범죄이며, 행사할 목적을 요하는 목적범이자 진정신분범이다. 공문서에 대한 공공의 신용을 보장하기 위해, 사문서의 경우와는 달리 공문서의 무형위조를 처벌하는 것이므로 실질주의에 입각한 범죄이다.

2. 행위의 주체

가. 공무원이 아닌 사람의 업무가 국가의 사무에 해당하는 경우 허위공문서작성죄 및 그 행사죄는 공무원만이 그 주체가 될 수 있는 신분범이라 할 것이므로, 신분상 공무원이 아님이 분명한 사람을 허위공문서작성죄 및 그 행사죄로 처벌하려면 그에 관한 특별규정이 있어야 할 것이고, 그의 업무가 국가의 사무에 해당한다거나 그가 소속된 영상물등급위원회의 행정기관성이 인정된다는 사정만으로는 위 죄로 처벌할 수 없다(대판 2009.3.26. 2008도93).[49]

나. 권한 없는 공무원의 경우 허위공문서작성죄의 주체는 그 문서를 작성할 직무권한이 있는 명의인인 공무원이라 할 것인바, 관세청 심리분실 행정서기보는 사법경찰관 직무취급을 하는 권한이 없고 사법경찰리의 직무를 취급하는 자에 불과하므로, 간접정범이 인정될 수 있는 특별사정이 없으면 허위공문서작성의 주체가 될 수 없다(대판 1974.1.29. 73도1854).[50]

---

48 재건축추진위원회 위원장이 재건축조합 조합장 명의로 시행계약서를 작성한 사안이다.

49 영상물등급위원회 임직원이 영상물등급위원회장 명의의 접수일부인을 허위로 작성하였다.

50 피의자로 입건하여 피의자신문조서를 받음에 있어 甲이 불출석인 채로 조서를 작성해 달라는 부탁을 받고 실제로는 출석하지 않았음에도 불구하고 출석하여 신문에 따라 답하는 것처럼 피의자신문조서 1통을 임의로 기재하였다.

다. 공무원 아닌 자와 공동정범 공무원이 아닌 자가 공무원과 공동하여 허위공문서작성죄를 범한 때에는 공무원이 아닌 자도 허위공문서작성죄의 공동정범이 된다(대판 2006.5.11. 2006도1663).

3. 직무에 관한 문서

가. 의미 직무에 관한 문서라 함은 공무원이 직무권한 내에서 작성하는 문서를 말하고 그 문서는 대외적인 것이거나 내부적인 것을 구별하지 아니한다(대판 1995.4.14. 94도3401; 1981.12.8. 81도943).

나. 직무권한의 근거 직무권한이 반드시 법률상 근거가 있음을 필요로 하는 것이 아니고 명령, 내규 또는 관례에 의한 직무집행의 권한으로 작성하는 경우라도 포함되므로, 고시로 작성의무가 부과되고 내부적으로 보관하는 문서도 허위공문서작성의 객체가 되는 공문서이다(대판 1995.4.14. 94도3401; 1981.12.8. 81도943).

다. 직무의 범위

(1) 판단기준 구체적인 행위가 공무원의 직무에 속하는지 여부는 그것이 공무의 일환으로 행하여졌는가 하는 형식적인 측면과 함께 공무원이 수행하여야 할 직무와의 관계에서 합리적으로 필요하다고 인정되는 것이라고 할 수 있는가 하는 실질적인 측면을 아울러 고려하여 결정하여야 한다(대판 2009.9.24. 2007도4785).[51]

(2) 전문기관에 위임한 경우 지방자치단체를 당사자로 하는 계약의 이행완료에 관한 검사는 지방자치단체의 장 또는 계약담당자의 직무권한에 속하는 사항으로서 이를 전문기관에 위임하여 수행하게 한다고 하여 그 직무 소관이 달라지는 것은 아니고, 다만 이때에는 전문기관으로부터 검사결과를 문서로 통보받아 확인하는 방법으로 그 직무를 집행하게 되는 것이므로, 지방자치단체의 장 또는 계약담당자가 그 검사를 위임받아 수행한 전문기관으로부터 검사결과를 검사조서로 작성·보고받고 이를 확인하여 승인하는 의미로 검사조서에 결재하였다면 그와 같이 결재된 검사조서는 공무원이 그 직무권한 내에서 작성한 문서로서 허위공문서작성죄의 객체인 공문서에 해당한다(대판 2010.4.29. 2010도875).

라. 직무상 작성한 문서인 사례 공사감독일지는 공사를 발주한 관서의 장을 대리하여 현장에 주재하며 공사전반에 관한 감독업무에 종사하는 공사감독관의 지위에서 직무상 작성하는 문서로서 당해 관할관청에 비치하여야 할 공문서라 할 것이고 단순히 공사감독관이 그 직무를 수행함에 있어 참작할 문서에 불과하다고 볼 수 없다(대판 1989.12.12. 89도1253).

---

51 도립대학의 교수가 그 대학 특성화사업단의 단장으로서 작성한 납품검수조서는 공무원이 직무권한 내에서 작성한 문서로서 공문서에 해당한다.

4. 허위

가. 허위의 의미 공문서허위작성죄에 있어서 허위라 함은 표시된 내용과 진실이 부합하지 아니하여 그 문서에 대한 공공의 신용을 위태롭게 하는 경우를 말한다(대판 1985.6.25. 85도758).

나. 공무원에게 형식적 심사권만 있는 경우

(1) 학설 私人의 신고가 허위임을 알면서도 이를 그대로 기재하는 경우에는 허위공문서작성죄가 성립한다. 다만, 공무원에게 형식적 심사권만 있는 경우와 관련하여, 이 경우에도 본죄가 성립한다는 긍정설[52]과 형식요건이 구비되었으면 수리하여야 하므로 본죄가 성립하지 않는다는 부정설[53]이 대립한다. 신고내용이 명백히 허위라는 사정을 안 공무원은 직무상 그 수리를 마땅히 거부하여야 하므로 긍정설이 타당하다.

(2) 판례(긍정설) ① 준공검사관이 준공검사를 함에 있어 수중, 지하 또는 구조물의 내부 등 시공 후 매몰된 부분의 검사는 공사감독관의 감독조서를 근거로 하여 검사를 행하면 되고, 이를 실제로 검사하지 아니한 채 준공조서를 작성하였다 하더라도 허위준공검사조서작성죄의 죄책을 지지 아니하나, 매몰된 부분의 공사가 완성되지 아니하였다는 것을 알면서도 준공검사조서를 작성한 경우에는 위 죄책을 면하지 못한다(대판 1995.6.13. 95도491). ② 신고사항이 허위인 것이 명백한 경우에는 호적리는 그 기재를 거부할 수 있으므로, 허위임을 알고 있으면서 이를 호적부에 기재하였다면 허위공문서작성죄가 성립한다(대판 1977.12.27. 77도2155).

다. 허위가 아닌 사례

(1) 사실관계에 대한 내용에 허위가 없는 경우 허위공문서작성죄란 공문서에 진실에 반하는 기재를 하는 때에 성립하는 범죄이므로, 고의로 법령을 잘못 적용하여 공문서를 작성하였다고 하더라도 그 법령적용의 전제가 된 사실관계에 대한 내용에 거짓이 없다면, 허위공문서작성죄가 성립될 수 없다(대판 2003.2.11. 2002도4293; 2000.6.27. 2000도1858; 1996.5.14. 96도554).

(2) 허가의 경우 건축담당 공무원이 건축허가신청서를 접수·처리함에 있어 건축법상의 요건을 갖추지 못하고 설계된 사실을 알면서도 기안서인 건축허가통보서를 작성하여 건축허가서의 작성명의인인 군수의 결재를 받아 건축허가서를 작성한 경우, 건축허가서는 작성명의인인 군수가 건축허가신청에 대하여 이를 관계 법령에 따라 허가한다는 내용에 불과하고 건축허가신청서와 첨부서류에 기재된 내용(건축물의 건축계획)이 건축법의 규정에 적합하다는 사실을 확인하거나 증명하는 것은 아니라 할 것이므로, 군수가 건축허가통보서에 결재하여 건축허가신청을 허가하였다면

---

52 김성돈, 608면; 김/서, 601면; 배종대, 710면; 오영근, 754면; 이재상, 596면; 임웅, 707면; 정/박, 653면.

53 정영석, 174면; 손해목, 주석(상), 397면.

건축허가서에 표현된 허가의 의사표시 내용 자체에 어떠한 허위가 있다고 볼 수는 없다 할 것이어서, 이러한 건축허가에 그 요건을 구비하지 못한 잘못이 있고 이에 담당공무원의 위법행위가 개입되었다 하더라도 그 위법행위에 대한 책임을 추궁하는 것은 별론으로 하고 건축허가서를 작성한 행위를 허위공문서작성죄로 처벌할 수는 없다(대판 2000.6.27. 2000도1858).[54]

라. 허위에 해당하는 사례

(1) 누락 ① 소유권이전등기와 근저당권설정등기의 신청이 동시에 이루어지고 그와 함께 등본의 교부신청이 있는 경우에는, 등기공무원은 소유권이전등기와 근저당권설정등기 모두에 관하여 등기부에의 기입을 마치고 그에 따른 등기부등본을 교부하여야 함에도 불구하고, 등기공무원이 소유권이전등기만 기입하고 근저당권설정등기는 기입하지 아니한 채 등기부등본을 발급하였다면, 비록 그 등기부등본의 기재가 등기부의 기재와 일치한다 하더라도 그 등기부등본은 이미 접수된 신청서에 따라 기입하여야 할 사항 중 일부를 고의로 누락한 채 작성되어 내용이 진실하지 아니한 것으로서 허위공문서에 해당한다(대판 1996.10.15. 96도1669). ② 세무공무원 명의로 작성된 특별조사종결보고서는 피고인의 감세지시에 의하여 약 23억 원이라는 추징세액에 맞추기 위해 근거자료와는 상관없이 적출금액을 임의로 조정함으로써, 각종 증빙자료 등을 통하여 탈루세액임이 확실한 추징세액 약 55억 7,300만 원을 고의로 누락시킨 채 작성된 것으로서, 객관적 진실에 반하여 작성된 허위의 공문서이다(대판 2006.12.22. 2004도7356).

(2) 적합 통보서 폐기물관리법 제26조 제2항에 의한 폐기물처리사업계획 적합 통보서는 단순히 폐기물처리사업을 관계 법령에 따라 허가한다는 내용이 아니라, 폐기물처리업을 하려는 자가 제출한 폐기물처리사업계획이 폐기물관리법 및 관계 법령의 규정에 적합하다는 사실을 확인하거나 증명하는 것이라 할 것이므로, 그 폐기물처리사업계획이 관계 법령의 규정에 적합하지 아니함을 알면서 적합하다는 내용으로 통보서를 작성한 것이라면 그 통보서는 허위의 공문서이다(대판 2003.2.11. 2002도4293).[55]

5. 허위공문서작성죄의 간접정범

가. 일반인과 간접정범

(1) 학설 일반인이 공무원을 기망하여 허위공문서를 작성하게 하는 경우에 간접적인 방법에 의한 공문서위조죄의 성립을 인정하는 견해[56]도 있으나 통설은 본죄의 간접정범을 부정한다. 형

---

54 광업권양수인에 대한 관할군수의 계속작업허가도 동일하다(대판 1983.2.8. 82도357). 위계에 의한 공무집행방해죄가 성립할 수 있다.

55 농지취득자격증명통보서도 동일하다(대판 2007.1.25. 2006도3996).

56 이정원, 진정한 문서작성을 유발한 자의 형사책임, 중앙법학 제5집 제3호(중앙법학회), 226면.

법이 본죄의 간접정범에 해당하는 공정증서부실기재죄를 따로 두고, 그 법정형을 허위공문서작성죄보다 낮게 설정한 점에 비추어 볼 때, 일반인의 경우에는 본죄의 간접정범이 성립하지 않는다고 하여야 한다.

(2) 판례 형법은 소위 무형위조에 관하여서는 공문서에 관하여서만 이를 처벌하고 일반 사문서의 무형위조를 인정하지 아니할 뿐 아니라(다만 제233조의 경우는 예외) 공문서의 무형위조에 관하여서도 동법 제227조 이외에 특히 공무원에 대하여 허위의 신고를 하고 공정증서 원본, 면허장, 감찰 또는 여권에 사실 아닌 기재를 하게 할 때에 한하여 동법 제228조의 경우의 처벌규정을 만들고 더구나 제227조의 경우의 형벌보다 현저히 가볍게 벌하고 있음에 지나지 아니하는 점으로 보면, 공무원이 아닌 자가 허위의 공문서위조의 간접정범이 되는 때에는 동법 제228조의 경우 이외에는 이를 처벌하지 아니하는 취지이다.[57]

나. 보조공무원의 경우

(1) 학설 보조공무원이 허위내용의 공문서를 기안한 후 정을 모르는 상사의 결재를 받아 그 공문서를 완성시킨 경우, ① 허위공문서작성죄의 간접정범이 된다는 견해(간접정범설),[58] ② 상사의 결재는 공문서에 대한 형식적 검사에 불과할 뿐이고 기안을 한 보조공무원이 실질적인 작성권자에 해당하므로 허위공문서작성죄의 직접정범이 된다는 견해(직접정범설),[59] ③ 상사(작성권자)는 의무범의 자수적 과실정범에 해당하고 보조공무원은 이 정범에 종속하여 허위공문서작성죄의 공범이 된다는 견해(공범설),[60] ④ 보조공무원이 상사를 기망하였다는 점에서 위계에 의한 공무집행방해죄가 성립한다는 견해(위계공집방해죄설)[61] 및 입법적으로 해결되어야 할 문제라는 견해(무죄설)[62]가 대립한다.

(2) 판례(간접정범설) 허위공문서작성죄의 주체는 그 문서를 작성할 권한이 있는 명의인인 공무원에 한하고 그 공무원의 문서작성을 보조하는 직무에 종사하는 공무원은 허위공문서작성죄의 주체가 되지 못하는 것인바, 이러한 보조직무에 종사하는 공무원이 허위공문서를 기안하여 허위인 정을 모르는 작성권자에게 제출하고 그로 하여금 그 내용이 진실한 것으로 오신케 하여 서명 또는 기명날인케 함으로써 공문서를 완성한 때에는 허위공문서작성죄의 간접정범이 된다(대판 1981.7.28. 81도898; 1990.2.27. 89도1816; 1990.10.30. 90도1912; 2011.5.13. 2011도1415).

---

57 대판 1961.12.14. 4292형상645 全合; 1971.1.26. 70도2598.

58 김태명, 518면; 박상기, 540면; 배종대, 713면; 정성근, 허위공문서작성죄의 간접정범, 고시연구 제17권 제9호(통권 198호), 114면; 정/박, 657면; 정영일, 600면.

59 이정원, 허위문서작성죄의 제문제, 한국형사법학의 새로운 지평; 유일당오선주교수 정년기념논문집, 256면.

60 김일수, 허위공문서작성죄에서 간접정범 및 공동정범, 서울지방변호사회 판례연구 제6집, 418면.

61 권오걸, 874면; 김성돈, 612면; 김/서, 605면; 오영근, 758면; 임웅, 711면.

62 이재상, 599면.

(3) 검토 관공서의 공문서작성명의자는 기관장 내지 부서장이지만, 그 공문서의 실질적인 작성자는 실무기안자이다. 이 실무자가 기관장이나 부서장을 기망하여 허위공문서를 작성한 경우, 위계에 의한 공무집행방해죄(5년 이하의 징역)로 볼 수도 있지만, 실제적으로는 허위공문서를 작성한 것이나 마찬가지이므로 허위공문서작성죄(7년 이하의 징역)의 간접정범으로 보는 것이 타당하다. 본죄가 작성권자만이 범할 수 있는 진정신분범이라고는 하지만, 실무기안자는 실질적으로 그 작성권자의 범주에 들어간다고 보아야 한다.

다. 간접정범의 공범 보조공무원이 허위공문서작성죄의 간접정범이 되는 경우, 이와 공모한 자 역시 그 간접정범의 공범으로서의 죄책을 면할 수 없는 것이고, 여기서 말하는 공범은 반드시 공무원의 신분이 있는 자로 한정되는 것은 아니라고 할 것이다(대판 1992.1.17. 91도2837; 1986.8.19. 85도2728; 1977.12.13. 74도1900; 2010.4.29. 2010도875).

라. 간접정범에 해당하는 사례 ① 보안과장이 甲의 음주운전을 눈감아 주기 위하여 그에 대한 음주운전자 적발보고서를 찢어 버리고, 부하로 하여금 일련번호가 동일한 가짜 음주운전 적발보고서에 乙에 대한 음주운전 사실을 기재케 하여 그 정을 모르는 담당 경찰관으로 하여금 주취운전자 음주측정처리부에 乙에 대한 음주운전 사실을 기재하도록 한 경우(대판 1996.10.11. 95도1706),[63] ② 개인택시면허업무 등을 담당하던 군청 계장이 군수를 보좌하여 '88개인택시 면허신청대상자 경력평정공고'를 초안함에 있어 특정인의 우선순위를 높게 조작하여 개인택시면허를 무난히 받게 하는 데 사용할 목적으로, 위 공고 중 개인택시면허발급예정우선순위표에 그의 예정순위를 허위기재한 다음 그 정을 모르는 군수의 결재를 받은 경우(대판 1990.10.16. 90도1170), ③ 준공검사조서의 경우 직무상 그 작성권한이 있는 농업기술센터 소장만이 허위공문서작성죄의 주체가 되고 그 직무를 보조하는 지위에 있는 공무원 甲은 허위공문서작성죄의 주체가 되지 못하나, 甲은 피고인과 공모하여 그로 하여금 준공검사조서를 허위로 작성·제출하게 하고 그에 관하여 준공검사에 입회한 담당자로서 그 진정성을 확인한다는 의미로 결재한 다음 담당과장을 통해 그 허위의 정을 모르는 소장에게 이를 제출하여 결재하게 함으로써 준공검사조서를 허위의 공문서로 완성한 경우(대판 2010.4.29. 2010도875)는 허위공문서작성죄의 간접정범으로서 죄책을 지게 된다.

6. 허위작성에 해당하는 사례 ① 인감증명서를 발행하면서 대리인에 의한 것을 본인의 신청에 의한 것으로 기재한 경우(대판 1985.6.25. 85도758; 1997.7.11. 97도1082), ② 사서증서 인증을 촉탁받은 공증인이 사서

---

63 음주운전자 적발보고서에 고유번호를 부여한 의미가 이 사건 행위와 같은 비리를 사전에 막자는 의도에서 부여된 것이라는 점을 고려한 것이다. 공용서류손상죄도 성립한다.

증서 인증서를 작성함에 있어서, 당사자가 공증인의 면전에서 사서증서에 서명 또는 날인을 하거나, 당사자 본인이나 그 대리인으로 하여금 사서증서의 서명 또는 날인이 본인의 것임을 확인하게 한 바가 없음에도 불구하고, 당사자가 공증인의 면전에서 사서증서에 서명 또는 날인을 하거나 본인이나 그 대리인이 사서증서의 서명 또는 날인이 본인의 것임을 확인한 것처럼 인증서에 기재한 경우(대판 2007.1.25. 2006도3844), ③ 준공검사조서를 작성함에 있어서 정산설계서를 확인하고 준공검사를 한 것이 아님에도 마치 한 것처럼 준공검사용지에 '정산설계서에 의하여 준공검사'를 하였다는 내용을 기입한 경우(대판 1983.12.27. 82도3063; 1973.10.23. 73도395; 1981.9.22. 80도3180)는 허위공문서작성죄에 해당한다.

7. 허위작성에 해당하지 않는 사례 현금출납부는 그날그날의 입출금을 기재하여 계산상의 잔액을 표시하는 것이므로 그 잔금 중의 일부를 횡령하여 장부상의 잔액과 실제 잔고 간에 차이가 나더라도, 장부상과 실제 잔고를 맞게 하기 위하여 입금을 감소하거나 가공지출을 기재하였다면 몰라도 장부상 그 입출금의 기재가 제대로 된 이상, 허위기재라고 할 수 없다(대판 1984.9.11. 84도1574).

V. 공정증서원본부실기재죄

> **제228조(공정증서원본 등의 부실기재)** ① 공무원에 대하여 허위신고를 하여 공정증서원본 또는 이와 동일한 전자기록등 특수매체기록에 부실의 사실을 기재 또는 기록하게 한 자는 5년 이하의 징역 또는 1천만원 이하의 벌금에 처한다.
> ② 공무원에 대하여 허위신고를 하여 면허증, 허가증, 등록증 또는 여권에 부실의 사실을 기재하게 한 자는 3년 이하의 징역 또는 700만원 이하의 벌금에 처한다.

1. 의의와 성격 공무원에게 허위신고를 하여 공정증서원본, 면허증, 허가증, 등록증, 여권 등에 부실의 사실을 기재하게 하는 범죄이다. 허위공문서작성죄의 간접정범에 해당하며, 높은 신빙성을 요하는 공문서를 특별히 보호하고자 하는 것이다. 보호법익은 공정증서원본 등 특별한 신빙성이 인정되는 공문서에 대한 '공공의 신용'이고(대판 2007.5.31. 2006도8488), 보호의 정도는 추상적 위험범이다.

2. 행위의 객체

가. 공정증서

(1) 사실증명에 관한 문서 포함 여부 공정증서란 권리의무에 관한 공정증서만을 가리키는 것이고 사실증명에 관한 것은 이에 포함되지 아니한다(대판 1988.5.24. 87도2696; 1984.10.23. 84도1217).

(2) 공정증서의 범위 공정증서원본불실기재죄는 공무원에 대하여 진실에 반하는 허위신고를 하여 공정증서원본에 그 증명하는 사항에 관하여 실체관계에 부합하지 아니하는 불실의 사실을

기재하게 함으로써 성립하는 범죄로서, 위 죄의 객체인 공정증서원본은 그 성질상 허위신고에 의해 불실한 사실이 그대로 기재될 수 있는 공문서이어야 한다(대판 2010.6.10. 2010도3232).

(3) 공정증서원본이 아닌 사례 ① 주민등록부(대판 1968.11.19. 68도1231), ② 공정증서정본(대판 2002.3.26. 2001도6503), ③ 토지대장,[64] ④ 인감대장(대판 1988.5.24. 87도2696), ⑤ 자동차운전면허대장(대판 2010.6.10. 2010도1125), ⑥ 공증인이 인증한 사서증서(대판 1984.10.23. 84도1217), ⑦ 조정조서(대판 2010.6.10. 2010도3232)는 공정증서원본이 아니다.

(4) 공정증서원본에 해당하는 사례 ① 약속어음을 위조하여 작성된 집행수락부 약속어음 공정증서(대판 2006.6.27. 2006도2864), ② 실제로는 채권·채무관계가 존재하지 아니함에도 공증인에게 허위신고를 하여 가장된 금전채권에 대하여 작성된 집행력이 있는 공정증서(대판 2007.7.12. 2007도3005; 2008.12.24. 2008도7836)는 공정증서원본에 해당한다.

나. 등록증

(1) 등록증의 의미 등록증은 공무원이 작성한 모든 등록증을 말하는 것이 아니라 일정한 자격이나 요건을 갖춘 자에게 그 자격이나 요건에 상응한 활동을 할 수 있는 권능 등을 인정하기 위하여 공무원이 작성한 증서를 말한다(대판 2005.7.15. 2003도6934).

(2) 등록증이 아닌 경우: 사업자등록증 사업자등록증은 단순한 사업사실의 등록을 증명하는 증서에 불과하고 그에 의하여 사업을 할 수 있는 자격이나 요건을 갖추었음을 인정하는 것이 아니라고 할 것이어서 등록증에 해당하지 않는다(대판 2005.7.15. 2003도6934).

3. 허위신고

가. 법원의 촉탁 부실의 기재는 당사자의 허위신고에 의하여 이루어져야 하므로, 법원의 촉탁에 의하여 이루어진 경우에는 가령 그 전제절차에 허위적 요소가 있다 하더라도, 그것은 법원의 촉탁에 의하여 이루어진 것이지 당사자의 허위신고에 의하여 이루어진 것이 아니므로 공정증서원본불실기재죄를 구성하지 않는다(대판 1983.12.27. 83도2442).

나. 실행의 착수시기 공전자기록등불실기재죄에 있어서의 실행의 착수 시기는 공무원에 대하여 허위의 신고를 하는 때이다(대판 2009.9.24. 2009도4998).

4. 부실

가. 부실의 의미 ① 불실의 기재라고 함은 객관적인 진실에 반하여 존재하지 아니하는 사실을

64 토지대장은 권리의무에 변동을 주는 효력이 없다.

존재하는 것으로 하거나, 존재하는 사실을 존재하지 아니하는 것으로 기재하는 것을 말한다(대판 2004.10.15. 2004도3584). ② '부실의 사실'이라 함은 권리의무관계에 중요한 의미를 갖는 사항이 객관적인 진실에 반하는 것을 말한다(대판 2013.1.24. 2012도12363).

나. 부실의 범위

(1) 판단기준 그 증명하는 사항에 관하여 실체관계에 부합하지 아니하는 불실의 사실을 기재하게 함으로써 성립한다(대판 2004.1.27. 2001도6934).

(2) 증명하는 사항이 아닌 사례

A. 허위채권에 대한 양도공정증서 작성 공증인이 채권양도·양수인의 촉탁에 따라 그들의 진술을 청취하여 채권의 양도·양수가 진정으로 이루어짐을 확인하고 채권양도의 법률행위에 관한 공정증서를 작성한 경우, 그 공정증서가 증명하는 사항은 채권양도의 법률행위가 진정으로 이루어졌다는 것일 뿐 그 공정증서가 나아가 양도되는 채권이 진정하게 존재한다는 사실까지 증명하는 것으로 볼 수는 없으므로, 양도인이 허위의 채권에 관하여 그 정을 모르는 양수인과 실제로 채권양도의 법률행위를 한 이상 공증인에게 그러한 채권양도의 법률행위에 관한 공정증서를 작성하게 하였다고 하더라도, 그 공정증서가 증명하는 사항에 관하여는 불실의 사실을 기재하게 하였다고 볼 것은 아니고, 따라서 공정증서원본불실기재죄가 성립한다고 볼 수 없다(대판 2004.1.27. 2001도5414).

B. 거래가액의 허위 부동산등기법이 매매를 원인으로 하는 소유권이전등기를 신청하는 경우에는 등기신청서에 거래신고필증에 기재된 거래가액을 기재하고, 신청서에 기재된 거래가액을 부동산등기부 갑구의 권리자 및 기타 사항란에 기재하도록 하였는바, 이는 부동산거래의 투명성을 확보하기 위한 데에 있을 뿐이므로, 부동산등기부에 기재되는 거래가액은 당해 부동산의 권리의무관계에 중요한 의미를 갖는 사항에 해당한다고 볼 수 없다. 따라서 부동산의 거래당사자가 거래가액을 시장 등에게 거짓으로 신고하여 신고필증을 받은 뒤 이를 기초로 사실과 다른 내용의 거래가액이 부동산등기부에 등재되도록 하였다면, '공인중개사의 업무 및 부동산 거래신고에 관한 법률'에 따른 과태료의 제재를 받게 됨은 별론으로 하고, 형법상의 공전자기록등불실기재죄가 성립하지는 아니한다(대판 2013.1.24. 2012도12363).

(3) 증명하는 사항인 사례: 등기부에 허위의 종중 대표자 기재 부동산등기법이 개정되면서 등기권리자가 법인 아닌 사단 또는 재단인 경우에는 대표자나 관리인의 성명과 주소를 첨기하도록 되었는바, 개정취지는 법인의 경우에는 법인등기부가 있으므로 부동산등기부에 회사 명칭만 기재하더라도 대표권자가 누구인지를 용이하게 파악할 수 있으나, 비법인사단·재단의 경우에는 그렇지 못하여 아무 권한 없는 자가 정관이나 사원총회 결의록 등을 위조하여 자신이 진정한 대표자인 것처럼 등기신청을 할 위험이 매우 크므로, 이들 단체 명의의 등기에는 대표자 등의 성명, 주소, 주민등록번호를 등기사항으로 정하여 그 단체에 속하는 부동산의 처분권한이 누구에게 있는지를 등기

부를 통하여 쉽게 확인할 수 있도록 공시하기 위한 것으로 보이고, 비록 종중 소유의 부동산은 종중총회의 결의를 얻어야 유효하게 처분할 수 있다 하더라도 거래상대방으로서는 부동산등기부 상에 표시된 종중 대표자를 신뢰하고 거래하는 것이 일반적이라는 점 등에 비추어 보면, 종중 대표자의 기재는 당해 부동산의 처분권한과 관련된 중요한 부분의 기재로서 이에 대한 공공의 신용을 보호할 필요가 있으므로, 이를 허위로 등재한 경우에는 공정증서원본불실기재죄의 대상이 되는 불실의 기재에 해당한다(대판 2006.1.13. 2005도4790).

다. 사법상의 효과와 부실

(1) 부존재, 무효인 경우

A. 원칙 공정증서원본 등에 기재된 사항이 존재하지 아니하거나 외관상 존재한다고 하더라도 무효에 해당하는 하자가 있다면 그 기재는 불실기재에 해당한다(대판 2007.5.31. 2006도8488).

B. 종유재산 ① 규약에 종중재산의 취득 및 처분은 종중총회의 결의사항으로 되어 있는 종중의 대표자가 종중총회의 결의 없이 종중재산인 부동산에 근저당권설정등기를 마친 것은 공정증서원본불실기재죄에 해당한다(대판 2005.8.25. 2005도4910). ② 교회의 교인들 간에 갈등이 심화되어 교회가 분열된 후에 일방의 교회가 타방의 교회를 배제한 채 소집·개최한 당회에서 교회재산인 부동산을 총회유지재단에 증여하기로 하는 내용의 결의를 하고, 등기공무원에게 위 결의에 따른 취지의 등기신청을 하여 부동산에 관하여 증여를 원인으로 한 소유권이전등기를 마쳤다면, 당회의 결의가 그 소집 및 결의절차가 부적법하므로 공정증서원본불실기재죄가 성립한다(대판 2005.10.28. 2005도3772).

C. 어음행위 발행인과 수취인이 통모하여 진정한 어음채무의 부담이나 어음채권의 취득에 관한 의사 없이 단지 발행인의 채권자로부터 채권의 추심이나 강제집행을 받는 것을 회피하기 위하여 형식적으로만 약속어음의 발행을 가장한 경우 이러한 어음발행행위는 통정허위표시로서 무효이므로, 발행인과 수취인 사이에 통정허위표시로서 무효인 어음발행행위를 공증인에게는 마치 진정한 어음발행행위가 있는 것처럼 허위로 신고함으로써 공증인으로 하여금 그 어음발행행위에 대하여 집행력 있는 어음공정증서원본을 작성케 하고 이를 비치하게 하였다면, 이러한 행위는 공정증서원본불실기재 및 불실기재공정증서원본행사죄에 해당한다(대판 2012.4.26. 2009도5786).

(2) 취소할 수 있는 경우

A. 부실기재 해당 여부 공정증서원본에 기재된 사항이나 그 원인된 법률행위가 객관적으로 존재하고 다만 거기에 취소사유인 하자가 있을 뿐인 경우, 그것이 취소되기까지는 유효하게 존재하는 것이므로 취소되기 전에 공정증서원본에 기재된 이상 그 기재는 공정증서원본의 불실기재에 해당하지 않는다(대판 2004.9.24. 2004도4012; 2009.2.12. 2008도10248).

B. 취소사유에 해당하는 사례

1) 기망에 의한 증여 상속권자들의 지분에 관한 피고인 명의의 소유권이전등기의 원인행위인

증여계약은 객관적으로 존재하는 것이므로, 설사 거기에 취소사유에 해당되는 기망이라는 하자가 있다고 하더라도 이를 이유로 그 증여계약이 취소되지 아니한 이상 피고인이 등기공무원에게 허위의 사실을 신고하여 등기부에 불실의 사실을 기재하게 한 것이라고 할 수 없다(대판 1996.6.11. 96도233).

2) 기망에 의한 합의이혼 협의상 이혼의 의사표시가 기망에 의하여 이루어진 것일지라도 취소되기까지는 유효하게 존재하는 것이므로, 협의상 이혼의사의 합치에 따라 이혼신고를 하여 호적에 그 협의상 이혼사실이 기재되었다면, 이는 공정증서원본불실기재죄에 정한 불실의 사실에 해당하지 않는다(대판 1997.1.24. 95도448; 1993.9.10. 93도698; 1996.6.11. 96도233).

라. 가장행위와 부실

(1) 가장매매 부동산에 관하여 가장매매를 원인으로 소유권이전등기를 경료하였더라도, 그 당사자 사이에는 소유권이전등기를 경료시킬 의사는 있었다고 할 것이므로 공정증서원본불실기재죄 및 동행사죄는 성립하지 않고, 또한 등기의무자와 등기권리자 간의 소유권이전등기신청의 합의에 따라 소유권이전등기가 된 이상, 등기의무자 명의의 소유권이전등기가 원인이 무효인 등기로서 그 점을 알고 있었다고 하더라도, 특별한 사정이 없는 한 바로 등기부에 불실의 사실을 기재하게 하였다고 볼 것은 아니다(대판 2009.10.15. 2009도5780; 1991.9.24. 91도1164; 1970.5.12. 70도643; 1972.3.28. 71도2417 全合; 2011.7.14. 2010도1025).

(2) 주금의 가장납입 ① 당초부터 진실한 주금납입으로 회사의 자금을 확보할 의사 없이 형식상 또는 일시적으로 주금을 납입하고 이 돈을 은행에 예치하여 납입의 외형을 갖추고 주금납입증명서를 교부받아 설립등기나 증자등기의 절차를 마친 다음 바로 그 납입한 돈을 인출한 경우에는, 이를 회사를 위하여 사용하였다는 특별한 사정이 없는 한 실질적으로 회사의 자본이 늘어난 것이 아니어서 납입가장죄 및 공정증서원본불실기재죄와 불실기재공정증서원본행사죄가 성립한다(대판 2004.6.17. 2003도7645 全合; 2006.10.26. 2006도5147). ② 유상증자 등기의 신청시 발행주식 총수 및 자본의 총액이 증가한 사실이 허위임을 알면서 증자등기를 신청하여 상업등기부원본에 기재를 하게 한 이상, 등기신청서류로 제출된 주금납입금보관증명서가 위조된 것임을 몰랐다고 하더라도 공정증서원본불실기재죄가 성립한다(대판 2006.10.26. 2006도5147).

(3) 가장혼인 혼인의 계출에 관하여는 의사의 합치가 있었으나 참다운 부부관계의 설정을 바라는 효과의사는 없었다고 인정되므로 우리나라의 법에 의하여 혼인으로서의 실질적 성립요건을 갖추지 못하여 그 효력이 없다고 할 것이고, 그 효력이 없는 혼인의 신고를 한 이상 공정증서원본불실기재죄의 죄책을 면할 수 없다(대판 1996.11.22. 96도2049).

(4) 가장이혼 가장이혼은 일시적이나마 이혼의 의사가 있었다고 보아 유효하므로 공정증서원본불실기재죄를 구성하지 않는다(대판 1985.9.10. 85도1481; 1997.1.24. 95도448).

마. 확정판결과 부실

(1) 이행판결의 경우 등기부의 기재가 확정판결에 의하여 되었다 하더라도 그 확정판결의 내용이 진실에 반하는 것임을 알면서 이에 기하여 등기공무원에게 등기신청을 하는 것은 공무원에 대하여 허위신고를 하는 데 해당한다(대판 1996.5.31. 95도1967; 1983.4.26. 83도188).

(2) 형성판결의 경우 이혼심판은 형성판결로서 그에 기한 이혼신고는 보고적 신고에 불과하고, 비록 사위의 방법에 의하여 이혼심판을 받았다 하더라도 그 확정판결이 재심청구에 의하여 취소되지 아니하는 이상 혼인해소의 효력에는 영향이 없다 할 것이므로, 그 확정판결에 기한 이혼신고 및 이에 따른 호적부등재가 공정증서원본불실기재죄를 구성한다고 할 수 없다(대판 1983.8.23. 83도1430).

바. 등기원인의 허위신고

(1) 경향 등기에 절차상 하자가 있거나 등기원인이 실제와 다르다 하더라도 그 등기가 실체적 권리관계에 부합하는 한 본죄가 성립하지 않는 것으로 보아 왔지만, 가장매매나 명의신탁 등과 같은 통정허위표시에 기한 소유권이전등기에 대한 처벌의 필요성을 재검토해야 할 시점이다.[65]

(2) 판례

A. 원칙 소유권보존등기나 소유권이전등기에 절차상 하자가 있거나 등기원인이 실제와 다르다 하더라도, 그 등기가 실체적 권리관계에 부합하게 하기 위한 것이거나 실체적 권리관계에 부합하는 유효한 등기인 경우에는 공정증서원본불실기재가 성립되지 않는다(대판 2001.11.9. 2001도3959).

B. 예외 토지거래 허가구역 안의 토지에 관하여 실제로는 매매계약을 체결하고서도 처음부터 토지거래허가를 잠탈하려는 목적으로 등기원인을 '증여'로 하여 소유권이전등기를 경료한 경우, 위 토지거래계약은 확정적 무효이고 이에 터잡은 소유권이전등기는 실체관계에 부합하지 아니하며, 그와 같은 소유권이전등기는 토지등기부에 대한 공공의 신용을 해칠 위험성이 큰 점을 감안하면, 비록 매도인과 매수인 사이에 실제의 원인과 달리 '증여'를 원인으로 한 소유권이전등기를 경료할 의사의 합치가 있더라도, 허위신고를 하여 공정증서원본에 불실의 사실을 기재하게 한 때에 해당한다(대판 2007.11.30. 2005도9922).

사. 실체관계에 부합하는 경우와 부실

(1) 실체적 권리관계에 부합하는 경우 ① 소유권보존등기나 소유권이전등기에 절차상 하자가 있거나 등기원인이 실제와 다르다 하더라도 그 등기가 실체적 권리관계에 부합하게 하기 위한 것이거나 실체적 권리관계에 부합하는 유효한 등기인 경우에는 공정증서원본불실기재가 성립되지 않는다(대판 2001.11.9. 2001도3959). ② 등기경료 당시에는 실체권리관계에 부합하지 아니한 등기인 경우에

---

65 임웅, 718면에서는 증여를 매매로 신고하여 등기한 경우에는 본죄가 성립한다고 한다.

는 사후에 이해관계인들의 동의 또는 추인 등의 사정으로 실체권리관계에 부합하게 된다 하더라도 공정증서원본불실기재죄의 성립에는 아무런 영향이 없다(대판 1998.4.14. 98도16).

(2) 실체관계에 부합하는 등기인 사례 ① 점유에 의한 소유권취득시효가 완성된 토지에 대하여 매매를 원인으로 하는 소유권이전등기소송을 제기하여서 자백간주에 의한 승소판결을 받아 소유권이전등기를 경료한 경우(대판 1987.3.10. 86도864; 1982.1.12. 81도1702), ② 부동산을 매수하였으나 이전등기를 하여 주지 아니하므로, 허위의 보증서를 발급받아 부동산소유권이전등기 등에 관한 특별조치법에 의하여 소유권이전등기를 한 경우(대판 1984.12.11. 84도2285), ③ 미등기 부동산을 매도한 자가 자기명의로 보존등기를 경료한 경우(대판 1961.11.23. 61도586)는 실체관계에 부합하는 등기이므로 공정증서원본불실기재죄가 성립하지 아니한다.

(3) 실체관계에 부합하지 않는 사례 교인들의 총회 결의 없이 교회교인들의 총유에 속하는 교회 부지 및 건물을 기독교대한성결교회 유지재단으로 앞으로 경료한 소유권이전등기가 실체적 권리관계에 부합하는 것이라고 할 수는 없다(대판 2008.9.25. 2008도3198).

아. 형식적 권리관계에 부합하는 경우와 부실

(1) 피상속인에게 실체상의 권리가 없음을 알고도 상속등기를 한 경우 재산상속인은 피상속인의 사망으로 인하여 상속개시된 때로부터 피상속인의 재산에 관한 포괄적 권리의무를 승계하게 되므로 어떤 부동산에 관하여 피상속인에게 실체상의 권리가 없었다 하더라도, 재산상속인이 상속을 원인으로 한 소유권이전등기를 경료한 경우에는 그 등기는 당시의 등기부상의 권리관계를 나타내는 것에 불과하므로, 그와 같은 등기절차를 밟았다 하여 공정증서원본불실기재나 동행사죄가 성립할 수 없다(대판 1987.4.14. 85도2661).

(2) 실체상의 권리 없는 소유자가 설정한 저당권 근저당권은 근저당물의 소유자가 아니면 설정할 수 없으므로 타인의 부동산을 자기 또는 제3자의 소유라고 허위의 사실을 신고하여 소유권이전등기를 경료한 후 나아가 그 부동산이 자기 또는 당해 제3자의 소유인 것처럼 가장하여 그 부동산에 관하여 자기 또는 제3자 명의로 채권자와의 사이에 근저당권설정등기를 경료한 경우에는 공정증서원본불실기재죄가 성립한다(대판 1997.7.25. 97도605).

자. 단체법 분야와 부실

(1) 무효인 경우 특별한 사정이 없는 한 총회결의의 사법상 효력의 여부와 관계없이 그와 별도로 현실적으로 사원총회에서 그와 같은 내용의 이사 등 변경에 관한 결의가 있었다고 평가할 수 있는지 여부에 따라서 결정하여야 함이 상당하므로, 재건축조합의 임시총회의 소집절차에 중대한 하자가 있을 뿐만 아니라 결의방법이 법령이나 정관에 위반되어 개임결의는 사법상 무효라는 사정을 알 수 있었다고 하더라도, 실제로 재건축조합의 조합총회에서 그와 같은 내용의 임원변경에 관

한 결의가 이루어졌다고 한다면, 특별한 사정이 없는 한 위와 같은 사정만으로 공무원에게 허위신고를 하여 공정증서원본인 법인등기부에 불실의 기재를 하게 하였다고 볼 수는 없다(대판 2004.10.15. 2004도3584).

(2) 소에 의해서만 주장할 수 있고 무효의 판결에 소급효가 없는 경우 주식회사의 신주발행의 경우 신주발행에 법률상 무효사유가 존재한다고 하더라도 그 무효는 신주발행무효의 소에 의해서만 주장할 수 있고, 신주발행무효의 판결이 확정되더라도 그 판결은 장래에 대하여만 효력이 있으므로(상법 제429조, 제431조 제1항), 그 신주발행이 판결로써 무효로 확정되기 이전에 그 신주발행사실을 담당공무원에게 신고하여 공정증서인 법인등기부에 기재하게 하였다고 하여 그 행위가 공무원에 대하여 허위신고를 한 것이라거나 그 기재가 불실기재에 해당하는 것이라고 할 수는 없다(대판 2007.5.31. 2006도8488).

(3) 주주총회 소집절차의 하자 ① 주주총회의 소집절차 등에 관한 하자가 주주총회결의의 취소사유에 불과하여 취소 전에 주주총회의 결의에 따른 감사변경등기를 한 것이 공정증서원본불실기재죄를 구성하지 않는다(대판 2009.2.12. 2008도10248). ② 대주주가 적법한 소집절차나 임시주주총회의 개최 없이 나머지 주주들의 의결권을 위임받아 자신이 임시의장이 되어 임시주주총회 의사록을 작성하여 법인등기를 마친 경우, 공정증서원본불실기재죄가 성립하지 않는다(대판 2008.6.26. 2008도1044).

(4) 1인 회사[66]와 이사해임 및 사임등기

A. 해임등기 1인 주주회사에 있어서는 그 1인 주주의 의사가 바로 주주총회 및 이사회의 결의로서 1인 주주는 타인을 이사 등으로 선임하였다 하더라도 언제든지 해임할 수 있으므로, 1인 주주가 이사로 등기된 사람과 합의 없이 주주총회의 소집 등 상법 소정의 형식적인 절차도 거치지 않고 이사의 지위에서 해임하였다는 내용을 법인등기부에 기재하게 하였다고 하더라도 공정증서원본에 불실의 사항을 기재케 한 것이라고 할 수는 없다(대판 1996.6.11. 95도2817; 1989.9.29. 89도113).

B. 사임등기 임원의 사임서나 이에 따른 이사사임등기는 주주총회나 이사회의 결의 또는 1인 주주의 의사와는 무관하고 오로지 당해 임원의 의사에 따라야 하는 것이므로, 당해 임원의 의사에 기하지 아니한 사임서를 작성하여 등기부의 기재를 하였다면 불실의 기재이다(대판 1992.9.14. 92도1564; 1981.6.9. 80도2641).

---

66 주식회사에 있어서 총 주식을 한 사람이 소유한 이른바 1인 회사의 경우 그 주주가 유일한 주주로서 주주총회에 출석하면 전원 총회로서 성립하고 그 주주의 의사대로 결의가 될 것임이 명백하므로 따로 총회소집절차가 필요 없으며, 실제로 총회를 개최한 사실이 없었다 하더라도 그 1인 주주에 의하여 의결이 있었던 것으로 주주총회 의사록이 작성되었다면 특별한 사정이 없는 한 그 내용의 결의가 있었던 것으로 볼 수 있고, 이 점은 한 사람이 다른 사람의 명의를 빌려 주주로 등재하였으나 총 주식을 실질적으로 그 한 사람이 모두 소유한 경우에도 마찬가지라고 할 수 있으나, 이와 달리 주식의 소유가 실질적으로 분산되어 있는 경우에는 상법상의 원칙으로 돌아가 실제의 소집절차와 결의절차를 거치지 아니한 채 주주총회의 결의가 있었던 것처럼 주주총회 의사록을 허위로 작성한 것이라면, 설사 1인이 총 주식의 대다수를 가지고 있고 그 지배주주에 의하여 의결이 있었던 것으로 주주총회 의사록이 작성되어 있다 하더라도, 도저히 그 결의가 존재한다고 볼 수 없을 정도로 중대한 하자가 있는 때에 해당하여 그 주주총회의 결의는 부존재하다고 보아야 한다(대판 2007.2.22. 2005다73020).

차. 기타

(1) 명의신탁 부동산을 관리보존하는 방법으로 이를 타에 신탁하는 의사로서 소유권이전등기를 한 경우에는 원인을 매매로 가장하였다 하더라도 공정증서원본불실기재죄에 해당하지 아니한다(대판 2009.10.15. 2009도5780; 1971.3.9. 69도2345; 2011.7.14. 2010도1025).

(2) 중간생략등기와 부실

A. 학설 중간생략등기는 ① 권리이전의 실제 내용을 은폐하기 때문에 본죄와 부동산등기특별조치법위반의 상상적 경합이 된다는 견해[67]와 ② 등기부 기재내용이 당사자의 의사 또는 실체적 권리관계에 부합하기 때문에 본죄가 성립하지 않는다는 견해(다수설)[68]가 대립한다. 중간생략등기는 탈세나 투기목적의 반사회적 행위이므로 그 사법상의 효력이 인정된다고 하더라도 이를 처벌할 정책적 필요성이 없지 않다. 판례는 본죄의 성립을 부정하여 왔지만, 탈세의 엄중함이 부각되고 있는 작금에는 그 입장변화가 필요한 시점이다.

B. 판례 정당하게 취득한 건물 소유권에 대한 소유권이전등기를 경유함에 있어서 관계 당사자들의 동의를 얻지 않고 함부로 피고인 앞으로 중간생략의 소유권이전등기를 경유하였다 하여 공정증서원본부실기재죄에 해당한다 할 수 없다(대판 1967.11.28. 66도1682).

(3) 행정행위의 효과와 부실 허위의 사실을 신고하는 등 부정한 방법으로 행정관청으로부터 특허나 허가를 받고 이에 근거하여 등록하는 경우, 특허나 허가가 당연무효가 아니면 불실의 기재라 할 수 없다(대판 1992.9.14. 92도1564).

(4) 외국판결에 의한 이혼신고 미국 법원의 확정판결에 의하여 이혼신고를 하고 호적부의 기재도 위 사실에 부합되는 미국 법원의 판결에 근거하여 기재된 경우, 위 기재내용이 국내법상 효력이 있는지의 여부는 별론으로 하고 공정서원본불실기재의 행위가 있었다고 볼 수 없다(대판 1979.12.11. 79도2130).

(5) 부실기재에 해당하지 않는 사례: 제3자를 채무자로 하는 근저당권설정등기 근저당설정등기는 등기권리자인 채권자와 등기의무자인 근저당권설정자와의 합의를 기초로 이루어지는 것이므로, 설사 등기의 편의상 진정한 채무자가 아닌 제3자를 채무자로 등기부상 등재케 하였다 하더라도 그것이 계약당사자간의 합의에 의하여 이루어진 것이라면, 당사자 사이에 이와 같은 등기를 경료하게 할 의사가 있었던 것이므로, 이 경우 공정증서원본불실기재죄는 성립되지 않는다(대판 1985.10.8. 84도2461).

(6) 부실기재에 해당하는 사례

A. 사자 명의의 소유권보존등기 이미 사망한 사람의 문서를 함부로 작성하여 등기공무원에

---

67 박상기, 544면; 오영근, 766면; 임웅, 720면.

68 김성천, 1199면; 김/서, 610면; 배종대, 720면; 이재상, 604면; 정/박, 665면, 정영일, 610면.

게 제출하여 그로 하여금 부동산등기부에 사망한 사람 명의로 소유권보존등기의 사유를 기재케 한 행위는, 사망한 사람이 권리의무의 주체가 될 수 없고 따라서 사망자 앞으로의 소유권보존등기가 실체관계에 부합되는 유효한 등기로 볼 수 없으므로 공정증서원본불실기재죄에 해당한다(대판 1969.1.28. 68도1596).

B. 공동대표이사로 등기하여야 함에도 단독대표이사로 등기 공동대표이사로 법인등기를 하기로 하여 이사회의사록 작성 등 등기절차를 위임받았음에도 단독대표이사 선임의 이사회의사록을 작성하여 단독대표이사로 법인등기한 행위는 존재하는 사실을 존재하지 않은 것으로 기재한 것으로 공정증서원본불실기재죄를 구성한다(대판 1994.7.29. 93도1091).

VI. 전자기록 위작·변작죄

제227조의2(공전자기록위작·변작) 사무처리를 그르치게 할 목적으로 공무원 또는 공무소의 전자기록등 특수매체기록을 위작 또는 변작한 자는 10년 이하의 징역에 처한다.
제232조의2(사전자기록위작·변작) 사무처리를 그르치게 할 목적으로 권리·의무 또는 사실증명에 관한 타인의 전자기록등 특수매체기록을 위작 또는 변작한 자는 5년 이하의 징역 또는 1천만원 이하의 벌금에 처한다.

1. 의의와 성격 컴퓨터 등의 보급이 일반화됨에 따라 1995년에 신설된 범죄이고, '사무처리를 그르치게 할 목적'을 요하는 목적범이다. 보호법익은 특수매체기록에 대한 '공공의 신용'이며, 보호의 정도는 추상적 위험범이다.

2. 사무처리를 그르치게 할 목적

가. 사무처리의 주체 형법 제232조의2에 정한 전자기록은 그 자체로서 객관적·고정적 의미를 가지면서 독립적으로 쓰이는 것이 아니라 개인 또는 법인이 전자적 방식에 의한 정보의 생성·처리·저장·출력을 목적으로 구축하여 설치·운영하는 시스템에서 쓰임으로써 예정된 증명적 기능을 수행하는 것이므로, '사무처리를 그르치게 할 목적'이란 위작 또는 변작된 전자기록이 사용됨으로써 위와 같은 시스템을 설치·운영하는 주체의 사무처리를 잘못되게 하는 것을 말한다(대판 2008.6.12. 2008도938; 2008.4.24. 2008도294).

나. 목적이 없는 사례 ① 새마을금고의 예금 및 입·출금 업무를 총괄하는 직원이 전 이사장 명의 예금계좌로 상조금이 입금되자 전 이사장에 대한 금고의 채권확보를 위해 내부 결재를 받아 금고의 예금 관련 컴퓨터 프로그램에 접속하여 전 이사장 명의 예금계좌의 비밀번호를 동의 없이 입력

한 후 위 금원을 위 금고의 가수금계정으로 이체한 경우, 금고의 내부규정이나 여신거래기본약관의 규정에 비추어 이는 금고의 업무에 부합하는 행위로서 피해자의 비밀번호를 임의로 사용한 잘못이 있다고 하더라도 '사무처리를 그르치게 할 목적'을 인정할 수 없다(대판 2008.6.12. 2008도938). ② 카페의 설치·운영 주체로부터 카페에 글을 게시할 수 있는 권한을 부여받아 자신의 아이디로 전자기록을 작성하여 게시하였고 카페는 갑 등 입주자대표회의에 반대하는 일부 주민들에 의하여 개설된 사실, 위작하였다는 전자기록은 내용이 중립적인 입장을 천명한 원로회의가 마치 입주자대표회의에 반대하는 입장에 있는 듯하게 보일 수 있는 것이라는 사실을 알 수 있는바, 비록 카페에 허위내용의 전자기록을 작성하여 게시하였다고 하여 그러한 점만으로 카페나 사이트의 설치·운영 주체의 사무처리를 그르치게 할 목적이 있었다고 단정하기도 어렵다(대판 2008.4.24. 2008도294).

3. 권리·의무 또는 사실증명에 관한 전자기록

가. 의미 권리·의무에 관한 전자기록이라 함은 권리·의무의 발생·변경·소멸에 관한 사항을 내용으로 하는 전자기록을 말하고, 사실증명에 관한 전자기록이라 함은 권리·의무에 관한 전자기록 이외의 것으로서 거래상 중요한 사실을 증명하는 내용의 전자기록을 말한다(대판 2006.12.21. 2006도6535).

나. 램과 특수매체기록 사전자기록위작·변작죄에서 말하는 권리의무 또는 사실증명에 관한 타인의 전자기록 등 특수매체기록이라 함은 일정한 저장매체에 전자방식이나 자기방식에 의하여 저장된 기록을 의미한다고 할 것인데, 비록 컴퓨터의 기억장치 중 하나인 램이 임시기억장치 또는 임시저장매체이기는 하지만 램에 올린 전자기록 역시 사전자기록위작·변작죄에서 말하는 전자기록 등 특수매체기록에 해당한다(대판 2003.10.9. 2000도4993).

4. 위작

가. 무형위조 포함 여부

(1) 학설 공전자기록의 경우에는 권한 있는 자가 허위의 정보를 입력하는 무형위조가 포함된다는 점에 다툼이 없지만, ① 사전자기록의 경우에는 유형위조에 한정하는 견해[69]와 ② 무형위조도 포함시켜야 한다는 견해[70]가 대립한다. 전자기록에는 성격상 작성명의자가 특정되지 않는다는 점을 고려할 때, 무형위조도 포함시키는 명시적인 입법적 보완이 필요하다.

(2) 판례(공전자기록의 경우) 시스템을 설치·운영하는 주체와의 관계에서 전자기록의 생성에 관여할 권한이 없는 사람이 전자기록을 작출하거나 전자기록의 생성에 필요한 단위 정보의 입력

---

69 박상기, 530면; 이재상, 612면.

70 권오걸, 855면; 김성돈, 600면; 김/서, 586면; 오영근, 749면; 임웅, 698면; 정/박, 639면.

을 하는 경우는 물론 시스템의 설치·운영의 주체로부터 각자의 직무 범위에서 개개의 단위 정보의 입력 권한을 부여받은 사람이 권한을 남용하여 허위의 정보를 입력함으로써 시스템 설치·운영 주체의 의사에 반하는 전자기록을 생성하는 경우도 전자기록의 위작에 포함된다(대판 2005.6.9. 2004도6132; 2007.7.27. 2007도3798; 2011.5.13. 2011도1415).

나. 허위의 정보의 의미 '허위의 정보'라 함은 진실에 반하는 내용을 의미하는 것으로서, 관계 법령에 의하여 요구되는 자격을 갖추지 못하였음에도 불구하고 고의로 이를 갖춘 것처럼 단위 정보를 입력하였다고 하더라도 그 전제 또는 관련된 사실관계에 대한 내용에 거짓이 없다면 허위의 정보를 입력하였다고 볼 수 없다(대판 2011.5.13. 2011도1415).

다. 위·변작에 해당하는 사례 ① 경찰관이 고소사건을 처리하지 아니하였음에도 경찰범죄정보시스템에 그 사건을 검찰에 송치한 것으로 허위사실을 입력한 경우(대판 2005.6.9. 2004도6132), ② 피고인의 업무를 보조하는 갑은 체비지 현장에 출장을 나간 사실이 없고 피고인만이 체비지 현장에 출장을 나갔음에도 불구하고, 마치 갑이 직접 그 출장을 나간 것처럼 시청 행정지식관리시스템에 허위의 정보를 입력하여 출장복명서를 생성한 경우(대판 2007.7.27. 2007도3798)는 공전자기록위작죄에서 말하는 위작에 해당한다.

VII. 허위진단서작성죄

> **제233조(허위진단서등의 작성)** 의사, 한의사, 치과의사 또는 조산사가 진단서, 검안서 또는 생사에 관한 증명서를 허위로 작성한 때에는 3년 이하의 징역이나 금고, 7년 이하의 자격정지 또는 3천만원 이하의 벌금에 처한다.

1. 의의와 성격 본죄는 사문서의 무형위조를 처벌하는 예외적인 범죄이고, 의사 등 본죄에 열거된 사람만이 범할 수 있는 진정신분범이다. 보호법익은 진단서 등에 대한 '공공의 신용'이고, 보호의 정도는 추상적 위험범이다.

2. 허위진단서

가. 허위 허위의 기재는 사실에 관한 것이건 판단에 관한 것이건 불문하는 것이나, 본죄는 원래 허위의 증명을 금지하려는 것이므로 그 내용이 허위라는 의사의 주관적 인식이 필요함은 물론, 그 허위의 기재는 실질상 진실에 반하는 기재일 것이 필요하다(대판 1990.3.27. 89도2083).

나. 진단서

(1) 진단서의 의미 진단서라 함은 의사가 진찰의 결과에 관한 판단을 표시하여 사람의 건강상태를 증명하기 위하여 작성하는 문서를 말하는 것이므로, 비록 그 문서의 명칭이 소견서로 되어 있더라도 그 내용이 의사가 진찰한 결과 알게 된 병명이나 상처의 부위, 정도 또는 치료기간 등의 건강상태를 증명하기 위하여 작성된 것이라면 진단서에 해당되는 것이다(대판 1990.3.27. 89도2083).

(2) 판단기준 진단서에 해당하는지 여부는 서류의 제목, 내용, 작성목적 등을 종합적으로 고려하여 판단하여야 한다(대판 2013.12.12. 2012도3173).

(3) 진단서가 아닌 사례 의사인 피고인이 환자의 인적사항, 병명, 입원기간 및 그러한 입원사실을 확인하는 내용이 기재된 '입퇴원 확인서'는 문언의 제목, 내용 등에 비추어 의사의 전문적 지식에 의한 진찰이 없더라도 확인 가능한 환자들의 입원 여부 및 입원기간의 증명이 주된 목적인 서류로서 환자의 건강상태를 증명하기 위한 서류라고 볼 수 없어 허위진단서작성죄에서 규율하는 진단서로 보기 어렵다(대판 2013.12.12. 2012도3173).

3. 기타 문제

가. 고의

(1) 진찰의 소홀 또는 착오에 의한 오진 의사가 주관적으로 진찰을 소홀히 한다든가 착오를 일으켜 오진한 결과로 객관적으로 진실에 반한 진단서를 작성하였다면, 허위진단서작성에 대한 인식이 있다고 할 수 없다(대판 1976.2.10. 75도1888).

(2) 허위성에 대한 인식이 있는 사례 사체검안의가 빙초산의 성상이나 이를 마시고 사망하는 경우의 소견에 대하여 알지 못함에도 불구하고, 변사자가 '약물음독', '빙초산을 먹고 자살하였다'는 취지로 사체검안서를 작성한 경우, 검안서작성에 있어 허위성에 대한 인식이 있다(대판 2001.6.29. 2001도1319).

나. 허위공문서작성죄와의 관계

(1) 학설 공무원인 의사가 허위진단서를 작성하는 경우, ① 허위공문서작성죄만 성립한다는 견해[71]와 ② 본죄와 허위공문서작성죄의 상상적 경합이 된다는 견해[72]가 대립한다. 허위진단서작성죄는 사문서의 무형위조를 처벌하는 예외적인 규정이므로, 의사가 공무원인 경우에는 허위공문서작성죄가 성립한다고 할 것이다. 판례도 같은 입장이다.

(2) 판례 허위진단서작성죄의 대상은 공무원이 아닌 의사가 사문서로서 진단서를 작성한 경

71 권오걸, 866면; 김성돈, 598면; 오영근, 743면; 이정원, 허위문서작성죄의 제문제, 한국형사법학의 새로운 지평; 유일당오선주교수 정년기념논문집, 249면; 정영일, 601면.

72 박상기, 536면; 배종대, 704면; 이재상, 599면; 임웅, 702면; 정/박, 658면.

우에 한정되고, 공무원인 의사가 공무소의 명의로 허위진단서를 작성한 경우에는 허위공문서작성죄만이 성립하고 허위진단서작성죄는 별도로 성립하지 않는다(대판 2004.4.9. 2003도7762).

VIII. 위·변조문서행사죄

제229조(위조등 공문서의 행사) 제225조 내지 제228조의 죄에 의하여 만들어진 문서, 도화, 전자기록등 특수매체기록, 공정증서원본, 면허증, 허가증, 등록증 또는 여권을 행사한 자는 그 각 죄에 정한 형에 처한다.
제234조(위조사문서등의 행사) 제231조 내지 제233조의 죄에 의하여 만들어진 문서, 도화 또는 전자기록등 특수매체기록을 행사한 자는 그 각 죄에 정한 형에 처한다.

1. 의의와 성격 위·변조된 공·사문서와 자격을 모용하여 작성한 공·사문서 및 허위작성된 공문서나 허위진단서 등을 행사하는 범죄이다. 부진정문서의 행사를 말하고, 진정문서의 경우에는 부정행사라고 한다.

2. 행사

가. 행사의 의미 행사는 위조된 문서를 진정한 것으로 사용함으로써 문서에 대한 공공의 신용을 해칠 우려가 있는 행위를 말한다(대판 2005.1.28. 2004도4663; 2008.10.23. 2008도5200).

나. 행사의 객체

(1) 행사할 목적 없이 위조된 문서

A. 학설 행사할 목적이 없이 위·변조 또는 허위작성된 문서도 행사죄의 객체는 될 수 있다는 견해[73]가 있다. 하지만 법조문에 문서'죄에 의하여 만들어진' 문서, 즉 위·변조죄 또는 허위작성죄에 의해 만들어진 문서로 특정되어 있기 때문에, 행사할 목적 없이 위·변조 또는 허위작성된 문서의 행사는 행사죄에 해당하지 않는다고 보아야 한다.

B. 판례(부정설) 허위내용이 기재된 공문서를 행사하였다고 하더라도 공문서가 허위공문서작성죄에 의하여 만들어진 것이 아닌 이상 이를 허위작성공문서행사죄로 처벌할 수는 없다(대판 2010.1.14. 2009도996).

(2) 사본 제237조의2는 '전자복사한 문서사본'도 문서로 보기 때문에, '위조문서를 전자복사한 사본'도 이제는 당연히 본죄의 객체가 된다.

73 김성돈, 618면; 정/박, 667면.

다. 행사의 상대방

(1) 공범에게 제시 그 문서가 위조, 변조, 허위작성되었다는 정을 아는 공범자 등에게 제시, 교부하는 경우 등에 있어서는 행사죄가 성립할 여지가 없다(대판 1986.2.25. 85도2798).

(2) 작성명의인에게 우송 행사의 상대방에는 아무런 제한이 없고 위조된 문서의 작성명의인이라고 하여 행사의 상대방이 될 수 없는 것은 아니다(대판 2005.1.28. 2004도4663).

(3) 간접정범의 도구로 이용된 자에게 행사한 경우 간접정범을 통한 위조문서행사범행에 있어 도구로 이용된 자라고 하더라도 문서가 위조된 것임을 알지 못하는 자에게 행사한 경우에는 위조문서행사죄가 성립한다(대판 2012.2.23. 2011도14441).

라. 행사의 방법 위조된 문서를 제시 또는 교부하거나 비치하여 열람할 수 있게 두거나 우편물로 발송하여 도달하게 하는 등 위조된 문서를 진정한 문서인 것처럼 사용하는 한 그 행사의 방법에 제한이 없다(대판 2008.10.23. 2008도5200). 반드시 범인 자신이 스스로 직접 이를 제시하는 것만을 의미하는 것은 아니다(대판 1975.3.25. 75도422).

(1) 모사전송 위조된 문서를 모사전송의 방법으로 제시하는 경우도 행사에 해당한다(대판 2008.10.23. 2008도5200; 1994.3.22. 94도4).

(2) 위조한 문서를 스캐너로 읽어 들여 이미지화한 이메일로 전송 위조한 휴대전화 신규가입신청서를 스캐너로 읽어 들여 이미지화한 다음 그 이미지 파일을 그대로 그 정을 모르는 제3자에게 이메일로 전송하여 컴퓨터 화면상에서 보게 한 것은, 자신이 이미 위조한 휴대전화 신규가입신청서를 행사한 것에 해당한다(대판 2008.10.23. 2008도5200).

(3) 비치 허위작성공문서를 관청에 비치하는 경우도 허위공문서의 행사로 인정된다(대판 1989.12.12. 89도1253).

(4) 판독기능이 있는 기계에 투입 절취한 전화카드를 공중전화기에 넣어 사용한 것은 권리의무에 관한 타인의 사문서를 부정행사한 경우에 해당한다(대판 2002.6.25. 2002도461).

3. 기타 문제

가. 행사죄의 기수시기 위조사문서의 행사는 상대방으로 하여금 위조된 문서를 인식할 수 있는 상태에 둠으로써 기수가 되고 상대방이 실제로 그 내용을 인식하여야 하는 것은 아니므로, 위조된 문서를 우송한 경우에는 그 문서가 상대방에게 도달한 때에 기수가 되고 상대방이 실제로 그 문서를 보아야 하는 것은 아니다(대판 2005.1.28. 2004도4663).

나. 사기죄와의 관계

(1) 학설 위조문서를 행사하여 재물 또는 재산상 이익을 취득하는 경우, ① 위조문서행사죄와

사기죄의 실체적 경합이라는 견해(실체적 경합설),[74] ② 상상적 경합이라는 견해(상상적 경합설)[75] 및 ③ 사기죄만 성립한다는 견해(사기죄설)[76]가 대립한다. 위조문서를 행사하는 것이 곧 기망의 내용이고, 따라서 행위의 부분적 동일성이 인정되므로 상상적 경합설이 타당하다.

(2) 판례 예금통장을 강취하고 예금자 명의의 예금청구서를 위조한 다음 이를 은행원에게 제출, 행사하여 예금인출금 명목의 금원을 교부받았다면 강도, 사문서위조, 동행사, 사기의 각 범죄가 성립하고 이들은 실체적 경합관계에 있다(대판 1991.9.10. 91도1722).

IX. 문서부정행사죄

> **第230조(공문서 등의 부정행사)** 공무원 또는 공무소의 문서 또는 도화를 부정행사한 자는 2년 이하의 징역이나 금고 또는 500만원 이하의 벌금에 처한다.
> **第236조(사문서의 부정행사)** 권리·의무 또는 사실증명에 관한 타인의 문서 또는 도화를 부정행사한 자는 1년 이하의 징역이나 금고 또는 300만원 이하의 벌금에 처한다.

1. 의의와 성격 정상적인 공문서나 사문서 및 도화를 부정행사하는 범죄이다. 술을 마시고 술값 대신에 주민등록증을 담보로 맡기는 행위가 그 전형적인 예이다(공문서부정행사죄).

2. 부정행사

가. 전형적인 예 문서의 부정행사라 함은 진정하게 성립된 타인의 문서를 '사용할 권한이 없는 자'가 문서명의자를 가장하여 당해 문서를 '용도 내'로 사용하는 것을 말한다. 문제는 '사용할 권한이 있는 자'가 '용도 외'로 사용하는 경우와 '사용할 권한이 없는 자'가 '용도 외'로 사용하는 것도 부정행사에 해당하느냐이다.

나. 사문서의 경우

(1) 학설 사용권한 없는 자가 용도 외로 사용하면 부정행사가 된다. 부정행사는 사용권한의 유무에 초점을 맞추기 때문이다. 다만, 사용권한 있는 자가 문서를 용도 외로 사용하는 것도 부정행사가 되느냐에 대해, 긍정설[77]과 부정설[78]이 대립한다.

---

74 권오걸, 846면.

75 김성돈, 571면; 김/서, 558면; 박상기, 546면; 배종대. 702면; 이재상, 567면; 임웅, 724면.

76 오영근, 773면.

77 배종대, 722면; 정영일, 615면.

78 권오걸, 896면; 김성돈, 623면; 김/서, 614면; 박상기, 547면; 오영근, 778면; 이정원, 594면; 임웅, 726면.

(2) 판례(긍정설) 사문서부정행사죄는 사용권한자와 용도가 특정되어 작성된 권리의무 또는 사실증명에 관한 타인의 사문서 또는 사도화를 사용권한 없는 자가 사용권한이 있는 것처럼 가장하여 부정한 목적으로 행사하거나 또는 권한 있는 자라도 정당한 용법에 반하여 부정하게 행사하는 경우에 성립한다(대판 2007.3.30. 2007도629; 1985.5.28. 84도2999).

(3) 검토 가령, 사립대학교 학생이 자신의 학생증을 술값의 담보로 맡기는 행위를 범죄로 볼 것인가의 문제이다. 판례는 긍정하지만, 이를 범죄로 보는 것은 너무 지나치다. 따라서 사문서의 부정행사는 용도와는 무관하게 '권한 없는 자'의 사용행위라고 보아야 한다.

다. 공문서의 경우 권한 있는 자의 용도 내 사용은 전혀 문제될 것이 없고, '권한 없는 자의 용도 내' 사용이 공문서부정행사가 된다는 점에도 이론이 없다.

(1) '권한 있는 자'의 '용도 외' 사용

A. 학설 공문서를 사용할 권한이 있는 자가 용도 외로 사용하는 것이 공문서부정행사죄에 해당하는가에 대해, 긍정설[79]과 부정설[80]이 대립한다.

B. 판례(긍정설) 공문서부정행사죄는 사용권한자와 용도가 특정되어 작성된 공문서 또는 공도화를 사용권한 없는 자가 사용권한이 있는 것처럼 가장하여 부정한 목적으로 행사하거나 또는 권한 있는 자라도 정당한 용법에 반하여 부정하게 행사하는 경우에 성립되는 것이다(대판 1999.5.14. 99도206).[81]

(2) '권한 없는 자'의 '용도 외' 사용

A. 학설 공문서를 사용할 권한이 없는 자가 용도 외로 사용하는 것이 공문서부정행사죄에 해당하는가에 대해, 긍정설[82]과 부정설[83]이 대립한다.

B. 판례(부정설) 사용권한자와 용도가 특정되어 있는 공문서를 사용권한 없는 자가 사용한 경우에도 그 공문서 본래의 용도에 따른 사용이 아닌 경우에는 공문서부정행사죄가 성립되지 아니한다(대판 2003.2.26. 2002도4935).

(3) 검토 공문서의 경우에는 그 사용용도가 일반인들에게 너무나 잘 알려져 있어서 권한 있는 자라고 하더라도 이를 '용도 외'로 사용하는 것은 그에 대한 공공의 신용을 해칠 우려가 있으므로 공문서부정행사죄가 된다고 해야 하고(판례), 이를 시인하는 경우 '권한 없는 자의 용도 외' 사용은

---

79 배종대, 723면; 임웅, 728면; 정/박, 672면.

80 권오걸, 899면; 김성돈, 625면; 김성천, 1205면; 김/서, 616면; 박상기, 549면; 오영근, 775면; 이재상, 610면; 이정원, 595면.

81 대판 1993.5.11. 93도127; 1984.2.28. 82도2851; 1982.9.28. 82도1297; 1985.5.28. 84도2999; 1978.2.14. 77도2645.

82 권오걸, 898면; 박상기, 552면; 오영근, 776면; 임웅, 729면; 정/박, 672면.

83 김성돈, 625면; 김/서, 616면; 이재상, 610면; 정영일, 617면.

당연히 본죄가 성립한다고 보아야 한다.

라. 부정행사의 객체

(1) 객체가 아닌 사례 ① 신원증명서(대판 1993.5.11. 93도127), ② 주민등록표 등본(대판 1999.5.14. 99도206), ③ 화해조서 경정결정신청 기각결정문(대판 1984.2.28. 82도2851), ④ 인감증명서와 등기필증(대판 1981.12.8. 81도1130; 1983.6.28. 82도1985) 및 ⑤ 허위의 차용증(대판 2007.3.30. 2007도629) 등의 경우에는 사용권한자가 특정되어 있다고 할 수 없을 뿐만 아니라, 그 용도 또한 다양하기 때문에 부정행사죄의 객체가 될 수 없다.

(2) 객체에 해당하는 사례

A. 자신의 사진과 지문이 찍힌 다른 사람 명의의 주민등록증

1) 학설 자신의 사진과 지문이 찍힌 타인명의의 주민등록증을 발급받아 소지하고 있다가 이를 검문경찰관에게 제시하는 경우, ① 본죄가 성립한다는 견해(공문서부정행사죄설)[84]와 ② 허위작성공문서행사죄가 성립한다는 견해(허위작성공문서행사죄설)[85]가 대립한다. 비록 공무원이 기망당하여 허위로 작성된 공문서이지만 이는 처벌대상이 아니고, 적어도 절차상으로는 정상발급되어 공문서의 자격을 갖추었기 때문에 공문서부정행사죄로 봄이 타당하다.[86]

2) 판례(공문서부정행사죄설) 피고인이 甲인 양 허위신고하여 피고인의 사진과 지문이 찍힌 甲 명의의 주민등록증을 발급받은 이상, 이를 검문경찰관에게 제시하여 이러한 허위사실을 증명하는 용도로 사용한 것은 공문서부정행사죄를 구성한다(대판 1982.9.28. 82도1297).

B. 후불식 공중전화 카드 절취한 전화카드를 공중전화기에 넣어 사용한 것은 권리의무에 관한 타인의 사문서를 부정행사한 경우에 해당한다(대판 2002.6.25. 2002도461).[87]

C. 운전면허증과 부정행사

1) 경과 종래 대법원은 신원확인용으로 타인의 운전면허증을 제시하는 것은 '용도 외' 사용이라는 이유로 본죄의 성립을 부정하다가[88] 2001년에 그 입장을 바꾸었다.

2) 판례 현실적으로 운전면허증은 주민등록증과 대등한 신분증명서로 널리 사용되고 있다. 따라서 제3자로부터 신분확인을 위하여 신분증명서의 제시를 요구받고 다른 사람의 운전면허증을 제시한 행위는 그 사용목적에 따른 행사로서 공문서부정행사죄에 해당한다(대판 2001.4.19. 2000도1985 全合).

---

84 오영근, 774면; 정영일, 617면.

85 김성돈, 624면; 박상기, 548면.

86 주민등록법 제21조 제2항 제8호는 '다른 사람의 주민등록증을 부정사용한 자'를 공문서부정행사죄보다 무겁게 처벌하므로(3년 이하의 징역 또는 1천만 원 이하의 벌금) 큰 의미 없는 견해대립이다.

87 대판 2002.6.25. 2002도461.

88 대판 1991.5.28. 90도1877; 1991.7.12. 91도1052; 1992.11.14. 91도3269; 1996.10.11. 96도1733; 2000.2.11. 99도1237.

마. 부정행사가 아닌 사례

(1) 현금보관증, 동업약정서를 증거로 제시 현금보관증이 자기 수중에 있다는 사실 자체를 증명키 위하여 증거로서 법원에 제출하는 행위는 사문서의 부정행사에 해당되지 아니한다(대판 1985.5.28. 84도2999).

(2) 허위내용의 문서, 실효된 문서를 증거로 제시 실효된 문서를 증거로 제출하는 행위는 부정행사에 해당하지 아니한다(대판 1978.2.14. 77도2645).

(3) 선박국적증서와 선박검사증서의 제출 어떤 선박이 사고를 낸 것처럼 허위로 사고신고를 하면서 그 선박의 선박국적증서와 선박검사증서가 함께 제출되었다고 하더라도 선박국적증서와 선박검사증서는 선박의 국적과 항행할 수 있는 자격을 증명하기 위한 용도 그 자체에 사용된 것일 뿐이고, 그 본래의 용도를 벗어나 행사된 것으로 보기는 어려우므로 공문서부정행사죄에 해당한다고 할 수는 없다(대판 2009.2.26. 2008도10851).

제2절 • 인장에 관한 죄

I. 인장위조, 부정사용죄

1. 의의 행사할 목적으로 타인 또는 공무소의 인장, 서명, 기명 또는 기호를 위조 또는 부정사용하는 범죄이다. 공인(公印)의 경우는 5년 이하의 징역, 사인(私印)은 3년 이하의 징역에 처해지고, 강요죄처럼 벌금형이 없다는 특징이 있다. 행사할 목적을 요하는 목적범이다.

2. 기명과 기호

가. 기명 서명과 기명은 모두 자신임을 표시하기 위하여 성명 기타 호칭을 문자로 표기한 것을 말한다. 서명은 자필(自筆)이고, 기명은 인쇄 등에 의해 표기된 것을 말한다.

나. 기호 물건에 압날하여 일정한 사항을 증명하는 문자 또는 부호이다. 택시미터기에 부착된 납봉이 공기호의 예이다.

다. 택시미터기에 부착된 납봉 택시미터기의 수리는 계량법시행규칙에 의하여 검정의무가 면제되는 간이수리에 해당하나, 택시미터기에 적법하게 부착된 검정납봉의 봉인철사를 일단 절단한 후에는 소관 검정기관만이 이를 다시 부착할 수 있는 것이므로, 임의로 한 검정납봉 재봉인부착행위는 공무소기호 부정사용에 해당한다(대판 1982.6.8. 82도138).

3. 실행행위: 위조, 부정사용

가. 위조

(1) 사인위조의 정도 사인위조죄가 성립하기 위해서는 그 인장이 일반인으로 하여금 특정인의 진정한 인장으로 오신하게 할 정도에 이르러야 할 것이다(대판 2010.1.14. 2009도5929).

(2) 서명위조죄의 기수시기 어떤 문서에 권한 없는 자가 타인의 서명을 기재하는 경우에는 그 문서가 완성되기 전이라도 일반인으로서는 문서에 기재된 타인의 서명을 명의인의 진정한 서명으로 오신할 수도 있으므로, 일단 서명이 완성된 이상 문서가 완성되지 아니한 경우에도 서명의 위조죄는 성립한다(대판 2005.12.23. 2005도4478).

(3) 위조가 아닌 사례 선거무효로 노동조합 지부장직을 상실한 자가 동 조합지부인과 지부장인을 지부장 직무대리에게 인계하지 아니하므로, 이에 대한 대응책으로 지부의 문서에 사용할 목적으로 지부장 직무대리의 승인하에 지부인과 지부장인을 조각한 행위는 부정한 방법으로 정당한 인장인 양 가장하기 위하여 직인 등을 위조한 것이라고 할 수 없다(대판 1981.5.6. 81도721).

나. 부정사용 자동차등록번호판의 부정사용은 진정하게 만들어진 자동차등록번호판을 권한 없는 자가 사용하든가, 권한 있는 자라도 권한을 남용하여 부당하게 사용하는 행위를 말한다(대판 1997.7.8. 96도3319).

다. 사문서위조죄와의 관계 인장위조죄는 사문서위조죄에 흡수된다(대판 1978.9.26. 78도1787).

II. 위조인장행사죄

1. 의의 위조 또는 부정사용한 사인과 공인 등을 행사하는 행위를 처벌하는 범죄이다.

2. 행사

가. 행사의 의미 ① 행사죄는 부정사용한 공기호인 자동차등록번호판을 마치 진정한 것처럼 그 용법에 따라 사용하는 행위를 말하는 것으로 부정사용과 행위 개념을 달리하고 있다(대판 1997.7.8. 96도3319). ② 위조인장행사죄에 있어서 행사라 함은 위조된 인장을 진정한 것처럼 용법에 따라 사용하는 행위를 말한다 할 것이므로, 위조된 인영을 타인에게 열람할 수 있는 상태에 두든지, 인과의 경

우에는 날인하여 일반인이 열람할 수 있는 상태에 두면 그것으로 행사가 되는 것이고, 위조된 인과 그 자체를 타인에게 교부한 것만으로는 위조인장행사죄를 구성한다고 할 수 없다(대판 1984.2.28. 84도90).

나. 행사인 사례

(1) 위조한 자동차등록번호판 부착 운행 부정사용한 공기호인 자동차등록번호판의 용법에 따른 사용행위인 행사라 함은 이를 자동차에 부착하여 운행함으로써 일반인으로 하여금 자동차의 동일성에 관한 오인을 불러일으킬 수 있는 상태 즉 그것이 부착된 자동차를 운행함을 의미한다고 할 것이고, 그 운행과는 별도로 부정사용한 자동차등록번호판을 타인에게 제시하는 등 행위가 있어야 그 행사죄가 성립한다고 볼 수 없다(대판 1997.7.8. 96도3319).

(2) 수사서류에 타인의 이름 서명 수사기관이 수사대상자의 진술을 기재한 후 진술자로 하여금 그의 면전에서 조서의 말미에 서명 등을 하도록 한 후 그 자리에서 바로 회수하는 수사서류의 경우에는, 그 진술자가 그 문서에 서명을 하는 순간 바로 수사기관이 열람할 수 있는 상태에 놓이게 되는 것이므로, 진술자가 타인인 양 행세하여 타인의 서명을 기재한 경우 그 서명을 수사기관이 열람하기 전에 즉시 파기하였다는 등의 특별한 사정이 없는 이상 그 서명기재와 동시에 위조사서명행사죄가 성립하는 것이며, 위조사서명행사죄가 성립된 직후에 수사기관이 위 서명이 위조된 것임을 알게 되었다고 하더라도 이미 성립한 위조사서명행사죄를 부정할 수 없다(대판 2005.12.23. 2005도4478; 2011.3.10. 2011도503).

제3절 • 통화에 관한 죄

I. 통화위·변조죄

> **제207조(통화의 위조 등)** ① 행사할 목적으로 통용하는 대한민국의 화폐, 지폐 또는 은행권을 위조 또는 변조한 자는 무기 또는 2년 이상의 징역에 처한다.
> ② 행사할 목적으로 내국에서 유통하는 외국의 화폐, 지폐 또는 은행권을 위조 또는 변조한 자는 1년 이상의 유기징역에 처한다.
> ③ 행사할 목적으로 외국에서 통용하는 외국의 화폐, 지폐 또는 은행권을 위조 또는 변조한 자는 10년 이하의 징역에 처한다.

1. 의의와 보호법익 행사할 목적으로 통화를 위·변조하는 행위를 처벌하는 목적범이다. 보호법

익은 '통화에 대한 공공의 신용과 통화거래의 안전'이며, 보호의 정도는 추상적 위험범이다. 특가법 제10조는 본조의 통화위조를 '사형, 무기 또는 5년 이상의 징역'에 처하도록 하였으나 별다른 가중요건도 없이 형벌만 가중한 것은 위헌이다(헌재결 2014.11.27. 2014헌바224).

2. 행사할 목적

가. 의의 '행사할 목적'은 위·변조한 통화를 진정한 통화로서 '유통에 놓겠다'는 목적을 말한다. 자기가 행사할 목적이 아니라, 타인으로 하여금 행사하게 할 목적이라도 무방하다(대판 2012.3.29. 2011도7704).

나. 판례 형법 제207조에서 정한 '행사할 목적'이란 유가증권위조의 경우와 달리 위조·변조한 통화를 진정한 통화로서 유통에 놓겠다는 목적을 말하므로, 자신의 신용력을 증명하기 위하여 타인에게 보일 목적으로 통화를 위조한 경우에는 행사할 목적이 있다고 할 수 없다(대판 2012.3.29. 2011도7704).

3. 통용과 유통

가. 통용

(1) 통용의 의미 통용은 '법률상 강제통용력'이 부여되어 있다는 의미이다. 옛날의 상평통보는 강제통용력이 없기 때문에 통화라 할 수 없다.

(2) 관련 판례 외국에서 통용한다고 함은 그 외국에서 강제통용력을 가지는 것을 의미하는 것이므로, 외국에서 통용하지 아니하는 지폐는 그것이 비록 일반인의 관점에서 통용할 것이라고 오인할 가능성이 있다고 하더라도 외국에서 통용하는 외국의 지폐에 해당한다고 할 수 없다(대판 2004.5.14. 2003도3487; 2013.12.12. 2012도2249).

(3) 기념주화 기념주화가 통화에 해당하는지에 대해, 긍정설[1]과 부정설[2]이 나뉜다. 기념주화는 수집의 대상으로 유통되기도 하지만, 한국은행이 일정한 사항을 기념하기 위해 판매용으로 제작한 것이므로 강제통용력을 가진 법화(法貨)로 보기는 곤란하다.

(4) 통용이 아닌 사례 ① 미합중국 100만 달러 지폐는 미국에서 발행된 적이 없이 단지 여러 종류의 관광용 기념상품으로 제조, 판매되고 있을 뿐이므로, 미국에서 통용하는 지폐라 할 수 없다(대판 2004.5.14. 2003도3487). ② 외국에서 실제로 쓰이지 않는 100만 유로 위조지폐는 통용되는 지폐가 아니다(대판 2010.5.27. 2010도2860).

나. 유통 '유통하는'이란, '통용하는'과 달리 강제통용력이 없이, 사실상 거래 대가의 지급수단이 되고 있는 상태를 가리킨다(대판 2003.1.10. 2002도3340; 2013.12.12. 2012도2249).

---

1 김성천, 1141면; 오영근, 692면; 이재상, 548면.

2 권오걸, 794면; 김성돈, 549면; 김/서, 533면; 박상기, 495면; 임웅, 642면; 정/박, 676면.

4. 행위태양: 위·변조

가. 위조

(1) 위조의 의미　통화발행권이 없는 자가 진정한 통화의 외관을 가진, 즉 진화로 혼동할 수 있는 물건을 만들어 내는 것을 말한다.

(2) 위조의 정도　① 객체인 위조통화는 유통과정에서 일반인이 진정한 통화로 오인할 정도의 외관을 갖추어야 한다(대판 1986.3.25. 86도255). ② 위조의 정도가 반드시 진물에 흡사하여야 한다거나 누구든지 쉽게 그 진부를 식별하기가 불가능한 정도의 것일 필요는 없다(대판 1985.4.23. 85도570).

(3) 진폐(眞幣)의 존재 여부

A. 학설　위조가 되기 위해서는 위조대상인 진화(眞貨)가 존재해야 하는가에 대해, 적극설[3]과 소극설(통설)[4]이 대립한다. 소극설은 진화가 존재하지 않더라도 진화로 오인할 위화를 만들어 통화에 대한 공공의 신용을 위태롭게 할 수 있다고 한다. 그러나 ① 발행된 적이 없는 진화를 모방하는 위화작출은 통화발행권을 침해하지 않고, ② 진화에 모의(模擬)되지 아니한 물건은 진화에 대한 공공의 신용을 해하지 않으며, ③ '통용하는 화폐'를 위조한다는 것은 진화의 존재를 전제로 하는 것일 뿐 아니라 ④ 새 화폐의 발행이 예정되어 있더라도 '통용하는'의 의미를 확장하여 현재 통용되는 것이 아니라 앞으로 통용될 화폐까지 행위객체에 포함시키는 것은 죄형법정주의에 반할 수 있다는 점을 고려하면 적극설이 타당하다.

B. 판례(적극설)　미국에서 발행된 적이 없이 단지 여러 종류의 관광용 기념상품으로 제조, 판매되고 있는 미합중국 100만 달러 지폐와 과거에 발행되어 은행 사이에서 유통되다가 현재는 발행되지 않고 있으나 화폐수집가나 재벌들이 이를 보유하여 오고 있는 미합중국 10만 달러 지폐가 막연히 일반인의 관점에서 미합중국에서 강제통용력을 가졌다고 오인할 수 있다는 이유로 외국에서 통용하는 지폐에 포함된다고 볼 수 없다(대판 2004.5.14. 2003도3487).

(4) 위조가 아닌 사례　① 일만 원권 지폐의 앞, 뒷면을 전자복사기로 복사하고 비슷한 크기로 잘라 진정한 지폐와 유사한 형태로 만들어 낸 경우(대판 1986.3.25. 86도255), ② 10원짜리 주화의 표면에 하얀 약칠을 하여 100원짜리 주화와 유사한 색채를 갖도록 색채의 변경만을 한 경우(대판 1979.8.28. 79도639)는 일반인으로 하여금 진정한 통화로 오신케 할 정도의 새로운 화폐를 만들어 낸 것이라고 볼 수 없다.

나. 변조

(1) 변조의 의미　변조는 기존 진화에 가공하여 그 금액이나 가치를 변경하는 것을 말한다.

---

3 정영일, 546면.

4 김성돈, 550면; 김/서, 534면; 배종대, 669면; 오영근, 693면; 이재상, 549면; 임웅, 642면.

(2) 판례 진정한 통화에 대한 가공행위로 인하여 기존 통화의 명목가치나 실질가치가 변경되었다거나 객관적으로 보아 일반인으로 하여금 기존 통화와 다른 진정한 화폐로 오신하게 할 정도의 새로운 물건을 만들어 낸 것으로 볼 수 없다면 통화가 변조되었다고 볼 수 없다(대판 2004.3.26. 2003도5640).

(3) 변조가 아닌 사례 ① 취득한 미화 1달러권 지폐와 미화 2달러권 지폐는 모두 1995년에 미국에서 발행된 통화인데, 이것을 화폐수집가들이 골드라고 부르며 수집하는 희귀화폐인 것처럼 만들기 위하여 발행연도 1995를 1928로 빨간색으로 고치고, 발행번호와 미국 재무부를 상징하는 문양 및 재무부장관의 사인 부분을 지운 후 빨간색으로 다시 가공하였는바, 위와 같은 정도의 가공행위만으로는 기존 통화의 명목가치나 실질가치가 변경되었다거나 객관적으로 보아 일반인으로 하여금 기존 통화와 다른 진정한 화폐로 오신하게 할 정도의 새로운 물건을 만들어 낸 것으로 보기는 어렵다(대판 2004.3.26. 2003도5640). ② 500원짜리 주화의 표면 일부를 깎아 내어 손상을 가하였지만 크기와 모양 및 대부분의 문양이 그대로 남아 있어, 500원짜리 주화의 명목가치나 실질가치가 변경되었다거나 객관적으로 보아 일반인으로 하여금 일본국의 500￥짜리 주화로 오신케 할 정도의 새로운 화폐를 만들어 낸 것이라고 볼 수 없다(대판 2002.1.11. 2000도3950).

II. 위·변조통화행사죄

> **제207조(통화의 위조 등)** ④ 위조 또는 변조한 전3항 기재의 통화를 행사하거나 행사할 목적으로 수입 또는 수출한 자는 그 위조 또는 변조의 각 죄에 정한 형에 처한다.

1. 의의 위·변조한 통화를 행사하거나 혹은 행사할 목적으로 수입 또는 수출하는 범죄이다. 위·변조통화행사죄는 고의가 있으면 족하지만, 수출입죄는 행사할 목적을 요하는 목적범이다.

2. 행사의 의미 위조통화의 행사라고 함은 위조통화를 유통과정에서 진정한 통화로서 사용하는 것을 말하고 그것이 유상인가 무상인가는 묻지 않는 것이므로, 진정한 통화라고 하여 위조통화를 다른 사람에게 증여하는 경우에도 위조통화행사죄가 성립된다(대판 1979.7.10. 79도840).

3. 위조의 정을 알고 있는 공범 아닌 자에 대한 교부와 행사 위조통화임을 알고 있는 자에게 그 위조통화를 교부한 경우에 피교부자가 이를 유통시키리라는 것을 예상 내지 인식하면서 교부하였다면, 그 교부행위 자체가 통화에 대한 공공의 신용 또는 거래의 안전을 해할 위험이 있으므로 위조통화행사죄가 성립한다(대판 2003.1.10. 2002도3340).

III. 실행의 착수와 죄수문제

1. 실행의 착수시기 행사할 목적으로 미리 준비한 물건들과 옵세트인쇄기를 사용하여 한국은행권 1만 원권을 사진 찍어 그 필름 원판 7매와 이를 확대하여 현상한 인화지 7매를 만들었음에 그쳤다면 아직 통화위조의 착수에는 이르지 아니하였고 그 준비단계에 불과하다(대판 1966.12.6. 66도1317).

2. 죄수 및 타죄와의 관계

가. 위·변조죄와 행사죄의 관계 행사할 목적으로 통화를 위·변조한 후 이를 행사한 경우에는 문서위·변조죄 및 同행사죄의 관계와 같은 문제가 생긴다(문서위조죄 참조). 다만, 위조통화행사죄는 위조통화를 제시, 교부, 비치하는 외에 유통에 놓을 것을 요하므로 위조문서 혹은 위조유가증권의 행사보다는 범위가 좁다.

나. 사기죄와의 관계

(1) 학설 위·변조된 통화를 진정한 통화라고 기망하여 재물 또는 재산상의 이익을 영득하는 경우, ① 위·변조통화행사죄와 사기죄의 실체적 경합이라는 견해, ② 상상적 경합이라는 견해[5] 및 ③ 행사죄만 성립한다는 견해[6]가 대립한다. 위·변조통화의 행사가 기망적 요소를 내포하고 있어 행위동일성이 인정되므로 상상적 경합범설이 타당하다.

(2) 판례(실체적 경합) 통화위조죄에 관한 규정은 공공의 거래상의 신용 및 안전을 보호하는 공공적인 법익을 보호함을 목적으로 하고 있고 사기죄는 개인의 재산법익에 대한 죄이어서 양 죄는 그 보호법익을 달리하고 있으므로 위조통화를 행사하여 재물을 불법영득한 때에는 위조통화행사죄와 사기죄의 양 죄가 성립되는 것으로 보아야 할 것이다(대판 1979.7.10. 79도840).

다. 사문서위조죄, 행사죄와의 관계 형법상 통화에 관한 죄는 문서에 관한 죄에 대하여 특별관계에 있으므로 통화에 관한 죄가 성립하는 때에는 문서에 관한 죄는 별도로 성립하지 않는다. 그러나 위조된 외국의 화폐, 지폐 또는 은행권이 강제통용력을 가지지 않는 경우에는 '외국에서 통용하는 외국의 화폐 등'에 해당하지 않고, 나아가 그 화폐 등이 국내에서 사실상 거래 대가의 지급수단이 되고 있지 않는 경우에는 '내국에서 유통하는 외국의 화폐 등'에도 해당하지 않으므로, 그 화폐 등을 행사하더라도 위조통화행사죄를 구성하지 않는다고 할 것이고, 따라서 이러한 경우에는 위조사문서행사죄 또는 위조사도화행사죄로 의율할 수 있다(대판 2013.12.12. 2012도2249).

---

5 권오걸, 803면; 김성돈, 556면; 김/서, 681면; 박상기, 500면; 배종대, 661면; 이재상, 544면; 임웅, 597면; 정/박, 683면; 정영일, 유가증권에 관한 죄의 판례연구, 형사판례연구(4) 171면.

6 오영근, 697면.

제4절 • 유가증권·우표와 인지에 관한 죄

I. 유가증권위·변조죄

> **제214조(유가증권의 위조 등)** ① 행사할 목적으로 대한민국 또는 외국의 공채증서 기타 유가증권을 위조 또는 변조한 자는 10년 이하의 징역에 처한다.
> ② 행사할 목적으로 유가증권의 권리의무에 관한 기재를 위조 또는 변조한 자도 전항의 형과 같다.

1. 의의와 보호법익 행사할 목적으로 공채증서 기타 유가증권 또는 그 권리의무에 관한 기재를 위·변조하는 행위를 벌하는 범죄이다. 유가증권 중 수표에 관한 범죄는 부정수표단속법이 적용된다. 보호법익은 '유가증권에 대한 공공의 신용과 유가증권거래의 안전'이고, 보호의 정도는 추상적 위험범이다.

2. 행위객체: 공채증서 기타 유가증권

가. 공채증서 국가가 발행하는 국채 및 지방자치단체가 발행하는 지방채 등의 유가증권이다.

나. 유가증권의 의미 유가증권이란 증권상에 표시된 재산상의 권리의 행사와 처분에 그 증권의 점유를 필요로 하는 것을 총칭하는 것으로서, 재산권이 증권에 화체된다는 것과 그 권리의 행사와 처분에 증권의 점유를 필요로 한다는 두 가지 요소를 갖추면 족하지 반드시 유통성을 가질 필요는 없다(대판 2001.8.24. 2001도2832).

다. 신용카드와 유가증권

(1) 학설 신용카드는 현금서비스를 받을 수 있는 현금인출권이 화체되어 있어서 유가증권에 해당한다는 견해[1]도 있으나 다수설[2]은 이를 부정한다. 현금인출권은 재산권 자체가 아니고, 기타 어떤 재산권이 화체되어 있지 않다는 점에서 판례·다수설이 타당하다.

(2) 판례 신용카드업자가 발행한 신용카드는 이를 소지함으로써 신용구매가 가능하고 금융의 편의를 받을 수 있다는 점에서 경제적 가치가 있다 하더라도, 그 자체에 경제적 가치가 화체되어 있거나 특정의 재산권을 표창하는 유가증권이라고 볼 수 없다(대판 1999.7.9. 99도857).

---

1 권오걸, 810면.

2 김성돈, 562면; 김/서, 550면; 배종대, 678면; 이재상, 559면; 임웅, 657면; 정/박, 691면.

라. 유가증권에 해당하는 사례 ① 리프트탑승권(대판 1998.11.24. 98도2967), ② 공중전화카드(대판 1998.2.27. 97도2483),[3] ③ 열차승차권(대판 1975.8.29. 75도1996), ④ 할부구매전표(대판 1995.3.14. 95도20) 및 ⑤ 무기명식 양도성예금증서(대판 2009.3.12. 2007다52942)는 유가증권에 해당한다.

마. 유가증권이 아닌 사례 ① 정기예탁금증서(대판 1984.11.27. 84도2147), ② 예금통장(대판 2010.5.27. 2009도9008), ③ 은행의 지급보증서(대판 1982.4.13. 80도2667), ④ 유가증권의 사본(대판 2010.5.13. 2008도10678)[4]은 유가증권에 해당하지 아니한다.

3. 행위태양: 위·변조

가. 위조

(1) 위조의 의미 제1항에서의 위조는 작성권한 없는 자가 타인의 명의를 모용하여 유가증권의 외관을 가지는 증권을 작성하는 것, 즉 어음·수표의 발행 등과 같은 기본적 증권행위에 즈음하여 그 작성명의를 모용하는 것만을 의미하고, 제2항에서의 위조는 진정하게 성립된 유가증권에 작성권한이 없는 자가 타인의 명의를 모용하여 배서, 보증 등의 부수적 증권행위를 하는 것을 의미한다(대판 1989.12.8. 88도753).

(2) 작성권한 없는 자

A. 권한 초월의 경우: 위조 대리인·대표자가 권한을 초월하여 대리·대표방식으로 어음행위를 한 경우, ① 자격모용에 의한 유가증권작성죄가 성립된다는 견해[5]와 ② 유가증권위조죄가 성립된다는 견해[6] 및 ③ 대리인·대표자 명의이면 '자격'을 모용한 것이므로 자격모용에 의한 유가증권작성죄가 성립하고, 대리·대표권을 준 본인이나 회사의 명의이면 '명의'를 모용한 것이므로 유가증권위조죄가 성립한다는 견해[7]가 주장된다. 명의와 자격 중 어느 것을 모용했는지를 구분하는 ③설이 타당하다.

B. 권한 남용의 경우: 무죄

1) 학설 유가증권위·변조죄가 아니라, 자격모용에 의한 유가증권작성죄가 성립한다.

2) 판례 주권의 기재변경시에 甲과 함께 동 회사의 공동대표이사로서 주권작성에 관한 일반적인 권한을 가지고 있다고 할 것이므로, 설사 동인들이 대표권을 남용하여 자기 또는 제3자의 이

---

3 공중전화카드는 문자로 기재된 부분과 자기기록 부분이 일체로써 공중전화 서비스를 제공받을 수 있는 재산상의 권리를 화체하고 있다.

4 위조하였다는 선하증권은 "COPY NON NEGOTIABLE"이라고 찍힌 선하증권의 사본임을 알 수 있어, 거기에 운송물 인도청구권이 화체되어 있다고 볼 수 없음이 명백하므로 유가증권에 해당하는 것으로 볼 수 없다.

5 권오걸, 811면; 길기봉, 권한을 남용하여 어음행위를 한 자의 형사책임, 재판자료 제31집 670면; 박상기, 607면; 임웅, 658면; 정영일, 564면.

6 김/서, 551면; 배종대, 679면.

7 김성돈, 564면; 정/박, 695면.

익을 도모할 목적으로 그들 대표 명의의 주권의 기재사항에 변경을 하였다 하여도, 이는 본인인 회사와의 간에 있어서의 내부관계에 지나지 아니하고 주권발행에 관한 대외적 관계에서는 아무런 영향이 없으므로, 그 행위가 유가증권변조죄를 구성한다고 할 수 없다(대판 1980.4.22. 79도3034).[8]

3) 횡령·배임죄와의 관계

a. 죄책: 대리인·대표자가 권한을 초월 혹은 남용하여 어음행위를 하는 것은 업무상배임죄를 구성하고,[9] 대리인·대표자가 사용(私用)목적으로 어음·수표를 발행한 후 금융기관에 그 어음·수표를 제시하여 당좌예금으로부터 현금을 인출하는 경우는 업무상횡령죄가 된다.

b. 판례: ① 약속어음을 발행한 것은 회사의 채무부담 행위를 하였음에 불과하고 이로써 보관하는 회사의 재물을 횡령한 것이라고는 할 수 없고 배임죄로 문의하여야 한다(대판 1961.12.14. 4294형상371). ② 회사로부터 수표발행 권한을 위임받은 자가 업무상의 임무에 위배하여 자기 또는 제3자의 용도에 충당하기 위하여 수표를 발행하고 그 수표를 이용하여 거래은행으로부터 회사의 예금을 인출하는 행위는 업무상횡령죄가 성립한다(대판 1983.9.13. 82도75).

C. 보충권 남용과 위조

1) 학설 어음·수표의 보충권을 남용하는 것은 ① 백지서명자의 서명을 부정하게 이용하여 그가 예기치 않은 새로운 어음을 작출하는 유형위조라는 점에서 유가증권위조죄가 성립한다는 견해[10]와 ② 남용의 정도가 너무 심하여 새로운 어음·수표의 발행으로 볼 수 있을 때에는 유가증권위조죄가 성립한다는 견해[11]가 대립한다. 어음·수표의 취득자는 악의 또는 중대한 과실이 없는 한 백지서명자에게 대항할 수 있어 거래의 안전에 해가 없고, 또 어음·수표는 그 문언성·무인성에 비추어 볼 때 허위기재라는 것은 있을 수 없지만, 보충권의 남용이 너무 심한 경우에는 새로운 어음·수표의 발행으로 볼 수 있다는 점에서 ②설이 타당하다.

2) 판례 어음취득자로 하여금 후일 어음요건을 보충시키기 위하여 미완성으로 발행된 이른바 백지어음에 대하여, 취득자가 발행자와의 합의에 의하여 정해진 보충권의 한도를 넘어 보충을 한 경우에는 발행인의 서명날인 있는 기존의 약속어음 용지를 이용하여 새로운 약속어음을 발행하는 것에 해당하는 것이므로, 보충권의 남용행위는 유가증권위조죄를 구성한다(대판 1989.12.12. 89도1264; 1972.6.13. 72도897).

3) 보충권 남용의 고의가 없는 경우 보충권의 한도 자체가 처음부터 일정한 금액 등으로 특정되어 있지 아니하고 그 행사방법에 대하여도 특별한 정함이 없어서 다툼이 있는 경우에는 결과적으로 보충권의 행사가 그 범위를 일탈하게 되었다 하더라도, 그 점만 가지고 바로 백지보충권의 남

---

8 배임죄가 성립할 수 있다.

9 길기봉, 위 논문 679면; 박상기, 510면; 정영일, 562면.

10 길기봉, 위 논문 685면; 배종대, 669면; 이재상, 553면; 임웅, 658면.

11 오영근, 708면.

용 또는 그에 대한 범의가 있다고 단정할 수는 없다(대판 1989.12.12. 89도1264).

D. 대표이사의 전임대표이사 명의 수표발행 타인의 대리 또는 대표자격으로 문서를 작성하는 경우, 그 대표자 또는 대리인은 자기를 위하여 작성하는 것이 아니고 본인을 위하여 작성하는 것으로서 그 문서는 본인의 문서이고 본인에 대하여서만 효력이 생기는 것이므로, 회사의 대표이사직에 있는 자가 은행과의 당좌거래 약정이 되어 있는 종전 당좌거래명의를 변경함이 없이 그대로 전 대표이사 명의를 사용하여 회사의 수표를 발행하였다 하여도 유가증권위조죄가 성립되지 아니한다(대판 1975.9.23. 74도1684).

(3) 명의모용

A. 수표(어음)행위자의 명칭 비록 그 칭호가 타인의 명칭이라도 통상 그 명칭은 자기를 표시하는 것으로 거래상 사용하여 그것이 그 행위자를 지칭하는 것으로 인식되어 온 경우에는 그것을 어음상으로도 자기를 표시하는 칭호로 사용할 수 있다(대판 1982.9.28. 82도296; 1996.5.10. 96도527).

B. 가명사용과 위조 처가 남편의 사망 후 그의 명의를 거래상 자기를 표시하는 명칭으로 사용하여 온 경우에는 남편 명의의 어음발행은 자신의 어음행위라고 볼 것이고 이를 가리켜 타인의 명의를 모용하여 어음을 위조한 것이라고 할 수 없다.[12]

C. 허무인 명의 허무인 명의의 유가증권이라 할지라도 외형상 일반인으로 하여금 진정하게 작성된 유가증권이라고 오신케 할 수 있을 정도라면 그 위조죄가 성립된다(대판 1971.7.27. 71도905; 2011.7.14. 2010도1025).

(4) 위조의 정도

A. 문방구 약속어음 용지 이용 비록 문방구 약속어음 용지를 이용하여 작성되었다고 하더라도, 그 전체적인 형식·내용에 비추어 일반인이 진정한 것으로 오신할 정도의 약속어음 요건을 갖추고 있으면 당연히 형법상 유가증권에 해당한다(대판 2001.8.24. 2001도2832).[13]

B. 실체법상 무효인 유가증권 절대적 요건결여 등 사유로서 실체법상으로는 무효한 유가증권이라 할지라도 일반인으로 하여금 일견 유효한 유가증권이라고 오신케 할 수 있을 정도의 외관을 구유한 유가증권을 총칭한다(대판 1974.12.24. 74도294).

C. 날인이 없는 유가증권 인쇄된 약속어음용지를 사용하기는 하였으나 유가증권인 약속어음을 발행할 의도로 약속어음을 작성한 것이라기보다는 소비대차의 증표로서 발행한 것으로 보이고, 위조한 것이라는 약속어음은 발행인의 날인이 없고, 발행인 아닌 피고인이 임의로 날인한 무인만

12 대판 1982.9.28. 82도296. 남편의 생존시 그가 경영하는 제과업을 함께 운영하면서 그의 지시에 따라 남편 명의로 개설된 당좌계정을 이용하여 거래상 남편 명의의 약속어음을 발행하여 왔고, 그가 사망한 후에는 제과업을 이어받아 경영하면서 약 3년간 당좌계정을 그대로 둔 채 남편 명의로 약속어음 등을 발행하여 그것이 이 사건 약속어음을 제외하고는 모두 지급기일 내에 결재되어 왔으며, 피해자도 피고인이 발행하는 어음상의 명칭이 피고인의 별명으로 여겨 왔다.

13 대판 1995.3.14. 95도20; 1985.9.10. 85도1501.

이 있으며, 그 작성방식에 비추어 보아도 일반인이 진정하고 유효한 약속어음으로 오신할 정도의 형식과 외관을 갖춘 약속어음이라고 보기 어려우므로 유가증권으로 볼 수 없다(대판 1992.6.23. 92도976; 1985.9.10. 85도1501).

(5) 위조의 방법

A. 위조된 백지 유가증권인 경우 타인이 위조한 액면과 지급기일이 백지로 된 약속어음을 위조 약속어음인 정을 알고도 이를 구입하여 행사의 목적으로 기존의 위조어음의 액면란에 금액을 기입하여 그 어음위조를 완성하는 행위는, 백지어음 형태의 위조행위와는 별개의 유가증권위조죄를 구성한다(대판 1982.6.22. 82도677).

B. 기존의 폐 유가증권을 이용한 경우 찢어서 폐지로 된 타인발행명의의 약속어음 파지면을 조합하여 어음의 외형을 갖춘 경우에는 새로운 약속어음을 작성한 것으로서 유가증권위조죄가 성립하는 것이므로, 조합된 것임을 용이하게 식별할 수 있다 하여도 죄의 성립에 아무런 소장이 있을 수 없다(대판 1976.1.27. 74도3442).[14]

나. 변조

(1) 변조의 의미 변조라 함은 진정으로 성립된 유가증권의 내용에 권한 없는 자가 그 유가증권의 동일성을 해하지 않는 한도에서 변경을 가하는 것을 말하고, 설사 진실에 합치하도록 변경한 것이라 하더라도 권한 없이 변경한 경우에는 변조로 되는 것이다(대판 1984.11.27. 84도1862).

(2) 발행인이 배서인 있는 어음 회수 후 지급일자 변경과 변조 어음발행인이라 하더라도 어음상에 권리의무를 가진 자가 있는 경우에는 이러한 자의 동의를 받지 아니하고 어음의 기재내용에 변경을 가하였다면, 이는 유가증권의 권리의무에 관한 기재를 변조한 것에 해당한다(대판 2003.1.10. 2001도6553).

(3) 변조가 아닌 사례

A. 원상태대로 반환하기 위해 삭제 약속어음의 발행인으로부터 어음금액이 백지인 약속어음의 할인을 위임받은 자가 위임 범위 내에서 어음금액을 기재한 후 어음할인을 받으려고 하다가 그 목적을 이루지 못하자, 유통되지 아니한 당해 약속어음을 원상태대로 발행인에게 반환하기 위하여 어음금액의 기재를 삭제하는 것은 그 권한 범위 내에 속한다고 할 것이므로, 유가증권변조라고 볼 수 없다(대판 2006.1.13. 2005도6267).

B. 위조·변조된 유가증권인 경우 유가증권의 내용 중 권한 없는 자에 의하여 이미 변조된 부분을 다시 권한 없이 변경하였다고 하더라도 유가증권변조죄는 성립하지 않는다(대판 2012.9.27. 2010도15206).[15]

---

14 발행자가 회수하여 세 조각으로 찢어 버린 약속어음을 주거에 침입하여 절취한 후 조합하였다.

15 대판 2006.1.26. 2005도4764; 2008.12.24. 2008도9494. 권한 없이 약속어음의 지급기일을 변조한 다음 다시 변경하였다.

(4) 변조인 사례: 금액 변경 약속어음의 액면금액을 권한 없이 변경하는 것은 유가증권변조에 해당할 뿐이다(대판 2006.1.26. 2005도4764; 2008.12.24. 2008도9494).

(5) 간접정범 변조는 정을 모르는 제3자를 통하여 간접정범의 형태로도 범할 수 있다(대판 1984.11.27. 84도1862).[16]

4. 죄수 죄수는 원칙적으로 위조된 유가증권의 매수를 기준으로 정할 것이므로, 약속어음 2매의 위조행위는 포괄일죄가 아니라 경합범이다(대판 1983.4.12. 82도2938).

5. 손괴죄와의 관계: 타인소유의 자기명의 유가증권 변경 타인에게 속한 자기명의의 유가증권에 무단히 변경을 가하였다 하더라도, 그것이 문서손괴죄나 허위유가증권작성죄에 해당되는 경우가 있음은 별론으로 하고 유가증권변조죄를 구성하는 것은 아니다(대판 1978.11.14. 78도1904).

II. 자격모용유가증권작성죄

> **第215條(자격모용에 의한 유가증권의 작성)** 행사할 목적으로 타인의 자격을 모용하여 유가증권을 작성하거나 유가증권의 권리 또는 의무에 관한 사항을 기재한 자는 10년 이하의 징역에 처한다.

1. 의의와 성격 행사할 목적으로 타인의 자격을 모용하여 유가증권을 작성하거나 유가증권의 권리 또는 의무에 관한 사항을 기재하는 범죄이며, 행사할 목적을 요하는 목적범이다.

2. 해당하는 사례

가. 전임 대표이사의 자신명의의 유가증권 발행 주식회사 대표이사로 재직하던 피고인이 대표이사가 타인으로 변경되었음에도 불구하고 이전부터 사용하여 오던 피고인 명의로 된 위 회사 대표이사의 명판을 이용하여 여전히 피고인을 위 회사의 대표이사로 표시하여 약속어음을 발행, 행사하였다면, 설사 약속어음을 작성, 행사함에 있어 후임 대표이사의 승낙을 얻었다거나 회사의 실질적인 대표이사로서의 권한을 행사하는 피고인이 은행과의 당좌계약을 변경하는 데에 시일이 걸려 잠정적으로 전임 대표이사인 그의 명판을 사용한 것이라 하더라도, 이는 합법적인 대표이사로서의 권한 행사라 할 수 없어 자격모용유가증권작성 및 동행사죄에 해당한다(대판 1991.2.26. 90도577).

---

16 신용카드를 제시받은 상점점원이 그 카드의 금액란을 정정기재한 사안이다.

나. 직무집행정지가처분이 있는 대표이사의 유가증권 발행 대표이사 직무집행정지가처분결정은 대표이사의 직무집행만을 정지시킬 뿐 대표이사의 자격까지 박탈하는 것은 아니나, 가처분결정이 송달되어 일절의 직무집행이 정지됨으로써 직무집행의 권한이 없게 된 대표이사가 그 권한 밖의 일인 대표이사 명의의 유가증권을 작성·행사하는 행위가 회사업무의 중단을 막기 위한 긴급한 인수인계 행위라 하더라도 합법적인 권한행사라 할 수 없으므로 이는 자격모용유가증권작성 및 동행사죄에 해당한다(대판 1987.8.18. 87도145).

III. 허위유가증권작성(기재)죄

> **제216조(허위유가증권의 작성 등)** 행사할 목적으로 허위의 유가증권을 작성하거나 유가증권에 허위사항을 기재한 자는 7년 이하의 징역 또는 3천만원 이하의 벌금에 처한다.

1. 의의와 성격 유가증권의 작성권한을 가진 자가 행사할 목적으로 허위의 유가증권을 작성하거나 유가증권에 허위사항을 기재하는 범죄이다. 유가증권위·변조죄가 유가증권의 유형위조에 하는 반면에, 본죄는 유가증권의 무형위조에 해당한다. 행사할 목적을 요하는 목적범이다.

2. 허위

가. 허위의 의미 허위유가증권의 작성이란 유가증권의 효력에 영향을 미칠 기재사항에 관하여 진실에 반한 기재를 하는 모든 행위를 말하는 것이다(대판 1974.1.15. 73도2041).

나. 허위가 아닌 사례 ① 약속어음을 발행하면서 은행에 신고한 인감과 다른 도장 날인한 경우(대판 2000.5.30. 2000도883), ② 배서인의 주소를 허위기재한 경우(대판 1986.6.24. 84도547),[17] ③ 수표자금을 입금받지 아니하고 자기앞수표 발행한 경우(대판 2005.10.27. 2005도4528)[18]는 어음이나 수표의 효력에는 아무런 영향이 없으므로 허위유가증권작성죄가 성립하지 아니한다.

다. 허위인 사례 ① 선하증권 기재의 화물을 인수하거나 확인하지도 아니하고 또한 선적할 선편조차 예약하거나 확보하지도 않은 상태에서 수출면장만을 확인한 채 실제로 선적한 일이 없는 화물을 선적하였다는 내용의 선하증권을 발행한 경우(대판 1995.9.29. 95도803),[19] ② 약속어음 작성권자의 승

17 배서인의 주소기재는 배서의 요건이 아니다.

18 은행에 대한 배임죄가 성립할 수 있다.

19 진실에 반하는 선하증권을 작성하면서 곧 물품이 선적될 것이라고 예상하였다고 하여 각 선하증권의 허위성의 인식이

낙 내지 위임을 받아 약속어음을 작성함에 있어서 발행인 명의 아래 진실에 반하는 내용인 자신의 인장을 날인한 경우(대판 1975.6.10. 74도2594), ③ 주권발행의 권한을 위임받아 발행하면서 발행일자를 소급 기재한 경우(대판 1974.1.15. 73도2041)는 허위유가증권작성죄가 성립한다.

3. 기타 문제

가. 고의 주권발행 전에 주식을 양도받은 자에 대하여 주권을 발행한 경우에 가사 그 주식양도가 주권발행 전에 이루어진 것이어서 상법 제335조에 의하여 무효라 할지라도 권리의 실체관계에 부합되어 허위의 주권발행의 범의가 있다고 할 수 없다(대판 1982.6.22. 81도1935).

나. 공모관계의 이탈 주권의 작성(위조)과 행사의 사이는 1년 가까운 시일의 경과된 후라는 사정을 고려하면, 행사죄에 관하여는 공모관계에서 이탈하였다(대판 1982.6.22. 81도1935).

다. 피해자의 승낙 사자 명의로 된 약속어음을 작성함에 있어 사망자의 처로부터 사망자의 인장을 교부받아 생존 당시 작성한 것처럼 약속어음의 발행일자를 그 명의자의 생존 중의 일자로 소급하여 작성한 때에는 발행명의인의 승낙이 있었다고 볼 수 없다(대판 2011.7.14. 2010도1025).[20]

IV. 위조유가증권행사죄

> **제217조(위조유가증권 등의 행사 등)** 위조, 변조, 작성 또는 허위기재한 전3조 기재의 유가증권을 행사하거나 행사할 목적으로 수입 또는 수출한 자는 10년 이하의 징역에 처한다.

1. 의의 위·변조되거나 허위작성된 유가증권을 행사하거나 행사할 목적으로 수·출입하는 행위를 벌하는 범죄이다. 수출입죄는 행사할 목적을 요하는 목적범이다.

2. 행사

가. 행사의 의미 위·변조 및 허위기재된 유가증권을 진정한 것처럼 사용하는 것을 말한다. 허위유가증권을 제시, 교부, 비치하는 외에 유통에 놓을 것을 요하는가에 대하여, 부정설(다수설)[21]과 긍정설[22]이 대립한다. 긍정설에 따르면, 위조유가증권을 보이고 돈을 빌리는 경우, 사기죄는 될 수 있어

없었다고 할 수 없다.

20 대판 2011.7.14. 2010도1025.

21 권오걸, 818면; 김성돈, 570면; 김/서, 557면; 배종대, 673면; 이재상, 567면; 임웅, 665면.

22 오영근, 714면.

도 위조유가증권행사죄는 성립하지 않는다고 한다. 위조통화의 행사는 유통에 놓는 것이지만, 위조유가증권은 유통시키는 것 이외의 방법으로 행사되어 공공의 신용과 거래의 안전을 해칠 위험이 더 크다는 점에서 다수설이 타당하다.

나. 위조유가증권 사본의 행사

(1) 학설 위조유가증권의 복사본을 행사하는 것은 ① 본죄의 행사에 해당하지 않는다는 부정설(판례)[23]과 ② 복사본도 유가증권의 외관을 갖춘 경우에는 본죄의 객체가 된다는 긍정설[24]이 주장되고 있다. 복사문서의 문서성을 인정하는 것과는 사정이 다소 다르지만, 정교하게 복사된 복사본은 새로운 위조유가증권에 해당할 수 있다는 점에서 긍정설이 타당하다.

(2) 판례 위조유가증권행사죄에 있어서의 유가증권이라 함은 위조된 유가증권의 원본을 말하는 것이지 전자복사기 등을 사용하여 기계적으로 복사한 사본은 이에 해당하지 않는다(대판 1998.2.13. 97도2922).[25]

다. 허위작성된 사실을 아는 자에 대한 교부와 행사

(1) 공범이 아닌 자에게 교부 위조유가증권행사죄의 처벌목적은 유가증권의 유통질서를 보호하고자 함에 있는 만큼 단순히 문서의 신용성을 보호하고자 하는 위조공·사문서행사죄의 경우와는 달리 교부자가 진정 또는 진실한 유가증권인 것처럼 위조유가증권을 행사하였을 때뿐만 아니라 위조유가증권임을 알고 있는 자에게 교부하였더라도 피교부자가 이를 유통시킬 것임을 인식하고 교부하였다면, 그 교부행위 그 자체가 유가증권의 유통질서를 해할 우려가 있어 처벌의 이유와 필요성이 충분히 있다고 할 것이므로 위조유가증권행사죄가 성립한다(대판 2007.1.11. 2006도7120).[26]

(2) 공범 간의 교부 유가증권을 위조한 공범 사이의 위조유가증권 교부행위는 그들 이외의 자에게 행사함으로써 범죄를 실현하기 위한 전 단계의 행위에 불과한 것으로서 위조유가증권은 아직 범인들의 수중에 있다고 볼 것이지 행사되었다고 볼 수는 없다(대판 2007.1.11. 2006도7120; 2010.12.9. 2010도12553).

라. 행사의 방법 미리 오락기에 일련번호가 모두 같은 위조된 상품권을 여러 장 투입해 두고 그 후 오락기 이용자가 게임에서 당첨이 되면 오락기에서 자동으로 그 당첨액수에 상응하는 상품권이 배출되게 하는 것도 위조유가증권을 행사한 경우에 해당한다(대판 2007.4.12. 2007도796).

---

23 권오걸, 818면; 김성돈, 570면; 이재상, 567면; 임웅, 665면; 정영일, 568면.

24 김/서, 557면; 오영근, 714면; 정/박, 702면.

25 대판 2007.2.8. 2006도8480; 2010.5.13. 2008도10678. 위조약속어음을 사본하여 소변경신청서에 첨부하여 제출하거나 품의서에 첨부되어 제출된 선하증권 12장의 팩스사본이 문제되었다.

26 대판 1983.6.14. 81도2492; 2010.12.9. 2010도12553.

3. 기타 문제

가. 죄수 여러 장의 위조유가증권을 일괄 행사하는 경우, 여러 행사죄의 상상적 경합이 된다는 견해[27]가 있으나 행사죄의 포괄일죄로 보아야 한다.[28] 한 장의 위조어음을 할인받고자 여러 사람에게 수회 제시한 경우 여러 행사죄의 실체적 경합이라는 견해[29]가 있으나 이 경우에도 포괄일죄로 보아야 한다.[30]

나. 사기죄와의 관계

(1) 학설 위조유가증권을 행사하여 재물을 편취하는 경우, 행위동일성이 인정되기 때문에 상상적 경합으로 보아야 한다.[31]

(2) 판례: 실체적 경합 허위의 선하증권을 발행하여 타인에게 교부하여 줌으로써 그 타인으로 하여금 이를 행사하여 그 선하증권상의 물품대금을 지급받게 한 소위는 허위유가증권행사죄와 사기죄의 공동정범을 인정하기에 충분하다(대판 1985.8.20. 83도2575).

V. 인지, 우표위·변조죄

1. 의의 행사할 목적으로 대한민국 또는 외국의 인지·우표 기타 우편요금을 표시하는 증표를 위조 또는 변조하는 행위를 처벌하는 범죄이다. 행사할 목적을 요하는 목적범이다.

2. 행사할 목적

가. 행사의 의미 '행사'라 함은 위조된 대한민국 또는 외국의 우표를 진정한 우표로서 사용하는 것으로 반드시 우편요금의 납부용으로 사용하는 것에 한정되지 않고, 우표수집의 대상으로서 매매하는 경우도 이에 해당된다(대판 1989.4.11. 88도1105).

나. 위조의 정을 알고 있는 자에 대한 교부 위조된 우표를 그 정을 알고 있는 자에게 교부하더라도 그 자가 이를 진정하게 발행된 우표로서 사용할 것이라는 정을 인식하면서 교부한다면, '행사할 목적'에 해당된다(대판 1989.4.11. 88도1105).[32]

---

27 김/서, 558면; 이형국, 588면; 정/박, 703면.

28 김성돈, 571면; 임웅, 665면.

29 임웅, 666면.

30 권오걸, 819면; 김성돈, 571면; 정/박, 703면.

31 권오걸, 819면; 이재상, 567면.

32 위조우표라는 정을 알면서 액면가의 10 내지 20배의 가격으로 서로 사고판 사안이다.

제3장

사회의 도덕에 대한 죄

제1절 • 성풍속에 관한 죄

I. 음화반포죄

> **제243조(음화반포등)** 음란한 문서, 도화, 필름 기타 물건을 반포, 판매 또는 임대하거나 공연히 전시 또는 상영한 자는 1년 이하의 징역 또는 500만원 이하의 벌금에 처한다.

1. 의의와 성격 음란한 문서, 도화, 필름 기타 물건을 반포, 판매 또는 임대하거나 공연히 전시 또는 상영하는 행위를 벌하는 범죄이다. 음란물의 반포, 판매, 임대는 즉시범이고, 전시 및 상영은 계속범이다. 보호법익은 사회의 '건전한 성도덕'이며, 보호의 정도는 추상적 위험범이다.

2. 공연히의 의미 음화 등을 공연히 전시한다는 것은 음화 등을 불특정 또는 다수인이 관람할 수 있는 상태하에 현출시키는 것을 뜻하는 것으로서, 특정된 소수인만이 볼 수 있는 상태에 두는 것은 이에 해당되지 않는다(대판 1973.8.21. 73도409).

3. 음란

가. 음란의 의미 ① 음란이라 함은 사회통념상 일반 보통인의 성욕을 자극하여 성적 흥분을 유발하고 정상적인 성적 수치심을 해하여 성적 도의관념에 반하는 것으로서, 표현물을 전체적으로 관찰·평가해 볼 때 단순히 저속하다거나 문란한 느낌을 준다는 정도를 넘어서서 존중·보호되어야 할 인격을 갖춘 존재인 사람의 존엄성과 가치를 심각하게 훼손·왜곡하였다고 평가할 수 있을 정도로, 노골적인 방법에 의하여 성적 부위나 행위를 적나라하게 표현 또는 묘사한 것으로서, 사회통념에 비추어 전적으로 또는 지배적으로 성적 흥미에만 호소하고 하등의 문학적·예술적·사상적·과학적·의학적·교육적 가치를 지니지 아니하는 것을 뜻한다(대판 2008.3.13. 2006도3558). ② 반드시 성행위를 묘사하거나 성적인 의도를 표출할 것을 요하는 것은 아니다(대판 2006.1.13. 2005도1264). ③ 음란이라는 개념 자체가 사회와 시대적 변화에 따라 변동하는 상대적이고도 유동적인 것이고 그 시대에 있어서 사회의 풍속, 윤리, 종교 등과도 밀접한 관계를 가지는 추상적인 것이다(대판 1995.2.10. 94도2266; 2008.3.13. 2006도3558).

나. 판단기준

(1) 객관적, 규범적 판단 표현물 제작자의 주관적 의도가 아니라 그 사회의 평균인의 입장에서 그 시대의 건전한 사회통념에 따라 객관적이고 규범적으로 평가하여야 한다(대판 2005.7.22. 2003도291; 2008.3.13. 2006도3558).

(2) 전체적 판단 당해 도화의 성에 관한 노골적이고 상세한 표현의 정도와 그 수법, 당해 도화의 구성 또는 예술성, 사상성 등에 의한 성적 자극의 완화의 정도, 이들의 관점으로부터 당해 도화를 전체로서 보았을 때 주로 독자의 호색적 흥미를 돋구는 것으로 인정되느냐의 여부 등을 검토, 종합하여 그 시대의 건전한 사회통념에 비추어 판단하여야 할 것이다(대판 2008.3.13. 2006도3558).

(3) 영상물등급위원회의 등급분류와의 관계 영화나 비디오물 등에 관한 영상물등급위원회의 등급분류는 관람자의 연령을 고려하여 영화나 비디오물 등의 시청등급을 분류하는 것일 뿐 그 음란성 여부에 대하여 심사하여 판단하는 것이 아니므로, 법원이 영화나 비디오물 등의 음란성 여부를 판단하는 과정에서 영상물등급위원회의 등급분류를 참작사유로 삼을 수는 있겠지만 영상물등급위원회에서 18세 관람가로 등급분류하였다는 사정만으로, 그 영화나 비디오물 등의 음란성이 당연히 부정된다거나 영상물등급위원회의 판단에 법원이 기속된다고 볼 수는 없다(대판 2008.3.13. 2006도3558).

다. 예술성과의 관계

(1) 학설 학문성 또는 예술성을 갖춘 학술문헌이나 예술작품도 음란성을 지닐 수 있는가에 대하여, ① 학문성이나 예술성이 인정된다고 하여 음란성이 부정되는 것은 아니라는 긍정설[1]과 ② 기존관념을 깨뜨리고 발전해 나가는 학문과 예술을 성풍속이라는 기존관념으로 규제하는 것은 학문·예술의 자유에 대한 본질적인 침해에 해당한다는 부정설[2]이 나뉘고 있다.

(2) 판례 예술성과 음란성은 차원을 달리하는 관념이므로 어느 예술작품에 예술성이 있다고 하여 그 작품의 음란성이 당연히 부정되는 것은 아니다(대판 2008.3.13. 2006도3558).[3]

(3) 검토 진선미를 추구하는 학문과 예술이 제대로 학문성 또는 예술성을 갖춘 작품을 만들어 낸다면, 이는 이미 음란성과는 별개의 세계에 속하는 것이다. 하지만 학문성과 예술성에도 각자 느끼는 차이가 있고, 예술을 빙자하는 음란물도 범람하는 지경이라 학술문헌이나 예술작품이라고 하여 음란성평가를 비켜 갈 수는 없다.

라. 상대적 음란성

(1) 학설 음란성이 독자나 상황에 따라 상대적으로 평가될 수 있는가에 대하여, 긍정설[4]과 부정설(다수설)[5]이 대립한다. 다수설은 제작자의 의도를 중시하는 경우 음화반포죄를 일종의 목적범

---

1 권오걸, 928면; 박상기, 581면; 정/박, 746면; 정영일, 648면.

2 김/서, 505면; 배종대, 758면; 오영근, 787면; 이재상, 646면.

3 대판 2000.10.27. 98도679; 2005.7.22. 2003도291.

4 오영근, 807면; 임웅, 780면.

5 권오걸, 928면; 김/서, 506면; 박상기, 583면; 배종대, 758면; 이재상, 647면; 장영민, 음란물죄에 관한 약간의 고찰, 고시연구 제22권 제2호(251호), 44면.

으로 변질시킬 우려가 있고, 반포대상에 따라 음란성이 달라지는 것도 합리성이 없으므로 음란성은 전체적으로 평가하여야 한다고 한다. 그러나 그 자체가 음란한 것은 아닌 예술작품이나 학술서도 청소년에게 반포되거나 호색적 측면만을 강조하여 반포되는 경우에는 음란물로 평가될 수 있고, 음란성이 인정되는 작품이나 도서도 예술적 혹은 학술적 감상이나 탐구를 하는 전문가에게 반포되는 경우에는 음란물로 평가되지 않을 수 있다.

(2) 판례 침대 위에 비스듬히 위를 보고 누워 있는 천연색 여자 나체화 카드 사진이 비록 명화집에 실려 있는 그림이라 하여도 이것을 예술, 문학, 교육 등 공공의 이익을 위해서 이용하는 것이 아니고, 성냥갑 속에 넣어서 판매할 목적으로 그 카드 사진을 복사·제조하거나 시중에 판매하였다고 하면 이는 그 명화를 모독하여 음화화시켰다 할 것이므로 음화이다(대판 1970.10.30. 70도1879).

마. 판단 주체 법관이 일정한 가치판단에 의하여 내릴 수 있는 규범적인 개념이라 할 것이어서 그 최종적인 판단의 주체는 어디까지나 당해 사건을 담당하는 법관이라 할 것이니, 음란성을 판단함에 있어 법관이 자신의 정서가 아닌 일반 보통인의 정서를 규준으로 하여 이를 판단하면 족하다(대판 1995.2.10. 94도2266; 2008.3.13. 2006도3558).

4. 음란성 여부

가. 음란성이 있는 사례 ① 남성용 자위기구가 그 시대적 수요가 있고 어느 정도의 순기능을 하고 있으며 은밀히 판매되고 사용되는 속성을 가진 것은 사실이나, 이 사건 기구는 사람의 피부에 가까운 느낌을 주는 실리콘을 재질로 사용하여 여성의 음부, 항문, 음모, 허벅지 부위를 실제와 거의 동일한 모습으로 재현하는 한편, 음부 부위는 붉은색으로, 음모 부위는 검은색으로 채색하는 등 그 형상 및 색상 등에 있어서 여성의 외음부를 그대로 옮겨 놓은 것이나 진배없는 것으로서, 여성 성기를 지나치게 노골적으로 표현함으로써 사회통념상 그것을 보는 것 자체만으로도 성욕을 자극하거나 흥분시킬 수 있고 일반인의 정상적인 성적 수치심을 해치고 선량한 성적 도의관념에 반한다고 하지 않을 수 없다(대판 2003.5.16. 2003도988). ② 도화는 교복을 입은 여고생이 성인 남자의 성기를 빨고 있는 모습, 교복을 입은 여고생이 팬티를 벗어 음부와 음모를 노출시킨 모습 등을 극히 사실적으로 묘사하고 있는 것들이고, 문서 역시 그 표지 안쪽에 청소년 성매매를 옹호하는 듯한 문구를 기재하고 위 그림들을 그대로 수록한 것으로서, 이는 모두 보통 사람들의 성적 수치심과 선량한 성적 도의관념을 침해하는 음란한 도화 및 문서에 해당한다(대판 2002.8.23. 2002도2889).

나. 음란성이 없는 사례 여성용 자위기구나 돌출콘돔의 경우 그 자체로 남성의 성기를 연상케 하는 면이 있다 하여도 그 정도만으로 그 기구 자체가 성욕을 자극, 흥분 또는 만족시키게 하는 물건으로 볼 수 없을 뿐만 아니라 일반인의 정상적인 성적 수치심을 해치고 선량한 성적 도의관념에 반

한다고도 볼 수 없으므로 음란한 물건에 해당한다고 볼 수 없다(대판 2000.10.13. 2000도3346).

다. 컴퓨터 프로그램파일

(1) 학설 컴퓨터 프로그램파일도 본죄의 음란물에 해당하는가에 대해, 긍정설[6]과 부정설[7]이 나뉜다. 판례는 '정보통신망 이용촉진 및 정보보호에 관한 법률' 위반죄의 객체로 본다.

(2) 판례 컴퓨터 프로그램파일은 문서, 도화, 필름 기타 물건에 해당한다고 할 수 없으므로, 음란한 영상화면을 수록한 컴퓨터 프로그램파일을 컴퓨터 통신망을 통하여 전송하는 방법으로 판매한 행위에 대하여 전기통신기본법 제48조의2의 규정을 적용할 수 있음은 별론으로 하고, 형법 제243조의 규정을 적용할 수 없다(대판 1999.2.24. 98도3140).

라. 링크행위와 공연한 전시

(1) 판례 링크를 포함한 일련의 행위 및 범의가 다른 웹사이트 등을 단순히 소개·연결할 뿐이거나 또는 다른 웹사이트 운영자의 실행행위를 방조하는 정도를 넘어, 이미 음란한 부호 등이 불특정·다수인에 의하여 인식될 수 있는 상태에 놓여 있는 다른 웹사이트를 링크수법으로 사실상 지배·이용함으로써 그 실질에 있어서 음란한 부호 등을 직접 전시하는 것과 다를 바 없다고 평가되고, 이에 따라 불특정·다수인이 이러한 링크를 이용하여 별다른 제한 없이 음란한 부호 등에 바로 접할 수 있는 상태가 실제로 조성되었다면, 그러한 행위는 전체로 보아 음란한 부호 등을 공연히 전시한다는 구성요건을 충족한다고 봄이 상당하다(대판 2003.7.8. 2001도1335).

(2) 검토 인터넷 홈페이지에 '야설'이나 '섹스룰렛'과 같은 하이퍼텍스트를 설치하여 이를 클릭하는 사람이 링크된 음란사이트로 바로 이동하도록 하더라도 이 하이퍼텍스트 자체는 음란물이 아니므로 음란물의 공연한 전시로 볼 수 없다. 하이퍼텍스트를 '명화' 혹은 '세상에서 가장 아름다운 이야기'라고 설정하여 이를 클릭하는 사람이 원하지 않는 음란물에 노출된다면, 이러한 하이퍼텍스트 설치행위는 당벌성이 있겠지만, '야설'이라는 하이퍼텍스트 자체는 음란의 바다로 알려진 인터넷 세상에서 '원하는 사람은 클릭하시오'라는 안내문구의 역할을 할 뿐이다.[8]

5. 고의

가. 학설 행위자가 음란성을 인식하여야 하는가와 관련하여, 미필적으로나마 인식하여야 한다는 견해(통설)[9]와 음란성은 법관의 객관적 평가에 의존하는 규범적 구성요건요소로 그에 대한 행

---

6 김/서, 507면; 박상기, 579면; 배종대, 748면.

7 오영근, 789면; 정영일, 649면.

8 오영근, 인터넷상의 음란정보 '전시' 개념, 법률신문, 2003.10.23.자; 임상규, 2003년 형법각칙분야에 관한 대법원의 주요판례와 그 동향, 형사법연구 제21호(2004, 여름), 47면.

9 김성돈, 643면; 이재상, 648면; 오영근, 809면; 임웅, 783면; 정/박, 748면; 정영일, 651면.

위자의 인식을 요하는 것은 아니라는 견해[10]가 주장되고 있다. 음란물을 판매 또는 전시하는 자가 그 음란성을 미필적으로라도 인식하지 못했다면, 이는 과실범으로서 무죄라고 하여야 한다.

나. 판례 그림의 음란성을 인식하지 못하였다 하여도 그 음란성의 유무는 그 그림 자체로서 객관적으로 판단해야 할 것이고, 그 제조자나 판매자의 주관적인 의사에 따라 좌우되는 것은 아니라 할 것이며, 그 음화의 제조 내지 판매죄의 범의성립에 있어서도 그러한 그림이 존재한다는 것과 이를 제조나 판매하고 있다는 것을 인식하고 있으면 되고, 그 이상 더 나가서 그 그림이 음란한 것인가 아닌가를 인식할 필요는 없다(대판 1970.10.30. 70도1879).

II. 공연음란죄

> **제245조(공연음란)** 공연히 음란한 행위를 한 자는 1년 이하의 징역, 500만원 이하의 벌금, 구류 또는 과료에 처한다.

1. 의의 공연히 음란한 행위를 하는 범죄이다. 보호법익은 사회의 '건전한 성도덕 내지 성풍속'이고, 보호의 정도는 추상적 위험범이다. 일반인의 성욕을 자극하여 성적 흥분을 유발하고 성적 수치심을 느끼게 하는 행위를 벌하고자 하는 죄이다.

2. 음란행위

가. 신체노출과 공연음란

(1) 학설 음란행위는 성행위에 국한되는가와 관련하여, ① 성행위나 자위행위에 국한된다는 긍정설[11]과 ② 그 외에 과도한 신체노출도 포함된다는 부정설[12]이 대립한다. 성행위나 자위행위 정도의 성적 묘사에 이르지 않더라도 성적 수치심을 유발하는 지나친 신체노출도 음란행위가 될 수 있다고 보아야 한다.

(2) 판례 경범죄처벌법 제1조 제41호가 '여러 사람의 눈에 뜨이는 곳에서 함부로 알몸을 지나치게 내놓거나 속까지 들여다보이는 옷을 입거나 또는 가려야 할 곳을 내어 놓아 다른 사람에게 부끄러운 느낌이나 불쾌감을 준 사람'을 처벌하도록 규정하고 있는 점 등에 비추어 볼 때, 신체의 노

10 박상기, 584면.

11 김/서, 511면; 박상기, 585면; 배종대, 761면; 이재상, 650면.

12 김성돈, 645면; 오영근, 811면; 임웅, 786면; 정/박, 750면; 정영일, 653면.

출행위가 있었다고 하더라도 그 일시와 장소, 노출 부위, 노출 방법·정도, 노출 동기·경위 등 구체적 사정에 비추어, 그것이 일반 보통인의 성욕을 자극하여 성적 흥분을 유발하고 정상적인 성적 수치심을 해하는 것이 아니라 단순히 다른 사람에게 부끄러운 느낌이나 불쾌감을 주는 정도에 불과하다고 인정되는 경우, 그와 같은 행위는 경범죄처벌법 제1조 제41호에 해당할지언정 형법 제245조의 음란행위에 해당한다고 할 수 없다(대판 2004.3.10. 2003도651).

(3) 공연음란이 아닌 사례 피고인은 자신의 동서가 주차 문제로 甲과 말다툼할 때, 甲이 피고인에게 "술을 먹었으면 입으로 먹었지 똥구멍으로 먹었냐"라고 말한 것에 화가 나 말다툼을 한 후 이를 항의하기 위하여 다시 甲이 경영하는 상점으로 찾아가서, 상점카운터를 지키고 있던 甲의 딸(여, 23세)을 보고 "주인 어디 갔느냐"고 소리를 지르다가 등을 돌려 엉덩이가 드러날 만큼 바지와 팬티를 내린 다음 엉덩이를 들이밀며 "똥구멍으로 어떻게 술을 먹느냐, 똥구멍에 술을 부어 보아라"라고 말한 사실, 피고인의 그러한 행위는 1분 정도 지속되었으나 피고인이 뒤로 돌아서서 딸에게 등을 보인 채 바지와 팬티를 내린 탓으로 딸이 피고인의 성기를 보기 어려운 상태였던 사실이 인정되는바, 그러한 행위는 보는 사람에게 부끄러운 느낌이나 불쾌감을 주는 정도에 불과하다고 보여지고, 일반 보통인의 성욕을 자극하여 성적 흥분을 유발하거나 정상적인 성적 수치심을 해할 정도에 해당한다고 보기는 어렵다(대판 2004.3.10. 2003도6514).

(4) 공연음란에 해당하는 사례 ① 불특정 또는 다수인이 알 수 있는 상태에서 옷을 모두 벗고 알몸이 되어 성기를 노출하였다면 그 행위는 일반적으로 보통인의 정상적인 성적 수치심을 해하여 성적 도의관념에 반하는 음란한 행위라고 할 것이고, 또 승용차를 손괴하거나 타인에게 상해를 가하는 등의 행패를 부리던 중 경찰관이 이를 제지하려고 하자, 이에 대항하여 위와 같은 행위를 한 데에는 알몸이 되어 성기를 드러내어 보이는 것이 타인의 정상적인 성적 수치심을 해하는 음란한 행위라는 인식도 있었다(대판 2000.12.22. 2000도4372).[13] ② 요구르트 제품의 홍보를 위하여 여성누드모델들이 일반 관람객 및 기자 80여 명이 있는 자리에서, 알몸에 밀가루를 바르고 무대에 나와 분무기로 요구르트를 몸에 뿌려 밀가루를 벗겨 내는 방법으로 알몸을 완전히 드러내어 음부 및 유방 등이 노출된 상태로 무대를 돌며 관람객들을 향하여 요구르트를 던진 행위는 공연음란죄에 해당한다(대판 2006.1.13. 2005도1264).

나. 연극과 공연음란 연극공연행위의 음란성의 판단에 있어서는 당해 공연행위의 성에 관한 노골적이고 상세한 묘사·서술의 정도와 그 수법, 묘사·서술이 행위 전체에서 차지하는 비중, 공연행위에 표현된 사상 등과 묘사·서술과의 관련성, 연극작품의 구성이나 전개 또는 예술성·사상성 등에 의한 성적 자극의 완화 정도, 이들의 관점으로부터 당해 공연행위를 전체로서 보았을 때 주로

13 시위조로 알몸상태로 바닥에 드러눕거나 돌아다녔다.

관람객들의 호색적 흥미를 돋구는 것으로 인정되느냐의 여부 등의 여러 점을 검토하는 것이 필요하고, 이들의 사정을 종합하여 그 시대의 건전한 사회통념에 비추어 그것이 공연히 성욕을 흥분 또는 자극시키고 또한 보통인의 정상적인 성적 수치심을 해하고, 선량한 성적 도의관념에 반하는 것이라고 할 수 있는가의 여부에 따라 결정되어야 할 것이다(대판 1996.6.11. 96도980).

3. 고의

가. 고의의 범위 ① 공연음란죄는 주관적으로 성욕의 흥분, 만족 등의 성적인 목적이 있어야 성립하는 것은 아니고 그 행위의 음란성에 대한 의미의 인식이 있으면 족하다(대판 2004.3.12. 2003도6514; 2000.12.22. 2000도4372). ② 비록 음란성을 인식하지 못하였다고 하더라도 객관적으로 음란하다고 인정되는 위 행위들을 공연히 하고 있다는 것을 인식하고 있으면 되고 그 이상 더 나아가서 위 행위들이 음란한 것인가 아닌가를 인식할 필요는 없다(대판 1996.6.11. 96도980).

나. 공연윤리위원회심사와 고의 공연윤리위원회 소관부서의 평가를 거친 후에 연극을 공연하는 등 음란성에 대한 주관적 인식 없이 위 공연행위를 하였다고 하더라도, 객관적으로 음란성이 인정되는 행위들을 공연히 하고 있다는 인식이 있었음을 넉넉하게 인정할 수 있는 이상, 공연음란죄의 성립에 아무런 장애가 되지 아니한다(대판 1996.6.11. 96도980).

제2절 • 도박과 복표에 관한 죄

I. 도박죄

> **제246조(도박)** ① 도박을 한 사람은 1천만원 이하의 벌금에 처한다. 다만, 일시오락 정도에 불과한 경우에는 예외로 한다.

1. 의의와 보호법익

가. 의의와 성격 도박을 벌하는 범죄이다. 도박은 2인 이상이 행하게 되는 필요적 공범이다.

나. 보호법익 도박죄를 처벌하는 이유는 정당한 근로에 의하지 아니한 재물의 취득을 처벌함으로써 경제에 관한 건전한 도덕법칙을 보호하는 데에 있다(대판 2008.10.23. 2006도736).

2. 도박

가. 도박의 의미 ① '도박'이라 함은 참여한 당사자가 재물을 걸고 우연한 승부에 의하여 재물의 득실을 다투는 것을 의미한다(대판 2002.4.12. 2001도5802). ② '우연'이라 함은 주관적으로 '당사자가 확실히 예견 또는 자유로이 지배할 수 없는 사실에 관하여 승패를 결정하는 것'을 말하고, 객관적으로 불확실할 것을 요구하지 아니하며, 당사자의 능력이 승패의 결과에 영향을 미친다고 하더라도 다소라도 우연성의 사정에 의하여 영향을 받게 되는 때에는 도박죄가 성립할 수 있다(대판 2008.10.23. 2006도736).

나. 재물과 재산상 이익 '도박'에는 '일반 재산범죄에서의 재물'로써 하는 도박뿐만 아니라 '기타 재산상 이익'으로써 하는 도박도 당연히 포함되어 있는 것이다(헌재결 2010.5.27. 2007헌바100).

다. 경기와 도박

(1) 학설 운동경기도 도박성을 인정할 수 있는가에 대해, ① 선수의 기량과 집중도 등에 의해 승패가 좌우되므로 도박성이 없다는 부정설[1]과 ② 운동경기에도 우연성이 어느 정도 작용하기 때문에 도박성이 있다는 긍정설[2]이 대립한다. 운동경기에는 상당한 정도의 우연성이 작용하는 만큼 긍정설이 타당하다.

(2) 판례(긍정설) '내기 골프'가 도박죄의 구성요건이 요구하는 행위의 정형성을 갖추고 있고 도박죄의 보호법익을 침해하는 행위로서 도박에 해당한다(대판 2008.10.23. 2006도736).

라. 편면적 도박죄의 성부

(1) 학설 사기도박의 경우에 상대방에게 도박죄가 성립할 수 있는가에 대해, 긍정설[3]과 부정설[4]이 대립한다. 긍정설은 필요적 공범 전원에게 도박죄가 성립할 필요는 없고, 편면적 도박도 가능하므로 사기도박의 상대방은 도박죄의 죄책을 진다고 한다. 그러나 사기도박의 경우에는 우연성이 사실상 배제되어 있으므로 상대방은 도박을 한 것이 아니라, 단순히 사기의 피해자일 뿐이라고 하여야 한다. 판례도 부정설의 입장이다.

(2) 판례 화투의 조작에 숙달하여 원하는 대로 끝수를 조작할 수 있어서 우연성이 없음에도 피해자를 우연에 의하여 승부가 결정되는 것처럼 오신시켜 돈을 도하게 하여 이를 편취한 행위는

---

1 김성돈, 650면; 배종대, 754면; 이재상, 654면; 정영일, 657면.

2 권오걸, 939면; 김/서, 515면; 박상기, 588면; 오영근, 798면; 임웅, 793면; 정/박, 756면.

3 김/서, 515면.

4 권오걸, 938면; 김성돈, 649면; 박상기, 587면; 배종대, 754면; 오영근, 816면; 이재상, 655면; 임웅, 792면; 정/박, 755면.

이른바 기망방법에 의한 도박으로서 사기죄에 해당한다(대판 1985.4.23. 85도583).

3. 일시오락

가. 입법취지 일시 오락 정도에 불과한 도박은 그 재물의 경제적 가치가 근소하여 건전한 근로의식을 침해하지 않을 정도이므로 건전한 풍속을 해할 염려가 없는 정도의 단순한 오락에 그치는 경미한 행위에 불과하고, 일반 서민대중이 여가를 이용하여 평소의 심신의 긴장을 해소하는 오락은 이를 인정함이 국가정책적 입장에서 보더라도 허용된다(대판 2004.4.9. 2003도6351).

나. 법적 성질

(1) 학설 일시 오락에 대해서는 ① 구성요건해당성 배제사유라는 견해[5]와 ② 사회상규에 위배되지 않는 정당행위라는 견해[6]가 주장되고 있다. 일시 오락인지의 여부가 명확히 판단될 수 있다면 구성요건해당성배제사유로 볼 수 있겠지만, 그 자체가 관여자 및 판돈의 크기 등에 의해 판단이 달라질 수 있는 만큼, 도박죄의 구성요건에는 해당하지만 일시 오락으로 평가되는 경우에는 위법성이 조각된다고 보아야 한다.

(2) 판례

A. 구성요건해당성 배제사유로 본 판결 연령, 직업, 재산정도 등에 비추어 일시 오락의 정도에 불과하여 도박죄를 구성하지 않는다(대판 1984.7.10. 84도1043).

B. 위법성조각사유로 본 판결 일시오락 정도에 불과하여 사회생활질서 범위 안에 있는 경우에는 사회상규에 위배되지 아니하는 행위로서 그 위법성이 조각되어 처벌하지 아니한다(헌재결 2013.12.26. 2011헌마592; 대판 1985.11.12. 85도2096).

4. 기타 문제

가. 상습성 습벽의 유무를 판단함에 있어서는 도박의 전과나 도박횟수 등이 중요한 판단자료가 되나 도박전과가 없다 하더라도 도박의 성질과 방법, 도금의 규모, 도박에 가담하게 된 태양 등의 제반 사정을 참작하여 습벽이 인정되는 경우에는 상습성을 인정하여도 무방하다(대판 1995.7.11. 95도955; 2008.10.23. 2008도3970).

나. 죄수: 상습도박과 방조 상습도박의 죄나 상습도박방조의 죄에 있어서의 상습성은 행위의 속성이 아니라 행위자의 속성으로서 도박을 반복해서 거듭하는 습벽을 말하는 것인바, 도박의 습벽

---

5 김/서, 516면.

6 권오걸, 940면; 김성돈, 650면; 박상기, 588면; 배종대, 755면; 오영근, 817면; 이재상, 655면; 임웅, 738면; 정/박, 756면.

이 있는 자가 타인의 도박을 방조하면 상습도박방조의 죄에 해당하는 것이며, 도박의 습벽이 있는 자가 도박을 하고 또 도박방조를 하였을 경우 상습도박방조의 죄는 무거운 상습도박의 죄에 포괄시켜 일죄로서 처단하여야 한다(대판 1984.4.24. 84도195).

다. 국외범과 위법성조각 도박죄를 처벌하지 않는 외국 카지노에서의 도박이라는 사정만으로 그 위법성이 조각된다고 할 수 없다(대판 2004.4.23. 2002도2518).

II. 도박장소개설죄

> **第247조(도박장소 등 개설)** 영리의 목적으로 도박을 하는 장소나 공간을 개설한 사람은 5년 이하의 징역 또는 3천만원 이하의 벌금에 처한다.

1. 의의와 성격 영리목적으로 도박장을 개설하는 범죄이다. 영리목적을 가지고 타인의 도박을 교사·방조한다는 점에서 상습도박과 같은 형으로 벌한다. 도박장을 개설한 동안 범죄행위가 계속되는 계속범이다.

2. 성립요건

가. 개장의 의미 도박개장죄는 영리의 목적으로 스스로 주재자가 되어 그 지배하에 도박장소를 개설함으로써 성립하는 것이다(대판 2002.4.12. 2001도5802).

나. 영리목적

(1) 간접적 이익 '영리의 목적'이란 도박개장의 대가로 불법한 재산상의 이익을 얻으려는 의사를 의미하는 것으로, 반드시 도박개장의 직접적 대가가 아니라 도박개장을 통하여 간접적으로 얻게 될 이익을 위한 경우에도 영리의 목적이 인정된다(대판 2002.4.12. 2001도5802; 2008.10.23. 2008도3970).

(2) 현실적 이익의 취득 요부 현실적으로 그 이익을 얻었을 것을 요하지는 않는다(대판 2008.10.23. 2008도3970).

다. 성립하는 사례

(1) 성인피시방 운영자 성인피시방 운영자가 손님들로 하여금 컴퓨터에 접속하여 인터넷 도박게임을 하고 게임머니의 충전과 환전을 하도록 하면서 게임머니의 일정 금액을 수수료 명목으로 받은 행위는 도박개장죄에 해당한다(대판 2008.10.23. 2008도3970).

(2) 경품낚시터 운영 손님들이 내는 입장료는 낚시터에 입장하기 위한 대가로서 성격과 경품을 타기 위해 미리 거는 금품으로서의 성격을 동시에 지니고 있으며, 손님들에게 경품을 제공하기로 한 것은 재물을 거는 행위로 볼 수 있으므로 영리의 목적으로 낚시터를 도박장소로 개설했다(대판 2009.2.26. 2008도10582).[7]

(3) 인터넷 도박 사이트 개설 인터넷 사이트의 회원들에게 도박을 하게 하고, 참여한 회원들로부터 매회 해당 판돈의 5%를 수수료 명목으로, 회원들이 도박을 하여 얻은 게임코인을 인터넷 포인트 환전사이트에서 환전할 때마다 환전금액의 10%를 환전수수료 명목으로, 그리고 회원들 간의 게임머니 송금 시 송금액의 10%를 송금수수료 명목으로 각 공제하여 합계 3억 5천만 원 상당의 이익을 취득한 사실을 알 수 있는바, 이익금은 도박개장의 직간접적인 대가에 해당한다(대판 2008.9.11. 2008도1667).

3. 기타 문제

가. 기수시기 도박개장죄는 영리의 목적으로 도박을 개장하면 기수에 이르고 현실로 도박이 행하여졌음은 묻지 않는다. 따라서 영리의 목적으로 속칭 포커나 바둑이, 고스톱 등의 인터넷 도박게임 사이트를 개설하여 운영하는 경우, 현실적으로 게임이용자들로부터 돈을 받고 게임머니를 제공하고 게임이용자들이 도박게임 사이트에 접속하여 도박을 하여, 게임으로 획득한 게임머니를 현금으로 환전해 주는 방법 등으로 게임이용자들과 게임회사 사이에 있어서 재물이 오고 갈 수 있는 상태에 있으면, 게임이용자가 도박게임 사이트에 접속하여 실제 게임을 하였는지 여부와 관계없이 도박개장죄는 '기수'에 이른다(대판 2009.12.10. 2008도5282).

나. 도박죄와의 관계

(1) 학설 도박장을 개설한 자가 도박에 참여한 때에는 ① 도박장개설죄와 도박죄의 실체적 경합범이 된다는 견해[8]와 ② 상상적 경합범이 된다는 견해[9]가 주장되고 있다. 도박장개설죄가 계속범이라고 하더라도 개설행위와 도박행위는 별개라고 보아야 하므로 실체적 경합범설이 타당하다.

(2) 판례 도박개장죄는 도박죄와는 별개의 독립된 범죄이므로 두 죄는 실체적 경합관계에 있다(대판 2002.4.12. 2001도5802).

---

7 대판 2009.2.26. 2008도10582. 실내낚시터를 운영하면서 물고기 1,700여 마리를 구입하여 그중 600마리의 등지느러미에 번호표를 달고 나머지는 번호표를 달지 않은 채 대형 수조에 넣고, 손님들로부터 시간당 3~5만 원의 요금을 받고 낚시를 하게 한 후 손님들이 낚은 물고기에 부착된 번호가 시간별로 우연적으로 변동되는 프로그램상의 시상번호와 일치하는 경우 손님들에게 5천 원 내지 3백만 원 상당의 문화상품권이나 주유상품권을 지급하는 방식으로 영업하였다.

8 이재상, 659면; 임웅, 798면.

9 권오걸, 942면; 오영근, 822면.

III. 복표발매·취득죄

> **제248조(복표의 발매 등)** ① 법령에 의하지 아니한 복표를 발매한 사람은 5년 이하의 징역 또는 3천만원 이하의 벌금에 처한다.
> ② 제1항의 복표발매를 중개한 사람은 3년 이하의 징역 또는 2천만원 이하의 벌금에 처한다.
> ③ 제1항의 복표를 취득한 사람은 1천만원 이하의 벌금에 처한다.

1. 의의와 성격 법령에 의하지 아니한 복표를 발매 혹은 그 발매를 중개하거나 복표를 취득하는 범죄이다. 복표의 당첨에는 우연적 요소가 강하여 도박과 성격이 유사하다. 영업으로 무허가복표를 발행하는 자에 대해서는 사행행위 등 규제 및 처벌 특례법이 적용된다.

2. 복표 형법 제248조가 규정하는 복표의 개념요소는 ① 특정한 표찰일 것, ② 그 표찰을 발매하여 다수인으로부터 금품을 모을 것, ③ 추첨 등의 우연한 방법에 의하여 다수인 중 일부 당첨자에게 재산상의 이익을 주고 다른 참가자에게 손실을 줄 것의 세 가지로 파악할 수 있으며, 이 점에서 경제상의 거래에 부수하는 특수한 이익의 급여 내지 가격할인에 불과한 경품권이나 사은권 등과는 그 성질이 다른 것이지만, 어떠한 표찰이 복표에 해당하는지 여부는 그 표찰 자체가 갖는 성질에 의하여 결정되어야 하고, 그 기본적인 성질이 위와 같은 개념요소를 갖추고 있다면 거기에 광고 등 다른 기능이 일부 가미되어 있는 관계로 당첨되지 않은 참가자의 손실을 그 광고주 등 다른 사업주들이 대신 부담한다고 하더라도, 특별한 사정이 없는 한 복표로서의 성질을 상실하지는 않는다(대판 2003.12.26. 2003도5433).

3. 취득 복표취득죄에 있어서 그 취득은 유상이건 무상이건 가리지 않는다(대판 2003.12.26. 2003도5433).

제3절 • 신앙에 관한 죄

I. 예배·제사방해죄

> **제158조(장례식등의 방해)** 장례식, 제사, 예배 또는 설교를 방해한 자는 3년 이하의 징역 또는 500만원 이하의 벌금에 처한다.

1. 의의와 보호법익

가. 의의와 성격 장례식, 제사, 예배 또는 설교를 방해하는 죄이다. 사람들의 종교활동 및 제전의

평온 등을 보호하려는 범죄이다.

나. 보호법익 예배방해죄는 공중의 종교생활의 평온과 종교감정을 그 보호법익으로 하는 것이다(대판 2008.1.31. 2007도5296).

2. 예배, 제사, 장례식

가. 예배 등의 범위 제전이 집행 중이거나 제전의 집행과 시간적으로 밀접 불가분의 관계에 있는 준비단계에서 이를 방해하는 경우에만 성립한다(대판 1982.2.23. 81도2691; 2008.1.31. 2007도5296).

나. 예배 등이 아닌 사례 ① 피해자의 집에 가서 시비 중에 마침 제사상에 사용할 음식을 마련하여 임시로 작은 상 위에 올려 놓은 것을 발로 찼다는 정도의 행위는 제전방해죄에 해당되지 않는다(대판 1982.2.23. 81도2691). ② 교회의 교인이었던 사람이 교인들의 총유인 교회 현판, 나무십자가 등을 떼어내고 예배당 건물에 들어가 출입문 자물쇠를 교체하여 7개월 동안 교인들의 출입을 막은 경우, 장기간 예배당 건물의 출입을 통제한 행위는 교인들의 예배 내지 그와 밀접불가분의 관계에 있는 준비단계를 계속하여 방해한 것으로 볼 수 없어 예배방해죄가 성립하지 않는다(대판 2008.1.31. 2007도5296). ③ 甲은 대한예수교장로회 소속 교회의 담임목사로 있다가 교회 재판국으로부터 목사면직의 판결을 받자 일부 신도들과 함께 대한예수교장로회 교단을 탈퇴한다는 결의를 하고 교회를 떠난 후 교회 건물에서 예배를 한 적이 없고, 교회에서는 11:00에 부활절 예배가 예정되어 있었는데 그러한 사정을 잘 아는 甲이 그를 따르는 신도들과 함께 아무런 통보나 예고도 없이 갑자기 10:10경에 부활절 예배를 준비 중이던 교회 예배당으로 들어와서는 찬송가를 부르는 등의 행위를 하기 시작하였으며, 甲 및 그를 따르는 신도들은 교회의 교인들로부터 부활절 예배가 곧 시작되므로 예배당을 비워 달라는 요구를 받았음에도 불구하고 이를 계속해서 거부한 행위는, 교회 교인들의 예배를 방해하기 위한 행위라고 볼 수밖에 없어 예배방해죄에서 보호하는 '예배'에 해당된다고 보기는 어렵다(대판 2008.2.28. 2006도4773).

다. 예배인 사례 담임목사가 아닐 경우에는 당회가 그 결의에 의하여 예배인도와 설교를 거부할 수 있으며 거부할 경우에는 그를 주관할 수 없게 되어 있는데, 당회가 결의하여 甲에게 예배인도를 하지 못하도록 통고한 사실이 있다고 할지라도 甲이 대한예수교 장로회의 목사임에는 틀림이 없고, 그가 그 교의를 신봉하는 평신도 앞에서 그 교지에 따라 설교와 예배인도를 하고 있었다면 위와 같은 설교와 예배인도는 형법상 보호를 받을 가치가 있다고 할 것이요, 이 예배장소에 침입하여 예배인도 및 설교를 방해하기 위하여 폭행, 폭언, 소란 등 의식의 평온한 수행에 지장을 주는 행위를 하였다면 이러한 행위는 예배 또는 설교를 방해하는 죄에 해당한다(대판 1971.9.28. 71도1465).

II. 분묘발굴죄

제160조(분묘의 발굴) 분묘를 발굴한 자는 5년 이하의 징역에 처한다.

1. 의의와 보호법익 분묘발굴죄는 분묘에 대한 사람의 인륜도덕 내지 종교적 감정을 보호하는 것을 목적으로 하는 것이다(대판 1990.2.13. 89도2061).

2. 분묘

가. 분묘의 의미 분묘발굴죄의 객체인 분묘는 사람의 사체, 유골, 유발 등을 매장하여 제사나 예배 또는 기념의 대상으로 하는 장소를 말하는 것이고, 사체나 유골이 토괴화하였을 때에도 분묘인 것이며, 그 사자가 누구인지 불명하다고 할지라도 현재 제사·숭경하고 종교적 예의의 대상으로 되어 있고 이를 수호봉사하는 자가 있으면 여기에 해당한다(대판 1990.2.13. 89도2061).

나. 가묘 장래의 묘소로서 설치하는 등 그 내부에 시신이 안장되어 있지 않은 것은 분묘라고 할 수 없다(대판 1991.10.25. 91다18040).

다. 평토화된 분묘 묘의 봉분이 없어지고 평토화 가까이 되어 있고 묘비 등 표식이 없어 그 묘 있음을 확인할 수 없는 분묘라 하더라도 현재 이를 제사 숭경하고 종교적 의례의 대상으로 하는 자가 있는 경우에는 그것이 무연고분으로서 제사와 신앙의 대상이 되는 분묘라 할 수 없다거나 분묘발굴죄의 객체인 분묘에 해당되지 않는다고는 할 수 없다(대판 1976.10.29. 76도2828).

라. 권한 있는 자 분묘발굴죄는 그 분묘에 대하여 아무런 권한 없는 자나 또는 권한이 있는 자라도 사체에 대한 종교적 양속에 반하여 함부로 이를 발굴하는 경우만을 처벌대상으로 삼는 취지라고 보아야 할 것이므로, 법률상 그 분묘를 수호, 봉사하며 관리하고 처분할 권한이 있는 자 또는 그로부터 정당하게 승낙을 얻은 자가 사체에 대한 종교적, 관습적 양속에 따른 존숭의 예를 갖추어 이를 발굴하는 경우에는 그 행위의 위법성은 조각된다(대판 1995.2.10. 94도1190; 2007.12.13. 2007도7257).

3. 기수시기

가. 학설 본죄의 기수시기에 대해서는 복토제거시라는 견해(복토제거설)와 관이나 사체 또는 유골이 외부에 표출된 때라는 견해(외부인지설)[1]가 주장되고 있다. 판례의 복토제거설은 본죄의 미수

1 권오걸, 956면; 김성돈, 659면; 김/서, 525면; 배종대, 762면; 이재상, 666면; 임웅, 807면.

범처벌규정을 사실상 무의미하게 만들기 때문에, 외부인지설이 타당하다.

나. 판례 분묘의 복토의 전부 또는 일부를 제거하거나 이를 파괴, 해체하여 분묘를 손괴하는 행위를 그 대상으로 하고 있는 것이다(대판 1990.2.13. 89도2061).

III. 사체영득죄와 변사자검시방해죄

> **제161조(사체 등의 영득)** ① 사체, 유골, 유발 또는 관내에 장치한 물건을 손괴, 유기, 은닉 또는 영득한 자는 7년 이하의 징역에 처한다.
> ② 분묘를 발굴하여 전항의 죄를 범한 자는 10년 이하의 징역에 처한다.
> **제163조(변사체검시방해)** 변사자의 사체 또는 변사의 의심있는 사체를 은닉 또는 변경하거나 기타 방법으로 검시를 방해한 자는 700만원 이하의 벌금에 처한다.

1. 사체영득죄

가. 의의 사체, 유골, 유발 또는 관내에 장치한 물건을 손괴, 유기, 은닉 또는 영득하는 죄이다. 보호법익은 사자에 대한 숭앙심이고, 보호의 정도는 추상적 위험범이다.

나. 은닉

(1) 은닉의 의미 사체은닉이라 함은 사체의 발견을 불가능 또는 심히 곤란하게 하는 것을 말한다(대판 1986.6.24. 86도891).

(2) 인적이 드문 장소로 유인하여 살인한 경우와 사체은닉 살해의 목적을 수행함에 있어 사후 사체의 발견이 불가능 또는 심히 곤란하게 하려는 의사로 인적이 드문 장소로 피해자를 유인하거나 실신한 피해자를 끌고 가서 그곳에서 살해하고 사체를 그대로 둔 채 도주한 경우에는, 비록 결과적으로 사체의 발견이 현저하게 곤란을 받게 되는 사정이 있다 하더라도 별도로 사체은닉죄가 성립되지 아니한다(대판 1986.6.24. 86도891).

(3) 매장과 사체유기 사체를 지하에 매몰하였더라도 사리와 상례에 벗어난 것이면 사체유기죄가 성립한다(대판 1961.1.18. 4293형상859).

다. 살인죄와의 관계 사람을 살해한 자가 그 사체를 다른 장소로 옮겨 유기하였을 때에는 별도로 사체유기죄가 성립하고, 이와 같은 사체유기를 불가벌적 사후행위로 볼 수는 없다(대판 1997.7.25. 97도1142).

2. 변사체검시방해죄 형법 제163조의 변사자라 함은 부자연한 사망으로서 그 사인이 분명하지 않은 자를 의미하고 그 사인이 명백한 경우는 변사자라 할 수 없으므로, 범죄로 인하여 사망한 것이 명백한 자의 사체는 변사체검시방해죄의 객체가 될 수 없다(대판 2003.6.27. 2003도1331).[2]

2 대판 1970.2.24. 69도2272. 자궁 외 임신으로 병원에 입원하여 수술을 받고 입원치료를 받고 있던 중 폐동맥 천색증이 발생하여 그 치료를 하였으나 결국 사망하게 되어 그 남편의 요구로 그 사체를 인도한 사안이다.

제3편

국가적 법익에 대한 죄

제1장

국가의 존립과 권위에 대한 죄

제1절 • 내란의 죄

I. 내란죄

1. 의의와 성격 국토를 참절하거나 국헌을 문란할 목적으로 폭동하는 죄이다. 여러 사람이 관여하는 필요적 공범이고, 일정한 목적을 요하는 목적범이다. 보호법익은 '국가의 존립과 안전'이며, 보호의 정도는 추상적 위험범이다.

2. 성립요건

가. 국헌문란의 목적

(1) 권능행사 불가능의 의미 '권능행사를 불가능하게 한다'고 하는 것은 그 기관을 제도적으로 영구히 폐지하는 경우만을 가리키는 것은 아니고 사실상 상당 기간 기능을 제대로 할 수 없게 만드는 것을 포함한다(대판 1997.4.17. 96도3376 全合).

(2) 목적의 정도 국헌문란의 목적은 범죄 성립을 위하여 고의 외에 요구되는 초과주관적 위법요소로서 엄격한 증명사항에 속하나, 확정적 인식임을 요하지 아니하며 다만 미필적 인식이 있으면 족하다(대판 2015.1.22. 2014도10978 全合).

나. 폭동

(1) 의미 형법 제87조의 구성요건인 폭동의 내용으로서의 폭행 또는 협박은 일체의 유형력의 행사나 외포심을 생기게 하는 해악의 고지를 의미하는 최광의의 폭행·협박을 말하는 것으로서, 이를 준비하거나 보조하는 행위를 전체적으로 파악한 개념이라고 할 것이다(대판 2015.1.22. 2014도10978 全合).

(2) 폭동의 정도 내란죄의 구성요건인 폭동의 내용으로서의 폭행·협박의 정도가 한 지방의 평온을 해할 정도의 위력이 있음을 요한다(대판 1997.4.17. 96도3376 全合).

(3) 폭동에 해당하는 사례

A. 비상계엄의 전국확대와 폭동 비상계엄의 전국확대조치의 강압적 효과가 법령과 제도 때문에 일어나는 당연한 결과라고 하더라도, 이러한 법령이나 제도가 가지고 있는 위협적인 효과가 국헌문란의 목적을 가진 자에 의하여 그 목적을 달성하기 위한 수단으로 이용되는 경우에는 비상계엄의 전국확대조치가 내란죄의 구성요건인 폭동의 내용으로서의 협박행위가 되므로 이는 내란죄의 폭동에 해당한다(대판 1997.4.17. 96도3376 全合).

B. 시위행위의 진압 계엄군이 난폭하게 광주시민의 시위행위를 진압한 행위가 내란죄의 구성요건인 폭동의 내용으로서의 폭행·협박에 해당한다(대판 1997.4.17. 96도3376 全合).

3. 기타 문제

가. 음모 단순히 추상적, 일반적 합의만으로 부족하다 하겠으나 실행의 계획의 세부에 이르기까지 모의할 필요는 없다(대판 1981.1.23. 80도2756 全合).

나. 기수시기 내란죄는 한 지방의 평온을 해할 정도의 폭행·협박행위를 하면 기수가 되고, 목적의 달성 여부는 이와 무관한 것으로 해석되므로, 다수인이 한 지방의 평온을 해할 정도의 폭동을 하였을 때 이미 내란의 구성요건은 완전히 충족된다고 할 것이어서 상태범으로 봄이 상당하다(대판 1997.4.17. 96도3376 全合).

다. 공동정범 일련의 폭동행위 전부에 대하여 이를 모의하거나 관여한 바가 없다고 하더라도, 내란집단의 구성원으로서 전체로서의 내란에 포함되는 개개의 행위에 대하여 부분적으로라도 그 모의에 참여하거나 기타의 방법으로 기여하였음이 인정되는 이상, 하나의 내란을 구성하는 일련의 폭동행위 전부에 대하여 내란죄의 책임을 면할 수 없다(대판 1997.4.17. 96도3376 全合).

라. 죄수 내란자들에 의하여 애초에 계획된 국헌문란의 목적을 위하여 행하여진 일련의 폭동행위는 단일한 내란죄의 구성요건을 충족하는 것으로서 이른바 단순일죄로 보아야 할 것이다(대판 1997.4.17. 96도3376 全合).

II. 내란 관련 범죄

1. 내란목적살인죄

가. 의의 국토를 참절하거나 국헌을 문란할 목적으로 사람을 살해하는 죄이다. 사형, 무기징역 또는 무기금고에 처해진다. 사람의 생명을 침해하여야 본죄의 기수에 이른다.

나. 성격

(1) 학설 본죄와 제87조 내란살상죄의 관계에 대하여, ① 내란목적의 일반인살해는 내란살상죄, 요인살해는 본죄에 해당한다는 견해(객체구별설),[1] ② 요인살해를 요하는 독립범죄라는 견해(독립범죄설),[2] ③ 내란목적의 살해를 가중처벌하는 살인죄의 가중유형이라는 견해(가중처벌설)[3] 및

---

1 박상기, 607면.

2 김/김, 778면; 김/서, 747면; 정영일, 687면.

3 배종대, 790면; 이재상, 681면; 정/박, 938면.

④ 폭동에 수반된 살해는 제87조의 내란죄가 되지만 폭동과 별개로 행해진 살인이 본죄에 해당한다는 견해(폭동관련구별설)[4]가 주장되고 있다. 판례는 폭동관련구별설을 취한다.

(2) 판례 내란목적살인죄는 국헌을 문란할 목적을 가지고 직접적인 수단으로 사람을 살해함으로써 성립하는 범죄라 할 것이므로, 국헌문란의 목적을 달성함에 있어 내란죄가 '폭동'을 그 수단으로 함에 비하여 내란목적살인죄는 '살인'을 그 수단으로 하는 점에서 두 죄는 엄격히 구별된다. 그러므로 내란의 실행과정에서 폭동행위에 수반하여 개별적으로 발생한 살인행위는 내란행위의 한 구성요소를 이루는 것이므로 내란행위에 흡수되어 내란목적살인의 별죄를 구성하지 아니하나, 특정인 또는 일정한 범위 내의 한정된 집단에 대한 살해가 내란의 와중에 폭동에 수반하여 일어난 것이 아니라 그것 자체가 의도적으로 실행된 경우에는 이러한 살인행위는 내란에 흡수될 수 없고 내란목적살인의 별죄를 구성한다(대판 1997.4.17. 96도3376 全合).

2. 내란예비·음모·선동·선전죄

가. 의의 내란죄 또는 내란목적살인죄를 범할 목적으로 예비·음모하거나 선동·선전하는 범죄이다. 내란예비·음모한 자가 실행의 착수 전에 자수한 때에는 그 형을 감면한다.

나. 내란음모죄 내란음모가 성립하였다고 하기 위해서는 개별 범죄행위에 관한 세부적인 합의가 있을 필요는 없으나, 공격의 대상과 목표가 설정되어 있고, 그 밖의 실행계획에 있어서 주요 사항의 윤곽을 공통적으로 인식할 정도의 합의가 있어야 한다. 나아가 합의는 실행행위로 나아간다는 확정적 의미를 가진 것이어야 하고, 단순히 내란에 관한 생각이나 이론을 논의한 것으로는 부족하다. 또한, 내란음모죄에 해당하는 합의가 있다고 하기 위해서는 단순히 내란에 관한 범죄결심을 외부에 표시·전달하는 것만으로는 부족하고 객관적으로 내란범죄의 실행을 위한 합의라는 것이 명백히 인정되고, 그러한 합의에 실질적인 위험성이 인정되어야 할 것이다(대판 2015.1.22. 2014도10978 全合).

다. 내란선동죄

(1) 선동죄의 성격 내란선동죄는 내란이 실행되는 것을 목표로 선동함으로써 성립하는 독립한 범죄이고, 선동으로 말미암아 피선동자들에게 반드시 범죄의 결의가 발생할 것을 요건으로 하지 않는다(대판 2015.1.22. 2014도10978 全合).

(2) 내란선동의 의미 내란선동이라 함은 내란이 실행되는 것을 목표로 하여 피선동자들에게 내란행위를 결의, 실행하도록 충동하고 격려하는 일체의 행위를 말한다. 내란선동은 주로 언동, 문

---

4 김성돈, 672면; 오영근, 849면; 임웅, 822면; 정영일, 682면.

서, 도화 등에 의한 표현행위의 단계에서 문제되는 것이므로 내란선동죄의 구성요건을 해석함에 있어서는 국민의 기본권인 표현의 자유가 위축되거나 그 본질이 침해되지 아니하도록 죄형법정주의의 기본정신에 따라 엄격하게 해석하여야 할 것이다. 따라서 내란을 실행시킬 목표를 가지고 있다 하여도 단순히 특정한 정치적 사상이나 추상적인 원리를 옹호하거나 교시하는 것만으로는 내란선동이 될 수 없고, 그 내용이 내란에 이를 수 있을 정도의 폭력적인 행위를 선동하는 것이어야 하고, 나아가 피선동자의 구성 및 성향, 선동자와 피선동자의 관계 등에 비추어 피선동자에게 내란 결의를 유발하거나 증대시킬 위험성이 인정되어야만 내란선동으로 볼 수 있다.

다만 선동행위는 선동자에 의하여 일방적으로 행해지고, 그 이후 선동에 따른 범죄의 결의 여부 및 그 내용은 선동자의 지배영역을 벗어나 피선동자에 의하여 결정될 수 있으며, 내란선동을 처벌하는 근거가 선동행위 자체의 위험성과 불법성에 있다는 점 등을 전제하면, 내란선동에 있어 시기와 장소, 대상과 방식, 역할분담 등 내란 실행행위의 주요 내용이 선동 단계에서 구체적으로 제시되어야 하는 것은 아니고, 또 선동에 따라 피선동자가 내란의 실행행위로 나아갈 개연성이 있다고 인정되어야만 내란선동의 위험성이 있는 것으로 볼 수도 없다(대판 2015.1.22. 2014도10978 全合).

제2절 • 외환의 죄

I. 간첩죄

> **제98조(간첩)** ① 적국을 위하여 간첩하거나 적국의 간첩을 방조한 자는 사형, 무기 또는 7년 이상의 징역에 처한다.
> ② 군사상의 기밀을 적국에 누설한 자도 전항의 형과 같다.

1. 의의 적국을 위하여 간첩하거나 적국의 간첩을 방조 또는 군사상의 기밀을 적국에 누설하는 죄이다. 보호법익은 '국가의 안전'이고, 보호의 정도는 추상적 위험범이다.

2. 간첩

가. 간첩의 의미 간첩은 적국에 제보하기 위하여 은밀한 방법으로 우리나라의 군사상은 물론 정치, 경제, 사회, 문화, 사상 등 기밀에 속한 사항 또는 도서·물건을 탐지·수집하는 것을 말한다(대판 2011.1.20. 2008재도11 全合).

나. 편면적 간첩의 성부 적측과 아무런 연락 없이 편면적으로 군사에 관한 정보를 수집하였다면 그는 본조 제2항의 군사상기밀누설의 예비행위라고 볼 것이다(대판 1959.5.18. 4292형상34).

3. 국가기밀

가. 의미: 실질적 기밀 현행 국가보안법 제4조 제1항 제2호 (나)목에 정한 기밀을 해석함에 있어서 그 기밀은 정치, 경제, 사회, 문화 등 각 방면에 관하여 반국가단체에 대하여 비밀로 하거나 확인되지 아니함이 대한민국의 이익이 되는 모든 사실, 물건 또는 지식으로서, 그것들이 국내에서의 적법한 절차 등을 거쳐 이미 일반인에게 널리 알려진 공지의 사실, 물건 또는 지식에 속하지 아니한 것이어야 하고, 또 그 내용이 누설되는 경우 국가의 안전에 위험을 초래할 우려가 있어 기밀로 보호할 실질가치를 갖춘 것이어야 한다. 누설할 경우 실질적 위험성이 있는지 여부는 그 기밀을 수집할 당시의 대한민국과 북한 또는 기타 반국가단체와의 대치현황과 안보사항 등이 고려되는 건전한 상식과 사회통념에 따라 판단하여야 할 것이며, 그 기밀이 사소한 것이라 하더라도 누설될 경우 반국가단체에는 이익이 되고 대한민국에는 불이익을 초래할 위험성이 명백하다면 이에 해당한다(대판 1997.7.16. 97도985 全合).

나. 공지의 사실

(1) 공지의 사실과 기밀 공지된 것인지 여부는 신문, 방송 등 대중매체나 통신수단 등의 발달정도, 독자 및 청취의 범위, 공표의 주체 등 여러 사정에 비추어 보아 반국가단체 또는 그 지령을 받은 자가 더 이상 탐지·수집이나 확인·확증의 필요가 없는 것이라고 판단되는 경우 등이라 할 것이다(대판 1997.11.20. 97도2021 全合).

(2) 공지의 사실인 사례 甲을 통하여 甲이 동아일보 등 국내 일간지와 잡지, 방송 등을 통하거나 범민련 등 재야운동단체 사무실 등지를 출입하면서 입수한 자료들을 탐지·수집한 후 이를 종합하여 국내 총선 관련 정당 및 총선과 관련하여 재야 단체들의 입장, 14대 국회의원선거결과, 3당합당, 대통령후보들의 성향, 김영삼 대통령에 대한 평가 등에 관한 내용으로서, 위와 같은 내용들은 더 이상 탐지·수집이나 확인·확증의 필요가 없는 공지의 사실에 속하는 것이거나 갑의 의견·평가에 해당하고, 그 내용이 누설되는 경우 국가의 안전에 위험을 초래한다고 볼 만한 실질가치가 없으므로 국가보안법 제4조 제1항 제2호 (나)목에 정한 기밀에 해당하지 아니한다(대판 1997.11.20. 97도2021 全合).

(3) 공지의 사실이 아닌 사례 민주주의 민족통일 전국연합이라는 재야단체의 구성과 이를 구성하고 있는 단체들의 구체적인 주장과 그들이 추구하고 있는 기본과제, 재야인사들의 구체적 동향, 민족자주 평화통일 중앙회의 의장들의 이름, 범민족연합의 95년 사업계획(안) 등을 내용으로 하는 것으로서, 위와 같은 내용들은 공지의 사실이라고 볼 수 없을 뿐만 아니라, 그 내용이 누설되는 경우 국가의 안전에 위험을 초래한다고 볼 만한 실질가치도 있다(대판 1988.11.8. 88도1630).

다. 해당하는 사례: 민심동향 파악 지령에 의하여 민심동향을 파악·수집하는 것도 이에 해당되며, 그 탐지·수집의 대상이 우리 국민의 해외교포사회에 대한 정보여서 그 기밀사항이 국외에 존재한다고 하여도 국가기밀에 포함된다(대판 1988.11.8. 88도1630).

4. 실행의 착수 및 기수시기

가. 착수시기

(1) 국외에서 침투하는 경우

A. 학설 간첩죄의 실행의 착수와 관련하여서는 잠입시설(판례)과 탐지착수시설(통설)[1]이 대립한다. 국내에 잠입한 때에는 국가보안법상의 잠입·탈출죄(제6조 제1항)가 성립하고, 간첩죄는 국가기밀을 탐지·수집하기 시작한 때에 실행의 착수가 있다고 보아야 한다.

B. 판례 ① 간첩의 목적으로 외국 또는 북한에서 국내에 침투 또는 월남하는 경우에는 기밀탐지가 가능한 국내에 침투 상륙함으로써 간첩죄의 실행의 착수가 있다(대판 1984.9.11. 84도1381; 1961.5.12. 4294형상115). ② 외국에서 우리나라로 귀국함에 있어 반국가단체의 구성원으로부터 국내에서의 동지포섭 및 지하당조직과 같은 지령만 받았을 뿐 국가기밀을 탐지보고하라는 지령을 전혀 받은 바 없다면 귀국행위가 바로 간첩죄의 착수가 된다고 할 수 없다(대판 1968.7.30. 68도754).

(2) 국내 거주인의 경우 간첩미수죄는 국가기밀을 탐지·수집하라는 지령을 받았거나 소위 무인포스트를 설정하는 것만으로는 부족하고 그 지령에 따라 국가기밀을 탐지·수집하는 행위의 실행의 착수가 있어야 성립된다(대판 1974.11.12. 74도2662).

나. 기수시기 및 누설과의 관계 간첩행위는 기밀에 속한 사항 또는 도서, 물건을 탐지·수집한 때에 기수가 되는 것이므로, 간첩이 이미 탐지·수집하여 지득하고 있는 사항을 타인에게 보고·누설하는 행위는 간첩의 사후행위로서 간첩행위 자체라고 할 수 없다(대판 2011.1.20. 2008재도11 全合; 1982.11.23. 82도2201).

5. 기타

가. 중지미수 여부 기밀탐지임무를 부여받고 대한민국에 입국하여 기밀을 탐지·수집하려고 하다가 경찰관이 피고인의 행적을 탐문하고 갔다는 말을 전해 듣고 지령사항수행을 보류하고 있던 중 체포되었다면, 기밀탐지의 기회를 노리다가 검거된 것이므로 이를 중지범으로 볼 수는 없다(대판 1984.9.11. 84도1381).

---

1 권오걸, 976면; 김성돈, 681면; 김/서, 756면; 박상기, 617면; 오영근, 865면; 이재상, 692면; 임웅, 836면; 정/박, 950면.

나. 간첩방조

(1) 간첩방조가 아닌 사례 단순히 숙식을 제공한다거나 또는 무전기를 매몰하는 행위를 도와주었다거나 하는 사실만으로서는 간첩방조죄가 성립할 수 없다(대판 1986.2.25. 85도2533).

(2) 간첩방조인 사례 북괴가 남파한 대남공작원으로 하여금 합법적인 신분을 가장케 하기 위한 행위는 간첩방조죄가 성립한다(대판 1970.10.30. 70도1870).

다. 적국

(1) 적국의 의의 적국은 전쟁 상대국 및 우리나라와 적대적 관계에 있는 나라를 말한다. 대한민국에 적대하는 외국 또는 외국인의 단체는 적국으로 간주한다(제102조).

(2) 북한의 경우 북한괴뢰집단은 우리 헌법상 반국가적인 불법단체로서 국가로 볼 수 없으나, 간첩죄의 적용에 있어서는 이를 국가에 준하여 취급하여야 한다(대판 1983.3.22. 82도3036).

II. 군사상기밀·외교상비밀누설죄

1. 군사상기밀누설죄

가. 의의 직무상 지득한 군사상의 기밀을 적국에 누설하는 죄이다. 기밀을 탐지·수집하여 누설하는 것은 간첩행위이고, 직무와 무관하게 알게 된 기밀을 누설하는 것은 일반이적죄(제99조)에 해당하므로 본죄의 객체는 직무상 지득한 군사기밀이다.

나. 군사상 기밀 군사상의 기밀이란 반드시 법령에 의하여 기밀사항으로 규정되었거나 기밀로 분류·명시된 사항에 한하지 아니하고 군사상의 필요에 따라 기밀로 된 사항은 물론 객관적, 일반적인 입장에서 외부에 알려지지 않는 것에 상당한 이익이 있는 사항도 포함한다고 해석하여야 하므로, 그 기밀은 군사기밀보호법 제2조 소정의 범위에 국한되지 않는 것이라고 보아야 한다. 일반적으로 군사상의 필요에 따라 특별히 보호를 요한다고 하여 설정한 대외비는 군사기밀보호법상의 군사기밀은 아니라 하더라도 (군형법상의) 군사상의 기밀로 취급하여야 한다(대판 2000.1.28. 99도4022).[2]

다. 일반이적죄와의 관계 직무에 관하여 군사상 기밀을 지득한 자가 이를 적국에 누설한 경우에는 형법 제98조 제2항(군사기밀누설죄)에, 직무와 관계없이 지득한 군사상 기밀을 적국에 누설한

---

2 **군사기밀보호법 제2조(정의)** 일반인에게 알려지지 아니한 것으로서 그 내용이 누설되면 국가안전보장에 명백한 위험을 초래할 우려가 있는 군관련문서·도화·전자기록 등 특수매체기록 또는 물건으로서 군사기밀이라는 뜻이 표시 또는 고지되거나 보호에 필요한 조치가 이루어진 것과 그 내용을 말한다.

경우에는 형법 제99조(일반이적죄)에 각 해당한다(대판 1982.11.23. 82도2201).

2. 외교상비밀누설죄

가. 외교상기밀의 의미 외교상의 기밀이라 함은, 외국과의 관계에서 국가가 보지해야 할 기밀로서 외교정책상 외국에 대하여 비밀로 하거나 확인되지 아니함이 대한민국의 이익이 되는 모든 정보자료를 말한다(대판 1995.12.5. 94도2379).

나. 외국에 널리 알려져 있는 사항과 외교상기밀 외국에 이미 널리 알려져 있는 사항은 특단의 사정이 없는 한 이를 비밀로 하거나 확인되지 아니함이 외교정책상의 이익이 된다고 할 수 없는 것이어서 외교상의 기밀에 해당하지 아니한다(대판 1995.12.5. 94도2379).[3]

3 외국 언론에 이미 보도된 바 있는 우리나라의 외교정책이나 활동에 관련된 사항들에 관하여 정부가 이른바 보도지침의 형식으로 국내언론기관의 보도 여부 등을 통제하고 있다는 사실을 알리는 것이 외교상의 기밀을 누설한 경우에 해당하지 않는다.

제2장

국가의 기능에 대한 죄

제1절 • 공무원의 직무에 관한 죄

I. 직무유기죄

> **제122조(직무유기)** 공무원이 정당한 이유없이 그 직무수행을 거부하거나 그 직무를 유기한 때에는 1년 이하의 징역이나 금고 또는 3년 이하의 자격정지에 처한다.

1. 의의와 보호법익

가. 의의와 성격　공무원이 정당한 이유없이 직무수행을 거부하거나 직무를 유기하는 죄이다. 직무수행을 거부하거나 직무를 유기하는 한 범죄행위가 계속되는 계속범이다(대판 1997.8.29. 97도675).

나. 보호법익과 보호의 정도

(1) 보호법익　보호법익은 '국가의 기능'이다. 그리고 '직무를 유기한다는 것'은 국가의 기능을 해하며 국민에게 피해를 야기시킬 가능성이 있는 경우를 일컫는다(대판 1983.1.18. 82도2624).

(2) 보호정도

A. 학설　본죄의 보호정도에 대해서는 구체적 위험범설[1]과 추상적 위험범설[2]이 대립한다. 구체적 위험범설은 국가의 기능을 해하며 국민에게 피해를 야기시킬 가능성이 있어야 한다고 하지만, 직무수행의 거부나 직무의 유기행위가 있으면 그 가능성이 있다 할 것이므로 추상적 위험범으로 봄이 타당하다.

B. 판례(구체적 위험범설)　국가의 기능을 저해하고 국민에게 피해를 야기시킬 구체적 위험성이 있고 불법과 책임비난의 정도가 높은 법익침해의 경우에 한하여 성립한다(대판 2007.7.12. 2006도1390).

2. 직무

가. 원칙　직무유기죄에 있어서의 직무는 공무원이 맡은 바 직무를 그때에 집행하지 아니함으로써 그 집행의 실효를 거둘 수 없는 구체적인 직무를 말한다.[3]

나. 직무의 발생근거　군형법 제24조에 규정된 직무유기죄가 성립되려면 그 직무의 내용이 성문

1　권오걸, 990면; 김/서, 626면; 배종대, 812면; 이재상, 707면, 정/박, 781면.

2　김성돈, 696면; 박상기, 627면; 오영근, 884면; 임웅, 854면.

3　권진웅, 직무유기죄에 관한 문제점, 재판자료 제50집(법원도서관), 103면; 김성돈, 697면; 배종대, 공무원 직무범죄의 쟁점, 고시연구 제21권 제11호(248호), 112면; 배종대, 812면.

된 법령상의 근거가 있거나 적어도 군대 내의 특단의 지시 또는 명령이 있어 그것이 고유의 직무내용을 이루고 있어야 한다(대판 1976.10.12. 75도1895).

다. 직무집행의 의무

(1) 직무집행의 의무가 없는 사례

A. 감시선 운전사와 조세포탈범 검거 세관감시과 소속 감시선의 운전사무에 종사하는 자는 단순한 노무자에 불과하고 관세포탈사범을 검거, 신문할 직책이 없는 자이므로 그가 관세포탈사범을 검거하지 않았다 하더라도 직무유기죄를 구성하지 아니한다(대판 1959.8.28. 4291형상482).

B. 군사법경찰업무에 종사하지 않는 하사관과 군무이탈자 체포 하사관인 피고인은 군사법경찰업무에 종사하는 자가 아니므로 군무이탈자를 체포·연행할 의무가 없고, 설사 상관으로부터 군무이탈자를 체포, 동행하라는 명령지시가 있다 하여도 이 명령은 군사법경찰관리가 아닌 피고인에 대한 위법한 것이라 할 것이므로, 피고인에게 그런 직무가 있다고 할 수 없으니, 군무이탈자를 동행 중 놓쳤다 하여 직무유기로 단정할 수 없다(대판 1976.10.12. 75도1895).

C. 군사법경찰관의 수사권이 없는 사안에 대한 수사중지 고려대학교 부속병원에 대하여 사법경찰관으로서 직무를 행하려면 범죄의 혐의를 받은 물건이 군용물등범죄에 관한 특별조치법이 규정한 군용물이었어야 할 것인데, 범죄의 혐의를 받은 물건은 페니시링, 주사바늘, 수술에 사용하는 실 등의 의약품은 위 법 제2조와 여기에 붙은 별표에 포함되어 있지 아니하여 군용물로 다룰 수 없게 되어 있는 것이므로, 군사법경찰관인 피고인으로서는 당시 위의 범죄에 대하여 그 직무를 행할 수 없는 처지에 있었다 할 것이요, 따라서 이러한 범죄에 대하여 그 수사를 중지하였다 하여 직무유기의 범죄가 성립될 수 없다(대판 1974.6.11. 74도1270).

D. 병가 중인 자 병가 중인 자의 경우 구체적인 작위의무 내지 국가기능의 저해에 대한 구체적인 위험성이 있다고 할 수 없어 직무유기죄의 주체로 될 수는 없다(대판 1997.4.22. 95도748).

(2) 직무집행의 의무가 있는 사례: 사법경찰관리의 벌금미납자 검거 사법경찰관리도 검사의 지휘를 받아 벌금미납자에 대한 노역장유치의 집행을 위하여 형집행장의 집행 등을 할 권한이 있으므로, 이 경우 벌금미납자에 대한 검거는 사법경찰관리의 직무범위에 속한다(대판 2011.9.8. 2009도13371).

라. 본래의 직무

(1) 고발과 본래의 직무 단순한 법령위반이 아니고 형사책임을 논하여야 할 정도의 도벌행위가 있었고 이 경우 매각계약을 해제하는 것이 행정상의 관례인 만큼, 영림서장으로서는 응당 매각계약을 해제하고 부하사법경찰관리로 하여금 범법사실을 입건조사토록 하며, 나아가서 동법시행령 제36조 소정의 부정임산물의 압류 및 채취와 반출의 정지를 명령하는 등 국유림보전에 필요한 조치는 영림서장의 임무라고도 할 것인데 단순히 매수인에게 가혹하다 하여 그 편의를 돌보아 주기

위하여 범법행위를 묵살하고, 이상의 직무수행을 아니한 행위는 공무원으로서의 직무를 다하지 아니하고 국가의 기관으로서 국가에 대한 업무상의 임무에 배치되는 것이다(대판 1965.12.10. 65도826).

(2) 형사소송법 제234조 제2항에 의한 고발의무 직무란 의미는 공무원이 그 지위에 따라 맡은 바 공무원법상의 본래의 직무를 말하는 것이고 공무원이란 신분관계로 부수적, 파생적으로 발생하는 형사소송법 제234조 제2항에서 규정한 고발의무와 같은 것은 이에 포함되지 않는다. 따라서 공무원이 그 직무를 행함에 있어 범죄가 있다고 사료함에도 불구하고 그를 고발하지 않았다 하더라도 그로써 곧 직무유기죄가 성립한다고는 볼 수 없다(대판 1962.5.2. 4294형상127).

3. 유기

가. 유기의 의미 ① 직무를 유기한 때라 함은 직무에 관한 의식적인 방임 내지 포기 등 정당한 사유 없이 직무를 수행하지 아니한 경우를 의미하는 것이므로, 공무원이 태만, 분망, 착각 등으로 인하여 직무를 성실히 수행하지 아니한 경우나 형식적으로 또는 소홀히 직무를 수행하였기 때문에 성실한 직무수행을 못한 것에 불과한 경우에는 직무유기죄는 성립하지 아니한다(대판 1997.8.29. 97도675; 1997.4.11. 96도2753). ② 어떠한 형태로든 직무집행의 의사로 자신의 직무를 수행한 경우에는 그 직무집행의 내용이 위법한 것으로 평가된다는 점만으로 직무유기죄의 성립을 인정할 것은 아니다(대판 2007.7.12. 2006도1390).

나. 수사와 유기

(1) 훈방

A. 유기가 아닌 사례 사법경찰관리가 직무집행의사로 위법사실을 조사하여 훈방하는 등 어떤 형태로든지 그 직무집행행위를 하였다면, 형사피의사건으로 입건수사하지 않았다 하여 곧 직무유기죄가 성립한다고 볼 수는 없다(대판 1982.6.8. 82도117).

B. 유기인 사례 경찰관이 불법체류자의 신병을 출입국관리사무소에 인계하지 않고 훈방하면서 이들의 인적사항조차 기재해 두지 아니하였다면 직무유기죄가 성립한다(대판 2008.2.14. 2005도4202).

(2) 유기에 해당하는 사례

A. 경찰관이 습득물을 상회 운영자에게 보관시키고 돈을 받은 경우 경찰관이 장기간에 걸쳐 여러 번 오토바이를 오토바이 상회 운영자에게 보관시키고도 경찰관 스스로 소유자를 찾아 반환하도록 처리하거나 상회 운영자에게 반환 여부를 확인한 일이 전혀 없고, 상회 운영자로부터 오토바이를 보내준 대가 또는 그 처분대가로 돈까지 지급받았다면, 습득물처리지침에 따른 직무를 의식적으로 방임 내지 포기하고 정당한 사유 없이 직무를 수행하지 아니한 경우에 해당한다(대판 2002.5.17. 2001도6170).

B. 미입건 경찰관들이 현행범으로 체포한 도박혐의자 17명에 대해 현행범인체포서 대신에

임의동행동의서를 작성하게 하고 그나마 제대로 조사도 하지 않은 채 석방하였으며, 현행범인 석방사실을 검사에게 보고도 하지 않았고, 석방일시·사유를 기재한 서면을 작성하여 기록에 편철하지도 않았으며, 압수한 일부 도박자금에 관하여 압수조서 및 목록도 작성하지 않은 채 검사의 지휘도 받지 않고 반환하였고, 일부 도박혐의자의 명의도용 사실과 도박 관련 범죄로 수회 처벌받은 전력을 확인하고서도 아무런 추가조사 없이 석방한 것은 단순히 업무를 소홀히 수행한 것이 아니라 정당한 사유 없이 의도적으로 수사업무를 방임 내지 포기한 것이라고 봄이 상당하다(대판 2010.6.24. 2008도11226).

다. 법적 절차를 취하지 아니한 경우

(1) 징계를 요구하지 아니한 경우

A. 징계요구가 직무인지 여부 징계권자이자 임용권자인 지방자치단체장은 소속 공무원의 구체적인 행위가 과연 지방공무원법에 규정된 징계사유에 해당하는지 여부에 관하여 판단할 재량은 있지만, 징계사유에 해당하는 것이 명백한 경우에는 관할 인사위원회에 징계를 요구할 의무가 있다(대판 2007.7.12. 2006도1390).

B. 유기에 해당하지 않는 사례 지방자치단체장이 당시 징계에 관한 행정자치부의 지침에 다소 과한 측면이 있다고 보고 지방자치단체장으로서 소속 직원의 절반이 넘는 파업참가 공무원 전원에 대하여 징계의결 요구를 할 경우 발생할 혼란과 그에 따른 부작용을 우려하였다는 것이고, 나아가 위 파업 참가 행위가 동일사건에 해당하지 아니한다고 평가할 여지가 있다고 판단하고 나름대로 사안의 경중을 가려 가담 정도가 중한 일부 대상자에 대하여는 북구 인사위원회에 징계의결 요구를 하고 가담 정도가 가벼운 나머지 대상자에 대하여는 훈계처분을 하도록 지시한 이상, 위와 같은 직무집행행위가 위법하게 평가되는 것은 별론으로 하고 직장의 무단이탈이나 직무의 의식적인 포기에 준하는 것으로 평가할 수는 없다(대판 2007.7.12. 2006도1390).

(2) 징계위원회로부터 교육공무원에 대한 징계의결서를 통보받은 경우 교육기관·교육행정기관·지방자치단체 또는 교육연구기관의 장이 징계위원회로부터 징계의결서를 통보받은 경우에는 해당 징계의결을 집행할 수 없는 법률상·사실상의 장애가 있는 등 특별한 사정이 없는 이상 법정 시한 내에 이를 집행할 의무가 있다(대판 2014.4.10. 2013도229).

(3) 경쟁입찰에 의하지 아니하고 수의계약 면장이 도급 등 계약을 체결함에 있어서 경쟁입찰에 의하지 아니하고 수의계약에 의한 것은 그 직무를 수행함에 있어서 필요로 하는 법적 절차를 이행하지 아니함에 불과한 경우로서 직무유기라 할 수 없다(대판 1961.8.23. 61도223).

(4) 부하직원의 보고의무 불이행 농지사무를 담당하고 있는 군직원으로서는 그 관내에서 발생한 농지불법전용 사실을 알게 되었으면 군수에게 그 사실을 보고하여 군수로 하여금 원상회복을 명하거나 고발을 하는 등 적절한 조치를 취할 수 있도록 하여야 할 직무상 의무가 있다(대판 1993.12.24. 92도3334).

라. 유기에 해당하는 사례 ① 가축위생시험소 소속 수의사보가 퇴근시 소 계류장의 시정·봉인조치를 취하지 아니하고 관리를 도축장 직원에게 방치한 행위(대판 1990.5.25. 90도191), ② 신병치료를 이유로 상부의 승인 없이 3종 출납관 도장과 창고열쇠를 포함한 3종 업무일체를 계원에게 맡겨두고 일체의 확인감독마저 하지 않은 행위(대판 1986.2.11. 85도2471), ③ 세관감시과 소속 공무원으로서 항구에 정박 중인 외항선에 머무르면서 밀수 여부의 감시, 방지 등 근무명령을 받았음에도 불구하고 감기가 들어 몸이 불편하다는 구실로 위 임무를 도중에 포기하고 집에 돌아와 자 버린 행위(대판 1970.9.29. 70도1790), ④ 경찰관이 새벽 1시경 긴급체포된 피의자를 호송하라는 검사의 지시를 어긴 행위(대판 2009.3.25. 2007도9481), ⑤ 甲의 물건적치기간 연장신청이 허가대상토지를 골재생산영업을 위한 부대시설로 편법적으로 사용하기 위한 것이라는 점을 잘 알면서도, 허가요건 등을 자세히 검토하지도 않고 그 신청한 내용대로 물건적치기간 연장허가를 내준 행위(대판 2009.3.26. 2007도7725)는 자신의 직무를 의식적으로 방임하거나 포기한 것으로서 직무유기죄에 해당한다.

4. 고의

가. 고의의 내용 직무유기죄는 객관적으로는 직무 또는 직장을 벗어나는 행위가 있고 주관적으로는 직무를 버린다는 의식이 있어야 성립하는 것이다(대판 1982.3.23. 81도861).

나. 관례에 따른 행위와 고의 장군숙소 당번으로 근무하고 있는 것을 그대로 두었다고 하여 근무이탈상태로 방치하였다고 하기 어려울 뿐만 아니라 이와 같은 관례가 있음을 알고 장군숙소 당번으로 근무하는 상태를 그대로 둔 것이라면, 그 직무를 버린다는 주관적인 인식이 있었던 것이라고 단정하기 어렵다(대판 1972.9.12. 72도1175).

5. 기타 문제

가. 죄수 직무유기교사죄는 피교사자인 공무원별로 1개의 죄가 성립되는 것이다(대판 1997.8.22. 95도984).

나. 허위공문서작성죄와의 관계

(1) 발견한 위법사실을 은폐하기 위한 경우 공무원이 어떠한 위법사실을 발견하고도 직무상 의무에 따른 적절한 조치를 취하지 아니하고 위법사실을 적극적으로 은폐할 목적으로 허위공문서를 작성, 행사한 경우에는, 직무위배의 위법상태는 허위공문서작성 당시부터 그 속에 포함되는 것으로 작위범인 허위공문서작성 및 그 행사죄만이 성립하고 부작위범인 직무유기죄는 따로 성립하지 아니한다(대판 2004.3.26. 2002도5004; 1999.12.24. 99도2240).

(2) 직무유기 후 다른 범행을 도와주기 위한 경우 복명서 및 심사의견서를 허위작성한 것이 농지일시전용허가를 신청하자 이를 허가하여 주기 위하여 한 것이라면 직접적으로 농지불법전용 사

실을 은폐하기 위하여 한 것은 아니므로 위 허위공문서작성, 동행사죄와 직무유기죄는 실체적 경합범의 관계에 있다(대판 1993.12.24. 92도3334).

(3) 직무유기 사실을 은폐하기 위한 경우 출동을 거부한 행위로 인해 이미 직무유기죄가 성립하였고, 그 후 자신의 잘못을 은폐하기 위하여 이 사건 발생일로부터 5일이 지난 후 허위내용을 기재한 근무일지를 작성한 경우는 구호조치를 취하지 아니한 직무위배행위가 이미 완성된 뒤에 이러한 직무위배행위를 은폐하기 위해 다시 허위공문서작성 및 동행사가 이루어진 경우로서 직무위배의 위법상태가 허위공문서작성 당시부터 그 속에 포함되는 것이라고 볼 수는 없다. 따라서 피고인에 대해서 위 허위공문서작성 및 그 행사죄와는 별도로 직무유기죄가 성립한다(헌재결 2007.10.25. 2006헌마869).

II. 직권남용죄

> **제123조(직권남용)** 공무원이 직권을 남용하여 사람으로 하여금 의무없는 일을 하게 하거나 사람의 권리행사를 방해한 때에는 5년 이하의 징역, 10년 이하의 자격정지 또는 1천만원 이하의 벌금에 처한다.

1. 의의와 보호법익

가. 의의와 성격 공무원이 직권을 남용하여 의무없는 일을 하게 하거나 권리행사를 방해하는 죄이다. 직권남용권리행사방해죄, 즉 공무원이 직권을 남용하여 범하는 강요죄의 유형이다.

(1) 학설 본죄의 성격과 관련하여, ① 공무원이라는 신분으로 인해 강요죄(제324조)의 책임이 가중되는 부진정신분범(부진정직무범죄)이라는 견해[4]와 ② 보호법익이 강요죄와 다르고 폭행이나 협박을 수단으로 하고 있지 않으므로 독립된 진정신분범(진정직무범죄)이라는 견해[5]가 주장되고 있다. 두 죄는 보호법익과 행위방법이 각기 다르고, 일반인은 본죄를 범할 수 없다는 점에서 진정신분범으로 보아야 한다. 판례도 같은 입장이다.

(2) 판례 공무원이 아닌 자가 공무원과 공모하여 직권남용권리행사방해죄를 범한 경우 직권남용권리행사방해죄의 공동정범으로서의 책임을 진다(대판 2010.1.28. 2008도7312).

나. 보호법익 및 보호정도

(1) 보호법익 본죄의 보호법익은 국가기능의 공정이라는 견해[6]와 국가기능뿐만 아니라 개인

4 권오걸, 1003면; 배종대, 817면.

5 김성돈, 704면; 김/서, 636면; 이재상, 714면; 오영근, 894면; 임웅, 865면; 정/박, 790면.

6 권오걸, 1003면; 박상기, 636면.

의 의사결정의 자유도 보호한다는 견해[7]가 주장되고 있다. 판례는 본죄의 보호법익을 '국권의 공정'이라고 표현하고 있으나[8] 의사결정의 자유도 부차적인 보호법익이다.

(2) 보호정도

A. 학설 본죄의 보호정도는 추상적 위험범이라는 견해[9]와 국가의 기능에 대해서는 추상적 위험범이지만 의사결정의 자유에 대해서는 침해범이라는 견해[10]가 주장되고 있다. 직권남용으로 타인의 권리행사가 방해되어야 하지만 그로 인해 국가기능의 공정이라는 보호법익이 침해되어야 하는 것은 아니므로 그러한 측면에서 보면 추상적 위험범이라고 할 것이다.

B. 판례 보호객체(법익)가 국권의 공정에 있고 이 법익침해는 침해결과의 발생위험이 있으면 족하다는 점에서 강학상 위태범이라 함은 옳으나, 이 문제와 행위객체로서의 범죄구성요건에 있어서의 행위에 결과가 있어야 그 요건이 충족된다 함은 다르기 때문에 위태범이라는 이유를 들어 본죄에 있어서 권리침해사실이 현실적으로 있을 필요가 없다고 할 수는 없다(대판 1978.10.10. 75도2665; 2005.4.15. 2002도3453).

2. 직권남용

가. 직권남용의 의미 ① '직권남용'이란 공무원이 그의 일반적 권한에 속하는 사항에 관하여 그것을 불법하게 행사하는 것, 즉 형식적, 외형적으로는 직무집행으로 보이나 그 실질은 정당한 권한 이외의 행위를 하는 경우를 의미하고, 따라서 직권남용은 공무원이 그의 일반적 권한에 속하지 않는 행위를 하는 경우인 지위를 이용한 불법행위와는 구별된다(대판 1991.12.27. 90도2800). ② 아무런 직권을 가지지 않는 자의 행위 또는 자기의 직권과 관계없는 행위는 이에 해당하지 않는다(대판 1985.5.14. 84도1045).

나. 직무권한

(1) 직무권한의 범위 어떠한 직무가 공무원의 일반적 권한에 속하는 사항이라고 하기 위해서는 그에 관한 법령상의 근거가 필요하지만, 명문이 없는 경우라도 법·제도를 종합적, 실질적으로 관찰해서 그것이 해당 공무원의 직무권한에 속한다고 해석되고, 남용된 경우 상대방으로 하여금 사실상 의무없는 일을 행하게 하거나 권리를 방해하기에 충분한 것이라고 인정되는 경우에는 직권남용죄에서 말하는 '일반적 권한'에 포함된다(대판 2011.7.28. 2011도1739).

(2) 강제력 필요 유무

A. 학설 본죄의 주체와 관련하여, 명령·강제력을 수반하는 직무를 수행하는 공무원에 국한된

---

7 오영근, 876면.

8 대판 1978.10.10. 75도2665.

9 김성돈, 705면; 박상기, 634면; 이재상, 715면; 임웅, 809면; 정/박, 790면.

10 김/서, 636면; 오영근, 895면.

다는 견해(다수설)[11]와 법문상 아무런 제한을 두고 있지 아니하므로 성질상 강제력을 수반하는 직무를 수행하는 자로 제한할 필요는 없다는 견해[12]가 대립한다. 법률상 강제력을 수반하는 직무를 수행하는 경찰이나 검찰 외에도, 가령 민정수석비서관이나 보건복지부장관도 직권남용죄의 주체가 될 수 있다는 점에서, 강제력을 수반하는 직무를 수행하는 공무원으로 한정할 이유는 없다.

B. 판례 일반적 직무권한은 반드시 법률상의 강제력을 수반하는 것임을 요하지 아니하며, 그것이 남용될 경우 직권행사의 상대방으로 하여금 법률상 의무없는 일을 하게 하거나 정당한 권리행사를 방해하기에 충분한 것이면 된다(대판 2004.5.27. 2002도6251).

다. 직무권한 유무가 문제되는 경우

(1) 직무권한이 아닌 사례

A. 대검찰청 공안부장과 조폐공사의 직장폐쇄 대검찰청 공안부장이 조폐공사 사장에게 조폐공사의 쟁의행위·경영에 관하여 '좋지 않은 정보보고가 올라온다. 서울이 시끄럽다. 빨리 직장폐쇄를 풀고 구조조정을 단행하라'고 말하였다 하더라도 그것이 일반적 직무권한에 속하는 사항이라고 볼 수 없다(대판 2005.4.15. 2002도3453).

B. 당직조장이 하급자에게 기합을 준 경우 당직대의 조장이 당직근무를 마치고 내무반에 들어와 하급자에게 다른 이유로 기합을 준 행위는 당직조장으로서의 어떤 직권을 남용한 것이 아니라 사적 제재에 불과하다(대판 1985.5.14. 84도1045).

(2) 직무권한인 사례

A. 재정경제원(경제기획원)장관의 직무권한 국가경제 전반 특히 금융사무에 관하여 포괄적인 권한을 행사하는 재정경제원장관이 국민경제에 미치는 영향력이 큰 기업으로서 회생 가능성이 있는 기업에 대하여는 자구계획의 수립과 실천 등 일정한 요건을 갖출 것을 전제로 융자를 해 주도록 금융기관에 권고하거나 이를 요청하는 것은 그의 일반적 직무권한에 속하는 사항이다(대판 2004.5.27. 2002도6251).

B. 검사의 직무권한 검사가 참고인 조사를 위하여 타청 관할에 속하는 교도소장에 대하여 참고인의 소환을 요청하는 것은 그의 일반적 직무권한에 속하는 사항이라고 할 것이다(대판 2006.5.26. 2005도6966).

C. 자치행정국장(총무국장)의 직무권한 시 자치행정국장으로서 공무원들의 근무평정을 취합하여 시장 등에게 결재를 올림으로써 인사권 행사를 보좌하고, 민원처리현황 등을 조사·파악하여 문제가 있는 경우 감사업무를 담당하는 기획감사실에 정식으로 감사의뢰를 하는 등으로 시 공

11 김/서, 634면; 배종대, 817면; 이재상, 714면; 임웅, 868면; 정/박, 791면; 정영일, 738면.

12 권오걸, 1003면; 김성돈, 705면; 이민걸, 직권남용죄에 있어서의 주체와 직권남용의 의미, 형사판례연구(13), 395면.

무원의 인사 또는 감사업무에 관여하여 온 사실을 인정할 수 있는바, 이와 같이 시의 조직관리, 공무원 인사 및 민원사무 등 내무행정 전반을 총괄하고 있는 자치행정국장이 비록 다른 부서의 직원이지만 개발제한구역 내의 행위에 관한 허가 등 민원업무를 담당하는 사람의 승진 등 인사에 관여하거나 민원업무에 대한 감사를 요구하는 것은 그의 일반적인 직무권한에 속하는 사항이다(대판 2004.10.15. 2004도2899).

라. 직권남용 여부가 문제되는 경우

(1) 직권남용에 해당하는 사례

A. 재정경제원장관의 은행장에 대한 대출강요행위 재정경제원장관이 대기업에 해당되지도 아니하며 회생 가능성도 불투명하여 대출이 가능한 요건을 갖추었다고 보기 어려운 기업에 대하여 은행감독원장으로부터 경영개선명령을 받아 신규대출을 기피하고 있던 기업의 주거래 은행의 은행장에게 개인적 친분이 있는 기업을 도와주기 위한 목적으로 대출을 실행하여 줄 것을 요구하고, 요구에 따라 은행장이 이미 같은 은행으로부터 대출신청이 거절당한 바 있는 기업에 대하여 새로이 다른 채권은행장들과 협조융자를 추진하고 대출하도록 한 행위가 직권남용죄에 해당한다(대판 2004.5.27. 2002도6251).

B. 민정수석비서관의 대통령 근친에 대한 임대강요행위 대통령비서실 민정수석비서관이 대통령의 근친관리업무와 관련하여 정부 각 부처에 대한 지시와 협조 요청을 할 수 있는 일반적 권한을 갖고 있었음에 비추어, 농수산물 도매시장관리공사 대표이사에게 요구하여 시장 내의 주유소와 써어비스동을 당초 예정된 공개입찰방식이 아닌 수의계약으로 대통령의 근친이 설립한 회사에 임대케 한 행위는, 타인의 권리행사방해죄의 구성요건을 충족한다(대판 1992.3.10. 92도116).

C. 검찰 간부의 수사검사에 대한 압력 검찰의 고위 간부가 내사 담당 검사로 하여금 내사를 중도에서 그만두고 종결처리토록 한 행위가 직권남용권리행사방해죄에 해당한다(대판 2007.6.14. 2004도5561).

D. 검사의 수사를 빙자한 구속자 소환 검사가 실제로는 개인적인 목적을 위하여 甲을 소환하면서도 수사 목적이라는 명분을 내세워 甲이 수용된 구치소 또는 교도소의 교도관리에게 甲에 대한 소환요구 또는 출석요구를 하였고, 이에 따라 교도관리들이 甲을 검사실로 호송한 행위는 검사로서의 일반적 직무권한에 속하는 업무에 가탁하여 실질적, 구체적으로는 교도관리들로 하여금 직무상 의무없는 일을 하게 한 것으로서 직권남용죄가 성립한다(대판 2006.5.26. 2005도6966).

E. 교육감의 승진 예비심사위원에 대한 부탁 도교육청 교육감이 5급사무관승진 예비심사 당시 인사계장 또는 총무과장을 통하여 직접 또는 간접으로 사전에 예비심사위원들에게 특정승진대상자들에게 높은 점수를 주거나 낮은 점수를 주도록 부탁하여 인사상 불이익을 당할 것을 우려한 예비심사위원들로 하여금 부탁대로 심사평정을 하게 한 경우 직권남용죄에 해당한다(대판 2007.7.13. 2004도3995).

F. 대통령비서실정책실장의 특별교부세 교부결정에 관한 지시, 협조요청 통일외교안보에 관한 사항을 제외한 국가정책 전반에 관하여 대통령을 보좌하는 대통령비서실 정책실장이 대통령의 명을 받아 행정자치부에 특별교부세의 교부결정에 관하여 지시하거나 협조를 요청하는 경우, 직권남용에 해당한다(대판 2009.1.30. 2008도6950).

(2) 직권남용이 아닌 사례 공무원이 직무와 상관없이 단순히 개인적인 친분에 근거하여 문화예술 활동에 대한 지원을 권유하거나 협조를 의뢰한 것에 불과한 경우까지 직권남용에 해당한다고 할 수는 없다(대판 2009.1.30. 2008도6950).

3. 의무없는 일

가. 의무의 내용 직권남용죄에서 말하는 의무란 법률상 의무를 가리키고, 단순한 심리적 의무감 또는 도덕적 의무는 이에 해당하지 아니한다(대판 1991.12.27. 90도2800).

나. 실무 담당자에게 직무집행을 보조하는 사실행위를 하게 한 경우 공무원이 자신의 직무권한에 속하는 사항에 관하여 실무 담당자로 하여금 그 직무집행을 보조하는 사실행위를 하도록 하더라도 이는 공무원 자신의 직무집행으로 귀결될 뿐이므로 원칙적으로 직권남용권리행사방해죄에서 말하는 '의무없는 일을 하게 한 때'에 해당한다고 할 수 없으나, 직무집행의 기준과 절차가 법령에 구체적으로 명시되어 있고 실무 담당자에게도 직무집행의 기준을 적용하고 절차에 관여할 고유한 권한과 역할이 부여되어 있다면 실무 담당자로 하여금 그러한 기준과 절차에 위반하여 직무집행을 보조하게 한 경우에는 '의무없는 일을 하게 한 때'에 해당한다(대판 2011.2.10. 2010도13766; 2012.1.27. 2010도11884).

4. 권리행사방해

가. 권리

(1) 권리의 범위

A. 구체적 권리 직권남용권리행사방해죄에서 권리행사를 방해한다 함은 법령상 행사할 수 있는 권리의 정당한 행사를 방해하는 것을 말한다고 할 것이므로, 이에 해당하려면 구체화된 권리의 현실적인 행사가 방해된 경우라야 한다(대판 2008.12.24. 2007도9287).

B. 공법상의 권리 직권남용권리행사방해죄에서 말하는 '권리'는 법률에 명기된 권리에 한하지 않고 법령상 보호되어야 할 이익이면 족한 것으로서, 공법상의 권리인지 사법상의 권리인지를 묻지 않는다(대판 2010.1.28. 2008도7312).

(2) 구체적인 권리가 아닌 사례

A. 사업자로 선정될 수 있는 권리 정보통신부장관이 개인휴대통신 사업자선정과정과 관련하여 서류심사는 완결된 상태에서 청문심사의 배점방식을 변경하였다 하더라도, 청문 평가의 배점이

2.2점으로 정하여져 있는 상황에서, 甲 회사가 이전의 사업계획서 심사결과에서 乙 회사보다 0.38점 앞서 있었다는 사정만으로는 甲 회사가 전기통신사업법상 개인휴대통신사업자로 선정될 수 있는 권리라는 것은 아직 구체화된 권리라고 볼 수 없어서, 결국 甲 회사가 가진 구체적인 권리의 현실적 행사가 방해되는 결과가 발생하지 아니하였다(대판 2006.2.9. 2003도4599).

B. 검사의 불기소 결정 검사가 고발사건을 불기소결정하여 피고발인으로 하여금 처벌받게 하려는 고발인의 의도가 이루어질 수 없게 되었다 하여 고발인의 권리행사를 방해하였다고는 말할 수 없다(대결 1986.6.30. 86모12).

C. 입주추천서 발급 거부 甲 주식회사가 시장으로부터 폐기물처리장 부지에 관한 분양추첨 절차에 참가할 수 있는 입주추천서의 발급을 구할 수 있는 구체화된 법령상의 권리가 인정된다고 볼 수 없고, 또한 입주추천서를 발급받지 못한 이상 甲 주식회사에게 분양추첨 절차에 참가할 수 있는 구체화된 법령상의 권리도 인정되지 않는다(대판 2008.12.24. 2007도9287).

나. 방해: 결과발생 요부 공무원의 직권남용행위가 있었다 할지라도 현실적으로 권리행사의 방해라는 결과가 발생하지 아니하였다면 본죄의 기수를 인정할 수 없다(대판 2008.12.24. 2007도9287; 2006.2.9. 2003도4599).

5. 기타 문제

가. 권리행사 방해와 의무없는 일을 하게 함의 관계 상급 경찰관이 직권을 남용하여 부하 경찰관들의 수사를 중단시키거나 사건을 다른 경찰관서로 이첩하게 한 경우, 일단 '부하 경찰관들의 수사권 행사를 방해한 것'에 해당함과 아울러 '부하 경찰관들로 하여금 수사를 중단하거나 사건을 다른 경찰관서로 이첩할 의무가 없음에도 불구하고 수사를 중단하게 하거나 사건을 이첩하게 한 것'에도 해당된다고 볼 여지가 있다. 그러나 이는 어디까지나 하나의 사실을 각기 다른 측면에서 해석한 것에 불과한 것이고, 두 가지 행위 태양에 모두 해당하는 것으로 기소된 경우, '권리행사를 방해함으로 인한 직권남용권리행사방해죄'만 성립하고 '의무없는 일을 하게 함으로 인한 직권남용권리행사방해죄'는 따로 성립하지 아니하는 것으로 봄이 상당하다(대판 2010.1.28. 2008도7312).

나. 고의

(1) 고의의 내용 범의에는 권리행사를 방해한다는 인식 이외에 직권을 남용한다는 인식도 포함된다(대결 1993.7.26. 자 92모29).

(2) 고의가 없는 사례 교도소에서 접견업무를 담당하던 교도관이 접견신청에 대하여 행형법 제18조 제2항 소정의 '필요한 용무'가 있는 때에 해당하지 아니한다고 판단하여 그 접견신청을 거부하였다면, 단지 접견신청거부행위의 위법성에 대한 인식이 없었던 것에 불과한 것이 아니라 애

초부터 직권남용에 대한 범의 자체가 없어 위 범죄를 구성하지 아니한다(대결 1993.7.26. 92모29).

다. 기수시기 기수에 이르려면 행위에 결과가 발생한 것을 필요로 하므로, 공무원의 직권남용이 있다 하여도 현실적으로 권리행사의 저해가 없다면 기수를 인정할 수 없다(대판 1978.10.10. 75도2665).

III. 특수공무원의 체포·감금죄

> **제124조(불법체포, 불법감금)** ① 재판, 검찰, 경찰 기타 인신구속에 관한 직무를 행하는 자 또는 이를 보조하는 자가 그 직권을 남용하여 사람을 체포 또는 감금한 때에는 7년 이하의 징역과 10년 이하의 자격정지에 처한다.

1. 의의와 성격

가. 의의와 보호법익 인신구속에 관한 직무를 행하는 자 또는 이를 보조하는 자가 그 직권을 남용하여 사람을 체포 또는 감금하는 죄이다. 본죄의 보호법익은 '개인의 신체활동의 자유'이고, 보호의 정도는 침해범이다.

나. 법적 성격 본죄의 성격에 관련하여, ① 체포·감금죄와는 별개의 독립범죄로서 진정신분범이라는 견해[13]와 ② 특수공무원이라는 신분으로 인해 형벌이 가중되는 부진정신분범이라는 견해[14]가 대립한다. 인신구속에 관여하는 특수공무원의 체포·감금을 가중처벌하려는 취지이므로 부진정신분범으로 보아야 한다. 따라서 일반인이 특수공무원과 함께 사람을 체포·감금하면, 제33조 본문이 아닌 단서에 의해 단순체포·감금죄로 처벌된다.

2. 경찰관과 불법감금

① 즉결심판피의자를 보호실에 유치한 행위(대판 1997.6.13. 97도877), ② 구속영장 없이 피의자를 보호실에 유치한 행위(대결 1985.7.29. 85모16), ③ 대기실에 강제로 대기시킨 행위(대결 1991.12.30. 91모5)는 감금행위에 해당한다.

3. 성립 여부가 문제되는 사례

가. 요건을 갖추지 못한 긴급체포, 현행범체포 ① 긴급체포 당시의 상황으로 보아서도 그 요건의

---

13 이재상, 715면; 정/박, 794면.

14 권오걸, 1008면; 김성돈, 707면; 김/서, 643면; 배종대, 819면; 오영근, 898면; 임웅, 871면.

충족 여부에 관한 검사나 사법경찰관의 판단이 경험칙에 비추어 현저히 합리성을 잃은 경우에는 그 체포는 위법한 체포이다(대결 2003.3.27. 2002모81). ② 경찰관이 적법절차를 준수하지 아니한 채 실력으로 현행범인을 연행하려 하는 것은 불법체포에 해당한다(대판 2006.11.23. 2006도2732).

나. 검토 경찰관이 체포이유를 고지하지 아니하거나 체포요건이 구비되지 않은 사람을 체포하는 것은 적법한 공무집행이 아니라 불법체포에 해당한다. 하지만 특별히 직권을 남용했다고 볼 정황이 없으면 본죄는 성립하지 아니하며 단순체포·감금죄가 성립할 수 있고, 또한 그에 대한 범인 또는 시민의 저항행위는 공무집행방해죄를 구성하지 아니하고 정당화될 수 있다.

4. 기타 문제

가. 법률의 착오

(1) 보호실유치와 법률의 착오 법정절차 없이 피해자를 이른바 경찰서 보호실에 구금케 한 행위는, 이를 수사목적 달성을 위한 적절한 행위라고 믿고 한 행위라 할 수 없을 것이고, 설사 이를 정당한 행위로서 법령에 의하여 죄가 되지 아니하는 것으로 믿었다 하더라도, 그와 같이 믿을 만한 정당한 이유가 있었다 할 수 없다(대판 1971.3.9. 70도2406).

(2) 상관의 명령과 법률의 착오, 기대가능성 경찰서보호실 근무자로부터 보호유치 지시를 받았다 하여 그러한 위법한 명령에 따라야 할 의무가 없는 이상, 위와 같은 오인을 하게 된 데에 대하여 정당한 이유가 있다거나 피해자의 보호실유치를 회피할 가능성이 없었다고 인정하기 어렵다(대판 1997.6.13. 97도877).

나. 간접정범 감금죄는 간접정범의 형태로도 행해질 수 있는 것이므로, 인신구속에 관한 직무를 행하는 자 또는 이를 보조하는 자가 피해자를 구속하기 위해 진술조서 등을 허위로 작성한 후 이를 기록에 첨부해 구속영장을 신청하고, 진술조서 등이 허위로 작성된 정을 모르는 검사와 영장전담판사를 기망하여 구속영장을 발부받아 구금했다면 직권남용감금죄가 성립한다(대판 2006.5.25. 2003도3945).

IV. 특수공무원의 폭행·가혹행위죄

제125조(폭행, 가혹행위) 재판, 검찰, 경찰 기타 인신구속에 관한 직무를 행하는 자 또는 이를 보조하는 자가 그 직무를 행함에 당하여 형사피의자 또는 기타 사람에 대하여 폭행 또는 가혹한 행위를 가한 때에는 5년 이하의 징역과 10년 이하의 자격정지에 처한다.

1. 서설

가. 의의 인신구속에 관한 직무를 행하는 자 또는 그 보조자가 사람에 대하여 폭행 또는 가혹행위를 가하는 죄이다. 고문 등에 의한 인권침해를 방지하려는 규정이다.

나. 보호법익 본죄의 보호법익은 일차적으로 '국가기능(인신구속)의 공정'이고, 부차적으로는 개인의 신체적 안전 내지 인격권도 보호하고자 한다. 보호의 정도는 침해범이라는 견해[15]도 있지만, 국가기능의 공정과 관련하여서는 추상적 위험범이고, 개인의 신체적 안전과 관련하여서는 침해범적 성격을 갖는다.

다. 성격 본죄의 성격과 관련하여, ① 인신구속에 관여하는 특수공무원이라는 신분 때문에 폭행·학대죄보다 형벌이 가중되는 부진정신분범이라는 견해[16]와 ② 폭행·협박죄와는 구분되는 독립된 진정신분범이라는 견해[17]가 주장된다. 특수공무원의 체포·감금죄와 같이 신분으로 인해 형벌이 가중되는 부진정신분범으로 봄이 타당하다.

2. 구성요건

가. 행위의 주체 형법 제125조 소정의 "기타 인신구속에 관한 직무를 행하는 자"라 함은 사법경찰관리의 직무를 행할 자와 그 직무범위에 관한 법률에 규정되어 사법경찰관의 직무를 행하는 자를 말하고, "이를 보조하는 자"라 함은 법원, 검찰의 직원 또는 사법경찰관리와 같이 그 직무상 보조자의 지위에 있는 자를 말하고, 일반교도관들은 위 법률 제5조 제1호에 따른 교도소장의 제청 및 관할 지방검찰청 검사의 지명에 의하여 사법경찰관리의 직무를 행할 자에 해당하게 되며, 나아가 위 법률 제6조 제1호에 의하여 당해 교도소에서 발생하는 범죄에 대한 심사 또는 그 보조업무를 처리하는 경우가 아닌 한 형법 제125조에 규정된 특수공무원의 어느 범주에 속한다고 할 수 없으므로 일반교도관의 기결수에 대한 폭행 또는 가혹행위는 형법 제125조로 의율할 수 없다(광주고법 1992.11.11. 92초43 판결).

나. 행위의 객체: 형사피의자 또는 기타 사람

(1) '기타 사람'의 범위 '기타 사람'은 형사피의자를 제외한 피고인과 참고인, 증인 등과 같이 수사 또는 재판에서 심문이나 조사의 대상이 되는 모든 사람을 뜻한다(헌재결 2015.3.26. 2013헌바140).

---

15 김/서, 643면; 박상기, 635면; 이정원, 808면.

16 김성돈, 708면; 김/서, 643면; 오영근, 900면; 임웅, 874면.

17 이재상, 717면; 정/박, 796면.

(2) 기타 사람의 예　하급심에서는 "형이 확정되어 복역 중인 기결수는 교도소 내에서 발생한 다른 범죄의 피의자나 참고인이 아닌 이상 이에 포함되지 아니한다"(광주고법 1992.11.11. 92초43 판결)고 본 판례도 있다. 그러나 교도관의 기결수에 대한 폭행 또는 가혹행위는 본죄를 구성한다고 보아야 한다.

다. 직무를 행함에 당하여

(1) 의미　'직무를 행함에 당하여'는 '직무를 행하는 기회'를 의미한다.[18] 특수공무원의 체포·감금죄에서는 '직권을 남용하여'라고 한 반면에, 본죄에서는 '직무를 행함에 당하여'라는 표현이 사용된 것은 폭행과 가혹행위가 특수공무원의 원래 직무가 아니기 때문이다.

(2) 직무와 폭행의 관계

A. 학설　직무와 폭행(가혹행위) 사이에는 시간적·장소적 관련성이 있으면 족하다는 견해[19]와 내용적 관련성이 있어야 한다는 견해[20]가 주장되고 있다.

B. 판례　경찰 등의 직무와 폭행 사이에 객관적 관련성을 요구하는 것으로 해석된다(헌재결 2015.3.26. 2013헌바140).

C. 검토　직무와 무관하게 개인적 사유로 폭행·가혹행위가 가해진 때에는 본죄가 성립하지 않는다고 보아야 하므로 내용적 관련성이 있어야 한다는 견해가 타당하다. 가령, 경찰이 자신의 채무자를 일과시간 중에 경찰서로 불러내 폭행하더라도 본죄가 성립하지 않는다.

라. 실행행위: 폭행 또는 가혹행위　'가혹행위'라 함은 직권을 남용하여 사람으로서는 견디기 어려운 정신적·육체적 고통을 가하는 경우를 말한다(대판 2008.5.29. 2008도2222).

V. 공무상비밀누설죄

> **제127조(공무상 비밀의 누설)** 공무원 또는 공무원이었던 자가 법령에 의한 직무상 비밀을 누설한 때에는 2년 이하의 징역이나 금고 또는 5년 이하의 자격정지에 처한다.

1. 의의와 보호법익

공무원 또는 공무원이었던 자가 직무상 비밀을 누설하는 죄이다. 보호법익은 기밀 그 자체가 아니라 공무원이 비밀을 누설함으로써 위험하게 되는 이익, 즉 비밀의 누설에

---

18 헌재결 2015.3.26. 2013헌바140.

19 박상기, 638면.

20 김/서, 643면; 오영근, 900면; 이재상, 717면; 임웅, 875면; 정/박, 796면; 정영일, 746면.

의하여 위협받는 '국가의 기능'이고,[21] 보호의 정도는 추상적 위험범이다.

2. 법령에 의한 직무상 비밀

가. 비밀의 의미

(1) 학설 본죄의 비밀과 관련하여, ① 법령에 의해 비밀로 분류된 것임을 요한다는 견해[22]와 ② 법령에 의하여 비밀로 분류된 경우뿐만 아니라 객관적·일반적으로 외부에 알려지지 않은 것에 상당한 이익이 있는 사항을 포함한다는 견해[23]가 주장되고 있다. 법문이 '법령에 의한 직무상 비밀'로 제한하고 있기 때문에 전자가 타당하다. 하지만 객관적으로 외부에 알려지지 않는 것에 상당한 이익이 있는 사항은 비록 법령에 명시되어 있지는 않더라도 법령에 의해 모두 비밀로 다루어지기 때문에 큰 차이는 없다.

(2) 판례 법령에 의한 직무상 비밀이란 반드시 법령에 의하여 비밀로 규정되었거나 비밀로 분류 명시된 사항에 한하지 아니하고 정치, 군사, 외교, 경제, 사회적 필요에 따라 비밀로 된 사항은 물론 정부나 공무소 또는 국민이 객관적, 일반적인 입장에서 외부에 알려지지 않는 것에 상당한 이익이 있는 사항도 포함하는 것이나, 실질적으로 그것을 비밀로서 보호할 가치가 있다고 인정할 수 있는 것이어야 할 것이다(대판 2003.12.26. 2002도7339).

나. 비밀이 아닌 사례 ① 감사원 감사관이 공개한 기업의 비업무용 부동산 보유실태에 관한 감사원 보고서의 내용이 공무상 비밀에 해당되지 않는다(대판 1996.5.10. 95도780). ② 경찰관이 사건브로커에게 열람, 등사하게 한 수사기록의 내용에 비추어 볼 때, 내용이 공개되는 경우 수사의 보안 또는 기밀을 침해하여 수사의 목적을 방해할 우려가 있거나 개인의 사생활 등 이해관계를 침해할 우려가 있는 개인정보를 담고 있는 것으로 보기에는 부족하다(대판 2003.6.13. 2001도1343). ③ 도청자료의 내용은 국가정보원이 직무로서 수집·작성 및 배포하는 국가정보원법 소정의 국외정보 및 국내보안정보에 포함된다고 보기 어렵고, 재벌기업의 고위층 인사 또는 언론사의 최고경영자 사이에 위와 같은 내용의 대화를 나누었다는 사실이 공개되더라도 이로 인하여 국가정보원의 정상적인 정보수집활동 등의 기능에 지장을 초래한다고 볼 수 없어 직무상 지득한 비밀이 되지 아니한다(대판 2006.6.16. 2006도1368). ④ 재산의 소유 주체에 관한 정보에 불과한 자동차의 소유자에 관한 정보를 객관적, 일반적으로 외부에 알리지 말아야 할 만큼 비밀로 보호할 가치가 있다거나 누설로 국가의 기능이 위협받는다고 볼 수는 없다(대판 2012.3.15. 2010도14734).

---

21 대판 2003.12.26. 2002도7339; 2003.6.13. 2001도1343; 2007.6.14. 2004도5561; 2006.6.16. 2006도1368; 2003.11.28. 2003도5547; 2012.3.15. 2010도14734.

22 김성돈, 703면; 김/김, 816면; 김/서, 634면; 오영근, 892면; 임웅, 807면; 정/박, 788면.

23 권오걸, 1000면; 이재상, 712면; 정영일, 736면.

다. 비밀에 해당하는 사례 ① 가결된 도시계획시설 결정(대판 1982.6.22. 80도2822), ② 도시계획 구역 내의 건축규제조치 해제(대판 1981.7.28. 81도1172), ③ 수사정보(대판 2007.6.14. 2004도5561), ④ 수의계약에 있어서 예정가격(대판 2008.3.14. 2006도7171), ⑤ 구술시험문제(대판 1970.6.30. 70도562), ⑥ 평가결과와 평가위원회의 위원의 성명 및 소속(대판 2009.6.23. 2009도544) 등은 직무상 비밀에 해당한다.

3. 누설받은 자의 처벌 가부: 대향범과 총칙 규정 2인 이상 서로 대향된 행위의 존재를 필요로 하는 대향범에 대하여는 공범에 관한 형법총칙 규정이 적용될 수 없는데, 형법 제127조는 공무원 또는 공무원이었던 자가 법령에 의한 직무상 비밀을 누설하는 행위만을 처벌하고 있을 뿐 직무상 비밀을 누설받은 상대방을 처벌하는 규정이 없는 점에 비추어, 직무상 비밀을 누설받은 자에 대하여는 공범에 관한 형법총칙 규정이 적용될 수 없다(대판 2011.4.28. 2009도3642).

VI. 피의사실공표죄

1. 의의 검찰, 경찰 기타 범죄수사에 관한 직무를 행하는 자 또는 이를 감독하거나 보조하는 자가 그 직무를 행함에 당하여 지득한 피의사실을 공판청구 전에 공표하는 범죄이다. 보호법익은 국가의 범죄수사기능과 피의자의 인권이고, 보호의 정도는 추상적 위험범이다.

2. 수사기관의 발표와 위법성조각

가. 위법성조각의 요건 수사기관의 발표는 원칙적으로 일반 국민들의 정당한 관심의 대상이 되는 사항에 관하여 객관적이고도 충분한 증거나 자료를 바탕으로 한 사실 발표에 한정되어야 하고, 이를 발표함에 있어서도 정당한 목적하에 수사결과를 발표할 수 있는 권한을 가진 자에 의하여 공식의 절차에 따라 행하여져야 하며, 무죄추정의 원칙에 반하여 유죄를 속단하게 할 우려가 있는 표현이나 추측 또는 예단을 불러일으킬 우려가 있는 표현을 피하는 등 내용이나 표현 방법에 대하여도 유념하지 아니하면 아니 된다 할 것이므로, 수사기관의 피의사실 공표행위가 위법성을 조각하는지의 여부를 판단함에 있어서는 공표 목적의 공익성과 공표 내용의 공공성, 공표의 필요성, 공표된 피의사실의 객관성 및 정확성, 공표의 절차와 형식, 표현 방법, 피의사실의 공표로 인하여 생기는 피침해이익의 성질, 내용 등을 종합적으로 참작하여야 한다(대판 2002.9.24. 2001다49692).

나. 위법한 사례 담당 검사가, 피의자가 피의사실을 강력히 부인하고 있었음에도 불구하고 추가 보강수사를 하지 않은 채 참고인들의 불확실한 진술만을 근거로 피의자의 범행동기나 그가 유출한 회사기밀의 내용 및 경쟁업체 관계자들에 대한 향후 수사확대 방향 등에 관하여 상세히 언급함

으로써 마치 피의자의 범행이 확정된 듯한 표현을 사용하여 각 언론사의 기자들을 상대로 언론에 의한 보도를 전제로 피의사실을 공표한 경우, 피의사실공표행위의 위법성이 조각되지 않는다(대판 1999.1.26. 97다10215, 10222).

제2절 • 뇌물에 관한 죄

I. 서설

1. 뇌물죄의 의의 공무원 또는 중재인이 직무행위의 대가로 이익을 취득하거나 이들에게 이익을 제공하는 범죄이다. 조선시대에 정전(情錢)이라고 불렸던 이 이익을 받는 쪽은 수뢰죄, 주는 쪽은 증뢰죄로 처벌받는다. 양자는 필요적 공범이다.

2. 뇌물죄의 보호법익

가. 학설 뇌물죄의 보호법익은 ① 직무행위의 무상성, 즉 불가매수성이라는 견해(불가매수성설)[1]와 ② 직무행위의 불가매수성 외에 직무행위의 공정성에 대한 일반인의 신뢰도 포함한다는 견해(결합설)[2]가 주장되고 있다. 뇌물죄를 추상적 위험범으로 이해하는 한 뇌물죄의 해석에 본질적인 차이를 가져다주는 견해대립은 아니다. 다만, 뇌물의 직무관련성 및 뇌물과 의례적인 선물을 구분할 때에는 사회의 일반적 시각에 영향을 받을 수 있다는 점에서 직무행위의 공정성에 대한 일반인의 신뢰도 포함한다는 결합설이 장점을 가지고 있다.

나. 판례 ① 뇌물죄는 공무원의 직무집행의 공정과 이에 대한 사회의 신뢰 및 직무행위의 불가매수성을 그 보호법익으로 하고 있다(대판 2004.5.28. 2004도1442). ② 공무원의 직무수행의 적정성, 즉 공무원 직무의 염결성과 불가매수성을 보호하기 위한 것이다(헌재결 2008.5.29. 2007헌바18).

3. 수뢰죄와 증뢰죄의 관계 양 죄는 일반적으로 대향범의 관계에 있는 필요적 공범이다. 뇌물의 '수수, 공여, 약속'은 반드시 대향자를 필요로 한다. 다만, 뇌물의 '요구와 공여의 의사표시'는 그

1 배종대, 823면; 은행표, 뇌물죄에 관한 소고, 법학논총 제4집; 백천 오재환교수 정년기념논문집(조선대학교 법학연구소), 250면; 정영일, 750면.

2 권오걸, 1014면; 김성돈, 711면; 김신규, 뇌물죄에 관한 연구, 한터 이철원 교수 정년기념논문집, 315면; 박상기, 642면; 이재상, 720면; 임웅, 879면; 정/박, 799면.

자체로 수뢰와 증뢰죄를 구성하고 대향범의 존재를 전제로 하지 않는다. 따라서 이 경우에는 수뢰죄와 증뢰죄는 별개의 독립된 범죄이다.

4. 뇌물범죄에 관한 특별법

가. 특정범죄 가중처벌 등에 관한 법률 특가법은 수뢰액이 1억 원 이상일 때에는 무기 또는 10년 이상의 징역, 5천만 원 이상 1억 원 미만일 때에는 7년 이상의 유기징역, 3천만 원 이상 5천만 원 미만일 때에는 5년 이상의 유기징역으로 가중처벌한다(동법 제2조 제1항).

나. 공무원범죄에 관한 몰수 특례법 공무원범죄몰수법은 공무원이 수뢰행위를 통해 얻은 '불법수익'은 물론이고, 그 '불법수익에서 유래한 재산', 즉 '불법수익이 변형되거나 증식되어 형성된 재산'까지 모두 몰수대상으로 규정하고 있다(동법 제2조 제3호).

II. 수뢰죄

> **제129조(수뢰, 사전수뢰)** ① 공무원 또는 중재인이 그 직무에 관하여 뇌물을 수수, 요구 또는 약속한 때에는 5년 이하의 징역 또는 10년 이하의 자격정지에 처한다.

1. 의의와 성격 공무원 또는 중재인이 범하는 수뢰죄의 기본유형이다. 공무원 또는 중재인만이 범할 수 있는 진정신분범(진정직무범)이다.

2. 공무원

가. 공무원의 범위

(1) 공무원의 의미 공무원은 법령에 의하여 국가 또는 공공기관에 근무하는 모든 사람이다.

(2) 판례 뇌물죄에서의 '공무원'이라 함은 국가공무원법과 지방공무원법에 의한 공무원 및 다른 법률에 따라 위 규정들을 적용할 때에 공무원으로 간주되는 자 외에 법령의 근거에 기하여 국가 또는 지방자치단체 및 이에 준하는 공법인의 사무에 종사하는 자로서 그 노무의 내용이 단순한 기계적·육체적인 것에 한정되어 있지 않은 자를 말한다(대판 2011.3.10. 2010도14394; 2002.11.22. 2000도4593).

(3) 법령의 범위 '법률, 명령, 지방자치법규인 조례 및 규칙'은 법령이 될 수 있으나 행정부 내부 규정에 불과한 예규는 그 궁극적인 근거가 법령에 있지 않는 한 '법령'에 해당한다고 할 수 없다.[3]

---

3 최복규, 중앙약사심의위원회 소분과위원이 형법상 뇌물죄의 주체로서 공무원에 해당하는지 여부, 대법원판례해설 제43호(2002. 하반기), 788면.

A. 조례 파출소에서 근무하는 방범원은 직할시·도·시·군·자치구 지방고용직공무원의 임용 등에 관한 조례(준칙) 제4조의2에 의한 임용권자의 명에 따라 경찰서·지서 또는 파출소에 파견되어 근무하는 지방공무원법 제2조 제3항 제4호 소정의 지방고용직공무원임이 분명하다(대판 1991.3.27. 90도2930, 90감도229).

B. 내부규정 피고인이 서울특별시 후생복지심의위원회가 정한 서울특별시 후생복지시설 운영규정 제6조에 따라 후생복지심의위원회 위원장에 의해 서울시청 구내식당 소속 시간제 종사원으로 고용된 경우, 서울특별시의 내부규정에 불과한 위 운영규정은 법령에 해당하지 아니하고, 피고인의 채용, 징계, 신분보장, 보수, 업무 등의 내용이 지방공무원법상 계약직 공무원의 그것과 명백히 다르므로, 피고인을 뇌물수수죄 및 허위공문서작성·행사죄의 주체인 공무원에 해당한다고 할 수 없고, 피고인에게 자신이 공무원이라는 인식이 있었다고 볼 수도 없다(대판 2012.8.23. 2011도12639).

(4) 단순노무자 ① 형법 제129조에서의 공무원이라 함은 그 노무의 내용이 단순한 기계적·육체적인 것에 한정되어 있지 않은 자를 말한다(대판 2002.11.22. 2000도4593; 1997.6.13. 96도1703). ② 문화재관리국 관리과 운영계 고용원으로서 문화재관리국 소관 국유재산처분업무를 담당하면서 필지별 재매매계약에 관한 업무 및 그 대금수납업무 등을 수행하였음이 명백한 바, 단순한 기계적, 육체적 노무에 종사한 것이라 볼 수 없다(대판 1978.4.25. 77도3709).

(5) 법령에 의해 국가 등의 사무에 종사하는 자

A. 공무원에 해당하는지 여부

1) 판례 ① 형법 제129조에서의 공무원이라 함은 법령의 근거에 기하여 국가 또는 지방자치단체 및 이에 준하는 공법인의 사무에 종사하는 자를 말한다(대판 2002.11.22. 2000도4593; 1997.6.13. 96도1703). ② 일반적으로 공무원이라 함은 광의로는 국가 또는 공공단체의 공무를 담당하는 일체의 자를 의미하며, 협의로는 국가 또는 공공단체와 공법상 근무관계에 있는 모든 자를 말한다(대판 1997.3.11. 96도1258).

2) 헌법재판소 결정 이 사건 법률조항의 '공무원'에 국가공무원법·지방공무원법에 따른 공무원이 아니고 공무원으로 간주되는 사람이 아닌 제주자치도 위촉위원이 포함된다고 해석하는 것은 법률해석의 한계를 넘은 것으로서 죄형법정주의에 위반된다(헌재결 2012.12.27. 2011헌바117).

B. 법령에 의하여 설치된 위원회 위원 ① 중앙약사심의위원회 소속 분과위원회의 소분과위원회 위원(대판 2002.11.22. 2000도4593), ② 시·구도시계획자문위원회의 위원(대판 1997.6.13. 96도1703), ③ 학교환경위생정화위원회의 위원(대판 1983.5.10. 83도301)은 법령에 의하여 공무에 종사하는 자로서 수뢰죄의 주체인 공무원이다.

(6) 기한부 공무원 법령에 근거하여 기한부로 채용된 공무원이라 할 것이며 단순한 노무에 종사하는 자라 할 수 없다(대판 1971.10.19. 71도1113).

(7) 퇴직, 전직(轉職)한 자

A. 학설 본죄의 주체는 원칙적으로 현재 공무원 또는 중재인의 지위에 있는 자이다. 이와 관

련하여 전직 또는 퇴직한 자도 수뢰죄의 주체가 될 수 있느냐와 관련하여, 긍정설[4]과 부정설[5]이 대립한다. 수뢰죄의 주체는 현재 공무원의 지위에 있는 자에 한정되기 때문에 퇴직자의 경우에는 사후수뢰죄가 성립하지 않는 한 부정설이 타당하다. 전직자의 경우에는 전직 전의 직무에 관한 일반인의 신뢰를 보호할 필요가 있기 때문에 긍정설이 타당하다.

B. 판례

1) 퇴직의 경우 ① 뇌물수수죄의 주체는 현재 공무원 또는 중재인의 직에 있는 자에 한정되므로, 공무원이 직무와 관련하여 뇌물수수를 약속하고 퇴직 후 이를 수수하는 경우에는, 뇌물약속과 뇌물수수가 시간적으로 근접하여 연속되어 있다고 하더라도, 뇌물약속죄 및 사후수뢰죄가 성립할 수 있음은 별론으로 하고 뇌물수수죄는 성립하지 않는다(대판 2008.2.1. 2007도5190).[6] ② 형법은 공무원이었던 자가 그 재직 중에 청탁을 받고 직무상 부정한 행위를 한 후 뇌물을 수수, 요구 또는 약속을 한 때에는 제131조 제3항에서 사후수뢰죄로 처벌하도록 규정하고 있으므로, 뇌물의 수수 등을 할 당시 이미 공무원의 지위를 떠난 경우에는 제131조 제1항의 수뢰죄로는 처벌할 수 없고 사후수뢰죄의 요건에 해당할 경우에 한하여 그 죄로 처벌할 수 있을 뿐이다(대판 2013.11.28. 2013도10011). ③ 공무원이 그 고유의 직무와 관련이 없는 일에 관하여 별도의 위촉절차 등을 거쳐 다른 직무를 수행하게 된 경우에는 그 위촉이 종료되면 그 위원 등으로서 새로 보유하였던 공무원 지위는 소멸한다고 보아야 할 것이므로, 그 이후에 종전에 위촉받아 수행한 직무에 관하여 금품을 수수하더라도 이는 사후수뢰죄에 해당할 수 있음은 별론으로 하고 일반 수뢰죄로 처벌할 수는 없다(대판 2013.11.28. 2013도10011).

2) 사무분담 변경의 경우 임무에 관하여 부정한 청탁을 받은 이상 그 후 사무분담 변경으로 그 직무를 담당하지 아니하게 된 상태에서 재물을 수수하게 되었다 하더라도 여전히 타인의 사무를 처리하는 지위에 있고, 재물 등의 수수가 부정한 청탁과 관련하여 이루어진 것이라면 배임수재죄는 성립한다(대판 1987.4.28. 87도414; 1984.11.27. 84도1906).[7]

(8) 임용행위가 무효인 경우 법령에 기한 임명권자에 의하여 임용되어 공무에 종사하여 온 사람이 나중에 그가 임용결격자이었음이 밝혀져 당초의 임용행위가 무효라고 하더라도, 그가 임용행위라는 외관을 갖추어 실제로 공무를 수행한 이상 공무 수행의 공정과 그에 대한 사회의 신뢰 및 직무행위의 불가매수성은 여전히 보호되어야 한다. 따라서 이러한 사람은 형법 제129조에서 규정한 공무원으로 봄이 타당하고, 그가 그 직무에 관하여 뇌물을 수수한 때에는 수뢰죄로 처벌할 수 있다(대판 2014.3.27. 2013도11357).

---

4 김성돈, 714면; 김성룡, 특정범죄가중처벌등에 관한 법률 제4조의 취지 및 전직 전의 직무에 관한 금품의 수수와 뇌물죄의 성부, 대법원판례해설 제3호, 296면; 김/서, 651면; 배종대, 826면; 이재상, 724면; 임웅, 891면; 정/박, 804면.

5 박상기, 642면.

6 대판 2010.10.14. 2010도387; 1984.8.14. 84도1139.

7 배임수재죄에 대한 판결이지만 뇌물죄에도 그대로 적용될 것이다.

나. 공무원 여부가 문제되는 사례

(1) 지방의회 의원 비록 지방의회의원이 일정한 비용을 지급받을 뿐 정기적인 급여를 지급받지는 아니한다고 하더라도 공무를 담당하고 있는 이상 지방의회의원은 형법상 공무원에 해당한다(대판 1997.3.11. 96도1258).

(2) 집행관사무소의 사무원 '지방법원에 소속되어 법률이 정하는 바에 따라 재판의 집행, 서류의 송달 그 밖에 법령에 따른 사무에 종사'하는 집행관(집행관법 제2조)과 달리 그에 의해 채용되어 그 업무를 보조하는 자에 불과할 뿐(집행관규칙 제21조 제1항), 그를 대신하거나 그와 독립하여 집행에 관한 업무를 수행하는 자의 지위에 있지는 않다(대판 2011.3.10. 2010도14394).[8]

3. 중재인 중재인이란 법령에 의하여 중재의 직무를 담당하는 자를 말하며 사실상의 중재자 또는 사적 조정자의 역할만을 수행하는 사람은 중재인이 아니다. 법령에 의한 중재인에는 중재법에 의한 중재인, 노동조합 및 노동관계조정법에 의한 중재의원, 상사중재법에 의한 중재의원, 언론중재법에 의한 중재의원 등이 있다.

4. 뇌물

가. 뇌물의 의의

(1) 뇌물 개념 뇌물의 가장 좁은 의미는 재물이다(협의설). 여기에 재산상의 이익이 포함된다는 점에는 異論이 없다(광의설). 그런데 학계의 논의에서는 직무관련성 내지 대가성이 인정되면 非재산적 이익, 가령 취직알선이나 이성간의 정교도 뇌물이 될 수 있다고 한다(최광의설).[9] 판례도 같은 입장이다. 물론, 최광의설에서도 직무와 관련한 '부당한 이익'은 객관적으로 측정할 수 있는 것이어야 한다고 한다. 뇌물은 몰수 내지 추징하도록 되어 있어서 금전적 가치로 환산하기 어려운 비재산적 이익은 뇌물에서 제외된다는 취지이다.

賂'物'이라고 이름 붙이고 여기에 이익을 편입시키는 해석은 형법에서 그리 권장할 일은 아니다. 하지만 언어는 그 자체가 항고불변의 고정적 의미를 가지고 있는 것은 아니고, 늘 그것이 쓰이는 맥락 속에서 기능적으로 이해되어야 하는 측면이 없지 않다. 수뢰죄의 뇌물 개념은 현재 '물건'이라는 의미가 아니라, '부당한 이익'이라는 의미로 읽히고 그렇게 기능하고 있다.

(2) 판례

A. 위법, 부당한 이익 제3자뇌물공여죄에 있어서 뇌물이란 공무원의 직무에 관하여 부정한 청탁을 매개로 제3자에게 교부되는 위법 혹은 부당한 이익을 말한다(대판 2007.1.26. 2004도1632).

---

8 배임수재죄가 인정되었다.

9 김/서, 650면; 배종대, 827면; 오영근, 911면; 이재상, 722면; 임웅, 888면; 정/박, 807면.

B. 재산상 이익에 한정 여부 ① 뇌물죄에서 뇌물의 내용인 이익이라 함은 금전, 물품 기타의 재산적 이익뿐만 아니라 사람의 수요·욕망을 충족시키기에 족한 일체의 유형, 무형의 이익을 포함한다(대판 2002.11.26. 2002도3539; 2002.5.10. 2000도2251). ② 제공된 것이 성적 욕구의 충족이라고 해서 달리 볼 것은 아니다(대판 2014.1.29. 2013도13937).

C. 은밀성과 사리(私利)성 유무 뇌물죄에 있어서 금품을 수수한 장소가 공개된 장소이고, 금품을 수수한 공무원이 이를 부하직원들을 위하여 소비하였을 뿐 자신의 사리를 취한 바 없다 하더라도 그 뇌물성이 부인되지 않는다.[10]

D. 판단기준 공무원이 받은 금원 등 이익이 직무와 대가관계가 있는 뇌물에 해당하는지 여부는 당해 공무원의 직무의 내용, 직무와 이익제공자와의 관계, 쌍방 간에 특수한 사적인 친분관계가 존재하는지의 여부, 이익의 다과, 이익을 수수한 경위와 시기 등의 모든 사정을 참작하여 결정되어야 할 것이고, 뇌물죄가 직무집행의 공정과 이에 대한 사회의 신뢰를 그 보호법익으로 하고 있음에 비추어 볼 때, 공무원이 이익을 수수하는 것으로 인하여 사회일반으로부터 직무집행의 공정성을 의심받게 되는지 여부도 뇌물죄 성부의 판단기준이 될 수 있다(대판 2002.11.26. 2002도3539; 1999.7.23. 99도1911).

나. 대가관계

(1) 필요 유무

A. 논의상황 통설[11]은 뇌물죄의 구성요건표지로 '대가관계'를 끌어들여 뇌물죄의 성립범위를 축소시키는가 하면, 다른 한편으로는 대가관계의 개념을 폭넓게 해석하고 있다(포괄적 대가관계). 심지어 뇌물수수와 직무수행 사이에는 대가관계가 아닌 인과관계 내지 상관관계가 있으면 충분하다고 하는 견해[12]도 주장된다.

B. 판례 공무원의 직무와 금원 수수가 전체적으로 대가관계에 있으면 뇌물수수죄가 성립한다(대판 2009.9.24. 2007도4785).

(2) 포괄적 대가관계 뇌물은 직무에 관하여 수수된 것으로 족하고 개개의 직무행위와 대가적 관계에 있을 필요는 없으며, 그 직무행위가 특정된 것일 필요도 없다(대판 2002.11.26. 2002도3539; 1997.4.17. 96도3378).

(3) 청탁이나 부정한 행위의 필요 유무 ① 직무에 관한 청탁이나 부정한 행위를 필요로 하는 것은 아니기 때문에 수수된 금품의 뇌물성을 인정하는 데 특별한 청탁이 있어야만 하는 것은 아니다(대판 2004.5.28. 2004도1442; 2011.3.24. 2009도7230). ② 뇌물성은 의무위반 행위나 청탁의 유무 및 금품수수 시기

---

10 대판 1996.6.14. 96도865.

11 김성돈, 716면; 배종대, 817면; 오영근, 911면; 이재상, 725면; 임웅, 886면; 정영일, 754면.

12 김창군, 뇌물죄에 관한 연구, 판례연구 제2집(제주판례연구회), 206면; 김병주, 공무원범죄와 그 대응방안-뇌물죄의 해석론과 부패방지법의 입법론-, 법학논총 제4집, 627면.

의 직무집행 행위의 전후를 가리지 아니한다(대판 2003.6.13. 2003도1060).

다. 뇌물성 유무가 문제되는 사례

(1) 정치자금 등과 뇌물 정치자금, 선거자금, 성금 등의 명목으로 이루어진 금품의 수수라 하더라도, 정치인인 공무원의 직무행위에 대한 대가로서의 실체를 가지는 한 뇌물로서의 성격을 잃지 않는다(대판 1997.4.17. 96도3377 全合).[13]

(2) 사교적 의례와 뇌물

A. 학설 직무행위와 대가관계가 인정되는 경우라도 ① 사회생활상 관습적으로 승인되고 있는 경조부조금·전별금이나 계절적 문안인사를 위한 선물의 정도를 초과하지 않는 것은 뇌물이 아니라는 견해[14]와 ② 사교적 의례로서의 선물이라도 직무행위와 대가관계가 인정되는 때에는 뇌물이 되지만 그 위법성이 조각된다는 견해[15]가 주장되고 있다. 사교적 의례의 선물이 명확하다면 뇌물성을 부정하여 구성요건해당성을 배제할 수 있지만, 사교적 의례인지는 구체적 사정을 종합하여 개별적으로 판단되어야 하므로 후설이 타당하다.

B. 뇌물성 인정의 기준 공무원이 그 직무의 대상이 되는 사람으로부터 금품 기타 이익을 받은 때에는 그것이 그 사람이 종전에 공무원으로부터 접대 또는 수수받은 것을 갚는 것으로서 사회상규에 비추어 볼 때에 의례상의 대가에 불과한 것이라고 여겨지거나, 개인적인 친분관계가 있어서 교분상의 필요에 의한 것이라고 명백하게 인정할 수 있는 경우 등 특별한 사정이 없는 한 직무와의 관련성이 없는 것으로 볼 수 없고, 공무원의 직무와 관련하여 금품을 수수하였다면 비록 사교적 의례의 형식을 빌어 금품을 주고받았다 하더라도 그 수수한 금품은 뇌물이 된다(대판 2002.7.26. 2001도6727; 2008.11.27. 2006도8779).

C. 축의금과 사교적 의례

1) 뇌물인 사례 공무원이 개인적 친분 없이 직무와 관련된 사람들에게 청첩장을 보내 축의금을 받았다면 수뢰죄에 해당한다(대판 2013.12.12. 2013도7821).

2) 뇌물이 아닌 사례 아들의 결혼식장에서 축의금으로 낸 것을 사후에 전달받은 것일 뿐만 아니라 개인적으로도 친분관계를 맺어 온 사이였다면, 비록 직무와 관련이 있는 사업을 경영하는 사람들이었다 하더라도 그 사정만으로 축의금을 빙자하여 뇌물로 수수된 것이라고 단정할 수 없다(대판 1982.9.14. 81도2774).

---

13 대통령에 대한 금원 공여의 취지가 기업경영과 관련된 경제정책 등을 결정·집행하고 금융·세제 등을 운용함에 있어서, 우대를 받거나 최소한 불이익이 없도록 하여 달라거나 국책사업에 우선적으로 참여할 수 있도록 영향력을 행사하여 달라는 데에 있었던 것인 이상, 그것만으로도 대통령의 직무와 그 금원의 공여가 대가관계에 있음을 인정할 수 있다.

14 김/서, 653면; 배종대, 827면; 이재상, 725면; 정/박, 806면; 정영일, 757면.

15 권오걸, 1288면; 김성돈, 717면; 오영근, 913면; 이동흡, 뇌물죄에 있어서의 뇌물과 직무관련성, 재판자료 제50집(법원도서관) 91면; 임웅, 887면.

D. 사교적 의례를 넘어서는 사례 ① 향응이나 식사접대(대판 2008.11.27. 2006도8779; 1984.4.10. 83도1499), ② 전별금 명목(대판 1983.4.26. 82도2095), ③ 명절 선물 명목(대판 1989.6.20. 89도648), ④ 결혼축하 금품 명목(대판 1999.1.29. 98도3584)으로 수수하였다 하더라도 뇌물에 해당한다.

라. 뇌물에 해당하는 사례

(1) 차용 ① 공무원이 그 직무에 관하여 금원을 무기한·무이자로 차용한 경우에는 수뢰자가 받은 실질적 이익은 무기한·무이자차용금의 금융이익 상당이므로, 위의 경우에는 그 금융이익이 뇌물이라 할 것이다(대판 2004.5.28. 2004도1442). ② 명목과 달리 실제로는 차용금이 아니고 교수 신규채용과 관련하여 도와 달라, 도와주겠다는 취지로 수수된 뇌물로 보아야 할 것이다(대판 1999.1.29. 98도3584).

(2) 프리미엄 재개발주택조합의 조합장으로서 그 재직 중 고소하거나 고소당한 사건의 수사를 담당한 경찰관에게 액수 미상의 프리미엄이 예상되는 그 조합아파트 1세대를 분양해 준 이상, 그 아파트가 당첨자의 분양권 포기로 조합에서 임의분양하기로 된 것으로서 예상되는 프리미엄의 금액이 불확실하였다고 하더라도, 조합이 선택한 수분양자가 되어 분양계약을 체결한 것 자체가 경제적인 이익이다(대판 2002.11.26. 2002도3539; 1992.12.22. 92도1762).

(3) 연대보증 군에서 진급 평정권자가 평정업무와 관련하여 진급대상자로 하여금 자신의 은행대출금채무에 연대보증하게 한 행위는 직무에 관련하여 이익인 뇌물을 받은 것에 해당된다(대판 2001.1.5. 2000도4714).

(4) 투기적 사업에 참여할 기회 투기적 사업에 참여할 기회를 얻는 것도 이익에 해당되므로, 장래 시가의 앙등이 예상되는 주식을 액면가에 매수한 것은 뇌물죄에 해당된다(대판 1979.10.10. 78도1793).

마. 공범과 수뢰액 특정범죄 가중처벌 등에 관한 법률 제2조 제1항의 적용 여부를 가리는 수뢰액을 정함에 있어서는 그 공범자 전원의 수뢰액을 합한 금액을 기준으로 하여야 할 것이고, 각 공범자들이 실제로 취득한 금액이나 분배받기로 한 금액을 기준으로 할 것이 아니다(대판 1999.8.20. 99도1557).

바. 뇌물과 횡령의 구별 기준 공무원이 관공서에 필요한 공사의 시행이나 물품의 구입을 위하여 수의계약을 체결하면서 해당 공사업자 등으로부터 돈을 수수한 경우, 그 돈의 성격을 공무원의 직무와 관련하여 수수된 뇌물로 볼 것인지 아니면 적정한 금액보다 과다하게 부풀린 금액으로 계약을 체결하기로 공사업자 등과 사전 약정하여 이를 횡령(국고손실)한 것으로 볼 것인지 여부는, 돈을 공여하고 수수한 당사자들의 의사, 해당 계약 자체의 내용 및 성격, 계약금액과 수수된 금액 사이의 비율, 수수된 돈 자체의 액수, 그 계약이행을 통해 공사업자 등이 취득할 수 있는 적정한 이익, 공사업자 등이 공무원으로부터 공사대금 등을 지급받은 시기와 돈을 공무원에게 교부한 시간적 간격, 공사업자 등이 공무원에게 교부한 돈이 공무원으로부터 지급받은 바로 그 돈인지 여

부, 수수한 장소 및 방법 등을 종합적으로 고려하여 객관적으로 평가하여 판단해야 할 것이다(대판 2007.10.12. 2005도7112).[16]

5. 직무관련성

가. 직무

(1) 직무의 의미

A. 직무의 범위 뇌물죄에 있어서의 직무라 함은 공무원이 법령상 관장하는 직무 그 자체뿐만 아니라 그 직무와 밀접한 관련이 있는 행위 또는 관례상이나 사실상 소관하는 직무행위 및 결정권자를 보좌하거나 영향을 줄 수 있는 직무행위도 포함된다(대판 2004.5.28. 2004도1442; 2000.6.15. 98도3697 全合).

B. 일반적 직무 뇌물죄에서 말하는 '직무'에는 법령에 정하여진 직무뿐만 아니라 그와 관련 있는 직무, 과거에 담당하였거나 장래에 담당할 직무 외에 사무분장에 따라 현실적으로 담당하지 않는 직무라도 법령상 일반적인 직무권한에 속하는 직무 등 공무원이 그 직위에 따라 공무로 담당할 일체의 직무를 포함한다(대판 2003.6.13. 2003도1060; 1995.9.5. 95도1269).

(2) 판단 기준

A. 학설 직무와의 관련성을 가장 폭넓게 해석하는 태도는 '소극적 공제판단'의 방식이다. '직무에서 제외된다고 할 수 없는 이상 그 관련성이 인정된다'는 해석방법이다.[17] 하지만 이 입장에 대해서는 '의심스러울 때는 피고인의 이익으로'라는 원칙에 반할 소지가 있다는 비판도 제기된다.[18] 판례는 때로는 소극적 공제방법에 따라 직무관련성을 넓게 파악한다. 공직사회에 대한 일반인의 인식과 뇌물범죄의 폐해를 생각할 때 직무관련성은 다소 넓게 파악할 필요가 있다.

B. 판례(소극적 공제판단) ① 구체적인 행위가 공무원의 직무에 속하는지 여부는 공무의 일환으로 행하여졌는가 하는 형식적인 측면과 함께 그 공무원이 수행하여야 할 직무와의 관계에서 합리적으로 필요하다고 인정되는 것이라고 할 수 있는가 하는 실질적인 측면을 아울러 고려하여 결정하여야 한다.(대판 2002.5.31. 2001도670; 2006.6.15. 2005도1420) ② 공무원이 그 직무의 대상이 되는 사람으로부터 금품 기타 이익을 받은 때에는 그것이 그 사람이 종전에 공무원으로부터 접대 또는 수수받은 것을 갚는 것으로서 사회상규에 비추어 볼 때에 의례상의 대가에 불과한 것이라고 여겨지거나, 개인적인 친분관계가 있어서 교분상의 필요에 의한 것이라고 명백하게 인정할 수 있는 경우 등 특별한 사정이 없는 한 직무와의 관련성이 없는 것으로 볼 수 없다(대판 2002.7.26. 2001도6721; 2004.5.28. 2004도1442).

(3) 위임사무와 직무 칸트리클럽에 대한 지도·감독업무가 각 시도지사에게 위임되었다 하더

---

16 공사업자와 적정한 금액 이상으로 계약금액을 부풀려 계약하고 그만큼 되돌려 받기로 사전에 약정한 다음 그에 따라 수수된 돈은 성격상 뇌물이 아니고 횡령금에 해당한다.

17 임웅, 뇌물범죄에 관한 연구-공무원의 수뢰범죄를 중심으로-, 형사정책 제10호 274면; 임웅, 891면.

18 김창균, 위 논문 209면.

라도 지방자치단체의 장에게 위임한 국가행정사무에 관하여는 당해 주무부장관이 이를 지휘·감독하도록 되어 있으므로, 교통부장관을 보좌하여 관광호텔 골프장 등 관광이용시설업체의 지휘·감독 등의 업무를 관장하고 있었다면, 직무의 관련성을 부정할 수 없다(대판 1984.8.14. 84도1139; 1986.10.28. 85도2398).

(4) 행정지도와 직무 행정청이 소관사항에 관한 민간의 활동에 대하여 특정의 행위를 하거나 하지 말도록 권고하는 것을 행정지도라 하는데, 이는 법률의 명문규정 여하에 불구하고 일반적으로 공무원이 직무상 당연히 행하여야 하는 행위로서 공무원의 직무에 해당한다.[19] 이는 일본 록키드 사건(=다나까 수뢰사건)에서 일본 최고재판소의 다수의견으로[20] 채택되었다.

나. 직무관련성이 있는 사례

(1) 법령상의 일반적인 직무권한인 경우

A. 구청위생계장과 건물용도변경허가 유흥업소를 경영하는 사람으로부터 구청위생계장이 건물용도변경허가와 관련하여 금품을 수수한 것은 직무와 관련하여 교부받은 것이다(대판 1989.9.12. 89도597).

B. 경찰관의 음주운전 적발, 범행단속 범죄를 예방하거나 진압하고 수사하여야 할 일반적 직무권한을 가지는 경찰관이 도박장개설 및 도박범행을 묵인하고 편의를 봐주는 데 대한 사례비 명목으로 금품을 수수하고, 나아가 도박장개설 및 도박범행사실을 잘 알면서도 이를 단속하지 아니하였다면, 이는 경찰관으로서 직무에 위배되는 부정한 행위를 한 것이라 할 것이고, 비록 이 사건 범행 당시 교통계에 근무하고 있어 도박범행의 수사 등에 관한 구체적인 사무를 담당하고 있지 아니하였다 하여도 달리 볼 것은 아니다(대판 2003.6.13. 2003도1060).[21]

(2) 직무와 밀접한 관련이 있는 경우

A. 토지개발공사 서울지사 공사부장과 하청업체의 선정 토지개발공사 서울지사 공사부장으로서 甲 회사가 시공하는 택지개발현장에서의 공사관리를 총괄하는 직무를 담당하는 자가, 공사현장에서 발생하는 건축물 폐재류의 처리공사를 담당할 하도급업체를 甲 회사가 선정함에 있어 乙 회사가 하도급받을 수 있도록 甲 회사에 청탁하는 것은 직무와 밀접한 관계가 있는 행위라고 봄이 상당하므로, 위와 같은 청탁의 대가로 乙 회사로부터 금원을 수수한 이상 수뢰죄가 성립한다(대판 1998.2.27. 96도582).

B. 국회의원의 다른 의원에 대한 권유, 설득 국회의원이 자신의 직무권한인 의안의 심의·표결권 행사의 연장선상에서 일정한 의안에 관하여 다른 동료의원에게 작용하여 일정한 의정활동을 하도록 권유·설득하는 행위 역시 국회의원이 가지고 있는 위 직무권한의 행사와 밀접한 관계가

---

19 김성돈, 714면.

20 운수대신이 전일본항공에 록키드사의 대형항공기의 선정·구입을 권장하는 행위는 운수대신의 행정지도로서 그 직무권한에 속하며 내각 총리대신이 운수대신에게 한 지시도 그 직무권한에 속한다.

21 대판 1999.11.9. 99도2530; 1995.6.30. 94도993.

있는 행위로서 그와 관련하여 금원을 수수하는 경우에도 뇌물수수죄가 성립한다(대판 1997.12.26. 97도2609).

C. 수사경찰관의 변호사소개 경찰관이 각각 변호사 A의 부탁에 따라 자신의 조사대상인 피의자들에게 A를 변호인으로 선임하도록 알선하고 편의를 제공한 행위는 수사관으로서의 직무와 밀접한 관련이 있는 행위이고, 따라서 변호사가 수사경찰관들에게 수사사건의 알선 및 편의제공의 대가로서 금품을 제공한 이상 뇌물공여죄가 성립한다(대판 2000.6.15. 98도3697 全合).

D. 국회전문위원 국회 정무위원회 수석전문위원으로서 정무위원회 소관 기관에 대하여 상당한 영향력을 가진 자가 그 기관 등의 업무에 관한 청탁이나 부탁을 받고 금품을 수수한 경우, 자신의 직무이거나 그 직무와 밀접한 관계가 있는 행위라고 할 것이어서 수뢰죄에 해당한다(대판 2010.12.23. 2010도10910).

(3) 관례상, 사실상 소관하는 직무인 경우

A. 경매사건의 관여 주사보 경매사건의 관여 주사보는 경매사건에 있어서 경매개시결정, 경매기일, 경락기일 등의 공고 및 통지를 그 명의로 하고 송달보고서 등 서류를 접수하고 이를 기록에 편철하는 등의 직무를 담당하고 있음이 경매법 및 민사소송법의 각 규정에 의하여 명백하고, 경매사건의 기록을 검토하여 경락허부결정문의 문안작성 등 사무를 사실상 처리하여 왔으므로, 경락허부결정 등을 좌우해 달라는 취지의 청탁을 하고 이에 관하여 금원을 수수한 경우에 뇌물죄가 성립된다(대판 1985.2.8. 84도2625).

B. 대대 주임원사와 병사들의 보직 대대 주임원사가 소속 대대 병사들의 보직에 관하여 지휘관인 대대장에 건의하면 그 건의가 상당 부분 반영된 사실이 인정되므로, 병사들의 보직 등을 결정하는 직무는 관례상이나 사실상 소관하는 직무 또는 결정권자를 보좌하거나 영향을 줄 수 있는 직무에 해당한다(대판 2004.5.28. 2004도1442).

(4) 결정권자에게 영향을 줄 수 있는 직무이거나 보조하는 직무인 경우

A. 대통령경제수석비서관 대통령경제수석비서관은 금융기관의 감독업무를 포함하여 모든 국가경제정책의 수립에 관한 조정, 통제 및 경제 전반에 걸친 대통령의 지시사항의 이행을 점검, 감독하는 업무를 수행하고, 이를 위하여 관계행정기관의 장과 협의하고 그 자신의 견해를 대통령에게 보고하는 등 금융기관의 업무에 관하여 사실상의 영향력을 행사하는 지위이므로, 금원을 수수한 것은 적어도 직무행위와 밀접한 관계가 있다(대판 1994.9.9. 94도619).

B. 진급심사위원회 간사 육군본부 인사참모부 진급 및 장군인사실 진급제도 장교이고 진급심사위원회의 소령에서 중령, 대위에서 소령에의 진급심사를 위한 위원회의 간사는 심사위원들의 진급판정을 보조하는 위치에 있으므로, 진급심사에 관하여는 단순히 사실적으로 보조하는 정도를 초월하여 실질적 보조기능을 행사한다(대판 1973.12.11. 73도2526).

다. 직무관련성이 없는 사례

(1) 국립대학교 부설 연구소가 국가와는 별개의 지위에서 맺은 용역계약 수산업법 시행령 제62조 및 어업면허 및 어장관리에 관한 규칙 제51조의2에 의하여 해양수산부가 지정 고시한 어업손실액 조사기관인 국립대학교 부설 연구소(국립대학교 부설 연구소 아닌 사립대학교 부설 연구소도 조사기관으로 지정되어 있다)가 국가를 당사자로 하는 계약에 관한 법률에 근거하지 아니하고 국가와는 별개의 지위에서 연구소라는 단체의 명의로 체결한 어업피해조사용역계약상의 과업 내용에 의하여 국립대학교 교수가 위 연구소 소속 연구원으로서 수행하는 조사용역업무는 교육공무원의 직무 또는 그와 밀접한 관계가 있거나 그와 관련된 행위에 해당한다고 볼 수 없다(대판 2002.5.31. 2001도670).

(2) 개인의 용역대가, 경험과 지식을 기초로 추측한 입찰예정가를 알려 준 경우 종로구청 건축과 장직에 있어 건축설계업자들이 납품하는 아파트설계를 검수하는 직무를 담당하고 있으나, 1급 건축사의 자격을 가진 사람으로 구조계산을 할 수 있는 전문지식을 보유하고 있기 때문에 설계업자로부터 그들이 납품할 설계에 필요한 구조계산의 용역을 위촉받아 그 일을 하여 주고 금원을 수수하였으며 그 가액도 용역의 대가로선 상당하였음을 알 수 있으니, 수수된 금원이 직무에 관한 것이 아니라 개인의 용역대가로 받았다(대판 1980.2.26. 79도31; 1983.3.22. 82도1922).

(3) 법원 참여주사와 형사사건의 양형 법원의 참여주사가 공판에 참여하여 양형에 관한 사항의 심리내용을 공판조서에 기재한다고 하더라도 이를 가지고 형사사건의 양형이 참여주사의 직무와 밀접한 관계가 있는 사무라고는 할 수 없으므로, 참여주사가 형량을 감경케 하여 달라는 청탁과 함께 금품을 수수하였다고 하더라도 뇌물수수죄의 주체가 될 수 없다(대판 1980.10.14. 80도1373).

(4) 서울대학교 의과대학 교수와 진단서 작성 서울대학교 의과대학 교수가 서울대학교병원 의사를 겸직하더라도 의사로서의 진료행위의 실질이나 직무성격이 바로 공무로 되거나 당연히 공무적 성격을 띤다고 할 수 없으며, 진료행위 등은 고등교육법에 의하여 교원의 임무로 되어 있는 학생의 교육지도나 학문연구와는 밀접하게 관련되어 있다고도 볼 수 없다(대판 2006.5.26. 2005도1904; 1983.3.22. 82도1922).

6. 행위태양

가. 수수

(1) 수수의 의미 수수는 영득의사로 뇌물을 취득하는 것을 말한다.

A. 영득의사 ① 뇌물을 수수한다는 것은 영득의 의사로 받는 것을 말하고 후일 기회를 보아서 반환할 의사로서 일단 받아 둔 데 불과하다면 뇌물의 수수라고 할 수 없다(대판 1989.7.25. 89도126; 2007.3.29. 2006도9182).[22] ② 오로지 공무원을 함정에 빠뜨릴 의사로 직무와 관련되었다는 형식을 빌려

22 甲이 봉투를 건네면서 '편지'라고 언급하였고, 비록 며칠의 간격이 있기는 하지만 봉투에 들어 있던 돈 전액을 甲의 급여계좌에

그 공무원에게 금품을 공여한 경우에도, 공무원이 그 금품을 직무와 관련하여 수수한다는 의사를 가지고 받아들이면 뇌물수수죄가 성립한다(대판 2008.3.13. 2007도10804).

B. 뇌물의 액수가 예상한 것보다 너무 많아 후에 이를 반환한 경우 먼저 뇌물을 요구하여 증뢰자가 제공하는 돈을 받았다면 받은 돈 전부에 대한 영득의 의사가 인정되고, 이처럼 영득의 의사로 뇌물을 수령한 이상 그 액수가 예상한 것보다 너무 많은 액수여서 후에 이를 반환하였다고 하더라도 뇌물죄의 성립에는 영향이 없다(대판 2007.3.29. 2006도9182).

C. 제3자가 먼저 공여자를 대신하여 자신의 자금으로 수뢰자에게 지급한 다음 공여자로부터 그 금액을 상환받는 방식으로 수수된 경우 뇌물죄는 공여자의 출연에 의한 수뢰자의 영득의사의 실현으로서 공여자의 특정은 직무행위와 관련이 있는 이익의 부담 주체라는 관점에서 파악하여야 하므로, 금품이나 재산상 이익 등이 반드시 공여자와 수뢰자 사이에 직접 수수될 필요는 없고, 그 사이에서 제3자가 먼저 공여자를 대신하여 자신의 자금으로 수뢰자에게 지급한 다음 공여자로부터 그 금액을 상환받는 방식으로 수수되었다 할지라도, 공여자와 수뢰자 사이에 금품 제공에 관한 의사의 합치가 존재하고 또한 그러한 지급방법에 관하여 수뢰자가 양해하였다고 인정되는 한, 공여자와 수뢰자 사이에 직접 금품이 수수되지 아니하였다는 사정만으로는 뇌물수수죄의 죄책을 면할 수 없다(대판 2008.6.12. 2006도8568).[23]

(2) 다른 범죄의 공범으로서 이익분배를 받은 경우 국고손실죄의 공동정범인 공무원이 다른 공범으로부터 그 범행에 의하여 취득한 금원의 일부를 받은 경우, 그 금원의 성격은 그 성질이 공동정범들 사이의 내부적 이익분배에 불과한 것이고 별도로 뇌물수수죄(사후수뢰죄)에 해당하지 않는다(대판 1997.2.25. 94도3346; 1980.2.26. 79도3095).[24]

(3) 제3자에게 공여와 뇌물수수

A. 판단기준 공무원이 직접 뇌물을 받지 아니하고 증뢰자로 하여금 다른 사람에게 뇌물을 공여하도록 한 경우, 그 다른 사람이 공무원의 사자 또는 대리인으로서 뇌물을 받은 경우나 그 밖에 예컨대, 평소 공무원이 그 다른 사람의 생활비 등을 부담하고 있었다거나 혹은 그 다른 사람에 대하여 채무를 부담하고 있었다는 등의 사정이 있어서 그 다른 사람이 뇌물을 받음으로써 공무원은 그만큼 지출을 면하게 되는 경우 등 사회통념상 그 다른 사람이 뇌물을 받은 것을 공무원이 직접

송금한 사정에다, 정기인사 이후 충남교육과학연구원에서 열린 행사에서 甲에게 '편지 잘 읽어 보았다. 마음만 받겠다'라는 뜻을 전달한 점 등에 비추어 영득의사 없이 100만 원이 든 봉투를 받았다가 곧바로 돌려주었던 것이다.

23 甲과 乙 사이에 甲이 피고인에게 후원금을 내기로 약속하고 甲의 후원의사를 乙이 피고인에게 직접 전달하였고, 乙은 甲을 대신하여 자신이 마련한 현금 5,000만 원을 우선 피고인 측에게 전달한 후 甲으로부터 5,000만 원을 상환받았다. 공여자는 甲이다.

24 군수품구입 계약체결 과정에서 회사가 애초에 제시하려고 했던 견적가를 국방부 군수본부의 계약 목표가에 맞추어 상향조작하여 그 정을 모르는 재무관 명의로 회사와 상향조작된 금액에 구매계약을 체결하게 하고, 그 구매대금 전액이 회사에게 지급되게 함으로써 국가에 구매대금과 애초의 견적가의 차액 상당의 손해를 입혔다.

받은 것과 같이 평가할 수 있는 관계가 있는 경우에는, 형법 제130조의 제3자뇌물제공죄가 아니라 형법 제129조 제1항의 뇌물수수죄가 성립한다(대판 2004.3.26. 2003도8077).

B. 뇌물수수로 볼 수 없는 사례 ① 산악회 지부가 사업자로부터 등반대회 행사용 수건을 교부받은 것을 산악회 지부의 고문으로 있는 군수가 이를 교부받은 것과 동일시하기에는 부족하다(대판 2002.4.9. 2001도7056). ② 피고인과 甲이 서로 아끼고 사랑하는 연인관계로서 서로 선물을 주고받는 사이였고 갑의 업무에 피고인이 다소 도움을 주고자 했던 것은 인정되나, 나아가 피고인이 甲에게 경제적 지원을 하였던 것으로 보이지 않고, 피고인들은 별도의 가계를 가지고 생활을 하였던 정도로는 사회통념상 甲이 대학교 조교수로 임용된 것이 피고인이 직접 뇌물을 받은 것과 같이 평가할 수 있는 관계가 아니다(대판 2009.1.30. 2008도6950).

C. 뇌물수수로 볼 수 있는 사례 공무원이 실질적인 경영자로 있는 회사가 청탁 명목의 금원을 회사 명의의 예금계좌로 송금받은 경우, 사회통념상 공무원이 직접 받은 것과 같이 평가할 수 있어 뇌물수수죄가 성립한다(대판 2004.3.26. 2003도8077).

(4) 등기, 등록과 취득

A. 판단기준 자동차를 뇌물로 공여한 경우 자동차등록원부에 뇌물수수자가 그 소유자로 등록되지 않았다고 하더라도, 자동차의 사실상 소유자로서 자동차에 대한 실질적인 사용 및 처분권한이 있다면 자동차 자체를 뇌물로 취득한 것으로 보아야 한다(대판 2006.5.26. 2006도1716).

B. 취득에 해당하지 않는 사례 甲에게 제공한 BMW 735 승용차는 제공 당시 제이디에스 명의로 대우캐피탈과 사이에 리스계약이 체결되어 있을 뿐만 아니라 대우캐피탈 명의로 소유권등록이 되어 있었던 점, 자동차에 대한 리스계약이 기간만료 또는 리스료 연체로 종료되어 리스회사인 대우캐피탈에서 승용차의 반환을 구하는 경우 甲이 이에 응할 수밖에 없는 것으로 보이는 점, 달리 자동차에 대한 대우캐피탈 명의의 소유권등록에도 불구하고 甲이 이를 자유로이 처분할 수 있다고 볼 수 있는 대우캐피탈의 처분승낙서나 권리확인서 등을 甲이 소지하고 있다고 볼 만한 자료가 없는 점 등에 비추어 본다면, 승용차 자체를 뇌물로 공여하였다고 볼 수는 없다(대판 2006.5.26. 2006도1716; 2006.4.27. 2006도735).

나. 약속

(1) 약속의 의미 뇌물의 '약속'은 양 당사자 사이의 뇌물수수의 합의를 말하고, 여기에서 '합의'란 그 방법에 아무런 제한이 없고 명시적일 필요도 없지만, 장래 공무원의 직무와 관련하여 뇌물을 주고받겠다는 양 당사자의 의사표시가 확정적으로 합치하여야 한다(대판 2007.7.13. 2004도3995; 2012.11.15. 2012도9417).

(2) 약속의 시기 설령 당시 甲의 뇌물요구 의사표시가 있었다고 보더라도 뇌물을 공여하겠다는 乙의 확정적인 의사가 甲에게 그 퇴임일 이전에 전달되었음을 인정할 만한 증거도 없으므로,

결국 피고인 甲의 시장직 퇴임일 이전에 뇌물공여 및 수수에 관한 약속이 이루어졌다고 단정할 수 없다(대판 2012.11.15. 2012도9417).

(3) 이익의 현존 필요 요부 뇌물약속죄에 있어서 뇌물의 목적물인 이익은 약속 당시에 현존할 필요는 없고 약속 당시에 예기할 수 있는 것이라도 무방하며, 가액이 확정되어 있지 않아도 뇌물약속죄가 성립한다(대판 2001.9.18. 2000도5438; 1981.8.20. 81도698).

(4) 약속한 목적이 성취되지 아니한 경우 건축할 주택의 공사비가 매매가격보다 적어서 이를 공사비 상당의 대금으로 분양받을 경우 이익이 있을 것을 예상하고 그 직무에 관하여 주택 1동을 공사비 상당의 대금으로 분양받기로 약속한 이상 뇌물약속죄는 성립되는 것이고, 그 후 실제로 분양받은 주택이 준공되지도 아니하여 손해를 보았다 하더라도 그러한 사정이 뇌물약속죄의 성립에 영향을 미칠 것은 못 된다(대판 1981.8.20. 81도698).

III. 사전수뢰죄

> **제129조(수뢰, 사전수뢰)** ② 공무원 또는 중재인이 될 자가 그 담당할 직무에 관하여 청탁을 받고 뇌물을 수수, 요구 또는 약속한 후 공무원 또는 중재인이 된 때에는 3년 이하의 징역 또는 7년 이하의 자격정지에 처한다.

1. 의의 공무원 또는 중재인이 될 자가 미리 그 담당할 직무에 관하여 청탁을 받고 뇌물을 수수, 요구 또는 약속하는 범죄이다. 예컨대 국회의원 당선자가 미리 뇌물을 받는 경우이다.

2. 구성요건

가. 주체: 공무원 또는 중재인이 될 자

(1) 공무원 또는 중재인이 될 자의 의미 '공무원 또는 중재인이 될 자'란 공무원채용시험에 합격하여 발령을 대기하고 있는 자 또는 선거에 의해 당선이 확정된 자 등 공무원 또는 중재인이 될 것이 예정되어 있는 자뿐만 아니라 공직취임의 가능성이 확실하지는 않더라도 어느 정도의 개연성을 갖춘 자를 포함한다(대판 2010.5.13. 2009도7040).

(2) 공무원 또는 중재인이 되는 것의 성격 '공무원 또는 중재인이 되는 것'은 구성요건요소가 아니라 객관적 처벌조건이다.[25] 공무원이 되는 것은 국가의 발령사항이고, 행위자가 할 수 있는 행위요소가 아니다. 구성요건해당성은 행위자의 '행위'가 법문의 요건을 충족한다는 평가이다.

25 김성돈, 724면; 김/서, 663면; 이재상, 732면; 임웅, 898면; 정영일, 763면;

나. 청탁의 의미 청탁이라 함은 공무원에 대하여 일정한 직무행위를 할 것을 의뢰하는 것을 말하는 것으로서 그 직무행위가 부정한 것인가 하는 점은 묻지 않으며 그 청탁이 반드시 명시적이어야 하는 것도 아니라고 할 것이다(대판 1999.7.23. 99도1911).

IV. 제3자뇌물제공죄

> **第130条(제삼자뇌물제공)** 공무원 또는 중재인이 그 직무에 관하여 부정한 청탁을 받고 제3자에게 뇌물을 공여하게 하거나 공여를 요구 또는 약속한 때에는 5년 이하의 징역 또는 10년 이하의 자격정지에 처한다.

1. 의의 공무원 또는 중재인이 그 직무에 관하여 부정한 청탁을 받고 제3자에게 뇌물을 공여하게 하거나 공여를 요구 또는 약속하는 범죄이다. 공무원이 뇌물을 직접 수수하지 않고, 제3자에게 증뢰하게 하는 것이다.

2. 수뢰죄와의 관계

가. 학설 본죄의 성격과 관련하여, ① 공무원이 뇌물을 간접적으로 수뢰하는 것, 즉 간접수뢰를 규정한 것으로 보는 견해(간접수뢰설)[26]와 ② 간접수뢰도 수뢰이므로 본죄는 독자적인 수뢰유형을 규정한 독립범죄라는 견해(제3자이익설)[27]가 대립한다. 간접수뢰설은 공무원이 부정한 청탁까지 받아 가며 제3자에게 뇌물을 제공하게 했다면, 공무원과 그 제3자 사이에는 이해관계가 없을 수 없다는 인식에서 출발한다. 하지만 수뢰의 방법은 직접·간접을 불문하기 때문에 간접수뢰도 수뢰로 보아야 하고, 형법이 수뢰죄와 달리 '부정한 청탁'을 요건으로 본죄를 별도로 규정한 것은 공무원에게 간접적 이익이 없더라도 처벌하겠다는 취지로 보아야 한다. 판례도 같은 취지이다.

나. 판례 공무원이 직접 뇌물을 받지 아니하고 증뢰자로 하여금 다른 사람에게 뇌물을 공여하도록 한 경우, 그 다른 사람이 공무원의 사자 또는 대리인으로서 뇌물을 받은 경우나 그 밖에 예컨대, 평소 공무원이 그 다른 사람의 생활비 등을 부담하고 있었다거나 혹은 그 다른 사람에 대하여 채무를 부담하고 있었다는 등의 사정이 있어서 그 다른 사람이 뇌물을 받음으로써 공무원은 그만큼 지출을 면하게 되는 경우 등 사회통념상 그 다른 사람이 뇌물을 받은 것을 공무원이 직접 받은

---

26 권오걸, 1042면; 김/서, 664면; 임웅, 899면; 정/박, 818면.

27 김성돈, 725면; 김/김, 835면; 배종대, 833면; 오영근, 926면; 이재상, 733면; 이정원, 703면.

것과 같이 평가할 수 있는 관계가 있는 경우에는, 형법 제130조의 제3자뇌물제공죄가 아니라 형법 제129조 제1항의 뇌물수수죄가 성립한다(대판 2004.3.26. 2003도8077; 2009.1.30. 2008도6950).

3. 구성요건

가. 부정한 청탁

(1) 의미 제3자뇌물공여죄에 있어서 '부정한 청탁'이라 함은, 그 청탁이 위법하거나 부당한 직무집행을 내용으로 하는 경우는 물론, 비록 청탁의 대상이 된 직무집행 그 자체는 위법·부당한 것이 아니라고 하더라도 당해 직무집행을 어떤 대가와 연결시켜 그 직무집행에 관한 대가의 교부를 내용으로 하는 청탁이라면 이는 의연 '부정한 청탁'에 해당한다(대판 2006.6.15. 2004도3424; 2009.1.30. 2008도6950).

(2) 위법에 한정 여부 '부정한 청탁'이란 위법한 것뿐만 아니라 사회상규나 신의성실의 원칙에 위배되는 부당한 경우도 포함하는 것이다(대판 2007.1.26. 2004도1632).

(3) 묵시적 청탁 ① 청탁의 대상인 직무행위의 내용도 구체적일 필요가 없고 묵시적인 의사표시라도 무방하며, 실제로 부정한 처사를 하였을 것을 요하지도 않는다(대판 2007.1.26. 2004도1632; 2009.1.30. 2008도6950). ② 대가관계의 연결은 암묵적으로도 가능한 것이며, 대가의 내용·액수나 교부일시·방법 등이 청탁 당시부터 구체적이고도 명확히 특정될 것까지 요하는 것은 아니고, 모종의 대가에 관한 양해가 존재하는 한 공무원에게 직접 대가를 교부할 것인지 아니면 공무원이 원하는 제3자에게 교부할 것인지가 청탁 당시에는 명확하지 않다 하여도 의연 청탁의 부정성은 인정된다(대판 2008.6.12. 2006도8568).

(4) 부정한 청탁이 없는 경우 공무원이 직접 뇌물을 받지 아니하고 증뢰자로 하여금 제3자에게 뇌물을 공여하도록 하고 그 제3자로 하여금 뇌물을 받도록 하였다 하더라도 부정한 청탁을 받은 일이 없다면 이를 처벌하지 아니한다는 취지로 해석하여야 할 것이다(대판 1998.9.22. 98도1234).

나. 당사자의 의사 정도 ① 제3자뇌물공여죄에서 '부정한 청탁'을 요건으로 하고 있는 취지는 처벌의 범위가 불명확해지지 않도록 하기 위한 것이므로, 청탁의 부정성을 규정짓는 이러한 대가관계에 관한 양해가 명시적이든 묵시적이든 당사자 사이에 존재하여야 하며, 청탁과 관련하여 대가관계에 대한 양해가 존재하지 않는다면 단지 나중에 제3자와 금품 수수가 있었다는 사정만으로 소급하여 청탁이 부정한 것으로 평가할 수는 없다(대판 2008.6.12. 2006도8568; 2011.4.14. 2010도12313). ② 묵시적인 의사표시에 의한 부정한 청탁이 있다고 하기 위하여는 당사자 사이에 청탁의 대상이 되는 직무집행의 내용과 제3자에게 제공되는 금품이 그 직무집행에 대한 대가라는 점에 대하여 공통의 인식이나 양해가 존재하여야 할 것이고, 그러한 인식이나 양해 없이 막연히 선처하여 줄 것이라는 기대에 의하거나 직무집행과는 무관한 다른 동기에 의하여 제3자에게 금품을 공여한 경우에는 묵시적인

의사표시에 의한 부정한 청탁이 있다고 보기 어렵고, 공무원이 먼저 제3자에게 금품을 공여할 것을 요구하였다고 하여 달리 볼 것은 아니다(대판 2009.1.30. 2008도6950; 2011.4.14. 2010도12313).

다. 제3자의 뇌물 인식 요부 그 뇌물을 받는 제3자가 뇌물임을 인식할 것을 요하지 아니하며 그 뇌물을 제3자에게 공여하게 한 동기를 묻지 아니하므로, 어떤 금품이 공무원의 직무행위와 관련하여 교부된 것이라면 그것이 시주의 형식으로 교부되었고 또 불심에서 우러나온 것이라고 하더라도 뇌물임을 면할 수 없다(대판 2006.6.15. 2004도3424).

라. 제3자의 범위: 지방자치단체 공무원인 지방자치단체장이 직무에 관하여 부정한 청탁을 받고 지방자치단체에 금품을 제공하게 하였다면 공무원 개인이 금품을 취득한 경우와 동일시할 수는 없고 그 공무원이 단체를 대표하는 지위에 있는 경우에도 마찬가지여서 제3자뇌물제공죄가 성립할 수 있다(대판 2011.4.14. 2010도12313).

V. 수뢰후부정처사죄, 사후수뢰죄, 부정처사후수뢰죄

> **제131조(수뢰후부정처사, 사후수뢰)** ① 공무원 또는 중재인이 전2조의 죄를 범하여 부정한 행위를 한 때에는 1년 이상의 유기징역에 처한다.
> ② 공무원 또는 중재인이 그 직무상 부정한 행위를 한 후 뇌물을 수수, 요구 또는 약속하거나 제삼자에게 이를 공여하게 하거나 공여를 요구 또는 약속한 때에도 전항의 형과 같다.
> ③ 공무원 또는 중재인이었던 자가 그 재직 중에 청탁을 받고 직무상 부정한 행위를 한 후 뇌물을 수수, 요구 또는 약속한 때에는 5년 이하의 징역 또는 10년 이하의 자격정지에 처한다.

1. 의의 제1항은 공무원 또는 중재인이 수뢰죄 또는 제3자뇌물제공죄를 범한 후 부정한 행위를 한 경우, 제2항은 부정한 행위를 한 후 수뢰행위를 하는 경우, 제3항은 재직시에 부정한 행위를 하고 퇴직 후에 수뢰행위를 하는 죄이다.

2. 구성요건

가. 부정한 행위

(1) 부정한 행위의 의미 수뢰후부정처사죄에서 말하는 '부정한 행위'라 함은 직무에 위배되는 일체의 행위를 말하는 것으로 직무행위 자체는 물론 그것과 객관적으로 관련 있는 행위까지를 포함한다(대판 2003.6.13. 2003도1060).

(2) 부정행위가 전근 후에 이루어진 경우 2백만 원을 수수한 때에는 다른 곳으로 전근하게 되었

다는 인사발령 내용이 알려지기는 하였지만 아직 관악세무서에 근무하고 있었던 때임을 알 수 있으니, 비록 청탁받은 대로 이 사건 상속세 관계서류를 반환한 때에는 새로운 근무지에서 근무하고 있었다고 하더라도 아무런 장애가 되지 않는다(대판 1981.8.25. 81도1830).

나. 부정한 행위에 해당하는 사례 ① 경찰관의 범행단속 포기(대판 2003.6.13. 2003도1060), ② 행정기관 내부의 직무위배행위(대판 1996.8.23. 96도1231), ③ 입찰예정가격 누설(대판 1983.4.26. 82도2095)[28]은 부정한 행위에 해당한다.

다. 부정한 행위가 아닌 사례: 감액처분이 위법하지 아니한 경우 과세 대상에 관한 규정이 명확하지 않고 그에 관한 확립된 선례도 없었던 경우, 공무원이 주식회사로부터 뇌물을 받은 후 관계 법령에 대한 충분한 연구, 검토 없이 회사에 유리한 쪽으로 법령을 해석하여 감액처분한 사실이 인정된다 하더라도, 감액처분이 결과적으로 정당한 것이라면 위와 같은 사정만으로 수뢰 후 '부정한 행위'를 한 것으로 볼 수는 없다(대판 1995.12.12. 95도2320).

VI. 알선수뢰죄

> **제132조(알선수뢰)** 공무원이 그 지위를 이용하여 다른 공무원의 직무에 속한 사항의 알선에 관하여 뇌물을 수수, 요구 또는 약속한 때에는 3년 이하의 징역 또는 7년 이하의 자격정지에 처한다.

1. 의의 공무원이 그 지위를 이용하여 다른 공무원의 직무에 속한 사항의 알선에 관하여 뇌물을 수수, 요구 또는 약속하는 죄이다. 단순수뢰죄보다 불법이 감경된 유형이다.

2. 공무원의 지위 이용

가. 의미 '공무원이 그 지위를 이용하여'의 의미와 관련하여, ① 다른 공무원이 취급하는 업무처리에 법률상 또는 사실상 영향을 줄 수 있는 공무원이 그 지위를 이용하는 경우로 이해하는 견해(협의설)[29]와 ② '공무원으로서의 신분에 있음을 이용하여'라는 정도로 넓게 해석하는 견해(광의설)[30]가 대립한다. 공무원 상호간에는 직간접의 연관관계를 가지고 어떠한 영향력을 줄 수 있는 지위에 있어야 한다는 점에서 협의설(판례)이 타당하다. 이러한 관계가 없다면 변호사법위반이 문제될 수 있다.

---

28 공무상비밀누설죄도 성립한다.

29 권오걸, 1049면; 김성돈, 730면; 김/서, 668; 배종대, 826면; 이재상, 736면; 정영일, 770면.

30 박상기, 656면; 임웅, 904면.

나. 관련 판례 '공무원이 그 지위를 이용하여'라 함은 친구, 친족관계 등 사적인 관계를 이용하는 경우에는 이에 해당한다고 할 수 없으나, 다른 공무원이 취급하는 사무의 처리에 법률상이거나 사실상으로 영향을 줄 수 있는 관계에 있는 공무원이 그 지위를 이용하는 경우에는 이에 해당하고, 그 사이에 상하관계, 협동관계, 감독권한 등의 특수한 관계가 있음을 요하지 않는다(대판 1995.1.12. 94도2687; 2006.4.27. 2006도735).

다. 직위이용에 해당하는 사례 ① 국회의원의 한국마사회장에 대한 알선(대판 1990.8.10. 90도665), ② 전임자의 후임자에 대한 알선(대판 1990.7.27. 90도890),[31] ③ 시의회의장과 토지구획정리사업(대판 1996.11.15. 95도1114; 2006.4.27. 2006도735), ④ 서울시부시장의 비서관과 체비지 불하업무(대판 1989.11.14. 89도1700), ⑤ 지방자치단체 공무원과 지방공기업 업무(대판 2001.10.12. 99도5294) 등은 담당공무원과의 사이에 직무상 연관관계를 가지고 사실상의 영향력을 행사할 수 있는 지위에 있다.

라. 직위이용에 해당하지 않는 사례 ① 군청 건설과 농지계에 근무하던 자는 도지사의 직무에 관하여(대판 1984.1.31. 83도3015), 그리고 ② 검찰주사는 검사에게(대판 1982.6.8. 82도403) 직무상 어떠한 연관관계를 가지고 법률상 또는 사실상의 영향력을 미칠 수 있는 지위에 있지 아니하다.

3. 다른 공무원의 범위: 법률에 의하여 공무원으로 의제되는 경우 지방공기업법 제83조는 지방공사의 임원 및 직원을 형법 제129조 내지 제132조의 적용에 있어서 공무원으로 보도록 규정하고 있으며, 서울시 지하철공사는 위 규정이 적용되는 지방공사의 하나이므로, 서울시 지하철공사의 임직원의 직무에 속한 사항의 알선에 관하여 뇌물을 수수하였다면 이는 형법 제132조에 해당하는 것이다(대판 2001.10.12. 99도5294).

4. 알선

가. 알선할 사항의 특정 정도 반드시 알선의 상대방인 다른 공무원이나 그 직무의 내용이 구체적으로 특정될 필요까지는 없지만, 알선뇌물요구죄가 성립하려면 알선할 사항이 다른 공무원의 직무에 속하는 사항으로서 뇌물요구의 명목이 그 사항의 알선에 관련된 것임이 어느 정도 구체적으로 나타나야 한다. 단지 상대방으로 하여금 뇌물을 요구하는 자에게 잘 보이면 그로부터 어떤 도움을 받을 수 있다거나 손해를 입을 염려가 없다는 정도의 막연한 기대감을 갖게 하는 정도에 불과하고, 뇌물을 요구하는 자 역시 상대방이 그러한 기대감을 가질 것이라고 짐작하면서 뇌물을 요구하였다는 정도의 사정만으로는 알선뇌물요구죄가 성립한다고 볼 수 없다(대판 2009.7.23. 2009도3924).

---

31 대판 1989.12.26. 89도2018; 1995.1.12. 94도2687.

나. 장래의 일에 대한 알선도 포함되는지 여부 알선행위는 장래의 것이라도 무방하므로, 알선뇌물요구죄가 성립하기 위하여는 뇌물을 요구할 당시 반드시 상대방에게 알선에 의하여 해결을 도모하여야 할 현안이 존재하여야 할 필요는 없다(대판 2009.7.23. 2009도3924).

다. 정당한 직무행위의 알선도 포함되는지 여부 '다른 공무원의 직무에 속한 사항의 알선행위'는 그 공무원의 직무에 속하는 사항에 관한 것이면 되는 것이지 그것이 반드시 부정행위라거나 그 직무에 관하여 결재권한이나 최종결정권한을 갖고 있어야 하는 것이 아니다(대판 1992.5.8. 92도532; 2006.4.27. 2006도735).

5. 비공무원의 알선수재죄 특정범죄 가중처벌 등에 관한 법률 제3조는 공무원이 아닌 자가 "공무원의 직무에 속한 사항의 알선에 관하여 금품이나 이익의 수수, 요구 또는 약속"한 때에는 5년 이하의 징역 또는 1천만 원 이하의 벌금에 처한다. 그리고 동법 제7조는 "금융회사 등의 임직원의 직무에 속한 사항의 알선에 관하여 금품이나 그 밖의 이익을 수수, 요구 또는 약속한 사람 또는 제3자에게 이를 공여하게 하거나 공여하게 할 것을 요구 또는 약속"한 사람을 5년 이하의 징역 또는 5천만 원 이하의 벌금에 처하고 있다. 한편, 변호사법 제111조는 "공무원이 취급하는 사건 또는 사무에 관하여 청탁 또는 알선을 한다는 명목으로 금품, 향응 그 밖의 이익을 받거나 받을 것을 약속한 자 또는 제3자에게 이를 공여하게 하거나 공여하게 할 것을 약속"한 사람을 5년 이하의 징역 또는 1천만 원 이하의 벌금에 처하고 있다.

VII. 뇌물공여죄와 증뢰물전달죄

> **제133조(뇌물공여등)** ① 제129조 내지 제132조에 기재한 뇌물을 약속, 공여 또는 공여의 의사를 표시한 자는 5년 이하의 징역 또는 2천만원 이하의 벌금에 처한다.
> ② 전항의 행위에 공할 목적으로 제3자에게 금품을 교부하거나 그 정을 알면서 교부를 받은 자도 전항의 형과 같다.

1. 뇌물공여죄(증뢰죄)

가. 의의 제1항의 뇌물공여죄는 뇌물을 약속, 공여 또는 공여의 의사표시를 함으로써 성립하는 범죄이다. 뇌물죄에 쌍벌원칙을 관철해 수뢰자와 더불어 증뢰자도 처벌하는 것이다.

나. 성격

(1) 수뢰죄와의 관계 증뢰죄 중 '뇌물의 약속과 공여'는 수뢰죄와 대향관계에 있는 필요적 공범

관계에 있고, '공여의 의사표시'는 일방적 의사표시로도 성립한다는 점에서 수뢰죄와는 별개의 독립된 범죄이다.

(2) 헌법재판소 결정 수뢰죄가 자신이 맡고 있는 직무의 염결성과 불가매수성을 스스로 침해한 공무원에 대한 비난을 본질로 함에 비해 뇌물공여죄는 공무원을 그와 같은 위법행위로 유도하는 행위에 대한 비난이라는 점에서 양자는 그 죄질을 달리한다(헌재결 2008.5.29. 2007헌바18).

(3) 상대방에게도 뇌물죄가 성립되어야 하는지 여부 뇌물공여죄가 성립되기 위하여서는 뇌물을 공여하는 행위와 상대방 측에서 그 물품 등을 받아들이는 행위(부작위 포함)가 필요할 뿐이지 반드시 상대방 측에서 뇌물수수죄가 성립되어야만 한다는 것은 아니다(대판 1987.12.22. 87도1699; 2006.2.24. 2005도4737).

2. 증뢰물전달죄

가. 의의 증뢰물전달죄는 증뢰할 목적으로 제3자에게 금품을 교부하거나 그 정을 알면서 교부를 받음으로써 성립하는 범죄이다. 제3자뇌물교부죄와 제3자뇌물취득죄가 대향관계에 있는 필요적 공범이다.

나. 성립요건

(1) 주체 본죄의 주체는 비공무원을 예정한 것이나 공무원일지라도 직무와 관계되지 않는 범위 내에서는 본죄의 주체에 해당될 수 있다(대판 2002.6.14. 2002도1283).

(2) 수뢰할 사람에게 전달 요부 제3자의 증뢰물전달죄는 제3자가 증뢰자로부터 교부받은 금품을 수뢰할 사람에게 전달하였는지의 여부에 관계없이 제3자가 그 정을 알면서 금품을 교부받음으로써 성립한다(대판 2002.6.14. 2002도1283; 1965.10.26. 65도785).

(3) 제3자의 범위 제3자란 행위자와 공동정범 이외의 자를 말한다(대판 2006.6.15. 2004도756).

다. 성립하는 사례 증뢰물전달행위에 공할 목적으로 제3자에게 금품을 교부한 경우에 그 후 수뢰할 사람이 전달받은 그 금품을 곧바로 증뢰자에게 반환하였다 하더라도 제3자뇌물교부죄의 성립에는 그 영향이 없다(대판 1983.6.28. 82도3129).

라. 제3자뇌물교부(취득)죄와 뇌물공여죄와의 관계 제3자의 증뢰물전달죄는 제3자가 증뢰자로부터 교부받은 금품을 수뢰할 사람에게 전달하였는지 여부에 관계없이 제3자가 그 정을 알면서 금품을 교부받음으로써 성립하는 것이며, 나아가 제3자가 그 교부받은 금품을 수뢰할 사람에게 전달하였다고 하여 증뢰물전달죄 외에 별도로 뇌물공여죄가 성립하는 것은 아니다(대판 1997.9.5. 97도1572).

VIII. 몰수와 추징

> **제134조(몰수, 추징)** 범인 또는 정을 아는 제3자가 받은 뇌물 또는 뇌물에 공할 금품은 몰수한다. 그를 몰수하기 불능한 때에는 그 가액을 추징한다.

1. 입법취지 뇌물 및 뇌물에 공할 금품은 반드시 몰수한다(필요적 몰수). 뇌물을 받은 자로부터 이득을 박탈하려는 것이다(대판 1997.4.17. 96도3376 全合).

2. 추징방법

가. 비용지출, 경제적 이익 제공의 경우: 총액주의 공무원이 뇌물을 받음에 있어서 그 취득을 위하여 상대방에게 뇌물의 가액에 상당하는 금원의 일부를 비용의 명목으로 출연하거나 그 밖에 경제적 이익을 제공하였다 하더라도, 이는 뇌물을 받는 데 지출한 부수적 비용에 불과하다고 보아야 할 것이지 이로 인하여 공무원이 받은 뇌물이 그 뇌물의 가액에서 위와 같은 지출액을 공제한 나머지 가액에 상당한 이익에 한정되는 것이라고 볼 수는 없으므로, 그 공무원으로부터 뇌물죄로 얻은 이익을 몰수·추징함에 있어서는 그 받은 뇌물 자체를 몰수하여야 하고, 그 뇌물의 가액에서 위와 같은 지출을 공제한 나머지 가액에 상당한 이익만을 몰수·추징할 것은 아니다(대판 1999.10.8. 99도1638; 2005.7.15. 2003도4293).

나. 공범과 추징

(1) 공동수수자인 경우 ① 수인이 공동하여 수수한 뇌물을 분배한 경우에는 각자로부터 실제로 분배받은 금품만을 개별적으로 몰수하거나 그 가액을 추징하여야 한다(대판 1993.10.12. 93도2056). ② 수인이 공모하여 뇌물을 수수한 경우에, 수수금품을 개별적으로 알 수 없을 때에는 평등하게 추징할 것이지 전원으로부터 수수한 금품의 가액을 공동으로 추징할 수 없다(대판 1975.4.22. 73도1963).

(2) 교사범, 종범의 경우 뇌물을 수수한 자가 공동수수자가 아닌 교사범 또는 종범에게 뇌물 중 일부를 사례금 등의 명목으로 교부하였다면 뇌물을 수수하는 데 따르는 부수적 비용의 지출 또는 뇌물의 소비행위에 지나지 아니하므로, 뇌물수수자에게서 수뢰액 전부를 추징하여야 한다(대판 2011.11.24. 2011도9585).

다. 뇌물의 일부를 다시 뇌물로 공여한 경우

(1) 학설 수뢰자가 뇌물의 일부를 다른 자에게 증뢰한 경우에, ① 제2수뢰자로부터 몰수하고 제1수뢰자로부터는 그 잔여분을 몰수·추징하여야 한다는 견해(공제설),[32] ② 수뢰자의 증뢰는 수뢰

---

32 황산덕, 52면.

금의 소비방법에 불과하므로 전액을 제1수뢰자로부터 몰수·추징하여야 한다는 견해(비공제설)[33] 및 ③ 뇌물은 모두를 몰수·추징하는 것이 원칙이지만, 처음부터 수뢰금의 일부를 타인에게 제공할 부담을 지고 수뢰한 경우에는 그 잔여분을 몰수·추징하여야 한다는 견해(절충설)[34]가 주장되고 있다. 판례는 절충설의 입장이다.

(2) 판례(절충설)

A. 취지에 따른 경우 공무원의 직무에 속한 사항의 알선에 관하여 금품을 받고 그 금품 중의 일부를 받은 취지에 따라 청탁과 관련하여 관계 공무원에게 뇌물로 공여하거나 다른 알선행위자에게 청탁의 명목으로 교부한 경우에는, 그 부분의 이익은 실질적으로 범인에게 귀속된 것이 아니어서 이를 제외한 나머지 금품만을 몰수하거나 그 가액을 추징하여야 한다(대판 2002.6.14. 2002도1283; 1999.6.25. 99도1900).

B. 당초 예정되어 있지 아니한 경우 공무원의 직무에 속한 사항의 알선에 관하여 금품을 받은 자가 그 금품 중의 일부를 다른 알선행위자에게 청탁의 명목으로 교부하였다 하더라도, 당초 금품을 받을 당시 그와 같이 사용하기로 예정되어 있어서 받은 취지에 따라 사용한 것이 아니라 범인의 독자적인 판단에 따라 경비로 사용한 것이라면, 이는 범인이 받은 금품을 소비하는 방법의 하나에 지나지 아니하므로, 그 가액 역시 범인으로부터 추징하지 않으면 안 된다(대판 1999.6.25. 99도1900).

라. 증뢰자 등과 함께 향응을 한 경우 피고인이 향응을 제공받는 자리에 피고인 스스로 제3자를 초대하여 함께 접대를 받은 경우에는, 그 제3자가 피고인과는 별도의 지위에서 접대를 받는 공무원이라는 등의 특별한 사정이 없는 한 그 제3자의 접대에 요한 비용도 피고인의 접대에 요한 비용에 포함시켜 피고인의 수뢰액으로 보아야 한다(대판 2001.10.12. 99도5294; 1995.1.12. 94도2687).

마. 뇌물을 반환한 경우

(1) 뇌물 그 자체를 반환한 경우 수뢰자가 뇌물을 그대로 보관하였다가 증뢰자에게 반환한 때에는 증뢰자로부터 몰수·추징할 것이므로 수뢰자로부터 추징함은 위법하다(대판 1984.2.28. 83도2783).

(2) 가액 상당을 반환한 경우 수뢰자가 자기앞수표를 뇌물로 받아 이를 소비한 후 자기앞수표 상당액을 증뢰자에게 반환하였다 하더라도 뇌물 그 자체를 반환한 것은 아니므로 이를 몰수할 수 없고 수뢰자로부터 그 가액을 추징하여야 할 것이다(대판 1999.1.29. 98도3584).

---

33 권오걸, 1031면; 김성돈, 722면; 임웅, 896면.

34 윤용섭, 공무원이 취급하는 사무에 관하여 청탁한다는 명목으로 받은 금품 중 일부를 관계공무원에게 뇌물로 준 경우의 추징의 범위, 대법원판례해설 제20호, 485면; 임희동, 판례가 보는 형사법상의 몰수와 추징, 사법논집 제14집, 416면; 조용무, 형사법상 필요적 몰수 추징과 실무상의 몇 가지 문제점에 관하여, 사법논집 제11집, 612면.

바. 뇌물이 아닌 것과 불가분적으로 결합된 경우

(1) 원칙 직무행위에 대한 보수 또는 사례와 직무 외의 행위에 대한 보수 또는 사례가 불가분적으로 결합되어 있는 경우, 전부가 포괄하여 불가분적으로 뇌물성을 가진다.

(2) 판례 공무원이 수수한 금품에 그 직무행위에 대한 대가로서의 성질과 직무 외의 행위에 대한 사례로서의 성질이 불가분적으로 결합되어 있는 경우에는, 그 수수한 금품 전부가 불가분적으로 직무행위에 대한 대가로서의 성질을 가진다(대판 2012.1.12. 2011도12642; 1981.8.25. 81도1830).

사. 특정되지 아니한 경우

(1) 뇌물에 공할 금품이 특정되지 아니한 경우 몰수는 특정된 물건에 대한 것이고 추징은 본래 몰수할 수 있었음을 전제로 하는 것임에 비추어, 뇌물에 공할 금품이 특정되지 않았던 것은 몰수할 수 없고 그 가액을 추징할 수도 없다(대판 1996.5.8. 96도221).

(2) 뇌물액이 특정되지 아니한 경우 뇌물죄에서 수뢰액은 다과에 따라 범죄구성요건이 되므로 엄격한 증명의 대상이 되고, 수뢰액을 특정할 수 없는 경우에는 가액을 추징할 수 없다(대판 2011.5.26. 2009도2453).

아. 타인명의의 예금계좌로 입금받은 경우 공무원의 직무에 속한 사항의 알선에 관하여 금품을 받음에 있어 타인의 동의하에 그 타인명의의 예금계좌로 입금받는 방식을 취하였다고 하더라도 이는 범인이 받은 금품을 관리하는 방법의 하나에 지나지 아니하므로, 그 가액 역시 범인으로부터 추징하여야 한다(대판 2006.10.27. 2006도4659).

자. 기타

(1) 콘도미니엄 분양권 및 골프회원권 콘도미니엄 분양권 및 골프회원권은 그 분양을 받을 권리 또는 회원으로서의 권리를 증명하는 증표일 뿐 그 권리 자체는 아니어서, 비록 증표인 분양권이나 회원권을 불태워 버렸다거나 또는 수사기관에 의하여 압수당하였다고 하더라도 그 권리가 소멸하는 것은 아니므로, 그 구체적 이득은 여전히 존속한다고 하겠으니 그 가액을 추징하여야 한다(대판 1984.8.14. 84도1139).

(2) 제3자뇌물수수와 추징 제3자뇌물수수의 경우에는 범인인 공무원이 제3자로부터 그 뇌물을 건네받아 보유한 때를 제외하고는 그 공무원으로부터 뇌물의 가액을 추징할 수 없다(대판 1997.4.17. 96도3376 全合).

(3) 무상으로 대여받은 경우 ① 금품의 무상대여를 통하여 위법한 재산상 이익을 취득한 경우 범인이 받은 부정한 이익은 그로 인한 금융이익 상당액이라 할 것이므로, 금품 수수일로부터 약정된 변제기까지 금품을 무이자로 차용으로 얻은 금융이익의 수액을 산정한 뒤 이를 추징하여야 한다(대판

2008.9.25. 2008도2590).[35] ② 약정된 변제기가 없는 경우에는 금품수수일로부터 판결 선고시까지 금품을 무이자로 차용하여 얻은 금융이익의 수액을 산정한 뒤 이를 추징하여야 한다(대판 2014.5.16. 2014도1547).

3. 가액산정기준

가. 학설 추징가액의 산정기준과 관련하여, ① 수뢰행위시의 가액을 기준으로 해야 한다는 견해,[36] ② 몰수할 수 없게 된 사유가 발생한 때를 기준으로 해야 한다는 견해[37] 및 ③ 판결선고시를 기준으로 해야 한다는 견해[38]가 대립하고 있다. 가치가 변하는 주식을 몰수하는 경우에는 판결선고시의 가치가 몰수되듯이, 추징가액도 이 판결선고시를 기준으로 산정하여야 한다.

나. 판례(판결선고시설) 몰수의 취지가 범죄에 의한 이득의 박탈을 그 목적으로 하는 것이고 추징도 이러한 몰수의 취지를 관철하기 위한 것이라는 점을 고려하면, 몰수하기 불능한 때에 추징하여야 할 가액은 범인이 그 물건을 보유하고 있다가 몰수의 선고를 받았더라면 잃었을 이득상당액을 의미한다고 보아야 할 것이므로, 그 가액산정은 재판선고시의 가격을 기준으로 하여야 한다(대판 1991.5.28. 91도352).

IX. 기타 관련 문제

1. 기수시기

공무원이 뇌물로 투기적 사업에 참여할 기회를 제공받은 경우, 뇌물수수죄의 기수시기는 투기적 사업에 참여하는 행위가 종료된 때로 보아야 하며, 그 행위가 종료된 후 경제사정의 변동 등으로 인하여 당초의 예상과는 달리 그 사업 참여로 아무런 이득을 얻지 못한 경우라도 뇌물수수죄의 성립에는 영향이 없다(대판 2002.11.26. 2002도3539).[39]

2. 죄수

가. 포괄일죄 수뢰죄에 있어서 단일하고도 계속된 범의 아래 동종의 범행을 일정기간 반복하여 행하고 그 피해법익도 동일한 것이라면 돈을 받은 일자가 상당한 기간에 걸쳐 있고, 돈을 받은 일자 사이에 상당한 기간이 끼어 있다 하더라도 각 범행을 통틀어 포괄일죄로 볼 것이다(대판 2000.1.21. 99도4940; 1995.12.26. 95도2376).

---

35 대판 2007.3.30. 2006도7241; 2004.5.28. 2004도1442.

36 황산덕, 53면.

37 권오걸, 1031면; 박상기, 647면; 오영근, 924면; 이재상, 731면; 임웅, 897면; 정/박, 811면.

38 김성돈, 723면; 김/서, 656면; 이정원, 710면.

39 대판 2000.1.21. 99도4940; 2002.5.10. 2000도2251; 2011.7.28. 2009도9122. 수사담당경찰관에게 액수 미상의 프리미엄이 예상되는 조합아파트 1세대를 분양계약해 주었다.

나. 약속과 공여 뇌물공여죄는 뇌물을 공여하는 때에 기수에 이르는 것이고, 뇌물을 약속한 후 이를 공여한 경우에는 그 약속은 공여에 흡수되는 것이다(대판 2002.3.15. 2001도970).

3. 타죄와의 관계

가. 변호사법위반과의 관계

(1) 청탁을 받고 공무원에게 단순히 전달한 경우 공무원이 취급하는 사무에 관한 청탁을 받고, 청탁상대방인 공무원에게 제공할 금품을 받아 그 공무원에게 단순히 전달한 경우에는 알선수뢰죄나 증뢰물전달죄만이 성립하고, 이와 같은 경우에 변호사법 제90조 제1호 위반죄는 성립할 수 없다(대판 1997.6.27. 97도439; 2007.2.23. 2004도6025).

(2) 자기의 이득을 위한 경우 공무원이 취급하는 사무에 관한 청탁을 받고 청탁상대방인 공무원에 제공할 금품을 받아 그 공무원에게 단순히 전달한 경우와는 달리, 자기 자신의 이득을 취하기 위하여 공무원이 취급하는 사건 또는 사무에 관하여 청탁한다는 등의 명목으로 금품 등을 교부받으면 그로서 곧 변호사법 제78조 제1호의 위반죄가 성립되고, 이와 같은 경우 알선수뢰나 증뢰물전달죄는 성립할 여지가 없다(대판 1986.3.25. 86도436).

나. 공무상비밀누설죄, 허위공문서작성죄, 공도화위조죄와의 관계 ① 직무상 지득한 구술시험 문제를 甲에게 알린 것은 공무상비밀의 누설인 동시에 형법 제131조 제1항의 부정한 행위를 한 때에 해당한다(상상적 경합)(대판 1986.3.25. 86도436). ② 수뢰후부정처사죄에 있어서 공무원이 수뢰 후 행한 부정행위가 공도화변조 및 동행사죄와 같이 보호법익을 달리하는 별개 범죄의 구성요건을 충족하는 경우에는 수뢰후부정처사죄 외에 별도로 공도화변조 및 동행사죄가 성립하고 이들 죄와 수뢰후부정처사죄는 각각 상상적 경합관계에 있다(대판 2001.2.9. 2000도1216; 1983.7.26. 83도1378). ③ 허위공문서작성죄와 부정처사후수뢰죄는 실체적 경합범의 관계에 있다(대판 2004.4.9. 2003도7762).

제3절 • 공무방해에 관한 죄

I. 공무집행방해죄

> **제136조(공무집행방해)** ① 직무를 집행하는 공무원에 대하여 폭행 또는 협박한 자는 5년 이하의 징역 또는 1천만원 이하의 벌금에 처한다.

1. 의의와 보호법익 직무를 집행하는 공무원에게 폭행 또는 협박하는 범죄이다. 공무방해에 관한 죄의 기본유형이다. 본죄의 보호법익은 공무원에 의하여 실현되는 국가기능으로서의 '공무'이고,[1] 보호의 정도는 추상적 위험범이다.

2. 공무원 공무원은 법령에 의하여 국가 또는 지방자치단체 및 이에 준하는 공법인의 사무에 종사하는 자를 말한다. 방범원(대판 1991.3.27. 90도2930, 90감도229), 청원경찰(대판 1986.1.28. 85도2448, 85감도356), 지방의회 의원(대판 1998.5.12. 98도662)도 공무원이다. 그러나 외국의 공무원은 본죄의 객체가 아니다.

3. 직무

가. 비권력적 작용을 포함하는지 여부

(1) 학설 본죄의 직무가 강제력을 행사하는 사무여야 하는가와 관련하여, 긍정설[2]과 부정설(다수설)[3]이 대립한다. 긍정설은 사경제주체에 불과한 때에는 본죄의 직무에서 제외해야 한다고 하지만, 판례는 비권력적 작용도 본죄의 직무에 포함되는 것으로 본다. 판례·다수설이 타당하다.

(2) 판례 공무원의 직무집행이란 법령의 위임에 따른 공무원의 적법한 직무집행인 이상 공권력의 행사를 내용으로 하는 권력적 작용뿐만 아니라 사경제주체로서의 활동을 비롯한 비권력적 작용도 포함되는 것으로 봄이 상당하다(대판 2003.12.26. 2001도6349; 2003.10.9. 2000도4993).

나. 직무의 발생 근거

(1) 상관의 명령 대간첩작전의 수행을 임무로 하는 전투경찰순경(이른바 전경)이라도 상관의 명령에 의하여 치안업무의 보조를 임무로 하는 전투경찰순경(이른바 의경)의 직무를 도와 시위진압을 하는 것은 객관적으로 보아 적법한 공무집행이라고 할 것이다(대판 1992.8.18. 92도1244).

(2) 상관의 위법한 명령에 의한 업무 다수설은 상관의 명령이 위법한 이상 그 명령에 따른 직무집행도 당연히 위법하다고 보는 반면에,[4] 공무원의 복종의무에 비추어 상관의 명령이 현저히 사회상규에 반하지 않을 때에는 적법한 직무집행이 된다는 견해[5]도 있다. 상관의 위법한 명령에 복종할 의무가 없고, 또 위법에는 量을 따지지 않는다는 점에서, 현저하든 사소하든 위법은 위법이므로 다수설이 타당하다.

---

1 권오걸, 1058면; 김성돈, 736면; 오영근, 941면; 임웅, 911면; 정/박, 833면.

2 김/서, 676면.

3 권오걸, 1059면; 김성돈, 738면; 배종대, 846면; 오영근, 942면; 이재상, 742면; 임웅, 911면; 정/박, 834면; 정영일, 783면.

4 김성돈, 740면; 오영근, 947면; 이재상, 747면; 임웅, 915면; 정/박, 839면; 정영일, 787면.

5 김일수, 공무집행방해죄에서 직무집행의 적법성, 현대법학의 이론(Ⅲ); 우제 이명구박사 화갑기념논문집, 589면; 김/서, 679면.

다. 직무가 아닌 사례: 행정사무의 편의를 위한 행위 면사무소에 설계도면을 제출할 의무나 설계에 필요한 금원을 지급할 의무가 없다면 면사무소 공무원으로서도 이를 적법하게 강제할 권한이 없는 것이므로, 면사무소 공무원이 자신의 행정사무의 편의를 위한 목적으로 설계도의 제출을 요구한 행위는 공무집행방해죄에 있어서의 공무집행에 해당한다고 단정할 수는 없다(대판 1982.11.23. 81도1872).

4. 직무집행

가. 집행의 의미

(1) 판단기준 공무집행방해죄에서 '직무를 집행하는'이라 함은 공무원이 직무수행에 직접 필요한 행위를 현실적으로 행하고 있는 때만을 가리키는 것이 아니라 공무원이 직무수행을 위하여 근무 중인 상태에 있는 때를 포괄하고, 직무의 성질에 따라서는 그 직무수행의 과정을 개별적으로 분리하여 부분적으로 각각의 개시와 종료를 논하는 것이 부적절하고 여러 종류의 행위를 포괄하여 일련의 직무수행으로 파악함이 상당한 경우가 있으며, 나아가 현실적으로 구체적인 업무를 처리하고 있지는 않다 하더라도 자기 자리에 앉아 있는 것만으로도 업무의 집행으로 볼 수 있을 때에는 역시 직무집행 중에 있는 것으로 보아야 하고, 직무 자체의 성질이 부단히 대기하고 있을 것을 필요로 하는 것일 때에는 대기 자체를 곧 직무행위로 보아야 할 경우도 있다.[6]

(2) 집행에 해당하는 사례

A. 포괄적 공무집행 단속담당 공무원인 피해자가 불법주차 스티커를 피고인 차량에 붙인 행위나 과태료 부과고지서를 떼어 낸 행위만을 따로 분리하여 그러한 시점에 직무수행이 종료되고 피해자가 피고인에 대하여 별개의 조치를 취하거나 다른 차량에 대한 단속에 착수할 때에 직무수행이 재개된다고 보는 것은 부적절하고 피해자의 위와 같은 여러 종류의 행위를 포괄하여 일련의 직무수행으로 파악함이 상당하다(대판 2002.4.12. 2000도3485).

B. 집무시간 중 대기 지방법원 지원 서기과장이 때마침 어떠한 구체적 사무를 현실적으로 집행 중에 있지 않다 할지라도 소정 집무시간 중 과장이 그의 정석에 착석하고 있는 이상 의연 감독사무집행 중에 있다(대판 1957.3.29. 4290형상48).

나. 직무집행의 적법성

(1) 적법성의 요건 직무집행이 적법하기 위해서는 ① 직무행위가 당해 공무원의 추상적·일반적 직무권한에 속해야 하고, ② 당해 공무원이 직무를 집행할 구체적 권한을 가지고 있어야 하며, ③ 집행하는 직무행위가 법이 정한 절차와 방식을 따라야 한다(대판 2002.4.12. 2000도3485; 2009.11.19. 2009도4166 全合).

---

6 대판 1999.9.21. 99도383; 2009.1.15. 2008도9919. 현재 이 학설을 취하는 학자는 없고, 과거 국가우위적인 권위주의적 시절에나 가능한 주장이다.

A. 추상적 직무권한 공무원의 직무는 서로 구분되어 있다. 따라서 경찰이 조세징수권을 행사하려 한다든가 혹은 군헌병대가 일반인을 수사하는 것은 그 추상적 직무권한을 벗어난다.

B. 구체적 직무권한 경찰은 범인을 체포할 권한이 있지만, 긴급체포나 현행범체포는 일정한 요건이 구비되어야 한다. 따라서 가령, 2년 이하의 징역에 해당되는 범죄를 범한 자를 긴급체포한다면, 이는 구체적 직무권한을 벗어난 위법한 체포가 된다.

C. 법이 정한 절차와 방식 경찰이 범인을 체포할 때에는 체포이유와 변호인을 선임할 수 있다는 취지 등을 고지하여야 한다. 이러한 이유고지가 없는 체포는 위법한 체포가 된다.

(2) 적법성의 판단기준과 판단시기

A. 학설 직무집행의 적법성을 판단하는 기준과 관련하여, ① 직무를 집행하는 공무원이 적법한 것으로 믿었는가, 그리고 그 믿음에 과실은 없었는가를 기준으로 하여야 한다는 견해(주관설),[7] ② 법원이 법령을 해석하여 객관적으로 판단해야 한다는 견해(객관설),[8] ③ 주관과 객관적인 면을 모두 고려하여 판단해야 한다는 견해(절충설)[9] 및 ④ 일반인의 입장에서 공무원의 직무행위로 인정할 수 있을 때에는 적법하다고 하는 견해(일반인표준설)가 대립되고 있다.

그리고 적법성의 판단시기에 대해서는 ① 직무집행시를 기준으로 판단하여야 한다는 견해(행위시표준설)[10]와 ② 사후적 사정까지 고려하여 재판시를 기준으로 판단하여야 한다는 견해(재판시표준설)[11]가 대립한다.

B. 판례(행위시표준설) 추상적인 권한에 속하는 공무원의 어떠한 공무집행이 적법한지 여부는 행위 당시의 구체적 상황에 기하여 객관적, 합리적으로 판단하여야 하고 사후적으로 순수한 객관적 기준에서 판단할 것은 아니다(대판 1991.5.10. 91도453).

C. 검토 다수설은 적법성의 판단은 객관적으로 행하여져야 한다고 하면서도 판단의 자료는 행위시에 알려진 사정만을 고려하여야 한다고 한다. 이에 따르면 경찰이 무고한 시민을 체포하는 경우, 경찰이 이른바 성실한 검토의무를 다했다면 경찰의 체포행위는 적법행위가 된다고 하는데, 이는 주관설의 결론이나 차이가 없다. 객관적으로 주어진 사정을 고려하지 않고, 경찰관의 머릿속에 있는 사정만을 판단의 자료로 삼기 때문이다.

게다가 무고한 시민에 대한 경찰의 체포를 이른바 '위법성조각사유의 전제사실에 관한 착오'로 본다면, 그 착오에 정당한 이유가 있다고 하더라도 경찰의 오인체포는 면책될 수 있을 뿐이다(엄격

---

7 현재 이 학설을 취하는 학자는 없고, 과거 국가우위적인 권위주의적 시절에나 가능한 주장이다.

8 권오걸, 1062면; 김성돈, 740면; 김/서, 679면; 박상기, 664면; 배종대, 848면; 오영근, 946면; 이재상, 747면; 임웅, 8916면; 정/박, 838면; 정영일, 786면.

9 유기천, 하권, 311면.

10 김성돈, 740면; 김/서, 679면; 오영근, 947면; 임웅, 916면; 정/박, 838면.

11 임상규, 착오적 경찰작용에 대한 저항행위와 그 허용한계, 성균관법학 제27권 제2호(2015.6), 89면.

책임설). 물론, 이 경우에 경찰이 '성실한 검토의무'를 다했다면 이미 위법성이 조각된다는 견해도 있지만,[12] 오늘날 일반화된 객관적 위법성론에서는 '행위자가 성실한 검토의무를 다했느냐'와 같은 주관적 사정은 책임의 문제로 본다.

경찰의 오인체포가 적법행위라면, 그에 대한 무고한 시민의 저항은 공무집행방해죄를 구성한다. 경찰이 오인했음에도 그 오인에 근거한 체포행위에 무조건 따르라는 요구는 과거 국가우위적 권위주의 시절에나 가능한 일이었다. 오늘날에는 국민의 기본권보호도 국가의 가장 큰 임무 중의 하나이기 때문에, 무고한 시민에 대한 경찰의 오인체포는 위법하다고 보아야 하고, 이에 대한 저항행위는 정당방위가 될 수 있다고 하여야 한다.

물론, 경찰은 자신이 범인으로 생각하는 사람이 있다면, 국민이 납부한 세금으로 무장한 권총의 힘을 빌려서라도 체포할 수 있어야 한다. 이것이 체포·감금죄의 구성요건에 해당하고 위법하다고 하더라도, 그 오인에 정당한 이유가 있으면 면책될 수 있기 때문이다. 이러한 맥락에서 볼 때, 공무집행방해죄의 성부를 결정하는 직무집행의 적법성은 행위시를 기준으로 판단할 것이 아니라, 판사가 재판시를 기준으로(재판시기준설), 객관적으로 판단하여야 한다(객관설).

그리고 직무행위의 적법성은 '실질적 정당성이 아니라 형식적 적법성을 기준으로 판단'하여야 한다는 표현[13]이 자주 발견된다. 하지만 이 말의 의미는 가령, 오판에 근거한 법원의 판결을 집행하는 공무원의 직무집행은 실질적으로 부당하더라도 형식적 적법성만 갖추면 적법한 것으로 보아야 한다는 취지이다. 그리고 공무원의 직무집행이 비록 행정법적·소송법적으로 부적법하더라도 그 하자가 중대·명백하지 아니하다면, 즉 사소한 위법에 그치거나 혹은 단지 훈시·임의규정을 위반한 정도라면, 적법한 직무집행으로 평가되어야 한다는 취지이다.[14] 이 말에 근거하여 무고한 시민에 대한 경찰의 오인체포도 '실질적으로 부당하지만 형식적으로 정당'하다고 생각하지 말아야 한다. 이 오인체포는 형식적으로도 중대한 위법이다.

(3) 적법성의 체계적 지위

A. 학설 적법성의 체계적 지위와 관련하여, ① 직무집행의 적법성은 구성요건요소라는 견해(구성요건요소설),[15] ② 위법성요소로 보아야 한다는 견해(위법성요소설)[16] 및 ③ 객관적 처벌조건으로 보아야 한다는 견해(처벌조건설)[17]가 주장되었다. 현재 우리나라에는 객관적 처벌조건설을 지지

---

12 김재봉, 형법 제310조와 의무합치적 심사, 형사판례연구(8), 209면; 임웅, 총론, 209면.

13 권오걸, 1060면; 김/서, 677면; 김진숙, 체포행위의 적법성과 공무집행방해죄, 사법연수원 교수논문집(2009), 171면; 박상기, 662면; 배종대, 847면; 이재상, 744면.

14 김일수, 현행범 체포에서 적법절차위반과 공무집행의 위법성 여부, 법률신문 제2474호; 김진숙, 위 논문, 171면; 임웅, 915면.

15 김성돈, 741면; 김/서, 681면; 배종대, 851면; 이재상, 749면; 정영일, 789면.

16 권오걸, 1065면; 오영근, 948면; 임웅, 917면; 정/박, 842면.

17 서일교, 333면.

하는 학자가 없고, 구성요건요소설과 위법성요소설이 대립한다. 행위자가 적법한 공무집행을 위법한 것으로 착오한 경우, 구성요건요소설은 행위자가 그 적법성을 인식하지 못하였으므로 공무집행방해죄의 고의가 조각된다고 하는 반면에, 위법성요소설은 위법성조각사유의 전제사실에 관한 착오의 문제가 된다고 한다.

B. 판례(구성요건요소설) 경찰관들이 주류판매 여부를 확인하기 위하여 피고인이 운영하는 노래연습장을 검색하자 피고인이 이에 강력히 항의하면서 경찰관들의 검색업무를 방해한 경우, 경찰관들이 주류판매 여부를 확인하기 위하여 노래연습장을 검색하는 행위는 풍속영업의 규제에 관한 법률 제9조 제1항에서 규정하고 있는 '검사'에 해당하지 아니하고 또 이를 일반적으로 허용하는 법령도 없어서 법관이 발부한 영장 없이는 노래연습장 업주의 의사에 반하여 이를 행할 수 없다고 할 것인데, 경찰관들은 피고인의 의사에 반함에도 불구하고 영장 없이 이를 행하였으므로 경찰관들의 행위는 적법한 직무집행으로 볼 수 없고, 따라서 피고인이 이를 방해하였다고 하더라도 공무집행방해죄를 구성하지 아니한다(대판 2005.10.28. 2004도4731).

C. 검토 오늘날에는 적법한 공무집행만이 본죄의 보호대상이 된다고 보아야 하므로[18] 직무집행의 적법성은 기술되지 아니한 구성요건요소로 보아야 한다.[19] 따라서 행위자가 직무집행의 적법성을 인식하지 못했다면, 기본적으로 공무집행방해죄의 고의가 조각된다. 다만, 직무집행의 적법성은 규범적 구성요건요소이므로, 행위자가 그 의미에 대하여 문외한으로서의 소박한 인식도 하지 못하였다면, 이는 사실의 착오가 아니라 포섭의 착오로서 위법성의 착오가 될 수 있다.[20]

(4) 집행의 적법성이 문제되는 사례

A. 공무원의 직무집행 대상에 관한 착오 공무원이 그 권한에 속하는 사항에 관하여 법령에 정한 방식에 따라 그 직무를 집행하는 경우에 있어서 가사 그 직무집행의 대상이 된 사실에 관하여 착오가 있었다 하더라도, 일응 그 행위가 공무원의 적법한 행위라고 인정할 수 있는 시는 이는 공무집행에 해당된다(대판 1961.8.26. 4293형상852).

B. 절차 위배

1) 원칙 효력규정 이외의 임의규정·훈시규정이나 단순한 내규·예규에 위반하는 것만으로는 직무집행의 적법성이 상실되지 아니한다.[21] 사소한 절차위반을 내포한 직무집행까지 모두 위법으로 보면, 공무집행방해죄가 성립하는 일은 극히 드문 일이 될 것이다.

---

18 김성돈, 738면; 김/김, 845면; 김/서, 677면; 박상기, 662면; 배종대, 846면; 오영근, 944면; 이재상, 7443; 임웅, 913면; 정/박, 837면.

19 독일 형법은 "공무원의 직무집행이 적법하지 아니한 경우에는 공무집행방해죄로 처벌할 수 없다. 행위자가 직무집행을 적법한 것으로 오인한 경우에도 그러하다(동법 제113조 제3항)"고 규정하여 직무집행이 적법할 것을 명시적으로 요구하고 있다.

20 김성돈, 741면.

21 김/서, 678면; 김진숙, 위 논문, 171면; 박상기, 662면; 배종대, 848면; 오영근, 946면; 이재상, 746면; 임웅, 915면; 정/박, 839면.

2) 관련 판례

a. 경미한 하자의 경우: 대한의사협회는 토론자를 지정하여 의견을 발표할 기회를 제공받았고 대한의사협회 회원들이 공청회에 참석한 이상, 공청회 개최 통지 절차 위반은 경미한 흠에 불과하고 공청회 개최를 형법상 보호대상에서 제외되는 부적법한 직무행위라고 평가할 수 있는 정도는 아니다(대판 2007.10.12. 2007도6088).

b. 증표미제시의 경우: 경찰관직무집행법 제3조 제4항은 경찰관이 불심검문을 하고자 할 때에는 자신의 신분을 표시하는 증표를 제시하여야 한다고 규정하고, 경찰관직무집행법 시행령 제5조는 위 법에서 규정한 신분을 표시하는 증표는 경찰관의 공무원증이라고 규정하고 있는데, 불심검문을 하게 된 경위, 불심검문 당시의 현장상황과 검문을 하는 경찰관들의 복장, 피고인이 공무원증 제시나 신분 확인을 요구하였는지 여부 등을 종합적으로 고려하여, 검문하는 사람이 경찰관이고 검문하는 이유가 범죄행위에 관한 것임을 충분히 알고 있었다고 보이는 경우에는 신분증을 제시하지 않았다고 하여 그 불심검문이 위법한 공무집행이라고 할 수 없다(대판 2014.12.11. 2014도7976).

C. 교통단속과 적법성

1) 음주측정을 위한 강제연행　　현행범으로 체포하려 하였더라도 현행범을 체포함에 있어서는 체포 당시에 헌법 및 형사소송법에 규정된 바와 같이 피의자에 대하여 범죄사실의 요지, 체포 또는 구속의 이유와 변호인을 선임할 수 있음을 말하고 변명할 기회를 주는 등 적법절차를 준수하여야 함에도 현행범으로 체포한다는 사실조차 고지하지 아니한 채 실력으로 연행하려 하였다면, 그 의경의 행위는 적법한 공무집행으로 볼 수 없다(대판 1995.1.24. 94도1949).

2) 직무집행 방식 위배　　교통경찰관이 서행 중인 차를 정차시켜 정차 여부의 확인도 하지 아니한 채 정차금지구역에서 정차하였다고 욕설과 폭행을 한 행위는, 공무원이 그 권한에 속하는 사항에 관하여 법령에 정한 방식에 따라 그 직무를 집행하는 경우에 해당된다고 보기 어렵다(대판 1978.10.10. 78도2134).

D. 체포, 긴급체포, 현행범체포, 형집행, 농성진압

1) 절차 미준수와 적법성　　① 경찰관이 적법절차를 준수하지 아니한 채 실력으로 현행범인을 연행하려고 하였다면 적법한 공무집행이라고 할 수 없다(대판 2000.7.4. 99도4341). ② 비록 사법경찰관 등이 피의자에 대한 구속영장을 소지하였다 하더라도 피의자를 체포하기 위하여는 체포 당시에 피의자에 대한 범죄사실의 요지, 구속의 이유와 변호인을 선임할 수 있음을 말하고 변명할 기회를 준 후가 아니면 체포할 수 없고, 이와 같은 절차를 밟지 아니한 채 실력으로 연행하려 하였다면 적법한 공무집행으로 볼 수 없다(대판 1996.12.23. 96도2673; 1995.5.9. 94도3016). ③ 체포장소와 시간, 체포사유 등 경찰관의 현행범인 체포경위 및 그에 대한 현행범인의 체포서와 범죄사실의 기재에 다소 차이가 있다고 하더라도 그러한 차이가 체포대상이 된 일련의 피고인의 범행이 장소적·시간적으로 근접한 것에 기인하는 것으로서 그 장소적·시간적인 동일성을 해치지 아니하는 정도에 불과하다면 논리

와 경험칙상 그러한 사유로 경찰관의 현행범인 체포행위를 부적법한 공무집행이라고 할 수 없다(대판 2008.10. 2008도3640).

2) 고지의 시기　이와 같은 고지는 체포를 위한 실력행사에 들어가기 이전에 미리 하여야 하는 것이 원칙이나, 달아나는 피의자를 쫓아가 붙들거나 폭력으로 대항하는 피의자를 실력으로 제압하는 경우에는 붙들거나 제압하는 과정에서 하거나, 그것이 여의치 않은 경우에라도 일단 붙들거나 제압한 후에는 지체 없이 행하여야 한다(대판 2000.7.4. 99도4341; 2008.10. 2008도3640).

3) 긴급체포

a. 요건: 긴급체포는 영장주의원칙에 대한 예외인 만큼 형사소송법 제200조의3 제1항의 요건을 모두 갖춘 경우에 한하여 예외적으로 허용되어야 하고, 요건을 갖추지 못한 긴급체포는 법적근거에 의하지 아니한 영장 없는 체포로서 위법한 체포에 해당하는 것이다(대판 2002.6.11. 2000도5701; 2006.9.8. 2006도148).

b. 위법한 사례: 피고인은 참고인 조사를 받는 줄 알고 검찰청에 자진 출석하였는데 예상과는 달리 갑자기 피의자로 조사를 한다고 하므로 임의수사에 의한 협조를 거부하면서 그에 대한 위증 및 위증교사 혐의에 대하여 조사를 시작하기도 전에 귀가를 요구한 것이므로, 검사가 피고인을 긴급체포하려고 할 당시 위증 및 위증교사의 범행을 범하였다고 의심할 만한 상당한 이유가 있다고 볼 수 없다(대판 2006.9.8. 2006도148).

4) 현행범체포

a. 현행범인 사례: 피고인이 역에서 경찰관들에게 체포되기 직전까지 한 행패 행위는, 폭행죄로 의율하기에는 다소 애매한 점이 있다 하더라도 적어도 역무 종사자의 정당한 업무를 방해한 행위로서 형법 제314조의 업무방해죄에 해당되는 범죄행위로 보기에는 충분하므로, 피고인은 당시 그 범죄의 현행범인 상태에 있었다고 볼 수 있고, 한편 피고인에 대한 현행범인체포서를 보면, '범죄사실 및 체포의 사유'란에 피고인의 위와 같은 행패의 과정이 모두 기재되어 있어, 피고인을 단순히 폭행죄의 현행범으로서만 체포한 것이 아니라 피고인의 행패 행위 전체를 범죄행위로 평가하여 체포의 사유로 삼았음을 쉽게 알 수 있다(다만, 체포서에는 죄명으로 '공무집행방해 및 폭력행위 등 처벌에 관한 법률 위반'만이 기재되어 있을 뿐이지만, 범죄행위의 동일성이 유지되는 범위 안에서 죄명은 체포 후에 얼마든지 변경할 수 있는 것이므로 죄명에 의해 체포 사유가 한정된다고 볼 수는 없다). 그렇다면 경찰관이 역에 도착할 당시에는 피고인을 현행범으로 체포할 수 있는 적법한 사유가 있었다고 보아야 할 것이고, 나아가 당해 경찰관이 그 사유에 터잡아 피고인을 현행범으로 체포한 이상 그 체포는 당연히 적법한 것이라 할 것이며, 이 경우 가사 체포 사유로 삼은 범죄사실 중의 다른 일부가 범죄로 인정되지 않는다 하여도 그 이유만으로 이를 불법체포라고 할 수는 없을 것이다(대판 2006.9.28. 2005도6461).

b. 현행범이 아닌 사례: 경찰관이 주민의 신고를 받고 현장에 도착했을 때에는 이미 싸움이 끝

난 상태였다면 그러한 상황은 형사소송법 제211조, 제206조에 해당하지 않으므로, 경찰관이 임의동행을 거부하는 피고인을 체포하려는 행위는 적법한 공무집행이라 볼 수 없다(대판 1989.12.12. 89도1934; 1995.5.9. 94도3016).

c. 위법한 현행범체포인 사례: 피고인이 경찰관의 불심검문을 받아 운전면허증을 교부한 후 경찰관에게 큰 소리로 욕설을 하였는데, 경찰관이 모욕죄의 현행범으로 체포하겠다고 고지한 후 피고인의 오른쪽 어깨를 붙잡자 반항하면서 경찰관에게 상해를 가한 경우, 피고인은 경찰관의 불심검문에 응하여 이미 운전면허증을 교부한 상태이고 경찰관뿐 아니라 인근 주민도 욕설을 직접 들었으므로, 피고인이 도망하거나 증거를 인멸할 염려가 있다고 보기는 어렵고, 피고인의 모욕 범행은 불심검문에 항의하는 과정에서 저지른 일시적, 우발적인 행위로서 사안 자체가 경미할 뿐 아니라, 피해자인 경찰관이 범행현장에서 즉시 범인을 체포할 급박한 사정이 있다고 보기도 어려우므로, 경찰관이 피고인을 체포한 행위는 적법한 공무집행이라고 볼 수 없고, 피고인이 체포를 면하려고 반항하는 과정에서 상해를 가한 것은 불법체포로 인한 신체에 대한 현재의 부당한 침해에서 벗어나기 위한 행위로서 정당방위에 해당한다(대판 2011.5.26. 2011도3682).

5) 준현행범

a. 준현행범인 사례: 순찰 중이던 경찰관이 교통사고를 낸 차량이 도주하였다는 무전연락을 받고 주변을 수색하다가 범퍼 등의 파손상태로 보아 사고차량으로 인정되는 차량에서 내리는 사람을 발견한 경우, 형사소송법 제211조 제2항 제2호 소정의 '장물이나 범죄에 사용되었다고 인정함에 충분한 흉기 기타의 물건을 소지하고 있는 때'에 해당하므로, 준현행범으로서 영장 없이 체포할 수 있다(대판 2000.7.4. 99도4341).

b. 준현행범이 아닌 사례: 신고를 받고 출동한 경장이 피고인이 음주운전을 종료한 후 40분 이상이 경과한 시점에서 길가에 앉아 있던 피고인에게서 술냄새가 난다는 점만을 근거로 피고인을 음주운전의 현행범으로 체포한 것은, 피고인이 '방금 음주운전을 실행한 범인이라는 점에 관한 죄증이 명백하다고 할 수 없는 상태'에서 이루어진 것으로서 적법한 공무집행이라고 볼 수 없고, 그 이후에 피고인에 대하여 음주측정을 요구한 것은 절차적 적법성을 구비하지 못한 것이고 피고인에 대한 조사행위 역시 적법한 직무집행행위라고 볼 수 없다(대판 2007.4.13. 2007도1249).

6) 임의동행과 강제연행

a. 제3자의 폭행: 현행범인으로서의 요건을 갖추고 있었다고 인정되지 않는 상황에서 경찰관들이 동행을 거부하는 자를 체포하거나 강제로 연행하려고 하였다면 이는 적법한 공무집행이라고 볼 수 없으므로, 강제연행을 거부하는 자를 도와 경찰관들에 대하여 폭행을 하는 등의 방법으로 그 연행을 방해하였다고 하더라도 공무집행방해죄는 성립되지 않는다(대판 1991.9.24. 91도1314; 1991.5.10. 91도453).

b. 범죄예방이나 교통단속 목적의 강제연행: 범죄의 사전 진압이나 교통단속의 목적만을 이유로 그에게 임의동행을 강요할 수도 없다 할 것이므로, 경찰관이 그의 의사에 반하여 강제로 연행하려

고 한 행위는 적법한 공무집행이라고 볼 수 없다(대판 1992.5.22. 92도506).

c. 단순한 임의동행 요구에 대한 폭행: 검증장소의 경비임무를 수행하는 순경은 구 경찰관직무집행법 제2조나 제5조에 의하여 그 장소에서의 폭행행위를 제지하거나 또는 이를 제지하기 위해서 폭행자에게 임의동행을 요구할 책무가 있다고 할 것이므로, 피고인이 순경의 목을 비틀고 이를 방해한 행위는 공무집행방해죄의 구성요건을 충족한다(대판 1970.9.7. 70도1391).

7) 형집행 사법경찰관리가 벌금형을 받은 이를 그에 따르는 노역장 유치의 집행을 위하여 구인하려면 검사로부터 발부받은 형집행장을 그 상대방에게 제시하여야 한다(대판 2010.10.14. 2010도8591).

8) 범죄의 예방, 제지행위 범죄의 예방·진압 및 수사는 경찰관의 직무에 해당하고(경찰관직무집행법 제2조), 그 직무행위의 구체적 내용이나 방법 등은 경찰관의 전문적 판단에 기한 합리적인 재량에 위임되어 있다. 따라서 경찰관이 구체적 상황에 비추어 인적·물적 능력의 범위 내에서 적절한 조치라는 판단에 따라 범죄의 진압 및 수사에 관한 직무를 수행한 경우에는, 그러한 직무수행이 객관적 정당성을 상실하여 현저하게 불합리한 것으로 인정되지 않는 한 이를 위법하다고 할 수 없다. 특히 불법적인 농성을 진압하는 경찰관들의 직무집행이 법령에 위반한 것이라고 하기 위해서는 그 농성 진압이 불필요하거나 또는 불법 농성의 태양 및 농성 장소의 상황 등에서 예측되는 피해 발생의 구체적 위험성의 내용 등에 비추어 볼 때 농성 진압의 계속 수행 내지 그 방법 등이 현저히 합리성을 결하여 이를 위법하다고 평가할 수 있는 경우이어야 한다(대판 2010.11.11. 2010도7621).

E. 보호실 유치 경찰관직무집행법상 정신착란자, 주취자, 자살기도자 등 응급의 구호를 요하는 자를 24시간을 초과하지 아니하는 범위 내에서 경찰관서에 보호조치할 수 있는 시설로 제한적으로 운영되는 경우(경찰관직무집행법 제4조 제1항, 제7항)를 제외하고는 구속영장을 발부받음이 없이 피의자를 보호실에 유치함은 영장주의에 위배되는 위법한 구금으로서 적법한 공무수행이라고 볼 수 없다(대판 1994.3.11. 93도958; 대결 1985.7.29. 85모16).

F. 체포 목적 주거 침입

1) 영장이 없는 경우 경찰관들이 현행범이나 준현행범도 아닌 피고인을 체포하려고(법원의 영장도 없이) 피고인의 집(주거)에 강제로 들어가려고 하여 피고인이 이를 제지한 경우, 경찰관들의 행위는 적법한 공무집행이라 볼 수 없다(대판 1991.12.10. 91도2395).

2) 영장을 소지하고 있는 경우 경찰관들이 현행범이나 준현행범도 아닌 피의자를 체포하기 위하여(비록 법원의 영장을 가지고 있었다고 하더라도) 피의자의 집에 불시에 강제로 들어가려고 하여 피고인이 방어차원에서 이를 제지하는 행위를 한 것이므로, 이와 같은 경찰관들의 행위는 적법한 공무집행이라고 볼 수 없다(대판 1996.12.23. 96도2673).

G. 압수, 수색 경찰공무원이 피고인의 동의도 받지 않고, 적법한 영장을 제시하지도 않은 채 피고인의 주머니에서 차량열쇠를 꺼내려 한 행위는 적법한 공무집행이라고 할 수 없다(대판 2010.1.14. 2009도11041).

H. 행정상 즉시강제와 적법성

1) 허용요건 법령 또는 행정청의 명령에 의한 구체적 의무가 존재하지 않고 의무의 불이행을 전제하지 않아 예측가능성과 법적 안정성에 반할 뿐만 아니라 그 과정에서 국민의 기본권이 침해될 소지가 많으므로 행정청이 행정상 즉시강제를 하기 위해서는 엄격한 실정법상의 근거가 필요하다(대판 2008.12.11. 2008도8214).

2) 집회참가 제지: 위법한 사례 비록 장차 특정 지역에서 구 집회 및 시위에 관한 법률에 의하여 금지되어 그 주최 또는 참가행위가 형사처벌의 대상이 되는 위법한 집회·시위가 개최될 것이 예상된다고 하더라도, 이와 시간적·장소적으로 근접하지 않은 다른 지역에서 그 집회·시위에 참가하기 위하여 출발 또는 이동하는 행위를 함부로 제지하는 것은 경찰관직무집행법 제6조 제1항에 의한 행정상 즉시강제인 경찰관의 제지의 범위를 명백히 넘어서는 것이어서 허용될 수 없으므로, 이러한 제지 행위는 공무원의 적법한 직무 집행에 포함될 수 없다(대판 2008.11.13. 2007도9794).

3) 보호조치: 위법한 사례 경찰관직무집행법 제4조 제1항 제1호의 보호조치 요건이 갖추어지지 않았음에도, 경찰관이 실제로는 범죄수사를 목적으로 피의자에 해당하는 사람을 이 사건 조항의 피구호자로 삼아 그의 의사에 반하여 경찰관서에 데려간 행위는, 달리 현행범체포나 임의동행 등의 적법 요건을 갖추었다고 볼 사정이 없다면, 위법한 체포에 해당한다(대판 2012.12.13. 2012도11162).

I. 행정대집행: 위법한 사례 장애인 재단 공동투쟁단이 종로구청 앞 도로에 설치한 그늘막, 천막 1동 등이 교통에 지장을 끼쳤더라도 종로구청이 구 도로법 제54조의7 제1항에 기한 시설물에 대한 철거 등 대집행을 하기 위해서는 먼저 재단 공동투쟁단에 위 법 제74조에 근거한 필요한 조치를 명함으로써 부작위의무 위반행위를 대체적 작위의무로 전환시켰어야 한다. 명령이 선행되지 않은 상태에서 이루어진 철거는 결국 대집행의 대상이 될 수 없는 단순한 부작위의무 위반행위를 대상으로 삼아 이루어진 것으로 허용될 수 없다(대판 2008.12.11. 2008도8214).

5. 실행행위: 폭행, 협박

가. 폭행

(1) 폭행의 의미 공무집행방해죄의 폭행은 공무원에 대한 직간접적인 유형력의 행사를 말한다(광의의 폭행).[22] 이에 대하여 공무집행자를 제압할 수 있는 정도의 강도를 가진 것이어야 하며, 이것은 공무집행자와 그 방해자의 세력의 비교를 통해서 판단되어야 한다는 견해[23]도 있다.

A. 범위 공무집행방해죄에 있어서의 폭행이라 함은 공무원에 대한 직접적인 유형력의 행사뿐 아니라 간접적인 유형력의 행사도 포함하는 것이다(대판 1998.5.12. 98도662; 1981.3.24. 81도326).

---

22 김성돈, 733면; 배종대, 841면; 오영근, 948면; 임웅, 917면.

23 조준현/이상룡, 공무집행방해죄에 관한 연구-폭행·협박에 의한 공무집행방해죄의 최근의 적용실태를 중심으로, 형사정책연구 제8권 제2호, 86면.

B. 정도 공무집행방해죄에 있어서의 폭행·협박은 성질상 공무원의 직무집행을 방해할 만한 정도의 것이어야 하므로, 경미하여 공무원이 개의치 않을 정도의 것이라면 여기의 폭행·협박에는 해당하지 아니한다(대판 2007.6.1. 2006도4449).

(2) 소음과 폭행 민주사회에서 공무원의 직무 수행에 대한 시민들의 건전한 비판과 감시는 가능한 한 널리 허용되어야 한다는 점에서 볼 때, 공무원의 직무 수행에 대한 비판이나 시정 등을 요구하는 집회·시위 과정에서 일시적으로 상당한 소음이 발생하였다는 사정만으로는 이를 공무집행방해죄에서의 음향으로 인한 폭행이 있었다고 할 수는 없을 것이나, 그와 같은 의사전달수단으로서 합리적 범위를 넘어서 상대방에게 고통을 줄 의도로 음향을 이용하였다면 이를 폭행으로 인정할 수 있다(대판 2009.10.29. 2007도3584).

(3) 폭행 여부가 문제되는 사례

A. 폭행에 해당하는 사례 경찰관이 공무를 집행하고 있는 파출소 사무실의 바닥에 인분이 들어 있는 물통을 집어 던지고 책상 위에 있던 재떨이에 인분을 퍼 담아 사무실 바닥에 던지는 행위는 경찰관에 대한 폭행이다(대판 1981.3.24. 81도326).

B. 폭행에 해당하지 않는 사례 피해자들은 피고인이 미리 바닥에 뿌려 놓은 윤활유에 미끄러져 넘어지거나 미리 뿌려 놓은 철판조각에 찔려 다쳤다는 것에 지나지 아니하는바, 피고인이 윤활유나 철판조각을 피해자들의 면전에서 그들의 공무집행을 방해할 의도로 뿌린 것이라는 등의 특별한 사정이 있는 경우는 별론으로 하고, 단순히 피해자 등이 공장에 진입할 경우에 대비하여 그들의 부재 중에 미리 뿌려 놓은 것에 불과하다면, 이를 가리켜 위 피해자들에 대한 유형력의 행사, 즉 폭행에 해당하는 것으로 볼 수 없다(대판 2010.12.23. 2010도7412).

나. 협박

(1) 협박의 의미와 정도 공무집행방해죄에 있어서 협박이라 함은 상대방에게 공포심을 일으킬 목적으로 해악을 고지하는 행위를 의미하는 것으로, 고지하는 해악의 내용이 객관적으로 상대방으로 하여금 공포심을 느끼게 하기에 족하면 되고, 상대방이 현실로 공포심을 품게 될 것까지 요구되는 것은 아니며, 다만 그 협박이 경미하여 상대방이 전혀 개의치 않을 정도인 경우에는 협박에 해당하지 않는다(대판 1989.12.26. 89도1204; 2006.1.13. 2005도4799).

(2) 방법 협박이라 함은 사람을 공포케 할 수 있는 해악을 고지함을 말하는 것이나 그 방법도 언어, 문서, 직접, 간접 또는 명시, 암시를 가리지 아니한다(대판 1981.3.24. 81도326).

(3) 자해행위와 협박 경찰관의 임의동행을 요구받은 피고인이 자기 집 안방으로 피하여 문을 잠갔다면 이는 임의동행 요구를 거절한 것이므로 피요구자의 승낙을 조건으로 하는 임의동행하려는 직무행위는 끝난 것이고, 피고인이 문을 잠근 방 안에서 면도칼로 앞가슴 등을 그어 피를 보이면서 자신이 죽어 버리겠다고 불온한 언사를 농하였다 하여도, 자해·자학행위는 될지언정 위 경찰관

에 대한 유형력의 행사나 해악의 고지표시가 되는 폭행 또는 협박으로 볼 수 없다(대판 1976.3.9. 75도3779).

(4) 협박에 해당하는 사례

A. 폭언과 암시에 의한 협박

1) 해당하는 사례 폭력행위 등 전과 12범인 사람이 그 경영의 술집에서 떠들며 놀다가 주민의 신고를 받고 출동한 경찰로부터 조용히 하라는 주의를 받은 것뿐인데, 그 후 새벽 4시의 이른 시각에 파출소까지 뒤쫓아 가서 "우리 집에 무슨 감정이 있느냐, 이 순사 새끼들 죽고 싶으냐"는 등의 폭언을 하였다면, 이는 단순한 불만의 표시나 감정적인 욕설에 그친다고 볼 수 없고, 경찰이 계속하여 단속하는 경우에 생명, 신체에 어떤 위해가 가해지리라는 것을 통보함으로써 공포심을 품게 하려는 데 그 목적이 있었다고 할 것이고, 또 이는 객관적으로 보아 상대방으로 하여금 공포심을 느끼게 하기에 족하다(대판 1989.12.26. 89도1204).

2) 해당하지 않는 사례 대구광역시 동구청 정보통신과장의 노조원들을 향한 부적절한 언사에 흥분한 노조원 등이 이에 대항하여 폭언을 하고 이어 동구청 실·과장들과 노조원들이 언쟁을 한 점, 당시 현장에는 노조원 10여 명이 있었고 동구청 간부들로는 실·과장 15명가량이 더 있었던 점, 피고인을 비롯한 노조원과 폭언의 상대방인 과장이 같은 동구청에 근무하는 공무원들로서 평소 잘 알고 지내는 사이인 점, 노조원과 실·과장들이 언쟁 후에 화해를 하고 같이 식사를 하러 간 점, 피고인에게 협박 등 폭력행위 전력이 없는 점 등에 비추어 보면, 노조원들의 욕설은 과장으로 하여금 공포심을 느끼게 하는 정도의 것이라고 보기 어렵다(대판 2006.1.13. 2005도4799).

B. 상사와의 친분관계를 이용한 협박 피고인은 당시 조합장을 7년 이상 역임해 온 자로서 지역사회에 상당한 영향력을 행사하고 있었고, 검찰청 또는 해양경찰청 고위 간부들과의 친분관계를 과시하였으므로 경찰관으로서는 충분히 위협을 느낄 수 있는 지위에 있었던 것으로 보이는 점, 당시 피고인의 전화통화 내용도 수사에 대하여 강하게 항의하면서 해양경찰청 고위 간부들과의 친분관계를 이용하여 경찰관에게 인사상 불이익을 가하겠다는 것으로 경찰관이 공포심을 느낄 수 있는 해악의 고지로 보이는 점, 피고인의 폭언은 단순히 경찰공무원의 수사에 대한 불만의 표시나 감정적인 욕설에 그친다고 볼 수는 없고, 수사를 계속하는 경우에는 담당 경찰관에게 어떤 인사상 불이익이 가해지리라는 것을 통보함으로써 공포심을 품게 하려는 데 그 목적이 있었다 할 것이고, 또 이는 객관적으로 보아 상대방으로 하여금 공포심을 느끼게 하기에 충분하다(대판 2011.2.10. 2010도15986).

6. 고의: 방해의사의 요부 공무집행방해죄에 있어서의 범의는 상대방이 직무를 집행하는 공무원이라는 사실, 그리고 이에 대하여 폭행 또는 협박을 한다는 사실을 인식하는 것을 그 내용으로 하고, 그 인식은 불확정적인 것이라도 소위 미필적 고의가 있다고 보아야 하며, 그 직무집행을 방해할 의사를 필요로 하지 아니한다(대판 1995.1.24. 94도1949).

II. 위계공무집행방해죄

> **第137조(위계에 의한 공무집행방해)** 위계로써 공무원의 직무집행을 방해한 자는 5년 이하의 징역 또는 1천만원 이하의 벌금에 처한다.

1. 의의 위계로써 공무원의 직무집행을 방해하는 범죄이다. 업무방해죄의 행위방법에는 '위력'도 포함되어 있지만, 위력에 의한 공무집행방해죄는 인정되지 않는다.

2. 법적 성격

가. 학설 본죄의 보호법익은 '공무집행'이다. 보호의 정도에 대해서는 침해범설[24]과 구체적 위험범설[25] 및 추상적 위험범설[26]이 주장되고 있다. 판례는 공무집행이 방해될 구체적 위험이 있는 경우에 본죄의 성립을 인정하는 것으로 보인다.

나. 판례 ① 위계에 의한 공무집행방해죄는 행위목적을 이루기 위하여 상대방에게 오인, 착각, 부지를 일으키게 하여 이를 이용함으로써 법령에 의하여 위임된 공무원의 적법한 직무에 관하여 그릇된 행위나 처분을 하게 하는 경우에 성립한다(대판 2003.12.26. 2001도6349; 1997.2.28. 96도2825). ② 만약 범죄행위가 구체적인 공무집행을 저지하거나 현실적으로 곤란하게 하는 데까지는 이르지 아니하고 미수에 그친 경우에는 위계에 의한 공무집행방해죄로 처벌할 수 없다(대판 2003.2.11. 2002도4293; 2009.4.23. 2007도1554).

다. 검토 공무집행방해죄의 폭행·협박은 그 보호법익(공무)을 침해할 추상적·일반적 위험을 내포하고 있다. 위계에 의한 공무집행방해죄의 '위계'도 그러한 추상적 위험을 내포하고 있는 측면이 있지만, 담당공무원이 당해 사안을 너무나 잘 알고 있는 경우에는 행위자의 위계에도 불구하고 오인이나 착각에 빠질 위험이 없다. 그럼에도 본죄를 추상적 위험범으로 파악하면, 공무원을 상대로 한 수많은 거짓말이 횡행하는 작금에 아마도 너무나 많은 범죄자가 양산될 것이다. 게다가 공무집행방해죄는 '직무를 집행하는 공무원에 대하여 폭행 또는 협박한 자'로 되어 있음에 반하여, 본조는 '위계로써 공무원의 직무집행을 방해한 자'로 되어 있기 때문에, 법문의 형식으로는 침해범으로 보아야 한다. 하지만 본죄의 보호법익을 '공무'로 파악하는 한 침해범으로 보기 곤란하다. 공무가

---

24 백형구, 594면; 오영근, 955면; 정영일, 799면.

25 권오걸, 1073면; 배종대, 846면; 박동률, 판례를 통해 본 위계공무집행방해죄-법적 성격과 위계의 범위를 중심으로-, 법학논고 제29집, 184면.

26 김성돈, 746면; 김/서, 683면; 박상기, 667면; 손동권, 795면; 이재상, 745면; 이형국, 811면; 임웅, 863면; 정/박, 848면.

현실적으로 침해되지 않더라도 위계의 정도에 따라서는 본죄의 성립을 긍정할 필요도 있기 때문이다. 이러한 이유에서 총론적 논의에서는 다소 벗어나지만, 본죄의 보호법익을 '공무'로 보고 그 보호정도를 구체적 위험범으로 보든지, 혹은 보호법익을 '공무집행'으로 보고 보호정도를 침해범으로 보는 것이 가능할 것으로 보인다.

3. 직무집행

가. 직무의 의미 위계에 의한 공무집행방해죄는 공무원의 구체적이고 현실적인 직무집행을 방해하는 경우에 성립한다(대판 2011.9.8. 2010도7034).

나. 공무 내용의 적정성 침해

(1) 학설 공무집행은 방해되지는 않았지만 집행된 공무의 적정성이 저해된 때에도 본죄가 성립하는가에 대하여 긍정설(다수설)[27]과 부정설[28]이 대립한다. 부정설은 본죄가 '직무집행을 방해한'이라고 규정하고 있어 제315조의 '경매 또는 입찰의 공정을 해한'이라는 것과 표현을 달리하고 있는 점, 공무원에 대한 허위신고와 관련된 형법 및 특별법의 다른 범죄들은 그 법정형이 대부분 위계에 의한 공무집행방해죄의 그것보다 가볍다는 점을 들어 단순히 공무의 적정을 해한 행위는 이에 해당되지 않는다고 한다. 판례는 긍정설의 입장이다.

(2) 판례 사문서인 수료증명서의 허위작성이 이른바 무형위조로서 처벌대상이 되지 않는다고 하여도 허위작성한 사문서를 진정한 문서처럼 행사함으로써 공무의 적정집행이라는 법익을 침해하는 상태를 초래하여 위계에 의한 공무집행방해의 범죄구성요건을 충족한다면 이러한 경우에까지 무형위조의 사후행위라 하여 처벌의 대상이 되지 않는다고 볼 수는 없다(대판 1982.7.27. 82도1301).

4. 수사기관이나 법원에 허위진술 또는 허위증거 제출

가. 진실의무의 유무 수사기관이 범죄사건을 수사함에 있어서는 피의자나 참고인의 진술 여하에 불구하고 피의자를 확정하고 그 피의사실을 인정할 만한 객관적인 제반 증거를 수집·조사하여야 할 권리와 의무가 있는 것이고, 한편, 피의자는 진술거부권과 자기에게 유리한 진술을 할 권리와 유리한 증거를 제출할 권리가 있지만 수사기관에 대하여 진실만을 진술하여야 할 의무가 있는 것은 아니며, 또한 수사기관에서의 참고인은 형사소송절차에서 선서를 한 증인이 허위로 공술을 한 경우에 위증죄가 성립하는 것과 달리 반드시 진실만을 말하도록 법률상의 의무가 부과되어 있는 것은 아니다(대판 2003.7.25. 2003도1609).[29]

---

27 김성돈, 748면; 김진기, 허위의 출원행위와 위계에 의한 공무집행방해죄, 대법원판례해설 제10호, 571면; 정영일, 799면.

28 김홍수, 시험부정과 위계에 의한 공무집행방해, 대한변호사협회지(1976.7), 40면.

29 대판 2007.10.11. 2007도6101; 2009.6.11. 2008도9437.

나. 성립 여부 판단기준 ① 피의자나 참고인이 피의자의 무고함을 입증하는 등의 목적으로 수사기관에 대하여 허위사실을 진술하거나 허위의 증거를 제출하였다 하더라도, 수사기관이 충분한 수사를 하지 아니한 채 이와 같은 허위의 진술과 증거만으로 잘못된 결론을 내렸다면, 이는 수사기관의 불충분한 수사에 의한 것으로서 피의자 등의 위계에 의하여 수사가 방해되었다고 볼 수 없어 위계에 의한 공무집행방해죄가 성립된다고 할 수 없을 것이나, 피의자나 참고인이 피의자의 무고함을 입증하는 등의 목적으로 적극적으로 허위의 증거를 조작하여 제출하였고 그 증거 조작의 결과 수사기관이 그 진위에 관하여 나름대로 충실한 수사를 하더라도 제출된 증거가 허위임을 발견하지 못하여 잘못된 결론을 내리게 될 정도에 이르렀다면, 이는 위계에 의하여 수사기관의 수사행위를 적극적으로 방해한 것으로서 위계에 의한 공무집행방해죄가 성립된다(대판 2003.7.25. 2003도1609).[30] ② 법원은 당사자의 허위 주장 및 증거 제출에도 불구하고 진실을 밝혀야 하는 것이 그 직무이므로 가처분 신청시 당사자가 허위의 주장을 하거나 허위의 증거를 제출하였다 하더라도, 그것만으로 법원의 구체적이고 현실적인 어떤 직무집행이 방해되었다고 볼 수 없으므로 이로써 바로 위계에 의한 공무집행방해죄가 성립한다고 볼 수 없다(대판 2012.4.26. 2011도17125).

다. 수사행위를 적극적으로 방해한 사례

(1) 타인의 혈액 제출 음주운전을 하다가 교통사고를 야기한 후 그 형사처벌을 면하기 위하여 타인의 혈액을 자신의 혈액인 것처럼 교통사고 조사 경찰관에게 제출하여 감정하도록 한 행위는, 단순히 피의자가 수사기관에 대하여 허위사실을 진술하거나 자신에게 불리한 증거를 은닉하는 데 그친 것이 아니라 수사기관의 착오를 이용하여 적극적으로 피의사실에 관한 증거를 조작한 것으로서 위계에 의한 공무집행방해죄가 성립한다(대판 2003.7.25. 2003도1609).

(2) 타인의 소변 제출 타인의 소변을 마치 자신의 소변인 것처럼 건네주어 필로폰 음성반응이 나오게 한 행위는, 단순히 피의자가 수사기관에 대하여 허위사실을 진술하거나 자신에게 불리한 증거를 은닉하는 데 그친 것이 아니라 수사기관의 착오를 이용하여 적극적으로 피의사실에 관한 증거를 조작한 것이므로 위계에 의한 공무집행방해죄가 성립한다(대판 2007.10.11. 2007도6101).

(3) 허위의 증거 제출 뇌물수수사건의 조사 직전에 기증물관리대장을 조작하도록 지시하고, 담당 직원으로 하여금 동양화 1점을 정상적인 절차에 따라 기증받아 종전부터 존재하는 기증물관리대장에 등재하여 관리하고 있는 것처럼 허위진술하도록 지시한 행위는 단순히 수사기관에 대하여 허위사실을 진술하거나 자신에게 불리한 증거를 은닉하는 데 그친 것이 아니라 적극적으로 피의사실에 관한 증거를 조작한 것으로 볼 수 있고, 위계에 의한 공무집행방해죄에 해당한다(대판 2011.2.10. 2010도15986).

---

30 대판2007.10.11. 2007도6101; 2011.2.10. 선고 2010도15986; 1971.3.9. 71도186. 헌법에 의하여 누구든지 형사상 자기에게 불리한 진술을 강요당하지 아니할 특권이 부여되어 있으나, 그렇다고 하여 자기의 형사처벌을 면하기 위하여 위법한 방법으로 허위의 증거를 조작하는 것까지 허용되는 것은 아니다.

라. 위계공무집행방해죄가 성립하지 않는 사례

(1) 피의자로 가장하여 허위진술 피의자나 참고인이 아닌 자가 자발적이고 계획적으로 피의자를 가장하여 수사기관에 대하여 허위사실을 진술하였다 하여 바로 위계에 의한 공무집행방해죄가 성립된다고 할 수 없다(대판 1977.2.8. 76도3685).

(2) 허위 자백 수사기관에게 대하여 피의자로서 심문을 당함에 있어서 허위로 자백을 하였다는 사실만으로서는 위계에 의한 공무집행방해죄가 성립된다고는 할 수 없다(대판 1971.3.9. 71도186).

(3) 증거를 감추거나 없애 버린 경우: 소극적 행위 피의자나 참고인 등이 적극적으로 피의자의 무고함을 입증하는 등의 목적으로 허위의 증거를 조작하여 제출한 것이 아니라 단순히 증거를 감추거나 없애 버린 것만으로는 위계로써 수사기관으로 하여금 오인, 착각, 부지를 일으키게 하였다고 할 수 없다(대판 2009.6.11. 2008도9437).

(4) 불빛을 반사시켜 차량 번호판이 과속단속카메라에 촬영되지 않도록 한 행위 과속으로 인하여 과속단속카메라에 촬영되더라도 불빛을 반사시켜 차량 번호판이 식별되지 않도록 하는 기능이 있는 '파워매직세이퍼'를 차량 번호판에 뿌린 상태로 차량을 운행한 행위만으로는, 경찰청의 교통단속업무를 구체적이고 현실적으로 수행하는 경찰공무원에 대하여 그가 충실히 직무를 수행한다고 하더라도 통상적인 업무처리과정하에서는 사실상 적발이 어려운 위계를 사용하여 그 업무집행을 하지 못하게 한 것이라고 보기 어렵다(대판 2010.4.15. 2007도8024).

(5) 리스차량 회수를 위해 허위 도난신고 경찰공무원에게 있지도 않은 차량 도난 사실을 허위로 신고해 불필요하게 수사를 진행하게 했다는 점만으로는 경찰공무원의 적법한 수사직무에 관해 잘못된 행위나 처분을 하게 했다거나 구체적인 공무집행을 저지하거나 곤란하게 했다고 보기는 어렵다(대판 2012.4.13. 2011도11761).

(6) 허위증거에 의한 가처분신청 허위의 매매계약서 및 영수증을 소명자료로 첨부하여 가처분신청을 하여 법원으로부터 유체동산에 대한 가처분결정을 받은 행위로 인하여 법원의 가처분 결정 업무의 적정성이 침해되었다고 볼 여지는 있으나 법원의 구체적이고 현실적인 어떤 직무집행이 방해되었다고 할 수는 없으므로, 기만적인 행위로 인하여 잘못된 가처분결정이 내려졌다는 이유만으로 바로 위계에 의한 공무집행방해죄가 성립하지는 않는다(대판 2012.4.26. 2011도17125).

5. 인·허가신청, 신고와 위계

가. 성립 여부 판단기준 행정관청이 출원에 의한 인·허가처분을 함에 있어서는 그 출원사유가 사실과 부합하지 아니하는 경우가 있음을 전제로 하여 인·허가할 것인지의 여부를 심사, 결정하는 것이므로 행정관청이 사실을 충분히 확인하지 아니한 채 출원자가 제출한 허위의 출원사유나 허위의 소명자료를 가볍게 믿고 인가 또는 허가를 하였다면 이는 행정관청의 불충분한 심사에 기인한 것으로서 출원자의 위계가 결과 발생의 주된 원인이었다고 할 수 없어 위계에 의한 공무집행방

해죄를 구성하지 않는다고 할 것이지만, 출원자가 행정관청에 허위의 출원사유를 주장하면서 이에 부합하는 허위의 소명자료를 첨부하여 제출한 경우 허가관청이 관계 법령이 정한 바에 따라 인·허가요건의 존부 여부에 관하여 나름대로 충분히 심사를 하였으나 출원사유 및 소명자료가 허위임을 발견하지 못하여 인·허가처분을 하게 되었다면, 이는 허가관청의 불충분한 심사가 그의 원인이 된 것이 아니라 출원인의 위계행위가 원인이 된 것이어서 위계에 의한 공무집행방해죄가 성립된다(대판 2002.9.4. 2002도2064).

나. 신고와 위계 신고는 사인(私人)이 행정청에 대하여 일정한 사실 또는 관념을 통지함으로써 공법상 법률효과가 발생하는 행위로서 원칙적으로 행정청에 대한 일방적 통고로 그 효과가 완성될 뿐 이에 대응하여 신고내용에 따라 법률효과를 부여하는 행정청의 행위나 처분을 예정하고 있지 아니하므로, 신고인이 허위사실을 신고서에 기재하거나 허위의 소명자료를 첨부하여 제출하였다고 하더라도 관계 법령에 별도의 처벌규정이 있어 이를 적용하는 것은 별론으로 하고, 일반적으로 위와 같은 허위 신고가 형법상 위계에 의한 공무집행방해죄를 구성한다고 볼 수 없다(대판 2011.9.8. 2010도7034).

다. 성립하는 사례 ① 개인택시운송사업 면허를 받은 지 5년이 지나지 아니하여 원칙적으로 개인택시운송사업을 양도할 수 없는 사람 등과 공모하여 질병이 있는 노숙자들로 하여금 그들이 개인택시운송사업을 양도하려고 하는 사람인 것처럼 위장하여 의사의 진료를 받게 한 뒤, 이러한 사정을 모르는 의사로부터 개인택시운송사업의 양도인이 1년 이상의 질병에 걸려 있는 것으로 된 허위 진단서를 발급받고 이를 소명자료로 삼아 행정청에 개인택시운송사업의 양도·양수 인가신청을 하여 그 진단서를 믿은 행정청으로부터 인가처분을 받은 경우, 위계에 의한 공무집행방해죄가 성립한다(대판 2002.12.10. 2002도2131; 2002.9.4. 2002도2064). ② 담당자가 아닌 공무원이 출원인의 청탁을 들어줄 목적으로 자신의 업무 범위에 속하지도 않는 업무에 관하여 일부를 담당공무원을 대신하여 처리하면서 위계를 써서 담당공무원으로 하여금 오인, 착각, 부지를 일으키게 하고 오인, 착각, 부지를 이용하여 인·허가 처분을 하게 하였다면, 허가관청의 불충분한 심사가 그의 원인이 된 것이 아니라 담당자가 아닌 공무원의 위계행위가 원인이 된 것이어서 위계에 의한 공무집행방해죄가 성립한다(대판 2008.3.13. 2007도7724). ③ 병역법상 지정업체에서 전문연구요원으로 근무할 의사가 없음에도 해당 지정업체의 장과 공모하여 허위내용의 편입신청서를 제출하여 관할관청으로부터 전문연구요원 편입을 승인받고, 나아가 관할관청의 실태조사를 회피하기 위하여 허위 서류를 작성·제출하는 등의 방법으로 파견근무를 신청하여 관할관청으로부터 파견근무를 승인받았다면, 이러한 편입 및 파견근무의 승인은 관할관청의 불충분한 심사가 원인이 된 것이 아니라 출원인의 위계행위가 원인이 된 것이어서 위계에 의한 공무집행방해죄가 성립한다(대판 2008.6.26. 2008도1011; 2009.3.132. 2008도

1321). ④ 범죄행위로 인하여 강제출국당한 전력이 있는 사람이 외국 주재 한국영사관 담당직원에게 허위의 호구부 및 외국인등록신청서 등을 제출하여 사증 및 외국인등록증을 발급받은 경우, 위계에 의한 공무집행방해죄가 성립한다(대판 2009.2.26. 2008도11862; 2011.4.28. 2010도14696).

라. 성립하지 않는 사례 ① 출원을 받아 심사하는 담당공무원이 출원사유의 사실 여부를 정당하게 조사하였더라면 바로 출원사유가 허위임을 알 수 있었을 것인데 출원사유의 사실 여부를 조사하지 아니한 채 출원사유 및 첨부서류가 진실한 것으로 경신한 나머지 개인택시운송사업면허를 한 것이라면, 이는 위 담당공무원이 출원사유를 충분히 심사하지 못한 결과에 다름없는 것이고 피고인의 행위로 인하여 위 담당공무원의 심사결정 업무집행이 방해되었다고 할 수 없다(대판 1988.5.10. 87도2079). ② 출원사유가 사실인가의 여부를 조사하기 위하여 현지에 나갔던 군 보건소 기원보의 불충분한 조사결과와 그 의견에 의하여 이건 허가를 한 것이라면, 이는 군수의 불충분한 심사의 결과라 할 것이고 피고인의 행위로 인하여 군수의 공무의 집행이 방해되었다고는 할 수 없다(대판 1975.7.8. 75도324).[31]

마. 담당공무원이 출원사유가 허위임을 알고도 결재권자의 결재를 받은 경우 출원에 대한 심사업무를 담당하는 공무원이 출원인의 출원사유가 허위라는 사실을 알면서도 결재권자로 하여금 오인, 착각, 부지를 일으키게 하고 그 오인, 착각, 부지를 이용하여 인·허가처분에 대한 결재를 받아 낸 경우에는, 출원자가 허위의 출원사유나 허위의 소명자료를 제출한 경우와는 달리 더 이상 출원에 대한 적정한 심사업무를 기대할 수 없게 되었다고 할 것이어서 그와 같은 행위는 위계로써 결재권자의 직무집행을 방해한 것에 해당하므로 위계에 의한 공무집행방해죄가 성립한다(대판 1997.2.28. 96도2825).

6. 금지규정(규율) 위반

가. 성립 여부와 판단기준 ① 법령에서 어떤 행위의 금지를 명하면서 이를 위반하는 행위에 대한 벌칙을 두는 한편 공무원으로 하여금 그 금지 규정의 위반 여부를 감시, 단속하게 하고 있는 경우, 그 공무원에게는 금지규정 위반행위의 유무를 감시하여 확인하고 단속할 권한과 의무가 있으므로, 단순히 공무원의 감시, 단속을 피하여 금지규정에 위반하는 행위를 한 것에 불과하다면, 그에 대하여 벌칙을 적용하는 것은 별론으로 하고 그 행위가 위계에 의한 공무집행방해죄에 해당하는 것이라고는 할 수 없다(대판 2004.4.9. 2004도272). ② 구체적이고 현실적으로 감시·단속업무를 수행하는 교도관에 대하여 그가 충실한 수행한다고 하더라도 통상적인 업무처리과정하에서는 사실상 적발이 어려운 위계를 적극적으로 사용하여 그 업무집행을 하지 못하게 하였다면, 이에 대하여 위계에 의한

---

31 무연고 분묘가 아님에도 불구하고 무연고 분묘개장 허가하여 줄 것을 군수에게 출원함에 있어 동민인 甲 등으로부터 받은 이건 분묘가 무연고 분묘라는 취지의 확인서를 제출하여 군수로 하여금 개장허가하게 한 사안이다.

공무집행방해죄가 성립한다(대판 2005.8.25. 2005도1731).

나. 성립하지 않는 사례 교도관이 수용자의 규율위반행위를 알면서도 이를 방치하거나 도와주었더라도, 이를 다른 교도관 등에 대한 관계에서 위계에 의한 공무집행방해죄가 성립하는 것으로 볼 수는 없다(대판 2003.11.13. 2001도7045).

다. 성립하는 사례(이른바 집사변호사 사건) 변호인 접견의 경우 교도관이 특별히 휴대전화 등의 휴대를 제재하는 경우는 없고 자발적으로 휴대전화 등을 소지하지 못하도록 하고 있으며, 또 접견하는 인원에 비해 감시하는 교도관의 수가 턱없이 부족한 구치소 사정으로 인하여 접견실에서 수용자들이 변호사를 통하여 허가 없이 물품을 수수하거나 외부와 전화 통화하는 것을 적발하기가 매우 어려운 실정에서, 이러한 사정을 적극적으로 이용하여 휴대전화와 증권거래용 단말기를 구치소 내로 몰래 반입하고, 교도관에게 적발되지 않기 위해 휴대전화의 핸즈프리를 상의 호주머니 속에 숨긴 다음 수용자인 甲 등과 머리를 맞대고 변호인과 수용자가 상담하는 것처럼 보이게 하거나 가방을 세워 두어 통화모습을 가리는 등의 방법으로 마치 형사사건에 관하여 상담하고 있는 것처럼 가장하였는바, 이러한 행위는 변호인으로 선임된 것도 아니고 변호인이 될 의사 없이 단지 수용자들의 편의를 위한 잔심부름과 외부인들과의 연락통로 역할을 하기 위하여 대가를 받고 빈번하게 甲 등을 접촉하면서 변호사 자격을 가진 변호인에게는 아무런 제한 없이 시설 수용자들에 대한 접견이 허용됨을 악용한 점, 일반적으로 변호사는 접견시 준수사항을 잘 지키고 스스로 불법을 저지르지는 않을 것이라는 고도의 신뢰에 반하여 수용자로 하여금 외부와 통화하게 하고 물품을 수수하게 한 점, 이 과정에서 구치소 실정을 악용하여 전화통화시나 물품 수수시 그 적발을 교묘하게 회피하였고, 특히 교도관에 의하여 피고인의 전화사용사실이 적발되자 다른 사람 명의의 휴대전화를 개설한 다음 甲 등 수용자를 접견하면서 접견사무실에는 피고인의 휴대전화를 보관시키고 접견실에서는 다른 사람 명의로 개설한 휴대전화를 몰래 가지고 들어가는 방법을 사용하기까지 한 점 등에 비추어, 구체적이고 현실적으로 접견호실통제 업무를 담당하는 교도관들에 대하여 그들의 통상적인 업무처리과정하에서는 사실상 적발이 어려운 위계를 사용하여 그 직무집행에 지장을 주거나 곤란하게 하는 행위임이 명백하므로 위계에 의한 공무집행방해죄가 성립한다(대판 2005.8.25. 2005도1731).

7. 입찰, 경매와 위계공무집행방해

가. 입찰자격에 대한 위계

(1) 성립 여부 지방자치단체의 공사입찰에 있어서 허위서류를 제출하여 입찰참가자격을 얻고 낙찰자로 결정되어 계약을 체결한 행위는 위계에 의한 공무집행방해죄가 성립한다(대판 2003.10.9. 2000도4993; 2003.12.26. 2001도6349).

(2) 성립하는 사례 변조된 서류에 근거하여 해외건설협회장이 발급한 실적증명서에 대하여 입찰담당 공무원이 달리 심사할 방법이 없을 뿐만 아니라 실적증명서의 기재내용은 일반적으로 신뢰할 만한 것이어서, 입찰담당 공무원이 A 주식회사에 대하여 입찰참가자격을 인정하고 그에 따라 A 주식회사가 낙찰자로 결정되어 공사계약을 체결할 수 있게 된 것은 피고인의 위계에 의한 결과라고 할 것이다(대판 2003.10.9. 2000도4993).

나. 경매, 입찰가격에 대한 위계

(1) 성립하지 않는 사례 경매브로커를 통하여 다른 입찰참가자의 응찰가격을 알아내 그보다 높은 가격을 응찰가격으로 써냄으로서 부동산을 낙찰받은 경우, 법원경매업무를 담당하는 집행관의 구체적인 직무집행을 저지하거나 현실적으로 곤란하게 하는 데까지는 이르지 않고 입찰의 공정을 해하는 정도에 불과하여 경매·입찰방해죄에 해당할 뿐이다(대판 2000.3.24. 2000도102).[32]

(2) 성립하는 사례 교육청 부지에 대한 입찰에서 교육행정공무원이 부동산임대업자 甲에게 대체적인 낙찰예정가를 알려 주어 입찰절차에서 甲이 낙찰받을 수 있도록 편리를 보아 주고, 乙은 실질적인 甲의 단독입찰을 경쟁입찰로 가장하여 입찰에 참가하여 甲에게 낙찰받게 한 경우, 입찰방해죄와 함께 위계에 의한 공무집행방해죄가 성립한다(대판 1997.4.22. 97도429).

8. 시험과 위계공무집행방해

가. 대리시험 마치 그의 형인 양 시험감독자를 속이고 원동기장치 자전거운전면허시험에 대리로 응시하였다면 위계에 의한 공무집행방해죄가 성립한다(대판 1986.9.9. 86도1245).

나. 입학원서 추천서란을 조작, 허위기재 고등학교 입학원서 추천서란을 사실과 다르게 조작, 허위기재하여 추천서 성적이 고등학교입학전형의 자료가 되었다면, 위계에 의하여 고등학교입학전형업무를 방해한 것이다(대판 1983.9.27. 83도1864).

다. 시험 부정 피고인과 갑이 공모하고 피고인이 시험장소 내에서 시험감독관의 감시의 틈을 타서 시험답안지의 해답이 적힌 쪽지를 갑에게 전달한 이상 갑의 행위 여하에 불구하고 공무원의 시험감독에 관한 직무집행을 위계로서 방해한 경우에 해당한다(대판 1967.5.23. 67도650).

9. 채용, 승진과 위계공무집행방해

가. 위계에 해당하지 않는 사례 국립대학교 전임교원 공채와 관련하여 학과장인 피고인 1이 서류

---

32 내용의 적정성을 해한 것이 아니라 절차의 공정을 해한 것에 불과하다.

전형의 심사기준 강화를 제안한 것이 해당 학과의 전임교원 임용 목적에 부합하는 공정한 경우에 해당하고, 공채 지원자인 피고인 2의 전공논문이 접수 마감 이후에도 게재될 수 있도록 주선한 피고인 1의 행위가 다소 부적절하기는 하나 그 논문이 피고인 2의 노력에 의한 연구결과물로 볼 수 있으며, 이후 피고인 2가 어학시험, 교수능력심사, 면접심사 등 전형 절차를 거쳐 최종선발된 경우, 피고인들의 행위가 위계로써 공채관리위원회 위원들로 하여금 피고인 2의 자격에 관하여 오인이나 착각, 부지를 일으키게 하였다거나 그로 인하여 그릇된 행위나 처분을 하게 한 경우에는 해당하지 않는다(대판 2009.4.23. 2007도1554).

나. 위계에 해당하는 사례 ① 수협의 신규직원 채용에 응시한 甲 등이 필기시험에서 합격선에 미치지 못하는 점수를 받게 되자, 피고인의 지시에 따라 채점업무 담당자들이 점수조작행위를 통하여 甲 등을 필기시험에 합격자를 대상으로 하는 면접시험에 응시할 수 있도록 하였다면, 점수조작행위는 면접위원으로 하여금 면접시험 응시자의 정당한 자격 유무에 관하여 오인, 착각 또는 부지를 일으키게 하는 위계에 해당한다(대판 2010.3.25. 2009도8506). ② 담당공무원으로 하여금 근무성적평정표를 조작하여 근무성적평정위원회에 제출하도록 하여 이에 속은 근무성적평정위원회가 조작된 근무성적평정표에 따라 평정대상 공무원들의 순위와 평정점을 심사, 결정하도록 한 것은 위계에 의한 공무집행방해죄에 해당한다(대판 2012.1.27. 2010도11884).

10. 기타 문제가 되는 사례

가. 위계공무집행방해죄에 해당하는 사례 지방의회 의장 선거의 감표위원이 되어 투표용지에 사전에 날인하게 된 것을 기화로 누가 어떤 후보에게 투표를 하였는지 구별할 수 있도록 그 용지에 표시를 하는 행위는 무기명투표의 비밀성을 침해하는 행위로서, 그 후에 그 용지에 의하여 투표가 행하여졌다면 그 자체만으로 의원들의 비밀선거에 의한 의장 선출 직무와 의장의 투표사무 감독 직무를 위계로써 방해하는 행위에 해당한다(대판 2009.9.10. 2009도6541).

나. 위계공무집행방해죄에 해당하지 않는 사례

(1) 피고의 주소를 허위로 기재하여 송달하게 하는 것 민사소송을 제기함에 있어 피고의 주소를 허위로 기재하여 법원공무원으로 하여금 변론기일소환장 등을 허위주소로 송달케 하였다는 사실만으로는 이로 인하여 법원공무원의 구체적이고 현실적인 어떤 직무집행이 방해되었다고 할 수는 없으므로, 이로써 바로 위계에 의한 공무집행방해죄가 성립한다고 볼 수는 없다(대판 1996.10.11. 96도312; 1977.9.13. 77도284).

(2) 권리 있는 자의 경우 건물점유자로서 명도집행을 저지할 수 있는 정당한 권능이 있는 자가 그 점유사실을 입증하기 위한 수단으로 임대차계약서 사본을 제시하면서 그 실효된 사실을 고

지하지 아니하고 자신이 정당한 임차인인 것처럼 주장하였다고 하더라도, 위계에 해당한다고는 볼 수 없다(대판 1984.1.31. 83도2290).

11. 기타 문제

가. 고의

(1) 방해의사 필요 유무

A. 학설 고의 이외에 공무집행을 방해할 의사가 있어야 한다는 견해[33]와 위계에 의하여 공무집행을 방해하는 경우에만 특히 공무집행을 방해할 의사가 필요하다고 해석해야 할 근거가 없으므로 공무집행이 방해될 수 있다는 인식이 있으면 족하다는 견해[34]가 주장된다.

B. 판례 위계에 의한 공무집행방해죄가 성립되려면 자기의 위계행위로 인하여 공무집행을 방해하려는 의사가 있을 경우에 한한다(대판 1970.1.27. 69도2260).

(2) 방해의사가 없는 사례 ① 합의의 편의를 위해 사고차량을 허위신고한 경우(대판 1974.12.10. 74도2841), ② 오로지 직장을 구하여 볼 의사로서 허위로 간첩이라고 자수한 경우(대판 1970.1.27. 69도2260)는 공무원의 직무집행을 방해하려는 의사까지 있었던 것이라고는 인정되지 아니한다.

나. 타죄와의 관계

(1) 위조사문서행사죄와의 관계 위조된 문서의 제출에 의한 위조사문서행사죄와 위계공무집행방해죄는 상상적 경합범의 관계에 있다(대판 2011.9.8. 2010도7034).

(2) 직무유기죄와의 관계 작위범인 위계에 의한 공무집행방해죄만이 성립하고 부작위범인 직무유기죄는 따로 성립하지 아니한다(대판 1997.2.28. 96도2825).

III. 공무상비밀표시무효죄

1. 의의와 성격 공무상비밀표시무효죄는 공무원이 그 직무에 관하여 실시한 봉인 또는 압류 기타 강제처분의 표시를 손상 또는 은닉하거나 기타 방법으로 그 효용을 해하는 '공무상봉인등무효죄'(제1항), 그리고 공무원이 그 직무에 관하여 봉함 기타 비밀장치한 문서 또는 도화를 개봉하거나 기술적 수단을 이용하여 그 내용을 알아내는 '공무상비밀침해죄'(제2, 3항)를 말한다. 공무상비밀침해죄는 비밀침해죄(제316조)의 불법가중유형이다.

---

33 권오걸, 1080면; 김성돈, 749면; 김/서, 685면; 배종대, 858면; 오영근, 959면; 임웅, 924면; 정/박, 852면.

34 이재상, 757면; 정영일, 800면.

2. 행위의 주체: 공무원 공무상비밀표시무효죄에 있어서의 공무원이란 '널리 법령에 의하여 공무에 종사하는 직원'을 의미하는 것이다(대판 2002.12.27. 2002도4906).

3. 행위의 객체: 봉인 등 강제처분의 표시

가. 강제처분 강제처분은 적법·유효해야 하며, 원칙적으로 그 절차상 하자도 없어야 한다.

(1) 하자 있는 경우

A. 당연무효 또는 부존재의 경우 공무원이 그 직권을 남용하여 위법하게 실시한 봉인 또는 압류 기타 강제처분의 표시임이 명백하여 법률상 당연무효 또는 부존재라고 볼 수 있는 경우에는 그 봉인 등의 표시는 공무상표시무효죄의 객체가 되지 아니하여 이를 손상 또는 은닉하거나 기타 방법으로 그 효용을 해한다 하더라도 공무상표시무효죄가 성립하지 아니한다(대판 2001.1.16. 2000도1757).

B. 취소의 하자가 있는 경우 공무원이 실시한 봉인 등의 표시에 절차상 또는 실체상의 하자가 있다고 하더라도 객관적·일반적으로 그것이 공무원이 그 직무에 관하여 실시한 봉인 등으로 인정할 수 있는 상태에 있다면, 적법한 절차에 의하여 취소되지 아니하는 한 공무상표시무효죄의 객체로 된다(대판 2001.1.16. 2000도1757).

C. 강제처분의 근거인 재판이 부당한 경우 법원의 가처분결정에 기하여 집달관이 한 강제처분 표시의 효력은 그 가처분 결정이 적법한 절차에 의하여 취소되지 않는 한 지속되는 것이며, 그 가처분 결정이 가령 부당한 것이라 하더라도 그 효력을 부정할 수는 없다(대판 1985.7.9. 85도1165).

(2) 피보전권리의 존부 가처분에 의한 피담보권리의 적법요건의 존부를 막론하고 결정의 집행으로서 집달리가 실시한 고시의 효력 자체를 해치는 행위를 함으로써 공무상표시무효죄는 성립한다(대판 1971.3.23. 70도1688).[35]

나. 표시

(1) 표시의 의미 ① 공무원이 그 직무에 관하여 봉인, 동산의 압류, 부동산의 점유 등과 같은 구체적인 강제처분을 실시하였다는 표시를 말한다(대판 2008.12.24. 2006도1819; 2010.9.30. 2010도3364). ② 행위 당시에 강제처분의 표시가 현존할 것을 요한다(대판 1997.3.11. 96도2801).

(2) 채권가압류결정 정본의 송달과 표시 채무자가 채권가압류결정의 정본을 송달받고서 제3채무자에게 가압류된 돈을 지급하였어도, 채권가압류결정의 송달을 받은 것이 공무상 보관명령이 있는 경우도 아니고 강제처분의 표시가 있었다고 볼 수 없으니, 공무상보관물무효죄나 공무상비밀표시무효죄가 성립하지 않는다(대판 1975.5.13. 73도2555).

---

35 대판 2007.3.15. 2007도312. 가처분집행은 특허권을 침해하였다는 소명이 있다는 이유로 행하여졌으나 후일 그 본안소송에서 특허가 무효라는 취지의 대법원 판결이 선고되어 그 피보전권리의 부존재가 확정되었다.

(3) 부작위를 명하는 가처분이 발령되었음을 고시하는 데 그친 경우

A. 기준 집행관이 법원으로부터 피신청인에 대하여 부작위를 명하는 가처분이 발령되었음을 고시하는 데 그치고 나아가 봉인 또는 물건을 자기의 점유로 옮기는 등의 구체적인 집행행위를 하지 아니하였다면 단순히 피신청인이 가처분의 부작위 명령에 위반하였다는 것만으로는 공무상표시의 효용을 해하는 행위에 해당한다고 볼 수 없다(대판 2008.12.24. 2006도1819; 2010.9.30. 2010도3364).

B. 성립을 인정한 사례 법원이 입주자대표회의를 피신청인으로 하여 시설물에 대한 사용금지 가처분 결정을 하고 집행관이 결정에 따라 시설물을 사용하지 말도록 가처분의 집행을 하고 그 표시를 하였으며, 가처분의 집행 및 표시가 적법한 절차에 의하여 취소된 바가 없음에도, 입주자대표회의의 회장인 피고인이 표시에 반하여 여전히 시설물의 사용을 중단할 어떠한 조치도 취하지 아니하고 이를 계속 사용한 사실을 알 수 있는바, 이와 같은 피고인의 행위는 공무상표시의 효용을 해하는 것이라 아니할 수 없고, 가사 피고인이 자신의 이익을 위한 것이 아니라 입주민들의 이익을 위하여 그와 같이 하였다 하더라도 공무상표시무효죄가 성립하지 않는 것은 아니다(대판 2005.6.9. 2005도1085).

4. 실행행위: 손상 또는 은닉 기타 방법

가. 기타 방법의 의미 ① 기타 방법으로 그 효용을 해한 자라 함은 강제집행을 불가능하게 하거나 현저히 곤란하게 하는 것을 의미한다(대판 1983.8.23. 80도1545). ② '기타 방법으로 그 효용을 해하는 것'이라 함은 손상 또는 은닉 이외의 방법으로 그 표시 자체의 효력을 사실상으로 감살 또는 멸각시키는 것을 의미하는 것이지, 그 표시의 근거인 처분의 법률상의 효력까지 상실케 한다는 의미는 아니다(대판 2004.10.28. 2003도8238; 2007.7.27. 2007도4378).

나. 채권자의 동의나 승낙과 범죄의 성부

(1) 승낙이 있는 경우

A. 채권자의 승낙을 얻어 압류물을 이동 집행관이 점유를 옮기고 압류표시를 한 다음 채무자에게 보관을 명한 유체동산에 관하여 채무자가 이를 다른 장소로 이동시켜야 할 특별한 사정이 있고, 이동에 앞서 채권자에게 이동사실 및 이동장소를 고지하여 승낙을 얻은 때에는 비록 집행관의 승인을 얻지 못한 채 압류물을 이동시켰다 하더라도, '기타의 방법으로 그 효용을 해한' 경우에 해당한다고 할 수 없다(대판 2004.7.9. 2004도3029).

B. 가처분채권자의 승낙이 있는 경우 출입금지가처분은 그 성질상 가처분 채권자의 의사에 반하여 건조물 등에 출입하는 것을 금지하는 것이므로 비록 가처분결정이나 그 결정의 집행으로서 집행관이 실시한 고시에 그러한 취지가 명시되어 있지 않다고 하더라도, 가처분 채권자의 승낙을 얻어 그 건조물 등에 출입하는 경우에는 출입금지가처분 표시의 효용을 해한 것이라고 할 수 없다(대판 2006.10.13. 2006도4740).

(2) 승낙 없이 옮긴 경우 압류물을 채권자나 집달관 몰래 원래의 보관장소로부터 상당한 거리에 있는 다른 장소로 이동시킨 경우, 설사 그것이 집행을 면탈할 목적으로 한 것이 아니라 하여도 객관적으로 집행을 현저히 곤란하게 한 것이 되어 '기타의 방법으로 그 효용을 해한' 경우에 해당된다(대판 1986.3.25. 86도69).[36]

다. 점유이전금지가처분 목적물의 점유이전

(1) 임대 점유이전금지가처분 채무자인 피고인은 집행관이 건물에 관하여 가처분을 집행하면서 '채무자는 점유를 타에 이전하거나 또는 점유명의를 변경하여서는 아니 된다'는 등의 집행 취지가 기재되어 있는 고시문을 건물에 부착한 이후에 제3자로 하여금 건물 중 3층에서 카페 영업을 할 수 있도록 이를 무상으로 사용케 하였다는 것인바, 이러한 피고인의 행위는 고시문의 효력을 사실상 멸각시키는 행위라 할 것이고, 가족, 고용인 기타 동거자 등 가처분 채무자에게 부수하는 사람을 거주시키는 것과 같이 가처분 채무자가 그 목적물을 사용하는 하나의 태양에 지나지 아니하는 행위라고 보기는 어려우므로 공무상표시무효죄에 해당한다(대판 2004.10.28. 2003도8238; 1972.9.12. 72도1441).

(2) 직접점유자가 간접점유자에게 점유이전 직접점유자에 대한 점유이전금지가처분결정이 집행된 후 피신청인인 직접점유자가 가처분 목적물의 간접점유자에게 점유를 이전한 경우에는 가처분표시의 효용을 해한 것이 된다(대판 1980.12.23. 80도1963).

5. 공무상비밀표시무효죄가 성립하지 않는 사례

가. 강제집행 완결 후의 행위 집달관이 채무자 겸 소유자의 건물에 대한 점유를 해제하고 이를 채권자에게 인도한 후 채무자의 출입을 봉쇄하기 위하여 출입문을 판자로 막아 둔 것을 채무자가 이를 뜯어내고 그 건물에 들어갔다 하더라도, 이는 강제집행이 완결된 후의 행위로서 채권자들의 점유를 침범하는 것은 별론으로 하고 공무상표시무효죄에 해당하지는 않는다(대판 1985.7.23. 85도1092).

나. 용법에 따라 종전대로 압류물을 사용 집행관이 유체동산을 가압류하면서 이를 채무자에게 보관하도록 한 경우, 압류의 효력은 압류된 물건의 처분행위를 금지할 뿐 가압류의 효력을 손상시키지 않는 범위 내에서 가압류된 상태 그대로 용법에 따라 종전과 같은 방법으로 사용하는 것까지 금지하는 것은 아니다(대판 2008.5.25. 2008도7407; 1984.3.13. 83도3291).[37]

---

36 대판 1983.8.23. 80도1545; 1992.5.26. 91도894.

37 가압류된 납골함 안치단의 원래 용법은 유골의 안치이므로 가압류된 납골함 안치단 중 일부를 영구임대형식으로 분양해 그곳에 유골을 안치했더라도 그것만으로는 가압류 표시의 효용을 손상한 것으로 볼 수 없다. 유골을 안치하더라도 납골함 자체의 효용에는 변동이 없다.

다. 가처분의 효력이 미치지 않는 자의 행위 가처분은 가처분채무자에 대한 부작위 명령을 집행하는 것이므로, 가처분의 채무자가 아닌 제3자가 그 부작위 명령을 위반한 행위는 그 가처분집행 표시의 효용을 해한 것으로 볼 수 없다(대판 2007.11.16. 2007도5539).

6. 기타 문제

가. 고의

(1) 고의가 없는 사례 甲을 상대로 법원에 손해배상청구 소송을 제기하면서 甲 소유의 유체동산에 대한 가압류신청을 하여 담보제공을 하고 그 결정을 받은 후 집달리 대리 乙이 피고인의 위임에 의하여 甲 소유의 사진기, 확대기 등을 가압류 집행하였는데, 위 손해배상 사건에 관하여 합의가 성립되어 甲으로부터 금 50,000원과 가압류된 물건을 인수하기로 하고, 甲이 담보취소동의서, 항고권 포기서 등을 피고인에게 작성·교부하여 담보취소까지 됨으로서, 가압류 채권자인 피고인으로서는 물건들에 대한 가압류 상태를 그 이상 더 유지할 이유가 없고, 자연히 무효가 될 것으로 알고 그 취소절차를 구할 실익이 없다고 생각하고 사진기, 확대기 등을 가져간 경우, 공무상표시를 무효케 할 범의가 있다고는 할 수 없다(대판 1972.11.14. 72도1248).

(2) 고의가 있는 사례 채권자 甲에 의하여 압류된 피고인 소유 유체동산에 대하여 다시 채권자 乙에 의하여 조사절차가 취하여진 경우에는 乙에 대한 관계에 있어서도 압류의 효력이 미친다고 할 것이니, 피고인이 甲에 대한 채무를 변제하였다 하여도 그 압류가 해제되지 아니한 한 압류상태에 있다고 할 것이므로, 甲에 대한 변제사실만 가지고는 압류의 효력이 없다고 할 수 없고, 이를 처분한 피고인에게 공무상 비밀표시 무효에 관한 범의가 없었다고도 할 수 없다(대판 1981.10.13. 80도1441).

나. 효력에 대한 착오

(1) 학설 행위자가 봉인 등을 손상 또는 은닉하는 것을 인식·인용하는 외에 그 봉인 등의 표시가 적법하다는 것을 인식하여야 하는가와 관련하여, 긍정설[38]과 부정설[39]이 대립한다. 행위자가 봉인 등의 적법성을 인식하지 못한 경우, 긍정설에서는 사실의 착오로 보지만, 부정설에서는 금지착오로 보게 된다. 강제처분의 적법성과 유효성은 기술되지 않은 (규범적) 구성요건요소이므로 행위자가 이를 인식하여야 하지만, 그 의미에 대한 심각한 오인은 포섭의 착오로서 위법성의 착오가 될 수 있다.

(2) 판례

A. 표시가 법률상 효력이 없다고 오인한 경우 공무원이 그 직무에 관하여 실시한 봉인 등의 표시를 손상 또는 은닉 기타의 방법으로 그 효용을 해함에 있어서 그 봉인 등의 표시가 법률상 효력

38 김성돈, 755면; 김/서, 692면; 박상기, 672면; 이재상, 762면.

39 권오걸, 1089면; 배종대, 862면; 오영근, 968면; 정/박, 859면.

이 없다고 믿은 것은 법규의 해석을 잘못하여 행위의 위법성을 인식하지 못한 것이라고 할 것이므로, 그와 같이 믿은 데에 정당한 이유가 없는 이상 그와 같이 믿었다는 사정만으로는 공무상표시무효죄의 죄책을 면할 수 없다(대판 2000.4.21. 99도5563).[40]

B. 가압류의 효력이 소멸하였다고 오인한 경우 민사소송법 기타의 공법의 해석을 잘못하여 피고인이 가압류의 효력이 없는 것이라 하여 가압류가 없는 것으로 착오하였거나 또는 봉인 등을 손상 또는 효력을 해할 권리가 있다고 오신한 경우에는, 민사법령 기타 공법의 부지에 인한 것으로서 이러한 법령의 부지는 형벌법규의 부지와 구별되어 범의를 조각한다(대판 1970.9.22. 70도1206).

(3) 검토 공무집행방해죄에서 직무집행의 적법성과 관련하여 살펴보았듯이, 봉인 등의 적법성은 구성요건요소로 보아야 하므로 긍정설이 타당하다. 다만, 봉인 등의 적법성이라는 규범적 구성요건요소에 대한 불인식은 언제나 사실의 착오가 되는 것은 아니고, 그 의미를 잘못 파악한 경우에는 포섭의 착오로서 위법성의 착오가 될 수 있다.

다. 부작위범 압류시설의 보관자 지위에 있는 회사로서는 압류시설을 선량한 관리자로서 보관할 주의의무가 있다 할 것이고, 그 압류시설이 위치한 골프장의 개장 및 운영 전반에 걸친 포괄적 권한과 의무를 지닌 대표이사로서는 위와 같은 회사의 대외적 의무사항이 준수될 수 있도록 적절한 조치를 취할 위임계약 혹은 조리상의 작위의무가 존재한다(대판 2005.7.2. 2005도3034).

IV. 부동산강제집행효용침해죄

> **제140조의2(부동산강제집행효용침해)** 강제집행으로 명도 또는 인도된 부동산에 침입하거나 기타 방법으로 강제집행의 효용을 해한 자는 5년 이하의 징역 또는 700만원 이하의 벌금에 처한다.

1. 의의와 성격 강제집행으로 명도 또는 인도된 부동산에 침입하거나 기타 방법으로 강제집행의 효용을 해하는 범죄이다. 보호법익은 '강제집행의 효용'이고, 보호의 정도는 침해범이다.

2. 구성요건

가. 주체 주체에는 아무런 제한이 없으므로 제3자도 주체가 될 수 있다(대판 2002.11.8. 2002도4801).

---

40 대판 2002.12.27. 2002도4906. 가압류집행 이전에 甲에게 기계를 양도하기로 하는 합의가 있었음은 알 수 있으나 그와 같은 사정만으로 甲이 기계의 소유자가 되었다고 할 수 없을 뿐만 아니라, 집행관이 피고인의 소유에 속한 것이라고 판단하여 가압류집행을 실시한 이상 당연무효라고 할 수 없으며, 범행 당시 기계에 대한 가압류가 무효라고 믿었다거나 그와 같이 믿은 데에 정당한 이유가 있었다고 할 수 있는 자료가 전혀 없으므로, 공무상표시무효죄의 죄책을 면할 수 없다.

나. 강제집행의 효용을 해하는 것의 의미 강제집행의 효용을 해하는 것이란 강제집행으로 명도 또는 인도받은 부동산을 권리자가 그 용도에 따라 사용·수익하거나 권리행사를 하는 데 지장을 초래하는 일체의 침해행위를 말한다(대판 2002.11.8. 2002도4801).

다. 퇴거집행된 부동산 포함 여부 부동산강제집행효용침해죄의 객체인 강제집행으로 명도 또는 인도된 부동산에는 강제집행으로 퇴거집행된 부동산을 포함한다(대판 2003.5.13. 2001도3212).

3. 효용을 해한 사례: 시간적 관련성 점포는 적법한 강제집행절차에 의하여 甲 등에게 명도된 사실, 그 후 바로 점포의 명도집행이 부당하다며 甲의 점포에 대한 출입을 막은 사실을 인정할 수 있으므로 부동산강제집행효용침해죄에 해당한다(대판 2002.11.8. 2002도4801).

V. 공용서류무효죄

> **제141조(공용서류 등의 무효, 공용물의 파괴)** ① 공무소에서 사용하는 서류 기타 물건 또는 전자기록 등 특수매체기록을 손상 또는 은닉하거나 기타 방법으로 그 효용을 해한 자는 7년 이하의 징역 또는 1천만원 이하의 벌금에 처한다.
> ② 공무소에서 사용하는 건조물, 선박, 기차 또는 항공기를 파괴한 자는 1년 이상 10년 이하의 징역에 처한다.

1. 의의와 성격 제1항은 공무소에서 사용하는 서류 기타 물건 또는 전자기록 등 특수매체기록을 손상 또는 은닉하거나 기타 방법으로 그 효용을 해하는 공용서류등무효죄이고, 제2항은 공무소에서 사용하는 건조물, 선박, 기차 또는 항공기를 파괴하는 공용물파괴죄이다. 두 범죄 모두 손괴죄(제366조)의 불법가중유형이다. 보호법익은 '공용서류와 공용물의 효용'이고, 보호의 정도는 침해범이다.

2. 공용서류

가. 공용서류의 의미 공용서류무효죄는 공문서나 사문서를 묻지 아니하고 공무소에서 사용 중이거나 사용할 목적으로 보관하는 서류 기타 물건을 그 객체로 한다(대판 1999.2.24. 98도4350).

나. 미완성문서 작성중인 피의자신문조서는 미완성이고 작성자와 피의자가 서명날인 또는 무인한 것이 아니어서 공문서로서의 효력이 없다고 하더라도 공무소에서 사용하는 서류에 해당한다(대판 1980.10.27. 80도1127).

다. 정식절차를 밟아 접수되지 아니한 문서 공용서류무효죄의 객체는 그것이 공무소에서 사용되는 서류인 이상 정식절차를 밟아 접수되었는가의 여부를 묻지 않는다(대판 1982.10.12. 82도368; 1981.8.25. 81도1830).

라. 공용서류로서의 성질을 상실한 사례 경찰관이 스스로의 판단에 따라 자신이 보관하던 진술서를 임의로 피고인에게 넘겨준 것이라면, 진술서의 보관책임자인 경찰관은 장차 이를 공무소에서 사용하지 아니하고 폐기할 의도하에 처분한 것이라고 보아야 할 것이므로, 진술서는 더 이상 공무소에서 사용하거나 보관하는 문서가 아닌 것이 되어 공용서류로서의 성질을 상실하였다(대판 1999.2.24. 98도4350).

3. 정당한 권한과 공용서류무효

가. 권한에 의한 파기 권한 있는 자의 정당한 처분에 의한 공용서류의 파기에는 적용의 여지가 없다(대판 1995.11.10. 95도1395; 1966.10.18. 66도567).

나. 결재 중인 문서 공무원이 작성하는 공문서는 그것이 작성자의 지배를 떠나 작성자로서도 변경 삭제가 불가능한 단계에 이르렀다면 모르되 그렇지 않고 상사가 결재하는 단계에 있어서는 작성자는 결재자인 상사와 상의하여 언제든지 내용을 변경 또는 일부 삭제할 수 있는 것이며 내용을 정당하게 변경하는 경우는 물론 내용을 허위로 변경하였다 하여도, 그 행위가 허위공문서작성죄에 해당할지언정 따로 공용서류의 효용을 해하는 행위에 해당한다고는 할 수 없다(대판 1995.11.10. 95도1395).

다. 정당한 권한자가 아닌 사례 군에 보관 중인 피고인 명의의 건축허가신청서에 첨부된 설계도면을 떼내고 별개의 설계도면으로 바꿔 넣은 경우 공용서류무효죄가 성립한다(대판 1982.12.14. 81도81).

4. 고의 범의는 피고인에게 공무소에서 사용하는 서류라는 사실과 이를 손상 또는 은닉하거나 기타 방법으로 그 효용을 해한다는 사실의 인식이 있음으로써 족하다(대판 1987.4.14. 86도2799; 2006.5.25. 2003도3945).

VI. 특수공무집행방해죄

> **제144조(특수공무방해)** ① 단체 또는 다중의 위력을 보이거나 위험한 물건을 휴대하여 제136조, 제138조와 제140조 내지 전조의 죄를 범한 때에는 각조에 정한 형의 2분의 1까지 가중한다.
> ② 제1항의 죄를 범하여 공무원을 상해에 이르게 한 때에는 3년 이상의 유기징역에 처한다. 사망에 이르게 한 때에는 무기 또는 5년 이상의 징역에 처한다.

1. 의의와 성격 제1항은 단체 또는 다중의 위력을 보이거나 위험한 물건을 휴대하여 공무집행

방해죄, 공무상비밀표시무효죄 등을 범하는 범죄이고, 제2항은 특수공무집행방해죄를 범하여 공무원에게 사상의 결과를 발생시키는 결과적 가중범이다. 법정형으로 인해, 특수공무집행치사죄는 진정결과적 가중범으로 보아야 하고, 특수공무집행방해치상죄는 부진정 결과적 가중범에 해당한다.

2. 특수공무집행방해죄

가. 다중의 의미 '다중'이라 함은 단체를 이루지 못한 다수인의 중합을 지칭하는 것이므로, 불과 3인의 경우에는 그것이 어떤 집단의 힘을 발판 또는 배경으로 한다는 것이 인정되지 않는 한 '다중의 위력'을 보인 것이라고는 할 수 없다(대판 1971.12.21. 71도1930).

나. 위험한 물건과 휴대의 의미 '위험한 물건' 및 '휴대'의 의미는 특수폭행죄에서의 의미와 동일하다(대판 2008.2.28. 2008도3).

3. 특수공무집행방해치사상죄

가. 성격 및 성립요건

(1) 판례 특수공무방해치사상과 같은 이른바 부진정결과적가중범은 예견가능한 결과를 예견하지 못한 경우뿐만 아니라 그 결과를 예견하거나 고의가 있는 경우까지도 포함하는 것이다(대판 1990.6.26. 90도765; 1995.1.20. 94도2842).

(2) 검토 판례는 특수공무집행치사죄도 부진정 결과적 가중범으로 보는데, 특수공무집행방해를 하는 자가 살인의 고의가 있었던 경우에는 특수공무집행방해죄와 살인죄의 상상적 경합이 되어 결국 살인죄로 처벌하여야 하므로 특수공무집행방해치사죄는 진정결과적 가중범으로 보아야 한다.

나. 성립 여부가 문제되는 사례

(1) 성립하는 사례 피고인도 그 속에 끼인 단체 또는 다중인 데모대원이 던진 돌에 의하여 공무집행 중이던 경찰관이 상해를 입은 경우, 피고인이 던진 돌이 동 피해자에게 맞고 안 맞고를 가리지 않고 특수공무방해치상죄가 성립한다(대판 1979.7.24. 79도451).

(2) 성립하지 않는 사례 의무경찰이 학생들의 가두캠페인 행사관계로 직진하여 오는 택시의 운전자에게 좌회전 지시를 하였음에도 택시의 운전자가 계속 직진하여 와서 택시를 세우고는 항의하므로 그 의무경찰이 택시 약 30cm 전방에 서서 이유를 설명하고 있는데 그 운전자가 신경질적으로 갑자기 좌회전하는 바람에 택시 우측 앞 범퍼부분으로 의무경찰의 무릎을 들이받은 경우, 그 의무경찰의 피해가 전치 5일간의 우슬관절부 경도좌상 정도에 불과한 점 등에 비추어 볼 때, 그와 같은 택시운행으로 인하여 사회통념상 피해자인 의무경찰이나 제3자가 위험성을 느꼈으리라고는 보이지 아니하므로 그 택시 운전자의 범행을 특수공무집행방해치상죄로 의율할 수는 없다(대판 1995.1.24. 94도1949).

다. 죄수 기본범죄를 통하여 고의로 중한 결과를 발생하게 한 경우에 가중처벌하는 부진정결과적가중범에서, 고의로 중한 결과를 발생하게 한 행위가 별도의 구성요건에 해당하고 그 고의범에 대하여 결과적가중범에 정한 형보다 더 무겁게 처벌하는 규정이 있는 경우에는 그 고의범과 결과적가중범이 상상적 경합관계에 있다고 보아야 할 것이지만, 위와 같이 고의범에 대하여 더 무겁게 처벌하는 규정이 없는 경우에는 결과적가중범이 고의범에 대하여 특별관계에 있다고 해석되므로 결과적가중범만 성립하고 이와 법조경합의 관계에 있는 고의범에 대하여는 별도로 죄를 구성한다고 볼 수 없다(대판 2008.11.27. 2008도7311).

라. 방화치사상죄와의 관계 부진정결과적가중범인 특수공무방해치사상죄에 있어서 공무집행을 방해하는 집단행위의 과정에서 일부 집단원이 고의로 방화행위를 하여 사상의 결과를 초래한 경우, 다른 집단원이 방화행위로 인한 사상의 결과를 예견할 수 있는 상황이었다면 특수공무방해치사상의 죄책을 면할 수 없으나, 방화행위 자체에 공모가담한 바 없는 이상 방화치사상죄로 의율할 수는 없다(대판 1990.6.26. 90도765).

VII. 기타 공무방해에 관한 죄

1. 법정 및 국회회의장모욕죄

가. 제138조(법정 또는 국회회의장모욕) 법원의 재판 또는 국회의 심의를 방해 또는 위협할 목적으로 법정이나 국회회의장 또는 그 부근에서 모욕 또는 소동한 자는 3년 이하의 징역 또는 700만 원 이하의 벌금에 처한다.

나. 휴정과 법정모욕죄 법원의 재판을 방해할 목적으로 행하여진 소동행위는 재판이 진행 중일 때뿐 아니라 재판개시 직전에 행하여지는 경우도 포함된다고 풀이되므로, 피고인들의 소동행위가 재판장이 법정 내의 질서회복을 위하여 휴정을 선언하고 법관대기실로 퇴정한 뒤 곧 자행되었다면 이는 재판이 개시될 상황에서 행하여진 것으로서 법정모욕죄의 구성요건에 해당한다(서울고법 1989.6.12. 89노974 판결).

2. 공무상보관물무효죄

가. 제142조(공무상 보관물의 무효) 공무소로부터 보관명령을 받거나 공무소의 명령으로 타인이 관리하는 자기의 물건을 손상 또는 은닉하거나 기타 방법으로 그 효용을 해한 자는 5년 이하의 징역 또는 700만 원 이하의 벌금에 처한다.

나. 채무변제금지결정과 보관명령 제3채무자가 채무자에 대한 채무의 지급을 하여서는 아니 된다는 내용의 가압류결정정본의 송달을 받은 것이 공무소로부터 보관명령을 받은 경우에 해당한다고 할 수 없다(대판 1983.7.12. 83도1405).

3. 인권옹호직무방해(명령불준수)죄

가. 제139조(인권옹호직무방해) 경찰의 직무를 행하는 자 또는 이를 보조하는 자가 인권옹호에 관한 검사의 직무집행을 방해하거나 그 명령을 준수하지 아니한 때에는 5년 이하의 징역 또는 10년 이하의 자격정지에 처한다.

나. '인권옹호에 관한 검사의 명령'의 의미 '인권옹호에 관한 검사의 명령'은 사법경찰관리의 직무수행에 의하여 침해될 수 있는 인신 구속 및 체포와 압수수색 등 강제수사를 둘러싼 피의자, 참고인, 기타 관계인에 대하여 헌법이 보장하는 인권 가운데 주로 그들의 신체적 인권에 대한 침해를 방지하고 이를 위해 필요하고도 밀접 불가분의 관련성 있는 검사의 명령 중 '그에 위반할 경우 사법경찰관리를 형사처벌까지 함으로써 준수되도록 해야 할 정도로 인권옹호를 위해 꼭 필요한 검사의 명령'으로 보아야 하고 나아가 법적 근거를 가진 적법한 명령이어야 한다(대판 2010.10.28. 2008도11999).

다. 검사가 구속영장 청구 전에 피의자를 대면조사할 권한이 있는지 여부 사법경찰관이 검사에게 긴급체포된 피의자에 대한 긴급체포 승인 건의와 함께 구속영장을 신청한 경우, 검사는 긴급체포의 승인 및 구속영장의 청구가 피의자의 인권에 대한 부당한 침해를 초래하지 않도록 긴급체포의 적법성 여부를 심사하면서 수사서류뿐만 아니라 피의자를 검찰청으로 출석시켜 직접 대면 조사할 수 있는 권한을 가진다고 보아야 한다. 따라서 이와 같은 목적과 절차의 일환으로 검사가 구속영장 청구 전에 피의자를 대면 조사하기 위하여 사법경찰관리에게 피의자를 검찰청으로 인치할 것을 명하는 것은 적법하고 타당한 수사지휘 활동에 해당하고, 수사지휘를 전달받은 사법경찰관리는 이를 준수할 의무를 부담한다. 다만 체포된 피의자의 구금 장소가 임의적으로 변경되는 점, 법원에 의한 영장실질심사제도를 도입하고 있는 현행 형사소송법하에서 체포된 피의자의 신속한 법관 대면권 보장이 지연될 우려가 있는 점 등을 고려하면, 위와 같은 검사의 구속영장 청구 전 피의자 대면 조사는 긴급체포의 적법성을 의심할 만한 사유가 기록 기타 객관적 자료에 나타나고 피의자의 대면 조사를 통해 그 여부의 판단이 가능할 것으로 보이는 예외적인 경우에 한하여 허용될 뿐, 긴급체포의 합당성이나 구속영장 청구에 필요한 사유를 보강하기 위한 목적으로 실시되어서는 아니 된다. 나아가 검사의 구속영장 청구 전 피의자 대면 조사는 강제수사가 아니므로 피의자는 검사의 출석 요구에 응할 의무가 없고, 피의자가 검사의 출석 요구에 동의한 때에 한하여 사법경찰관리는 피의자를 검찰청으로 호송하여야 한다(대판 2010.10.28. 2008도11999).

라. 직무유기죄와의 관계 인권옹호직무명령불준수죄와 직무유기죄의 각 구성요건과 보호법익 등을 비교하여 볼 때, 인권옹호직무명령불준수죄가 직무유기죄에 대하여 법조경합 중 특별관계에 있다고 보기는 어렵고 양 죄를 상상적 경합관계로 보아야 한다(대판 2010.10.28. 2008도11999).

마. 위헌성 여부 본죄의 입법취지 및 보호법익, 그 적용대상의 특수성 등을 고려하면 여기서 말하는 '인권'은 범죄수사과정에서 사법경찰관리에 의하여 침해되기 쉬운 인권, 주로 헌법 제12조에 의한 국민의 신체의 자유를 그 내용으로 한다고 할 것이고, '검사의 명령'도 '사법경찰관리의 직무수행에 의해 침해될 수 있는 인신 구속 및 체포와 압수수색 등 강제수사를 둘러싼 피의자, 참고인, 기타 관계인에 대하여 헌법이 보장하는 인권, 그중 주로 그들의 신체적 인권에 대한 침해를 방지하고 이를 위해 필요하고도 밀접 불가분의 관련성 있는 검사의 명령'이라고 제한적으로 해석하는 등 얼마든지 그 의미를 명확히 할 수가 있을 것이다. 요컨대 이 사건 법률조항이 지닌 약간의 불명확성은 법관의 통상적인 해석작용에 의하여 충분히 보완될 수 있고, 특히 이 사건 법률조항의 피적용자가 사법경찰관리인 점과 또 그 취지상 이 조항은 이에 위반할 경우 사법경찰관리를 형사처벌까지 함으로써 준수되도록 해야 할 정도로 인권옹호를 위해 꼭 필요한 경우에 적용되어야 하는 점을 감안한다면, 건전한 상식과 통상적인 법감정을 가지고서도 인권옹호에 관한 검사의 명령이 무엇인지 객관적으로 충분히 예측 가능하다 할 것이므로, 이 사건 법률조항은 죄형법정주의의 한 내용인 형벌법규의 명확성의 원칙에 반한다고 할 수 없다(헌재결 2007.3.29. 2006헌바139).

제4절 • 도주와 범인은닉의 죄

I. 도주죄

제145조(도주) ① 법률에 의하여 체포 또는 구금된 자가 도주한 때에는 1년 이하의 징역에 처한다.

1. 의의와 보호법익 법률에 의하여 체포·구금된 자가 도주하는 범죄이다. 보호법익은 '국가의 구금권 내지 구금기능'이고, 보호의 정도는 침해범이다.

2. 성격과 기수시기

가. 학설 본죄의 기수시기는 체포·구금상태에서 벗어난 때, 즉 체포·간수자의 실력적 지배로부

터 완전히 벗어난 때이다. 본죄의 성격과 관련하여서는 즉시범설[1]과 상태범설[2] 및 계속범설[3]이 주장되고 있다. 계속범설에서는 도주죄가 기수에 이른 후에도 도주행위가 계속되는 한 본죄의 공소시효가 진행되지 않고, 도주 중에는 누구든지 현행범으로 체포할 수 있다고 한다. 하지만 범인의 자기도피를 처벌하지 않는 점을 고려할 때, 본죄는 체포·간수자의 실력적 지배를 벗어나는 데 그 초점이 맞추어져 있다고 보아야 하고, 따라서 도주 이후에는 위법행위가 아니라 위법상태가 계속되는 것으로 보는 상태범설이 타당하다 할 것이다.[4]

나. 판례 도주죄는 즉시범으로서 범인이 간수자의 실력적 지배를 이탈한 상태에 이르렀을 때에 기수가 되어 도주행위가 종료하는 것이다(대판 1991.10.11. 91도1656).[5]

3. 구성요건

가. 주체 본죄의 주체는 법률에 의하여 체포·구금된 자이다. 구인된 피고인과 피의자가 본죄의 주체가 되는가에 대하여 긍정설[6]과 부정설[7]이 나뉘는데, 구속은 구금과 구인을 포함하지만 구금은 구인을 포함하지 않기 때문에, 구인을 포함시키려면 법부터 개정하여야 한다.

나. 불법체포와 도주

(1) 판례 비록 사법경찰관이 피고인을 동행할 당시에 물리력을 행사한 바가 없고 피고인이 명시적으로 거부의사를 표명한 적이 없다고 하더라도, 사법경찰관이 피고인을 수사관서까지 동행한 것은 적법요건이 갖추어지지 아니한 채 사법경찰관의 동행 요구를 거절할 수 없는 심리적 압박 아래 행하여진 사실상의 강제연행, 즉 불법체포에 해당한다고 보아야 할 것이고, 사법경찰관이 그로부터 6시간 상당이 경과한 이후에 비로소 피고인에 대하여 긴급체포의 절차를 밟았다고 하더라도 이는 동행의 형식 아래 행하여진 불법체포에 기하여 사후적으로 취해진 것에 불과하므로 그와 같은 긴급체포 또한 위법하다(대판 2006.7.6. 2005도6810).

(2) 검토 위 피고인은 불법체포된 자로서 '법률에 의하여 체포 또는 구금된 자'가 아니어서 도

---

1 권오걸, 1102면; 김/서, 703면; 박상기, 678면; 배종대, 871면; 오영근, 983면; 이재상, 772면; 이형국, 832면; 정영일, 819면.

2 김성돈, 767면; 정/박, 876면.

3 임웅, 943면.

4 군생활 도중에 탈영하는 탈영죄의 경우에 '공소시효가 없다'고 알려져 있는데, 실은 국방부장관이 매 2년마다 복귀명령을 발하기 때문에, 탈영자는 매번 새로운 복귀명령위반죄를 범하는 셈이다.

5 대판 2003.12.12. 2003도4533; 1979.8.31. 79도622.

6 김성돈, 766면; 김/서, 704면; 오영근, 981면; 이재상, 771면; 임웅, 941면; 정/박, 876면.

7 김/김, 872면; 박상기, 678면; 배종대, 870면.

주죄의 주체가 될 수 없다. 도주를 위하여 체포자에게 폭행·협박을 가하더라도 이는 정당방위가 될 수 있다.

다. 무고한 자의 도주 체포요건이 구비되지 않았거나 체포절차가 잘못된 체포도 위법체포가 되어, 그 불법체포의 상태에서 벗어나려는 범죄자의 폭행·협박도 정당방위가 될 수 있다고 하는데, 유독 무고한 시민이 문제되면 생각이 달라진다. 즉, 본죄의 체포·구금은 실질적 정당성이 아니라 형식적 적법성이 있으면 족하므로, 미결구금된 자가 도주한 후 무죄판결이 확정되어도 기왕에 성립된 도주죄에는 영향을 주지 못한다[8]고 보는 것이다.

그러나 체포요건이 미비된 상태에서 체포된 범죄자도 본죄의 주체가 되지 않는다면, 무고한 시민은 당연히 본죄의 주체가 되지 않는다고 볼 수도 있다. 체포·구금된 무고한 시민은 언제든지 도주를 시도해도 되고, 필요하다면 폭행·협박을 가하더라도 정당방위가 될 수 있기 때문이다. 물론, 국가는 그 무고한 시민일지라도 체포·구금된 자의 도주를 막을 수 있는 방편을 갖추어야 한다. 그렇지 아니하고, 막연히 도주죄나 공무집행방해죄 등에 의지하여 무고한 시민을 향해 "국가가 착오하면 수인하라"는 전근대적 요구를 계속 밀어붙여야 하는지 한번 재고해 볼 일이다.

II. 도주원조죄

1. 제147조(도주원조) 법률에 의하여 구금된 자를 탈취하거나 도주하게 한 자는 10년 이하의 징역에 처한다.

2. 성격 도주원조죄는 도주죄에 있어서의 범인의 도주행위를 야기시키거나 이를 용이하게 하는 등 그와 공범관계에 있는 행위를 독립한 구성요건으로 하는 범죄이다(대판 1991.10.11. 91도1656).

3. 도주죄 기수 후의 도주원조 가부 도주한 범인을 사후에 돕는 행위와 관련하여, 본죄를 계속범으로 보는 입장에서는 도주죄의 방조범과 범인은닉죄의 상상적 경합이 된다고 하지만,[9] 본죄를 상태범으로 보면 범인도피(은닉)죄가 성립할 뿐이다. 판례도 같은 입장이다(대판 1991.10.11. 91도1656).[10]

---

8 김성돈, 766면.

9 임웅, 948면.

10 구금시설로부터의 탈주에 성공한 동생이 보다 멀리 서울로 도피할 수 있도록 승용차를 인도한 사안에서 "도주죄의 범인이 도주행위를 하여 기수에 이른 이후에 범인의 도피를 도와주는 행위는 범인도피죄에 해당할 수 있을 뿐이고, 도주원조죄에는 해당하지 아니한다"고 한다.

III. 범인은닉(도피)죄

> **제151조(범인은닉과 친족간의 특례)** ① 벌금 이상의 형에 해당하는 죄를 범한 자를 은닉 또는 도피하게 한 자는 3년 이하의 징역 또는 500만원 이하의 벌금에 처한다.
> ② 친족 또는 동거의 가족이 본인을 위하여 전항의 죄를 범한 때에는 처벌하지 아니한다.

1. 의의와 성격 벌금 이상의 형에 해당하는 죄를 범한 자를 은닉 또는 도피하게 하는 범죄이다. 도주원조죄와 증거인멸죄 등과 같이 범인비호적 성격을 갖는 독립범죄이다.

2. 보호법익과 보호의 정도 본죄의 보호법익은 '국가의 형사사법기능'이고, 보호의 정도는 추상적 위험범이다.

가. 판례 범인도피죄는 위험범으로서 현실적으로 형사사법의 작용을 방해하는 결과가 초래될 것이 요구되지 아니한다(대판 2004.3. 26. 2003도8226; 1995.3.3. 93도3080).

나. 계속범인지 여부

(1) 학설 본죄의 성격과 관련하여 즉시범설[11]과 계속범설[12]이 대립한다. 범인을 은닉하고 있는 한 은닉이라는 범죄행위가 계속되므로 계속범설이 타당하다.

(2) 판례(계속범설) 범인도피죄는 범인을 도피하게 함으로써 기수에 이르지만 범인도피행위가 계속되는 동안에는 범죄행위도 계속되고 행위가 끝날 때 비로소 범죄행위가 종료된다(대판 1995.9.5. 95도577; 2012.8.30. 2012도6027).

3. 행위의 주체

가. 원칙 본죄의 주체는 본범 이외의 자이다. 본범의 공동정범이나 공범도 본죄의 주체가 된다는 점에 견해가 일치되어 있다.[13] 판례도 같은 입장이다.

나. 판례 범인도피죄에 있어서 공동정범 중의 1인이 타 공동정범인을 도피시킴에 대하여 동조 제2항과 같은 불처벌의 특례를 규정한 바 없으므로, 공동정범 중의 1인인 갑이 타 공동정범인 을을

---

11 김일수, 범인은닉죄의 해석론과 입법론, 법학논총 제31집(고려대학교 출판부), 273면.

12 권오걸, 1109면; 김성돈, 772면; 오영근, 997면; 이근윤, 범인은닉·도피죄의 성립과 친족간의 특례, 사법연수원논문집 제1집(사법연수원), 240면; 임웅, 955면; 정영일, 833면.

13 권오걸, 1109면; 김성돈, 772면; 김/서, 901면; 박상기, 680면; 오영근, 992면; 임웅, 950면; 정영일, 828면.

도피시킴은 범인도피죄의 죄책을 면치 못하고 따라서 피고인이 갑의 도피행위를 용이케 함은 동방조죄를 구성한다(대판 1958.1.14. 4290형상393; 2011.9.8. 2011도7262).

다. 본범이 범인도피죄의 교사범이 될 수 있는지 여부

(1) 학설 본범이 타인을 교사하여 자기를 은닉·도피하게 한 경우에 범인도피(은닉)죄의 교사범이 될 수 있는가에 대하여, ① 자기방어권의 남용에 해당한다는 긍정설,[14] ② 자기비호의 연장에 불과하다는 부정설(다수설),[15] ③ 방어권의 남용으로 볼 수 있는 적극적인 불법을 창출한 경우에는 불가벌적 대향자로서의 자격을 상실하게 되어 교사범이 성립한다는 제한적 긍정설[16]이 대립한다. 판례는 긍정설의 입장이다. 하지만 스스로 도피해도 정범이 되지 않는 자를 공범으로 보는 것은 곤란하기 때문에 부정설이 타당하다 할 것이다.

(2) 판례 ① 범인 스스로 도피하는 행위는 처벌되지 아니하므로, 범인이 도피를 위하여 타인에게 도움을 요청하는 행위 역시 도피행위의 범주에 속하는 한 처벌되지 아니하며, 범인의 요청에 응하여 범인을 도운 타인의 행위가 범인도피죄에 해당한다고 하더라도 마찬가지이다. 다만 범인이 타인으로 하여금 허위의 자백을 하게 하는 등으로 범인도피죄를 범하게 하는 경우와 같이 그것이 방어권의 남용으로 볼 수 있을 때에는 범인도피교사죄에 해당할 수 있다(대판 2014.4.10. 2013도12079).[17] ② 범인이 자신을 위하여 타인으로 하여금 허위의 자백을 하게 하여 범인도피죄를 범하게 하는 행위는 방어권의 남용으로 범인도피교사죄에 해당한다(대판 2000.3.24. 2000도20).

4. 행위의 객체: 벌금 이상의 형에 해당하는 죄를 범한 자

가. 벌금 이상의 형에 해당하는 죄 벌금 이상의 형에 해당하는 죄란 법정형에 벌금 이상의 형이 규정되어 있는 범죄를 뜻하므로 선택형으로 벌금보다 가벼운 형인 구류 또는 과료가 규정되어 있어도 무방하다.

나. 죄의 범위

(1) 원칙 '죄를 범한 자'는 구성요건에 해당하고 위법·유책한 행위를 한 자를 말한다. 처벌조건이나 소추요건을 구비하여야 하는 범죄에서는 원칙적으로 이를 구비하여야 한다.

(2) 보안처분 예외적으로 형사책임능력이 없어 책임이 배제될 경우라도 보안처분이 과하여질

---

14 박종문, 범인이 타인으로 하여금 허위의 자백을 하게 하여 범인도피죄를 범하게 하는 행위가 범인도피교사죄에 해당하는지 여부, 대법원판례해설 제34호, 829면; 정영일, 829면.

15 김/서, 713면; 박상기, 682면; 배종대, 875면; 오영근, 992면; 이재상, 777면; 이형국, 838면; 임웅, 951면; 정/박, 886면.

16 권오걸, 1111면; 김성돈, 773면.

17 평소 가깝게 지내던 후배에게 자동차를 이용하여 원하는 목적지로 이동시켜 달라고 요구하거나 속칭 대포폰을 구해달라고 부탁함으로써 그로 하여금 피고인의 요청에 응하도록 하였다.

수 있는 한(예컨대 살인한 정신병자에 대한 치료감호처분) 본죄의 행위객체가 저지른 죄의 범위 속에 포함시켜야 하므로 모든 경우에 유책성의 요건을 갖추어야만 하는 것은 아니다.[18]

(3) 처벌조건과 소송조건

A. 통설 통상적인 경우에는 처벌조건과 소송조건도 갖추어야 한다. 따라서 무죄 또는 면소판결이 확정되었거나 형의 폐지, 공소시효 또는 형의 시효완성, 사면 등에 의해 소추나 처벌이 불가능한 경우에는 본죄의 행위객체가 될 수 없다.[19] 판례는 다음과 같은 예외를 인정한다.

B. 객관적 처벌조건이 성취되지 아니한 상태인 경우 부정수표단속법 제2조 제2항 위반의 범죄는 예금부족으로 인하여 제시일에 지급되지 아니할 것이라는 결과발생을 예견하고 수표를 발행한 때에 바로 성립하는 것이고 수표소지인의 제시일에 수표금의 지급이 거절된 때에 비로소 성립하는 것은 아니므로, 피고인이 수표발행인을 은닉한 것이 그 수표가 부도나기 전날이라고 하더라도 그 수표가 부도날 것이라는 사정과 수표발행인이 부정수표단속법 위반으로 수사관서의 수배를 받게 되리라는 사정을 알았다면 범인은닉에 관한 범의가 없다고 할 수는 없을 것이다(대판 1990.3.27. 89도1480).

(4) 친고죄의 고소, 처벌불원의사

A. 학설 고소기간이 경과하여 고소권이 아예 소멸한 경우에는 소추 및 처벌의 가능성이 없으므로 본죄의 객체가 되지 않는다(통설). 그리고 고소기간이 경과하지 않은 상태에서 피해자의 고소가 아직 없는 경우에도 본죄의 객체가 되지 않는다는 견해[20]가 있으나, 다수설[21]은 고소가 없더라도 수사가 진행될 수 있고 또 수사진행 중의 고소추완도 가능하므로 본죄의 객체에 포함시켜야 한다고 한다. 친고죄의 고소전 수사가 바람직한 것은 아니지만, 수사가능성이 있는 한 본죄의 객체에 포함된다는 다수설이 타당하다.

B. 판례 甲이 승용차를 운전하던 중 사고장소 좌측에 설치된 노면 턱을 들이받는 바람에 그 충격으로 조수석에 탑승하고 있던 피고인에게 전치 4주간의 상해를 입혔다는 것인바, 이러한 경우 甲에 대하여 적용이 가능한 죄는 가볍게는 도로교통법 제113조 제1호, 제44조 위반죄로부터 교통사고처리특례법 제3조 제1항 위반죄를 거쳐 갑의 범의에 따라서는 형법 제257조 제1항의 상해죄에 이르기까지 다양하고, 각 죄는 모두 벌금 이상의 형을 정하고 있음이 분명할 뿐만 아니라, 나아가 甲에게 적용될 수 있는 죄가 결과적으로 공소사실과 같이 교통사고처리특례법 제3조 제1항 위반죄에 한정된다고 하더라도, 자동차종합보험 가입사실은 같은 법 제4조 제1항이 규정하는 바와 같이 공소를 제기할 수 없다는 소송조건에 해당하는 것으로서, 그것도 같은 법 제3조 제2항에 의하여

18 김/서, 714면.

19 권오걸, 1112면; 김성돈, 774면; 이재상, 777면; 배종대, 876면; 오영근, 993면; 이재상, 778면; 임웅, 951면; 정/박, 884면; 정영일, 830면.

20 배종대; 866면.

21 권오걸, 1113면; 김성돈, 774면; 김/서, 714면; 오영근, 993면; 이재상, 777면; 임웅, 952면; 정/박, 885면.

피해자가 나중에 사망에 이르거나 또는 같은 항이 규정하는 10가지의 단서, 특히 음주나 과속 운전 등에 해당하는 경우에는 적용되지 아니하는 것이므로, 이러한 경우 수사기관으로서는 단서의 적용 여부를 가리기 위하여 甲의 행위에 대하여 얼마든지 수사를 할 수 있는 것이고 그 결과에 따라 갑에 대한 소추나 처벌 여부가 가려지게 되는 것이므로, 자동차종합보험 가입사실만으로 甲의 행위가 형사소추 또는 처벌을 받을 가능성이 없는 경우에 해당한다고 단정할 수 없는 것이다(대판 2000.11.24. 2000도4078).[22]

(5) 검사의 불기소처분　본범이 검사의 불기소처분을 받은 경우에 본죄의 객체가 되느냐에 대해, 긍정설[23]과 부정설[24]이 대립한다. 긍정설은 검사의 불기소처분에 확정력이 없다는 점을 들고 있으나 불기소처분으로 사실상 수사가 종결된다고 할 것이므로 부정설이 타당하다.

다. 죄를 범한 자의 범위

(1) 일반론　죄를 범한 자는 수사의 개시 여부와 무관하고, 공소제기단계 또는 재판단계이거나 혹은 유죄의 확정판결 이후 형의 집행단계에 있는 자도 본죄의 객체가 된다.

(2) 진범이어야 하는지 여부

A. 학설　'죄를 범한 자'는 진범이어야 하느냐와 관련하여, ① 진범에 한정된다는 견해(긍정설),[25] ② 반드시 진범일 필요는 없고 범죄혐의로 수사 또는 소추를 받고 있는 자를 포함한다는 견해(부정설)[26] 및 ③ 수사개시 전 단계에서는 진범이어야 하며, 수사단계에서는 진범 또는 진범이라고 강하게 의심되는 자이어야 하며, 소추·재판단계 및 형의 집행단계에서는 진범 여부를 불문한다는 견해(절충설)[27]가 주장되고 있다. 부정설은 범인도피(은닉)가 통상 수사 전후에 많이 발생한다는 점을 이유로 들고 있으나, 본죄는 '죄를 범한 자'를 객체로 하기 때문에, 진범이 아닌 자를 도피시킨 경우에는 범인도피죄의 불능미수로서 무죄라고 보아야 한다는 점에서 긍정설이 타당하다. 판례는 부정설의 입장이다.

B. 판례

1) 당시 수사대상이 아닌 자　죄를 범한 자라 함은 범죄의 혐의를 받아 수사대상이 되어 있는 자를 포함하며, 나아가 당시에는 아직 수사대상이 되어 있지 않았다고 하더라도 범인도피죄가 성립한다(대판 2003.12.12. 2003도4533).

---

22 피고인 자신이 승용차를 운전하다가 교통사고를 발생하게 하였다고 허위로 진술하였다. 원심은 사고 차량이 자동차종합보험에 가입되어 있어서 교통사고처리특례법위반죄로 공소를 제기할 수 없어 원시적으로 소추 또는 처벌받을 가능성이 없는 자에 해당한다는 이유로 무죄를 선고하였다.

23 김/서, 714면; 이정원, 737면; 정/박, 885면; 정영일, 830면.

24 권오걸, 1113면; 김성돈, 774면; 배종대, 876면; 오영근, 996면; 이재상, 777면; 임웅, 952면.

25 오영근, 994면; 이재상, 778면; 정/박, 886면.

26 권오걸, 1114면; 김성돈, 775면; 박상기, 683면; 배종대, 876면; 임웅, 953면.

27 김/서, 715면; 정영일, 830면.

2) 본범이 무혐의 석방되거나 무죄판결을 받은 경우　① 구속수사의 대상이 된 甲이 그 후 무혐의로 석방되었다 하더라도 위 죄의 성립에 영향이 없다(대판 1982.1.26. 81도1931). ② '죄를 범한 자'라 함은 범죄의 혐의에 의하여 수사 중인 자도 포함되고 동인이 후일 판결에 의하여 무죄가 확정되었더라도 다를 바 없다(대판 1960.2.24. 59도555).[28]

3) 수배중인 자　죄를 범한 자라 함은 반드시 공소제기가 되거나 유죄의 판결을 받은 자뿐만 아니라 범죄의 혐의를 받아 수사 중인 자도 포함되므로, 경찰에서 수배 중인 자임을 인식하면서 동인을 투숙케 하여 체포를 면하게 한 경우에는 범인은닉죄가 성립한다(대판 1983.8.23. 83도1486).

5. 은닉

가. 은닉의 의미　범인은닉죄라 함은 죄를 범한 자임을 인식하면서 장소를 제공하여 체포를 면하게 하는 것만으로 성립한다 할 것이고, 죄를 범한 자에게 장소를 제공한 후 동인에게 일정 기간 동안 경찰에 출두하지 말라고 권유하는 언동을 하여야만 범인은닉죄가 성립하는 것이 아니며, 또 그 권유에 따르지 않을 경우 강제력을 행사하여야만 한다거나 죄를 범한 자가 은닉자의 말에 복종하는 관계에 있어야만 범인은닉죄가 성립하는 것은 더욱 아니다(대판 2002.10.11. 2002도3332).

나. 해당하는 사례

(1) 자신의 집에 투숙시킨 경우　甲이 소매치기 범행을 저지르고 특수절도혐의로 경찰서에서 수배중인 자임을 인식하면서도 동인을 집에 투숙케 하여 체포를 면하게 하였으므로, 범인은닉죄에 해당한다(대판 1983.8.23. 83도1486).

(2) 해외 거소 마련 및 생활비 송금　甲이 사기 혐의 등으로 고소된 사실을 알면서도 중국으로 도피시켜 고소사건으로 인한 수사를 받는 것을 피하게 하려는 등의 목적으로 중국행 비행기표와 중국 내 거소를 마련해 주고 매달 생활비를 송금하여 주는 방법으로 甲을 은닉하였다(대판 2011.9.8. 2011도7262).

6. 도피

가. 도피의 의미　도피는 은닉 이외의 방법으로 범인에 대한 수사, 재판 및 형의 집행 등 형사사법의 작용을 곤란하게 하거나 불가능하게 하는 행위로서 그 방법에는 제한이 없다(대판 2003.12.12. 2003도4533; 2003.2.14. 2002도5374).

나. 도피의 방법 및 판단기준

(1) 직접성　형사사법의 작용을 방해하는 모든 행위 내지 범인을 돕는 모든 행위가 범인도피죄

28 수사기관의 범죄의 혐의를 받고 구속영장의 발부가 있었음을 알고 甲을 은닉 또는 도피케 하였지만, 甲은 국가보안법 위반죄의 혐의로 기소되어 무죄를 선고받았다.

의 구성요건에 해당한다고 본다면 이는 일반 국민의 행동의 자유를 지나치게 제한하는 것으로서 부당하므로, 범인도피행위는 범인을 도주하게 하는 행위 또는 도주하는 것을 직접적으로 용이하게 하는 행위에 한정된다고 봄이 상당하고, 그 자체가 도피시키는 것을 직접의 목적으로 한 것이라고는 보기 어려운 행위로 말미암아 간접적으로 범인이 안심하여 도피할 수 있도록 하는 것과 같은 경우는 이에 포함되는 것이 아니라고 해석하여야 한다(대판 1995.3.3. 93도3080).[29]

(2) 은닉행위와의 비견성 도피행위는 함께 규정되어 있는 은닉행위에 비견될 정도로 수사기관의 발견·체포를 곤란하게 하는 행위에 한정된다(대판 2003.2.14. 2002도5374; 2011.4.28. 2009도3642).

(3) 적극성 甲 대신 타인의 인적 사항이 기재된 신원보증서에 서명·무인하면서 자신에게 돌아올지도 모르는 불이익을 회피하기 위하여 자신의 주민등록번호와 주소를 허위로 기재하였다고 하더라도, 그와 같은 사실로써 도피의사와 행위의 적극성을 인정하기도 어려워 결국 피고인의 행위가 범인도피죄에 해당한다고 하기는 어렵다(대판 2003.2.14. 2002도5374).

(4) 사회적 상당성 결여 어떤 행위가 범인도피죄에 해당하는 것처럼 보이더라도 그것이 사회적으로 상당성이 있는 행위일 때에는 이 또한 처벌할 수 없다(대판 1995.3.3. 93도3080).

다. 부작위에 의한 도피

(1) 원칙 본죄의 행위는 작위와 부작위를 불문한다. 다만 부작위에 의한 은닉이나 도피가 인정되기 위해서는 범인을 체포해야 할 보증인적 지위에 있어야 한다. 경찰이 범인인 줄 알면서 체포하지 않고 방임한 때에는 부작위에 의한 범인도피죄가 성립할 수 있다. 하지만 일반공무원은 그 직무를 행함에 있어서 범죄가 있다고 사료하는 때에는 고발해야 할 의무가 있으나(형소법 제233조), 일반적인 고발의무만으로는 보증인적 지위에 있다고 할 수 없다. 일반인도 보증인적 지위에 있지 않다(신고의무 없음).

(2) 판례

A. 경찰관의 경우 공범이 더 있다는 사실을 숨긴 채 허위보고를 하고 조사를 받고 있는 범인에게 다른 공범이 더 있음을 실토하지 못하도록 하는 등의 행위를 하였다면, 도피행위에 대한 고의가 있었다(대판 1995.12.26. 93도904).

B. 일반인의 경우 피고인들이 부정수표단속법 피의자가 乙에 대하여 지는 또 다른 노임채무를 인수키로 하는 지불각서를 작성하여 주고 乙이 甲을 수사당국에 인계하는 것을 포기하기로 하는 합의가 이루어져, 甲이 수사당국에 인계되지 않은 경우이면 피고인들에 대하여 범인도피죄의 성립을 인정할 수 없다(대판 1984.2.14. 83도2209).

---

29 대판 2011.4.28. 2009도3642; 2004.3.26. 2003도8226.

라. 수사기관에서의 허위진술이나 묵비

(1) 적극성이 없는 경우

A. 참고인의 묵비 또는 허위 진술 ① 원래 수사기관은 범죄사건을 수사함에 있어서 피의자나 참고인의 진술 여하에 불구하고 피의자를 확정하고 그 피의사실을 인정할 만한 객관적인 제반증거를 수집 조사하여야 할 권리와 의무가 있는 것이므로, 참고인이 범인 아닌 다른 자를 진범이라고 내세우는 경우 등과 같이 적극적으로 허위의 사실을 진술하여 수사관을 기만, 착오에 빠지게 함으로써 범인의 발견 체포에 지장을 초래케 하는 경우와는 달리 참고인이 수사기관에서 진술을 함에 있어 단순히 범인으로 체포된 사람과 동인이 목격한 범인이 동일함에도 불구하고 동일한 사람이 아니라고 허위진술을 한 정도의 것만으로는 참고인의 그 허위진술로 말미암아 증거가 불충분하게 되어 범인을 석방하게 되는 결과가 되었다 하더라도 바로 범인도피죄를 구성한다고 할 수는 없다. 위와 같이 보지 않는다면 참고인은 항상 수사기관에 대하여 진실만을 진술하여야 할 법률상의 의무를 부담하게 되고, 추호라도 범인에게 유리한 허위진술을 하면 모두 처벌받게 되는 결과가 되어 법률에 의한 선서를 한 증인이 허위의 진술을 한 경우에 한하여 위증죄가 성립된다는 형법의 규정 취지와 어긋나기 때문이다(대판 1987.2.10. 85도897).[30] ② 참고인이 수사기관에서 범인에 관하여 조사를 받으면서 그가 알고 있는 사실을 묵비하거나 허위로 진술하였다고 하여도 그것이 적극적으로 수사기관을 기만하여 착오에 빠지게 함으로써 범인의 발견 또는 체포를 곤란 내지 불가능하게 할 정도의 것이 아니라면 범인도피죄를 구성하지 않는다(대판 1991.8.27. 91도1441; 2010.3.25. 2009도14065).

B. 피의자가 공범에 대하여 묵비하거나 허위 진술 ① 피의자가 수사기관에서 공범에 관하여 묵비하거나 허위로 진술한 경우에도 범인도피죄를 구성하지 않는다(대판 2008.12.24. 2007도11137).[31] ② 피해자를 폭행한 사람의 인적사항을 묻는 경찰관의 질문에 답하면서, 단순히 '이언중'이라고 허무인의 이름을 진술하고 구체적인 인적사항에 대하여는 모른다고 진술하는데 그쳤을 뿐이라면, 이를 가리켜 적극적으로 수사기관을 기만하여 착오에 빠지게 함으로써 범인의 발견 또는 체포를 곤란 내지 불가능하게 할 정도의 것이라고 할 수 없다(대판 2008.6.26. 2008도1059).

(2) 적극성이 있는 경우: 바지사장 게임산업진흥에 관한 법률 위반, 도박개장 등의 혐의로 수사기관에서 조사받는 피의자가 사실은 게임장 오락실 피씨방 등의 실제 업주가 아니라 종업원임에도 불구하고 자신이 실제 업주라고 허위로 진술하였다고 하더라도 그 자체만으로 범인도피죄를

---

30 소매치기 목격자의 허위진술로 피의자가 석방된 사안이다. 대판 2003.2.14. 2002도5374; 2010.1.28. 2009도10709.

31 대판 2009.9.24. 2009도6953; 2010.3.25. 2009도14065; 2010.2.11. 2009도12164; 2010도7349; 1984.4.10. 선고 83도3288. 오락실은 피고인1이 주로 운영하였으나 피고인2도 등록명의만을 빌려준 것이 아니라 피고인1과 공동으로 이를 운영하였다고 봄이 상당한 점 등에 비추어 볼 때, 피고인2가 수사기관에서 '오락실의 실제 업주로서 이를 단독으로 운영하였다'는 취지로 허위진술하여 공범인 피고인1의 존재를 숨겼다 하더라도, 그러한 허위진술이 적극적으로 수사기관을 기만하여 착오에 빠지게 함으로써 범인의 발견 또는 체포를 곤란 내지 불가능하게 한 경우에 해당한다고 볼 수 없다.

구성하는 것은 아니다. 다만, 그 피의자가 실제 업주로부터 금전적 이익 등을 제공받기로 하고 단속이 되면 실제 업주를 숨기고 자신이 대신하여 처벌받기로 하는 역할(이른바 바지사장)을 맡기로 하는 등 수사기관을 착오에 빠뜨리기로 하고, 단순히 실제 업주라고 진술하는 것에서 나아가 게임장 등의 운영 경위, 자금 출처, 게임기 등의 구입 경위, 점포의 임대차계약 체결 경위 등에 관해서까지 적극적으로 허위로 진술하거나 허위 자료를 제시하여 그 결과 수사기관이 실제 업주를 발견 또는 체포하는 것이 곤란 내지 불가능하게 될 정도에까지 이른 것으로 평가되는 경우 등에는 범인도피죄를 구성할 수 있다(대판 2010.1.28. 2009도10709; 2010.2.11. 2009도12164).[32]

마. 도피에 해당하는 사례: 적극성이 있는 경우 ① 범인이 기소중지자임을 알고도 범인의 부탁으로 다른 사람의 명의로 대신 임대차계약을 체결해 준 경우(대판 2000.11.24. 2000도4078; 1996.6.14. 96도1016), ② 수사기관에 적극적으로 범인임을 자처하고 허위사실을 진술함으로써 실제 범인을 도피하게 한 경우(대판 2000.11.24. 2000도4078),[33] ③ 주취운전자적발보고서를 작성하거나 재차 음주측정을 하지 못하도록 제지하는 등으로 단속경찰관의 수사를 곤란하게 한 경우(대판 2006.5.26. 2005도7528)[34]는 범인도피죄에 해당한다.

바. 해당하지 않는 사례

(1) 허위의 신원보증 수사절차에서 작성되는 신원보증서를 작성하여 수사기관에 제출하는 보증인이 피의자의 인적 사항을 허위로 기재하였다고 하더라도 그로써 적극적으로 수사기관을 기망한 결과 피의자를 석방하게 하였다는 등 특별한 사정이 없는 한, 그 행위만으로 범인도피죄를 구성하지는 않는다(대판 2003.2.14. 2002도5374).

(2) 형사사법작용을 방해하는 위험이 발생하지 않는 경우

A. 본범에게 송금하기 위하여 가명으로 예금해 둔 경우 甲으로부터 본범(미국으로 도주)에게 송금하여 달라는 부탁과 함께 자기앞수표를 받아 이를 가명으로 예금하여 두었다는 점은, 현실적으로 본범에게 송금하지 아니한 이상 아직 형사사법작용을 방해하는 위험을 초래한 데까지 이른 것은 아니어서 현행법상 처벌규정이 없는 범인도피의 예비에 불과하므로 범인도피죄로 처벌할 수는 없다(대판 1995.3.3. 93도3080).

---

32 피고인은 甲, 乙과 동업으로 게임장을 운영하기로 하면서 乙을 통하여 丙을 이른바 바지사장으로 고용하기로 하고, 丙 명의로 게임장의 사업자등록을 마치고 그에게 월급 250만 원씩을 지급하기로 한 점, 丙은 검찰에 조사받으러 가기 전에 피고인과 乙에게 자신이 벌금형을 받게 되면 벌금을 대신 내달라고 요구하여 응낙의 답변을 듣고 검찰 수사에 임하여 자신이 게임장 실제 업주라고 하면서 게임장 운영경위, 자금출처, 게임기 구입경위, 건물의 임대차계약 체결 경위에 관하여 허위로 진술한 점 등에 비추어 보면, 丙의 수사기관에서의 진술은 그 내용이 실제 업주인 피고인을 도피시키기 위하여 자신을 실제 업주로 내세우는 허위 진술로써 적극적으로 수사기관을 기만하여 착오에 빠지게 함으로써 범인의 발견 또는 체포를 곤란 내지 불가능하게 할 정도에 이르렀다.

33 대판 1996.6.14. 96도1016; 1967.5.23. 67도366.

34 공무집행방해죄로는 기소되지 아니하였다.

B. 본범의 부탁으로 귀국한 사람에게 예금통장과 자기앞수표 교부 본범의 재산을 국외로 도피시키기 위하여 미국으로부터 입국한 甲을 乙과 만나게 해 주어 乙로 하여금 은행 예금통장과 자기앞수표 등을 甲에게 교부하게 한 행위 또한 현실적으로 위 재산이 본범의 지배하에 놓였다는 점에 관한 입증이 없는 이상 범인도피의 예비행위에 가공한 것에 불과하여 처벌대상이 아니다(대판 1995.3.3. 93도3080).

C. 본범의 부탁으로 자녀들을 공항까지 안내 본범의 부탁을 받고 본범의 자녀들을 미국으로 보내기 위하여 김포공항까지 안내하여 주어 본범을 도피하게 하였다는 점도 본범의 자녀들이 현실적으로 미국으로 가지 아니하였음이 명백한 이상, 범인도피죄에 해당하지는 아니한다(대판 1995.3.3. 93도3080).

(3) 직접성이 없는 경우

A. 본범이 편취한 자금을 세탁하여 가족에게 전해 준 경우와 회사유지비로 사용 본범이 편취하여 마련한 자금 중 일부를 여러 차례에 걸쳐 가명으로 예금하고 입금과 출금을 되풀이하면서 그 인출한 돈 중 일부를 본범의 자녀들의 생활비 및 본범의 유령회사들의 운영유지비 등으로 사용하게 하고 본범의 도피자금으로 비축하여 본범의 도피생활을 용이하게 하였다는 점이나, 원심공동피고인의 변호사 선임비로 사용하였다는 점 또한 이러한 행위들에 의하여 본범이 안심하여 도피생활을 계속할 수 있다고 하여도 이로써 본범의 도주를 직접적으로 용이하게 하였다고는 말할 수 없으므로 범인도피죄에 해당하지 아니한다(대판 1995.3.3. 93도3080).

B. 단순히 본범의 공범과 통화하게 도와준 경우 甲의 위치를 알려달라는 공범의 지시를 받고 甲의 위치를 알려주어 본범과 통화하게 하였다는 점은, 본범과 甲의 통화 자체가 본범에 대한 범인도피를 내용으로 하는 것이고 이를 피고인이 사전에 알았다는 등의 특별한 사정이 있는 경우에만 범인도피죄를 구성한다고 할 것인데, 당시 본범은 甲에게 "우선 잠잠할 때까지 모두 몸조심하라, 미안하다"라고 하면서 "자신의 아이들을 잘 부탁한다"고 하였다는 것에 불과하므로, 범인도피죄에 해당하지 아니한다(대판 1995.3.3. 93도3080).

C. 본범에게 공범이 자수한다는 사실을 알려준 경우 본범의 전화를 받고 갑이 검찰에 자수한다는 것과 변호사를 선임하였다는 사실을 알려준 후 본범으로부터 모든 범행을 자신에게 미루고 검찰에 출석하여 부인하라는 지시를 받고 이를 갑에게 전달하였다는 점도 그 내용 자체로 보아 그것이 본범에 대한 범인도피행위라고 볼 수는 없다(대판 1995.3.3. 93도3080).

D. 단순한 안부인사 단순히 안부를 묻거나 통상적인 인사말 등만으로는 범인을 도피하게 한 것이라고 할 수 없을 것인바, 주점 개업식 날 찾아 온 범인에게 "도망 다니면서 이렇게 와 주니 고맙다. 항상 몸조심하고 주의하여 다녀라. 열심히 살면서 건강에 조심하라"고 말한 것은 단순히 안부인사에 불과한 것으로 범인을 도피하게 한 것으로 볼 수 없다(대판 1992.6.12. 92도736).

(4) 사회적 상당성이 있는 경우

A. 본범의 부탁으로 자녀들을 출국시킨 경우 본범의 부탁을 받고 본범의 자녀들을 미국으로 보냈다고 하더라도 이는 사회적 상당성이 있는 행위로서 범인도피죄는 성립하지 아니한다(대판 1995.3.3. 93도3080).

B. 범인의 가족을 돕는 행위 범인의 가족을 돕는 행위는 다른 특별한 사정이 없는 한 사회적 상당성이 있다(대판 1995.3.3. 93도3080).

7. 친족간의 특례

가. 제151조(친족간의 특례) ② 친족 또는 동거의 가족이 본인을 위하여 전항의 죄를 범한 때에는 처벌하지 아니한다.

나. 법적 성질 친족특례규정의 법적 성격과 관련하여, ① 친족간의 정의에 비추어 은닉행위를 하지 않을 것을 기대할 수 없으므로 책임이 조각된다는 책임조각사유설[35]과 ② 친족간에도 은닉죄는 성립하지만 친족이라는 신분상의 특수관계를 고려하여 처벌만 면제된다는 인적처벌조각사유설[36]이 대립한다. 경험적 책임판단의 기본원칙에 비추어 볼 때, 친족간에는 범인은닉(도피)를 하지 말 것을 기대할 수 없다는 점에서 책임조각설이 타당하다. 친족간의 범인은닉(도피)에 대해서는 형면제가 아니라 무죄판결을 하여야 한다.

다. 적용범위: 사실혼관계의 포함 여부

(1) 학설 본조의 친족에는 사실혼관계에 있는 자도 포함되느냐와 관련하여, 긍정설[37]과 부정설[38]이 대립한다. 판례는 부정설의 입장이지만, 본조의 입법취지가 적법행위의 기대불가능성에 있다면, 사실혼관계에 있는 자에게도 본조를 적용하여야 할 것이므로 긍정설이 타당하다.

(2) 판례 사실혼관계에 있는 자는 민법 소정의 친족이라 할 수 없어 위 조항에서 말하는 친족에 해당하지 않는다(대판 2003.12.12. 2003도4533).

라. 공범관계와 특례

(1) 본범이 제3자를 교사한 경우 범인이 자신을 위하여 타인으로 하여금 허위의 자백을 하게

35 권오걸, 1119면; 김성돈, 778면; 김/서, 717면; 박상기, 686면; 배종대, 879면; 오영근, 998면; 이재상, 781면; 임웅, 956면; 정/박, 889면.

36 이정원, 802면; 황산덕, 85면.

37 권오걸, 1119면; 김성돈, 779면; 김/서, 717면; 박상기, 686면; 배종대, 879면; 오영근, 999면; 이재상, 782면; 이형국, 841면; 임웅, 956면; 정/박, 890면.

38 정영일, 835면.

하여 범인도피죄를 범하게 하는 행위는 방어권의 남용으로 범인도피교사죄에 해당한다.[39] 그러나 위에서 살펴본 것처럼, 본범의 경우는 자기방어권의 남용이 아니라 자기비호권의 연장으로 보아야 하므로 범인도피죄의 교사범이 되지 않는다고 보아야 한다.

(2) 본범(본인)의 친족이 제3자를 교사·방조하여 본죄를 범하게 한 경우 이 경우에도 친족에게 특례규정이 적용되는가와 관련하여, 긍정설[40]과 부정설[41]이 대립한다. 부정설은 친족이 제3자에게 본죄를 범하도록 하는 것은 자기비호권의 남용에 해당한다고 한다. 하지만 본조의 입법취지가 기대불가능성을 이유로 면책에 있다면, 제3자를 사주하지 않을 것도 기대불가능하다는 점에서 긍정설이 타당하다.

(3) 제3자가 친족을 교사·방조하여 본죄를 범하게 한 때 정범인 친족을 처벌할 수 없으나, 공범인 제3자는 공범종속성의 정도에 따라 결론이 달라진다. 다수설은 제한종속형식에 따라 제3자를 공범으로 보지만,[42] 극단종속형식에서는 본죄의 간접정범을 인정하게 된다.[43]

(4) 본범이 친족을 교사·방조한 경우

A. 학설 본범이 처벌받지 않은 친족을 교사·방조하여 본죄를 범하게 한 경우에도 자기방어권의 남용을 이유로 본죄의 공범성립을 인정하는 견해[44]가 있으나 이 경우에도 제3자를 교사한 경우처럼 범인도피죄의 공범이 성립하지 않는다고 보아야 한다.[45]

B. 판례 ① 범인이 자신을 위하여 타인으로 하여금 허위의 자백을 하게 하여 범인도피죄를 범하게 하는 행위는 방어권의 남용으로 범인도피교사죄에 해당하는바, 이 경우 그 타인이 형법 제151조 제2항에 의하여 처벌을 받지 아니하는 친족, 호주 또는 동거 가족에 해당한다 하여 달리 볼 것은 아니다(대판 2006.12.7. 2005도3707).[46] ② 범인을 위해 타인이 범하는 범인도피죄를 범인이 스스로 방조하는 경우도 마찬가지이다(대판 2008.11.13. 2008도7647).[47]

8. 주관적 구성요건

가. 고의의 범위

(1) 원칙 본범에 관해서는 미필적 고의만 있어도 충분하다. 범인의 성명, 범죄 및 형벌의 종류나

---

39 대판 2000.3.24. 2000도20; 2006.12.7. 2005도3707.

40 김성돈, 780면; 김/서, 718면; 박상기, 687면; 배종대, 879면; 오영근, 1000면; 이재상, 783면; 이정원, 743면; 임웅, 957면; 정/박, 890면; 정영일, 836면.

41 유기천, 하권, 332면; 황산덕, 86면.

42 김성돈, 779면; 김/서, 718면; 박상기, 686면; 이재상, 782면; 임웅, 957면.

43 오영근, 1000면.

44 유기천, 하권 332면; 황산덕, 86면.

45 권오걸, 1410면; 김성돈, 780면.

46 무면허운전으로 사고를 낸 사람이 동생을 경찰서에 대신 출두시켜 피의자로 조사받도록 한 행위는 범인도피교사죄를 구성한다.

47 피고인이 처의 피고인을 위한 범인도피범행을 돕기 위하여 부인에게 사고발생경위, 도주경위 등에 관해 상세한 정부를 제공하는 등의 방법으로 부인에게 심리적으로 안정할 수 있도록 해 범인도피행위를 방조하였다.

내용, 수사전후·소추·재판 등의 진행에 관한 구체적인 사항까지 정확하게 알아야 할 필요는 없다.

(2) 판례 ① 범인은닉죄에 있어서의 고의는 '벌금 이상의 형에 해당하는 죄를 범한 자'라는 것을 인식하면서 그를 은닉 또는 도피케 한 때에는 그 고의가 있다 할 것이고, 피은닉자의 처벌을 면하게 할 목적의 유무는 범인은닉죄의 성립에 아무 영향이 없다 할 것이며, 그 범인이 누구이냐 함도 범인은닉죄의 성립에는 아무 지장이 없다(대판 1967.5.23. 67도366).[48] ② 벌금 이상의 형에 해당하는 자에 대한 인식은 실제로 벌금 이상의 형에 해당하는 범죄를 범한 자라는 것을 인식함으로써 족하고 법정형이 벌금 이상이라는 것까지 알 필요는 없다(대판 2000.11.24. 2000도4078; 1995.12.26. 93도904). ③ 범죄의 구체적인 내용이나 범인의 인적 사항 및 공범이 있는 경우 공범의 구체적 인원수 등까지 알 필요는 없다(대판 1995.12.26. 93도904).

나. 고의를 인정하기 어려운 사례 참고인이 실제의 범인이 누군지도 정확하게 모르는 상태에서 수사기관에서 실제의 범인이 아닌 어떤 사람을 범인이 아닐지도 모른다고 생각하면서도 그를 범인이라고 지목하는 허위의 진술을 한 경우에는, 참고인의 허위 진술에 의하여 범인으로 지목된 사람이 구속기소됨으로써 실제의 범인이 용이하게 도피하는 결과를 초래한다고 하더라도, 그것만으로는 그 참고인에게 적극적으로 실제의 범인을 도피시켜 국가의 형사사법의 작용을 곤란하게 할 의사가 있었다고 볼 수 없어 그 참고인을 범인도피죄로 처벌할 수는 없다(대판 1997.9.9. 97도1596).

9. 기타 문제

가. 공범

(1) 도피행위 후의 공동정범 ① 공범자의 범인도피행위의 도중에 그 범행을 인식하면서 그와 공동의 범의를 가지고 기왕의 범인도피상태를 이용하여 스스로 범인도피행위를 계속한 자에 대하여는 범인도피죄의 공동정범이 성립한다(대판 1995.9.5. 95도577).[49] ② 이는 공범자의 범행을 방조한 종범의 경우도 마찬가지이다(대판 2012.8.30. 2012도6027).

(2) 방조범 甲이 수사기관 및 법원에 출석하여 乙 등의 사기 범행을 자신이 저질렀다는 취지로 허위자백하였는데, 그 후 甲의 사기 피고사건 변호인으로 선임된 피고인이 甲과 공모하여 진범 乙 등을 은폐하는 허위자백을 유지하게 한 경우, 피고인이 변호인으로서 단순히 甲의 이익을 위한 적절한 변론과 그에 필요한 활동을 하는 데 그치지 아니하고, 甲과 乙 사이에 부정한 거래가 진행

---

48 피은닉자의 처벌을 면하게 할 목적의 유무는 범인은닉죄의 성립에 아무 영향이 없다.

49 피고인2, 원심공동피고인1, 2가 서로 공모하여 원심공동피고인2가 사고를 낸 운전사인 양 수사관서에 허위신고한 후 진범이 자수하기 전에, 피고인1이 이러한 사실을 인식하면서 원심공동피고인2와 진범을 만나 판시와 같은 행위를 하였다면, 비록 동 피고인이 다른 공범자들과 사전에 범인도피의 공모를 하지 아니하였다고 하더라도 그들과 공동의 범인도피의 범의를 가지고 기왕의 범인도피상태를 이용하여 스스로 범인도피의 실행행위를 계속한 것으로서 범인도피죄의 공동정범이 성립된다.

중이며 甲 피고사건의 수임과 변론이 거래의 향배와 불가결한 관련이 있을 것임을 분명히 인식하고도 乙에게서 甲 피고사건을 수임하고, 그들의 합의가 성사되도록 도왔으며, 스스로 합의금의 일부를 예치하는 방안까지 용인하고 합의서를 작성하는 등으로 甲과 乙의 거래관계에 깊숙이 관여한 행위를 정당한 변론권의 범위 내에 속한다고 평가할 수 없고, 나아가 변호인의 비밀유지의무는 변호인이 업무상 알게 된 비밀을 다른 곳에 누설하지 않을 소극적 의무를 말하는 것일 뿐 진범을 은폐하는 허위자백을 적극적으로 유지하게 한 행위가 변호인의 비밀유지의무에 의하여 정당화될 수 없으며, 한편으로 피고인의 행위는 정범인 甲에게 결의를 강화하게 한 방조행위로 평가될 수 있으므로 범인도피방조죄가 성립한다(대판 2012.8.30. 2012도6027).[50]

나. 직무유기죄와의 관계 경찰관이 범인을 도피시킨 경우, 직무위배의 위법상태가 범인도피행위 속에 포함되어 있는 것으로 보아야 할 것이므로 작위범인 범인도피죄만이 성립하고 부작위범인 직무유기죄는 따로 성립하지 아니한다(대판 1996.5.10. 96도51).[51]

제5절 • 위증과 증거인멸의 죄

I. 위증죄

> **제152조(위증, 모해위증)** ① 법률에 의하여 선서한 증인이 허위의 진술을 한 때에는 5년 이하의 징역 또는 1천만원 이하의 벌금에 처한다.
> ② 형사사건 또는 징계사건에 관하여 피고인, 피의자 또는 징계혐의자를 모해할 목적으로 전항의 죄를 범한 때에는 10년 이하의 징역에 처한다.

1. 서설

가. 의의와 성격 법률에 의하여 선서한 증인이 허위의 진술을 하는 범죄이다. 본죄를 범한 자가 그 공술한 사건의 재판 또는 징계처분이 확정되기 전에 자백 또는 자수한 때에는 그 형을 감면한다. 법률에 의해 선서한 증인만이 범할 수 있다는 점에서 진정신분범이자 자수범이다.

---

50 변호사는 공공성을 지닌 법률 전문직으로서 독립하여 자유롭게 직무를 수행하여야 하고(변호사법 제2조), 직무를 수행하면서 진실을 은폐하거나 거짓 진술을 하여서는 아니 된다(같은 법 제24조 제2항). 따라서 형사변호인의 기본적인 임무가 피고인 또는 피의자를 보호하고 그의 이익을 대변하는 것이라고 하더라도, 그러한 이익은 법적으로 보호받을 가치가 있는 정당한 이익으로 제한되고, 변호인이 의뢰인의 요청에 따른 변론행위라는 명목으로 수사기관이나 법원에 대하여 적극적으로 허위의 진술을 하거나 피고인 또는 피의자로 하여금 허위진술을 하도록 하는 것은 허용되지 않는다.

51 검사로부터 甲을 검거하라는 지시를 받고서도 그 직무상의 의무에 따른 적절한 조치를 취하지 아니하고 오히려 甲에게 전화로 도피하라고 권유하여 그를 도피케 하였다.

나. 보호법익과 보호의 정도 본죄의 보호법익은 '국가의 재판권, 징계권의 적정행사'이고(대판 1987.7.7. 86도1724 全合), 보호의 정도는 추상적 위험범이다. 그 공술의 내용이 판결에 영향을 미친 것인지의 여부는 불문한다(대판 1990.2.23. 89도1212).

2. 주체: 법률에 의하여 선서한 증인

가. 법률에 의하여 선서한 증인의 의미 법률에 의하여 선서한 증인이라 함은 '법률에 근거하여 법률이 정한 절차에 따라 유효한 선서를 한 증인'이라는 의미이고, 그 증인신문은 법률이 정한 절차 조항을 준수하여 적법하게 이루어진 경우여야 한다(대판 1987.7.7. 86도1724 全合).

나. 증인신문절차 위반과 위증죄

(1) 원칙 증인신문절차에서 법률에 규정된 증인 보호를 위한 규정이 지켜진 것으로 인정되지 않는 경우에는 증인이 허위의 진술을 하였다고 하더라도 위증죄의 구성요건인 '법률에 의하여 선서한 증인'에 해당하지 않는다고 보아 이를 위증죄로 처벌할 수 없는 것이 원칙이다(대판 1987.7.7. 86도1724 全合).

(2) 예외 다만, 법률에 규정된 증인보호절차라 하더라도 개별 보호절차 규정들의 내용과 취지가 같지 아니하고, 당해 신문 과정에서 지키지 못한 절차 규정과 그 경위 및 위반의 정도 등 제반 사정이 개별 사건마다 각기 상이하므로, 이러한 사정을 전체적·종합적으로 고려하여 볼 때, 당해 사건에서 증인 보호에 사실상 장애가 초래되었다고 볼 수 없는 경우에까지 예외 없이 위증죄의 성립을 부정할 것은 아니다(대판 1987.7.7. 86도1724 全合).

(3) 위증의 벌을 경고하지 않은 경우 재판장이 선서할 증인에 대하여 선서 전에 위증의 벌을 경고하지 않았다는 등의 사유는 그 증인신문절차에서 증인 자신이 위증의 벌을 경고하는 내용의 선서서를 낭독하고 기명날인 또는 서명한 이상 위증의 벌을 몰랐다고 할 수 없을 것이므로 증인보호에 사실상 장애가 초래되었다고 볼 수 없다(대판 1987.7.7. 86도1724 全合).

(4) 증언거부권불고지의 경우

A. 판단기준 ① 재판장이 신문 전에 증인에게 증언거부권을 고지하지 않은 경우에도 당해 사건에서 증언 당시 증인이 처한 구체적인 상황, 증언거부사유의 내용, 증인이 증언거부사유 또는 증언거부권의 존재를 이미 알고 있었는지 여부, 증언거부권을 고지받았더라도 허위진술을 하였을 것이라고 볼 만한 정황이 있는지 등을 전체적·종합적으로 고려하여 증인이 침묵하지 아니하고 진술한 것이 자신의 진정한 의사에 의한 것인지 여부를 기준으로 위증죄의 성립 여부를 판단하여야 한다. 그러므로 헌법 제12조 제2항에 정한 불이익 진술의 강요금지 원칙을 구체화한 자기부죄거부특권에 관한 것이거나 기타 증언거부사유가 있음에도 증인이 증언거부권을 고지받지 못함으로 인하여 그 증언거부권을 행사하는 데 사실상 장애가 초래되었다고 볼 수 있는 경우에는 위증죄의 성립을 부정하

여야 할 것이다(대판 1987.7.7. 86도1724 全合). ② 자신에 대한 유죄판결이 확정된 증인이 공범에 대한 피고사건에서 증언할 당시 앞으로 재심을 청구할 예정이라고 하여도, 이를 이유로 증인에게 형사소송법 제148조에 의한 증언거부권이 인정되지는 않는다(대판 2011.11.24. 2011도11994). ③ 범행을 하지 아니한 자가 범인으로 공소제기가 되어 피고인의 지위에서 범행사실을 허위자백하고, 나아가 공범에 대한 증인의 자격에서 증언을 하면서 그 공범과 함께 범행하였다고 허위의 진술을 한 경우에도 그 증언은 자신에 대한 유죄판결의 우려를 증대시키는 것이므로 증언거부권의 대상은 된다고 볼 것이다. 다만 그 경우는 자신이 하지 아니한 범행을 오히려 했다고 진술하는 것으로서 자기부죄거부의 특권이 인정되는 본래 모습과는 상당한 차이가 있으므로, 이는 증언거부권을 고지받았으면 증언을 거부하였을지 여부, 즉 증언거부권의 행사에 사실상 장애가 초래되었다고 볼 수 있는지를 판단함에 있어 중요한 요소로 고려함이 마땅하다(대판 2012.12.13. 2010도10028).

B. 민사소송과 증언거부권 유무 민사소송법은 형사소송법과 달리, '선서거부권제도'(제324조), '선서면제제도'(제323조) 등 증인으로 하여금 위증죄의 위험으로부터 벗어날 수 있도록 하는 이중의 장치를 마련하고 있어 증언거부권 고지 규정을 두지 아니한 것이 입법의 불비라거나 증언거부권 있는 증인의 침묵할 수 있는 권리를 부당하게 침해하는 입법이라고 볼 수도 없다. 그렇다면 민사소송절차에서 재판장이 증인에게 증언거부권을 고지하지 아니하였다 하여 절차위반의 위법이 있다고 할 수 없고, 따라서 적법한 선서절차를 마쳤음에도 허위진술을 한 증인에 대해서는 달리 특별한 사정이 없는 한 위증죄가 성립한다(대판 2011.7.28. 2009도14928).

C. 위증죄가 성립하는 사례 ① 남편에 대한 도로교통법위반(음주운전) 사건에서 남편의 증인으로 법정에 출석한 전처가 증언거부권을 고지받지 않은 채 술에 만취한 남편을 집으로 돌려보내기 위해 자신이 남편을 차에 태워 운전하였다는 취지로 남편의 변명에 부합하는 내용의 허위사실을 적극적으로 진술한 경우, 증인으로 출석하여 증언한 경위와 그 증언 내용, 증언거부권을 고지받았다 하더라도 그와 같이 증언을 하였을 것이라고 보이는 정황 등을 종합적으로 고려하여 선서 전에 재판장으로부터 증언거부권을 고지받지 아니하였다 하더라도 이로 인하여 증언거부권이 사실상 침해당한 것으로 평가할 수는 없으므로 위증죄의 죄책을 진다(대판 2010.2.26. 2007도6273).[1] ② 피고인은 살인 사건으로 수사기관에서 조사받을 당시 수차례에 걸쳐 조사받을 때마다 진술거부권을 고지받았음에도 이 사건 증언 내용과 동일한 내용으로 허위자백하였고, 구속영장이 청구되기 전 영장실질심사를 받을 수 있는 권리도 포기하였던 점, 피고인은 증언을 하였던 살인 사건의 제1심 제4회 공판기일 이전에도 법정에서 위 증언 내용과 동일한 내용으로 피고인으로서 진술하였고, 증언을 하고 난 이후의 공판기일에서도 계속하여 일관되게 동일한 내용으로 진술하였던 점, 피고인은

1 공판기일에 재판장이 증언을 하지 않을 수 있다는 사실을 알았다면 증언을 거부했을 것이냐는 신문에 대하여 그렇다 하더라도 증언을 하였을 것이라고 답변하였다.

수사기관에서부터 원심에 이르기까지 당시 증언 내용이 허위였음을 인정하면서, 살인 사건 당시 허위자백을 하였던 이유는 수사기관의 위협 및 강압 때문이었고 이후에는 진술을 번복하더라도 믿어 줄 것 같지 않아서 법정에서도 계속하여 허위진술을 한 것이라고 주장하나, 당시 피고인이 수사기관으로부터 위협이나 강압을 받았다는 증거가 없고, 오히려 당시 피고인을 수사하였던 경찰인 공소외 1, 2는 피고인에게 협박이나 폭행을 가하는 등의 강압수사를 한 적이 없다고 진술하였으며, 특히 피고인은 살인 사건 당시 수사기관이나 1심 재판 중에 피고인의 허위자백과 모순되는 객관적인 증거들이 발견되었음에도 불구하고 그에 맞추어 진술을 일부 변경하면서까지 허위자백의 기본적인 내용을 유지해 나갔던 점, 피고인은 원심에서도 여전히 당시 허위진술을 한 이유에 대하여 위 주장 외에는 납득할 만한 설명을 하고 있지 못한 점 등을 종합하여 볼 때, 피고인이 살인 사건의 공판과정에서 선서 전에 재판장으로부터 증언거부권을 고지받지 아니하였다 하더라도 이로 인하여 피고인의 증언거부권 행사에 사실상 장애가 초래되었다고 볼 수는 없다(대판 2012.12.13. 2010도10028).

D. 위증죄가 성립하지 않는 사례 ① 피고인이 甲과 쌍방 상해 사건으로 공소 제기되어 공동피고인으로 함께 재판을 받으면서 자신은 폭행한 사실이 없다고 주장하며 다투던 중 甲에 대한 사건이 변론분리되면서 피해자인 증인으로 채택되어 검사로부터 신문을 받게 되었고, 그 과정에서 피고인 자신의 甲에 대한 폭행 여부에 관하여 신문을 받게 됨에 따라 증언거부 사유가 발생하게 되었는데도, 재판장으로부터 증언거부권을 고지받지 못한 상태에서 자신의 종전 주장을 그대로 되풀이함에 따라 결국 거짓 진술에 이르게 경우, 위증죄의 죄책을 물을 수 없다(대판 2010.1.21. 2008도942 全合). ② 피고인들은 뇌물증·수뢰사건으로 기소되어 공동피고인으로 함께 재판을 받으면서 서로 뇌물을 주고받은 사실이 없다고 주장하며 다투던 중 뇌물증·수뢰의 상대방인 공동피고인에 대한 사건이 변론분리되면서 뇌물공여 또는 뇌물수수의 증인으로 채택되어 검사로부터 신문받게 되었고, 이러한 경우 피고인들로서는 증인신문과정에서 그들 자신의 뇌물공여 또는 뇌물수수 여부에 관하여 신문을 받게 됨에 따라 유죄판결을 받을 수 있는 범죄사실이 발각될 염려가 있어 증언거부사유가 발생하게 되었음에도, 재판장으로부터 증언거부권을 고지받지 못한 상태에서 그들의 종전 주장을 그대로 되풀이함에 따라 결국 거짓 진술에 이르게 되었다면 피고인들이 증언 당시 증언거부권을 고지받지 못함으로 인하여 그 증언거부권을 행사하는 데 사실상 장애가 초래되었다고 보기에 충분하므로, 위증죄로 처벌할 수 없다(대판 2012.3.29. 2009도11249).

다. 법률의 근거 없는 무효인 증인선서의 경우

(1) 가처분 사건 제3자가 심문절차로 진행되는 가처분 신청사건에서 증인으로 출석하여 선서를 하고 진술함에 있어서 허위의 공술을 하였다고 하더라도 그 선서는 법률상 근거가 없어 무효라고 할 것이므로 위증죄는 성립하지 않는다(대판 2003.7.25. 2003도180).

(2) 소송비용확정신청사건 제3자가 심문절차로 진행되는 소송비용확정신청사건에서 증인으

로 출석하여 선서를 하고 진술함에 있어서 허위의 공술을 하였다고 하더라도, 그 선서는 법률상 근거가 없어 무효라고 할 것이므로 위증죄는 성립하지 않는다(대판 1995.4.11. 95도186).

라. 증인적격과의 관계

(1) 공동피고인

A. 학설 공범인 공동피고인은 증인적격이 없으며 증인적격이 없는 자의 증인선서는 무효이기 때문에 증인선서를 한 후 허위진술을 한 경우에도 위증죄가 성립하지 않는다. 이에 반해 공범자가 아닌 공동피고인 또는 공동피고인이 아닌 공범자가 증인선서를 한 후 허위진술을 하면 위증죄가 성립한다(다수설).[2]

B. 판례 ① 공범인 공동피고인은 당해 소송절차에서는 피고인의 지위에 있으므로 다른 공동피고인에 대한 공소사실에 관하여 증인이 될 수 없으나, 소송절차가 분리되어 피고인의 지위에서 벗어나게 되면 다른 공동피고인에 대한 공소사실에 관하여 증인이 될 수 있다(대판 2008.6.26. 2008도3300).[3] ② 이는 대향범인 공동피고인의 경우에도 다르지 않다(대판 2012.3.29. 2009도11249).

(2) 증인적격이 없는 경우(당사자인 법인의 대표자) 민사소송의 당사자는 증인능력이 없으므로 증인으로 선서하고 증언하였다고 하더라도 위증죄의 주체가 될 수 없고, 이러한 법리는 민사소송에서의 당사자인 법인의 대표자의 경우에도 마찬가지로 적용된다(대판 1998.3.10. 97도168).

(3) 증인적격이 있는 경우(변론분리된 공동피고) 피고인을 공동피고로 한 민사사건에서 피고인이 의제자백에 의해 분리되고 甲만이 피고로 남았다면, 이는 타인 사이의 사건이라고 할 것이므로 그 사건에서 한 증언이 기억에 반한 것인 이상 위증죄에 해당한다(대판 1983.10.25. 83도1318).

마. 증언거부권자

(1) 학설 증언거부권자가 증언거부권을 행사하지 아니하고 위증을 하면 본죄가 성립한다(통설, 판례).[4] 헌법 제12조 제2항의 진술거부권도 증언거부권자의 위증까지 허용하는 것은 아니다.

(2) 판례 증인으로 선서한 이상 진실대로 진술한다고 하면 자신의 범죄를 시인하는 진술을 하는 것이 되고 증언을 거부하는 것은 자기의 범죄를 암시하는 것이 되어 증인에게 사실대로의 진술을 기대할 수 없다고 하더라도, 형사소송법상 이러한 처지의 증인에게는 증언을 거부할 수 있는 권

---

2 권오걸, 1123면; 김성돈, 783면; 김/김, 885면; 김/서, 727면; 박상기, 690면; 배종대, 882면; 오영근, 1004면; 이재상, 788면; 임웅, 963면; 정/박, 896면; 정영일, 841면.

3 게임장의 종업원이 그 운영자와 함께 게임산업진흥에 관한 법률 위반죄의 공범으로 기소되어 공동피고인으로 재판을 받던 중, 운영자에 대한 공소사실에 관한 증인으로 증언한 내용과 관련하여 위증죄로 기소된 사안에서, 소송절차가 분리되지 않은 이상 종업원은 증인적격이 없어 위증죄가 성립하지 않는다.

4 곽동효, 자기의 범죄사실을 은폐하기 위한 허위진술과 위증죄의 성부, 대법원판례해설 제8호, 442면; 권오걸, 1123; 김성돈, 784면; 김/김, 885면; 김/서, 727면; 박상기, 691면; 배종대, 882면; 오영근, 1004면; 이재상, 788면; 임웅, 963면; 정/박, 896면; 정영일, 841면.

리를 인정하여 위증죄로부터의 탈출구를 마련하고 있는 만큼 적법행위의 기대가능성이 없다고 할 수 없으므로, 선서한 증인이 증언거부권을 포기하고 허위의 진술을 하였다면 위증죄의 처벌을 면할 수 없다(대판 1987.7.7. 86도1724 全合; 2012.10.11. 2012도6848, 2012전도143).

3. 실행행위: 허위의 진술

가. 허위

(1) 허위의 의미

A. 학설 본죄의 허위는 ① 객관적 진실에 반하는 것을 의미한다는 견해(객관설),[5] ② 증인의 기억에 반하는 증언을 의미한다는 견해(주관설)[6] 및 객관적 진실에 합치하지 않는 증인의 기억에 반하는 진술을 의미한다는 견해(절충설)[7]가 주장되고 있다. 과실위증 및 선서 없는 위증도 처벌하는 독일과 달리, 우리는 선서한 증인의 고의위증만을 처벌한다는 점에서 '기억사실에 반하는 진술'을 허위로 보아야 한다. 그리고 이 기억에 반하는 진술은 대부분은 객관적 진실에 반한다. 문제는 증인이 위증을 하려고 하였으나 그 진술이 우연히 객관적 진실에 합치하는 경우인데, 주관설은 이 경우도 위증으로 본다. 하지만 이 경우에는 사실상 본죄의 보호법익이 침해될 위험이 없으므로 위증죄의 불가벌적 불능범 내지 기껏해야 불능미수로 보아 결국 무죄로 보아야 한다는 점에서 절충설이 타당하다. 판례는 주관설의 입장이다.

B. 판례(주관설) ① 위증죄는 자기의 기억에 반하는 사실을 진술함으로써 성립하는 것이므로, 그 진술이 객관적 사실과 부합하지 않는다고 하여 그 증언이 곧바로 위증이라고 단정할 수는 없다(대판 1996.8.23. 95도192; 1988.12.13. 88도80). ② 내용이 객관적 사실과 부합한다고 하여도 위증죄의 성립에 장애가 되지 않는다(대판 1989.1.17. 88도580). ③ 증인의 기억에 반하는 것인지의 여부가 불분명한 경우에 증언이 객관적 사실과 부합되면 특단의 사정이 없는 한 기억에 반하는 진술을 하였다고 단정할 수 없다(대판 1982.9.14. 81도105).

(2) 허위의 판단기준

A. 증언 전체를 일체적으로 파악 ① 증언이 기억에 반하는 허위진술인지 여부는 그 증언의 단편적인 구절에 구애될 것이 아니라 당해 신문절차에 있어서의 증언 전체를 일체로 파악하여 판단하여야 한다(대판 2003.12.12. 2003도3885).[8] ② 증언의 전체적 취지가 객관적 사실과 일치되고 그것이 기억에 반하는 공술이 아니라면 사소한 부분에 관하여 기억과 불일치하더라도 그것이 신문취지의 몰

---

5 김성천, 1381면; 김/서, 729면; 백형구, 위증죄-학설·판례의 정리-, 고시계 제47권 제4호(통권542호), 34면; 이재상, 790면; 이정원, 748면

6 권오걸, 1126면; 김성돈, 785면; 배종대, 885면; 오영근, 1006면; 임웅, 964면; 정/박, 899면; 정영일, 844면.

7 박상기, 693면.

8 대판 2001.12.27. 2001도5252; 2007.10.26. 2007도5076.

이해 또는 착오에 인한 것이라면 위증이 될 수 없다(대판 1996.3.12. 95도2864).[9]

B. 증언의 의미가 불분명하거나 다의적인 경우 증언의 의미가 그 자체로 불분명하거나 다의적으로 이해될 수 있는 경우에는 언어의 통상적인 의미와 용법, 문제된 증언이 나오게 된 전후의 문맥, 신문의 취지, 증언이 행하여진 경위 등을 종합하여 당해 증언의 의미를 명확히 한 다음 허위성을 판단하여야 한다(대판 2003.12.12. 2003도3885; 2001.12.27. 2001도5252).

C. 다소의 추측과 과장 토지의 관리인으로부터 적당히 서류를 만들어 동 토지를 팔았는데 나중에 대토를 주면 되지 않겠느냐는 말을 듣고, 서류를 적당히 만들었다면 인감 등을 위조한 것이라고 생각하고 그와 같이 증언을 하게 된 것이라면, 그 증언에 다소의 추측과 과장된 점이 있기는 하나 허위라고는 할 수 없다(대판 1986.2.11. 85도2663).

(3) 허위의 증언이라고 보기 어려운 사례 부동산을 매수한 지 20여 년이 경과한 뒤여서 그 매도 당시의 입회인을 매수 당시 입회한 것으로 잘못 기억하고 증언하였다면 이는 기억에 반하는 허위의 진술이라고 보기는 어렵다(대판 1985.3.26. 84도1098).

(4) 허위의 증언인 사례 종중의 이사회결의나 임원회의 결의 등이 있었음을 알면서도 이에 반하는 공술을 한 이상, 동 결의가 종중규약에 위반하여 효력이 없는 것이라 한들 위증죄의 성립에 영향을 미치지 않는다(대판 1983.8.23. 82도1989).

나. 진술

(1) 진술의 대상

A. 법률적 평가나 의견 증인의 진술이 경험한 사실에 대한 법률적 평가이거나 단순한 의견에 지나지 아니하는 경우에는 위증죄에서 말하는 허위의 공술이라고 할 수 없다(대판 1996.2.9. 95도1797; 1988.9.27. 88도236; 1987.10.13. 87도1501).

B. 법률적 표현을 사용한 사실의 진술 ① 자기가 지득하지 아니한 어떤 사실관계를 단순히 법률적 표현을 써서 진술한 것이라면, 이는 객관적 사실을 토대로 한 증인 나름의 법률적 견해를 진술한 것과는 다르므로 위증죄의 성립을 부인할 수 없다(대판 1986.6.10. 84도2039).[10] ② 기억에 반하는 사실을 진술한 이상, 거기에 어떤 법률적 평가의 문제가 개입되어 있더라도 위증죄가 성립하는 데에는 지장이 없다(대판 2007.12.27. 2006도3575).

C. 경위와 취지 매매확인서의 발급경위와 취지 및 그 내용에 관하여 사실과 다르게 허위의 진술을 하였다면, 이는 단순히 매매계약서의 효력에 관한 자신의 의견을 진술한 것이 아니라 경험한

---

9 대판 1994.12.22. 94도1790; 1983.2.8. 81도207; 1982.9.14. 81도105; 2007.10.26. 2007도5076.

10 "甲 및 乙이 공동 투자하여 아파트 11동을 건축 완공한 다음 丙에게 대지대금에 상응한 아파트를 분양하기로 약정한 것이 사실이다. 신축되는 아파트의 소유권은 丙에게 명의신탁한다고 약정하고 甲이 건축을 완공한 후 丙에게 신탁해지통고를 하면 丙은 아파트의 소유권은 물론 대지의 소유권도 甲 등에게 이전하기로 약정한 사실이 있다"고 증언하였다.

사실에 관한 허위내용의 진술에 해당하여 위증죄가 성립된다(대판 1987.10.13. 87도1501).

D. 요증사실에 한하는지 여부 그 공술의 내용이 당해 사건의 요증사실에 관한 것인지의 여부는 위증죄의 성립과 아무런 관계가 없다(대판 1990.2.23. 89도1212).

(2) 문서의 실질적 진정성립을 인정하는 취지의 진술 ① 판사가 증인이 경찰과 검사에게 진술한 내용이 사실이냐고 묻고 수사기록을 제시하고 그 요지를 고지한 즉 증인이 사실대로 진술하였으며 그 내용도 상위 없다고 답변하였을 뿐이라면, 증인이 수사기록에 있는 그의 진술조서에 기재된 내용을 기억하여 반복 진술한 것이라고 할 수는 없으므로, 설사 그 진술조서에 기재된 내용 중 증인의 기억에 반하는 부분이 있다고 하여도 그 기재내용을 상위 없다고 하는 진술 자체가 위증이 될 수 있음은 별론으로 하고 그 진술기재내용을 위증한 것이라고 할 수는 없다(대판 1989.9.12. 88도1147). ② 증인이 법정에서 선서 후 증인진술서에 기재된 구체적인 내용에 관하여 진술함이 없이 단지 그 증인진술서에 기재된 내용이 사실대로라는 취지의 진술만을 한 경우에는 그것이 증인진술서에 기재된 내용 중 특정 사항을 구체적으로 진술한 것과 같이 볼 수 있는 등의 특별한 사정이 없는 한 증인이 그 증인진술서에 기재된 구체적인 내용을 기억하여 반복 진술한 것으로는 볼 수 없으므로, 가사 거기에 기재된 내용에 허위가 있다 하더라도 그 부분에 관하여 법정에서 증언한 것으로 보아 위증죄로 처벌할 수는 없다(대판 2010.5.13. 2007도1397).

(3) 부작위에 의한 위증의 가부 부작위에 의한 위증이 가능한가에 대하여, ① 증인이 기억하는 사실의 전부 또는 일부를 묵비함으로써 전체로서의 진술내용이 허위가 되는 때에는 본죄가 성립한다는 견해(긍정설)[11]와 ② 증인이 허위 진술을 한 것이 아니기 때문에 위증죄가 성립하지 않는다는 견해(부정설)[12]가 대립한다. 증인이 기억하는 사실의 전부를 묵비하는 것에 대해서는 진술거부의 책임을 물을 수 있을지언정 위증의 책임을 물을 수는 없다. 다만, 특정한 신문사항에 묵비함으로써 전체 진술이 허위가 되는 때에는 본죄가 성립할 수 있다고 보아야 한다.

4. 고의

가. 오해 내지 착각에 의한 진술 증언 당시 판사의 신문취지를 오해 내지 착각하고 진술한 것이라면 위증의 고의가 있었다고 보기 어렵다(대판 1986.7.8. 86도1050; 1991.5.10. 89도1748).

나. 고의를 인정하기 어려운 사례 계주가 계원 甲을 상대로 제기한 미납입계금 등의 지급을 구하는 민사소송에서 피고인들이 계주에게 증거로 사용하라고 준 자기들의 계통장이 계주에 의하여 그 내용 중 일부가 고쳐져서 법정에 현출된 정을 알았었다는 사정이 엿보이지 아니하는 경우에는,

---

11 김성돈, 785면; 김/서, 730면; 배종대, 885면; 오영근, 1008면; 이재상, 791면; 임웅, 966면; 이형국, 854면; 정/박, 901면.

12 권오걸, 1129면; 백형구 위 논문, 35면.

가사 피고인들이 법정에서 계통장의 내용을 일일이 확인하지 아니한 채 그것이 자기들이 소지하고 있던 계통장이라고 진술하고, 계통장을 보면서 甲의 가입번호를 진술하였다고 하여 이를 기억에 반한다는 인식 아래 허위의 공술을 하였다고 단정하기 어렵다(대판 1984.2.28. 82도2120).

5. 피고인과 위증교사

가. 학설 피고인이 자신의 형사사건을 위해 타인을 교사하여 위증하게 한 경우에 위증교사죄가 성립하는가와 관련하여, ① 자기방어권의 남용으로서 위증교사죄가 성립한다는 견해(긍정설)[13]와 ② 피고인은 증인적격이 없고, 또 타인을 교사하여 위증하게 하는 것도 피고인 자신이 허위의 진술을 하는 것이나 마찬가지의 방어활동이라는 점에서 본죄가 성립하지 않는다는 견해(부정설)[14]가 대립한다. 피고인이 자기의 형사사건에 관한 증거를 인멸하거나 위조하는 행위와 자기의 형사책임을 면하고자 다른 '사람'을 범죄자로 만드는 것은 그 비난가능성에서 다소 차이가 있을 수 있다. 하지만 이 작은 차이보다는 자기 형사사건에 관한 피고인의 증거위조까지 처벌하지 않는 형법의 보다 큰 취지를 고려할 때, 사주를 받아 위증을 한 당사자를 처벌하는 것으로 족하고, 피고인의 경우는 처벌하지 않는 것이 형법의 취지에 부합한다는 점에서 부정설이 타당하다.

나. 판례 법률에 의하여 선서한 증인이 타인의 형사사건에 관하여 위증을 하면 형법 제152조 제1항의 위증죄가 성립되므로, 자기의 형사사건에 관하여 타인을 교사하여 위증죄를 범하게 하는 것은 이러한 방어권을 남용하는 것이라고 할 것이어서 교사범의 죄책을 부담케 함이 상당하다(대판 2004.1.27. 2003도5114).

6. 기타

가. 죄수 ① 하나의 사건에 관하여 한 번 선서한 증인이 같은 기일에 여러 가지 사실에 관하여 기억에 반하는 허위의 진술을 한 경우, 이는 하나의 범죄의사에 의하여 계속하여 허위의 진술을 한 것으로서 포괄하여 1개의 위증죄를 구성하는 것이고 각 진술마다 수 개의 위증죄를 구성하는 것이 아니다(대판 1998.4.14. 97도3340). ② 같은 심급에서 변론기일을 달리하여 수차 증인으로 나가 수 개의 허위진술을 하더라도 최초 한 선서의 효력을 유지시킨 후 증언한 이상 1개의 위증죄를 구성함에 그친다(대판 2007.3.15. 2006도9463).

나. 기수시기

(1) 학설 위증죄의 기수시기와 관련하여, ① 증인에 대한 신문절차가 종료한 때에 기수가 된다

---

13 김성돈, 787면; 백형구, 위 논문, 37면.

14 권오걸, 1132면(강요한 경우는 인정); 김/서, 731면; 박상기, 694면; 배종대, 887면; 오영근, 1001면; 이재상, 795면; 이정원, 750면; 임웅, 968면; 정/박, 904면.

는 견해[15]와 ② 신문절차가 종료되어 더 이상 진술을 철회할 수 없는 단계에 이르렀을 때 기수가 된다는 견해[16]가 주장되고 있다. 후자의 경우, 변론이 재개되는 경우도 있어서 결국 판결선고시에 기수가 된다는 입장이나, 증인신문절차가 종료되면 본죄는 기수가 된다고 보아야 한다. 증언 후에 선서하는 경우에는 선서가 종료한 때가 기수시기이다.

(2) 판례 ① 증인의 증언은 그 전부를 일체로 관찰 판단하는 것이므로 선서한 증인이 일단 기억에 반한 허위의 진술을 하였더라도 그 신문이 끝나기 전에 그 진술을 취소·시정한 경우에는 위증이 되지 아니한다고 봄이 상당하며, 따라서 위증죄의 기수시기는 신문 진술이 종료한 때이다.(진술 후에 선서를 명하는 경우는 선서종료한 때 기수가 될 것이다)(대판 1974.6.25. 74도1231). ② 별도의 증인 신청 및 채택 절차를 거쳐 그 증인이 다시 신문을 받는 과정에서 종전 신문절차에서의 진술을 철회·시정한다 하더라도 그러한 사정은 형법 제153조가 정한 형의 감면사유에 해당할 수 있을 뿐 이미 종결한 종전 증인신문절차에서 행한 위증죄의 성립에 어떤 영향을 주는 것은 아니다. 위와 같은 법리는 증인이 별도의 증인신문절차에서 새로이 선서를 한 경우뿐만 아니라 종전 증인신문절차에서 한 선서의 효력이 유지됨을 고지받고 진술한 경우에도 마찬가지로 적용된다(대판 2010.9.30. 2010도7525).

다. 자수와 자백

(1) 자백의 의미 자백의 절차에 관하여는 아무런 제한이 없으므로 그가 공술한 사건을 다루는 기관에 대한 자발적인 고백은 물론, 위증사건의 피고인 또는 피의자로서 법원이나 수사기관의 심문에 의한 고백도 자백의 개념에 포함된다(대판 1973.11.27. 73도1639).

(2) 자백의 번복 위증죄 또는 무고죄에 있어서 필요적 감면사유인 자백은 법정은 물론 수사기관에서의 자백도 포함하며, 피고인이 일단 자백을 한 이상 그 후에 이를 철회하고 그 자백을 번복한다 하더라도 필요적으로 감면을 하여야 한다(인천지법 1994.3.23. 93노1270 판결).

라. 기대가능성 피고인은 강도상해죄로 이미 유죄의 확정판결을 받았으므로 그 범행에 대한 증언을 거부할 수 없을 뿐만 아니라 나아가 사실대로 증언하여야 하고, 설사 피고인이 자신에 대한 형사사건에서 시종일관 그 범행을 부인하였다 하더라도 이러한 사정은 위증죄에 관한 양형참작사유로 볼 수 있음은 별론으로 하고 이를 이유로 피고인에게 사실대로의 진술을 기대할 가능성이 없다고 볼 수는 없다(대판 2008.10.23. 2005도10101; 2011.11.24. 2011도11994).

---

15 권오걸, 1130면; 김성돈, 786면; 김/김, 885면; 김/서, 730면; 박상기, 694면; 배종대, 885면; 오영근, 1009면; 이재상, 792면; 임웅, 966면; 정/박, 902면; 정영일, 846면.

16 박달현, 위증죄 해석론의 비교법적 접근-보호법익의 시각에서 본 진술의 허위성 및 기수시기에 대한 체계적 해석을 중심으로-, 비교형사법연구 제9권 제1호, 231면.

II. 모해목적위증죄

> **제152조(모해위증)** ② 형사사건 또는 징계사건에 관하여 피고인, 피의자 또는 징계혐의자를 모해할 목적으로 전항의 죄를 범한 때에는 10년 이하의 징역에 처한다.

1. 의의와 성격 피고인, 피의자 및 징계혐의자를 모해할 목적으로 위증하는 범죄이다. 모해목적 때문에 형벌이 가중되는 부진정목적범이다.[17]

2. 구성요건

가. 모해할 목적

(1) 의미 모해할 목적이란 피고인·피의자 또는 징계혐의자를 불리하게 할 목적을 의미하는 것이다(대판 2007.12.27. 2006도3575).

(2) 정도 모해할 목적은 허위의 진술을 함으로써 피고인에게 불리하게 될 것이라는 인식이 있으면 충분하고 그 결과의 발생을 희망할 필요까지는 없다(대판 2007.12.27. 2006도3575).

나. 허위진술의 대상 모해위증죄에 있어서 허위 진술의 대상이 되는 사실에는 공소범죄사실을 직접, 간접적으로 뒷받침하는 사실은 물론 이와 밀접한 관련이 있는 것으로서 만일 그것이 사실로 받아들여진다면 피고인이 불리한 상황에 처하게 되는 사실도 포함된다(대판 2007.12.27. 2006도3575).

다. 모해목적과 신분

(1) 신분의 의미 형법 제33조 소정의 이른바 신분관계라 함은 남녀의 성별, 내·외국인의 구별, 친족관계, 공무원인 자격과 같은 관계뿐만 아니라 널리 일정한 범죄행위에 관련된 범인의 인적관계인 특수한 지위 또는 상태를 지칭하는 것이다(대판 1994.12.23. 93도1002).

(2) 모해목적과 신분

A. 범인의 특수한 상태 형법 제152조 제1항과 제2항은 위증을 한 범인이 형사사건의 피고인 등을 '모해할 목적'을 가지고 있었는가 아니면 그러한 목적이 없었는가 하는 범인의 특수한 상태의 차이에 따라 범인에게 과할 형의 경중을 구별하고 있으므로, 이는 바로 형법 제33조 단서 소정의 '신분관계로 인하여 형의 경중이 있는 경우'에 해당한다(대판 1994.12.23. 93도1002).

B. 제33조 제1항과 단서와의 관계 형법 제31조 제1항은 협의의 공범의 일종인 교사범이 그 성립과 처벌에 있어서 정범에 종속한다는 일반적인 원칙을 선언한 것에 불과하고, 신분관계로 인하여 형의 경중이 있는 경우에 신분이 있는 자가 신분이 없는 자를 교사하여 죄를 범하게 한 때에는

---

17 국가보안법은 국가보안법 위반죄에 대해 모해목적위증을 하는 경우 그 각조에 정한 형으로 처벌한다(동법 제12조 제1항).

형법 제33조 단서가 형법 제31조 제1항에 우선하여 적용됨으로써 신분이 있는 교사범이 신분이 없는 정범보다 중하게 처벌된다(대판 1994.12.23. 93도1002).

C. **정범에게 모해의 목적이 없는 경우 모해 목적으로 위증교사한 자의 죄책** 특정인을 모해할 목적으로 乙에게 위증을 교사한 이상 가사 정범인 乙에게 모해의 목적이 없었다고 하더라도, 교사자인 甲은 형법 제33조 단서의 규정에 의하여 모해위증교사죄로 처단할 수 있다(대판 1994.12.23. 93도1002).

(3) 검토 판례사안은 단순위증죄의 공소시효가 만료된 상태에서 공소제기된 특수한 경우로, 공소시효가 남아있는 본죄로 처벌하기 위해 모해목적을 신분으로 해석한 것이다. 우리의 신분에 해당하는 용어로 독인은 '특별한 인적 표지'(besondere pers nliche Merkmale)라고 하는데, 모해목적은 이 특별한 인적 표지는 될 수 있어도 사회적 신분이 될 수는 없다.

III. 증거인멸죄와 증인도피죄

> **제155조(증거인멸 등과 친족간의 특례)** ① 타인의 형사사건 또는 징계사건에 관한 증거를 인멸, 은닉, 위조 또는 변조하거나 위조 또는 변조한 증거를 사용한 자는 5년 이하의 징역 또는 700만원 이하의 벌금에 처한다.
> ② 타인의 형사사건 또는 징계사건에 관한 증인을 은닉 또는 도피하게 한 자도 제1항의 형과 같다.

1. 의의와 성격 증거인멸죄는 타인의 형사사건 또는 징계사건에 관한 증거를 인멸, 은닉, 위조 또는 변조하거나 위조 또는 변조된 증거를 사용하는 범죄이고(제1항), 증인도피죄는 타인의 형사사건 또는 징계사건에 관한 증인을 은닉 또는 도피하게 하는 범죄이다(제2항). 범인도피죄와 마찬가지로 본죄에도 친족특례규정이 적용된다.

2. 타인의 형사사건, 징계사건

가. 피의사건, 수사개시 전의 사건

(1) 학설 타인의 형사사건에는 피고사건뿐만 아니라 피의사건도 포함된다(통설).[18] 수사개시 전의 사건도 포함되는가에 대해서는 긍정설[19]과 부정설[20]이 대립한다. 판례는 긍정설에 따른다.

(2) 판례(긍정설) ① '타인의 형사사건 또는 징계사건'이라 함은 이미 수사가 개시되거나 징계절차가 개시된 사건만이 아니라 수사 또는 징계절차 개시 전이라도 장차 형사사건 또는 징계사건

---

18 권오걸, 1140면; 김성돈, 793면; 김/서, 720면; 배종대, 896면; 이재상, 800면; 이정원, 753면; 임웅, 973면; 정/박, 911면; 정영일, 855면.

19 권오걸, 1140면; 김성돈, 784면; 김/서, 720면; 임웅, 974면; 정/박, 911면; 정영일, 855면.

20 배종대, 896면; 오영근, 1017면; 이재상, 800면.

이 될 수 있는 사건을 포함한 개념이므로, 교사하여 증거를 은닉케 할 당시 아직 그 실화사건에 관한 수사나 징계절차가 개시되기 전이었다고 하여도 증거은닉죄의 교사범이 성립되는 것이다(대판 1982.4.27. 82도274).[21] ② 그 형사사건이 기소되지 아니하거나 무죄가 선고되더라도 증거위조죄의 성립에 영향이 없다(대판 2011.2.10. 2010도15986).

나. 공범자의 형사사건과 연관된 경우

(1) 학설 자기와 공범자에게 공통된 증거도 타인의 형사사건에 관한 증거인가와 관련하여, ① 공범자에 관한 증거가 자기의 형사사건에 관한 증거도 된다는 점에서 타인성을 부정하는 견해(부정설)[22]와 ② 공범자만을 위한 증거인멸은 본죄를 구성하지만 공범자와 자기의 이익을 위한 증거인멸은 본죄를 구성하지 않는다는 견해(절충설[23])가 대립한다. 공범자만을 위한 증거인멸은 자기방어와 무관하다는 점에서 본죄의 성립을 인정하는 절충설이 타당하다.

(2) 판례 피고인 자신이 직접 형사처분이나 징계처분을 받게 될 것을 두려워한 나머지 자기의 이익을 위하여 그 증거가 될 자료를 인멸하였다면, 그 행위가 동시에 다른 공범자의 형사사건이나 징계사건에 관한 증거를 인멸한 결과가 된다고 하더라도 이를 증거인멸죄로 다스릴 수 없고, 이러한 법리는 그 행위가 피고인의 공범자가 아닌 자의 형사사건이나 징계사건에 관한 증거를 인멸한 결과가 된다고 하더라도 마찬가지이다(대판 1995.9.29. 94도2608; 1976.6.22. 75도1446; 2003.3.14. 2002도6134).[24]

다. 사인간의 징계사건 증거인멸죄는 국가의 형사사법작용 내지 징계작용을 그 보호법익으로 하므로, '징계사건'이란 국가의 징계사건에 한정되고 사인(私人)간의 징계사건은 포함되지 않는다(대판 2007.11.30. 2007도4191).

3. 행위의 태양

가. 증거위조

(1) 증거의 의미 ① 증거란 형사피의 또는 피고사건, 징계사건이 발생한 경우 수사기관 또는 법원, 징계기관 등이 국가형벌권 또는 징계권의 유무를 판단함에 있어 관계가 있다고 인정되는 일

---

21 피고인에 대한 형사사건 또는 징계사건의 증거가 될 석유난로를 은닉케 할 의사로 甲을 교사하여 이를 숲속에 버리게 하였다. 대판 2003.12.12. 2003도4533; 2003.3.14. 2002도6134; 2011.2.10. 2010도15986.

22 권오걸, 1130면; 배종대, 896면; 오영근, 1016면; 이재상, 799면.

23 김성돈, 792면; 김/서, 720면; 박상기, 700면; 임웅, 973면; 정영일, 854면.

24 甲을 제거하기 위하여 조직원들과 공모하여 칼로 甲의 양쪽 다리 아킬레스건을 절단하는 범행을 한 후 조직원 1~2명을 경찰에 자수시켜 '홍성식구파'의 계획된 범행이 아니라 마치 자수한 조직원의 우발적인 범행인 것처럼 허위진술하게 함으로써 사건을 축소·은폐하려 하였으나, 범행현장을 목격한 乙이 경찰에 출석하여 사실대로 진술할 경우 자칫 범행의 전모는 물론 나아가 범죄단체 구성 사실까지 밝혀질 것을 우려한 나머지 乙로 하여금 경찰에 출석하지 못하도록 겁을 주기로 마음먹고, 범행 직후 2차례에 걸쳐 乙에게 당분간 홍성에 나타나지 말라는 식으로 이야기하여 동인으로 하여금 경찰서에 출석하여 진술하지 못하고 다른 곳으로 도피하도록 하였다.

체의 자료를 말한다. 구체적으로 범죄 또는 징계혐의사실의 성립 여부에 관한 것뿐만 아니라 정상을 결정하는 데 도움이 되는 자료도 포함하며 증거능력의 유무나 피의자 또는 피고인, 징계혐의자에게 유리한 것인가 불리한 것인가의 여부를 묻지 않는다(대판 2007.6.28. 2002도3600; 2013.12.26. 2013도8085, 2013전도165). ② 증거가치의 유무 및 정도를 불문한다(대판 2013.12.26. 2013도8085, 2013전도165).

(2) 위조의 의미 ① 증거 자체를 위조함을 말한다(대판 1998.2.10. 97도2961; 1995.4.7. 94도3412). ② 여기서의 '위조'란 문서에 관한 죄에 있어서의 위조 개념과는 달리 새로운 증거의 창조를 의미하는 것이므로, 존재하지 아니한 증거를 이전부터 존재하고 있는 것처럼 작출하는 행위도 증거위조에 해당하며, 증거가 문서의 형식을 갖는 경우 증거위조죄에 있어서의 증거에 해당하는지 여부가 그 작성권한의 유무나 내용의 진실성에 좌우되는 것은 아니다(대판 2007.6.28. 2002도3600; 2011.2.10. 2010도15986).

(3) 증거에 증인이 포함되는지 여부

증인이나 참고인을 은닉하거나 도피하게 하는 것에 대하여는 별도로 형법 제155조 제2항의 증인인멸죄가 성립하므로 위의 증거에는 증인 이외의 증거를 말한다.[25]

(4) 증거위조가 아닌 사례

A. 선서무능력자에 대한 허위증언 교사

1) 학설 선서하지 않은 증인으로 하여금 허위의 진술을 하게 하는 것은 본죄를 구성한다는 견해[26]와 부정하는 견해[27]가 대립한다. 판례는 부정설의 입장이다.

2) 판례(부정설) 선서무능력자로서 범죄현장을 목격하지도 못한 사람으로 하여금 형사법정에서 범죄현장을 목격한 양 허위의 증언을 하도록 하는 것은 증거위조죄를 구성하지 아니한다(대판 1998.2.10. 97도2961).[28]

B. 수사기관에서 허위진술 참고인이 수사기관에서 허위의 진술을 하는 것은 증거위조에 포함되지 아니한다(대판 1995.4.7. 94도3412; 1977.9.13. 77도997).

C. 참고인이 허위의 진술서를 작성하여 수사기관에 제출한 경우 참고인이 타인의 형사사건 등에서 직접 진술 또는 증언하는 것을 대신하거나 그 진술 등에 앞서서 허위의 사실확인서나 진술서를 작성하여 수사기관 등에 제출하거나 또는 제3자에게 교부하여 제3자가 이를 제출한 것은, 존재하지 않는 문서를 이전부터 존재하고 있는 것처럼 작출하는 등의 방법으로 새로운 증거를 창조한 것이 아닐뿐더러 참고인이 수사기관에서 허위의 진술을 하는 것과 차이가 없으므로, 증거위조죄를 구성하지 않는다(대판 2011.7.28. 2010도2244).

(5) 증거위조인 사례 ① 타인의 형사사건과 관련하여 수사기관이나 법원에 제출하거나 현출되

25 김성돈, 793면; 배종대, 886면; 정영일, 855면.
26 이재상, 801면; 황산덕, 95면.
27 김성돈, 793면.
28 선서가 없으므로 위증죄가 성립하지 아니하고 따라서 위증교사죄도 성립하지 아니한다.

게 할 의도로 법률행위 당시에는 존재하지 아니하였던 처분문서, 즉 그 외형 및 내용상 법률행위가 그 문서 자체에 의하여 이루어진 것과 같은 외관을 가지는 문서를 사후에 그 작성일을 소급하여 작성하는 것은, 가사 그 작성자에게 해당 문서의 작성권한이 있고 또 그와 같은 법률행위가 당시에 존재하였다거나 그 법률행위의 내용이 위 문서에 기재된 것과 큰 차이가 없다 하여도 증거위조죄의 구성요건을 충족시키는 것이라고 보아야 하고, 비록 그 내용이 진실하다 하여도 국가의 형사사법기능에 대한 위험이 있다는 점은 부인할 수 없다(대판 2007.6.28. 2002도3600).[29] ② 기부금 횡령사건에 대하여 조사받은 이후 허위 작성된 공문 2장을 검찰청에 제출하게 하였으므로, 나중에 기부금 횡령 사건에 관하여 불기소처분을 받았다고 하더라도 증거위조교사죄 및 위조증거사용교사죄가 성립한다(대판 2011.2.10. 2010도15986).[30] ③ 참고인이 타인의 형사사건 등에 관하여 제3자와 대화를 하면서 허위로 진술하고 위와 같은 허위 진술이 담긴 대화 내용을 녹음한 녹음파일 또는 이를 녹취한 녹취록은 참고인의 허위진술 자체 또는 참고인 작성의 허위 사실확인서 등과는 달리 그 진술내용만이 증거자료로 되는 것이 아니고 녹음 당시의 현장음향 및 제3자의 진술 등이 포함되어 있어 그 일체가 증거자료가 된다고 할 것이므로, 이는 증거위조죄에서 말하는 '증거'에 해당한다. 또한 위와 같이 참고인의 허위 진술이 담긴 대화 내용을 녹음한 녹음파일 또는 이를 녹취한 녹취록을 만들어 내는 행위는 무엇보다도 그 녹음의 자연스러움을 뒷받침하는 현장성이 강하여 단순한 허위진술 또는 허위의 사실확인서 등에 비하여 수사기관 등을 그 증거가치를 판단함에 있어 오도할 위험성을 현저히 증대시킨다고 할 것이므로, 이러한 행위는 허위의 증거를 새로이 작출하는 행위로서 증거위조죄에서 말하는 '위조'에도 해당한다고 봄이 상당하다. 따라서 참고인이 타인의 형사사건 등에 관하여 제3자와 대화를 하면서 허위로 진술하고 위와 같은 허위 진술이 담긴 대화 내용을 녹음한 녹음파일 또는 이를 녹취한 녹취록을 만들어 수사기관 등에 제출하는 것은, 참고인이 타인의 형사사건 등에 관하여 수사기관에 허위의 진술을 하거나 이와 다를 바 없는 것으로서 허위의 사실확인서나 진술서를 작성하여 수사기관 등에 제출하는 것과는 달리, 증거위조죄를 구성한다(대판 2013.12.26. 2013도8085, 2013전도165).[31]

나. 증거인멸

(1) 의미 형법상의 증거인멸 행위는 증거의 현출방해는 물론 그 효력을 멸실, 감소시키는 일체

29 탈세혐의로 조사를 받던 변호사가 관행어업권 손해배상사건의 성공보수금이 소득신고가 되어 있지 않으니 도와달라고 제의하여 작성일을 소급하여 기재된 보관증을 교부받았다.

30 2009.1.30.경 풍어제 관련 기부금 횡령의혹을 제기하는 뉴스가 방송된 이후 수산업협동조합 직원 甲에게 1,300만 원 상당의 기부금을 풍어제 관련 식비로 사용하였다는 것을 입증할 수 있는 증거를 만들라고 지시하고, 甲이 그 무렵 2005.4.21.자 '05년 풍어제 행사 지원비 집행(안)', 2005.6.27.자 '05년 풍어제행사 지원비 사용 내역' 등 공문 2장을 그 일자를 소급해서 허위로 작성하였다.

31 친딸인 피해자를 강간하였다는 등의 범죄사실로 재판을 받던 중 누나로 하여금 피해자가 누나의 딸과 대화를 하면서 '아빠가 때려서 그것 때문에 화나서 아빠가 몸에다 손댔다고 거짓말하였다'는 취지로 허위진술하는 것을 누나의 휴대폰에 녹음하게 한 다음 위와 같은 허위진술이 담긴 대화 내용을 녹취한 이 사건 녹취록을 만들어 담당재판부에 증거로 제출하였다.

의 행위를 지칭하는 것이다(대판 1961.10.19. 61도347).

(2) 해당하는 사례 ① 乙의 교통사고 당일 증거물인 사고차량을 치워 수리하도록 하면 증거인멸죄가 성립한다(대판 2003.12.12. 2003도4533). ② 경찰서 과장이 압수물을 경찰서 수사계에 인계하고 검찰에 송치해 범죄혐의의 입증에 사용하도록 하는 등 적절한 조치를 취하지 않고 오히려 부하직원에게 압수한 변조기판을 돌려주라고 지시했다면 증거인멸죄가 성립한다(대판 2006.10.19. 2005도3909 全合).

다. 모해증거위조

(1) 피의자의 의미 '피의자'라고 하기 위해서는 수사기관에 의하여 범죄의 인지 등으로 수사가 개시되어 있을 것을 필요로 하고, 그 이전의 단계에서는 장차 형사입건될 가능성이 크다고 하더라도 그러한 사정만으로 '피의자'에 해당한다고 볼 수는 없다. 한편 사법경찰관리 집무규칙 제21조에 의하면 사법경찰관이 범죄를 인지하는 경우에는 범죄인지보고서를 작성하는 절차를 거치도록 되어 있으므로 특별한 사정이 없는 한 수사기관이 그와 같은 절차를 거친 때에 범죄 인지가 된 것으로 볼 수 있겠으나, 사법경찰관이 그와 같은 절차를 거치기 전에 범죄의 혐의가 있다고 보아 수사에 착수하는 행위를 한 때에는 이때에 범죄를 인지한 것으로 보아야 하고 그 뒤 범죄인지보고서를 작성한 때에 비로소 범죄를 인지하였다고 볼 것은 아니다(대판 2010.6.24. 2008도12127).

(2) 피의자가 아닌 사례 모해의 대상으로 되어 있는 甲과 乙은 경찰에 체포됨으로써 비로소 피의자의 신분을 갖게 되었고, 그 이전인 증거위조 일시에는 피의자의 지위에 있지 아니하였다(대판 2010.6.24. 2008도12127).

라. 자기의 형사사건에 대한 증거인멸교사

(1) 공범 이외의 자를 교사한 경우 자기의 형사 사건에 관한 증거를 인멸하기 위하여 타인을 교사하여 죄를 범하게 한 자에 대하여는 증거인멸교사죄가 성립한다(대판 2000.3.24. 99도5275).

(2) 공범을 교사한 경우 간접정범도 정범의 일종인 이상 증거변조죄 및 변조증거사용죄의 정범으로 처벌되지 아니하는 자를 같은 죄의 간접정범으로 처벌할 수는 없고, 비록 자기의 형사사건에 관한 증거를 변조·사용하기 위하여 타인을 교사하여 증거를 변조·사용하도록 하였더라도 피교사자인 타인이 같은 형사사건의 공범에 해당하여 증거변조죄 및 변조증거사용죄로 처벌되지 않은 이상 본 죄의 교사범을 처벌하는 취지와 달리 자기 방어권 행사를 위해 제3자로 하여금 새로운 범죄를 저지르게 함으로써 자기 방어권의 한계를 일탈하여 새로이 국가의 형사사법기능을 침해한 경우라고도 보기 어려우므로 증거변조죄 및 변조증거사용죄의 간접정범도 성립하지 않는다(대판 2011.7.14. 2009도13151).[32]

---

32 노동조합 지부장인 피고인 甲이 업무상횡령 혐의로 조합원들로부터 고발을 당하자 피고인 乙과 공동하여 조합 회계서

4. 타죄와의 관계

가. 직무유기죄와의 관계 압수물을 경찰서 수사계에 인계하고 검찰에 송치해 범죄혐의의 입증에 사용하도록 하는 등 적절한 조치를 취하지 않고 오히려 부하직원에게 압수한 변조기판을 돌려주라고 지시했다면 직무위배의 위법상태가 증거인멸 행위 속에 포함되어 있는 것으로 보아야 하며, 이와 같은 경우에는 작위범인 증거인멸죄만이 성립하고 부작위범인 직무유기(거부)죄는 따로이 성립하지 않는다(대판 2006.10.19. 2005도3909 全合).

나. 공용서류손상죄와의 관계 공용서류손상죄와 증거인멸죄의 상상적 경합범이다(대판 1995.9.29. 94도2608).[33]

5. 허위감정죄

가. 제154조(허위의 감정, 통역, 번역) 법률에 의하여 선서한 감정인, 통역인 또는 번역인이 허위의 감정, 통역 또는 번역을 한 때에는 전2조의 예에 의한다.

나. 구성요건

(1) 고의 허위감정죄는 고의범이므로, 비록 감정내용이 객관적 사실에 반한다고 하더라도 감정인의 주관적 판단에 반하지 않는 이상 허위의 인식이 없어 허위감정죄로 처벌할 수 없다(대판 2000.11.28. 2000도1089).

(2) 타인에 의뢰하여 감정서를 작성한 감정인의 경우 감정인이 감정사항의 일부를 타인에게 의뢰하여 그 감정 결과를 감정인 명의로 법원에 제출한 경우, 타인은 감정인의 업무보조자에 불과하고 감정의견은 감정인 자신의 의견과 판단을 나타내는 것이므로, 감정인으로서는 감정 결과의 적정성을 당연히 확인하였다고 볼 것이다(대판 2000.11.28. 2000도1089).

다. 죄수 하나의 소송사건에서 동일한 선서하에 이루어진 법원의 감정명령에 따라 감정인이 동일한 감정명령사항에 대하여 수차례에 걸쳐 허위의 감정보고서를 제출하는 경우에는 각 감정보고서 제출행위시마다 각기 허위감정죄가 성립한다 할 것이나, 이는 단일한 범의하에 계속하여 허위의 감정을 한 것으로서 포괄하여 1개의 허위감정죄를 구성한다(대판 2000.11.28. 2000도1089).

류를 무단 폐기한 후 폐기에 정당한 근거가 있는 것처럼 피고인 乙로 하여금 조합 회의록을 조작하여 수사기관에 제출하도록 교사하였다.

33 검찰로부터 선박의 침몰사건과 관련하여 항만청 해무과 소속 공무원들이 선박의 정원초과 운항사실 등을 적발하여 선장 등으로부터 정원초과운항확인서 4장을 작성받아 보관 중이면서도 이에 따른 아무런 조치를 취하지 아니한 채 방치한 사실과 관련하여 항만청 관계자들이 형사처벌 및 징계를 받을 것을 두려워하고 있던 중, 甲에게 정원초과운항 확인서 4장을 소각하라고 지시하였다.

제6절 • 무고의 죄

I. 서설

1. 본질 및 보호법익

가. 학설 무고죄의 본질에 관해서는 국가 심판기능의 적정한 행사뿐만 아니라 부차적으로는 피무고자의 법적 안정과 법익을 침해하는 이중적 성격을 가진 범죄로서 국가적 법익과 개인적 법익을 침해한다는 결합설(절충설)[1]이 통설이다. 추상적 위험범이다.

나. 판례 무고죄는 국가의 형사사법권 또는 징계권의 적정한 행사를 주된 보호법익으로 하고 다만, 개인의 부당하게 처벌 또는 징계받지 아니할 이익을 부수적으로 보호하는 죄이다(대판 2005.9.30. 2005도2712).

2. 승낙무고 설사 무고에 있어서 피무고자의 승낙이 있었다고 하더라도 무고죄의 성립에 영향을 미치지 못한다(대판 2005.9.30. 2005도2712).[2]

II. 무고죄

제156조(무고) 타인으로 하여금 형사처분 또는 징계처분을 받게 할 목적으로 공무소 또는 공무원에 대하여 허위의 사실을 신고한 자는 10년 이하의 징역 또는 1천500만원 이하의 벌금에 처한다.

1. 의의와 성격 타인으로 하여금 형사처분 또는 징계처분을 받게 할 목적으로 공무소 또는 공무원에 대하여 허위의 사실을 신고하는 범죄이다. 보호법익은 '국가 심판기능의 적정행사와 피무고자의 법적 안정'이고, 보호의 정도는 추상적 위험범이다.

2. 공무원 또는 공무소

가. 의미 공무소 또는 공무원이란 징계처분에 있어서는 징계권자 또는 징계권의 발동을 촉구하

1 김성돈, 796면; 김/서, 735면; 박상기, 703면; 배종대, 901면; 심재무, 무고죄 해석론의 비교법적 접근, 비교형사법연구 제9권 제1호. 241면; 오영근, 1022면; 이재상, 804면; 임웅, 976면; 정/박, 918면.

2 甲으로부터 피해를 당한 사람들과의 합의를 주선하기 위하여 자신도 피해자인 것처럼 행세하기 위해 甲의 승낙을 받고 甲으로부터 차용금 피해를 당한 것처럼 허위로 고소하였다.

는 직권을 가진 자와 그 감독기관 또는 그 소속 구성원을 말한다(대판 2010.11.25. 2010도10202).

나. 문제되는 사례

(1) 국세청장에 대한 탈세혐의사실의 진정 국세청장은 조세범칙행위에 대하여 벌금 상당액의 통고처분을 하거나 검찰에 이를 고발할 수 있는 권한이 있으므로, 국세청장에 대하여 탈세혐의사실에 관한 허위의 진정서를 제출하였다면 무고죄가 성립한다(대판 1991.12.13. 91도2127).

(2) 대통령 대통령은 법무부장관에 대한 지휘감독을 통해서 수사기관의 직권발동을 촉구시킬 수 있는 위치에 있다고 할 것이므로, 형사처분을 받게 할 목적으로 허위사실을 진정의 형식으로 대통령에게 신고하면 그로써 무고죄는 성립된다(대판 1977.6.28. 77도1445).

(3) 지방변호사회의 회장 변호사법에 의하면 변호사에 대한 징계가 대한변호사협회 변호사징계위원회를 거쳐 최종적으로 법무부의 변호사징계위원회에서 결정되고 이에 불복하는 경우에는 행정소송을 할 수 있는 점, 판사 2명과 검사 2명이 위원으로 참여하여 대한변호사협회 변호사징계위원회나 법무부의 변호사징계위원회를 구성하고, 서류의 송달, 기일의 지정이나 변경 및 증인·감정인의 선서와 급여에 관한 사항에 대하여 '형사소송법'과 '형사소송비용 등에 관한 법률'의 규정을 준용하도록 정하고 있는 점, 위와 같은 절차를 마련한 것은 변호사의 공익적 지위에 기인하여 공법상의 특별권력관계에 준하여 징계에 관하여도 공법상의 통제를 하려는 의도로 보이는 점 등을 고려하여 보면, 변호사에 대한 징계처분은 형법 제156조에서 정하는 '징계처분'에 포함된다고 봄이 상당하고, 그 징계 개시의 신청권이 있는 지방변호사회의 장은 형법 제156조에서 정한 '공무소 또는 공무원'에 포함된다(대판 2010.11.25. 2010도10202).

3. 허위

가. 허위의 의미 허위는 객관적 진실에 반하는 사실을 말한다.

나. 허위라고 믿었지만 진실한 사실인 경우 무고죄는 신고한 사실이 객관적 진실에 반하는 허위사실인 경우에 성립되는 범죄로서, 신고자가 그 신고내용을 허위라고 믿었다 하더라도 그것이 객관적으로 진실한 사실에 부합할 때에는 무고죄는 성립하지 않는다(대판 1991.10.11. 91도1950).

다. 허위의 정도 ① '허위의 사실'이라 함은 신고된 사실이 신고상대방에 있어서 범죄 등을 구성하는 요건에 관계되는 것으로 그로 인하여 상대방이 형사처분 또는 징계처분을 받게 될 위험이 있는 것이어야 하고, 비록 신고내용에 일부 객관적 진실에 반하는 내용이 포함되었다고 하더라도 그것이 형사처벌이나 징계의 대상이 되지 아니하는 것으로서 단지 신고사실의 정황을 과장하는 데 불과하거나, 적어도 허위인 일부사실의 존부가 전체적으로 보아 범죄사실 또는 징계사유의 성부에 직접 영향을 줄 정도에 이르지 아니하는 내용에 관계되는 것이라면 무고죄는 성립되지 아니한다(대판 1986.9.23. 86도556).[3] ② 신고한 사실의 허위 여부는 그 범죄의 구성요건과 관련하여 신고사실의 핵심 또는 중요내용이 허위인가에 따라 판단하여야 한다(대판 1990.11.9. 90도1706; 2006.2.10. 2003도7487).

라. 신고사실의 일부 허위와 무고

(1) 무고 여부 판단기준 신고사실의 일부에 허위의 사실이 포함되어 있다고 하더라도 그 허위 부분이 범죄의 성부에 영향을 미치는 중요한 부분이 아니고 단지 신고한 사실을 과장한 것에 불과한 경우에는 무고죄에 해당하지 아니하지만, 그 일부 허위인 사실이 국가의 심판작용을 그르치거나 부당하게 처벌을 받지 아니할 개인의 법적 안정성을 침해할 우려가 있을 정도로 고소사실 전체의 성질을 변경시키는 때에는 무고죄가 성립될 수 있다(대판 2004.1.16. 2003도7178).[4]

(2) 수 개의 범죄사실을 고소한 경우 1통의 고소, 고발장에 의하여 수 개의 혐의사실을 들어 무고로 고소, 고발한 경우 그중 일부사실은 진실이나 다른 사실은 허위인 때에는 그 허위사실부분만이 독립하여 무고죄를 구성하는 것이다(대판 1989.9.26. 88도1533; 1983.6.28. 81도2546).

(3) 일부허위가 무고죄에 해당하는 사례

A. 요증사실이 아닌 부분을 위증으로 고소한 경우 위증죄는 진술내용이 당해 사건의 요증사항이 아니거나 재판의 결과에 영향을 미친 바 없더라도 선서한 증인이 기억에 반하여 허위의 진술을 한 경우에는 성립되므로, 위증으로 고소·고발한 사실 중 위증한 당해사건의 요증사항이 아니고 재판결과에 영향을 미친 바 없는 사실만이 허위라고 인정되더라도 무고죄의 성립에는 영향이 없다(대판 1989.9.26. 88도1533; 1983.6.28. 81도2546).

B. 위조 고소 영수증을 정당하게 작성·교부하거나 적법하게 백지보충권을 수여하여 그에 따라 백지보충이 이루어졌음에도 불구하고 상대방이 영수증을 위조하였다고 신고하였다면, 무고죄에서 말하는 허위사실의 신고에 해당한다(대판 2007.6.1. 2007도2299).[5]

C. 변제기 이후 처분을 허락하고도 허락 없이 처분하였다고 고소한 경우 리스한 승용차를 담보로 제공하고 돈을 차용하면서 약정 기간 내에 갚지 못할 경우 이를 처분하더라도 아무런 이의를 제기하지 않기로 하였는데, 변제기 이후 채권자가 차량을 처분하자 허락 없이 마음대로 처분하였다

---

3 "피고소인이 송이의 채취권을 이중으로 양도하여 손해를 입었으니 엄벌하여 달라"는 내용의 고소사실에 대하여, 임야에서 자생하게 될 송이를 채취할 수 있는 권리를 피고인에게 양도한 자가 피고인의 송이채취를 방해하지 않아야 할 의무는 민사상의 채무에 지나지 아니하여 이를 타인의 사무로 볼 수 없고, 따라서 횡령죄나 배임죄 기타 형사범죄를 구성하지 않는 내용의 신고에 불과하여 신고 내용이 허위라고 하더라도 무고죄가 성립할 수 없다. 대판 2008.8.21. 2008도3754; 2007.4.13. 2006도558.

4 대판 1996.5.31. 96도771; 2002.11.8. 2002도3738; 1992.10.13. 92도1799; 2009.1.30. 2008도8573.

5 정당하게 작성·교부되거나 적법한 보충권의 범위 내에서 백지 부분이 보충된 영수증을 당초에 예상하고 있던 용도가 아닌 용도로 사용한다는 것과 영수증을 위조한다는 것은 단순히 법률적 평가를 넘어서서 사실관계가 전혀 다르다.

는 취지로 고소한 경우, 고소 내용은 허위사실 기재로서 그 자체로 독립하여 무고죄가 성립한다(대판 2012.5.24. 2011도11500).[6]

마. 고소사실 자체의 성질 변경과 허위

(1) 차용사기 고소의 경우

A. 차용금의 용도기망으로 고소한 경우 금원을 대여한 고소인이 차용금을 갚지 않는 차용인을 사기죄로 고소함에 있어서, 피고소인이 차용금의 용도를 사실대로 이야기하였더라면 금원을 대여하지 않았을 것인데 차용금의 용도를 속이는 바람에 대여하였다고 주장하는 사안이라면, 그 차용금의 실제용도는 사기죄의 성부에 영향을 미치는 것으로서 고소사실의 중요한 부분이 되고 따라서 그 실제용도에 관하여 고소인이 허위로 신고를 할 경우에는 그것만으로도 무고죄에 있어서의 허위의 사실을 신고한 경우에 해당한다(대판 2004.12.9. 2004도2212; 2011.9.8. 2011도3489).

B. 변제의사나 능력이 없었다고 고소한 경우 단순히 차용인이 변제의사와 능력의 유무에 관하여 기망하였다는 내용으로 고소한 경우에는 차용금의 용도와 무관하게 다른 자료만으로도 충분히 차용인의 변제의사나 능력의 유무에 관한 기망사실을 인정할 수 있는 경우도 있을 것이므로, 그 차용금의 실제 용도에 관하여 사실과 달리 신고하였다 하더라도 그것만으로는 범죄사실의 성부에 영향을 줄 정도의 중요한 부분을 허위로 신고하였다고 할 수 없는 것이고, 고소인이 차용사기로 고소함에 있어서 묵비하거나 사실과 달리 신고한 차용금의 실제 용도가 도박자금이었다고 하더라도 달리 볼 것은 아니다(대판 2004.12.9. 2004도2212; 2011.9.8. 2011도3489).

C. 허위신고에 해당하는 사례(도박자금으로 빌려주고도 단순대여금으로 고소) 도박현장에서 甲에게 도박자금으로 120만 원을 빌려주었다가 이를 돌려받지 못하게 되자, 금원을 도박자금으로 빌려주었다는 사실을 감추고 단순한 대여금인 것처럼 하여 甲이 120만 원을 빌려 간 후 변제하지 아니하고 있으니 처벌하여 달라는 취지로 고소하였고, 고소보충 진술을 하면서 금전의 대여경위에 대하여 甲이 사고가 나서 급해서 그러니 120만 원을 빌려주면 다음날 아침에 카드로 현금서비스를 받아 갚아 주겠다고 하여 금전을 빌려준 것이라고 허위로 진술한 경우, 甲에게 도박자금으로 대여하였음에도 불구하고 단순히 그 대여금의 용도를 묵비한 것을 넘어서 실제와는 다른 장소에서 甲에게 사고 처리비용조로 금전을 대여하였고 甲이 그 다음날 바로 변제하겠다고 약속하였다는 내용으로 고소하여 그 대여한 금전의 용도에 대하여 허위로 진술한 것은, 수사기관이 피고인의 고소내용을 근거로 피고소인의 범행방법을 특정하여 수사권을 발동하고, 이를 기초로 하여 당해 행위에 있어 사기죄의 기망행위와 편취범의를 조사하여 형사처분을 할 것인지와 어떠한 내용의 형

---

6 피고인으로부터 리스 차량을 담보로 받는 행위에 대하여 장물취득죄 등 다른 범죄가 성립한다고 하더라도 달리 볼 것은 아니다.

사처분을 할 것인지를 결정하는 데에 직접적인 영향을 줄 정도에 이르는 내용에 관하여 허위의 사실을 고소한 것이므로, 피고인의 신고내용에 포함된 허위의 사실이 독립하여 형사처분 등의 대상이 되지 아니하고, 단지 신고사실의 정황을 과장하는 데 불과하거나 허위의 일부 사실의 존부가 전체적으로 보아 범죄사실의 성립 여부에 직접 영향을 줄 정도에 이르지 아니한다고 할 수는 없는 것이고, 또한 고소 당시에 고소사실이 객관적으로 허위인 사정을 알고 있었으므로 무고의 범의도 인정된다(대판 2004.1.16. 2003도7178).

D. 허위신고에 해당하지 않는 사례

1) 차용용도 묵비 또는 허위기재　　고소를 하면서 돈을 빌려주게 된 경위 즉, 甲이 도박자금으로 사용하는 것을 알고 있었던 사실을 밝히지 않았다는 사유만으로는 허위의 사실을 신고하였다고 할 수 없다(대판 2004.12.9. 2004도2212).

2) 변제의사나 능력에 대한 허위　　① 강원랜드에서 피해자들에게 도박자금으로 각 3,000만 원씩을 빌려주면서 선이자 명목으로 각 300만 원 상당의 도박용 칩을 받고 일주일 안에 변제하기로 약정하였음에도, 피해자들로부터 각 대여금을 변제받지 못하게 되자 차용경위를 각색하여 고소하기로 마음먹고, '피고소인 피해자들이 울산 소재 상호불상의 커피숍에서 돈이 급하게 필요하니 빌려주면 한 달 이내에 갚겠다고 거짓말하여 각 3,000만 원을 편취하였으니 처벌해 달라'는 내용의 고소장 2장을 경찰서장에게 우편으로 제출한 경우, 각 고소내용은 피고소인들이 변제의사와 능력도 없이 차용금 명목으로 금원을 편취하였으니 사기죄로 처벌하여 달라는 것이고, 피고소인들이 차용금의 용도를 속이는 바람에 대여하게 되었다는 취지로 주장한 사실은 없으므로, 차용금의 용도와 무관하게 다른 자료들을 토대로 피고소인들이 변제할 의사나 능력이 없이 금원을 차용하였는지 여부를 인정할 수도 있는 것이므로, 피고인이 고소장에 대여 장소를 허위기재함으로써 도박자금으로 대여한 사실을 숨기고, 피고소인들에게 강원랜드에서 금원을 빌린 사실을 묵비하도록 종용하였다는 사정만으로는 사기죄의 성립 여부에 영향을 줄 정도의 중요한 부분을 허위로 신고하였다고 보기는 어렵다(대판 2011.1.13. 2010도14028). ② 차용금 사기로 고소하면서 대여금의 용도에 관하여 '도박자금'으로 빌려준 사실을 감추고 '내비게이션 구입에 필요한 자금'이라고 허위기재하고, 대여의 일시·장소도 사실과 달리 기재하여 甲을 무고하였다는 내용으로 기소된 경우, 고소 내용은 甲이 변제의사와 능력도 없이 차용금 명목으로 돈을 편취하였으니 사기죄로 처벌하여 달라는 것이고 차용금의 용도를 속이는 바람에 대여하게 되었다는 취지로 주장한 사실은 없으며, 수사기관으로서는 차용금의 용도와 무관하게 다른 자료들을 토대로 甲이 변제의사나 능력 없이 돈을 차용하였는지를 조사할 수 있는 것이므로, 비록 도박자금으로 대여한 사실을 숨긴 채 고소장에 대여금의 용도에 관하여 허위로 기재하고 대여 일시·장소 등 변제의사나 능력의 유무와 관련성이 크지 아니한 사항에 관하여 사실과 달리 기재한 사정만으로는 사기죄 성립 여부에 영향을 줄 정도의 중요한 부분을 허위 신고하였다고 보기 어렵다(대판 2011.9.8. 2011도3489).

(2) 현행범체포업무를 방해한 자가 경찰관을 불법체포로 고소한 경우 피고인이, 경찰관들이 갑을 현행범인으로 체포하는 적법한 직무집행을 저지하기 위하여 경찰관들에게 달려들면서 폭행을 가하여 경찰관들의 직무집행을 방해한 사실이 인정되는바, 경찰관들의 甲에 대한 체포행위를 방해한 사실이 전혀 없다는 고소내용은 허위사실의 기재로서 그 자체로 독립하여 무고죄가 성립한다고 할 것이므로, 이를 두고 경찰관들의 직권남용으로서 사법기관이 판단할 문제라거나 허위사실의 기재로 볼 수 없는 표현에 불과하다고 할 수 없다. 또한, 피고인이 경찰관들로부터 제압을 당하는 과정에서 신체의 여러 부분에 상해를 입은 것이 사실로 인정된다고 하더라도, 이는 경찰관들이 甲을 현행범인으로 체포하는 것을 방해하였다는 이유로 피고인을 현행범인으로 체포하는 과정에서 발생한 것으로서, 만일 경찰관들의 甲에 대한 현행범체포가 위법하다면 이를 방해하였음을 이유로 한 피고인에 대한 현행범인체포도 위법하게 되고, 그 과정에서 피고인이 입은 상해에 대하여는 경찰관들이 형사처벌이나 징계처분을 받게 되는 관계에 있는 이상, 피고인이 경찰관들의 甲에 대한 적법한 현행범인체포를 방해한 사실이 있음에도 그런 사실이 없다는 피고인의 고소 부분은 그것 자체로 국가의 심판작용을 그르치거나 부당하게 처벌을 받지 아니할 개인의 법적 안정성을 침해할 우려가 있을 정도로 고소사실 전체의 성질을 변경시키는 경우에 해당하여 무고죄가 성립한다(대판 2009.1.30. 2008도8573).[7]

(3) 공갈죄나 강도죄의 고소의 경우 피고인이 때려 주면 돈을 주겠다는 요청을 하여 甲 등이 피고인을 폭행하였고, 그 과정에서 피고인이 상해를 입게 된 사실을 알 수 있는바, 비록 피고인이 먼저 甲 등에게 때려 달라고 요청하였다 하더라도 그러한 피고인의 요청은 윤리적·도덕적으로 사회상규에 어긋나는 것이어서 위법성 조각사유로서의 피해자의 승낙에 해당한다고 할 수는 없을 것이다. 그러나 甲 등의 위와 같은 행위가 결과적으로 위법하다 하더라도 이는 폭행 내지 상해의 범죄에 해당할 수 있는 것인 반면, 피고인의 신고사실은 甲 등이 갈취 내지 강취의 범죄를 범하였다는 것이어서 그 신고사실의 일부가 허위라는 점은 어느 모로 보나 명백하다. 그런데, 피고인이 자신의 의사에 따라 폭행을 당한 것인지 여부는 갈취 내지 강취 범죄의 성부에 영향을 미치는 중요한 부분으로서 단지 신고한 사실을 과장한 것에 불과하다고 볼 수는 없을 뿐만 아니라 甲 등이 갈취 내지 강취의 의사로 피고인을 폭행한 것이 아니라 피고인의 요청에 따라 그러한 행위를 하였음이 분명한 이상 '甲 등이 피고인을 폭행하여 돈을 빼앗았다'는 취지의 신고는 그 폭행의 경위에 관한 허위사실만으로도 국가의 심판작용을 그르치거나 부당하게 처벌을 받지 아니할 개인의 법적 안정성을 침해할 우려가 있을 정도로 고소사실 전체의 성질을 변경시킨 것으로 판단된다(대판 2010.4.29. 2010도2745).[8]

---

7 '피고소인 甲이 乙을 상해죄의 현행범인으로 체포하려 할 때 피고인은 이를 방해한 사실이 전혀 없으며, 乙이 사과하고 끝났는데 왜 체포를 하느냐고 항의하였다는 이유로 甲은 피고인을 폭행하고 강제로 수갑을 채워 직권을 남용하여 피고인을 체포하였다'는 내용으로 고소하였다.

8 甲 등이 피고인을 성추행범으로 신고하자 이에 대항하기 위하여 '甲 등이 피고인을 폭행한 다음 현금을 빼앗아 갔다'는 취지로 허위사실을 신고하였다.

바. 과장표현

(1) 판단기준 고소내용이 터무니없는 허위사실이 아니고 사실에 기초하여 그 정황을 다소 과장한 데 지나지 아니한 경우에는 무고죄가 성립하지 아니한다(대판 2003.1.24. 2002도5939; 1998.9.8. 98도1949).

(2) 상해에 대한 과장

A. 무고가 아닌 사례: 폭행이나 강간사실이 인정되는 경우 ① 구타를 당하여 상해를 입었다는 고소내용은 하나의 폭력행위에 대한 고소사실로서 이를 분리하여 폭행에 관한 고소사실과 상해에 관한 고소사실의 두 가지의 고소내용이라고는 할 수 없으므로, 구타를 당한 것이 사실인 이상 이를 고소함에 있어서 입지 않은 상해사실을 포함시켰다 하더라도 이는 고소내용의 정황의 과장에 지나지 않으므로 상해부분만이 따로이 무고죄를 구성한다고는 할 수 없다(대판 1973.12.26. 73도2771).[9] ② 여러 사람과 시비를 하여 누구로부터 얼마를 구타당하였는지 특정 지울 수 없으나 좌측안면부 등에 찰과상 및 좌상을 입은 사실을 인정할 수 있다면, 이를 고소함에 있어서 좌측안면부 등의 찰과상 및 좌상 외에 이미 수년 전 또는 몇 개월 전에 입은 비골골절 사실마저 기재된 상해진단서를 제출하였다 하여도, 이는 고소내용의 정황과장에 지나지 않으므로 골절부분만이 따로 무고죄를 구성한다고 할 수 없다(대판 1984.1.24. 83도3023).

B. 무고인 사례: 폭행사실이 인정되지 않는 경우 ① 피고소인들이 피고인과 제3자와의 싸움을 말리려고 하다가 피고인이 말을 듣지 아니하여 만류를 포기하고 옆에서 보고만 있었을 뿐 피고소인들이 피고인의 팔을 잡은 사실이 없었고, 또한 피고인이 그 싸움에서 턱 부위에 상해를 입은 사실은 있으나 그 상해 역시 피고인이 제3자로부터 안면부를 얻어맞아 입은 것이 아니라 서로 멱살을 잡고 밀고 당기는 과정에서 입은 상해임을 엿볼 수 있는 경우, "피고소인들이 피고인의 양팔을 잡아 가세하고 제3자가 피고인의 안면부를 때려 상해를 입혔다"는 취지의 고소내용은 그 제3자에 대한 관계에서는 신고사실의 정황을 다소 과장한 것에 불과하다고 볼 수도 있겠으나, 피고소인들에 대한 관계에서는 고소내용 전체가 객관적인 진실에 반하는 허위의 사실을 신고한 것으로서 그것이 단지 신고사실의 정황을 과장하는 데 불과하다고 볼 수는 없다(대판 1995.2.24. 94도3068). ② 甲으로부터 폭행을 당한 사실 자체가 인정되지 않으므로 설령 6개월간의 가료를 요한다는 내용의 일반진단서의 의미를 잘 이해하지 못하였고 치근파절이 기왕증이라는 사실을 몰랐다고 하더라도 단순한 정황의 과장에 해당하는 것으로 볼 수 없다(대판 2009.11.12. 2009도8949).

(3) 요구를 받고 공사도급과 편의를 위해 돈을 주고도 공갈로 고소 공사도급계약의 체결 및 공사감독과정에서 건축주의 매형으로서 사실상 건축업자 선정권 및 공사전반에 대한 감독권을 갖고 있는 甲의 요구로 이를 거절하면 공사도급을 맡을 수 없고 또 공사과정에서 공연히 트집을 잡을까

9 대판 1996.5.31. 96도771; 986. 7.22 86도582; 1985.4.9. 85도283. 강간치상으로 고소한 경우도 동일하다(대판 1983.1.18. 82도2170).

봐 겁이 나서 1,500만 원을 지급하게 되었는데, 그 후 공사가 완공되었음에도 하자가 많다는 이유로 잔여공사비 4천만 원을 지급받지 못하게 되자 갑으로부터 공갈을 당하였다고 진정을 하였다면, 진정내용은 터무니없는 허위사실이 아니고 사실에 기초하여 그 정황을 다소 과장한 데 지나지 않으므로 무고죄가 성립되지 않는다(대판 1990.11.9. 90도1706).

(4) 과장표현이 아닌 사례(채권이 없음에도 존재하는 것처럼 허위고소) 甲에게 실제로 돈을 대여한 바 없거나 또는 일부 대여한 돈을 이미 변제받았음에도 불구하고 고소를 통하여 마치 돈을 대여하였거나 그로 인한 채권이 여전히 존재하는 것처럼 내세워 허위내용의 사실을 신고한 것인 이상, 그것이 단순히 신고사실의 정황을 과장한 데에 지나지 않는다고 말할 수는 없다(대판 1995.3.10. 94도2598).

사. 법률적 평가나 의견

(1) 법률적 평가의 잘못

A. 변제받지 못한 금원에 대해 착복하였다고 고소 고소인이 甲에게 대여하였다가 이미 변제받은 금원에 관하여 甲이 이를 수개월간 변제치 않고 있었던 점을 들어 위 금원을 착복하였다는 표현으로 고소장에 기재하였다 하여도, 이것이 甲으로부터 아직 변제받지 못한 나머지 금원에 관한 고소내용의 정황을 과장한 것이거나 또는 주관적 법률평가를 잘못하였음에 지나지 아니한 것이라면, 특별의 사정이 없는 한 이로써 허위의 사실을 들어 고소하였다고 단정할 수는 없다(대판 1987.6.9. 87도1029).[10]

B. 죄명을 잘못 적은 경우 고소인이 고소를 제기함에 있어 법의 무지로 비록 죄명을 잘못 적었다고 하더라도, 그 고소내용이 객관적인 사실관계를 거짓 없이 신고한 것인 이상 무고죄가 된다고 할 수 없다(대판 1984.5.29. 83도3125).

C. 형사책임자의 오류 허위사실을 신고한 것이 아닌 이상 그 신고된 사실에 대한 형사책임을 부담할 자를 잘못 택하였다고 해도 무고죄는 성립하지 아니한다(대판 1982.4.27. 81도2341).

(2) 주관적 의견의 잘못 고소장에 피고소인이 압수물건을 폐기처분하려던 것이 피고인이 제기하여 계류 중인 준재심사건에서 이를 증거로써 사용할 수 없게 하려는 목적일 것이라는 취지의 기재가 있다 하여도 이는 피고인의 주관적 의견의 기재에 불과하고, 가사 그 주관적 의견이 잘못되었다 하여도 객관적 관계를 거짓 없이 그대로 신고한 이상 주관적 의견부분만을 따로 떼어 허위사실을 신고한 것이라 볼 수 없으므로 무고죄를 구성하지 아니한다(대판 1984.3.27. 83도2826).

(3) 처벌법규상의 차이에 불과한 경우 소유권이 피고인에게 있는지의 여부에 따라 甲의 소위가 절도죄 또는 권리행사방해죄를 구성하게 되어 있는 이상, 피고인이 甲의 소위를 적시하고 그를 처벌하여 달라는 내용의 고소를 함에 있어서 피고인의 소유라고 한 것이 허위의 사실이라 하더라도

10 대판 1985.9.24. 84도1737; 1985.6.25. 83도3245.

그것은 처벌법규상 다소의 차이를 초래하게 된 문제에 속하는 것일 뿐이므로, 그와 같은 사실을 적시한 고소장을 제출한 행위가 무고죄를 구성한다고는 할 수 없다(대판 1981.6.23. 80도1049; 1994.11.11. 94도343).

아. 객관적 진실에 합치하는 경우

(1) 해제의 효력이 없는 경우와 이중매매의 고소 하천부지점용권의 매매계약에 있어 매수인의 잔대금 지급과 매도인의 하천부지점용포기서의 교부는 동시이행 관계에 있으므로, 매도인이 하천부지에 대한 점용포기서의 준비나 제공 없이 매수인의 잔금지급 불이행만을 들고 일방적으로 매매계약 해제통고를 하였다 하여도 매매계약이 유효하게 해제되었다고 할 수 없는 것이어서, 매도인이 매매계약 해제통고 후 하천부지를 타에 매각한 것을 들어 배임죄로 고소한 행위는 객관적으로 진실하여 허위라고 할 수 없으므로 무고죄를 구성하지 아니한다(대판 1985.2.26. 84도2510).

(2) 공범이 자신의 가담사실을 숨기고 상대방을 고소한 경우 자신이 상대방의 범행에 공범으로 가담하였음에도 자신의 가담사실을 숨기고 상대방만을 고소한 경우, 고소내용이 상대방의 범행 부분에 관한 한 진실에 부합하므로 이를 허위의 사실로 볼 수 없고, 상대방의 범행에 공범으로 가담한 사실을 숨겼다고 하여도 그것이 상대방에 대한 관계에서 독립하여 형사처분 등의 대상이 되지 아니할뿐더러 전체적으로 보아 상대방의 범죄사실의 성립 여부에 직접 영향을 줄 정도에 이르지 아니하는 내용에 관계되는 것이므로 무고죄가 성립하지 않는다(대판 2008.8.21. 2008도3754; 2010.2.25. 2009도1302).

자. 고소사실 자체가 범죄를 성립하지 않는 경우 매도인인 피고인이 약정에 의하여 대금 수령 전에 미리 소유권이전등기를 넘겨주었다 하더라도 이는 매도인으로서의 등기이전의무의 선이행에 불과할 뿐 이를 명의신탁관계로 볼 수는 없다 할 것인즉, 소유권이전등기를 미리 넘겨받은 매수인이 피고인의 고소내용과 같이 대금을 완불하지 아니한 채 위 토지를 타에 처분하였다 하더라도 이로써 형사범죄는 되지 아니한다 할 것이고, 따라서 형사범죄가 되지 아니하는 내용의 허위사실을 피고인이 신고하였다 하여도 피고인에 대한 무고죄는 성립할 수는 없다(대판 1992.10.13. 92도1799).

차. 공소권이 없는 경우

(1) 친고죄의 고소기간 경과 그 사실이 친고죄로서 그에 대한 고소기간이 경과하여 공소를 제기할 수 없음이 그 신고내용 자체에 의하여 분명한 때에는 당해 국가기관의 직무를 그르치게 할 위험이 없으므로 이러한 경우에는 무고죄는 성립하지 아니한다(대판 1998.4.14. 98도150).

(2) 공소시효 완성

A. 신고 자체에 의하여 공소시효 완성이 분명한 경우 신고된 범죄사실에 대한 공소시효가 완성되었음이 신고 내용 자체에 의하여 분명한 경우에는 형사처분의 대상이 되지 않는 것이므로 무고죄가 성립하지 아니한다(대판 1994.2.8. 93도3445).

B. 공소시효가 완성되지 아니한 것처럼 신고한 경우 ① 객관적으로 고소사실에 대한 공소시효가 완성되었더라도 고소를 제기하면서 마치 공소시효가 완성되지 아니한 것처럼 고소한 경우에는 국가기관의 직무를 그르칠 염려가 있으므로 무고죄를 구성한다(대판 1995.12.5. 95도1908). ② 신고된 범죄사실이 이미 공소시효가 완성된 것이어서 무고죄가 성립하지 아니하는 경우에 해당하는지 여부는 그 신고시를 기준으로 하여 판단하여야 한다(대판 2008.3.27. 2007도11153).[11]

(3) 사면 허위사실을 신고한 경우라도 그 사실이 사면되어 공소권이 소멸된 것이 분명한 때에는 무고죄는 성립되지 아니한다(대판 1970.3.24. 69도2330; 1967.9.5. 66도910).

카. 위법성조각사유 등과 관련 허위의 범죄사실과 동시에 위법성 내지 책임조각사유 또는 기타 처벌조각사유 등을 부가하여 신고하는 경우에 무고죄가 성립하는지가 문제된다.

(1) 학설 수사기관 또는 감독기관의 직권발동을 촉구시킬 정도로 구체성이 있는 이상, 그 사람이 현실로 그러한 처분을 받을 적격성을 가지는 것은 필요하지 아니하므로 그 사람이 책임무능력자라고 하더라도 무고죄의 성립에는 영향이 없다는 견해[12]와 위법 내지 책임조각사유 또는 기타의 처벌조각사유를 첨가하여 신고한 것이 그 신고내용 자체로 보아 분명한 경우에는 그 자체 당해 국가기관으로 하여금 그 직무를 그르치게 할 위험이 없으므로 무고죄가 성립하지 않는다는 견해[13]가 있다.

(2) 판례: 위법성조각사유가 있음에도 허위라고 신고한 경우 피고소인이 합동연설회에서 "피고인(고소인)은 국가보안법 위반 전력을 감추기 위하여 본적을 전적하였고 출생연월일을 고쳤으며, 건물이 철거된 곳에 위장전입을 하였다"라고 연설한 내용이 진실인 것으로 보이고, 사실이 그러한 이상 피고소인의 연설내용이 진실이라는 것은 피고인이 가장 잘 알고 있을 터이고 후보자가 위와 같은 내용의 연설을 하여도 그 내용이 진실인 이상, 상대방 후보의 사회적 활동에 대한 비판 내지 평가의 한 자료가 되어 국민들이 그의 공직 후보자로서의 자질과 적격성을 판단하는 데 중요한 자료가 될 뿐만 아니라 이는 공적 이익에 관한 사실이고, 따라서 처벌받지 않으리라는 것은 역시 후보자의 한 사람인 피고인이 충분히 알 만하다고 보이므로, 피고인이 위법성조각사유가 있음을 알면서도 '피고소인이 허위사실을 공표하였다'고 고소함으로써 결국 적극적으로 피고소인을 공직선거및부정선거방지법 제251조 단서 소정의 위법성조각사유가 적용되지 않는 같은 법 제250조의 허

---

11 피해자의 폭행일시를 특정하지 아니한 고소장을 2005.6.28.경 경찰서 민원실에 제출·접수한 후, 고소인 보충진술시에 폭행일시를 2003.3.경으로 특정하였음을 알아볼 수 있는바, 폭행죄의 공소시효기간은 3년이므로 피고인은 아직 공소시효가 완성되지 아니한 범죄사실을 신고한 것임이 명백하고, 따라서 신고사실이 허위인 이상 피고인은 무고죄의 죄책을 면할 수 없다고 할 것이고, 피고인이 그 이후 검찰이나 제1심 법정에서 피해자의 폭행일시를 2002.3.로 정정하여 진술하였다고 하여 이미 성립된 무고죄에 영향을 미칠 수는 없다.

12 이재상, 806면.

13 제차룡, 공소시효가 완성된 범죄사실의 허위신고와 무고죄의 성부, 대법원판례해설 제1호, 374면.

위사실공표죄로 처벌되어야 한다고 주장한 것과 같다고 할 것이고, 무고죄의 범죄사실을 인정한 조치는 정당하다(대판 1998.3.24. 97도2956).

타. 허위의 적시

(1) 적시정도 허위사실의 적시는 수사관서 또는 감독관서에 대하여 수사권 또는 징계권의 발동을 촉구하는 정도의 것이라면 충분하고, 반드시 범죄구성요건 사실이나 징계요건 사실을 구체적으로 명시하여야 하는 것은 아니며 해당될 죄명 등 법률적 평가까지 명시하여야 하는 것은 아니다(대판 1987.3.24. 87도231).[14]

(2) 수사권 및 징계권발동이 충분한 사례

A. 고소장에 죄명으로는 기재되어 있지 않으나 고소사실로서 기재된 경우 수사관서에 제출한 고소장에 보면 사기죄, 공갈죄, 횡령죄 등만을 죄명으로 들고 사문서위조죄를 들고 있지는 아니하지만, 고소장에는 '대충 요약한 죄질의 설명'이라는 제목 아래 피고소인이 피고인 명의의 동업계약해지약정서를 위조하였다는 취지의 기재가 있으므로, 이는 무고죄의 구성요건인 형사 또는 징계처분의 원인이 될 수 있는 사실의 적시에 충분히 해당된다(대판 1987.3.24. 87도231).

B. 부당한 공무집행으로 진정 시청의 시민과장이 부당하게 도시계획을 변경하였다는 내용의 허위진정은 비록 도시계획변경은 건설부장관의 권한에 속하며 시청의 시민과장이 임의로 좌우할 수 없다 하더라도, 당해 시청에서 도시계획을 수립하는 이상 시청의 시민과장의 징계권자로 하여금 징계권발동을 유발하기에 족한 것으로 보인다(대판 1977.4.26. 75도2885).

C. 기타 수사관서에 제출한 고발장 중 '○○당 도의원 후보인 갑이 지구당 운영비로 수천만원을 넣은 후 후보로 당선되었다는 의혹이 커지고 있다'는 기재는 사실의 적시임이 분명하므로, 단순히 의견표현에 불과하다고 할 수 없고, 이는 위 부분이 신문기사의 일부라고 하여도 달리 볼 것은 아니다(대판 2006.5.25. 2005도4642).

4. 신고

가. 신고의 방식

(1) 진정서 무고죄에 있어서 허위사실의 신고방식은 구두에 의하건 서면에 의하건 관계가 없다(대판 1985.12.10. 84도2380).

(2) 타인명의의 고발장이나 고소장 비록 외관상으로는 타인명의의 고소장을 대리하여 작성하고 제출하는 형식으로 고소가 이루어진 경우라 하더라도 그 명의자는 고소의 의사가 없이 이름만 빌려준 것에 불과하고 명의자를 대리한 자가 실제 고소의 의사를 가지고 고소행위를 주도한 경우

---

14 대판 1985.2.26. 84도2774; 2006.5.25. 2005도4642; 2009.3.26. 2008도6895.

라면 그 명의자를 대리한 자를 신고자로 보아 무고죄의 주체로 인정하여야 할 것이다(대판 2007.3.30. 2006도6017; 1989.9.26. 88도1533).

(3) 간접정범 수표발행인인 피고인이 은행에 지급제시된 수표가 위조되었다는 내용의 허위의 신고를 하여 그 정을 모르는 은행직원이 수사기관에 고발(피고발자를 성명불상자로 기재)을 함에 따라 수사가 개시되고, 피고인이 경찰에 출석하여 수표위조자로 특정인을 지목하는 진술을 한 경우, 이는 위조수표에 대한 부정수표단속법 제7조의 고발의무가 있는 은행원을 도구로 이용하여 수사기관에 고발을 하게 하고 이어 수사기관에 대하여 특정인을 위조자로 지목함으로써 자발적으로 수사기관에 대하여 허위의 사실을 신고한 것으로 평가하여야 한다(대판 2005.12.22. 2005도3203).

(4) 부작위에 의한 신고 부작위에 의한 신고는 가령, 허위인 사실을 모르고 신고한 자가 그 후에 신고사실이 허위라는 것을 알고도 그대로 방치한 경우를 말하는데, 이를 부작위에 의한 신고로 볼 것인가에 대해, 긍정설[15]과 부정설(다수설)[16]이 대립한다. 신고는 애초에 자진하여 적극적으로 행하여져야 하므로 무고죄가 성립하지 않는다는 부정설이 타당하다.

(5) 수사기관에서의 진술 요부 고소장에 기재한 내용이 허위 사실이라면 이 부분에 대해서도 허위사실을 신고한 것으로 봐야 하고, 그 이후 수사기관에서 고소보충 진술을 하면서 이에 관해서는 전혀 언급을 하지 않았다고 하더라도 달리 볼 것은 아니다(대판 2014.2.13. 2012도2468).[17]

나. 신고의 자발성 당초 고소장에 기재하지 않은 사실을 수사기관에서 고소보충조서를 받을 때 자진하여 진술하였다면, 이 진술부분까지 신고한 것이다(대판 1996.2.9. 95도2652; 1984.12.11. 84도1953).

(1) 수사기관의 추문(追問)에 의한 진술 ① 수사기관에 한 진정 및 그와 관련된 부분을 수사하기 위한 검사의 추문에 대한 대답으로서 진정내용 이외의 사실에 관하여 한 진술(대판 1990.8.14. 90도595),[18] ② 공동피고인 중 1인이 타범죄로 조사를 받는 과정에서 사법경찰관 및 검사의 심문에 따라 다른 공동피고인의 범죄사실을 진술한 경우(대결 1985.7.26. 85모14)는 가사 진술내용이 허위라 하더라도 자발적 진정내용에 해당되지 아니하므로 무고죄를 구성하지 않는다.

---

15 김/서, 738면; 오영근, 1028면; 정영일, 865면.

16 김성돈, 800면; 배종대, 903면; 이재상, 807면; 임웅, 983면; 정/박, 922면.

17 피고인이 수사기관에 '甲이 민사사건 재판과정에서 위조된 확인서를 제출하였으니 처벌하여 달라'는 내용으로 허위사실이 기재된 고소장을 제출하면서, 고소장에 '합의서도 도장을 찍은 바가 없으므로 위조 및 행사 여부를 가려 주시기 바랍니다'라고 기재하였으므로, 고소보충 진술시 확인서가 위조되었다는 점에 관하여만 진술하였다고 하더라도, 합의서도 도장을 찍은 바가 없으므로 위조 및 행사 여부를 가려 주시기 바랍니다'라고 기재한 내용이 허위사실이라면 이 부분에 대해서도 '허위 사실을 신고한 것'이다.

18 진정사건에 대하여 참고인으로 조사받으면서 그 진정내용 이외에 인감증명발급관계공무원이 甲 등과 짜고 피고인 및 乙의 인감증명서를 위조하고 그 위조사실을 은폐하기 위하여 면사무소에 비치된 인감증명발급대장 1권을 모두 허위로 작성하여 두었다는 진술과 피고인이 오토바이를 양도하고 관할면장에게 신고하기 위하여 피고인이 직접 이륜자동차매매용 인감증명서를 발급받은 사실이 있다는 진술은 이 사건 진정 및 그와 관련된 부분을 수사하기 위한 검사의 추문에 대한 대답일 뿐이다.

(2) 범죄정보제공과 무고 타인의 소개로 검찰청에서 만난 검찰수사관에게 영수증을 제시하면서 그 영수증에 기재된 금액은 관계기관에 대한 청탁금 명목으로 甲에게 교부한 것이라고 허위의 사실을 말하여 甲에 대한 변호사법위반죄의 혐의를 인정하게 한 다음, 검찰수사관으로부터 그와 같은 내용으로 진술조서를 받음에 있어 甲에 대한 처벌을 요구하는 진술을 한 것이라면, 단순히 수사기관의 추문에 의하여 행해진 것이라거나 수사기관의 요청에 의한 범죄의 정보제공에 불과한 것이 아니라 자진하여 타인으로 하여금 형사처분을 받게 할 목적으로 수사기관에 대하여 허위의 사실을 신고한 것으로서 무고죄에 있어서의 신고에 해당한다(대판 1988.2.23. 87도2454).

5. 타인

가. 타인의 의미 타인은 신고자 이외의 자로서 생존자를 말한다. 따라서 사자(死者)나 허무인에 대한 무고에 대해서는 본죄가 성립하지 않는다.

나. 타인의 특정 신고에 피무고자의 성명이 표시되어 있지 않더라도 그 신고내용에 의하여 객관적으로 피무고자를 특정할 수 있으면 족하다(대판 2006.6.9. 2006도417).[19]

다. 자기무고의 교사, 방조 본인을 무고하는 자기무고는 무고죄의 구성요건에 해당하지 아니하여 무고죄를 구성하지 않는다. 그러나 피무고자의 교사·방조하에 제3자가 피무고자에 대한 허위사실을 신고한 경우 제3자의 행위는 무고죄의 구성요건에 해당하여 무고죄를 구성하므로 제3자를 교사·방조한 피무고자에 대하여도 교사·방조범으로서의 죄책을 부담케 함이 상당하다(대판 2008.10.23. 2008도4852).[20]

6. 형사처분과 징계처분

가. 범위

(1) 학설 형사처분에는 형벌과 그에 따른 보안처분도 포함된다. 징계처분과 관련하여서는 ① 모든 종류의 징계·징벌로서 실질상의 형벌을 의미한다는 견해[21]와 ② 공법상의 특별권력관계에 의한 제재를 의미한다는 견해[22]가 주장된다. 본죄는 국가 징계권행사의 적정을 보호하고자 하므로 후자가

---

19 진정서에 피진정인이 목포교도소징벌위원회로 되어 있지만 그 진정내용은 징벌위원회 회의록이 허위로 작성되었다는 취지이므로 그 회의록의 작성권한을 가지는 징벌위원회 위원장을 그 피진정인으로 특정할 수 있다.

20 A주식회사의 실질적 운영자인 피고인은 甲으로부터 A주식회사의 운영자금을 차용하면서 그 담보명목으로 甲에게 액면 금 1억 7,000만 원인 약속어음을 발행하였는데, 그때 乙의 사전승낙하에 乙을 공동발행인으로 기재하고, 丙은 甲의 추가담보 제공요구에 따라 약속어음 표면에 보증의 의사로 자신의 주소를 기재한 후 서명날인하였다.

21 손동권, 851면.

22 김성돈, 802면; 임웅, 986면; 정영일, 868면.

타당하다. 공법상의 특별권력관계에 의한 제재이면 반드시 징계의 명칭을 사용한 경우에 한하지 않으며, 공무원에 대한 것일 필요도 없다. 따라서 교도소의 재소자에 대한 징벌도 여기의 징계처분에 포함된다. 과태료처분은 공법상의 특별권력관계에 의한 제재도 형벌도 아니므로 이는 본죄의 형사 또는 징계처분에 포함되지 않는다. 공증인, 사법서사, 공인회계사 등에 대한 징계도 여기의 징계처분에는 포함되지 않는다. 변호사에 대한 징계는 최종적으로 법무부에서 이루어지므로 본죄의 징계처분에 포함된다.

(2) 판례 징계처분이란 공법상의 특별권력관계에 기인하여 질서유지를 위해 과해지는 제재를 의미한다(대판 2010.11.25. 2010도10202; 2014.7.24. 2014도6377).

나. 해당 여부가 문제되는 사례

(1) 변호사에 대한 징계처분 변호사에 대한 징계처분은 형법 제156조에서 정하는 징계처분에 해당한다(대판 2010.11.25. 2010도10202).

(2) 사립학교 교원에 대한 학교법인 등의 징계처분 비록 임면자가 사립학교 교원의 임면에 대하여 관할청에 보고하여야 하고, 관할청은 일정한 경우 임면권자에게 그 해직 또는 징계를 요구할 수 있는 등 학교법인 등에 대하여 국가 등의 지도·감독과 지원 및 규제가 행해지고, 사립학교 교원의 자격, 복무 및 신분을 공무원인 국·공립학교 교원에 준하여 보장하고 있지만, 이 역시 이들 사이의 법률관계가 사법상 법률관계임을 전제로 그 신분 등을 교육공무원의 그것과 동일하게 보장한다는 취지에 다름 아니므로, 사립학교 교원에 대한 학교법인 등의 징계처분은 형법 제156조의 '징계처분'에 포함되지 않는다(대판 2014.7.24. 2014도6377).

7. 주관적 구성요건

가. 고의

(1) 허위에 대한 인식의 정도 독일형법 제164조는 '숙지에 반하여'라고 규정하고 있으므로 허위의 사실에 대한 확정적 인식을 요한다는 점에 이견이 없으나, 우리 형법에는 이러한 명문규정이 없다.

A. 학설 신고되는 사실의 허위에 대해서는 ① 확정적 인식이 필요하다는 견해(확정적 인식설)[23]와 ② 미필적 인식으로 족하다는 견해(미필적 인식설)[24]가 대립한다. 확정적 인식설은 대부분의 고소·고발이 진실에 대한 확신 없이 행해지기 때문에, 미필적 인식설에 의하면 대부분의 고소·고발이 본죄에 해당하게 되어 고소·고발권의 행사가 부당하게 제한되는 것을 우려하지만, 고소·고발권자의 입장만이 아니라 피무고자의 처지도 함께 고려하여야 하고, 또 본죄는 추가적인 목적을 요

23 김/서, 740면; 배종대, 904면; 이재상, 809면; 임웅, 985면; 정/박, 924면.

24 권오걸, 1155면; 김성돈, 801면; 김성천, 1399면; 박상기, 707면; 오영근, 1029면; 윤종행, 피무고자의 승낙과 무고죄의 성부, 비교형사법연구 제8권 제1호, 436면; 이정원, 758면; 정영일, 867면.

하는 목적범이기 때문에 허위에 대해서는 미필적 인식으로 족하다고 본다.

B. 판례 ① 허위사실의 신고라 함은 신고사실이 객관적 사실에 반한다는 것을 확정적이거나 미필적으로 인식하고 신고하는 것을 말한다(대판 2002.11.8. 2002도3738).[25] ② 객관적 사실과 일치하지 않는 것이라도 신고자가 진실이라고 확신하고 신고하였을 때에는 무고죄가 성립하지 않는다(대판 2006.9.22. 2006도4255).

(2) '진실이라는 확신'의 의미 ① 무고죄는 신고자가 진실하다는 확신 없는 사실을 신고함으로써 성립하고 그 신고사실이 허위라는 것을 확신함을 필요로 하지 않는다(대판 1997.3.28. 96도2417; 1996.5.10. 96도324). ② '진실이라고 확신한다' 함은 신고자가 알고 있는 객관적인 사실관계에 의하더라도 신고사실이 허위라거나 또는 허위일 가능성이 있다는 인식을 하지 못하는 경우를 말하는 것이지, 신고자가 알고 있는 객관적 사실관계에 의하여 신고사실이 허위라거나 허위일 가능성이 있다는 인식을 하면서도 이를 무시한 채 무조건 자신의 주장이 옳다고 생각하는 경우까지 포함되는 것은 아니다(대판 2000.7.4. 2000도1908, 2000감도62).[26]

(3) 고의가 인정되는 사례

A. 추측이나 풍문에 의한 고소 ① 횡령한 사실이 없음에도 불구하고 유용한 점에 대한 확신 없이 장부상 입금기재가 안 된 것은 유용하였을 것이라고 추측하여 고발장을 제출한 소위는 무고죄에 해당한다(대판 1982.10.26. 82도2060). ② 단지 풍문으로 알게 된 허위사실에 대하여 그 허위사실이 진실하다는 확신 없이 신고한 경우에는 무고죄가 성립된다(대판 1963.7.25. 63도144).

B. 동일한 고소의 반복 피해자들에 대하여 이미 여러 차례 고소 또는 진정을 하였으나 당국에서 조사한 결과 혐의 없는 것으로 종결이 된 터에 또 다시 그 사실을 들어 거듭 고소를 제기하였다면, 적어도 신고사실의 허위성에 대한 미필적 인식 즉 무고의 범의가 없다 할 수는 없다(대판 1988.2.9. 87도2366).

C. 피의사실의 방어를 위한 허위고소, 시비를 가려 달라는 고소 ① 고소당한 범죄가 유죄로 인정되는 경우에, 고소를 당한 사람이 고소인에 대하여 '고소당한 죄의 혐의가 없는 것으로 인정된다면 고소인이 자신을 무고한 것에 해당하므로 고소인을 처벌해 달라'는 내용의 고소장을 제출하였다면, 그것이 자신의 결백을 주장하기 위한 것이라고 하더라도 방어권의 행사를 벗어난 것으로서 고소인을 무고한다는 범의를 인정할 수 있다(대판 2007.3.15. 2006도9453).[27] ② 고소를 한 목적이 상대방을 처벌받도록 하는 데 있지 않고 시비를 가려 달라는 데에 있다고 하여 무고죄의 범의가 없다고 할 수 없다(대판 1995.12.12. 94도3271).

---

25 대판 1998.9.8. 98도1949; 2006.5.25. 2005도4642; 2003.1.24. 2002도5939.

26 대판 1988.9.27. 88도99; 2009도7592; 2006.9.22. 2006도4255.

27 미성년자의제강간미수죄로 고소한 피해자의 아버지에 대하여 자신의 혐의가 없다고 밝혀질 경우 무고로 처벌해 달라는 취지로 고소하였다.

D. 진실하다는 확신이 없음을 미리 밝힌 경우 진정서상에 그 진정사실이 진실하다는 확신이 없음을 미리 밝혔다고 해서 무고의 범의를 인정하는 데 장애가 된다고 할 수도 없다(대판 1991.12.13. 91도2127).

(4) 고의를 인정하기 어려운 사례 진실한 객관적인 사실들에 근거하여 고소인이 피고소인의 주관적인 의사에 관하여 갖게 된 의심을 고소장에 기재하였을 경우에, 법률 전문가 아닌 일반인의 입장에서 볼 때 그와 같은 의심을 갖는 것이 충분히 합리적인 근거가 있다고 볼 수 있다면, 비록 그 의심이 나중에 진실하지 않는 것으로 밝혀졌다고 하여 곧바로 고소인에게 무고의 미필적 고의가 있었다고 단정하여서는 안 된다(대판 2007.4.26. 2007도1423; 1991.5.10. 90도2601).

나. 목적

(1) 결과 발생의 희망 요부 ① 형사처분을 받게 할 목적은 허위신고를 함에 있어 다른 사람이 그로 인하여 형사처분을 받게 될 것이라는 인식이 있으면 충분하고 그 결과의 발생을 희망할 필요까지는 없다(대판 1995.12.12. 94도3271).[28] ② 고소인이 고소장을 수사기관에 제출한 이상 그러한 인식은 있었다(대판 2006.8.25. 2006도3631; 1995.12.12. 94도3271).

(2) 목적이 없는 사례

A. 공정한 수사를 촉구하는 진정서 진정서의 전체 내용이 공정한 수사를 하여 흑백을 가려 달라는 취지로 이해할 수도 있어 타인을 무고할 목적은 아니었다고 볼 여지가 있다(대판 1978.8.22. 78도1357).[29]

B. 금품 사취목적의 허위신고 국가보안법에 규정된 죄에 대하여 허위사실을 신고한 의도가 정보비 명목으로 금품을 사취하려는 데 있을 뿐 타인으로 하여금 형사처분을 받게 할 목적의식을 미연적으로나마 인정할 수 없고, 경범죄처벌법 제1조의 허구의 범죄를 공무원에게 신고한 것에 해당한다(대판 1964.4.7. 64도67).

(3) 고소인의 불출석으로 고소각하를 의도한 경우와 목적 실제 고소를 한 甲이 고소장을 접수하더라도 수사기관의 고소인 출석요구에 응하지 않음으로써 그 단계에서 수사가 중지되고 고소가 각하될 것으로 의도하고 있었고, 더 나아가 피고소인들에 대한 출석요구와 피의자신문 등의 수사권까지 발동될 것은 의욕하지 않았다고 하더라도, 허위 사실이 기재된 고소장을 수사기관에 제출하도록 한 이상 피고인들에게는 그 피고소인들이 그로 인하여 형사처분을 받게 될 수도 있다는 점에 대한 인식이 있었다고 보아야 하고, 또 그 고소장 접수 당시에 이미 국가의 형사사법권의 적정한 행사가 저해될 위험도 발생하였다(대판 2006.8.25. 2006도3631).

---

28 대판 1989.7.25. 89도890; 1986.8.19. 86도1259; 2005.9.30. 2005도2712; 2006.5.25. 2005도4642; 2006.8.25. 2006도3631.

29 대판 1978.8.22. 78도1357.

8. 기타 문제

가. 자백과 자수

(1) 필요적 감면 무고한 자가 무고사건의 형사처분 또는 징계처분이 확정되기 전에 자백 또는 자수한 때에는 그 형을 감경 또는 면제한다(제157조).

(2) 자백의 의미 무고죄에 있어서 형의 필요적 감면사유에 해당하는 자백이란 자신의 범죄사실, 즉 타인으로 하여금 형사처분 또는 징계처분을 받게 할 목적으로 공무소 또는 공무원에 대하여 허위의 사실을 신고하였음을 자인하는 것을 말하고, 단순히 그 신고한 내용이 객관적 사실에 반한다고 인정함에 지나지 아니하는 것은 이에 해당하지 아니한다(대판 1995.9.5. 94도755).

나. 기수시기

(1) 수사기관에 도달 ① 피고인이 최초에 작성한 허위내용의 고소장을 경찰관에게 제출하였을 때 이미 허위사실의 신고가 수사기관에 도달되어 무고죄의 기수에 이른 것이라 할 것이므로, 그 후에 그 고소장을 되돌려 받았다 하더라도 이는 무고죄의 성립에 아무런 영향이 없다(대판 1985.2.8. 84도2215).[30] ② 무고죄에 있어서 공무소 또는 공무원에 대한 신고는 반드시 징계처분 또는 형사처분을 심사 결행할 직권 있는 직속상관에게 직접 할 것을 필요로 하는 것이 아니고 지휘 명령계통이나 수사관할 이첩을 통하여 그런 권한 있는 상관에게 도달함으로써 성립한다(대판 1973.1.16. 72도1136).[31]

(2) 수사착수 여부와 무고 신고를 받은 공무원이 수사에 착수하였는지의 여부는 무고죄의 성립에 영향을 주지 않는다(대판 1983.9.27. 83도1975).

다. 죄수 ① 1개의 고소장으로 수인을 고소한 경우에는 상상적 경합이 되고(대판 2008.12.11. 2008도8922), ② 1개의 고소장으로 수 개의 범죄사실을 고소한 경우에는 단순일죄가 되며(대판 1991.6.25. 91도884; 2014.2.13. 2012도2468), ③ 같은 내용을 수회 고소한 경우에는 무고의 내용이 같다 할지라도 무고의 일시, 장소 등이 상이하다면 별개의 범죄로서 이는 경합범이 된다(대판 1984.4.24. 83도3211).

---

30 '피고소인은 액면금 5백만 원권 1매의 유가증권을 고소인의 허락 없이 가져가서 임의 교환하여 횡령착복한 자임'이라는 허위내용의 고소장에 날인하여 소지하고 있다가 피고소인이 경찰서에 연행되자 경찰관에게 그 고소장을 제출하였었고, 다만 경찰관이 고소장의 내용에 따라 피고소인에게 약속어음을 절취한 사실이 있었는지의 여부를 물었으나 그런 사실이 없다고 대답하여 고소를 그대로 유지할 것인지를 확인하므로 피고인이 고소장을 반환받아 그 내용 중 '횡령착복한 자임'이라는 부분만을 삭제하여 다시 그 경찰관에게 제출하였다가 경찰관이 그 내용만으로는 범죄혐의가 없는 것이라 하므로 고소장을 다시 반환받았다.

31 제1군사령관과 중앙정보부장 앞으로 제출한 진정서가 군지휘 명령계통과 수사관할이첩을 통하여 피진정인들의 징계 및 형사처분권이 있는 육군참모총장에게 도달한 사안이다.

찾아보기

[ㅌ]

[ㅍ]

[ㅎ]